EXPO
2010
SHANGHAI CHINA
中国电信
CHINA TELECOM
Global Partner of Expo 2010 Shanghai China
无缝连接的宽带网
无微不至
有e云手机、信息亭帮助您现场游览，有魔屏、高星级酒店IPTV帮助您
到国际，跨越地域的界限，世博观众全球覆盖；无论您身处何地，都能
用户至上 用心服务 Customer First Service Foremost

2010

SHANGHAI INFORMATIZATION
上海信息化年鉴

《上海信息化年鉴》编纂委员会

上海辞书出版社

《2010上海信息化年鉴》编纂委员会

《2010 上海信息化年鉴》编审委员会

主　　任： 王　坚

副 主 任： 黄肇达　尚玉英　陈跃华　刘　健　傅新华
邵志清　周敏浩　陈　更　戎之勤　马　静
张华芳　沈庭忠　贺寿昌　施兴德

责任主编： 邱士龙　史文军　周正曙　钟建国

部类主编：（按姓氏笔画为序）
于　成　朱宗尧　张建明　张晓莺　陈　萍
陈　潜　林　晶　胡爱军　柳靖国　姚丽旋
高静华　郭中朝

《2010 上海信息化年鉴》编辑部

主　　任： 邱士龙

执行主编： 胡炎生

助理编辑： 庄晓璐

承办单位：《上海信息化》杂志社

2009年6月15日，百万亿次超级计算机“魔方”（曙光5000A）开通仪式在上海超级计算中心举行，中共上海市委副书记、市长韩正（上图左二，下图右四），上海市常务副市长杨雄（下图右五）出席。

2009 年 4 月 28 日，上海市人民政府与中国电信集团公司签署战略合作框架协议，中共上海市委副书记、市长韩正（后排右四）出席，上海市副市长艾宝俊（前排左一）与中国电信集团公司总经理王晓初（前排左二）签署战略合作框架协议。

2009 年 9 月 25 日，工业和信息化部电信研究院、上海市经济和信息化委员会、黄浦区人民政府举行合作建立工信部电信研究院华东分院暨手机研发测试平台的签约仪式。

2009 年 2 月，国家广电总局局长王太华（前排右二）视察东方有线网络有限公司。

2009 年 5 月 5 日，上海市委常委、市委政法委书记、市综治委主任吴志明（左二）到“12355”青少年公共服务热线调研。

2009年3月17日，2009上海国际信息化博览会开幕式在上海国际展览中心举行。博览会由国际半导体设备与材料展暨研讨会、慕尼黑上海电子展、中国国际电子电路展览会和上海国际信息化技术与应用展览会等专业展组成，展出面积达11万平方米。

2009年12月12日，第八届“上海IT青年十大新锐”颁奖典礼举行，上海市副市长艾宝俊（上图左六，下图左一）为IT新锐颁奖。

2009年11月，中国电信视讯运营中心落户上海浦东金桥。图为用户在中国电信上海公司新业务展示现场，体验天翼影视、家庭第四屏应用。

2009年，中国电信上海公司大力推进“城市光网”建设。图为中国电信上海公司施工人员在施工现场敷设光缆。

2009年11月21日，2009上海IT青年创新创业行动闭幕式在上海信息大楼举行，共青团上海市委书记潘敏（左六）为获奖青年颁奖。

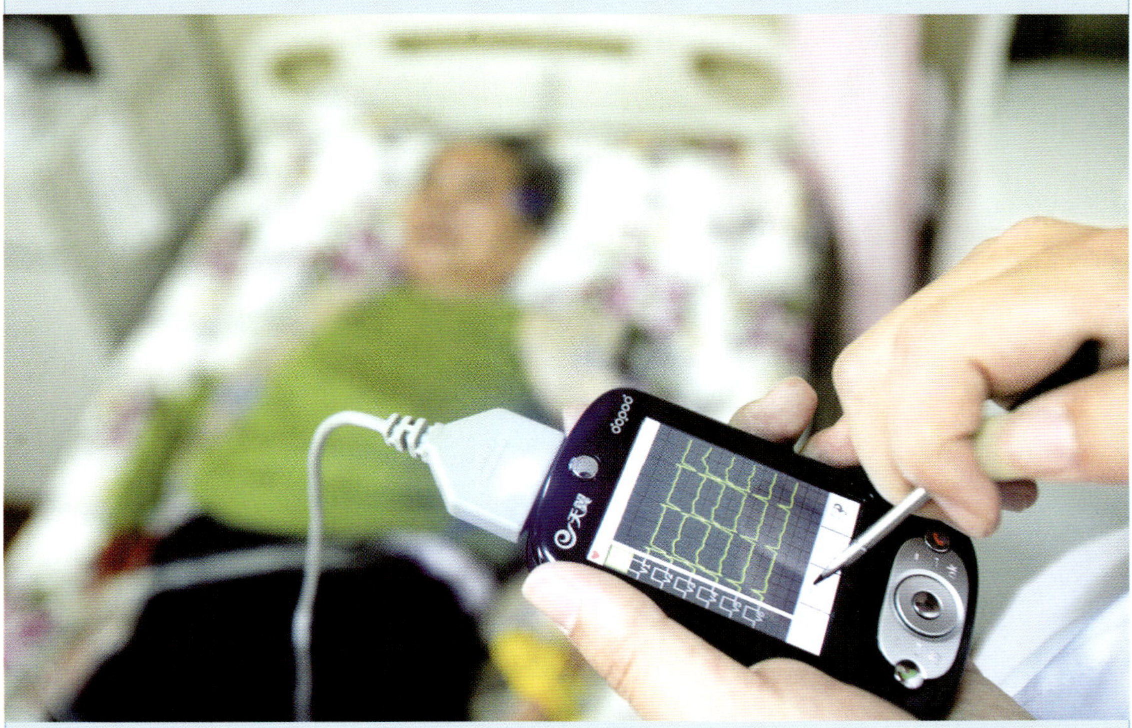

2009年10月24日，首家引入数字化心电网络的敬老院在闵行区开张。图为敬老院医护人员通过3G手机，向闵行中心医院传送采集到的心电图信息。

2009 年 9 月，“迎世博百万笑脸征集活动”校园行启动仪式在上海交通大学举行。

2009年10月，青春与世博同行——市经济和信息化系统迎世博“百千万”系列活动之“世博会倒计时200天志愿者在行动”在静安公园举行。

2009年，团市委举办基层团干部信息化培训和上海共青团信息化工作推进会。

图为上海共青团工作门户网站和上海共青团公益门户网站。

2009年4月19日，奉贤区委书记张立平（右二）与网友在线交流听取意见。

图为奉贤区副区长倪耀明网上办公。

图为奉贤区开展“千村万户”农村信息化普及培训活动。

Contents 目录

特载

重要文件

总　述

第一编　信息基础设施

综　述

第一章　专业规划与重大工程

第二章　公共信息基础设施

第三章　信息网络设施

第四章　功能型服务设施

第二编　信息产业

综　述

第一章　信息产业环境建设

第二章　信息产品制造业

第三章　信息服务业

第三编 政务领域信息化

综 述

第一章 政务信息资源开发利用

第二章 政务服务支撑体系

第三章 重点业务系统信息化建设和机关信息化

第四编 经济领域信息化

综 述

第一章 信息化与工业化融合

第二章 农业信息化

第三章 金融信息化

第四章 商贸流通信息化

第五章 旅游和会展信息化

第六章 企业信息化公共服务体系

第五编 社会事业与公共服务领域信息化

综 述

第一章 市政府实事项目

第二章 社会事业领域信息化

第三章 社区信息化

第六编　城市建设管理领域信息化

综　述

第一章　城市建设管理业务信息化

第七编　信息安全

综　述

第一章　信息安全管理

第二章 信息安全服务

第三章 信息安全技术研发及产业化

第四章 世博会信息安全保障

第八编 信息化环境

综 述

第一章 信息化管理

第二章 信息化政策法规

第三章 信息化人才工作

第四章 信息技术创新与信息化标准

第五章 信息化研究与咨询

第六章 信息化宣传

第七章 信息化社团

第八章 信息化合作交流及重要会展

第九编 区县信息化

综 述

第一章 浦东新区信息化建设

第二章 徐汇区信息化建设

第三章 长宁区信息化建设

第四章 普陀区信息化建设

第五章 闸北区信息化建设

第六章 虹口区信息化建设

第七章 杨浦区信息化建设

第八章 黄浦区信息化建设

第九章 卢湾区信息化建设

第十章 静安区信息化建设

第十一章 宝山区信息化建设

第十二章 闵行区信息化建设

第十三章　嘉定区信息化建设

第十四章　松江区信息化建设

第十五章　金山区信息化建设

第十六章 奉贤区信息化建设

第十七章 青浦区信息化建设

第十八章 崇明县信息化建设

第十编 社会诚信体系

综 述

第一章 社会信用制度建设

第二章 信用服务行业发展与规范

第三章 社会诚信创建活动

附 录

特　载

重要文件

完善机制 形成合力 加快推进 TD 等 3G 建设和应用

上海市副市长 艾宝俊

近几年，在全市各部门、区县等大力支持下，有关电信运营企业顺利完成了国家部署的 TD 网络建设任务。今年 1 月国家发放牌照后，3G 进入了全面建设和规模应用并举的新阶段，更需要集中全市力量，加快推进 3G 网络的建设、应用和产业化。

一、充分认识上海推进 TD 等 3G 发展的重要性

从国际上看，谁掌握了移动通信标准，谁就赢得了移动通信领域技术创新和产业发展的主导权。国家把推进我国自主研发并已被列为国际 3G 标准的 TD 发展，作为提高科技创新能力、推动信息产业发展的重大战略，从 2002 年开始，先后部署开展了 TD 技术测试、扩大规模网络试验应用等工作。去年底，国务院批准成立了工信部、国家发展改革委、科技部、财政部等部门组成的 3G 推进工作协调小组，出台了多项支持政策。今年初，工信部发放基于三种技术制式的 3G 牌照，并要求各地重点支持 TD 的建设和应用拓展。可以说，3G 发展特别是 TD 网络的建设和应用水平，是体现国家信息基础设施能力和信息产业发展水平的重要标志。

按照国家统一部署，市委、市政府在推进信息化建设的过程中，高度重视并大力支持和推动 TD 发展。最近，俞正声书记多次批示，要求在上海 3G 通信基站建设问题上要下决心，采取坚决措施，妥善解决；要求市委、市政府机关和企事业单位带头开放屋顶，支持基站建设。韩正市长要求 3G 网络和基站建设要加强规划，实现资源共享。6 月 15 日的市政府常务会议专题听取了汇报，原则通过了本市加快推进 3G 发展的总体考虑。对上海来讲，加快推进 3G 特别是 TD 网络的建设和应用，既是落实国家战略的要求，又是深入开展信息化建设、提高信息化应用水平的需要；也是积极应对金融危机、加快形成新的产业增长点、推动产业持续较快发展的重要抓手。

目前，上海推进 TD 等 3G 发展具备了较好的基础和条件。一是有扎实的工作基础，初步形成了全市协调推进的机制，探索了一些有效做法。二是有较大的应用空间，上海在信息通信网络技术等级、移动终端普及率等方面一直保持国内领先，基础电信运营商已形成了同城竞争的市场格局。三是有较完备的产业配套，全市信息产业整体实力较强，在 3G 手机芯片研发、网络设备等领域拥有一批国内领先的优秀企业。四是有良好的产业化时机，国家重点产业调整振兴规划的

出台，以及全市正大力推进的高新技术产业化，都将为今后3G发展提供配套环境、政策等方面的有力支持。总之，我们要从落实国家战略的高度，抓住当前有利时机，按照工信部对上海的要求，争取建成全国TD网络建设和应用的示范地区，并积极推动其他制式的3G发展。

二、进一步明确本市TD等3G发展的总体要求

根据国家推进3G建设发展的总体部署，在前阶段工作的基础上，下一步要抓住三个着力点：着力于基站建设，通过更大规模的基站设置，提高TD等3G网络的覆盖范围；着力于应用拓展，在基站建设的同时，探索好的应用服务模式，并带动相关产业链的形成；着力于规范发展，建立基站建设的长效管理机制，防止无序建设。因此，今后本市TD等3G建设推进工作的总体要求是：统一规划、集约共建、规范管理、创新应用、加强引导。

统一规划，即要把TD等公用移动通信基站作为城市基础设施的重要组成部分，加强规划布局。要把基站布局专项规划纳入城市建设规划；在编制控详规划、建设用地、管道建设、电力引入、工程施工等的过程中，必须把基站布局考虑在内，进行通盘考虑。

集约共建，即要按照集约化、景观化的要求开展基站建设，降低建设成本，尽可能实现资源共享。要确保新建基站在各电信运营企业间实现相互开放，做到集约共享。同时，要按照政府大楼、企事业单位办公楼、公建配套设施、住宅建筑的先后顺序做好寻址工作。

规范管理，即要完善对基站建设过程中各个环节的管理，提高基站建设的科学性、规范化水平。要优化基站寻址建设的审批流程，加强对基站电磁辐射环境的检测管理。电信运营企业要严格按照有关标准规范进行建设。

创新应用，即要以需求为导向，不断创新应用服务模式，扩大应用规模。要不断推出面向个人或行业，灵活多样的业务品种，通过逐步扩大的应用，引导社会资源加大对相关电子信息制造业、软件与信息服务业等的投入，促进本市3G特别是TD产业链的形成和完善。

加强引导，即要加强正面宣传，引导公众理性看待基站电磁辐射问题。要通过各类媒体，开展面向全社会的宣传普及，加大对3G网络建设的科普宣传力度。同时，要结合3G业务的推广介绍，策划开展专题活动，消除对电磁辐射危害健康的误解。

三、合力确保完成下阶段3G建设的各项任务

今后两到三年的3G建设任务已经明确，到明年年底前全市总计要新建近4 500个基站，3G业务应用要有较大增长，并在世博会上得到充分的展示。下阶段，各有关部门、区县和单位要进一步加大支持配合力度，共同为3G网络的建设发展做好配合、保障和产业化推进工作。

一是市级层面要进一步形成合力，加大统筹协调力度。刚才，尹弘同志宣读了市推进TD等3G建设和应用联席会议的成员名单。各成员单位既要形成合力，统筹推进，又要根据职责，分工负责。市经济信息化委承担了联席会议办公室的职责，要加强与全市各有关部门、区县的密切合作，主动为电信运营企业服务，在协调解决基站寻址、推广3G业务应用、规范3G发展等方面发挥好牵头作用。

二是各有关部门、单位和区县要全力支持，加快推进 TD 基站建设和业务应用。一要配合完成已明确的 TD 基站建设任务。按照俞正声书记的有关要求，康平路市委机关、200 号市政府机关楼顶都已启动了 TD 基站建设，大家要对照今天会上下发的 TD 基站寻址任务清单，把任务领回去，尽快落实分管领导、联络员和配合实施方案。二要支持 TD 业务应用，前阶段举行的应用推介会是个很好的形式，要继续开展；各部门和区县都要积极参与，在推进信息化建设过程中主动应用 TD 技术。三要推动形成 TD 产业链，市发展改革委、市财政局要会同市经济信息化委，进一步研究制定支持 TD 产业发展的专项政策。总之，政府表率、国企带头，该支持的全力支持，该开放屋顶的就要开放，能应用的尽量应用，努力使上海成为全国 TD 建设和应用的示范地区。

三是电信运营企业要切实发挥主体作用，完成好目标任务。电信、移动、联通等中央在沪电信运营企业，要在技术可行的前提下，遵循集约化、景观化的要求开展基站建设，加强资源共享。同时，要切实保障公共通信质量，不断改善应用服务，通过创新业务品种、优化资费结构，使 3G 的市场规模进一步扩展，逐步形成比较成熟的商业运营模式。

四是要建立和完善长效机制，营造有利于 3G 建设发展的综合环境。由于可供选择的站址资源越来越少、基站设置被收取不合理费用以及部分市民对电磁辐射有误解等多种原因，目前基站建设面临很大阻力，对 3G 发展甚至日常的通信服务都带来了消极影响。必须通过建立长效机制，使基站建设作为重要城市基础设施，得到依法保障和推进。一要加强规划布局，市无线电管理局要抓紧编制基站布局专项规划，经有关部门审核后纳入城市建设总体规划；相关部门在编制规划、审批业务时，要征询基站布局的意见。二要完善审批流程，市无线电管理局要进一步优化选址审批流程，特别要把符合共建共享要求作为审批的重要依据。三要制定完善相关的规章和标准规范，市政府法制办、市经济信息化委、市无线电管理局要根据新的情况变化，研究修订 2001 年颁布的《上海市公用移动通信基站设置管理办法》；市建设交通委、市经济信息化委等要牵头制定相关标准规范。四要保障已建基站有效使用，因市政动迁、环境整治等需拆迁的基站，必须“拆一补一”，谁负责动迁的，谁就要协调落实新站址，并承担基站拆迁费用；涉及政府机关、国有企事业单位合同到期的基站，原则上必须保留站址，重新签订租赁合同。五是规范基站使用费，物价部门要尽快制定基站设置、租赁等收费标准；针对最近由于收费问题导致地铁信号不畅通等情况，地铁、机场等公共设施运营单位要按照成本为主的原则合理收费，有关部门要加强协调，使基站使用费做到合规合理。六要加强宣传引导，市环保局要加强基站电磁辐射日常检测，把电磁辐射水平作为验收的重要依据，必要时向社会公布结果；市政府新闻办要组织媒体加强宣传引导。

（摘自上海市推进 3G 发展暨 TD-SCDMA 网络建设和应用工作会议讲话）

统一思想　突出重点
全力推进信息化与工业化融合

上海市副市长　艾宝俊

党的十七大提出“发展现代产业体系，大力推进信息化与工业化融合，促进工业由大变强”，为今后的产业和信息化工作提供了指导思想。去年底，工信部选择上海等8个城市或地区开展“两化融合”试验区工作，尤其对上海推进重点产业领域“两化融合”、支持信息化与大飞机研制生产过程的融合、推动产业园区信息化等提出了具体要求。今年3月和5月，工信部信息化推进司召开了两次试验区工作会议，肯定了上海试验区工作的总体设想，希望上海尽快明确未来三年的规划布局，勇于探索，走在全国前列。9月7日，工信部举行了全国工业和信息化主管部门负责同志座谈会，对“两化融合”推进工作作了进一步的部署和要求。

上海在推进产业发展和信息化建设的进程中，积极开展传统产业信息化改造、企业信息化建设等工作。工信部适时启动“试验区”工作以来，市委、市政府高度重视，分别将“两化融合”列入2009年度重点工作。近一年来，在以往工作基础上，明确了工作定位，把成为全国首个省级“两化融合”试验区作为上海应对国际金融危机、推动上海经济持续发展的重要契机，把推进“两化融合”作为推动产业结构优化升级、促进经济发展方式转变的重要抓手，作为今后上海产业和信息化工作的一条主线。明确了工作目标，即通过信息技术在产业各领域的全面应用渗透，提升发展优势产业，抢占新的制高点；振兴发展传统行业，焕发青春活力；壮大发展中小企业，形成产业生力军，逐步形成以“两化融合”为主要特征的现代产业体系。明确了工作思路，制定了全市推进“两化融合”的实施意见和三年行动计划，并以市政府名义发布。明确了工作抓手，将率先启动一批覆盖不同领域、行业的重点项目，争取形成示范效应。此外上海同步启动了相关的统计体系研究等基础工作。

为全面贯彻落实国家与工信部要求，围绕既定目标，全市要凝聚合力、突出重点，主要推进四方面工作：

一是围绕国家战略，结合全市重点工作推进“两化融合”。去年以来，国家陆续出台了重点产业调整振兴规划、加强技术改造等战略部署和要求，上海推进“两化融合”，必须与落实国家战略紧密结合。在调整振兴重点产业方面，国家已出台10个产业的调整振兴规划，在计划颁布的165项实施细则中，已出台60余项。上海结合自身实际，制定了8个产业的实施方案，近期将陆续发布。这些方案都把信息化作为提升发展产业的重要手段，如船舶产业方案把建立数字化的“现代造船模式”作为原则之一，汽车产业方案把“电池、电机、电控”等关键零部件作为新能源汽车产业化的突破口，装备产业方案把推进重大技术装备信息化列入重点任务。在加大技术改造推进力度方面，中央财政从今年起每年安排200亿元重点产业振兴与技术改造专项资金。上海将连续三年每年投资超过500亿元，滚动实施支持产品升级换代、提高质量水平，装备升级换代、工艺流程再造，加强新能源、节能设备生产和资源综合利用，引进国外先进技术、提高关键领域技术水平，以信息化带动工业化、加快“两化融合”等5类项目。其中，在今年获得中央支持的重点技改项目中，“两化融合”类项目的投资比例过半，在地方重点技改项目中也占了相当比例，全年争取通过加大技改投资，带动工业新增产值1 200亿元左右。另外，在上海正大力实施的高新技术产业化方面，首批启动的139个项目中，包括了“汽车电子嵌入式软件”、“城市轨道交通综合监控系统”等近20个“两化融合”项目。有关部门在推进上述工作时，要优先支持已列入其中的“两化融合”项目；在继续梳理和储备项目时，要优先考虑体现“两化融合”要求的项目，使“两化融合”成为落实国家战略、推进全市重点工作的有力支撑。

二是聚焦重点行业，切实推动全市产业转型发展和优化升级。推进“两化融合”，必须集中力量、有的放矢，以点带面形成示范推广效应。首先，要率先突破一批重点产业，工信部要求上海在钢铁、石化、汽车、装备、航空、船舶等领域支持一批“两化融合”重点项目，我们在“1010”计划中，把上述重点产业作为“两化融合”率先突破的领域，对钢铁、石化、汽车、装备等工业化基础较好、体量较大的行业，要重点推广跨地域协同、企业级信息集成、自动化控制等信息技术，着力提升产业内涵发展；对航空、船舶等产业，重点推进产品全周期管理和服务信息化，着力推动产业研发制造数字化。其次，要改造提升一批传统行业，对上海面广量大，有较大市场、创造较多税收和就业，但附加值相对比较低的一批传统行业，如轻工、纺织、食品等行业，要重点推广信息技术在产品设计生产和质量控制等环节的应用，改造传统工艺、生产流程，推进这些行业向高端化、品牌化发展。同时，要加快发展一批与制造业关联度大的高端服务业，特别是要大力发展研发设计服务、总集成总承包等生产性服务业，发展以嵌入式软件、应用解决方案、信息传输等为重点的软件和信息服务业，提升为制造业配套的服务能力，促进制造业与服务业融合发展。

三是加强载体建设，全面提高重要产业基地和园区的信息化应用水平。当前，上海正积极推进“4+4”工业布局，即微电子、汽车、石化和精品钢材4个产业基地，以及装备、船舶、航空航天、生物医药等4个新的产业基地建设。推进“两化融合”，必须在这一总体布局下，发挥现有41个市级工业园区、104个产业地块的载体作用，积极打造数字化产业园区。按照“1010”计划，将率先在临港装备、长兴岛船舶等新兴产业基地，以及张江、漕河泾等信息化基础较好的产业基地，实施“两化融合”示范园区引导工程：要着力提高园区信息基础设施配套水平，采用先进适用的信息技术，形成一流的信息通信服务保障能力；着力提高园区信息化服务水平，推动园区建设信息共享和公共服务平台，为企业提供咨询、商务、检测等综合信息化服务；着力提高园区企业的信息化应用水平，支持和引导园区内企业，特别是处于产业链上游的企业广泛应用信息技术，提高生产经营和管理信息化水平。通过载体建设，使全市重要产业园区成为集中体现上海“两化融合”水平的示范地，以园区信息化促进全市开发区资源整合，提高土地集约利用水平，带动相关产业集群信息化。

四是面向不同企业，运用信息技术不断提升企业核心竞争力。广大企业是信息化应用的主体。要鼓励和引导各类企业面向业务需求，抓住设计研发、生产经营、企业管理、产品流通等环节，全面提升信息技术应用水平和产品的信息科技含量。对大集团、大企业，鼓励企业推广跨部门系统集成、数据共享和业务协同等决策支持系统，以及ERP、MES(制造执行系统)、PLM(产品生命周期管理)等系统软件；特别要鼓励具有行业龙头地位的企业，主动参与制定行业信息化标准，建立全球供应链管理、协同研发设计制造、跨地域经营管理等系统，带动供应链上下游企业的协同，提高参与全球产业分工的核心竞争力。对中小企业，要逐步完善信息化公共服务平台，鼓励中小企业依托平台建立企业信息门户，发展电子商务，以较低成本推进企业信息化。通过两到三年的努力，提高先进的信息管理系统、应用软件等在各类企业中应用的比例，实现设计研发数字化、制造装备智能化、生产过程自动化和经营管理网络化。

总之，"两化融合"是事关整个工业化进程的系统工程，涉及各个行业，没有现成的经验模式可供参考。全市各有关部门、机构和企业在推进"两化融合"工作中，要按照工信部的要求，做到统筹规划与分类推进并举，结合"十二五"规划预研抓好规划布局，针对不同区域、产业的特点加强分类指导；做到面上推动与基础研究并进，在重点产业领域全面推进的同时，要抓紧开展建立评估体系、统计体系、政策规范等基础工作，为"两化融合"下一步的深入推进提供支撑；做到提升制造业与发展服务业并重，既把制造业作为"两化融合"的重点领域，也要围绕上海建设国际金融中心、国际航运中心等全局任务，深入推进信息技术在金融、航运、商贸等服务业领域的应用，加快向服务经济转变。

围绕目标和主要任务，下一步要做好四项工作：

1. 抓紧完善全市推进机制。市经济信息化委作为牵头部门，要做好统筹规划和协调推进。市发展改革委、市科委、市质量技监局等部门，要配合落实政策制定、资金支持、标准研究等工作。市国资委、市商务委与市金融服务办等部门，要分别牵头推进市属国有企业及服务业领域的"两化融合"。各区县在做好规定动作的同时，要结合实际建立相应的推进机制，落实政策支持，特别要在推进中小企业信息化方面发挥积极作用。

2. 充分发挥企业主体作用。企业作为"两化融合"主体，要千方百计利用好"两化融合"的机遇，深入推进信息技术应用。我们希望，信息化应用有一定基础的企业，要不断提高应用的效率和能级，带动整个行业信息化发展；信息化应用刚起步的企业特别是中小企业，要结合业务需求，形成合理的应用解决方案，并逐步在生产经营、管理等环节中推广应用。

3. 广泛动员社会各方参与。今天会上举行了"两化融合"研究中心及重点实验室的授牌仪式，要充分调动相关科研院所及企业研发机构的积极性，开展基础研究与关键技术研发，通过产、学、研、用联动，支持"两化融合"的探索创新。同时，要依托各产业领域的行业协会，在梳理行业信息化需求、完善本行业的信息化服务平台等方面发挥作用。

4. 积极争取工信部的指导支持。建设"两化融合"试验区是工信部赋予上海的良好机遇，我们将向工信部及时汇报有关进展，争取更大支持，努力为全国提供先行先试经验。同时，在调整振兴重点产业、推进技术改造、实施高新技术产业化等其他产业工作中，将进一步加强与工信部的沟通交流，形成良好的协同机制，共同推进上海产业转型和结构优化升级。

（摘自上海市推进信息化与工业化融合工作会议讲话）

落实国家要求　聚焦关键环节
加快推动第三代移动通信持续发展

上海市经济和信息化委员会主任　王　坚

按照国家统一部署，上海作为全国 TD 扩大规模网络应用试验的 10 个试点城市之一，2007 年启动了全市 TD 网络建设，按照先易后难、分期分批、集约建设的原则，在全市相关部门、区县政府和有关单位的支持下，完成了国家试点任务。到 2008 年底，上海移动已建成 TD 基站 3 779 个（其中室外宏基站 1 913 个，包括小区在内的室内覆盖 1 866 处），基本覆盖中心城区和郊区重要区域，目前全市 TD 用户累计超过 20 万。2009 年 1 月，工业和信息化部向中国移动、中国电信、中国联通分别发放了基于 TD－SCDMA（以下简称“TD”）、CDMA2000 和 WCDMA 技术制式的 3G 牌照，本市基于 CDMA2000、WCDMA 技术制式的网络建设和应用也随之全面启动。

市委、市政府把推进 TD 等 3G 发展作为提高上海信息化水平、带动形成产业新增长点的重要举措，予以高度重视和大力推动。7 月 13 日，市政府办公厅转发了《关于加强本市TD－SCDMA 等第三代移动通信建设的实施意见》。

一、全力推进本市 TD 网络的建设和应用

TD－SCDMA 是我国自主研发并被国际电联采用的 3G 标准之一，得到了党中央、国务院的高度重视。工信部希望上海能成为“全国 TD 网络建设和应用的示范地区”，为落实这一要求，在以往工作基础上，下一步将重点推进 3 项工作。

1. 协调推动 TD 基站建设。2009 年全市计划新建 800 个 TD 基站，其中超过 2/3 需要政府协调支持。经向各部门和区县两轮征询意见，现已形成 2009 年新建 TD 基站寻址任务清单，共涉及 20 个市级部门、17 个区县政府、3 个部队单位、2 家国有企业及市委党校。目前很多单位正在积极推动落实，如市国资委、市教委等分头召开了相关会议予以落实，市公安局、市规划国土资源局基本落实了清单所列任务。建议涉及的有关部门、区县和单位加大支持力度，协调落实基站站址和推动工程建设。同时，上海移动在建设过程中应遵循共建共享原则，在技术可行的前提下，将站址资源、机房等向上海电信、上海联通开放。

2. 支持开展基于 TD 网络的行业应用。TD 可持续发展的关键在于应用。前阶段，通过开展 TD 应用需求调查、举办应用推介会等形式，市经济信息化委初步了解了部分行业对 TD 技术的应用需求。目前，市建设交通委、市环保局、市卫生局等部门正会同上海移动，在城市网格化管理、环境保护监测、健康档案等方面，分别制定基于 TD 的应用试点方案，建议抓紧推进实施。下一步市经济信息化委还将面向大型企业、软件服务商和系统集成商举办应用推介会，支持运营商拓展行业应用，研究制定面向不同领域、不同行业的应用解决方案。建议各部门和区县在深化信息化

建设的过程中，积极应用 TD 网络，探索形成有效的行业应用模式。

3. 加大政策支持力度。2009 年初，工信部、发展改革委、财政部、国资委等六部委提出了支持 TD 发展的若干政策。为落实国家要求，市经济信息化委已将 TD 等 3G 产业发展的内容，纳入 2009 年度上海软件和信息服务业等领域的高新技术产业化项目指南，以及上海市《电子信息产业调整和振兴规划》实施意见。市财政局拟将本市生产的 TD 产品经认定后纳入《上海市政府采购自主创新产品目录》；市物价局、市通信管理局也将为 TD 业务提供资费审批绿色通道，建议尽快形成具体的操作办法，进一步推动 TD 等 3G 应用产业链的形成和完善。

二、加快建立和完善 3G 发展的长效管理机制

2009 年三家运营商将新建基站近 3 000 个，考虑到世博会期间的通信保障需要，可能还会将 2010 年建设任务提前到 2009 年。总的来看，2009 年是 3G 网络建设任务比较集中的一年。同时，这项工作还存在较大困难，既由于市民对基站辐射缺乏科学认识，使基站建设受阻事件时有发生；又因为尚缺乏相应的规划布局、建设规范、收费标准等管理机制和措施，也使基站的选址、建设和使用面临较多阻碍。因此，在确保完成年度建设任务的同时，市经济信息化委将围绕 3G 网络建设和应用的各个环节，探索建立长效管理机制，重点推进 6 项工作：

1. 加强基站站址布局规划。前阶段，市无线电管理局会同相关部门，就编制本市移动通信基站布局规划开展了专题研究，并赴外省市进行了学习考察，现已形成《上海市公用移动通信基站站址布局专项规划》大纲。建议市无线电管理局抓紧组织编制，争取年底前基本完成，并经市经济信息化委审核、市规划国土资源局审批后纳入城市建设规划。建议市规划国土资源局在编制和审批本市相关控制性详细规划的过程中，征询市经济信息化委等部门在基站等信息基础设施建设方面的意见。另外，电信运营商要按照相关布局规划选择站址，遵循政府大楼、企事业单位办公楼、公建配套设施、住宅建筑的先后顺序。

2. 加强基站集约化建设。为防止重复建设，节约空间资源，上海从 2004 年起启动了基站集约化建设试点工作，并在世博园区、洋山深水港、浦东三林基地等一批重大工程中得到了推广。根据 2008 年 9 月工信部、国资委对基站、杆路等信息基础设施共建共享工作提出的要求，市经济信息化委将会同市建设交通委、市通信管理局、市无线电管理局等部门，抓紧研究制定本市基站集约化建设实施细则，优化完善基站设置的计划申报、寻址认定、验收颁证等审批流程，进一步加强集约共建，推动资源共享。

3. 加强基站电磁辐射检测工作。基站电磁辐射一直是公众关注的热点问题。前阶段，市环保局、市无线电管理局等部门已在实施基站环评、开展电磁辐射检测等方面开展了很多工作。在此基础上，建议市环保局加强对基站电磁辐射的日常检测，特别是要加强对新建基站在开通运行前的检测，对因为选址可能引起市民关注的基站，要及时公开检测结果，并做好解释和引导工作。

4. 制定完善配套的标准规范。为满足公众不断提高的移动通信覆盖需求，同时尽可能减少室外宏基站数量，相关部门就编制建设工程中的移动通信配套标准开展了研究。建议市建设交通委会同市经济信息化委、市无线电管理局，在 2009 年内修订完善 2005 年编制的《移动通信室

内信号覆盖分布系统设计与验收规范》；市经济信息化委会同市住房保障房屋管理局等部门，研究编制《住宅建筑移动通信配套工程技术规范》。上述两个规范完成后，建议经市建设交通委审批后，作为本市工程建设规范颁布并实施。

5. 尽快研究规范基站设置使用费。当前，基站在设置时被收取不合理费用的事件时有发生，影响到本市3G建设的步伐和公众通信质量的保障，已引起市领导的高度关注。建议市物价局会同市经济信息化委、市建设交通委等部门，抓紧形成机场、地铁等公共设施内基站设置的定价原则、收费依据和相应标准，经市政府同意后，作为公共设施运营机构收取基站使用费的基本依据。同时，对政府机关、国有企事业单位以及其他民用建筑场所内的基站设置，也要着手研究，形成合理的收费原则和标准。

6. 进一步加大宣传引导力度。前阶段，市委宣传部、市政府新闻办、市无线电管理局等部门会同有关电信运营商，组织主要媒体对3G应用、电磁辐射等方面开展了普及宣传。市经济信息化委会同相关部门，组织编制了《移动通信知识问答》宣传手册，拟在征询大家意见的基础上，向社会发放并上网公开。建议市政府新闻办进一步加强对上海市3G建设和应用的宣传引导，营造良好的社会氛围。

（摘自上海市推进3G发展暨TD－SCDMA网络建设和应用工作会议讲话）

推进上海信息化与工业化融合
促进产业能级提升　构建现代产业体系

上海市经济和信息化委员会主任　王　坚

实施信息化与工业化融合，加快走新型工业化道路，是党的“十七大”提出的战略决策，是国家工信部推动产业能级提升、构建现代产业体系的重要举措。去年底，工信部批准上海为国家级“两化融合”试验区，要求上海勇于探索、大胆突破，走在全国前列。在9月7日的全国工业和信息化主管部门负责同志座谈会上，李毅中部长等部领导从探索新型工业化、构建现代产业体系的高度，多次强调了“两化融合”的战略意义，对推进“两化融合”及国家试验区建设提出了具体要求。

市委、市政府高度重视“两化融合”，将其列为2009年重点工作，明确提出推进“两化融合”是上海服务国家战略的重要任务，是应对国际金融危机、加快“四个中心”建设、实现“四个率先”的有力抓手，也是促进产业结构优化升级、转变经济发展方式的紧迫任务。在工信部的直接推动和亲自指导下，按照市委、市政府要求，近一年来，市经济信息化委以国家试验区建设为契机，结合新机构组建同步启动了“两化融合”推进工作，会同相关委办局、企业集团和科研院所，开展了前期调研、项目征集、规划布局等工作，已形成上海推进“两化融合”的实施意见和三年行动计划，并已正式发布。

一、上海推进“两化融合”的基本思路和发展目标

基本思路是：在科学发展观指导下，以加快上海产业能级提升、构建现代产业体系为目标，以促进经济发展方式转变、产业结构优化升级和政府职能转变为主线，抓住工业产品研发设计信息化、工业生产过程自动化、企业管理和行业服务信息化、产品流通和市场信息化四个切入点，通过“两化融合”提升传统产业，壮大支柱产业，发展新兴产业。

根据上述思路，结合上海实际，将分步实现相应的发展目标。第一阶段是2009年到2011年，实现规划布局和重点突破，基本完成“两化融合”总体规划，推动信息技术在先进制造业和现代服务业关键环节、重点领域和骨干企业的创新应用，通过实施“1010工程”(即聚焦10个重点产业，实施10项重点工程)，形成覆盖全市主要产业和重点区域的推进格局。第二阶段是2012年到“十二五”期末，实现全面推进和整体提升，基本确立以“两化融合”为主要特征的产业发展模式，实现信息技术应用在产业各领域的全面渗透，基本形成适应特大型城市发展需要的现代产业体系，在新型工业化道路上走在全国前列。

二、今后几年上海推进“两化融合”的主要任务

围绕上述思路和目标，结合国家重点产业调整振兴规划实施、加大技术改造力度以及本市高

新技术产业化推进等工作，今后几年，上海将以实施“1010”工程为重点，全面推进国家试验区建设和“两化融合”。

1. 重点推动的10个产业

充分发挥企业主体作用，推动本市10个重点产业的“两化融合”工作，具体包括：

航空产业。依托大型客机、支线飞机等重点项目推进，建立大型客机全球协同研制、关键零部件设计制造一体化、飞机客户服务三大系统，打造民机数字化制造产业基地。

钢铁产业。发展钢铁行业自动化、智能化技术总包服务；提高冶金技术水平和过程自动化控制能力；提升大型钢铁企业跨地域、多制造基地一体化协同管理水平。

石化产业。研发和改进精细化工生产工艺，自主研发化工行业先进控制技术，提高安全生产、节能降耗水平。

汽车产业。围绕汽车自主研发制造，推动汽车智能化协同设计和柔性生产；围绕新能源汽车开发，推动动力总成控制系统(ECU)等技术研发；发展汽车电子。

装备产业。攻克一批具有“三高”(高可靠性、高稳定性、高环境适应性)和“四化”(数字化、智能化、集成化、网络化)特征的装备自动化控制系统，提高重大技术装备自动化成套能力。

船舶产业。依托长兴岛造船基地，运用信息技术支撑船舶精益制造和海洋工程装备制造，加快形成高技术、高附加值船舶和海洋工程装备研制产业化格局。

信息产业。推进集成电路设计与整机制造联动发展；发展工业软件、嵌入式软件和行业解决方案；推动基于第三代移动通信和新一代宽带无线通信技术的业务应用。

消费品产业。发展轻纺产品设计、制造集成和柔性生产系统；发展面向消费者需求的个性化服务；推动信息技术在生产过程监控、质量控制等环节的应用。

现代物流业。规划建设现代物流信息服务平台；推广电子标签、全球定位等信息技术应用；建设国际航运中心信息共享平台，提高口岸监管和航运服务水平。

生产性服务业。以信息化为支撑，发展研发设计、品牌管理、总集成总承包、重大技术装备融资租赁、售后维修等专业服务。

2. 重点实施的10项工程

发挥政府的统筹引导作用，着眼于解决“两化融合”推进中的共性和基础问题，重点实施10项工程，具体包括：

工业软件振兴工程。重点支持钢铁、石化、船舶、汽车、轨道交通、电站设备、航空航天等领域的工业软件开发，推进嵌入式软件和行业应用解决方案的开发应用。

节能控制与综合利用工程。推进冶金、化工、建材等高耗能行业生产设备数字化，提高能效监测和节能管理信息化水平；完善工业系统重点用能单位信息管理平台。

中小企业信息化应用推广工程。实施“信息化助推中小企业成长工程”；推进面向中小企业的信息化公共服务平台(机构)建设；鼓励IT企业与中小企业供需配对。

示范园区引导工程。引导重点产业园区加强信息基础设施配套建设，打造临港等数字化产业基地。

公共服务平台支撑工程。推动技术研发、中试环境、信用服务、认证检测等行业性公共服务平台建设，发展专业咨询、中介服务等功能性机构。

电子商务扶持引导工程。落实《上海市促进电子商务发展规定》，实施 BtoB 专项支持计划，加强支付、物流、信用、认证等支撑体系建设。

信息基础设施能级提升工程。推进 3G、无线宽带等网络建设；实施“城市光网”升级计划，提高互联网服务和本地网间交换能力。

政府监管服务信息化工程。加快行政审批平台、法人信息库、经济运行监测等电子政务系统建设，促进政府信息资源开发共享，提高行政效率和透明度。

信息安全保障工程。加快建设全市网络信任、综合监测预警等体系，提高信息安全综合防范和应急处置能力。

专业人才培训工程。组织开展万名“两化融合”人才培育，建立实训基地。

三、推进“两化融合”的工作举措

按照工信部部署与市委、市政府要求，我们将坚持统筹规划、分类推进，点面结合、重点突破，政府引导、企业主体的原则，下一步重点开展四方面工作：

1. 加强综合配套，优化发展环境。主要做好“三个加快”：加快完善政策配套，对已列入技术改造、高新技术产业化中的大型、特大型轴承数控高精度磨加工，汽车电子嵌入式软件，轨道交通综合监控系统等“两化融合”项目，优先给予政策支持；同时，从市、区等层面制定鼓励推进“两化融合”的资金、研发等专项支持政策。加快制定规划、标准，启动“两化融合”“十二五”专项规划前期研究，积极承担国家有关课题任务；制定完善企业信息化、数字化园区等不同层面的标准规范。加快建立评估体系，目前，针对大型企业、中型企业，本市已形成两套“两化融合”发展评估体系和一套衡量“两化融合”整体水平的发展指数，修改完善后将尽快发布；以此为参照系，组织第三方机构对本市重点骨干企业、中小企业进行评估。

2. 依托企业主体，突破重点项目。经过前期筛选，现已确定中国商飞“大型客机全球协同研制平台”、上海电气“临港数字化基地建设(一期)”等 12 个项目，作为 2009 年“两化融合”重点项目。对此，一是抓好项目推进，抓紧启动首批项目，适时总结推广典型经验。二是抓好项目储备，形成“两化融合”项目滚动实施机制，并将出台重点支持目录，指导企业结合实际进行信息化改造和建设，积极申报有关项目。希望作为项目承担主体的试点企业，抓住机遇提升技术能级和综合竞争力；其余企业特别是中小企业，结合“1010”工程和自身需求，找准信息化建设的突破口和切入点。

3. 整合各类资源，推动产学研用结合。将进一步整合各类资源，依托科研机构和知名高校，推动“两化融合”研究中心建设，开展在相关战略、标准规范、统计评估、共性技术等方面的基础研究；依托企业技术中心，推动“两化融合”重点实验室建设，分领域开展各行业的关键信息技术研发。在此基础上，下一步将组织开展产、学、研、用各环节的对接活动，推动“两化融合”领域的产学研用结合，实现一体化发展。

4. 分类开展培训，培养专业人才。配合本市“两化融合”的推进，抓好三类主体的培训，对一线操作人员，前阶段已分批开展了针对中小企业的“两化融合”专题培训，将继续以中小企业为重点，开展相关基础知识、基本技能的培训。对专业技术人员，在人才知识更新工程（“653 工程”）的框架下，重点实施“两化融合”人才战略，培养兼具信息技术、工业等背景的专业人才；对管理人员，结合 CIO 制度推广，组织面向政府管理人员、企业高管的培训，培养复合型管理人才。将依托上海现有的教育、科研和产业资源，争取建成全国“两化融合”人才培训基地，为兄弟省市提供服务。

（摘自上海市推进信息化与工业化融合工作会议讲话）

总 述

2009年上海市国民经济和社会信息化工作综述

2009年，上海信息化工作深入落实科学发展观，继续实施信息化领先发展战略，围绕全市“四个确保”要求和总体工作部署，大力推进信息基础设施建设，保持信息产业良好发展势头，深入推广信息技术应用，进一步优化信息安全、社会诚信等发展环境，全社会信息化建设与发展水平上了新台阶。

一、信息产业发展能级继续提升，促进了产业结构调整和经济发展方式转变

按照国家优先发展信息产业的战略部署，积极应对国际金融危机影响，努力推动信息产业从规模扩张型向创新效益型转变。全年实现电子信息制造业总产值5 580亿元，比上年增长6.7%，12月份当月产值达到600亿元，创历史新高；实现出口交货值3 927.7亿元，占全市比重约1/3。实现信息服务业经营收入2 108.1亿元，比上年增长20.2%；增加值768.5亿元，比上年增长12.8%，占全市GDP的比重达到5.2%。

信息产品制造业重点门类扭转下行态势，2009年通信设备制造业完成工业总产值618亿元，累计降幅比上半年收窄4个百分点；电子计算机制造业9月份实现年内首次累计增长，全年完成总产值3 139亿元，比上年增长23.6%；集成电路制造业四季度后恢复性增长，累计降幅比上半年收窄近18个百分点。重点产品增长强劲，全年笔记本电脑产量达6 799.4万部(占全国总产量46%)，比上年增长29.3%；传真机产量达192.8万部，比上年增长46.7%；等离子电视机产量达77.9万台，比上年增长28.5%。

软件和信息服务业发展能级不断提升。到2009年底，全市规模以上信息服务企业达到3 800家，从业人员29.3万人；其中年经营收入超亿元企业158家(不包括信息传输服务企业)，在海内外上市的信息服务企业累计达22家。2009年软件产业实现经营收入1 206.2亿元，比上年增长20%；全市通过CMM/CMMI 3级以上国际认证的软件企业113家。电信服务业实现经营收入505.4亿元，比上年增长4.4%；广电服务业实现经营收入56.5亿元，比上年增长3.7%；互联网服务业实现经营收入268.1亿元，比上年增长46.1%。

二、信息基础设施服务功能继续增强，提高了城市公共基础设施的服务水平

按照“统一规划、集约建设、资源共享、规范管理”的原则，拓展信息基础设施的覆盖面和服务功能。到 2009 年底，全市互联网国际出口带宽达到 200 G，新增约 120 G；城域网出口带宽达到 1 228 G，新增近 480 G；集约化基础通信管线新增 1 347 沟公里，IDC 机架新增约 4 000 个；全市光纤到楼和光纤到户覆盖超过 130 万户。

全市基本通信服务实现按需提供，非话音业务和移动业务快速发展。到 2009 年底，全市移动电话、互联网和家庭宽带接入用户普及率分别达 109.7%、65%和 59.5%。全年新建 3G 基站近 7 000 个，网络覆盖中心城区、郊区新城镇和全市重要交通干线；新建 WLAN 无线热点 2 000 个，累计超过 5 000 个，局部热点覆盖与广域 3G 覆盖共同组成“无线城市”网络。

有序推进世博园区信息基础设施配套建设、信息架空线入地整治、网站无障碍改造等专项工作，世博园区浦东区域通信管线建设基本完成，浦西区域完成约 7.2 沟公里；按照迎世博 600 天行动计划要求，完成 2 600 余皮长公里信息架空线入地。长江隧桥、虹桥综合交通枢纽、大型居住社区等市重大工程信息基础设施配套建设有序推进；圆满完成重大活动的信息通信和无线电保障工作。

三、信息化应用继续深入推进，促进了经济社会运行效率和管理服务效能提升

政务信息化建设积极推进。推动跨部门电子政务应用，实有人口信息管理系统(二期)建设实现 8 个部门人口信息的数据交换；政务信息资源服务平台开发工作基本完成，并在 5 家试点单位试运行；形成全市行政审批平台、法人信息共享与应用系统建设方案。深化公文类信息目录备案工作，已有 36 个市级部门、18 个区县备案超过 10 万条公文目录，顺利推进 800 兆政务共网建设。

经济领域信息化加快推进。开展“迎世博银行卡刷卡无障碍”活动，全年银行卡持卡消费额(剔除大宗消费)占社会消费品零售总额比例约 57%，提前完成迎世博银行卡支付环境建设任务；网上支付、移动支付等新型支付方式加快普及，2009 年电子商务交易额达到 3 250 亿元，比上年增长17.8%。基于电子口岸加快建设国际航运中心综合信息平台，服务范围将拓展到集疏运和航运服务等领域。

国家“两化融合”试验区建设顺利开展。形成上海“两化融合”试验区建设的总体实施方案，发布《关于推进信息化与工业化融合，加快产业能级提升的实施意见》及三年行动计划。聚焦航空、钢铁、石化等 10 个行业，推进工业软件振兴、节能控制与综合利用等 10 个工程，首批推进大型客机全球协调研制等近 30 个项目建设。建立 4 家“两化融合”研究中心、10 个“两化融合”重点实验室，初步形成“两化融合”发展水平评估指标体系，加强“两化融合”推进宣传和专题培训。

社会服务和城市建设领域信息化建设深入推进。建成上海城市地理信息社会服务平台项目网络服务版网站；积极开展城市建设地理空间信息系统共享交换平台建设研究。加快推动医疗卫生信息化，居民健康档案在长宁、闵行和静安区开展应用试点，“医联工程”覆盖 23 家市级医

院。“千村万户”农村信息化培训普及工程完成培训 3.47 万人、宣传普及 31.53 万人；行政村“一村一网”陆续建成开通，9 个郊区县建立农村信息化带头人队伍。

此外，“迎世博网站无障碍改造”工作取得成效，市残联完成门户网站中英文版、7 个业务网站、13 个专题网站、5 个协会网站及 19 个区县网站的全网改造工作；“中国上海”门户网站、市人力资源社会保障局、市民政局、市司法局等网站完成改造。

四、信息化综合环境继续优化，保障了信息化的持续健康规范发展

信息安全保障能力不断增强。信息系统安全监管和应急响应能力提升，有序推进重要信息系统等级保护及等级测评工作，完善城域网信息安全监测体系，形成信息安全应急资源库。世博会信息安全保障有序推进，成立世博会信息安全工作机构和队伍，与全市 156 家信息安全重点单位签定《世博会信息安全保障工作责任书》。网络信任体系建设深入推进，完成市工商局营业执照电子副本与数字证书整合改造项目相关系统建设；全年发放证书 36.5 万余张，累计超过 175 万张。

社会诚信体系建设加快推进。联合征信系统征信范围进一步拓展，探索推进违章搭建、房屋维修基金欠缴、车辆通行费欠缴等信息共享；2009 年本市个人信用联合征信系统覆盖人数达到 1 109万。信用奖惩机制进一步完善，在经济适用房申请、居住证转户籍、政府分类监管、行业评优表彰等环节中应用。落实《迎世博 600 天行动计划》要求，营造社会诚信氛围，推进淮海路、南京路、徐家汇等商圈信用制度建设；信用知识进社区、“知荣辱、讲文明、迎世博、建诚信”等活动取得积极成效。

信息化建设规范管理继续加强。宣传与贯彻落实《上海市促进电子商务发展规定》，制定《关于推进信息化与工业化融合促进产业能级提升的实施意见》；推进《上海市无线电管理办法（草案）》立法工作，开展《上海市计算机信息系统突发事件处置办法（草案）》立法调研；发布《上海市经济和信息化委员会行政处罚法律文书》、《上海市征信管理办公室行政处罚文书》。

信息化培训与合作交流等工作持续推进。深入推进上海市信息专业技术人才更新工程（“653 工程”），至 2009 年末累计培训 13 475 人次；上海亚太地区信息化人才培训中心承办两期“发展中国家信息技术应用培训班”。成功举办 2009 上海国际信息化博览会、2009 上海软件外包国际峰会等国际性会议；进一步深化长三角区域在世博会无线电联合保障、信息化会展等方面的合作。

（上海市经济和信息化委员会）

上海产业发展和信息化建设 2009年总结和2010年工作要点(摘要)

一、2009年重点工作回顾

信息化建设持续深入推进。信息化项目归口管理不断加强,配合市财政局完成预算单位及预算主管单位申报的1 388个项目审核,涉及资金17.8亿元;配合市发展改革委完成20多个项目可行性报告审核,涉及投资34亿元;开展信息化项目后评估试点验收。信息基础设施能级继续提升,3家电信运营商年内完成电信基础设施投资150亿元;协调推进3G基站建设、TD应用以及轨道交通、机场引入移动通信信号等工作,新建TD基站2 300个,其中协调新建640个;推进长江隧桥、虹桥综合交通枢纽等市重大工程信息基础设施配套建设,做好世博信息基础设施和通信保障工作。信息安全保障有力,按照工业和信息化部要求推进"政府信息系统上互联网出口归并"和本市IC卡应用安全等试点,召开全市信息安全大会;完成建国60周年信息安全防范检查,完善城域网监测体系,基本建成全市统一的网络信任体系;协调156家重点单位签订《世博会信息安全保障工作责任书》,推进世博系留气球监测系统项目实施。各领域信息化应用继续拓展,推进网站无障碍标准化改造、银行卡刷卡无障碍等工作;超额完成市政府实事项目"千村万户"农村信息化培训3.47万人,宣传普及31.53万人的目标;行政审批办事平台等项目及各类基础信息共享应用工作取得新进展。社会诚信体系建设持续推进,拓展联合征信系统征信范围,协调完成央行征信中心控股上海资信工作,信用惩戒机制在经济适用房申请、居住证转户籍等工作中得到应用,形成建设项目、中介服务等领域诚信体系建设意见。

二、2010年工作的发展环境、指导思想和主要目标

1. 发展环境

从国际看:信息技术发展催生一批新的产业增长点,移动宽带、云计算、智能电网、物联网等加快发展,将为信息产业提供更多的发展机遇。

信息安全在国家安全战略中的地位不断提升,要求我国抓紧构筑以自主技术为基础的信息安全保障体系。

从国内看:3G进入规模化商用阶段,将带动设备、信息服务等相关产业发展,拓展基于互联网的信息化应用。

信息资源共享难等制约信息化发展,亟需进一步加强信息安全管理,完善机制,推动信息化持续深入发展。

从上海看:世博会效应逐步显现,在拉动产业发展的同时,将促进信息通信网络能级、信息化应用水平的提升。信息服务业等成为发展新亮点,以软件、互联网服务业为重点的信息服务

业，创意产业等发展迅速，对产业发展的带动作用不断增强。

2. 主要目标

信息服务业：实现经营收入 2 500 亿元，同比增长 20%；信息服务业增长快于全市服务业增长。

信息化建设：互联网国际出口带宽增加到 300 G 以上；家庭宽带接入用户数达到 420 万，普及率约 60%；政府行政审批事项实现网上交互式办理比例高于 90%；电子商务交易额比上年增长 20%；"两化融合"发展指数达到 72 以上。个人信用征信覆盖人数达到 1 200 万人。

市政府实事项目："千村万户"农村信息化培训普及工程完成培训 1 万人、宣传普及 20 万人。推广高效节能灯 1 200 万只。

三、2010 年上海信息化工作的主要任务

大力发展服务业重点领域，促进服务经济发展。

围绕信息服务业等重点领域，集聚政策、人才、科技、资本等资源，努力创造需求，优化发展环境，争取在产业规模、机制创新等方面走在全国前列。

信息服务业：按照信息服务业增长快于全市服务业增长的要求，软件业加快发展汽车电子、轨道交通等领域嵌入式软件和工业软件，结合国家"核高基"重大专项落地，促进基础软件应用，打造中国"软件名城"。互联网服务业发展网络游戏、网络视听、NGB 增值服务、金融信息服务、数字出版产业等。电信和广电服务业发展 TD－SCDMA 等 3G 应用服务等。优化发展环境，跟踪衔接国家新 18 号文，推动落实《关于鼓励信息服务业发展的若干政策》，制定《上海互联网产业振兴发展计划》。培育重点企业，做大 10 家 10 亿元规模集团企业，做强 30 家亿元规模优势企业，培育 50 家高成长性中小企业，集聚一批总部企业。推动国家级项目落地，建设国家网络游戏公共测试服务平台，争取国家首个网络视听产业基地落户，引进软件与集成电路促进中心上海分中心等国家级行业功能性机构。

深入推进信息化建设，确保网络和信息安全。

围绕各领域需求，深化信息化建设和应用拓展，做好信息安全保障工作，继续推进社会诚信体系建设。

优化提升信息基础设施能级：推动 3G 网络建设和应用，发布全市基站建设布局规划，建成 500 处宏基站、1 500 处室内覆盖系统。实施城市宽带提速工程，2M 以下家庭宽带用户免费升速达 2M；建设"城市光网"，新建住宅和楼宇做到光纤到楼；加快下一代广播电视网改造，完成支持 50 万有线电视用户的核心网和系统端建设。同时，推进虹桥综合交通枢纽等市政重大工程、郊区新城和大型居住社区的信息基础设施配套规划建设。

加强信息安全保障：继续依托市网络与信息安全协调小组机制，确保重要信息系统安全稳定运行。推进重要信息系统安全监管的规范化和标准化，落实国家加强信息安全等级保护、安全测评等部署，加强对全市三级以上重要信息系统的动态管理，督促备案单位加强安全测评和整改。完善信息安全应急处置机制，发挥城域网信息安全监测预警体系作用，推进应急演练，提高

应对网络与信息安全事件的实战能力。加强网络信任体系建设，继续实施电子政务电子认证体系建设规划，做好公务员数字证书的发放，继续在银行、证券、网络支付等电子交易领域推广数字证书应用。

推进信息化广泛深入应用：深化电子政务建设，协助建成市行政审批管理服务平台，推进政务信息资源目录服务平台、法人信息共享和应用系统平台等建设；推动信息化项目归口管理从前置审核把关向全过程管理拓展，完善项目后评估等机制。加强智能识别系统应用，完成“迎世博银行卡刷卡无障碍”行动，银行卡持卡消费额占社会消费品零售总额的比重保持50%以上。推动社会公共服务信息化，深化“为农综合信息服务千村通”工程，完成“千村万户”农村信息化三年培训普及工程目标任务；着眼便民利民加强信息系统集成和服务渠道整合，协调推进 GIS 在线更新和信息共享，指导区县信息化工作。

深化社会诚信体系建设：提升联合征信系统功能，加强与人行全国征信系统合作互补，推进信贷、纳税、合同履约、产品质量、诉讼判决等信用信息记录、公开和共享。促进政府诚信建设，在工程建设、政府采购、土地和产权交易、食品药品产销等领域建立完善信用制度。推动企业信用制度建设，开展企业信用管理培训，完善中小企业信用信息申报比对机制。培育信用服务市场，推进金融、电子商务、二手车交易、人才流动、中介服务业等领域使用信用产品，继续开展诚信宣传、长三角信用体系建设合作等工作。

加快推进“两化融合”，提升产业发展能级。

围绕“1010 工程”，以重点项目、专项工程为抓手，从区域、行业、企业、产品等层面大力推进，完善配套环境。

加快推进重点项目：跟踪“两化融合”首批重点项目建设，推动大型客机全球协同研制、自主品牌汽车柔性制造、高炉智能专家系统等项目实现突破，形成典型应用案例；推进长兴岛数字造船基地、绿色化工及能耗监测模型、消费品客户资源管理等项目加快建设；形成包括 200 个项目左右的储备库，建立“两化融合”项目建设管理长效机制。聚焦航空、装备、石化等产业，以企业为主体落实“两化融合”任务。

加快实施专项工程：示范园区引导工程，在临港产业园区推进“数字工厂”建设，编制数字化工业园区建设指南，形成园区信息化标准规范、公共平台、集成应用等示范案例。电子商务扶持引导工程，实施中小企业电子商务“双推”对接试点工程，引导中小企业依托专业化第三方电子商务服务平台开展电子商务应用。专业人才培训工程，分别开展面向 200 名左右政府和企业管理人员、2 000 名左右专业技术人员的专题培训。实施政府监管服务信息化、节能控制与综合利用等专项工程。

加强基础配套工作：发布“两化融合”发展评估指标体系，关注智能电网中信息通信、系统集成、自动化控制、解决方案等技术开发和应用，推动电力与信息技术、标准、应用融合。加强“两化融合”宣传，开展相关研讨与合作交流。

加强联动机制建设：加强产学研用联动，发挥研究中心、重点实验室、行业协会、企业等作用，发布“两化融合”年度报告。加强市区联动，启动区县“两化融合”试点，结合区县优势产业深化“两化融合”工作。与跨国公司、市外央企和其他试验区等开展多种形式互动。

配合做好世博会筹办工作，保障世博会顺利举行。

确保信息通信安全：信息通信保障，完成世博园区信息基础设施建设、信息架空线入地和网站无障碍标准化改造。信息安全保障，全面落实世博信息安全专项规划，开展迎世博全市信息安全检查，加强信息安全保障协调，落实等级保护、风险评估等信息安全管理制度。提高监测预警和应急响应能力，推进数字证书在世博各业务系统中的应用，完善统一的网络信任体系。无线电保障，实施世博无线电业务一门式受理；形成水、陆、空立体无线电监测网络，合理指配频率资源，实施重点部位无线电管制、电磁环境专项管控和国家元首、重要国家馆日的专项保障。

（上海市经济和信息化委员会）

第一编
信息基础设施

综　述

2009年，上海信息基础设施发展加强统筹规划，以大力推进TD-SCDMA等3G网络建设、市重大工程配套建设、世博信息化保障为重点，注重完善管理体制和机制，激发相关部门和企业的积极性，形成合力，促进主要业务发展指标稳步增长，做到各项工作合理计划、有序推进，取得良好成效，为实现“十一五”信息基础设施发展目标奠定坚实基础。

*信息基础设施专业规划覆盖面不断扩大。*2009年，全市完成多个市保障性住房基地信息基础设施专业规划，以及虹桥综合交通枢纽、临港物流园区奉贤分区等区域的信息基础设施专业规划；启动《移动通信基站布局选址专项规划》以及与《崇明生态岛建设纲要》配套的信息基础设施规划编制工作。

*信息基础设施集约化建设向纵深发展。*推进沪崇苏长江隧桥、虹桥综合交通枢纽、东方体育中心、大型居住社区等重大工程的信息基础设施配套建设；配合《迎世博600天行动计划》，继续推进信息通信架空线入地工作；全力推进TD-SCDMA等3G网络建设和应用，建立和完善3G发展的长效管理机制。2009年，新建集约化信息管线约1 346.99沟公里，历年累计敷设约5 354.13沟公里；接入商务楼宇、基站、小区714个，历年累计接入3 040个；组织实施约2 600皮长公里的信息架空线入地，累计完成6 635皮长公里。截至2009年底，在上海登陆的国际海光缆有6个系统共10条光缆；长途光缆线路总长达3 151.28公里；微波占有信道累计达967波道公里，数字微波线路总长2 832公里；卫星站点累计达772个。

*信息网络和功能型服务设施能级持续提升。*截至2009年底，全市固定电话交换机容量达1 386.35万门，比上年末减少15.75万门；固定电话用户达935.48万户，其中住宅电话616.24万户，小灵通用户77.27万户；移动电话交换机容量达3 488万户，比上年末增加118万户；移动电话用户达2 106.32万户，比上年末增加225.42万户；互联网用户达1 250万户；宽带接入用户达470.32万户，其中家庭宽带接入用户达423.29万户；有线电视用户达557.99万户，比上年末增加30.79万户；全年长途电话通话时长达190.86亿分钟，同比减少1.7%，其中固定电话长途通话时长达27.07亿分钟，同比降低10.36%；移动电话长途通话时长达32.28亿分钟，同比降低8.81%；IP电话通话时长达131.51亿分钟，同比增长2.26%；国际及港澳台电话通话时长达0.77亿分钟，同比降低59.47%；长途光缆线路总长达3 151.28公里。上海互联网络交换中心全年总交换流量达2 950TB。总交换互联带宽达到12Gbps。

（吴南竹）

第一章 专业规划与重大工程

概 述

2009年，信息基础设施规划工作扎实推进，专业规划覆盖范围不断扩大，组织编制完成《宝山区顾村配套商品房基地拓展区信息基础设施专业规划》、《上海市保障性住房三林基地信息基础设施专业规划》、《闵行大型居住社区浦江镇基地信息基础设施专业规划》等多个市保障性住房基地信息基础设施专业规划，以及《上海虹桥综合交通枢纽信息基础设施专业规划》、《虹桥枢纽信息基础设施规划—无线网络子规划》、《上海临港物流园区奉贤分区信息基础设施专业规划》；启动《移动通信基站布局选址专项规划》以及与《崇明生态岛建设纲要》配套的信息基础设施规划编制工作。

加快进行重大工程的信息基础设施配套建设。推进沪崇苏长江隧桥、虹桥综合交通枢纽、东方体育中心、大型居住社区等重大工程的信息基础设施配套建设。推进迎世博600天行动计划确定的架空线入地整治工作，完成架空线入地2 600皮长公里；协调推进TD－SCDMA等3G网络建设和应用，建立全市3G推进工作组织，完善3G发展的长效管理机制。

（吴南竹）

一、信息基础设施专业规划

上海虹桥综合交通枢纽信息基础设施专业规划

2009年，为完善虹桥综合交通枢纽地区的信息基础设施布局，集约化部署各类信息基础设施资源，满足发展的新要求，解决枢纽面临的“人流”挑战，实现信息基础设施建设与区域的协调发展，编制完成《上海虹桥综合交通枢纽信息基础设施专业规划》。其中，通信局房、通信管道规划主要覆盖虹桥综合交通枢纽地区（26.34平方公里）除虹桥机场（880公顷）外的部分，无线基站规划覆盖整个枢纽地区。

该规划根据虹桥综合交通枢纽的总体规划，在详细分析了枢纽地区未来土地规划及人口增长、经济发展对通信的需求后，结合各运营商现有网络及相关网络技术的发展，充分考虑先进性、应用性和经济性，对枢纽内通信网络、通信局房、通信基站、通信管道等进行了系统规划，同时还编制了无线网络子规划，对枢纽地区的无线电磁兼容情况进行专题探讨。

南汇周康航基地信息基础设施专业规划

2009年，编制完成了《南汇周康航基地信息基础设施专业规划》，旨在集约化部署各类信息基础设施资源，满足周康航基地发展的新要求，实现信息基础设施建设与区域的协调发展。

规划范围为周祝公路—周园路—沈梅路—瑞安路—周东路—机场高速—罗南大道围合的区域。规划用地面积约2.36平方公里。规划期限为2009至2020年。

规划主要包括对南汇周康航基地内各类基础通信业务的预测、各类基础通信网络的发展分析、各类主要信息基础设施的布局规划等相关内容。规划新建综合信息机房1处、小区通信机房6处，新增移动通信室外宏基站址3处，并配套新建相应的基础通信管道457.75孔公里。

上海市保障性住房三林基地信息基础设施专业规划

三林基地作为上海首批启动的规模较大的保障性住

房基地，为充分体现基地信息化建设和规划的示范性，2009年，编制完成《上海市保障性住房三林基地信息基础设施专业规划》。

三林基地位于浦东新区三林功能区外环线以外的区域，规划范围为西至浦星公路，东至新桥港，北至浦东外环绿带500米控制线，南至规划中的芦恒路及浦东新区区界。规划用地面积约175公顷。规划期限为2009至2020年。

规划按照技术先进、安全可靠、适度超前的原则，充分考虑该地区未来发展，尽可能做到管线、机房等永久性信息基础设施的规划一步到位。规划新建综合信息机房1处、小区通信机房8处，新增移动通信室外宏基站址2处，并配套新建相应的基础通信管道278.11孔公里。

（吴南竹）

二、市重大工程配套任务

【虹桥综合交通枢纽项目完成】 中国电信上海公司积极配合虹桥枢纽指挥部、机场指挥部，确定信息通信基础设施的需求和方案。2009年，完成公用电话等通信配套设施建设，并完成虹桥枢纽有线通信、无线室内覆盖、室外宏基站等基础设施的建设和开通，为虹桥枢纽工作人员和旅客提供高质方便的通信服务。

（王　勇）

【世博会交通大动脉地铁7号线接入工程完工】 上海轨道交通7号线是目前上海市正在建设中的重大工程，也是上海轨道交通远景规划网络中的骨干线路之一，更是世博会的交通大动脉。根据规划，上海联通在7号线全程33座车站中的31座车站内建设无线覆盖系统，以满足无线业务需求。2009年11月，为赶在地铁试运行前开通无线覆盖，工程建设部门在管道建设、光缆敷设和熔接、设备安装和调测等方面多管齐下，相互配合、多方协调，仅1个月时间，就完成了整个工程建设，赶在7号线试运行前夕顺利开通了无线覆盖系统。

（应　燕）

【上海联通完成长江隧桥配套工程建设】 全长25.5公里、总投资达123亿元的世界上规模最大的隧桥结合工程——上海长江隧桥于2009年10月31日正式通车。与此同时，上海联通移动通信配套工程同步完工。该工程采用集约化共建方式，在隧道段建设无线覆盖系统，以满足隧道内无线业务需求。

该工程于10月13日完成立项，当时距隧道开通时间已不到20天，上海联通克服现场情况复杂、施工难度大等困难，加强多方面人员现场协调，于10月28日完成光缆的敷设和熔接，设备调试人员采取并行施工的办法，完成上联传输设备扩容，确保隧桥内信号按时开通，为手机用户提供高质量的3G网络服务。

（应　燕）

【迎世博架空线入地】 上海铁通在迎世博架空线入地整治行动中，按照市政府“新账不欠，旧账加快还”的要求，重点清除主要景观和交通干道、交通枢纽、旅游景点、历史风貌区、世博会场馆周边道路的架空线，2009年共投资完成26个路段179根光电缆整治，共计85 026米架空线入地。

（周　旦）

三、世博信息化建设

世博园区信息基础设施建设

【概况】 信息服务和通信保障必须依靠通信基础设施支撑。通信基础设施分为公共基础设施和信息网络设施。前者主要包括园区内及周边区域的集约化信息管线、共用局房、移动通信基站、各类专用机房和场馆布线系统。信息网络设施则包括园区固定及无线的公众语音数据通信网、满足运行指挥调度的800M数字集群政务共网，以及承载世博信息应用系统的数据业务专网等。

【科学规划、集约建设】 根据园区总体规划、人流量预测、各场馆及配套设施的功能定位、应用系统的建设需要，世博园区完成42沟公里的集约化市政信息管道、主辅共两个数据中心、5个世博信息化和通信运营商局(机)房、10个汇聚机房、13个集约化移动通信基站、300余个无线通信街道站、百余个建筑室内无线合路系统等通信基础设施建设，并在此基础上构建各类公众和专用通信网络。

市政基础设施、通信基础设施和信息化应用系统在建设中做到"四个同步"：同步规划，同步设计，同步施工，同步投入使用；要求信息通信基础设施参建单位按照"高等级、广覆盖、集约化、技术先进"的原则实施各项工程；局房、移动基站和街道站等在合理选址的同时，还采用伪装技术使之与周边景观协调一致。在已有的市政信息管道资源基础上，世博信息化工程要求除满足局(机)房、移动基站的需求，还充分考虑园区内移动通信街道站、信息亭、广播、视频监控、预约机、信息发布屏等对末段接入管道的需求。同时，园区还建设高容量的光缆，满足端到端、高质量、高可靠的信息传送需求；建设经济、灵活、安全稳定的电缆网，满足基本语音通信需求。

通过和通信运营商合作，合理选址并进行集约化建设和运营主辅数据中心及部分重要局(机)房，通过共建/共用油机、变配电、蓄电池等基础设施，借助运营商丰富的机房运维管理经验并委托代维，依托运营商的大网优势构建主备网络等，既可保证主辅数据中心安全可靠运行，亦大大减少资金投入，并很好地解决了世博会信息设备的后续利用。

【应用信息新技术，提高网络系统性能】 世博园区实现全光网建设，并支持IPv6和IPv4的双栈接入，及以3G为核心、LTE为示范的移动通信网、无线宽带网，满足语音通信、高速互联网接入、视频监控、信息发布、安保系统等应用对通信基础设施的需求。

【兼顾后续利用】 世博园区地理位置优越，经过筹办期间建设和会后再次开发，世博会址将成为具有现代化、国际性文化交流和商务服务中心功能的标志性区域。特别是"一轴四馆"，将成为举行"两会"、国际演出活动和会展的重要场所。因此，园区及周边的通信基础设施在服务好世博会的同时，使局房、管道、基站等设备设施，尽可能实现后续利用，与会后新增的通信基础设施一起，成为与世博功能区发展相适应的综合信息服务的核心枢纽，更好地服务于世博会后的持续发展工作。

具有亮点和里程碑意义的世博信息化工程中，通信基础设施规划和建设扮演了重要角色。满足通信网络的全面覆盖和安全可靠是最基本的需求；统筹规划合理选址、全面推广集约化建设实现资源共享，可以减少建设与运营成本、提高效益；适度引入新一代宽带通信技术，有效解决网络带宽瓶颈并促进多业务融合等，将具有重要意义。而规划初期进行科学合理的设计，充分考虑后续利用和可持续发展，更可减少世博会后地块重新开发对基础建设的投入，为未来城市的信息化工程建设提供示范。

（忻 烨）

世博会综合管理信息系统和信息化项目

【概况】 根据2007年8月发布的《2010年上海世博会信息化建设总体规划》以及其他专项规划。2007年12月，市发展改革委通过《世博会综合管理信息系统项目建议书》的立项审批。后经局部调整，最终"世博会综合管理信息系统"共包括8个项目群、共计47个子系统。

【运行指挥中心信息通信系统】 世博园区运行指挥中心是园区运行指挥的最高机构，它的功能可以概括为信息汇聚、指挥调度、综合协调和应急响应。该项目是支撑世博会运行指挥中心运作的统一信息通信平台、资源汇聚平台和指挥调度技术支撑平台。

该项目涉及园区运行指挥中心、5个片区指挥机构、6个重要场馆指挥机构共12个部门；6号楼指挥大厅、第一指挥决策室、第二指挥决策室、指挥中心通讯机房等4个物理场所。方案中不包括专业指挥中心(调度室)建设内容。

该项目建设内容包括信息系统和基础环境两大

部分。

1. 信息系统

应用与应用支撑系统：包括集成门户、计划与日程管理、重大事项督办、预案管理、可视化指挥、辅助决策应用子系统；以及信息汇聚、客流信息分析两个支撑性子系统；通信技术支撑系统：包括有线调度、无线调度、图像监控、视频会议、综合显示子系统；外部系统延伸：包括市应急联动园区 110、119 处警系统、120 子系统、气象系统等市级信息系统的延伸；网络系统：包括世博业务专网连接一、二级指挥中心所需要的网络设备；公安指挥网、公安视频专网、公安业务专网、TETRA 网络接入设备；无线录音专网所需网络设备；信息安全建设：包括数字证书系统、WEB 应用安全系统；服务器与存储系统：运行指挥中心应用系统涉及的应用系统服务器、数据库服务器。

2. 基础环境

综合布线：包括运行指挥中心的综合布线；机房建设：包括运行指挥中心同通讯机房的建设；综合改造：包括第一指挥室、第二指挥室的综合改造。

【园区公共区域图像监控及视频系统支撑平台】 根据上海世博园区运营管理的要求和上海市技防办对世博园区图像监控的要求，上海世博园区公共区域图像监控及视频系统支撑平台项目的建设主要实现以下目标：

对世博园区规划区 5.28 平方公里内的重要设施、主要建筑、公共区域、重点目标等实施全方位监控覆盖，包含 AB 片区、C 片区、DE 片区和城市最佳实践区的设施周边区域的监控覆盖，还包括 9 个路上出入口和地铁 13 号线马当路站出入口，19+2 个停车场及 48 个票务处理亭区域的监控覆盖；为园区运营期间的安全保卫、指挥调度、智能交通与客流引导（含人、车流状况与密度）以及其他运营管理等提供实时和录像图像监控图像资源，满足业务部门对图像资源的使用要求；根据需要与市应急联动中心图像监控系统实施联网、便于市应急联动中心随时调用图像资源；为上级委办局相关单位提供世博园区图像资源，满足其业务部门的对世博园区图像资源的使用要求。

实现对世博园区 3.28 平方公里内部重要部位（包括活动广场、人行步道上下口、巡游路线周边等）、设施（包括变电站、开关站、燃气设施等）周边及建筑（包括场馆、购物、援助等）周边的无盲区覆盖；实现对世博园区出入口（包括 VIP 和应急出入口）和相关停车场区域的覆盖；实现对出入口票务处理亭内的监控覆盖，满足出入口票务管理的业务需求。

根据运行和安保的需求，在各出入口设置 50 套高清摄像机，强化对出入口重要区域的监控。建立独立存储系统，所有监控覆盖的图像保存 30 天，重要区域图像保存 184 天。将视频资源集成进世博局图像监控平台并提供模拟与数字两种途径的视频资源供各级运行指挥平台使用，满足各类业务需求。

建设内容包括：园区公共区域图像采集系统、园区图像接入系统、园区公共区域图像存储系统、园区图像监控平台安全系统、视频专网规划和设计、园区公共区域图像系统测试及运维保障。

【公众信息发布系统】 系统的目标是建设一个多媒体、智能化的信息发布平台，以有线电视网络及 IP 网络为传输介质，以数字机顶盒为智能接收终端，为世博会所有需要对公众进行信息发布的相关业务信息系统提供一个统一的、集中的信息发布渠道，避免重复建设，并使各类信息能够通过统一的平台向公众进行发布，确保发布信息的安全性、准确性、及时性。

该项目的建设内容包括信息发布系统平台、播出头端系统、传输网络及智能信息接收终端四大部分。信息发布系统平台是整个发布系统的控制核心，主要包括信息编辑审核、节目播出控制、综合统计分析等功能模块，通过各个不同的功能模块实现信息从输入、编排、审核、播放、监控到统计的完整流程。播出头端系统主要负责将视频节目内容通过 HFC 网络传送到智能信息接收终端，可分为直播和录播两种工作模式。传输网络采用 HFC+IP 的双网结构，用户传输视频节目及其他的文字、图片信息，其中 HFC 网络用来传输视频节目内容，IP 网络用来传输文字、图片内容及对机顶盒控制的信号。智能接收终端主要负责接收播出头端系统发来的视频码流进行解析播放，另外可根据后台系统制定的播出节目表定时播放本地存储的节目内容。

【参观者服务系统】 参观者预约服务管理系统的建设目

标是实现包含团队提前预约、个人现场预约、预约入场管理、预约后台管理等功能的应用软件系统开发，完成预约专用设备的设计、研制和工程建设以及软硬件系统的总集成。

1. 使用范围

地理区域：使用范围是世博园区 3.28 平方公里范围内，部分内容(团队提前预约)的使用范围为园区外的团队组织机构。

时间范围：世博会开展期间，即 2010 年 5 月 1 日～2010 年 10 月 31 日，部分内容(团队提前预约)的使用范围为 2010 年 3 月 1 日～2010 年 10 月 31 日。

服务对象：该项目的服务对象包括世博会参观者、团队组织机构与世博局业务运营管理部门。

服务内容：该项目提供团队提前预约业务、个人现场预约业务、预约验票业务与预约管理业务。

系统管理：系统使用方为世博局参观者服务中心，系统运维管理方为世博局信息化部。

2. 参观者预约服务管理系统

软件系统开发：主要包括五个功能模块，分别是：团队预约子系统、现场预约子系统、预约验票子系统、业务管理子系统和外围系统数据接口。系统的设计开发将充分考虑到并发支持和对大量数据的高效处理机制，预计整个世博会期间使用预约系统的参观者将达 3 500 万人次左右。

专用设备生产：主要是指预约机和验票机的设计、制造，包括部分专用模块的集成测试等工作。预约机中集成的所有模块均需经过严格的可靠性测试和各种极端环境下的连续运行测试，确保整机系统的高可靠性。专用模块主要是指世博门票信息的读写设备。

【票务信息系统】 票务信息系统对世博会实现收支平衡起着关键作用；同时，门票作为参观者零距离接触世博会的第一媒介，从预售推广到参观结束作为一整套服务提供给参观者。这是一项极具挑战的系统工程，因此，充分体现组织者以人为本的服务理念、体现本届世博会“城市，让生活更美好”的主题，是整个票务工作的基本原则。

世博会门票除作为参观者进入世博园区的入园凭证的基本功能外，还将作为世博会参观者客流数据采集、安全保障、场馆预约等各项工作的工具和载体。

该项目建设内容包括：建立一套完整的门票生命周期信息管理的计算机系统，实现对门票生产、封装发行、仓储、物流配送、销售和检票等管理，同时实现门票销售、票务资金结算、与外界各应用系统信息交互的应用软件开发，以及将制票管理系统、代理商销售系统、园区检票系统、现场票务处理系统的集成。

【世博会门票制票系统】 世博会门票制票业务是 2010 年上海世博会票务一个重要的业务，制票业务需要在 18 个月左右完成世博电子门票的 8 000 万芯片 Inlay 的生产和 7 000 万门票的生产、仓储物流。世博会制票参与方多、规模大、周期短、涉及的物流区域范围广。需要准确、有效的管理。

制票系统的整体建设目标是实现对整个制票业务的准确实现和有效管理，针对世博会门票制票特性开发相应的业务系统，对现有的生产管理系统进行集成，使得整个制票过程中的各个子系统成为一体，保证制票管理人员能够通过该系统快速有效地获得制票信息，对制票过程的各个环节进行有效的控制，保证制票工作的顺利完成。

1. 制票系统

制票管理控制系统开发：汇集整个制票过程的有效信息，包括芯片信息、Inlay 信息、门票发行信息、门票仓储信息、门票物流信息，对相应的生产指令和物流配送指令进行记录管理。

芯片 Inlay 数据的汇集：在原有芯片 Inlay 生产系统上进行集成，汇集芯片 Inlay 厂商的基础数据和生产数据，对世博会门票专用 RFID Inlay 的生产情况和生产数据进行监控。

门票信息平台门票发行系统开发：结合原有的封装发行设备和发行流水线的过程控制软件，针对世博门票发行的特性，构建一套完整有效的世博门票专用发行系统。门票发行系统对门票封装发行数据进行汇集，对世博门票票面流水号进行个性化打印，发行时门票初始数据和密钥写入和发行完毕后的验证，装盒装箱的电子标签数据写入，实现对世博门票的发行质量保证。

门票信息平台中仓储物流子系统开发：实现世博门票在仓库的信息化管理，通过电子标签技术应用于世博门票仓储、物流过程中，提高世博门票的仓储和配送过程效率与准确性。

2. 安全控制系统的开发

针对世博门票应用的安全要求，开发相应的门票应用安全控制模块的发行系统。通过一套完整、严密的密钥系统，实现对RFID门票在各个应用阶段的安全控制，为世博门票的应用安全提供技术保障。

【商务及收银管理系统】 根据世博会《参展指南》和《特殊规章》对商业活动的要求，世博管理方将为园区商业活动建立一套统一的商务管理系统。该系统将建立成一个统一信息管理平台，它将为顾客提供形象统一的消费便利；为广大签约供应商提供方便易用的收银系统用于销售收银及数据查询；为世博管理方提供准确及时的供应商经营数据，便于管理部门进行监管及进行月度抽成结算。该项目建设内容包括应用系统、网络系统、主机系统、安全系统等内容。其中应用系统分为前台子系统和后台子系统。前台子系统包括商务管理、活动衍生品管理、结算管理、片区管理等模块；后台子系统包括收银员、店务、报表、POS机等模块。

【协同办公与信息管理系统】 协同办公与信息管理系统旨在依托先进的信息化技术手段，构建世博局内部计算机网络及应用系统，提供世博局各级办博人员协同工作体验；整合办博期间各业务部门数据，梳理各办博业务流程，为办博业务和领导决策提供信息支撑服务。通过集约化的系统建设，满足办博工作人员协同工作需要，保障世博局办博工作的高效开展，节约办博人力成本和资源成本。

该项目分三个阶段进行建设。

1. 基础办公支撑

应用建设：提供邮件、即时消息、短信、传真、通讯录和日历的基础办公支撑服务；网络建设：重点建设世博局内部业务专网的网络环境，部署包括防火墙、入侵检测、入侵防护和网管等系统；安全建设：在安全机制规范下设计必要可行的网络安全运行环境，部署防病毒、防垃圾邮件等系统。

2. 办博业务协同

应用建设：构建包括公文流转、信息共享、会议签到、网上论坛、文档管理在内的公共服务子模块，建设包括人力资源管理、法务合同管理、客户关系管理、监察审计管理、宣传品/礼品管理在内的业务应用子模块，建设面向领导的领导工作门户和面向工作人员的统一门户子模块。整合包括培训系统、全景展示系统、参展者服务系统、媒体服务系统等相关办博信息系统。提供统一办博门户体验和办博决策辅助服务；安全建设：建设统一身份管理与安全认证系统，结合CA认证，实现世博局协同办公强身份认证体系。

3. 运营支撑服务

应用建设：结合运营期业务特点，建设世博会订房等信息系统，同时，搭建统一通讯平台，实现世博会运营期间，世博工作人员以及相关各个指挥机构的高效实时多渠道的通讯服务。

【要客服务信息系统】 基于2010年上海世博会要客接待的活动要求，礼宾部负责上海世博会国际贵宾来沪参加相关活动和观摩上海世博会的接待工作。建设要客服务信息系统，将为礼宾部安排接待和服务工作提供信息化支撑。通过集约化的系统建设，满足局内部要客接待任务相关部门的工作需要，保障世博局要客接待工作的顺利开展，并实现系统化、精确化的要客相关信息的管理，为世博会的顺利举行提供保证。

在2010年世博会运营期间，要客接待管理工作主要包括参展国重要宾客来访的接待和服务，其中将涵盖制定重要来宾接待计划的审批、相关接待事宜的准备和交换礼品的管理等工作。系统功能主要分为三部分：

基本信息管理：对参展国详细信息的管理，包括国家信息、代表团信息以及随行记者信息的管理；

要客日程管理：包含新闻发布会、迎送流程、升国旗仪式、礼仪晚宴以及接待人员等信息流程的管理；

要客物品管理：包含互赠要客信息管理和国旗、国歌信息管理。

【活动管理信息系统】

1. 活动管理信息系统建设内容

活动策划编排管理：根据活动内容、举办时间、地点进行合理平衡的编排管理，保障活动组织的安全有序。

活动组织过程管理：遵循活动管理生命周期的轨迹，在制作筹备和组织落实等各个阶段，进行全过程的信息化管理。

活动运行指挥管理：结合整个园区的运行指挥体系，实现世博会展会期间园区内各种活动的全过程有效运行管理和应急指挥。

信息服务：充分利用各类信息传播渠道，为社会公众和相关人员提供及时、便捷、全面的活动信息和服务。

专业数据库：建设相应的专业数据库，对于各类资源和人员的基础信息进行集中管理，协调各类资源的合理有序使用。

2. 活动管理信息系统一期建设

主要包括活动综合管理门户子系统、活动遴选管理子系统、活动编排管理子系统、专业数据库（主要是节目、场馆、专业人员、国别文化）、活动信息发布子系统、综合统计分析子系统等应用软件子系统的开发，应用系统运行所必需的服务器和存储系统的购置，以及必要的集成、监理、测试等。

3. 活动管理信息系统二期建设

重点在于活动运行和活动组织管理。

应用系统开发：在一期系统基础上实现活动的全过程管理，为世博活动组织、运行工作提供有力支撑，包括：活动组织管理子系统、活动运行管理子系统、外部服务管理子系统以及活动信息发布子系统、专业数据库管理子系统、综合统计分析子系统的进一步完善。

外部系统对接：实现和其他运行相关系统的密切整合，实现及时高效的数据交换和业务协同，可能涉及的其他信息化系统包括：运行指挥信息系统、安保管理系统、物流管理系统、交通管理系统、网上订房系统、网上世博、预约管理系统、志愿者管理系统、一门式系统、世博官方网站、公众信息发布系统等。

专业数据库建设：在一期四类专业数据库的基础上继续完善其他几类专业数据库的建设。

系统软硬件基础设施完善：根据应用要求，进一步完善系统软硬件基础环境。

【媒体服务与管理系统】 媒体服务与管理系统是世博会筹备期间媒体记者、论坛来宾入驻以及世博会展会期间各类用户和组织方工作人员日常工作处理所不可或缺的一部分。

面向媒体记者、论坛来宾等用户提供集中的官方活动、办事指南等信息展现以及各外网应用系统统一的入口，面向组织者提供集中的办事审核提醒以及各应用管理系统统一的入口，通过个性化、人性化、多点多源多形式的表现方式，提供用户及组织者一套快捷、便利的线上服务环境。

根据组织者的业务需求定制应用系统，通过各类应用系统为媒体记者、论坛来宾等用户提供全面的线上办事及信息查询服务器。另一方面，管理平台的应用系统是对外部网站应用系统的管理和监控，供组织者来实时把握媒体记者、论坛来宾的动向。

由于媒体记者的用户数据需要为其他业务系统给予支持，而同时本平台的一些应用系统实现需要其他业务系统的支撑，因此本平台将有效整合这些业务信息系统，实现业务协同处理，为媒体记者、论坛来宾提供快速在线服务。

【物流管理系统】 物流管理系统建设目标是：设计适合上海世博会物流特点的业务管理模式，为世博物流工作各项操作的实现过程提供完整的业务支撑平台，确保物流工作安全、有序、高效。建设世博物流管理数据采集与分析系统，为世博物流工作管理团队提供物流工作实时状况和数据，为实施各项管理方案和应急措施提供决策依据。为世博物流工作涉及的外部对象（参展者、商业服务企业、物流商等）与世博物流中心的物流协作，提供一个实时数据交换的公共物流信息服务平台。

该项目建设内容包括应用系统、网络系统、主机系统、安全系统等内容。其中应用系统包括物流基础资料管理、作业计划管理、仓储与库存管理、配载运输管理、物流财务结算、物流公共信息服务管理、物流指挥调度、查询和报表管理、后台管理等模块；网络建设包括内网和外网部分；内网部分通过网闸到达市电子口岸平台前置机，前置机使用 Websphere MQ 与电子口岸相连通。

【参展者事务“一门式”服务信息系统】 参展者事务“一门式”服务信息系统建设目标是：成为组织者向参展者提供高效、便捷、个性化服务的平台，是联系世博局内各部门、委办局、合作伙伴和参展者之间的桥梁，为举办一次“成功、精彩、难忘”的世博会提供保障。该项目依靠信息技术与制度保障，通过前台“一口受理”、后台“工作协同”、管理“全程监控”的运作体系，实现信息资源共享和业务协同，满足各类参展者对办理信息的需求，达到条块结合、互惠共赢的目的，以期更好地为各类参展者的参展事务提供便利。

该项目主要内容包括“一网两厅”的应用系统，“一网”指参展者服务网站，为参展者提供各类参展信息服务、在线办理、个性化服务平台等；“两厅”指参展者服务大厅、参展者商务服务中心，两个大厅的土建与基础设施建设工作由世博组织者负责，其中软件应用建设与日常运维管理是该项目的核心内容。

该项目的软件应用建设主要涉及参展者参与世博进行布展、展览、撤展的全过程，包括有审核收办件、联合审批审核办件、咨询投诉管理、办理件材料物流管理、材料电子化管理、参展者档案库等在参展者服务大厅中使用的应用系统；也包括商务服务中心中，帮助参展者进行需求处理与配对、预约洽谈、供应商展示空间等商务服务应用群。

【园区建设工程管理信息系统】 园区建设工程管理信息系统建设目标是：建立起一套基于 GIS 数据平台，提供对世博园区内规划情况、建设工地、进出人员车辆等各个方面提供信息化的支撑平台，以实现对建设工程的有效管理。同时该平台还将提供视频监控系统，提供对工地的实时监测与事后视频资料调阅的手段。

该项目建设内容包括 GIS 基础平台、规划管理、建设工程管理、工地视频监视、车辆进出管理和人员进出管理 6 个子系统，包括世博园区工程建设管理信息系统运行所需的网络系统环境、服务器、存储系统、系统软件、安全系统等，使用对象包括世博局约 500 名工作人员以及世博园区建设工地的承建单位。

【世博园区基础地图服务平台】 为保障 2010 年上海世博会成功举办，提高世博会信息化系统的资源共享能力，满足上海世博会的活动管理、安保、运营指挥、交通管理、参观者服务、参展者服务、志愿者管理、物流管理等内部管理和世博官网、网上世博等公众服务对空间信息服务的迫切需求；世博园区基础地图服务平台以 3S 技术为基础，整合世博相关的各类信息，建立多维度、多分辨率且实时更新的空间基础信息数据库，构建多种地图应用的“一张图”在线服务体系。

该项目建设内容包括世博二维地图和三维地图的采集。世博地图数据的建设含二维地图和三维地图两部分。矢量数据采用地面的人工采集方式获取。航片影像采用航空拍摄，航拍利用国际领先的 DMC 等全数字航摄系统和 LIDAR 等机载激光航摄系统，可以实现多光谱、多类型、高精度、高分辨率、全天候航空影像数据及激光测高数据采集。获取原始的地理数据后，还需进行内业二次加工和入库。三维数据包括数字高程模型、数字正射影像、三维高精模型数据的制作。

世博二维地图服务系统：基于世博地图数据管理系统统一管理的数据，发布栅格地图服务、影像地图服务、矢量电子地图服务、本地搜索服务、地理编码服务、路径计算服务、空间缓冲区分析等地图服务。

世博三维地图服务系统：基于世博地图数据管理系统统一管理的数据，以三维地图基础服务软件为基础，发布三维地图场景服务、三维空间分析服务、飞行路线、查询定位、场景控制、用户数据等服务。其中，三维场景网络发布服务采用金字塔地形影像、数据压缩、异步增量载入等技术，对海量的地型、影像、矢量和模型数据进行统一管理，支持海量精细模型，海量矢量数据，VR 要素（如天气、粒子系统、光影效果等）、动态对象的网络发布。解决了三维 GIS 领域海量空间数据集成、管理和发布的难题，为用户提供安全、稳定、高质量的三维数据服务。使得各类用户可以通过网络方便地访问三维场景。

世博二三维地图终端调用系统：基于世博二维和三维地图服务系统提供的各种地图数据和地图功能的应用级别的服务，实现终端调用引擎、服务代理，并开放终端调用 API。在服务的调用层面封装了对平台服务的调用。

【世博会官方网站】 世博会官方网站将通过网络的互联互通向全世界的参观者展示“城市，让生活更美好”这一主题，详尽地记录整个世博会的过程，进一步展示会议主题以及理念。世博官网同样会是一个参观者与参观者相遇的盛会。通过世博官网与网上世博会，各国的参观者能够更深入地了解 2010 年上海世博会的盛况，同时也能够和全世界的参观者交流沟通，从而将世博会的影响从中国上海辐射到整个世界。世博官网主要由四大部分组成，包括：前台信息发布平台，后台数据处理发布系统，数据存储平台以及数据分发系统。

【园区网上全景展示系统】 园区网上全景展示系统建设目标是：通过海量全景采集技术周期性采集整个世博园区工地建设全过程的实景数据，并基于互联网Web浏览器，面向国际展览局(BIE)领导及工作人员等用户，提供不同级别的园区建设工地全景展示功能，便于用户通过内网，及时、全面了解世博园区的建设进展。此外，该系统还将成为记录2010年世博会全部建设历程的一份永久性珍贵历史档案。该系统建设内容主要是构建GIS全景展示系统，并针对园区施工建设进度进行为期36个月，每十天一次的数据采集和更新。

【世博园区能源与环境监测系统】 世博园区能源与环境监测系统(the Expo Energy & Environment Monitoring System，EEEMS)是面向世博会建设运营管理的应用服务系统，对园区电力、燃气、水等能源使用情况、再生能源利用以及园区内各类建筑室内环境状况，进行全方位的监测与管理。EEEMS为世博园区能源系统安全、高效运营和各种能源的协同工作，为提高能源利用率、保证园区建筑内人员健康、舒适提供信息支撑平台。

该项目建设内容包括世博园区能源与环境监测系统软件的开发，以及与软件开发相配套的实时数据采集系统的建设。系统覆盖范围为5.28平方公里的红线范围，其中围栏区内永久建筑作为实施重点。项目建设内容按照服务对象分为：

决策指挥层(世博园区运行指挥中心)：显示各片、组、团、重点场馆的能源使用情况(总量、正常、异常、事故等)；能源监测及其安全预警：为世博园区运行指挥中心提供决策依据；园区内可再生能源应用情况、园区总体节能减排状况环境实时监测和园区环境综合指标展现；园区给排水系统运行状况。

园区管理层(片区管理中心)：片区内各重点场馆、建筑、配套设施的能源使用情况(总量、正常、异常、事故等)；能源监测和安全预警；片区内环境实时监测、环境综合管理和评价；片区内可再生能源应用情况、节能减排分析。

场馆管理层(重点场馆运营管理部门)：建筑用能状况统计分析；为世博园区信息发布系统提供数据支撑，对公众进行园区能源、环境状况的展示和园区节能减排信息发布等。

(黄以宽)

世博信息化运营筹备

2008年下半年起，上海世博局信息化部与北京奥组委相关部门进行沟通，借鉴奥运的运维保障模式进行世博信息化的运营保障规划。2009年6月，成立建设期运营工作组，将当时已经建成的项目管理系统、工地建设管理系统、全景展示系统、参展者“一门式”服务平台、培训系统、办公自动化系统、票务管理系统、特许产品经营管理系统、证件管理系统、信息安全综合管理系统、志愿者管理系统以及桌面终端、服务器、小型机、网络等基础设施纳入运营管理，建立“62855”信息化呼叫热线(世博局内线，外线拨打22062855)，统一进行各信息系统的日常运营维护，初期提供每周5天，每天9小时的运维服务。

(高　峻)

世博通信配套汇聚层传输建设

根据上海联通世博通信保障网络规划，整个世博园区内共设14个宏基站(浦东10个，浦西4个)，传输配套新建管道38公里，浦东新建1个10G汇聚环、3个2.5G接入环，浦西新建1个2.5G接入环，需新增10G设备8端、2.5G设备47端。

为加快建设进度，上海联通加强内部协调，采取网络汇聚层和接入层分层建设、管线接入和设备安装调测并行实施的方式，2009年完成浦东和浦西两个2.5G环的设备安装和调测以及核心/汇聚机房传输设备的安装，完成96芯管道光缆38公里。

世博会无线电保障

1. 总体要求

“围绕一条主线、统筹两个区域、理顺三层关系、做好四项重点工作、服务五类对象”。

“围绕一条主线”，即紧密围绕无线电频率安全和设备安全这一条主线；“统筹两个区域”，即系统统筹世博园区内外两个区域的无线电应用需求，在园区外主要聚焦于若干重要区域，如虹桥、浦东两机场区域等；“理顺三层关系”，即在工信部无线电管理局的指导下，进一步理顺与军队、长三角各省及上海各相关单位的关系，完成与安保、宣传层面的对接；“做好四项重点工作”，即完善世博无线电保障的政策法规体系，建设世博无线电保障的技术基础设施，提升世博无线电业务一门式受理的效率，加强世博无线电专项执法；“服务五类对象”，即服务好包括组织者、参展者、参观者、国家级贵宾、境内外媒体在内的各类无线电设备使用对象。

2. 准备情况

无线电技术基础设施建设：完成世博园区内无线电技术基础设施的总体布局规划，确定“4＋1＋1”的监测网架构，即以 4 个固定监测站为主，1 个大型工作站、1 艘水上监测船为辅的监测网络。至 2009 年底园区内的四个固定监测站已全部建设完成并启用，全天候对重要频段实施保护性监测；水上监测船已完成前期的设备安装调试及试运行，并于 5 月 26 日完成世博园区浦江段的水上监测首航，填补了世博园区无线电监测网络的盲点，为世博无线电安全保障构筑了一个“水陆对接”的基础设施体系。

业务受理：2008 年 9 月 8 日，市无线电管理局在世博一门式受理大厅设置席位，为参展者提供一站式服务。2009 年 5 月 26 日，《世博会专用无线电频率许可证》首发仪式在世博一门式受理大厅举行。截至 2010 年 3 月 23 日，累计受理 252 起业务，其中咨询 141 起、频率申请 91 起、检测预约 20 起，累计指配频率 512 个（组），向 75 家单位发放《世博会专用无线电频率许可证》。

专项执法：2009 年开始，市无线电管理局组织开展“迎世博、保安全”无线电专项行政执法系列活动，包括迎世博倒计时 300 天、200 天、100 天的阶段性专项执法和黄浦江水上专项执法。截至 2010 年 3 月 23 日，已累计检查 286 家单位，执法检查无线电通信设备 3 751 台，检查结果合法 985 台、非法 2 766 台，进一步净化园区周边的电磁环境，强化公众的无线电安全意识。

（市无线电管理局）

四、重大活动信息通信保障工作

上海联通完成“两会”重保任务

2009 年 3 月，上海联通周密部署“两会”期间各项安全保障措施，顺利完成“两会”网络保障任务。参与保障工作的员工随时待命，做到人员信息沟通顺畅；机房对涉及新华通讯社重保业务的所有网关进行 24 小时全程监测和每半小时的巡检和分析，以保证线路质量最优化；IDC 机房对全网进行防护，对可疑流量进行清洗，并根据原信产部及通管局定要求，及时处理 191 个未备案网站，关闭 2 个违规网站，确保“两会”期间网络、设备的安全稳定运行。

上海联通大型活动网络视频直播成功

2009 年 5 月 17 日，“中国联通上海地区 3G 业务试商用发布会”大型活动网络视频直播成功。此次发布会网络直播历时近 2 个小时，上海联通宽带门户——“宽带我世界”在线直播的视频码流达 500 K 以上，语音传输完整、高保真，画面播放流畅。直播期间共有 4 105 人次在线观看。此次直播也同步在分公司门户网站、东方网、酷 6 网、PCHOME 网站进行直播，取得非常好的宣传效果。首次直播成功，充分体现了信息传媒中心成熟的可商用的网络视频直播能力，为今后 3G 多媒体信息服务构建了良好的视频平台。

上海联通全力配合集团抢修海底光缆

2009 年夏，受“莫拉克”台风及地震影响，中国联通海缆业务受到影响。上海联通在第一时间启动应急预案，与集团公司各国际局紧密配合，全力投入抢修工作。

此次海缆中断大致分为两个阶段。第一阶段在 8 月 9～13 日。受“莫拉克”台风影响，中国联通共有 6 条海缆上的业务受到影响；第二阶段为 8 月 17 日 14 时 20 分，受地震影响，中国联通拥有的 TGN＋FNAL/RNAL 海缆中断。故障发生后，上海联通配合集团公司多方进行资源联系和路由转接，确保全面恢复业务。经统计，经上海国际局恢复的通道及电路共 27 条，包括 4 条 2.5G 国际通道、1 条 2.5G MSN 互联电路等。

（应　燕）

2009 F1中国大奖赛无线电通信保障

2009年4月19日，F1中国大奖赛比赛战火重燃。虽然雨水天气给比赛带来许多不确定因素，但市无线电管理局的赛事保障工作仍然有条不紊。赛前，市无线电管理局贾洪宝副局长召集联合保障工作小组的成员研究制定周密的保障方案，明确各个部门的职责并落实人员部署，保证了现场保障工作的顺利开展。

经与赛事主办方多次网上协调后，自4月14日起，市无线电管理局保障小组的成员开始在上海赛车场进行为期一周的现场准备及保障工作。其间，市无线电管理局共计安排和出动75人次，指配频率495个，其中外方475个、中央电视台20个。同时，出动3辆移动监测车、3套便携式设备，并利用多个固定监测站实施无线电监测保障。在监测方式上采取驻点监测和分批巡查相结合，做到周密安排、严防死角；在技术应用上采取频谱对比分析和现场监听测向相结合，做到分工明确、快速查处。为加大管控力度，还在赛前对比赛现场和周围开展专项电磁环境监测，对多个重点频段内的无线电信号逐一进行清理、核实。

（市无线电管理局）

第二章 公共信息基础设施

概 述

2009年，全市公共信息基础设施综合服务能力迈上新台阶。年内新建集约化信息管线约1 346.99沟公里，累计敷设约5 354.13沟公里；接入商务楼宇、基站、小区714个，累计接入3 040个；组织实施约2 600皮长公里的信息架空线入地，累计完成6 635皮长公里。截至年底，在上海登陆的国际海光缆共有6个系统的10条光缆；长途光缆线路总长达3 151.28公里；微波占有信道累计达967波道公里；数字微波线路总长达2 832公里；卫星站点累计达772个。

（吴南竹）

一、信息通信管线

2009年，上海市信息管线有限公司管线建设规模空前，管线保障任务艰巨。公司完成一批市重点工程和世博相关项目配套管线建设任务，基本完成世博园区市政道路配套管线建设和园区内233个各类场馆管道接入及部分光缆网络建设，基本完成虹桥综合交通枢纽市政道路配套管线建设。公司按照《迎世博600天行动计划》的要求，大力推动信息架空线整治工作，完成350公里道路架空线整治任务，约4 000皮长公里的架空线入地。公司还完成长江隧桥集约化光缆建设项目，完成上中路、西藏南路、新建路、人民路4条黄浦江越江隧道集约化光缆项目。

管线建设

2009年，信息管线公司共开工新建管道1 099沟公里，完工管道1 023沟公里。新开工的管道中，中心城区和浦东654公里，约占60%；嘉定、松江、宝山、闵行四区75公里，约占25%。截至2009年底，公司累计开工建设管道超过5 400沟公里，其中完工5 000沟公里以上，中心城区集约化信息管道平均覆盖率达80%左右。

楼宇接入

截至2009年底，信息管线公司累计接入商务楼宇、居住小区、移动基站等2 800栋以上，其中2009年完成楼宇接入560栋，基本满足运营商的接入需求，保持了高效的建设态势。

维护保障

全市已纳入信息管线公司维护的管道约5 000沟公里，其中2009年新增约862沟公里。《世博保障计划》确定的对各区域重要干线、郊区长途线路的维护和设备保养工作已经基本完成，即将进入实质运转阶段。

城市公共光纤网建设

信息管线公司根据世博安保和智能交通建设需要，积极推进上海城市公共光纤网建设，为公安、交警等部门敷设光缆500多公里，覆盖世博园区以及三林、金桥、张江、高桥、川沙等功能区域，并结合地铁建设，努力使新建光缆与原轨道交通1、2号线的光缆资源实现互联互通。

（王 彦）

二、无线基站

公用移动通信基站集约化建设

2009年是3G推进的关键之年。1月7日,3G牌照正式发放,3G网络部署随之全面铺开,形成移动通信基站新一轮建设高峰。市无线电管理局在抓好台站日常管理的同时,积极引导运营企业走集约化、景观化的道路,通过程序完善和管理创新,将许多矛盾化解在建设前的计划选址阶段,从而实现基站与社会发展的相互融合。

宏基站方面,共受理GSM/CDMA/TD-SCDMA/WCDMA/CDMA2000网络基站年度计划2 545件,核发站址认定书4 073件、电台执照1 844件,审批室内分布系统1 061个。

根据市委、市政府领导有关批示,市无线电管理局于2009年5月底组织规划编制相关单位,前往深圳、厦门等地进行调研。通过考察,全面了解了当地基站专业规划的组织架构、编制原则等,对下一步编制工作起到良好的借鉴作用。自7月起,市无线电管理局组织各家运营商开展对已建和在建的基站以及室内覆盖和小区覆盖等数据的梳理工作,并会同市城市规划设计研究院着手基站布局专业规划的具体编制工作。

在各家运营商的积极配合和市城市规划设计研究院的辛勤努力下,该项工作进展顺利,已完成宏基站、室内覆盖、小区覆盖数据的梳理,并于近期完成增量基站预测模型的评审工作,开始着手规划文本的编制工作。该项工作首次将基站布局与城市规划相结合,为进一步规范基站站址管理奠定基础。

全市移动基站布局专项规划的原则:一是弱化网络,强调站址。以站址资源为核心,通过适度超前的预判,满足当前3G、4G乃至今后移动通信发展的需求。二是统一规划,分阶段落地。在城市整体规划的基础上,结合话务需求,按不同区域进行分阶段落地,并在现有年度计划审批中予以体现。三是近细远粗,新建区域先行。既要考虑全局性和前瞻性,又要兼顾近阶段在重点区域中的细化。如对近期建设的虹桥枢纽、临港新城等区域予以重点规划,制定针对性较强的近期建设计划,以便实施操作。

在规划层次上,强调总体布局与控制性详细规划相协调的原则,兼顾站址的独立性和公用性。

【重点项目推进情况】

1. 世博园区专项推进

截至2009年12月底,世博园区规划的13处宏基站中,建成9处,在建3处,规划调整之中1处(电信周家嘴局房)。永久场馆室内覆盖系统建设基本完成。

2. 迎世博600天专项整治计划

市无线电管理局根据《迎世博600天行动计划》的要求,结合市政项目推进和区域改造工作,基本实现世博园区及周边基站的景观化设置和改造,郊区新建落地铁塔基本都按照基站设置管理的要求,采用景观单管塔等形式进行建设。2009年,全市共落实120多处景观化基站的推进工作,其中移动65处、电信29处、联通30处。

3. 虹桥综合交通枢纽

无线网络子规划方面:虹桥综合交通枢纽区域具有多无线系统和复杂电磁环境的特点,无线网络子规划是虹桥综合交通枢纽信息基础设施专业规划的延伸和深化,着重体现公用移动通信网络与民航、高铁、磁浮专业无线系统之间的统筹、公用移动通信网络室内和室外的统筹、公用移动通信网络多运营商多技术体制之间的统筹。《虹桥枢纽信息基础设施规划——无线网络子规划》2009年4月完成初稿,经过多次征询,于8月底完成评审和宣贯,市经济信息化委9月初完成批复。

室外宏基站设置方面:完成枢纽建设期临时基站的设置,确立了规划站址的基站设置策略,进一步明确《虹桥枢纽信息基础设施规划——无线网络子规划》确定的30处室外宏基站站址为共享资源;在共建共享方式上,基本确立三家运营商各自牵头建设1/3的模式,并通过对规划站址编号的统一设定完成分配。

机场净空保护方面:为配合虹桥机场两条跑道的飞行编程和校飞工作,对6公里净空保护区内的33处基站进行拆降和统一部署,各运营商积极细化方案,确保拆降任务的完成。

室内集约化建设方面：将区域内五大单体建筑的室内覆盖系统建设内容划分为两部分，第一部分包括西航站楼和东交通中心，第二部分包括磁浮站、西交通中心、高铁站。按照公开透明的遴选原则，两部分建设内容分别由上海移动和上海电信负责牵头实施，累计室内覆盖面积约133万平方米。虹桥综合交通枢纽区域内室内覆盖集约化建设突出表现为主体多元、体制多样，除强调移动运营商的集约共建外，还充分吸纳文广移动电视、民航专用调度等行业系统，体现出更大意义上的集约。

【上海移动推进电信基础设施共建共享合作，首批集约化基站竣工】 2009年2月，上海临港新城6座集约化基站通过验收，标志着上海移动首批批量建设的集约化基站竣工并投入使用。上海移动积极贯彻工信部和集团公司关于推进电信基础设施共建共享合作的要求，在市经济信息化委、市无线电管理局等部门的支持下于2008年8月启动首批集约化基站建设工程。上海移动联合市政相关部门、业主临港集团、其他两家通信运营商和相关设计单位共同会审确定了设计方案。移动、电信、联通三方就基站电源引入、电费等费用支付方式、天线平台使用、机房内部面积使用、集约化管道共建和共建共享的实现形式等方面达成具体共识，为下阶段通信运营商大规模的共建共享提供了一个可操作的模式和基础平台。

（杨 艳）

公用移动通信基站集约化建设、景观化改造

【上海联通、上海电信、上海移动共同签署电信基础设施共建共享框架协议】 根据工信部《关于推进电信基础设施共建共享的紧急通知》要求和集团公司有关部署，上海联通积极落实共建共享工作的各项措施。2009年2月19日，在上海市通信管理局的牵头主持下，上海联通、上海电信、上海移动共同签署《电信基础设施共建共享框架协议》，标志着上海地区基础设施共建共享工作跨出实质性步伐。

此外，上海联通已与上海移动共同编制《移动通信室外宏基站集约化建设元素租赁及分摊费用测算方法》和《多网合一室内覆盖系统集约化建设框架协议》，有效推进了集约化建设的发展。同时，上海联通已与上海电信、上海移动就集约化共建项目建立了行之有效的征询机制和工作流程。

【上海联通与其他运营商签订世博园区宏基站共建合作协议】 经过长达一年多的艰苦谈判，上海联通、上海移动和上海电信在世博园区宏基站的合作上达成一致意见。5月7日下午，在上海市经济和信息化委员会、上海世博会事务协调局信息化部和上海市无线电管理局的见证下，上海联通等三家运营商签署《世博园区临时性宏基站共建合作协议》。该协议的签署，标志着上海地区通信基础网络共建共享迈出实质性的一步，同时也标志着世博园区内各运营商的合作全面启动。

为保障世博会期间通信需求，上海联通成立世博会项目领导小组和工作小组，完成世博园区内及世博相关热点区域的网络整体规划，投入大量的人力物力进行建设。上海联通全面参与建设世博园区内基础网络，包括管道、机房、2G/3G移动网络，以及各类业务平台，如非接触式刷卡手机等。

【上海联通移动基站景观化改造工程全面启动】 为营造良好的城市市容环境，迎接中国2010年上海世博会的召开，上海联通根据“迎世博600天行动”城市管理指挥部、市经济信息化委的统一部署，自2009年9月23日起全面启动上海地区三轴、三环、三线、三区、三点以及重要景观道路和景观区域的移动基站景观化改造工程，制定美化天线技术规范书，进一步规范和完善天线美化的实施流程、技术要求，并根据内环高架、延安高架、南北高架、机场高速沿线的移动基站现有建设情况，制定基站天线美化计划。本次改造工程共涉及90个基站，综合采用多种美化手段，以确保在改造工程的实施过程中，尽可能不影响天线原有的方向图特性，不增大传播损耗，不改变原有的覆盖区域，使美化后的天线与周围环境和谐统一。

（应 燕）

三、通信局房

【上海联通金桥核心通信局房投入运行】 总建筑面积1万平方米、总投资近2亿元的上海联通金桥核心通信局房于2009年12月15日通过初验,正式投入试运行。该机房主要用于取代乐凯国际局和长途骨干机房的网络节点,并作为高品质IDC机房和网管中心使用,对集团国际网络、长途骨干网络、本地核心网络和IDC业务的发展具有重要意义。

(应　燕)

四、海光缆

【上海联通完成中兴800 G传输系统扩容加波项目】 经过长达近2个月的奋战,2009年1月15日,上海联通海缆登陆站完成中兴800 G传输系统扩容加波项目。扩容后,国际海缆进城中继系统通信能力由原来的60 G提高到300 G。

【上海联通完成C2C国际海光缆扩容工程】 2009年4月底,上海联通在联通集团的指导下,与国外运营商紧密配合,完成C2C国际海光缆传输系统第一期网络升级扩容工程及相关维护交接工作。扩容后,C2C国际海光缆运行通信能力由原来的320 G提高到580 G,大幅提升了中国联通的国际出口能力。

(应　燕)

第三章 信息网络设施

概 述

2009年，经过电信体制重组合并后，上海基础电信运营企业分别为：上海电信、上海移动、上海联通和上海铁通4家公司。

2009年，上海市实现电信业务总量806.9亿元，同比增长4.0%，电信业务收入402.5亿元，同比下降0.7%，自2003年以来首次出现电信业务收入下降的情况。实现利润总额102.5亿元，较上年下降3.2%，电信业增加值228.4亿元，较上年增长1.0%。2009年，实现电信投资完成额117.7亿元，较上年出现3.6%的小幅增长；局用交换机容量较上年底下降0.8%，达到942.9万门，继2007年后再次出现萎缩；相反地，移动电话交换机容量却较上年快速增长3.5%，达到3 488万户。

2009年底，上海市固定电话用户为935.5万户，较上年底减少79.9万户，普及率为49.5部/百人。其中无线市话用户延续上年的下降趋势，同比减少50.3%，下降到77.3万户。

上海市固定电话本地网内通话量为262.6亿次，较上年底下降9.5%，创近七年来的最低纪录。

2009年底，上海市移动电话用户达到2 106.3万户，普及率为111.7部/百人，继续保持增长趋势。

同时，上海市移动电话通话量维持较快增长，2009年通话时长达到877.9亿分钟，年增长率约为12.1%，增长趋势较上年进一步减缓，已经是连续三年增速放缓。

截至2009年底，上海市移动短消息发送量达到329.0亿条，年增长率为7.4%，比上年减少5.4个百分点。

短信业务用户数达到1 943.5万户，比上年增长15.4%，短信业务渗透率92.3%，已经非常普及。

2009年，上海市基础电信运营商净增宽带用户43.4万户，达到434.0万户，比上年底增长11.1%，占全国宽带用户数的4.2%。继2008年之后，又实现两位数的增长，上海市互联网宽带接入业务在全国继续保持领先水平。

2009年底，上海的3G网络基站数量已经超过1万个，3G网络覆盖外环内区域、郊区城镇中心、高速公路、郊区数据热点等广泛区域。上海的3G用户数约为100万户，其中TD－SCDMA用户所占份额超过50%。

截至2009年12月31日，上海计有互联网信息服务企业508家，移动信息服务企业112家，互联网接入服务企业185家，呼叫中心企业78家，在线数据处理与交易处理5家，数据中心7家，虚拟专用网9家，声讯5家，传真存储转发11家，寻呼11家，模拟集群2家。

截至2009年底，上海市共有279 016个网站主办者开办304 870个网站，其中，51.58%在上海接入；拥有域名403 322个，其中.com和.cn域名分别占到51.65%和39.16%；上海接入的网站总数达614 565个，其中，外地主体的网站达458 142个，占74.55%；上海接入商在全国范围内接入的网站总数达565 542个，外地接入商在上海经营接入的网站总数达160 262个；上海接入的网站总数达614 565个，仅次于北京，占全国接入网站总数的12.93%。

（胡永龙）

一、固定电话网

【上海电信网络】 截至2009年底，上海电信本地电话交换机总容量达到1 267.7万门，宽带接入端口容量达到

620.2 万线，无线接入容量达到 353.8 万门，C 网无线网络容量达到 842.7 万线。上海电信是中国电信行业国际通信最大的出入口局，建有国际海缆登陆站和国际卫星站，是 TPE(泛太平洋高速)、APCN2(亚太 2 号)、CUCN(中美)、SMW3(欧亚 3 号)、FLAG(环球)国际大容量海光缆系统的登陆点，也是欧亚、中俄、中越、中印等大容量国际陆地光缆系统的终端站。同时，上海电信也是中国电信国内长途电信网的重要枢纽节点，负责汇接福建、江西、浙江等省的电信业务，传输方式有光缆、微波、卫星等，已建成以 DWDM 和 SDH 为主的大容量传输系统。上海电信拥有 7 万路端的国际程控/软交换机和 15 万路端的国内程控/软交换机，均具有 SSP 等智能功能。

(王　勇)

【上海铁通电话交换网建设】 上海铁通电话交换网的本地固话通信网由 2 个关口局、3 个端汇局、10 个端局，1 500 余个模块局程控交换机、1 个上海国际局程控交换机、2 个省际长途局程控交换机，以及信令网、智能网等设备组成。至 2009 年，上海铁通电话交换网经过网络优化，已形成 2 层扁平化结构，提高了资源利用率，使网络结构更加清晰。除提供普通电话业务外，还提供固话彩铃、一号通、电话卡、呼叫中心、固话预付费等语音增值业务，接入容量达 50 万线。

(周　旦)

二、移动通信网

【上海电信 IP 城域网】 2009 年，上海电信 IP 城域网连接 CHINANET 的出口物理带宽达到 1 000 Gbps，连接 CN2 的出口物理带宽 40 G，并汇聚上海本地 15 个区县，中继带宽达到 1 085 G。开展 IDC 业务的核心机房有 15 处，各机房的业务带宽达到 352 G 以上。在网络结构方面，上海电信 IP 城域网汇聚层普遍部署 10GE 技术，中继带宽增加到 1 T 以上。接入层的 BRAS 提供拨号及低带宽专线接入，CISCO 7609 提供宽带专线上网。接入方式在原有 WAN、以太城域网基础上，新增 MSTP、E-PON 的模式，以配合城市光网的建设。通过城域网 VPN 整合工作，上海电信所有 MPLS VPN 业务都已迁移到优化平台，服务质量得到大幅提升。此外，IPTV 视频业务、固网 NGN 业务、CDMA 网 NGN 业务也在优化平面上实现 IP 承载。

(王　勇)

【上海电信数字集群网络】 2009 年，成功发展洋山港、市 120 急救中心、世博局等数字集群用户。为市 120 急救中心提供 H1N1 流感应急通信保障，确保 H1N1 流感防范应急工作的顺利开展；120 急救中心的入网终端量近千台。2009 年初，世博局将上海电信 800 兆数字集群政务共网定为世博会期间的调度通信专网。2009 年 7 月 5 日，在迎世博三百天倒计时系列活动中，上海电信正式向世博局交付 37 台集群终端，这标志着 800 兆数字集群政务共网正式为 2010 年世博会提供指挥调度通信服务。10 月 12 日，800 兆数字集群政务共网业务在世博参展者服务大厅开始受理，并先后为上汽通用馆、铁路馆、航天馆等用户制定通信服务方案。

(王　勇)

【城市光网】 为落实上海市政府与中国电信签订的战略合作框架协议，上海电信于 2009 年 6 月 3 日正式宣布启动“城市光网”(MONet)行动计划，全面实施光纤化网络改造建设。“城市光网”是基于光纤接入的高性能、高带宽综合信息通信网络。“城市光网”在商务楼实行光纤到楼层，在住宅小区实行光纤进门栋，利用多种先进技术为用户提供“百兆进户、千兆进楼、T 级出口”的网络带宽。至 2009 年末，“城市光网”项目组共完成 75 万线光网用户改造，完成业务规划梳理和试点推广的准备工作；推出上网带宽和应用带宽分离的光速 e 家-8 套餐，并在浦东新区和嘉定区进行小规模试点；实现年内发展 1 000 线试点用户的目标。

(王　勇)

【上海移动 TD-SCDMA 建设运营取得阶段性成果】 自 2007 年初国家在北京、上海等十城市部署启动扩大的

TD试验网工程以来，短短两年间，上海移动TD网络从无到有，从实验室走向组大网，建设开通基站3 779个，发展TD用户7.5万户，市场化运营体系初步建立，完成国家交给的任务。2009年，上海移动全力以赴投入TD建设运营。一是以创造性的工作突破发展难题。创新“不换卡、不换号、不登记”、“新机制、新标准、新测量”、“网络融合、业务融合、应用融合”的策略，采取TD/2G融合组网，降低建网难度和成本，打造TD与2G融合的营销体系。在基站建设上，创新解决铁塔天面改造方式，减少TD基站施工对房屋的影响，维护和谐社会环境。在技术攻关和产品开发上，成功解决地铁长距离隧道和磁浮列车高速移动环境下的覆盖接续，填补了相关技术领域研究的空白；自主研发基于TD－HSDPA技术、面向家庭用户和中小企业的综合接入网关，并在集团范围内率先试点，使之成为提供综合通信服务的智能化数字家庭的核心设备。二是以超常规的努力确保任务完成。开展大规模网络调整优化工程，改造替换基站8 000个，为2007、2008年两年工程量的1.6倍，远超北京、广州、深圳等其他承担TD建设任务的大型城市。为确保工程按时有序推进，共投入130支施工和监理队伍，总计1 300余人，投入人力为公司历年之最。三是积极争取政府支持，整合各方资源合力推进。市政府建立推动TD等3G网络建设和应用的联席会议制度，成立联席会议办公室，积极帮助协调站址落实。市政府办公厅转发市经济信息化委《关于加强本市TD－SCDMA等第三代移动通信建设的实施意见》，明确将TD发展纳入高新技术产业化项目指南，将TD产品纳入政府采购自主创新产品目录，将基站布局规划纳入城市建设规划等，使支持TD发展的工作制度化、长效化。

2009年，TD建设运营取得令人瞩目的阶段性成果。网络覆盖水平不断提升，已基本覆盖上海市外环内城区，各郊区城镇中心，覆盖面积约占全市总面积的30%，人口覆盖率约75%。网络质量稳中有升，网络承载能力进一步增强，已接近2G网络水平。业务发展明显加快，全市活跃客户数达到38万(全国约551万)。TD无线城市试点顺利推进，在公共安全、政务、产业、民生等领域得到应用。产业链加快成熟，TD终端款式已达276款，较上年底增长6倍，其中不乏诺基亚、Blackberry、多普达等国内外主流品牌。TD演进技术TD－LTE即准4G技术已在世博园区建成试验网并做好展演准备。

（杨　艳）

【上海移动网络能力进一步强化】 上海移动坚持“网络质量是通信企业生命线”的理念，精心组织开展迎世博网络质量提升会战，成立由公司领导班子成员组成的会战工作领导小组，下设总体工作组、重要区域场馆道路组、网络质量优化组和世博通信保障组等9个专业工作组。通过双周工作例会、专题协调会和现场调研会相结合的方式，推进会战工作，确保会战质量。合力推进重点区域网络质量提升、弱覆盖区域攻关整治、数据业务质量优化等重要专项整治工作，取得较明显的成效。在抓好会战的同时，着眼长效机制的建设，固化历次会战的成果，为彻底解决上海网络结构难题奠定重要基础。加快网络能力建设，增强网络支撑保障力度，网络质量保持稳定。实施39万ERL网络扩容，开展核心网扩容替换工程，积极做好全业务网络运行，完成CM－IMS网络试点测试和建设，完成CMNET城域网扩容改造。加强传送网建设，保障各项业务的接入与承载。网络集中化改革进一步深化，同时提升网络基础维护的管理水平和快速反应能力。不断完善客户感知的网络质量评估体系，建立支撑全业务发展的网络质量保障体系。加强基础网络安全整治，提高网络安全性。开展资产属地管理、维护分层管理和联合巡检工作。进一步加强信息安全与应急管理。增强互联互通信息化手段应用，建立互联网全量监测分析系统，提高用户感知。

（杨　艳）

【上海联通完成“3G网络建设百日会战”建设任务】 2009年1月7日，中国联通获得WCDMA制式的3G牌照。上海被集团总部列为“5.17”首批开通3G试商用的城市之一。为确保按期完成总部下达的3G网络建设和开通任务，上海联通开展3G网络建设百日会战，克服建设时间紧、任务重、风险大等诸多困难，在短短100天的时间里，完成549个新建宏站的寻址和建设、1 822个共址宏站的配套改造、1 968套室内分布系统的新建和改造，以及8个端局、2个备份MSC Server和全网HLR的升级，现网SGSN、GGSN的升级和扩容。截至5月17日，上海联通已开通3G基站2 735个，其中宏站1 921

个、微站814个，完成百日会战的既定目标，创造了单日开通基站120个的新纪录。

（应 燕）

【上海联通GSM全网改频成功】 2009年8月1日凌晨0点至7点，上海联通进行GSM全网改频。此次改频涉及全网3 406个基站、24 419个载频，其中，1 800 M由跳频方式改为不跳频，900 M维持跳频方式。改频后，各项指标运行平稳，无线质量改善效果明显。全网0～3级质量下行提升1.4%至95.8%，上行提升0.99%至95.93%，其中，1 800 M下行提升2.23%至98.77%，上行提升1.62%至98.42%。通过此次改频，为后续2G网络优化工作打下坚实基础。

（应 燕）

三、数据通信网

【上海本地基础数据专线网】 上海电信建有完善的国际国内本地数据专线网，包括INTERNET、ATM、FR、DDN等，CHINANET上海节点的INTERNET国际出口带宽达到150.92 G；CHINANET上海节点连接国内各省核心的国内数据通道升级到POS10G，并少量测试POS40G技术，物理总带宽达到1 100 G；上海本地城域网连接全国各省的直联中继达到40 G。2009年底，IDC出口光纤上联至城域网骨干节点总带宽达到352 G。年内建成上海本地最大的数据网络——上海本地基础数据专线网，已覆盖全市。基础数据专线网是一种以ATM交换为核心、以多种业务接入设备为接入层的数据传输网，其特点是速率高、距离远、网络时延小、连接方式灵活、电路可靠性高、网络运行管理简便，适用于信息量大、实时要求高、保密性强的客户，适合数据传输、图像传输和话音传输，可提供点对点、一点对多点的业务，便于金融证券公司、科研教育系统、政府部门租用以组建专用网。年底，上海本地基础数据专线网共有各类数据节点1 258个，端口能力近58 558个，提供ATM骨干带宽交换能力45 880 M左右。

（王 勇）

【上海铁通IP城域网建设】 上海铁通IP城域网网络结构分为核心层、汇聚层、边缘汇聚层和接入层四层。核心层为双路由器冗余保护，安全性能高；汇聚层路由器采用双链路上行的方式，收敛数据业务流量并进行快速转发处理；边缘汇聚层针对不同数据业务的接入需求，提供认证转发、IP地址分配、VLAN终结等服务。上海铁通IP城域网层次清晰，网络安全性高，设备处理能力强，通过QoS技术保证语音及IP数据业务的服务质量，对数据业务的发展起到了良好的支撑作用。上海铁通IP城域网覆盖了除崇明县以外的上海所有行政区，提供ADSL、FTTB+LAN、光纤接入、MPLS VPN、BGP接入等电信及互联网业务。

（周 旦）

四、有线电视网

【数字化整体转换工作启动】 为满足群众日益增长的精神文化和信息需求，根据国家"十一五"发展规划和国务院的整体部署以及上海城市信息化建设要求，上海市中心城区有线电视数字化整体转换工作于2009年10月19日正式启动。东方有线网络有限公司将对市中心城区（徐汇区、长宁区、普陀区、闸北区、虹口区、杨浦区、黄浦区、卢湾区、静安区和浦东新区部分地区）范围内的有线电视用户分期分批进行有线电视数字化整体转换。东方有线在之前试点区域实践的基础上，不断总结经验，创造了互动整转和咨询安装一条龙服务的"上海模式"。预计2010年底前将基本完成中心城区共250万户的有线电视数字化整体转换。模拟网和数字网中的导视频道在配合做好整体转换的宣传及服务的同时，全方位展示了公司业务和对外形象，带动了相关业务的发展。

【新基本收视维护费定价确定】 为平衡东方有线的传输维护成本，保证有线电视的安全正常运营和可持续健康发展，在居民用户有线数字电视基本收视维护费定价听证会的基础上，12 月 14 日，市发展改革委、市文广影视局正式确定上海市有线数字电视基本收视维护费定价。居民用户有线数字电视基本收视维护费实行政府定价。按户收费，收费标准为每户每月 23 元。

实行新定价后，东方有线将进一步增加基本收视服务保障能力，确保广大市民享有更丰富的节目内容、更高水平收视质量、更优质的交互服务。

（东方有线）

五、其他网络

【国脉数字集群网络】 2009 年，国脉数字集群部门以确保网络运行安全畅通为原则，以挖掘潜力拓展业务为主线，不断完善流程和制度，稳定业务发展。全年新增计费用户 2 925 户，截至 12 月底用户总数为 35 627 户，全年累计实现通信收入 2 906 万元。

在系统运维方面，国脉加强网络系统的维护监控力度，落实安全防控措施，分析历年来基站设备故障的主要原因，重点加强对基站防雷、防汛、防高温设施的维修和整治。通过改善基站设备运行环境，有效控制主设备故障发生率，确保网络运行的安全、稳定和畅通。公司合理分析系统资源利用率，聚焦重点客户，提供网络优化，促进业务发展。为保障化工区重点用户的通信，有效抑制拥塞，通过为基站增配频点调整信道保持数量，通过天馈改造试验提高覆盖质量。公司还进入世博园区进行路测分析，以保证园区内的通信覆盖。

在用户发展方面，国脉围绕世博主题做文章，分别从新行业的拓展和老用户的维系及增量挖掘入手，实现一个新项目——公安行业项目的突破，两个重点项目——上海地铁列车检修保障中心项目和公路管理项目（包括沪崇苏长江隧桥、上海申嘉湖高速等公路管理项目）的应用全覆盖，三个行业——城管、化工、物流行业用户的维系，为进一步扩大 IDEN 数字集群在各行业领域的应用范围打下了基础。

作为上海市防灾警报试鸣演练活动无线控制系统的通信服务商，国脉事先加强措施，搭建充分可靠的技术保障平台，成功保障了 2009 年参演的 1233 台报警终端按时发出防灾警报，完成年度防空试鸣保障工作。

在客户服务方面，国脉通过多种形式开展一系列用户服务活动，为赛科、孚宝等化工区用户举办“迎世博诚信服务”3.15 现场服务活动，为防汛防台行业客户提供免费上门检测和终端维修服务，举办中小用户夏季“抗高温、送清凉”关怀活动。2009 年为集群用户上门服务 302 人次，维修终端 2 335 台次。这些活动在增进客户联系、提高用户忠诚度方面起到积极作用。

在通信基础设施共建共享方面，国脉根据工信部文件要求，积极参与通管局共建共享工作。通过协调沟通，有效利用三大运营商的通信资源解决集群基站寻址难问题，完成天山、堡镇等基站网络覆盖支撑工作，为上海电信提供了两个移动基站资源的共享。

（唐 韵）

第四章　功能型服务设施

概　述

2009年，列入上海市重大建设工程项目的中国首款超百万亿次超级计算机“魔方”在上海超级计算中心建成投入使用，在2009年公布的全球高性能计算机500强排行榜中，“魔方”凭借其计算峰值速度230万亿次、Linpack值180万亿次的成绩，排位世界超级计算机前十名。上海互联网络交换中心交换平台扩容完成，2009年日均交换流量为8.10 TB，增幅为21.4%；2009年总交换流量为2 950 TB，增幅为21.4%。

一、上海超级计算中心

【上海超级计算中心三期配套工程】 上海超级计算中心三期配套工程被列为2009年度上海市重大建设工程项目，总投资1.03亿元，由上海市信息投资股份有限公司作为项目期法人，由上海信投建设有限公司实施代建管理。项目的主要建设内容是为高效能可信计算机系统“曙光5000A”提供运营和应用所需的机房环境、网络平台、存储系统，满足信息安全、培训等功能要求。该项目于2009年3月1日开工，于当年6月12日完工。6月15日，上海市市长韩正、副市长杨雄到现场为“曙光5000A”主机(被命名为“魔方”)开通剪彩。

【“魔方”主机投入使用】 “魔方”主机由中科院计算所、曙光公司和上海超级计算中心共同研制完成，运算峰值速度为200万亿次/秒，是之前超算中心计算能力的20倍。“曙光5000A”的体系架构由4路刀片系统和8路胖节点相结合构成，采用单个机柜40颗CPU、160个核的高密度机箱设计，具有高性能、高效能、高密度的特点；在环保节能减排方面，“曙光5000A”采用低功耗的处理器和内存以及刀片架构，并在国内高性能计算平台上首次大规模应用先进的水冷散热系统，有效控制了主机的耗电量。“魔方”代表了目前国内最高的超算技术水平以及世界绝对领先的高性能计算领域的科研成就。

经过一个半月的完善性调试，“魔方”主机于2009年8月1日正式对外服务。

在此后五个多月中，超算中心技术人员和研制单位共同努力，逐步解决系统实际运营中产生的多个难题，使“魔方”运行性能逐步稳定，利用率稳步提高，特别是在需求出现峰值时，已出现短暂作业排队现象。

到2009年底，“魔方”共开设主机账号271个，其中用户账号197个(科学用户131个，工程用户66个)，测试账号74个；应用范围涉及天文、物理、化学、数学、力学、气象、生物医药、机械、航空航天、汽车、船舶、环境科学、测绘科学与技术、药学、纳米材料、流体力学、核电、市政工程、软件测试等领域。

2009年8～12月，“魔方”主机平均利用率达到33.26%(见下图)。超算中心主干网络系统可用率为99.63%。

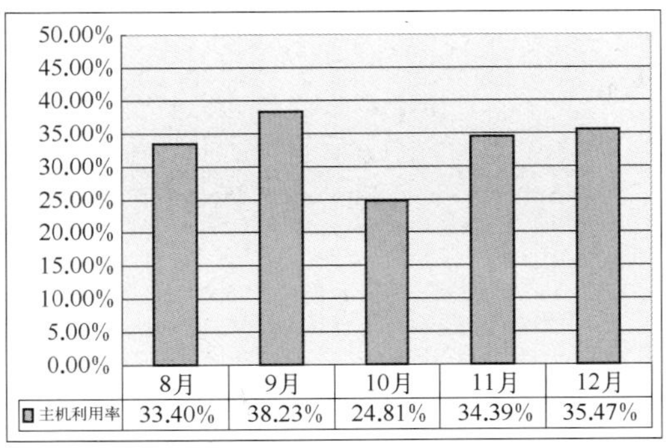

2009年8～12月“魔方”主机利用率

【"魔方"主机应用环境建设】 2009年，超算中心技术人员在"魔方"主机上完成应用环境、应用软件(工程计算软件、科学计算软件)的部署、用户手册的撰写和发布、以及培训课程的开发。

由于"魔方"百万亿次级主机的应用环境与十万亿次的曙光4000A相比有较大区别，为使用户快速适应新机器的运行环境，2009年超算中心为用户举办2次专题培训，并随时提供技术咨询服务。

在应用环境建设方面，超算中心完成"上海超级计算中心CNGI驻地网建设"、"高性能计算机信息管理平台"、"高性能计算平台的检测"、"基于网格技术的企业虚拟计算平台"4个项目，与其他单位合作完成"基于国家汽车碰撞标准的碰撞仿真流程开发"、"国家网络计算环境平台建设"2个项目，从各方面完善高性能计算应用平台；并提高用户使用的便利性。

为推进高性能计算应用水平的提高，增加大规模计算作业数量，2009年11月，超算中心启动"科学计算规模倍增"活动，鼓励用户扩大计算规模，并提供技术支持，已有多家用户参与该活动。

(上海信投建设有限公司　上海超算中心)

二、上海互联网络交换中心

【交换平台能级提升】 2009年是上海互联网络交换中心交换平台扩容后正式运行的一年。经运行，其各项性能和指标均达到预期的效果。所应用的闭环网络结构，加强了交换平台网络系统的安全性和可靠性；所应用的波分复用新技术，提高了链路的利用率；所应用的"互联网络IP流量汇聚分发及采集分析系统"新技术，使流量信息的实时发布显示和管理质量更趋于科学化。

【交换平台流量情况】 2009年的交换流量与2008年相比显著提高，统计显示，2009年日均交换流量为8.10 TB，增幅为21.4%；2009年总交换流量为2 950 TB，增幅为21.4%。见下图(图1、图2)。

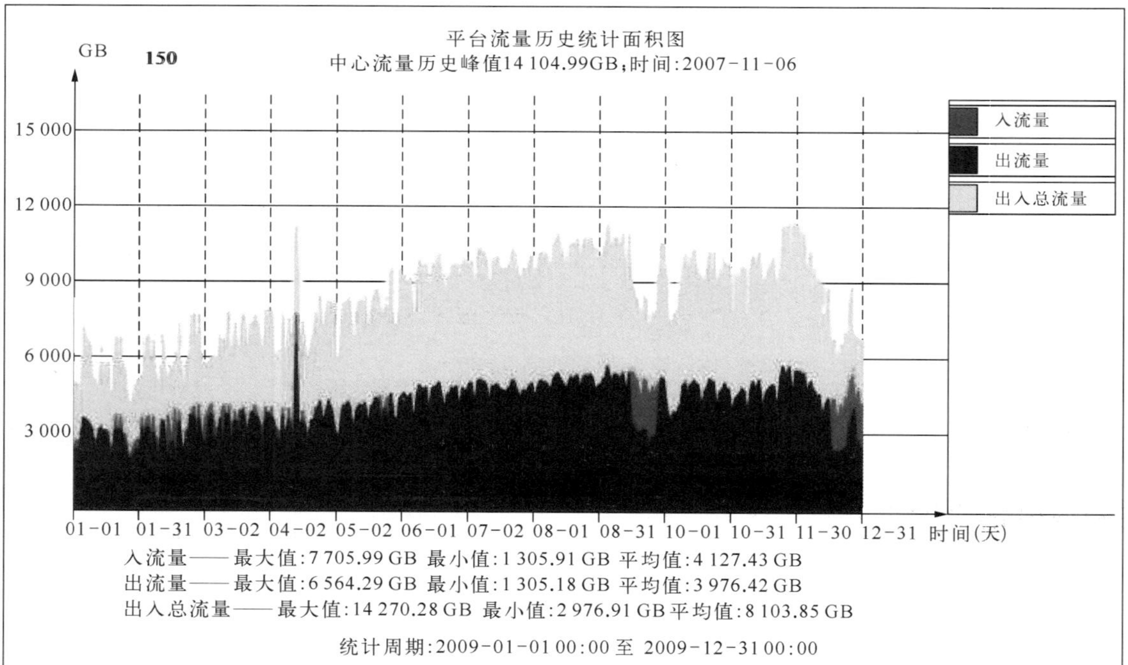

图1　2009年交换流量趋势图

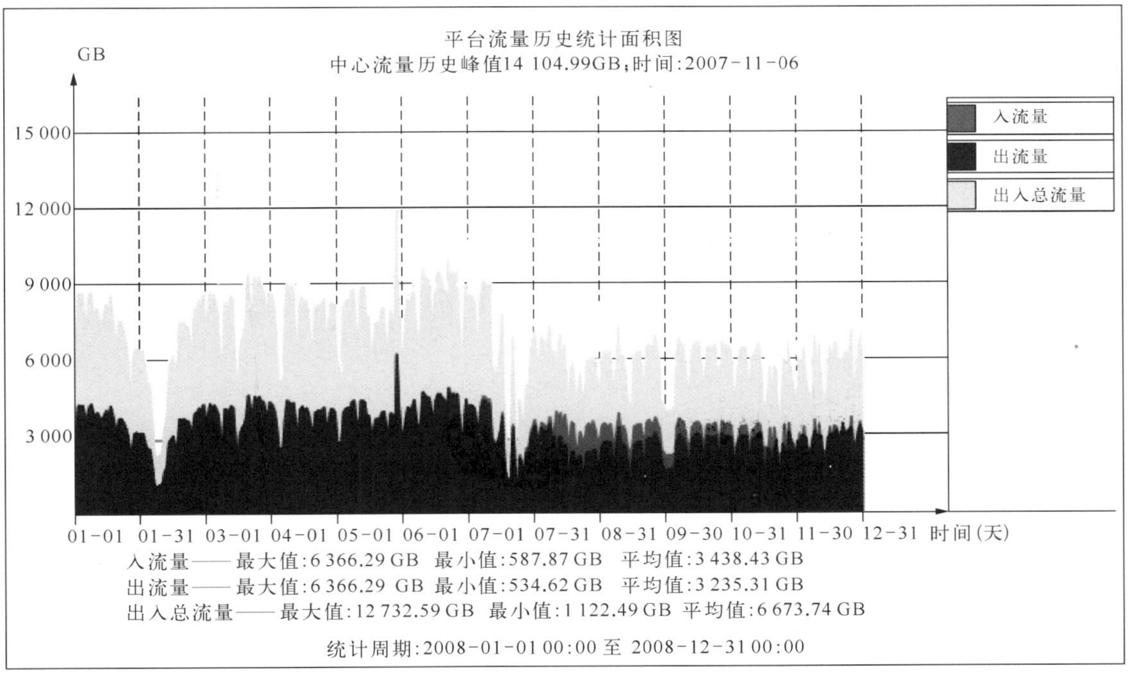

图2 2008年交换流量趋势图

【网间结算系统软件开发】 2009年,交换中心进一步深化网间结算系统的推广工作,在与浙江大学管理学院共同研究互联网络网间结算系统需求分析和软件系统方案设计的基础上,着重推进互联网络网间结算系统软件开发及应用推广工作,并为下一步网间结算系统的推广做准备。

(上海互联网络交换中心)

三、呼叫中心

国脉呼叫中心

2009年,国脉呼叫中心积极应对业务基础和环境变化带来的影响,拓展新的业务模式,服务社会。

2009年6月30日,国脉完成徐泾呼叫中心基地的建设和搬迁工作,形成433个座席的初期运营规模,并最终可扩展至上千座席。新的呼叫中心环境优美、配套设施齐全、租金低廉,通过2009年上海工博会展示,已引起业界的关注,这对呼叫中心未来的发展是个良好的开端。

2009年,国脉呼叫中心的经营模式主要分为外包业务、(移动)增值业务、延伸业务。

外包业务方面,2009年度占呼叫中心收入前五名的外包客户是:

1. 林内公司:受理用户咨询、报修预约、维修催促及日常投诉;

2. 雅仕维:美国福特汽车公司用户咨询、回访;

3. 绮裕(激瑞):HP打印机维修回访;

4. 号百:号百门户网站(www.118114.cn)运营监控、信息审核;

5. 环邮:移动增值业务客服。

移动增值业务,主要包括:手机杂志、联通城市、声控宝、健康宝典、有声短信、联通秘书信息、企业短信通等。

在延伸业务上,国脉呼叫中心积极尝试利用现有通信服务资源,探索新的业务模式、寻找新的合作伙伴,新增电子商务、保险销售和"阿拉服务"等业务品种。

(唐 韵)

上海联通呼叫中心

为向客户提供热线的"一站式"全业务热线服务，融合后的新联通在2009年4月启动"10010"热线和"10060"热线的融合。从统一客服热线欢迎词、统一客户服务号码"10010"、统一客服热线的IVR流程实现，到2009年6月底上海联通热线客服系统完成融合上线，从此联通客户只要拨打"10010"热线即可在一套系统平台上实现公司全业务的咨询和办理。2009年7月，上海联通数固侧话房由张江搬迁至包头路；12月，移动侧话房由恒基工业园区整体搬迁至文治路。双话房、双客服系统运营模式将进一步推动呼叫中心专业化、规范化、集中化管理。

（应　燕）

第二编
信息产业

综 述

2009 年，上海按照国家优先发展信息产业的战略部署，积极应对国际金融危机影响，努力推动信息产业从规模扩张型向创新效益型转变。全年实现电子信息制造业总产值 5 580 亿元，比上年增长 6.7%，12 月当月产值达到 600 亿元，创历史新高；实现出口交货值 3 927.7 亿元，占全市比重约 1/3。实现信息服务业经营收入 2 108.1 亿元，比上年增长 20.2%；增加值 768.5 亿元，比上年增长 12.8%，占全市 GDP 的比重达到 5.2%。

信息产品制造业重点门类扭转下行态势，2009 年通信设备制造业完成工业总产值 618 亿元，累计降幅比上半年收窄 4 个百分点；电子计算机制造业于 9 月实现年内首次累计增长，全年完成总产值 3 139 亿元，比上年增长 23.6%；集成电路制造业第四季度恢复性增长，累计降幅比上半年收窄近 18 个百分点。重点产品增长强劲，全年笔记本电脑产量达 6 799.4 万部（占全国总产量 46%），比上年增长 29.3%；传真机产量达 192.8 万部，比上年增长 46.7%；等离子电视机产量达 77.9 万台，比上年增长 28.5%。

软件和信息服务业发展能级不断提升。到 2009 年底，全市规模以上信息服务企业达到 3 800 家，从业人员 29.3 万人；其中年经营收入超亿元企业 158 家（不包括信息传输服务企业），在海内外上市的信息服务企业累计达 22 家。2009 年软件产业实现经营收入 1 206.2 亿元，比上年增长 20%；全市通过 CMM/CMMI 3 级以上国际认证的软件企业 113 家。电信服务业实现经营收入 505.4亿元，比上年增长 4.4%；广电服务业实现经营收入 56.5 亿元，比上年增长 3.7%；互联网服务业实现经营收入 268.1 亿元，比上年增长 46.1%。

（信息）

第一章 信息产业环境建设

概 述

2009年，上海贯彻国家战略，通过政策引导和产业集聚“两手抓”，营造良好的产业发展环境。推进国家微电子产业基地、汽车电子产业基地等建设，集成电路“一带二区”产业布局逐步显现集聚优势。上海集成电路研发中心、市信息服务外包发展中心、上海集成电路设计孵化基地、上海华岭集成电路测试平台等公共服务平台建设取得较快发展。加强软件行业管理，顺利开展软件企业认定、软件产品登记工作。

一、信息产业基地园区建设

国家微电子产业基地

上海国家微电子产业基地是国家发展改革委批准的第一个国家微电子产业基地，也是国内集成电路(IC)企业集聚度最高和综合技术水平最高的IC产业基地之一。2009年，上海“一带二区”(即浦东微电子产业带、张江高科技园区和漕河泾新兴技术开发区)的产业分布格局不断显示其发展优势，IC销售收入分别为226.18亿元、201.19亿元和63.0亿元，分别占上海IC产业总销售额的56.2%、50.0%和15.7%。

汽车电子产业基地

上海汽车电子产业基地规划面积3 000亩，基础设施一应俱全，是国际国内一流的汽车电子研发、中试、产业化、检测机构入驻和集聚、产业链和配套服务体系完善的汽车电子产业基地。

区位优势：基地位于沪宁高速、郊区环线、嘉金高速环抱区域，距市中心人民广场30余公里，距虹桥机场、上海火车站、张华浜国际集装箱码头25公里左右。主要交通线有沪宁高速、沪嘉浏高速、沪宜公路、曹安公路、宝安公路、沪宁铁路、轨交11号线，交通网络四通八达，通往上海中心城区和长三角腹地极为便利。

产业优势：基地位于上海国际汽车城，拥有世界优秀的汽车和电子产品研发、制造、检测机构，如国家汽车检测中心、上汽工程研究院、同济大学工程实验中心、风洞试验中心等。周边集聚了上海大众、德尔福派克、优化劳斯、丰田研发中心、小糸车灯、飞乐沪工等国际国内一流的汽车及相关电子企业，加上F1赛车场、高尔夫球场、德式住宅、同济大学、上海国际汽车零部件采购中心，产业集聚和配套服务优势明显。

二、信息产业公共服务平台建设

上海集成电路研发中心

【概况】 上海集成电路研发中心是唯一的国家级集成电路研发中心，拥有工艺工程师80余名，从事半导体工艺研发的经历平均在8年以上，其中一半曾在海外工作，并接受培训1年以上。自2002年成立以来，研发中心通过国际合作掌握了0.18微米、0.13微米全套工艺技术和90纳米模块工艺技术，获得比利时IMEC授予的专利保护伞，并在此基础上，申请发明专利300余项，开发高压CMOS、Flash、BiCMOS、RF等多项产业化产品技术，已成为国内生产线建设的主要技术来源单位之一。

【产业服务】 研发中心积极为产业界提供技术转移和研发服务：开发的0.35微米LCD Driver高压工艺、0.25微米嵌入式Flash和EEPROM工艺、0.18微米标准工艺等已成为华虹NEC主要的代工工艺；为展讯、晶晨、晶华微、成都华微等一批设计企业的产品转向国内生产线流片提供了工艺IP服务，与大立合作开发非制冷式红外MEMS芯片制造工艺技术，带动了产业链的联动发展；研发中心还向航天771所的生产线转移了全套工艺技术。

同时，研发中心和宏力半导体合作共同开发拥有自主知识产权的90纳米工艺技术，并在开发过程中共享设备、人才等资源，大大降低了研发投入；为华虹NEC转移0.13微米标准工艺，协助华虹NEC进入新的技术节点，提升其产品加工的利润率；协助先进半导体建立特色工艺技术，使其加快成为汽车电子的主要加工基地；也将为华虹12英寸生产线的建设提供90纳米技术，并与其共同开发65－45纳米工艺技术。

此外，研发中心与中微、光刻机中心、盛美、新傲、安集、新阳等国内外半导体设备和材料厂商建立紧密合作关系，提供性能测试、评估及工艺技术服务，加强国内自主研发的微电子装备及材料的开发和市场应用能力。

在研发中心支持下，中微半导体承担了国家中长期重大专项“65－45纳米介质刻蚀机研发与产业化”项目。2009年9月，在与中国台湾泛林的侵权诉讼中赢得胜利，此后台积电、新加坡特许公司均购买了中微公司生产的刻蚀机。

【平台建设】 面向国内消费类芯片的市场需求和生产线的特色工艺开发要求，研发中心利用已有设备，和比利时IMEC微电子中心合作建成锗硅、高压等国际领先的特色产品工艺技术平台，并开发RF等一批特色IP核，为国内8英寸生产线的技术升级以及设计公司的产品研发加工提供公共研发服务，以期尽快建成8英寸、130－90纳米研发线和特色工艺平台。

研发中心正积极通过国家重大专项落实光刻及相关设备，以及中微半导体承诺提供的12英寸刻蚀设备，分阶段建成12英寸工艺研发和设备验证公共平台。该平台建成后，将成为国内最先进并能跟上国际先进水平的铜互联工艺研发和相关设备材料验证平台。

【项目承担】 研发中心承担了2009年上海市高新技术产业化“集成电路公共技术服务平台”项目，为规模量产芯片产品的研发、设计、制造提供特色工艺技术、IP核以及测试的整合服务，为国内生产线的技术升级提供成套工艺服务。该服务平台作为一种合作开发共性技术的典范，对国内集成电路工艺技术的持续发展产生良性循环作用，充分发挥上海市集成电路公共服务平台在集成电路领域高新技术产业化工作中产业公共服务的作用。

此外，研发中心积极承接国家中长期科技专项的研发任务：与中芯国际联合申报了65－45－32纳米工艺开发项目，主要承担45纳米工艺及IP的开发任务；积极发挥研发中心作为公共技术平台的功能，为华虹NEC、宏力以及中微、盛美、光刻机中心、安集等一批设备材料厂商承接专项任务提供共性技术的开发；研发中心也申报了“01”专项中的“射频IP核开发”项目。通过设备平台和技术能力的逐步提升，研发中心将积极承担更多的专项任务，为上海集成电路产业技术能级的提升发挥重要作用。

上海硅知识产权交易中心

面对全球经济危机和半导体行业超过10%的衰退，上海硅知识产权交易中心在国家政策引导下，围绕服务和支持重大专项实施，瞄准系统整机对集成电路和知识产权的需求，加强团队建设，加快业务调整，实现行业贡献和经济效益双丰收。

在技术服务方面：首先，中心在上海市高新技术产业化项目支持下，加快基于本地芯片厂的数模混合IP核库建设，形成AD/DA、NFC、SIM卡三种系列，目标在二年内达到50个以上硬IP供给能力。同时进行CMOS工艺及低功耗工艺、射频工艺等特殊工艺的验证，确保IP核设计质量和可复用性，并以较低的费用提供给国内的芯片设计企业。中心已能够支撑开发基于SMIC 65纳米LL工艺的10 bit 100M ADC、10 bit 165M DAC和90纳米工艺的12 bit 100M ADC。其次，在公共服务方面，中心在EDA实验室模式基础上增加远程VPN和超级计算机支持新服务类型，开发IP总线验证和低功耗设计等培训课程，先后服务35家以上的集成电路相关企业。三是建立起较完整的IP/SoC验证体系，可以提供IP接口功能、IP逻辑功能和软硬件协同验证等服务，先后为北京、上海等地企业提供服务。四是根据系统应用需要，中心充分发挥中介创新优势，先后支持了国产DSP、导航芯片和射频芯片等开发。

在知识产权服务方面：首先，以国家科技重大专项"核心电子器件、高端通用芯片及基础软件产品"知识产权分析与评估为重点，先后对二款国产CPU进行评估，并承担"高端通用芯片知识产权分析与评估"与"基础软件知识产权策略、能力与服务"两项课题。其次，高端研究咨询业务逐步展开，包括完成国家知识产权局课题"信息产业专利价值评估研究"，为建立中国彩电专利预警信息服务公共平台提供DVB-T传输标准的专利数据库支持，协助申通完成地铁轨道交通控制专利分析。三是，在充分市场调研基础上开发企业专利信息协同系统，已经在多家单位实现销售。四是，中心推出中国集成电路专利分析(2009版)、中国汽车电子专利分析(2009版)等系列行业蓝皮书。

2009年中心获得知识产权司法鉴定所资质。中心作为世界半导体理事会IP-TF组年度轮值方承担会议组织工作。中心联合中国半导体行业协会在《中国电子报》开辟了知识产权专栏。中心主办了第二届IP重用技术国际研讨会，承办了第五届中国国际汽车电子产品与技术展览会暨国际汽车电子行业高层论坛，组织了世博会新一代车载智能导航终端高技术产业化示范工程，启动了中国合格评定国家认可委员会CNAS实验室认可工作。

上海市信息服务外包发展中心

截至2009年12月底，在上海市信息服务外包发展中心注册的上海信息服务外包从业企业共有626家。其中，为金融和航运领域提供金融后台服务、数据处理服务、第三方和第四方物流等服务的企业已经超过40%，充分体现了上海建设金融中心和航运中心的特征。

上海集成电路设计孵化基地

上海集成电路设计孵化基地为9家IC设计企业进行政策性匹配投资，累计对外投资430万元。

上海华岭集成电路测试平台

上海华岭集成电路技术有限责任公司开展建设90-65纳米极大规模集成电路测试公共服务平台。

三、行业管理

软件企业认定工作

2009年，根据《软件企业认定标准及管理办法(试行)》(信部联产[2000]968号)，经上海市软件企业认定联席会议办公室审核，上海市共认定软件企业308家。截至2009年，上海共累计认定软件企业2 512家。

根据上述文件第十六条关于"软件企业认定实行年审制度"的规定，2009年上海市应参加年审的软件企业数为1 562家，实际年审通过1 425家，年审通过率为91.23%。

2009年，上海市软件行业协会共组织推荐54家软件企业申报国家规划布局内的重点软件企业。获批27家，占全国186家的14.52%。

2009年被认定为国家规划布局内重点软件企业的上海企业

序号	认定号	类别	企业名称
1	沪R-2001-0001	软件收入超亿元型	上海华腾软件系统有限公司
2	沪R-2001-0018	软件收入超亿元型	上海亚太计算机信息系统有限公司
3	沪R-2001-0054	软件收入超亿元型	上海新华控制技术(集团)有限公司
4	沪R-2001-0165	软件收入超亿元型	上海理想信息产业(集团)有限公司

（续表）

序号	认定号	类别	企业名称
5	沪R-2001-0277	软件收入超亿元型	上海宝信软件股份有限公司
6	沪R-2002-0137	软件收入超亿元型	中国银联股份有限公司
7	沪R-2002-0172	软件收入超亿元型	趋势科技(中国)有限公司
8	沪R-2003-0134	软件收入超亿元型	盛趣信息技术(上海)有限公司
9	沪R-2003-0223	软件收入超亿元型	希姆通信息技术(上海)有限公司
10	沪R-2004-0195	软件收入超亿元型	上海汉得信息技术股份有限公司
11	沪R-2006-0208	软件收入超亿元型	上海万得信息技术股份有限公司
12	沪R-2001-0021	软件出口型	PFU上海计算机有限公司
13	沪R-2001-0056	软件出口型	上海海隆软件股份有限公司
14	沪R-2001-0075	软件出口型	商泰软件(上海)有限公司
15	沪R-2001-0146	软件出口型	上海新致软件有限公司
16	沪R-2002-0170	软件出口型	上海中和软件有限公司
17	沪R-2002-0245	软件出口型	上海畅星智能系统有限公司
18	沪R-2002-0282	软件出口型	理光图像技术(上海)有限公司
19	沪R-2003-0059	软件出口型	上海文思信息技术有限公司
20	沪R-2003-0087	软件出口型	花旗软件技术服务(上海)有限公司
21	沪R-2003-0143	软件出口型	上海上大鼎正软件有限公司
22	沪R-2005-0185	软件出口型	新蛋信息技术(中国)有限公司

（续表）

序号	认定号	类别	企业名称
23	沪R-2006-0251	软件出口型	环达电脑(上海)有限公司
24	沪R-2001-0004	市场占有率前五位型	万达信息股份有限公司
25	沪R-2001-0225	市场占有率前五位型	上海普华科技发展有限公司
26	沪R-2001-0274	市场占有率前五位型	维豪信息技术有限公司
27	沪R-2002-0009	市场占有率前五位型	上海海勃物流软件有限公司

软件产品登记工作

2009年，根据《软件产品管理办法》(工信部令第9号)，经上海市软件企业认定联席会议办公室审核，上海市共登记软件产品2 567个。截至2009年，上海累计登记软件产品达10 249个。其中应用软件占全部登记软件产品总量的80%以上，同时系统软件和支持软件数量也在快速增长。

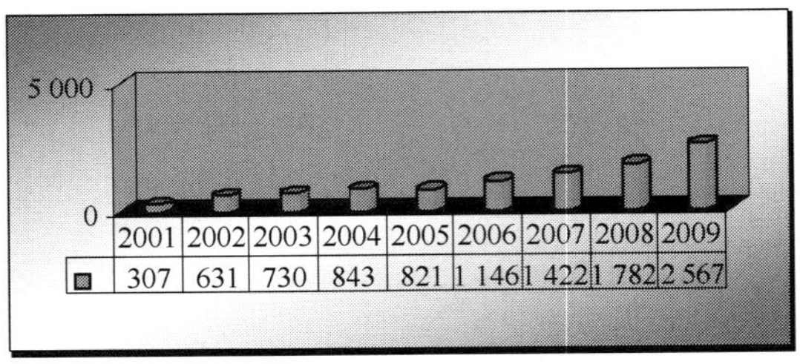

2001～2009上海软件产品登记数量

软件行业工作

2009年，上海市软件行业协会共组织培训服务10次，内容涉及软件质量管理与测试、软件企业知识产权管理、六西格玛导入、项目管理、产品线开发中的可变性管理、沟通技巧、中日软件质量合作研讨、两化融合与工业软件、软件文档标准化与编制，接受培训达832人次。

上海市软件行业协会创办的《软件产业与工程》会刊，搭起了软件企业沟通与交流的服务平台。经过近一年的运作，《软件产业与工程》已获得国家正式刊号(CN31—2042/TN)，将向全国发行。

2009年，经过专家评审和网上公示，上海市软件行业协会开展已认定软件企业评选活动，并评出优秀企业家10名（其中龙旗控股的邓华，入选第八届“上海IT青年十大新锐”）、经营型明星企业32家、出口型明星企业13家、创新型明星企业28家、成长型明星企业12家，以及优秀软件产品56款。

2009上海软件创新论坛

2009年10月14日，首届“上海软件创新论坛”在上海市科技创业中心举行，围绕“创新、服务、价值”的主题，集中展示上海软件创新形象。论坛邀请了国内创新专家作了题为“TRIZ理论在软件创新中的应用”的演讲，并就国产基础软件的创新、工业软件在“两化融合”中的创新、城市信息化软件的创新、软件服务能力创新、信息技术在建设和谐社会中的创新等内容进行了交流。论坛上，宣布了2009年度上海十强软件企业、上海明星企业（经营、出口、创新、成长型）、优秀软件产品、优秀企业家奖项，《解放日报》、《文汇报》、《新闻晨报》、《电脑商报》、《IT时代周刊》、《上海商报》、《金报》及《eNet硅谷动力》、上海新闻网等数十家媒体对本届论坛进行了宣传报道。

（姚宝敬）

第二章 信息产品制造业

概 述

2009年，上海电子信息制造业实现工业总产值5 580亿元，比上年增长6.7%。产业规模继续位居全市六个重点发展的工业行业之首，在全国各省市中继续排名第三。全年实现出口交货值3 927.7亿元，完成销售收入5 773.3亿元，实现利润总额33.9亿元，缴税33.3亿元。

电子信息制造业经济运行企稳并呈现增长态势。在国际经济复苏预期增强的刺激下，上海电子信息制造业生产从低谷回升，月度产值创出历史新高，年末单月产值已超过600亿元，创历史新高。全年实现工业总产值5 580亿元，比上年增长6.7%。

出口形势逐渐好转，下行态势遏止。作为高度外向型产业，上海电子信息制造业已从受国际金融危机影响，出口大幅减少中复苏，出口形势明显好转，年末当月出口交货值比上年增长超过15%。全年实现出口交货值3 927.7亿元。

重点产品强劲增长，继续保持领先优势。在外需恢复性增长和国内客户换机潮的双重带动下，消费电子产品继续引领整个行业，全年笔记本电脑产量6 799.4万部，比上年增长29.3%；传真机产量192.8万部，比上年增长46.7%；等离子电视机产量77.9万台，比上年增长28.5%。

（王 雷）

一、集成电路产业

概况

受世界金融危机和全球半导体市场严重衰退的影响，2009年第一季度上海IC产业继续下滑，并进入低谷，销售收入与2008年同期相比下跌30%。在此严峻形势下，上海市委、市政府积极组织相关部门多次与企业共商应对措施，充分利用国家刺激经济发展、拉动内需的一系列政策措施，转“危”为“机”，主动改变产业增长模式，调整产品结构，努力开拓市场。从第二季度开始，IC产业销售额迅速回升。到第四季度，上海IC产业已基本恢复到正常年份发展水平。

据上海市集成电路行业协会（SICA）统计，2009年上海IC产业实现销售收入402.4亿元，比2008年减少12%，占同期全国IC产业销售额的38.7%，占全球半导体市场的2.6%。表1列出了2008、2009年全球半导体市场、中国大陆和上海IC产业的销售收入、增长率及占全球份额的数据。

表1 2008、2009年全球半导体市场、中国大陆和上海IC产业的销售收入、增长率及占全球份额

地 区	全球（亿美元）		中国大陆（亿元人民币）		其中：上海（亿元人民币）	
	2008	2009	2008	2009	2008	2009
销售收入	2 486	2 263	1 246.8	1 040	457	402.4
增长率（%）	−2.8	−9	−0.4	−16	−0.5	−12
占全球份额（%）		100	7.4	7.2	2.7	2.6

资料来源：SIA、CCID、SICA

由此可见，与2008年相比，2009年IC设计业的销售额有很大增长，在产业链中的比重也有所增加。芯片制造业、封装测试业和设备材料业因受国际金融危机的影响，销售额都有减少。见表2。

表2 2008、2009年上海IC各行业的销售额、增长率及其在产业链中的比重

行业	2008			2009		
	销售额(亿元)	增长率(%)	比重(%)	销售额(亿元)	年增长率(%)	比重(%)
IC设计业	45.9	25.8	10.0	67.04	46.1	16.6
芯片制造业	123.7	-15.7	27.1	92.80	-25.0	23.1
封装测试业	263.5	4.2	57.7	221.64	-15.9	55.1
设备材料业	23.9	3.9	5.2	20.90	-12.6	5.2
合计	457.0	-0.5	100	402.38	-12.0	100

资料来源：SICA

在产业投资方面，截至2009年底，上海IC产业累计总投资为193.38亿美元，其中，总注册资金为78.86亿美元。2008年和2009年两年间新增总投资47.09亿美元，新增注册资金17.47亿美元。日月光集团拟投资70亿元在浦东继续扩展IC封装测试企业规模。2010年初，“909工程”升级改造项目上海华力微电子有限公司的12英寸90-45纳米芯片生产线正式启动，项目总投资为145亿元。

据上海市集成电路行业协会数据库显示，截至2009年底，上海从事IC设计、制造和研究教学的企事业单位共387家，比2008年净增10家。从业人员总数约为9.91万人，比2008年净增1.30万人，其中专业技术人员(包括研究人员)约为4.24万人，比2008年净增6 700人。见表3。

表3 2009年上海IC企事业单位及从业人数

行业	企事业单位(家)	从业人员总数(人)	其中，技术人员(人)	技术人员占从业人员比例(%)
IC设计	181	21 298	15 663	73.5
芯片制造	11	15 930	6 263	39.3
封测及分立器件	28	26 893	5 806	21.6
设备材料	72	9 980	3 969	37.0
智能卡	26	4 011	1 596	39.8
其他(配套)	21	3 275	1 218	37.2
研究、教学	48	17 729	7 869	44.4
合计	387	99 116	42 384	42.8

资料来源：SICA数据库

芯片制造业

【概况】 2009年，上海芯片制造业实现销售收入92.8亿元，比上年减少25.0%，占上海IC产业总销售额的23.1%，占全国芯片制造业的30%左右。上海主要的

7家芯片制造企业的销售额及增长率见表4。在2009年全国十大IC及分立器件制造企业排名中，中芯国际、上海华虹NEC、上海宏力和台积电（中国）等榜上有名。

表4　2008、2009年上海集成电路芯片制造企业的销售额及增长率

排　序	企　　业	2009年销售额（万元）	2008年销售额（万元）	2009/2008年增长率（%）
1	中芯国际集成电路制造（上海）有限公司	406 200	579 163	－29.9
2	上海华虹NEC电子有限公司	164 118	194 493	－13.6
3	上海宏力半导体制造有限公司	109 809	145 558	－24.6
4	台积电（中国）有限公司	86 896	109 998	－21.0
5	上海新进半导体制造有限公司	68 129	62 996	8.1
6	上海先进半导体制造有限公司	64 564	93 258	－30.8
7	上海贝岭微电子制造有限公司	9 850	51 200	—
合　计		915 697	1 246 068	－26.5

资料来源：SICA，2009.2.
注：2008年上海贝岭数据是上海贝岭微电子制造有限公司和上海贝岭股份有限公司的合并报表数据。

【生产技术和生产能力】　2009年，上海IC芯片制造业的大生产主流技术已提升到0.18－0.15微米。先进的生产技术已进入90纳米领域，65纳米工艺技术已开发成功，45纳米的晶圆已经出样。

上海IC芯片制造技术除数字电路和混合信号电路工艺之外，模拟电路工艺，诸如高压BiCMOS和700V BCD等，也发展很快，已广泛用于高压器件和功率IC制造，成为上海芯片制造业的一大特色。在此基础上，上海先进半导体公司建立国内唯一的汽车电子芯片制造平台。2009年在实施国家科技重大专项的推动下，华虹NEC的0.18－0.13微米SiGe BiCMOS成套工艺、0.25－0.18微米通用BCD产品工艺和上海宏力的0.13－0.09微米嵌入式自对准分栅闪存产品工艺的开发都取得了重大进展。

上海正在运营的芯片生产线共有14条。其中，12英寸生产线1条、8英寸生产线8条、6英寸生产线3条、5英寸和4英寸生产线各1条。此外，还有专为制作CMOS图像传感器（CIS）的芯载彩色滤膜加工生产线1条和太阳能电池晶片生产线1条。见表5。

表5　2009年上海集成电路芯片生产线的分布、技术水平及产能

企　业	生 产 线	晶圆尺寸（英寸）	工艺技术水平	产能（万片/月）	投产时间
中芯国际（上海）	Fab 1	8	0.11－0.35 μm	合计12.0	2001.9
	Fab 2	8	0.11－0.35 μm		2002.7
	Fab 3B	8	0.35 μm－90 nm铜制程	2.0	2001.9
	Fab 8	12	90－65 nm	2.0	2007.12
	Fab 10	—	太阳能晶片	—	2006.2
	Fab 9	8	CIS（CMOS图像传感器）芯载彩色滤膜制作	2.0	2005.12

（续表）

企　业	生产线	晶圆尺寸（英寸）	工艺技术水平	产能（万片/月）	投产时间
华虹 NEC	Fab 1	8	0.13－0.35 μm	6.3	1999.2
	Fab 2	8	0.18－0.25 μm	2.0	2007.10
上海宏力	Fab	8	0.12－0.25 μm	4.7	2003.9
台积电（中国）	Fab	8	0.18－0.25 μm	4.4	2004.10
上海先进	Fab 1	5	1.0－3.0 μm	6.0	1989
	Fab 2	6	0.6－0.8 μm	5.0	1997
	Fab 3	8	0.18－0.25 μm	2.0	2003.10
上海新进	Fab 1 Fab 2	6	0.5－3.0 μm	4.0	2001
上海贝岭	Fab 1	4	1.2－3.0 μm	2.0	1988
	Fab 2	6	0.6－1.0 μm	0.5	2006.10
上海华力	Fab 1	12	65－45－32 nm	3.5	在建

资料来源：SICA 整理

封装测试业

【概况】 2009 年，上海 IC 封装测试业实现销售收入 221.64亿元，比上年减少 15.9%，占上海 IC 产业总销售额的 55.1%，占全国 IC 封装测试业的 38%左右。受国际金融危机冲击，上海 IC 封装测试业呈现“前低后高”走势，第一季度销售收入仅为上年同期的 60%左右，但第四季度超过上年各季度平均水平的 25%，年底已出现产能供不应求状况。

【企业状况】 2009 年，上海 IC 封装测试企业（包括分立器件）共有 29 家。近年来上海大多数 IC 封装测试企业的规模不断扩大，至 2009 年底时销售收入超 10 亿元的有 5 家，超 5 亿元的也有 5 家。2009 年上海十大封装测试企业的销售额排名见表 6。

表 6　2009 年上海集成电路（包括分立器件）封装测试企业销售额排名表

排　名	企业名称	2009 年销售额（万元）	2008 年销售额（万元）	2009/2008 年增长率（%）
1	环旭电子（上海）有限公司	494 626	661 551	－25.2
2	上海松下半导体有限公司	295 314	390 721	－24.4
3	日月光封装测试（上海）有限公司	199 177	174 522	14.1
4	星科金朋（上海）有限公司	167 786	146 635	14.4
5	安靠封装测试（上海）有限公司	95 385	93 112	2.4
6	上海旭福电子有限公司	87 500	—	—

（续表）

排 名	企业名称	2009年销售额（万元）	2008年销售额（万元）	2009/2008年增长率(%)
7	晟碟半导体（上海）有限公司	65 000	54 260	19.8
8	上海雅斯拓智能卡技术有限公司	62 951	65 695	-4.2
9	上海凯虹电子有限公司	55 110	66 486	-17.1
10	上海新康电子有限公司	53 448	51 264	4.3
合 计		1 576 297	—	—

资料来源：SICA

【技术升级】 由于上海大多数IC封装测试企业是世界著名封装厂商在沪投资的独资企业或中外合资企业，有利于吸收世界先进的封装测试技术。近一二年来许多先进的封装形式，如BGA（球栅阵列封装）、CSP（芯片尺寸封装）、Flipchip（倒装焊封装）、WIP（圆片级封装）、MCM（多芯片封装）等都实现量产，同时开展SIP（系统级封装）新技术的研发，对于其中的关键技术——TSV（硅通孔）技术已有突破。

IC设计业

【概况】 2009年，上海IC产业虽然受到世界金融危机的冲击，出现滑坡，但IC设计业在国家拉动内需等一系列政策激励下，靠国内市场的刚性需求，靠企业及时调整产品结构，开拓市场，逆势而上。据SICA对全市100家主要IC设计企业的统计，2009年实现销售收入67.04亿元，比上年增长46.1%，占上海IC产业总销售额的16.0%，占全国IC设计业总销售收入的25%左右，充分显示出设计业是IC产业链中最具活力和成长性的产业领域。

【企业状态】 据SICA统计，2009年上海IC企业共181家，比上年净增7家，从业人数2.13万人，比上年净增0.8万人，专业技术人员的比例从上年的69%提升到2009年的73.5%。2009年已有17家IC设计企业销售额超亿元。2009年上海十大设计企业主营业务收入排名见表7，其中联芯科技和格科微电子在2009年的销售收入实现数倍增长，第一次进入上海十大IC设计企业排名。

表7 2009年上海十大设计企业排名表

排 名	企业名称	2009年主营业务收入（万元）	2008年主营业务收入（万元）	2009/2008年增长率(%)
1	展讯通信（上海）有限公司	74 885	44 832	67.0
2	上海华虹集成电路有限责任公司	65 221	61 778	5.6
3	联芯科技有限公司	45 300	8 879	410.2
4	上海贝岭股份有限公司	39 962	—	—
5	上海复旦微电子股份有限公司	28 907	25 715	12.4
6	华亚微电子（上海）有限公司	28 247	21 969	28.6
7	格科微电子（上海）有限公司	26 257	2 213	1 086

（续表）

排　名	企业名称	2009年主营业务收入(万元)	2008年主营业务收入(万元)	2009/2008年增长率(%)
8	中颖电子(上海)有限公司	23 914	20 165	18.6
9	昂宝电子(上海)有限公司	19 000	14 000	35.7
10	超威半导体(上海)有限公司	18 463	21 754	−15.1
合　计		370 156	—	—

资料来源：SICA整理

【技术水平及技术创新】　2009年，上海IC设计企业自主开发成功的IC产品达70余种。产品涵盖3G移动通信、高清数字电视、电源管理电路、显示驱动、射频识别、汽车电子、接口电路和高性能多核CPU等各类芯片。大部分产品的设计技术为0.18-0.13微米，先进产品的设计技术已进入90纳米，甚至65纳米领域。

2009年，上海IC设计企业的开发投入和知识产权积累显著增加，据SICA对62家设计企业的抽样调查，62家企业的开发经费达10.7亿元，共申请国内专利477件，国外专利64件，布图设计登记193件。

自实施国家科技重大专项"核高基专项"以来，上海已有16家设计企业、高校及研究机构分别承担23项IC设计开发项目。

设备材料业

【概况】　据SICA对上海主要20家半导体设备材料企业的统计，2009年设备材料业的销售收入为20.9亿元，比上年减少12.6%，占上海IC产业总销售额的5.2%。近年来，上海半导体设备材料的销售收入一直在20～25亿元间徘徊。与国内其他地区相比，上海还缺少上规模的大企业。但随着实施国家科技重大专项，许多重大装备和配套材料的研发已经突破，上海半导体设备材料业将会迎来一个发展高潮。

【企业状况】　上海生产和研发设备材料的单位共72家，业务范围涵盖了IC制造及测试设备、硅材料、掩模、封装零部件及模具、化学试剂、电镀液及电子气体等。2009年上海十大集成电路设备材料企业主营业务收入排名见表8。这10家企业销售收入为18.73亿元，占整个设备材料业的89.6%。

表8　2009年上海十大集成电路设备材料企业排名表

排　名	企业名称	2009年主营业务收入(万元)	2008年主营业务收入(万元)	2009/2008年增长率(%)
1	上海申和热磁电子有限公司	40 499	55 669	−27.2
2	应用材料(中国)有限公司	36 913	36 888	0.1
3	三井高科技(上海)有限公司	25 576	38 148	−33.0
4	上海合晶硅材料有限公司	17 462	22 636	−22.9
5	上海凸版光掩模有限公司	14 653	12 422	18.0
6	上海新傲科技有限公司	12 435	12 402	0.3
7	普莱克斯(上海)半导体气体有限公司	12 299	13 163	−6.6
8	上海合成树脂研究所	11 000	13 366	−17.7

（续表）

排 名	企业名称	2009年主营业务收入(万元)	2009年主营业务收入(万元)	2009/2008年增长率(%)
9	东电电子(上海)有限公司	8 500	—	—
10	上海新阳半导体材料股份有限公司	7 977	7 361	8.4
合 计		187 314	—	—

资料来源：SICA

【技术创新】 在国家科技重大专项02专项和电子发展基金等项目的强力推动下，上海半导体重大装备及新材料的研发取得可喜成绩，有些项目已走在全国前列，如中微半导体设备公司的90－65纳米等离子刻蚀机，盛美半导体设备公司的12英寸晶圆单片清洗机，睿励科学仪器公司的IC生产用光学测量系统以及上海微电子装备公司的先进封装用光刻机等。在半导体材料方面，新傲科技公司已突破8英寸SOI晶片的关键技术。新阳半导体材料公司的IC制造用电镀液、上海华谊微电子材料公司、上海化学试剂研究所的超净高纯化学试剂和安集微电子公司的CMP抛光液等都已进入实用化阶段。

上海华虹NEC电子有限公司

【概况】 上海华虹NEC电子有限公司是"909工程"的主体单位，1999年建成我国第一条8英寸生产线，2002年由单一的DRAM芯片制造企业转向代工企业，并在竞争激烈的代工市场建立起独特的特色工艺优势。2009年虽受国际金融危机和国内外代工市场严重下滑的影响，华虹NEC仍保持销售收入16.41亿元。2010年1月销售收入攀升至1.98亿元，同比增长398%，环比增长23%。

【以特色工艺开拓企业发展新路】 几年前华虹NEC从停止DRAM生产转向专业代工时，主要技术是0.18微米CMOS工艺。经过几年努力发展特色工艺，华虹NEC已建立0.18微米到0.13微米嵌入式非挥发存储器、高压CMOS、模拟/电源管理电路、功率器件以及基于SiGe(锗硅)工艺的射频(RF CMOS)等特色工艺，并取得不斐的业绩。华虹NEC的这些特色工艺正好匹配了最热门的一大部分产品的应用，为客户带来了高性价比的代工服务，也为华虹NEC开拓了发展新路。

1. 从智能卡到MCU和触摸屏

从0.35－0.13微米工艺，华虹NEC一直保持着嵌入式非挥发存储器技术的领先地位，这正是第二代居民身份证卡芯片和3G/4G手机终端的大容量SIM/JAVA卡所必需的。随着国家第二代居民身份证卡集中发放的完成，智能卡业务仅占华虹NEC不到30%的收入。于是，华虹NEC积极将嵌入式不挥发存储器技术拓展到MCU领域。一方面华虹与国际IP厂商合作，以服务大客户；另一方面与中国台湾及大陆IP厂商合作，引入低价位CPU核，同时匹配良好的技术支持，使华虹NEC成为国内很多知名芯片厂商的代工伙伴。华虹NEC还将嵌入式非挥发存储器工艺和高压CMOS特色工艺结合，向新兴的触摸屏领域延伸。

2. BCD工艺迎合节能环保发展热点

近年来十分热门的LED照明/背光、高端电源管理和汽车电子芯片都离不开BCD工艺技术，而华虹NEC已成功开发0.5－0.35微米BCD工艺，并正在开发0.25－0.18微米BCD工艺，该项技术还列为国家科技重大专项支持项目之一。在LED照明和大尺寸LED液晶电视背光方面，华虹NEC已成功推出40～60V BCD工艺平台。同时，华虹NEC还与国内IC设计客户合作发展700V BCD工艺技术，使BCD工艺同时向着高压、高功率、高密度三个主要方向发展。

3. SiGe(锗硅)射频技术更显工艺特色

3G移动通信、WLAN/WiFi以及卫星接收机顶盒等都是目前无线市场的大热，而这些终端芯片的制造都离不开砷化镓(GaAs)工艺，然而砷化镓工艺的代工价格相当昂贵，而且很多时候还供不应求。SiGe工艺比砷化镓工艺的成本要低得多，而且容易与芯片制造工艺相兼容。华虹NEC正在开发的0.18－0.13微米SiGe工艺将为高端无线终端芯片的制造技术带来一次新的革命。

上海先进半导体制造有限公司

【概况】 上海先进半导体制造有限公司是上海最早的芯片制造代工企业，也是国内最大的模拟芯片代工企业之一。产品基本出口，最大的客户是欧洲飞利浦公司。该公司拥有5英寸、6英寸及8英寸三条芯片生产线。年产晶圆片80万片(等效8英寸晶圆片)。2006年4月该公司股票在香港联合交易所主板成功上市。从2008年第四季度起，因受国际金融风暴和全球半导体市场衰退影响，上海先进半导体的境外代工收入大幅度减少，2009年销售收入为6.46亿元。近两年来，公司通过调整产品结构、改变经济增长方式，加强国内代工服务，特别是在市政府主管部门的支持下，建成国内唯一的汽车电子芯片制造平台，为公司发展带来又一个春天。

【国内唯一的汽车电子芯片制造平台】 汽车电子是微电子产业的新兴领域。目前我国已成为世界最大的汽车生产国和世界最大的汽车消费市场，但汽车电子部件及模块几乎全部被世界上几大汽车电子部件及模块厂商所控制，汽车电子芯片也被诸如飞思卡尔、恩智浦(NXP)、瑞萨等几家芯片厂商所垄断，全球汽车电子是一个数百亿美元的巨大市场。汽车电子国产化已成为当前国内微电子产业的重要课题。

上海先进半导体公司基于自身的模拟集成电路芯片制造的技术优势，与NXP(恩智浦)公司签订长期技术转让协议，引进国际先进制造技术。同时，在市经济信息化委的支持下，联合上海市汽车电子优势单位：上海航盛电子公司、上海集成电路研发中心、中科院上海微系统所和众多IC设计公司组成包括汽车电子芯片设计、芯片制造、模块组装、整车应用等在内的汽车电子完整产业链。上海先进半导体公司又积极开展质量保证体系建设，先后通过ISO9002、QS－9000、ISO14001、TS16949认证，2009年又通过德国大陆集团(汽车电子用户)VDA6.3的严格审核，打开了迈向世界级汽车电子供应商的通路。

华亚微电子(上海)有限公司

【概况】 华亚微电子(上海)有限公司是由2001年归国专家创办的高新技术企业，专门从事数字视频影像解决方案和芯片设计。公司总部设于上海，同时在南京、深圳、成都、绵阳和台湾、香港及美国加州设有分公司。华亚微电子自成立以来，吸引了众多国内外优秀人才，组成了一支200多人的芯片设计、市场开发、技术支持、经营管理团队。公司致力于视频芯片的研发、设计，提供系统解决方案和实现产业化，2007～2009年连续3年销售额都超2亿元，2009年的销售收入为2.82亿元，比上年增长28.6%，跃居为国内视频芯片设计最大的企业。

【国内视频芯片设计企业的佼佼者】 华亚微电子公司坚持自主创新，在视频领域先后突破10余项核心技术，开发设计出拥有自主知识产权、具有国内外领先水平的视频系列控制芯片，拥有50余项发明专利和集成电路布图设计等知识产权。用华亚微电子芯片和解决方案的机顶盒已涵盖有线、国标地面、直播卫星等多个领域，并已大批量稳定出货，芯片出货量达2 000万颗。在产品线方面，华亚微电子的机顶盒产品线已覆盖单向、双向基本型、双向增强型和高清各种应用，既能满足最低成本的模拟转数字整体平移需求(支持基本的数字电视解码、CA解密、数据广播、EPG电子节目菜单等应用)，又能以最高的性价比支持各种双向交互应用、多媒体播放功能(电子相册浏览、MP3播放)、PVR电视可录、时移电视等多种增值业务功能，为广电运营商创造新的业务价值。华亚微电子的芯片集成了QAM解调、以太网控制器、USB控制器、JPEG硬件加速器、2D加速器等多个功能模块，使得广大客户以最少的外围器件实现更丰富的功能，从而使整机方案具有更高的性价比。此外，华亚微电子提供完整的软件系统解决方案，便于客户在最短的时间内将产品推出上市，并给客户带来优势。

二、通信和网络设备制造业

概况

2009年，上海通信设备制造业在国内外经济形势出现诸多不确定因素的情势下，以战略思维准确地统筹和研判国内国际两个战场，审时度势，迎难而上，果断决策，共克时艰，为应对金融危机冲击争取了主动。2009年1～12月，上海通信设备制造业工业总产值完成617.97亿元。手机生产315.75万部，程控交换机387万线，移动通信基站1 987 574信道。

上海是我国重要的通信产业基地之一。通信设备制造业是上海经济发展的重要支柱产业之一。上海已形成包括网络通信设备、无线通信设备、光通信设备、通信终端、通信配套元器件等门类齐全的通信设备制造产业架构。浦东金桥出口加工区、张江高科技产业园区、漕河泾新兴技术开发区等园区聚集了上海主要的通信设备制造研发、生产企业，已基本形成区域协同发展的局面。

据协会调查，上海通信产业企业360家，其中浦东新区企业数量居各区首位，其次为徐汇区、闵行区、松江区、闸北区、杨浦区、黄浦区等区，占全部企业数82%左右。

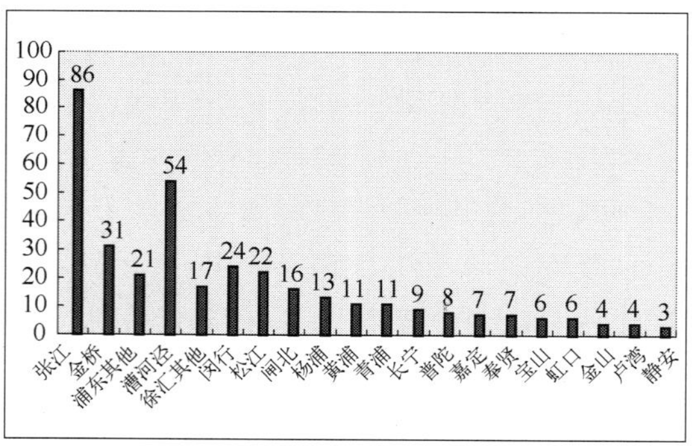

上海市通信设备制造业企业区域分布图

第三代移动通信(3G)

在3G的TD-SCDMA技术领域，上海处于全国领先地位。在网络设备市场的企业有：上海贝尔、大唐移动等；芯片开发企业有：联芯、展讯、锐迪科等；终端设计的企业有：上海闻泰、晨讯、龙旗等；网络规划企业有百林通信等；测试仪器企业有创远等，均有掌握关键技术的核心企业，产业各环节间具有强大的竞争力和互补协作性。无论网络设备还是终端芯片，上海都占据了重要的市场份额，各种数据都显示，上海已成为国内TD移动通信技术最重要的产业基地。其中联芯科技芯片和解决方案的TD-SCDMA终端在中国移动的三次招标中占据60%左右份额，展讯芯片和解决方案的TD-SCDMA终端占据10%左右份额，两者相加，占据了70%的TD市场份额，上海在国内终端芯片和解决方案产业中已经处于领先地位。中国移动2009年5月17日推出的首批深度定制的四款终端均为联芯科技的终端解决方案。

【主要关键产品】

多标准公用基站：3G的演进技术LTE正在开发与试用中。无论是国外运营商还是国内运营商在新建基站时均希望采用多标准共用基站，因而兼容不同技术标准的多标准公用基站是下一步研究开发的重要方向。

MiWAVE是宽带无线接入通信系列产品：基于宽带无线多媒体(Broadband Wireless Multimedia, BWM)国家标准(标准号：20067544-T-339)，兼容于TD-LTE标准框架，上行采用自主的DFT-S-GMC多址技术，提高功放效率和覆盖能力，增强了抗多普勒频移的能力，降低了宽带无线网络的建设成本。MiWAVE可工作于300 MHz～3 GHz等多个频段，更可根据实际需求扩展至其他频段，部署灵活。

MiWAVE产品主要应用于宽带无线应急通信和移动宽带无线接入领域，主要的产品包括：MWE2000/MWE2001宽带无线接入基站、MWE4001车载型基站、MWE811增强型便携式移动台、MWE850车载集成式移动台、MWE860单兵多媒体背负移动台。

TD-SCDMA无线网络控制器(RNC)：基于开放的ATCA架构标准硬件平台、采用IP交换技术、控制面交换和业务面交换分离、分布式处理等方式，拥有多项无线资源管理核心专利，采用TD-SCDMA独特的无线资源管理算法，全面提升无线网络质量。

自动路测网络优化产品：自2004年底推出以来，已

在大唐移动、中兴通讯、鼎桥科技、中国普天、ASB、爱立信、烽火科技等客户处得到广泛使用。在TD-SCDMA产业化专项测试、TD-SCDMA规模网络技术应用试验网(北京、上海、保定、厦门、青岛试验网)中发挥重要作用。

TD-SCDMA终端芯片及解决方案产品、TD-SCDMA特殊终端产品(专业测试手机、通信模块、无线上网卡、公板等)、TD-SCDMA终端应用软件平台产品。

3G手机解决方案系列产品:具有中国自主知识产权的3G TD-SCDMA制式手机具有以下特点。

终端支持TD-SCDMA/HSDPA/HSUPA/GSM/GPRS/EDGE等多模无线接入模式,最大速率在上下行方向分别是2.2 Mbps和2.8 Mbps。

同时支持TD-SCDMA(HSDPA/HSUPA)与GSM(GPRS/EDGE)双模自动切换。

产品不仅支持语音通信、文本短信、多媒体短信等常见的2G无线业务,还支持可视电话、高速流媒体、高速互联网浏览、位置服务、视频共享、Push Email、VoIP和PoC等能充分发挥TD-SCDMA增强型技术的业务应用。

实现强大功能的同时终端实现低功耗和小型化,待机时间超过350小时,通话时间超过5小时。

下一代网络(NGN)

NGN是集话音、数据、传真和视频业务于一体的全新网络。它是一种业务驱动型网络,通过业务和呼叫完全分离、呼叫控制和承载完全分离,实现相对独立的业务体系,使业务独立于网络。如今,互联网和信息化大潮正面临着爆炸式增长的契机,对中国各行各业均起了相当重要的推动作用。在金融行业,各大银行的电子汇兑系统、网上银行电子支付平台、数据大集中和网络化金融服务已成为现阶段的应用热点。就政府行业而言,由于电子政务网络平台建设速度正在加快,实现信息资源共享成为政府网络建设的重点,同时由于政府信息的特点,安全性保障也日益成为网络建设的重中之重。在教育行业,由于多媒体教学、远程教育等日益普及,真正实现校园信息与社会知识资源的高度融合成为教育行业的聚焦热点。

随着互联网和信息化重点建设要求的不断更新和完善以及各行业对网络信息化的依赖程度不断增强,网络通信设备已成为当前关注的关键性设施。可以预计,随着网络用户数量的急剧增长和全球规模市场需求的进一步剧增,路由器、交换机、E-PON等网络通信设备将拥有极为广阔的市场前景。

【主要关键产品】 多模融合型终端(如UMA、IMS/VCC等)将是发展热点。不同类型业务能在统一网络上运营,高可信和资源可控、可管理是下一代网络的重要目标。

软交换、接入网关、媒体中继网关、应用服务平台等在NGN市场有较大比例。

高端核心路由器是高性能、高扩展性、面向大型网络的核心网络设备,能够提供全线速的交换和路由功能,具有无与伦比的可扩展性,能满足高端网络的应用和服务,适合应用于IP城域网骨干层和大型企业网络骨干层。

核心路由交换机是大容量、高性能的核心路由交换机产品,具有电信级高可靠性,可应用于运营商IP城域网、校园网、电子政务网和大型企事业网等网络的骨干层、汇聚层,能够满足各种网络核心层的建设需求。

下一代广电网(NGB)

下一代广播电视网络已正式启动,上海率先开展50万户的NGB试点建设。随着上海试点应用的成功建设和全国范围内的陆续推广,将拉动广电行业的应用需求。NGB拥有巨大的市场,以全国1.6亿户有线电视用户测算,完成全国范围NGB的建设需投入资金约3 500亿元,其中在网络设备和用户终端设备方面的投入约2 800亿元。根据经验统计数据,在信息通信设备和系统上的投资可以带动相关产业3~5倍的经济效应。按上述分析,预计可带动全国信息制造等产业收入8 400~10 000多亿元。

随着"新一代高可信网络"重大项目子课题国家试验床建设的推进,有线宽带网络的接入速率将大大提高,将会产生更多适合于未来家庭信息化的互动应用,这为我国应用软件的开发和家庭网关等行业提供更大的市场。通过市场调查,家庭网关的销售价格在2 000元左右,按照全国1.6亿户中家庭网关的渗透率为30%计算,预计将产生约960亿元的产品销售,可带动全国信息设备制造等产业收入约2 880亿元。

2009年，上海未来宽带技术及应用工程研究中心在积极完成各项科学研究、技术创新和工程建设的同时，也在努力开发、拓展市场，进行技术成果的产业转化。其中新产品的销售收入约占总收入的83.46%。随着NGB试验网的进一步扩大和推进，宽带中心将在未来几年内实现上亿元经济效益，并通过其带动作用，将增加近10亿的产值。

宽带中心将根据广电未来的业务发展和上海市信息化建设的需要，为下一代广电网络技术研发、产品生产、网络构建、业务开展等提供完善的集成试验环境。并根据NGB建设相关的技术方案，完成光接入和同轴电缆接入所有设备的研制和量产，以迎接未来NGB建设的新高潮。

2009年6月18日，中共中央政治局常委李长春在中共中央政治局委员、上海市委书记俞正声，国家广播电影电视总局副局长张海涛等有关领导陪同下，参观视察了宽带中心。李长春在仔细听取了上海市有线电视网络三网融合成果及展望的汇报后说：很受鼓舞啊，这样方向就更加明确了。这个试验床，要按程序先做一次鉴定，在鉴定的基础上制定标准，然后再扩大规模。俞正声也表示：上海在解决数字平移的时候把3TNet一块上，它就可以上升一个档次，不光是给电视用户服务，也为很多信息服务提供高速的平台，这个意义很大。

在国家、地方政府的支持和带动下，宽带中心与东方有线网路有限公司合作制定完成《上海下一代广播电视网络(NGB)建设方案》和《上海下一代广电网五十万户改造实施工程技术规范书》，并于2009年7月16～18日召开专家评审会，得到专家认可。建设方案的制定对后续NGB在上海开展50万户的先行先试具有指导意义，且有助于带动全国其他城市的NGB改造。

2009年7月31日，科技部、国家广电总局和上海市政府在上海举行中国下一代广播电视网(NGB)启动暨上海示范网部局市合作协议签字仪式，这标志着中国下一代广播电视网(NGB)建设进入实质性推进阶段。签字仪式前，全国政协副主席、科技部部长万钢专程赴宽带中心视察指导。

【主要关键产品】 接入网局端设备EOLT、缆桥交换机、缆桥终端设备及NGB网络集成方案设计、系统规划、业务系统布局等。

上海贝尔股份有限公司

【概况】 上海贝尔直属于国务院国有资产监督管理委员会，是中国高科技领域的第一家外商投资股份制公司。公司拥有强大的本土实力和丰富的全球资源，是业内领先的通信解决方案提供商。公司提供端到端的通信解决方案和高质量的服务，产品覆盖固定网络、移动网络、宽带接入、智能光网络、IP解决方案、多媒体解决方案和网络应用等领域。上海贝尔以其强大的自主创新实力、世界一流的产业化和生产制造基地和遍及国内和海外50多个国家的销售服务网络服务于中国以及全球的客户。同时，作为国际化的区域性支持中心，在采购与物流、技术支持、IT/IS以及财务管理等方面，为阿尔卡特朗讯的全球业务提供全方位的支持。上海贝尔秉承客户至上的宗旨，致力于满足中国客户的国际化业务需求。

【重大项目】

1. 宽带无线移动通信

增强型3G研发与产业化，进行增强型3G特别是增强型TD-SCDMA的研发与产业化，主要包括高速无线数据接入增强关键技术及产品、增强型业务与应用、增强无线接入技术及核心网络等；突破增强型3G的关键技术，形成一批技术专利；掌握增强型3G系统设备和终端设备的设计、开发和生产技术，形成较为完善的产业链。

增强型3G面向无线宽带接入、多媒体应用，以及全IP网络，是传统第三代移动通信系统的增强和演进，该项目拟针对增强型3G的关键设备和业务平台进行技术开发、产品研制，以及产业化，实现大规模生产和商用，具体包括TD-SCDMA无线接入系统设备、核心网系统设备，以及多媒体业务平台等，项目总投资1.1亿元，建设周期为2008年9月～2010年11月，其中增强型TD-SCDMA无线接入产品在2009年第一季度即可完成产业化，实现大规模生产和应用，2010～2014年为主要收益期，累计销售收入有望达到80.4亿元，可实现利税10亿元以上，该项目正式启动于2008年9月。

完成产业化一期(月产1 800台NODE-B MU和5 400台RRU)，二期建设正在进行中。完成TD-SCDMA高速版本(HSPA)、新一代绿色环保的移动软交换、移动视频业务，并开始商用。在TD-SCDMA网络建设招标和建设中名列前茅，已实现销售近5亿元。

2. LTE无线接入

2008年8月工信部：重大专项第一阶段2008年启动项目。牵头承担的课题：TD-LTE基站试验设备开发。

2008年9月工信部：重大专项第一阶段2009年启动项目。

2008～2009年重大专项：TD-LTE系统试验设备研发紧张有序地进行；2009～2010年重大专项：TD-LTE系统预商用设备开发，已经完成更先进的系统硬件设计，高效推进射频、基带、控制、网管各个子系统软件开发，向商用设备和大规模组网目标一步步迈进。

2009年2月的3GSM(全球移动大会)上成功演示TD-LTE高速数据呼叫。

2009年5月通过电信研究院和中国移动组织的TD-LTE demo phase 2测试。

2009年6月完成LSTI(LTE/SAE测试联盟)PoC(概念验证)结果提交。

2009年9月完成CMCC上海世博TD-LTE测试，上海贝尔凭借优异的性能，入围TD-LTE供应商。

完成和第三方测试手机UTstarcom，Aeroflex等的互操作性测试。

完成高速移动环境下(信道仿真仪，360～500公里/小时)的系统测试。

完成外场测试，算法性能包括MIMO达到先进水平，频谱效率达到领先水平。

完成外场基站内和基站间切换测试。

上海大唐移动通信设备有限公司

【概况】 上海大唐移动通信设备有限公司(简称“上海大唐”)是大唐电信科技产业集团(简称“大唐集团”)的骨干企业之一，是一家集研发、制造、销售和服务于一体的高科技公司。产品涉及GSM、CDMA、GPRS、TD-SCDMA等2代到3代移动通信系统，并提供网络规划优化无线系统工具。2009年受到国际金融危机严峻挑战，但上海大唐凭借产品创新、企业管理，在各级政府的关心和帮助下，更加突显出上海大唐的竞争实力。

2009年2月19日，上海市市长韩正一行在松江区委、区政府领导的陪同下莅临上海大唐生产区、办公区。韩市长关切地询问了公司目前的发展情况及遇到的困难，指出：面对当前国际国内经济发展出现的新情况，必须时刻保持清醒头脑，清醒地认识到所面临的挑战是严峻的、所遇到的情况也是全新的，准确把握大局大势，抓住机遇，再创佳绩。

2009年9月4日，中共中央政治局委员、上海市委书记俞正声一行莅临上海大唐松江园区实地调研。俞书记在听取公司在中国移动TD-SCDMA三期供货的情况和生产情况后，对长期以来上海大唐重视并坚持走企业自主创新的科技发展道路，重视内部的精细化管理，凭借产品创新、企业化管理取得丰硕的成果表示赞赏。

2009年1月，上海大唐获得“2008～2009年度通信产业技术贡献奖”；2009年6月，上海大唐获得“中央企业先进集体”荣誉称号；2009年12月，上海大唐获得由上海漕河泾新兴技术开发区新经济园发展有限公司松江国际光仪电产业园颁发的2009年度园区特殊贡献奖。

【标准化建设】 2009年3月，上海大唐取得GB/T24001\28001环境、职业健康安全管理体系证书，标志着上海大唐在环境、职业健康安全管理方面又上了一个新台阶。

2009年10月，上海大唐TD-LTE Advance技术方案成功入选国际电信联盟(ITU)，确定我国自主知识产权的TDD-LTE技术作为4G国际标准候选技术。

2009年12月，上海大唐内部评估团队对研发进行了CMMI-3级的评估，基本符合三级要求，将在2010年进行外部正式评估，有望取得CMMI-3级认证。

【信息化建设】 2009年7月，上海大唐资产管理系统完成优化和升级，所有自制板卡，固定资产全部纳入系统管理，资产和板卡的借用，调拨，出入库全部在系统中完成，并考虑了和ERP系统的对接，为资产和板卡的管理提供了便利的管理方法。

2009年10月，物流系统在2008年的基础上继续升级，实现“第三方业务管理”、“仓储业务管理”和“系统管理”三大模块，涉及“在途追踪”、“协助发运”、“紧急发运”、“运保费管理”、“序列号管理”等十余项功能，大大提高工作效率和数据应用水平。

【市场业绩】 2009年2月，中国移动集团路测软件二期采购招标，上海大唐的自动路测产品在产品技术评标过程中获得技术标第一，商务标与主要竞争对手保持了领先优势。

2009年3月，中国移动集团路测软件二期采购招标，上海大唐的OMC-R产品在产品技术评标过程中获得技术标第一，路测软件携合作伙伴最终夺得34%份额的佳绩。

2009年9月，中国移动集团路测软件三期采购招标，上海大唐的自动路测产品在产品技术评标过程中获得技术标第一，商务标与主要竞争对手保持了领先优势。

2009年12月，中国移动集团正式公布招标结果，上海大唐移动路测软件携合作伙伴最终夺得25%份额的佳绩。

联芯科技有限公司

联芯科技依托中国3G牌照发放的大好市场背景及集团在TD领域内的长期技术积累，成立仅两年就已成为TD终端产业中的龙头企业。截至2009年底，公司已拥有一支800余人的有着丰富移动终端产业从业经验的技术研究、产品开发、营销服务和管理团队。公司的主营业务为：TD-SCDMA终端芯片及解决方案产品；TD-SCDMA特殊终端产品（专业测试手机、通信模块、无线上网卡、公板等）；TD-SCDMA终端应用软件平台产品。按照2009年TD终端基带芯片约1 200万的芯片出货量统计，联芯科技的芯片及解决方案市场占有率处于市场第一地位。公司已发展包括中兴、LG、宇龙、SIMCOM、华为、联想、海信、CECT、天宇朗通、比亚迪在内的20多个著名终端厂家成为客户，并开发了上百款终端，为确保中移动2009年全年完成发展500万用户的市场目标提供有力支撑。2009年中移动为顺应市场需要，于10月推出的全球首款TD-OPhone智能商用终端LG-GW880也是基于联芯科技的芯片及解决方案所开发。

2009年，联芯科技销售收入突破4.5亿，上缴税金2 875万，申请专利83项，其中发明专利79项。在TD-SCDMA/HSPA/HSPA+/LTE等系列TD标准及后续技术演进上，通过积极参与国内外相关标准制定及在专利上的布局，确保始终处于技术领先地位。

2009年，联芯科技承担了国家重大专项中“TD-SCDMA HSDPA/HSUPA多模终端基带芯片研发和产业化项目”、“TD-LTE终端基带芯片研发”、“TD-LTE数据卡终端研发”、“TD-SCDMA增强技术路测仪研发和产业化”等课题，以上课题正在按计划实施和推进中，其中“TD-SCDMA HSDPA/HSUPA多模终端基带芯片研发和产业化项目”已进入结项状态。

联芯科技已通过“上海市软件企业”、“上海市高新技术企业”、“集成电路设计企业”等相关资质认定，同时“无线移动通信国家重点实验室无线移动通信系统芯片研究中心”也于2009年正式落户联芯科技。

上海闻泰电子科技有限公司

【概况】 上海闻泰电子科技有限公司是闻泰集团的研发中心，成立于1999年。闻泰集团成立于2006年，由上海研发中心、深圳运营中心、嘉兴生产中心和西安研发分部组成，是一家提供手机整机方案设计服务、制造服务以及基于无线终端系列增值服务的高新技术企业集团，主要致力于无线终端产品的定制、研发、生产、销售、售后等综合业务。产品涵盖从2G到4G的GSM(GPRS)、CDMA(1X)、EDGE、TD-SCDMA等全系列手持设备，年产值超过数亿美元。

【创新项目】

TD-SCDMA项目：闻泰集团在TD-SCDMA增强型多媒体终端项目的开发过程中，将充分注重技术开发与产业化研究的结合，紧抓市场的脉搏，依托骨干子项目，完成系列特色产品的开发，实现闻泰TD-SCDMA终端产品的产业化，丰富3G终端市场。闻泰TD-SCDMA产品围绕以下特点进行重点开发和研究。

TD-SCDMA/HSDPA模块：支持TD-HSDPA/GSM双模自动切换，支持TD双频段，支持语音、SMS、数据业务，可应用于无线商话、智能手机、上网本、M2M等多种领域。

TD-SCDMA/HSDPA多媒体手机：支持TD-SCDMA/EDGE自动双模，支持A+B TD双频段；支持MBBMS+CMMB移动电视；支持宽带互联网；支持可视电话、流媒体、视频会议、视频留言等3G特色应用；支持移动证券、手机地图、音乐随身听、飞信、快讯、号簿管家等中国移动业务。

TD-SCDMA/HSDPA电子书采用Android操作系统，电子纸显示屏，支持TD-SCDMA/GSM网络，可通过3G网络下载电子图书。

GSM/GPRS+CDMA1x/EVDO双网双待Android智能手机项目：闻泰集团所开发的Android无线终端是具备自主知识产权的，基于Android的双网双待智能手机。通信模块分别采用Infeneon的GPRS芯片组和Qualcomm的EVDO芯片组。闻泰已与华为等国内知名企业以及MOTO等著名国际企业进行合作，同时开拓印度、中东、东南亚等国际市场。该集团将投入研发的GSM/GPRS+CDMA1x/EVDO双网双待Android智能手机项目，市场的吸引力具备两大优势：

Android操作系统：闻泰第一时间涉入Android手机领域，将得到市场的欢迎。

GSM/GPRS+CDMA1x/EVDO网络：Android手机能适用于中国、印度、美国等采用双网制的国家。经过这些年的努力，闻泰在模块设计上有独特的技术优势，开发成本大大降低，并直接反映在产品价格上，客户得到最大的实惠。

【创新成果】 2007年闻泰集团就开始制定技术创新战略中长期规划，加大自主创新力度，经过3年多的努力取得丰硕成果。迄今，闻泰申请技术专利1 000余件，其中已获授权专利约400件；获得软件著作权近百件。

2009年，闻泰集团重点进入3G领域，并承担2009年度上海高新技术产业化项目——TD-SCDMA增强型多媒体终端的研发和产业化项目，同时也开始研究EVDO单芯片无线移动终端。闻泰注重技术开发与产业化研究的结合，紧抓市场的脉搏，依托骨干子项目，完成系列特色产品的开发，并最终实现闻泰集团3G终端产品的产业化，丰富3G终端市场。

为更好地利用人力和物力，闻泰集团建立企业研发中心和技术中心，完善技术创新体系。建立知识产权管理部，员工提供相应的知识产权、培训、咨询和申请服务。

【ERP系统】 闻泰集团内部实现信息化管理、采购等战略协同，充分利用现代科学技术，建立了连接各子公司、各部门的ERP系统，集团的研发、生产、供应链、财务、行政等所有模块均有序地在ERP系统中运行。ERP系统帮助闻泰获得以下益处：

制造成本减低15%。主要评估指标有：库存减少率10%、呆滞料减低率25%、采购成本减低率10%。

研发和生产能力提高20%。主要评估指标有：采购、计划、按时交货的准确率提高20%。

管理人员的减少率6%。主要评估指标有：人员直接减少2%，工作效率提高10%。

【集团V网】 闻泰集团建立的统一的集团内部通信网络，可实现集团内部更为便捷的专用通讯，移动通信的统一和内部短号互拨，享受优惠通话资费。在降低企业日常成本的同时实现更安全、更流畅的内部通信服务。

【即时通讯】 闻泰集团内部研发设计的即时通讯软件——小酷，让处在同一局域网中的所有员工或用户之间即时通讯，搭建可控可管的统一通信平台、内部沟通平台、多业务系统整合平台、消息集中管理平台，提高企业的沟通效率和执行力。

希姆通信息技术(上海)有限公司

【概况】 希姆通是晨讯科技集团旗下的手机研发设计企业。自2004年连续六次被评为“国家规划布局内重点软件企业”，成为中国手机设计公司中的唯一一家连续获此殊荣的企业，并被认定为：上海市高新技术企业(2003年至今)、上海市企业技术中心(2007年)、上海市专利工作示范企业、上海市知识产权示范企业等。2009年，希姆通研发的CDMA 1X手机产品通过CDMA国际权威组织CDMA Development Group(CDG)的开放市场手机产品(Open Market Handset，OMH)认证，成为全球第二款通过OMH认证的手机产品。无线通信模块不但取得全球市场份额第二的成绩，也获得2009年度GSM行业协会3G模块大奖。

【所承担政府科技项目】

国家科技重大专项“2009年度新一代宽带无线移动通信网”项目

国家工业和信息化部“2009年度电子信息产业发展基金”

上海市科技小巨人企业工程

上海市2009年度国际合作项目

上海市2009年度公共研发服务平台

上海市2009年度上海重点新产品项目

【研发情况】 2009年，在为国际知名手机品牌日本SHARP设计GSM手机的合作基础上，开始与SHARP合作，研制3G手机，提供完整ODM服务。

2009年，希姆通的3G解决方案SIM5215在GSMA组织的“2009嵌入式移动解决方案竞赛”活动中被评选为“最佳低带宽应用3G模块”。此次活动的评审团由多家运营商组成，其中包括AT&T、KT、O2、TIM及Vodafone等全球知名移动网络运营商。SIM5215以其优秀的设计方案、创新的技术脱颖而出，得到评审团的一致肯定，最终获得此项殊荣。

根据3G的最新发展，开发出GSM/GPRS/EDGE，WCDMA/HSDPA和TD-SCDMA等多种技术平台的无线模块解决方案。

希姆通的无线模块解决方案。业务增长依赖全球扩展取得成功及个人计算机有关的广域网应用增加，从而巩固了公司作为全球无线模块解决方案供货商领先的地位。2009年希姆通的模块销售量，据ABI调查报告显示，占据全球市场第二的市场地位，占到全球M2M市场的18%，客户范围覆盖亚洲、欧洲、美洲等全球主要市场区域。

上海未来宽带技术及应用工程研究中心有限公司

【概况】 上海未来宽带技术及应用工程研究中心有限公司是上海市科学技术委员会为落实部市合作、实施“科教兴市”战略、促进宽带通信技术和产业发展，于2004年9月成立的企业性专业研究机构和公共技术服务平台。近年来，在上海市委、市政府的全力支持下，市科委及相关共建单位积极组织筹建，2008年经国家科技部批准为“国家宽带网络与应用工程技术研究中心”。

【科研项目方面】 2009年，宽带中心承担国家863计划“新一代高可信网络”重大项目子课题国家试验床的规划建设任务，与江苏省6个城市、浙江省5个城市、安徽省3个城市以及广东省的1个城市签订共建国家试验床的合作协议，与中国有线电视网络有线公司、中广有线信息网络有限公司签署城域间骨干链路等方面的合作协议，为2010年的实施进行规划。承担的863计划“新一代高可信网络”重大项目国家试验床二期已通过评审；2009年9月由宽带中心承担的2007年度上海市科委重大项目“高可信通信网络技术研究与应用”课题通过专家组验收。

【产业化方面】 截至2009年，宽带中心已完成上海地区包括多个NGB示范区的建设任务，覆盖用户总数达到5万户。完成光接入和同轴电缆接入的所有设备（包括OLT、缆桥交换机、缆桥终端设备）的研制工作和量产，并通过东方有线的定型测试和广电总局EOC测试，获得工信部颁发的《电信设备进网许可证》，进入《2009年度上海市自主创新产品目录》。NGB整转项目长宁区和浦东新区开局工作也于12月完成，实现小区用户上网、VOD、直播的正常运行。

宽带中心还积极参加各种国内外展览和交流，2009年先后参加2月在上海的NGB展示、3月在北京的CCBN展会、6月在上海的文化产业展、9月在上海的建国60周年科技成就展、10月在北京的建国60周年成果展、11月的上海国际工业博览会，参加亚洲网络视讯发展论坛、中广互联论坛、天津生态城论坛、杭州ICTC论坛、江苏省通信协会年会、辽宁第七届中国国际软件和信息服务交易会、SiTV数字电视业务交流会，促使宽带中心在广电和信息领域的知名度不断提高。

作为上海市专利试点单位，宽带中心十分注重知识产权的保护和申请工作，截至2009年底，共申请专利133件，其中发明69件，实用新型63件，外观1件。其中2009年专利授权共6项，其中发明授权4项，实用新型2项。

上海博达数据通信有限公司

【概况】 2009年，博达在国际国内IT行业投资水平趋缓、市场竞争激烈的情况下，始终坚持自主创新，继续保持稳健的发展态势，为公司的长期可持续发展奠定良好的基础。

【自主创新】 2009年，博达成功研发的以太网无源光纤接入设备是博达面向融合业务网络推出的新一代高端多业务接入OLT设备。该设备同时也是一台分布式高端路由交换机，能够轻松实现高密度OLT与核心交换机的融合，拥有诸多安全特性及宽带管理功能，可以提高产品的可靠性。

【知识产权】 博达长期专注于对数据通信技术领域的研究，已形成统一的实时操作系统平台(BDROS)，成功应用于博达的全线数据通信产品中，构建了具有自主知识产权的核心技术。博达共申请发明专利24项，取得计算机软件著作权38项，其中2009年申请发明专利2项，取得计算机软件著作权10项。

【市场销售】 2009年，博达各大类通信产品的市场占有率稳中有升，经营业绩也取得较大突破。在国内市场方面，随着全国下一代广播电视网(NGB)的启动，上海已率先开展实施下一代广电示范网建设，预计在2010年底完成50万户的下一代广电示范网点建设，博达的核心交换机应用到了该项目中，为全国广电系统NGB建设起到了示范和带头作用。在海外市场方面，博达已积累了丰富的海外销售经验，在俄罗斯、印度等国取得重大进展，产品销售规模不断扩大，产生了良好的经济效益。

【企业荣誉】 2009年，博达再度被评为上海市明星软件企业、被指定为商用密码产品生产定点单位并取得商密产品的销售许可证、通过ISO9001质量管理体系(军、民品)再认证的审核；此外，博达的兼容IPv6高端路由交换设备获得了上海市高新技术成果转化项目A类证书、三层交换机被评为上海市自主创新产品、多款高宽带多业务系列路由器产品通过国际组织“IPv6 Ready”测试中心的IPv6 PhaseⅡ认证测试，并取得证书。

上海瀚讯无线技术有限公司

【概况】 上海瀚讯无线技术有限公司按照国家总体部署，依托国家“十一五”重大专项成果，不断开拓创新，成为国内新一代宽带无线通信解决方案的领跑者和全球市场的核心供应商之一。

【代表性产品】 MiWAVE是瀚讯推出的宽带无线接入通信系列产品，基于宽带无线多媒体(Broadband Wireless Multimedia，BWM)国家标准(标准号：20067544-T-339)，兼容于TD-LTE标准框架，上行采用了自主的DFT-S-GMC多址技术，提高功放效率和覆盖能力，增强了抗多普勒频移的能力，降低宽带无线网络的建设成本。MiWAVE可工作于300MHz～3GHz等多个频段，更可根据实际需求扩展至其他频段，部署灵活。

MiWAVE带来的好处：终端用户。更多的接入选择，包括固定/游牧/便携/移动接入，更多业务享用互联网冲浪，Email和无线交互式数字电视；服务提供商。一个新的业务增长点，投资效益高，投资回报快；设备供应商。一个新的市场机会，一个合作和创新平台。

【自主创新】 瀚讯注重自主创新能力的建设，通过自主知识产权的积累，在宽带无线接入和应急通信产品的定位、功能、性能等方面的不断优化与创新，实现的产品核心技术和企业利润的最大化。

【自主知识产权】 瀚讯在自主知识产权方面拥有80余项发明专利、实用新型专利，并获得授权10余项，软件著作权5项，有效保护了产品的核心价值，为公司的长远发展提供动力。

【市场销售】 2009年，瀚讯在继续巩固前期宽带无线接入和无线城市等市场领域份额的基础上，在应急通信、军队通信保障等方向取得市场销售的重大突破。

三、新型元器件产业

概况

中电元协进出口信息显示，2009年1～11月国内电子元件同期环比出口和进口均有下降。出口下降10%以上的有磁性材料、变压器、控制元件、接插元件、电声器件、光电线缆、印制电路板、电池。除压电陶瓷器件外，其他电子元件进口同比均下降10%以上，说明金融风暴以及经济危机对我国电子元件产业影响不小。

价格指数方面，2009 年电子元器件价格指数全年上升 11.21 点，其中，元件指数比 2009 年上升 6.56 点，电子器件全年上升 1 046 点，预计 2010 年将会平稳过渡，稳步上升，震荡幅度不超过 8%。其中，电子器件将会继续震荡上扬，走出低谷，上升约 15 点。

上半年发布的电子信息产业调整和振兴规划中将电子元器件归为九大重点领域之一，并明确要求，未来三年要确保计算机、电子元器件、视听产品等骨干产业稳定增长。由于 30 年来中国电子信息产业对外需产生的依赖性不可能在短期内消除，规划的出台在短期内并不能扭转企业面临的困境，但家电下乡等内需拉动政策的效应将逐步由下游整机行业向上游元器件行业传导，效果也将逐步显现。另外，3G、数字电视、下一代互联网等新应用领域所释放出的巨大需求将对未来 2～3 年整个电子信息产业产生较大的促进作用。

新的一年电子元器件企业应抓住我国扩大内需的有利时机，紧跟低碳经济的潮流，加快产业结构调整和技术创新，提高附加值，加快产品更新换代。

新型传感器

随着中国经济实力和科技能力的进一步提高，市场对高科技含量的传感器需求越来越大，很多高、新、精和特殊行业仍有待开发。作为现代科技的前沿技术，传感器被认为是现代信息技术的三大支柱之一，也是国内外公认的最具有发展前途的高技术产业。事实上，传感器技术大多首先是在国外发展起来，但是真正的应用却往往率先在中国实现，这是由中国庞大而多样的市场特点所决定的。传感器产品品种繁多，基于科学原理多，技术密集，具有多样性、边缘性、综合性和技艺性，需要多学科、多种高新技术配合，其市场的主要增长来自无线传感器、MEMS 传感器、生物传感器等新兴传感器。其中，无线传感器在 2007～2010 年复合年增长率预计会超过 25%。

无线传感网络是当代科学技术的热点也是难点之一，无线传感器网络由随机布设的大量多种类传感器节点组成，能够迅速组成自适应的网络拓扑结构，对分布式动态信息进行协同感知与处理，形成残缺、受限的自治综合信息系统，是人类的远程神经末梢。上海微系统所已在无线传感器网络的 MEMS 传感器、芯片、节点、网络、协同处理等方面攻克多项关键技术和样机，在随机布设组网、多种分簇组网、网络体系构架、多种通信体制、虚拟 MIMO 等方面取得显著进展。在传感网的盲源分离、多目标协同识别、跟踪定位等领域的部分关键技术居世界先进水平，并针对国家重大需求，具有一定规模的重要应用。

全球的传感器市场在不断变化中呈现出快速增长的趋势。有关专家指出，传感器领域的主要技术将在现有基础上予以延伸和提高，各国将竞相加速新一代传感器的开发和产业化，竞争也将日益激烈。新技术的发展将重新定义未来的传感器市场，比如无线传感器、光纤传感器、智能传感器和金属氧化传感器等新型传感器的出现与市场份额的扩大。

光纤传感器

光纤传感的突出优点是传输数据量大和损耗小，因而在无需中继的情况下可以实现几十公里的远程监测。且光纤传感器的材料一般为石英玻璃，具有不腐蚀、耐火、耐水及寿命长的特性，通常可以服役 30 年。该技术已在许多领域中得到应用，如公路隧道、电缆测温、油井探测等。在这些行业中，该技术已经非常成熟，并在很多项目中得以实施，运行良好。

2009 年新成立的上海欧忆电子科技发展有限公司经营 DTS 分布式光纤传感产品，基本可以做到当年投资、当年收回成本、当年缴税，成功中标打浦路隧道、龙耀路隧道、越江隧道的火灾报警设备采购项目，长江隧道测温项目，东海风力发电测温项目等重大工程项目，也参与了世博建设。

红外传感器

红外技术已经在现代科技、国防和工农业等领域得到广泛的应用。红外传感系统是用红外线为介质的测量系统，按照功能可以分成五类：(1) 辐射计，用于辐射和光谱测量；(2) 搜索和跟踪系统，用于搜索和跟踪红外目标，确定其空间位置并对其运动进行跟踪；(3) 热成像系统，可产生整个目标红外辐射的分布图像；(4) 红外测距和通信系统；(5) 混合系统，指以上各类系统中的两个或者多个的组合。红外传感器根据探测机理又可分为光子探测器（基于光电效应）和热探测器（基于热效应）。

对红外传感器的全球市场，第三世界国家将比欧美更加看好。虽然欧美很多工业国家加工业发达，但其市场已趋向饱和，而在中国和拉美一些新兴国家和地区，随着其经济的复苏与发展，纷纷加强工业化建设，加工厂不断增多，红外传感器在该区域的销量每年以 2%～5%的速度增长，并且其市场销量还处于增长趋势。

2009 年 10 月 22 日，在 2009 物联网与传感器基地新发展论坛上举行了中科院微电子所、中科院上海物理技术研究所、中科院西安光机所、东南大学、重庆邮电大学、上海微系统所等院所高校与昆山传感器产业基地合作共建签约仪式。

物联网通过射频识别（RFID）、红外感应器、全球定位系统、激光扫描器等信息传感设备与互联网结合起来，形成一个巨大网络，是一个热门话题，被誉为第三次信息技术革命和产业浪潮。传感器产业是今后物联网发展的关键，在经济危机后社会需要技术创新寻找经济增长点，传感器产业正是这种技术创新产业。

新能源汽车

我国汽车行业发展迅速，已成为世界第四大汽车生产国和第三大汽车消费国。据国务院发展研究中心估计，2020 年我国汽车保有量将高达 1.31 亿辆。到那时，机动车的燃油需求将高达 2.56 亿吨。增强我国能源安全，我国发展新能源汽车势在必行。

在 2009 年工博会上，上汽集团以“绿色上汽，创新未来”为主题，展出 5 款即将为 2010 年上海世博会服务的新能源车。其中，世博园区内场馆车——申驰牌四座电动场馆车和世博园区内观光车——上海牌燃料电池轿车首次亮相。上汽通过纯电动、超级电容、燃料电池和混合动力四种形式新能源供给，为世博会提供千辆新能源车，帮助世博实现“园区零排放，周围低排放”的目标。

同济大学作为高校汽车研究的领军，给此届工博会带来可用于大型场馆和社区区域公共交通用车的“自主驾驶电动场馆车”。由同济大学新能源汽车工程中心研制的此类电动车，既能够减轻驾驶员负担提高行驶安全性，又能够减少环境污染。

燃料电池

2009 年 11 月 8 日，以上海交通大学为总体单位、中科院大连化学物理研究所燃料电池作为飞艇主能源并与备份锂离子电池构成飞艇能源系统的“致远一号”飞艇，在上海宝山区的飞艇基地试飞成功。这是我国首次采用质子交换膜燃料电池作为飞艇主动力。

由大连化物所与新源动力公司负责研发的，以 10 kW质子交换膜燃料电池为动力的飞艇能源系统在飞行过程中工作稳定，实现了国内燃料电池在飞艇上的首次试用。该项空间能源技术具有独特的高比能量以及启动快、环境友好等优点，在空间飞行器应用方面具有广阔的前景。研究人员将继续对燃料电池技术进行持续深入的研究，促进其在空间飞行器方面的应用。

高性能阻容器件

科技的发展使得一些技术和概念不再局限在传统领域，新材料、新兴市场的发展推动了传统元件技术向新兴领域延伸。电容在很多领域找到了新的定位。

【电容式触摸屏】 电容式触摸屏是利用人体的电流感应进行工作的。电容式触摸屏是一块四层复合玻璃屏，玻璃屏的内表面和夹层各涂有一层 ITO，最外层是薄薄一层矽土玻璃保护层，夹层 ITO 涂层作为工作面，四个角上引出四个电极，内层 ITO 为屏蔽层以保证良好的工作环境。

当手指触摸在金属层上时，由于人体电场，用户和触摸屏表面形成以一个耦合电容，对于高频电流来说，电容是直接导体，于是手指从接触点吸走一个很小的电流。这个电流分从触摸屏的四角上的电极中流出，并且流经这四个电极的电流与手指到四角的距离成正比，控制器通过对这四个电流比例的精确计算，得出触摸点的位置。

2010 年上海世博会，触摸屏的身影随处可见，其中将大量采用电容式触摸屏技术，并广泛应用在公共区域、交通设置、照明控制系统、移动信息亭等大多数电子信息服务项目上。

【超级电容】 在国家推广新能源汽车的“十城千辆”计划中，主营车用超级电容器的上海奥威科技开发有限公司接到了总值超过 10 亿元的订单。该公司已成立 11 年，员工百余人。

超级电容可以理解为容量超大的电解电容。不过这颗电容的用途与以往大相径庭，它是被当作电池来使用的。超级电容的容值通常在 1 F 以上，与电路中常见的几百、几千 uF 的电解电容相比，容量足足大了 1 000 倍，工作电压范围从 1.5 V 到 160 V 甚至更高。随着最近技术的进步，将超级电容的工作电压提高到 25 Vdc 时，体积增加不到一倍，这也意味这颗器件有更加优秀的电容属性。

上海奥威科技开发有限公司是国家电动汽车重大项目的承担单位之一，是国内超级电容器行业的龙头企业，承担着国家电动汽车动力模块和超级电容公交车的研制和推广的重任。经过层层论证和遴选，奥威超级电容公交车成功入选世博园区及上海城区繁华路段的城市客车。

早在 2002 年，在市科委支持下，当时名不见经传的奥威公司用超级电容"剪掉"了 18 路电车的"大辫子"。此后，崇明岛生态村的观光车、工博会的接驳大巴，处于产业化进程中的超级电容车频频"露脸"，性能一次比一次好。2006 年，11 路公交线成为全球首个商业化运营的超级电容车线路，代表上海向世界展示了"绿色公交"的魅力。即将到来的世博会，奥威 36 辆新型超级电容公交车将成为展示和客运的主力车型。

在浦东老港工业园，奥威公司年产 350 万只超级电容器基地已经开工，将在节能电梯、风电设备、太阳能储能系统、应急电源等领域进一步拓展产品品种。

上海尼赛拉传感器有限公司

上海尼赛拉传感器有限公司系中国科学院上海技术物理研究所德福光电技术公司与日本陶瓷株式会社于 1986 年创建的合资企业。总投资 1.13 亿元人民币。中国科学院上海技术物理研究所提供红外滤光片科研成果、工艺技术和生产设备，日本陶瓷株式会社提供生产传感器的设备、工艺技术和管理经验。

尼赛拉依靠科技进步，不断开发传感器新品种，并先后引进热释电红外传感器和霍尔器件自动生产线等先进设备。尼赛拉主要生产热释电红外传感器，超声波传感器，霍尔器件，滤光片及各类传感器应用品，90％以上的产品出口，深受客户信赖。

尼赛拉多年来被中国外商投资企业协会评为全国创汇创利"双优"先进企业，1991 年被上海市政府批准为技术密集型和知识密集型"双密集型"企业，1995 年被认定为高新技术企业。1995 年通过由法国国际质量认证有限公司(BVQI)进行的 ISO9002 质量体系国际认证，2000 年通过 ISO14001 环境管理体系认证，有关产品还获得美国 UL 认证，2002 年 10 月又通过 ISO9001(2000)质量体系国际认证。

上海欧忆电子科技发展有限公司

上海欧忆电子科技发展有限公司成立于 2009 年，是上海电力公司等投资的高科技企业。专业从事光纤传感器产品的开发、生产以及销售，所生产销售的线型光纤温度监测系统，主要用于发电厂、变电站、煤矿、隧道、地铁等长距离、大空间，连续温度监测与火灾预警的场合。

已成功参与打浦路隧道、龙耀路隧道、越江隧道的火灾报警设备采购项目，长江隧道测温项目，东海风力发电测温项目等重大工程项目、世博电缆隧道温度检测项目、世博变电站温度检测项目的建设。

中国科学院上海技术物理研究所

中科院上海技物所始建于 1958 年 10 月，以固体物理和固体电子学研究为主要学科。全所职工总数 776 人，有中科院院士 6 人，工程院院士 2 人，正副高级研究员 199 人，中级专业技术人员 164 人。电子科学与技术一级博士后站，物理电子学、电路与系统、微电子学与固体电子学、电磁场与微波技术四个博士点，物理电子学、电路与系统、微电子与固体电子学、电磁场与微波技术、信号与信息处理、光学工程、制冷及低温工程、凝聚态物理、光学九个硕士点。在站博士后 12 人，在学博士 187 人，在学硕士 134 人。

红外物理国家重点实验室在窄禁带半导体物理、光电子物理等方面共发表科学论文近千余篇，已连续 4 次被国家评为 A 级实验室。1995 年美国《科学》杂志在首次发表《亚洲科学—中国》特刊中，红外物理实验室被列为中国 11 个一流实验室之一。是中国光学学会红外、光电器件专业委员会，中国空间学会遥感专业委员会和中国宇航学会遥感专业委员会的挂靠单位。受中国光学学会委托，编辑出版国家优秀期刊《红外与毫米波学报》，并在国内外公开发行。

上海交通大学燃料电池研究所

上海交大燃料电池研究所成立于1998年，是国内第一个在高校成立的专业燃料电池研究机构，曹广益教授担任首任所长。

在上海交通大学、上海市科委、上海电气集团公司支持下，燃料电池研究所于2001年在国内率先完成1 000瓦熔融碳酸盐燃料电池（MCFC）发电系统试验。之后，陆续开展质子交换膜燃料电池（PEMFC）、固体氧化物燃料电池（SOFC）、再生燃料电池（RFC）、储能电池相关电催化机理、关键材料、电池部件和系统等方面的基础和应用研究。

为适应国家能源发展战略与需求，加强学校能源学科平台建设，2008年燃料电池研究所从电子信息与电气工程学院划归到机械与动力工程学院。

研究所现有专职研究人员11人，博士和硕士研究生30余人。其中教授3人，副教授7人，博士后1人，分别来自化学化工、材料、工程热物理、自动控制等学科领域，是一支多学科交叉融合的研究团队。

研究项目主要来自科技部“863计划”、国家自然科学基金、浦江人才计划、欧盟框架计划以及集团企业等。

四、数字音视频产业

概况

2008年一场席卷全球的金融风暴，使数字音视频全行业受到一定程度的影响，特别是产品出口比重较大的企业更是严重受挫。为扭转不利的局面，国家出台了“振兴彩电产业”和“家电下乡及以旧换新”等一系列具体的政策，这些与数字音视频产业息息相关的政策刺激了家电市场的销售，激励了生产企业的增产。2009年，在整个数字音视频领域，上海的直视电视机产业稳步向前；正投电视呈现从无到有、从小到大的发展趋势；NGB下一代高速宽带广播电视网正在加紧建设，5万户光纤到楼的试点已完成，NGB新兴产业正在崛起；机顶盒产业因上海数字电视整体转换脚步的加快出现稳中有升的态势；上海摄录一体机产业多种存储媒介机型全揽的生产能力提高，产品品质等级已从标清过渡到高清，并产销两旺；在高清光盘系统，上海的高清光盘产业出现NVD（红光高清）、Blu-ray（蓝光高清）和CBHD（中国蓝光高清）三足鼎立格局，三分天下的共存局面将在一段时间内持续，但上海高清播放机产业尚未“零的突破”。2009年，上海的彩电产量约195.5万台。

东方有线网络有限公司

【承担上海NGB示范网建设工作】 下一代高速宽带广播电视网（NGB）是实现三网融合战略目标最实际、最有效的方式，它不仅可以承载广电网、互联网和通讯网的各项应用，而且可以在较短的时间内、花费较低的成本提升广播电视网的性能和交互能力，为广大用户提供交互式高清电视、视频通话、高速互联网接入、远程医疗、互动教育等三网融合业务，让丰富多彩的综合媒体娱乐、商务、信息服务便捷地进入每个家庭。为此，2009年7月31日，中华人民共和国科学技术部、国家广播电影电视总局、上海市人民政府在上海共同签署《中国下一代广播电视网建设示范合作协议》，在上海率先建设下一代广播电视网。作为试点城市的实施主体，东方有线将承担上海市下一代广播电视示范网的网络建设工作。上海示范网将探索创新业务和服务模式，满足人民日益增长的文化需求以及国民经济和社会发展信息化需要，促进信息制造业和现代服务业发展，推动相关产业结构调整和资源节约型、环境友好型城市建设。接到任务后，东方有线积极行动，各级各部门拟定各自的工作目标与具体的实施措施，以确保按时完成2010年底前市中心城区50万户采用3TNet技术的NGB建设的计划任务。随着NGB建设的展开，东方有线将会提供更多相关增值业务，给用户带来更多便利的服务，数字电视的功能也会日益丰富。

【推进高清电视产业发展】 根据国家加快发展高清电视产业战略，普及高清数字电视，东方有线在2009年1月和7月相继推出具有交互功能的DVT－6020及Cisco8488两款高清机顶盒，其中Cisco8488是东方有线携手思科推出的最新一代旗舰型高清机顶盒产品。交互型高清机顶盒的推出将为广大家庭带来包括高清电视画面、个性化的视频录制、视频点播、以及强大的交互功能等丰富的家庭娱乐体验。

上海全景数字技术公司

【应用NGB网络技术提供新电视服务】 又好又快建设NGB是国家又一重点目标，基于NGB的下一代电视核心业务将是高清和互动，除交互式多媒体内容服务(包括直播点播、时移回看、下载录制、电视搜索等视频内容服务)外，还有游戏、财经、购物等增值应用，涉及衣食住行、教育医疗等信息服务，电视支付也是重要的内容，用户将可以通过NGB足不出户缴纳水电煤气等费用。2009年，为紧跟NGB发展步伐，上海全景数字技术公司在技术、市场、内容等层面在完善NGB三网融合业务形态上做出了不懈努力。目标之一是将基于NGB网络为家庭用户提供多业务的互动电视服务。为完善公司产品在NGB环境下的前端性，上海全景开发出了EOC系统。EOC系统在不影响现有CATV系统正常工作，对现行网络不做大规模改动的前提下，以先进的调制解调技术，将网络信号合成在同轴电缆中，与原有的CATV信号一起传输，用于承载基于IP的数据、语音和视频等多媒体业务信号。该系统以较少的改造成本和工程量将原来单向的CATV HFC网络改造成为一个双向的、数字化的、能够承载多媒体业务的宽带网络平台。整个系统具有良好的稳定性、兼容性、安全性与适应性。与此同时，上海全景2009年的第二个目标是关注、跟踪与投入全球刚刚起步的3D电视系统建设热，并利用所掌握的NGB网络技术，全力研制能够兼容3D电视信号的新一代数字机顶盒。

【打造自主科技品牌】 2009年，上海全景配合上海文广新闻传媒集团倾力打造“SMG广播媒资管理系统”。项目旨在建立一个面向传媒集团所有广播频率、实现音频资料高效管理和全面共享的数字化业务平台，解决广播内容资源网络化“存储、管理、服务”三大方面的功能需求，从而满足广播台网内容资源的长效管理、高效使用，促进集团广播内容资源的开发与增值。“SMG广播媒资管理系统”不仅能对广播内容资源进行集中存储，还能够对广播内容进行管理及快速检索，客户如需调用某段媒资，只需要通过麦克风“哼唱”相关内容，系统就可在数据库中进行快速搜索、比对、确认，1秒钟之内就可将需要的媒资提供给客户，同时还可通过网络为用户提供广播内容资源服务。2009年3月，上海全景与世界知名网络设备和服务商思科公司于上海签署“思科公司正式投资全景”协议，此次协议的签署，标志着上海全景新一轮融资的成功。此次思科投资全景之后，思科将从技术、运营、市场拓展等多个渠道和全景开展全面合作。与思科合作推出的“协作型创新模式”——通过资本、技术、流程管理、资源孵化、领导力培养等投入，以激励本土创新。该模式将有助于上海全景及其合作伙伴更快、更好地洞察市场需求，一起在本土和全球市场上寻求并抓住新的机遇。

【企业荣誉】 2009年10月，上海全景凭借产品技术上的创新能力和应用能力在众多竞争者中脱颖而出，获得“2009年度上海明星软件企业(创新型)”称号。这一称号的获得标志着上海全景在软件开发、研发创新等方面已达到业内领先水平。同年10月，上海全景在第三届中国数字电视运营模式年会暨数字电视用户最满意品牌发布会上，再次荣膺“2009年度中国数字电视最佳品牌(软件类)”及“2009年度中国数字电视用户最满意品牌(机顶盒类)”称号。

上海高清数字科技产业有限公司

【技术创新引领行业发展】 2009年10月，上海高清向业界隆重推出HD系列芯片的旗舰产品HD2912。HD2912是第一款可以全面达到《中国地面数字电视接收机通用规范》要求的地面国标解调芯片，支持中国国家标准GB20600—2006中定义的所有工作模式，主要面向地面国标高清一体机市场。HD2912采用上海高清自主研制开发国际领先的融合解调算法及业界先进的制造工艺，同时实现国标单和多载波最优接收性能，支持在各种复杂信道环境下的固定和高速移动接收，具有卓越的信道解调和处理能力。HD2912芯片的研发成功，不仅标志着中国对地面数字电视关键解调芯片的自主研发能力又上一个台阶，同时也标志着上海高清在国标解调芯片设计领域持续保持着领先地位。东芝公司已采用

HD2912 成功完成量产，海信、康佳、TCL、创维等公司也将采用该款芯片进行 2010 年产品开发。凭借出色的性能，HD2912 将为中国高清晰度数字电视的全面普及应用提供最佳的芯片级系统解决方案。HD2912 具有 30 余项自主知识产权的系统及实现专利。

【专利授权实现重大突破】 上海高清作为国标核心研究单位拥有覆盖数字电视发射端、接收端、信道传输、信源解码、数字电视软件在内的百余项核心专利技术，有效地控制了国标单载波技术的全部专利(IP)和专有实现技术(Know-how)，保护了国家标准及国标解调芯片产品的技术完整性。这些知识产权以专利形式合理地分布在整个系统的发射和接收各个模块，有效地保护了系统框架以及各模块。2009 年，上海高清在国标专利授权方面取得重大突破。截至 12 月，上海高清共获得 6 项全新的国标专利授权。上海高清拥有的国标专利持续增多，对保护我国自主知识产权的数字电视系统的技术完整性及合法性、有效地设立完整的专利门槛、保护国家核心技术权益均具有重要意义。

【承担数字电视国家工程研究中心组建】 2009 年 8 月 27 日，国家发展改革委组织召开第九次数字电视研究开发及产业化领导小组会议。根据国家数字电视领导小组第九次会议"加快组建数字电视国家工程研究中心"的精神以及国家发展和改革委员会关于在上海组建数字电视国家工程研究中心的规定及要求，2009 年 9 月，上海高清作为项目牵头单位联合国内数字电视领域骨干科研院所、企业集团及具有示范效应的媒体集团等多方力量启动组建数字电视国家工程研究中心。2009 年 12 月 31 日，国家发展改革委办公厅下发《关于开展数字电视国家工程研究中心组建工作的通知》(发改办高技[2009]2823 号)，同意由上海高清数字科技产业有限公司等单位联合组建数字电视国家工程研究中心。根据《通知》精神，数字电视国家工程研究中心的主要目标和任务方向是：针对我国数字电视产业发展的战略需要，研究开发数字电视共性技术及数字电视后续演进核心技术，推动地面数字电视国家标准国内推广应用，进行新业务运营试验示范；开展数字电视知识产权的管理、数字电视新技术评估和数字电视发展战略规划咨询；建立相应的研发、测试和工程化验证平台，为产业持续健康发展提供支撑；承担国家下达及企业委托的数字电视技术开发及工程化研究等任务；培养高层次工程技术及管理人才，加强国际合作与交流，为相关企业提供技术咨询服务，促进行业技术进步。

天柏宽带网络科技有限公司

【企业管理信息化推进有成效】 2009 年，天柏在内部管理信息化推进方面有了明显的改观，采取了多项有成效的措施。第一项措施是由原来简单的电算会计起步，改革为"实现财务业务一体化"，即利用金蝶的 ERP 系统，逐步实现财务业务一体化，解决集团管控的难题。通过 OA 系统，实现行政办公、财务预算控制、商务管理、人事管理等办公流程的信息化，满足集团日常办公的信息化要求，提高集团整体的办事效率，减少管理中人为造成的差错，实现办公流程及商务流程的信息化。另外，为加强与外界的信息交流与沟通，改善客户的使用体验，天柏进行数次网站改造，改版集团网页版面，从而使集团对外界反馈的能力有显著提高，既能及时准确地发布信息，又缩短了对外界要求的反应时间，最终起到了提高客户使用满意度的效果。

【业务发展稳定】 天柏的企业优势在于机顶盒软件与方案设计，同时，全国范围内的业务覆盖能力也在逐步提高。2009 年上半年，成功中标全国文化信息资源共享工程辽宁平台机顶盒招标项目；成功支持并完成广东省梅州、番禺、湛江等地的双向网改工作；在湖州、丽水、诸暨、清远、重庆等地分别中标 EPG、CA、机顶盒、中间件等方面的招标项目；中标"上海中心城区数字电视整体转换"项目机顶盒招标；协助山西省晋城成功完成数字电视双向网改，并在增值服务的拓展上与上海文广达成三方协议，从而开辟出一种新的合作模式。2009 年，天柏决定并实施强化优势的转型，决定与美国思科公司建立战略合作伙伴关系，转型后部分机顶盒业务转移给思科，专心致志从事为运营商提供数字电视应用服务技术平台以及技术服务。截至 2010 年 1 月，天柏累计申报技术专利 38 项，获得授权 9 项；截至 2009 年底，天柏累计申请并获批准著作权 31 项。2009 年，天柏荣获 2008 年度全国广电行业"十大民族品牌"；董事长吕品当选 2008 年度全国广电行业“十大风云人物”，并获由“亚洲企业协会”授予的“2009 亚太区杰出企业家”奖。

上海索广映像有限公司

【加快产品更新换代步伐】 2009 年，索广映像化大力研发彩电新品，前后研发成功并投入生产 6 个系列 19 款液晶彩电新产品。在这些新型液晶电视机中应用了 BRAVIA 1080 无线高清传输技术、HCFL 热阴极背光技术、状态感应器、四倍速帧率技术等许多新技术以及有利于彩电薄型化的措施，其中有些技术是首次应用。2009 年 4 月投入生产的 9.9 毫米炫薄 LED 液晶电视 KLV-40ZX1，成为当时国内市场最薄的液晶电视，刷新了液晶电视超薄纪录。索广映像在产品研发过程中还十分关注节能减排与绿色环保等全球产品品质趋向潮流，并在产品开发的实践中紧紧跟踪与贯彻，2009 年夏季投产的 46WE5 更将节能理念推向新的高度。通过 HCFL 热阴极背光核心节能技术（首次使用于液晶电视）、可感测房间里是否有观众的状态感应器（首次使用于电视产品的一项在观众离开房间时，电视会自动关闭画面，长时间无人进房间观看电视则会自动进入待机状态的新技术）以及节能关机技术（首次使用的一项方便用户一按节能开关便可实时将关机状态的电量减至约 0 瓦，关闭电视后无须再从电源插座上拔出电源插头的新技术）的应用，每台 WE5 液晶电视机可以比同尺寸相同设置状态下的普通产品减少 40% 的能耗。另外，BRAVIA WE5 系列在生产过程中采用无铅焊接，使用不含有害元素的化学物质为材料，以可回收物料包装产品，真正实现产品的绿色环保。

【管理模式创新出成果】 2009 年，索广映像采用狠抓全公司项目（PJ）的方式进行管理方面的提升，并将 PJ 的主体从 2008 年的“解决短期课题”推进到 2009 年的“提高运营能力”上来，以快速应对变化中的各种情况，提高生产和管理效率。最终使得存货在库天数、营运资金、产品成本等均有大幅度下降。与此同时，新管理方式的推广完善了公司管理的内控机制与财务内控制度。在浦东海关的指导下，进出口管理有了新的改善与提高。为此，索广映像被列入上海首批 23 家“国家进口货物无纸通关试行企业”及上海首批 23 家“进口货物分类通关改革试点单位”之一。为提高员工法律危机意识，提高公司法律风险防范的能力，设立公司级的 Compliance 委员会，推动公司整体法律法规风险防范体系建设。同年，索广映像还组织实施生产线的 SMLD、PQMR 的动态化与即时化管理，使公司产品质量更上一层楼，在接受国家以及上海等省市监督抽查中，索广映像的 4 批次（5 个型号）产品全部合格。

【以改革提高应对危机能力】 2009 年，在全球性的金融危机的影响下，索广映像也面临着产品被削减、企业被重组的严重考验。在此背景情况下，公司提出“齐心协力”实现索广映像的变革、将“建成为世界一流的供货企业”作为公司 2009 年的经营方针。面对严峻的形势，索广映像从不同角度进行彻底的体制改革。通过采用全公司项目管理的方式来增强公司潜能（不用钱）、增强市场变化的应对力、提高生产和管理效率，从而在逆势中依然全面完成 2009 年的经营目标。2009 年，索广映像实现销售收入 46.88 亿元；利润 1.30 亿元；主要产品的年产量实现超百万台，2009 年导入 LCD-TV 新产品 19 个，B2B 新产品 9 个，均具有国际先进水平且与索尼公司保持同步滚动。

上海文广互动有限公司

【变“节目生产”为“内容产品生产”】 NGB 时代的来临，既是机遇也是挑战。在全国有线网络面临小网变大网、模拟变数字、单向变双向、看电视变用电视的态势下，上海文广互动有限公司按照集团战略，围绕互动业务全力出击，从内容、平台、网络三方面寻求突破，加大互动内容生产，加快互动增值服务研发，加速与各地有线网络的互动业务合作，逐步从数字电视集成运营商向互动电视集成分发平台转变。2009 年，文广互动与全国 20 家有线网络公司签署 NGB 战略合作协议书，快速进入各有线电视市场。截至 2009 年 11 月底，已将节目落地到北京歌华、上海东方有线、海南省网、吉林省网、广东省网、江苏有线等 11 家省市网络公司的互动平台上，并围绕基于下一代广播电视网的内容产品特点，集成“海量内容”，打造“品牌专区”，建立“电视社区”，发行“原创产品”，变“节目生产”为“内容产品生产”。同时，在年内还开展一系列互动节目产品体系创新，建立一整套包括内容制作系统、媒体资产管理系统、内容分发系统、广告插播、用户数据统计与分析等辅助系统在内的技术服务体系。

【多形式合作拓展业务】 2009年，文广互动为业务的进一步拓展，在全国范围内与多领域的企业伙伴进行广泛而深入的合作。与江苏省网签约，依托各自优势资源，共同引进、开发NGB网络业务新形态，共同打造超过100万小时、国内最大规模、最全业务和最多内容的互动电视服务平台，在此基础之上服务全国广电运营商，共同开拓全国NGB运营市场；与上海市委政法委合作开播“庭审直播”栏目，以固定栏目的方式进行周期性播出，开创了中国电视媒体领域和中国司法体系的先河；全程报道卫生部举办的“2009国际健康生活方式博览会”，通过《卫生健康》全国付费频道平台展示最新健康生活理念；与东方有线在周桥街道建立“互动电视”视听室，提供全套设备及节目内容，让社区居民与高清互动电视亲密接触；首次高清直播“第十六届东方风云榜颁奖典礼”、“上海之春”，让全国高清用户第一时间领略盛况。最值得一提的是，文广互动与世博会的结缘。在国家发展改革委专项资金拨款的大力支持下，启动“下一代互联网世博会视频服务应用示范项目”，在世博会上开展互动直播电视、立体电视、高清视频点播等应用示范，为公众提供服务。另外，文广互动还被选为世博局官方合作媒体，配合2010年世博会策划了互动电视平台上的“世博专区”：以其高清、立体、互动的特色，成为受众了解上海世博会的又一独特窗口。

上海索广电子有限公司

【多类存储媒介机型全面出击】 上海索广是索尼公司全球2家摄录一体机制造企业之一，也是国内唯一的一家从元器件部品—机芯—部组—整机一贯性生产的企业。2009年，索广电子的数字摄录一体机的存储媒介呈现齐全的多样化，已从过去的单一DV小型磁带机型过渡到DVD、HDD(硬盘)、FLASH(闪存)等机型，而且摄录一体机的档次也从标清(SD)机型过渡到高清(HD)机型。高清系列摄录一体机使用236万像素的CMOS影像传感器，可以拍摄1 920×1 080 i分辨率的全高清视频，通过插值技术，还可以获得400万像素的静态图像。所有产品使用了索尼研发的高速图像处理IC，配备高达60倍的光学变焦镜头，首创了2 000倍的数字变焦技术。产品具有耗能低(最小耗能1.9瓦)、体积小(最小体积仅55×60×107 mm)、开机速度快(最短启动时间仅1.3秒)、重量轻(最轻重量仅200克)、存储容量大(在SP模式，最长拍摄时间为29.2小时)等特点。产品技术达到世界先进水平，2009年生产的新产品均为索尼的全球首发产品。

【逆势中依然生产销售两旺】 2009年，在国际金融危机中，出口制造业大都处于萎缩的状态，然而索广电子却在大逆势中继续以前的锋芒，生产销售仍呈现良好的高增长势头。共生产摄录一体机358万台，比2008年度增长37.7%，占索尼公司总产量的65%，约占全球摄录一体机总量的25%以上。索广电子重视技术投入及引进技术的吸收、创新，已经从组装加工型企业发展成为能全程参与日本索尼公司的产品开发、工艺设计、设备研发、产品试作、直至批量生产的技术开发型制造企业。其研发的摄录一体机专用设备不仅在索广电子的生产中使用，在索尼日本工厂的生产中也同样使用。作为中日合资企业，索广电子充分发挥合资企业的优势，汲取中日两国企业管理及文化的精华，在公司的全程生产、经营、管理中始终坚持贯彻“源流管理”、“三现主义”和“人才育成”的方针，并在积极推行的一系列企业改革中，形成了具有自己特色的管理体系和企业文化，从而促进了生产销售两旺。

【大投入下的技术革新出成效】 2009年，索广电子秉承公司一贯做法，继续坚持“品质是产品的生命线”的理念，并将此理念贯穿于研发、生产与经营销售的全过程。为实现这一长期奋斗目标，索广电子不断提高技术与管理水平，以确保产品品质能在稳定的基础上不断攀登新台阶。2009年，该公司将科技开发经费投入扩大到1.4亿元以上，以用于开展一系列提高品质、技术革新等活动。由于财政支持得力，公司的技术水平和研发能力有了显著的提高，并在创新上屡获佳绩。2009年，申报了“摄像机铭牌序列号数字识别系统及方法”(发明专利)、“一种流通标签条形码打印比对装置及方法”(发明专利)、“一种彩色机壳自动识别装置”(实用新型)等专利12项，其中“一种DVD摄录一机体激光头电路通断自动检测设备”、“一种自动机械异音检测装置”等9项专利申请获得国家授权。2009 年 12 月，索广电子的技术开发中心经上海市经济和信息化委员会评审，被认定为“上海市企业技术中心”。

上海联合光盘有限公司

【多方措施避风险度时艰】 2009 年，上海联合光盘有限公司采取多种措施来应对 2008 年金融危机所带来的后遗影响。一是年初引进职业经理人机制，在董事会的统一领导下，从 9 月开始全面主持公司营运；二是认真贯彻董事会的决策，上下一心，群策群力，以创新来扭转不利公司发展的局势；三是统一认识，将研制、推广具有我国自主知识产权的中国蓝光高清(CBHD)光盘的工作，提高到转危机为机遇，抓住契机提升公司整体潜质的高度，积极参与中国高清光盘产业推进联盟的各项工作；四是在稳定现有 AR 客户群的同时，抓紧开发 HQ、紫水晶、黑胶碟和导航光盘等高附加值的产品；五是密切关注 PC 塑料市场的行情，以锁定价格与中远期交货的形式，采购到大量最低价 PC 塑料，降低了采购成本；六是开展项目小组活动，以降低 PC 塑料单耗，提高合格率和客户满意度为目标，开展合理化建议和修配件国产化工作；七是积极开展全方位的公关工作，以争取更多的合作伙伴和业务；八是在熟悉、理解政府各项政策的情况下，争取到国家、地方各级部门的财政资助和项目扶助资金近 1 000 万元。正是上述措施的一一有效兑现，才使得联合光盘在逆势中仍圆满完成公司全年利润计划指标。

上海敏达网络科技有限公司

【为世博研发安保产品】 2009 年，上海敏达对所承接的世博配套工作十分重视，投入相当大的人力物力进行世博配套安保技防产品的研发。为落实上海市技防工程从业单位迎世博动员大会精神，在 2009 年开发的新品中，世博配套产品约占 5 成。年初在确定研发高清网络摄像机的同时，根据市场的需求，及时开发抗逆光摄像机、微光摄像机、电梯专用摄像机等产品，其中抗逆光摄像机在世博捷克馆安装 1 000 台，市委政法委书记吴志明等领导到现场视察并给予肯定。此外，还承接(代理)张力式电子围栏项目，主要用于世博会设施的配套及周边学校的安防工程(周界)，其工程量约 5 万米。上海敏达还为世博周边的超市配合安装 1 500 台新开发的小型硬盘录像机，为世博会安全防范贡献了一份力量。

【金融安全】 2009 年，社会上电信诈骗与银行系统自动取款机盗码诈骗案件有增无减，针对申城诈骗案件多发的现状，普陀区警方决定在辖区内的自助银行上安装防范语音提示系统，上海敏达获此信息后即主动请缨，以拥有信息技术的优势承接了此项平安工程的任务。经过 3 个月的全力奋战，完成任务，精心组织百余人次为该区数十家银行安装了 208 台语音自动提示系统。市公安局特为此举行现场交流会，并要求在全市银行系统推广。

【标准化工作】 2009 年，上海敏达对企业标准化工作也非常重视，积极参与《家居智能化系统设备互联及互操作规范》等各种标准的制定。该联合性企业标准经过有关企业院校历时一年努力，于 2009 年 2 月完成，2009 年 2 月 18 日，该标准在上海市经济和信息化委员会组织的专家评审会上获得通过。标准规范的制定既有利于智能楼宇的施工，又便于智能小区的物业管理，更有利于业主家庭网络设备使用的便捷和升级。为进一步发挥标准研发生产的指导作用，2009 年初，公司协同上海市信息家电行业协会在上海敏达举行《家居智能化系统设备互联及互操作规范》标准研讨会，对其可能的延伸效应作进一步探讨。标准化工作的开展也为产业联盟的建立奠定了良好的基础。2009 年，公司还先后参与编辑《上海智能家居工程技术守则》、《智能家居发展状况概要》等行业标准。

【注重企业管理的信息化互动】 2009 年，上海敏达在公司内部的信息交流方面有了明显的突破。年初，公司在基于原有的局域网的基础上，又开辟新的内部信息交流平台，增设 4 个栏目，并设专人负责采编，及时采写公司有关研发、生产、销售以及市场拓展、合作项目、培训等信息。同时，上海敏达还注重对外信息报道。据统计，先后在《上海技防》、《上海安防网》、《安防市场报》等各媒体发表信息、新闻数十篇。此举不仅实现了信息资源共享，且推进了行业信息化进程。基于公司注重信息化建设取得明显成效，上海敏达被列入上海市信息家电行业协会理事单位，这标志着该公司的智能家居、家居信息及数字社区的研发与建设得到了认可，在此领域行业中上了一个新台阶。

上海三鑫科技发展有限公司

【积极研发超前的激光产品】 三鑫科技自2008年12月23日在张江高科技园区集电港注册成立起，就将目标锁定在高科技的激光微显示产品领域，仅用很短时间就开发出第一代激光产品——Laseno-SMP101掌上激光显示仪。由于从研发起步阶段就注入人性化设计理念，因而完好地解决激光对人眼的安全问题，同时还基本解决光学引擎的散热问题，显著抑制显示图像中的相干噪声。经上海市质量检测技术研究院认证和国家光学仪器产品监督和检验中心测试，其输出光通量为20流明，分辨率为SVGA，光学引擎体积为10立方厘米，并达到IEC60825标准的1级安全标准。经上海市浦东科技信息中心检索及专家讨论，Laseno-SMP101的分辨率、最高亮级、单位功耗效率及视觉安全等技术指标均达到国际先进水平。2009年5月23～26日，该产品在深圳平板电子展示交易会展出，引起媒体关注，其后，各大媒体纷纷报道。2009年12月8日，由市科委主办，上海市工程院院士学术活动中心和上海张江集团有限公司承办的上海市激光显示技术研讨会暨微型激光显示技术评估会在上海张江集团多功能厅召开，国内光学研究领域的权威专家金国藩院士、陈良惠院士、庄松林院士等11位院士和专家学者出席研讨会，上海市和浦东新区各委办、张江集团、国内十多个激光显示领域的优秀企业派员参加了会议，科技部党组成员、科技日报社社长张景安和上海市科委主任寿子琪分别致辞。评估会肯定了Laseno-SMP101在微型投影技术上已取得的重大突破，并且与日本、韩国、美国等国家相比，其核心技术已经处于国际领先地位。

【自主创新】 三鑫科技极其重视人才的作用，公司领导层由国内高科技行业经验丰富的职业经理人、归国人才及外籍管理精英团队组成，研发团队的核心由三十名以上不同国籍的行业专家组成。品牌建设方面，聘请国内顶级营销咨询机构开展全程整案策划。为科技人才的培养，公司制定一系列具创造性的科研奖励机制，充分调动企业内部自主创新的积极性，为企业高速发展不断注入新的活力。与此同时，公司还大力开展广泛的国内国际合作，与中国科学院、国家各级科研机构、国际产业论坛、大学院校广泛开展长期的深度合作，与国内外生产激光器、LCOS芯片、光学元器件的公司建立良好的配套合作关系。整合行业产学研资源，在关键技术方面抢先取得自主知识产权，参与制定激光微显示领域的核心标准。2008年12月25日开始，陆续申请国家专利31项，其中发明专利15项，实用新型专利15项，外观专利1项。

长江计算机(集团)公司

【加盟世博会产品研发】 预计，上海世博会平均每天将会有40万人次参观，高峰极限日可能高达80万人次。如果参观者都在同一日同一时间内集中在某些热门的场馆附近，势必会导致园区内人群分布的极度不均匀。面向参观者的预约服务业务是上海世博会运营管理的核心部分，主要起到减少排队、平衡客流和促进票务销售等作用，使得参观者在整个参观过程中安全、有序、协调、稳定。2009年，长江计算机(集团)公司接到任务后即投入巨资与人力研制开发2010年上海世博会参观者预约系统和信息发布系统，并在整个世博园区内配制180多台终端触摸预约机。预约系统可针对特定的场馆分时段发布预约资源，减少排队；信息发布系统通过高效的高清编码服务器，面向高清数字显示器发布能有效引导客流，分散参观的相关信息。开发成功的该系统成为世博会运营方与众多参观者保持快速有效沟通的信息桥梁。

【全方位拓展数字音视频技术应用领域】 2009年，长江计算机利用数字信息技术，不断开拓音视频领域的新业务。除“上海世博会参观者预约系统和信息发布系统”外，还研制出“图书馆视频点播系统”、“科普之窗触摸屏系统”、“数字电视接收终端”、“基于高清编解码的显示终端群控制器”等一批数字电子信息产品。期间，获得上海市信息化专项资金项目“数字媒体分众化智能发布系统”课题、国家科技支撑计划世博科技专项“网上世博会关键技术研究与应用”课题等专项支持。“图书馆视频点播系统”综合利用了网络及多媒体技术，以家用显示器、机顶盒作为终端设备，通过 IP 协议来提供包括科普视频节目的点播、科普电视的视频直播在内的多种数字媒体服务。多类型多媒体内容的格式处理、网络带宽疏导应用、管理运营平台建设等关键技术的不断攻克以及大量视频内容资源的处理制作，给系统的成功开发奠定了基础。该系统已成功在上海沪杏图书馆视频中心建设应用，并获得广泛好评。“科普之窗触摸屏系统”的开发旨在以触摸屏一体机作为媒介，将科普知识以视频、文字、图片、FLASH、动画等互动性的方式传输给市民，起到加强科普教育、普及科普知识的作用。该系统已分布在上海全市范围内约 800 个网点。经过多年奋战，2009 年长江计算机在数字音视频领域已基本形成产业化发展的态势。

上海力保科技有限公司

【知难而进寻求突破】 2009 年，力保科技的经营面临金融危机的严重冲击，经济效益严重滑坡，发展十分艰难。公司知难而上，千方百计寻求突破，并大胆提出“发挥上海优势，创建激光投影显示新型产业示范基地”的构想，希望通过自己的努力，牵线搭桥，使上海能够形成一条激光投影显示新型产业链，并确定激光电视新产品的研发目标。这一决策和举动得到上海市领导和市有关委办的大力支持。2009 年 9 月 15 日，上海市委常委、常务副市长杨雄率领市府秘书长周波及市发展改革委、国资委、经济信息化委、科委等主要领导对力保科技进行考察和调研，杨雄副市长在考察后的座谈会上对该公司的发展思路与大胆设想给予充分的肯定和支持。

【新品研发】 2009 年，为满足人们全景摄影的需求，力保科技在完成 360 度数码全景照相机研发的基础上，开发出了更能被广大摄影爱好者所接受的全景环摄转台，使摄影爱好者能在使用自己的相机的情况下也能拍摄出全景照片。该产品现已成功打入国内外市场。除激光电视及全景环摄转台外，公司还研发另外一个重点项目——医用 X 射线探测器。该新品通过 CCD 来采集 X 射线影像，它可以在短短数秒钟之内拍出清晰的数字影像图片，大大缩短获取病情的周期，而且可以更好地帮助医生了解、分析病情，让患者得到及时的诊治。与传统的医用诊断 X 射线机相配合，可形成 CCD－DR 医用数字成像 X 射线摄影系统。下一步，力保科技期望通过与相关医疗器械单位的合作尽早将医用 X 射线探测器打入市场，投入使用。

上海松下等离子显示器有限公司

【实现显示屏技术跨越】 等离子显示屏是目前世界上平板电视中非常重要的一个分类，在国际市场上有着重要的地位；由于其显示性能卓越，一直受到世界上高端用户的青睐。上海松下作为松下在海外唯一一家有能力生产显示屏的公司，一直承担着在中国及全球其他市场普及等离子电视的责任。2009 年，为紧跟平板显示器发展的趋势，公司对显示屏生产线进行技术改造和升级换代，所生产的显示屏的尺寸从原来的 42 英寸升级到 50 英寸，实现了一次技术跨越。上海松下彩色等离子显示屏生产线的建成投产必将推动中国平板显示器数字化的发展进程，标志着中国彩色等离子显示器生产技术和产品性能已跨入世界先进行列。

【注重产品的质量升级与节能环保】 2009 年，随着平板电视行业竞争的加剧，全球范围内整个行业快速转向 FHD(Full High Definition)全高清产品的研发与生产。在这样的大背景下，上海松下迅速跟上市场变化的节奏与步伐，通过技术改造和设备升级，在技术上保障了公司由 HD(High Definition)显示屏生产向 FHD 显示屏生产顺利过渡。与此同时，在 50 英寸显示屏生产的基础上，再升级生产 50 英寸的 FHD 全高清系列产品。为保持和世界以及松下第五工厂（世界最先进工厂）技术的同步，上海松下还导入 NeoPDP（环保节能型产品）的生产。NeoPDP 的推出，扭转了市场上对于 PDP 耗电的印象，为 PDP 在平板电视市场上的发展起到了至关重要的推动作用。另外，由于 NeoPDP 的省电，在贯彻国家节能减排、减少二氧化碳消耗的政策上作出一定贡献。

【产品受到用户欢迎】 2009 年，针对中国市场的消费特点，上海松下推出从 42 英寸到 65 英寸、从 HD 到 FHD 全系列共 5 大尺寸两个系列十多个品种的产品供市场选择，受到市场的广泛欢迎。2009 年 12 月，上海松下获得由上海交电家电商业行业协会颁发的 2009 年度上海家电市场平板电视“十佳品牌”称号。同时，商用产品系列在42、50、58、65、103英寸的基础上，又推出85英寸产品，完善了整个产品系列。上述产品在公共交通、银行、通信、政府部门、广告、地铁等领域得到广泛应用。特别是上海的地铁，在人民广场换乘大厅，有10台103英寸的显示器作为广告信息发布使用。同年，上海多条地铁的信息显示系统都选用了上海松下的等离子显示器。

（解　放）

五、计算机产业

概况

2009年，上海计算机制造业工业总产值3 139.01亿元，比上年增长23.6%。工业销售产值3 081.69亿元，比上年增长6.4%。销售收入3 320.8亿元，比上年增长6.3%，利润18.38亿元，比上年增长12.9%，税金2.4亿元，比上年减少25.1%。

2008～2009年上海计算机制造业主要经济指标完成情况

（单位：亿元）

年份	工业总产值	工业销售产值	主营业务收入	利润总额	税金总额
2008	3 090.41	3 011.27	3 265.95	24.92	3.58
2009	3 139.01	3 081.69	3 320.84	18.38	2.41

（许　可）

上海计算机制造业产值在上海信息产品制造业中的份额

上海信息产品制造业工业总产值占全市工业总产值的比重逐年增加，2001年的占有比重为14.1%，2004年达24.6%，此后2004～2008年维持在24.6%～26.1%之间，占有率没有明显扩大。

2008年信息产品制造业总产值为6 162.84亿元，计算机制造业总产值为3 090.41亿元，计算机制造业占信息产品制造业50.15%。2009年计算机制造业总产值为3 139.01亿元，同比增长23.6%。

（许　可）

上海计算机制造业主营收入和利润情况

上海信息产品制造业2008年主营收入6 288.56亿元，利润总额96.37亿元，其中：计算机制造业主营收入3 265.95亿元，占上海信息产品制造业51.9%。但是2008年上海计算机制造业利润总额只有24.92亿元，低于信息产品制造业平均利润。2009年计算机制造业主营收入3 320.84亿元，利润总额18.38亿元。

（许　可）

2009年产业发展特点

许多国内外IT厂商在上海举办研讨会、论坛、宣传其产品，关注上海IT市场，从中可以看到有以下几点：绿色IT成为发展重点，绿色数据中心、低碳、节能受关注；围绕“云计算”为话题的，平台、研究、开发，成为热点；存储、网络技术仍在高速发展；信息技术应用不断在深化；产品创新、市场拓展成为产业新引擎。

（许　可）

长江计算机（集团）公司

长江计算机（集团）公司创建于1987年3月，是具有计算机产品科研开发、生产制造、系统集成、销售服务多功能并拥有进出口贸易自主权的国家计划单列企业集团，是上海市计算机产业的主体企业。经过20多年的发展，集团从初创时期的单一硬件制造，逐步走上以系统集成带动产业结合，以应用带动制造，以信息服务推动产业发展的新型发展道路。集团连续8年入选中国软件百强企业，“东海”产品自1995年至今蝉联上海市名牌产品。

2009年，长江计算机集团克服金融危机带来的诸多困难，不断加快新产品、新技术开发进程，全年新产品、新技术立项31项，共有32项产品和技术申请知识产权专利，承接的软件和系统集成项目合同金额达5亿元，其中1 000万以上的项目有12项。项目涉及智能交通、石油零售设备、数字媒体、能源环保、金融、教科文卫等多个领域。完成主营业务收入9.13亿元，利润总额4 120万元，主要经营指标与上年持平。

2009年，集团围绕国民经济信息化建设实现三个结合。一、实现信息化与智能交通的结合。集团重点项目高速公路不停车收费系统（ETC）在市场化、产业化方面取得实质性进展：自主研发ETC已成功进入江浙沪103个高速公路道口联网试运行；集团与上海一卡通公司签订60 000套OBU被供货合同，根据合同要求年内实现供货50 000套；在8月召开的交通部全国ETC推广工作会议上，长江集团自主开发的“东海OBU”推荐为用户首选终端产品；ETC不停车收费系统向湖南、江苏、北京、武汉等外省市市场的推广及应用取得重大突破；在原有技术的基础上又研制开发成功太阳能车载单元OBU和自由流不停车收费技术，使长江集团的ETC产品始终保持国内领先水平。二、实现信息化与上海世博会展的结合。集团研发的世博参观者预约、园区信息发布、游客引导、世博场馆弱电等项目先后中标并进入项目实施阶段，为2010年上海世博信息化工作作出贡献。三、实现信息化与中石化项目的结合。集团重点开发的全新加油卡经营管理决策支持平台、自助加油充值终端、消费卡互联移资平台等项目已在上海广泛应用，并向全国推广。中石化IC卡自助加油系统应用在全国已达到25%的市场份额，为明后两年进一步扩大市场奠定良好基础。经过不断技术创新，长江集团形成一批技术先进、在国内处于领先水平、有较高的知名度的信息化服务标志性项目。

（周慧琴）

六、新型显示产业

概况

2009年国务院《电子信息产业调整和振兴规划》明确提出，2009～2011年，要加快电子元器件产品升级，推进视听产业数字化转型，集中力量实施集成电路升级、新型显示和彩电工业转型等六大工程。其中的新型光显示是指用第二代、第三代显示技术制作的新型信息、视频显示器，它是当今世界光电子产业体系中发展最快、规模最大，市场占有值最高的产业，也是平板显示器中代表技术发展方向的产品。

目前占据主流地位的是TFT-LCD显示器，它占整个平板显示产业70%份额，处于老大地位。近年来由于节能与薄型化、柔软化的应用要求，第三代显示器OLED正在蓬勃兴起，备受业界关注。以往OLED在光效和寿命时间上的不足问题已被业界攻克，正在超速发展。2008年OLED产值为平板显示产业内的5.4%，到2009年上升到8%，增长率达48.2%，成为平板显示产业中异军突起的一颗新星。

上海光电子产业体系中，光显示产业是投入规模最大、产业基础较完整的一个产业分支。早在上世纪末，上海就已形成LCD、PDP、OLED以及LED等生产企业群体和研发体系，在TFT-LCD方面已形成玻璃基板、滤光片（CF）、导光板等上游产业和面板生产及应用等下游产业，初步形成产业链群体，其中有规模的企业达37家。

半导体照明

【概况】 上海是我国较早发展LED芯片器件产业的地区之一，已有上海蓝宝光电材料有限公司、上海蓝光科技有限公司、上海大晨光电科技有限公司、上海宇体光电有限公司等国内知名的外延材料与芯片生产企业。

“十城万盏”LED应用试点示范工程的实施，为国内LED产业的发展带来第三次快速发展的机遇。LED路灯将最先启动，将为LED产业带来巨大市场。以上海市路灯替换工程为例，据估算，2007年上海城市道路长度已达4 227公里，以每30米一盏路灯，路两侧均安装路灯计算，上海2009年路灯规模约为28万盏。假设每盏路灯平均使用大功率110颗LED芯片，每颗价格1.0美元，当LED路灯的取代率达到5%时，所需LED芯片的数量将达到1.54 KK，市值为154万美元。照明市场的快速发展将直接带动1 W以上的大功率LED产品的市场需求。

LED显示屏是发光二极管的主要应用之一，近年来发展迅速。LED显示屏制作技术先进、售价低，国外公司很难在大陆市场竞争。据不完全统计，上海的主要生产厂家有上海信茂、上海三思科技等十余家企业，生产的全彩色室内外屏已在国内外被用户接受，推动了信息显示市场的发展。

【产业总经济规模】 2008年上海半导体照明产值为44.2亿元，相比2007年的42.4亿元增加4.2%。2008年正值国际金融危机，对产业的发展产生一定负面影响。2009年半导体照明的产值比去年同期有不小的提升，2009年上半年上海半导体照明产值约50亿元，增长率约达13.1%。

上海半导体照明产值及增长率

半导体照明	2006年	2007年	2008年	2009年上半年
增长率(%)		13.4	4.2	13.1
产值(亿元)	37.4	42.4	44.2	50

【动态】 2009年4月初，上海外白渡桥"城市之光"灯光系统进行全面试灯。该灯光系统采用全彩LED灯具，可呈现出多种色彩，同时大大降低了能耗。设计人员介绍，全桥调试是把近2 000个灯具全部纳入控制系统，做到所有灯具在色彩变化时保持同步。新的景观照明中，7种规格的灯具加起来近2 000个，原先仅490个，但能耗却降低30%以上。灯光与变幻出赤橙黄绿青蓝紫等多种颜色，与近处的上海大厦、浦江饭店以及远处的东方明珠交相辉映，营造出或端庄典雅、或热烈奔放、或新颖时尚的氛围。

LED照明技术日趋成熟，已广泛应用于景观照明之中。2010年上海世博会建筑的最大亮点是由世博轴、中国馆、主题馆、世博中心和演艺中心所组成的"一轴四馆"。除中国馆外，这些场馆的LED景观照明均为上海企业承担设计制作与安装。世博园区的LED景观照明将使世人眼睛一亮，既符合"生态世博，科技世博，人文世博"的理念，又能展示创新成果，带动产业开发，凸显城市魅力，起到科技强国的示范作用。上海积极推动半导体照明技术与产品进一步规模化应用在世博会景观照明中，使世博园区夜景成为上海最为亮丽、最吸引大众目光的景观之一。

继上海市光电子行业协会组织半导体照明工程相关地方标准之后，上海半导体照明工程技术研究中心与上海市计量测试技术研究院牵头起草的上海市地方标准《采用LED技术的照明工程施工与验收规范第1部分：施工规范》和《采用LED技术的照明工程施工与验收规范第2部分：验收规范》经由上海市质量技术监督局审查批准，予以发布。标准的实施有助于规范今后上海市半导体照明工程的施工质量管理，确保世博会及上海市其他重大半导体照明工程的高质量。

【代表企业与产品】

上海三思科技有限公司：高端LED视频显示系统、各类通用或专用LED显示屏、智能交通系统LED可变信息标志屏和LED可变图形诱导屏等。LED路灯、LED隧道灯各项指标。光源功率：30～240 W，光源效率：110 lm/W，灯具光效：85～90 lm/W，色温：3 200～6 500 K，显色指数：65～80，光源寿命：50 000小时。

上海蓝光科技有限公司：注册资金2亿元，员工370人，拥有12条外延片及芯片生产线，主要生产蓝绿光LED芯片和器件。

上海大晨光电科技有限公司：主要生产二、三元和四元红蓝LED芯片和器件。

平面显示

【概况】 平板显示(FPD)成为未来电视的主流是大势所趋，但目前在国际上尚没有严格的定义。一般这种显示屏厚度较薄，看上去就像一款平板。平板显示的种类很多，按显示媒质和工作原理分，有液晶显示(LCD)、等离子显示(PDP)、电致发光显示(ELD)、有机电致发光显示(OLED)、场发射显示(FED)、投影显示等。

【动态】 上海天马微电子有限公司第一条4.5代AM-OLED中试线正式动工。(AM-OLED学名为"有源矩阵有机发光二极管"，这是下一代平板显示技术，与目前液晶面板比，它自身可发光，不需要任何背光源，还可省去增光、滤光片等材料。)公司此前已购买9亿元关键设备，而此次启动将新增投资5亿元(其中固定资产投资3.02亿元)，用于添置相应设备，改造配套装置与洁净室。项目建设周期3年，即从2009年6月到2012年6月。已组建技术团队、拟定净化间等设施改造方案、设备选型与招标等任务。2010年将安装设备、连线、调试，打通关键工艺等，2011年试产，2012年大规模量产。项目投产后，将形成玻璃基板1 000张、2.5英寸OLED面板15万片的能力。这一项目已被列入“上海市高新技术重大项目”。

上海中科联和显示技术有限公司OTFT平板显示技术中试实验线项目，依托上海天马4.5代TFT－LCD和AM－OLED项目，采用租赁研发、办公用房及配套设备、设施等，购置关键生产设备，建设一条OTFT平板显示技术中试实验线，开发出可适用于4.5代TFT－LCD和AM－OLED中试、量产使用的OTFT相关技术，打通适用于OLED驱动的阵列基板的制作工艺。

该项目进度预计到2010年底完成3英寸OTFT－LCD样机，进行成品率、性能指标评估，开始7英寸OTFT－LCD样机研发，尝试进行生产线关键设备研究。到2012年开发7英寸OTFT－LCD、3英寸OTFT－OLED用OTFT基板流片，完成7英寸OTFT－LCD、3英寸OTFT－OLED样机，进行成品率、性能指标评估，并进行中试、量产方面的技术、经济可行性准备。

FPD China 2009于2009年3月11日在上海国际展览中心盛大开幕。此次展览从11日持续至13日，吸引业内200余家厂商前来参展，容纳来自FPD产业发达地区的众多厂商，包括日本、韩国、中国大陆和台湾地区等。AUO（友达光电）、BOE（京东方）、CMO（奇美）、LG Display、三星、SVA（上广电）等众多上游面板厂商和康佳、长虹、海信、海尔、创维等国内几大显示终端品牌以及众多材料供应商，展示TFT LCD、OLED、PDP等平板显示产品的制造设备和服务以及LCD电视产品等。

2009年6月，仪电集团与广电集团签订股份转让协议。广电集团计划将其持有的广电电子、广电信息股份转让给仪电集团，分别占两家公司总股本比例为30.07%、42.24%，转让价格分别为11.11亿元和10.75亿元。11月，资产重组正式启幕，上海仪电集团重组广电电子、广电信息两家公司已进入实际操作阶段。

【代表企业与产品】

上海天马微电子有限公司：拥有国内第一条4.5代TFT－LCD生产线，自主掌握TFT－LCD设计与制造等关键技术。

上海平板显示技术研究中心

上海三鑫科技有限公司

上海力保科技有限公司

特种光电材料和装备

【概况】 随着光电子和信息技术的发展，具有高度可控、快速和大面积的微纳结构制造技术有待发展。目前的聚焦离子束、电子束、极紫外、甚至软X－射线等均较难同时满足微纳结构的高速大面积制造。基于可见光波段的远场激光直写技术能够实现可控、快速、大面积的微米亚微米图形结构的制造，但由于受到光的衍射极限的制约，可见光波段的远场激光直写技术很难达到纳米尺度的特征尺寸，从而不能进行具有纳米特征尺寸的任意结构制造。

材料方面，上海主要依靠大学院所在进行研发。华东理工大学精细化工研究所以及上海有机所正从事有机电致发光材料的研发与制备。

设备方面，MOVCD主要还是依赖进口，上海也在做国产MOCVD设备的制造工作，但仍处于研发阶段。

【动态】 中科院上海光机所高密度光存储实验室在国家相关项目的支持下，在微纳结构的高速、大面积光学制造方面取得重要进展。高密度光存储实验室提出了基于非线性材料的微纳结构的光学制造新原理，并利用蓝光激光直写系统和高速旋转方法在多层功能薄膜上实现特征尺寸为300纳米到90纳米的微纳结构高速大面积激光直写制造。直写速率可达6 m/s，是传统激光直写方法数百倍以上，最小特征尺寸达到激光直写系统光斑的1/8左右，其结果发表在Appl. Phys. Lett. 和J. Appl. Phys. 等国际核心期刊上。

上海蓝宝光电材料有限公司装备国际先进的生产设备及配套设施近300台（套），其中MOCVD设备有6台。蓝、绿光LED年产能达到10万片外延片以上。公司实行ERP资源系统管理，专业批量生产、销售神光系列GaN LED蓝、绿光外延片，功率型高亮度芯片及普通芯片产品，年产芯粒2 000 KK以上。该公司是美国加州大学圣巴巴拉分校“中村修二实验室”（UCSB SSLEC）成员单位。

【代表产品与企业】

精密曝光设备：上海微电子装备公司

清洗设备、湿刻设备：上海恩埃希电子设备有限公司

OLED芯片：上海新相微电子，上海大学微电子中心

有机电致发光材料：华东理工大学精细化工研究所

（赵建忠）

七、汽车电子产业

全国和上海汽车工业的快速增长助推上海汽车电子产业的综合发展，成为电子信息产业这一国家战略性新兴产业中不可或缺的重要组成部分，成为引领国内汽车电子产业快速发展的标杆。

综合市场数据分析，上海汽车电子市场规模，2008年为462.2亿元，占全国市场的31.57%，同比增长11%。2009年为570亿元，同比增长23.3%，占全国市场30%的份额。

【代表企业与产品】

上海汽车电子产业具备上下游产品研发、制造、配套产业链完整的特征，因此，在汽车电子产业结构性布局中，吸引了部分国内外汽车电子科研机构和生产厂商落户，推动了上海汽车电子产业整体发展。

上海共有汽车电子企业180余家，几乎涵盖所有汽车电子门类产品的研发、制造及应用领域，并有汽车与汽车电子跨国公司的亚洲总部、技术中心或研究机构16家，上汽集团技术中心、同济、交大国家工程实验室等国家级技术中心8家，上海地面交通工具风洞中心、上海汽车电子工程中心等省市级技术中心10家。上海汽车电子企业年销售规模超10亿元的约30家，其中大部分是全球跨国公司在上海建立的合资或独资企业。

上海实业交通、信耀电子、航盛电子、上海沪工、联创电子、航天汽车机电、科博达、德科电子仪表、航天电源、上海电驱动、上海瑞华、上海德朗能等一批具有自主创新能力的本土汽车电子企业，形成上海汽车电子自主技术产业化主体骨干，在国内行业具有重要影响。

上海交大、同济大学、上海微系统所等组建“国家燃料电池汽车及动力系统工程技术研究中心”、“汽车电子控制技术国家工程实验室”、“新能源汽车及动力系统国家工程实验室”、“汽车电子工程中心”、“国家汽车检测中心”等国家级科研机构和质检部门，发挥上海产、学、研、用的整体技术优势，助推上海汽车电子自主技术产业化向国际先进水平持续发展。

国际十大汽车电子厂商如德国大陆、德国博世、日本电装、美国德尔福、美国伟世通、法国法雷奥、美国天合等厂商以及德国海拉、日本小糸、日本高田、美国霍尼韦尔、美国利尔公司、德国飞思卡尔等跨国公司均在上海建立合资企业或研发中心，在汽车电子中高端零部件领域处于领先地位，大大带动了上海汽车电子产业的发展。

（市交通电子行业协会）

第三章 信息服务业

概 述

2009年，上海信息服务业实现经营收入2 108.11亿元，比上年增长20.2%。增加值768.48亿元，比上年增长达到12.8%。占第三产业比重达到8.7%，占全市国内生产总值的比重达到5.2%。截至2009年底，有规模以上信息服务企业3 800家，从业人员达到29.3万，其中2009年经营收入超亿元企业达到158家（不包括信息传输服务企业），在海内外上市的企业累计达到22家。

市经济信息化委发布《上海推进软件和信息服务业高新技术产业化行动方案（2009—2012）》，确定软件产业、网络游戏、网络视听、数字出版、电子商务、金融信息服务、航运信息服务和信息基础设施8个重点发展领域，重点支持一批信息服务业企业和项目，产业化推动成效初步显现，重点领域的产业指标均好于2008年，增速明显加快。2009年10月11～16日，举行“2009上海推进软件和信息服务业高新技术产业化活动周”，由12项细分行业论坛组成，内容涉及上海市软件和信息服务业高新技术产业化政策说明、游戏开发、基础软件产业链创新、3G应用与发展、亚洲宽带及数字电视、网络视听、数字出版、企业信息化高峰论坛等热点行业、产业话题。

协调推动国产基础软件在上海卫生服务领域的一体化解决方案示范工程；鼓励支持市级国产基础软件产业基地建设，搭建国产基础软件应用推广平台；开展软件正版化专项工作，推动开展国产软件产品以及服务的采购，指导举办国产基础软件系列推广活动。推动组建轨道交通工程研发中心、产业融合孵化（闸北）基地，指导筹建城市智能交通信息服务联盟；引进并再度成功举办“游戏开发者大会”（GDC）国际品牌专业会议，支持举办2009上海数字内容产业发展高峰论坛。完成《2008—2009年上海数字内容产业白皮书》；指导举办2009上海国际信息服务外包交易峰会、2009中国青少年数字创意行动、2009年首届IT E人大赛；分领域调研中小企业，推动企业享受带宽资费优惠等工作，梳理并确定66家首批建议享受电信优惠的企业。推进数字出版产业发展，组织开展2009年度数字出版项目申报、评审工作。扶持动漫网游产业发展，组织企业、协会申报全国动漫开发软件（工具）优秀团队和优秀动漫网游协会，开展动漫开发人才和团队现状的专题调查。推动探索新兴商业模式，协调推进第三方医药信息服务商业模式的试点建设。

（叶月明）

一、软件产业

概况

2009年，上海软件产业运营呈平稳增长态势，实现经营收入1 206.19亿元，比上年增长20%，增速略低于信息服务业平均增速。全年新增认定软件企业308家，登记软件产品2 567个。从业人员21.8万人。2009年，通过CMM/CMMI 3级以上国际认证的企业达到113家，较上年底增加6家。其中5级的14家、4级的8家。有172家企业获得计算机信息系统资质认证，较上年底增加3家，其中一级的11家，二级的24家。年经营收入超亿元软件企业135家，超千人软件企业16家。全市共有8家软件企业被评为中国软件收入百强企业；共有27家软件企业被列为2009年国家规划布局内的重点软件企业,全国排名第2。

中国电信上海理想信息产业(集团)有限公司

【概况】 理想(集团)公司主要从事信息技术领域业务,涉及信息系统集成、应用软件开发、软硬件产品研制、增值业务运营和IT外包服务等五大方面,产品和服务覆盖全国31个省、市、自治区,并延伸到香港、澳门地区和美洲、欧洲等海外地区,客户遍布电信、政府、金融、教育、烟草、制造和化工等多个行业,拥有全国性的营销渠道和运维服务体系。理想(集团)公司致力于中国IT产业发展,借助中国电信精品网络资源,定位于电信与IT产业融合的ICT(Information Communication Technology)服务商形象,为社会信息化、企业信息化和家庭信息化提供全方位、专业化的应用集成服务。2009年,股东调整为中国电信股份有限公司,注册资本相应调至7 000万元。

2009年,理想(集团)公司经营目标整体完成,同时聚焦客户信息化,以全业务经营为主线,制定五年战略发展规划和三年业务发展规划,进一步明确未来发展目标。在成立十周年之际,继续努力支撑电信业务发展,积极实施ICT业务融合创新,为电信全业务经营加载丰富的信息应用。

2009年,理想(集团)公司核心竞争力持续加强,获"2009年中国软件业务收入前百家企业"、"2009中国软件企业自主创新最具实力奖"、"2009年度上海软件十强企业(经营型)"、"2009年度上海软件十强企业(创新型)"、"2008年度华东百佳方案商评选TOP 100方案商"、"第三届优秀信息化应用优秀协同奖"等众多荣誉称号。再次以无不符合项通过DNV ISO9001年度外审,并结合运行10年的质量体系,开展ISO9001体系2008转版贯标工作,持续完善公司各类业务流程,不断提升产品及业务的服务质量。

【商务领航重点产品实现市场推广】 2009年,专业市场行业应用平台开发完成,与全国最大的第三方电子支付平台——支付宝合作,接入多家网上银行提供网上支付,结合主流GIS系统方便用户查找位置,服装专业市场白马网上服装商城(www. baima. net. cn)正式上线。自主研发汽配系统开发完成,汽车后服务连锁管理解决方案升级,产品的行业适应性增强,汽配/汽修连锁行业应用方案已通过中国电信集团公司各项初步评审,汽配连锁管理平台广泛应用于车居家、海蒙汽配连锁店等典型用户,在汽车后服务行业内取得良好口碑。为适应移动融合ICT应用的趋势,手机版应用研发正式启动。以添翼邮(Push Mail)为代表的移动类应用产品受到市场欢迎,添翼邮业务进入CDMA移动网络套餐,成功为某期货客户提供固移融合的全业务综合解决方案。2010年上海世博会网络培训平台,通过电子化培训教学实现对50万世博志愿者与世博工作人员的培训工作信息化管理,截至2009年10月底已完成14万人次的培训,在宣传世博、支持世博中创造了较好的社会效益。

【网管专家服务规模持续扩大】 2009年,新签多家知名客户,平台上客户数120家,在线设备数超过4 400台,处理客户故障3 500多个。为进一步优化服务内涵,合作平台、自主研发平台先后升级,ITIL平台正式投入使用,七层流量平台开发完成,机房管家等创新业务上线运营。完善服务流程,整理服务系列标准、实行可计量化的标准服务,通过ISO20000/27001评估认证;整理客户典型案例库、持续开展行业属性深度分析,配合中国电信集团、中国电信香港公司、中国电信上海公司等,共同完成重大项目服务方案,多个超大型项目订单设备加速上线。

【固移融合型电子政务促进政府提高效能】 区县电子政务新增固网和移动融合的移动电子政务产品,在四川、内蒙古、山东、黑龙江、宁夏、海南、云南等省、自治区树立样板。全国14省百余个地市和区县实施电子政务应用(IGRP系统)项目40多个、推广电子政务软件120余套,移动电子政务产品推广到全国9个省。在10月30日揭晓的中国电子政务10年优秀应用成果评选活动中,由中国电信集团各省公司投资兴建、理想(集团)公司承担支撑和实施的各省电子政务建设项目,共有4处获全国十佳殊荣、2处获得优秀应用案例入围奖,中国电信i-GRP电子政务应用平台一体化解决方案荣获"电子政务十佳优秀解决方案"。该活动由国务院27个部门电子政务工作机构联合发起,264个应用案例参选,200多个专家评审。在中国信息港论坛评选中,理想电子政府公共数据中心建设获得"第四届全国信息化应用、通信技术创新优秀成果奖"银奖。

【SMAS助力移动行业应用开发】 针对移动行业应用开发需求，移动应用开发平台（Surfing-Mobile Application Studio，SMAS）于2009年正式推出，并在多省普及推广。内蒙古、山东、重庆、海南、云南、广西等省、市、自治区公司参加SMAS平台的技术培训后，迅速形成一批各具特色的行业解决方案。基于SMAS平台技术开发，保险行业移动应用解决方案被太平洋人寿保险公司内蒙古分公司采纳，与海南电信合作开发昌江教育平台移动办公应用，与水利部门合作开发水利遥测查询系统移动应用解决方案，在煤矿安全生产无线监管、电力生产无线监管及电力调度移动应用、石化输油管道移动应用等行业中得以应用。

【企业ICE及协同办公在多行业获得突破】 企业集成协作环境（ICE）及协同办公业务已覆盖上海、江苏、江西、宁夏、甘肃、湖南等地，在政府、金融、传媒、大中型企业等行业客户获得突破性进展。在政府行业委办局条线，与组织部、民政局、卫生局、浦东新区政府、青浦区政府、闵行区公安等建立合作关系，其中，支撑浦东区局签下“浦东新区电子政府公共数据中心项目”，为政府信息化应用提供成熟的技术支持；为世博局建成的“协同办公与信息管理系统”（即“世博OA系统”，含十多个子系统），通过世博局的评测，结束历时近一年的试运行阶段。

【号百系列产品分三条线扩容升级】 号百系列分三条线发展，包括信息经营增值平台、号百通信增值平台、电子商务预定平台。信息经营增值平台2009年实现扩容升级、数据模型2.0与统一采编实现规模复制；基于位置的搜索与号百特色圈、关键词竞价与信息加盟、多媒体数据中心、全业务搜索引擎、定向营销等新功能，相继在试点省份实现落地。号百通信增值平台，第一轮规模化的产品升级完成，保证各省平台平稳运行；契合全业务经营实现移动固网融合的融合总机产品，已在青海试点上线。电子商务预定平台，在上海、安徽、湖北等多省市试点，随用户业务发展逐步完善。

【“电脑医生”提供一站式计算机维修服务】 协同上海市计算机行业协会共同创建“上海市计算机维修服务示范平台”，为广大市民提供便利的计算机维修服务，保障服务质量，规范行业行为。广大市民和企业有任何关于电脑、网络方面的故障都可以拨打热线咨询，平台的服务热线号码为：021－33044500、400－820－6688，服务时间为9:00～21:00，年中无休。

【全力支撑电信全业务信息化建设】 主力承担电信内部信息化建设支撑工作，在包括CRM、计费、电子渠道和经营分析等业务领域大力投入，满足全业务发展的信息化建设需要。支撑“业务受理2＋3”顺利实现，维护全业务融合下的计费系统平稳运行，自主研发准实时计费产品，参与实现中国上海公司网上营业厅3.0版上线，在集团数据枢纽、客户维系挽留、套餐生命周期等多个项目中得到好评。合作对外承建的OnStar车载无线信息服务项目，在“第四届全国信息化应用、通信技术创新优秀成果奖”评选中荣获金奖。

【双“聚焦”实践全业务产品创新】 聚焦移动融合应用技术，研发通用客户端产品，推进面向政企类的应用，加速客户端应用开发速度；研发移动应用集成中间件平台产品，解决企业固网应用移动化的快速集成适配问题，基于该平台开发的商务领航移动汽修、汽配报表应用与同类产品相比，具有技术领先优势。聚焦移动融合类业务，包括移动OA、移动软终端门户及应用等，实现内部试用；掌上世博，亮相北京2009中国国际信息通信展、上海工博会，在手机门户上建立与世博相关的内容共七大板块，并提供各种综合信息服务的生活百事通板块，计划于2010年上半年正式商用；电子商务支付平台，已实现手机订购、手机缴费业务的正式商用。

（理　想）

东软集团上海分公司

东软集团是中国领先的IT解决方案与服务供应商，于1991年创立于中国东北大学。主营业务包括：行业解决方案、产品工程解决方案、软件产品与平台及服务等。拥有员工16 000余名，在中国建立6个软件研发基地，8个区域总部，16个软件开发与技术支持中心，在40多个城市建立营销与服务网络，在大连、南海、成都和沈阳分别建立3所东软信息学院和1所生物医学与信息工程学院；在美国、日本、欧洲设有子公司。

2009年，东软集团通过市场的积极开拓、成本的有效控制、创新与效率的提升、投资与并购的运作，保证了公司全球化发展策略顺利进行，公司业绩稳步增长，全年实现营业收入41.66亿元，比上年增长12.3%，净利润6.41亿元，增长30.5%。

东软华东大区于1993年成立，总部位于上海，业务覆盖沪、浙、苏、皖3省1市，员工总数已达800人。东软华东大区已完成200多个大型IT基础设施建设与应用项目，业务覆盖政府、教育、金融、电力、电信等多个核心领域。

2009年12月底，坐落于上海闵行紫竹园区的东软集团华东研发中心正式破土动工，这标志着东软集团"面向行业的解决方案系统开发支撑平台建设项目"的正式启动。此项目得到上海市政府的高度认可和重视，并且列入"2009年上海市重点技术改造专项资金项目"。

东软集团是一家以软件技术为核心，提供行业解决方案和产品工程解决方案以及相关软件产品、平台及服务的公司。在软件与行业应用的结合、软件与数字化产品的结合、软件人才的培养和咨询服务方面形成东软独特的经营模式。

东软集团在众多行业解决方案中表现了东软的技术领先及对各行业业务的理解，使东软不仅是技术的专家，也是应用信息技术解决行业管理问题的专家。

行业解决方案：东软集团的行业解决方案涵盖电信、电力、金融、政府以及制造与商贸流通、医疗卫生、教育、交通等行业。

产品工程解决方案：东软集团拥有自有品牌的医疗和网络安全产品，同时，也与世界一流的跨国公司开展合作，提供数字家庭产品，移动终端，车载信息产品和IT产品等嵌入式软件开发和服务。

软件产品与平台：东软集团的软件产品与平台是其重要的知识资产，也是其快速、可靠地构建行业解决方案和产品工程解决方案的基础。

服务：东软提供包括IT咨询服务、应用开发和维护、第三方ERP咨询与实施、专业测试及性能工程服务、本地化服务、IT基础设施服务、业务流程外包(BPO)、IT培训等服务业务。

金蝶国际软件集团(上海)有限公司

【概况】 金蝶国际软件集团有限公司总部位于深圳，始创于1993年8月，2001年2月15日在香港联合交易所创业板上市，2005年7月转为香港联合交易所主板挂牌上市。

金蝶始终专注于企业管理应用软件领域。面向市场提供企业管理解决方案是金蝶软件系统的核心思想。在金蝶软件系统中：以ERP(企业资源计划)管理企业内部的各项业务；以HRM(人力资源管理)、以KM(知识管理)管理知识市场的业务；以VM(价值管理)管理资本市场的业务；以CRM(客户关系管理)管理消费市场的业务；以SCM(供应链管理)管理供应市场的业务；而电子商务部件则是处理有关互联网上的特殊商业应用。

1996年推出国内第一套基于Windows平台的财务管理软件标志着企业管理软件的第一次变革；

1999年发布的基于三层架构的ERP管理软件，标志着管理软件的第二次变革，也是金蝶从一家财务软件厂商到ERP管理软件厂商成功转型的标志；

2000年成立中间件公司，发布国内第一个纯Java应用服务器，Apusic是中国第一个通过J2EE认证的世界级Java中间件，金蝶公司是Javab标准制定组织的成员，参与Java国际标准的讨论和制定，是民族软件问鼎核心技术的典范；

2003年金蝶发布"集成管理、随需应变"的EAS系统；

2005年发布个性化ERP平台产品"金蝶BOS"；

2005年7月20日转香港联合交易所主板上市，金蝶换标，设立亚太区总部是为拓展亚太市场，体现了金蝶国际化的策略。

【服务战略】 2005年，金蝶提出了主动服务快速反应的服务战略。在服务方面，金蝶建立了Call Center、明珠俱乐部，其目标也是为客户提供更为个性化的服务。

个性化服务体现在：开发更多的服务产品，如Call Center、远程服务、服务通讯等；提供更多的个性化服务、增加更多的服务产品，通过明珠俱乐部加强客户的沟通，交流软件应用经验与企业管理经验。

上海金桥信息工程有限公司

【金桥数字公告信息管理平台软件】 随着现代化信息技术的发展和多媒体显示技术的更新，信息公告和发布技术在日常应用中越来越重要。通过建立一个新形态网络联机的多媒体播放频道，加上一个运作良好的管理平台，可以集中有效地管理信息发布，不论是作为信息公布或对外宣传，都是一种非常有效的手段。金桥数字公告信息管理平台软件作为信息整合的终端，包括对文字、图形的基础支持，同时可以平滑地支持 MPEG1、2 的视频回放以及所有最新的 MPEG－4 视频标准；还包括对 Microsoft Office Word、Excel、PowerPoint 以及标准的 Web 页面、Adobe Flash 的全面支持——所有信息播放完全基于后台强大的数字媒体排期、内容管理应用套件，使用户能够通过网络轻而易举地管理所有广泛分布的显示终端。它采用先进的关键技术，自主研发 VPE 视频转换引擎，通过视频转换引擎可以处理整套 Microsoft Office 产品文件，最大可能地兼容用户的使用习惯；研发 MCS 媒体内容服务，整合多点存储，实现同一个文件独立存储在多站点上，加速远程下载速度，有效管理大型拓扑结构的公告布点；设计异步网络架构，采用 IOCP 配合合理规模的线程池进行有效的负载平衡，同时对协议进行优化，在序列化到 Xml、二进制或是 PlainText 都能进行跨平台处理，能针对各类突发事件进行有效的计划外快速反应。

【金桥全视角边缘融合拼接器软件】 随着信息技术的发展，应急指挥、工业设计制造、科学研究等领域对超大画面、高分辨率、全景一体化的显示屏需求越来越大，但目前当多台投影机组合投射一幅画面时，会有一部分影像灯光重叠，产生“亮带效果”，严重影响到视觉效果及应用功能。为消除“亮带效果”，使整个屏幕在色调、亮度、色温等各方面效果一致，公司充分利用自身各项优势资源，对基于 IETF 的 TCP/IP 协议栈、基于 S－Video、复合视频、RGB 视频的硬件接口标准、边缘融合技术等关键技术进行攻关研究，自行研发金桥全视角边缘融合拼接器软件。该系统将一组投影机投射出的画面进行边缘重叠，并通过融合技术显示出一个没有缝隙、更加明亮、超大、高分辨率的整幅画面，画面的效果就好像是一台投影机投射的画质。它的优越性能使它能够驱动多达 52 个显示设备成一个 M×N 的高分辨率单一逻辑显示屏，该逻辑屏的总分辨率等于所有显示设备单元分辨率的总和，并且具有 overlap 功能，可生成公共像素，配合投影单元做边缘融合或对大尺寸 DLP 进行像素调整。在整个拼接屏上，各种活动视频、RGB 信号和来自网络的计算机桌面和窗口等各种类型的图像信号可在高分辨率单一逻辑屏上以窗口方式任意大小、任意位置显示，并可以自由移动，任意缩放，任意叠加显示，投影机之间不再有边界阻隔，不仅实现大屏幕影视的无缝播放，而且图像质量清晰，系统成本大大降低，填补了国内大屏幕无缝拼接技术的空白，成为国内市场上不多见的具有自主知识产权的显示系统，具有十分广阔的市场前景。

【金桥数字法庭智能控制信息管理平台】 传统法院以发言为主，主要展示各类实物证据，法庭记录则以文字记录为主，经常会遇到各种新型媒体资料证据，文字录入的准确性较低，获取并保存案件审理过程的视音频资料较为困难，异地举证以及网络举证的需求逐渐增加，对法庭内新增的大量设备的控制较为困难。公司对相关关键技术进行攻关研究，自行研发了金桥数字法庭智能控制信息管理平台。该系统的开发完成，解决了新增的大量新型媒体证据的使用问题；实现多话筒发言管理的智能化和有效的秩序控制；通过专门的文字录入系统保证文字录入的及时性和准确性；通过可控的多角度摄像系统和高质量话筒实现审理过程的实时转播和记录；通过智能化法庭控制软件平台实现大量设备的集中化控制，并通过与其他弱电子系统的接口对法庭内的各类环境设备进行控制。

（顾立兵）

上海启明软件股份有限公司

【概况】 启明软件是一家致力于以软件服务为主、为用户提供高质量全面解决方案的企业，2009 年总产值 1.2 亿元。启明软件在日本东京、大阪设有子公司及分支机构，在深圳、济南、成都设立分公司，人员规模达 700 多人。

2009 年，启明软件获“中国软件企业脊梁企业”称号、“2006～2008 年度上海市实施‘走出去’战略先进企业”称号、中国软件行业企业信用评价 AAA 级信用企业。

【质量管理】 2009 年可称之为启明软件的质量管理年，

进一步优化软件过程管理，全员参与，高标准地通过CMMI4级评估。启明软件早在1999年即开始按照ISO9001：1994版质量管理体系进行公司内部质量管理运作，2009年初通过ISO9001：2008质量管理体系认证。已建立17份程序文件、100多个质量记录及面向国内项目和外包项目的作业指导书。在这些文件的指导下，公司的质量管理体系得到有效执行，顾客满意度稳步提高。

【软件外包高中端并举】 通过几年来启明软件在软件外包服务领域走向高端的不断努力，2009年的外包收入中，已有相当一部分来自高端业务，其高端业务质量和成绩获得境外大客户的高度认可和嘉奖状。软件外包高中端并举，为启明软件业务结构的调整，提供了良好的开端。2009年，启明软件获"中国软件和服务外包品牌之星十强"称号。

【人才培养】 2009年，启明软件在企业文化、人才引进和培养机制、人才竞争机制、创新激励机制建设等方面狠下工夫；以技术和市场为驱动，继续完善灵活务实的经营机制；紧紧围绕并服从企业人才发展战略和总体目标，通过与上海市软件园建立研究生联合培养基地，注重品牌建设和团队战斗力建设相结合，推动启明软件业务领域拓展，促进出成果、出效益、出人才，提供良好的政策环境、学术环境、管理环境，营造科学民主、锐意创新、协同高效、廉洁公正的文化氛围；致力于启明专家的服务品牌建设，培养员工对企业的忠诚和对企业文化的认同，用事业留住人。2009年，启明软件获"上海市科技小巨人企业"称号。

【金融行业服务】 启明软件为国内及海外客户提供海外信用卡结算业务上的系统解决方案，获得客户高度的认可，其服务规模也不断扩大，并多次成功进行系统实施及客户定向开发。启明软件将巩固并继续提升在金融行业的服务优势，提供高品质、高附加值的创新性服务。

（任渊杰）

二、互联网服务业

概况

2009年，上海互联网服务业实现经营收入268.1亿元，比上年增长46.1%，增速高于整个信息服务业25.9个百分点，是信息服务业中发展最快的细分领域之一。上海互联网服务业一方面加速对传统产业的渗透和改造，开拓新的发展空间；另一方面自身不断创新，孕育发展新的商业模式和商业形态。2009年，上海市互联网用户累计达到1 250万户，较上年末增加90万户，互联网普及率达到65%，较上年末提高3.6个百分点。至年末，宽带接入用户累计达到470.32万户，比上年末增加51.72万户，其中家庭宽带接入用户达423.29万户。

2009年，盛大、巨人、九城、久游和完美世界这5家网络游戏企业全年实现经营收入60.5亿元，比上年下降5.6%，增速与前几年相比出现较大回落。上海虽仍在全国保持着行业领先地位，但市场占有率已由2007年的70%下降到2009年的50%左右。究其原因有三，一是网络游戏成型的商业模式和较高的利润吸引了更多的外省市企业涉足该领域，市场竞争加剧；二是相关部门的监管措施对企业的营收产生了一定的影响；三是上海部分网游企业创新力不足，导致企业的后续发展受到影响。

上海集聚了一批行业领先企业，如视频分享行业的土豆网，P2P流媒体行业的PPLive、PPStream，视频门户网站激动网和手机电视行业的东方龙新媒体。截至2009年底，上海企业已获得19张互联网视听节目服务许可证牌照，但数量少于北京、广东。

2009年，上海电子商务发展继续在全国处于领先地位，并且不断创新业务模式，拓展业务领域。篱笆网的C2B模式是对传统电子商务模式的一种创新；嗨拼商城网专注网络团购业务，我爱我家网瞄准新人家装需求。

上海东方网股份有限公司

东方网（www. eastday. com）是国务院新闻办指定的上海地区重点新闻网站、全国重点新闻网站转企改制上市试点单位，是具有媒体特色和优势的区域性综合门户网站。

东方网2000年5月28日开通。2009年,日均浏览量已超过5 000万,日均独立IP用户已超过300万,拥有中英日三个语种,120余个频道;业务涵盖新闻发布、资讯服务、舆论交互、活动运作、电子政务、市场广告、商务合作、技术运营等多领域;影响力延伸互联网、无线网、电视网;成为上海最具影响力、权威性和公信度的门户网站,也是全国最具影响力的地方新闻网站,ALEXA全球网站排名约800位。

东方网股份公司旗下有1家报社(城市导报社)、9家控股公司,业务涉及上网终端连锁、无线增值业务、技术研发输出、企业征信体系、比较购物搜索、无线定位测控、创意产业园区等十余个与互联网相关的产业门类;其中东方网点、东方数字社区、东方慧谷等已成为相应领域的领军企业。

上海热线信息网络有限公司

上海热线(www. online. sh. cn)隶属于上海电信,在经历10次改版后,上海热线已经从最初的信息导航发展到以提供信息应用服务、网络互动服务等为主的多元化信息综合应用门户网站。实现日综合访问量2 500万人次,首页日平均访问200万人次的佳绩。

不断创新,锐意进取,上海热线于2004年提出“最上海的热线”的区域化经营理念,立足本地,提供上海“衣、食、住、行”等多方面全方位的本地生活指南及商业信息服务。拥有注册用户300万。上海热线除继续保持高速的本地化战略发展外,还将为全国各界提供更周到的应用服务和海派新风尚,为全世界提供了解中国和上海的窗口。上海热线已经成长为一个宽窄带结合的“全媒体”网络品牌。

上海盛大网络发展有限公司

上海盛大网络发展有限公司是中国领先的互动娱乐传媒公司;致力于通过互联网为用户提供多元化的娱乐服务。

盛大不断发现与满足用户的普遍娱乐需求,盛大向用户提供包括大型多人在线角色扮演游戏(MMORPG)、休闲游戏、棋牌游戏、对战游戏、无线游戏、动漫、文学、音乐等在内的适合不同年龄层次用户群的互动娱乐产品,深受广大用户的欢迎。盛大亦通过强大的游戏运营能力、周到的客户服务能力、完善的技术保障与支持能力、广泛的销售网络和健全、高效的支付平台,形成面向用户的综合性互动娱乐平台。该平台凝聚了庞大的家庭用户群体,各年龄层的玩家均可以借由盛大互动娱乐平台与其他成千上万的玩家进行互动,体验互动娱乐带来的乐趣。

盛大成立于1999年,最早致力网络虚拟社区开发,并成功推出国内首个图形化网络虚拟社区游戏“网络归谷”。2001年,通过代理《热血传奇》正式进军在线游戏市场,首创E-sale销售系统,开创“盛大模式”并一举成为中国网游行业的领军企业。2003年,第一款自主研发网游《传奇世界》成功面世,并逐渐走上产品多元化的道路。盛大同时在线运营的游戏产品有20余款,是中国乃至世界最大的互动娱乐社区。2004年5月,盛大在美国纳斯达克上市,并于前后两年间展开一系列公司并购,吉胜、数位红、浩方、边锋、起点、Actoz、游戏茶苑等先后成为盛大集团旗下的企业。

上海久游网络科技有限公司

久游网(www. 9you. com)是中国领先的互动娱乐社区2.0运营商,2010年上海世博会世博游戏项目参与方,中国率先实现融合音乐舞蹈模拟类游戏、体育模拟类游戏、仿真赛车模拟类游戏、格斗动作模拟类游戏、竞速模拟类游戏、多人在线角色扮演类游戏(MMORPG)、虚拟养成、创建分享、商业经营、社区交友及音视频、多媒体博客等Web服务等为一体的全新形态的生活化互动娱乐社区V2.0(Interactive Community 2.0),为全球华人提供时尚、高品质的一站式多平台互动娱乐服务。2009年4月发布“中华传世武侠系列”研发工程,以自主研发次世代MMORPG精品为公司的中长期核心战略。

久游网自公司成立以来,采取基于一号通一卡通和先体验后付费的“SAME”(Single Account, Multiple E-contents)&“FEEL”(First Experience, Expense Later)运营模式,代表着最新型的网络互动娱乐形式。公司冠名明星真人秀综艺节目“舞林大会”,投资拍摄著名作家海岩同名小说改编的电视剧《舞者》,开创网络游戏行业整合营销的新模式。自主研发的休闲网游《超级舞者》、《宠物森林》等已经签约出口到全球四十多个国家和地区。截至2009年12月底,累计注册用户突破4亿,最高总同时在线账户数超过百万，久游网流量在国内网游运营商中位居前列。

上海第九城市信息技术有限公司

“第九城市”是国内最大的网络游戏开发商和运营商之一，旨在通过世界“第九艺术”——游戏艺术，为都市人创造一种全新的在线娱乐生活方式。在这个“城市”里：激情、活力、浪漫时时相伴；平等、尊重、关爱充溢其间。

截至2009年6月7日，第九城市旗下的产品有《奇迹》(MU)、《快乐西游》、《卓越之剑》(GE)、《奇迹世界》(SUN)、《激战》(GW)、《暗黑之门》(Hellgate：London)、《幻想世界》、《仙境传说2》(暂定名)(RO2)、《Emil Chronicle Online》、《Huxley》、《EA Sports FIFA Online》、《劲舞团2》(AU2，暂定名)。

上海炫动卡通卫视传媒有限公司

炫动卡通于2004年12月26日开播，是经过国家广播电视总局和上海市委宣传部批准，通过卫星传送覆盖全国的专业电视卡通频道。上海炫动卡通卫视传媒有限公司由上海六家主流传媒机构联合投资组建，属于国有大型电视传媒机构。

炫动卡通以电视播出为平台，与多种传媒合作，致力于国产动漫形象的原创、卡通影视的投资制作、周边产品的开发以及动漫品牌的市场化运作。其目标是成为中文卡通的领导品牌和首选频道。

炫动卡通精确锁定经济发达地区有效受众，并逐步向全国覆盖。开播以来已覆盖上海、江苏、浙江、广东、山东、湖南、湖北、辽宁、吉林等省市包括杭州、广州、武汉、长沙、沈阳等省会城市在内的20多个大中城市，收视人口近1亿人。

炫动卡通以贴近受众收视习惯、符合广告投放规律的节目编排方法，全天播出18个小时各类动画剧场、资讯节目、教育节目；几大主题动画剧场各具特色，定位鲜明，锁定不同目标受众，推出各种类型的优秀动画片。自开播以来，已形成稳定的收视群体，不仅得到4～14岁的青少年的铁杆支持，也深受15～35岁的年轻群体的青睐，切实打破了“卡通只属于孩子”的固有观念，显示了一个富有特色的“全年龄、全卡通”专业频道的魅力。

公司参与整个动漫产业链上下游发展，成功开设第一家专门经营动漫卡通周边产品的“炫动正品”店，并正在向连锁方向发展。

上海文广互动电视有限公司

上海文广互动电视有限公司成立于2001年12月31日，是上海文广新闻传媒集团(SMG)旗下从事数字电视和视频点播业务的经营实体，是有线数字付费频道集成运营平台、数字电视频道运营商及多媒体内容体提供商和服务商。2003年8月，文广互动通过ISO9001质量管理体系认证。

文广互动秉承“开放、合作、共赢”的理念，本着“内容超级、服务互动”的宗旨，与数字电视产业链各方形成合力，共同拓展市场空间，推进数字电视发展。截至2006年底，SiTV全国数字付费频道集成运营平台播出数字节目超过100 000小时节目，集成全国数字付费电视频道21套，通过卫星传输到全国120多个城市的有线电视网络，在全国有线电视用户中覆盖率超过70%，并开通中国首个公共媒体专业客户服务呼叫中心。

作为中国数字媒体业界最具影响力的品牌之一，文广互动谋求打造全国一流的数字媒体集成、分发和服务平台，为中国数字媒体产业发展发挥重要作用。

上海时代光华教育发展有限公司

上海时代光华是专注于“企业e-Learning”业务的独立法人公司，拥有国内50%以上份额的自主版权网络课程库，积累了适合各种规模企业的成熟e-Learning学习平台以及全国网络运营保障体系，通过遍布全国的70多家直营或代理机构为客户提供产品及服务。

上海时代光华从2005年伊始，敏锐感觉并抓住中国e-Learning市场的商机，针对中国企业实际需求设计企业e-Learning租赁外包的商业模式及软件应用平台，使公司成功转型为基于互联网的企业e-Learning综合服务提供商，是中国首家e-Learning SAAS完全服务供应商。

2009年，上海时代光华在中国企业e-Learning市场的占有率达到16.7%，从销售额、市场布点、产品特性、发展趋势等指标来看，上海时代光华综合竞争力排名处于细分行业内前列。

2009年，上海时代光华e-Learning平台已经为全国2 000多家企业、近20万学员提供在线学习服务，是中国企业用户数、终端用户数最多的 e-Learning 供应商之一。“时代光华”品牌已成为国内企业购买 e-Learning 产品与服务时的首选品牌。

上海时代光华是双软企业、上海市高新技术企业，是上海市信息服务业行业协会优秀会员单位，是“2009 年度上海市诚信企业”，公司有多位员工被评为“上海市软件行业标兵”、“上海市软件行业服务明星”的称号。

上海威迅教育科技有限公司

威迅教育是一家集创新性、专业性、全面性于一体，专职从事 IT 职业教育及 IT 新技术推广的职业化高端培训机构。2002 年成立以来，本着以人为本的理念始终致力于为广大学员提供求学、入职、晋升的教育培训工作。威迅教育已经和国内外数千家知名的 IT 企业及政府机构建立良好的合作互动关系，已初步形成全国性的职业培训及就业服务网络，并在上海、江苏、浙江、福建、安徽、山东、重庆、山西、湖北、吉林、河南、河北等省市相继建立三十多家标准化的培训中心，成为国内最大的专业化综合性 IT 职业教育培训机构之一。

威迅教育汇集了国内一流的 IT 领域专家、教授、博士、硕士以及高级管理人员，提供优质规范的教学、现代的管理和先进的硬件环境，在中心运营和市场拓展方面取得了显著的成效。凭借坚实的事业基础、完善的产品服务体系、雄厚的技术实力，在上海乃至全国各个地区建立了稳固的基础。

2008 年底，威迅教育结合公司源源不断培养人才以及国内外软件外包产业的持续发展需求，参照高度规范的软件开发企业，创建培训机构实体培训基地——软件工厂。软件工厂拥有专业的开发、测试及项目管理团队，拥有丰富的项目储备和标准化的项目案例，对外承接各种类型的软件开发项目。旨在为 IT 软件行业培养高端的 IT 人员。

快钱支付清算信息有限公司

快钱支付清算信息有限公司是国内领先的独立第三方电子支付及清结算企业，旨在利用先进的 IT 技术打造创新型金融服务，为各类企业及个人提供安全、便捷和保密的综合电子支付清算方案，提高资金的运转效率。

公司成立于 2004 年，总部位于上海，在北京、广州及深圳等地设有分公司，现有员工 1 000 余人。公司秉承跨银行、跨地域、跨行业、跨网络、跨人众的运营模式，致力于通过创新型金融服务，支持国家现代服务业的发展。公司已发展成为业内产品线最丰富、创新能力最强的企业，并由此受到相关各级政府部门和银行金融机构的高度重视和认可。

公司以广泛而深厚的银行战略合作资源、创新而丰富的产品解决方案，以及多种灵活的支付形式服务于各大行业领域及广大个人用户群体。截至 2009 年 12 月 31 日，公司已拥有超过 5 300 万注册用户和逾 41 万家商业合作伙伴，其中既包括百度、新浪、搜狐、网易等知名互联网上市企业，也包括商务部中国国际电子商务中心、联想、国美电器、联邦快递、新东方教育、东方航空、中国航信等大型企事业单位。

公司与包括四大银行、银联及农信银在内的四十多家金融机构建立了战略合作关系，开通了 200 多个银行结算接口，支持互联网、POS、手机、电话等多种线上线下的终端支付形式，以及银行卡、现金、外卡、电信卡等各种支付工具。同时，公司还与 VISA、Master 等各大国际卡组织，以及 PayPal 等国际领先支付公司达成战略合作。

在企业服务方面，公司全面的解决方案覆盖航空、教育、保险、物流、数字娱乐、网上购物、零售及金融信息服务等多个行业，协助企业提升财务管理效率、拓展营收渠道。根据不同行业需求开发的财务支付清结算管理系统，可以高效即时地管理企业资金流和信息流，方便企业进行跨银行的快速资金归集和发放，也可为中小企业融资、保理业务等提供支持。

公司严格遵循相关政策规范，获得中国人民银行、银监会、公安部等中央国家机关和北京市、上海市等地方政府主管部门的高度认可。积极参与国家相关政策法规的起草和支付体系的构建，以自身的专业知识和实践经验支持央行《支付清算组织管理办法》、《支付清算组织反洗钱和反恐怖融资指引》的制定以及第二代国家现代化支付系统(CNAPS)的建设。

上海证券信息有限公司

上海证券信息有限公司是国内第一批专业从事财经

资讯、具有著名品牌的信息服务机构。

公司致力于中国财经资讯传播事业，主营包括：财经信息采编和传播；大型财经信息数据库的建立和维护；开发并运营卫星通信、电视图文传输、寻呼通讯、手机短信、互联网等各种财经信息传播平台和传输系统；财经电视制作等。

公司秉承“以财经资讯为核心，同心多元化发展”的战略，立足中国，面向全球，努力建设并扩展高效、权威的财经资讯平台。已建成贯通卫星、互联网和电视三大传播渠道的财经信息传播网络。公司现已拥有天汇卫星财经资讯系统、中国证券网和财经演播中心及卫星传输系统，建有国内内容最完备、数据最权威的财经数据库，并向专业化、个性化、智能化资讯服务发展。

中国证券网（www. cnstock. com）创立于1997年，是中国最早从事财经信息网络传播的专业性网站之一。中国证券网是上海证券报的网上窗口，是上海证券报平面媒体在网络上的延伸，代表着未来媒体的发展方向。依托新华社和《上海证券报》强大的报道力量，中国证券网已成为最受股（网）民喜爱的综合类财经网站之一。近年来，经过一系列的改革，网站的影响力大幅提升，日访问量近千万。根据权威的网站流量统计公司 pages. alexa. com 的最新抽样监测，在日平均访问人数和页面访问量等指标上，中国证券网在财经网站中，均居前列。

更全、更快、更权威的信息发布：作为以信息发布为主的财经专业网站，中国证券网有着权威而丰富的信息资源。中国证券网拥有上海证券报报道内容的网上发布权和经营权；同时中国证券网还得到上海证券报主管单位新华社的有力支持，可第一时间获得新华社最新、最快的信息资料，依托新华社和上海证券报强大的报道力量，在信息的权威和全面上，中国证券网有着独一无二的资源优势。

报网联动：中国证券网作为上海证券报社旗下网站，上海证券报社对中国证券网给予全力支持。中国证券路演中心可以为上市公司及其他用户的路演活动同时提供网络通道和一系列报纸版面，充分实现公司和投资者互动交流、报纸信息和网络信息的多方强化，以最经济的费用，在最快的时间内，收到最好的推介效果。

服务立体、全面、高效：中国证券网能够提供立体式的宣传服务，方式包括频道内容搭建、网上视频直播、网上互动、BBS论坛、博客等。让更多的投资者了解信息，并参与其中。

技术设备水平一流：中国证券网拥有155 M的专用带宽，电信级的专用机房和一流的网络硬件设施，其充裕的带宽资源和强大的数据传输能力，确保网上信息的畅通无阻。与此同时，中国证券网建有400平方米多媒体专业演播厅，配有SONY三讯道全数字化演播系统，节目制作播放能力强大。

上海申银万国证券研究所有限公司

申万研究创建于1992年，是申银万国证券股份有限公司的控股子公司，是中国内地成立最早、规模最大、具有独立法人资格的综合性证券研究咨询机构。

申万研究拥有近200人的专业研究咨询服务团队，建立以宏观研究为指导，以策略研究为核心，以公司行业研究为基础，兼顾债券、基金和衍生品等各领域的中资概念证券投资研究体系。申万研究以500家重点公司为核心，对涉及50多个行业的中国上市公司实行全覆盖的研究战略。

申万研究致力于成为全球机构投资中国的首选合作伙伴和中国快速成长企业的首选财务顾问。申万研究的客户包括中国内地几乎所有的基金管理公司、保险公司与保险资产管理公司、银行、信托与财务公司以及其他众多大型投资机构，近年来在QFII以及其他海外机构客户服务方面也取得突出成绩；同时，申万研究还为上市公司和各类企业提供资本战略、收购兼并、市值管理和股权激励等财务顾问服务。

申万研究坚持“基于本土的国际化”发展策略，在国内证券研究咨询业处于领先地位，始终名列基金服务市场佣金总量前茅。在由《新财富》、《证券市场周刊》等独立媒体组织和由国内机构投资者参与评比的活动中，申万研究获得“最具影响力研究机构”、“最具独立性研究机构”和“本土最佳（金牌）研究团队”等诸多荣誉。

携程计算机技术（上海）有限公司

携程计算机技术（上海）有限公司（简称“携程旅行网”）创立于1999年，总部设在上海。在北京、广州、深圳等12个城市设立分公司，员工近1万人。

作为中国领先的在线旅行服务公司，携程旅行网成功整合高科技产业与传统旅行业，通过其旅行服务网站"携程旅行网"(www.trip.com)向超过3 000万会员提供集酒店预订、机票预订、度假预订、商旅管理、特惠商户及旅游资讯在内的全方位旅行服务，被誉为互联网和传统旅游无缝结合的典范。凭借稳定的业务发展和优异的盈利能力，携程旅行网于2003年12月在美国纳斯达克成功上市。

服务规模化和资源规模化是携程旅行网的核心优势之一。携程拥有亚洲旅行业首屈一指的呼叫中心，其坐席数已超过5 000个。携程同全球134个国家和地区的28 000余家酒店建立长期稳定的合作关系，其机票预订网络已覆盖国际国内绝大多数航线，送票网络覆盖国内50多个主要城市。规模化的运营不仅可以为会员提供更多优质的旅行选择，还保障了服务的标准化，进而确保服务质量，并降低运营成本。

携程旅行网一直将技术视为企业的活力源泉，在提升研发能力方面不遗余力。携程建立一整套现代化服务系统，包括：客户管理系统、房量管理系统、呼叫排队系统、订单处理系统、E-Booking系统、机票预订系统、服务质量监控系统等。依靠这些先进的服务和管理系统，携程为会员提供更加便捷和高效的服务。

先进的管理和控制体系是携程旅行网的又一核心优势。携程将服务过程分割成多个环节，以细化的指标控制不同环节，并建立起一套测评体系。同时，携程还将制造业的质量管理方法——六西格玛体系成功运用于旅行业。携程各项服务指标均已接近国际领先水平，服务质量和客户满意度也随之大幅提升。

上海易趣网络信息服务有限公司

1999年8月，易趣在上海创立。2002年，易趣与eBay结盟，更名为eBay易趣，并迅速发展成国内最大的在线交易社区。秉承帮助几乎任何人在任何地方能实现任何交易的宗旨，易趣不仅为卖家提供一个网上创业、实现自我价值的舞台，品种繁多、价廉物美的商品资源，也给广大买家带来全新的购物体验。

2006年12月，eBay与TOM在线宣布合作，通过整合双方优势，凭借eBay在中国的子公司eBay易趣在电子商务领域的全球经验以及国内活跃的庞大交易社区与TOM在线对本地市场的深刻理解，2007年8月底，双方为中国市场推出本地化在线交易平台易趣网(www.eachnet.com)。新平台将致力于为用户提供"品质网购"的体验，为卖家带来更多的互联网与手机增值领域的商机。

运营模式：与传统经营模式不同，易趣网不直接参与平台的交易，卖家在平台发布商品信息，买家足不出户就可以通过易趣平台购买到自己想要的商品。易趣网在交易过程中起到沟通、促进、协调的作用，帮助买家购买到想要的商品，帮助卖家尽快销售商品，同时鼓励广大网民积极参与网络交易，体验交易的乐趣，营造便捷安全的购物社区。

如今，网上购物已成为中国2亿多网民网络生活的主要内容之一。与传统商家顾客主要考虑地点、产品、价格、服务等因素不同，网民选择网上购物平台时，依次优先考虑的是交易安全(83%)、客户服务(79%)、产品丰富与产品价格(74%)、容易操作(64%)、网站知名度(57%)、结交新朋友(22%)等因素。从1999年创立以来，易趣网就一直致力于为广大用户搭建一个诚信、安全、健康、快乐的网上交易平台，切实推动中国电子商务的可持续发展。

企业特点：高效、快乐的电子商务平台。作为电子商务平台的提供商，易趣网能够更加高效、专注地支持平台上广大买家、卖家的交易，营造快乐的电子商务交易平台。具体有以下几个特点：卖家可以无地域限制地销售商品，买家可以足不出户买到喜爱的商品。

上海宝酷网络技术有限公司

宝酷网络(英文名称5173.com)成立于2002年11月，其拥有的网站(www.5173.com)是中国领先的以规范化运营为己任的大型专业网游及数字产品在线交易电子商务平台。为全面满足广大用户的网游及数字产品交易需求，5173.com提供的交易服务涉及网游道具、网游账号、网游点卡、其他数字点卡、网游代练等众多领域。为充分满足广大用户对服务的差异化需求，5173.com为用户提供了普通寄售交易、带号寄售交易、担保交易等各种个性化交易方式。与此同时，5173.com还通过独具特色的网游资讯社区为玩家提供了解游戏动态、分享游戏心得、讲述心情故事的共同家园。

5173.com的目标：积极进取，开拓创新，不断完善用户体验，持续优化安全机制，努力提升服务质量。5173.com的日均页面访问量和注册用户数均已突破2 000万。

5173.com的服务：在“用户至上”思想的指导下，在“追求卓越、超越自我”的精神激励下，5173.com凭借先进的技术平台和服务理念，以快捷的交易速度、便利的交易流程、人性化的交易服务和不断优化的交易安全机制为交易双方提供每周7天每天24小时不间断的网游道具、账号、点卡、代练交易服务。5173.com已初步建立起用户深度参与的服务质量管理、反馈和激励体系。

5173.com的承诺：面对瞬息万变的市场环境，5173.com将一如既往地秉持“以用户为中心”的人本经营理念，从细节入手，不断丰富和完善用户的交易体验，通过精确管理、个性化服务和持续变革不断为用户创造新的价值。

分众传媒(中国)控股有限公司

分众传媒是中国领先的数字化媒体集团，创建于2003年，产品线覆盖商业楼宇视频媒体、卖场终端视频媒体、公寓电梯媒体(框架媒介)、户外大型LED彩屏媒体、电影院线广告媒体、网络广告媒体等多个针对特征受众、并可以相互有机整合的媒体网络。

分众传媒以中国都市人群为核心目标人群，覆盖中国最广泛的高收入群体，以独创的商业模式，媒体传播的分众性、生动性赢得业界高度认同。根据分众传媒最新发布的财报，分众传媒2009年税前总营收超过46亿人民币，所经营的媒体网覆盖全国100余个城市数以10万计的终端场所，日覆盖超过2亿的都市主流消费人群，业已成为中国都市最主流的传媒平台之一，效果被众多广告主所认同肯定。

2005年7月分众传媒成功登陆美国纳斯达克，成为海外上市的中国纯广告传媒第一股，并以1.72亿美元的募资额创造了当时的IPO纪录。2007年12月24日，分众传媒正式被计入纳斯达克100指数，成为第一个被计入纳斯达克100指数的中国广告传媒股。并且，分众传媒的商业模式在世界范围内获得认可，分众传媒旗下的楼宇视频联播网已经在亚洲、欧洲、美洲数十个国家和地区得到推广，并落地生根，成为中国企业和中国文化向世界展示的一个窗口。

同时，分众传媒积极参与各项公益事业，每年都会从极度紧俏的媒体资源中分配出数以千万计的资源，通过分众旗下所有媒体网络开展禁毒、助残、卫生、安全、交通、公共道德等宣传，配合国家和社会所需，尽一个企业公民的责任，刊播大量中国红十字会总会、宋庆龄基金会等公益组织的公益宣传片。在国家重要活动，如特奥会、世博会举办期间，配合有关部门的宣传计划进行系列公益宣传。凭借对公益事业的热忱，分众传媒先后获得“2006中国企业社会责任调查百家优秀企业”、“2007上海践行公共道德突出贡献单位”、“2007～2008年度上海市公益广告活动先进单位”、“中国2010年上海世博会公益宣传2009年度先进单位”等称号。

前锦网络信息技术(上海)有限公司

“前程无忧”是国内领先的集多种媒介资源优势于一身的专业人力资源服务机构。它集合传统媒体、网络媒体及先进的信息技术，加上一支经验丰富的专业顾问队伍，提供包括招聘猎头、培训测评和人事外包在内的全方位专业人力资源服务，在全国包括香港在内的26个城市设有服务机构。2004年9月，前程无忧成为首个在美国纳斯达克上市的中国人力资源服务企业，融资8 000多万美元，标志着前程无忧的发展进入一个新的里程。

“前程无忧”招聘猎头服务在国内首创“报纸＋网站＋猎头＋软件＋校园招聘”的“全方位招聘方案”，拥有上千万的个人用户，并为二十万家企业成功招募到所需人才，帮助企业高效准确地锁定目标，用最短的时间，最经济的成本找到最合适的人才。

“前程无忧”的专业培训测评顾问为企业量身定制各种公开课程、内部培训、实战模拟及专业测评方案，帮助企业员工迅速提高职业水平和综合素质，轻松面对工作挑战。

“前程无忧”为企业推出了一系列“人事外包服务”，提供从员工招聘到退工的一站式服务与咨询，帮助企业更好地管理人力资源，节约成本，让员工轻装上阵，全力以赴。

(市信息服务业行业协会)

三、电信服务业

概况

2009年,上海电信服务业实现经营收入505.36亿元,比上年增长4.4%。2009年,上海电话用户数达到3 041.8万户,其中移动电话用户达到2 106.3万户,较上年末增225.4万户;固定电话用户达到935.48万户,较上年末减少79.9万户。

中国电信股份有限公司上海分公司

【概况】 作为上海信息化建设的主力军之一,上海电信着力开发和推广信息化应用,努力使信息化成果惠及社会各行业和广大人民群众。为各个行业和广大企业提供针对性的信息化解决方案,服务领域从基础通信拓展到系统集成、网络安全、视频会议、视频监控、数据中心托管、呼叫中心及网络维护外包、网络管理、灾难备份、综合信息咨询等方面;认真履行电信普遍服务义务,主动为广大百姓提供"衣食住行用"等各方面的综合信息服务,推动信息化与工业化融合,加快农村信息化建设,缩小城乡数字鸿沟,方便百姓享受信息新生活。

随着国家2008年实施新一轮电信体制改革和2009年初发放第三代移动通信(3G)牌照,上海电信迎来全业务经营和3G发展的新机遇、新挑战。

【天翼视讯业务】 天翼视讯是中国电信天翼3G的手机流媒体业务,通过高速、稳定、全覆盖的天翼3G网络,为天翼用户提供丰富精彩的视讯服务。主要有CCTV直播、NBA赛事精选、世博等栏目,用户可以在线收看直播节目,也可以点播、下载观看其他视频节目,通过新闻、体育、影视大片等视讯内容,为用户提供一个时尚、个性、多样化的视讯服务平台,为用户营造一个新颖、便捷的互动娱乐空间。

【IPTV业务】 2009年12月16日,上海电信与上海东方传媒集团有限公司(SMG)合作共同运营的电视新看法——IPTV业务在上海地区的用户规模突破100万,开机率和用户增长率行业领先,在用户界面创新、互动功能服务、发展高清内容等方面都走在全国前列。IPTV业务提供点播、时移、回看、轮播等多种互动功能,在内容上集聚电影大片、热门电视剧、游戏娱乐、时尚生活、财经体育、人文地理等海量精彩节目,更新增阳光政务、互动社区、互动休闲娱乐、电子商务等增值服务,不仅满足城市用户对互动化、个性化、多样化的电视收看需求,更以EPG2.0、三屏融合等创新功能丰富了用户的收视体验。IPTV的发展,有利于服务民生,助力世博,满足民众日益增长的文化娱乐需要;有利于推动"三网融合",加快数字媒体业务发展步伐;有利于上海扩大内需,调整结构,提升全市产业发展整体水平。

通过和相关政府部门等的合作,IPTV提供各类社会事业、党员远教、公共服务信息等方面的服务。党员现代远程教育站点超过6 000个,基本形成覆盖全市街道(乡镇)、居民区(村)的党员干部现代远程教育网络。对敬老院、智障人士"阳光之家"、农民工宿舍等提供IPTV优惠服务,使更多市民充分享受到上海信息化的成果,发挥信息化在上海整体发展及"四个中心"等建设中的引领与带动作用。

推进高清战略,IPTV打造高清门户。为满足用户对电视个性化、高端化服务的需求,大力推进高清战略,意味着"三网融合"迈出坚实一步。随着中国电信城市光网计划的持续建设,上海的宽带网络能力将得到快速提升,只要具备高清网络条件的用户均可畅享高清大片娱乐等精彩视听体验。推出NBA高清产品包,提供全赛季1 229场的NBA高清赛事。推出"高星级酒店综合信息服务解决方案",其中酒店高清IPTV业务,联合业内领先公司,针对高星级酒店推出众多特色功能,是中国电信服务上海世博会的创新产品之一。

IPTV增值业务的定位从点播平台向家庭娱乐平台和综合信息提供平台演进,PPV点播、卡拉OK和游戏等子业务表现亮眼。PPV点播月均点击量达到3 000万次,日均使用突破25万人次。游戏频道注册人数达到37万人。在IPTV平台的基础上新建手机影视上海平台,并完成相关业务管理平台的开发工作。在产品呈现形态上，突出3G时代电信EVDO下载速度快的优势，近50%为高清类影视节目；在业务模式上，建立热门话题专区，还针对不同人群细分产品组合包，为用户提供选择；推出全新客户端产品，丰富用户体验。

【IDC业务】 借助上海金融、航运两个中心建设的区域优势和网络、品牌、渠道的资源优势，上海电信致力于网游产业链和电子商务产业联盟的构建，形成全新的IDC行业用户联盟方案。在信息园区机房和北艾机房开通双线接入试点，并在真如、华京、美兰湖等机房打造针对金融、游戏、视频等行业的品牌专区，成功实现第九城市、腾讯网的存量保有及扩容，促成视频行业标杆土豆网的回归。

【号码百事通】 2009年3月，上海电信启动各项世博门票销售工作，截至年底共销售173万张。新产品开发方面，推出教育百事通、短信信息推送等新应用。探索平台型创新，开发CCOD业务(虚拟呼叫中心)、新视界业务(联网视频解决方案)等。引入体育导航(场馆预订)、酒后代驾、"易会"会议电话、母婴类产品预订等延伸类业务。

【互联互通】 根据《公用电信网间通信质量监督管理办法》的要求，做好与各运营商之间的网间互联互通工作，按时完成与其他运营商之间的网间业务相互开放以及全国性网间业务拨测，网间互联质量始终处于全国较高水平。在中国电信与中国卫通成功完成重组过程中，完成上海铁通、上海电信、上海卫通《关于上海电信承接上海卫通电信业务的互联协议》三方协议的签订工作。完成中卫国脉2511集群电话网通过上海卫通关口局与上海电信及其他运营商网间互联结构的调整割接工作。中国联通与中国网通重组成立新中国联通后，上海电信在集团公司的统一部署下，重新签订《上海电信与上海联通网间互联及结算协议》总册、语音分册、点对点短信分册、点对点多媒体分册，以及《上海电信与上海联通网间互联及结算协议的补充协议》。

【互联网低俗之风专项整治行动】 2009年1月，国务院新闻办、工业和信息化部、公安部等7部委联合发起全国整治互联网低俗之风专项行动。上海电信通过召开专题工作布置会议、开展重点业务现场检查、落实用户网站备案工作、组织信息安全演练、建设互联网信息安全监控系统、执行专项行动周报制度等举措，以电信自营网站、IDC和专线等互联网接入服务以及信息服务合作为切入重点，参照13条低俗内容界定集中清理整治网上低俗内容，共清理淫秽色情等有害信息2.8万余条，关闭未备案和违法网站3 700余个，打击网络淫秽色情取得一定成效。随着整治工作的逐步深入，原定1个月的专项整治行动多次延期，最后归入常态化工作贯穿全年，并在年底将工作重点转移至整治互联网和手机媒体淫秽色情及低俗信息，将分三阶段进一步开展为期14个月的专项整治行动。

(王　勇)

中国移动通信集团上海有限公司

【概况】 2009年，上海移动迎来了跨越发展、硕果累累的十周年庆，同时，遇到了前所未有的困难和前所未有的竞争，承担了前所未有的重任。面对国际金融危机的冲击，行业重组引发的竞争和高普及率市场的挑战，肩负发展TD和服务世博筹备的两大任务，公司以科学发展观为指导，深入贯彻落实集团新跨越战略，以"攻坚年"为主题统领全局工作，坚定信心、迎难而上、共克时艰，砥砺奋进，实现收入企稳回升。

【企业综合实力迈上新台阶】 2009年，公司客户和话务量规模再创新高，增幅高于行业平均水平。公司的表现得到政府和社会各方高度认可。公司获得"全国推行全面质量管理30周年优秀企业"、"上海市文明单位"五连冠、首届"上海慈善奖"、"上海市厂务公开民主管理工作先进单位"等荣誉，被《财富》杂志评选为"最具领导力公司"、"中国卓越雇主——中国最适宜工作的公司"，在上海市电信行业行风测评中连续第四年蝉联行业之首。在"上海市迎世博城市文明指数"第五次测评中位列生活服务类窗口行业第一名。

【强化客户为导向的服务管理体系】 2009年，上海移动面向全社会开展"便捷服务 满意100"活动，客户满意度达到75.35%。全面启动"1+3"投诉快速响应机制及

OA疑难投诉电子工单流。完善投诉闭环管理机制和客户分层服务体系,优化投诉处理流程及相关处理规范,实现对重要客户的服务营销资源倾斜。市场网络联动,加大弱覆盖区域的解决力度。全面推进服务专项提升工作,对现有营业厅排队系统进行改造,通过短信提醒、系统监控等手段进行排队动态管理,有效缩短客户排队时间。不断提升窗口服务水平,服务热线提供了日、韩、德、西班牙等8个外语语种服务,服务热线接通时间从30秒缩短至15秒。贯彻落实集团公司关于客户信息安全的"五条禁令"要求,开展效能监察和专项内部自查工作,客户服务体系不断完善。

【履行"三最"参博承诺,有序推进服务世博筹备工作】 2009年,上海移动围绕"最前沿的科技,最精彩的展示,最贴心的服务"的参博承诺,全面落实《迎世博600天行动计划》,服务世博筹备工作基本就绪。世博网络建设按计划有序推进,完成世博通信保障方案,并积极筹备保障演练。TD-LTE展演工作完成总体规划,网络建设、终端开发和业务准备工作有序进行。世博产品基本完成2批次3大类25项的开发,正积极筹划正式商用推广。信息通信馆自2008年动工以来工作进展迅速,在六家央企展馆中率先竣工,完成展示设计并启动运营筹备等会期准备工作。开发推出世博手机票,并在上海所有轨道交通线路开通手机钱包应用,实现信息通信、世博会和轨道交通史上的三大首创。启动世博实体票的全国销售和世博手机票的10省市销售。落实款待资源,建立全集团联动的款待工作机制,为提供"精彩、难忘的信息生活之旅"做好充分准备。积极做好两批次143人援博人员的工作安排和后勤保障。成立世博权益管理虚拟工作组,制定《世博权益保障管理办法》及相关法律手册。超计划完成48%的VIK赞助金额的确认和结算。

【积极承担企业责任】 上海移动以"倾力上海,冲刺世博"为主题,践行企业社会责任。2009年5月中国移动与上海市政府签订战略合作框架协议后,从TD建设和应用、世博信息化、服务民生等6个方面加大对上海信息化建设和信息产业发展的参与和支持度。组织开展治理垃圾信息、防止客户信息泄露工作,大力开展打击淫秽色情手机网站专项行动,净化网络环境,维护客户权益。首次举办企业社会责任论坛,启动"136绿色城市行动"。开展世博园区节能减排、长寿大楼绿色标杆楼宇改造及贯标、基站智能换热等节能改造项目,落实绿色行动计划成效显著,单位业务耗电量降幅10%,相当于二氧化碳排放量同比减少2.4万吨。围绕世博、教育、文化等开展"生命的世博"、"乐工坊"、中西部中小学校长培训项目等多种形式社会公益活动,强化企业责任管理,塑造良好企业形象。

(杨 艳)

中国联合网络通信有限公司上海市分公司

【概况】 中国联合网络通信集团有限公司于2009年1月6日在原中国网通和原中国联通的基础上合并而成,在国内31个省、自治区、直辖市和境外多个国家和地区设有分支机构,同时在纽约、香港、上海三地上市的电信运营企业。截至2008年底,资产规模达到5 266.6亿元人民币,员工总数为46.3万人。

新组建的中国联通,整体规模和实力得到大幅提升。公司拥有覆盖全国、通达世界、结构合理、技术先进、功能强大的现代通信网络,主要经营:移动通信业务,国内、国际固定电话网络与设施(含本地无线环路),语音、数据、图像及多媒体通信与信息服务,电信增值业务,IP电话业务,与通信及信息业务相关的系统集成业务,以及国家批准的其他业务。2009年1月7日,中国联通获得WCDMA制式的3G牌照。

上海联通是中国联合网络通信有限公司在上海的重要分支机构,拥有包括移动和固定通信业务在内的全业务经营能力。

作为上海市信息化建设的主力军之一,上海联通在推动国民经济和社会信息化建设进程中发挥着核心和基础的作用。

【"08年友好用户慰问大行动"和"百万用户服务承诺大征集"活动】 2009年3月,上海联通通过公司网站、营业厅、用户短信及有关媒体等多种方式进行"08年友好用户慰问大行动"和"百万用户服务承诺大征集"活动,征集用户反馈对联通通信服务方面的建议和意见将近5 000条,主要集中在网络质量、智能网业务问题、垃圾短信、资费套餐、渠道服务、网站服务等15个方面。活动结束后，上海联通结合活动中用户的反馈意见，经多个部门反复沟通和专题讨论，梳理确定2009年服务承诺的范围，提出以融合业务、绿色账单、顺畅沟通、便捷缴费、清晰资费、免受打扰、服务响应、3G业务等为主要内容的上海联通2009年8大服务承诺内容。

【与市经济信息化委签署《2009年度服务合作协议》】 2009年4月25日，上海联通与上海电信、上海移动围绕“保增长、促就业，推动两化融合，服务精彩世博”主题，与上海市经济和信息化委员会分别签署《2009年度服务合作协议》。

上海联通在《2009年度服务合作协议》中郑重承诺：2009年将在宽带提速、WCDMA网络建设等方面的固定资产投资将达历年投资之最；在地铁、世博园区周围及全市30个四、五星级酒店和重要交通枢纽区域增加宏站室内覆盖的容量和安全性配置，加强世博通信保障；大力拓展虚拟呼叫中心、宝视通业务等可优化企业运营模式或有效减低企业通信成本的行业类个性化产品，提供整体解决方案或捆绑套餐等融合业务；斥巨资全面完善GSM网络的深度覆盖；继续将新农村作为移动通信网络覆盖重点，实现全部区县、镇乡、大学城、交通干线、旅游景点和大部分自然村的深度信号覆盖；完善各类郊县渠道，推出“无需接入资源，开通快，资费低”的无线固话业务，计划全年普及5 000户左右，从而为城市建设提供良好的信息服务与支撑，为促进上海经济增长、实现四个率先、办好世博盛会贡献力量。

【开创“刷手机”新时代】 2009年4月，由上海联通携手上海公共交通卡股份有限公司、上海市复旦微电子股份有限公司，历经半年多时间研发而成的刷公交卡手机正式亮相申城。该手机应用了国际领先的NFC(非接触式通信)技术，内置了公交卡账户，用户在乘坐公交、地铁、出租时，可直接用手机进行刷卡扣费，轻松实现“刷手机”买单，并可通过短信查询公交卡中的余额信息。

【实现IVPN国际漫游功能】 IVPN(综合虚拟专用网)业务主要面向大中型企业，具有短号互拨和灵活资费等特点，推出以来，深受集团客户的喜爱。然而多年来，IVPN手机用户漫游到国外时不能接入网络的缺陷长期困扰着用户，严重限制了该业务发展高端用户。由于这个固有的缺陷，导致IVPN手机用户需要在出国前，将自己的套餐进行转换，回国后需再次变更回来，手续繁琐，引起很多星级用户的投诉。

2009年5月，经上海联通多个部门联合攻关，与设备厂商经过反复测试，采用通过核心网HLR“抑制下发IVPN签约信息”的技术手段，终于实现IVPN用户国际漫游功能，为该业务今后的发展铺平了道路。

【3G业务正式试商用】 2009年5月17日，中国联通3G业务开始试商用。作为首批试商用的55个城市之一，上海联通同日宣布上海地区3G试商用。试商用期间，上海联通共推出手机上网、手机音乐、手机电视、可视电话、手机报和无线上网卡等6项3G业务。其中无线上网卡的上下行速率最高为5.76 M/7.2 M，在目前市场上推出的各类无线上网卡产品中速率最快。

同时，上海联通还在试商用期招募1万名友好用户，一起共同体验3G、测试网络质量、业务质量和服务质量，并提供通信费(不含国际漫游和国际长途费用)减半的优惠。

【全国首推3G视频客服热线】 2009年5月17日，上海联通全新开通10010视频客服、10198视频秘书热线，不仅让3G用户从手机视频上看见“可视化”的IVR菜单，更可实现与客服代表“面对面”式的互动交流，为用户带来数据、声音、图像三维一体的全新客服体验，实现行业领先。在服务过程中，独特的视频通信模式，能将各类服务和产品信息推送到用户手机上，实现一目了然。

【出台三大客户群十大服务提升项目】 为提升服务质量、改进服务短板、改善客户感知，2009年8月上海联通发布《上海联通2009年下半年服务提升保障工作实施方案》，这十大服务提升项目分别是：改善营业厅服务面貌；严格规范增值业务——防范控制垃圾短信、规范增值业务强行定制；严厉打击代理商电话骚扰；完善网上营业厅服务及加强宣传；加强VIP俱乐部建设；改进充值缴费便利性；提高网络质量—改进移动网络质量；提高宽带修障成效—提高报障方便性、联系及时性、上门守时性；提升客户产品价值感知；改进客户获取信息的满意度。

【首创超级总机产品】 2009年9月，上海联通在通信移动化和移动通信宽带化的基础上，针对企业通信和办公需求，率先推出具备整体解决能力的“超级总机”产品。

“超级总机”作为率先试水“云计算”的创新产品，整合全终端全网接入，打破运营商间壁垒，可同时实现统一号码呼入、IVR语音导航、统一外呼、通话录音、实时呼叫分析和留言、通话记录自主查询、无纸传真、黑白名单、彩铃等增值功能，并可通过不断细化、不断开发、不断整合更多的个性化功能，成为一个具备可生长性的平台，满足与用户的日益专业化、精细化管理相适配的通信需求。在国内运营商中尚属首创，能为中小企业有效解决通信组网过程中投入大、后期维系成本高、自主性低及通信对企业管理效率提高的贡献不足等多方面问题。

【固移融合新产品“联通家话”全新上市】 2009年9月，为充分利用无线网络覆盖的优势，节省建设投资和接入成本，快速为特定客户提供固定语音通信服务，在集团公司“无线固话发展意见”的指导下，上海联通最新推出固移融合新产品——“联通家话”业务。“联通家话”采用8位固网号码，客户使用无线固定终端机，利用联通移动网络作为接入手段，可在限定区域内进行通话。该业务无需安装布线，搬迁灵活、无需换号，可在固网资源无法到达地区开展固话业务，弥补了固网资源的不足。

（应　燕）

四、广电服务业

【启动全球新媒体世博报道】 2009年8月29日，上海世博局与上海文广新闻传媒集团（SMG）举行新闻发布会，宣布全球新媒体世博报道正式启动。在上海世博局指导下，上海文广将在IPTV、手机等新媒体平台上，利用最新的互动电视技术制作和传播2010年上海世博会的相关视听内容。上海文广旗下百视通、文广互动、东方龙作为“中国2010年上海世博会合作媒体”，将为全球新媒体提供世博资讯。上海文广将派出500人的专业新媒体报道团队，以最快的速度、最高的质量、最独特的视角，全面报道上海世博会的精彩盛况，将一届“成功、精彩、难忘”的世博会展示在海内外观众的面前。

上海世博会将首次采用电视、电脑、手机三屏联动的方式进行世博相关内容的视频传播，传播内容将同时在IPTV、互联网、手机电视等多个媒体平台上播出，并将通过传媒集团新媒体向全世界数字电视用户、IPTV用户、手机用户等新媒体使用群体同步传送。无论身处何方，都可以通过电视、互联网、手机等多个媒体终端，及时获取上海世博会的相关视听内容，并参与互动。

（千雯婷　程源源）

【上海文广与新华社联手启动新媒体业务开发】 2009年8月10日，上海文广与新华社音视频部在北京签署新媒体合作框架协议，正式联手启动IP电视、手机电视等新媒体业务合作，双方将在内容、渠道、运营等方面共享资源、开拓业务。这是传媒集团新媒体板块对外合作的一次重大推进。

上海文广与新华社在新媒体领域的合作有利于双方优势互补、共赢发展。上海文广目前拥有全球最大的IP电视平台，用户已超过200万。中国3G牌照发放后，东方龙手机电视用户增长快速，新华社则拥有来自全球的资讯信息优势，在新媒体资讯服务领域取得瞩目成就。此次合作将进一步拓展双方舆论宣传阵地，丰富IP电视、手机电视新媒体内容产业链。

（唐海漫　张　建）

【三屏联动融合发展】 百视通在上海、黑龙江、辽宁、浙江、福建、陕西等地开展的IPTV商用播出与业务测试累计发展IPTV用户数超过200万，规模居全球第一，上海突破100万户，成为全球最大IP电视城市。IPTV平台全面升级，从以直播、点播、回看、信息服务为基本功能的1.0阶段，发展到兼具多画面、看吧、购物、增值与高清服务的2.0阶段，实现IPTV播控后台向“三屏”终端提供高体验的新视听服务。同时，IPTV影响力普遍增强，用户黏性显著提高。哈尔滨、上海等地用户开机率一度达80%，日收看时长4～5小时，峰值高达6小时，全国IPTV综合使用度达到70%，同比增长10%。新媒体内容获重大突破，全年影院大片、收视好剧几尽囊括，与好莱坞华纳、索尼形成战略合作，全年影视库点播达10万小时。东方手机电视包月付费用户数显著增长，峰值达28万，较2008年增长47%；用户收看时长平均达3分钟，用户满意度和黏性有所提升，市场占有率稳居全国第二。手机电视客户端全新推出，开创移动互联网新业务模式，探索更多无线互动功能。

宽频电视全站Alexa全球网站排名跃升至2 000名以内，日平均页面浏览量达到300万，峰值高达600万，同比增长112%。网站形态从传统视频播发平台转变为网络电视播控平台。运营模式从传统的版权销售转变为付费电视、增值业务、网络广告三合一的营销模式。与YouTube、MSN、开心网等深度合作，创新打造开心网SMG互动交友专区、植入式客户端等。

（程源源　刘新粟）

【沪苏跨地域合作下一代广播电视网】 2009年7月29日，上海文广与江苏省广电信息网络公司共同签署沪苏"下一代广播电视网"（NGB）战略合作协议，双方将携手引进、开发NGB网络业务新形态，打造超过100万小时的国内规模最大、业务最全和内容最多的互动电视服务平台，共同开拓全国NGB运营市场。

"下一代广播电视网"的核心特征是全业务、全融合、全互动、低成本以及高可信。它将为家庭用户提供多业务的互动电视服务。这些服务不仅有交互式视音频内容服务，还包括游戏、财经、购物等增值应用，以及衣食住行、教育医疗等信息服务和电视支付。此外，互动电视还可以提供至少50兆网络接入带宽，真正实现畅游宽带互联网。在这次沪苏合作中，双方将在内容、技术、市场、资本四个层面实现优势互补。上海文广旗下的文广互动公司提供互动内容和业务运营，江苏有线提供技术网络和规模用户。此次合作将有可能进一步延展到电视购物、增值业务、融资投资等多元领域。

（廖芸超）

【文广移动推出"E-citypass——上海通"】 一款集合了丰富动态信息、能为所有来沪游客提供基于地理位置服务的便携式产品"E-citypass——上海通"，于2009年上海工博会亮相。上海文广数字移动传播有限公司携手上海交通信息中心、上海旅游网共同发布了这一信息实时化、形式媒体化、内容全面化的信息终端。

使用"E-citypass——上海通"可以在上海的任何一个角落实时知晓周边的交通情况、停车空位等出行信息，了解身边的美食、酒店、商场、旅游景点的动态资讯，并且轻轻一点直接导航。在世博会期间，用户还可以知道世博园区内所有演艺、新闻等动态信息，动态规划世博游览的行程，从而轻轻松松规避人流，畅游其间。"E-citypass——上海通"的精彩表现在于信息的权威、丰富和动态。文广移动、上海交通信息中心、上海旅游网强强联手打造的这一产品，让每一个身处上海的游客直接享受到上海信息化成果带来的便捷，进而推动"数字上海"的建设，增加城市的科技内涵。

（薛万佳）

【东方龙新媒体承办"看手机视频，学世博英语"】 由上海迎世博学双语办公室主办、东方龙新媒体公司承办的"看手机视频，学世博英语"项目，在世博倒计时300天之际向广大市民推出。上海市民可以随时随地在手机上收看世博英语的学习视频。同时，还可以登录上海市"迎世博，学双语"测评系统网页，免费参加网上英语口语水平测评活动。

为方便市民测评自己的英语听说能力，手机英语视频均由英语母语国家的专业演员出演，内容经过英语专业机构校验，配有双语字幕，非常方便市民下载学习。而网上口语测评课程全部语音为美式英语真人发声，实时将用户的语音与系统标准发音比较，对用户的听说能力进行客观评分，开创了网上人机实时对话英语口语测评的先河。"看手机视频，学世博英语"项目是东方龙新媒体整合自身业务条线，通过SP短信服务，直接点对点推出的专门定制服务。同时，由东方龙公司负责搭建的"世博手机电视专区"也已上线，通过手机电视可以在世博期间第一时间了解相关资讯，并观摩现场演出。

（彭　忠）

【CMMB手机电视正式投入商业运营】 2009年3月16日，"中国移动多媒体广播上海商业运营启动暨合作签约仪式"在上海国际会议中心举行，由国家广电总局自主研发的CMMB手机电视将正式转入商业运营。这也标志着中广卫星移动广播有限公司与东方明珠的CMMB商运合作将进入实质性阶段，东方明珠旗下上海文广手机电视有限公司将承担CMMB上海商业运营的任务。

CMMB在全国经过一年多试播，受到市场热烈欢迎，特别是在北京奥运会期间引起广泛关注。此次上海CMMB进行加密播出，目的是能够为用户提供更全面、更准确、更周到的服务。上海市民在CMMB体验店和部分销售网点就可订购和开通CMMB收视服务。上海的CMMB信号已覆盖中心城区95%以上，同时还对13条地铁线路的车厢和站台进行信号覆盖。用户付费后，可以收看7套数字电视，收听2套数字广播。此外，用户还能够获得天气预报、股票信息、电子报刊等数字业务的免费体验。

（华　巍）

【东方明珠移动电视荣获中国传媒创新贡献大奖】 2009年5月19日，在北京举行的2009新媒体创新大会上，东方明珠移动电视荣获“建国60年·中国传媒创新贡献奖”和“2009中国新媒体十大创新品牌”两项大奖，东方明珠移动电视从2002年3月开播以来，已拥有32 000个收视终端，广泛覆盖沪上公交车、出租车、各大医院、银行、各类社区服务中心、水上巴士等，日均受众人次达1 500万，形成了上海市极具影响力的户外数字移动电视平台。

（华　巍）

【文广科技在数字电影放映设备研发中取得突破】 2009年11月，国家广电总局电影局副局长、电影专业委主任毛羽在全国电影科技工作会议上，对上海文广科技发展有限公司在电影数字化上的科研成果给予充分肯定，并要求公司为推进电影数字化作出新的贡献。

近年来，为积极支持国家推动公共文化服务建设，加快中国电影事业产业实现数字化跨越式发展，文广科技公司努力拼搏，克服重重难关，在数字电影放映设备研发上屡屡取得突破。2009年4月，经国家广电总局电影局批准成立数字电影（上海）研发基地，为文广科技进一步推动电影数字技术产业化创造了条件。公司先后成功研发了0.8 K流动数字电影播放机，以及国内第一款通过国家广电总局电影局检测的1.3 K中档数字影院专用设备，并已投入批量生产和市场使用。已有3 000多台0.8 K流动数字电影播放机投放市场，70多家影院安装了1.3 K播放机设备。

（王晓峰）

【文广科技提前完成国家广电总局数字电影机生产任务】 2009年9月底，文广科技公司在2009年度国家广电总局农村数字电影流动放映设备招标中，凭着行业内的技术优势在多家竞争对手中脱颖而出，成功中标生产HDM-405数字电影流动放映播放器638台。此次任务时间紧、要求高，从合同正式签署到11月3日总局验收只有短短一个多月的时间。经全体员工共同努力，于10月27日提前完成全部生产任务。

（王晓峰）

五、信息服务外包业

概况

2009年，上海信息服务外包发展稳中求进。2009年，上海软件和信息服务业实现经营收入2 108.11亿元，比上年增长20%。截至2009年12月底，上海信息服务外包产业离岸外包合同金额16.83亿美元，同比增长18.3%；离岸执行金额10.36亿美元，同比增长20.3%。2009年底，上海信息服务外包产业基本形成拥有1个基地城市和5个示范区、发展基础雄厚、配套完善、产业链初步形成的格局，全市共有软件与信息服务外包相关园区载体30多家，外商在上海累计设立总部经济机构755家，其中投资性公司191家、跨国公司地区总部260家、研发中心304家，进一步优化了信息服务外包产业发展环境。

在软件外包领域，因受到国际金融危机冲击，2009年第一季度和第二季度，上海软件服务外包出口有所减少，但进入第三季度，上海软件服务外包开始回暖，进入8月更是开始“井喷”，单月出口额同比增加44.63%，统计数据显示1～8月的软件服务外包出口总额达到6.33

亿美元。上海已成为我国软件外包的重要基地。

截至2009年12月底，在上海市信息服务外包发展中心注册的上海信息服务外包从业企业共有626家。其中，为金融和航运领域提供金融后台服务、数据处理服务、第三方和第四方物流等服务的企业已经超过40%，充分体现出上海建设金融中心和航运中心的特征。

上海从事信息服务外包的企业业务大都以各行业领域的IT咨询及IT服务为主。ITO企业占所有信息服务外包企业的比例有所下降，约50%左右。BPO业务较去年略微上升，占40%左右。在从事ITO业务的企业中，有69.2%的企业涉及软件开发业务，有45.3%的ITO企业提供软件测试服务。在BPO企业中，涉及财务管理外包业务的企业占17.1%，涉及人力资源管理外包业务的企业占17.3%，涉及客户关系管理外包业务的企业占11.4%，涉及采购外包业务的企业占2.2%，涉及研发外包业务的企业占15.3%，涉及营销销售外包业务的企业占14.3%，涉及物流外包的企业占20.4%。

至2009年，上海市信息服务外包从业人员已超过10万人，比上年新增4万人，其中90%以上为大学以上学历，通过各种认证数量351个。2009年上海高校共有毕业生15.8万人，比上年新增6%，其中约30%的毕业生专业同信息服务外包关联，为上海发展信息服务外包提供了坚实的人力资源基础。

为满足软件企业对实用人才的需求，2008年市经济信息化委发起"万名软件人才培养工程"，计划在3年内为上海培养10 000名优秀软件人才。与印度第二大软件企业Infosys公司通过协商达成合作协议，项目计划第一年完成培训1 000人次，第二年3 000人次，第三年6 000人次。培训包括JAVA和.NET两个方向的基础技术、项目实训以及软技巧。培训对象将从各大高校邀请优秀教师参加，或通过课程置换等方式进行培训，同时将在社会上公开招收一部分符合条件的人员参加培训。2009年已有部分信息服务外包教师赴印度接受培训。

由于中国最大的信息服务外包发包国日本的经济正在受到危机的冲击，外包项目有一定程度减少，离岸外包的市场结构发生明显的变化和调整，日本市场的份额略微减少，而欧美市场则显示出较好的机遇。此外，随着国家实施一系列经济刺激计划，加大相关投入，国内市场也呈现出良好的发展趋势。从2009年发包市场来看，日本仍是最大的发包地，市场份额下降至45%，来自国内的发包业务上升38%，欧美发包市场份额为17%。随着今后经济形势的逐渐向好与回暖，上海信息服务外包市场将会有更大的机遇。

代表企业、产品与服务

【上海新致软件有限公司】 上海新致软件有限公司成立于1994年，是一家快速发展的高科技企业。2002年起至今每年被认定为"国家规划布局内重点软件企业"；2004年首批获得"A级中国软件欧美出口工程试点企业认定"，并且公司整体通过CMMI5评估。新致软件是一家信息技术服务供应商，在多个国家、多个行业提供咨询、设计、实施、测试、支持、培训等专业的解决方案。

【上海微创软件有限公司】 上海微创软件创立于2002年，多年来为众多行业领先的公司提供专业的技术和服务解决方案，包括微软技术解决方案、定制化解决方案以后硬件工程服务，服务领域涵盖高科技、电信、医药、贸易、制造业、零售和分销等，率先通过了ISO9001：2000、ISO27001、CMMI 4/5以及COPC、6－Sigma等多项国际权威机构的认证。

【上海中和软件有限公司】 上海中和软件有限公司成立于1991年4月，在日本东京设有支社。中和软件是上海复旦复华科技股份有限公司旗下软件信息产业的主干企业。中和软件在证券、保险、物流、企业管理等领域具有丰富的软件开发经验，可承接从上游工程的需求分析、外部设计、内部设计一直到下游工程的编程、单体测试、连结测试和综合测试等各项业务。

【上海冈三华大计算机系统有限公司】 上海冈三华大计算机系统有限公司（英文简称OHS）成立于2005年7月，是日本冈三证券株式会社下属冈三情报系统株式会社与华东师范大学华大集团共同创建的软件开发公司。OHS坐落于上海天地软件园内，是上海市经济和信息化委员会认定的软件企业，已通过ISO9001质量管理体系、ISO27001信息安全管理体系相关认证。公司集计算机软件的研发和销售于一体，并提供技术咨询与服务，主要从事金融证券、电子商务、物流管理等领域软件的研究和开发。用户遍及政府机关、金融系统、证券行业、财税系统、医疗系统、工商系统、电力系统、教育系统及企事业单位等。在企业信息化、过程自动化和城市信息化等领域具有一定的优势。

【上海龙软信息技术有限公司】 上海龙软信息技术有限公司于2002年由海外归国人员与国内IT精英携手创立。宗旨是向全球客户提供信息技术服务，包括高端技术解决方案与战略决策支持。历经四年的时间，龙软发展突飞猛进，已由最初的4人团队发展成为今天具有100多人的强大队伍。这是一支经验丰富，技术实力雄厚，精通中、英、日三种语言，充满生机和活力的团队。公司以信息化整体解决方案与海外软件开发作为核心业务，依靠精深的计算机技术、涵盖各个领域的专业知识，极其丰富的项目实施经验和严格的软件过程管理，在各开发领域已树立起质量、服务一流的形象。公司的解决方案涉及证券、金融、通讯、医疗等多个领域。

（市信息服务外包发展中心）

第三编
政务领域信息化

综　述

2009 年，上海进一步夯实政务信息化基础支撑体系，加强部门内部和跨部门的政务信息化应用，继续推进政务领域信息资源开发利用，全市政务领域信息化工作取得新的发展，为“十二五”期间继续深化政务领域信息化工作奠定了坚实的基础。

政务信息资源开发利用方面，深化了部门间的信息共享机制，数据共享交换对提升公共服务和管理水平的作用进一步显现；政务支撑体系建设方面，可靠的政务网络、容灾备份等基础设施，以及政府网站、服务热线等服务渠道为全面提升政务领域信息化水平提供了强有力的支撑；政务信息化应用方面，推进了网上行政审批、法人信息共享和应用、实有人口信息业务数据信息共享等具有信息共享和业务协同特征的跨部门政务信息化应用项目。同时，各部门基于自身业务需求，继续推进各类政务信息化应用项目建设，进一步加强了机关信息化建设。

（张柏军）

第一章　政务信息资源开发利用

概　述

2009年，上海政务信息资源开发利用工作取得新的成效。人口、法人、空间地理领域基础信息的建设和应用，以及部门间基于信息共享交换等构建了一系列新的业务应用。同时，进一步推进试点单位开展非公文类政务信息的分类、编目、备案试点工作，初步搭建了上海市政务信息资源目录服务系统，开展了基于目录的信息共享和交换试点应用。

一、政府信息公开

制度建设规范

2009年，上海进一步加强政府自身建设，明确"建设成为全国行政效率最高、行政透明度最高、行政收费最少的行政区之一"的工作目标，并把推进政府信息公开、增强政府工作透明度作为实现"两高一少"目标的关键环节。2009年4月，上海市市长韩正主持召开全市推进政府信息公开工作电视电话会议，提出要将深化公开内容作为核心环节，把公开透明的要求贯穿于公共权力、公共资金、公共资源运行的各环节、全过程。市政府还下发《关于进一步加强政府信息公开工作的若干意见》，以深化公开内容为核心，提出6大类30条109项工作任务，并逐一明确责任部门和工作要求，以此保障政府信息公开工作不断向前推进。

信息公开情况

【主动公开政府信息情况】 上海按照《中华人民共和国政府信息公开条例》和《上海市政府信息公开规定》，坚持"公开为原则，不公开为例外"，积极做好主动公开政府信息工作。截至2009年底，全市累计主动公开政府信息近50万条，全文电子化率达95%。2009年新增的主动公开政府信息82 714条，全文电子化率达97.5%。其中，市级机关41 624条，区县41 090条。同时，向社会各界提供服务类信息1 136 279条。重点公开市政府规章和规范性文件，国民经济和社会发展规划，专项规划，区域规划及相关政策，国民经济和社会发展统计信息，财政性资金和社会公共性资金使用及监管情况，行政事业性收费的项目、依据、标准等情况。

【依申请公开政府信息情况】 2009年，全市依申请公开信息目录数共24 545条。市各级政府机关共受理政府信息公开申请11 773件，其中市级机关收到4 083件，区(县)政府及工作部门收到7 690件；当面申请6 732件，占57.2 %，以网上提交表单形式申请3 063件，占26%，以电子邮件形式申请101件，占0.8%，以传真形式申请143件，占1.2%，以信函形式申请1 622件，占13.8%，以其他形式申请112件，占1%。

在11 773件政府信息公开申请中，当年已经答复的为11 137件，其余申请按照《条例》和《规定》顺延到下年度答复。在答复中，"同意公开"的为5 731件，占总数的51.5%；"同意部分公开"的为238件，占总数的2.1%；"不予公开"437件，占总数的3.9%。

其他情况4 731件。其中，"非《规定》所指政府信息"550件，占11.6%；"信息不存在"1 761件，占37.3%；"非本机关职责权限范围"1 489件，占31.5%；"申请内容不明确"441件，占9.3%；"重复申请"224件，占4.7%；"非政府信息公开申请"等其他情形266件，占5.6%。

二、政务信息资源开发利用

【基础性信息资源开发利用,推进市新型农村合作医疗保险试点工作】 根据市政府实事项目的要求,2009年下半年浦东新区在全市率先开展新型农村合作医疗保险人员持社保卡实时结算的试点工作。市社保卡中心组织专门力量,调整申领和制卡程序,在较短时间内实现与市卫生局的卡状态数据交换,确保参合对象可持社保卡在各村卫生室使用。截至2009年12月31日,浦东新区11个镇,共有4.5万人在此次集中申领中完成社保卡的申领,对下一阶段在全市推广新型农村合作医疗保险人员持社保卡实时结算工作起到良好示范作用。

(张柏军)

第二章 政务服务支撑体系

概 述

2009年，全市政府网站以提升政府工作透明度和行政效能，深化为公众服务为目标，继续做好“政府信息公开、网上办事、便民服务、互动渠道”四方面工作。同时，进一步以服务公众需求为出发点，加强公共资源整合，在提升网站功能，积极打造为民服务平台等方面，继续发挥电子政务窗口和平台作用。

各级政府和社会机构开通的服务热线，起到了“以民为本，需有所应，便民利民”的作用。

一、政府门户网站

“中国上海”政府门户网站

【概况】 2009年，“中国上海”政府门户网站(以下简称“门户网站”)，以服务公众为核心，以迎接2010年上海世博会召开为契机，积极推动政府信息公开、网上办事、便民服务、政民互动四大板块建设，在提高政府工作透明度和行政效能，加强对外宣传和网上舆情引导，方便公众参与经济、社会活动等方面发挥了积极作用，为民服务水平迈上新台阶。

2009年3月，门户网站在上海市第四届优秀网站评选活动中被评为优秀网站；5月，在由中国社会科学院信息化研究中心、国脉互联政府网站评测研究中心开展的“第三届中国政府网站国际化程度测评”中获优秀外文版奖；10月，获得由中国社会科学院信息化研究中心、国脉互联政府网站评测研究中心评选的“第四届中国网站群建设与运营管理先进单位”；12月，在中国社会科学院信息化研究中心、国脉互联政府网站评测研究中心开展评选的“第四届中国特色政府网站评选活动”中荣获“服务创新奖”，荣获由上海职工迎世博窗口服务行业立功竞赛活动组委会颁发的“2009年下半年度上海职工迎世博窗口服务行业立功竞赛活动‘世博服务卓越奖’”；2010年1月，在由中国信息化研究与促进网、工业和信息化部电子科学技术情报研究所联合举办的2009年度中国优秀政府网站推荐及互联网综合影响力评估中，获“2009年度中国互联网最具影响力政府网站”、“2009年度中国政府网站领先奖”和“2009年度中国政府网站信息公开领先奖”三个奖项。

【主要工作】

1. 信息公开与要闻发布

2009年，根据《上海市人民政府关于进一步加强政府信息公开工作的若干意见》(沪府发[2009]20号)要求，为进一步丰富政府信息公开专栏内容，门户网站在调研各部门政府网站的基础上，推出“社会公共资金”、“审计公开”、“政府非税收入”三个专栏，全年共发布专栏信息40余条。

2009年，门户网站公开的政府信息主要有：市政府普发文件125个，市政府常务会议信息15次，市政府实事项目评议与征集、市人大代表书面意见和市政协提案办理工作动态7条，市政府工作百题集390题，市政府法规(草案)征求意见稿12件。

门户网站全年集中发布的市政府文件和部门公开信息(文件、通知等)2 038条，日均约6条，其中包括市政府文件、政府会议、政府规章(含市政府新闻发布会)信息186条，市政府各部门信息1 852条。全年政府信息公开栏目页面总访问量2 677.3万页(次)，同比增长69.7%，在主要栏目访问量排行中位居第二。

2009年，门户网站“上海要闻”（含部门信息和区县动态）发布信息5.7万条，日均155条，其中选用市政府各部门和区县报送信息4.9万条，占发布总量87%；图片新闻3 024幅，日均8.3幅。全年“上海要闻”栏目页面总访问量7 588.1万页（次），增幅90%，位居主要栏目访问量排行首位。

2. 网上办事与便民服务

2009年，门户网站集聚全市政府部门网上办事、服务项目总计1 869项，其中可在线受理的行政许可审批、非行政许可审批等各类网上办事项目1 162项，办事状态实时查询1 010项，结果反馈1 138项，各类办事服务表格985项共计2 324张，其他可供查询的各类信息437项。

2009年，门户网站开设“服务平台”专栏，整合部门网站相关服务内容，充实服务信息，集聚市级服务平台（窗口）共23个。

2009年，门户网站“网上办事”（市民办事、企业办事、办事平台）页面总访问量1 133.4万页（次），占主要栏目访问量6.4%。便民事项类栏目（查询平台、服务平台、便民问答、便民提示、服务导航、城市生活等）页面总访问量3 515.4万页（次），占主要栏目访问量19.9%。

3. 互动建设

2009年，门户网站“公众参与、百姓评议”公布各类公示公告、项目方案征询、网上测评等共49项。

2009年，门户网站“市长之窗”收到有效电子邮件4.3万件（每个工作日平均174件），自开通以来累计收到有效电子邮件24.7万余件，每月公布市政府委办局、区县、街道乡镇领导电子信箱的工作情况。

2009年，结合市政府全年重点工作，围绕民生问题，门户网站“在线访谈”共举办访谈节目22期，近4万人次参与，总有效提问1 854个，形成了良好的社会反响。“在线访谈”已形成长效保障机制，同时不断优化访谈栏目编排和发布形式，已形成一套成熟、完整的工作流程。

2009年，门户网站互动类主要栏目（市长之窗、市政府委办局领导电子信箱、区县及街道乡镇领导电子信箱、市人大代表书面意见和政协提案办理栏目、政府规章草案民意征询平台、公众参与百姓评议、互动社区）页面总访问量509.8万页（次）。

【重点工作】

1. 构建跨部门办事服务平台

2009年4月，“大学生创、就业服务指导平台”在门户网站开通，集聚了市人力资源社会保障局、市教委等16个部门资源，链接了上海市37个高校的就业信息网和15个服务机构网站。截至年底，该平台累计发布政策、服务类信息1 300条，页面总访问量74万页（次）。

2009年7月，由市公安局、市建设交通委等11个部门联手共建的“机动车和驾驶人服务平台”在门户网站上线。该平台为“购车上牌、初学驾驶、办理驾照、办理机动车业务”等提供网上“一条龙”信息查询服务。截至年底，该平台累计发布信息900余条，页面总访问量224万页（次）。

2. 市政府实事项目征集与专栏建设

2009年5月，“2009年实事项目专栏”上网，链接市人力资源社会保障局、市建设交通委、市教委等20个部门共10大项25个小项实事项目的内容页，在网上公布实事项目的建设背景和详细进展情况。9月底，在网上向社会公众征集2010年市政府实事项目。11月中旬，针对2009年市政府实事项目开展网上评议。

3. 重大专题发布与维护

2009年，门户网站紧密结合政府部门工作，推出政府工作百题集等专题。配合迎世博工作做好“迎世博600天”专栏维护，到年底专栏累计发布稿件3 680条，页面总访问量522万页（次）。

2009年，门户网站配合上海百科全书编委会开展新版《上海百科全书》征求网民意见工作。3～6月，在网上公布了包括人物、地理、历史、经济、社会、城市建设、政治、科教文卫体八大板块及下属条目。征求意见期间，专栏页面总访问量逾2万页（次），收到市民意见88条。

4. 网站外文版建设

2009年，门户网站英文版实现两次改版，进一步丰富便民服务信息，完善市领导信箱反馈功能和政府部门联系方式，增加世博宣传板块，在原有基础上深化服务，完善栏目内容。

2009年初，根据上海“两会”意见提案中有关进一步提高全市各级政府网站国际化程度的建议，门户网站充分调研和借鉴国内外优秀网站经验，制定《提升本市政府网站国际化水平，进一步推进政府网站外文版建设的指导意见》，明确区县政府网站都要建设外文版，并形成全市政府网站外文版建设内部规范。

5. 网站无障碍浏览

2009年9月，门户网站与市民政局、市人力资源社会保障局、市司法局三家试点网站共同启动为残障人士服务的“迎世博网站无障碍改造”工程，开创全国省级政府实施“无障碍改造”的先例。截至年底，“无障碍改造”工程按预期目标基本完成，盲人可借助“读屏软件”等辅助工具浏览网站信息，弱视人群可借助站内无障碍辅助工具，对文字(界面)大小、对比度、灰度等进行调整以满足其浏览需求。此次无障碍改造是实施《迎世博600天行动计划》和“创建残疾人工作示范城”信息无障碍建设目标的重要项目之一，是缩小“数字鸿沟”，建设信息无障碍城市，让视障朋友平等参与城市生活，以及更好地为视障人群提供服务的重要举措。

6. 电子邮件、手机短信与检索服务

截至2009年底，门户网站公务信箱开户数超过1.12万，企业实名信箱用户数1 600个。政府信息免费服务平台注册电子邮件订阅服务用户数超过七千(人机)，手机短信订阅服务用户数达25.4万(人机)，全年短信发送政府信息突破5 000万条。全网检索系统可检索数据超过86万条。

7. 政府网站内容保障

2009年4月，市政府办公厅发布《关于进一步做好“中国上海”门户网站内容保障工作的意见》(沪府办发[2009]8号)，强调全市各级政府网站要加强自身建设，不断提高门户网站内容，保障工作质量和水平。

2009年，门户网站构建内容保障平台，启用“集中与分布相结合内容维护”模式，进一步完善部门、区县网站自行维护与门户网站相关内容工作。

8. 政府网站社会监督员

2009年9月，门户网站公开招聘社会监督员，针对政府网站信息时效性、内容准确性、服务可用性、链接有效性等开展监督。自9月底至12月，首批50名社会监督员共提出纠错信息900余条、建议130余条，为推动网站做好内容保障工作发挥了积极作用。

9. 政府网站测评

2009年11月，市政府办公厅发布《关于开展2009年本市政府网站测评工作的通知》。自2009年11月下旬至2010年3月底，门户网站组织对全市63个政府网站进行测评。此次测评强调政府网站标准化、规范化、制度化建设，把提高政府网站质量和水平放在首位；注重参与性和互动性，促进政府网站相互交流学习；强化内部整合和社会监督，把政府信息公开、网上办事服务、政民互动与政府网站资源整合和社会监督紧密结合起来。① 测评范围：18个区县和45个市政府部门网站。② 测评内容：涵盖“网站性能与服务、内容建设与应用、运维管理与建设、技术安全与保障、网站体验与效果、门户网站内容保障”六个方面，区县网站六大类27项100个指标，市政府部门网站六大类25项94个指标。最终测评结果为达标网站和不达标网站。③ 测评方式：由部门自查、现场测评、网上评议和日常考核4个方面组成，现场测评成员采用网上公开招募方式，分别来自区县、委办局和社会各方面，包括网站分管领导和网站负责人，电子政务专家，新闻记者和网站社会监督员等，历时1个多月，近百人约500人次分赴63个被测单位进行现场测评。④ 测评结果：全市政府网站总体达标情况良好，63个被测评单位政府网站全部达标；18个区县网站整体指标平均达标率为95%；45个市政府部门网站整体指标平均达标率为91.5%。⑤ 获奖情况：16个区县网站、30个市政府部门网站申报综合奖和专项奖(网站管理、信息公开、办事服务、互动交流和外文版)，申报总数119项。3个区县、7个市政府部门获得本年综合优秀政府网站奖，11个区县、17个市政府部门分获13项和22项特色优秀政府网站奖。

【网站建设基本数据】 截至2009年底，门户网站数据库信息总量57.3万条，静态页面数50.81万余张(比上年增长5.77万张，增幅12.8%)，图片12.09万余幅(比上年增长4.52万幅，增幅59.7%)。其中，市政府公报1 184条，法律法规904条，各类办事规程1 869条，市政府各类文件790件，市政府规章106条，便民问答8 466条。累计发布要闻类信息21.06万条(比上年增长5.7万条，增幅26.2%)。

2009年，门户网站总点击数29亿次(比上年增长22.4%)；首页总访问人次2 208.2万，日均6.1万，比上年增28%；页面总访问量4亿页(次)，日均110.2万，比上年增长36.8%。自开通以来，门户网站总访问人次

1.3亿，页面总访问量15亿页(次)。

(尚子敏 刘 晔)

市政府部门网站与区县政府网站

【概况】 2009年，市政府部门网站和区县网站(以下简称"政府子网站")继续深化政府信息公开，发挥"第一平台"作用，整合资源拓展办事，注重跨部门服务平台建设，形成互动交流机制，加强反馈凸显效应，推进网站制度化、规范化、标准化建设，网站管理水平稳步提高。

全市63个政府子网站全年首页总访问人次约为1.6亿(日均41.7万)，页面总浏览量27.4亿页次(日均749.3万)，访问人次与页面浏览量比值约1∶18。

【政府信息网上公开】 据不完全统计，2009年全市政府子网站主动公开政府信息目录共13.7万余条，其中市政府部门网站3.1万余条，区县网站10.6万余条。

全年政府子网站主动公开信息(包括规范性文件、通知、公告、政府会议、规划计划、人事任免、财政预决算以及面向公众的行政收费、执法监督、行政处罚等)8.4万余条，其中市政府部门网站2.7万余条，区县网站5.7万余条。

全年通过政府子网站受理的政府信息依申请公开5 548件。其中市政府部门网站3 031件，区县网站2 517件。

【网上办事与便民服务】 2009年，全市政府子网站把推进审批事项上网及受理、方便公众办事等作为网上办事的重点，同时不断拓展"实用信息查询、便民地图、公共设施查询"等便民服务功能，结合行业特点、区域特点，挖掘和整合社会资源，加强行业个性化服务和社区事务服务。

1. 市政府部门

2009年，市政府部门审批事项上网率为97.3%，网上受理率为74%。通过市政府部门网站办理事项总件数占各类办事渠道(网站和非网站方式)办理事项总件数的比重平均为51.6%。

2. 区县政府

2009年，16个区县政府网站建立网上办事统一服务平台。通过区县政府网站办理事项总件数占各类办事渠道(网站和非网站方式)办理事项总件数的比重平均为15.8%。据不完全统计，区县各类审批事项上网率达90.6%，并有81.2%的上网事项实现在线受理功能，网上提供各类公共服务事项3 000余项。

【网上互动】 2009年，公众通过政府子网站参与各类政民互动活动(网上咨询、网上投诉、在线访谈、网上办公、网上建议意见征集、网上公示、网上评议、规章草案网上征询、网上调查等)达905.96万人次，其中市政府部门网站651.58万人次，区县政府网站254.38万人次。

2009年，市、区县政府对公众通过政府子网站参与政民互动活动，给予答复达33.14万件(条)。其中市政府部门网站20.8万件(条)，区县政府网站12.34万件(条)。

2009年，政府子网站提供的政民互动渠道种类(网上咨询、网上投诉、在线访谈、网上办公、网上建议意见征集、网上公示、网上评议、规章草案网上征询、网上调查等)达393种，其中市政府部门网站254种，区县政府网站139种。

2009年，政府子网站开展政民互动(网上咨询、网上投诉、在线访谈、网上办公、网上建议意见征集、网上公示、网上评议、规章草案网上征询、网上调查等)45 879次，其中市政府部门网站35 740次，区县政府网站10 139次。公众对政府子网站提供互动满意度(参加互动满意人数占总参与人数比例)92.90%(平均)。

(尚子敏 刘 晔)

【上海外资网上办事系统】 建设"上海外资网上办事系统"是市商务委在外资审批和管理方面的重要举措。该系统于2008年11月试运行，2009年1月4日正式运行。2009年在线受理4 296人次；用户使用量为150～200次/工作日。

该系统发挥了积极作用。一是提高了申请人准备材料的准确率，受理窗口收件的操作时间缩短3～5分钟，减少了现场办理的等候时间。二是审批流程环节优化，减少了申请人往返现场办理的次数。以申请新设外资企业为例，原审批过程中申请人须至少4次到现场办理，包括现场递交书面材料、领取批文并赴代码办申领代码、送交代码并填写草表申请打印证书、领取批准证书。新系统运用后，申请人只需现场递交书面材料和最后领取批文和批准证书2次现场办理即可。三是无纸化流转既提高批文的准确性，又规范办文行为，提高了工作效率。四是引入电子监察功能，有利于审批过程的公开、公正、透明。

（姚 尧）

【上海猪肉流通安全信息追溯系统】 2008 年，“上海猪肉流通安全信息追溯系统”建设工作被列为市政府实事项目并于年底完成。市商务部门作为责任部门，以“源头控生产、加工控质量、批发控流向、零售控准入”为工作目标，通过各区县政府的共同努力，在上海肉品流通领域构建了一个信息可靠、运行高效、责任明确、操作简便的信息化平台。在全市 646 家标准化菜市场、12 家肉类批发市场和 13 家配送中心、15 家生猪屠宰企业、164 家大卖场和 30 家外省市肉类加工厂建立信息追溯系统。建成上海市生猪屠宰、肉类批发市场（配送中心）、大卖场、标准化菜市场和外省市进沪肉品等 5 个信息追溯子系统，构建上海猪肉流通安全信息数据中心，形成全市猪肉流通从生猪屠宰、肉品批发到零售终端全过程、全方位、全覆盖的食品安全监管信息网络。2009 年，在全市 600 家标准化菜市场建立食品安全查询系统。为提升世博窗口形象，“600 家标准化菜市场建设食品安全信息查询系统”被列为 2009 年市政府实事项目，利用原猪肉流通安全信息追溯系统，通过软件升级、功能扩展，完善现场查询功能，开发形成食品安全信息查询系统。

（朱文群）

二、重要公共服务热线

“962222”市民服务信息热线

2009 年，“962222”市民服务信息热线呼叫系统人工受理咨询电话共 618 348 话次，其中：社会保障卡（含学籍卡、儿童卡、敬老服务卡）、居住证查询 455 598 话次，占咨询总量的 74%；社会保障卡挂失 159 066 话次，占咨询总量的 26%；区县电话服务 3 606 话次。语音留言服务 3 636 话次；电话外拨服务 81 399 话次；受理服务监督电话 78 话次，其中得到市民表扬 59 起，受理市民投诉 13 起，办结率 100%。2009 年 3 月，为配合社保卡开通启用业务的调整，系统在人工服务的基础上开启“社保卡自助开通启用”的语音导航通道。截至 12 月底，通过此通道进行自助开通的电话量共计 254 636 话次，社会保障卡成功启用达 11 万余张。同时“自助传真”服务也开辟为民宣传服务的新渠道。此外，服务窗口接待市民来访 96 180人次，收到来信 59 047 封，信息处理总量达65 271 件。全年市民满意度达到 99.17%。

（市社保卡中心）

“962020”上海旅游热线

2009 年，“962020”上海旅游热线平均月呼入量6 500 通。根据迎世博窗口单位工作要求，对热线和各分中心的一线员工进行普及世博会服务知识培训，提升世博旅游服务水平，整合热线数据库，拓展功能模块，打造规范服务的世博旅游咨询服务平台。

（市信息系统质量技术协会）

“12365”质量热线知识库系统

“12365”质量热线是市质量技监局受理社会各界有关产品质量问题申诉、举报以及解答有关质量监督业务问题的热线。据统计，2008、2009 年每年大约有超过 10 万条的咨询信息，内容除传统的产品质量申诉举报外，还涉及质量监督、计量、标准化、质量管理、特种设备及食品生产管理等方面。为使“12365”质量热线能够向社会各界准确地介绍质量技术监督工作，进一步提高咨询答复的科学性、规范性，提升咨询答复的服务层次，“12365”申诉举报中心从 2009 年 7 月开始着手进行知识库系统建设，2009 年 10 月已完成软件的基本功能开发，2009 年 11 月投入试运行。知识库已录入知识文档 1 700 余篇，累计 10 万余字，提高了话务人员的工作效率。

该系统特点：(1) 提供全面的知识检索功能。知识库采用 autonomy 提供的智能检索工具，使工作人员能够方便、快捷地对知识进行检索。工作人员可以从全文、标题、关键字、热点知识多个角度进行检索，使知识的查询做到更快、更准确，从而有效地提高工作效率和客户满意度。(2) 知识地图使知识导航更加便捷。知识地图是针对知识的各种属性及知识所属建立起来的多维知识导航体系。用户通过树状导航的知识地图,可以找到相关主题下的知识。工作人员点击目录结构的某一节点,如果该节点存在子节点和知识则显示,如果不存在,系统提示不存在相关知识的信息。(3) 专家空间使工作人员能及时得到专家的帮助。知识库中查询功能使知识库随时可以补充新鲜血液;查询不到的知识可以通过专家空间及时向专家进行询问,再通过热线进行解答,专家解答的答案也可以经过审核后进入知识库系统。(4)"最新公告栏目"使12365话务员能够同步获得本局各个部门门户网站对外公告的信息,以保证对社会各界答复的一致性。

(周莉蓉)

"110"报警电话

2009年,110接警中心共接警11 410 552起,比上年增加0.1%。处警3 581 160起,比上年减少1.2%,其中报警案件类703 800起,比上年减少12.4%,纠纷类595 712起,比上年减少6.2%,煽动性案件类6 296起,比上年减少52.6%,事故类1 324 516起,比上年增加9.4%,交通管理类296 726起,比上年减少2.3%,社会求助类279 732起,比上年增加3.6%。通过110接处警,查破刑事案件1 554起,查处治安案件3 581起,查处违法犯罪人员5 330人。

(侯陈继)

"12348"法律咨询专线

1999年3月18日,法律服务专用电话正式开通,原电话号码为"16000148"。该专用电话属市司法局主管,共设市司法局和19个区县司法局20个接答工作点,接答人员由社会律师、司法局干部组成,工作时间为每日24小时,全年无休。服务范围包括法律咨询、人民调解。

2002年1月15日,法律服务电话改用全国统一服务号码,更名为"12348"法律咨询电话,并由上海市法律援助中心统一管理,接答工作点分别移至市和各区县法律援助中心。"12348"法律咨询专线在保持原有的法律咨询功能的同时,又增加法律援助的新功能。工作时间调整为每日9:00~21:00人工接答,其余时间提供语音留言服务。2002年1月~2009年12月,"12348"法律咨询专线共接答法律咨询电话1 007 212件。2009年全年共接答法律咨询118 154件,其中占前3位的分别是婚姻家庭、劳动争议和房产纠纷问题。

2009年7月,市司法局对"12348"法律咨询专线进行系统升级,更换原有的老旧设备,提高网络带宽,并对原有的功能进行优化升级,提高了接答效率。升级以后的"12348"专线,提供了更为高效、便捷的法律咨询途径,其作用进一步发挥。

"12348"法律咨询专线还制定"七要"文明服务规范,即:开关机器要按时,接听电话要及时,服务工号要告知,接答用语要规范,解答问题要清楚,服务态度要亲切,预约服务要落实;并建立舆情分析报告制度,定期汇总分析接答咨询情况。

(程家荣)

"962200"社区服务热线

"962200"社区服务热线坚持由政府主办、社会参与,本着"以民为本,需有所应,便民利民,服务社区"的服务理念,以居民生活需求为导向、以社区服务信息为基础,集咨询(家政服务、社区政务、社区信息、生活百事等)与服务(家政服务、家电维修、物业维修、冷门服务、社区事务等)于一体,面向社区居民提供专业化、个性化、规范化的社区服务。"962200"社区服务热线同时也是"安康通"为老关怀服务援助系统的受理、服务平台。

2009年,"962200"社区服务热线共接听市民来电42万个,接通率100%,处理率99.83%,满意率95.58%。"962200"社区服务热线与社区生活综合服务系统共享信息资源,形成信息资源管理平台,以实体服务为后台支撑,其构建的以提供居家生活服务为主要内容的社区服务超市项目达到八大类55个,其中11个重点项目被列为便民服务的热门项目。同时,其数据库服务信息达十二大类103小类,信息总量10万条。

(方廉丞)

"12355"上海青少年公共服务平台

2009年,"12355"上海青少年公共服务平台立足青少年需求,积极整合资源,拓展服务功能,为广大青少年提供了心理健康、法律咨询、家庭教育、就业创业、健康医疗、婚恋交友等各类服务。截至2009年12月31日,平台网站和热线总访问量达8 655 731人次,"一对一"服务达58 731人次,后台重点处理个案262个,试点提供面询服务476人次。

主要工作有：

着手推动“12355”登记成立民办非企业，使“12355”由工作项目向独立机构转变。

举办“首届12355上海青少年权益保护论坛”、“上海青少年维权工作社会化合作专题研讨会”等活动，邀请人大代表、政协委员、专家学者和职能部门负责人共同探讨、推动青少年维权工作。

推出“员工心理援助项目”(EAP)，试点向上海海关青年提供心理援助服务；开展“家校互助助成长”主题行动，深入社区举办家庭教育知识讲座20余场，成立“家长沙龙”，有2 000多名家长参与其中。

在浦东分平台的基础上，建立“12355青浦受理中心”，进一步拓展工作阵地，壮大工作力量。

聚焦“未成年少女意外怀孕”、“校园暴力”、“家庭暴力”、“自杀”等日益突出的群体性问题，积极开展调查研究，采取相应对策，向上海市“两会”提交提案议案16个。

（秦　恒）

第三章 重点业务系统信息化建设和机关信息化

概 述

2009年，上海进一步深化政府机构改革，拓展重点业务系统和机关信息化建设，不断提高政府部门经济调节、市场监管、社会管理和公共服务的效率与水平。

经济管理领域，启动金信工程改造项目和政府采购系统（二期）建设，重点建设了国资监管信息系统、工商企业网上登记注册服务系统（网上注册大厅）和市经济信息化委各类公共服务平台，完善税务网上应用，试点税控发票网上抄税，全面推进计算机审计应用和统计数据网上直报工作，金质工程、知识产权信息平台、网上预算编制和指标管理系统等陆续正式上线运行。

社会管理领域，重点建设公安网上办案、网上办事、网上办公等八大平台、五大系统；基本建成上海市居民经济核对信息系统，完善上海民政网站；积极拓展人口计生信息化应用的广度和深度，加强与相关部门人口信息共享；整合开通团员、青年两大门户网站并制定发布信息化发展规划。

公共服务领域，建设旅游公共服务平台，完善旅游网站，新增旅游多媒体触摸屏；完善文广影视网上行政审批平台，建设重大文化活动信息库；实现新闻出版领域的印刷业统计分析和年度核验。

政府自身信息化领域，建成上海市实有人口信息管理系统（一期），建立包含人口基础信息的实有人口综合信息资源库；启动全市法人信息共享和应用系统建设工作，基于现有企业基础信息共享应用系统，从主体对象、信息范围和系统功能等方面进行拓展，建立法人信息资源库，实现各委办局和区县政府的信息共享；启动因公出国（境）综合管理信息系统的前期准备工作。

围绕世博会的筹办，积极开展世博信息标准体系的研究制定，开通“962020”上海旅游热线，建设世博退税系统。配合原浦东新区与南汇区的合并，各市级部门先后完成信息系统的合并和切换工作。

（刘迎风）

一、重点业务系统信息化建设

上海市公安局

【开展八大平台、五大系统建设】 2009年，市公安局重点开展“一八五”项目建设。

1. 八大平台

“网上办案”平台：该平台由案事件接报分系统、行政办案分系统、刑事办案分系统、执法监督分系统、涉案财物管理分系统和中心库及综合服务层组成，通过建立统一的工作平台，形成自接报案件直至结案的网上完整工作流程，实现“案件网上办、线索网上找、对象网上查、逃犯网上抓、文书网上制”的信息化办案模式。年内行政案件分系统在全市所有派出所开展试点，网上办案率为30%。

“网上办事”平台：该平台依托上海公安政府网站建立“网上服务中心”和后台办理平台，将逐步实行100项左右行政审批办事项目的“外网受理、内网办理、外网反馈”的网上办事模式，实现“一次人工受理，全程网上服务”。年内实现“易制毒化学品一类购买证业务”和“安全技术防范产品型式检验抽封样”两项办事项目的全功能演示，完成“网上服务中心”和“机动车和驾驶人服务平台”开发，建成18家分县局公安门户网站。

“网上办公”平台：该平台一是依托涉密网，按照国家电子公文交换标准，建立市公安局机密以下电子公文交换平台和涉密电子公文传递安全保障系统；二是开发建设基于公安网的统一的市局单位办公自动化系统和非涉密公文的全局公文交换系统，实现市公安局与下属各单位之间的网上协同办公。年内开展了相关软件的开发工作。

情报信息应用平台：该平台依托公安网，汇集、整合公安内部资源和相关社会信息资源，按照人、地、案（事）件、物、组织、时间及相关关系等要素，进行信息资源分配，实现能够满足公安工作需要的查询检索、比对关联、轨迹定位、研判分析、预警提示等功能，以满足各类研判和实战的应用需要。年内各分系统已全部开始建设。

派出所综合信息应用平台：该平台是在现有系统基础上，调整优化模块功能，完善应用软件功能，把需要派出所采集的各类信息纳入平台，实现与相关系统的关联共享，满足派出所应用需求。年内完成了硬件平台的升级改造。

实有人口信息应用平台：该平台目标是全面整合共享全市与人口有关的信息资源，实现横向与各政府相关部门业务信息系统互通，纵向与市、区（县）、街道（镇）三级政府部门相连，全面掌握实有人口的基础信息和变动信息。年内已完成实有人口信息管理系统（一期）建设。

警用地理信息应用平台：该平台将地理信息技术与公安信息系统的应用相结合，利用地理信息技术的空间分析能力和可视化展现能力，直观展现案（事）件、人员、重要设施、重点场所、道路交通情况等公安基础信息和实时警力分布，为实施扁平化指挥、提高应急反应能力提供支撑。年内已完成标准地址库、基础地理信息库、公共地理信息库的建设。

跨部门关联共享平台：该平台用于实现公安网与指挥网、政务网、互联网的信息交换，满足公安部与市公安局，市公安局与公安分、县局，公安与劳动、民政、房地、工商、税务等相关社会单位之间的信息共享和各类平台的综合应用需求。年内，完成公安网与指挥网关联和与互联网的关联拓展。

2. 五大系统

完善应急联动指挥信息系统：该系统主要是为现有的市应急联动中心信息系统建立容灾备份，并升级改造无线调度等分系统。年内完成了市、区两级应急联动指挥信息系统的升级、加固。

公安交通指挥调度、事故应急处理智能化系统：该系统主要用于加强车辆管理、占掘路施工管理、交通事故案件办理、道口查控等方面的信息化应用，分为公安道路交通图像综合应用系统和交通指挥调度、事故应急处理智能化系统两个分系统。年内均已进入建设阶段。

350兆数字集群系统：该系统主要用于实现民警单兵、警务车辆GPS定位信息传输、无线数据信息查询、移动图文传输等功能。年内，在77个需建基站中，已完成寻址65个，完成基础设施建设54个，完成设备安装49个。

完善重点目标图像监控系统：该系统包括建成106个、完善30个公安派出所图像监控室；新建一定数量的监控点，进一步扩大对全市重点目标、要害部位图像监控的覆盖面，实现中心城区和次中心城区部分区域监控点布设数量达到“平安城市”建设要求的目标；开发图像监控视频报警技术。年内，16个区县启动监控点建设，6个区县已联网开通部分监控点。

移动警务接入平台及应用系统：该系统包括定制开发移动终端应用系统和后台应用服务系统，并配备2万余个PDA终端，使基层一线民警能够随时随地查询、录入、发送信息和获取各类警务指令，提高现场执法执勤的信息化应用水平。年内，完成信息查询比对系统、治安综合信息查询系统、交通管理系统改造和平台管理系统接入平台搭建，并开展了移动终端应用软件研发。

【上海公安信息网络全面升级】 2009年，市公安局对公安网进行全面升级改造。一是进一步扩充完善公安光缆资源，依托沪崇苏长江隧桥工程铺设144芯的直连光缆，解决了崇明县公安局与市公安局的通信难题，为全市公安信息化应用打通了最后一个节点；结合世博会需要，敷设三根越江光缆和若干园区内光缆，为世博会安全保障工作打好了通信基础。二是将公安二级网带宽由1 000兆升至2 500兆，三级网带宽由100兆升至1 000兆，桌面带宽由10兆升至100兆。三是基于“平安城市”建设，开展视频信息IP网建设，主干网带宽达到10 000兆，其余单位互联网带宽1 000兆，从而为视频监控图像的共享应用打好了基础。四是配合市应急联动中心信息系统改造，对公安SDH传输网进行升级，优化网络结构，引入ASON智能化管理技术，并提升带宽，实现核心层带宽2 500兆、汇聚层带宽622兆、接入层带宽155兆。

【上海市实有人口信息管理系统(一期)建成】 该系统属实有人口信息应用平台分系统之一，以公安网为依托，以常住户籍人口、居住证登记人员、境外登记人员信息为基础，整合公安网中现有的治安、刑侦、交通等与人相关的数据，建立包含人口基础信息、前科劣迹、交通信息等九类人口属性信息在内的战略性实有人口综合信息资源库，并在此基础上完成综合查询、GIS分析、决策分析、系统管理等业务功能模块。该系统采用数据挖掘技术，建立大型实时动态的人口数据仓库和以"人"为核心的信息体系和业务逻辑体系，具有全面覆盖上海实有人口和房屋管理工作的数据采集与应用功能，并为"上海市实有人口信息管理系统(二期)"提供实有人口基础数据做好了准备。在2009年全市"实有人口、实有房屋全覆盖管理工作"中，通过该系统共录入门弄牌信息255万余条，登记房屋信息1 142万余条，登记实有人口2 081万余人，其中户籍人员1 397万余人，来沪人员659万余人，境外人员25万余人。同时，通过该系统，还为各部门提供人口信息查询11万余条，制作"二代证"46万余张，抓获逃犯400余人。

(侯陈继)

上海市知识产权局

【概况】 借助信息化技术"对外完善服务"和"对内提高效能"是市知识产权局信息化工作的两大重点任务。2009年上海知识产权信息工程相关建设工作取得实质性成果，工程涉及的"知识产权政务管理信息系统"和"知识产权信息平台"的各项建设任务于年内全面完成，并正式投入运行和服务。

【知识产权信息平台建设及服务】 "知识产权信息平台"于2009年4月通过市经济信息化委组织的专项验收，并于6月正式启动运行服务工作。平台具有专利检索与在线分析、专题数据库制作管理、专利信息定制和预警、专利交易与价值评估、知识产权综合管理和其他延伸服务六大应用服务功能系统，进一步提升服务全市科技创新和经济活动的能力。截至2009年底，网站累计访问量达87万多人次，正式注册用户2 000余家，其中外省市用户约占30%，覆盖全国除海南、宁夏、香港、澳门以外的省区市，充分体现了平台立足上海、服务长三角、辐射全国的宗旨。

【知识产权政务管理信息系统建设和应用】 "上海市知识产权局政务管理信息系统"于2009年4月通过市经济信息化委组织的专项验收，并正式投入使用。该系统集办公自动化系统(OA)与业务系统于一体，涵盖了通知管理、会议室管理、人事管理等10项机关行政事务和包括专利纠纷案例、软课题管理等多项业务管理功能，以机关内部网络为平台运行。该系统的建成，对推进无纸化办公、规范行政办公流程起到了很好的促进作用。为安全、规范、高效地发挥知识产权政务管理信息系统的作用，市知识产权局先后制定出台了《上海市知识产权局政府网站管理办法》、《上海市知识产权局网络与信息安全应急预案》、《上海市知识产权局保密管理规定》等电子政务及信息安全相关的规范性文件，切实规范了局机关信息化设备的运行安全，保障了电子政务工作的顺利开展。

(市知识产权局)

上海市工商行政管理局

【概况】 市工商局信息化建设遵循国家工商总局信息化建设的要求和上海市信息化发展需要，经过数次改造和不断完善，初步建成综合业务、内部管理和公共服务三大应用系统平台；建成集中存储模式下的数据中心，形成13个核心数据库，即业务支持数据库、企业名称数据库、企业数据库、个体工商户数据库、行政处罚案件数据库、广告监管数据库、商标管理数据库、合同管理数据库、经纪人管理数据库、综合监管数据库、12315数据库、流通领域商品质量监测数据库、办公自动化数据库。

随着国家工商总局行政管理信息化"金信工程"建设的不断推进，2009年6月中旬，总局在湖北省武汉市召开全国工商行政管理信息化工作会议，周伯华局长做重要讲话。周局长在讲话中回顾总结了20年来工商信息化建设的成果，提出了今后三至五年推进与加强全国工商信息化工作的规划。遵循总局"大力推进信息技术与工商业务的融合，加大信息资源整合力度”的工商信息化建设基本原则，市工商局围绕总局加强与改进信息化工作的指导意见，根据市局党委、局长室的工作要求和任务布置，以上海工商信息系统“业务与数据处理中心”的建设为抓手，牢固树立信息技术与工商业务高度融合的思想，切实做好信息化建设、维护和管理等相关工作。

【工商业务信息系统的建设和运维工作】 完成“企业网上登记注册服务系统（网上注册大厅）”建设。该系统的建设是加强和提升互联网公众平台服务功能，建立工商网上办事专业网站，为企业提供注册登记服务的重要举措，该项目在整合改造原有网上名称查询服务、网上年检、外资常驻代表机构网上登记等办事功能的基础上，分别增加内资登记、拓展外资登记等内容，使网上办事的业务更全面化、栏目更专业化、服务更智能化和个性化。

完成“12315投诉处理系统”升级改造。根据近年来消费者申（投）诉、举报处理的工作需要，将原先互联网和业务专网通过数据交互实现投诉受理、分派、处理、反馈的业务流程整体移植到互联网平台，减少中间环节，提高投诉处理的效率。

完成“外资登记系统”改造。根据国家工商总局关于《外商投资合伙企业管理办法》、《关于外国企业常驻代表机构登记管理办法》的修改意见，对现有外资登记系统进行相关改造和完善。

完成“网络广告监测系统”改造。该项目是为建立网络广告监测的业务需求，进一步拓展和优化业务的需要而开展的系统改造工作，特别是针对网页广告信息获取、网页指定位置搜索广告、信息识别比对等关键技术进行攻关，以实现业务应用效能的提升。

完成“远程行政指导系统”建设。利用现有采集的企业邮箱记录，按照不同类别向有关企业发送预警企业提示、工商业务办理的通知公告信息等，这种基于互联网传播方式为企业提供的事前工商行政管理信息告知服务，既减少企业违法违规情况的发生，又提高工商行政管理部门便捷的网上办事服务形象，以达到深化“服务型”政府建设、工商行政管理柔性化的目标。

完成“工商业务流程管理应用系统”。将各主要应用系统的业务流程信息进行统一的汇集、整理和展示，为监督业务办理过程提供有效手段，也为工商管理部门的行政效能情况提供量化的参考依据，以推进行政部门管理工作的效率。

完成“业务数据综合分析系统”升级。充分利用现有信息化系统中大量的数据信息资源，为各类管理人员、业务人员、分析人员提供各类业务数据，用户只需要通过简单的鼠标操作方式就可以调整分析的维度和度量值，并对分析内容、计算、过滤、格式等进行定制。

完成“与行政审批办事平台衔接应用改造”工作。根据市政府办公厅主持建设的“并联审批信息系统”相关业务与技术方案，完成工商信息系统与上海市行政审批办事平台的衔接，以提供并共享企业审批信息资源。

完成“安全设备扩容”和“广域网访问控制”。为确保整个工商信息系统的安全稳定运行，2009年集成改造安全准入服务系统，增加千兆防火墙，以加固市工商局信息系统的安全控制管理。

【上海工商信息系统“金信工程改造项目”在市发展改革委立项审批通过】 在国家工商总局信息化“十一五”规划纲要的指导下，为贯彻落实国家工商总局《金信工程总体技术设计方案》的设计要求，满足与适应新的需求和挑战，市工商局在总结20多年信息化建设成果的基础上，从市场监管的业务实际出发，于2007年制定《上海市工商行政管理局金信工程（数据中心）整合建设规划（2007～2009年）》，进一步明确充分利用当前的系统资源建设金信工程数据与业务处理中心、升级改造业务应用软件和改造中心机房等重点工作。为顺利完成有关的机房建设、设备采购和应用改造等任务，同年10月正式向市发展改革委提出“金信工程改造项目”立项申请。经对项目建议书的立项审批和可行性研究报告的严格审核，2009年7月市发展改革委正式批复项目的建设报告，项目实施工作将在2010年完成。

【完成南汇分局并入浦东新区分局信息系统的合并与切换】 根据市行政区划调整的要求，原工商南汇分局并入浦东新区分局，为确保信息化系统改建工作的有序实施平稳过渡，及时对浦东新区分局和南汇分局的网络、设备、用户信息、应用系统和业务数据等各方面进行了相关信息化改造，并于10月7日完成两个信息系统的合并，确保新的浦东新区工商分局信息化系统正常运作。

（李佳音）

上海市质量技术监督局

【世博信息标准体系研究】 中国2010年上海世博会是实施国家战略，提升城市文明程度和市民文明素质、增强城市综合服务功能的重要载体。为积极融入"迎世博600天行动"工作，上海市标准化研究院结合自身业务特点，从主持世博相关标准研制入手积极参与世博、服务世博，实质性发挥了标准化工作在经济建设、社会发展等方面助推器作用。在市经济信息化委、市质量技监局领导和上海世博局信息化部的具体组织下，针对世博信息化标准方面的需求，积极开展世博信息标准体系框架的研究，并主持《上海世界博览会电子票务系统应用规范》、《世博信息化软件质量控制管理规范》、《世博会信息系统数据交换规则》等七项相关地方标准的制定，其内容均已应用于世博信息化建设。

【上海市"金质工程"行政执法系统应用】 上海市"金质工程"行政执法系统包括行政案件管理、执法信息采集、法规案由库、黑名单管理、查询统计5个功能模块和11个子模块，建立同证后监管等系统的联动，实现行政案件全生命周期的电子化办理。该系统有三方面特点：一是系统使用面广，流程适应性强。二是建立统一的数据平台，实现数据的共享。三是系统实用性强，实现知识的复用。该系统于2009年正式使用，并取得很好的应用效果：一是推进管理模式的创新，提高管理水平。二是实现案件督办和监察功能，提高工作的透明度。三是具备强大的执法统计功能，为宏观决策提供数据支撑。

【信息资源目录及信息共享平台建设与应用】 "信息资源目录及信息共享平台"具有资源编目、目录管理、目录服务、共享服务、索引目录、系统维护、日志管理等功能。该系统提供了对质监信息资源目录信息多种形式组合和业务分类，具备业务主题分类、索引目录和热点主题等功能，对相关的目录信息下的资源进行有效的关联，方便资源获取者对目录快速定位和对应资源的共享申请及获取，实现了目录信息上传和上级平台信息资源共享申请的数据服务功能，规范了信息资源目录的相关标准，统一了对外提供数据服务的模式。共录入梳理主题目录信息21个，业务目录信息237个。

【企业质量档案系统应用】 企业质量档案系统主要实现质量档案数据采集、质量档案填报、质量档案审核、质量档案查询、自定义查询等功能。系统从数据中心采集企业质量档案相关信息，生成企业质量档案初步信息。企业用户通过互联网，在采集到的企业质量档案初步信息基础上完善、填报数据，并提交系统内网用户（区县局或市局工作人员）进行审核。通过企业质量档案系统建设，实现对企业质量档案数据进行管理、统计和分析，方便各级监管部门根据质量档案提供的信息进行监督管理。至2009年底，通过企业质量档案系统已向国家质检总局上报4 116家企业的质量档案。

【质监执法法规源辅助系统开发与应用】 质监执法法规源辅助系统由"依据指导"模块和"案由处罚"模块组成，共收集法律法规及规章79部、规范性文件19部、典型案例58个、其他相关部门意见和建议75条。其中依据指导模块由行政处罚案由库、法律法规库等7个数据库组成，案由处罚模块提炼了714个行政处罚案由，其分类合理，符合案由法定原则，具有确定性、开放性、唯一性和创新性的特点，能有效地规范行政处罚行为，提高办案效率和质量。此外，该系统完整地纳入质量技术监督各个领域行政处罚需要适用的各项法律法规规章，收集行政执法过程中有特色、能真实反映执法技巧运用的各种案例，建立案由查询、法律溯源、责任对应、裁量指导的逻辑对应关系，对质量技监部门全面履行处罚职责、落实执法责任具有普遍指导意义。

（周莉蓉）

上海市财政局

【概况】 2009年，市财政局围绕财政改革与发展，按照财政信息化建设总体部署有序开展工作，进一步提升财政科学化精细化管理水平。一是推进金财一期工程建设，编制《金财一期工程上海市建设项目可行性研究报告》，制定《上海市金财工程三年行动计划（2009—2011年）》，实施金财工程应用支撑平台；二是深化财政信息化应用，开发网上预算编制和网上资金监管系统、完善非税收入管理系统、建设政府采购系统（二期）等；三是加强信息安全保障和信息系统运维，落实保密专项检查、开展重要信息系统等级保护、推进涉密系统分级保护、编制网络与信息系统安全事件专项应急预案等。

【编制《金财一期工程上海市建设项目可行性研究报告》】 按照财政部金财工程可行性研究报告编制工作的要求，结合上海财政管理体制的特点和上海电子政务一体化建设的客观需要，组织力量从项目建设必要性、需求分析、总体建设方案、一期项目建设方案、招标方案、组织机构和人员培训、实施进度、投资估算和资金来源、效益与评价指标等各方面进行分析和设计，编制了《金财一期工程上海市建设项目可行性研究报告》。2009 年 6 月报财政部，7 月财政部批复同意。

2009 年 9 月，按照上海市的相关编制要求，在保持建设内容不变的前提下对可行性研究报告格式进行调整，上报市发展改革委审批，并抄送市经济信息化委。2009 年 11 月中旬，按照会议专家的意见对可行性研究报告作进一步修改完善，形成可行性研究报告（第二版）。

《金财一期工程上海市建设项目可行性研究报告》客观研判了上海市财政信息化的现状与差距，总结了财政行业特征，严格测算了一期项目的信息量，分析了系统的功能和性能需求，设计项目整体技术方案，合理安排项目实施进度，控制项目投资规模，为金财一期工程上海市建设项目的正确决策提供了科学依据。

【制定《上海市金财工程三年行动计划（2009—2011年）》】 2009 年，财税机构分设后，组织相关技术人员，在调研、吸取国内外成熟先进技术和成功建设经验的基础上，按照统一规划、突出重点、分步实施的原则，于 2009 年 8 月启动《上海市金财工程三年行动计划（2009—2011 年）》的编制工作。9 月下旬，完成《三年行动计划》初稿，10 月中下旬，向各区县财政局、市局机关各相关处室、财政监督局、各直属事业单位征求修改和补充意见，共收到各区县财政局、市局机关相关处室反馈意见共计 27 条，在认真研究反馈意见的基础上，对三年行动计划作了相应调整和修改。

《三年行动计划》中明确了上海市金财工程的近期目标，通过三年的努力，统一业务规范和技术标准，整合系统资源，搭建财政业务统一应用支撑平台，实现上下级财政数据贯通共享；基本建成涵盖财政预算编制、预算执行、电子采购、会计管理的核心业务系统及综合分析、综合办公等信息管理系统，提升财政各项工作的信息化水平；建设安全可靠的市局数据中心，践行绿色环保、可持续发展理念；建设财政门户网站，发挥网站发布政府信息和提供在线服务的综合功能；建设配套安全系统，构建稳固的安全防护体系；建立科学有序的运行维护体系，实现网络与信息系统安全、稳定、高效运行。在此基础上，遵循财政信息化发展规律，进一步建设并完善财政业务全覆盖、财政资金全覆盖、预算单位全覆盖的上海市财政信息管理系统，建立“对内管理”和“对外服务”两个门户。

《三年行动计划》是上海金财工程近期工作指南，对金财工程三年内各项主要任务的牵头部门、建设期限、主要工作节点等，作出了明确安排。各区县财政局、市局机关各相关处室都有相应的工作任务。

【开发网上预算编制和指标管理系统】 网上预算编制系统由基础资料管理、项目库管理、部门预算编制三部分组成，实现预算单位通过网络在线编报预算和调整预算、专业部门在线进行项目库审核、预算主管部门和财政局在线进行预算编审和汇总等功能，使各类操作人员在同一平台上进行业务处理，以解决财政、预算单位和专业部门间信息不同步、不一致等问题。

2009 年开发的预算编制系统实现了预算的网上编制，方便预算单位和财政用户操作，保证业务信息流转的及时性。网上预算编制系统通过建立项目库，解决了项目库的滚动编报和全生命周期管理问题，通过对审核轨迹的记录，解决了各岗审核的对比分析难题，也解决了“一上”和“二上”审核的特殊审核流程问题。在技术方面，解决了多业务环节、多维度数据的综合查询难题。2009 年 8 月，网上预算编制系统成功上线应用，覆盖部门预算的所有资金，覆盖所有部门预算编报单位。

网上指标管理系统的功能是将财政局内部、预算单位的指标管理工作整合在一起，完整清晰地反映预算资金分配的全过程。在解决业务难题方面，在系统中设计了多种数据合并与拆分的规则，以适应复杂的数据校验关系需求；系统还实现了各种预算调整的业务处理，如预算调整、指标调整、指标明细调整、指标综合调整等，满足了业务的灵活性。在解决技术难题方面，指标管理系统实现了预算编制系统和预算执行系统之间的有效衔接；通过指标账，跟踪记录预算变化轨迹的全过程；基于指标账，实现预算数据的综合追溯和展现。

网上预算编制等财政应用对市财政局与预算单位间的网络连接提出要求，建立与预算单位的专网费用高且维护困难，互联网安全性不能满足要求，公务网不能有效覆盖所有预算单位。在推广应用网上预算编制系统时，选择政务外网作为财政与预算单位间的服务平台，将原111家接入公务网的市级行政机关转为接入政务外网。2009年12月，1 048家市级预算单位全部实现政务外网接入。

【实施金财工程应用支撑平台】 金财工程应用支撑平台是一个用于财政核心业务应用的系统研发平台和支撑平台，也是财政行业的专用数据平台、业务平台和技术平台。应用支撑平台作为财政业务标准和技术标准的载体，其业务标准能确保业务数据口径的一致性，其技术标准使金财工程能够建立在一个统一的技术平台之上，采用统一的软件架构、统一的系统部署和统一的升级维护方案。

应用支撑平台在业务方面解决了各业务应用系统的业务数据规范性问题，在技术方面解决了业务数据的集中存储、综合利用问题。市级财政的平台实施内容包括规范数据标准，以平台为载体构建市本级一体化数据库，以“接入”模式实现对财政整体数据的汇总、查询和分析。2009年，已将基础信息、预算编制、指标管理、国库支付、非税收入等数据接入平台。

【开发应用综合查询系统】 业务数据实现集中存储后，利用先进的分层次、多维度、图表结合的数据展现手段，实现对各类数据的查询和统计分析，形成了综合查询系统的开发需求。2009年开发完成的综合查询系统，在功能上实现了数据加工、税收收入、非税收入、预算支出、中央专款、专项资金、社保资金、户管信息和财政报告9个专项功能，共30个用户查询与分析界面，35个数据透视页面和4套多维分析模块。

综合查询系统将财政业务系统中的预算、执行、中央专款、专项资金、非税收入、税收数据，通过数据仓库建模和数据导入，在这些业务数据之间进行数据的有机关联，使财政业务数据分析和查询建立在一个范围很宽、多角度分析的角度层面。不仅可以从预算、执行、税收、非税等专题进行分析和查询，也可以通过针对上海市的每个预算单位进行数据分析和查询。同时，基于这种多角度的层面，可以进行层层数据透视，查询到最具体的每一笔资金最终的明细数据。由于综合查询系统具有辅助决策的特殊性，其用户主要是市领导、局领导和综合业务处室部分人员。

综合查询系统在业务方面实现了业务数据充分共享，完整详实的预算、执行、核算穿透查询机制，为领导提供了决策依据；在技术方面设计了满足需求的数据仓库模型，整合了财政信息资源，实现了数据间的关联和互通。

【应用政府采购电子集市，建设政府采购系统(二期)】 2009年，政府采购电子集市服务内容更加丰富、服务功能更加完善。据统计：2009年五大类商品共580多个种类，新增供应商2 900多家，代理机构100多家，评审专家2 200多名，交易量近850笔，累计访问量近400 000人次。2009年在应用政府采购系统(一期)的基础上，启动系统的二期开发，实现政府采购中公开招标、邀请招标、竞争性谈判、询价、单一来源采购等五大类法定流程的管理功能、协议招标功能、专家在线自动抽取功能、对代理机构的绩效考核功能、招标各干系人的信用互评功能、对五类法定流程和协议招标的监控功能等。

上海市政府采购系统二期相关业务功能的建设，如完全在线的招标流程、自动解析标书结构等，在全国尚属首例，二期系统开发完成后，在业务方面解决了流程多样、业务分支较多、参与角色众多、招标失败流程复杂、绩效考核业务点定义、监督和预警点的归纳、征信环节和征信内容的确定等方面的难题，在技术方面解决了标书的定位、加解密、网络传输、存储，以及与预算编制系统及国库支付系统的衔接等难题。至2009年12月底，已完成系统设计和所有核心部件的开发，并做好系统试运行准备。

【编制《上海市财政业务基础数据规范》】 为统一规范财政信息系统建设，建立科学合理、规范实用的财政业务基础数据标准体系，提高信息系统对财政管理的支撑能力，市财政局结合金财工程应用支撑平台在上海的实施工作，根据财政部《数据规范》要求，对已有的预算管理系统、国库单一账户系统、政府采购系统、非税收入管理系统和正在开发的部门预算网上编制系统、指标管理系统，财政部计划推广的资产管理系统等所使用的基础数据进行汇集，开展梳理、分析工作，并结合上海实际进行细化、扩充。9月中旬，完成《上海市财政业务基础数据规范(征求意见稿)》，收到市局处室反馈意见5份，区县财政局反馈意见5份，通过分类整理，对遗漏或存在不足的代码进行补充、修改，对不属于或不宜纳入数据规范的内容，向相关部门和单位作解释说明。

9月28日和10月14日，在松江区财政局和杨浦区财政局分别召开座谈会。松江区财政局、杨浦区财政局介绍了市局财政应用系统的开发和应用情况、业务基础数据现状、信息化建设的思路等，对基础数据的规范化和日常维护流程提出了若干建议。10月20日和11月23日，分别召开专题研讨会，徐汇、静安、杨浦、闵行、宝山、松江等12个区财政局的相关人员参加会议。

12月中旬，编制完成《上海市财政业务基础数据规范》。上海市财政业务基础数据分为三大类：一是财政部统一的基础数据，二是参照财政部规范扩充的基础数据，三是上海市自定义的基础数据。数据规范范围覆盖行政区划、单位信息、人员信息、预算科目、项目管理、指标管理、支付管理、非税收入、政府采购、会计信息、政府债务、契税、非贸易外汇、统计标识等十四大项通用数据和业务数据。同时分析各应用系统基础数据维护现状，借鉴其他行业基础数据维护和管理的成功做法，结合上海市财政系统实际，制定《上海市财政业务基础数据规范维护与管理办法》。

财政业务基础数据规范的建立，是构建统一信息系统、实现一体化管理的重要前提，对于贯彻财政部金财工程“五统一”原则，促进现有应用系统有效整合，实现财政内部之间、财政与同级预算单位之间、上下级财政部门之间的“三通”具有重要意义。

（孙虹英）

上海市税务局

【概况】 2009年，市税务局紧紧围绕“税收”这一中心工作，按照“信息管税”的工作思路，推动税收征管体制改革，充分利用信息技术，稳步扎实地推进上海税务信息化建设，以提升税收工作的科学化、专业化、精细化管理水平。2009年，根据上海市财政税务机构分设、南汇浦东两区合并以及税务系统内部机构调整等情况，相关信息化应用系统都需作相应调整。主要开展了5个方面的工作：一是机构改革，对相关单位的多个税务应用子系统进行调整；继续优化完善税务网上应用，网上电子申报税务端实现了全市集中；开发税控发票网上抄税系统、世博退税系统。二是深化办公自动化应用，配合机构改革作相应系统调整；在三分局开展内门户应用试点工作；国税总局公文系统进行升级；拓展人事管理信息化，提升税务系统公务员招聘系统功能。三是拓展和完善税务网站、“12366”咨询热线功能。四是做好系统技术支持服务工作，确保信息系统平稳运行。五是深入开展信息安全保障工作，支撑税务信息化工作平稳健康发展。

【稳步推进税务信息化建设】 税务信息系统调整。一是按照市局对南汇、浦东两区合并的工作要求，成立由市局征管科技处、规划核算处、纳税服务处、信息中心、浦东和南汇等各部门有关人员组成的两区合并工作领导小组和实施工作小组。工作实施小组于9月开始前期准备工作，经过多次专题研究和讨论，对合并工作涉及的业务和信息系统的变更要求、工作内容、操作步骤、前置条件、工作量估算，以及与外单位的关联等，一一进行梳理完善，逐步形成具有操作性的细化方案并完成防伪税控、税控收款机、出口退税、机动车、货运发票、成品油、有奖发票、四小票采集、岗责权限、网上申报等方面的合并事项。同时，各部门合作，进行各系统单独测试和跨系统间的联调测试，确保2010年1月1日切换工作顺利完成。二是税务系统内部机构改革包括稽查局机构调整、征管分局更名、分局内部机构调整和户管调整等，对各个应用系统的机构代码、岗职权限、业务流程等进行相应调整。

针对2009年颁布实施的增值税、消费税、营业税新条例，对网上申报相关程序进行较大修改调整。为加强管理、提高效率，网上电子申报税务端从3月开始实施市级集中系统部署，对相关软件进行较大改造优化，7月起实现全市集中；先后配合新加入税银联网的10家银行进行系统调试，截至2009年底，税银联网银行已增加到16家；为适应税务端大集中、新的扣款业务需求以及部分新银行的加入，对税银扣款程序进行软件改造和部署集中。

截至2009年底，全市的税控收款机系统用户数已从试点之初的200多户发展到近12万户。为深入落实“两个减负”，进一步完善和拓展服务载体，强化服务功能，满足纳税人的需要，开发税控发票网上抄税系统，8月起先后在徐汇、嘉定分局试点，截至2009年底，已有超过1 200户企业成功实现税控发票远程抄税。

为配合2010年上海世博会税收政策的有效实施，开发世博退税系统。4月企业端正式发布、税务端上线运行。截至2009年底，已有27家境外官方参展商登记，其中部分参展商已经开展相关业务。

【深化办公自动化系统应用】 由于财政税务机构分设，按照两家单位公文流转处理相互独立、互不访问的原则，过渡时期，在原服务器上，安装两套办公自动化系统，并对“网上提问和投诉”功能模块作调整。2009年6月1日，市税务局正式启用新的办公自动化系统。11月，结合税务系统内部机构改革，市局制定办公自动化系统调整的技术方案，并指导各分局完成办公自动化系统调整工作。

在三分局开展内门户建设试点应用工作，于6月1日正式在三分局上线试运行。

3月，按照国税总局要求，完成公文系统的升级及文件传输测试工作。

按照业务需求，2009年上半年在原有公务员招聘系统基础上，增加题库分类，并对考生网上回复、管理员查看回复统计、分数统计方式报表等模块进行相应修改。

【拓展和完善税务网站、“12366”咨询热线功能】 2009年8月，税务网站开通市局局长双月“在线访谈”；对原有“在线访谈”模块进行软件修改和升级工作。

2009年下半年，对“12366”电话回拨模块软件进行修改，增加自动记录放弃的电话并在坐席空闲时进行回拨的功能，提高了纳税人的满意度。

【做好系统技术支持服务工作，确保信息系统平稳运行】 做好企业所得税、个税等新上项目的系统平台调试工作。实施市局存储系统扩容，扩充4 TB的数据备份软件能力，增加8 TB的存储容量，准备存储扩容前的应用过渡环境。

在资源现状分析的基础上，拟订系统资源归属建议、过渡运行方案和信息化拆分调整建议。研究制定财税机构分设后的税务涉密网建设方案，立项并组织实施。做好财税网站系统平台的分拆和优化方案，做好立项可行性研究工作。配合市局大楼办公环境调整所涉及的信息化工作，包括：扩充和优化配置现有大楼内网和外网，调整办公环境的信息点布局，重新开通新办公环境下的计算机内外网终端接入，完成终端设备的IP地址、桌面防护、防病毒、补丁包分发等系统的重新安装和配置。

为解决机房存在的供电和空调容量瓶颈和单点故障隐患，结合近两年的实际应用需求和大楼客观情况，制定实施机房的空调、UPS和供配电的完善扩容方案。

参与国家税务总局金税三期网络项目建设，参与规划、设计、采购需求编制等方面工作。支持世博会项目，制定世博会场馆内税务服务窗口的网络接入方案，协调相关单位落实电信/东方有线链路接入事宜，实现网络的高速冗余配置。支持浦东南汇机构改革，实现网络扩容，调整安全访问策略。支持航运中心建设，实现临港新城税务所的网络接入变更。

规范网站系统平台、机房、网络、主机、存储、视频会议、FTP服务器、桌面、安全等方面的日常管理，做好技术支持服务工作。

组织力量对闵行、金山税务局的大楼网络、弱电系统和机房建设进行全程技术指导；成功帮助闵行（五一期间）、金山（十一期间）税务局实现机房、主机与网络的迁移和调试。

【深化信息安全保障，确保税务信息化工作平稳健康发展】 2009年6月，按照市保密局相关文件要求，开展信息保密检查。对机关各处室全部PC机进行涉密信息的自查及安全处置，组织对各直属分局及事业单位进行保密专项检查，建立市局非涉密计算机台账，工作用非涉密移动存储介质配发及登记备案，涉密计算机及移动存储介质的登记备案工作。保密专项检查工作通过市保密局检查组的检查。

在信息安全自查工作中，对市局机房主机设备进行清理登记，建立档案，粘贴标签，实行户籍化管理；针对现有管理制度无法适应实际需要的问题，组织编制修订信息安全管理制度，计划审定后印发；在各单位开展自查的基础上，组织力量对10家单位进行抽查，形成检查报告并提出建议和督促整改。下发宣传资料，安排专家讲座，组织信息安全讨论，广泛开展信息安全教育宣传月活动。市网络与信息安全协调小组在开展信息安全抽查工作中，对相关工作开展给予了充分肯定。

预案包括组织体系、预测预警、应急处置、后期处理、应急保障等内容，并重新组织编制基础环境、税务、征管、网站、安全等信息安全事件应急预案。制定可行的应急演练计划，周密部署模拟场景，利用周末休息时间，在全市税务系统开展应急演练，及时发现存在的网络问题和隐患，研究解决对策。

对税务独立使用的综合征管、增值税管理等4个三级信息系统和出口退税、货运发票等7个二级信息系统完成信息安全等级保护定级备案工作。

作为国家税务总局信息安全风险评估第二阶段试点单位，按照国家税务总局的统一部署，组织力量，在市局和静安税务局的范围内，对综合征管、防伪税控、网站（含网上申报、网上认证、网上抄税）、OA、档案、外联网接入服务平台6个系统进行信息安全风险评估，从管理、物理环境、网络、应用4个方面查找存在的问题和不足，为今后系统整改工作提供指导。

（符小玲　刘　汀）

上海市统计局

【网上直报工作有序推进】 按照2009年初上海市统计系统务虚会和工作会议有关要求，市统计局决定从2009年起全面推行统计数据网上直报工作。此项工作被列为2009年度重点工作，纳入督办事项，并在年底实现专业、区县全覆盖。

2009年5月，市级层面成立局、总队的统计信息化工作领导小组，各区县由主管信息化工作的局、队领导组成区县工作小组，形成强有力的领导机构和高效灵活的工作机制。2009年9月，市政府办公厅转发《上海市实施统计数据网上直报工作管理办法》，对网上直报工作的开展起到了规范和促进作用。

为确保网上直报工作顺利进行，市统计局积极做好各项准备工作。(1)与市政府办公厅及政务外网管理中心联系，将市统计局通过政务外网连接互联网的带宽从10 M扩容到20 M；(2)在统计局内网中，提高网上直报系统的网络优先级，关闭BT等端口以节约网络资源，并通过网络设置，为区县、乡镇街道统计人员提供内、外两种接入方式，部分区县接入速度明显提高；(3)通过调研、召开区县局长会议和计算机人员研讨会等形式，总结网上直报工作的经验、问题和不足，及时解决基层遇到的困难和问题，研究确定工作思路；(4)制定网上直报工作实施办法，明确目标任务、组织工作、职责分工、业务流程、计划进度等，并对各区县提出具体工作要求；(5)制作、布置网上报表，精心组织技术培训；(6)对网上直报的新版程序进行研究，搭建运行平台，在投资和企业景气调查中先行使用，为今后系统升级做好准备。

2009年6月开始，市统计局先后完成对各区县局人员的培训，随后由各区县局对乡镇街道和企业进行培训。经过几个月的努力，达到预期的工作目标，一是基本上顺利过渡到统一平台上，二是专业覆盖面基本到位，企业直报率有所提升，达到50%以上。

【研究确定统计数据仓库建设方案】 根据2009年1月国务院副总理李克强在视察国家统计局时的讲话以及全国统计信息化工作会议、上海市统计工作会议精神，2009年将统计数据仓库建设作为重点研究课题并提前实施。

在前期准备阶段，认真学习国家统计数据库建设的经验和推广方案，分析主要的数据仓库产品功能，集思广益，积极征求意见，多次组织讨论，研究梳理统计业务需求，并在此基础上形成数据仓库项目招标文件。

统计数据仓库建设以标准化、多维化、可扩展、安全可靠、易操作和节约成本为基本原则，以需求为导向，突出重点和亮点，依托政府“电子统计”工程，以局队领导、专业人员和普通用户为服务对象，实现数据整合、数据处理等功能。

制定统一的技术元数据和业务元数据标准，覆盖统计数据采集、加工、清洗、加载、多维生成、分析利用、发布、归档等各个环节，建立相应的管理维护机制。

建立基础数据管理平台，为历年各专业统计数据以及其他部门数据的加载、查询、审核、处理、汇总、统计等提供统一平台。

以数据的开发利用为目标，通过数据抽取、转换和加载（ETL），形成统一存储的数据格式（DDS），载入数据仓库，建立数据集市，在此基础上实现前端数据展现，包括驾驶舱、多维数据分析、即席查询、智能报表等功能。

建设统一的工作门户，包括认证授权平台、门户支撑功能，使各系统的平台界面趋于一致，实现单点登录及个性化定制。

建设统一的短信平台，并为其他应用提供接口规范。

2009 年完成数据仓库项目的前期调研、立项、经费申请等工作，12 月上旬由市政府采购中心在政府采购网上向全社会公开招标，12 月下旬由市政府采购中心组织专家进行评标。

【网络扩建工程配套工作顺利推进】 按照国家统计信息网扩建工程的统一部署，市统计局到国家统计局的线路由两线 3 M 升级为三线 161 M，进行了电信线路、路由器、电子邮件系统、防火墙、漏洞扫描等软硬件设备的升级换代，部署了网上培训系统、客户端安全系统、即时通讯系统等，实现与国家统计信息系统相衔接。此外，在国家统计局数据管理中心指导下，进行 CA 身份认证系统的安装、配置和功能测试，完成国家统计局 CA 身份认证系统的试点任务。经与国家统计局沟通协调，上海将先行部署和使用 CA 身份认证系统。

【信息安全切实加强】 为确保市统计局计算机信息系统运行安全和信息安全，按照信息系统安全等级保护的有关规定，2009 年积极落实信息系统安全防护的各项措施，开展保密检查、公务网管理维护和涉密计算机设备配置等工作。下半年，为配合市保密局信息安全检查，对局内工作用机和办公自动化系统的内部工作信息和敏感信息进行全面清理，建立涉密计算机和非涉密计算机的电子台账，制定《关于加强计算机信息系统安全保密管理的实施方案》，按照此方案要求和市局现有计算机实际配备情况，实施计算机设备的“2＋1”配置方案，即每人配备 2 台计算机（涉密和非涉密各 1 台），每个部门配备 1 台过渡机。

（唐庆茹）

上海市民政局

【概况】 2009 年上海民政信息化建设坚持“以需求为导向，以应用促发展”的原则，扎实推进上海市居民经济状况核对信息系统、市民政局网站、民政电子政务平台等重点信息化项目建设，初步完成综合帮扶信息网站、13 家直属单位互联互通等项目的建设工作，以做好保密专项检查工作为契机，逐步提高信息系统的安全保护等级，为推进建设“服务型政府”、打造网上“安全民政”、实现“现代民政”、确保民政各项业务工作正常开展发挥了重要作用。

【推进上海市居民经济状况核对信息系统建设】 根据市政府关于扩大廉租住房受益面工作的要求，市民政局承担了居民家庭经济状况收入核对信息化平台的建设任务，实现对全市低收入家庭经济状况的科学评估。

2009 年，基本完成全市收入核对网点的建设，青浦、松江等部分网点也正在加紧建设；与公安、证监、银行等部门加强沟通，形成系统互联的数据比对技术方案，完成民政内部与业务系统互联的数据比对专线；廉租房应用前端受理方面，完成社区事务受理系统中廉租房数据采集系统的应用开发、人员培训及验收工作，在全市 189 个街镇安装“一门式”系统，其中 134 个街镇已投入使用；廉租房应用后端核证方面，完成收入核对系统第一阶段的应用、开发与验收工作，并在全市 118 个街镇安装使用该系统；开发完成经济适用房（试点）社区受理、电子比对软件，并在闵行、徐汇两区完成培训与实施工作；收入核对系统第二阶段应用方面，按照项目可行性研究报告进行软件需求调研，完成第二阶段应用开发的招标工作；完成收入核对系统计算机软件著作权的登记申请工作。

【初步建成上海民政电子政务平台】 上海民政电子政务平台于 2006 年启动建设，2009 年重点进行平台的升级（主要包括软硬件系统、公文流转系统、邮件系统、统一认证系统、统一用户管理系统、信息发布系统的升级），以及局长视图的开发建设、门户网站页面的改版等工作，进一步提升系统的稳定性、安全性和应用性。通过信息发布系统的升级，实现信息发布的流程控制和逐层审批，同时开放区县级用户信息发布功能，并提供视频发布和管理权限。通过统一用户管理系统的升级，增强业务条线的管理和业务系统子模块的功能，增加开户、销户的审批流程，并提供业务系统接入的标准接口。通过 CA 系统及统一认证系统的升级，实现了用户身份的强制认证。

【推进上海民政网站建设】 2009 年，市民政局网站按照“以民众需求为导向，以完善网站现有功能与推进后台建设为重点”的工作要求，进一步完善各项功能，加强后台统计分析平台建设，主要体现在以下几个方面。

(1) 完善网站页面布局，优化网站结构功能。进一步优化局网站的页面布局和功能结构，将导航条扩大为导航区；丰富完善首页内容，经新增后共包括 9 大板块；调整图案色彩；压缩网站页面数据量，提高响应速度；根据市政府关于信息公开工作的要求，进一步完善信息公开板块中的“捐赠救助”、“社会公益”栏目，新增“福彩公益金”栏目。

(2) 建设网上办事大厅，提高网上办事成效。优化网上办事大厅的布局结构与办事流程，采用动态场景演示，提供“在线受理”、“状态查询”、“结果反馈”三大应用，整合“办事指南”、“表格下载”、“网上咨询”、“网上投诉”、“便民问答”、“法律法规”、“办理机构”七大要素。进一步完善“一门式”网上办事功能，建设乡镇街道社区民政事务专栏，新增 23 项网上办事事项，并与“一门式”事务受理服务中心系统直接进行数据交换，已在 4 个区的 24 个街道进行试点。新增区县民政办事专栏，提供办事指南、在线办理等服务。

(3) 大力拓展网上互动，畅通民众诉求渠道。进一步完善信访回复、调查评议、在线访谈、民政大家谈等栏目的功能。全年共答复来信 5 664 件，其中局长信箱和网上信访答复 1 221 件，网上咨询答复 4 267 件，监督投诉答复 176 件。开展在线访谈、民意征询、网上调查、民政大家谈、公众评议等活动 20 次。新增公众评议专栏，发动社会各界对民政工作及政风行风进行监督评议。

(4) 加大民政网站群建设力度，提升民政部门为民服务水平。已完成 18 个区县的民政网站建设。各区县民政局可通过信息发布系统管理维护本区县的民政网站，包括区县新闻、区县政府信息公开、区县政府实事项目、区县办事指南、区县便民服务信息、区县局长信箱等栏目。

(5) 加强后台统计管理建设，提升网站管理工作水平。对网站信息发布、网上办事后台处理、网上信访回复、网上互动后台管理等系统进行了升级改造。建设网站诊断与检测、栏目内容统计分析、网上办事监督与分析统计等系统。

(6) 开展网站无障碍改造等建设，完善网站服务功能。一是开展网站无障碍改造工作，根据市政府有关“迎接世博会，方便盲人及弱视人群上网”的要求，局网站成为首批 3 家进行无障碍改造的市政府部门网站之一，以及全国民政系统第一家进行无障碍建设的网站，已上线测试；二是开展繁体版与英文版建设，11 月底启动此项工作，已完成开发并正式上线；三是新建促进大学生就业公共信息平台。

(7) 加强网站日常维护，及时更新栏目内容。对信息公开、政务新闻、便民服务、网上互动等栏目进行及时更新维护。全年新增主动公开信息 221 条，新增政府信息 195 条，更新 25 条；发布上海市民政政务信息 856 条(含图片 560 张)、国内民政信息 741 条、媒体关注信息 400 条、视频新闻 78 条；新增 6 个热点专题。

【推进民政业务系统(项目)建设】 2009 年，根据业务发展需要，对社会救助信息管理系统进行升级改造：改造和完善业务操作方式；扩大系统业务对象覆盖面；优化系统业务处理速度；提高系统的灵活性以及业务监管能力和数据推送能力；实现对各项社会救助业务的汇总、统计、建模和分析。通过升级改造，使社会救助信息管理系统由单纯的业务处理系统成为一个集救助业务处理、历史信息统计查询以及综合监控、综合服务、业务管理于一体的信息处理系统。系统已进入试运行和全市推广阶段，用户数达 150 人，使用情况良好。

对上海市社会保障和市民服务信息系统(简称“市民服务信息系统”)民政分系统进行运行保障。其中，对婚姻预约系统进行全面升级；结合浦东、南汇两区合并的情况，对退役士兵和军休干部审批流程的查询统计模块和数据接口进行修改；完成随军随调信息管理子系统的开发和数据采集工作；调整优抚子系统和义务兵子系统；完成新增外婚登记系统与民政部登记软件数据导出接口的开发工作。

初步完成综合帮扶信息网站及其内部流程的软件设计开发以及设备选型等工作;完成冬至扫墓视频监控网络集成工作(维赛特公司—市民政局—市政府应急办)。对民政信息系统及社会救助管理信息系统、民政部广域网上海分系统、民政信息安全系统、民政局公务网、民政救灾捐赠业务系统、中心机房及局域网系统、民政地理信息系统进行了运维保障。对养老管理信息系统中的需求评估和居家养老子系统进行推广使用。此外,2009 年还完成 13 家民政直属单位网络互联互通项目的建设、验收工作。

【打造网上"安全民政"】 以做好保密专项检查工作为契机,逐步提高信息系统的安全保护等级,确保民政各项业务工作正常开展。

按照市保密局关于保密专项检查的具体要求,对民政局非涉密电脑、涉密电脑、涉密办公自动化设备、存储介质等进行逐台检查和分类,对不符合保密要求的设备进行及时整改;配合局保密委对局有关处室配置涉密计算机、涉密打印机、涉密存储介质和非涉密存储介质;制定《上海市民政局信息系统安全保密管理制度》;根据市保密局对民政公务网的分级保护要求,制定分级保护方案并进行了集成实施,经市安全测评中心测评通过,取得上网运行许可资格。

根据市经济信息化委的要求,修订《民政系统网络与信息安全事件专项应急预案》;对民政三级信息网络系统和门户网站进行安全测评,取得网络系统和门户网站两张安全测评证书;将电子政务平台和社会救助信息系统的安全保护等级从二级提高到三级,并根据三级保护的要求,结合民政实际,制定相关改进方案;为确保数据安全,新增网络审计和数据库审计系统,做到发生安全事故时有据可查;在全局终端电脑上配置 EAD 管理软件,实现内外网逻辑隔离;根据原市信息委制定的安全检查指南的要求,对民政信息系统进行全面的安全检查,并发文给局属各单位,要求落实国庆节和世博会期间的安全保障工作。

【推进社团信息化建设】 2009 年,对外依托上海社会组织网站(政务外网),对内依托社会组织业务管理系统(内网),形成"一点受理、抄告相关、并联审批、实时反馈、一办到底"的在线办理模式,提升了社会组织管理工作的质量和效率。

(1) 加大政府信息网上公开力度。在政务网站首页醒目位置开设"信息公开"专栏,内设"政府信息公开指南"、"政府信息公开目录"、"依申请公开"、"办事指南"、"发展规划"等 12 个子栏目,按业务类别分社会团体管理、民办非企业单位管理、基金会管理,提供政策法规规章、办事指南、行政许可、年检、行政处罚等政务信息。

(2) 完善社会组织法人信息库。依托社会组织业务管理系统,设立电子档案,涵盖社会组织历次行政许可、行政检查、行政处罚的信息记录,建成社会组织法人基本信息库,为将来构筑全市社会组织诚信评估体系奠定数据基础。

(3) 全面推行网上办事。2009 年,全市社会组织全部通过电子签章方式,完成网上填报和初审。全市近 900 家市、区级业务主管单位全部参与年检报告书网上审核,协同网上办事率达 100%。电子签章的应用,推进了网上办事跨部门协同办公,达到了便民利民、高效服务的效果。

(4) 研究开发便民互动功能。通过开发上海社会组织信息采集发布管理平台,将全市社会组织、业务主管单位和登记管理机关纳入市社团局信息报送网络。建设并开通上海社会组织网站英文版,以满足外籍用户的需要。开发建设上海社会组织网移动版,开通统一短信平台,为手机用户提供服务,主要包括年检短信通知、会议通知、网上咨询投诉反馈通知、办事人员业务到达提醒通知以及社会组织登记证书过期提醒通知。

(纪江明)

二、市级机关信息化

上海市人大常委会

2009 年,市人大常委会以建设"五网并举"的信息资源平台为契机,着重加强市人大常委会机关网核心资源库建设,逐步推进全机关阅文电子化工作,并继续探索、完善市人大常委会领导通过上海人大公众网这一公共信息平台与公众进行互动交流的常态机制。

【加强市人大常委会机关网核心资源库建设】 市人大常委会"五网并举"的信息资源平台建设项目正稳步推进，新版上海人大公众网、机关网和代表网陆续上线，区县网和公务网也已完成初步建设，将配合市公务网的接入工作择时上线。

市人大常委会机关网核心资源库建设初见成效，通过推行《上海市人大常委会信息资源建设工作机制——机关内部动态信息加载办法》，2009 年市人大常委会机关动态信息发布数量同比有较大增幅，其中超过 30％的动态信息与上海人大公众网、代表网实现共享，不仅提高了信息服务质量，也增强了人大工作的公开性与透明度。

市人大常委会还通过开展专项业务培训，召开网络信息资源建设工作研讨会，推荐网上新闻作品参加全国人大好新闻评比等多种形式，提高市人大常委会机关及区县人大有关人员的网络信息工作水平，提升市人大常委会机关网核心资源库收录信息的质量，为进一步整合信息平台资源、发挥网络信息优势夯实基础。

【逐步推进阅文电子化】 本着节约资源、可持续发展的理念，市人大常委会探索并推进市人大常委会机关办公和会议阅文电子化。2009 年 3 月，市人大常委会制定《关于推行阅文电子化的工作方案》，从软件平台、硬件环境、人员培训和内部制度四个方面明确了阅文电子化的工作思路及阶段进度。

软件平台方面，开发具有电子版文件分发、阅读、管理等功能的阅文电子化管理系统，并为每位使用者定制、开通个人专属电子文件柜；硬件环境方面，布设市人大常委会机关无线网络系统，改造各会议室电源线路，配置相关阅文电子化设备；人员培训方面，自 2009 年 6 月起举办数十期专题培训，市人大常委会主任刘云耕等常委会领导和机关人员分批参加培训，掌握了电子文件柜及阅文电子化设备的使用方法；内部制度方面，制定《上海市人大常委会信息资源建设工作机制——电子文件柜信息加载办法》等，并在推进阅文电子化的过程中不断予以补充完善。

2009 年 6 月 23 日，市十三届人大常委会第十二次会议试行阅文电子化，并逐步推广应用到主任会议和人代会。市十三届人大第三次会议期间，各类参阅资料不再印发，以电子版形式提供给代表阅读，实现了常委会领导关于减少大会纸质文件的要求。

【探索市人大常委会领导通过网络平台与公众进行交流的常态机制】 根据市人大常委会党组会精神，市人大常委会于 2009 年 3 月制定《关于完善"人大网议日"工作机制的初步方案》，明确提出"不定期地选择紧扣全市大局、并与市人大常委会履职工作相结合的议题，邀请常委会领导作为'人大网议日'活动嘉宾，就常委会重要工作或社会热点问题与市民进行网上交流"。

2009 年 4 月 15 日，市人大常委会主任刘云耕作为嘉宾参加上海人大公众网的"人大网议日"活动，就"贯彻全国人代会精神，增强市人大常委会工作实效"议题与网友进行在线交流。一年来，常委会领导积极参与"人大网议日"活动，分别就不同热点议题与网友互动交流。2009 年 5 月，"学习实践科学发展观、市人大常委会领导听取网友意见活动"被评为全国第十九届人大新闻奖一等奖。

2009 年，共举办 23 期"人大网议日"活动，上海市和全国人大代表及其他方面的领导、专家共 74 人次作为嘉宾参加该项活动，收到网友提问 3 812 条，嘉宾们在现场就其中具有代表性的问题进行了回答。

【继续做好日常信息服务和信息建设工作】 2009 年，市人大常委会继续进行市公务网接入工作；完成市十三届人大二次会议电子会议系统的运行、保障任务；做好市人大常委会会务自动化系统的日常运行、维护工作，并按照年度工作需求，对系统软硬件进行了修正和调整；完善"人大数字图书馆"建设，为市人大常委会代表及市人大常委会机关工作人员提供决策信息参考和网络信息咨询服务。

2009 年 5 月，通过优化市人大常委会代表网接口程序与市政府代表书面意见办理系统实现互联，并对代表履职信息管理系统进行软件升级和完善，既为代表履职提供了信息化服务，也为常委会有关部门全面了解代表履职情况提供支撑。

（宋　兵）

上海市经济和信息化委员会

【加强门户网站建设】 市经济信息化委网站作为全市工业和信息化信息发布的一个平台，是政府服务企业的有效网络。主要职能包括：产业发展、运行保障、技术创新、信息化建设。网站建设方面，以构建服务型政府网站为中心，围绕工作职能，下设七大栏目：信息公开、网上办事、资讯中心、工业数据、服务平台、互动平台以及产业投资指南。力求做到"信息权威、查询快捷、互动全面"。

(1) 网站已成为市经济信息化委信息公开的主渠道。按照国家信息公开有关条例和市政府有关规定，将最新公告、政策法规、信息公开事务等实时公布在门户网站上，2009 年主动公开信息目录 210 条，依申请公开网上受理件 5 件，公开的行政许可和非行政许可审批事项 31 项。同时为用户提供了便捷的检索功能，便于用户查询市经济信息化委网站的信息公开内容。"信息公开"提高了市经济信息化委工作的透明度，网站已成为市经济信息化委信息公开的主渠道。

(2) 网站双向互动日趋密切，服务功能明显增强。市经济信息化委网站为企业办事和咨询提供了直通渠道，提高了企业对政府服务的满意度。"网上办事"、"网上咨询"、"网上面对面"等是市经济信息化委在网上为企业和个人服务的重要手段，改变了原有的单向服务方式，集聚了委内所有资源，实现"一个口子，一种声音"。企业的咨询、建议、提问、需求和其他需要市经济信息化委办理的事项都可以经由网上提出申请，并经相关业务处室处理后，在外网及时将办理状态和结果告知申请对象。

其中，"企业呼声直通车"是市经济信息化委网站建设中为企业服务的特色之一。"企业呼声直通车"作为企业与政府互动的载体，为市经济信息化委进一步了解和协调解决企业生产经营过程中存在的问题，了解政府在产业发展、税收、规划、土地、环保、进出口、劳动用工、技术创新、品牌建设等方面的政策，建立了跨部门的推进协调和跟踪落实工作机制。2009 年通过网上"企业呼声直通车"受理的事项有 168 件，答复咨询投诉事项1 200件。

(3) 网站依托并联审批平台实现高效透明办事。依托市经济信息化委内、外网并联审批协同平台，将要公开的信息经过内网流转审批后，通过安全性处理可以转到网站公布，保证了信息公开的及时性和准确性；与此同时，由外网受理的网上办事、咨询、投诉等事项，经由内网流转至相关业务处室处理后及时在外网网站上告知申请人，真正做到了信息处理的及时性和透明性。2009 年通过内外网并联审批平台共审批项目 374 件。

(4) 网站是工业和信息化有关信息的资讯中心。网站及时发布全市工业经济运行最新动态、委内工作最新动态、国内主要经济要闻和工业动态、全国工业经济运行研究报告以及高新技术产业化最实时、最前沿的信息，及时发布全市工业经济运行数据，包括全市工业、区县工业、都市产业、现代工业园区、产品数据库、行业协会等的数据。网站每天更新量约 20 万字以上。

(5) 网站安全保障软硬件到位。市经济信息化委网站采用完全自主管理和发布的方式，2009 年对门户网站整个软硬件系统的安全性进行加固。在网站系统已有防火墙和入侵监测的基础上，又部署入侵防御、网页防篡改、网络监控、防病毒等多种安全保障系统，并在互联网接入口启用 DDOS 攻击防护措施，增加异地备份机制，在中山北一路建立市经济信息化委异地灾备中心，有效保障了网站的安全。

(6) 配合世博开设网站导航通道。为积极配合 2010 年上海世博会的召开，网站新增网站导航员——"玉兰"小姐，只要一进入市经济信息化委网站，美丽端庄的"玉兰"小姐就声情并茂地为您简要介绍市经济信息化委网站，使受众对网站的主要内容有所了解。同时"玉兰"也能帮助广大残疾人士了解网站内容。

【搭建各类公共服务平台】 2009 年，市经济信息化委以服务企业和全社会为重点，以"公开、公平、公正"为原则，以信息化为手段，有效结合自身的工作特点，先后开发和完善一系列服务平台，应用效果较为显著。

(1) 建立市经济信息化委专项资金项目管理与服务平台。专项资金项目管理与服务平台是一个集中小企业、高新技术产业化、知识产权、工艺美术、信息化发展专项、软件和集成电路产业发展、合同能源管理、节能降耗等各专项申报的一体化服务平台，体现"公开、公平、公正"的原则。平台通过项目入库管理，形成专项资金公示、申报、备案、核准及审批的网上信息系统，设有诸如项目指南、公示公告、管理办法、专家咨询、投诉建议等栏目。通过市经济信息化委、区县经委、开发区管委会、央企集团、行业协会、中小企业等多层级关系，用信息化的手段完成项目入库、跟踪、统计、汇总，逐步把全市工业和信息化领域项目投资有效纳入到信息系统中，以提供实时的正确决策数据基础。通过网上备案和审批流转，提高了企业项目备案的速度，以及信息的及时跟踪度和共享度。

（2）完成经济运行决策分析系统升级工作。上海市经济运行与产业安全监测平台是市政府专业性经济类服务平台，包括对工业、现代服务业、产业安全、能源运行、市场监控、基础数据库等诸多方面的信息采集、项目申报、预警提示、汇总分析，作为企业及时了解上海市经济运行情况的窗口，为企业提供上海市经济运行、产业安全方面的信息。2009年，根据新的成品油标准，在监测平台上建立沪Ⅳ、国Ⅱ标准的成品油采集分析系统，并对工业预测报送数据、产业损害预警报送数据、生产性服务业报送数据、成品油报送数据、煤炭报送数据、重点流通企业采集数据、煤炭资格审批企业数据、加油站企业数据、产业安全数据等进行整合，提供相关报表和多种情况分析，通过统一的图表进行展现，完成经济运行决策分析系统的升级工作。

（3）全新开通上海市节能网站。上海市节能网（www.shjn.gov.cn）是市经济信息化委根据市政府“十一五”节能减排总目标分解实施而专门建设的具有权威性的节能综合网站，向企业和市民发布权威的、具有指导意义的节能信息和政策法规；汇集各方节能管理经验，向企业和市民推广节能知识和先进技术；建立节能与综合利用专家库，加强节能减排资金项目评审工作的专业性、权威性；网站还作为全市能源管理核心单位的外网办公平台入口。

网上科学节能展示馆是节能网的重要组成部分，是实物展示馆的网上再现。2009年12月上海科学节能展示馆开幕，该馆是一个节能公益展示平台，共7个展区，通过实物模型、互动游戏、展板、视频、多媒体技术等手段，形成专业性、系统性、趣味性、实效性的有机统一，使参观者了解节能先进技术，升华节能观念，强化环保意识，促进节能减排与能效理念深入人心，让高能效产品和技术渗透进各行各业，迈入千家万户，在全社会建立起低碳和高效的能源消费模式。网上展示馆再现了实物展示馆的风采，可以足不出户领略家庭、楼宇、工业、交通、新能源五个方面的节能和新能源展品。

【上海市能效中心智能化系统工程暨灾备中心项目全面竣工】 为积极推进“十一五”工业系统节能降耗重点工作，经市政府批准，于2009年在中山北一路121号改造建设上海市能效大楼，目标是使上海市能效中心有一个集节能监测、用能统计预测预警、现代化办公为一体的综合性智能化服务环境，并作为上海市形象性、标志性的窗口工程。智能化系统包括：综合布线系统、门禁安防系统、网络与安全系统、主机与PC系统、程控交换机系统、计算机机房系统、大屏演示系统、电子会议和视频会议系统、应用软件系统等。工程建设充分考虑了先进性、实用性、可靠性、开放性和安全性。

计算机主机房建设在满足国家标准的同时，力求采用节能措施设计；网络系统按照国家电子政务建设要求分为内网和外网，内外网之间物理隔离，内网可以和上海市公务网连接，外网可以和互联网相连接；电话系统作为巨鹿大厦市经济信息化委的分支系统，具有短号免费拨打功能；大屏演示系统由21块67英寸DLP背投屏组成，采用单双灯节能原理，多路输入输出方法，可以同时对全市主要用能单位、重要危险品生产单位、视频会议各会场、网络系统、机房环境及大楼出入口、节能展示馆等多处进行监控和演示；应用软件系统包括能效大楼入驻单位的内部办公系统、主要用能单位的能耗分析系统、节能门户网站系统等。2009年底，上海市能效中心智能化系统工程全面竣工，整个系统不仅承担能效大楼的信息系统运行，同时作为市经济信息化委的信息化灾备中心，保障市经济信息化委网络与信息系统的安全和正常运行。

（张舒敏）

上海市人口和计划生育委员会

【概况】 2009年，上海市人口和计划生育委员会认真贯彻国家人口计生委和市委、市政府以及市经济信息化委有关信息化工作任务，以业务需求作为出发点和着力点，继续加强全市人口计生系统电子政务建设，以迎世博、保稳定为重点，着重强化信息化应用拓展、应用平台和信息安全保障等工作。4月7日，在国家人口计生委组织的全国人口计生系统人口信息数据质量大检查中，市人口计生委凭借准确、详实的人口信息获得全国统计与信息化建设一等奖。11 月 4 日，在西安召开的全国人口和计划生育信息化工作会议上，市人口计生委作了《大力推进人口信息资源共建共享，努力提升人口计生信息化水平》的交流发言。

【积极拓展人口计生信息化应用的广度和深度】

1. 基本完成人口计生地理信息系统开发建设工作

上海市人口计生地理信息系统分为指标管理、指标浏览、机构查询三个模块。指标管理模块提供提取数据灵活制作各种专题图形的功能，指标浏览模块通过直观页面展示已经制作完成的各类图形和图表供各级领导浏览决策，机构查询模块提供各类人口计生服务机构的查询统计、空间分布和地图定位等功能。

2. 完成全国流动人口计划生育信息上海数据交换平台改造工作

为更好地管理全国流动人口计划生育工作，根据国家人口计生委新版流动人口计划生育交换平台和实际工作的要求，市人口计生委认真梳理流动人口计划生育事务办理流程，按照国家标准，对上海对接平台进行信息化改造。改造后流动人口计划生育信息交换平台具有流动人口信息在线实时查询、流动人口信息省际协查和流动人口信息数据批量交换等功能，新平台提高了与上海市人口与计划生育综合管理信息系统的集成度和业务关联度，大大减轻了基层人口计生工作者的负担。11 月 13 日，市人口计生委率先在全国完成了平台对接工作。

3. 进一步充实、完善市人口计生系统电子政务平台

根据 2009 年 4 月国务院颁布的《流动人口计划生育工作条例》(国务院令第 555 号)和计生业务需求的变化，2009 年共新增和修改 17 项行政事务处理模块，进一步充实、完善上海市人口计生系统电子政务平台。其中，新增年老退休时一次性计划生育奖励费发放审核、计划生育家庭特别扶助、流动人口一孩生育服务登记、流出人口婚育情况证明办理等 6 项行政事务处理模块，修改完善再生育子女办理、流动人口婚育证明、农村计划生育奖励扶助、独生子女伤残死亡补助、免费计划生育技术服务等 11 项行政事务处理模块，基本实现快速适应业务需求变化的要求。

【继续加强与相关部门人口信息数据共享工作】 2009 年，上海市人口计划生育数据库共新增个案信息1 214 699 条。其中，户籍人口 96 772 条，流动人口 1 117 927 条；外部共享新增 936 614 条，基层人工新增 278 085 条。

(1) 大力推进与上海市"实有人口服务和管理信息系统"数据共享工作。根据市委、市政府和市人口办相关要求，积极推进市人口计生委"上海市人口与计划生育综合管理信息系统"以及人口计划生育数据库与上海市"实有人口服务和管理信息系统"的数据交换和共享工作。8 月 31 日，市人口办到市人口计生委调研人口数据交换和系统接入需求，正式启动市人口计生委接入实有人口数据交换平台的工作。按照市人口办《上海市实有人口信息管理系统(二期)数据交换规范》的规定，双方协商确定市人口计生委的人口信息交换数据项、数据标准及数据交换频率等内容。市人口计生委主动根据交换标准修改委业务系统，认真准备人口计生业务数据的收集、整理和报送工作，仔细研究日常更新数据的交换规则，开发专门的数据交换接口，为日后业务变动数据的报送奠定基础。12 月 24 日，报送第一批独生子女家庭关系信息数据 1 996 563条。

(2) 积极推进与市人力资源社会保障局相关信息的互通工作。为探索部门间具体行政事项数据信息的互联互通，市人口计生委积极与市人力资源社会保障局协商，双方原则同意在审核年老退休一次性计划生育奖励、城镇生育保险方面开展信息共享工作，市人口计生委在年底前按照计划提供了初期第一批存量数据。

【完成流动人口计生统计和计划生育个案信息上报工作】 按照国家人口计生委的工作要求和数据标准，依托"上海市人口与计划生育综合管理信息系统"以及人口计划生育数据库，市人口计生委拟定数据筛选标准、数据统计口径，开发数据提取、数据校验和代码转换程序，11 月 13 日，率先完成上海市流动人口统计报表和跨省流动人口个案信息上报工作。

【开展 0～9 岁出生人口基础信息核查工作】 根据《国家人口计生委办公厅关于开展全国人口和计划生育基础信息核查工作的通知》要求，市人口计生委迅速建立基于统一业务平台、充分利用现有人口数据资源的信息核查数

据库和信息核查工作平台，并从上海市人口计生数据库中预先筛选出符合条件的人口信息，供基层人口计生工作者下载并核实。同时开发出生人口基础信息核查结果的处理模块，及时掌握核查进度，较快完成国家人口计生委关于0～9岁出生人口基础信息核查工作。

【继续完善政府门户网站建设】

1. 完成全市人口计生系统门户网站全面改版工作

根据市委、市政府关于政府网站建设的要求，市人口计生委以信息内容为核心，以政府信息公开为依据，以为民服务为重点，重新设计网站框架结构，优化网站页面展示效果和响应效率；增设全市人口计生系统公共服务机构GIS查询定位功能、人口发展改革视频信息服务功能；新增英文版专题网站等。

2. 完成市政府办公厅关于政府网站测评工作

根据市政府办公厅的测评要求和测评方案，市人口计生委于2009年12月1～20日组织力量对照政府网站6个方面25项94个测评指标进行自测，并针对存在的问题进行整改。梳理和完善网站管理制度，形成门户网站建设规范、信息组织、内容发布及管理维护规范等16项制度规范；经过市政府政府网站第5测评组的现场测评，初步认为网站达标标准。

【完善和拓展12356呼叫平台服务功能】 继续完善和拓展"上海12356阳光计生咨询、研究和综合服务热线平台"咨询、研究和服务功能，新增市民最关注的重点问题标准答复口径的自动语音应答功能、无人值守传真等功能，调整完善呼叫平台的语音引导。同时，将上海市计划生育科研所的"性与生殖健康"咨询服务热线统一纳入12356呼叫平台，增加2个呼叫坐席和1个管理工作站，5月24日正式对外开通服务。

【着力加强市人口计生系统电子政务平台应用保障工作】

1. 实现市人口计划生育行政事务信息化工作目标，基层行政事务信息化应用程度大幅提高

2009年，电子政务平台共处理各类行政事务达810 313笔。其中，独生子女父母光荣证办理216 399笔，避孕节育报告单办理141 583笔，再生育审批办理7 015笔，农村计划生育家庭奖励扶助65 387笔，计划生育家庭特别奖励扶助52 525笔，年老退休时一次性计划生育奖励审核142 622笔，独生子女伤残死亡补助901笔，免费计划生育技术服务14 324笔，流动人口婚育证明办理44 743笔，生育联系卡办理68 538笔，医院出生通报单备案56 276笔。

2. 加强人口计生信息数据质量管理工作

根据国家人口计生委最新制定的人口数据规范标准，市人口计生委对全市人口计生数据库进行全面梳理和数据质量检查工作，开发数据查错程序，引导和帮助基层人口计生工作人员主动纠正数据错误，进一步提高全市人口计划生育个案信息的数据质量。

3. 进一步加强电子政务系统运行管理和服务工作

为保证全市人口计生系统电子政务平台的稳定运行，部署信息系统集中监控平台，制定技术支持工作流程和信息通报制度。集中对服务器、交换机等硬件设备和数据库的资源耗用情况和运行性能进行监控，梳理和明确驻场运维团队和机房运维团队的工作流程、层级管理和信息通报机制。全年响应基层人口计生干部电话及邮件咨询8 172次，电子政务应用平台维护547次，系统平台维护63次。

【重视网络和信息安全保障工作】

1. 完成信息安全检查工作

2009年4～7月，市人口计生委组织专业力量全面开展计算机及办公自动化设备的安全保密自查和整改工作，形成《连接国际互联网计算机信息系统保密管理规定》等11项保密工作制度，梳理上报各类计算机台账信息。7月24日，通过相关部门的专项检查。

2. 完成重要信息系统信息安全等级保护定级及测评工作

市人口计生委所属重要信息系统为"上海市人口与计划生育综合管理信息系统"和"上海人口计划生育"政府门户网站，分别定级为等保三级和二级。涉及的等保测评内容主要包括物理安全、网络安全、主机安全、应用安全、数据安全与备份恢复、安全管理制度、安全管理机构、人员安全管理、系统建设管理、系统运维管理等10个层面。通过自评、整改、第三方测评等3个工作步骤，均在年底前通过上海市信息安全测评认证服务中心的测评认证。其中，"上海市人口与计划生育综合管理信息系

统”测评指标共73个，不符合2个，不适用1个；“上海人口计划生育”政府门户网站测评指标共66个，不符合1个，不适用1个。

3. 完成重要信息系统网络与信息安全应急预案的编制和演练工作

根据市经济信息化委关于重要信息系统网络与信息安全应急预案编制及演练的要求，市人口计生委组织专门力量，对“上海市人口与计划生育综合管理信息系统”和“上海人口计划生育”政府门户网站等重要信息系统的运行情况进行了分析，9月底完成上述系统《网络与信息安全事件专项应急预案》的编制和上报工作，并根据应急预案编制演练方案和演练计划，进行了2次演练。

4. 完善市人口计生系统信息化工作平台网络接入环境

11月3日，根据国家人口计生委的要求，率先完成“全国人口计生系统专网”新老网络切换工作；年底，完成“上海市人口与计划生育综合管理信息系统”网络与国家政务外网的接入工作。同时，在市公众信息网管理中心的支持下，完成上海市人口和计划生育宣教中心、上海市人口与发展研究中心、上海市计划生育药具管理中心和上海市计划生育协会等4个部门接入上海市政务外网的工作。

（沙卫涛）

共青团上海市委员会

【概况】 2009年，共青团上海市委员会以打造“数字化共青团”为目标，全面推进信息化相关工作。在共青团信息化主体建设、服务和凝聚IT领域优秀青年、网络文化建设等方面取得一系列新的成绩。

【以规划发布为契机，努力加强共青团信息化主体建设】

1. 制定并发布《2009—2013年上海共青团信息化发展规划》

在广泛征求意见的基础上，《2009—2013年上海共青团信息化发展规划》于2009年8月正式定稿，并印发给团市委各直属一级团组织。围绕《规划》的落实，组织250多名团干部分条线召开四场信息化工作推进会，全面解读《规划》，进一步明确未来5年共青团信息化建设的目标。

2. 整合、开通、运行上海共青团两大门户网站

在纪念“五四”运动90周年之际，团市委整合开通上海共青团工作门户网站和青年公益门户网站（U网）。截至2009年底，团市委直属一级团组织中已经有230家单位定期向工作网站上传信息，半年多来上传信息量已经超过2.6万余条；U网注册用户已经超过10万，访问量达到225万。

3. 完善上海共青团快速动员和响应体系建设

建立包含3 000家基层团组织账号信息的协同办公平台数据库。逐渐加大工作网站、短信群发系统、电子邮局、机关办公系统和即时通讯等应用系统整合力度。基层团组织通过统一的用户名和密码登录“协同办公平台”后，可以实现团组织和团干部账号及权限的统一管理、工作网站信息发布和短信群发功能。短信平台使用率有较大提高，全年共有276家团组织累计发送短信42万余条，远远超过2008年全年26万条的发送量。此外，正在开发建设的即时通讯系统已完成跨网传输、群管理等功能的开发。

4. 加强共青团信息化工作调查研究

团市委领导带领信息化具体负责人先后到杨浦、黄浦、长宁、松江等区团委调研，就快速动员和响应体系建设、门户网站运维、网络文化建设与管理、信息化青年人才协会建设等方面进行工作交流与指导。完成团中央交办课题“共青团运用网络引导动员和服务青少年的研究”。

5. 组织基层团干部信息化培训

全年共组织59场共青团信息化工作培训会，直接培训各级团干部3 000人次，提高团干部信息化意识，增强团干部对两大门户网站、协同办公平台和短信平台等信息化系统的规范使用和运行维护技能，引导团干部积极运用信息化手段不断创新工作方式。

【以人才协会为平台，不断服务和凝聚IT领域优秀青年】

1. 组织开展第八届“上海IT青年十大新锐”评选活动

2009年5月，与市经济信息化委、市青联发起第八届“上海IT青年十大新锐”评选活动。评选出新一批上海IT领域的青年领军人物，并在复旦大学、华东理工大学、东华大学和同济大学等高校举行“IT新锐进校园”

活动。

2. 实施上海IT青年创新创业系列行动

2009年6月,“天翼杯”上海IT青年创新创业行动启动。活动在上海20所高校的30个校区、15个高科技园区、100个电信营业厅进行宣传推广,共有541名青年报名参加,人数与往届相比有较大增长。启动《上海IT青年创业多平台支持计划》,上海我要网络发展有限公司等7家单位为大学生提供了多种创业支持平台。

3. 开展各类交流活动

组织协会会员赴余杭创新基地、南京高新区、扬州、嘉兴、平湖、洛阳等地进行考察交流。参与市发展改革委“关于上海电子商务发展政策支持”的调研课题。组织历届IT新锐代表与市经济信息化委、市经济信息化工作党委领导就软件业发展及高新技术产业化进行座谈。围绕“2009移动信息化产业发展”、“上海农业信息化发展趋势”、“电子商务发展”、“电子商务与税收政策”、“IT与健康”等专题举办研讨会,组织协会会员就信息化产业发展、信息化建设和服务等方面进行深入交流研讨。

4. 依托协会服务团的重点工作

组织17家协会参加团市委组织的应届大学生专场招聘会,提供623个招聘职位。推荐协会会员担任“青年就业创业大讲堂”活动嘉宾。根据团中央有关工作要求,在协会会员所在企业在51.com和第九城市开展互联网团建试点工作,通过电话沟通、走访调研、座谈交流等形式,指导试点单位建立试点工作方案。邀请有经验的会员作为专家,参与世博志愿者管理平台和培训平台建设项目的招标评审、项目监理等工作。

切实服务会员自身发展。为具有先进技术优势的会员——赢思软件CEO袁辉的户籍的顺利落户积极呼吁、牵线搭桥。举办协会运动会、亲子活动、田园烧烤等休闲活动,增进协会的凝聚力和会员之间的交流。每月为当月生日的会员集体过生日。协调社会资源为会员提供免费体检服务。

【以工作创新为动力,积极探索网络文化建设新途径】

1. 开展“迎世博百万笑脸征集活动”

指导上海青年公益门户网站,依托各个合作单位在上海乃至全国设立笑脸采集点,并通过“迎世博3D笑脸墙”揭幕、“YES大使”网络海选、笑脸征集之“校园行”和“环保园区行”等一系列活动开展广泛社会动员与宣传。截至2009年底,征集到的笑脸数量已经突破40万个,成为上海迎世博期间网络文化特色活动之一。

2. 策划并出品反映网络生活方式的话剧

指导市信息化青年人才协会联合SMG青年事务中心、上海戏剧学院演艺中心、调频103.7 love radio等共同出品话剧《被结婚时代》,并于2010年贺岁档正式公演。话剧主要反映青年在数字时代面对工作、恋爱、亲情、婚姻等一系列问题时积极乐观的心态,是团市委直接指导的第一部体现网络特色的时尚青春话剧,也是新形势下由青年团队自己打造的具有浓厚青春气息的海派网络文化产品。

3. 积极开展重点项目的网络宣传

以共青团两大门户网站为主阵地,围绕青春世博行动、世博志愿者报名、大学生就业见习、五四运动90周年、建国60周年国庆升旗仪式、青年工作联席会议等重点工作项目,通过开设专题网页、网络新闻报道等方式,努力加强青少年网民爱国主义教育和思想道德教育。同时,促进12355上海青少年公共服务平台与盛大网络、51.com等社会知名网站的合作,扩大共青团在互联网上的影响力。

4. 做好上海青年网宣队伍的日常联系和管理

充分发挥网宣队伍在网络信息采集、调研和舆情引导等方面的作用。积极指导和鼓励基层团组织建立青年网宣队伍。指导成立奉贤区青年网宣队伍,与普陀、松江、卢湾、市级机关、上师大等各支青年网宣队伍一起,共同成为上海网络文化建设的重要力量。

【以青年需求为导向,推进上海青年创业服务平台建设】

2009年,上海青年创业服务平台以纳入上海创业公共服务平台建设为契机,进一步加强创业的信息和咨询服务,不断拓展服务功能,着力建设成为“一门式、全天候、个性化”的创业综合服务平台。在平台建设中,进一步增强信息智能检索功能,增加信息评价和反馈服务,推出手机短信资讯免费定制服务,加强后台智能化服务功能,与上海交通大学科技创业研究中心合作,共同研究改进创业建议书指导及创业潜力测试智能专家系统,为青年创业提供网上24小时在线指导服务。网站自2009年3月更新以来,新增各类创业信息达2 000余条,访问总人数已超过18万人次,手机实名注册会员达4 000余人,其中3 000余人通过网上创业潜力测试,1 000余人得到网上创业建议书的指导。

【以有效应用为核心,深入利用OA平台提高机关工作效能】 充分注重运用信息化手段加强对机关日常工作的多领域、全过程规范化管理,在全体机关干部的支持下,学习各委办的有益经验,委托专业机构对机关原OA系统进行全新改版,要求除保密安全等特殊情况外,机关干部日常行政办公事务一般应通过OA系统办理。公文流转、会议活动安排、行政服务预订、个人办公等基本实现随时随地网上办理。同时,加强与开发机构的联系,及时协调解决系统使用中遇到的问题。新OA系统的投入使用,规范了办公运行,优化了办公流程,提高了办公效率,降低了办公成本,较大程度便捷了机关干部职工处理公务,取得了较好的使用成效。

(朱 磊 董江山 徐晓明 黄 凯)

上海市审计局

【概况】 2009年,市审计局进一步以科学发展观为指导,求真务实,稳步推进审计信息化建设各项工作,完成"上海市审计信息化应用系统"开发建设任务并通过验收;通过市政务外网实现与国家审计署联网;积极拓展和提升计算机审计应用的深度和水平,以信息化手段促进审计"免疫系统"功能作用的发挥。

【"上海市审计信息化应用系统"通过验收】 2009年底,"上海市审计信息化应用系统"通过了市发展改革委、市经济信息化委、市科委、上海交通大学等单位相关专家评审和验收,全面投入运行。

该系统基于普元EOS构件化平台开发建设,包括审计专网信息化应用系统、涉密内网文件处理系统、现场审计支持系统和审计机关专网共享平台等系统,其中核心的专网信息化应用系统包括机关办公、审计业务、审计支持、审计资源和审计决策等子系统,业务范围覆盖市审计局所有管理和业务工作。2009年7月15日开始,应用系统大部分功能模块实行无纸化办公,8月,编制《上海市审计局关于加强审计信息化应用系统维护和管理的通知》,落实了应用系统运行和维护的责任,为下一步全面及深入应用创造了条件。系统建成后,上海市审计机关的信息化水平将达到一个新的层次,提升审计监督的手段和方法,提高审计工作的质量和效率,为更好履行审计监督职能提供了有力支撑。

【通过市政务外网实现与国家审计署联网】 2009年上半年,市审计局的审计专网通过市政务外网经由国家政务外网实现了与国家审计署审计专网的联通。7、8月间,利用审计专网开通了面向全国审计机关的单位网站(网页),开通了与审计署联通的"审计会商系统"。

【计算机审计应用的深度和水平得到拓展和提升】 2009年,市审计局进一步在信息化人才培养和审计实践相结合上下工夫,分别组织举办面向计算机审计骨干的《计算机审计继续教育培训班》和面向全局审计干部的《计算机审计》专题讲座,同时组织全市审计机关共318人参加审计署举办的第二批AO认证考试。

至2009年,市审计局在具备计算机审计条件的审计项目中开展计算机审计的比率已达到100%。在保证计算机审计覆盖面的同时,市审计局还积极拓展审计内容,进一步加大对信息系统审计的探索力度,从一般控制和应用控制审计等各个方面进行尝试,在8个审计项目中开展信息系统审计,比上年递增167%。

2009年度,共组织报送信息系统审计案例2篇,IT项目绩效评价指标47个,AO应用实例4篇。其中一篇信息系统审计案例被国家审计署评为优秀,并选定为信息系统审计研讨会交流材料。

(市审计局)

上海市文化广播影视管理局

【概况】 2009年,市文广影视局"三定"方案经市政府批准出炉。围绕政府职能转变、内设机构业务调整,市文广影视局利用信息技术等有效手段,从政府业务梳理入手,理清政府职能,扩大信息公开,促进资源共享,推进政务协同,提高行政效率,改善公共服务,全局电子政务总体框架基本形成,信息化建设和应用取得明显进展。

具体而言,一是依据职能业务和相应的应用范围,合理设计电子政务系统的功能模块,注意其颗粒度的大致均匀。二是以服务为核心,对相近功能进行重组,合理重构已有的业务应用系统，实现资源整合目标。三是坚持统一规划、统一网络、统一平台；数据上移、服务下移。

（符慧君）

【文广影视网上行政审批平台建设】　上海文广影视网上行政审批大平台于2009年7月开始建设，旨在运用电子政务手段，再造审批流程、缩减报批环节、加强监督机制，使市文广影视局、市文广影视局行政事务受理中心、18个区县文化（广）局、18个区县文化（广）局受理窗口（办事大厅）、上海文广影视行业中的大企事业（如上海文广集团、上海大剧院艺术中心等）突破时间和空间的限制，打破电子政务系统重复建设造成的信息壁垒、权力壁垒，形成一个整体面向社会及为公众提供人性化服务和有效管理的网上行政审批平台。

平台的主要特色功能有：

(1) 通过政务外网，实现上海文广影视条线单位的互联互通，使得所有行业业务数据都可以在一个平台上安全传输及信息共享，而整个平台的数据中心搭建在市文广影视局本部，以便于政府对整个行业行政审批的实时监管和动态统计。

(2) 平台不但延伸到区县受理窗口，还针对业务往来频繁、资质较高的文广影视企事业单位开设VIP通道，该类用户享有网上申报、在线查询、许可证自行打印等的权限。平台更将触角延伸到世博参展者服务大厅，市文广影视局受理点是世博大厅内唯一做到世博园区内演出申请当日受理登记、附件材料即时扫描上载，异地办公的市文广影视局行政事务受理中心、市文广影视局本部都可通过行政审批平台进行流转办理。

(3) 平台将逐步形成一个知识库和案例系统，通过集中管理业务流转过程中的补正事业、黑名单的采集、业务备忘等信息，形成文广影视行政审批业务的知识库，供工作人员获取相关管理知识。

上海文广影视网上行政审批平台已基本开发完成，并于2009年11月正式投入使用。

（符慧君）

【上海文广影视网站改版】　2009年，市文广影视局进一步完善上海文广影视网站功能，完成门户网站的改版工作，对包括“文广要闻”、“政府公告”、“政府公示”等在内的政府信息公开内容进行强化，对“网上办事”、“网上互动”、“便民服务”等版块进行整合，同时增加中文繁体版、文化设施查询（电子地图）、文化演艺信息查询、检索功能、主要栏目相关新闻以及内容纠错等辅助功能。新改版的“上海文广影视”网站共有30多个一级栏目，近90个二、三级栏目，网站的影响逐步扩大，网站点击率稳步上升，局门户网站日益成为政府面向社会提供管理和服务的重要窗口。

（杨瑞娴）

【上海市互联网上网服务营业场所计算机经营管理系统优化】　上海市互联网上网服务营业场所计算机经营管理系统是根据文化部的有关要求，于2005年10月建设完成并投入正式运营的全市网吧实时监控系统。该系统负责对全市1 400余家网吧的24余万台计算机终端日常经营活动进行实时技术监控。

2009年，市文广影视局按照文化部各项工作部署，完成接口软件开发工作，在全国第一个实现与中央网吧监管平台的互联互通，得到中央领导的高度肯定和文化部的表扬。中共中央政治局常委李长春在察看实时监测功能演示时评价：“这个系统好，对内容监管是有效的。”

随着全国整治互联网低俗之风等专项行动的开展，网吧监测平台完成针对性的系统功能升级，共抽取700余家网吧的7 030个终端，截屏2 000余次，对浏览低俗的视频或者网页的网民进行有效的劝阻和教育。2009年全年共完成200余家网吧监管系统的服务器配置和客户端的安装检查，对系统中未成年人即时排名等功能提供修改依据，做好中心网吧托管系统的维护工作，有效保证网吧监测平台的技术性能。

（潘　杰）

【广播电视数字化内容检测与监测媒资综合应用系统建设】　面对广播电视不断采用新的技术设备和手段，如数字电视、移动电视的开播，以及数字化、网络化和智能化的迅速发展，上海市文化广播影视管理局于2009年完成广播电视数字化内容检测与监测媒资综合应用系统的建设工作，通过在广电节目内容监测中引入媒体资产管理的技术，提高了内容监测业务的标准化程度和资源共享能力，解决了直观性日趋弱化、信号可理解性较差的问题。该系统还获得市文广影视局2009年度科技进步一等奖。由于广电行业在采、编、播、监、存等各环节之间的接口标准化和统一化工作仍在进行中，节目内容监测系统收录端需要对各种信号进行处理，中心所覆盖的广电监测范围主要是上海市中心城区15套有线电视节目和11套广播节目、郊区县9套有线电视节目和9套广播节目。

（张 炜）

【上海非物质文化遗产网建设】 为充分展示海派非物质文化遗产的独特魅力，参照文化部建立中国非物质文化遗产网(www.ihchina.cn)的模式，市文广影视局于2009年启动上海市非物质文化遗产专题网站“上海非物质文化遗产网”，(www.ichshanghai.cn)建设工作，并于2009年6月13日(文化遗产日)正式开通一期上线试运行。

上海非物质文化遗产网(一期)反映上海市非物质文化遗产及保护工作的现状，具有强烈的文化气息。在视听效果、访问数量、更新频率、数据内容、技术水平等方面相比国内同类网站处于领先水平。

（葛永铭）

【上海重大文化活动信息库建设】 为建立上海市重大文化活动的科学有效管理机制，加强政府对重大文化活动的管理职能，市文广影视局建设了上海重大文化活动信息库。该信息库除记录上海市重大文化活动举办情况(以及重大文化活动专项经费运作的实际情况)外，同时还建立活动库、文化节目库、艺术人才库、艺术团体库、文件库五个子数据库，所有相关信息都以多媒体形式忠实还原体现。除以文字、数字形式记载外，还配以大量的影像资料，从而为重大文化活动的评估总结工作提供了详实、具体的信息化支持。信息库建设运行良好，达到预期效果，为上海市重大文化活动的管理工作提供了有效的信息支撑。

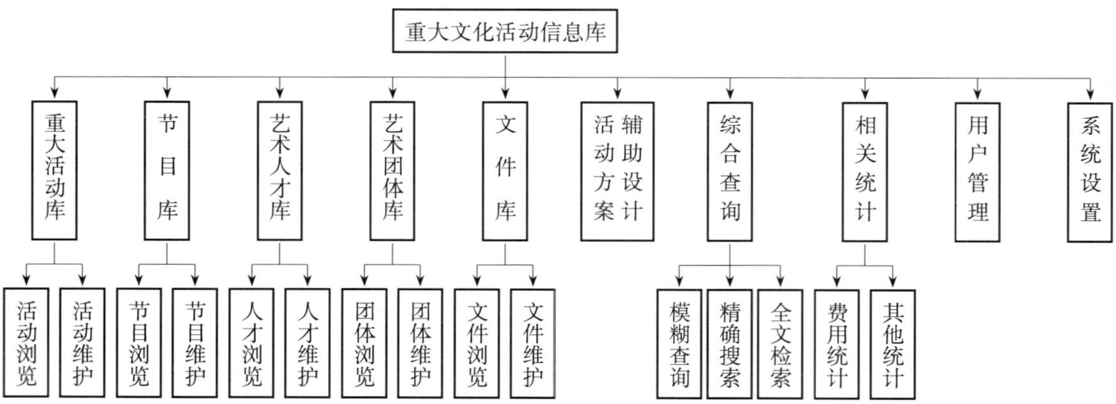

上海重大文化信息库功能分解

（杨 莉）

【上海社会文化艺术档案数据库建设】 市文广影视局直属单位——上海市文化艺术档案馆于2009年开发设计了“上海社会文化艺术档案数据库”。数据库系统由社会文化艺术档案数据库总库和社会文化艺术档案数据库分库两部分组成。总库由上海市文化艺术档案馆管理，分库由所在的区县文化馆艺术档案馆形成与管理。两库通过WEB界面实现艺术档案资源的数字化录入、管理、统计和浏览，并且以联网自动同步或手工拷贝方式交换艺术档案信息，达到分库与总库之间的资源交换，实现群众文化艺术档案资源的“物理分散，逻辑集中，异端服务，网络共享”。

上海社会文化艺术档案数据库的建立，填补了群众文化艺术活动资源数字化管理工作的空白，统一和规范了上海地区群众文化艺术档案资源积累的科学性和实践性，提升了艺术档案管理工作的科技含量。数据库已在上海市18个区县文化馆推广应用，逐步实现群众文化艺术档案由实体管理向数字化管理的飞跃。

（市文化艺术档案馆）

【上海文化名人数据库投入使用】 上海文化名人数据库于2009年正式投入使用，主要收集具有文化艺术类高级职称的专业人员的资料信息，包括基本资料、主要经历、主要成果、获奖情况、社会评论等各大类信息，配有相关电子文档、照片、音频、视频资料充实名人信息。数据库已收录近几年400多名获得高级职称艺术人才的个人信息，同时还积极收集和录入上海历史上重要文化名人的资料信息。截至2009年底，上海文化名人数据库已收入各类文化名人759人，信息量达15 991条，电子文档、照片、音视频等材料4 474件。

（市文化艺术档案馆）

上海市新闻出版局

【概况】 2009年，市新闻出版局开发"上海市印刷业统计分析、年度核验系统"，将过去对全市近5 000家印刷企业数据统计的繁杂过程简化为企业网上申报—区县出版行政管理部门初审—上海市新闻出版局终审并由电脑自动进行统计分析的信息化过程。"上海市印刷业统计分析、年度核验系统"是印刷企业上报统计数据和年度核验材料的综合服务平台，并且从只能统计年报变为可以统计月报、季报和年报。

根据全国新闻出版人才培养规划和2008年2月新闻出版总署颁布的《出版专业技术人员职业资格管理规定》，出版行业的责任编辑在注册后每年必须接受72小时的继续教育。为切实加强新闻出版专业技术人员的继续教育，在新闻出版总署的指导下，市新闻出版局、新闻出版总署教育培训中心上海分中心联合创建了"新闻出版知识在线"，为新闻出版专业技术人员构建了一个网上学习的平台。

【印刷业统计分析、年度核验系统推广应用】 为有效推广和应用"上海市印刷业统计分析、年度核验系统"，对区县出版行政部门的相关人员进行三次培训。第一次是操作培训，主要解决企业录入信息的初审；第二次是统计培训，主要解决区县出版行政部门如何使用该软件对本区县的印刷产业进行统计分析；第三次是提高，即在2009年的基础上，如何提高2010年企业录入数据的准确性。通过三次培训，大大激发了区县出版行政部门使用该软件的积极性和自觉性，同时又对上海印刷企业相关人员进行培训，采取集中培训和设点指导相结合的方式进行，依靠区县出版行政部门的力量，分区县进行印刷企业的集中培训，对小企业特别是门店式企业设立专门的区县辅导点、咨询电话和专人辅导等，有效解决了小企业对软件的使用。以上一系列措施，大大加快了软件推广和应用。

2009年，已有4 576家印刷企业填报2008年统计数据，600家印刷企业填报2009年四个季度的统计数据，4 602家印刷企业填报2009年统计数据。市新闻出版局发布2009年上海印刷业年度产业信息通报和2009年第一季度、第二季度、第三季度、第四季度产业信息通报，发布上海印刷业人才情况、上海印刷业设备情况、上海印刷业境外加工贸易情况、上海印刷业数字印刷情况等通报以及上海印刷业竞争力排名等统计数据。这些信息的发布，对上海印刷业等进行产业规划和布局，以及上海印刷业转变发展方式提供了有力支持。

【新闻出版知识在线网站建设】 新闻出版总署对在线学习的继续教育证书进行严格管理，目前全国仅有两家单位具备颁发该类证书的资质，即新闻出版总署培训中心和上海市新闻出版局下属单位上海新闻出版教育培训中心举办的"新闻出版知识在线"。

"新闻出版知识在线"由课程指南、最新课程、在线考试、互动天地、资料库等模块组成，在网上实现教、学、考、管等各种功能。按照公共课、专业课、知识拓展课进行分类，学员采用模块式、案例式方式进行学习。"新闻出版知识在线"坚持理论性、实践性、时效性相结合，逐步形成具有时代特征的专业技术人员继续教育的课程体系。2009年"新闻出版知识在线"网上课程超过200门，90%的课程由自己拍摄制作，在线学习学员超过1 000人次，学员分布覆盖全国其他省市。

【政务网站世博专栏建设】 2009年，政务网站新增迎世博专题，网页分为七大模块："迎世博图书出版工程"、"迎世博印刷质量工程"、"迎世博窗口服务"、"迎世博报刊质量工程"、"迎世博版权净化工程"、"迎世博进口印刷品及音像制品管理工程"及"综合信息"，内容涵盖新闻出版全行业。

【2009上海书展信息化应用】 与上海热线合作，书展网页设置通告、指南、主要活动、作家介绍和重点新书推荐等栏目。书展期间发布大量信息，为广大读者提供了快捷便利的查询、咨询服务。一年一度的上海书展是市新闻出版局举办的重要活动之一，2009年通过网站的平台对书展进行全方位的报道，让市民及时、深入地了解书展盛况。

（市新闻出版局）

上海市人民政府外事办公室

【政府信息公开工作】 根据《中华人民共和国政府信息公开条例》和《上海市政府信息公开规定》要求，市政府外办积极主动开展政府信息公开工作。2009年，主动公开和依申请公开政府信息87条，共约15万字，全文电子化率达99%。

在政府信息公开方面，市政府外办对有关政府信息公开内容进行梳理，对应该公开的行政审批程序予以公开，加大全办行政管理的有效性。修订补充政府信息公开的指南和目录，在“上海外事”网站上及时发送涉及上海经济和社会发展的信息，让更多的人了解最新的政府公开信息。

为做好政府信息公开工作，让驻沪领事机构官员、驻沪外国记者准确及时了解我国相关政策和政府信息，市政府外办利用各种形式主动介绍上海经济社会发展的最新情况。2009年主动向领事机构等官员介绍上海经济社会发展的最新情况，邀请各国驻沪领事机构官员出席市人大、市政协全会开幕式，举办“市政协情况通报会”。邀请市国资委领导向领馆官员通报上海国资国企改革与发展的情况，会同市知识产权局举办“长三角地区知识产权发展和保护情况通报会”，会同有关单位举行多场通报、介绍会。在2010年上海世博会倒计时一周年来临之际，市政府外办与外交部新闻司等，联合组织“世博会日、城市建设”主题采访活动。32家外国常驻媒体主要就世博会筹备工作、园区建设等进行实地采访。此外，继续编制中文版、英文版和日文版的《今日上海》，让更多的外国人了解上海。在“上海外事”门户网站上继续开设“主任信箱”、“事务咨询”等栏目，及时与市民进行互动交流。

【因公出国(境)综合管理信息系统建设】 为认真贯彻、落实中央进一步加强因公出国(境)管理的有关规定，切实加强对因公出国(境)团组的管理和监督，及时、高效、规范地实施因公出国(境)审批及护照签证的管理业务，市政府外办2009年3月启动研发集审批、管理、监督于一体，以及出访前、出访中、出访后全过程管理为重点的“上海市因公出国(境)综合管理信息系统”。该系统已全面投入运行。

该系统优化了因公出国(境)审批和护照签证的管理流程，加强了因公出国(境)计划和经费预算的管理功能，总体特点是“一站申报、动态查询；协同办理、数据共享；实时预警、全程监控”。该系统包括因公出国(境)综合管理和外事专管员工作两个应用平台。该系统突出了应用平台的智能化，对因公出国(境)团组全过程的监管。

【公务网建设与应用工作】 2009年，在市有关部门的指导、帮助下，做好公务网网站的迁移、安全测评等工作，确保工作有序进行。

市政府外办认真做好公务网网站的建设工作，做到目标明确，推进积极。2009年，对公务网网站的栏目作了调整，新增“近期信息”等栏目，增加网上信息发布量，做到专人负责，及时、准确。同时，做好公务网上各项应用工作。2009年，市政府外办积极落实市政府及市有关部门在公务网上推出“文、会、报”和信访系统等应用工作，并落实专人负责该项工作。针对信访系统的应用，市政府外办结合实际工作情况，按照要求，确保信访系统的正常运行。

（袁孟俊）

上海市人民政府侨务办公室

【概况】 2009年，市政府侨办的信息化建设工作，紧密结合侨务工作的总体目标和要求，以为侨服务为宗旨，利用网络拓展侨务工作平台，扎实推进市政府侨办电子政务建设。

【市政府侨办电子政务系统项目】 市政府侨办坚持以需求为导向、以应用促发展的原则，以侨务工作需求为出发点，不断发挥信息化技术对侨务工作的带动和促进作用。认真做好“市政府侨办电子政务系统项目”建设，建立完善侨务办事、华文教育、经济科技等信息服务和网上办事服务系统，提高为归侨、侨眷和海外侨胞服务的能力；建立以归侨侨眷、海外侨情、侨资企业等为主要内容的侨情信息资源库，提高市政府侨办收集、处理和利用侨情信息资源的能力和侨务工作管理水平；建立符合安全接入要求的机房配套和安全系统，保障信息系统安全；依托政务外网建立市政府侨办政务外网系统，与区县侨办实现网上信息交互，提高工作效率。加强信息化建设运维管理，指导并协调全市侨办电子政务建设全面发展。

【“上海侨务”网站】 按照市政府关于加强政府信息公开工作和做好政府网站建设管理工作的相关要求，为充分发挥互联网优势来助推上海侨务工作的新发展，“上海侨务”网站建设围绕大局和上海市中心工作，结合市侨办的重点工作，以服务海内外侨胞为宗旨，以信息公开、涉侨信息、便民服务、网上办事、侨务经科、华文教育等内容为重点，以侨办电子政务系统项目建设和“上海侨务”网站全面改版为契机，努力打造信息公开透明、服务周到有效、互动活跃畅通、管理规范健全、安全保障到位的政府网站形象。围绕上海世博会这一中心工作，创新工作手段，开设“华侨华人回家看世博”专题，积极服务海外侨胞。针对海外华侨华人专家学者特点和愿望，开通“海外华侨华人专家学者来沪交流申请系统”，为这一特定群体提供来沪进行学术交流和讲学搭建平台、构筑桥梁，实现在线报名。

【建立健全安全制度，确保网络信息安全】 按照中央和市委、市政府的要求，市政府侨办严格执行国家电子政务、信息安全的有关规定，积极开展信息安全保密教育工作，不断提高机关干部的安全保密意识，严格做好信息安全保密防范工作。对涉密信息系统及其网络严格执行国家保密局的有关制度和规定，完善《上海市政府侨务办公室计算机信息系统安全保密管理制度》、《上海市政府侨务办公室网络与信息安全事件专项应急预案》，对内部局域网、计算机终端使用、公务网安全保密、国际互联网浏览、计算机机房运维、信息安全事件应急响应等方面作了详细规定。

（市政府侨办）

上海市国有资产监督管理委员会

【概况】 2009年，在国务院国资委、市经济信息化委等部门的指导下，市国资委紧紧围绕国资监管信息化这一主题，积极应对国际金融危机的挑战，结合国资监管工作实际，以机关信息化建设和系统信息化建设为抓手，认真做好政府信息公开和信息化服务工作，不断提升信息化应用和电子政务建设水平。

【机关信息化建设】

1. 改造信息中心机房

对机房进行扩容改造，规范供电、防雷、接地等机房要素，同时增加机房综合监控系统，为进一步推进国资监管信息化和电子政务建设奠定基础。

2. 加强门户网站建设

根据政府信息公开和门户网站测评要求，结合机构改革和文件制发情况，对机构设置、最新公开信息、业务工作、政策法规、政策解读、网上办事等栏目予以梳理、调整和更新，并增配了入侵检测、网管软件和防篡改软件。

3. 开展信息安全体系建设

根据保密局的有关要求和规定，完成国资委涉密网分级保护前期设计、项目招标、专家评审等工作，为市国资委搬迁后实施涉密网分级保护建设做了充分准备。开展网络安全二期项目工作，做好网络规划与上海市公务网接轨，完成设备采购任务，待市国资委搬迁后，实施网络安全集成。

4. 完成市国资委公务网网站系统建设

对市国资委公务网网站进行全新的梳理，根据需求在原有的基础上增加信息检索和统计等功能，采用新的系统架构和网页设计，彻底解决党建网开通率低的问题。年底前，该系统已经部署完毕。

5. 围绕电子政务基础支撑体系建设，信息中心配合党委办公室、办公室及各业务处室，对办公系统持续进行改进、完善，保障机关办公需要。

【推进国资委系统信息化建设】

1. 加快国资监管信息系统重点项目建设

该项目总投资1 141万元，于2010年建成，建成后将实现国有资产监管方式由静态的人工收集信息形式向动态的实时采集信息方式转变，对出资监管单位的事后监管转到“事前、事中、事后”全过程监管,充分掌握企业全方位动态信息,提高国有资产监管的科学性和效率。该项目已经过专家评估、方案确认,正进入开发建设阶段。

2. 推进国资监管业务信息化配套项目建设

根据初步统计,市国资委已经应用和正在建设的业务信息化配套项目(包括国有企业安全生产监督管理系统等信息系统和软件)共 9 个。其中,国有企业层级查询系统项目,正进入二期开发,将新增月报、主业分布、企业排名等功能模块,通过 VPN 专网、身份认证等安全措施,与企业互通,使得出资监管企业能及时报送企业层级与股权变动、关停并转等相关数据。

3. 配合版权局推动国有企业软件正版化工作

2009 年召开国资委系统软件正版化工作动员会,布置正版化推进工作,完成第一批 19 家企业的正版化工作,同时完成第二批正版化企业 13 家的推荐工作。

【政府信息公开工作】 截至 2009 年 12 月,市国资委累计主动公开政府信息 1 492 条,比上年度新增主动公开政务信息 89 条,全文电子化率 100%;受理政府信息公开申请 15 件,其中网上申请 3 件,信函申请 12 件。年内,修订《上海市国资委政府信息公开实施细则》,对政府信息公开目录进行梳理和补充;整理国资委办事指引 33 项;共上内外网信息 5 000 余条,向中国上海门户网站报送信息 1 000 条,采用 700 余条,采用率近 70%。

【完善信息化工作体制机制】 2009 年,根据市级机关机构改革总体部署,市国资委在新的“三定”方案中,加强信息化工作机构,为推进国资委系统信息化建设提供组织保障。成立信息化管理处,主要职能是研究制定市国资委系统信息化建设总体规划、管理规范,推进国资监督管理信息系统建设;指导、协调出资监管企业信息化工作;统筹推进市国资委机关信息化建设和管理,指导信息中心业务工作。2009 年,充实信息化领导小组成员,成立以党办、办公室、宣传处、信息化处、信息中心为组员的网站工作小组,规范和指导门户网站工作。

(市国资委信息化处、信息中心)

法院系统

【概况】 2009 年,上海法院信息化工作坚持“统筹规划、持续发展”为原则,以审判工作的实际需求为导向,以服务审判工作为目标,以各业务应用系统的开发利用为主线,稳步推进信息化工作,积极拓展信息化的应用空间。经过一年的建设,上海法院信息化工作在促进司法业务管理、司法政务管理和司法人事管理规范化、科学化、协同化等方面的作用更加明显,在提高审判效率、保证审判质量、发挥社会效能等方面充分发挥了作用。

【稳步推进信息化工程项目建设】

1. 上海法院法庭庭审装备标准化项目

为进一步提高上海法院的审判质量,加大审判的透明度,促进审判的公正性和更好地服务群众,市高院在全市法院开展了上海法院法庭庭审装备标准化建设项目。项目建设的具体内容包括:建立庭审同步录制系统、庭审信息直播系统、庭审信息查询和点播系统、庭审信息存储系统和全市法院加密网络设备升级改造。截至 2009 年底,全市法院加密机的调试和升级工作全面结束,奉贤法院等 10 家法院的庭审建设及宝山法院等 7 家法院的简易庭审系统改造也已完成,实现对庭审音视频信息的采集、保存、检索、利用和多媒体证据的管理,为庭审记录、庭审考核、旁听、档案查询、上诉和申诉等提供了科学而直观的依据。

2. 高院审判信息管理中心项目

该项目从前期调研到竣工历时 9 个月,于 2009 年 9 月正式启用。该中心显示系统由 24 块 50 英寸投影屏拼接而成,可达到高清图像效果。显示系统可接受多路网络视频信号、24 路音视频、24 路计算机显示信号,能按需求任意分割屏幕显示,实现高院现有全部网络系统的接入,可在线演示全市法院庭审直播和点播系统、审判信息应用系统和警车实时定位系统,并将安保监控系统、有线电视系统和多媒体播放集成到拼接显示系统中,成为上海法院信息化建设成果的展示窗口。

3. 远程庭审项目

远程审判,是指借助信息网络、音视频传输、多媒体存储与展示等技术,使诉讼参与人在远程法庭参加法院庭审、提审等审判活动的审判方式。2009 年,市高院协助一中院和二中院完成远程庭审项目,并开展多次远程审判。这种新型审判方式的应用,提高了诉讼效率,保障了审判安全,节约了诉讼资源。

上海市人民政府办公信息处理中心

上海市人民政府办公信息处理中心成立于1986年，长期从事政府系统办公自动化和政务信息化工作，先后建设了上海市政府办公厅办公自动化系统、上海市党政机关应急指挥无线集群调度系统、上海市行政机关办公决策服务系统等信息化系统。

近年来，中心积极参与上海市电子政务建设，相继完成"中国上海"门户网站、上海市政府核心办公业务系统、国家重大科技专项及863项目《上海市电子政务试点示范工程》等一系列重大工程建设；编制了上海市电子政务协同工作数据标准，完成了上海市电子政务协同工作数据标准测试及示范应用、电子政务协同工作安全支撑平台关键技术研究及实现等课题研究。近年来信息中心按期完成了灾备中心大楼的土建工程，获得了由市国家保密局颁发的《涉及国家秘密的信息系统使用许可证》；《信息安全公共服务关键支撑技术和系统研发及应用》课题荣获上海市科学技术进步二等奖，并完成三个平台的建设任务：市应急平台体系初步建成，应急指挥可视系统基本建成，市800兆政务网成功实现转网。

在1986年至2009年的办公自动化和政务信息化建设历程中，信息中心取得了优异成绩，十余次获得上海市科技进步二、三等奖，蝉联"上海市文明单位"称号。

地址：上海市人民大道200号3区3F

电话：021-23112060

邮编：200003

传真：021-63291194

长城宽带网络

长城宽带网络服务有限公司（Great Wall Broadband Network Service Co Ltd.简称GWBN）——中国推行互联网宽带接入的先驱，由长城集团和中信集团合投资设立，总部设于北京，并在全国30个城市设有分支机构。自2000年4月成以来，长城宽带始终致力于新一代以太网技术为基础的宽带网络建设，为用户提从接入到骨干、从天空到地面的端到端宽带解决方案，并逐步发展了基于多媒体术的宽带产品和各种增值服务。

上海长城宽带网络服务有限公司作为本地知名的宽带运营商，采用光纤到楼层五类线到户即FTTP+LAN的先进技术，以10M到户的带宽，建设高速宽带互联网向用户提供高速浏览、邮箱、VOD点播、网络游戏、网上教学等宽带增值信息服务使用户低成本地享受到"数字化生活"。

公司经营方向主要定位在建立华东区域长城宽带网。公司经营范围主要有：算机网络工程、互联网接入技术、网络产品、宽带信息网络；计算机系统工程、讯系统工程的技术开发、技术咨询、技术服务、技术转让；投资资询；网络产品生产、销售；电子计算机及外部设备、通讯设备等。

服务有限公司

在世博年来临伊始，国内著名宽带网络运营服务商——长城宽带在其十周年答谢会上正式宣布推出“以太网无源光网络”(Ethernet Passive Optiacl Network，简称E-PON) 技术。

长城宽带有关人士介绍，E-PON技术是长城宽带的一项重要技术，其优点在于传输过程中不需电源，没有电子部件，容易铺设，基本不用维护，可节省大部分成本，又可提供非常高的带宽，而且还可以很灵活地对每个用户进行宽带分配。现在比较普遍使用的ADSL技术所使用的带宽一般以K或M计算，极限的带宽为4M，而长城宽带的E-PON技术目前可以提供上下行对称1.25Gb/s的带宽，并且随着这一技术的不断成熟，还将可以升级到10Gb/s。E-PON是目前国际上采用的主流宽带技术，比现在国内各大运营商采用的宽带技术领先5到6年。

长城宽带上海公司总经理徐巍在十周年答谢会上介绍相关产品

长城宽带上海公司总经理徐巍在接受新浪上海独家采访时表示，目前长城宽带的社区用户覆盖量已经超过120万，他们都可以用上这个国内最大最先进的宽带接入网。并且长城宽带将整合各项资源，与各大影视内容制作方共同推出视频点播服务，各类影视作品都能通过E-PON这样一个新技术传输，这足以让用户充分享受到画质清晰、播放流畅的网上冲浪快慰和激情。

长城宽带负责人透露，他们今年还将携手上海市青年志愿者协会为2010年上海世博会发展2万名网络服务志愿者，他们将进各个小区，对居民进行信息服务方面的指导和帮助，用这种特殊的服务方式来奉献世博。

长城宽带上海公司总经理徐巍还透露，他们将秉承“一心一意做宽带，全心全意做服务”的理念更好地服务于每一位长城宽带的用户。每发展2万用户就设立一个营业厅，为用户提供好服务，保证服务质量。近期还将推出PC保姆维护、4001电话，还有OMS ERP系统等服务满足市场的需求。从小事做起，注重长期的发展，以精耕细作的方式重振长城宽带的发展宏图。

长城宽带上海公司总经理徐巍接受新浪上海独家采访

中国浦东干部学院网络学院

网络架金桥　干教创新路

中国浦东干部学院网络学院是中国浦东干部学院的下属机构，是按照全国干部教育工作会议的指示精神，依托中国浦东干部学院丰富的教学资源、优质的课程体系，以坚定理想信念、增强执政本领、提高领导能力为教学重点，努力为各级党政干部提供各种教育培训服务。

中国浦东干部学院网络学院平台由基本课程、专题讲座、特色课程、情报推送、数字图书馆等几个模块组成，在网上实现教、学、考、管等各种功能。网络学院核心课程体系由基本课程、专题讲座、特色课程三大类组成，涵盖了政治、经济、法律、社会、人文等各种领域的知识。既可以为当地组织部门提供各类网络独立设置班，也可与当地培训机构组织的集中面授、现场教学、实地考察等教学形式相结合设置网络衔接班。

中国浦东干部学院网络学院自试运行一年以来，已先后在四川、江苏、山东、安徽等省开设了数十个培训班次，培训学院四千余人，获得了各地组织部门和学员的广泛认可。网络学院的建设，实现了干部教育培训内容、培训模式及管理上的创新和突破，有效弥补了干部教育培训资源的不足，大幅度降低了干部培训的办学成本、缓解了干部学习的工学矛盾，增强了干部教育培训的针对性和有效性，为全面落实大规模培训干部战略任务发挥了重要作用。

网络学院教学模式：

- 围绕各类专题开设网络独立设置班。
- 网络衔接班。
- 网络学院还可与地方组织部门、大型企事业单位共同协商设立其他形式的班次。

网络学院欢迎与各地组织部门、大型企事业单位共同探索、设立适合于地方发展和企业发展要求的培训模式。

联系人：胡老师　汪老师
电　话：021-28289888
　　　　021-28288672
传　真：021-50595869

上海市公安局

公安警用地理信息应用平台

上海市警用地理信息应用平台，包含了强大的地图显示功能，包括地形图展示、航空影像展示、三维场景展示、模拟飞行，并实现二维和三维的平滑切换。同时在二维和三维地图平台的基础上开发GPS、图像监控应用。

上海市警用地理信息应用平台还拥有辅助决策分析功能，可对各类业务信息进行分析，为决策者提供直观可视化的决策参考。

上海市警用地理信息应用平台包含了包括警用基础地理信息、警用公共地理信息、警用专业地理信息共计386个图层，其中基础信息图层共计39个、业务信息图层共计324个，满足了各类警务实战的需求。

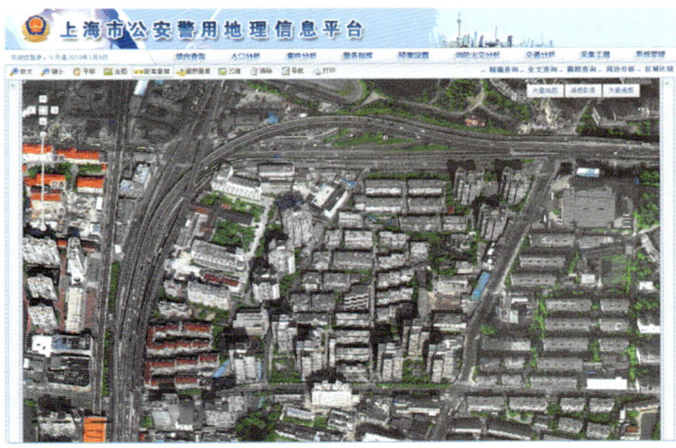

公安移动警务系统

上海公安移动警务系统为广大民警通过智能手机、PDA、笔记本电脑等移动终端查询警务信息、采集基础数据、处置交通违章等公安业务提供安全、高效的应用平台。

一线执勤的交通民警可通过配备的专用PDA终端，实现对违章停车、现场处罚等业务的移动应用；治安民警可通过配备的PDA终端，实现日常治安业务的移动应用；所有民警可随时通过智能手机查询常住、暂住人口和被盗抢机动车辆等信息。

上海市监狱管理局

2009年是上海市监狱管理局信息化高速发展的一年，在市委、市府、市司法局和监狱局党委的正确领导下，围绕深入贯彻落实科学发展观，按照司法部《全国监狱信息化建设规划》和《关于加强监狱安全管理工作的若干规定》，根据现代监狱警务机制的要求，坚持“统一规划、统一领导、统一标准、统一建设、统一管理”的原则，在各级领导和全局各单位的大力支持下，局信息化建设取得了长足发展，迈上了新的台阶。

近年来，我局大力发展局应用软件的建设工程，规划了八个一级系统和二十九个二级系统，并且采用了当前流行的J2EE技术、MVC模式、BMS结构等进行开发，已先后建成监管改造、行政办公、人力资源、后勤保障、狱务公开等五个一级应用软件和狱政管理等十八个二级应用软件。这一系列应用软件的建设和使用，大大提高了局机关和基层单位的执法水平、防范能力和工作效率，尤其是狱政管理、人力资源、档案管理等系统，以及目前已投入试运行的刑罚执行、生活卫生、教育改造、综合治理等应用软件，在全国监狱应用软件建设中居于领先地位。

地址：上海市虹口区长阳路111号　联系电话：021-35104888

中华人民共和国东海区渔政局

Regional Bureau East China Sea Fishery Manage Metnt Ministry of Agriculture P.R.c

农业部东海区渔政局是隶属农业部的区域性渔政监督管理机构，对外称中华人民共和国东海区渔政局。主要职能是：负责组织、指导、协调江苏、上海、浙江、福建及长江流域四川、云南、贵州、湖北、湖南、江西、安徽、重庆、青海等省市的渔政监督管理工作；负责监督、检查辖区内贯彻执行国家有关法律法规、国际公约、双边渔业协定的情况,调查处理重大渔业纠纷和涉外渔业事件，审核发放渔业捕捞许可证，监测、评估渔业资源与水域环境状况，负责渔业安全管理、渔业信息化建设与管理等工作。

近年来，东海区渔政局以伏季休渔管理，专属经济区巡航，中日、中韩渔业协定暂定措施水域管理，涉外渔业管理，打击非法捕捞，渔业安全生产管理和资源环境监测，长江渔业资源管理等工作为重点，不断加大渔业执法管理和资源保护力度，切实加强渔业行政执法队伍建设和法制建设。

东海区渔政局所属6条渔政船常年在海上巡航，对外维护我国海洋渔业权益，对内维护渔场作业秩序，保护广大渔民的合法权益。2003年建设门户网站（东海渔业信息网）及内部局域网，涵盖渔政执法、资源管理、政策法规、渔业安全、长江渔业等内容，有效促进对外宣传、资源共享和办公效率的提高。创办的《东海渔业信息》、《周边国家和地区渔业信息》、《东海渔业资源动态》等刊物资料积极开展宣传，并向全社会公开渔政检查案件处理程序,渔政案件的听证、复议制度等政务内容，接受社会监督。

东海区渔政局下设办公室、财务处、组织人事处、渔政处、资源环保处、长江渔业资源管理委员会办公室、渔港监督处、信息处、政策法规处、中国渔政东海总队、南通站、沈家门站等12个部门。近年来，东海区渔政局积极发挥组织指导、沟通协调、信息互通高效便捷的优势，结合东海区各地财政、人力、管理实际，扎实有效推进以“东海区海洋渔业安全通信网”、“中国渔政管理指挥系统”、“东海区渔港渔船安全救助信息系统”为主要内容的东海区渔业信息化建设。据不完全统计，东海区各地已推广安装卫星、AIS、RFID、短波、超短波、CDMA等各类信息终端6万余套，建设完成近百座各类通信基站，东海区渔业信息化建设成效显著。

今后，东海区渔政局将继续以建设现代渔业为目标，坚持“以法兴渔、强化管理、公正严明、服务渔业”的方针，不断加强渔政监督管理工作，为不断推进东海区渔业管理的现代化、科技化、信息化而努力。

▲ 农业部东海区渔政局党组书记、局长李富荣

▲ 2006年3月25日，时任农业部副部长范小建视察东海区渔政局值班室

▲ 2007年12月25日，东海区渔政局荣获2007年度全国海（水）上搜救先进单位荣誉称号

▲ 2008年1月2日时任中共上海市委常委、上海市农委主任徐麟视察东海区渔政局值班室

▲ 2008年4月29日，东海区渔政局副局长宋志俊一行赴连云港调研信息化建设情况

▲ 2009年2月19日，海军东海舰队领导考察、调研东海区渔政局信息化建设情况

上海市经济党校 上海商学院

六十周年校庆

1950—2010

六十年春花秋实 六十载薪火传承

2010年5月18日，在以“城市，让生活更美好”为主题的上海世博会拉开帷幕之时，上海市经济党校、上海商学院迎来六十年华诞。值此，我们谨向长期以来关心、支持学校建设与发展的各级领导、各界人士和广大校友致以诚挚的感谢和崇高的敬意。

上海市经济党校、上海商学院溯源于1950年在上海创建的中央税务学校华东分校。建校以来，数十万计的学子从菁菁校园走向社会，为国家经济发展和社会进步作出了重要贡献。目前正朝着具有鲜明特色的办学方向目标不断迈进。

六十年砥砺奋进，六十载薪火相传。届时学校将通过举行系列校庆活动（相关信息将通过校园网发布），梳理总结六十年的精神文脉，发掘继承学校的历史传统，承先启后，继往开来，以科学发展观为统领，促进学校各项事业健康发展。我们热切期盼历届校友重返母校，畅叙情谊，共襄盛举，同铸辉煌。

联系电话：（021）67102976　　传　　真：（021）67102977

电子邮箱：sjjdx_sbsxq@sbs.edu.cn　　学校网址：http://www.sbs.edu.cn

和谐诚信

求实创新

上海商学院

60周年校庆题

吴启迪

中国科学院上海微系统与信息技术研究所

概况：中国科学院上海微系统与信息技术研究所是我国著名的技术学科综合性研究所之一。本所以国家需求为导向，围绕“电子科学与技术”、“信息与通信工程”两大学科方向，利用本所在功能材料与器件研究方面的积累和微电子工艺技术平台为支持，以“无线传感微系统网、微系统技术平台、新一代移动通信技术”几个重大项目为依托，以系统带器件、器件带材料，加强原始创新，加强关键技术创新与集成研究，开展低轨通信小卫星及星座系统、集成微光机电系统、无线信息微系统、半导体微结构材料与器件、太赫兹物理与器件、纳电子材料与器件、SOI材料与器件、新型高效微能源系统等研究活动。目前全所共有6个研究室：传感技术联合国家重点实验室/微系统技术国家级重点实验室、信息功能材料国家重点实验室、半导体功能薄膜工程研发中心/纳米技术实验室、微系统信息网研发中心、能源科学与技术研究室、宽带无线移动通信研究室；5个与地方共建的中心：上海微小卫星工程中心、上海无线通信研究中心、中国科学院嘉兴无线传感网工程中心、中国科学院无锡高新微纳传感网工程技术研发中心、中国科学院南京宽带无线移动通信研究中心。

【物联网】2009年3月2日，由上海市、嘉定区、中科院上海微系统所共同筹建的上海物联网中心举行揭牌仪式。嘉定区委副书记、区长孙继伟主持了揭牌仪式，上海市副市长艾宝俊为上海物联网中心揭牌。中心依托上海微系统所，落户上海市嘉定区。

中心作为物联网核心技术研发基地，将开展物联网产业化的卡位技术和相关产业关键技术，引领国家物联网产业体系相关标准的制定；作为物联网产业公共研发平台，将通过深化中科院和上海市的院地合作，加快建设国家级的物联网技术测试综合服务平台、物联网运营服务平台、物联网数据管控中心、物联网信息获取网络平台等共性技术支撑平台；作为物联网技术应用示范基地，将充分利用嘉定区“无线城市”和NGB宽带网络基础设施优势，率先完成3-4项应用示范工程，促进物联网核心成果的推广应用；作为物联网高端产业集聚基地，将以上海市物联网应用示范工程为基础，大力推进物联网核心技术成果的产业化，营造有利于物联网上下游相关产业集群创新的良好环境，促进物联网关键产业链迅速发展。

【传感网标准化】2009年9月11日，在工业和信息化部、国家标准化管理委员会指导下召开了传感网标准工作组成立大会。会议主办单位为全国信息技术标准化技术委员会，上海微系统所作为传感网标准工作组组长单位与中国电子技术标准化研究所、无锡物联网产业研究院共同承办了此次会议。来自全国各地传感网领域的产、学、研、用八十多家单位的160多名专家学者参加了此次会议，大会的成功召开标志着我国传感网发展掀开了崭新的一页。传感网标准工作组将聚集国内传感网主要的技术力量，制定国家标准，积极参与国际标准提案工作，促进国内外传感网业界同行的交流和合作，通过标准为产业发展奠定坚实的基础。

【宽带无线移动通信】宽带无线移动通信技术应用方面，上海微系统所经历了多年的技术攻关，提出了一整套“MiWAVE 新型宽带无线接入系统”方案，在宽带无线接入技术、系统、多媒体终端的研究、开发、集成、测试示范网等领域全面发展，成功开发了 MiWAVE 多扇区基站、车载基站、车载台、DB背负台等支持快速组网的宽带接入系列产品并开始了产业化推广。该系统具备易接入、大覆盖、快速部署、动中通、抗毁性高、支持宽带集群等突出特点，适合应急突发事件中的多业务接入应用。“十一五”期间，课题组在面向应急通信、国家安全、数字化城市、行业专网等领域的宽带无线通信方面展开了卓有成效的系统级应用示范，包括四川汶川应急通信抗震救灾、XXX 边疆维稳公共安全通信应用等一系列重大任务，展示出我国自主研制的无线通信技术服务于国家与社会重大需求的能力。

中国科学院上海微系统与信息技术研究所

地址：上海市长宁区长宁路865号

电话：021-62511070

邮编：200050

上海市黄浦区信息化委员会

2009年上海科技京城管委会会议

合作建立工信部电信研究院华东分院
暨手机研发测试平台签约仪式

"黄浦区信息化委员会"成立于2001年11月，是黄浦区政府负责信息化规划、建设、管理的职能机构。2009年2月，区政府实施机构改革，将"黄浦区信息化委员会"并入"黄浦区科学技术委员会"。目前，"黄浦区科学技术委员会"同时挂"黄浦区信息化委员会"牌子。

2009年，黄浦区信息化委员会围绕区"建设金融集聚带，打造世博服务区"的工作目标，加强与三大通信运营商的合作，推进信息基础设施集约化建设，满足区域信息化应用需求；继续深化电子政务建设，完善区公务员门户，实施"上海黄浦"门户网站中文版改版和外文版建设；加强社区信息化建设，推进"一口受理"系统在社区事务受理服务中心的应用，制订了《社区信息化管理办法》；拓展信息化应用领域，一批信息系统在教育、环卫、政法、残联等部门应用，实现了资源共享，提高了工作效率；开展多层面信息化应用培训，举办机关干部信息化知识竞赛，提高机关、街道、居委干部信息化操作技能；高度重视信息安全体系建设，加强对重要信息系统的安全防范，周密部署世博信息安全保障工作；加强社会诚信体系建设，将诚信建设与转变政府职能相结合，形成政府促诚信、企业讲诚信、市民守诚信的良好局面；实施科技产业结构调整，大力发展信息产业，成功引进工信部电信研究院华东分院等功能性项目。

与中国电信签订信息化建设合作协议

举办部门网管员培训

地址：上海市福建中路2号3楼　邮编：200001　电话：021-33134800（总机转）　传真：021-63261692

上海市金山区信息化委员会

2009年，金山区信息化工作紧紧围绕区委、区政府中心工作，坚持开拓创新，抢抓机遇，努力促进信息化与工业化融合，紧密结合社会主义新农村建设和国际化工城建设，以服务经济建设为重点，以加快推进电子政务为手段，以提高社会各领域信息化应用为抓手，不断完善信息化工作机制，全面推进国民经济和社会信息化建设。

推进区级基础资源库建设，整合社保卡数据，充实完善实有人口库信息，实现法人库与市基本单位名录库数据对应，建设区统一的信息资源共享平台；开发村务公开系统并在全区124个行政村推广使用；全年建设村为农综合信息服务平台40个，累计建成100个，基本实现全覆盖；完成全区124个行政村网站建设；完成市政府实事项目——“千村万户”农村信息化培训和宣传普及工程，其中培训5256人、宣传普及42944人，分别达全年指标122%、107%；农村信息化综合信息服务试点项目通过市经信委验收；软件行业完成营业收入6.5亿元，信息产业服务业总收入约12亿元；牵头编制了《2009年度金山区无线基站共建共享计划》，指导共建共享工作科学有序推进，3家通信运营商通信管线共建达100沟公里，基站共新建82个，共建共享38个，共建共享率为46%。

2009年，金山区被上海市社会保障卡和市民服务信息管理办公室评为“2009年度社保卡、居住证工作先进区县”；“上海市金山区新农村综合信息服务项目” 列入国家发改委“国家信息化试点工程”。金山区被市经信委、市农委、市教委、市妇联评为“上海市实事项目‘千村万户’农村信息化培训普及工程先进区县”。

地址：上海市金山区金一东路11号　电话：021-57970278　　邮编：200540

农村信息化培训普及2009年总结表彰暨2010年启动大会

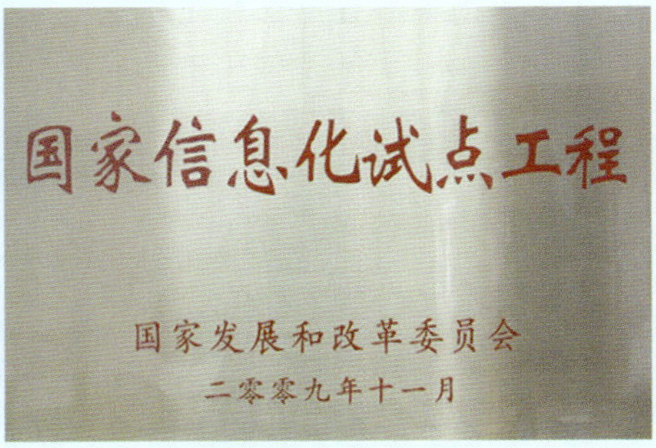
国家信息化试点工程
国家发展和改革委员会
二零零九年十一月

国家信息化试点工程

国家发改委高技术产业司负责人与专家来我区调研

农村电子商务助力皇母蟠桃网上销售

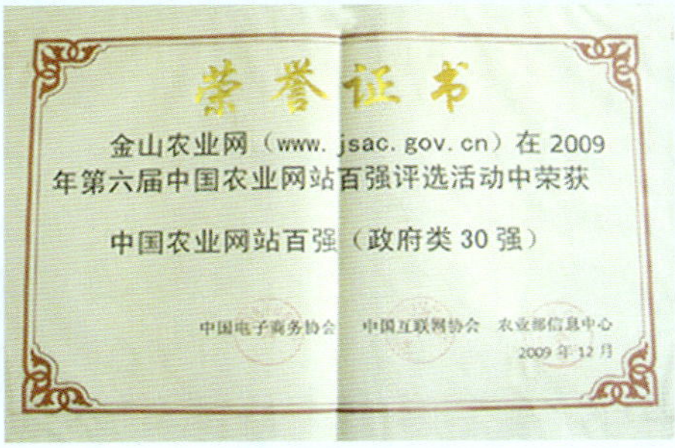
荣誉证书
金山农业网（www.jsac.gov.cn）在2009年第六届中国农业网站百强评选活动中荣获
中国农业网站百强（政府类30强）
中国电子商务协会　中国互联网协会　农业部信息中心
2009年12月

中国农业网站百强

专业合作社农民信息化应用专题培训班

奉贤区信息化

◆ 区长网上办公

◆ 4月19日区委书记张立平听取网友意

◆ 12月31日市政府网站测评组在奉贤开展门户网站测评

◆ “千村万户”农村信息化培训

2009年，奉贤区信息化工作围绕《奉贤区国民经济和社会信息化“十一五”发展规划》，以应用为主线，开拓进取，勇于创新，积极推进重点信息化项目建设，在电子政务建设、诚信体系建设、农村信息化应用普及、为民服务和信息技术应用等方面取得了一定的成效，顺利完成全年各项工作任务。

奉贤区被评为“2009年市政府实事项目‘千村万户’农村信息化培训普及工程先进区县”。

上海市闵行区信息化建设

闵行区委书记孙潮点击开通第二次改版的党务公开网站

闵行区党务公开网（HTTP://WWW.MHDW.GOV.CN）设置了“区委常委信箱”、“决策直通车”、“常委工作安排”、“党员中心”、“基层动态”等多个栏目，大大拓展了广大党员反映社情民意、建言献策的渠道。

闵行区陈靖区长与中国电信上海公司签约仪式现场

为有效贯彻国家信息化发展战略，2009年闵行区人民政府与三大通信运营商分别签订合作协议，全面深入推进闵行区信息化建设。

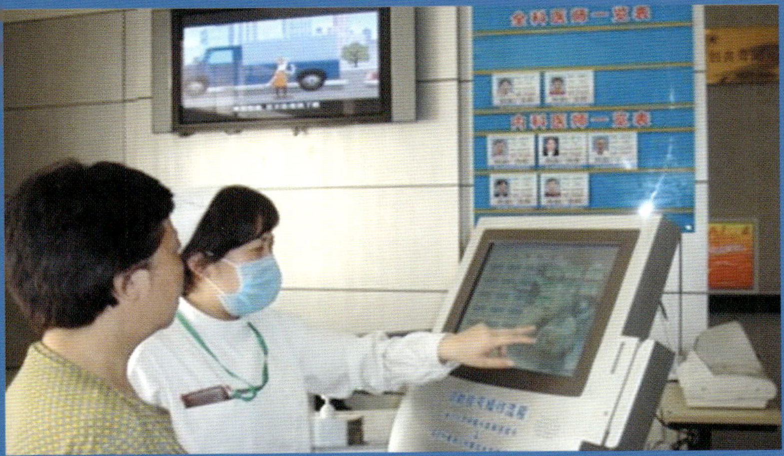

原龙柏社区卫生服务中心医务人员指导患者使用自助挂号系统

经过多年努力，闵行区卫生信息化一期、二期建设已初现成果，初步建成了“EHR社区卫生服务综合信息系统”。

4. 上海高院安防监控系统改造

2009年，完成市高院车库监控改造，大楼周界监控改造和柳州路信访监控改造，包括建设电子围栏系统和电视墙等。

【积极拓展审判软件应用范畴】

1. 2009版上海法院审判质量效率评估体系

根据最高法院的要求，上海法院率先建立审判质量效率评估体系，在审判实践中发挥了重要作用。为提升评估体系的科学性和客观性，根据市高院党组要求，对现行上海法院审判质量效率评估体系提出完善方案，建立2009版评估体系，该体系由16项评估数据、15项调研数据及9项附件数据所组成。

2. 司法建议信息库

2009年3月，上海法院开发网上司法建议信息库。该库包含了提出司法建议、查询、统计、维护等在内的六大功能，运行后已收到全市司法建议共400多条，促进上海法院司法建议工作实现规范化、有序化。

3. 上海法院干警业绩档案

干警业绩档案系统在经过一年的运行后，根据管理部门新的需求，在一些重要指标数据的重新提取，以及对非办案岗位人员业绩考核的细化等方面作了修改完善等。为客观公正地全面体现不同岗位工作人员的业绩，2009年继续完善干警业绩档案系统，增设对书记员、秘书、后勤管理人员的工作业绩考核模块，使管理更加全面。

4. 上海法院信息网（全市网）新版

2009年，对全市网上的栏目和专题进行必要调整，增加网络短信收发功能，强化法院管理、审判监督等的信息应用，同时对页面风格进行改版，从而更好地满足全市法院工作人员的使用。

5. 上海法院互联网庭审直播、点播系统

网上庭审直播，可以将法庭无限扩大，缩短司法与百姓的距离。2008年，高院实现了庭审的图文直播，2009年，上海高院与新民网签订合作协议，开展网络庭审的视频直播。全市法院全年共开展200余场视频直播，网络庭审直播实现常态化。

6. 电子档案管理系统

增加公众档案查询功能，在上海法院互联网上开通“社会公众查阅电子诉讼档案服务平台”，对电子档案查询日志进行记录。同时制定案件信息补录规范，解决了高院电子档案存在的部分目录信息、CM文件重复问题，增加了电子卷宗查阅绝密案件配置方案等。

7. 党委网六期

2009年，与市司法局共同建设“法律服务信息交互系统—律师信息（法院）”和“社区矫正信息交互系统（法院）”两个系统，实现法院系统与司法局系统的信息共享。

8. 司法协助管理系统

将司法协助管理系统整合到审判管理系统中，以实现涉外送达网上统一管理，减少涉外送达遗漏。

9. 审判综合管理系统

上海法院审判管理系统（V5.0）是上海法院信息系统应用软件的核心。随着审判业务的不断拓展，该系统增加很多的功能，包括开发审前调解系统，根据调解案件的特点进行流程管理；行政申诉案件办理系统，针对行政申诉案件特有的审理流程进行的特别处理；申诉案件特殊流程管理系统，新增申诉庭专用文书骨架系统以及申诉庭专用统计报表等；审判流程规则系统，根据不同性质不同级别案件的特点，进行相关审理节点期限的合理控制，并制作相关统计报表。

10. 上海法院一级网网站

一级网是指连接全国各级法院信息系统的专用计算机网络，是国家电子政务平台的重要组成部分。建设完成的上海法院一级网网站在现有的上海法院全市网、互联网的基础上，选择有针对性的栏目及应用系统，同时适当增加有特色的新栏目，使网站内容更为丰富。该网站体现了上海法院的特色，在全国各法院之间通过法院专网实现了信息的传输、汇聚、交换和共享。

2009年，为配合原南汇区并入浦东新区，市高院信息化管理部门对相关应用系统进行了处理，实现了人员、权限的合并，以及审判、执行、信访等业务系统的收立案办理工作；其次封闭了上海法院对外服务中有关南汇法院的办事事项，包括网上立案审查、司法鉴定、网上信访等，关闭南汇法院所有业务系统的入口；完成了案件数据的合并及各业务系统的调整工作。

【加强运行维护管理规范建设】 2009年，上海高院信息化管理部门对上海法院人事系统、执行管理系统、司法鉴定系统、司法警察管理系统等多个系统进行升级，增加新的功能，使应用更加全面；对教育培训系统、行政赔偿系统、法宣管理系统等多个系统进行优化，使应用更加便捷；对司法统计系统、信访管理系统、诉讼费管理、诉讼保全管理等多个系统及全市法院小型机、存储系统、加密机、电子鉴章卡等硬件设备提供了运转保障；对上海法院公告管理系统、会议室管理系统、案件查询系统等多个系统在全市范围内进行推广应用。全年，共巡访 1 462 次，响应服务 7 771 次，为各部门辅导信息上网 669 次，召开视频会议 23 次。这些系统的升级、优化、完善、推广和维护保障，进一步深化管理审判业务流程，保证各个环节高效运转；进一步提升应用系统的人性化措施，方便法院审判人员的工作；进一步规范办案人员的司法行为，强化审判监督作用。

（市高院）

检察系统

【概况】 2009 年，上海市检察机关信息化工作围绕最高人民检察院统一规划、统一规范、统一设计、统一实施的科技强检战略和市检察院党组对信息化工作的总体要求，按照“继承发扬、开拓提升、稳步发展”的工作指导方针，以规范执法行为、提高执法能力、促进公正执法为主线，以服务检察中心工作、保障检察工作大局为己任，积极探索检察信息化发展的新思路，坚持为检察工作服务，为提高法律监督能力服务，使信息化在检察工作中发挥应有作用。经过各方努力，在制定规划、系统考虑、构建信息化框架，推进和优化软件应用、强化机制保障、加快软件开发、提高网络保障能力等方面取得一定成效。

【“办案辅助管理软件”在全市基层检察院全面启用】 遵循信息化建设、应用、整合的发展规律，根据市检察院信息化领导小组做出的由网上办案转变为办案辅助管理的定位要求，对原有的办案软件进行优化改进，于 2009 年 7 月在全市基层院全面投入运行。经过半年多的运行，软件运行平稳，受到干警欢迎和认同，维修率明显下降，应用效果良好。

【“检察业务统计分析”软件分批、分步上线应用】 为充分利用全市各级检察院软件应用中积累的各类办案信息数据，市检察院信息中心按照检察业务统计标准和口径，一是开展全面深入的需求调研，二是成立攻关小组、形成开发合力，三是细分权限、深度测试、全力准备所需数据源。在开发过程中，针对“检察业务统计分析”软件应用涉及面广、权限分配设置要求高等特点，经反复调研严格测试，于 2009 年下半年完成数据安全保密权限控制软件的开发工作，为统计分析软件的上线运行打下坚实基础。“检察业务统计分析”软件通过对全市办案数据的实时查询、统计和分析，为上海市检察机关各级领导及业务人员提供准确、详实、直观的数据资料，使数据变为有用的信息，从而更好地为各级院领导研判办案形势和科学决策服务，也为干警办案和业务管理服务。该系统已在全市检察机关上线运行，效果良好。

【民事行政检察辅助管理系统全面启用】 根据民检工作的要求和案件信息上下结合紧密、流程相互交叉的特点，上海检察机关的“民事行政检察辅助管理系统”采用集中数据库模式开发，形成民检部门的一体化信息化应用。该系统现已在全市检察机关全面启用，填补了全市民检业务软件应用的空白。

【控申信访受理系统实现高检、市院、分院、区县院四级联通】 上海市检察机关“控申信访受理系统”在稳定运行的基础上，2009 年又启动对线索网上分流功能的拓展工作。首先，实现从高检院控申线索受理平台上接收并予回复的功能；其次，开通全市检察机关控申线索的网上分流功能，该功能可将各类线索分流到全市任何一家检察院并进行线索受理、审批及相关扫描件、登记表、转办单等信息的处理。同时通过反馈功能将受理方的情况反馈至发送院，及时掌握发送线索的处理情况，提高线索处理效率。

【全市开通“12309”职务犯罪举报电话】 为进一步加大查处职务犯罪力度、方便群众举报，根据高检院关于全国检察机关统一启用和开通“12309”受理职务犯罪举报电话的部署，2009 年 5 月 26 日，上海检察机关在全市开通“12309”统一受理职务犯罪举报电话。该系统集成了全市 23 家市、分、区县检察机关的 28 门举报电话，举报人只要拨打“12309”，即可通过语音导航系统向全市22家检察院中任何一家举报职务犯罪情况。系统具有人工接听、留言举报、传真举报等多种受理功能，来电人也可了解相关举报常识。“12309”职务犯罪举报电话的开通，为全市广大群众提供了方便统一的举报平台，为惩治与预防职务犯罪开拓了一条便捷的通道。

【驻监狱检察信息管理系统进入试运行阶段】 为高效履行检察机关驻监狱检察职能，规范监狱检察工作，“驻监狱检察信息管理系统”通过网络实现驻监狱检察信息系统与监狱狱政管理系统业务数据的交换，解决了检察室对假释、保外就医、重刑犯罪、监外执行等进行检察的信息来源问题，该信息系统突出了跨单位、跨系统信息共享的特点，为检察机关准确、及时、规范地履行法律监督职能提供了有力保障，为利用信息化手段规范检察工作、提高检察效率发挥了积极作用。

【队伍建设信息管理系统一期正式运行】 2009年4月，“队伍建设信息管理系统”一期在全市检察机关正式运行。该系统包括组织人事管理、教育培训管理、党群信息管理、检察宣传管理、老干部管理、警务信息管理、绩效考核管理等功能，实现队伍管理工作信息化，为干部的规范化、科学化管理提供了依据。

【网上法医文证审查系统全面升级】 法医文证审查是指检察机关对侦察机关移送的法医类检验鉴定证据的专门性技术审查，是检察机关行使法律监督职能的途径之一。2007年，上海市检察院创新工作机制，充分利用信息技术手段，借助检察二级专线网，推出“网上法医文证审查系统”，实现“案源增加、程序简化、权威提升”三个方面的突破。该系统主要由虹口区检察院信息技术人员开发完成，具有以下功能：一是专门设计了与检察办案辅助软件联动的网上检索窗口，可以自动提示最新受理的“故意伤害、抢劫、交通肇事”等案由的案件，为文证审查工作人员及时发现案源、主动介入提供方便；二是提供鉴定结论相关材料电子文档上传和浏览功能，变书面审查为电子审查；三是引入网上二级审查机制，采用WEB技术，基层院收集复制的电子材料和一级审查意见一旦录入完毕，就可以同步进入到市检察院的网上待审案件列表中，由专职资深法医进行网上二级审查。在提高效率的同时，有效解决了基层检察院文证审查技术力量不足的难题。

2009年5月，“网上法医文证审查系统”全面升级为全市技术工作动态管理平台，一方面由文证审查单一功能拓展为包括文证审查、笔迹鉴定、司法会计、全程录音录像、视听参与、信息调研电子证据、心理测试等8个功能模块的大系统，另一方面进一步提高了操作上的易用性和实用性，强化了统计分析功能，以满足图形化显示和动态排名等管理需求，初步实现检察技术工作管理的网络化和数字化。

【全市基层院积极探索区域特色的信息化工作】

1. 嘉定区检察院建成“门岗接待系统”

近年来，随着改革的不断深化，如何做好检察机关内部的安保工作，确保涉案当事人来访接待始终处于安全可控范围，是当前检察机关接待管理的一项重要任务。

基于以上考虑，嘉定区检察院结合法警队伍建设及办案工作的需要，建设完成“门岗接待系统”。该系统把涉案人员的来访、门卫及大门监控、法警队警力协调等工作紧密衔接起来，分为3个相对独立的子系统——一是涉案人员的通知公告子系统：办案人员通过手机短信方式告知涉案人员因何事需在某时去检察院、由何人接待，并要求涉案人员回复信息以确认是否收到该信息，如果超时没有回复确认则改为电话通知，并将通知结果记录在系统中；二是院内安保通知系统：当涉案人员或者来访人员按预约时间来到本院时，由门卫处的保安对来访人员进行身份登记验证及拍照记录等工作，便于事后追踪和查询，当验证完成后，通过该系统通知法警安排至接待室等候，从而实现法警对涉案人员接待工作的全程介入与安全防范；三是一个相对独立的涉案人员信息收集查询系统：由业务部门负责整理，涉案人员只要有违规活动，都会被该系统所记录，并可根据条件进行灵活查询。

2. 长宁区检察院建成“未成年人心理矫护体系”心理测试软件

从1993年开始，长宁区检察院委托上海市青少年心理行为门诊部为未成年犯罪嫌疑人做心理测试，测试的目的是对未成年人犯罪后是否可以采用非羁押监禁刑进行评估。通过该项测试可以帮助司法机关了解未成年人犯罪的心理原因，对青少年犯罪嫌疑人将来是否重新违法犯罪作出预判，对检察机关的处置和法院的量刑给予参考。但人工测试题目文字拗口，不易被未成年人理解，同时题量多容易使青少年产生厌倦感。为此，长宁区检察院信息中心和未检科经多次到有关部门学习考察，并引进国外先进的心理测试理念，开发了检察办案专用的未成年人心理测试应用程序。该软件经长宁区检察院实际使用，取得了较好的效果，正在根据应用的需求作进一步提高与完善。

3. 金山区检察院利用网络平台构建警务用车管理新模式

金山区检察院自主研发警务用车督查软件，利用信息化手段实现警务用车的网络化管理。一是完善用车审批流程，使警车使用更加规范、刚性，确保用车规范、公开透明。二是实行"一车一档"动态管理，将车辆运行等信息输入电脑，由计算机自动统计相关数据，便于动态掌握车辆的性能状况及耗费节约等情况。三是建立公示评价机制，使绩效考核更加科学。对驾驶员工作情况每月在网上公示评价结果，结合驾驶员出车记录、月公里数、耗费、节约等数据，作为干警绩效考核的依据。四是设置预报预警提示，使信息掌握更加及时。通过预报预警提示功能，能够即时了解车辆日常管理方面的信息，对问题苗子等可提前进行监督、及时整改，确保车辆管理始终处于良性状态。

4. 金山区检察院自主研发"扣押、冻结款物管理系统"

为维护案件当事人的切身利益，确保检察机关执法办案规范公正，金山区检察院自主研发涉案"扣押、冻结款物管理系统"，实现处理扣押、冻结款物工作的信息化，加强对涉案款物管理的监督，保证刑事诉讼顺利进行。

该系统分为两个部分。第一部分为直接立案侦查案件的扣押冻结款物管理系统，涉及反贪、反渎、公诉、行装、办公室、监察 6 个部门。通过系统可自动生成收款与付款凭证，打印并经相关人员签字后存档。对于判决生效一个月后扣押、冻结款物仍未处理完成的，系统将自动预警。第二部分为国安、公安等其他侦查机关移送案件的扣押冻结款物管理系统。公诉、未检部门将公安等侦察机关移送的扣押冻结款物详细信息录入到系统中，并按照保管、移送、处理等程序实现网络流转。整个涉案扣押冻结款物的原始单据均扫描进该管理系统，并与录入的信息实现一一对应。

5. 闸北区检察院研发"职务犯罪预测预警信息系统"

职务犯罪预测预警，是指检察机关通过全面收集和科学分析职务犯罪信息，及时预测职务犯罪发展的新趋势、新领域、新类型、新动向。通过向有关单位发布预警和督促整改，以控制和减少职务犯罪行为的发生，起到事前预防的效果。为有效建立起这项工作机制，闸北区检察院在前期调查研究的基础上，尝试性研发"职务犯罪预测预警信息系统"，初步具备检察机关内部预防信息的收集、管理、分析和预警功能，为这项工作的开展奠定较好的技术基础。

信息技术在预测预警工作中的运用实现了"三个有利于"。第一，有利于准确、及时、全面地收集预测预警信息。通过建立畅通的职务犯罪相关信息收集网络，最大限度地实现资源共享和充分利用，从而保证信息收集的准确、全面、及时，为预测预警提供可靠的信息来源。第二，有利于专业化、科学化地分析预测预警信息。通过软件对信息加以处理和分析，不仅提高了预测预警工作的效率，而且可以按照不同年度和项目进行统计，或用图形和列表方式显示，使人们更加全面、准确、直观地了解分析结果，为预测预警的客观定量分析提供可靠的依据。第三，有利于对信息进行客观定量的自动预警。在信息统计、分析的基础上，实现对职务犯罪动向的客观定量预测预警，提高了预防手段的针对性、科学性和实效性。

6. 闸北区检察院加强信息化建设保障办案安全

闸北区检察院以技术手段加强办案信息安全保密工作。一是利用 USBkey 内置的密码算法认证网站和办案系统用户身份，实现安全登录，确保办公、办案数据安全。二是建立 USB 移动存储介质管理系统，对移动存储介质写入不同控制权限标签和指定范围内终端授权，杜绝非密与涉密移动存储介质交叉使用。三是在院公用服务器和每台电脑上配置电子文件保密柜及保险箱，并对涉密文件集中打印设置权限。四是对用户权限、文件输出打印等进行主机监控审计，确保检察秘密不泄漏。

7. 静安区检察院积极进行灾备演练，切实保障网络安全

2009年，静安区检察院面临域名更改、大楼改造、网络搬迁等重大情况，整个网络系统所处的环境更加复杂，对整个网络系统安全提出更高要求。为此，该院在年初着手健全和完善信息系统应急响应保障机制，有计划地进行相关备份、恢复和设备测试，通过应急演练消除和减少由于发生意外、故障或灾难后而影响系统应用的可能性，确保网络应用的可靠性，确保相关设备和信息的完整和可靠；搭建应急系统平台，收集和整理相关信息，形成可靠、全面、有效的应急手册；有针对性地进行人员培训和演练，确保制度有效执行。

通过灾备演练和健全完善应急响应机制等一系列工作，取得一定效果。首先是提高了维护保障的能力，其次是提高了应急处置的规范性，演练使该院的应急预案更加具有可行性，在应急处置中真正做到有章可循，不仅提高了效率，也规范了操作流程，提高了应急处置的安全性。

（翁美华）

第四编 经济领域信息化

综 述

2009年,上海经济领域信息化建设持续推进。在信息化与工业化融合领域,完成总体规划布局,取得初步成效。上海作为“国家级推进信息化和工业化融合试验区”,发布总体实施意见和三年行动计划,启动实施“1010工程”,推动产业结构调整和经济发展方式转变。在农业领域,农村信息化不断深化,信息技术在为农服务、农业生产和管理方面的应用不断向广度延伸、深度拓展。在金融领域,以服务世博为目标,银行卡受理环境和发卡市场不断完善,电子支付产业蓬勃发展,金融机构信息化建设取得新进展,信息技术应用成为金融行业提高自身业务水平和服务能级的重要手段。在商贸流通领域,《上海市促进电子商务发展规定》正式实施,电子商务发展环境日益优化,交易规模不断攀升,应用领域继续拓展,电子口岸从软硬件各个方面继续加强基础建设,提升综合服务能力。在旅游和会展领域,紧扣世博需求,从服务和管理两方面着手,新建并完善一批旅游服务公共信息平台。此外,企业信息化公共服务体系不断完善,为中小企业开展信息化建设提供了有效支撑。

(唐燕萍)

第一章　信息化与工业化融合

概　述

2009年,上海作为国家级推进信息化和工业化融合试验区,以加快推进经济发展方式转变和产业结构优化升级为目标,全力抓好总体规划布局,取得初步成效。

规划布局基本完成。2009年9月22日,"上海市推进信息化与工业化融合工作会议"召开,对全市"两化融合"工作进行全面动员和总体部署,会上发布《上海市人民政府批转市经济信息化委〈关于推进信息化与工业化融合,促进产业能级提升实施意见〉的通知》(沪府发[2009]46号),明确上海"两化融合""1010工程"(聚焦10个重点产业,实施10个重点工程)及今后三年的工作原则和任务。

重点项目有序推进。对中国商飞、宝钢集团、上海电气、上海汽车等企业的首批20余个"两化融合"重点项目给予支持。面向10个重点产业征集近80个在建(拟建)项目和50个成功应用案例,形成项目储备,编印十大产业"两化融合"典型案例汇编。

部分专项率先启动。节能与综合利用方面,完成上海市能效监控平台(一期)建设,为监控用能情况和开展主动监察提供支撑。工业软件振兴方面,在钢铁、船舶、汽车等领域支持一批工业软件研发。中小企业信息化方面,推动13个信息化项目建设,出版《企业信息化典型案例》一书。

基础工作进展明显。依托复旦、交大、同济三所大学和互联网经济咨询中心,成立首批4个"两化融合"研究中心;依托中国商飞、振华重工等10个企业,成立"两化融合"重点实验室。委托市政府发展研究中心、社科院等机构,开展上海"两化融合"发展研究、"两化融合""十二五"规划前期预研等基础研究。探索建立"两化融合"发展水平评估指标体系和发展指数机制。

宣传培训初具成效。宣传方面,配合《中国电子报》、《中国信息化》、《上海中小企业》等媒体,对上海"两化融合"进行专题报道;结合全市推进大会召开,在新华、解放、文汇等媒体平台上做宣传报道。培训方面,分5期组织面向中小企业专题培训,共400余人接受了系统培训。

一、总体规划

市政府发文批转市经济信息化委牵头编制的《关于推进信息化与工业化融合,促进产业能级提升的实施意见》及其附件《上海市推进信息化与工业化融合行动计划(2009～2011年)》,从全市层面对信息化与工业化融合工作作出总体规划。同时,召开全市推进"两化融合"工作会议,对相关工作作进一步动员部署。

【"两化融合"实施意见发布实施】 2009年9月3日,市政府批转市经济信息化委《关于推进信息化与工业化融合,促进产业能级提升的实施意见》。根据《实施意见》,上海"两化融合"将以加快提升上海产业能级、构建现代产业体系为总体目标,围绕促进经济发展方式转变、促进产业结构优化升级、促进政府职能转变这一主线,抓住工业产品研发设计信息化、工业生产过程自动化、企业管理和行业服务信息化、产品流通和市场信息化四个切入点,通过"两化融合"提升传统产业、壮大支柱产业、发展新兴产业,促进上海工业由大变强,确保上海经济又好又快发展。至"十二五"期末,上海"两化融合"发展指数达到85。此外,《实施意见》还明确推进信息化在工业领域应用渗透、推进信息化在服务业重点领域应用推广、发展电子信息产业和相关新兴产业、优化“两化融合”发展环境的主要任务。

【“两化融合”三年行动计划制定发布】 《行动计划》明确上海市推进“两化融合”的“1010工程”(即聚焦10个重点产业,实施10个重点工程),并提出重点产业的发展方向以及重点工程的主要任务。10个重点产业分别是:航空产业、钢铁产业、石化产业、汽车产业、装备产业、船舶产业、信息产业、消费品产业、现代物流业、生产性服务业。10个重点工程分别是:工业软件振兴工程、节能控制与综合利用工程、中小企业信息化应用推广工程、“两化融合”示范园区引导工程、公共服务平台支撑工程、电子商务扶持引导工程、信息基础设施能级提升工程、政府监管服务信息化工程、信息安全保障工程、“两化融合”专业人才培训工程。

【召开全市推进“两化融合”工作会议】 2009年9月22日,市政府在展览中心友谊会堂召开“上海市推进信息化与工业化融合工作会议”。上海市副市长艾宝俊、工业和信息化部副部长杨学山出席会议。会议由艾宝俊副市长主持,工业和信息化部相关司局、上海市政府相关部门、各区县政府负责人,以及中央在沪企业,上海市重点企业、开发区和相关行业协会负责人等300余人出席会议。会上,工业和信息化部副部长杨学山向上海市颁发“国家级推进信息化和工业化融合试验区”铜牌,上海市经济和信息化委员会主任王坚汇报了上海市推进“两化融合”工作情况。会上还举行了首批4个“两化融合”研究中心和10个重点实验室授牌仪式。

二、基础研究

委托市政府发展研究中心、市互联网经济咨询中心等研究机构,围绕“两化融合”发展策略、政策体系、评估指标等开展基础性研究。启动“两化融合”“十二五”规划预研。此外,承担国家“两化融合”“十二五”规划的前期研究课题。

委托市政府发展研究中心承担。从全市经济发展和信息化建设的战略高度,对上海“两化融合”的现状、重点和政策措施进行了全面研究,并以专题报告的方式,提交了《上海市重点产业领域的两化融合需求分析》、《上海重点产业两化融合需求的互异性分析》、《国内两化融合政策比较》等研究报告。

委托市互联网经济咨询中心承担。经研究初步形成四级指标构成的评估指标体系,其中一级指标3项,涵盖了社会“两化融合”水平、大型企业“两化融合”水平和中小企业“两化融合”水平等领域;二级指标8项,3级指标25项,4级指标61项。在此基础上,经过加权处理,形成上海市“两化融合”发展指数。在对77家大型企业和217家中小企业调研的基础上,编写发布《上海市2009“两化融合”发展水平评估报告》。

由上海交通大学“两化融合”研究中心牵头,联合复旦大学、同济大学和市互联网经济咨询中心等其他“两化融合”研究中心,共同编写了《上海市推进信息化与工业化融合2009年度发展报告》,其中总报告包含了基础现状、重点推进工作以及相关趋势性研究成果,分报告分别以研发设计、生产过程、管理和营销等环节的“两化融合”为切入点,体现了各相关领域的研究成果。

委托上海市社会科学院信息研究所承担。对国内外“两化融合”经验与趋势、上海工业化发展形势、“两化融合”的现状和基础、发展思路和目标、主要任务等进行全面研究,为编制“十二五”规划提供了有力支撑。

(陆　森)

三、支持机构

依托高校、研究咨询机构以及企业技术中心,组建首批4个“两化融合”研究中心(复旦、交大、同济和市互联网经济咨询中心)和10个重点实验室,从推动产学研结合的角度,支持全市"两化融合"推进工作。

研究中心

主要从宏观与微观、理论与实践的结合上,对国内外"两化融合"发展趋势和市场动态、"两化融合"发展战略及应用创新进行调查研究,为政府决策提供建议;协助有关单位开展面向行业、园区、企业的专业咨询和培训服务,为各行业"两化融合"提供解决方案;推进"两化融合"合作交流,开展多种形式的理论研讨、学术交流,促进产学研用的横向联合和合作项目;承担政府、行业、企业等委托的其他研究任务。

【复旦大学】 经上海市经济和信息化委员会批准,复旦大学上海市推进信息化与工业化融合研究中心于2009年8月成立,正式成为上海市推进"两化融合"工作的第一批四个研究中心之一。中心共有30多名全职和兼职的教学与研究人员,包括黄丽华教授等众多知名学者。研究中心有四个研究室,即企业管理中两化融合研究室、供应链中两化融合研究小组、产业组织中两化融合研究室、企业两化融合评估研究室。

研究中心自成立以来,就将中心目标定位于通过产业组织层面、企业以及供应链管理等研究和实践,为政府"两化融合"政策的科学制定与有效执行和企业"两化融合"的实践提供咨询和服务,为企业"两化融合"的实践提供监测手段和最佳绩效标杆,为上海培养优秀的"两化融合"高端人才提供智力支持。

中心自成立以来主要承担的工作内容如下:

(1) 承担国家"十二五"规划课题,完成国家"两化融合"发展战略规划。复旦大学"两化融合"研究中心在成立之初即承担起了国家工业化与信息化部的"十二五"规划课题——《国家工业化与信息化发展战略规划》(课题编号:KT2009AL001)。该课题从分析我国信息化与工业化融合现状和需求出发,研究我国"两化融合"的目标和使命;通过分析实现这些目标和使命的可能路径,提出推进"两化融合"的关键性任务以及重点任务;在此基础上,提出具体的推进"两化融合"的策略和保证措施,从而为我国推进"两化融合",促进经济发展方式转变和产业结构优化升级提供决策支持。

(2) 积极探索上海市企业"两化融合"实践,总结初步经验。在理论研究的基础上,研究中心对上海市企业"两化融合"的探索与实践进行初步总结,协助市经济信息化委共同编写《上海十大产业信息化与工业化融合——探索与实践》案例集,从实践中寻找和总结"两化融合"的问题和经验。正式启动并推进以"上海市企业两化融合实践与探索"为主题的深化研究,并将进一步形成系统性的研究成果。

(3) 积极参与《上海市推进信息化与工业化融合2009年度发展报告》编撰工作。研究中心积极参与由市经济信息化委组织的《上海市推进信息化与工业化融合2009年度发展报告》的编撰工作。通过多方搜索和认真整理,为总体报告部分的编写提供大量素材,并认真完成了企业经营管理领域分报告的撰写工作。

(4) 根据市经济信息化委部署,积极开展"两化融合"理论与实务研究。继续加强企业"两化融合"的理论与实践经验的总结,结合宝钢、上海烟草、上海三菱电梯等公司典型案例企业,深入开展钢铁等大宗物品行业、快速消费品行业以及设备等工业品行业的企业"两化融合"路径与方法等研究,完成初步的研究设计。

(董　亮)

【上海交通大学】 上海交通大学上海市推进信息化与工业化融合研究中心依托上海交通大学机械与动力工程学院计算机集成制造研究所,联合工业工程与物流工程系、现代设计研究所、计算机科学与技术系,以及上海市网络化制造与企业信息化重点实验室、上海先进制造工程技术研究中心等共同组成。中心将利用未来2~3年时间,建立较为完整的"两化融合"研究中心可持续发展体制、机制和运营管理制度,建立从事"两化融合"科学研究与技术应用的科研梯队,并初步形成"两化融合"的系统化的基本理论、科学方法、关键技术、共性平台、工具系统、标准规范等。

根据市经济信息化委统一部署,研究中心的工作重点是产品研发设计"两化融合"。总体目标是通过相关理论、技术、方法和系统的研究与开发,培养优秀研发与技术管理人才,结合企业研发实践活动使企业完成现代研发模式转变,以期达到提升研发设计核心能力与核心竞争力的目的。为完成研发模式迅速转变,必须进行产品研发设计体系的研究与开发。研究中心立足于上海实际情况，正从以下几个方面进行产品研发设计“两化融合”的研究、开发与应用：产品研发设计流程；产品研发设计的理论、方法与系统：公理化设计理论、模块化产品开发、全球化产品开发、协同产品开发、产品服务设计、产品研发设计系统与平台；产品研发设计管理：产品创新管理、产品型谱管理、协同项目管理、产品生命周期知识管理；集成产品开发团队。同时，通过产学研合作，深入探讨产品研发设计“两化融合”的实施途径，包括产品研发设计规范化、模块化、协同化、精益化、最优化。

围绕提升企业产品研发设计能力和核心竞争力，建立产品研发设计“两化融合”的总体架构和实施途径。完成企业信息化实施方法和支撑技术、大型国有企业企业级数据建模集成与管理技术、大型动力装备研发设计与管理信息化体系结构、多级供应商协同产品开发、多级供应商协同项目管理等研究与开发项目。在国际期刊(SCI/EI检索)发表论文5篇，申请专利1项、软件著作权1项，培养了一批博士研究生、硕士研究生。

（明新国）

【同济大学】 同济大学上海市推进工业化与信息化融合研究中心牵头单位是“同济大学计算机集成制造系统(CIMS)研究中心”。同济大学计算机集成制造系统(CIMS)研究中心成立于1993年，是系统工程学科所属单位。中心紧密结合国家和上海市战略需求，面向企业节能减排和建设创新型国家的目标，研究高能耗企业能源模型与能效综合评估、能源综合优化、企业创新产品开发环境系统、智能调度、数字化工厂等关键技术和前沿技术，形成了自己的研究特色。同时，在“两化融合”的研发工作中还将依托同济大学资源，充分发挥上海市工业化与信息化融合研究中心(同济大学)在生产与制造过程领域中的研究特色与优势。

自授牌以来，研究中心主要围绕生产与制造过程的“两化融合”技术展开研究与开发。2009年，研究中心面向上海市信息化与工业化融合发展需求，在节能减排、产品创新开发、企业自动化与智能调度、数字化工厂等领域攻克了一批关键技术，同时围绕“两化融合”推进工作，还开展了企业的调研、培训和宣传工作。具体工作情况如下：

(1) 高能耗企业能效综合评估与能源优化调度关键技术研究。针对目前我国高能耗企业能效评估手段的匮乏，重点研究高能耗企业能效综合评估指标体系、评估方法以及评估系统。融合系统工程技术和信息技术，从模型的角度展开典型用能企业能源系统耗能模型与优化调度技术的研究与应用。积极参与对口合作研究单位——两化融合重点实验室(上海焦化有限公司)的企业对“两化融合”的需求调研，双方计划开展对口合作研究工作。

(2) 面向发电设备的创新产品设计开发环境系统研究与开发。开展企业创新产品设计开发环境系统研究，面向发电设备制造业，研究并开发支持企业产品创新设计开发的支撑环境软件系统。充分利用和发挥发电设备产品研发的工程分析和计算资源，建立有序、可控的设计分析过程管理，通过积累、挖掘和再利用本行业重大产品的开发知识，提升企业的产品自主创新开发能力。

(3) 电力系统自动化与半导体生产线智能调度技术研究与应用。2009年，中心与上海衡诚电力工程技术有限公司合作，开发了“衡诚变电站组态监控软件”，能满足35 KV的变电站的组态和监控。同时，中心与上海贝岭微电子制造有限公司合作，开发了“贝岭6寸硅片线调度仿真系统”。

(4) 数字化工厂关键技术研究与应用。2009年，中心和上海大众汽车有限公司规划部继续合作，进行数字化工厂的推广工作，结合企业新车型项目的规划部署，针对上海大众汽车三厂(上海安亭)和四厂(南京江宁)两个厂区进行数字化工厂的建设工作。主要完成基于上海大众HLS平台的三维轻量化建模。

(5) “两化融合”支撑技术的培训与宣传。为上海长圆维安电子线路保护有限公司、上海电气电站设备有限公司上海发电机厂、上海锅炉厂有限公司、上海鼓风机厂有限公司、上海氯碱化工股份有限公司等企业，开展“两化融合”支撑技术的有关调研与培训，为《上海信息化》杂志撰写了题为“两化融合，生产制造过程节能减排的助推器”的文章，接受了《中国电子报》有关“两化融合”方面的专版采访。

（赵荣泳）

重点实验室

首批10个重点实验室选择中国商用飞机有限公司、上海电气集团股份有限公司、上海振华重工海洋工程研究院、上海焦化有限公司、三菱电梯有限公司、泛亚汽车技术中心有限公司、上海宝信软件有限公司、上海电气科学研究所（集团）有限公司、上海自动化仪表研究所、上海超级计算中心等单位成立。主要围绕钢铁、石化、汽车、装备、航空、船舶、电子等“两化融合”重要产业门类，以关键信息技术和共性解决方案为切入点，开展技术研发和攻关，为“两化融合”的深入推进提供技术支撑和储备；联系相关企业、高校和研究机构，整合各方研发力量，促进“两化融合”关键技术的产学研用结合，提升产业集群发展能力；承担政府、行业、企业等委托的其他研发或咨询任务。

“两化融合”重点实验室及技术攻关方向一览表

序号	申报单位	重点实验室	主要技术攻关方向
1	宝信软件	冶金生产过程自动化技术重点实验室	1. 钢铁冶炼自动化控制建模技术及其应用（包括钢铁冶炼自动化控制建模技术研究、各工序控制模型开发）； 2. 工业过程综合自动化集成平台技术（包括过程控制应用软件开发平台和中间件开发、大型应用工程软件产品华研究）。
2	泛亚汽车	汽车应用技术虚拟现实开发重点实验室	1. 虚拟现实技术研究（包括主被动安全技术、整车和部件降噪与振动技术）； 2. 绿色环保及新能源信息化研究（包括动力总成分析、混合动力控制、先进驱动技术集成）； 3. 远程信息技术研究（包括远程诊断、车载信息服务）。
3	中国商飞	民用飞机数字化协同研制与服务重点实验室	1. 民机数字化协同研制关键技术研究（包括多专业并行协同环境、数字化设计、全生命周期产品数据管理系统）； 2. 民机数字化客户服务体系（包括客户培训管理、航材支援管理、工程技术服务管理、客户服务门户等）； 3. 信息化基础设施及保障体系。
4	振华重工	海洋重工装备工程研制信息化重点实验室	1. 总体设计优化技术（包括总体设计方案优化技术、平台运动性能和载荷预报与验证技术、平台拖航运动性能分析等）； 2. 结构设计技术研究（包括自升式钻井平台波浪载荷预报、非线性抨击载荷预报、三维水动力分析、结构局部强化分析等）； 3. 配套系统与设备国产化（包括桩腿与升降系统、锚泊系统、动力定位系统等国产化）； 4. 综合信息集成系统技术。
5	电气集团	电驱动及控制信息技术重点实验室	1. 电机驱动技术研究（包括直线电机及驱动器、永磁同步电机驱动器开发及产业化）； 2. 自动化控制技术研究（包括工业自动化控制软件平台研发、新型智能控制器研制及产业化、大功率变频器开发及产业化、PLC产品开发及产业化）； 3. 无线传感器网络技术研究及示范应用。
6	上海焦化	煤化工企业能源优化信息技术重点实验室	1. 基于中间件的煤化工企业信息集成平台（包括模型建立与部署、信息共享和同步、通用接口、数据校正等研究）； 2. 典型煤化工过程甲醇生产流程的实时能耗建模及监控管理（包括实时能耗模型、工序动态能耗计算、生产过程能耗实时管理）； 3. 联合甲醇装置节能降耗优化运行技术（包括工序生产过程模拟优化、节能降耗优化运行技术研究）。

(续表)

序号	申报单位	重点实验室	主要技术攻关方向
7	上海电科所	网络化集成控制技术重点实验室	1. 多协议通信技术与网络化集成架构研究(包括工业以太网、现场总线、ZigBee 无线通信组网技术、WiFi 无线局域网技术研究); 2. 网络化集成控制系统关键设备研发与产业化(包括网络化可编程序控制器、数字和模拟量输入输出模块、人机界面研究); 3. 系统集成软件研究(包括网络管理平台、数据组态平台、可编程序控制编程软件研究); 4. 网络化集成控制系统研究(包括智能配电语控制系统、智能家居控制系统研究与开发); 5. 针对行业的解决方案(包括大型企业配电自动化多总线网络化智能配电系统解决方案、轨道交通网络化控制、中小型电机特性实验网络化解决方案等); 6. 用户端智能电网(包括是用于住宅、商用楼宇、工矿企业的互动电网关键技术研究)。
8	超算中心	工业领域高性能计算应用重点实验室	1. 面向工业企业的高性能计算应用环境(包括网络环境、通用计算环境、高性能计算实验室等); 2. 通用工业仿真和优化设计计算平台构建(包括面向多个领域的仿真和优化设计平台、通用计算软件集成、用户数据工程集成); 3. 面向关键工业领域的专用计算服务平台构建(包括汽车、航空等主要行业)。
9	三菱电梯	PDM 平台开发技术重点实验室	1. 产品数据管理系统; 2. 产品开发平台; 3. 数字化技术在电梯产品开发中的应用; 4. 开发平台模型处理的技术和方法; 5. PM 曳引机开发平台实证研究。
10	自动化仪表所	工业过程测控技术重点实验室	1. 无线传感器网络技术(包括 IEEE802.15.4 短程无线传输协议、流程工业应用、ZigBee 协议的传感器网络系统研发); 2. 仪表与控制系统功能安全技术(包括可编程电子安全系统和仪表系统功能安全应用、自动化仪表及系统功能安全技术集成、过程测量仪表容错性能评价方法标准); 3. 先进控制和优化软件开发(包括污水处理节能控制技术、卡琳娜循环技术、基于网络的综合自动化信息集成技术等)。

(陆　森)

四、园区信息化

【临港产业园区】 2009 年是临港产业园区"两化融合"工作快速推进的一年。聚焦奉贤、松江、浦江、康桥、漕河泾等重要产业集聚地,进行大量信息化应用和服务设施的规划建设工作。在洋山保税港区,以保税港区核心机房、EDI 专网等项目为抓手,加快国际航运中心的信息化配套设施建设。同时,对保税港区的企业开展大范围的需求调研工作,针对这些企业所需,开展物流综合服务平台的规划和设计工作。在各分城区,以区域核心机房、通信信息管网建设为基础，与四大电信运营商开展密切合作，完善信息基础设施的布局，确保最终用户的权益，推动通信信息服务的良性竞争。在临港集团下属各产业园区，通过推动园区公共信息服务平台、园区管理服务平台等项目建设，面向产业园区入驻企业，提升了园区服务能力，增强了企业的竞争力。同时，临港产业区还根据产业区信息化总体目标和发展战略，启动制定《临港数字产业园区建设规划及标准》，为进一步实现推广、实施“两化融合”战略做好准备。

（林 浩）

五、企业信息化应用

中国商用飞机有限责任公司

2009年，中国商飞“两化融合”主要围绕公司的发展战略和两型飞机的研制开展工作。在总体规划方面，组织编制公司5年的《信息化规划》，确定以两个型号的应用为主线，以数字化为核心，利用5年的时间，建设“一套”世界先进的信息化基础设施，建立健全信息化“三个”体系（信息化组织体系、信息标准体系、信息安全保障体系），建设“三个”数字化平台（数字化设计制造协同工作平台，企业管理信息化平台、客户服务信息化平台）及其软件应用系统，保障两型飞机的研制成功和商业成功，跻身国际飞机制造业信息化先进水平行列，全面推进公司“两化融合”进程。在项目建设方面，围绕公司型号研制和业务发展的急需，开展“大型客机全球协同研制平台”等多个信息系统建设，实现C919工程数模管理、技术文件管理、供应商协同设计、多专业协同等研制工作的信息化，为大型客机现阶段协同研制提供了信息化保障，保障了公司各项业务的正常进行，有力促进了大型客机技术创新、研制模式和组织管理方式创新。

（李云峰）

上海华谊集团

华谊集团作为传统化工企业集团，“两化融合”的提出成为其转变发展方式、提升产业能级的新途径。现阶段集团“两化融合”的重点：全面落实安全环保、节能减排及重大危险源实时监控，预防事故发生；落实集团生产经营统一协调，深化精细化管理，提升化工行业产业能级，提高赢利能力；加强外省基地安全生产管理，有效提高集团的“跨市发展”能力，为全国化工企业提供“两化融合”管理示范。2009年，华谊集团以信息化为手段，加强生产精细化管理，提升自身生产和管理能级，成立“大型煤化工企业能源优化”重点实验室，基本完成“安全生产及决策指挥信息管理平台”建设，启动“基于RFID的化工物流管理信息系统”建设试点，为化工生产、运输、节能、环保等领域的现代化管理提供了重要支撑。其中，“华谊集团安全生产及决策指挥信息管理平台”项目的实施，以华谊集团及其下属氯碱化工、三爱富、焦化、吴泾化工、丙烯酸、上硫公司为范围，搭建集安全环保监控、生产运行监控、生产调度指挥及一体化应急指挥等应用于一体的安全生产及决策指挥信息管理综合平台，在对下属企业的安全生产管理起到积极作用的同时，提升了华谊集团公司的生产运行掌控力，有效支撑了企业的生产、管理和决策。

（倪华芳）

上海美特斯邦威服饰股份有限公司

按照美特斯邦威的信息化总体要求，2009年启动《信息化升级项目群三年计划》，根据“总体规划，分步设计，试点部署，全面推广”的策略，一方面，以管理流程的持续改进和信息数据分析挖掘为手段，规范管理流程，全面掌控运行实绩，不断提高运营水平，实现企业高效运作，为战略目标的实现提供决策支撑；另一方面，与供应链过程深度融合，利用信息化技术，加强生产制造的过程控制，实现管理信息系统与过程控制系统在各领域互联互通，提高供应链管控水平和劳动效率。“供应链协同管理项目”是美特斯邦威信息化升级项目群中的核心项目，已完成物料管理、销售管理、生产计划、成本管理、质量管理等模块功能的开发，并将开始推广到各个合作伙伴，这将有效提高产业链竞争力，从而真正实现快速供应链平台，缩短与国际行业领先企业之间的信息化差距，提高企业和行业的竞争力。该新系统上线之后，能够使季前生产的比例由现在的 90%下降到 50%，存货周转天数由 99 天下降到 50 天，使企业的新品库存率指标降低到 10%以下。

（周煜斌）

上海三菱电梯有限公司

加大信息化的推进力度，扩大现代技术应用的范围，配合企业的经营战略方针的贯彻和落实，是上海三菱 2009 年“两化融合”的重点工作。着重反映在三个方面的工作上：一是基于 3G 通信技术的电梯远程运行监视系统的开发和应用，在基于 GPRS 的电梯远程服务系统（REMES－II）进一步推广应用的基础上，为进一步提升电梯远程服务的应用效果，上海三菱下半年开始基于 3G 的下一代电梯远程服务系统的规划和设计，初步完成 3G 远程通信解决方案的需求调研、总体架构确认和合作协议签订工作。二是在电梯产品设计中，探索研究 3D 技术的全面应用项目，对电梯产品开发从 3D 数字化模型延伸到 CAE/CAM 领域的系统性应用进行深入研究，并提出详细的解决方法和建议。三是重建开发基于中间件技术的新 PDM 的开发，明确提出以 3D 设计为基础的产品开发体系，以数字化模型建立各个电梯产品的开发平台，实现 3D 设计、装配、CAE、仿真等技术在产品开发过程的应用。另外还将开展以 3D 零部件的 CAM 仿真工作，提升制造工艺的数字化水平，新 PDM 系统作为产品开发的管理和支撑平台将把产品开发和工艺的数字化水平提升到一个新的水平。已完成需求分析和架构基本设计，将着手模块开发。

（孙 华）

光明食品（集团）有限公司

光明集团作为涵盖第一、二、三产业的大型食品产业集团，在开展食品产业链整合、主业优化调整和企业管理提升中，针对业务运行和管理的实际需要，积极探索信息化技术的应用和集成创新，形成针对食品加工制造企业、流通服务企业、食品投资管理型企业以及食品质量安全管理等多种形式的“两化融合”模式，有效推进了集团内企业信息化建设。2009 年 1 月，开通“光明食品质量安全网”（www. safetyfood. sh. cn），11 月 7 日“光明食品集团食品安全监管查询平台”系统正式启动。年内，通过对该系统与“光明食品质量安全网”集成整合并开发相应的 web 界面，海丰米业、爱森冷却肉、瀛丰五斗有机米、星辉蔬菜初步实现全过程“生产可记录、信息可查询、流向可追踪、责任可追究”的食品安全追溯目标和全国性查询。消费者可通过网络（www. safetyfood. sh. cn 和 www. safetyfood. gov. cn）、电话语音（拨打 4008190315 输入追溯号码）、手机短信（发送追溯号码至 1066958872）等多种渠道，实现对海丰优质大米、爱森冷却肉、瀛丰五斗有机米、星辉蔬菜等可追溯产品的查询。

（光明集团产业发展部）

上海汽车工业（集团）总公司

【概况】 2009 年，上汽集团、上海汽车集团股份有限公司（由上汽集团控股，简称“上海汽车”），围绕上汽自主品牌发展战略规划，以支持资源整合、业务协同、业务流程集成为目标，不断加快信息化建设步伐，充分发挥自主创新和自主开发能力，为提高上汽自主品牌建设速度和效能提供了有力保证。

【集成、协同、持续改进的应用开发体系】 上海汽车集团股份有限公司乘用车公司是上海汽车的全资子公司，承担着上汽自主品牌汽车的研发、制造与销售。在贯彻上汽自主品牌发展的战略规划中，将信息化建设始终融入研发、制造、采购、质保、物流、销售、售后等各个环节，创造性地将先进的信息技术与传统制造技术、工程技术、办公自动化相结合，实现数据的一致性、及时性、完整性、安全性和准确性，从而提升企业动态应变市场的能力和国际竞争力。

【南京浦口信息系统】 为推进上海汽车乘用车公司上南两大基地业务运作和质量管理体系建设，南京浦口基地的信息系统项目于 2009 年 1 月开始实施，历时 8 个月按时完成。项目包括 SAP（企业资源管理系统）、IMES（集成的制造执行系统）、DMS（经销商管理系统）、TCE（Teamcenter 研发系统）、TCBOM（TCE 数据管理系统）、GBOM（Global 产品数据管理系统）、售后和工控 8 大主系统、21 个子系统，涵盖 318 个业务流程；系统切换涉及上海、仪征、南京三地，共计 1 088 项纵横交错且又必须严格执行的作业和海量历史数据的清理，从系统层面上实现公司跨地域价值链上的工程、物流、制造、采购、财务、营销等业务流程的优化和整合，提高对市场的响应度和柔性生产力。年底，浦口发动机厂的制造执行系统(Power Train MES，PTMES)完成，并获得2009年度国家“两化融合试点项目”称号。

【工程数据管理系统】 上海汽车信息系统部自主研发的GBOM(Global BOM)系统，是一套统一的、支持异地多平台生产的、涵盖产品全生命周期的工程管理系统。作为存储管理的核心载体和纽带，BOM与Teamcenter、PDM(产品数据管理)、MES、SAP等系统建立接口，使制造、物流、财务等各业务链相关部门所需的工程数据在同一平台上流转，有效解决了工程“信息孤岛”、重复维护、无序发放等问题。2009年下半年，上海汽车信息系统部还完成英国技术中心关于GBOM等Global系统的部署、上线及更改；同时，配合已实施的PDM项目二期改进，确保了中英两地技术中心之间实现工程数据的加密交互和定时同步。

【产品质量控制系统】 2009年，上海汽车信息系统部对PQCP(产品质量控制系统)进行开发和持续改进。作为一套企业级产品质量跟踪与管理平台，涵盖研发、制造和售后等业务链中所有质量问题的发布、责任认定、原因分析、措施实施、效果验证、问题关闭等节点，能够识别问题的分类与车型，自动分配给对应的质量工程师处理，直至问题彻底解决后才关闭；同时，所建立的Hot Issue机制用以在被发现的问题尚未解决且已临近需解决的时间节点时发出报警信息，以引起企业领导对问题的重视与资源的及时调配。

【一个支持中心、多基地合作的运维支持体系】 安亭基地是上汽集团自主品牌建设的数据中心，是支撑上汽总部、临港/仪征/南京制造基地、英国技术中心、商用车技术中心及金桥市场部的信息枢纽。为保障其稳定、安全、高效的运作，在夯实与优化各基地局域网和广域网建设的基础上，形成7×24(每周7天，每天24小时)的监控机制，以“对问题的预见性”和“解决问题的根本性”为宗旨，通过现场、电话、计算机远程支持模式，为上汽集团自主品牌各地业务运作提供全局性的优质服务，维护涵盖信息设施、电话/网络通信、桌面管理以及各大应用系统(PDM、GBOM、IMES、SAP、DMS、Portal等)的正常运作。

【上汽集团各企业信息化建设】

1. 上海小糸车灯有限公司

2009年，上海小糸在信息化建设中，结合企业实际，将企业管理、项目管理、信息安全管理作为工作重点稳步推进。

在企业管理上，2008年底实现新旧ERP系统的切换工作，2009年度为维持新ERP系统(SAP)的持续良好运行，上海小糸投入大量人员进行适度的二次开发和运维监控，经过一年努力，上海小糸SAP已逐步发挥出其在企业资源管理领域的管理作用，特别在生产计划可执行率、采购订单延迟交货率、生产线平均库存、客户及时交付率、部品配送效率等管理方面，得到显著提高。

在项目管理上，为适应新产品数量每年超过10%的增长速度，解决新产品项目开发至批产的过程中遇到的问题，做到对质量阀的有效控制，提升新产品项目对客户交付率，上海小糸利用现有OA系统，将项目管理的功能纳入其中，以APQP体系为项目准则，在管理好项目进度的同时，将项目所需的各类文件进行关联，形成具有高价值的知识库，为项目管理提供了有力支持。

在信息安全管理上，上海小糸在2009年投入大量精力，用于研究、分析，并将最终的解决方案付诸于实施。在经过近6个月的安全分析后，将整个信息数据保护分为两个维度来进行控制，即防止外部侵入和内部泄露。针对以上两方面所采取的策略分别是制定企业局域网的准入限制和基于特定应用程序或特定文件类型的数据防护(这些防护并不仅限于网络传送、硬件对接、打印输出等方面)。截至2009年12月，已完成对于技术中心的全面数据保护和整个公司的准入保护，基本形成企业数据安全的全过程控制。

2. 延锋伟世通汽车饰件系统有限公司

2009年，延锋伟世通在IT战略规划的指导下，结合本公司的快速发展需求，不断深化推进信息化工作，对公司整个业务链的优化和提升起到重要的促进作用。

公司从2007年开始实施产品数据管理PDM系统一期，实现零部件编码管理、UG集成管理、产品结构管理、设计变更管理等功能，2009 年完成第二期实施，实现 Catia 集成管理，支持多 CatiaV5 应用环境；部署 ETS 转换器，集中处理 CATIA V5 和 UG 的三维可视化数据的转换请求；部署新的流程管理，达到子公司工程更改协同，使 PDM 系统成为涵盖整个公司设计过程的管理平台。

2009 年，公司在自主开发的 MES 系统既有功能模块的基础上，又针对座椅生产的特性，增加座椅排序生产功能，使 MES 在车间管理、生产管理、排序接收方面实现全方位的覆盖，并实现全部界面的双语切换，MES 系统通过对生产设备接口到物料拉动及仓储、全方位、全角度的信息化管理，大幅提升了车间的生产效率与产品质量，得到整车厂客户的好评。

同时，在 ERP 建设上进一步挖掘系统潜力，完成合肥公司的 QAD 送货单与出门证自动匹配打印，减少人工操作。将 QAD 数据完整性的管理作为长期工作，完成 QAD 账号整理、QAD 菜单权限整理等。提升 QAD 的支持能力，试点建立覆盖子公司的集中服务台，将报修和问题解决放在一个平台，既能保证响应时间，又能将所有相关问题集中记录，便于问题分析和统计，提高解决类似问题的效率。

3. 安吉汽车物流有限公司

2009 年，安吉汽车物流有限公司根据信息化规划，结合业务板块特点，在整车物流、零部件物流、口岸物流业务中，不断消化先进技术、紧密联系业务应用，从而使信息系统的应用水平得到明显提高。

在整车物流业务中，为确保货物交接数据的真实性、有效性、实时性，公司设计开发集成移动通讯技术、GPS 技术、ID 识别技术的实时电子签收系统，2009 年进入试用调试阶段，2010 年 6 月准备批量为自主品牌服务。公司应用数据集成技术和基于数据仓库的决策支持技术，建设企业的数据处理中心。采用并行处理技术数据库，以及在线联机分析和数据挖掘方法，构建数据集成模型和数据仓库；2009 年，运用 ETL 工具软件将分布式异构数据源进行即时采集加工和转换，存储于数据仓库中，并运用报表工具及时生动地展示查询分析结果，满足精益管理和快速响应需求。公司通过实施机房搬迁项目，将分散于二地四个机房的服务器集中到电信级机房统一管理，重新梳理硬件和网络的应用，消除安全隐患，改善设备运行环境，达到相应规定标准。

在零部件物流业务中，不断自查改进现有信息系统。2009 年，在引进合资外方现有技术的基础上，通过消化和吸收，构建可满足多用户的集多功能于一体的 TMS（运输管理系统），优化现有的业务流程，为客户提供多种增值服务。

在口岸物流业务中，根据公司发展战略，制定外六期新码头系统建设规划，在新的技术平台上重建码头业务系统。2009 年，经过业务需求调研及分析，开发完成适应外六期业务需求的 R－TOPS 应用软件，完善 VPC/PDI 操作模块，完成码头 R－TOPS 无线程序的开发和调试，实现再分票功能，确保海通码头在滚装船码头行业中始终处于领先地位。为配合沈阳物流项目，2009 年，专门设计开发零部件上线仓储管理系统，通过需求分析、代码编程和系统测试各阶段工作，已成功投入使用。公司以原有 WMS（仓储管理系统）系统为雏形，经过反复修改，开发出具有特色功能的集拼中心信息系统，支持集拼中心的各项业务运作，使物流系统从单一的物流运输系统转向整条供应链的系统管理。

4. 上海拖拉机内燃机有限公司

2009 年，上海拖拉机内燃机有限公司继续依托 BPM（业务流程管理）管理平台，挖掘管理需求，优化管理流程、提升管理水平，同时又将实施 BPM 二期作为信息化工作的重点。

公司基于 BPM 流程管理一期实施后的良好效果，决定在 2009 年继续实施 BPM 流程管理二期项目。在二期项目中，作为工作重点的 EWO（工程工作指令）更改流程是最重要、最复杂的业务流程之一。

在项目实施过程中，对 EWO 更改流程进行优化改造，将原流程拆分为 EWO 报价阶段、EWO 报价用户反馈阶段、EWO 实施阶段（试制零件）、EWO 实施阶段（批产零件）和 EWO 总流程 5 个流程。经过拆分后，部门之间职责更加清晰，同时每个阶段都会落实专人负责流转跟踪。

通过 BMP 二期项目实施，使 EWO 更改流程更职能化、系统化，缩短流程运转周期，并使部门之间信息的交流和共享更顺畅，用户通过 EWO 台账可以及时掌握各个 EWO 更改流转状态和相关子流程状态，提升了企业管理水准，实现了标准化作业。

（夏　骏）

中国石化上海石油化工股份有限公司

【概况】 上海石化是上海石油化工的主要生产企业，是中国集炼油、化工、塑料和化纤产品生产经营于一体，高度综合的现代化大型联合企业。2009 年，上海石化以"学先进、强管理、扭困境、促发展、聚人心"为工作主线，深入学习科学发展观，全面推进生产经营改革发展工作。公司生产经营平稳运行，结构调整工程全面完成，辅业改制顺利收尾，实现经济效益大幅度提高。

2009 年，上海石化不断推进信息化与生产经营管理紧密结合，在企业经营管理、业务流程优化、生产过程控制等领域，拓展信息技术应用的广度和深度。通过加强信息化深化应用责任体系建设，确保信息系统应用的标准化和规范化；通过挖掘系统功能，拓展应用领域，提升应用绩效；通过企业资源计划（ERP）应用保标和生产执行系统（MES）项目实施，优化业务流程，提升管理绩效；通过推进先进控制系统的长周期稳定运行，进一步降低装置能耗，提升经济效益。信息化为公司强化管理、加快发展调整提供了有力支撑。

（吕燕君）

【LIMS 项目通过验收】 2009 年 2 月 27 日，上海石化实验室信息管理系统（LIMS）项目通过中国石化集团公司验收。该系统于 2008 年 8 月建成投运，应用范围包括生产、质量检验和质量管理部门，涵盖原材料、产品、半成品、互供料、中控、环保等分析检测业务。系统的投用规范了质检业务流程，在生产过程监控、质量追溯、分析统计等方面发挥了重要作用。

（梅　松）

【2 号乙烯装置三项先进控制与系统优化项目通过评定】 上海石化 2 号乙烯装置乙烯裂解炉、乙烯精馏塔和丙烯精馏塔先进控制与系统优化项目于 2007 年 6 月开始实施，2008 年 8 月完成研发投入试运行，2009 年 1 月 20 日通过评定。该项目投用后，裂解炉炉管平均出口温度波动和各组炉管出口温度偏差控制在±1.5℃之内，总通量波动范围控制在±0.25%之内；乙烯精馏塔塔顶采出浓度 99.95%～99.97%的聚合级乙烯产品，塔釜出料中乙烯浓度控制小于 0.70%；丙烯精馏塔塔顶采出浓度 99.30%～99.60%的聚合级丙烯产品，塔釜出料丙烯浓度新区控制在 7.06%以内、老区控制在 4.25%以内。通过控制裂解炉炉管温度、总负荷波动范围、乙烯精馏塔产品浓度等，稳定并提升了产品质量，减小了精馏塔能耗，直接经济效益每年可达 3 000 万元以上。

（吕燕君）

【MES 项目建设启动】 2009 年 11 月，上海石化生产执行系统（MES）项目建设启动。该项目目标是建设一个以生产物流管理为核心，集物料移动、罐区及仓储操作、物料平衡、生产调度、统计信息管理和公用工程信息管理等业务功能于一体的炼化企业生产执行系统。该系统能够满足企业精细化管理的需要，可为 ERP、供应链优化等系统提供数据支持。至年底，已完成模型设计、差异化分析等工作，进入系统单元测试阶段。

（梅　松）

【实时数据库项目建设启动】 2009 年 12 月，上海石化实时数据库项目建设启动。该项目目标是通过升级和扩充，解决原有实时数据库系统中操作系统不兼容、系统难以维护等问题，实现对主要生产装置、储运系统运行数据的实时采集，为生产执行系统（MES）提供全面的生产数据支撑，为生产经营、成本核算等业务提供实时生产信息，辅助生产管理部门及时发现问题、解决问题，提高公司生产过程综合管理水平。

（梅　松）

【职工岗位练兵系统全面推广】 2009 年，上海石化建成公司职工岗位练兵系统。系统建有岗位练兵题库，提供模拟练习、在线考核、题库维护、信息查询等功能。通过系统应用，规范装置员工日常培训、岗位知识技能训练和竞赛，提高培训考核管理工作效率和质量。系统于 2008 年底开始开发，2009 年 5 月在塑料事业部投入试运行。半年中，塑料事业部在系统中录入题库试题 2 856 条，共有 6 个生产装置、449 名员工参与网上岗位练兵活动，3 486人次参加在线考试，4.03 万人次进行模拟练习。至 2009 年底，该系统已推广至全公司使用。

（吕燕君）

【"三基"管理信息系统应用深化】 2009 年，上海石化总结两年来“三基”（基层建设、基础工作、基本功训练）管理信息系统在10个二级单位及42个基层单位（包括联合装置、车间、站行政建制单位）推广应用的基础上，根据内部管理体制调整和管理精细化扁平化要求，对系统进行二次开发，实施范围覆盖各专业部室和主要二级单位，建设内容包括转换考核标准和考评模式、调整考核评分细节、完善和优化系统功能、增加报表查询统计等，二级单位应用范围增加到13个，考核模式也从原来的单选增加到3种可选。新的“三基”管理信息系统于2009年2月投入试运行，性能稳定。

（何益权）

【车辆信息管理系统投运】　2009年9月，上海石化车辆管理系统完成开发，进入试运行。车辆管理系统包括系统管理、用户、车辆和驾驶员信息管理、查询报表等功能。每月系统可根据之前录入的基础数据，自动生成车辆信息表、定车情况表、营运费用维修汇总表和维修费月报、油耗月报表，可进行车辆保单、当月保险即将到期车辆提醒等多种形式的查询。试运行阶段录入250多辆车辆基础数据、33名车队驾驶员信息。系统操作简便、数据准确，代替了过去繁杂的手工操作，提高了工作质量和效率。

（何益权）

【信息安全管理体系完善】　2009年，上海石化从管理和技术上完善企业信息安全管理体系。通过制度管理，进一步明确信息安全管理的组织架构、内容范围和分工职责；通过成立信息安全领导小组，加强国庆60周年和2010年上海世博会等特殊时期信息安全管理；通过预案演练和信息安全培训，提升员工信息安全知识、技能；通过信息系统用户管理和权限清理，完善信息系统访问控制、运行监控、备份管理，并实施信息系统定级自查和更新。年内，通过毕马威会计师事务所对公司信息系统的IT内部控制审计和上海市信息安全测评中心对公司ERP系统的安全测评，为企业信息系统的稳定可靠运行和持续高效应用提供了安全保障。

（吕燕君）

【物资需求流程优化】　2008年下半年，上海石化完成物资需求ERP流程优化，解决了设备管理模块和物资供应模块在物资需求计划与采购计划之间的衔接问题。通过比对ERP系统工单物资需求数与批准数的一致性，全程监控工单的创建、关闭、领料、未领料、需求物料的采购等过程，提高物资管理精细化水平，达到既满足生产检维修需求又降低物资库存的效果。通过加强管理和监控，应用效果逐步显现。2009年1～2月3次物资计划线上工单和线下提报计划的匹配准确度测试分别达到65%、84.53%和90.08%。年内，物资计划线上工单和线下提报计划的匹配准确度始终保持在较高水平，全年平均为94.08%。

（何益权）

【上海石化手机报开通】　上海石化手机报于2009年8月5日试刊，11月2日正式开通。该手机报周一至周五以彩信模式通过发信平台向员工手机发送各类新闻，每周编发5期，每月发布新闻300余条，主要有石化要闻、行业动态、社会新闻、服务资讯、天气预报等图文信息。凡持有上海移动公司手机的上海石化员工均可免费获得此项服务。至年底，拥有用户3 300个。上海石化手机报具备点到点、及时便捷等优势，内容上贴近用户需求，已成为上海石化员工了解政策、获取信息的重要渠道。

（全志根）

【业务公开系统试运行】　上海石化业务公开系统自2009年10月开始开发，12月开通试运行。试运行期间，上海石化的项目招投标、结算和供应商考核、物资采购数据和资产处置、自销产品销售以及资本运作等关键业务信息均在系统中得到反映，公司职能部室、二级单位领导和有关业务人员等可按不同权限通过系统查看相关信息。至年底，系统开通用户210个，各部门上报信息206批次，实现了公司关键业务信息网上公示。

（何益权）

上海宝钢集团公司

【概况】　2009年，宝钢集团信息化重点工作为：围绕企业发展和管理变革的新要求，加强对子公司信息化规划的系统论证，推进集团管控/共享系统的建设，通过集中采购、严格管理等手段降低信息化投资，进一步使企业信息化向集成、共享、协同转变。

信息化规划：按照宝钢集团2010～2015年战略规划要求，宝钢集团信息化管理体系启动2010～2015年信息化规划编制工作。在走访、调研各子公司业务规划的基础上，学习跨国企业的先进管理经验，借鉴标杆企业的成功案例，对各子公司的信息化规划进行研讨，于年底初步形成宝钢集团和主要子公司(包括宝钢股份、宝钢资源、宝钢金属、宝钢化工等)的信息化规划。

持续推进集团管控系统，提升公司管控能力：继续推进协同办公平台对子公司(特别是宝钢股份直属生产厂部和宝钢发展各层级公司)的覆盖。截至2009年底，已完成198家分/子公司的覆盖实施。同时，完成与公司组织机构变革有关的适应性调整，提升了公司横纵向的系统协同能力，在潜移默化中改变了员工的办公行为，提高了办公效率。

继续推进e-HR在集团范围内的覆盖工作，实施适应宝钢组织机构调整相关的功能调整。以“PDCA＋认真”的精神，持续改进系统薪酬计算效率工作。截至2009年底，已完成267家公司的覆盖实施，规范了人力资源业务流程和基础信息，使公司能及时、准确、便捷地了解和掌握子公司人力资源发展动态，为人力资源现状分析和决策提供了支撑。

继续推进统一会计系统在集团范围内的覆盖实施工作，完成工程公司、宝钢金属、梅山公司、宝钢检测、八一钢铁、华宝投资的部署及接口。截至2009年底，已完成覆盖方式部署108个账套、凭证接口138个账套、报表接口4个账套。

2009年完成集团内部审计系统在集团总部的上线和交工验收，为该系统在集团范围的覆盖实施奠定基础。

推进共享系统建设，让信息创造价值：2009年，宝钢集团着力推进总部总监以上领导的信息共享工作，拓展阅知类文件、“宝钢内参”等信息共享平台的价值。

宝钢集团以“阳光经营”为抓手，推进电子商务在采购、闲废物资处置方面的应用，充分发挥电子商务平台在支持宝钢与外部合作伙伴双赢合作模式、提高市场敏感度和透明度、加快市场响应速度等方面的突出作用，电子商务的应用从宝钢股份，扩展到化工、工程等多元产业公司。通过完善公开竞价、核价竞价、综合竞价等网上交易形式，电子采购和销售取得较大突破，全年通过东方钢铁实施的网上采购、网上竞价、网上钢材现货销售总金额达193亿元。

2009年3月，面向宝钢集团全体员工的、支持多语言、集多种培训形式于一体的网络培训系统(e-Learning)的二阶段功能正式上线。截至2009年底，系统共开设268门、9 228学时培训课程，累计实施培训78 459人次、139 940培训日。在降低培训成本的基础上，满足了员工日益增长的网络培训需求，实现了宝钢集团范围内的网络培训资源共享。

推进集中采购，降低运营成本：2009年11月，与中国电信公司签订《数据专线合作框架协议》，通过数据专线集中采购，降低集团公司专线运营成本。2009年，宝钢集团进一步推进主机系统集中部署，通过软硬件资源共享、利用主机系统分区等技术降低信息化基础设施建设总投资。

信息安全管理工作：2009年第一季度基本完成全集团范围内的防病毒软件部署工作，在降低宝钢集团防病毒软件总采购成本的基础上，提高了个人终端的病毒防治能力。

2009年9月，发布《宝钢集团网络与信息安全事件专项应急预案》，并在主要子公司进行二次应急预案演练，初步建立网络与信息安全应急体系，提高公司网络与安全应急水平。

根据上海市安全等级保护办公室《关于进一步落实信息安全等级保护工作的通知》要求，组织在沪子公司进行信息系统安全等级自评工作，共评出安全等级为三级、二级的信息系统各1个，安全等级为一级的信息系统20个，并加强对高安全等级系统的防护。

其他：在国资委组织的央企信息化水平测评中，宝钢集团连续第二年被评为A级。钢铁供应链多方业务协同平台、人力资源系统、设备综合管理信息系统三个项目入选首批中央企业信息化示范工程。

【宝钢集团子公司信息化建设】

1. 宝钢股份

宝钢股份作为宝钢集团最大的子公司，也是宝钢集团最核心的企业，其信息化建设一直引领全集团。2009年，面临严峻的市场形势，宝钢股份实施重大管理变革和机构调整，信息化建设以内涵式提升和制度建设为重点，积极推进信息化体系策划和项目建设。公司一体化经营管理系统支撑公司跨地域、多基地经营管理，已推广到各事业部和大多数分/子公司，为公司适应市场变化、实施管理变革，提供了统一、集成、共享、协同的系统平台。

信息化制度建设：2009 年，宝钢股份陆续发布《管理信息系统规划及项目管理程序》、《管理信息系统授权管理程序》、《计算机应用功能变更及软件备份管理程序》、《电子文件管理程序》、《计算机信息代码管理程序》、《信息主干网及计算机病毒防治管理程序》、《保护地下管线管理办法》、《通信设备管理程序》等管理文件。同时为规范信息化建设的标准化，发布《主干网资源配置标准》、《计算机病毒防治管理标准》、《信息主干网网络配置、验收管理标准》等管理标准。对应管理程序、管理标准、应急预案等文件体系架构，进一步完善《指中机房计算机系统关机应急预案》、《9672 系统应急预案》等应急预案，并实施演练《2009 年信息主干网病毒防治应急处理预案演练方案》。

信息化项目建设：完善、推广一体化经营管理系统、电子商务系统、数据仓库系统，为公司适应市场变化，支撑管理变革，配套工程建设，提供了集成共享的统一系统平台，提升了公司规范管理、透明协同能力，有利于管理举措的贯彻执行。

完成“开票点后移”项目，以快速响应市场变化。

拓展应用采购电子商务平台、建设采购服务热线、客户呼叫中心平台、客户与营销信息共享平台，推广应用电子提单、电子质保书，不断建设大客户通道、韩国现代重工 EDI 通道，初步形成公司 SRM、CRM 系统框架。

支撑事业部制、压缩管理层级、共享服务中心等管理变革，适应性完善一体化系统，先后实施三个事业部信息化支撑方案，一体化财务系统覆盖钢管事业部本部，完成钢管成本系统改造。

配合工程建设，一体化系统覆盖特钢事业部、烟宝钢管，公司销售及物流管控系统覆盖黄石涂镀板，财务系统覆盖宝银钢管。

公司采购数据仓库、营销价值分析、产品盈利能力分析系统、存货管理系统一期项目完成结题验收。需求与销售计划系统实现向中厚板产品的功能拓展。

推进公司直属厂部资源综合利用管理系统一期项目，炼钢厂内废钢、合金管理功能和固废管理功能先后投运。

其他：参加 2008 年度中国企业信息化 500 强调查评选活动，公司获“2008 年度信息化企业大奖”、“重大企业信息化建设成就奖”、“最佳 IT 总体架构奖”、“最佳供应链管理应用奖”、“最佳电子商务应用奖”、“最佳决策支持应用奖”，徐乐江董事长获“中国企业信息化功勋奖”。宝钢工程项目管理系统获“2009 年上海市企业管理现代化创新成果一等奖”。

2. 宝钢资源

宝钢资源作为宝钢集团资源开发产业的核心企业，2009 年组织实施公司多组织经营管理系统（一期）建设，通过标准化系统对新单元业务实施快速覆盖，从而快速响应市场，提高公司整体的运作效率。

2009 年，宝钢资源组织实施公司财务系统（二期）建设。在完成公司一体化财务系统的基础上，继续实施合并报表、经营分析、授信管理、存货、加工管理等模块的开发与实施。合并报表从真正意义上实现自动抵消分录，快速高效地实现公司整体报表的生成。经营分析通过报表工具，对财务相关数据进行自定义指标分析，支持对财务数据从简单应用到深入挖掘的全方位处理需求。

2009 年，在实施集团协同办公系统、统一会计系统、人力资源系统的基础上进行专项改造及功能优化。人力资源薪酬管理模块的改造、协同办公系统上的单点登录、集中业务审批、报表自动推送等，为员工协同办公提供了更便捷的手段。

3. 宝钢金属

宝钢金属作为宝钢集团钢材延伸加工产业的核心企业，2009 年是信息化工作的转承之年。2008 年启动的集中财务系统、金属包装 MES 系统等项目在 2009 年完成后期收尾工作，而放眼未来六年的信息化规划在 2009 年完成编制；信息化各项管理制度经过一年多的运作，按照 PDCA 原则，在 2009 年中进行完善和修订；协同运维工作于 2009 年起步并建立运维体系，逐步提升宝钢金属整体协同运维能力。

信息化项目建设：在集中财务系统各功能模块 2008 年底全部上线的基础上，2009 年组织用友、财务相关人员对遗留问题逐项进行攻关，最终于2009年5月完成项目验收，集中财务系统正式转入运行阶段。

BI项目二期于2009年9月正式启动，项目以实现绩效分析和风险监控为目标，于12月底完成测试，并将于2010年初上线运行。

金属包装MES系统于2008年10月启动，2009年2月各罐厂MES系统和营运中心MES系统陆续正式上线运行，系统于2009年5月完成验收。

宝钢印铁ERP系统二期于6月中旬上线，实现生产管理和成本管理。2009年12月初北京宝印ERP上线，意味着宝钢金属第一个多工厂管理ERP系统的正式进入运行阶段，为宝钢金属其他业务板块多工厂管理的信息系统建设积累了经验。

协同运维推进：针对宝钢金属运维能力薄弱的情况，于2009年3月启动IT协同运维工作，改变原有的单兵作战模式，通过协同提升快速故障处理能力。在全面调研子公司运维情况的基础上，编制《宝钢金属IT运维管理制度(草案)》，制定运维标准(点检标准、IT人员技术标准及机房网络布线标准等)，建立故障处理流程和运维检查流程。

4. 华宝投资

华宝投资作为宝钢集团金融投资产业的核心企业，2009年信息化建设工作主要围绕其业务展开，包括三大块：

华宝信托完成张江主机房托管、网络平台搭建、业务系统迁移、服务器升级和集中备份系统建设工作。通过对账户管理系统的开发和完善，实现现金型产品与其他种类产品的统一管理和清算，为华宝信托现金型产品的推出提供了强大的技术支撑。同时，完成了员工持股模块的开发，为公司员工持股业务提供了必须的系统支持。

华宝证券作为证券行业的一个年轻成员，从单纯的经纪类券商逐步转变为综合类券商，业务范围从单纯的经纪业务转变为经纪业务为主，兼备证券投资咨询、证券自营等各项业务；而公司的IT建设也随公司业务范围的扩大，系统构架逐步健全，不仅加强柜台系统建设，而且新增QFII系统、自营系统、基金销售系统、经纪人管理系统等信息系统。各项系统逐项通过监管部门的验收，为公司的业务资格申请及落实提供了技术保障。

华宝兴业在公司“完善产品线”的发展目标指导下，完成适应指数基金的系统调整、国内ETF系统建设，同时进行TOPIX Core 30国际ETF建设、专户理财系统建设。实施QDII交易系统、市场销售管理系统两个大系统的建设。在KPMG的协助下，华宝兴业重新整理了公司IT制度。

5. 工程公司

工程公司作为宝钢集团工程技术服务产业的核心企业之一，2009年信息化建设工作取得丰硕成果，随着四大核心系统的陆续上线，投资效益也开始体现。

经营管理系统上线：通过该系统，公司相关管理部门(营销本部、设备制造事业部、财务部)业务数据实现统一，信息实现共享，流程实现高度整合，大大提高其工作效率与数据的准确性，系统运行稳定。完成经营管理系统与电子商务平台的接口程序开发工作，实现供应商拟选、拟签的在线申请及审批功能，确保阳光采购平台的顺利上线。

项目管理系统一期功能开发基本完成：该系统为项目组成员提供了前所未有的高效沟通方式，使资源一目了然，进度尽在掌握。项目群管理功能使得宏观数据和微观数据的转换仅在一个点击之间得以实现。

协同设计系统基本功能上线试运行：该系统已应用于曹妃甸RH项目、承钢RH项目、梅钢RH项目。通过协同设计系统平台的搭建和应用，实现数据流与管理流的高度融合，该系统的推进为设计方法带来根本性的改变。

工艺图档管理系统上线运行：工艺图档管理系统的建设紧紧围绕“便捷”、“共享”与“安全”三个方向，该系统的上线实现了公司所有员工信息快速查询的需求。

6. 宝钢检修

宝钢检修作为宝钢集团工程技术服务产业的重要企业之一，2009年完成全年度的信息化建设项目实施和信息系统运行维护管理工作任务。重点包括：

根据公司战略调整的需要，完成连铸业务整合、检修资源集中、起运与运修整合等重大组织机构优化的信息系统升级。

通过机械厂铜板PLM项目的实施，实现利用条形码、RFID电子标签和中心无线网实时采集数据，达到生产过程可视化、优化计划排产、最大限度发挥设备产能的项目目标；通过生产现场工况数据及产品使用信息的采集和跟踪，优化结晶器铜板制造工艺，从而提高产品质量，提升结晶器寿命；实现铜板全生命周期管理，通过建立客户端(现场)数据管理系统，指导现场对产品的正确使用和状态把握，形成全新的对产品的维护服务模式，通过RFID实现工厂和用户的数据传递，提升服务水平，提高产品竞争力。

7. 宝钢检测

宝钢检测作为宝钢集团工程技术服务产业的重要企业之一，2009年围绕"集团一体化项目实施、提升内部运营效率"的思想开展一系列信息化推进工作，主要包括：

实现ERP系统数据对于项目核算方式的支持。结合统一会计系统实施，2009年10月实现ERP NC系统对宝山、南京、安大三大分公司的覆盖实施。

对全厂检化验管理信息系统涉及的委托流程进行梳理，实现了固定业务、临时业务、外委业务的网上委托；完成了专用委托的功能开发和各类检验报告梳理，于9月完成交工验收。

2009年6月，自主完成生产管控信息平台的需求调研、方案研讨及网站建设工作，实现了管控信息的实时、动态更新，提升生产管控工作的管理水平。

8. 宝华招标

宝华招标作为宝钢集团工程技术服务产业的重要企业之一，2009年信息化重点工作主要围绕网上招标平台展开：

大力推广网上招标平台应用：继宝华招标自主研发的全流程网上招标平台于2008年11月20日正式上线运行以来，工程全流程网上招标系统于2009年4月20日上线运行，实现了货物、工程和服务类项目开展无纸化网上招标工作，引起社会广泛关注。

持续完善网上招标平台：为使网上招标平台更好地支持招标业务开展，对以下重点功能进行了持续完善：

优化货物招标文件辅助生成系统，具备资材、备件、原副料类项目开展网上招标条件；

改造评标专家库，实现对评标入库、培训、考试、权威专家审核、聘用、年度评价等全流程管理功能，有力提升了评标专家管理效率和质量；

开发网上招标项目电子归档功能，实现网上招标项目的电子归档功能；

推进网上招标平台与宝钢工程项目管理系统的协同，实现招标委托变更、招投标文件互通互联；

结合新型招标业务开展情况，制定货物网上招标综合评价法实施方案，预计于2010年2月初上线运行。

9. 宝钢化工

宝钢化工作为宝钢集团煤化工产业的核心企业，2009年信息化工作主要围绕以下几个方面开展：

继续完善经营管理系统，对销售和采购的界面进行优化和统一，完成内部调拨流程、委外加工流程、异地销售流程、客户及供应商的信用管理等业务的梳理和优化。

2009年4月，完成经营管理系统宝宁公司账套的开设。同时，为宝宁公司员工新增宝钢股份的邮箱，开通VPN网络，保障新公司与公司总部的信息互通。

针对宝山分公司生产现场设备改造、工艺变化的情况，及时对MES系统的对应模块进行更新。

上半年，完成与梅山分公司基建项目配套的网络建设，实现下属各分公司管理、生产网络的全线贯通。

2009年8月，实现原料采购、产品销售的网上竞价的试运行工作，10月，实现网上交易保证金功能，初步完成化工产业电子商务与公司未来贸易产业发展的联动策划方案的编写工作。

10. 宝钢发展

宝钢发展作为宝钢集团生产服务产业的核心企业，2009年信息化管理工作正逐步从分散、独立向集中、统一迈进。

建立管理运行机制：建立信息化工作联络体系，不定期组织信息化管理联络员开展业务培训、专项工作指导等工作。2009年，发布《信息系统保密管理制度》和《网络与信息系统安全事件专项应急预案》，从制度规范、人员保障等方面保证公司计算机信息系统实施、运行维护、信息安全等各项工作有序开展。

形成“计算机安全通报”机制，共计检测出安全风险 60 484 个。将存在风险数量较多的部门及 IP 地址反映在该通报中，以引起重视，防止风险扩大。

推进公司自建信息系统建设：2009 年，完成公司内控一体化系统。该系统克服传统管理手册厚重的纸质材料模式的束缚，更为广泛、迅速和直观地将公司规章制度和管理流程传达给各级管理者和广大职工；结合党风廉政教育的相关精神和要求，提高各级管理者对各项制度、岗位知识的知晓率；提供更为简捷的新进职工培训、职工应知应会和其他考核需要的实用测试工具。

（谢立群）

第二章 农业信息化

概 述

2009年，上海农业信息化工作不断延伸信息服务网络，围绕农业生产、公共服务、电子政务整合资源，深化应用拓展，主要体现在以下几个方面：一是以"农民一点通"、"12316"农科热线等为重点，深入推进为农综合信息服务；二是紧密结合生产实际，发挥信息技术的支撑作用，拓展信息技术在生产中的应用；三是完善电子政务工作，不断拓展信息公开渠道，提高政务信息服务水平。

农业信息化服务工作

深化为农综合信息服务

"农民一点通"进千村。截至2009年底，上海郊区已有近1 200个行政村安装了"农民一点通"，全年共更新市、区县、镇、村信息十余万条，在郊区开展有针对性的远程授课培训9次，开展郊区信息员培训20余次，培训信息员及村民3 000多人次，共计发放资料1.3万多份。围绕"农民一点通"应用实例展开的征文活动共收集高质量的稿件280多份。"农民一点通"后台——为农综合信息服务平台还实现与郊区各农业网、市农技中心网、嘉定农业财政补贴系统、崇明全区测土配方系统的对接，大大提高了涉农信息资源的有效整合和利用。

"12316"农科热线提供365天24小时免费咨询服务。农科热线以"促进农民增收、农业增效"为己任，坚持"有求必应，有问必答；及时准确，满意为止"的服务承诺，努力寻求提高服务水平，创新服务模式，不断扩大服务影响。2009年共接到全国各地的咨询来电13 731个，网上提问380个，组织热线各单位各行业专家开展科技下乡和科普进社区等活动20余次，接受咨询服务人数超过5 000人次。同时，农科热线通过增加短信平台拓展服务渠道，全年向农业专业户共发送农业科技信息16 363条。

上海郊区农民现代远程教育网络整合各类资源，做好郊区农民培训工作。远程教育网络利用全市郊区建设远程教育卫星接收点、互联网以及由市农广校远程教育中心、各区县农广校远程教育分中心、乡镇村远程教育点及村级远程教育教学点组成的远程教育组织管理体系，实施远程教育服务。截至2009年底，现代农业远程教育网各级卫星接收点已有431家，市妇联利用该平台在郊区建设160家村级远程教育点，市对外合作交流办利用该平台在云南建立卫星接收点84家。同时，远程教育互联网内容不断扩充，网上节目已达到2 700多集，点播人数超过50万。

以信息化技术提高农业生产和管理水平

精准农业。在上海长江农场建设精准农业研究示范区，以粮食生产为对象，开发精准农业生产有关系统，实现信息技术在农业生产中的应用。建设内容主要包括农田土壤状态监测信息系统、现代农业信息管理系统、农业综合数据库与统计分析系统、农业综合信息展示系统，以及为上述信息系统提供支撑的卫星定位系统和地理信息系统。利用计算机技术、网络技术、传感技术，及时获取作物生长环境、生长状况以及农事操作记录等信息；并建立数据库加以储存和管理，利用农业生产管理辅助决策支持系统精细准确地调整土壤和作物的各项管理措施，以最大限度地优化使用各项农业投入，获取最高产量和最大经济效益，同时保护农业生态环境、保护土地等农业自然资源。

推进农产品生产管理系统在郊区应用。为保障全市食用农产品质量安全，建设农产品质量安全追溯体系，通过生产管理系统为地产农产品建立“生产档案”，并在蔬菜、生猪、奶牛、水产等行业推广应用。生产管理系统以生产档案为中心，通过记录生产过程，对农资管理、农事操作记录、农户管理、基地管理、生产管理等方面实行信息化控制，实现生产、检测、运输、销售等环节的完整备案，确保进入市场流通的品牌蔬菜是安全、放心的农产品，从生产源头保障广大人民群众的食品安全。畜牧生产管理系统已在全市83家规模化养猪场推广应用，蔬菜生产管理系统已在郊区158家规模化园艺场推广应用，奶牛生产管理系统已在光明集团4个牧场试点应用，有效地推动了农业生产规范化、标准化生进程，提升了地产农产品质量安全管理水平。

以信息化手段提高政务管理水平

推进“上海农业中心数据库”建设。为进一步把握上海市农业农村经济发展规律，及时掌握农业各行业整体情况和发展趋势，做到情况明、底数清、数据准，为科学决策和高效管理提供可靠依据，上海市于2008年底正式启动农业中心数据库建设。已完成数据库整体的框架开发和基础地理、土地资源、种植业、养殖业、农机、农产品价格、农村社会经济、农业机构和人员等八个数据库的建设，完成308个关键指标的整理录入工作。

推进上海市土地承包和流转管理信息系统的建设。着眼于稳定与完善农村土地承包关系，建立健全土地承包经营权流转市场，为全市农用地块建立“档案”，记录承包及经营权动态信息，以现代信息技术手段提升上海市农村土地承包与流转管理服务水平。系统根据“夯实基础、先易后难、分布推进、逐步完善”的思路，实现“承包管理、流转管理、政策管理、调解仲裁”四大功能。2009年，全市9个区县累计有46个乡镇、433个行政村开展土地承包管理先行试点，15个乡镇230个村开展土地流转管理试点。相关信息还可以通过乡镇土地承包经营权流转管理服务平台的电子显示屏、触摸屏设备、各区县农业网和“农民一点通”等信息公开渠道发布，实现流转信息实时、透明、公开。

2009年，为进一步加强对上海郊区农村宣传，让市民乃至全国人民了解上海农村，市政府郊区“一村一网”建设列入实事工程，为上海郊区每个行政村建立一个门户网站。每个网站突出本村特色，在村务信息公开的基础上，加大对村容村貌、特色农产品、农家乐旅游、产业经济、传统民俗文化的挖掘和宣传。“一村一网”的开通，标志着上海郊区每个行政村在互联网上都有了自己的电子“名片”。

推动农业电子商务发展。积极搭建上海地产优质农产品产销对接平台、促进农产品销售，帮助农民增收。举办上海农产品电子商务与物流高峰论坛，有数百名来自政府部门、企事业单位、农业合作社代表参加，围绕如何促进农产品电子商务的发展与应用开展交流和研讨，推动了上海农业电子商务的发展。

（贺凌倩）

第三章 金融信息化

概 述

2009年,根据建设国际金融中心的总体要求,上海金融领域信息化稳步推进,成效显著。一是以银行卡为主要代表的电子支付产业迅猛发展。截至12月底,全市银行卡发卡量累计突破1亿张,联网商户累计达7.35万家,联网POS机累计22.8万台,联网ATM机累计超过1万台。全年实现银行卡交易金额9 517.1亿元,同比增长38%,其中持卡消费金额剔除大宗交易后占社会消费品零售总额比重达到57%,比上年增长16个百分点。金融IC卡应用推广取得阶段性成果,受理市场和发卡市场均实现突破。第三方电子支付机构进一步集聚,规模不断扩大,根据人行上海总部对从事支付清算业务的非金融机构登记情况,2009年共有76家企业(含分支机构)进行登记,约占全国登记总数1/4。二是金融机构信息化建设成效明显,银行、保险、证券业继续加强信息化建设,信息化基础设施投资继续加大,信息化应用日益深化,一批重点应用项目相继建成投产,金融行业通过信息技术手段提高了自身业务水平和服务能级,促进了行业发展和结构优化。

(唐燕萍)

一、重点项目

上海地区金融IC卡发展情况

1998年初,人民银行总行在北京、上海、长沙三城市开展金融IC卡电子钱包应用试点工作。上海作为试点城市,在系统建设过程中得到市政府的大力支持,1999年初,上海市政府正式将金融IC卡电子钱包列为当年全市为民办实事的工程之一,市政府专门召开市长办公会议,多次召集有关方面研究,提出具体的工作要求。经过各方的共同努力,上海市金融IC卡试点工程于1999年12月9日正式开通,全市11家银行正式发行符合《中国金融集成电路(IC)卡规范》(1997年第一版)的金融IC卡电子钱包。但在推广应用过程中,由于种种原因,金融IC卡电子钱包应用发展缓慢。

随着2005年《中国金融集成电路(IC)卡规范》(2.0版)的颁布和行业应用的拓展,中国工商银行上海市分行和交通银行上海市分行分别于2008年和2009年发行金融IC卡。

【牡丹畅通卡】 “牡丹畅通卡”是中国工商银行上海市分行与上海市交警总队合作的,面向全市驾驶员的金融IC卡,该卡为芯片和磁条复合卡,除具有传统银行卡的基本金融功能之外,更具备驾驶员信息管理、交通违法罚款自助缴纳、委托代缴公路规费、汽车美容保养增值服务等涵盖与客户出行有关的多项特色功能。

“牡丹畅通卡”是带有中国银联标识的磁条+接触式芯片单界面复合芯片卡,芯片部分符合《中国金融集成电路(IC)卡规范》(2.0版),具有传统金融和行业两大应用。在行业应用部分中,该卡具有以交警应用为主体,存储有上海市机动车驾驶员相关信息。其中,驾驶员基本信息中记录有驾驶员姓名、身份证件号码、准驾车型、驾驶证编号、有效期、电话号码等信息;违章记录中可以保存违章情况、罚款金额、缴罚状态等信息。

“牡丹畅通卡”推出以来,以其较多的服务功能和便利的产品特性,获得相当的社会关注,已拥有65万人的客户群体,2009年全年牡丹畅通卡共计实现消费(包括磁条交易)145万笔,合计金额6亿元。

【交通银行金融IC卡】 交通银行金融IC卡，是交通银行为方便中国2010年上海世博会园区的金融支付、加强金融IC卡推广和受理环境的建设工作，于2009年底正式对外发行的PBOC2.0标准金融IC借记卡。此举，一方面是着力于服务世博会金融环境建设的需要，另一方面是顺应我国银行卡芯片化的趋势，进行区域性使用的探索。

交通银行金融IC卡为太平洋银联借记IC卡，该卡为接触和非接触的双界面卡，卡片背面带有磁条，是含有磁条和芯片的复合卡。该卡的芯片部分包含借记应用、电子现金和借贷记快速支付(QPBOC)功能。将重点通过对世博会园区内近300家餐饮、特许零售商户布放受理金融IC卡的POS终端，为世博会参展商和参观者提供快速、完善的银行卡受理环境。其发行范围主要还是对行内员工，通过开展内部员工体验活动，吸引员工开卡、刷卡，并提出合理化建议，从而进一步优化IC卡系统的功能，完善服务流程，为下一阶段对外正式发行做好各项准备。

【金融IC卡应用中的主要困难和问题】 上海地区金融IC卡的推广工作已开展近十年，从推广情况来看，发展并不理想，主要表现在以下几个方面。

(1) 商业银行银行卡从磁条卡向芯片卡迁移的积极性不高。金融IC卡发行时间较短，发行成本较高，目前商业银行的金融IC卡发行和受理只是处于试点阶段，还未全面铺开，金融IC卡的全面推广尚未得到民众的接受和认可。同时，传统的借贷记银行卡从磁条卡向IC卡过渡，只是卡片载体将磁条换成了芯片，对商业银行来说，仅改变了介质，增加了成本，因此推广积极性不高。

(2) 金融IC卡快速支付与行业卡应用重叠。金融IC卡提供了方便、快捷的脱机小额支付功能，是其发展亮点之一。但是其快速的支付功能与目前行业卡的应用支付有一定的重叠，而行业卡的应用由于可以沉淀巨额资金，发卡手续简单，不需要实名制和可以方便地开具消费凭证等优势，因此金融IC卡在脱机小额支付应用方面较难突破各行业的应用壁垒。

(3) 金融IC卡与公共服务领域结合应用面还不广。金融IC卡除具有金融支付功能外，由于采用芯片存储信息，具备数据存储容量大，安全保密性好，数据处理能力强等优点，因此与公共服务领域结合应用具有很大的发展空间。但由于公共服务领域各自为政，特别是具有代表性的社会医疗保障、公共交通等领域已发行各自标准的IC卡，且与金融IC卡相比，已达到较大规模(上海地区社会医疗保障卡已实现人手一张，公共交通领域使用的公共交通卡保有量近3 000万张)。因此这些领域同金融IC卡结合应用，充分利用金融IC卡的载体共同发展的积极性不高。金融IC卡只能从还未开展应用的公共服务领域入手，出现金融IC卡与公共服务领域结合应用面不够广的局面。

【金融IC卡的应用推广研究】 从上海地区金融IC卡发展情况来看，虽然已开展金融IC卡在传统领域和公共服务领域的应用推广工作，但无论是应用推广的深度和广度都还不够，而且其应用推广方式基本上是以单个发卡主体和应用领域为主，没有形成规模化的、行业联动的应用模式。要加快金融IC卡的推广应用，需要积极引导、统筹规划，充分发挥政府部门、金融管理部门、商业银行、中国银联和公共服务行业等金融IC卡产业链各单位的作用，推动金融IC卡的快速、有序发展。

为加快金融IC卡的发展，人民银行上海总部有关职能部门牵头，组织中国银联、部分商业银行对金融IC卡的应用进行研究，形成“推进长三角地区金融IC卡电子钱包小额支付应用研究”课题，并提出以小额支付为突破点的小额支付(电子钱包)应用模式和与公共服务领域应用相结合的多应用、快速支付应用模式，促进金融IC卡的快速发展。

开展以小额支付为突破点的小额支付(电子钱包)应用模式：金融IC卡电子钱包应用定位于小额支付，本着源自生活、服务生活的原则，促进区域内小额支付市场的进一步发展，逐步实现全社会的无现金交易。

金融IC卡电子钱包应用模式可以采用以商业银行发行的金融IC卡为基础，采用双卡方案：发行金融IC卡电子钱包进行小额支付，同时发行充值卡为金融IC卡电子钱包进行充值。金融IC卡电子钱包由银行发行，采用实名制，遵守我国的金融监管制度；充值卡由第三方公司(简称“公司”)发行，公司是一个新生事物，成立一家公司发行充值卡，有利于监管和控制风险，作为一股新生力量，公司还有利于进一步加强银行卡受理环境建设，促进小额支付市场的安全、规范运行。

金融IC卡电子钱包采用具有脱机消费、圈存、圈提、补登折、余额查询和明细查询等功能，能够在所有受理金融IC卡的终端机具上进行消费；公司主要负责充值卡的账户管理、充值卡验证功能、卡片生命周期管理（包括卡片入库、使用、作废等），以及与银联公共支付平台进行数据交互功能等，资金接受金融管理部门的管理。

金融IC卡与公共领域应用相结合的多应用、快速支付应用模式：金融IC卡的芯片介质相对于磁条卡的磁性介质，由于具有较大存贮空间、能够对数据信息进行处理和对数据信息进行加解密的优势，因此金融IC卡除具有在传统领域进行支付应用的功能外，还可以拓展到个人身份识别、信息管理和享受公共服务等多领域的应用。金融IC卡与公共服务领域应用相结合，在公共服务领域实现多应用，提供快速支付的模式，是金融IC卡的发展方向。2005年，人民银行颁布《中国金融集成电路（IC）卡规范》（2.0版），为金融IC卡与公共服务领域结合应用提供了统一的技术保证，通过建立国内统一的公共服务应用领域各行业标准，在国家层面统筹规划，统一发展，以金融IC卡为基础和载体，形成金融IC卡在公共交通、社会医疗保障、劳动保险保障、交通管理和个人身份管理等公共服务领域应用的模式，将有力推动金融IC卡的快速、有序发展。

（侯文瑾）

支付手段创新应用

【付费通——信息化时代下的便民新干线】 为实现信息便民及合理整合社会资源，在上海市政府的推动和各方努力下，2003年初，上海付费通项目启动，一个为百姓谋福祉的新型便民利民工程伴随着“电子账单综合呈现及支付系统”（EBPP，付费通系统）的日趋完善逐渐步入老百姓的生活。EBPP平台承担了广大用户与各类公用事业出账单位、行政性事业收费单位与代收费渠道之间的信息交换功能，通过信息化技术，整合各类账单信息，实现账单数据的集中交换与呈递。同时为使更多的市民享受到电子交费的便利，上海付费通信息服务有限公司发行了小额电子支付工具——付费通卡系列产品，作为银行卡电子支付的辅助手段，付费通卡的发行使更多市民享受到政府实事项目的便利服务。广大上海市民可使用多种银行卡及付费通卡，通过付费通（网站、电话、多媒体终端等多种渠道）足不出户、安全便捷地缴纳各类公用、行政事业费。

6年来，上海付费通公司已与26家公用事业单位及18家发卡银行建立良好互动的合作机制，付费通系统几乎涵盖上海市所有公用事业费代收品种并实现银行卡全覆盖的支付服务。截至2009年，付费通累计服务逾1.7亿人次；累计交易笔数1.4亿，同比增长22.32%。

推出新版网站：为打造更加人性化的信息化便民系统，上海付费通公司提出“要使公用事业缴费更便利，更绿色，更安全”的理念，2009年初付费通公司大力投资研发全新服务网站，更加贴近用户，结构更清晰，交费更便捷。

网页界面变得更加简约，随着一些功能的集成和归并，各个服务板块界限更加清晰明了，对不同功能间的阐释和界定也更加周到和全面，用户上手更加方便。

操作步骤得到简化，各模块间的指示和链接更加顺畅，大大缩短账单查询和交付的时间。

增设用户公告栏，及时公布付费通的市场信息和对各类活动进行预告，从而增强客户对网页使用的预判性。

合作推广，产品创新：上海付费通公司在外延扩展上一直坚持以合作推广为手段，以产品创新为抓手，不断提升自身服务质量。在竞争激烈的信息服务业界，努力刻下独特的“付费通印记”。

加强项目合作，扩展手机支付业务。与上海电信合作，在短信渠道上开辟电信天翼业务，用户可通过手机发短信或申请付费宝账户的方式缴纳公共事业费，使付费通用户对短信账单支付服务的选择变得更加游刃有余。

2009年11月，付费通公司联合上海各公用事业单位，召开2009年度公用事业出账机构工作会议。全市24家水、电、煤、通信等出账机构派代表参加会议。通过该次会议，付费通公司进一步健全和各出账单位间的合作机制，加强账户实时呈现的端口衔接，统一各公用事业费账单对外的口径。从根本上改善付费通和各公用事业出账单位在数据库信息上的同步性，从而使付费通用户查询和支付各类账单更加及时和明确。

2009年下半年，由付费通公司承建的中国电信号百（号码百事通）全国统一支付平台建设项目启动。该平台是中国电信集团规划的核心业务平台之一，通过一主多子账户的系统架构，支持以多种交易形式支付各类电信业务费用。付费通公司通过对该项目的参建工作，对照自身

EBPP平台的建设，取其精华，学其长处，为未来付费通平台的规划和建设积累了丰富的经验和扎实的技术。

*启动车辆费网上缴费系统：*2009年，上海付费通公司全面启动上海市贷款道路通行费等公路规费的电子缴费服务，成为全国第一个借助社会公共网络建立的公路规费网上缴费系统，为各种公路交通相关费用的网上缴付开辟了一条便捷的绿色通道。

现行车辆通行费的缴付因常与广大车主工作时间相冲突而造成迟缴甚至忘缴的后果，为使市民避免不必要的麻烦，经付费通公司与相关政府部门沟通协商后，上海市通行费网上缴费系统于2009年度正式开通，上海牌照的私车及公车（限非运营车辆）车主皆可登录付费通网站使用银行卡或付费通卡进行网上缴纳，为车辆通行费的网上缴付开辟了一条便捷的绿色通道，真正实现365天24小时的全天候服务和不受地域限制的全方位服务。通过与18家国有商业银行实时联网，市民只要拥有其中一家银行的借记卡或付费通卡就可以方便快捷地缴纳上海市车辆通行费。

*推出“每月一次付”和“月月自动扣”等新功能：*上海付费通公司还陆续推出“每月一次付”和“月月自动扣”等新功能，加强账单集中式管理，精简账单支付流程，受到市民的认同采纳。

使用“每月一次付”功能是将家中多张公用事业费账单进行绑定操作，系统可为每个用户自动创建“我的家”、“父母家”、“亲戚家”、“其他”四个分组，用户可将账单分组绑定，方便查看所有使用该业务的账单，从而使得各分组账单内容一目了然。与此同时，用户每月只需登录一次付费通网站，就能一次性完成对所有账单的支付操作。

办理“月月自动扣”的用户每月账单均由付费通为其从付费宝账户自动支付，无须用户自己操作，真正实现零步骤账单支付。当遇到账单余额不足的情况时，付费通又会及时通过短信和电子邮件的方式提醒用户，保证用户随时了解自己的业务信息。

新功能的推出对于日常工作忙碌但又须兼顾家庭开支的上班族来说，无疑是“E”网打尽的轻松选择。并且随着付费通中老年用户群的日渐拓广，新功能大大降低了账单电子支付操作的繁琐度，压缩了流程时间。

*完善和推广“账单管家”业务：*上海付费通公司从2008年下半年就开始试运营的付费通“账单管家”业务，开通上海电信、东方有线、浦东燃气、大众燃气、市北燃气等5家出账机构的账单代扣服务，并在2009年得到进一步的完善和推广，上海市民现已可使用银行卡及付费通卡，进行上述5家出账机构的账单代扣缴费。

（章 恺）

二、证券业信息化

证券公司信息化

【概况】 2009年，全行业信息系统主要工作为：各机构在证监会统一组织下，从系统、管理、技术、服务等层面全面加强系统安全检查、建设和保障，包括网站与网上交易系统、集中交易、灾备措施、运行监控保障、应急预案与演练等各方面；继续完善系统基础设施、集中交易系统、网上交易系统、手机交易系统的建设、扩容、功能升级等工作；各公司继续深化IT治理，提升IT服务业务效力；继续推动行业标准化建设工作等。

【系统建设】

1. 基础设施建设

国泰君安2009年建设客户分类分级系统和统一认证系统，对公司电子商务系统进行整合、扩容和创新功能开发，实现从门户网站概念向支持客户分级服务与差异化营销的转型，优化网上交易系统，建立高级网上金融终端和网上安全交易认证体系。

东方证券启动协同通信项目。协同通信是基于IP技术的新型电话应用系统。与传统的电话模式相比，基于IP技术的电话系统可以与公司现有的客户呼叫系统、办公网系统、网站等应用系统进行整合，传输语音、图像、视频等多种信息。

爱建证券及时更新硬件设备，不但提升硬件性能，而且确保核心设备使用时间均在三年以内，营业部广泛更新UPS、网络交换机、服务器等基础设施，确保设备的健康度。同时网络带宽进一步提高，成倍提升主机房和灾备机房之间的带宽。

华宝证券在11月重新更新主资金服务器设备，更新后交易处理量可达19笔/秒，全天27万笔委托。集中交易柜台系统能够满足20家以上营业部，50万左右客户的日常交易。

2. 营业部标准化建设

海通证券完善营业部信息技术管理制度和技术标准，对营业部机房建设、网络建设、服务器安装标准、操作系统安装标准、应用系统安装标准、技术文档建设等作出明确规定，为营业部标准化建设提供了依据。

光大证券完成81家营业部、服务部互联网防火墙的部署，提升营业部信息安全防护能力。实现营业部交易线路的VPN备份，使各营业部上线公司总部由两条专线互备升级到两条专线、VPN方式三种途径备份的模式，提升了公司广域网的可靠性，同时规范了营业部的网络结构。

3. 集中交易系统建设

集中交易系统是证券公司核心业务支撑系统，承载经纪业务、资金转账处理、集中客户资料管理等核心业务。2009年，各公司主要在账户清理、融资融券业务、性能等方面进行升级完善。

申银万国新网站项目于2009年2月启动，7月上线。新网站突破了以资金账户定义客户的传统模式，在行业内率先引入"客户号"的概念，以实现对"客户"的唯一标识，"客户号"的引入为公司服务体系搭建了科学的基础框架，促进了经纪业务客户分类的实施。新网站还为客户提供了资料修改、电子合同签约、风险测评、服务订阅等自助服务项目，为公司非现场服务的推广完成技术准备。

航天证券2009年针对公司的核心集中交易系统共进行32次系统升级，满足了各部门业务需求，适应了交易所和登记公司的新业务和新接口。参与沪深交易所和中登公司关于账户扩容、新接口版本升级、账户规范等业务测试共计22次。完成服务部升级营业部工作。

海际大和证券公司参与上海证券交易所新一代交易系统(NGTS)测试及上线工作。1月开始参与测试准备工作，按照上交所的要求，全程参与各项链路切换测试、服务器端灾备切换测试及清算验证性测试，并于11月正式上线。

4. 网上交易系统建设

2009年，证券公司网上交易系统主要在系统扩容、功能优化、安全加强方面进行升级。

海通证券新设淮安、新疆、芜湖、深圳等4个网上交易站点，对传统版网上委托、网上行情、交易和行情中心分别进行扩容。同时传统版网上交易系统进行持续改进开发。增强系统运营风险控制能力，新开发异步spx网关网上交易处理接口和5.0网上交易客户端，为实施柜台网关由HTS切换到异步SPX平台的计划做好准备。

中银国际证券公司完成网上交易系统优化及扩容，根据非现场系统的使用容量和业务需求变化，按照预先规划的系统部署架构，升级和优化核新和通达信网上交易系统，提升客户体验，优化系统安全配置。采取托管机房搬迁、对各分中心的通达信系统扩容、扩增新的网上交易分中心点、增加原有分中心行情、交易主站等一系列扩容措施，容量提升80%。

上海证券2009年扩充网上交易行情系统数量，使用通达信、核新(同花顺)、钱龙3家公司的产品，行情站点总数30套(其中通达信15套，同花顺8套，钱龙7套)，能够支持16万客户同时在线；交易使用了通达信、核新(同花顺)、恒生3家公司的产品，交易站点总数49套(其中通达信20套，同花顺12套，恒生17套)，能够支持20万客户同时在线。

5. 其他业务系统建设

国泰君安全年建设客户分类分级系统和统一认证系统，对公司电子商务系统进行整合、扩容和创新功能开发，实现从门户网站概念向支持客户分级服务与差异化营销的转型，优化网上交易系统，建立高级网上金融终端和网上安全交易认证体系，公司作为证监会指定的4家券商之一，正在进行网上交易双因素身份认证项目的行业试点工作。公司网上交易委托笔数占比超过81%，保持了稳中有升的局面，手机证券—易阳指以注册用户90万而成为业内的知名品牌。

申银万国新建证券经纪人综合管理系统，系统围绕经纪人管理的制度及相关业务流程，为业务部门提供证券经纪人信息管理、薪酬方案管理、绩效考核、报表统计、交易信息统计等方面的功能，实现对经纪人业务的多方面综合管理。同时大力发展手机交易系统，将神通手机软件从原先的同花顺专业版产品升级到高端版产品，增加港股、期货、外汇等行情显示以及研究咨询信息，并对系统进行扩容，系统最大负载扩大至10万人。此外，部分异地营业部还与当地运营商合作建立当地手机炒股系统，有效解决部分地区的手机互联互通问题。通过这一系列措施，手机炒股委托占比已由年初的2%上升到年底的4.6%，系统每日服务客户数达2.5万人。

爱建证券推进CRM系统建设，对经纪人进行全面电子化管理，涵盖经纪人薪酬计算、经纪人信息公开、经纪人工作平台、经纪人培训平台等功能，采用顶点CRM系统，成熟灵活易使用，CRM平台的建成有力地推动了经纪人业务的开展。创新OA系统建设，重新建设OA系统。新的OA基于万户新平台，具备Web2.0的特征，一期通过文件审批流转的电子化管理，提高办公效率，基本实现无纸化办公；通过信息（包括相关信息系统）整合实现信息共享，提高信息使用效率。

华宝证券配合公司自营业务发展，建立自营资产管理系统，并通过证监会的检查验收。在取得业务资格后，正式上线自营资产管理系统，保证公司自营业务的正常开展。

上海证券正式启动呼叫中心系统的扩容工作，年底前完成新一代呼叫中心系统的系统选型、招投标、需求分析、设备采购、软件开发和系统部署工作，与电信方面也已协调完毕，确定了公司全国呼叫号码。一期扩容项目已于年底前完成。该公司呼叫中心系统的总装机线达1 140线。

光大证券为满足公司稽核部常规稽核的需要，在原有稽核系统基础上，自主研发出适合业务需要的稽核系统，并经过不断调整完善，正式上线投入使用。该系统的建立，提高了公司营业部稽核的技术支持能力和处理能力，高效性、安全性、完整性得到保障，业务部门的工作效率也有显著提高。

【运行保障】

1. 信息安全保障

组织管理：光大证券成功引进优秀年轻员工与经验丰富的项目经理等复合型员工，同时信息技术部通过组织专项的营业部IT经理、营业部IT备份岗资格认证考试，合格者持证上岗等形式，加强培训，提高运维能力。

中银国际2009年部门内设置运行管理组、综合管理组与应用开发组，并负责对营业部电脑主管进行集中管理。

上海证券年初完成营业部信息技术人员考核细则的修订，并进一步细化评分标准。公司高度重视技术人员能力的培训。年初，总部根据业务发展的需要，制定信息技术人员能力提升计划。一年来结合先后组织多名技术人员参加COBIT、ITIL以及PM、ORACLE、UNIX、CCNA、CCNP等专业技能的培训。

网站及网上交易防护：海通证券与互联网边界处使用IDP(JUNIPER IDP-800)防攻击检测设备对来自互联网的攻击进行防护；使用全局均衡设备(RADWARE AD-3020)进行地址转换，防止内部IP外泄；使用ISG-1000防火墙对外开放指定的应用端口及只允许内部特定服务器访问外部特定应用；采用IGUARD系统进行海通网站内容的防篡改保护；使用IMPERVA应用防火墙对针对海通网站的攻击进行防护。

东方证券对网站系统进行软硬件升级，升级提高网站安全防护措施，部署防篡改软件以及Web应用防火墙，防止内容篡改或被捆绑木马程序。每半年一次进行网站安全渗透测试，防止SQL注入和跨站攻击。在托管机房部署防入侵检设备，提高网上交易防护级别。根据《证券公司网上证券信息系统技术指引》，启动网上交易身份认证系统的技术调研和选型工作，为提高网上交易客户端安全性做好技术铺垫。

中银国际每月对全网进行安全漏洞扫描，对存在的安全隐患进行加固，部署应用防火墙，同时建立集中的网上交易日志服务器和入侵检测服务器。

网络安全防护与加固：爱建证券在2009年增加部署网络防火墙，根据新的应用情况，进一步划小子网，将控制粒度进一步减小，安全级别进一步提升。

中银国际2009年对数据中心及总部之间广域网主干线路进行扩容，以满足业务系统数据传输运行的要求。

交易系统保障：海际大和证券公司于2009年1月开始参与上交所新一代交易系统上线前的测试准备工作，积极组织技术人员相关培训，研读技术文档，完成上线测试技术文档，全程参与各项链路切换测试、服务器端灾备切换测试及清算验证性测试。

中银国际2009年实行7×24小时值班与监控制度，严密监控并记录交易系统运行参数及变化趋势；网络、通讯设备及应用系统均保证在线冗余；对系统变更及升级严格管理，加强业务人员参与测试确认，进一步提升安全管理水平。

2. 运行管理新模式

申银万国2009年将虚拟机技术扩大至公司网上交易、手机炒股、客户资产管理、营销人员管理及融资融券等各系统，各系统的设备采购成本也因此得到有效控制。

国泰君安完善易阳指手机证券系统的品牌建设，推出最新的易阳指2.2版本。新版易阳指在用户接入、跨市场行情、安全性能等多方面做了大量完善。同时根据易阳指新开户数的业务考核要求，整合短信、网站、易阳指、呼叫中心等系统资源，进一步简化易阳指注册流程。易阳指用户大规模增长，已经发展到100万注册客户。

德邦证券与中国电信签订NETCARE线路监控服务，利用中国电信的专业技术和人员监控交易线路的稳定，快速解决交易线路故障，落实整体交易线路24小时监控工作；公司总部安装了上网行为管理系统，对员工的上网进行统一管理；全网系统安装NOD32防病毒软件，对营业部的杀毒软件进行统一管理和升级；经过风险点排查，发布公司业务系统主要故障点处理制度，通过不断总结运维经验、共享故障解决方法，达到提高应急处理效率、缩短故障处理时间之目的。

【IT治理】 国泰君安完成公司未来5年IT整体规划的制定工作；同时根据行业监管部门IT治理工作指引的要求，建立公司IT科学决策机制，制定公司IT治理工作管理办法，公司IT治理机制的健全与完善工作正在按序推进；为全面提升公司IT服务管理能力，确保生产运行的安全、稳定、高效，国泰君安证券于2009年在运维领域推进符合ITIL最佳实践、达到ISO20000标准的IT服务管理体系的建设工作。

爱建证券按照证券业IT治理的精神，强调IT组织构建，强调预算管理，强调人员重视，建立一套IT治理的原则性文件，将IT建设纳入工作重要管理日程。对IT组织、IT资源、IT规划均给予最大支持，有力地强化了公司信息系统的建设。

（上海证监局）

三、保险业信息化

2009年，上海保险业克服金融危机的不利影响，继续加强信息化建设，提升信息技术对保险业务和公司管理的支持能力。保险公司信息化基础设施投资继续加快，大型数据中心和备份中心陆续建成并使用，核心业务系统不断升级换代，推动了保险公司业务标准化、管理高效化、服务快速化，也提高了行业服务能力和风险防范水平，促进了行业发展和结构优化。

重点项目

【上海车险业务率先实现行业数据信息大集中】 从2009年7月25日零时起，上海商业机动车辆保险信息全部进入“上海市机动车辆联合信息平台”，实现机动车辆管理、交通违法记录、保险理赔记录的信息共享，并对部分费率浮动实行统一标准。“信息平台”集中了公安部门的车辆信息和驾驶员管理信息、交通运输管理部门的车辆使用信息和保险机构车险承保理赔信息及有关的车辆购置价信息。通过向保险机构和投保人公开自己的车辆承保、理赔信息，可提高车险投保透明度，方便投保人对保单真实性、理赔真实性等信息的查询。通过建立“上海地区车型数据库”，统一投保车辆的新车购置价标准；通过与交通运输管理部门的信息共享，统一营运车辆的使用性质标准；通过车险平台为各家保险公司提供的信息，统一安全驾驶、客户忠诚度、无赔款优待商业车险费率浮动因子的使用标准。同时，交强险与商业车险实行两套浮动规则，两险之间互不影响。交强险的条款费率没有变化。

（王　飞）

单位、机构信息化

【中国人保资产管理股份有限公司统一数据平台建设项目成效显著】 统一数据平台项目是保险资产管理行业

的重要创新。中国人保开发的统一数据平台通过构建覆盖跨市场、全资产、全业务的数据共享平台，提供账户结构和内部投资流程，实现统一交易审批、统一实时风险控制和合规检查、统一交易台账和统一组合管理等重要业务功能，实现前台交易与后台估值核算系统数据流的一体化，为公司投资决策以及中台分析等提供了有力支持。相比市场通行的系统，统一数据平台具有以下特点：一是一体化的固定收益场内场外交易支持，实现固定收益投资场内、场外业务的系统化和电子化；二是跨市场、全资产、全业务的数据集中在统一数据库中，实现基于全资产的事前风控合规检查，相关的台账报表基于完整、统一的数据生成；三是强大的组合管理功能，实现组合管理支持的主要系统功能，有效提高 TAA(战术资产配置)策略实施和交易约束的系统支持能力，提高了流动性管理效率和能力。

（胡　云）

【太平洋保险(集团)股份有限公司数据中心启用】 2009 年 12 月，太平洋保险(集团)股份有限公司正式全面启用新一代数据中心。新数据中心总建筑面积 7 500 平方米，净机房面积 3 000 多平方米，是按照"战略规划、政策制定、风险管控、资源统筹"的原则统一规划设计和建设而成，参照国际上普遍遵照的美国 UPTIME INSTITUTE TIER4 标准和国家计算机房规范中最高的 A 级机房标准执行，并通过多次性能测试、压力测试、生产测试以及第三方专业测试，大大满足了未来业务发展、客户服务和集中运行的需求，提高了公司 IT 基础设施的容量及运行可靠性。

【泰康人寿保险股份有限公司上海分公司统一客户管理平台上线】 统一客户管理平台是公司为实现四个总体目标而规划设计的：统一客户信息模型、建立客户主控机制；建立包括各业务线和渠道在内的客户全景视图；为多渠道提供统一的优质客户服务；推动服务创新、业务创新、风险管控。项目实现对个险、银行保险、团险、养老金、CIF 和电子商务的客户资源进行统一认证，实行客户编号唯一化，并应用于客户自助服务、客户积分管理和客户风险管理平台。

（宾京汉）

【美亚财产保险有限公司新数据中心启用】 2009 年 10 月，美亚财产保险有限公司启用新数据中心。新数据中心设有服务器机房、电力间、消防控制室、员工区等功能区，并配有气体消防系统、环境和设备监控系统、视频摄像监控系统、2 路供电以及足够的通信带宽和网络带宽等，采用最新的远程监控系统对设备进行 7×24 小时监控，承担着公司所有数据处理业务，可以满足公司在未来 5 年内对数据中心的需求和规划。

（沈　涛）

【光大永明人寿保险股份有限公司上海分公司协同管理应用平台】 协同管理应用平台基于先进的协同管理理念和设计思想，涵盖信息门户、知识管理、工作流管理、人力资源管理、客户关系管理、项目管理、财务管理、资产管理、数据中心等功能，有效解决信息孤岛、应用孤岛和资源孤岛问题，打破公司管理的各种屏障，让公司的人、财、物、信息、流程等资源集中在统一的平台上进行管理，并实现它们之间的紧密链接和高效协作，从而为公司建立一个全面协同的数字化管理和运营环境。

（邹　琛）

第四章 商贸流通信息化

概 述

2009年，在国际金融危机背景下，上海电子商务发展逆势而上，继续保持快速增长的态势，全年完成电子商务交易额3 252.21亿元，同比增幅达18%；至2009年底，上海互联网用户数达到1 250万人，互联网用户普及率达到65%。全年口岸税费电子支付系统入网企业累计达到4 000家，全年实现电子支付金额1 048.48亿元，比上年增长4.4%。《上海市促进电子商务发展规定》于3月1日正式实施，使上海电子商务的发展有法可依。"电子商务进校园"系列活动有序推进，营造了企业、高校、社区和市民共同参与促进上海电子商务发展的良好氛围。政府、企业、行业协会、社会公众携手共建多层次、多角度、立体化的电子商务发展环境局面逐步形成；电子商务法律政策、网络基础、支付、物流、信用、安全、投融资环境、园区建设、人才等电子商务支撑体系进一步优化。

把握举办上海世博会的战略机遇，顺应电子商务专业化、纵深化、国际化的发展潮流，上海着力推动先进制造业、现代服务业电子商务的服务创新、模式创新、渠道融合、产业融合。电子商务正在从起步阶段的制造业、商贸业领域向金融业、物流业及现代服务业领域内的细分行业持续渗透。在制造业领域，以骨干企业供应链电子商务为主导的B2B电子商务正在向相关行业产业链上下游持续渗透；在商贸业领域，电子商务得到日益广泛的应用，B2C电子商务突飞猛进；在金融业领域，网上银行和第三方支付的应用已经逐渐为社会大众普遍接受，网上保险等创新应用蓬勃发展；在物流业领域，第三方物流平台企业新星逐步壮大，通过电子商务手段大幅提升了为相关行业企业的服务能力，城市物流配送企业通过应用电子商务也取得显著的效益增长；此外在现代服务业领域，还有信息服务业、移动通信业、旅游业的电子商务企业，与虚拟社区等新兴模式企业一起，共同形成变革创新与持续增长的行业发展局面。

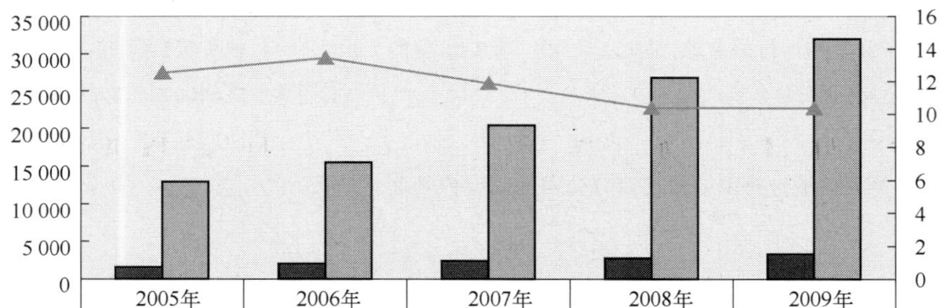

	2005年	2006年	2007年	2008年	2009年
电子商务交易额(亿元)	1 623.12	2 087.39	2 426.22	2 785.45	3 252.21
全市商品销售总额(亿元)	12 943.25	15 504.05	20 400.79	26 798.44	31 974.39
相对比重(%)	12.54	13.46	11.89	10.39	10.37

上海电子商务交易额与上海市商品销售总额比较

（张璐璐）

一、重点项目

【电子商务应用高校推广工程】 继开展“迎世博，电子商务进我家”活动取得良好效果后，为进一步在受众面最广的大学生群体中宣传电子商务理念，提高大学生电子商务应用能力和就业竞争力，促进适应电子商务发展需求的复合型人才培养，2009年先后在松江大学城、复旦大学和虹口北外滩开业园区举办“电子商务进校园”活动，组织近70余家市电子商务行业协会会员单位进入高校，开展形式多样、内容丰富的电子商务应用实践推广活动，吸引近20所上海知名高校逾千名在校大学生踊跃参与。通过举办电子商务高校人才战略座谈会、大学生创业就业主题报告会，组织网上创业创意大赛，开展大学生就业招聘等活动，引导大学生积极应对社会变革，不断提升个人素质，成就事业理想。多家主流媒体均做了及时报道。

活动期间，为帮助高校大学生提升网上创业能力，引导大学生加强电子商务商务经营的学习和实践，结合企业人才需求，促进具有实战能力的创新人才培养，还举办了“2009上海网上创业创意大赛”，来自复旦大学、同济大学、上海财经大学、东华大学、上海第二工业大学等20所高校的近600名大学生报名参赛。经过专家评委的严格评审，上海大学和上海第二工业大学的参赛选手从初赛、复赛和决赛中脱颖而出，获得最终优胜。一批获奖优秀学生被电子商务企业相中，获得就业双向选择机会，新球通信、火速网络科技、金算盘、柠檬绿茶电子商务、名品打折网、进宝网等企业还与部分优秀学生代表签订了就业意向。

（姚　尧）

【电子商务应用推广】 2009年，上海市电子商务交易额达到3 252.21亿元，网上购物占全市消费品零售总额的比重从2003年的1.99%上升至2009年的5.02%，电子商务交易额占全市GDP上升至21.81%。上海市商贸流通领域电子商务进一步发展，重点支持涉及钢铁、石化、装备、汽车、信息、船舶和海洋工程等产业的B2B电子商务平台建设。利用上海商贸集聚的优势，推动传统商贸企业开展网上销售。加强了物流体系、支付体系和信用体系建设，以市场化、专业化为导向的个人与企业信用联合征信系统相继建立，建成分类的信用数据自动采集系统。支付方面，涉及网上支付、银行卡跨行清算、电子货币发行与清算业务、网络游戏配套的虚拟货币发行业务。推动企业利用新型的电子商务技术手段等，将流通领域内商流、物流、信息流和资金流有机结合，打破行业、区域、上下游之间的壁垒，通过共享、协同、优化配置提升整个行业的贸易效率。包括咨询服务、信息资讯、技术服务、搜索服务和提供解决方案的电子商务专业服务业正在快速发展。

（姚　尧）

【上海电子口岸建设】 2009年，上海电子口岸继续加强基础建设，提升综合服务能力。按照全国电子口岸呼叫中心一体化的要求，2009年10月15日上海电子口岸呼叫中心正式纳入中国电子口岸客户服务一体化系统，成为全国第一家与中国电子口岸呼叫中心联网的异构实体呼叫中心。同时，呼叫中心通过实施坐席电话均衡制，有效降低了呼损率，提高了接听效率，上海电子口岸呼叫中心全年人工接听（除去语音自助、语音录音及呼损）达8万多次，比上年增长4.44%；有效处理电子工单7.5万余票，比上年增长7.29%。

在门户网站建设上，上海电子口岸实施软硬件升级和网站改版，完善对会员的服务，网站用户总数达到5.4万多家，比上年增长8.25%。中国电子口岸上海制卡中心完善6家机构网上联合审核流程，实行单一窗口受理服务，进一步便利办卡企业。海关税费电子化支付系统全年实现支付额1 546.79亿元，比上年增长7.9%；占上海海关税费总额的比例从2008年的72.98%上升至79.11%。

上海电子口岸积极进行相关应用系统的开发和适应性改造，不断拓展应用系统的深度和覆盖范围。为适应外高桥港、洋山港业务联动改革的需要，在上海口岸已有海关—港口电子放行系统和电子装箱单系统的基础上，开发运行“两港”联动信息传输系统，实现两港货物便捷转移和出境的业务数据共享，为业务联动改革创造了条件。

上海检验检疫局依托上海电子口岸平台，完成“入境货物无纸化申报及物流监控系统(空港版)”的开发部署，并于2009年9月实现全面推广。上海海事局在上海电子口岸以现有海事船舶动态申报系统为基础，实现海事船舶保安信息EDI申报系统和船舶查验信息EDI申报系统的开发与上线。

(唐 韵)

二、行业、企业信息化

上海纺织(集团)有限公司

【概况】 2009年，上海纺织信息化工作重心是引导和实施业务过程信息化工作，提升集团集约管控手段。截至2009年底，累计完成112户企业的财务信息化上线并通过验收(2008年验收30户)，2009年，通过财政备案的企业有104户，实现投资企业(除上市公司以外)会计核算在集团总部EAS平台上完成，核算的规范化和信息的透明度大大提升，为后续的集团管控措施实施提供了基础数据平台；对申达股份、龙头股份两家上市公司及其所属企业进行EAS系统的报表培训；开展对外贸企业财务信息化的调研，完成财务信息化工作中的外贸实施方案；完成2010年预算报表的设置，并分5批对216户单位进行培训，为完成预算报表的编制做了准备。此外，还完成土地房屋资源管理系统(V2.1)的建设和验收，强化对历史数据的同口径对比分析功能；深入推进电子档案系统、集团劳动人事信息管理平台等课题的探讨；建成容量为1800G的集团数据备份系统，进一步加强了集团数据的安全保障；确定了shangtex.biz域名向所有投资企业拓展以及集团手机总机逐步向所有投资企业推广工作。

【办公自动化系统二期项目建设】 2009年7月，上海纺织办公自动化系统二期建设项目获准启动，10月项目人员进驻，12月底进入试运行阶段。项目建设内容包括系统升级(从3.4升级到4.5版本)、财务管理模块开发及知识管理、物资管理、信访管理、会议管理、发文管理等模块的完善与提高。二期开发实现了财务电子报销及财务预算控制，大大提高了OA系统的适应性、可靠性和稳定性。

【土地房屋管理信息系统优化完善】 2008年土地房屋资源管理系统在原有基础上进行了修改完善，2009年5月14日完成项目验收。系统的底层数据设计和系统功能框架进行了重构，将录入合同数据的操作权限开放到企业用户，支持对历史数据的同口径对比分析，保存了各时点的企业管理关系，并兼容企业注销，并保存了各时点的物业合同信息。

【集团财务管理系统建设】 集团财务管理系统建设项目于2008年5月立项，目标为通过三年的规划和建设，实现财务系统对上海纺织全集团的财务管理的管理提升和业务支撑。在上一年度完成的31户试点企业33个账套的财务核算总账和固定资产模块上线工作的基础上，2009年主要完成了以下重点工作：一是组织实施111户投资企业的财务核算功能推广和实施。二是2009年250户企业的报表和预算编制工作有序推进，并在此基础上实现250户预算管理功能的实施，包括预算的录入、审核等管理功能，为后续预算的控制打下良好基础。

【集团财务与企业外贸财务系统接口项目建设】 上海纺织下属14家外贸投资企业信息化建设已有多年，并已先后建设外贸与财务一体化的业务系统。在集团推进集团财务管理系统的大前提下，为实现集团财务管理“一本账”，并达到集团后续的管理目标，需要将外贸企业的财务纳入到统一的建设范畴。由于外贸企业业务的特殊性，考虑到不影响外贸企业的业务发展，集团决定通过系统接口的方式实现集团财务与外贸企业的财务系统集成，以保证双方的业务及管理需求。项目于2009年7月立项，经过5个月的程序开发与实施，初步完成上海纺织集团财务软件商与另外2家财务系统软件商3方产品的系统对接，实现14家外贸企业财务每日总账数据的上报。至2009年12月底，项目进入实施和测试固定资产的每日上报功能阶段。

【数据备份系统建设】 2009年,上海纺织建成集团数据备份系统,备份容量为1800G,按每周6天增备、1天全备的方案计算,理论上5年内能满足集团对人、财、物集约管理的数据增长。每天备份近120G数据(其中OA 52G、财务数据37.67G、土地房屋1G、DNS 29G),每7天为一个周期。

【上海龙头(集团)股份有限公司信息化建设】 二期弱电整体工程在2009年第一季度完成,并积极配合各事业部的搬迁,确保入驻之前通信网络的畅通,以及各业务系统的集中归置,安保、会议系统及各事业部考勤系统、餐厅饭卡等辅助功能也同步完成。

OA平台在事业部得到进一步扩展应用。根据龙头股份发展战略目标和信息化建设规划的推进要求,建成一体化的工作流管理平台,协同办公系统在国际贸易事业部实施推进。

完成国贸专卖店POS系统建设。该项目在中环百联龙生活馆系统基础上进行自行设计、开发、安装、调试、培训,从开始筹备到最后完成只用了半个多月时间就达到了预期的效果。在硬件、软件资金投入上基本为零,单单软件费用就为企业节省近10万元的支出。

优化上海三枪(集团)有限公司SAP项目。从2008~2009年,经过一年半的优化调整,在实际运用中对生产、物流节点的清晰反映、数据的准确性、完整性已逐渐合拍,促进了生产调控力度的提高,但一些项目遗留问题(如系统数据清理、最终用户培训、SUN故障处理方案等)需做好妥善处理。其中DRP分销系统已在所有分公司上线运营,到2009年底,所属直营专卖店(总约500家)的POS系统将安装到位,后期进行系统优化和最终数据处理分析。

上海海螺(集团)有限公司SCM二期优化项目竣工。经过多方努力,该项目于2009年7月正式竣工验收,特别增加了终端专卖店的管理,并部分与财务系统接口。

【上海纺织外贸企业外贸管理系统业务财务一体化建设】 为解决财务、业务信息孤岛现象,实现物流、资金流、信息流、控制流的高度统一,2009年,上海汉森投资发展公司、上海联合纺织印染进出口有限公司、上海纺织装饰(集团)公司相继进入外贸管理系统财务、业务一体化建设。至2009年底,基本实现外贸管理信息系统业务财务全流程操作贯通,重要节点初级管控有效,统计查询功能基本适用,取得了项目初步上线成功的效果。

(上海纺织集团)

百联电子商务有限公司

百联电商是一家电子商务企业,专门从事自主软件开发、网络零售、批发、代理、在线交易、会员服务、企业就餐等第三方服务系统开发和运营。2009年,其运营的“百联E城”共计推出网上购物商品11.68万个,百联电商和各合作公司合计实现电子商务交易额29.98亿元,公司的各项业务均获得高速发展。通过对联华电商、联华超市、世纪联华、好美家等会员制资源整合,可以一体化运作的OK会员累计已达1 988万,并且通过与各大银行、保险、移动通信、旅游行业等著名企业发行联名OK会员卡,为各类企业进行积分兑换和消费服务,OK会员制在消费者中应用广泛,影响深远,2009年OK会员的交易额已达122亿,是国内日用消费品领域内最具影响力会员制品牌。

上海汇付网络科技有限公司

上海汇付网络科技有限公司(简称“汇付天下”)于2006年7月正式成立,定位于金融级电子支付专家。汇付天下大力创新研发新一代电子支付服务产品,为重要行业客户快速准确地定制支付运营方案,从而推动多个行业的电子商务进程。2007~2009年连续三年荣获中国“最佳电子支付平台”奖。公司的电子支付运营方案服务于航空票务、数字娱乐、网上教育、保险理财、基金投资等千余家行业客户,并和多个行业内的领先公司达成战略合作。2008年交易量比2007年增长17倍;尽管有全球金融危机的冲击,2009年交易量仍比2008年增长4倍多。日交易量超过亿元的业务量稳居中国网上支付业的前二位。

春宇供应链管理有限公司

春宇公司成立于2004年6月,2004~2007年主要专注于市场调研、模式研究和平台研发。2008年,春宇供应链的数字商务平台正式上线运行,以出口业务为起点,开始“贸易实践”战略的实施。2008~2009年,在全球金融危机肆虐、中国化工出口大幅下降的环境下，春宇供应链的业务从零起步，实现高速增长，公司业务已经扩展到全球36个国家，在产品、报价、客户、供应商信息采集方面取得快速进展，已经积累有全球60 000多条化工品买家信息、76 000多条与客户的业务联络信息，智能报价系统记录117 378多次精准的客户价格配置和查询信息；掌握31 000多家中国供应商资料，并与他们进行超过140 000次对话交流，收集到67 000多条报价信息，与供应商建立良好的对话合作关系。到2009年底，春宇供应链的数字商务平台累计实现交易额3 000多万美元。

（姚　尧）

第五章 旅游和会展信息化

概 述

2009 年，上海加快推进旅游信息化工作，利用“962020”上海旅游热线和上海市旅游咨询服务中心的旅游公共服务平台，多方面宣传世博会和世博旅游信息。同时，新建上海旅游出境游管理系统，建成上海旅馆业数据共享和服务平台，通过新的途径掌握上海旅游市场信息，监控上海旅游现状，从服务和管理两方面全力以赴，迎接世博会的到来。

行业信息化

【上海市旅游咨询服务中心】 2009 年，上海各区县旅游咨询服务中心接待游客 69.2 万人次，平均每天约 1 900 人次，其中入境游客 8.6 万人次，发放宣传资料 101.5 万份，平均每天发放 2 800 份资料。为做好世博会服务工作，各旅游咨询服务中心开辟世博服务专区，进行员工培训，加强业务素质，提高普通话和英语会话水平。多次进社区，为市民提供旅游咨询服务。新增世博会和世博旅游宣传资料，通过便民手册、旅游线路推介、宣传画册等形式，全面展现世博旅游信息，塑造全新旅游咨询服务的窗口形象。

【旅游多媒体触摸屏新增 100 台】 2009 年，根据在世博会前扩展到全部星级饭店和部分品牌连锁旅馆(触摸屏总数达到 400 台)的目标，旅游触摸屏系统继续增加放置数量。完成新增 100 台政府采购设备，还完成“旅游 E 点通”网站日文版、英文版面的开发与中文版的改版。新平台将丰富信息量，改善后台管理功能，给游客提供更方便直观的信息。在旅游 E 点通网站上增设世博会专栏，方便游客咨询。

【上海旅游出境游系统建成】 为应对各类突发事件，实时掌握各旅游团队动向，上海旅游出境游系统建成并于 2009 年 1 月上线。系统借助 GPS 概念，整合 92 个出境游目的地、1 504 个目的地城市、3 033 家地接社和上海 5 175 名出境游领队的信息，使组团出境游的管理流程由手工操作全面转向信息化。系统已审核完成团队 9 500 多个、出境游客 23 万人次。

【上海旅馆业数据共享和服务平台上线】 2009 年 11 月，为满足 2010 年上海世博会 7 000 万游客的住宿需求，保证届时上海的住宿信息能及时准确地预告发布，上海市旅游局同市公安局合作，建立上海旅馆监管系统。对上海现有的 6 700 余家旅馆(含星级饭店)、54 万张住宿床位使用情况进行全面了解和掌握，并发布预报和提示信息，努力解决上海旅游高峰时期的住宿问题。

【上海旅游管理短信群发系统初具规模】 上海旅游管理短信群发系统在 2008 年覆盖 1 500 人的基础上，新增旅游集团、一二三星级宾馆、优质服务旅馆、规范服务旅馆、旅游推荐接待单位、旅游景点单位和旅游汽车公司负责人的覆盖范围，录入系统，覆盖人数已扩大至 2 000 人。

【上海旅游政务网】 2009 年，上海旅游政务网按时发布各重要活动和政务信息，并做好旅游黄金周及重大旅游节庆活动的信息发布专题。其中，政务动态 796 篇，回答各类来信和咨询 988 件(回复率 100%)，回答“局长信箱来信”201封(其中中文153封，英文48封，回复率100%)。网站建设和维护管理在“中国上海”门户网站的考评中全面达标。

【上海会展旅游网的改版工作成功完成】 为积极配合做好网上世博宣传工作，根据上海旅游会展网新的网站架构，对其数据库进行二次开发，做好网站页面优化，完成旅游会展网英文版的改版工作，逐步提升互联网搜索引擎的排名。改版后的网站点击量比改版前提升一倍以上。同时做好日文版英文版的维护工作，专门开发了上海世博旅游宣传板块。

(刘　昊)

第六章　企业信息化公共服务体系

概　述

2009年，作为独立于传统企业和IT企业的第三方公益性专业服务机构，上海市企业信息化促进中心致力于三个方面的工作，并取得显著的成效：一是致力于以应用信息技术改造提升传统工业、促进工业化与信息化融合，培养传统企业对于信息化手段的应用习惯，激发加强信息化建设的需求和实施动力；二是落实政府引导与公共服务、分类指导与重点推进、企业自主与效益优先的推进原则，着力营造信息技术应用发展环境，推动企业信息化市场环境的规范和社会化服务体系的完善；三是针对结合企业培训需求和信息化知识不断更新的特点，既为企业高层管理者提供企业管理战略类培训，也为企业其他管理人员提供信息化项目管理、各种企业信息化成功案例体验等培训，使促进中心日益成为广大企业交流合作、共谋发展的“信息化”平台。

（王　睿）

一、企业信息化服务机构

上海市企业信息化促进中心

【概况】 2005年11月17日，上海市企业信息化促进中心由上海交大、复旦大学、同济大学、社科院等单位共同发起，相关企业集团共同参与组建。

中心是一个独立于传统企业和IT厂商的非赢利性第三方专业服务机构，以向企业提供信息化服务为主要目标，全面开展企业信息化相关事务的研究、咨询、培训和评价等工作，并致力于建立公共服务的标准规范，加强企业信息化方面的资源汇集、市场管理、产品测评、诚信体系建设、知识产权保护、培训体验、合作交流等工作，在营造公共服务环境过程中建立企业信息化推进长效机制。

【主要职责】 中心的主要职能是围绕传统产业的信息技术应用推进，开展政策标准研究落实、企业信息化需求与产品供需配对、重点示范项目咨询辅导、优秀成果宣传推广几方面工作：

打造企业信息化高级人才的培训基地；与相关机构合作，发挥连接传统企业、IT企业以及有关企业信息化的第三方服务机构的定位优势，推动企业信息化市场环境的规范和社会化服务体系的完善；在针对企业开展培训、咨询、测评和宣传推广等日常工作的基础上，对企业信息化有关问题分析研究，及时向有关部门提出提高企业竞争力的政策建议。

【咨询业务】 中心承担信息化示范（重点、试点）建设项目选择、规划实施、过程辅导、项目监理和案例分析等工作，为企业提供信息化环境建设和应用实施等方面的测试、评价与改进等方面的咨询服务。咨询服务涵盖信息化项目策划、设计、实施、验收及运维的全程。

提供前期分析报告和中长期系统规划方案，包括信息化规划、项目建议书、可行性研究报告、需求分析报告、总体设计等；辅助企业信息化实施招标，实施过程中提供项目过程管理、项目监理等服务；信息化建设项目的代建、实施、运营维护等服务；组织项目验收，对企业信息化环境、应用水平和绩效进行评价，提供评价报告；对项目成果进行第三方认定和案例分析，在相关产业推广。

【信息技术应用系列培训课程】

企业信息化战略：该课程主要针对企业信息化战略制定和实施的主要问题进行系统分析，可以帮助学员增强信息化理念、提升对信息化的认识高度。主要内容包括：企业信息化战略概述、企业信息化发展阶段和主要内容、企业信息化战略与企业战略的关系、企业信息化战略的环境分析、企业信息化的资源和能力分析、企业信息化战略设计、企业信息化战略的内容、企业信息化的支持系统、企业信息化战略的实施、信息化主管。

企业信息化基本要求与评价：该课程是基于地方标准《企业信息化基本要求与评价》(DB31/T381－2007)而设立，旨在为制造型、流通型和服务型企业的信息化建设提供系统指导。主要内容包括：企业信息化的基本概念、特征、种类以及企业信息化发展的过程和阶段性划分标志，企业信息化的三部分主要构成；信息化规划的组成内容；制造型、流通型、服务型企业信息化应用特征及基本应用构成；企业信息化评价指标体系的概念及构建评价指标体系的意义等。

IT项目管理：该课程主要通过IT项目管理案例，针对IT项目管理执行层面的所涉及的常用管理方法、工具，介绍了项目管理的理论和应用实践，有利于IT项目管理的学习者更好的扩展应用的思路，提升自己的IT项目的实践经验。主要内容包括：认识项目、打造团队、项目定义、项目计划、项目控制、项目质量管理与项目收尾等。

电子商务：该课程主要包含电子商务的概念、发展、模式及优势；网络营销特性及条件；有效的网上市场信息及有效的网上市场营销；WEB市场营销策略；网络营销对象分析、分销渠道选择、目标市场定位、评价标准的建立；网上营销的阶段分析及新的趋势；电子商务的安全问题及对策；电子支付；电子商务的策划及实施等内容。通过本课程，学员将会更深入地了解企业内生产、管理、财务之间的关系，有效地利用全球化互联网络进行商业活动，为企业带来更美好的前景。

IT服务指南：该课程提供IT服务时应遵循的主要管理理论和方法，有助于企业IT部门更好地了解业务需求，使IT服务需求与IT服务提供能力达到平衡，提高IT服务能力。主要内容包括：IT服务管理历史、定义、标准、价值、发展；IT服务管理知识体系、ITIL标准；IT服务管理理论、IT服务管理方法与工具；IT服务管理与规划过程中的关键流程与方法。课程融入国家标准“IT服务标准”基本内容，并将内涵延展到IT资源管理和优化过程。

信息化项目投融资实务：该课程着重结合具体案例，介绍信息化建设中的投资管理和融资策略，帮助学员打破观念壁垒，尝试发挥市场对资源优化配置和资本优化组合的作用，为信息化项目建设资金筹措提供了借鉴。主要内容包括：信息技术应用领域的投资需求、融资渠道和投融资市场的现状分析；就建立信息技术应用项目直接融资、间接融资渠道和公共财政政策、投融资机制改革对项目投融资的影响展开探讨。

信息技术应用实务：该课程从如何全面使用现代计算机技术、网络通讯技术、数据库技术及管理学、经济学和各种最优化技术的角度，阐述为企业的经营管理和决策提供最佳服务的方法。主要内容包括：计算机基础知识；文字信息处理系统知识；数据信息处理系统使用方法；信息系统的系统分析；数据流程图的绘制；新系统的数据流程；数据属性分析；信息系统的系统设计；信息网络构建；信息系统维护与安全管理；BI商务智能知识等内容。

信息安全管理：该课程包含网络故障诊断原理与技术；网络系统安全扫描和渗透测试的原理；检测监控恶意代码的异常手段汇总；计算机病毒机制与组成结构；病毒的高级手工查杀技术和思路。网络安全架构设计和网络安全设备的部署；内网安全监控和审计系统的配置与部署；主机操作系统和应用服务器安全异常状态的诊断和分析；故障后的数据恢复技术等内容。通过本课程的学习，目的在于建设高素质应急管理技术人员和应急救援人员，提高事故应急处置能力，帮助企业科学有效地进行信息安全系统建设与管理。

协同商务：该课程通过介绍国内外协同商务发展状况与趋势，协同商务的基本原理与方法体系、协同商务的信息技术与集成平台、协同商务的解决方案、实施应用和典型案例，使学员了解并掌握借助信息技术将企业数据应用集成，快速地建立起与企业内或企业间资源协调同步的管理模式，达到优化企业运作和提高整体效益的企业商务协同基本要点。主要内容包括：协同商务和SCM、CRM、KM、OA及ERPII的互动关系；SOA的定义、关键技术和重要产品；企业信息门户 EIP 的概念、特点、基本功能和体系结构；计算机所支持的协同工作 CSCW 概念、作用、分类和结构模型；工作流技术和协同商务交易平台及运作；网络协同技术（XML、SOAP）及协同信息传输流程，理解协同安全加密技术及认证技术等。

构型管理：该课程以民用飞机的研制为例，从实用的角度详细介绍构型管理涉及的管理参数和程序，讲述新产品开发的方法、规则和实践，内容涵盖数字化产品开发全过程。贯彻构型管理，设计对象已不再是“一个产品”，而是“一个平台”，采用“模块化”设计和制造技术，利用平台的通用性和模块的重用性，是新产品研发成功的保证。构型管理思想、方法学、系统架构等可供其他机械行业和电子、高科技、软件、流程等行业借鉴。

【主要研究成果】

上海市先进制造业的信息化工程研究：该课题系上海市企业信息化促进中心承担上海市政府发展研究中心课题。课题主要对上海先进制造业信息化现状、工程重点、工程模式以及推进先进制造业信息化工程的政策、举措和建议等四方面开展分析。在科学认识先进制造业的内涵，研究信息化对先进制造业的促进作用的基础上，确定上海先进制造业信息化工程的重点和策略，分析总结推进先进制造业的信息化工程的模式，有助于上海突破城市地域和资源限制，借助信息化手段谋求先进制造业的突破性发展。

上海经济信息化应用的思路、重点及对策研究：该课题系上海市企业信息化促进中心承担上海市经济信息化委“十二五”产业发展和信息化建设规划前期重大问题研究课题之一——第 27 号课题。课题主要针对上海四个重点经济领域航运、金融、商贸、农业信息化应用进行了较为详实的分析，提出了上海在未来 5 年里四个重点领域信息化应用计划达到的目标、思路、开展的工作重点与相应举措。针对城市经济生活的重要领域，与国内外类似地区进行比较研究，分析上海在经济领域信息化应用方面的主要优势和劣势，研究提出上海经济领域信息化应用的主要特点、突出问题和基本趋势；以金融、航运、商贸等服务业重点领域及农业信息化应用为重点，研究提出“十二五”上海经济领域信息化应用发展思路和总体目标；在四个重点领域，分析提出上海“十二五”期间包括金融信息服务业在内的金融，以电子口岸、物流信息化为业务重点的航运、以电子商务为重点的商贸、以农业生产、农产品质量管理信息化为主的农业等领域信息化应用发展的具体目标、工作重点和推进措施建议。

振兴工业软件专项行动方案：为完善工业软件发展环境，加强技术攻关，拓展应用领域，鼓励软件企业贴近行业用户需求，开发出具有竞争力的工业软件；鼓励工业企业应用工业软件提高产品科技含量和自身信息化水平；鼓励科研院所攻克工业软件技术前沿，打破国外技术垄断。全面提高上海工业软件的研发设计、生产服务能力，形成自主工业软件体系，实现产业提升的跨越式发展，上海市经济和信息化委员会软件与信息服务业处制定了《上海市振兴工业软件专项行动方案（2009—2012年）》（草案），中心参与了该项方案的设计与制作。该行动方案力争促进上海成为全国领先的集研发设计、生产服务为一体的综合性工业软件产业基地，以应用促发展，推进工业软件广泛应用，提升上海钢铁、汽车等九个领域的产业优势地位。到 2012 年，实现工业软件经营收入 600 亿元，占同期全市软件经营收入的 35％左右，培育 5 家超 10 亿元的重点工业软件企业。加快实现高精度低功耗微型智能传感器、可编程控制器（PLC）、工业计算机（IPC）控制、智能制造工程、虚拟工厂模型和仿真平台等技术的突破，提高工业产品的科技含量。到 2012 年，上海工业产品中自主知识产权的工业软件配套率达到 30％以上，形成对重点领域产业融合发展的重要支柱；加强推广计算机辅助设计（CAD）、辅助制造（CAM）、辅助工程（CAE）、辅助工艺（CAPP）、产品全生命周期管理（PLM）、数字控制（NC）、模拟仿真、检测监控等技术的广泛应用，提高工业企业的信息化水平。到 2012 年，上海规模以上工业企业普遍利用信息技术实现设计研发数字化、制造装备智能化、生产过程自动化和经营管理网络化。

亚太数据港专题研究报告：在分析国内和上海数据中心建设情况以及未来发展趋势基础上，对上海开展“亚太数据港”建设的必要性以及具体实施策略提供建议。上海具有优越的地理位置，完善的通信基础设施条件，专业的人才智力资源高地，建设上海数据中心符合上海现代服务业发展的需求，支持发展以数据中心外包服务、客户化数据中心为重点建设内容，打造数据中心服务平台，形成对一系列产业的有效促进作用，将上海建成强大的数据中心集群，成为上海国际金融、国际航运中心的一个必要条件和重要特征。

上海航运信息服务业发展专题研究：在分析上海航运信息服务业发展现状基础上，提出上海航运信息服务业未来发展趋势与方向。确定上海航运信息服务业以依托行业骨干企业，提升航运领域应用软件研发水平；加强航运信息服务业相关平台建设，促进航运信息服务业实体业态与网络信息平台共同建设的上海航运信息服务业发展思路。明确到2012年，上海实现航运信息服务业发展规模和水平在全国处于领先地位，成为全球航运信息服务业较发达的城市之一，形成服务门类较为齐全、应用层面较为深入的航运信息服务业，全市规模以上航运信息服务企业达到50家以上的发展目标；重点开展围绕上海口岸物流通、航运企业业务管理、港口生产作业管理、航运信息服务平台、航运辅业、航运衍生服务业系统及航运信息服务业标准等开展工作。同时，提出上海航运信息服务业推进的策略等。

上海贸易信息服务业发展专题研究：在分析上海商贸信息服务业发展现状基础上，提出上海商贸信息服务业未来发展的趋势与方向。确定了以网络化、信息化和专业化手段推进上海贸易信息服务业发展，以发展贸易专业化配套服务、网络化流通应用解决方案支持上海连锁商业的扩大发展规模；鼓励应用系统解决方案提供商加大电子商务、贸易企业应用系统建设，通过产业链式系统/平台改善贸易企业经营管理水平、提高流通效率，有力促进上海建设国际贸易中心的上海商贸信息服务业发展思路。明确发展目标：建设并有效运转面向对外贸易、订单贸易、离岸贸易的专业批发业务的行业特色鲜明的专业一类电子商务交易服务平台与行业龙头企业。利用信息技术，拓展服务贸易的服务空间与服务时间，建设形成有效的支持服务贸易的应用系统平台。构筑服务于与贸易相关的专业服务体系的应用系统/平台。重点开展围绕商贸企业信息系统、商贸业电子商务、贸易资讯服务、贸易信息内容增值服务、贸易商务智能、决策支持等应用系统、贸易信息服务业公共服务平台等开展工作。同时，提出上海商贸信息服务业推进的策略等。

（王　睿）

二、企业信息化公共服务平台

【国有企业信息化评价工作】 以上海市地方标准《企业信息化基本要求与评价》(DB31/T387－2007)提出的评价方法和内容为依据，结合上海国有企业集团特点，建立特定的指标体系和权重体系，实现与指标体系相匹配的企业信息化评价系统。通过组织实施评价，形成面向企业的评价报告和上海市国有企业信息化水平报告。

评价完成后，对优秀的建设成果，通过行业推进、媒体宣传专访等多种形式推广，为信息化建设提供参考标准，减少重复和浪费，从而更好地推进上海企业信息化。同时建立国有企业信息化情况数据采集渠道，为政府、监管机构提供传统产业信息技术应用方面统计数据来源。2009年度，已完成指标体系的扩充完善工作及网上评价系统的配套改进。

【面向高新技术产业园的标准化服务体系探索】 该项目通过园区标准化服务体系的研究和以上海市产业融合孵化基地为原型的标准化服务平台的建设，探索一条给高技术园区提供完善的标准化服务之路。最终可以有效淡化原始资源在园区中的作用、理顺园区管理部门的职责，吸引并留住优秀企业入驻园区，实现我国高新技术产业园区未来的持续快速健康发展。面向高新技术产业园的标准化服务系统的建设是上海市技术创新环境的重要组成部分；是上海市高新技术产业化的迫切需求；是推动信息服务业规范、有序、可持续发展的迫切要求；是上海市信息服务业整体经济发展的迫切需求。

【第三届SEIP企业信息化高峰论坛举办】 2009年10月14日，第三届SEIP企业信息化高峰论坛作为2009上海推进软件和信息服务业高新技术产业化活动周的核心内容，在上海影城举办。此届高峰论坛以“创新服务机制·

深化产业融合"为主题，汇聚政府、企业、院校、咨询机构、科研院所、行业协会、公益组织的领导和企业代表、业内专家，就信息技术应用条件下的服务机制完善、商业模式创新、产业融合深化展开探讨。

论坛上，同济大学副校长蒋昌俊以"第三方服务：面向中小企业的现代服务业创新产业模式"为主题，介绍了面向中小企业的新型第三方服务模式——云计算，并剖析了在上海开展云计算的需求和策略。长江计算机(集团)公司总裁助理章玉宇就基于全国首部地方标准《企业信息化基本要求与评价》，在上海市国有企业开展的信息化水平评价工作，同与会者交流了企业信息化评价与改进的经验。上海市企业信息化促进中心副主任王睿博士从功能规范化、服务体系创新、标准化建设三个方面着手，利用多种信息技术支撑，向产业融合发展提供孵化环境、成长条件、服务平台的综合、全方位服务基地的视角，推介了一种新的公共服务模式——产业融合孵化基地。AMT集团CEO孔祥云在题为"服务外包：企业信息化的新选择"演讲中提出，IT服务外包已为越来越多的企业所采纳，成为全球新一轮产业转移的重要形式。论坛还就全国首部地方标准《企业信息化基本要求与评价》在上海市国有企业开展的信息化水平评价工作进行交流。与此同时，企业信息技术应用系列教材也在论坛举办之际陆续出版发行，论坛现场接受读者预定；论坛与会者所在单位都获得一份来自论坛主办方的特殊的礼物——成为中国互联网办公室运营中心即时通讯办公平台的终身免费用户。

论坛上，还公布了第三批《上海市企业信息技术应用解决方案(产品)推荐目录》，并为第三届"上海市企业信息化十佳优秀解决方案(产品)"、"上海市企业信息化十佳成功案例"("双十佳")的获奖单位和2009 IT E人大赛的获奖个人颁奖。

【开展"2009上海市领军人才"推荐和材料组织】 为进一步加强上海高层次人才队伍建设，配合市经济信息化委做好2009年上海市领军人才选拔工作，上海市企业信息化促进中心积极组织上海信息服务业行业内优秀人才及其创新团队的申报推荐选拔工作。经促进中心推荐上海企源科技有限公司董事长孔祥云博士成功入选2009年上海市领军人才。

【信息技术应用系列培训教材】 上海市企业信息化促进中心在多年从事企业信息化培训的基础上，经过广泛调研和征求意见，为力求反映"两化融合"中的真实需求，编写了"信息技术应用系列培训教材"，分别从战略、管理、服务等层面就企业信息技术应用的主要方面和主要过程为企业提供了全面的、切合实际的指导。"信息技术应用系列培训教材"2009年内完成三本书《企业信息化基本要求与评价》、《协同商务》、《构型管理》的出版工作。

【2009 IT E人大赛】 由企业信息化促进中心指导主办的2009 IT E人大赛，旨在弘扬IT人的精神风貌，共有100多名来自全国各地的选手参加，最后有19名进入决赛。在经过激烈的决赛后，最终毕业于浙江大学的陶愉胜出，获得首届IT E人大赛的冠军。在第三届SEIP高峰论坛上举行了颁奖仪式。

【《2009上海市企业信息技术应用解决方案(产品)推荐目录》】 2009年，促进中心编辑印发第三批《上海市企业信息技术应用解决方案(产品)推荐目录》，并列入"2009上海市企业信息化十佳优秀解决方案(产品)名单"，向全市2 000家企事业单位发放，推荐给国家和上海市相关部门采用实施。

【第三届上海市企业信息技术应用"双十佳"】

2009上海市企业信息化十佳优秀解决方案(产品)：

上海宝信软件股份有限公司的金融机构资产管理业务平台

上海宝立自动化工程有限公司的实时生产检测语音报警系统

上海源天软件有限公司的协同知识管理平台VELCRO

上海东欣软件工程有限公司的造船设计软件SPD

长江计算机(集团)公司的ETC不停车收费系统解决方案

上海电子数据交换网络服务有限公司的商业供应链公共服务平台CSCP

上海飞田通信技术有限公司的iTop2008车辆实时调度管理平台

上海互软信息科技有限公司的人才服务及人力资源

外包管理平台

上海华腾软件系统有限公司的轨道交通清分系统FCS解决方案

北京数码大方科技有限公司的CAXA PLM信息化解决方案。

2009上海市企业信息化十佳成功案例：

上海纺织(集团)有限公司的集团房地产资源信息化管理

上海地铁盾构设备工程有限公司的上海地铁盾构信息化施工协同保障系统

沪东中华造船(集团)有限公司的自主产权SPD系统的应用实施

上海证券交易所的上海证券交易所第三代监察系统(3GSS)

上海金山石化物流有限公司的上海金山石化物流平台建设

上海爱姆意机电设备连锁有限公司的爱姆意电子商务集成平台应用案例

上海电气电站集团的上海电气电站集团一体化信息平台

上海思源电气股份有限公司的上海思源电气CAXA PLM应用案例

上海华谊天原化工物流有限公司的仓储管理平台案例

华宝信托有限责任公司的企业年金账户管理系统。

【ESI“信息社会杰出贡献奖”】 2009年6月4日，由企业信息化促进中心提交的“百家万户e体验活动”入围欧洲软件研究院(ESI)主办的“最具创新创意项目奖”决赛，企业信息化促进中心荣获“信息社会杰出贡献奖”。

(顾伟华)

第五编

社会事业与公共服务领域信息化

综 述

2009 年,上海社会事业与公共服务领域信息化坚持"以人为本,便民利民"的方针,各行业主管部门积极开展信息化应用工作,一批重点项目继续深入推进,得到市民普遍认同。

2009 年,市政府实事项目"千村万户"农村信息化培训普及工程完成年度工作任务。"家校互动"、市民信箱、付费通等历年实事项目继续深入推进。在文化领域,"文化信息资源共享工程"积极拓展基层点的布局,中国移动多媒体广播(CMMB)手机电视投入商业运营,上海图书馆开通手机图书馆服务。在教育领域,上海终身学习网开通,复旦大学等高校校园信息化建设稳步推进。在卫生领域,新型农村合作医疗信息系统已经覆盖 800 所村卫生室,上海市突发公共卫生事件应急信息系统在 2009 年防控甲型 H1N1 流感等突发性公共事件实战中取得较好成效,医联工程已联网 23 家市级医院,围绕病人、医生、管理三大方面深化应用。在残疾人工作方面,网站无障碍改造试点工作取得初步成效。

(陈可乐)

第一章　市政府实事项目

概　述

2009年，市民信箱、付费通、“家校互动”等历年实事项目继续深入推进。截至2009年底，市民信箱注册用户累计达385万人；累计向用户发送各类信息8.23亿条次；累计开展网上调查216次，参与人次达96万；开通“农民信箱”和“金硕田园”栏目，为农村居民和市区居民提供及时、权威的农业和农村信息服务。“付费通”平台累计交易达14 261万笔，累计交易金额达132.43亿元，并开通“月月自动扣”账单代扣业务和“每月一次付”账单代收业务，为市民缴纳公用事业费提供便利。截至2009年底，全市累计有120多万户家庭和11万名教师开通“家校互动”系统，教师累计发送个性化信息5 712.6万条(次)。

2009年，市政府实事项目“千村万户”农村信息化培训普及工程完成年度工作任务，共完成培训34 727人，占计划数的116%；完成宣传普及315 299人，占计划数的105%；在郊区县建立1 546个行政村网页，基本覆盖全市9个郊区县尚未建立网站(页)的行政村。2009年市政府实事项目“实现800所村卫生室新型农村合作医疗实时报销”完成年度工作任务。

“千村万户”农村信息化培训普及工程

“千村万户”农村信息化培训普及工程列入2009年市政府实事项目，主要开展四方面工作。

开展农村信息化培训：继续面向农村基层管理者、专业农民和有积极性的普通农民，按照“统一组织、统一教材、统一培训点认定、统一考核、统一发证”的要求开展信息化应用技能培训。继2008年开设入门班、提高班后，根据培训学员的实际情况，2009年又新增应用班，侧重于互联网最常用的应用技能培训。培训仍采取定点和流动相结合的方式，固定培训点设在经认定的乡镇成人学校、农业技术推广中心等地；在出行不便的地区，由工业和信息化部赠送的配有教学设施的两辆“信息大篷车”送教上门。2009年全市138个培训机构开设815个培训班，34 727人参加培训并通过考核，占年度计划数的116%。

开展农村信息化宣传普及：继续面向郊区县的农村居民，开展电脑、手机、互联网等信息化应用的知识普及。2009年全市共开展2 200场宣传普及活动，“信息大篷车”、“信息小篷车”分别出车52次和1 480次，向315 299人进行了信息化宣传普及，占年度计划数的105%。其中多媒体科普滑稽戏《橘树下的婚礼》在9个郊区县(含原南汇)巡演20场，约12 500人观看演出，这种寓教于乐的宣传方式受到了农村居民的普遍欢迎。

建设行政村网页：为进一步扩展上海郊区农村的对外交流渠道，方便市民通过网络了解郊区各个村的村容村貌、特色农产品、农家乐、交通路线等信息，2009年在郊区县开展行政村“一村一网”建设工作，为每个有需求的行政村建设网页。行政村网页采用集中建设、分层维护的方式开展，由市级部门充分利用“千村通”工程资源统一建设和运维，网页内容由村信息化带头人(村信息员)负责采集和定期更新维护；对已建行政村网(站)页的予以保留，不再重复建设。2009年共为9个郊区县的1 546个行政村建立网页，基本覆盖全市9个郊区县尚未建立网站(页)的行政村。为方便市民访问各村网页，建立行政村网页的统一访问门户网站(www.ycywsh.com)。

建立村信息化带头人队伍：为持续推进农村信息化建设，巩固农村信息化培训普及工程的工作成效，2009年在郊区县每个行政村设立1名村信息化带头人，并结合行政村网页建设工作对1 577名村信息化带头人进行培训。

（陈可乐）

第二章 社会事业领域信息化

概 述

2009年，上海社会事业领域信息化坚持"以人为本，便民利民"的方针，各行业主管部门积极开展信息化应用工作。

在文化领域，"文化信息资源共享工程"通过与城市信息化建设、中心图书馆建设、社区信息苑建设和数字电影播放相结合，积极拓展基层点的布局建设，2009年完成600个村级基层点建设。中国移动多媒体广播(CMMB)手机电视正式投入商业运营；上海图书馆继续完善"一城一网一卡通"建设，并在全国公共图书馆率先推出了手机书目检索、网上预约短信提醒、手机电子书等手机图书馆服务。

在教育领域，上海终身学习网开通，整合完成1 461门课件，为40万市民提供超过3 000小时的在线学习内容。复旦大学等高校在巩固校园信息化建设已有成果的基础上，继续推进基础设施、应用系统建设，为学校管理、教学、科研和校园生活等提供更加便捷的信息化手段。

在卫生领域，以市政府实事项目方式，在郊区县行政村部署新型农村合作医疗信息系统，方便参保农民就医及时报销，提升新型农村合作医疗的管理水平，已经覆盖800所村卫生室。上海市突发公共卫生事件应急信息系统在2009年防控甲型H1N1流感等突发性公共事件的实战中取得较好成效。医联工程已联网23家市级医院，联网医院间共享就诊患者的基本信息、检验检查结果、医学影像、门诊处方、住院病案首页等临床信息，并围绕病人、医生、管理三大方面深化应用。

在残疾人工作方面，网站无障碍改造试点工作取得初步成效。"中国上海"政府门户网站、市残联网站完成全网改造，市民政局、市人力资源社会保障局、司法局网站增设无障碍频道，2010年上海世博会官方网站增设网页浏览辅助工具条，为视力障碍人士借助读屏软件等辅助工具浏览网站信息提供便利。

（陈可乐）

一、教育领域信息化

上海远程教育集团

【概况】 2009年，上海远程教育集团信息化工作有序运行，技术服务水平不断提升。集团以上海教育资源库为基础，以重大项目为抓手，整合资源库、电大网、终身教育网、党员干部远程教育网等"十网一库"教育资源，通过互联网、卫星、IPTV、有线电视、移动设备和线下服务渠道，深化教育资源库应用推广工作，打造终身教育公共服务平台，提升集团在教育信息化、终身教育服务的竞争力。

2009年，上海市网络教研互动平台正式运行，实现真正意义上的网络教研；开通长三角资源联盟网站；积极参与联合国教科文组织"建立多语言学习网络空间"项目；参与策划特殊教育资源库项目；上海党员干部远程教育平台进入全面推进阶段，基本实现全市终端站点全覆盖；初步形成终身教育大平台"十网一库"、"四平台五支持"服务系统的架构；完成"教师教育技术能力培训"、"教育部和上海市教委暑期培训"等项目；启动上海市未成年人社会实践在线活动馆；完成2009年全市中小学、幼儿园校(园)长暑期培训项目。此外，与上海交大合作申报的教学成果"校企合作、科技先导，面向学习型城市构建数字化终身学习平台的研究与示范应用"获得国家教学成果奖二等奖；与华东师大合作的博士后科研工作站在微型学习、终身学习支持服务系统原型及其标准等方面形成高水平成果，并被应用于终身教育大平台的建设。

上海电视大学为配合继续深化教学综合改革，开展“教学平台综合改造”项目；启动覆盖4个校区的“校园一卡通”项目；启动“信息化体系架构”建设项目；全面运行“在线实践教学系统”，22个针对不同专业和课程的在线虚拟实训系统已用于网络虚拟化的教学实践；启动电视中等专业学校信息化建设，构建信息化的教学环境、管理环境和科研环境。

【“信息化软件体系架构”建设启动】 随着业务的发展和信息化的应用，集团建立一系列信息化应用系统，支撑集团的各项事业发展，并提出信息化能力为集团的核心竞争力之一。然而，随着集团资源整合及业务共生关系的日益紧密，出现原有信息化架构不合理、不健全，“信息孤岛”日趋明显，无法满足业务的快速发展等情况。为此，2008年集团专题研究探讨集团信息化体系，并委托专业公司进行风险评估和体系架构设计，形成建设方案。

2009年3月，按照“统一系统架构、统一数据标准、统一标准规范”的建设原则，集团成立专项，投入140万元，主要目标有4个：建立主数据库和数据交换平台、建立统一的用户管理体系、建立统一的接入平台(含门户网站重建)、组织制定《信息化建设项目工作规范》。项目通过公开招投标的方式确定开发单位，并聘请信息化项目监理公司进行监理，一期工作计划于2010年5月前完成。

【上海终身学习网正式开通并投入规模化运行】 2009年4月14日，由市教委主管、集团承建的上海市政府实事项目工程——终身教育平台上海终身学习网正式开通。项目完成大型网络学习平台开发、硬件网络搭建、资源建设及推广应用等主要工作。整合完成1 461门课件，为40万市民提供超过3 000小时的在线学习内容，覆盖终身教育、高等教育、职业教育和基础教育等方面，包括道德修养、科学素养、文化涵养、公民意识、生活保健、家庭安全、家庭教育、休闲技艺、家庭理财、法律维权、生活环境、语言文字、信息技术、就业指导、职业发展等各类群众喜闻乐见的课程内容，并为市民提供包括学习时长、测试评估和学习积分等元素的数字化终身学习档案。

项目建立了18个区县管理员队伍。围绕终身学习网的应用，主要开展上海终身学习网2009年下半年推进工作研讨会、上海终身学习网社区教育系统培训班等重要工作会议，同时，开展社区教育数字化学习示范基地、网络学习在线培训课程、手机微型课件制作等各项活动。领域内专家在试运行验收后一致表示，上海终身学习网建设达到预定目标，效益明显，在全国处于领先地位。

【联合国教科文组织“建立多语言学习网络空间”可行性研究国际专家会议召开】 2009年5月28～30日，由中国联合国教科文组织全国委员会主办、上海电大承办的“建立多语言学习网络空间”可行性研究国际专家工作组会议在上海电大举行。来自奥地利、澳大利亚、德国、南非、智利以及中国联合国教科文组织全委会、北京师范大学、上海电大的近20位国内外专家参加了会议，联合国教科文组织助理总干事阿布杜拉·罕专程前来参加开幕式并发言。

多语言网络空间项目是由教科文中国全委会发起、向联合国教科文组织申报的重要项目，旨在建立一个语言学习的信息化网络，推动语言知识和文化的全球共享。会议的主要目的是落实联合国教科文组织执行局180届会议讨论通过的由中国提交的“建设多语言学习网络空间”决议，讨论、修改和编制可行性报告。多语言学习网络空间项目已经被联合国教科文组织批准并拟实施。

【“上海未成年人社会实践在线活动馆”通过专家组验收】 2009年11月，为贯彻执行中央关于“净化网络环境，倡导绿色网络”的指导方针，提升全市广大中小学生思想道德教育水平，由集团承建的“上海未成年人社会实践在线活动馆”通过评审专家组验收，实现了未成年人在线参与社会实践活动形式的技术创新。该项目以实体基地为基础，以《上海市中小学生社会实践基地(2008年版图)》为指针，充分运用现代多媒体及网络信息技术，建设在线虚拟学习、实训、评测的基地，帮助上海市中小学生、德育工作者突破时间与空间的限制，实现“混合式”在线德育实训模式；项目提供基于成长档案袋的个性化、多元化评价考核体系，记录学生在线实践基地学习、参观的全过程，为研究性学习评价提供一体化平台；在线活动馆涵盖爱国主义教育、民族文化教育、公民教育、健康与生存、科普教育等九大系列，共计70余个基地，拓展了未成年人参与社会实践活动的形式和内涵，对上海、乃至全国的青少年的思想道德建设工作提供了新思路和可供借鉴的成功经验。

在2009年的第九届全国多媒体课件大赛和第十三届全国多媒体教育软件大赛中，项目组选送的6个在线活动馆作品，获得多个一、二等奖奖项。

【上海市400所农村教育信息化应用推进项目全面启动】 2009年10月24日，由市教委主管、集团负责具体实施的上海市400所农村中小学教育信息化应用项目启动。该项目是在第一阶段2所实验学校及第二阶段20所实验学校成功推进的基础上，面向全市农村中小学校开展的教育信息化应用实践工作。在两年的时间内，将通过基线调研、过程性跟踪、教学教研指导、培训、大型活动、资源服务、技术支持、课题指导、评估等一系列活动，深入推进上海市400所农村中小学校教育信息化的应用，在信息化的背景下进一步推动教育质量的提高，实现城乡教育均衡发展。该项目的推进作为实现上海市基础教育优质均衡发展的标志性节点，是上海市基础教育在全国率先基本实现教育现代化战略目标的重要举措。

【上海市中小学二期课改网络教研互动平台建设完成】 在市教委指导下，为推进上海市中小学二期课改工作，从2007年起，上海市电化教育馆和上海市教委教研室为教师、教研人员及教育管理者搭建了教研网络平台，目的是为各级教研员、教师、教育管理者就二期课改理念提供一个讨论交流的平台，及时吸取教育教学改革中的经验教训，深化二期课改教育改革理念，改变教研理念和方式。通过该平台，上海市电化教育馆与上海市教委教研室一起组织实施了面向全市教师和教研员的网络教研活动。2009年，平台共进行47个学期学科(上学期15个，下学期32个)的网络教研活动，市、区县教委教研室通过网络平台对教研工作进行指导、发布各种教研信息、组织相关的教研活动。该平台截至2009年12月底，共发布教研信息1 990条，学科资源142个，学科案例874个，教研论文145篇，开展专题研讨163次，论坛帖数14 556个，回复帖数35 979个。该平台是全国范围内第一家真正意义上的网络教研活动平台。

【上海市中小学、幼儿园校(园)长暑期培训活动继续开展】 在市教委的统一部署下，集团在2006～2008年成功经验基础上，继续为全市中小学、幼儿园校(园)长暑期培训提供网络等技术服务。2009年，集团所搭建的专题网络学习平台，为3 956名学员提供了交流讨论、在线学习、在线作业递交等功能。在暑期短短2个月左右的时间里，网站访问数达92 801人次，用户登录32 722人次，发帖数3 074条，论坛浏览数达34 841人次，资源浏览数31 537人次。

【集团承办中小学教师教育技术能力(中级)培训活动】 为推动全市基础教育整体向优质均衡发展，进一步提高教师信息素质，促进信息技术在教育教学中的深入运用，2009年7～8月，由市教委主办、市电化教育馆承办的6期上海市中小学教师教育技术能力(中级)培训项目在集团国顺路校区举行。培训采用集中面授和网上学习相结合的方式，共有19位富有教育技术培训经验的主讲教师，为来自全市各区县的600多位骨干教师进行培训。经培训考核合格的学员将参加由教育部考试中心组织的水平考试，考试合格的学员授予主讲教师资格，承担本区县中小学教师教育技术全员培训的任务。

【远程教育内网安全加固咨询评估活动启动】 为保证上海电大远程教育网络运行安全、数据畅通，2009年10月，上海电大成立“内网安全加固咨询”项目组，委托专业公司对上海电大内网安全现状及加固进行安全咨询评估，并针对当前最急迫的安全风险，提出解决方案。

评估范围涵盖上海电大远程教育网骨干网络链路、分校网络及其应用系统，采用抽查的方式，从网络安全的技术层面和管理层面两个方面考察其安全性。检查范围涉及远程教育网的内部安全、边界安全及其安全管理制度三方面，检查深度从网络核心层、分布层、接入层的交换设备到应用服务器和桌面PC，涵盖网络各个层面的设备。共完成3个评估项约90个安全指标的项目检查和样本测试，并据此提出具有针对性的电大网络安全规划和建议方案，为今后电大信息化发展规划乃至拟建中的开放大学网络和重要应用系统建设等，提供了理论指导和数据支持。

【上海电大教学平台综合改造初见成效】 为进一步推动学校教学综合改革的不断深入开展，2009年，上海电大对网上教学平台进行综合改造。此次综合改造采取“先咨询，后实施”的两阶段建设思路，以实现“一个系统架构、一套数据标准、一套信息流程规范”为建设目标，主要建设内容包括个性化教学门户、三大业务系统、公共服务层、数据交换层、基础设施层和运维管理支持系统等。

通过引入高水平建设力量和第三方监理公司，与学校共同组成联合项目组，并在建设过程中，建立例会、文档管理、协同工作等一系列行之有效的管理办法和规范，加强项目的质量控制和过程管理。经过多个阶段的建设，教学平台综合改造已经完成主体开发。至11月底，新版教学平台开始进行小范围的体验试用，并计划于2010年2月10日正式投入试运行。

【“网上实时教学指导语音交互系统”建设完成】 2009年，上海电大启动“网上实时教学指导语音交互系统”建设，计划在2010年初建成，春季学期试用，秋季学期正式投入使用。该系统平台的建设将改变教师与学生、总校教师与分校教师仅用文字进行网络交流的现状。系统提供了音视频实时交互、电子白板实时交互、文字实时交互、课件实时共享、协同浏览、屏幕广播、文件传输、实时录制、行为统计等多种交互工具和教学手段，并与改造后的网上教学平台实现联动，为上海电大的网上教学提供更直观、更便利的师生、师师交流工具及更灵活的教学手段。

【上海电大实训系统全面应用】 2009年，上海电大以现代远程教育宽带网络为依托，充分利用电大三级远程学习平台等现有资源，建设满足开放教育教学需求、学生在线实践性学习需求、学校对实践性教学环节管理需求，并适应学校持续发展需要的实践教学支持系统。该系统以实训中心为门户网站，涵盖丰富的各类专业、各种形式、各种媒体的实践教学资源，内容包括：一批基于Web的虚拟实验室、模拟实验室；一批基于计算机网络的远程实验室；一批基于多种媒体的专业教学案例库、课程学习问题库；一批基于多种媒体的实践性学习成果库；若干个基于多种交互手段、针对各种形式集中性实践教学环节（如毕业论文、毕业设计、社会调查、社会实践等）的在线指导交流系统。通过虚拟实践形式，弥补了传统意义的实践教学在时空上的限制，为学习者提供内容更加广泛、形式更加多样、实现更加便利、沟通更加自由的综合性实践体系。

【校园“一卡通”系统建设启动】 为提高上海电大广大教职员工和学生在工作、学习、生活等方面的便利性，提升业务流程及管理效率，节约用水用电及人力资源成本，促进安全校园的建设，2009年，上海电大启动校园“一卡通”系统的规划和建设工作。

该系统主要涵盖楼宇及通道的门禁，多媒体教室的门禁、设备取电和考勤，会议签到，校门车辆进出管理，电控水控，自助洗衣、自助复印，食堂、小卖部消费，自助查询等功能。该系统的建成，为数字化校园的建设提供了全面的数据采集平台，实现数据的互联互通，形成全校范围内数字空间共享环境，为学校管理人员提供具有开放性、灵活性、面向学校及全校的应用服务管理平台，为领导的决策提供依据，满足学校数字化建设的发展需求，实现“一卡在手，走遍校园”的目标。

【上海市电视中等专业学校信息化建设启动】 为提升信息化管理能力和办学水平，2009年，上海市电视中等专业学校按照“整体规划、分步实施、滚动发展、重点突破”的建设原则，投入100万元开展信息化建设项目。该项目要求完成内部网线改造，建立整个信息化的基础架构，实现总校和各个分校之间的教务、教学、信息数据互通和共享，开通上海电视中专的门户网站，提供信息发布，建立教师教研活动论坛。该项目计划在2010年3月完成第一期的开发建设并全面投入使用。

（王月艳）

复旦大学

【概况】 2009年，在深入贯彻落实科学发展观，继续解放思想，推动科学发展的理论指导下，复旦大学信息化校园建设工作继续注重基础建设、应用系统建设及成果的推广与应用，并通过管理的规范、服务水平的提高，使师生更认可信息化校园建设的实施，为学校的管理、教科研和校园生活等提供更加便捷的现代化手段支持。

【校园网络基础设施建设】

扩大校园网出口带宽：随着复旦各项教学科研活动与网络的结合日益紧密，邯郸校区的网络出口带宽（中国电信30M、中国网通100M、电信IPMAN 100M等）已经不能满足广大师生的需求。2009年初，学校新置网通线路100M，年底新置联通线路200M，暂时缓解了网络出口拥挤的局面。此外，还新增网络流量整形设备部署于教育网、电信、电信IPMAN以及网通出口，并配合流量整形设备限制了P2P流量，有效提升了校园网出口的利用率和稳定性。

继续改造校园网区域网络：2009年，复旦对各校区多处楼宇进行了网络改造，具体包括：邯郸校区第五教学楼、11宿舍1号楼、文科楼全楼、材料一楼、材料二楼、化学老楼；枫林校区治道楼、护理学院办公楼宇、东安路100号和西6号楼、保卫处；以及江湾校区动物二楼、张江校区计算机学院等，涉及信息点共4 500多个。此外，2009年由于负载均衡设备正式投入运行，充分合理地利用了多条出口线路，学校大部分楼宇内网络都能智能地选择最为合理的出口线路，提高了访问外网的效率。

继续推进无线校园网建设：在2008年已完成基于集中式无线校园网体系结构的项目规划、布点设计与模测及设备采购的基础上，复旦于2009年5月底之前完成相关楼宇的设备安置、交换机接入以及网段配置工作，并在各校区陆续开通多个无线校园网热点覆盖区域。具体包括：邯郸校区微电子楼、文科图书馆、理科图书馆、二教、三教、四教、五教、六教；枫林校区第二教学楼、西7号楼、西8号楼、11号楼、12号楼、13号楼、医科图书馆、治道楼；以及江湾校区行政会议中心、李兆基图书馆、教学楼等。

【Email系统功能和服务拓展】 2009年，在确保Email系统稳定运行的基础上，复旦信息办对全体教师和学生的Email邮箱实施了三次扩容，教师的信箱容量由200MB扩为1 000MB，在校学生的信箱容量由20MB扩为100MB，截至年底，邮件用户开户数已达8.6万多个。此外，信息办还充分利用邮件通告栏向用户发布重要信息，加强师生对"钓鱼"邮件的防范，加大对重大事件、重要信息的了解程度，并开展邮箱升级和校友邮件建设的相关调研和测试工作。

【CNGI－CERNET2相关建设工作】 2009年，根据CNGI－CERNET2技术升级建设的要求，复旦信息办继续在校园网全面开通了IPv4、IPv6双栈，新增邯郸校区办公、科研区域6 000个信息点无障碍接入CNGI－CERNET2网络的功能，并开通了邯郸校区南区学生公寓的IPv6网络。此外，6月，复旦IPv6实验室测评中心在上海教科网的大力支持下，在上海教科网第一次考核中考核结果为优；9月，中心网站正式上线，方便了与业界的联络交流及今后业务的推广；完成上海教委"校校通"跨区网络测试项目、上海教科网教育科研协作平台测试等一系列校内外测试工作，丰富了中心工作人员的测试经验。

【完善远程视频会议系统建设及服务】 2009年，复旦除继续保持和美国、瑞典、日本、新加坡等多国高校进行远程课程和学术讨论外，还与腾讯、新浪、东方网等国内媒体合作直播了各类重大活动和在线面试等。此外，2009年还首次进行跨校视频直播，以复旦为主节点向20多所上海高校转播相辉堂的讲座，受到广泛欢迎。在视频系统建设方面，复旦信息办进行基于数字摄像头的视频会议系统开发和测试，完成IPv6平台下的视频监控系统，为将来的系统应用需求扩展做好技术准备；并合理利用资源，进行高清直播视频采集直播系统建设，完成自动声音控制方案的论证工作等。

【基础软硬件平台建设】 2009年，复旦信息办建立安全可靠的虚拟服务器集群，以逐步替代普通服务器，为众多分散的中、小型应用提供便于统一管理和维护的基础设施；建立复旦大学CA系统，在此基础上完成安全性更高的UIS统一登录页面的设计开发，实现重要数据加密传输；购置小型机和Oracle数据库，并成功完成部分核心业务的迁移工作，为众多管理应用系统提供最新的软、硬件运行环境。

【基础应用建设】 2009年，复旦积极推进软件正版化工作，具体内容包括：加入微软公司的大学校园发展计划，并建立微软软件中心，为师生提供微软各类操作系统和办公软件的下载服务；参与VMware的大学计划，积极开展虚拟化建设、支持绿色IT，并为全校师生提供免费使用VMware软件的服务；在已有卡巴斯基杀毒软件的基础上，新增赛门铁克正版杀毒软件，加强个人电脑的防护；支持国产软件，为师生提供金山WPS、金山词霸、永中Office等软件。复旦信息办还自主开发针对教师校外访问图书馆电子资源的专用工具；基于网站群平台为多个院系和部处提供网站建设服务，其中包括百余门精品课程网站；还通过数据采集和共享的方式，完成将复旦八所附属医院工作人员、附中教师以及非学历留学生纳入校内师生服务范围的工作。

【新建或完善各类应用系统】

新建离校工作服务管理系统：2009年，根据学校统一部署，复旦信息办与学联体、教务处、研究生院等有关部门通力协作，开发离校工作服务管理系统，6 600多名2009届毕业生首次实现网上办理毕业离校手续，各方面反响良好。

推进深化研究生教育管理系统建设：2009年，复旦全面推进研究生教育管理系统的相关建设，学籍管理、教务管理、成绩管理和网上选课等模块运行稳定，功能不断更新完善；毕业管理、学位管理完成基本功能开发，并于年底试运行；在研究生招生管理原有基础上，新增推荐免试硕士研究生和直接攻读博士研究生申请功能，为学校招生体制改革创新、积极吸引优质生源提供了有力支持。

全面保障已有应用系统稳定运行，重点升级部分应用系统：2009年，复旦完成校园电子公务系统（OA）业务服务器和邮件服务器的拆分，行文管理模块实现公文流转过程中多人并联会签和信访的基本功能。本科生选课系统推出英文版界面，为留学生提供国际化双语服务，并改进退课规则，实现更公平选课。教务管理系统完善本科课程英文名称维护，提供完整英文成绩单打印服务；实现本科毕业生按实际修读学分清算学费；并升级毕业审核、课程评估等功能。学生工作管理系统完成主体部分平台和程序升级，顺利整合党建和宿舍管理功能。招生方面，改进研究生招生系统招生目录和博士生网上报名程序，有力支持院系“申请—考核”制和按学科招生改革；并为本科自主招生扩大报名范围改进招生系统功能，首次实现对12 800多名通过审核的考生网上收取考试费。人事系统方面，为改善教职工的操作方便性及使用友好性，尝试采用把普通教职工填报功能和业务管理功能分开的模式开发人事管理系统新版岗位考评功能，并在2009年底顺利运行，效果明显。

【深化运行服务体系建设】

积极应用新技术，提高校园日常运行管理各项工作的效率：2009年，复旦信息办加强网络建设文档内容和格式的规范，根据实际情况对网络监控系统的网络拓扑图及相关信息及时做出修改。对老旧的闲置服务器进行信息核对登记、下架入库；采用虚拟机、虚拟主机和Eweb网站集群等技术对数十个高耗能、低效率的网站和服务进行虚拟化，节省运营成本，提高运行效率；对新到设备进行登记入库，并将库房情况生成文档视图化；除对应用系统数据进行磁带备份外，还接收磁盘备份服务器，并对应用新存储备份进行规划；对防火墙、IPS、IDS等安全设备进行测试选型，并在托管机房部署华为防火墙；对各部门院系网站进行常规漏洞扫描并测试新漏洞扫描工具，健全二级网站安全管理机制；对UIS、Email、OA进行预防性弱口令扫描。

提供更多的用户服务，努力改善用户体验：2009年，复旦信息办提供研究生每月增加20M、教职工每学期增加500M免费代理流量的服务，有效改善师生访问外网的条件；完成用户手册（教师版和学生版）、信息办新主页的改版工作，增强信息发布的针对性、有效性和易用性，进一步凸显服务理念；在满足基本信息化培训的情况下，进一步开放培训机房，供师生免费使用；此外，还对东区学生公寓计费系统进行版本升级以提高服务质量等。

建立完善师生联系制度：2009年，复旦信息办对一些院系进行点对点的深入访谈，逐步建立起院系的IT联系人制度，该工作是信息办在加强与院系沟通方面迈出的实质性一步。此外，信息办还与信息学院PDFT学生团队建立联系，与团委合作开办面向全校的讲座等。这些工作既扩大了信息办与院系的影响与联系，也对学校信息化服务有实质的帮助。

【其他】

参加国家中长期教育改革和发展规划：2009年，复旦信息办参加教育部的《国家中长期教育改革和发展规划纲要——教育发展保障条件与机制研究（教育信息化建设研究)》项目，负责对全国近300所高校进行专题调研，并根据调研结果进行深入研究，为教育部完成相关《战略专题调研报告》的撰写提供了基本数据。在此基础上，积极参与教育部"教育服务与监管体系信息化建设"重大工程的顶层设计方案的相关工作。

中国高校信息化水平评价指标体系研究项目结题：2009年，复旦信息办负责的中国高等教育学会教育信息化分会2006～2008年度重点专项规划课题——"中国高校信息化水平评价指标体系研究"完成结题工作，通过学会验收，得到专家组一致好评。课题组根据教育信息化科学发展的要求，提出我国教育信息化发展、建设的一般通用标准和实施规范，归纳并形成具体实施规范和标准提案汇编，给出今后五年我国教育信息化建设和应用项目、组织和实施建议报告。

参加全国高校信息化理事会、CERNET年会和上海市高校MIS协会年会：复旦信息办有关人员参加2009年10月在大连举行的全国高校信息化理事会、12月在天津举行的CERNET年会和上海市高校MIS协会年会，以及众多高校信息化建设论坛，在会议上交流了复旦大学信息化建设和应用的体会，得到与会高校的高度认同，并获得中国教育和科研计算机网CERNET管理委员会颁发的"CERNET建设十五周年突出贡献奖"。

(谢　蓉)

二、文化领域信息化

2009年，上海宣传系统信息化工作紧紧围绕宣传文化核心主流业务，以现实需求和未来发展为导向，以数字化发展为重点，进一步促进信息化与宣传文化产业的融合，不断提高信息技术对核心业务的支撑服务能力和信息安全保障能力，为文化事业、文化产业和文化服务在信息化时代的多元态势提供有效的技术支持。

积极发展数字化建设，促进新媒体与文化产业的融合

2009年，宣传系统各单位根据自身业务特点，切实关注数字化新媒体对行业发展带来的契机和挑战，积极探索数字化产业发展模式，在数字出版、互动电视、IPTV、手机电视、在线式互动手机新闻制作、电子阅读、广播电视等数字化新媒体产业发展方面取得显著成绩。

2009年，宣传系统各单位积极开展信息化技术应用研究，解放日报报业集团"全媒体多通道数字出版系统"和市网宣办"上海网络舆情监测系统及其核心技术研究与应用"分别荣获全国"王选新闻科学技术奖"一等奖；文广新闻传媒集团、上海东方明珠传输有限公司也分别获得多个"王选新闻科学技术奖"二等奖、三等奖。

【《信息网络传播视听节目许可证》颁发】 市文广影视局积极鼓励CMMB、NGB等网络视听新业务的发展，2009年度，盛大在线、我友网、文新传媒网、《上海日报》和世博视听网等5家网站获国家广电总局颁发的《信息网络传播视听节目许可证》，至年底，上海累计有19家持证单位，业务涉及点播下载、IP电视、手机电视、视频分享和P2P流媒体等各种形态。

【中国移动多媒体广播上海商业运营启动暨合作签约仪式举行】 2009年3月16日，文广集团在上海国际会议中心举行"中国移动多媒体广播上海商业运营启动暨合作签约仪式"，中广卫星移动广播有限公司与东方明珠的CMMB商运合作将进入实质性阶段，CMMB手机电视正式投入商业运营。

【文艺出版集团电子商务等信息化项目开展】 文艺出版集团以数字出版为抓手、电子商务为契机，陆续开展"连环画、年画、宣传画和明信片数据库"、"推进传统平面出版资源的复合数字化转型"等多个信息化项目，积极开展网站的电子商务项目，尝试开展网络拍卖业务，2009年通过朵云轩电子商务网站实现销售金额30万元，开拓了书画类产品的网上销售渠道，增加了企业收益。

(钱江燕)

围绕核心业务发展，不断提高信息技术支撑水平

2009年，宣传系统各单位紧紧围绕本单位的核心主流业务，以创新服务为主线，进一步加强信息化应用对中心任务的支撑服务功能，运用信息技术进一步提升工作质量和管理效率。

【市文化产品和服务进出口统计数据库建设】 市委宣传部建设市文化产品和服务进出口统计数据库，通过对海关和外汇管理局提供的异构数据进行统一梳理和存储，为上海文化产品和服务进出口数据的查询和统计提供便利有效的支撑服务。

【市新闻办加速重点外宣网站境外工作】 市政府新闻办继续实施上海重点外宣网站境外加速工作，不断改进和完善技术方案，为世博会营造良好的境外网络访问条件。

【上海文广影视网上行政审批平台建设】 市文广影视局建设上海文广影视网上行政审批平台，用电子政务手段，再造审批流程、缩减报批环节、加强监督机制，使局、中心、受理窗口和行业中的相关企业突破时间和空间的限制，打破电子政务系统重复建设造成的信息壁垒，形成一个整体面向社会及为公众提供人性化服务网上行政审批平台，提升了工作效率。

【广播电视数字化内容检测与监测媒资综合应用系统建设】 建设广播电视数字化内容检测与监测媒资综合应用系统，通过在广电节目内容监测中引入媒体资产管理的技术，解决直观性弱化、信号可理解性较差的问题，提高了内容监测业务的标准化程度和资源共享能力。

【上海社科院加强图书期刊数据库建设】 上海社科院进一步加强图书期刊数据库建设，通过对流通日志信息进行维度建模，数据挖掘，为图书期刊采购工作提供参考，避免主观臆断导致的实际需求度偏差和需求错误估计，使信息技术成为提高资源利用率的有效保障。

【上海博物馆虚拟漫游多点互动项目】 上海博物馆吸收最新的网络互动技术，开发试验性的虚拟漫游多点互动项目，使观众们可通过网络在虚拟场景中漫游，使博物馆在网上得到延伸。

【东方网优化系统】 东方网通过优化内容结构、改造统计系统、升级博客系统和定制论坛系统等一系列工作，进一步为网站各栏目提供更便捷、稳定的支撑服务。

【数字化上海市地情资料库建设】 市地方志办公室启动"数字化上海市地情资料库"建设，通过运用数字化网络化手段，实现融地情资料收集、保存、加工、编辑、检索、开发、利用、管理于一体的网上协同修志，提升修志质量和效率。

【火凤凰院线接收系统】 上影集团联和院线积极利用技术手段服务核心业务，通过安装火凤凰院线接收系统，有效提高票房数据统计的及时性，用技术有效防止票房流失。

【世纪出版集团ERP项目取得阶段性进展】 世纪出版集团ERP项目取得阶段性进展；二期物流4月18日竣工运营，信息化对集团运营、管理的支撑保障能力进一步加强。

宣传系统人才交流中心推进网站改版建设，通过开放网上人事代理业务，新增在线填写、投递简历服务，增加在线互动内容，使网站更贴合现有的业务开展模式，方便了客户，提高了效率。

（钱江燕）

切实落实信息安全，不断提高信息安全防范能力

2009年，宣传系统各单位高度重视信息安全工作，以分级保护安全测评为契机，以保密专项检查和迎世博信息安全检查为切入点，积极开展宣传系统信息安全情况调研和有针对性的安全培训，强化计算机网络安全应急预案完善和演练，切实保障信息系统安全运行。

【宣传系统信息安全情况调研】 市委宣传部积极开展宣传系统信息安全情况调研，通过问卷调查、实地走访、召开专题座谈会等多种形式，对宣传系统的信息安全现状

和需求进行全面调研和分析，对宣传系统信息安全现状进行清晰客观的了解和评估，完成《宣传系统信息安全情况调研报告》；结合国家和市委市政府对信息安全的要求，以及世博信息安全两年行动计划的要求，拟定《宣传系统信息安全保障意见》和《宣传系统信息安全管理规范》，为进一步规范宣传系统信息安全建设，切实提高宣传系统的信息安全建设水平提供政策及规范依据。

【切实落实信息安全相关管理制度】 市委宣传部会同市文广局、市新闻办组成联合检查组，围绕落实信息安全责任制等管理制度情况、信息安全防护措施落实情况、应急准备情况，对宣传系统内市信息安全一级重点单位进行现场抽查，并督促整改，针对检查中发现的问题，组织举办《宣传系统信息安全保障管理工作培训》，通过专题培训、经验交流、实地考察等多种形式，增强宣传系统各单位对信息安全隐患的认识，提高信息安全意识，取得良好效果；完成宣传部机关涉及国家秘密的信息系统分级保护安全测评工作。

【市新闻出版局开展计算机信息系统专项保密检查工作】 市新闻出版局认真做好计算机信息系统专项保密检查工作，通过专题会议部署、整理完善保密管理制度、检查计算机应用保密情况、建立台账清单和签订保密责任书，有效提高信息安全防范能力。

【市网宣办完成信息系统定级申报与二级等保安全测评】 市网宣办完成信息系统定级申报与二级等保安全测评，并通过部署机房备份温控设备和温度智能监测系统、网评管理系统 EVPN 远程访问和互联网接入 IPMAN+ADSL 备份，不断提高系统整体安全。

【市对外文协安装上网审计系统】 市对外文协加强对上互联网电脑管理，通过安装上网审计系统，定期对上网电脑进行相关升级，有效保障了上网计算机的安全。

【市文联修改完善相关信息安全管理制度】 市文联修改完善相关信息安全管理制度，明确提出“信息畅通、数据安全、责任清晰、保障有力”的信息化管理工作目标，积极开展网络信息安全专项检查工作，并在此基础上完善信息安全监控系统和应急安全预案，有效提升了网络系统的安全。

【市社联完成上海社联信息安全管理平台建设】 市社联通过统一安装和部署防病毒、防攻击模块、统一桌面管理模块、网络审计和行为控制模块、系统补丁分发模块等功能模块，完成“上海社联信息安全管理平台”的建设，将网络安全问题一扫而光。

【上影集团多种措施加强集团内部网络安全】 上影集团结合整体搬迁工作，通过安装华依防火墙、入侵检测系统、趋势科技网络版防病毒软件，过滤不安全的服务，进一步提高了集团内部网络的安全性。

（钱江燕）

公共文化信息资源开发和服务体系建设

【上海文化信息资源共享工程服务网点实现全覆盖】 2009 年，市文化广播影视管理局以社区文化活动中心和村（居委会）综合文化活动室为重点，结合上海中心图书馆向社区、农村、部队、企业、学校的延伸辐射工作，依托东方社区信息苑的服务网络平台，将文化共享工程与社区信息苑同步推进，实现文化信息资源共享工程服务网点在全市的全覆盖。据统计，2009 年新增基层服务点 853 个，全市已建各级中心和服务点 2 409 个，所有 1 697 个行政村完成基层服务点建设，实现全覆盖。上海文化共享工程建设与上海市中心图书馆主题馆建设相结合，在更高的服务层面上实现资源布局的再度创新。已建成虹口区曲阳电影资料主题馆、上海生命科学院的生命科学主题馆、复旦大学视觉艺术学院视觉艺术主题馆、黄浦区文庙儒家经典展示主题馆、长宁区中国之窗国际主题馆、杨浦区上海近代市政工业主题馆、浦东新区陆家嘴功能区金融主题馆 7 家主题馆，正在筹划建设的还有松江区上海地方文献主题馆、闵行区非物质文化遗产主题馆等。

（金荣彪）

【上海数字文化网】 “上海数字文化网”作为全国文化信息资源共享工程上海市分中心网站，因其丰富的数字文化资源，越来越为公众所欢迎，点击率日见攀升。2009

年10月，市分中心成功完成对“上海数字文化网”进行升级改造，率先推出提供给用户更多Web2.0新概念服务的数字文化网2.0新版。“上海数字文化网”新版在保持原有资源特色的基础上，对资源布局进行重新整合，不仅能与国家中心的资源分类架构保持对应，以便今后资源补充更新，还特别加入文化新闻、区县风采、海派文化推介等内容版块，形成具有上海地方特色的数字化资源信息系统，丰富网站内容，同时也服务于各区县的资源共享，增强各支中心宣传展示的整体效果。从网站功能角度来看，“上海数字文化网”对网站首页重新设计，推出诸如RSS内容订阅、用户动态评论、视频资源分类排行、手机订阅讲座等服务内容，让用户能够真正感觉到Web2.0所带来的上网新体验。共计有360GB的数字视频资源在“上海数字文化网”上供用户使用。

（金荣彪）

【东方永乐农村数字电影院线】　从2007年开始，上海东方永乐农村数字电影院线公司根据《关于推进本市农村文化信息化建设的意见》（沪委宣[2007]209号）文件精神，在全市具有农业功能的9区1县（包括现已并入浦东新区的南汇区）推进数字电影放映工作，到2009年底实现了数字电影放映工程的全覆盖。据统计，全市已建立农村数字电影放映点1 771个，其中行政村放映点1 480个、居委会291家、农村数字电影流动放映队78个、其他数字电影放映单位72家，总放映点数达到1 921个。2009年，实现放映场次56 625场，其中行政村36 672场、居委会13 888场，总人次达到5 258 937人次。

（马丹华）

东方社区信息苑

【概况】　2009年，东方社区信息苑共举办各类公益活动16 975场，服务受众达473 530人次；举办各类公益培训及讲座12 960场，服务受众达196 895人次。年服务总人次达14 018 603人次。历年累计开展公益活动25 342项，公益培训27 792次，历年累计服务人次51 300 744人次，已逐渐成为广大社区居民尤其是中老年人、青少年、外来务工人员享受文化生活权利、丰富精神生活的公共文化重要阵地。

2009年，按照合理及优化苑点布局、集成分布资源的原则，在全市18个区（县）的街（镇）社区文化活动中心及人群密集区域建设东方社区信息苑，截至2009年底累计建设349家。

【东方社区信息苑宽带内容专网平台】　继续整合宣传系统、科教体委系统及社会优质资源，持续引进、开发、集成内容，为社区中老年人、青少年及外来务工人员提供服务。2009年，在原有的服务内容基础上新增互动类服务内容，平台提供社会万象等时事新闻链接，社区居民可通过平台对社会热点进行投票和评论，提高居民对政务的参与度，增强互动性。同时，将问答系统放置在首页明显位置，实现社区用户咨询及互助回答。丰富自助学习类服务内容，社区居民可通过平台获取各种社区培训及信息苑最新活动等内容，包括在线课堂、电脑基础培训教程、网站导航自助学习服务等。开发贴近时政的专题类栏目，如迎世博专题、甲流防治专题、家庭园艺大赛专题等。从2008年9月初正式启动至2009年12月底，社区影吧视频节目点击率已超过10万人次，成为最受广大社区百姓欢迎的平台服务内容。

【品牌化大型公益活动】　2009年，东方社区信息苑以外来务工人员、青少年和老年人三大群体为主，配合街道居委会干部及政府基层员工，连续推出大型社区公益活动，逐步形成服务品牌。2月，配合上海市慈善教育培训中心在全市300家东方社区信息苑分批举办“百万农民工绿色网上行”活动，为在沪的1万名农民工免费提供文明礼仪、计算机基础知识、网络应用等培训，以点带面提高农民工的整体从业素质和文明素养。6月，由市文明办、市科卫党委、市教委、市网宣办指导，东方网主办，东方社区信息苑、教育电视台、教育报刊总社承办的第三届“快乐天空”青少年暑期公益系列活动在全市拉开序幕，活动围绕“琴、学、书画、舞、文、弄、影”八大主题展开。10月，建国60周年之际，由市委宣传部、市文明办、市网宣办、市经济信息化委指导，上海市老年基金会、上海市社区文化信息化综合服务工程联席办主办，东方社区信息苑承办的“风雨同舟60年”老年博客大赛举行。2个月内，先后为5 000多名老人开展公益电脑技能培训，全市1 460名中老年人在东方网博客频道注册博客账号并撰写博文，尽情展现了数字时代中老年人的博客风采。12月，由上海市文明办、网宣办、市妇联、市消保委指导，东方网、上海国际文化传播协会、上海市社区文化信息化综合服务工程联席办主办，上海市社区文化服务中心、东方社区信息苑、上海物语文化传播有限公司承办的第三届"迎世博社区公益美容大赛"活动进入决赛。此外，配合市网宣办积极开展"社区干部网络论坛版主培训"活动。在原有的杨浦区成功试点的基础上，重点推进闵行、普陀和长宁3个区。活动旨在通过对街道居委会干部有针对性地进行电脑技能培训，帮助他们充分运用网络平台更好地关注民情，了解民意，汇聚民智，为民服务。4个区首批受训街道居委会干部共计800人。

【系统化百场讲座服务】 东方社区信息苑关注百姓焦点，积极为社区居民提供社区理财、教育、健康等讲座服务，为政府、社区居民及企业搭建良好的沟通桥梁。5月5日，配合18家银行，在全市100家东方社区信息苑同期、同时开展"反假币百场讲座进社区"公益活动，18家银行的351名志愿讲师为3 643名社区居民详细讲解了人民币的鉴别方式，提高了社区居民辨别真伪人民币的能力，提升了社区反假宣传、服务、教育三大功能。9月起，为让更多的社区老人享受到现代科技带来的通讯便捷，以"信息世博　关爱老人"为宗旨，联合上海电信、上海移动和上海联通三大通讯运营商，连续10周开展"科技，让老年生活更美好"通信公益讲座活动，1 000多名中老年人积极参与。活动为社区中老年人普及了手机使用常识，并整理出使用手机常见问题进行现场答疑，达到了关爱老人、方便老人的目的。11月18日，围绕证券交易安全在全市100家东方社区信息苑同步开展"证券业安全理财"公益讲座，通过对证券理财实际诈骗案件的层层分析和对诈骗案中相似点的剖析，普及安全理财知识，规范社区居民金融证券行为，增强社区居民的安全防范意识，帮助居民从最大程度上规避证券理财风险。讲座共派出志愿讲师376人，吸引3 351名社区居民参与。

【区域化特色门店活动】 结合各区(县)年度重点工作内容，开展特色服务。联合奉城镇和江川街道分别开展"世博知识网上行"活动，在村民中普及世博知识，实现每一个社区居民了解世博、参与世博、奉献世博、共享世博的权利；与宝山区康复俱乐部沙龙合作，组织庆元宵专题沙龙活动，为百名癌症病人播放相关健康讲座；与马陆社区文化活动中心开展国庆六十周年主题活动；与菊园社区文化活动中心开展"菊园食尚"活动，为餐饮业的服务人员提供公益电脑培训等服务。此外，针对郊区居民特点，结合"社区影吧"在线视频内容，重点推出线下"社区影吧"同步优秀电影播放活动，保证郊区居民就近观看高品质正版数字电影的权益，实现主流文化、时代主旋律的社区引领推送。2009年，共开展社区影吧9 298场，服务受众达235 046人次。

【东方农村信息苑】 农村综合文化活动室信息服务点(东方农村信息苑)是根据上海市委宣传部《关于推进本市农村文化信息化建设的意见》(沪委宣[2007]209号)的文件精神，结合上海实际，依托社区信息苑建设，加快实现文化信息资源共享工程、农村电影放映工程和文化信息化综合服务工程"村村通"而推出的项目，是东方社区信息苑项目的重要组成部分，是构建新形势下新农村公共文化服务体系的重要内容。

1. 基本建设

2009年农村综合文化活动室信息服务点依旧采取整合配送、分区建设的方式展开。截至2009年12月底，3年累计建成农村综合文化活动室信息服务点1 669家，分别是浦东新区350家、宝山区98家、闵行区200家、嘉定区144家、金山区124家、松江区134家、青浦区180家、奉贤区170家和崇明县269家，在规定时间内顺利完成全市行政村全覆盖的建设目标。

2. 平台服务内容

东方农村信息苑内容服务平台，包括14个频道，近150个栏目。其中新农村电子政务板块集合了"新农村创业"等相关专家讲座类视频内容，备受农村用户欢迎。另外如文化传播、便民服务等板块，也根据农村用户实际需求，量身定制，得到广大用户的充分认可及肯定，充分体现了东方农村信息苑贴近农村需求，加快新农村建设步伐的作用。

(东方信息苑)

数字出版

【张江国家数字出版基地建设】 在国家新闻出版总署、上海市政府的支持下，张江国家数字出版基地于2008年

7月16日揭牌。一年多来，在部市合作、部局一体、市区联动的机制下，基地建设稳步推进。基地已经聚集150余家数字出版及相关企业，2009年新增数字出版相关企业超过30家，新增注册资金超过1.3亿元人民币，形成网络文学、互动教育、网络游戏、艺术典藏、手机出版等特色产业的聚集；产业链上下游之间的沟通与合作加强，初步形成以技术为支撑、以内容为重点、以市场为引导，健康有序、良性循环的产业链。基地入驻企业的政策优惠、资金补贴等配套均已落地实施，浦东新区每年专项扶持资金达5 000万元。

【方正集团与张江集团签约组建数字出版旗舰企业】 2009年12月9日，方正集团与上海张江集团签署合作协议，共同投资2.85亿元，组建全国数字出版的旗舰企业——中国数字出版技术有限公司。这是中国数字出版史上迄今为止投资规模最大的项目。根据双方合作协议，方正集团与上海张江集团研发及产业化项目包括移动阅读终端研发、图书门户运营以及数字复合出版技术研发等三个领域的项目。

【上海数字出版业发展引导目录发布】 为加快数字内容资源建设转换，推动传统出版业转型发展，同时鼓励支持数字出版新媒体、新业态跨越式发展，构筑面向国际、服务全国的数字出版生产、销售、传播的服务体系，结合数字出版产业发展趋势和行业特征，上海市新闻出版局发布上海数字出版业发展引导目录(2009)，涉及5大方面21个领域。

【市经济信息化委、市科委资助数字出版项目】 2009年有95项申报市经济信息化委、市科委资助的数字出版项目，其中产业发展研究11项，公共服务平台建设21项，内容资源数据库建设32项，软件产品开发18项，数字出版相关技术研发13项。其中20项获得资助，分别为图书出版单位6项，新闻单位2项，印刷企业3项，高等院校3项，其他企业6项。20个项目中，国有企业有11项，所占比例为55%；民营企业有4项，所占比例为20%；高校研究所等单位有5项，所占比例为25%。

市科委资助的9个项目分别为："基于内容对象的协同编纂和动态出版的技术研究和系统开发"、"文字作品互联网传播监测与版权保护关键技术研究"、"上海雅昌艺术品数据库"、"盛大电子书"、"汉字字库规范化制作与测评软件系统"、"汉语语词性工具书通用数字编纂平台"、"数字化图文阅读管理系统"、"基于科技文献双语语料库的翻译和教学平台开发"、"面向数字版权保护的EPD移动阅读终端"。

市经济信息化委资助的11个项目分别为："上海数字出版中期发展规划"、"报业复合出版相关技术研究和应用示范"、"'SKY'标准的生物医药资源数据库"、"以《咬文嚼字》为基础的汉语言文字数字化传播建设"、"连环画、年画、宣传画和明信片数据库"、"数字娱乐内容资源数据库"、"外语类计算机网络通用训练/考试平台及试题资源库建设"、"钢琴类作品数据库"、"'书香上海'全民阅读工程"、"东方网印中学互动网络教育软件系统开发"。

【沪版图书内容资源数据库建设】 "沪版图书内容资源数据库"建设是政府部门为推动上海传统出版单位数字化转型而开展的基础性工作。项目得到市委宣传部的直接指导和资金支持，采用政府部分资助的方式，鼓励出版单位开展数字出版基础工作，从面上加快上海出版单位的数字化转型进程，为以后更广泛地集成应用打下基础。项目以启动、加速、规范为主要目的，通过项目建设，使尚未开展数字出版的企业尽快启动数字出版工作，对已经开展的企业加速其进程，同时，以开放的、国际化的要求，在某些领域、在一定程度上规范各企业的数字出版标准。"沪版图书内容资源数据库"的建设目标是以基础性的要求实现出版内容的数字化。项目不简单追求数字化图书的数量，而以能再开发利用为目标，项目一期包括两大内容：搭建电子书检查统计平台、出版社电子书制作。出版社根据自身情况，有条件的出版社可以自主开展电子书的制作，政府予以奖励；条件不成熟的出版社由中标单位统一完成电子书的制作。项目一期建设将完成出版时间为2008年(含2008年)前5～6年期间约3.5万种沪版电子书。

(市新闻出版局)

解放日报报业集团

【概况】 受全球金融危机和全球范围内信息来源多样化

大潮的影响，解放日报报业集团与全国多数平面媒体集团一样，作为报纸主营收入的广告经营出现较大幅度下滑。集团立足国情市情，结合党报集团特点，实施坚守报业做精内容，拓展业务持续发展，以培育发展新媒体作为媒体集团转型突破口的发展战略。集团的信息化工作，围绕集团中心工作，服务集团发展战略，在报业集团新媒体发展、体制调整、内容创新和项目运营上有新突破。

【保障集团局域网络和出报信息系统安全】 解放日报报业集团内部局域网中各类服务器 100 多台，局域网内联网电脑达 1 500 多台，近年又新增大量笔记本电脑以移动无线方式接入集团局域网在线业务处理系统。因此，采取有效措施保障内部网络、服务器群和联网办公电脑安全运行，是集团信息网络安全工作的重点。根据市政府等级保护办公室的要求，对集团内信息网络系统实施分级管理，对重要信息网络系统采取多种措施提升安全等级。统一并规范管理集团内部网络接入国际互联网入口，由中国电信上海公司提供 40M IP－MAN 光纤接入为主线，以 10M IP－MAN 光纤接入为辅线，在国际互联网接入报业集团的汇接层，分别部署美国 Juniper 公司企业级防火墙产品 ISG1000、美国 McAfee 公司的 IPS－1400 安全防御产品、美国 Blue-Coat 公司的 SG810 上网行为管理设备、美国 FortiGate 公司的 IPS－410B 产品，有效实现内外网地址转换和访问策略分级管理、上网行为管理和记录，对来自互联网和来自报业集团内部网的各类网络攻击实施有效阻隔和拦截，通过上网行为管理设备的策略设置和启用，规范集团内部员工上班期间的上网行为。对于集团内部重要应用系统服务器，相应地建立服务器整机级和配件级备份。

为有序管理集团内部的联网办公电脑和移动笔记本电脑，在局域网内部署微软公司的 Windows Server2003R2 的 AD 活动目录管理机制、SMS2003R2 企业级系统部署与配置管理产品、美国 Symantec 公司出品的企业级病毒防御软件产品 SEP11，同时新增 ESET－NOD32 企业级病毒防御软件产品，作为局域网内互补的病毒防御手段。对于报纸电子版向印刷企业的传送，建立卫星传版、专线传版和互联网传版等多种备份通道，保障报纸版面传输安全。对报业集团内部信息网络系统按照重要程度，分别制定相应的系统应急预案，每半年组织实施应急预案的演练，定期修订应急预案。

【解放牛网全新亮相】 解放日报报业集团向新媒体转型的重要举措之一，是建设好报业集团门户网站——解放网，在网络空间中，延伸传统媒体的权威影响力和品牌优势，并与社会化的网站展开新闻竞争。继 2008 年实现解放网内容管理软件平台的升级改造后，2009 年进行又一轮大规模技术改造和网站改版，从以静态内容发布为主的新闻类网站跃升为以报网互动为核心理念和追求的新型 WEB2.0 网站。采用最新互动技术平台构建的解放牛网，是集团实施战略转型、全面进军新媒体的有效尝试，是新闻信息综合加工后以多通道向多种媒体发布的中转站，是全面实施报网互动延长报纸生命周期的战略举措。解放牛网自 2009 年 7 月完成改版在互联网上开通运行以来，得到全国媒体同行的高度关注。解放牛网划分为七大模块，即新闻中心、放牛社区、媒体热板、新闻涨停板、电子报纸、牛油和特色频道，这些栏目又细分成很多子栏目，它们有机结合互相映衬，勾勒出牛网的身段，体现着牛网的特色。

【报网互动】 解放牛网上体现报网互动的功能主要集中在媒体热版、记者叽喳、编辑部在线、百宝箱、提问爆料和即时播报等，其特点是充分利用传统平面媒体的资源，经过重新整合，创造新的传播形式并放到网络载体上。

记者叽喳：栏目已经录制多期，集团内 10 多位记者参与。2009 年下半年组织的国庆阅兵、剩男剩女、NBA 赛事、人类命运的拐点（哥本哈根气候变化大会，新闻晨报派记者赴马尔代夫采访，报纸专门配合出版专刊）等话题，使平面媒体的报道资源再次得到挖掘利用，同时提升了平面媒体记者的现场解说能力，成为谷歌和百度相关话题的主要信息来源。

编辑部在线：2009 年策划 4 期，话题为“金九银十成色不足”、“财经媒体变局：每一种人都需要个性化财经信息”等。稿件上网后，被许多媒体转载，MSN 在弹出新闻窗口也做了推介。编辑部在线的特点是媒体总编解读报道思路并做出行业前瞻性思考，吸引大量圈内人士参与讨论交流。

媒体热版：为报纸栏目提供网络对话区，让报纸读者找到报纸以外的交流区域。

百宝箱：通过方便快捷方式实现记者的在线发稿，架起了记者与网站间的桥梁，使两者直接产生联系。

提问爆料：设计目的是让网民在事件发生现场第一时间向网站爆料，做好此项功能的前提是栏目的品牌推广和爆料获取后的核实、跟踪报道及相关信息服务。

【牛网新闻服务】 解放牛网作为传媒平面媒体集团举办的新闻资讯网站，新闻发布业务仍是其重点，网站新闻业务分为新闻更新与维护、新闻分类订阅和新闻互动策划三方面。

每日新闻更新：为给网友每天展示鲜活及时的新闻资讯，牛网建立新闻监控机制，每天安排编辑当班监控突发新闻，发现值得关注的新闻资讯，通知牛网首页编辑安排发布。新闻监控工作24小时进行，保证各班次的新闻编辑都能及时更新首页。首页新闻的选择体现牛网特色。

新闻分类订阅：牛网根据集团各家报纸及牛网精选栏目和内容，推出可供读者选择性细分订阅的数字化新闻产品，初期推出七报23个产品，如“解放·周末”、“解放·朝花”、“晨报·赢家”、“申江·时尚”等。这些产品对集团报刊内容重新梳理，分拆订阅，网民根据自己喜好对报刊内容进行重新选择。这种邮件报品为报刊提供了一种新型订阅方式，摆脱地方报纸发行上的地域限制。为做大网站新闻分类订阅，解放牛网编辑部策划多种新闻分类订阅的宣传推介活动。

新闻互动策划：2009年牛网改版的精髓是加强新闻互动，“以闻会友”。除及时更新网站新闻，牛网编辑部加强以新闻为基础的互动策划，针对热门的争议性强的新闻进行议题设置，策划辩论、调查、投票、讨论等形式的话题，实现新闻与互动结合，将对同类事件感兴趣的网民聚合在一起，实现“以闻会友”。通过网民对话题的反馈留言，网民之间加深互相了解。通过对网民反馈的追踪观察，对于网民特别关注的热门事件，编辑会将网民观点和新闻一起整合，制作专题，以“牛网关注”的形式推出。

【解放牛网的页面展示、网站功能和网站推介】 解放牛网的技术平台采用基于Web2.0架构思路，向互动网站方向发展，从单一静态页面升级到互动功能页面，技术突破体现在以下几点：用户登录牛网后，可以使用各项功能，不再需要重复登录。用户通过各种操作得到的积分能够统一汇总，可用于之后网站提供的积分奖励；建立了灵活多样的页面互动形式，在页面上实现“顶”并即时刷新；显示按照不同参数（顶数、评论数、浏览量）计算的动态排行榜单，显示（推荐的或所有的）用户动态足迹；用户空间（牛舍）的用户个人功能包括发起话题、分享内容（放牛）、发起提问、爆料、发表博客和上传照片等功能；编辑更新后台采取动静结合的形态，动态功能实现的内容，也能够与静态新闻稿件在同一管理后台中进行管理和更新。

在网站营销推广上，不断扩大合作媒体队伍，建立在线推广系统，实施日常性推广和事件性推广，与论坛类社区网站建立广泛的合作关系，发展中小型网站作为牛网的“推广联盟”成员，与大型合作媒体进行更加深入的活动类合作，不断扩大牛网的影响力。

【i-News手机报】 2009年，解放集团新媒体部员工总数扩展到35人，建立了一支专业编辑队伍从事新媒体内容的制作和研发。新媒体部内容研发团队在i-News手机报的内容有效传播和与读者互动上有所创新，在周日《午后》杂志里开辟拇指微博客栏目，并将其嫁接到解放集团手机WAP网站“叨逗网”上；在i-News手机报每日话题栏目中开出“拆词造句”、“新闻对对碰”子栏目，得到手机报读者响应；“有话要说”栏目对参与的读者在每个月的25日举行颁奖，调动读者参与的积极性，增强i-News手机报与读者的黏性。7月推出“空中传情”特别互动栏目，并在晚间增发“100封情书”特刊；国庆策划“黄金周八日谈”特刊，除常规新闻外，每日还推出折扣出行、荧屏导视、绘声绘影、系列书评、笑话、菜谱等内容，丰富手机报读者节假日生活。i-News手机报推出的“指东道西”短评脱口秀原创栏目，形成独树一帜的麻辣风格。完成图片适配，进一步优化了i-News手机报的内容品质。

【新媒体与平面媒体】 解放集团的新媒体项目在打通与集团内平面媒体的平台、助推传统媒体发展方面做了多项尝试。与解放日报群工部合作的“夏令热线”栏目，与解放日报经济部开展聚焦2010上海世博会的合作，在申江服务导报上开辟i-News手机报专版，i-News手机报开辟深度报道栏目，刊登《解放日报》、《新闻晨报》、《新闻晚报》、《申江服务导报》等稿件摘编；i-News手机报项目团队多次刊登解放日报报业集团“文化讲坛”和“内容工场”的相关内容，推广解放日报报业集团的系列品牌；集团建立了无线商用项目运营的新模式，新媒体部建立手机报品牌及运营专业团队，梳理整合集团各报刊无线增值业务，平台顺利切换，品牌强势推广，手机报用户和增值服务收入稳定增长。

【新媒体项目运营公司】 2009年，解放集团全资组建新媒体项目运营公司，运营公司拥有独立资质，公司与通信运营商全面接轨。i-News品牌运营小组正式成立，员工结构和业务分工日趋成熟。一个小组负责沟通和梳理与各大运营商的关系，实现渠道搭建，在产品短信和彩信接入、新产品申报、数据跟踪、用户体验等各环节做了大量工作，至今已完成与各大运营商的全面对接，业务新产品方案已经完成，下半年组织开展3轮体验活动，用户数量提升明显，2010年度计划展开2～3轮体验推广活动。另一小组承担i-News商用推广和品牌营销，在涉及成本收益以及资源互换上均有相应拓展，运营小组在商业合作中，与中原地产、玫瑰庄园、话剧中心、美丽加芬等单位和机构合作，与东方卫视、新娱乐频道、艺术博览会、话剧艺术中心和徐汇艺术馆等在资源互换方面合作，在电视、场馆海报、流动宣传册等方面也都有落地资源。i-News手机报项目的用户群稳定而且成熟，项目营收不断增长。截至2009年底，解放集团i-News手机报拥有百万用户，中国移动和中国联通的手机报用户各占半数，彩信用户和短信用户也各占总用户数的50%，i-News手机报年总营收达1 000万元，年内实现税后利润100多万元。

【跟踪研究电子阅读器产业发展】 解放集团以i-Paper命名的新型内容载体——电子阅读器项目，持续跟踪研究已达5年，其间购买了国内外最新推出的各种类型和规格的电子阅读器产品10多种，用于内容装载、内容展示和内容发布技术的研究；用两年多时间与互联网软件研发公司合作，研发了适用于新闻内容（文字、图片和音视频）一次加工后适合多种规格电子阅读器上发布的“解放日报报业集团全媒体多通道数字出版软件平台”；研究并建立新闻内容加工、组织版面和通过无线方式发送到电子阅读器的电子刊物——《新新闻》，每天多次滚动更新和播出；在解放集团内部构建并训练电子阅读器相关的内容收集、版面制作和滚动播报流程，不断修订内容生产与发播链中薄弱环节，使内容制作与发布链更趋成熟；每周一、三、五上午在《新新闻》推出评论专栏，周二和周四下午推出房产、汽车等纵向市场板块，为电子阅读器内容供应商角色做更为多元和深入的探索；积极筹备读者在线自办报系统，落实读者驱动的理念，使解放集团的做法成为国内电子阅读器中文新闻内容制作与传播的行业标准；此外，集团还与由海归人士创建的阅读器研发厂商联手组建电子阅读器运营联盟，准备进行规模化的市场运营。

【研发新媒体项目的内容生产与运营专用软件平台】 2009年，解放集团申请的两项市政府基金扶持项目如期完成，研发了新媒体内容生产与运营专用软件平台，为报业集团全媒体生产流程做好先期准备并完成作业平台构建。年内完成“解放日报报业集团全媒体多通道数字出版软件平台”建设，通过新闻出版总署科技司组织的专家验收，获得我国传媒业最高层次科技奖“王选新闻科学技术奖”一等奖。该系统还获得市新闻出版局和市经济信息化委的“上海市信息化专项资金项目”扶持；组织实施“新闻搜索与分析平台”项目研发，实现自动实时采集互联网上各种格式新闻信息，收录报纸、广播和新华社稿件，收录报社历史资料库和多媒体素材库内信息，将上述信息以直观友好的界面提供给用户使用。该系统已在集团内部推广使用。该项目也获得国家专项基金的扶持。集团i-Paper项目与国内各大阅读器生产厂商建立了良好合作关系，并与其中一些厂商启动了新媒体内容和版权合作的项目洽谈，为i-Paper项目商业运营奠定基础。i-Paper项目全年有两大重要进展，一是与技术公司合作开发在线电子报纸制作与发布系统，将原本封闭于编辑部的电子报纸制作流程拷贝到互联网上，向普通读者开放；二是方便读者参与电子报制作，调动网民的参与热情，让电子报纸制作真正实现读者驱动，为电子报纸成为真正意义上的“新媒体”提供技术支撑和读者在线体验平台。

（高宝中）

文汇新民联合报业集团

【概况】 2009年，文新集团信息化建设工作在各部门全面展开。集团部署的网络行为监控系统对上网行为进行监控与审计,不仅保障了集团网络的安全,还获得第四届“王选新闻科学技术奖”三等奖;市科委项目“平面媒体远程传版防篡改系统”年内完成全部开发任务,而且成功运用到集团的20多个印点,项目因此获“中国报业2008/2009年度技术进步奖”优秀奖;集团OA系统实现集团无纸化办文,系统推行的首问制、督办制和承诺办结制使集团办公效率大大提高;集团中心机房UPS升级和扩容,增加实时监控,并缓解了集团电力紧张的局面,为集团信息化资源建设的增长提供了有力保障;自主研发的新华社图文稿件监控系统对新华社稿件进行全程监控,有效地保证了新华社稿件的时效性,保障了集团的出报流程;集团开通的网上交流直播平台首次实现集团领导与员工的网上交流互动,进一步加强相互间的沟通与了解;新民网利用新技术进行二次开发,进一步提高新民网影响力,同时全面推进移动互联网的建设,使网站在移动设备上占据有利位置;集团财务管理系统的功能扩容,实现与网上企业银行的对接,并将印刷集团的财务系统纳入管理体系,进行一体化管理、一体化建设;集团印务中心利用新技术开发设备信息查询系统,使设备管理工作从完善制度阶段逐步走向系统化、规范化建设阶段。

【网络行为监控系统全面部署】 随着文新集团互联网应用规模的日益增长,网络安全已成为威胁网络正常运行的主要问题。文新集团为保证网络安全运行,陆续部署防火墙、防病毒软件、入侵防护系统、IDS、VPN等网络安全设备。每天,集团网络中的各种安全设备(防火墙、入侵防护系统、IDS系统、防病毒软件等)、操作系统(包括Windows和Unix)、应用服务(Email、WWW、FTP、DNS)等都产生大量日志数据。这些日志数据详实地记录系统和网络的运行事件,是安全审计的重要数据,对于记录、检测、分析、识别各种安全事件和网络威胁有非常重要的作用,也是对当前网络安全情况进行评估的主要数据来源。2009年,全面部署“文新集团网络行为监控系统”,为文新集团的安全管理员建立一个能够集中收集、管理、分析各种安全日志的安全审计管理中心。该系统有效地监控文新集团包括核心交换机在内的150多台网络交换机、包括互联网代理服务器在内的100多台服务器和包括采编系统在内的30多套应用系统的安全日志进行统一采集,并对其进行全面、有效的综合分析。同时,系统对集团互联网及邮件系统、内网、即时通讯等行为进行跟踪审计,忠实记录集团每一次的上网痕迹,审计内部人员上网行为的合法性,并且以日志形式进行海量保存,便于日后的汇总、统计和查询。该系统不仅保障了集团的网络安全,而且荣获第四届“王选新闻科学技术奖”三等奖。

网络行为监控系统运行以来,不仅经受了文新集团海量日志数据存储的考验,而且能够使集团安全管理员及时发现各类设备和各应用系统的安全隐患,阻止了多起安全事故的发生,为管理员提供一个方便、高效、直观的监控平台,大大提高了安全管理员的工作效率和质量,更加有效地保障了集团网络的安全运行。

网络行为监控系统主要由日志采集客户端、安全审计控制中心、日志统计分析服务器三个部分组成。日志采集客户端(Collector)收集各种操作系统、网络安全设备、应用程序的日志信息,过滤后发送给安全审计中心处理。安全审计控制中心(Console)接收日志采集客户端和各种安全设备、系统转发的日志信息,配置任务、设置过滤条件,配置系统参数,查看安全审计报表,查看实时日志数据等。日志统计分析数据库(DataBase)存储各种日志信息、系统配置信息、统计分析数据等信息。

【平面媒体远程传版防篡改系统试运行】 文新集团“平面媒体远程传版防篡改系统”于2008年10月正式获得上海市科委科技攻关立项,并得到120万元研发经费资助。项目由文新集团、上海东泽勤争科技有限公司、上海交通大学紧密合作,研究开发。系统采用产、学、研一体的研究模式,不仅可保障平面媒体远程传版防篡改系统的技术先进性、新颖性,同时确保系统的实用性,解决平面媒体远程传版中的信息安全问题,提高平面媒体的出版速度,强化平面媒体出版流程的可靠性、安全性,为报业发展夯实技术保障体系,促进平面媒体在创新发展中不断提升影响力和竞争力。

项目组经过近一年的努力,攻克无数个技术难题,完成“平面媒体远程传版防篡改系统”所有的开发、整合、测试工作和八个考核指标。构建一套完整的平面媒体传版过程信息安全体系规范,为平面媒体传版信息安全提供理论上的指导和实际应用上的示范。该系统采用信息隐藏与数字摘要相结合的方式,实现对于远程传版之内容的完整性自动检查。接收方通过对隐藏信息和摘要信息进行双重验证,来确认信息的完整性。系统将终端设备的多个关键硬件特征码提取生成硬件标识,并结合软件授权技术来实现版面处理中版面生成、版面压缩、版面传输、版面接收各终端的单向唯一性的安全问题。系统还解决了不同版本排版系统 PS 文件分析的问题,得到相关版面文件的完整信息并自动对之进行顺序搜索以及完整性判断、冲突检查和格式检查,同时,将通用的数据压缩算法与先进的 LZMA 数据压缩算法综合应用、无缝并自动进入压缩传输环节,杜绝人工操作中人为错误。

2009 年,项目不仅通过上海市科委的中期检查,而且荣获"中国报业 2008/2009 年度技术进步奖"优秀奖。同时,该系统还于 2009 年 10 月正式在文新集团沪太印点试运行。

【OA 系统二期平台开发完成】 2007 年,文新集团统一部署集团 OA 系统,实现集团各职能部门、服务主体和经营主体间的无纸化公文流转和集团党政办公室的日常办公无纸化,改进集团各部门的办公方式和形象,提高集团的办公效率和工作水平。2009 年,经过一年多的运行后,文新集团根据使用需求和实际工作流程的需要,对 OA 系统的功能进行扩容,使用范围进一步扩大,自主完成了系统二期的改造工作。

系统二期首先调整用户权限架构,新增上下级用户、平级用户的权限设置,理顺各用户间的流程关系,使 OA 系统的用户从集团层扩充到各报社领导层和各部门主任级。其次,二期平台新增免费广告审批、零星工程审批、统一通讯录、一周安排手机版等新功能模块。新功能的运行规范了集团免费广告和零星工程的审批流程,提高了审批的效率;手机版开通后,OA 系统使移动办公成为可能。而且二期平台自主开发的自动提醒功能,可以在公文流转的过程中,定时提醒用户公文到达情况、公文处理时间、公文等待时间等信息。集团同时推行公文办理首问制、督办制和承诺办结制,利用 OA 系统的技术手段对各部门公文处理的情况进行考核和公示,进一步提高集团的办文效率。

为使 OA 系统具有较强的拓展性,不断满足集团用户的新需求,2009 年,文新集团还重新调整 OA 系统的技术架构,系统的 framework 也从 1.14 版升级到 2.0 版。年底,系统的所有功能和数据全部无缝切换完毕。

【中心机房 UPS 系统扩容】 文新集团中心机房建造于 1998 年,机房的 UPS 负载能力也是根据当时的机房规模设计建设的。10 多年来,随着文新集团信息化建设的发展、整合和管理力度不断加大,中心机房内的设备也在不断增加,服务器从 10 年前的 30 台发展到 100 多台,网络设备从最初的不超过 10 套到现在的数量翻倍。特别是近几年,集团的 OA 办公系统、财务系统、人事系统、采编系统、财务管理系统、互联网管理平台、邮件通讯系统、集团安全监控系统等关键应用系统的 IT 设备也都在机房中运行。大量设备的进入使中心机房 UPS 系统的负载达到使用极限,不仅无法再承受新增设备的负载,还给负载的备份带来隐患。

2009 年,文新集团投入资金对中心机房 UPS 系统进行扩容。此次扩容在保留全部原有 UPS 设备的基础上,新增 2 套与原设备同一品牌的 60KVA UPS 并联冗余,所配备的电池组使系统在达到满载时还可以有 90 分钟的后备时间。同时,集团根据中心机房和消防安全的要求为新增 UPS 设备提供专用空间,并建设一套 UPS 实时监控系统,实现 UPS 故障及时发现、迅速处理,全面保障 UPS 系统安全、稳定地运行。

扩容后的 UPS 系统不仅大大缓解了文新集团中心机房的电力紧张局面,为集团和集团所属各媒体的 IT 资源增长提供有力的保障,而且各 UPS 设备实现互为备份和冗余,使集团在遇到停电等突发事件时,有充分的时间保存出报、办公等集团核心信息,保护集团所有的网络和 IT 设备。

【自主研发新华社图文稿件监控系统】 文新集团旗下拥有 10 多家媒体,每天都要采纳近百篇新华社稿件和图片,因此,新华社图文稿件接收系统是集团最重要的应用系统之一。2009 年 3 月,新华社升级稿件和图片的接收系统。

为更好地监控新华社稿件和图片的接收情况,文新集团自行开发一套新华社图文稿件监控系统,实时记录稿件和图片的接收情况。同时,系统还对接收下来的新华社稿件和图片是否及时分入集团采编系统数据库进行监控。这样，新华社稿件和图片从传送开始一直到被集团采编人员采用的整个过程，都被纳入实时监控的范围内。一旦发现接收或分稿不正常，系统显示页面上的绿灯就会变成红灯，并发出声音进行报警，显示页面上同时列出没有正常接收或未及时入库的稿件的文件名，便于监控人员及时联系新华社和检测集团新闻采编系统。

新华社图文稿件监控系统正式运行以来，自动检测到新华社漏稿和采编系统分稿设备故障近百起，避免了多起因系统故障而延误出报的事件，有效地保障了文新集团出报流程的正常运行。

【网上交流直播平台开通】 2009年上半年，文新集团为使学习实践科学发展观活动落到实处，让更多职工参与到活动中来，为集团科学发展建言献策，在短短两星期内就开通了集团网上交流直播平台。

集团网上交流直播平台的开发软件包括：VS2008、Framework2.0和Micsoft Medio Encoder，后台采用SQL2005数据库。平台的主要功能有：文字信息发送、会场视频发布、内容审计发布、会场交流实录等。根据集团交流互动的要求，平台的主页面分为发布区、视频区、交互区、实录区。集团员工可以通过交流平台上的发布区实名或匿名发送信息，提出问题或发表建议；通过交流平台上的视频区，员工可以了解此次网上交流有哪些集团领导和相关部门参与；集团领导和部门负责人则通过平台上的交互区知道员工提出了哪些问题，有哪些好的建议，然后就员工普遍关心的问题进行回答；平台管理员则将网上直播交互的内容进行整理，通过平台实录区进行发布，使没有参加交流互动的员工也可以通过实录区的记录了解交流的内容。文新集团网上交流直播平台首次实现了集团领导与员工的实时网上交流互动，成为集团"学实"活动的一个创新点。

【公务网接入点通过安全保密测评】 2003年，文新集团根据上海市保密局的统一部署搭建公务网信息安全系统，并按照保密要求分别建立了集团、文汇报、新民晚报三个公务网接入点。2009年6月2日，国家保密局涉密信息系统安全保密测评中心系统测评(上海市)分中心受上海市国家保密局委托，对文新集团公务网(单点)接入点进行涉密系统分级保护测评。测评内容包括：集团公务网网络接入设备、网络交换机、防火墙的运行环境、运行情况和安全设置；公务网与互联网的隔离情况；公务网三个接入点电脑的系统运行、安全设置、防病毒软件安装、屏蔽电源的使用等情况；公务网工作人员日常管理制度和工作记录；集团周边的安全环境等。经过检测，测评中心认为文新集团公务网(单点)接入点采取了物理隔离、身份鉴别、病毒防杀、信息加密传输、违规外联监控、红黑电源隔离等安全保密措施，建立了安全保密管理机构并制定了安全保密管理制度，系统的安全保密性基本合格。

【新民网全面推进移动互联网建设】 2009年，新民网全面推进信息化建设工作，新技术研发、数据管理、系统应用等方面都得到长足进步，特别在新民网的移动互联网建设方面取得了较大突破，为新民网综合业务发展打好了稳固的技术保障基础。

2009年，新民网的技术团队自主研发了"手机新民网"，并推出了高端和低端两个版本(wap.xinmin.cn、3g.xinmin.cn)。使手机用户可以使用不同类型的手机，方便、快速地浏览新民网的新闻。为使新民网能在移动设备上占据有利位置，新民网的开发团队紧接着开发了iPhone版本的"新民网新闻互动软件"，并于2009年12月底提交到App Store。新民网新闻互动软件仅在三周时间内的下载量就达到3 000多次，且以平均每天150次的下载量递增。接着，新民网还将进行Android、黑莓、塞班等智能手机操作系统上的新闻互动软件开发。

【新民网利用新技术提高影响力】 2009年，新民网引入先进的采集技术进行二次开发，实现全自动化的新闻转载，节省了转载的人力成本，让编辑从"搬砖块"这种无意义的重复性劳动中解脱出来，转而投入更有意义的原创新闻创作。这一技术在大大增加新民网转载量的同时，对百度新闻进行专项优化，使得新民网的流量突飞猛进，从2009年初的每日5万IP地址提高到年底的每日60万IP地址，提高了10多倍。新民网在Alexa上的排名从年初的1万名上升到年底的近500名，影响力得到了进一步提高。

Alexa排名的提高使新民网的各项技术指标陡然增

加，网站的CMS内容管理后台、服务器、带宽均承受了极大压力。2009年，新民网根据网站运行情况，将服务器系统由Windows 2003迁移至Linux平台，以便最大程度地发挥服务器的性能；使用最新技术自建CDN，解决了网站带宽较小的问题；对CMS内容管理后台进一步优化，使网站承受住了远远超出预期的压力，保障了新民网安全、稳定的运行。为进一步提升技术基础平台，新民网又开始新版内容管理系统(XMCMS 3.0)的研发，新版本主要对用户体验、操作模式、内容存储、专题制作、权限控制、工作流等方面进行大幅升级，系统代码进行重构，后台前端交互界面实现最优的交互体验，在可用性、易用性、稳定性等方面获得新突破。

【财务管理系统功能进一步扩容】 2009年，文新集团财务管理系统在系统升级后进一步扩容各项功能。首先，系统成功实现与网上企业银行对接，集团的部分奖金可通过财务管理系统直接支付。这样，不仅可以避免手工干预环节，提高奖金支付的安全加密性，而且还将奖金的到账时间从2天缩短到实时到账，加速企业在人员费用方面的资金流速度，节省资金占用时间，节约成本。其次，集团财务部对财务管理系统中的各项数据进行整理，对各项功能进行技术测试，并将2005年前的财务数据全部迁移到目前使用的财务管理系统的服务器中，顺利完成了集团财务数据的整合，方便日后查询、维护和进一步的挖掘，同时也为即将到来的新、旧企业会计制度的转换做好充分准备。2009年，集团财务管理系统还将文新集团控股的印刷集团财务系统纳入体系，双方的财务系统进行一体化建设、一体化管理，文新集团还将提供财务管理系统软硬件维护支持、实施和使用经验的资讯进行共享。

【印务中心建立技术设备信息查询系统】 文新集团印务中心拥有沪太、龙吴、金桥3个分厂。随着印刷规模的日益壮大，中心技术设备的数量也在不断地增加。2009年，为进一步加强技术设备的管理工作，文新集团印务中心自主开发一套技术设备信息查询系统。

该系统经过前期的需求调研、资料收集整理与网页设计制作，于2009年8月正式启动。系统管理的范围涵盖中心印刷设备、印前设备、辅助设备、厂方设施等，可以查询的信息包括设备的技术资料和合同、设备维护和保养的规章制度、固定资产折旧情况以及设备维护人员的情况、常用通讯录等内容。同时，为加强相关人员的工作交流，系统还开设"设备动态"栏目，及时将集团、中心的相关政策文件、工作安排进行公告更新，促进各项工作的贯彻落实。

文新集团印务中心技术设备信息查询系统的建成，是中心技术设备管理工作自我梳理、自我规范、自我完善、自我提高的过程，标志着集团印务中心设备管理工作已从完善制度、夯实基础阶段逐步走向系统化、规范化建设阶段，为印务中心提高设备管理水平发挥了重要作用。

(倪竹清)

上海文广新闻传媒集团

2009年，集团对骨干网中的百兆网络设备全部进行千兆链路升级，经过近一年的运行，系统工作稳定，不仅满足200兆带宽的要求，可以在一定时期内满足集团用户不断增加的网络带宽需求；同时，考虑到网络行为安全管理和法规遵从的需要，在网络中增加网络行为审计功能，能时刻监视所有通过互联网进行访问的详细行为，从网络行为角度对集团的信息安全进行安全防护。

(魏浩俊)

上海图书馆上海科学技术情报研究所

【概况】 2009年是新中国成立60周年的大庆之年、上海世博会筹办的关键之年、文化部新一轮省市级公共图书馆评估之年。上海图书馆上海科技情报研究所(以下简称"馆所")的信息化工作以"迎国庆、迎世博、迎评估"为契机，坚持科学发展，推动图情服务创新，进一步深化中心图书馆"一卡通"建设和"文化共享工程"覆盖力度，推进数字资源和服务系统建设，增强为行业和产业领域以及中小企业的情报服务能力，创新技术和移动应用，继续实现连续13年365天开放、全年无故障运行的目标。

【完善"一城一网一卡通"，深化中心图书馆建设】 2009年，上海市中心图书馆"一卡通"发展44家街道(乡镇)基层服务点，其中静安、青浦、卢湾、徐汇四区实现市、区县、街镇三级公共图书馆全覆盖，为2010年基本实现中心图书馆"一卡通"三级网络建设全覆盖打下坚实的基础。整个平台已经拥有159家各类图书馆组成的联合体，“一卡通”流通馆藏保有量达到567.5万册，比上年增长23.7%；年异地通借通还量超过1 792万册次，比上年增长19.49%；网上续借等服务量亦逐年上升。区县分馆办证7.5万余张，比上年增长20.02%；读者流通量269.1万余人，比上年增长25.29%。成功推出区县分馆现场办证系统和街镇服务点续证系统，立办立取。成功举行上海市中心图书馆主题馆推进签约仪式，形成沪上9家主题馆跨行业的共建共享新机制。推出中心图书馆公共分馆网上委托借书服务。市政法委图书室、静安流动图书馆、陆家嘴金融图书馆、闵行少儿馆、普陀少儿馆纳入中心馆服务体系。

【文化信息资源共享工程有序推进】 与城市信息化建设、中心图书馆建设、社区信息苑建设和数字电影播放相结合，开展郊县“共享工程”基层点的建设任务，2009年配合完成600个“共享工程”村级基层点的布点工作，向东方信息苑提供文化共享资源145GB，完成对新建村级基层点的资源更新。对107家共享工程基层点进行322次数据更新和维护，安装和维护数据量达到17.16TB。对崇明县的22家卫星点进行每年2次的定期定点维护，对其中的10家卫星点进行了硬件设备的维修和更换。拓展电子政务外网和上海党员远程教育网的资源传输渠道。为所有区县支中心和基层点提供文化共享工程电子图书平台5.2万种电子图书的全文服务。共享工程整体数字资源量已达9.89TB。全年完成共享工程资源库光盘制作47 200张，并全部通过物流发放到各基层服务点。积极参与文化共享工程的培训工作，先后在宝山、奉贤、崇明、浦东新区、松江、金山、闵行7个区县开展培训工作共9次，培训区县支中心和基层点服务人员635人次，并获得2009年度共享工程培训工作全国二等奖。2009年，安排1人到青海省分中心进行共享工程支援、交流和培训，受到文化部全国文化信息资源建设管理中心表彰。

同时，顺利完成上海数字文化网2.0的升级改造，率先提供给用户Web2.0的互动个性化的新服务，共有2 447个容量达360GB的数字视频在网上供用户免费使用。“上图讲座”全年新增上网讲座59个，拥有流媒体讲座资源扩大为561个，超过953小时的音视频资源。上交国家中心“共享工程”数字化讲座32个，计2 378分钟，95.89GB容量。

【继续推进数字资源和服务系统建设】 2009年，新增古籍抄本、民国期刊、《字林西报》等特藏文献的数字化项目；继续扩展馆所自建数字资源的规模，全年新增民国图书全文322万页、家谱全文136万页、稿抄本29万拍，转换古籍全文56万拍。全年自建数字资源的访问量和全文下载量同比均增长100%以上，历史文献的数字化服务已渐显效益。积极参与中图学会承办的全国数字图书馆联席会议，继续关注图书馆信息化和数字化的发展趋势。

馆所各门户网站群继续通过升级改造和增能，成功推出年度精品家谱年展、上海市古籍保护中心、“我的图书馆”、“手机图书馆”网页以及“迎五四”、“迎国庆六十周年”专栏、“5·12”汶川地震周年纪念专栏、图书馆宣传服务周、第五届SILF上海国际图书馆论坛网站。完成上海科技文献出版社网站迁移工作。对“上图讲座”网站进行改版，新增各类讲座信息292条，新增注册网友及会员3 000人，视音频节目新增59条，容量逾8GB。馆所网站群继续在搜索引擎Google的2008、2009年申城文化类搜索排名保持第一，网上影响力日增。

【上海情报服务平台建设新突破】 推出“创之源@上图”中小企业服务网站，提供图书馆资源、服务、参考咨询、文献提供、讲座、情报培训等功能，进一步助推中小企业服务，并以专利标准室为阵地开展中小企业信息服务，为中小企业推广办理了5 000余张上图读者证。参考咨询32次，接受委托服务项目28项。全年情报服务平台新增文章257篇，月均访问量80～100万人次。联合上海7家单位共同承担的上海市科委项目——上海行业情报服务网建设启动，以企业技术创新过程的情报需求为核心，以现有情报服务内容为导向，构建服务内容相对全面和规范、服务形式多样化、服务响应快速的行业科技情报服务平台。

【创新技术应用和移动服务模式】

手机图书馆建设：在全国公共图书馆界率先推出手机书目检索、自助索书提醒、图书逾期提醒、网上预约短信提醒等整合性的手机图书馆服务，同时推出网上在线阅读电子书、手机电子书的全文浏览和借阅服务。截至2009年底，在线阅读量已超过31万页，手机下载电子书超过8 000册。

“我的图书馆”认证平台建设：整合读者统一认证服务，推出包含“我的图书”（图书续借、预约），“我的读者证”（续证、网上挂失/寻回）、“我的信息更新”（手机、电子邮件、联系地址）、“我的逾期提醒”（图书、读者证逾期提醒）、“我的电子书”（在线阅读电子书）、手机短信和E-mail通知等在内的“我的图书馆”个性化服务，从2009年8月18日开通以来有6万余人次使用，受到广大读者的欢迎和图书馆同行的关注。

推出数字移动阅读器借阅和“电子报栏”服务：顺应电子图书和在线阅读的发展趋势，在全国首家推出数字移动阅读器外借服务，称为“口袋图书馆”。通过数字移动阅读器，读者可以在家下载阅读馆藏中文电子图书，为提高馆所数字资源的利用率走出坚实的一步。在报纸阅览室推出“电子报栏”，将馆所订购的134种网络版报纸通过触摸式大屏幕的阅报方式，提供给读者新的读报体验，解决部分外省市报纸到馆滞后的问题。

多媒体触控导读系统导引服务：在全国图书馆界率先推出全新的多媒体多点触控屏导读系统，利用便捷的多点触控技术展示服务功能，提供读者全新的馆所导引导览服务，并成功应用于图书馆评估展览中，在迎世博文明行业满意度测评和窗口服务中获得好评。

推出图书网上预约和VOD视频点播服务：继网上续借服务成熟运行后，与“我的图书馆”相结合推出参考外借图书的网上预约服务，拓展读者服务范围。结合视听室改造推出VOD视听点播服务，提供大屏幕视听工作站、个人视听室的全系列高清晰视频点播服务，彻底改变以往通过光盘装载的方式阅读视频文献的局面，解决馆所视听资料的使用与借阅损坏率高的矛盾，进一步提高讲座和音像资料的利用率。这些新技术应用服务的推出，赢得了社会的广泛关注，效果明显。

引进RFID技术提高服务效能：积极引进RFID智能标签技术，稳妥地在自助阅览室推进RFID自助借阅标签转换、图书清点、安全门禁和快速流通，在采编中心莘庄文献配置部进行分拣配送的试验性服务，通过实地现场“打擂台”形式选择合适的RFID技术、标准规范和供应商，为2010年整体铺开RFID的应用打下坚实基础。

【管理信息化有突破】

办公自动化和项目管理系统改造取得突破：全程支持全国省市级公共图书馆评估工作，推出OA办公自动化系统的图书馆评估指标专家系统，并将主要指标材料移植到手持式移动阅读器中，受到评估专家充分肯定。积极进行办公自动化(OA)系统创新改造，推出全新的项目管理、业务统计、公用经费子系统，开发上海市财政预算系统与OA系统的接口，完成国有资产管理系统批量数据导出接口开发，在全市同类事业单位和国内图书馆界尚无先例，为进一步规范财政专项资金管理和管理信息化提供了良好的范例。同时，积极进行公务网节点系统升级改造，更新馆所公务网网站，通过信息系统分级保护安全测评。

系统运行平稳有序，升级改造网络安全系统：2009年完成信息化项目安排的2个升级改造项目和10个运维项目，推出各类“借阅排行榜”48套，受到读者欢迎。在三楼阅览区推出持证读者免费无线上网服务。在馆所领导的支持下对馆所各业务、职能部门及中心图书馆工作展开信息化和数字化工作调研。充实馆所计算机(信息)安全小组成员，形成高效的安全管理工作网络。针对迎世博窗口服务的要求，完善网络安全监控预警平台和值班监控系统，实现应用层、系统层和网络层的多层次立体防护措施。升级改造网络安全系统，增强IPS入侵防护和网页防篡改、防SQL注入和跨站脚本攻击的防护措施，初步完成集中备份系统建设，以数据资源为中心对关键系统数据进行分级管理、多级备份和数字资源存档管理，从而确保馆所实现自1996年开馆以来连续13年保持365天开馆、全年无故障运行的目标。

（徐　强）

上海博物馆

【概况】 2009年是上海博物馆信息化工作平稳运行的一年。保证信息化工作的正常运作，更好地为博物馆业务发展及世博会相关项目的开展做好服务，是2009年上海博物馆信息化工作的核心任务。具体工作有：进行内网交换机设备整体升级工作，为信息化工作的进一步扩展打下坚实的网络基础；网站增加新的互动内容，增强吸引力；建设上海博物馆办公自动化系统，提高工作效率；积极配合国际博协大会的筹办，设立ICOM大会网站；进行与世博工作相关的数字化工作。

（刘　健）

【调整网络核心设备，保证网络正常运行】　2009年，为使上博内网系统在技术上继续保持着领先与先进性，为信息化系统的更进一步推广和扩展打下坚实基础，相关部门开始着手进行内网交换机设备的整体升级工作。在内网交换机核心层使用H3C公司采用当前最新技术生产的S7510E高端多业务路由交换机，在汇聚层和关键接入层均采用H3C公司所生产的最新型的交换机设备。新设备的引入，使得上博内网系统在网络架构方面更加合理、效率更高、可靠性更强。通过系统改造实现了真正的双核心结构，最大限度地保证了应用系统的可靠性。通过使用新的交换机设备，也使得内网整个数据链路的带宽有了大幅度提升。

（刘　健）

【网站再改版，内容更加亲切生动】　2009年，上博网站进行又一次改版。此次改版主要是吸收最新的网络互动技术，在上海博物馆网站开始开发试验性的虚拟漫游多点互动项目。随着信息技术的发展，利用虚拟现实技术进行三维场景的构建、漫游在各网站上已成为常规性的项目，而上博网站这次开发项目的亮点在于它不但具有漫游、欣赏的功能，还充分吸收虚拟社区的理念，在创建虚拟博物馆参观环境的前提下，为参与者提供一个实时的多用户的交流平台。上博网站已开发青铜馆中的部分展项，该项目开通后，观众可通过网络在虚拟场景中漫游、点击相关器物查看介绍，观众之间还可以相互交流，并能通过聊天及组建特色艺术圈等形式进行互动。

（刘　健）

【加快电子政务建设，启动办公自动化系统】　2009年，在原有的局域网消息交流平台软件的基础上，上海博物馆启动办公自动化系统建设。至年底，该项目基本完成并已投入运行。该系统以先进成熟的数字化技术为主要手段，成为一个覆盖博物馆各部门的办公自动化网络，提供了网络之间的信息共享、文件的流转和有效管理以及良好的事务性服务平台等功能。实现协调各部门之间的工作，提高数据处理的准确性、及时性，全面提高办公效率，更好地支持决策过程的系统目标。

（刘　健）

【配合国际博协大会，ICOM大会网站正式运营】　2010年，国际博物馆协会（ICOM）代表大会将在上海举办，按国际惯例，所有前来参加会议的人员将通过网络平台进行报名与确认。为保证该会议的顺利进行，信息中心与上海市文管委相关人员密切合作，从2008年开始进行ICOM大会网站的建设。2009年，ICOM大会网站正式上网运营，为大会提供服务，运用状况良好。网站设置新闻、会议主题、会议议程、会议注册、博物馆博览会等栏目，除对2010年国际博协大会的主题、内容、议程等信息进行公示、宣传之外，还为与会代表提供在线注册和预约等诸多前期会务工作的功能。

（刘　健）

【中国财税博物馆数字化系统】　中国财税博物馆位于杭州市吴山风景区，建筑面积12 000平方米。有中国民间财富崇拜馆、中国古代财税历史馆、中国近现代财税历史馆、中国当代财税历史馆和摇钱树与理财家展区，馆藏文物近万件。中国财税博物馆数字化建设一期包括信息集成门户、综合研究管理、藏品信息管理、多媒体采集管理、文献资源管理、公众服务网站及虚拟资源制作等多个子系统。该系统在借鉴国内外大中型博物馆数字化、信息化建设经验的基础上，通过对原有软硬件设备与系统的整合，建成“一个中心三大平台”，即中国财税历史文化资源中心和信息化支撑平台、数据资源管理平台、网站信息服务平台。

（周慧琴）

上海科技馆

【网站运行】　2009年，网站共发布信息1 734条，年访问量稳定在50万人次。围绕馆内重大临展活动和新电影发布，共推出专题网站8个。其中活动宣传网站4个

(包括上海科普大讲坛网站、国际自博馆长论坛网站、外星生命探索展网站、上海科技馆会员网站),电影宣传网站4个(包括非洲大草原、灯塔魅影、外星人地球历险记、寻找生命——我们是孤独的吗)。配合迎世博活动对网站首页进行改版,使信息更丰富、重点更突出。为提升网站安全性,上海科技馆网站改换为Linux系统,还安装华泰网站防护系统,确保网站全年安全运行。

(曹 敏)

【信息系统建设及维护工作】 2009年,完成对上海科技馆办公楼的网络设备更新工程,消除网络系统设备老化的隐患。为提升5A景区申报的服务品质,建设开通游客服务中心的免费无线上网功能,为游客提供上网便利。建设开通办公楼各会议室的无线网络,为参会者提供无线办公环境。科技馆票务系统运行稳定,经受了黄金周和临展票务高峰期的考验,完成全年322万人次的票务销售量,还销售年卡及会员卡19 568张。OA系统全年文件发布量达到1 256条,比上年增加78%。

(顾秋凡)

【完善《自然与科技》杂志网站】 2009年《自然与科技》杂志定期在网站发布新闻消息,并全文开放当期杂志的部分文章共计138篇。

(夏建宏)

【藏品数据信息化建设】 2009年,上海科技馆对馆藏27万余件标本开展基础数据信息化工作,整理纸质账本、卡片及相关资料,制定统一的数据库格式,对输入的数据进行分类、编目、学名修订及备注资料整理,着手建立一整套统一格式、内容完整的电子账册。通过藏品数据信息化工作,实现信息共享,为科技馆标本收藏、研究、展示和利用提供基础数据支持,推动藏品管理和研究在更高的层次上展开。

(陈 康)

【远程视频技术在展览展示中的应用】 2009年,上海科技馆在展览展示中成功运用远程视频技术,观众通过大屏幕显示的高清晰画面,可以观看上海南汇东滩湿地景观及实时动态画面。观众还可通过操作杆将镜头拉近、拉远,获得多角度、多地点、多时间点的视频画面,观看候鸟的不同姿态、觅食的场景。此项目还将实现全天候24小时视频录像,在演示屏中回放,让观众对不同季节、不同气候、不同时间的东滩湿地有所了解。另外,系统还能监测湿地的空气温度、湿度、风力、二氧化碳浓度等数据,并与视频同步存储在服务器中,方便研究人员对鸟类迁飞、环境变化等进行科学研究。上海科技馆将利用中国电信"全球眼"系统,将云南西双版纳野象谷的动态视频传输到馆内,以突破时空界限,让观众近距离亲近大自然。

(陈 康)

【基金会捐赠工作推动科普事业信息化】 2009年,IBM公司通过上海科普教育发展基金会,向上海科技馆捐赠5套"小小探索者"多媒体联网设备和2台"英语伴读学习软件"信息亭,该系统可帮助参观者更好地了解最新科技,科技馆工作人员也能借此设备与世界同行交流互动。

(吴 喆)

【全国科普资源共享视频平台】 2009年,由中国科技馆牵头,上海科技馆参与联网组建的全国科普资源共享视频平台建成开通。该项目采用多媒体处理技术,通过互联网络传输多媒体视频数据,实现平台成员之间实时交流互动的功能。平台的建成促进了全国各省市科技馆同行之间的合作交流,为各馆科普资源的共享创造了有利条件。

(张宝华)

三、公共卫生领域信息化

2009年,国家医改方案明确提出"大力推进医药卫生信息化建设,以推进公共卫生、医疗、医保、药品、财务监管信息化建设为着力点,整合资源,加强信息标准化和公共服务信息平台建设,逐步实现统一高效、互联互通"。

按照医改的精神，卫生部、市政府均对卫生信息化提出新的要求，上海卫生信息化工作遇到了前所未有的机遇和挑战。

【市突发公共卫生事件应急信息系统主要内容验收工作完成】 经过近三年的建设，“上海市突发公共卫生事件应急信息系统”主要内容基本完成。2009年2月13日，作为市公共卫生事件应急处置的指挥中枢的上海市公共卫生应急指挥中心正式挂牌成立。突发公共卫生事件应急信息系统在处置手足口病、抗震救灾、婴儿毒奶粉等突发事件和防控甲型H1N1流感工作中，在数据采集、预警监测、应急处置等方面都体现出极大的优势，卫生部门处置和应对这些突发事件的能力有了极大的提高。

突发公共卫生事件应急信息系统按照“应急优先、平战结合、立足长远”的原则，以应对突发公共卫生事件处置为核心，以提高公共卫生保障能力和公共卫生管理能力为目标，通过对基础网络、数据中心、核心数据库和支撑平台、各类应用系统等多方面的建设，提升了上海应对突发公共卫生事件的处置能力，为城市安全提供了重要保障。通过“公卫应急信息系统”的建设，建成“一主三辅”四个卫生数据中心；借助市政务外网光纤，搭建连通全市600余家各级各类医疗卫生机构及市、区两级卫生行政管理部门，覆盖全市公共卫生体系的卫生专网；全市基本建成以公共卫生服务为核心的四大行业数据库（疾病控制、卫生资源、医疗业务和卫生监督数据库）及四大应用系统（指挥决策、监测预警、突发事件报告和应急处置系统）。市、区二级有机组成的全市统一的疾病预防控制信息系统初步成型，疾病预防控制业务信息管理全面覆盖，数字化疾病预防控制运行模式初现；以“管理相对人一户一档”为核心的，集各类卫生监管信息为一体的，可配置、多业务流程的卫生监督信息联动体系初步建成，卫生监督现代化，网格化管理初见端倪。集多种信息技术于一体的突发公共卫生事件应急指挥系统全面、系统、多角度、动态地展示和分析突发公共卫生事件的发生、发展和转归，并能从预警、报告、决策、管理、控制全方位处置公共卫生突发事件。

（王晓峰）

【第二轮三年行动计划中的公共卫生信息系统建设项目（先期启动）】 公共卫生信息系统建设项目（先期启动）主要内容包括三方面：一是社区卫生服务信息化标准体系建设与试点应用；二是妇幼卫生统计信息网络报告系统建设；三是公共卫生信息系统二期建设方案编制。

社区卫生服务信息化标准体系建设与试点应用方面：“居民健康档案应用与社区卫生信息技术标准”研究子课题结果于2009年7月3日通过有关专家的验收。

妇幼卫生统计信息网络报告系统建设方面：该项目的工作目标为“两根线”和“一个面”，即基于个案的“妇幼信息系统”、“死因信息网络报告系统”，及在同步建设的信息交换平台上实现全市妇幼卫生统计报表的网络报告。10月下旬，市卫生局已与有关公司签署“上海市妇幼管理及统计信息网络报告系统（一期）”应用软件开发合同，该系统已于2009年底逐步投入上线试运行。同时，在卫生部信息化领导小组指导下，“上海市妇幼管理及统计信息网络报告系统（一期）”还被卫生部列为基于居民健康档案和区域卫生信息平台的妇幼保健信息系统的全国试点。同时，与妇幼信息系统相关的平台建设也正按计划推进，目前基本完成基于市民电子健康档案的妇幼信息系统平台的搭建。同期，市卫生局委托市疾病预防控制中心牵头负责“死因信息网络报告系统”的具体开发工作。

公共卫生信息系统二期建设方案编制方面：《上海市加强公共卫生体系建设三年行动计划（2007年～2009年）公共卫生信息系统建设项目项目建议书》已获得市发展改革委批准立项，后续的《上海市加强公共卫生体系建设三年行动计划（2007年～2009年）公共卫生信息系统建设项目可行性研究报告》已报市发展改革委并通过专家评审。

（王晓峰）

【基于市民电子健康档案的卫生信息化工程】 一是开展调研，做好规划和项目建议书的编写。按照市领导的指示，市卫生局会同相关部门，对全市卫生信息化建设基础，健康档案项目建设目标和建设内容，健康档案项目的社会经济效益，健康档案项目中所涉及的诊断互认、医疗责任、病患私隐、知识产权等一系列法律法规问题进行调研，并形成健康档案项目的建设规划和项目建议书。《项目建议书》已上报市发展改革委和市经济信息化委。

二是筹建上海卫生信息工程技术研究中心。按照市领导的指示，要成立工程技术研究中心辅助和推进健康档案项目的建设。在卫生部的支持下，决定由卫生部统计信息中心和上海市卫生局信息中心共同筹建上海卫生信息工程技术研究中心。该工程技术研究中心要逐步成立项目技术研究和工程管理组织，将其纳入到健康档案项目建设内容中，为完善健康档案项目做好技术和工程管理储备。同时，工程中心将组织研究力量对技术难点予以攻关和突破，研究成果最终归中心拥有并在上海市健康档案项目中应用和实施。该工程中心已获市科委批准。

（王晓峰）

【建成市社会保障卡市、区县、街镇三级业务管理平台】 经过广泛调研、设计开发以及人员培训，市社保卡区县三级业务管理系统于2009年5月正式上线使用。该平台的建成通过信息化手段加强了对全市18个区县近300个网点区县社保卡申领发放工作的全程管理，有效控制了发卡周期，提高了区县社保卡办及街道受理网点在业务申请、登记、查询、核销、物流等方面的管理水平。

（刘晓芸）

第三章　社区信息化

概　述

充分发挥信息化在社区“三个中心”建设中的支撑作用，全市社区信息化应用不断深化，对社区服务与管理的促进作用日渐明显。

卢湾区社区信息化试点项目顺利推进，以建设社区信息平台为重点，整合区域内的社区服务资源，并通过三维GIS形式在互联网上进行展示，为社区居民提供方便、快捷的服务。

长宁区区域居民健康管理服务平台建成，实现区域16家医疗机构的医疗信息与居民健康档案信息的整合和共享，以及条线间的业务协同。社区卫生全科团队依托通过诊疗信息激活的完整健康档案为居民提供更加精细化的服务，病人重复检查和重复挂号费用明显下降，出院病人随访率提高80%，病人复诊率下降20%，慢病早发现率提高30%。

以东方社区信息苑为主要载体的社区文化信息化综合服务建设工程持续推进。城镇化区域已建成东方社区信息苑330家，农村地区建成东方农村信息苑1 600家，提供文化传播、电子政务、便民服务、未成年人天地、新农村建设等五大板块内容，包括4 000部百科视频讲座、1万部电影电视节目、10万册电子图书、500份电子报刊、500个益智游戏等。

“962200”社区服务热线进一步完善互联网、电话网和实体网的三网联动机制，年接听市民来电40余万次，提供12大类103项便民服务，并开展社区服务诚信体系建设，进一步规范社区服务行为。

（陈可乐）

一、社区管理信息化

【卢湾区社区信息化综合试点】 卢湾区社区信息化综合试点项目建设内容包括一个网站群和一个系统两部分。网站群包括社区服务新天地总站和四个街道网站，各站点之间的数据可以自用共享，不需要重复维护。网站群整合了卢湾区内所有的社区服务资源，并通过三维GIS形式在互联网上进行展示，为社区居民提供方便、快捷的服务。一个系统包括三个部分，社区办公子系统、区街居数据三级联动子系统和计生业务子系统。社区办公子系统依托于原先区级办公系统，向街居延伸，和已有的街道和居委会的政务系统进行整合。区街居三级联动子系统，主要是解决用户、权限和邮件的数据整合。计生业务子系统是满足区、街道两级的计生相关业务需求，同时和实有人口数据库实现互通。

【长宁区区域居民健康管理服务平台】 2009年，由长宁区卫生局承担的上海市信息化发展专项资金项目“区域居民健康管理服务平台”通过上海市经济和信息化委员会组织的验收。该项目的主要建设内容是一个平台和三个应用系统，即区域健康管理服务平台，区域居民健康服务应用子系统、区域居民健康管理应用子系统和区域健康管理决策支持子系统。区域居民健康管理服务平台以居民健康管理为核心，通过整合区域内16家医疗机构、全市部分三级医院的医疗信息和居民健康档案信息，以及条线间的业务协同，实现在区域内任何一家医疗机构都能调阅病人在全区所有医疗机构和部分三级医院的门诊住院信息和健康档案信息；全科团队依托通过诊疗信息所整合激活的完整健康档案为居民提供有针对性的医疗保健服务；结合网站、短信和市民信箱等手段，居民可以进行自身健康管理；病人重复检查和重复挂号费用明显下降，出院病人随访率提高 80%，病人复诊率下降 20%，慢病早发现率提高 30%，慢病管理人数每年提高 20%，取得较好的社会和经济效益。

（陈可乐）

二、社区公共服务信息化

【社区信息服务系统（含社区服务网）建设】 2009 年，在对上海社区服务网进行分析和论证的基础上，市社区服务中心对上海社区服务网站的结构和内容进行重大调整，将社区公共服务和生活服务信息以电子地图的形式直观呈现，体现出多图层组合、多类别查询、地理半径限定的便捷特点，方便居民快速查找。上海社区服务网现有社区地图、社区新闻、社区文摘、服务单位、居委之窗、安康通、生活百事、区县通道等板块，并设立了“公益招投标网”和“社区志愿者服务网”两个专题分网站；上海公益招投标网开设了招投指南、公告、项目、信息、组织、智库及管理等栏目；上海社区志愿者服务网有义工天地、活动招募、小组专区、义工论坛 4 个栏目。

【社区服务资源统计】 2009 年，市社区服务中心加强对各级社区服务基础数据的普查和统计工作，对统计系统进行较大改进和完善，增加动态数据的统计功能，扩大社区服务资源的统计范围，组织各区对社区服务中心的各类基础数据和信息开展全面统计。同时还注重发挥平面媒介的作用，将采集到的公共服务、市场服务和便民服务信息按街镇行政区划汇编成 2009 版《上海社区生活地图》，并发放至 300 万户社区家庭。

【社区服务平台建设】 2009 年，社区服务信息平台新发布社区动态信息 8 万余条，累计发布基层社区报道 48 万余条、13 个区的居委会基本信息 2 700 余条、社区公共服务信息 8 600 余条、社区服务志愿者信息近 2 万条，并有社区服务队伍 2 500 余支。

（方廉忞）

第六编
城市建设管理领域信息化

综　述

2009 年，上海城市建设管理领域各相关业务部门围绕市委、市政府“四个确保”的要求，按照全市信息化发展战略的要求和总体部署，着眼于重点项目建设和世博保障工作，不断开拓思路、积极探索，各项工作取得显著进展。一是全力做好世博保障相关工作。为贯彻落实“举全市之力，办一届‘成功、精彩、难忘’的世博会”的要求，各部门积极运用信息化手段做好世博保障工作。“上海环境”英文网站进行改版并于 2009 年 6 月上线，世博交通港航安全监管与应急处置系统已建成使用，启动了一批世博保障项目。二是重点建设项目稳步推进。地下空间网格化管理信息系统试点建设启动，城镇污水处理厂在线监控系统初步完成，交通港航指挥中心建成并投入使用、绿化市容专业网格化平台建设基本完成。三是不断加强自身电子政务建设。市水务局完成行政许可网上办事系统建设，民防行政审批系统三期建设任务全面完成，绿化市容行业行政审批许可受理系统完成整合开发，部分单位还对门户网站进行了升级改造，更好地发挥政府网站宣传和服务公众的功能。

（吴　敏）

第一章　城市建设管理业务信息化

概　述

2009 年，上海城建管理领域各相关业务部门围绕"迎世博"和本部门的重点工作，以提高政府管理水平和建设服务型政府为指导，积极探索促进信息化协同应用，不断推动业务领域信息化建设深化发展，一批重点项目建设取得重大进展。在着力推进信息化建设的同时，各部门也十分重视规划研究、标准编制、规范制定等信息化软环境建设。

（吴　敏）

一、水　务

2009 年，上海市水务局按照《上海市水务信息化"十一五"规划》和《上海市水务局"十一五"信息化建设实施意见》的要求，以提高政府管理效率和社会公共服务水平为中心，重视软环境建设，推动信息技术应用，强化信息化支撑，在完善标准规范体系、健全信息化建设管理机制、加强电子政务建设、推进信息化项目进程、建立安全管理体系等各方面均取得了进展。

【水务信息化软环境建设】　2009 年，上海市水务局编制完成《上海市水务、海洋信息化"十二五"规划大纲》、《上海市防汛信息化 2010—2012 年项目建设规划》，加强规划对全行业信息化建设的引领；以信息系统保密检查工作为抓手，颁布《上海市水务局（上海市海洋局）计算机信息系统保密管理暂行办法》、《上海市水务局（上海市海洋局）计算机信息系统安全保密管理操作规程（暂行）》，开展局系统的保密检查工作，继续推进信息系统安全测评，进一步加强信息类基础设施、重要信息系统的运维管理，落实信息系统的等级保护工作，并成功举行网络与信息安全应急演练，提高信息系统安全保护力度；积极推进行业电子政务建设和应用，编制完成《上海市水务局电子政务建设标准体系》、《上海市水务局电子政务系统应用管理暂行规定》；信息化科研教育活动不断开展，"上海市数字水务综合信息平台"荣获"2009 年度 GIS 最佳应用奖"，"水务公共信息平台关键技术及其应用研究"荣获"2009 年度大禹水利科学技术奖"二等奖，举办五期针对不同对象的技术培训；电子政务建设进一步提升应用层次，优化行政许可事项的流程，推进网上办事和政务公开；成功承办 2009 年度全国水利信息化工作会议；组织开展国内外信息技术考察学习，增进信息化工作交流；编制《信息系统建设与运行管理办法（试行）》，完善水务信息中心总工例会的技术审查机制和行业信息化工作例会的技术交流机制，通过信息化项目立项、预算审批和验收等环节，强化对水务信息化项目的管理。

【行政许可网上办事系统上线运行】　市水务局行政许可办事系统实现"外网受理、内网流转、协同办公、电子监察"的目标，2009 年 11 月 1 日正式上线试运行。系统运行稳定，系统功能基本满足应用要求。截至 2009 年 12 月 31 日，累计受理水务各类行政许可申请 2 657 项（其中排水 1 499 项、水利 773 项、供水 385 项），共办结 2 296 项（其中排水 1 414 项、水利 713 项、供水 169 项）；累计受理海洋行政审批事项 130 项（6 月 1 日～12 月 31 日），办结 112 项。另外，截污纳管办证办结 573 项。同期政府信息公开工作办理 1 725 项（其中公开文件 1 534 件、受理申请 191 项）。

【水资源实时监控与管理系统2008年度地方配套部分完成验收】 上海市水资源实时监控与管理信息系统在“数字水务”总体框架下，对2009年之前建设的水资源管理信息系统进行升级和应用深化。项目2008年度地方配套部分于2009年12月完成验收。系统进一步接入和整合水利工程监测信息、环保部门排水监测信息、流域水量水质监测信息等，强化水资源统计流转、动态评价和实时预警等业务应用，地图表现明显改善，信息发布范围更广，初步实现水资源管理应用的水务局内部集成，以及水资源管理信息的跨部门、跨系统、跨地域交换共享。

【行业基础数据库建设取得阶段性成果】 行业基础数据库建设是水务信息化2009年度重点任务之一。围绕“夯实行业管理基础，规范行业管理行为，提升行业管理水平”的目标，以规划标准为先行，以技术导则为指导，细化设计、加强应用、突出管理，积极推进行业基础数据库建设工作。2009年，上海市水务局水利、供水、排水等行业基础数据库建设都取得阶段性成果，其中水利、排水行业数据库基本建成，供水行业基础数据库已经启动并完成基础性工作，在提升行业管理水平、增强公共服务能力等工作中发挥积极作用，为在“十一五”期间完成水务三大行业数据库建设，实现管理的精细化、数字化奠定了基础。

【苏州河综合管理信息系统建设实现年度目标】 苏州河综合管理信息系统建设是列入上海市水务局学习实践科学发展观活动整改措施和2009年度局重点目标任务的一项工作。2009年，在各相关部门(单位)的支持和配合下，由市水务信息中心编制《项目建设规划》，完成项目公开招投标以及方案设计等工作；接入整合堤防巡查数据和污水厂监测数据，收集河道、工程设施及综合整治数据，完善了数据中心；在公共信息平台基础上开发针对苏州河区域综合管理的监测监控、基础管理、巡查监管和信息服务模块，基本构建苏州河综合管理的信息平台，满完成年度目标任务，并体现了在区域综合管理应用和信息系统集约化建设方面的示范作用。

【上海水务网站第七次改版完成】 2009年1月1日～11月30日，上海水务网站共发布动态信息1 277条，其中上报“中国上海”门户网站340条，被采用252条，录用率达74%；按月及时向“中国上海”门户网站报送“局长信箱”反馈情况统计表；及时制作专题栏目，包括世博与水、上海市水务局2009年工作会议、2009年防汛防台、上海海洋论坛等专题，尤其注意在汛期实时发布防汛防台信息；完成“上海水务”网第七次改版，不断提升“上海水务”网的公共服务水平，推出外网英文版和繁体中文版，使网站向个性化方向发展。做好网站迎测评工作，上海水务网站获水利部授予的“全国水利行业优秀网站”称号。通过上海市信息安全测评中心的系统安全等级测评。

【“数字水务”一期工程完成水务公共信息平台建设】 “数字水务”一期工程自2008年下半年启动，截至2009年12月，已完成项目第一阶段工作，占工程总量的50%，主要完成初步设计报告、需求规格说明书、概要设计方案的编制及软硬件采购和系统集成；搭建水务数据中心和水务公共信息平台框架，其中水务公共信息平台于2009年4月通过水利部组织的成果鉴定，其总体技术达到国际先进水平；接入整合17个实时信息采集系统；建成基于WebGIS的水务信息服务系统、防汛保安决策支持系统中监测监控子系统。

【国家防汛抗旱指挥系统一期工程(上海部分)通过整体竣工验收】 2009年，国家防汛抗旱指挥系统一期工程(上海部分)项目通过工程整体竣工验收。该项目是国家防汛抗旱指挥系统的有机组成部分，由上海市防汛指挥系统工程项目办建设管理。项目自2004年启动，历时6年建设，项目建设周期长、承建单位多、管理协调难度大，建设内容涉及网络中心、水情中心、工情中心、网管系统、安全和服务系统、异地视频会商系统、数据库管理和服务系统、地理信息系统、应用支撑平台系统和数据汇集平台系统等多专业、多层次的内容。项目成果在多次台风、暴雨和高潮位期间，为国家防总、水利部、市委市政府和相关防汛部门获取防汛实时信息和调度决策支持提供了有力支撑，发挥了重要作用。

【供水行业郊区信息化平台建设】 上海市供水调度监测中心通过“上海市郊区(县)供水调度监测系统”建设，完成与除崇明县外7个郊区供水企业调度系统的信息互联互通，完成“上海市中心城区供水管网地理信息系统（GIS）”开发工作，完成“城市安全供水监控系统（一期）”所有20个管网监测点的建设任务，其中10个监测点包含水质信息。“中心城区日供水量预测模型”系统已开发完成，处于试运行阶段。

【堤防运行巡查子系统建成验收】 上海市堤防（泵闸）管理处实施的“黄浦江、苏州河堤防运行巡查系统”于2007年7月正式启动建设，2008年初基本完成，同年投入试运行。经过一年的运行，特别是经过2008年汛期考验，系统运行正常、稳定，在堤防巡检、防汛防台和应急处置等方面发挥了重要作用。系统于2009初完成验收。该子系统主要利用通信网络技术、计算机软件等现代化手段，科学管理堤防设施的运行、巡查、养护、维修和应急处置等内容，再造业务管理流程，创建了堤防网格化（条段化）管理模式。

【水务执法管理系统建设取得新进展】 上海市水务执法总队对已建成的网络、数据、应用资源进行有机整合。在执法监管电子政务系统的框架下，完成执法总队系统多应用、多种通信方式之间的接口对接，实现统一的用户身份管理和单点登录。完成短信平台从局电子政务系统到总队的迁移。完成执法影像数据资料、供水执法数据入库及水利、供水执法入库案件的空间数据的采集等工作。完成执法车辆的GIS平台调度管理与案件查处现场勘验、调查取证、法律文书制作及审批的网上流转的系统调试。

（周　凡　蓝　岚）

二、环境保护

2009年，根据上海市信息化工作总体部署，围绕环保三年行动计划及污染减排等重点工作，以加强电子政务与行政权力网上公开透明运行工作为契机，加强环保电子政务网络系统建设，加快对各类环境管理的数据整合，促进环境管理信息化协同应用；以政府信息公开原则与创建服务型政府为指导，围绕政府网站三大功能定位，致力打造环保信息公开与服务平台；重视以规划为指导，编制中长期规划，立足于信息化技术长远发展以推进环保信息技术在环境监测、监察、监管等领域的广泛应用；上海环境管理信息化框架初具规模，正逐步迈向环保电子政务发展轨道。

【环境保护信息化建设总体框架研究】 为更好地指导上海市环保信息化建设工作的开展，尽快实现环境管理数据从分散到集中、业务从独立到协同、管理从粗放到精细、服务从被动到主动的转变，使上海市环保信息化能力达到领先水平，上海市环保局于2009年开展“上海市环境保护信息化建设总体框架研究”。

该项研究以“统筹规划、资源共享、深化应用、务求实效”为原则，紧密围绕新一轮上海市环境保护三年行动计划的中心工作，在各相关部门和单位的大力支持下，对建设要求、能力现状、业务需求和技术发展等情况进行了详细的调研和分析，引入“联邦企业架构”（FEA）等先进的信息化总体架构理念，立足环保管理对象，以“一个中心、两大平台、三大应用”（环境保护数据中心，综合业务平台和公众服务平台，环境质量综合管理应用、污染源综合管理应用和环境政务综合管理应用）为建设主线，提出上海市环保信息化建设的总体思路，并进一步对建设阶段进行分解，明确了各阶段建设的重点，列出了建设项目和具体时间进度，最终形成《上海市环境保护信息化建设2009～2011三年行动计划》。该研究成果得到国家环保部、市经济信息化委、市计算机研究所等单位的多名资深专家的充分肯定。

【上海市全国第一次污染源普查数据分析和成果开发】 2009年初，上海市环保局启动“上海市全国第一次污染源普查数据分析和成果开发”工作项目。项目组在国家污普办下发的“普查数据处理软件”的基础上，基于关系型数据库原理，对污染源普查数据库结构进行重新设计，为污染源普查数据的管理和分析提供了一个结构良好的数据库系统；基于B/S（Browse/Server，浏览器/服务器）软件体系架构，利用先进的计算机技术和网络技术，开发了污染源普查数据编辑、查询、统计和汇总分析软件；利用GIS技术，对重点污染源进行了空间定位，实现污染源的空间可视化，并开发污染源WebGIS区域统计分析模块，对上海市第四轮环保三年行动计划重点整治区域、保留工业区以及其他敏感区域的污染源空间分布情况进行统计分析。该工作项目旨在建立和健全各类重点污染源档案以及各级污染源信息数据库，为制定社会经济政策提供依据，以便充分利用污染源普查数据，对全市工业、农业、生活等污染源的排放和分布情况开展系统分析研究，为科学制定“十二五”环境保护发展规划和第四轮三年环保行动计划、切实改善环境质量奠定现实基础。

【城镇污水处理厂在线监控平台建设项目完成】 污染源在线监控工作是对污染源进行科学、定量、实时管理的一项基础性工作。为加强对全市重点污染源的监管和治理，积极推进主要污染物总量控制和减排，提高环境管理科学化、信息化水平，市政府决定对全市重点污染源实施在线监控，上海市环境保护局负责开展全市监控设备联网监控的管理工作。建设上海市城镇污水处理厂在线监控系统是对全市城镇污水处理厂的污水排放情况进行在线管理的一项重要工程。

上海市城镇污水处理厂在线监控信息平台建设涉及部门包括：上海市城镇污水处理厂、上海市水务局排水处、上海市环境保护局及其直属单位(上海市环境保护监测中心、上海市环境保护监察总队、上海市环境保护信息中心)。在线监控系统通过通信传输线路与污水处理厂污染源自动监控设备连接，实现对污染源主要污染物排放情况的在线、连续监测并对污染治理设施运行情况实时监控，各管理单位共享监测数据。上海市城镇污水处理厂在线监控系统分为四个子系统进行建设：污水处理厂在线监测网络系统、污染源在线监测信息集成管理系统、污染源在线监控中心、污染源在线监测信息发布系统。其中，监测网络担负着数据采集、传输、管理与共享交流的支撑作用；管理部门不仅需要跟踪污染源的监测数据，使环境管理部门准确掌握监测点位的实时数据、主要污染因子的排放总量，还需要直观地看到污染源的图像资料，对企业的污染治理设施的运行状况进行实时监督。2009年底，上海市城镇污水处理厂在线监控系统已初步完成，进入试运行阶段。

【“上海环境”政府网站建设】 2009年，“上海环境”网站的重点工作是配合环保宣传工作及政府信息公开等方面工作，充分发挥政府网站宣传和服务公众的功能。

【新版“上海环境”英文版上线】 配合2010年上海绿色世博主题宣传，让外国友人更迅速，更全面地了解上海环境保护工作现状和进展，市环保局对“上海环境”英文网站进行改版并于2009年6月上线。

新版英文网站提高了信息更新力度和频度，除提供空气质量分区日报、上海环境公报、法律法规和标准、公告通知等实时资讯外，还突出报道了上海“6.5”世界环境日系列宣传活动、绿色世博、环保三年行动计划、节能减排、空气质量控制和噪声管理等重点工作的进展。

新版网站丰富的内容、及时的信息和便捷的操作吸引了众多外国友人的关注，访问量较往年明显上升。据统计，与2008年相比，改版后的英文版网站月访问量环比上升35.5%，页面浏览量环比上升28.4%，上升态势明显。

【网站服务扩展——推出机动车以旧换新环保查询服务】 为迎接2010年上海世博会的召开，推进节能减排、改善城市环境，市政府采取政府补贴的办法促进和鼓励老旧汽车淘汰更新。

该补贴办法的实施得到了广大旧机动车车主的支持，前来咨询相关政策的人员络绎不绝。有部分车主反映某些年限比较长的车辆在“上海环境”网站相关数据库中查询不出，针对这种情况市环保局工作人员及时收集该部分车辆及车主信息，通过多种渠道对数据库进行查疑补漏并特事特办，最终使该类问题得到及时和妥善的解决。

该项工作于2009年6月1日开始实施以来，全年共发放6 411张《上海市老旧汽车排放标准确认表》，方便车主完成淘汰更新流程并领取补贴。

2009年11月1日起上海市提前实施机动车国四标准，“上海环境”网站又及时开通车型目录查询服务，为新车购置提供导引。

（市环保局）

【浦东新区环境质量与污染源在线监测网络系统建设】 根据国家环保总局关于加大对重点污染企业监控力度的要求，上海市计划用5～10年时间在浦东新区建成覆盖市级与国家级环境质量监控点、区属重点监控污染源的在线监测网络，逐步实现在浦东新区范围内环境监测工作的自动化与网络化。在线监测网络包括对工业废水、工业废气等污染源的监测，对空气质量、地表水质量、环境质量的监测，以及对噪声的监测。长江计算机集团继完成浦东新区环境质量与污染源在线监测网络系统一期项目后，于2009年又承接了二期项目的开发。二期项目包括新建25个污染源废水自动监测点、2个污染源废气自动监测点、4个地表水自动监测点，并对原有的19个污染源废水自动监测点进行改造和实现联网。新建成的在线监测系统、自动取样系统、数据集成系统、数据传输系统已进入了试运行阶段。

(周慧琴)

三、规　土

2009年，上海市住房保障和房屋管理局信息化工作主要完成如下任务：

在网络建设方面，完成290个房地办(所)的联网和技术支持工作，建立日常管理和维护检查制度。

在设施运维方面，除做好日常工作外，更注重运维管理体系的规范建设，系统运维工作通过ISO 20000 IT服务管理体系的认证工作。

在网站维护和建设方面，根据机构调整，对局网站进行重新梳理、建设，升级网站内容管理系统，并根据市门户网站的要求，为全市网站测评工作做了充分准备。

按照转变政府职能，实现管理创新的要求，利用现有的信息技术手段和网络平台，以基础数据和监测指标为量纲，完善指挥监测系统在线监测和图形展示、查询、分析功能，推进行业动态和具体行政行为的监测指标体系建设，对行政许可、审批以及管理过程中的违规行为和异常情况进行预警监测。数据仓库元数据管理方案设计和建设、梳理工作正在进行中，测试版已经完成。

在住房保障管理方面，进一步完善廉租系统从受理、审核、公告、登记、签约到配租等廉租住房网上业务办理的功能。随着全市住房保障力度的加强，通过业务调整，提高廉租申请的标准，扩大廉租申请、享受人群，完善系统，提高廉租审批的工作效率。同时启动经济适用房的申请对象、房源、审批流程等业务管理信息化的建设工作。

在房地产市场管理方面，进一步完善市场供应、交易情况的统计分析和动态监管工作。完成二手房管理系统的升级改造，存量房资金监管系统完成系统开发并上线运行。该系统运行稳定，2009年累计办理资金监管业务2 867件。

在物业管理方面，“962121”物业呼叫平台于2009年6月15日在全市范围开通，实现居民报修、咨询、投诉等一口式受理。

在拆迁管理方面，将拆迁类行政审批纳入拆迁信息管理系统，进一步加强对拆迁许可证、拆迁基地、拆迁上岗人员的管理，完善基础数据采集功能。

机构改革后，完成办公自动化系统和信访投诉系统的升级改造，并认真做好新老系统间平稳过渡和衔接工作。

(姚　晋)

四、民　防

重点工作项目

【地下空间管理信息系统建设】 根据2009年度信息化建设计划，地下空间管理方面的信息化建设项目一共有三个，分别是地下空间视频监视系统、地下工程综合信息库系统(二期)和地下空间网格化管理信息系统试点建设。

地下空间视频监视系统建设：完成市民防地下空间视频监控中心(一期)建设，都乐广场地下车库已完成，音乐广场地下车库正在协调解决联网建设的施工，主要市属民防工程的地下空间视频监控系统联网建设已基本完成。根据民防办地下空间综合管理能职的要求和《上海市地下空间安全使用管理办法》，提出促进提高上海市地下空间的安全管理水平的新思路，即采用网络化和信息化手段逐步建立一个可覆盖全市地下空间的视频监控平台，探索建立地下空间视频图像资源共建共享的运行机制，起草《上海市地下空间视频监控系统联网建设实施意见》。

地下工程综合信息库系统(二期)建设：按计划完成多个工程的精确定位，完成数据库表空间设计，完成公共基础设施、生产生活服务设施、轨道交通设施信息的数据结构设计工作，完善了系统的查询和统计功能，完成对全市普查数据的更新和数据库升级工作。

地下空间网格化管理信息系统试点建设：结合上海市地下空间安全管理工作的需求和特点，依托市建设交通委网格化管理平台组织实施地下空间网格化管理的试点建设，用信息化手段提升民防地下空间安全管理的能力和水平，探索建立全市地下空间网格化管理的新模式。编制有关试点建设方案，启动宝山区的试点建设，计划于2010年第一季度全面完成试点建设任务。

【车载系留气球监测系统建设】 “车载系留气球监测系统”建设项目是为世博安保提供高空视频监控和气象监测保障和服务的高科技示范项目。该项目于2009年初正式启动，年底完成了在安徽六安气球试飞基地组织的“车载系留气球监测系统”出厂验收。为确保该系统的正常运行，上海市民防办会同世博局有关部门制定了气球施放实施计划和保障值勤方案，以保证实现该系统在世博期间的正式启用。

【“民防-2009”演练和“9.19”全市防灾警报试鸣技术保障工作】 完成在民防指挥中心组织的以防汛应急疏散指挥为背景的“民防-2009”网上演练的技术保障任务。在“9.19”全民国防教育日，上海市首次在全市范围组织防灾警报试鸣，各区结合警报试鸣进行了人员应急疏散演练；在民防地面指挥中心首次开设上海市防灾警报试鸣指挥部，与各区县试鸣指挥部开通视频会议系统、文电传输、有线通信和800兆集群通信系统。同时，还首次通过卫星通信网和公务网实现部分区人口疏散演练现场图像的采集和传输，取得较好效果。

此次防灾警报试鸣使用了有线和无线两种控制方式，全市各类警报器参加试鸣，数量远超过去年。由于市、区两级年初就抓紧实施警报控制系统和警报网补点建设，各项准备工作起步早、力度大、技术保障计划和方案比较周密，确保了警报试鸣信号得到了及时准确的发放，警报试鸣的鸣响率和音响覆盖率均好于往年。

【“动中通”卫星通信系统建设】 “动中通”卫星通信系统建设项目通过对现有通信警报车进行改造后安装车载动中通卫星通信设备，在民防指挥中心安装卫星地面小站，从而形成“动中通”与“静中通”(现有机动指挥车)相结合的民防卫星应急指挥通信网。2009年第一季度完成设备安装调试。2009年4月该系统分别在人民广场、新客站、陆家嘴和民防大厦周边地区进行实地通信检验。通过“动中通”系统将车辆行进中采集的现场图像传输至指挥中心，各项指标均达到建设要求。4月10日组织项目竣工验收。有关人员的操作培训也已全部完成。

指挥场所和指挥信息系统建设和管理

【完善民防指挥场所的功能和安全防护】 民防指挥中心结合“民防-2009”演练完善计算机指挥自动化系统，进一步提高音视频系统和文电传输系统的稳定性和可靠性。民防基本指挥所更新显示系统的投影设备并投入使用。民防预备指挥所为进一步加强世博期间的安保工作，加强安全防护措施。民防机动指挥所建立“静中通”与“动中通”相结合的机动指挥手段，机动通信能力得到显著提升。全市16个区县的机动指挥所建设项目2009年正式启动，编制区县机动指挥所技术规格指标，完成招标文件的编制和投标文件技术部分的审定分析。

【指挥信息软件建设：重要经济目标综合信息库建设】 完成一级目标信息和数据采集入库工作，更新遥感数据，加快系统调用数据速度，提高系统稳定性和可靠性。

【上海市应急避险和疏散安置场所普查软件建设】 按照

《上海市人民政府办公厅关于本市开展应急避险和疏散安置场所普查的通知》(沪府办[2009]63号)的要求,在需求分析的基础上开发编制普查软件,在卢湾和闸北两区开展试点工作,组织全市各区县普查软件的培训和技术指导工作。

【上海市应急平台数据建设】 2009年,根据市政府办公厅《关于印发〈上海市应急平台数据组织工作方案〉的通知》精神,在规定时间内上报全市1 200平方米(含)以上民防工程精确定位的分布信息数据、民防警报网点、抢险队伍和专家库数据,提供接入民防地下空间视频监视网和防空监视网各网点数据。

电子政务建设

【安全保密专项检查和涉密信息系统分级保护建设】 根据市国家保密局党政机关保密管理和计算机信息系统专项保密检查工作会议的要求,完成对民防办机关所有计算机和涉密介质的安全保密自查和整改,并通过保密局抽查检查。2009年,完成《上海市民防办公室局域网分级保护安全保密方案》的编写,已通过市保密局参加的专家评审。

【民防行政审批系统建设】 全面完成系统三期建设任务,2009年1月在市民防办相关处室和部门上线使用,4月区县版本上线试运行,并实现市防办和区县民防办的整体试运行,8月全市民防系统正式运行,10月实现系统的两网合一运行于政务外网,同时完善了监察管理模块和工程报监项目流程。

【办公自动化系统】 办公自动化系统于2009年8月1日正式启用。做好正式运行的技术准备,更新用户账号,对系统进行上线测试,查找问题并解决,完善改进系统。

【民防网站】 做好民防网站和公务网站日常信息更新与网站维护管理工作。全年共更新上网信息4 032条,向“中国上海”门户网站上报信息273条被采用220条。向“中国上海”门户网站上报网上领导信箱(互动栏目)信息反馈情况和案例,处理了咨询、投诉和领导信箱共237件。维护网站软硬件系统,确保正常运转,网站首页访问量586 921,页面浏览量7 057 613。完成民防网站安全及应用系统建设,完成民防网站英文版的开设;设置民防科普教育馆栏目,提供展馆信息、网上参观和参观预约等功能;开设“9.19防灾警报试鸣”宣传活动专栏,并在警报试鸣结束后即时开通试鸣效果网上调查;开展地下空间安全管理网上调查;扩充调整网上办事中民防工程档案验收事项模块;新设置市政府实事项目(社区民众安全防护应急箱)专栏;在“防灾减灾日”宣传活动中设置专栏等。加强网站安全工作,新增网站防篡改和防注入功能,更新网站服务器,确保网站安全稳定运行。

(陈奕平)

五、港口交通

【上海交通港航应急指挥中心建成并投入使用】 2009年下半年,面向新的管理体制的上海交通港航指挥中心建成并投入使用。指挥中心系统具有基础数据管理、行业日常监管、视频监控、应急处置和辅助分析等五大功能;与局属各行业管理系统集成,汇聚全行业车辆船舶、运营线路、从业人员、交通设施等各类管理对象的基础信息,形成全行业的数据中心,为各管理部门信息获取提供规范统一平台,有效加强行业基础管理;通过接入轨道交通COCC运营监控系统、营运车辆车载信息系统、危险品码头作业系统和公共交通枢纽等交通港航企业一线运营系统,及时采集各类运行信息,为快速掌握全行业运行动态提供手段,同时与行业和企业级监控平台的对接,实现政府部门监管由传统现场抽查改为系统自动检查的方式转变;并在以上基础上形成一套反映行业总体运行的监管指标体系,供领导决策参考;作为突发事件的信息接报单位和决策指挥平台,及时获取各类信息资源,掌握事件动态,通过便利的指挥手段,如车载移动视频、无线集群等,大大提高突发事件的应急处置能力。

(市交通港口局)

【世博交通港航安全管理信息系统投入使用】 为进一步支撑世博交通运营组织管理和安全保障工作，2009年底建成世博交通港航安全监管与应急处置系统。世博会期间，指挥大厅设定多个监管席位，依托系统实现上海市交通营运数据采集统计、营运车辆和船舶的运行安全监管以及突发事件的应急处置，为世博期间交通港航的运营管理、应急调度和安全保障提供技术支撑。系统基于GIS系统实现对公交线路、世博专线、轨道交通、长途客运、水上巴士和公共停车等世博周边多种交通方式的运营组织管理，动态监测公共交通运营服务供应情况；实现对3 000余辆世博公交车、4 000辆世博出租专用车、2 400辆长途客运班线车、6 000余辆危险品运输车、300余艘危险品运输船舶以及外省市进沪车船的运行安全监管，设置如超速、驶入禁止区域、违规停车等自动报警功能；针对世博交通各类预案，生成突发事件的接处警和处置流程，为车辆应急调度和应急指挥提供各类应急资源信息和监控手段。

（市交通港口局）

【公交行业运营管理与服务信息化建设初见成效】 按照《上海市2007～2009年优先发展城市公共交通三年行动计划》，至2009年底已实现15 000余辆公交车安装车载信息系统，中心城区覆盖率接近100%，远郊区县覆盖率超过90%，巴士公交集团、浦东公交等骨干运营企业已基本建成营运调度监控系统。2009年上半年正式投用的公交行业监管平台，实现行业管理部门对全市公交运营服务供应监管、车辆运行安全运营监管和运营数据统计分析等功能，为行业日常监管提供手段，同时也为行业管理方式的创新提供技术支撑。2009年基本完成中心城区公交站牌的数字化改造，一体化后公交候车亭和站牌的造型靓丽、服务信息突出，同时完成了虹桥综合交通枢纽、铁路南站、崇明南门、宜山路和十六铺等一批枢纽的智能化系统建设，有效提升了枢纽站对出行市民的信息服务水平。在推进信息化建设同时，同步编制并颁发实施《公共汽电车车载信息系统技术规范》等一批地方技术标准，统一规范数据内容、格式和信息编码，引导行业信息化健康发展。

（市交通港口局）

【依托移动执法系统提升城市交通执法水平】 针对城市交通综合执法工作移动性强、信息量大、工作环境差等特点，2009年6月，上海市城市交通执法总队建成并正式启用“上海市城市交通综合执法信息系统移动执法子系统”。该系统采用电子证照读写、电子标签、移动车载摄像和3G通信等技术，一线执法人员通过移动稽查装置采集执法支撑信息，如经营许可基础信息、历史违章信息等，以及对重要交通枢纽运输营运秩序的音视频实时监控。系统的使用改变了原先执法过程中的信息不对称、信息交互差等不足，加大对非法营运车辆的震慑力，强化案件取证手段，提高执法效率和水平。

（市交通港口局）

【上海港码头管理系统投入运行】 2009年5月，上海市码头管理中心建成并正式投入运行“上海港码头管理系统”。该系统实现中心管辖范围内436家申报单位各类港口作业的实时申报，并自动生成各类分析和统计报表，基本实现码头中心各项管理业务的无纸化操作。

（市交通港口局）

【“长三角港航合作网”基本建成】 “长三角港航合作网”于2009年建成并开通，每天访问量已超过2 500人次，一年时间访问人次总数已接近80万。该网站为长三角港航管理人员和港航企业搭建了一个了解港航资讯、交流工作经验、探讨热点难点问题的信息平台，已成为长三角港航动态信息发布的重要窗口，对推进长三角地区港航区域合作、实现优势互补起到积极作用。

（市交通港口局）

【公共交通卡建设】 截至2009年底，上海公共交通卡系统已累计发行交通卡达2 700多万张，应用领域覆盖公交、地铁、出租、轮渡、高速公路等10多个行业，累计装载POS机7万余台，进入“一卡通”消费交易结算系统的运营单位246家，建立售卡（充资）网点2 672多个、移资网点147个、退卡网点114个。

2009年，上海公共交通卡股份有限公司参与建设部《全国互联互通通用技术标准》、《密钥及安全标准》的编写讨论工作；完成CPU卡地方标准修订，并配合修订CPU卡工程建设规范；完成轨道交通AFC系统CPU卡应用项目改造工程，形成各类技术标准和文档，确保新线和老线系统均满足设计要求。

2009 年，完成 CPU 卡发行和阶段性总结工作；组织协调对轨道交通的交通卡消费闸机和充资系统的全面升级改造；实施公交 POS 设备的升级改造工程；组织实施交通卡充值系统升级到实时系统；完成中央清算系统主机升级和程序迁移工作，新程序满足 3 200 万日处理性能指标；完成灾备系统切换演练工作；配合公司迁址，安全、稳定地完成系统搬迁。

2009 年，公司每月与公交企业、P＋R 停车场运营单位确认公交换乘优惠、敬老卡乘车优惠和 P＋R 停车优惠等交易数据，并报送统计报表，作为财政补贴的依据；每日对公交换乘和敬老卡乘车的异常交易进行监控，为政府部门加强对公交行业的监管提供参考。

2009 年，公司积极采取相关措施，推广发展 ETC 车载 OBU 设备及沪通卡用户，做好销售及客户服务工作；完成 ETC 系统的售卡、充资以及上海和江苏、安徽的数据清算工作；开设 OBU 代理服务网点 8 个；完成 ETC 网上查询功能和交通卡向沪通卡移资功能。

（上海公共交通卡股份有限公司）

六、市容环卫绿化

2009 年是上海市绿化和市容管理局实现机构整合、业务整合和人员融合的关键之年，在所有人员的共同努力下，紧紧围绕《迎世博 600 天行动计划》及绿化市容行业信息化建设两大目标，积极贯彻落实“稳定、提高、发展”的方针，平稳完成机构整合任务，同时业务整合和重点建设任务也取得一定成效，为上海市绿化和市容行业信息化发展奠定基础。

【绿化林业专业网格化建设】 为加快构建绿化林业行业“条块结合”的管理模式，消除管养盲区，对全市绿化林业资源实现全覆盖管理，拓展网格化管理的范围和内涵，2009 年上海市绿化和市容管理局启动上海市绿化林业专业网格化管理系统建设，将上海市的林地、湿地和野生动物等纳入“专业网格化”管理体系，实施对绿化林业资源的全覆盖管理，提高上海绿化林业管理水平。绿化林业专业网格化建设充分利用现有城市网格化管理资源，整合现有的电子政务平台、行政审批平台、办公自动化系统等，充分利用政府投资，增进政府资源的共享共用，增强政府信息的沟通渠道，建立政府监督协调、企业规范运作、市民广泛参与，各司其职、各尽其能、相互配合的绿化林业管理联动机制。项目建设工作于 2009 年 3 月正式启动，已建设完成城区网格化绿化和市容共享管理平台、林业专业网格化管理系统、绿化病虫害监测系统、野生动植物保护管理系统和行政审批批后管理系统。同时胶州路指挥中心大屏建设、古猗园视频监控系统建设、崇明东滩高清视频点、各管护站的视频监控点及管理处视频监控中心的建设工作也已完成，所有视频图像包括上海动物园和滨江森林公园视频已接入胶州路指挥中心大屏显示。上海植物园、共青森林公园、崇明东滩视频监控系统（二期）和林业病虫害监控系统正在建设。

【城管执法系统完善项目建设前期工作完成】 为配合世博而开发建设的城管执法系统完善项目由城管执法系统和建筑垃圾渣土车管理信息管理系统两部分组成，主要内容包括建设完善执法勤务系统（一期）、城管督办监查系统、城管执法 GIS 调度系统，建设覆盖全市的城管执法勤务数据采集网络，整合网格化管理、绿化市容投诉、城管短信告知等业务系统信息资源，实施黄浦、卢湾、静安、徐汇等四区试点工程。在各建筑工地、卸土点配备装卸工作记录设备，在合格的渣土运输车辆上安装有源 RFID 电子标签以及车辆行车记录仪，开发包括申报、营运、RFID 电子标签、终端机管理、监管监控、统计、数据管理、结算、系统管理、车辆定位管理等功能模块的管理软件系统等。项目的工可和扩初设计的编制、评审工作已全部完成。其中建筑垃圾渣土车管理信息管理系统的建筑垃圾卸点付费管理系统，从 2009 年 5 月开始流程设计、技术研发，系统从 7 月底开始试运行，到 10 月底，全市共有 14 个区的 20 家专营企业以及 5 家加盟企业的渣土车安装了电子标签，共计安装电子标签数 544 张，向 11 个区发放阅读器共计 36 台。其中卢湾和杨浦两区非常重视试点工作，专门配备管理、技术和操作人员，从事系统操作，已累计采集车次数 74 145 条，排除人为失误和管理不到位因素，系统正确率为 100%。经测试，读卡器读卡时间为 8 秒，最佳读卡距离为 10 米，数据上传时间为平均 1 秒，高温和暴雨天气不影响工作。系统的研发阶段已经基本结束，具备了全面推广的条件。

【生活垃圾物流调度信息管理系统建设项目启动】 2009 年，完成《生活垃圾物流调度信息管理系统的可行性研究报告》。通过公开招投标后，全面启动该系统的建设工作，为世博期间上海的生活垃圾做到日产日清提供技术支撑。

【"绿化和市容"虚拟专网全面开通】 一张覆盖全市绿化、林业、市容环卫和城管执法等行业行政管理部门的信息高速骨干网——"绿化和市容"虚拟专网，在市政府公众信息网管理中心的大力支持下，于 2009 年 6 月 20 日全面贯通，实现全行业 25 个直属单位和 86 个区县相关单位在统一的平台上数据网络通讯。该专网是全市第一个基于政务外网的委办级信息平台。

两局合并后，原来只覆盖全市绿化林业管理部门的"绿化专网"已不能满足实际工作的需要。为进一步整合网络资源，尽快实现全市绿化市容行业网络互联互通、信息共享，经过大量调研工作和充分论证研究，以政务外网为骨干的"绿化市容专网"基本形成。

【上海市绿化和市容管理局 2009 版门户网站正式开通】 2009 版绿化和市容管理局门户网站于 10 月 31 日正式上线。为扩大新版网站的宣传影响，市绿化和市容管理局举行了网站的开通仪式。仪式以视频会议的形式举行，各区县绿化市容管理部门、各直属单位、局机关处室负责人参加了会议。2008 年，原上海市绿化管理局、上海市市容环境卫生管理局实行"撤二建一"后不久，上海绿化市容门户网站在较短时间内实现了首页面的初步整合。但随着机构改革工作的不断推进，门户网站在信息更新、网上办事、便民服务等方面已不能满足功能需求。对此，根据中国上海门户网站新颁布的政府网站建设标准，对原网站进行了大规模整合和栏目的调整。此次网站改版以"整合资源，发挥优势，增强互动"为重点目标，充分发挥现有的软硬件设施，利用原有系统的资源优势对网站功能进行提炼，以打造一个体现"政府之形象、服务之窗口、办事之平台、信息之汇总"的全新政府网站形象。

【行业行政审批许可受理系统完成整合开发】 结合市政府行政审批制度的改革，在两局合并后对整个行业的行政许可事项进行梳理。梳理出行业 65 项行政许可内容和建立批后监管的流程，并设计开发覆盖全行业应用的新行政许可受理管理信息系统。该系统 2009 年 9 月已安装上线，进入试运行阶段。它实现了与门户网站前台受理后台办理的无缝衔接模式，提高了政府的办事效率。

【全行业的办公自动化系统完成升级改造】 两局合并后，为进一步提高"无纸化"办公在行业中的全覆盖应用，2009 年 5 月启动办公自动化系统的升级改造工程。经过半年的设计和开发，新系统在保持原有使用风格的基础上，对后台结构、应用技术、人性化功能和档案管理等方面作了重大改进，提高了系统的可靠性、稳定性和可操作性。

【投诉受理系统整合工作有序开展】 2009 年，结合绿化林业专业网格化系统中呼叫中心的建设，对原绿化和市容环卫投诉受理系统进行分析，设计新投诉受理系统的整合方案。

【三维地理空间信息动态展示系统在全行业推广运用】 "上海市绿化管理局三维地理空间信息动态展示系统"于 2009 年 6 月完成开发、培训、使用、推广工作。该系统弥补了原有 GIS 系统对遥感图像操作的不足，以类似于 Google Earth 的浏览方式，从用户角度出发，结合已有的遥感图像，能够更为直观地反映全市的绿化林业资源分布情况。系统除具有原有的放大、缩小、浏览等地图操作基本要素外，还可以选择不同的浏览载体，如模拟在飞机、汽车上的高空鸟瞰和移动视觉等，实现在不同高度下按特定路径的浏览。同时，系统还提供了强大的规划功能。全市 18 个区县绿化林业管理部门用户可在特定区域进行绿地、林地规划，通过不同的种植树种搭配方案效果图的比较，确定最优的规划方案。

【全行业视频会议系统完成全面整合】 为更好地开展业务工作，合理分配使用现有资源，2009年对全市绿化市容行业视频会议系统进行了全面整合，将原绿化的IP协同视频会议系统、原市容硬件视频会议系统和城管的无线传输视频会议系统3套系统进行了集成与整合，使三套系统在同一平台上运行使用。整合后全市绿化市容行业共82个点接入了视频会议系统，为行业提供了视频会议应用的网上办公功能。

【上海市绿化和市容管理信息中心成立】 2009年7月，按照《关于市级机关机构改革后事业单位相应调整的意见》（沪编[2009]55号）及《上海市机构编制委员会关于市绿化市容局机构改革后所属事业单位相应调整的批复》（沪编[2009]164号）精神，撤销原上海市市容环境卫生信息中心，原上海市绿化管理信息中心更名，合并成立上海市绿化和市容管理信息中心。成立后的信息中心业务主要面向全市绿化、林业、市容、环卫、城管执法五大行业。

（金 苹）

第七编
信息安全

综 述

2009年，是完成“十一五”规划目标的关键年，在市委、市政府的领导下，上海市信息安全体系建设进一步完善，信息安全服务水平逐渐符合和适应上海特大型城市的实际需求。未发生重特大信息安全事故，全市信息安全态势总体平稳可控。

随着城市发展对信息化依赖程度的日益提高，信息安全保障工作已与城市正常运转密不可分，成为保障经济又好又快发展、服务产业结构调整升级的重要方面。2009年，围绕保障全市基础网络和重要信息系统安全稳定运行的目标，根据《上海市信息安全“十一五”专项规划》和《上海市迎世博信息安全保障两年行动计划》，按照市政府提出的“围绕‘四个确保’，切实增强全市信息安全综合保障能力”的要求，加快推进信息安全保障体系建设，确保世博会信息安全保障，加强国庆60周年信息安全保障等重点工作的落实，各项信息安全保障工作得到有效落实。在全市各方面的共同努力下，信息安全工作取得较好进展。

信息安全协调管理机制不断完善，结合市政府机构改革期间人员变动和职责调整的情况，做到“职责不乱，工作不断”，在市公安、保密、密码、通信管理等主管部门的密切协同及各行业主管部门的有力配合下，组织实施国庆60周年期间的信息安全检查及保障工作；信息系统信息安全等级保护工作不断深化，全市重要信息系统的定级备案工作基本完成，三级和三级以上重要信息系统的安全测评及整改工作有序开展；政府信息系统安全检查工作有序推进，形成市、区两级密切协同共同推动的良好局面；信息安全监测预警和应急处置工作有力推进，完成全市信息安全重点单位应急预案调整工作，并积极开展应急演练；社会管理和公共服务类的重要信息系统安全测评工作继续完善，进一步规范了信息系统全生命周期安全管理；密码管理、信息安全保密工作也得到进一步加强。

2009年，在国家产业导向和政策支持下，信息安全产业呈现快速上升的发展格局，为全市信息安全保障体系的构建发挥了重要作用。国家信息安全成果产业化(东部)基地不断发展壮大，入驻的企业规模有了扩大，研发能力进一步提高，产业带动集聚和区域辐射效应进一步加大。同时，信息安全培训和全民信息安全教育工作有力落实，市民信息安全意识进一步增强。

（吴　昊）

第一章　信息安全管理

概　述

2009年，重点开展信息安全等级保护、信息安全测评、应急预案调整及演练，全市统一网络信任体系建设以及世博会信息安全保障准备等工作。在公安部门的整体推动下，全市主要的信息系统已基本完成定级备案，部分系统的定级调整工作也在相应开展，三级和三级以上的重要信息系统已基本完成信息安全测评，并将及时进行安全整改；按照《上海市公共信息系统安全测评管理办法》的要求，2009年完成全市50个公共管理和公共服务系统的安全测评计划，各系统单位已按照整改要求完成整改工作，并及时将整改结果上报备案；市重点信息安全单位的信息安全应急工作继续深化，年内全面完成部门应急预案的调整并上报世博会前的演练计划；随着几项重要基础设施的建成，城域网监测预警体系已经初步形成，并向社会开展信息安全事件的研判预警服务；随着市工商局的数字证书改造项目完成，全市统一的网络信任体系建设已基本形成。

一、组织建设

领导管理体制

上海市网络与信息安全协调小组作为全市信息安全保障工作的决策协调机构，在上海市国民经济和社会信息化领导小组的统一领导下，在全市信息安全相关机构的设置、安全管理制度的建立、跨部门专项任务部署以及信息安全重大项目的投资等方面发挥领导决策作用，综合协调全市信息安全保障工作。市网安小组下设办公室，作为市网安小组的常设办事机构，设在市经济信息化委，具体承担全市信息安全的组织协调和管理工作，以及市网安小组交办的各项任务。2009年，结合中央和上海机构调整工作，市网安小组相关组成人员和机构也及时进行相应调整，确保工作顺畅衔接。经调整，市网宣小组负责对互联网舆情的研判和引导，下设办公室，设在市委宣传部，作为承担日常工作的常设机构，统筹协调全市舆论宣传工作。

在网安、网宣两个平台协同管理的基础上，各信息安全相关部门密切协作，落实信息安全责任制，完善日常信息安全监管工作，组织实施全市信息安全各项工作。

功能性机构建设

上海市主要建有以下信息安全功能性机构和基础设施，面向政府部门、企事业单位和社会公众提供服务。

上海市电子商务密钥管理中心：隶属于上海市国家密码管理委员会办公室，其主要职责是配合上海市数字证书认证中心有限公司进行工作，在政务外网、电子商务等网络服务中为用户提供密钥和加密技术服务，保证重要信息的安全保密。

上海市数字证书认证中心有限公司：按照政府指导、市场化运作的方式成立的第三方电子认证服务机构，主要负责构建全市性的数字证书认证服务平台，为政府、企事业单位和市民提供数字证书认证服务，推广数字证书应用，为构建统一的网络信任体系发挥基础性作用。

上海信息安全测评认证中心：隶属于上海市经济和信息化委员会，主要业务包括信息安全产品测评、信息系统（网络）测评、计算机信息系统集成企业资质（三、四级）认证、信息系统安全方案评审和提供相关技术支持、咨询服务、技术开发和测试实验环境等。

上海市计算机病毒防范服务中心：隶属于上海市经

济和信息化委员会，主要职责包括组织开展信息安全和计算机病毒防范服务工作，组织开展信息安全和计算机病毒防范技术的研发工作，组织开展信息安全知识的宣传、培训工作，协同建立信息安全防范体系工作，协调管理"9682000"信息化服务热线的运作等。

上海市信息安全行业协会：由上海地区从事信息安全产品研发、制造、经营和服务的企业和其他相关企事业单位按照自愿、平等的原则组成，提供咨询和中介服务，组织调研、交流、合作、培训，开展会展、编辑出版以及政府委托的其他工作。

"9682000"信息化服务热线：前身为上海市信息化办公室直属机构及2001年度上海市政府实事工程项目之一的"82000"信息化服务热线，作为信息化技术、信息增值服务的提供商，"9682000"面向全市提供信息化基础保障服务，为政府机关、企事业单位及家庭个人，提供全方位多层次的信息化建设、使用和应用的增值服务。

上海上信计算机司法鉴定所：由上海市信息化委员会直属机构上海市计算机病毒防范服务中心创办，经上海市司法局批准，于2005年6月16日正式成立，面向社会提供权威、公正的电子证据服务的第三方计算机司法鉴定组织。

二、职能监管

国庆60周年信息安全保障工作

为切实做好信息安全保障工作，确保国庆60周年活动顺利进行，按照市信息安全保障工作会议的部署及工业信息化部相关文件精神，市网安办就做好全市2009年国庆期间信息安全工作印发有关通知，要求各信息安全重点单位自觉按照信息安全的相关管理规定，做好信息安全的防范和应急准备，同时严格落实各项日常维护保障工作，加强国庆期间系统安全稳定运行的排查和保障工作。市级层面组成综合、宣传、金融、交通、通信、重点企业等6个检查组，分头对各相关单位的工作落实情况进行了检查。在各部门、各有关单位的通力协作下，国庆期间全市未发生严重的信息安全事件，确保国庆期间网络信息系统安全。

政府信息系统安全检查

为贯彻落实国务院《政府信息系统安全检查办法》，经市政府同意，上海市于2009年组织实施政府信息系统安全检查工作，对市政府及其部门、区县政府及其部门自行运行、维护管理或委托其他机构运行和维护管理的办公系统、业务系统和网站系统每年开展一次安全自查和检查。根据部署，市经济信息化委2009年7月编制印发《关于印发〈2009年度上海市政府信息系统安全检查指南〉的通知》，至2010年1月检查终止。全市各级政府机关分别根据当年的指南对所辖信息系统开展了安全自查，由市经济信息化委和各区县职能部门牵头，充分调动相关主管部门和专业技术力量，开展安全检查。

三、制度建设

落实等级保护制度

2009年初，为进一步贯彻落实《信息安全等级保护管理办法》(公通字[2007]43号)，市公安局，市经济信息化委、市国家保密局、市密码管理局等4部门共同成立"上海市重要信息系统安全等级保护工作协调小组"，协调小组办公室设在市公安局。2009年8月起，为进一步配合全市各单位开展等级保护系统备案、测评、整改等工作的顺利开展，设立18个区县一级、1个市一级的等级保护工作受理点，并向社会进行了公告。同时，针对定级在三级和三级以上的信息系统，督促其在世博会前完成等级测评和安全整改，目前所涉备案系统已基本完成或开展测评工作。

加强应急预案体系建设

2009年6月，国家颁布《国家网络信息安全事件应急预案》，根据预案内容，上海市网络与信息安全协调小组办公室，牵头对全市信息安全应急预案进行调整，并于6月底向全市发布实施。同时，组织开展全市158个信息安全重点单位的信息安全应急预案的修订调整和演练计划备案工作。截至9月底，全市信息安全重点单位基本完成了预案调整和演练计划的备案工作。并由市网安办组织有关专家进行集中审核。针对审核中发现的预案定位不清、缺乏可操作性、对自身系统安全分析不到位、应急保障机制不健全等共性问题，市网安办于9月22日召开信息安全应急预案调整和演练工作培训会，邀请市应急办、上海市计算机病毒防范服务中心、万国数据(GDS)公司、上海证交所四家单位相关负责人做专门辅导，切实增强应急预案内容的完整性、可操作性和有效性。

四、其　他

举行信息安全技能竞赛

为贯彻落实中共中央办公厅、国务院办公厅《关于进一步加强高技能人才工作的意见》(中办发[2006]15号)和中共上海市委办公厅、上海市人民政府办公厅《关于进一步加强高技能人才工作的实施意见》(沪委办发[2007]5号)有关文件精神，加快信息安全领域高技能人才队伍建设，选拔和培养优秀技能型人才，营造崇尚技能、尊重人才的社会氛围，根据《上海市信息安全"十一五"专项规划》，市人力资源社会保障局、市经济信息化委、市总工会、团市委、市教委等五家单位联合组织开展了"2009上海市信息安全技能竞赛"活动。

竞赛活动自2009年10月开始，分选拔赛和决赛两个阶段进行，历时2个多月，共有268名选手报名参加，主要考查参赛人员的实际动手能力。选拔赛阶段，共有252名选手通过封闭考试，进入决赛。

决赛阶段分别考查在不同计算机环境下参赛人员对病毒和漏洞的基本场景、复杂场景以及综合场景的问题处理能力和使用常用扫描和渗透攻击工具的能力。

此次竞赛共产生4个二等奖和6个三等奖，其中一等奖空缺；市委宣传部、上海电力股份有限公司等六家单位获"优秀组织奖"。

编制《上海市民信息安全手册》

受市网安办和上海世博局的委托，市信息安全行业协会编制并发布《上海市民信息安全手册》。积极宣传信息安全，普及计算机防护知识和常识，不断增强提升市民的信息安全意识。手册采用一问一答的编辑方式，如"计算机为什么要设置用户名和密码?"、"如何升级计算机软件系统?"、"计算机病毒传播的途径有哪些?"等，方便市民理解和运用。先期向部分社区、银行、运营商营业网点发放了20万册。

（吴　昊）

第二章 信息安全服务

概述

为更好拓展上海市信息安全服务平台，打造城市信息安全服务高地，2009 年上海市相关主管部门、企事业单位共同积极努力和推动，进一步完善城域网信息安全事件监测预警服务功能，提高信息安全动态研判和跟踪处置能力；加强计算机病毒预报及处置、电子证据鉴定等有关工作；推动已完成系统保护定级备案的信息系统加强系统安全测评及风险评估；进一步夯实全市统一的网络信任体系建设，基本形成涵盖全市电子政务、电子商务的电子认证体系。在信息化建设加快推进的过程中，众多信息安全服务机构为相关基础网络和重要信息系统的信息安全保障工作提供高质量的安全服务，为保持全市信息安全态势总体可控作出了重要贡献。

（吴 昊）

一、计算机病毒防范

全市城域骨干网安全运行状况

2009 年，上海市计算机病毒防范中心开始对全市城域骨干网安全运行状况进行 7×24 的安全事件监测，共计发布 365 期《上海市网络与信息安全监测日报》、50 期《上海市网络与信息安全监测周报》和 12 期《上海市网络与信息安全监测月报》，成功处置了 9 起网络与信息安全突发事件。

	病毒蠕虫事件	拒绝服务攻击事件	尝试入侵事件	被控主机事件	每月数据总量
1月	7 049 926	267 196	3 734 107	2 842	11 054 071
2月	5 283 151	582 756	1 945 737	2 293	7 813 937
3月	4 568 663	1 002 259	1 413 720	2 396	6 987 038
4月	4 439 553	903 713	1 862 336	821	7 206 423
5月	7 495 465	876 898	1 762 483	5 058	10 139 904
6月	6 352 376	260 449	1 515 849	2 405	8 131 079
7月	5 782 528	618 983	3 172 637	2 651	9 576 799
8月	3 638 743	252 676	733 263	7 872	4 632 554
9月	1 889 191	361 561	1 044 758	2 758	3 298 268
10月	655 173	243 162	526 795	9 618	1 434 748

（续表）

	病毒蠕虫事件	拒绝服务攻击事件	尝试入侵事件	被控主机事件	每月数据总量
11月	771 279	117 722	370 615	2 423	1 262 039
12月	482 572	297 919	780 113	626	1 561 230
全年	48 408 620	5 785 294	18 862 413	41 763	73 098 090

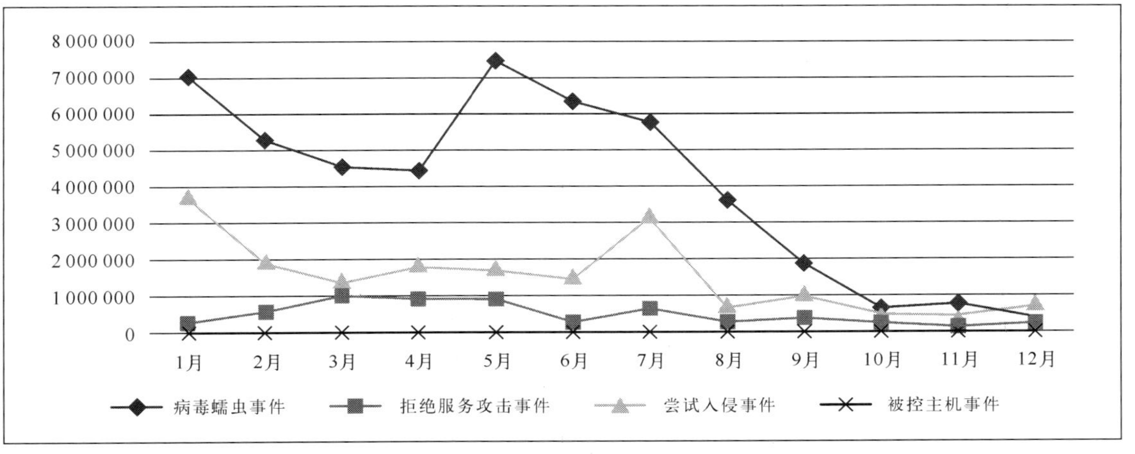

2009 年全市城域骨干网安全运行状况监测数据（总事件：73 098 090 起）

重点单位病毒防范

综合 2009 年度信息安全防范情况，全市信息安全问题有以下几点情况值得关注：

1. 就发生信息安全事件的数量而言，2009 年度重点单位信息安全事件月平均发生率与上年度相比有所下降。信息安全事件发生率最高为 1 月，最低为 9 月，总体平稳。说明随着有关单位对信息安全问题越来越重视，各项安全措施不断落实和完善，特别是市计算机病毒防范服务中心每星期一次的“本周计算机病毒预告”的发布，指导用户正确应对日常信息安全问题，使得全市的信息安全态势进入一个相对平稳期。

2. “黑客攻击”事件与上一年度比较，数量明显增多，为 221 398 例（按攻击源 IP 统计），基本上是端口扫描、尝试性远程登入以及通过 SNMP 窃取设备配置信息等试探性动作。由于有关单位加强了相关的安全措施，攻击得逞的仅为 10 例。

3. “计算机病毒感染”事件比上年情况有所好转。全年有 31.02%的单位受到不同程度的病毒感染，比上一年度的 37.27%有所下降。有 25.32%的单位遭受过三次以上的反复感染，也比上一年度的 27.95%有所下降。

病毒的发展趋势由破坏性向窃取用户信息变化。全年肆虐比较严重的计算机病毒有 Worm 蠕虫病毒、ARP 病毒、MSN 病毒以及各种 Trojan 木马病毒及其变种。

4. “由于自身原因造成的信息系统瘫痪”事件发生率较低。就单位而言，这类信息安全事件发生概率最小，全年度只有 2.54%的单位发生过这类事件。

纵览 2009 年度全市信息安全状况，发生信息安全事件的重要因素主要来自外部的破坏，但是，也有不少事件是由于内部管理疏漏和在安全方面投入不足引起。各单位应根据自己的实际情况，进一步加强和调整信息安全措施。

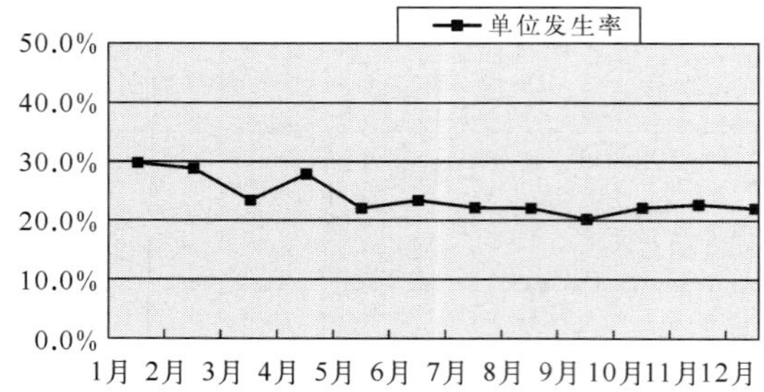

2009年重点单位信息安全事件单位发生率走势图

2009年						
1月	2月	3月	4月	5月	6月	7月
0.84%	0.50%	0.87%	5.32%	2.64%	3.42%	3.58%
8月	9月	10月	11月	12月	共 计	
22.39%	17.48%	11.74%	16.83%	14.39%	100	

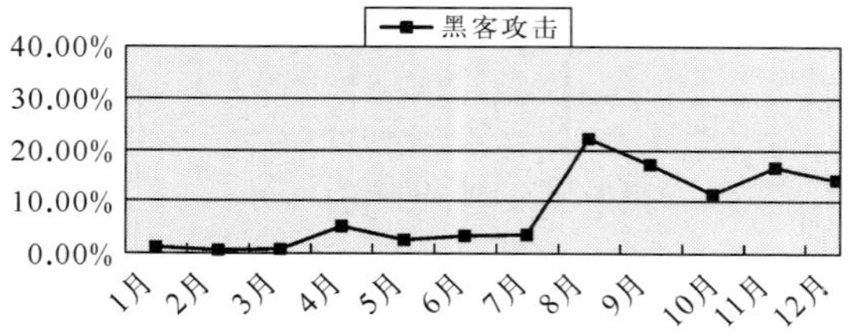

2009年重点单位"黑客攻击"发生数量各月分布情况

2009年						
1月	2月	3月	4月	5月	6月	7月
7.42%	3.97%	7.26%	4.98%	4.08%	3.47%	4.82%
8月	9月	10月	11月	12月	共 计	
6.13%	16.91%	10.12%	18.31%	12.54%	100	

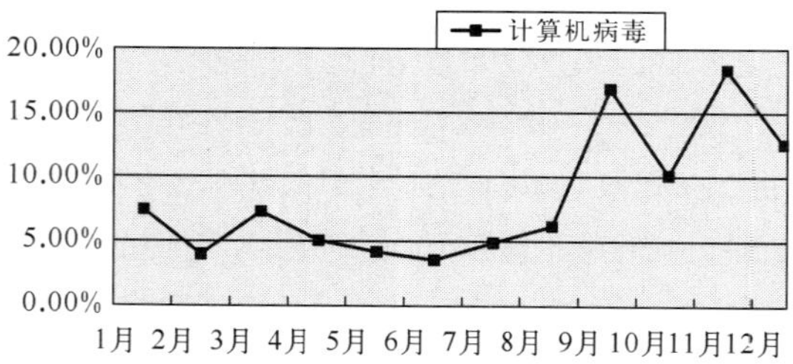

2009年重点单位"计算机病毒"发生数量各月分布情况

2009年						
1月	2月	3月	4月	5月	6月	7月
4.55%	13.14%	13.58%	10.03%	13.15%	10.24%	5.87%
8月	9月	10月	11月	12月	共 计	
7.47%	6.71%	4.58%	5.34%	5.33%	100	

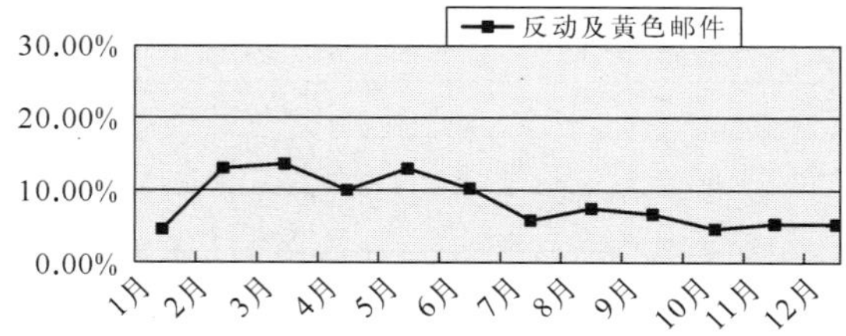

2009年重点单位"收到反动及黄色邮件"发生数量各月分布情况

信息安全事件	黑客攻击	计算机病毒	由于自身原因造成的信息系统瘫痪	收到反动及黄色内容邮件
发生单位数所占总单位数比例	3.68%	21.57%	0.42%	2.11%

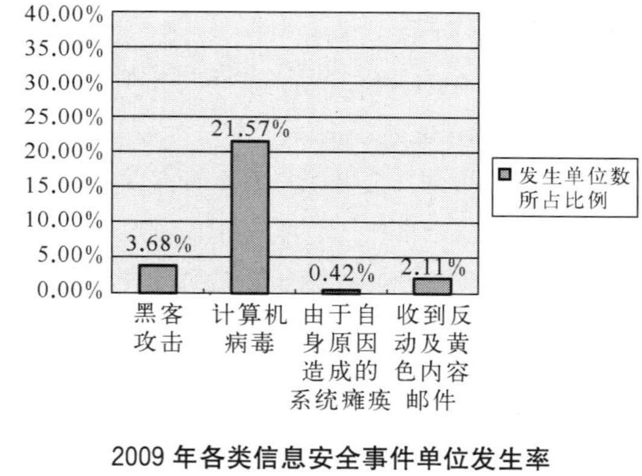

2009年各类信息安全事件单位发生率

事件类型 \ 发生次数	0(次)	1(次)	2(次)	3(次)
黑客攻击	91.14%	1.27%	3.16%	4.43%
计算机病毒	68.99%	4.43%	1.27%	25.32%
由于自身原因造成的系统瘫痪	97.47%	1.27%	1.27%	0
收到反动及黄色内容邮件	96.84%	0	0.63%	2.53%

2009年信息安全事件重复发生分布表

事件种类	易发单位
黑客攻击	金融类、通信网络类、政府机关、高校
计算机病毒	工业企业类、通信网络类、政府机关、高校
由于自身原因造成的系统瘫痪	政府机关、金融类、高校
收到反动及黄色内容邮件	新闻媒体、金融类、高校、政府机关

2009 年全年易发信息安全事件的单位分类

重要计算机病毒防范

2009 年，新病毒样本 20 684 223 个，比上年增加 49%。其中木马病毒 15 223 588 个，后门病毒 3 882 428个，两者之和超过 1 800 万个，占病毒总数的 92.37%。引发网络安全问题的动因主要是“经济利益”。近几年，病毒、木马所带来的产业链规模不断刷新。与 2008 年相比，2009 年计算机病毒和木马处于一个“低调增长期”，虽然一些类似熊猫烧香的重大恶性病毒日趋减少，但在一些小范围内、针对性强的新病毒、木马的数量仍然快速增长。

十大病毒排名

【IE 主页篡改器】 该病毒主要是依附一些小型软件传播，病毒团伙将该病毒捆绑在某些受欢迎的小程序里，当用户下载这些程序时，病毒就被连带植入电脑。并修改 IE 浏览器数据，将主页锁定为病毒作者指定的地址。中毒后，用户每次打开 IE 浏览器都要被迫浏览广告页面，为这些网站“贡献”流量，病毒团伙即可从中牟取不义之财。预防的最简单办法，是不要去那些不知名的小型下载站点或不良网站，这些地方提供的视频播放器或工具多半包含此毒或类似的病毒木马。

【KIDO】 该病毒曾经因 2009 年使法国海军飞机停飞一事而闻名世界，其主要破坏方式为：入侵多个国家的重点政要局域网，通过 MS08067 漏洞、移动介质、局域网弱口令等方式进行传播，传播速度极快。病毒技术本身采用反调试技术，令病毒分析及处理处于较为困难的境地，并且感染周期长，严重干扰用户局域网正常使用。

【CFG 等盗号器】 此病毒具有较强的对抗能力，通过尝试利用强制关闭进程的办法，中止一些常见杀毒软件的进程，如果这些杀毒软件的自保护较弱，该病毒就会将它“干掉”。随后此病毒就搜寻并注入《寻仙》的进程，截取账号信息。该病毒主要依靠网页挂马传播，能盗取多款流行网游的账号。如果用户系统中存在安全漏洞，容易受到脚本下载器的攻击。并通过脚本下载器直接下载该病毒，或者先下载一个类似宝马下载器这样的普通下载器，再下载此盗号木马。打齐系统补丁是防御此病毒的最好办法，只要堵住系统中的安全漏洞，感染的几率就会大大减小。

【第三方浏览器锁】 该病毒危害程度广、感染周期长，主要表现在：触发该病毒后，浏览器(包括第三方浏览器)的主页会被修改，而且极不容易修改回来。修改主页后，指定的网址流量会上升，以此牟取不法利益。该病毒同时还会对浏览器的搜索功能做修改，用户搜索时，只可以访问设置好的网址。此外，还会对自己浏览器的设置进行破坏。甚至还会创建伪造的桌面图标，诱惑用户点击并触发病毒。

【宝马下载器】 宝马下载器的变种数量很大，每逢重要节假日，病毒作者都会“加班”推出一批新变种。该木马具有对抗杀毒软件的能力，会采用多种方式尝试中止杀软进程或禁止杀软服务，甚至还会释放出一个驱动来用于穿透系统还原保护和某些防病毒软件的“主动防御”。

【Gameime 盗号】 2009 年度新出现的病毒加载技术，破坏系统文件，并且通过伪装成输入法形式启动注入，悄然的进行盗窃行为，盗窃的对象包括游戏、网银等涉及金钱利益关系的账号密码。其技术新颖，行为恶劣，在 2009 年曾经群虐一时。

【伪文件夹病毒】 此病毒将自己的图标伪装成系统文件夹的样子，用户在 U 盘中看到一个陌生文件夹时，多半都会去点击。如此一来，即使用户禁止了 U 盘自动播放，该病毒依然能够实现运行。运行后，此病毒会下载一些别的恶意程序，执行多种破坏行为。此外，有些脚本挂马也会帮助该病毒传播，一旦该病毒利用系统安全漏洞攻入电脑，就会立即下载包括“文件夹模仿者”在内的其他恶意程序。根据变种的不同，此病毒会呈现多种症状，其中比较明显的一种是将用户系统中的文件夹全部变为病毒的 EXE 文件，用户必须点击病毒文件才可进入文件夹。这使得病毒得以多次运行，如果该变种所携带的执行模块是广告插件，那么就会尽可能多地弹出广告网页。

【猫癣下载器】 猫癣下载器一方面通过 IE70day，RealPlayer 等漏洞广泛传播，另一方面该下载器还会通过 MS08－67 漏洞在局域网内大规模传播。同时该木马下载器会自动下载，HB 蝗虫盗号木马集团，基本囊括了市面上大多数的游戏，例如《魔兽世界》、《大话西游 OnlineⅡ》、《剑侠世界》、《封神榜Ⅱ》、《完美系列游戏》、《梦幻西游》、《魔域》等等，对用户的虚拟财产影响巨大。该病毒具备以下破坏行为：尝试破坏杀毒软件的保护，使电脑易受攻击。下载大量盗号木马，针对多个热门网游实施疯狂盗号行为。利用 MS08－67 漏洞在局域网内大规模传播，试图扩充自己的势力范围，以求获得更多的黑色利益。MS08－067 漏洞未修补的电脑极易被不法分子远程植入任意恶意程序运行，一旦入侵成功该病毒会下载更多的恶意程序，多达数 10 种恶意软件同时入侵，使得病毒清除变得异常艰难。

【机器狗变种】 感染系统文件，劫持杀软，不易清除。病毒运行后会修改注册表，并劫持大量安全软件，导致它们无法正常运行。同时它还释放驱动文件，实现自保护。最后，病毒会通过网址获得木马种植者提供的最新病毒列表，下载大量木马至用户计算机。

【Delphi 梦魇】 这是一个针对 Delphi 程序员的病毒“Delphi 梦魇”，它专门感染 Delphi 程序员的电脑，一旦成功，程序员今后写出的任何程序，都将带有该病毒。当随着被感染文件进入电脑系统，“Delphi 梦魇”就开始检验系统中是否有 Delphi 环境。它通过循环检测注册表键值的方法查找 Delphi 的安装目录，如果找到 Delphi，就将恶意代码前排插入 SysConst. pas 文件，这个文件编译的时候，会生成 SysConst. dcu，而这个文件会被添加到每个新的 Delphi 工程中。于是，Delphi 程序员们所编写的全部程序都将携带病毒。该病毒不具备破坏行为，但由于其在技术和攻击方式上的突破，已经成为一些不法黑客借鉴和改造的对象，基于该病毒改写的下载器已经在技术上实现，一旦被广泛利用，后果难以想像。

由于目前流行的各种热门网站、客户端软件和浏览器，都存在着众多漏洞和安全薄弱点，使得用户遭到攻击的渠道暴增；而且，随着黑客—病毒产业链臻于完善，支撑互联网发展的多种商业模式都遭到了盗号木马、木马点击器的侵袭，使得用户对于网络购物、网络支付、网游产业的安全信心遭到打击。长此以往，必将影响整个互联网的健康发展。

计算机司法鉴定服务

上海市计算机病毒防范服务中心经上海市司法局批准于 2005 年开始开展计算机司法鉴定业务，并于当年 6 月正式成立上信计算机司法鉴定所，这是全市最先向社会提供权威、公正的计算机司法鉴定服务的专业机构，面向刑事诉讼、民事诉讼、执法机关、财务审计、公司调查、网络服务、知识产权保护等领域开展电子证据、取证和鉴定服务。

2009 年，中心面向全国开展有关电子证据计算机司法鉴定业务，业务量比 2008 年增长 52%，上海市外的业务也有大幅增长，邮件类、数据恢复检验类业务仍是主要类型，法院、检察院、仲裁机构等部门对于该中心的计算机司法鉴定报告评价较高，其工作也得到了用户的充分认可。2009 年，该中心先后为市高级法院、市公安局刑警总队开展电子证据的培训，取得了良好效果。

【“9682000”信息化服务热线】 上海市计算机病毒防范服务中心的“9682000”信息化服务热线全年正常运作，继续在全市开展市民信息化服务，服务热线在全市有 10 个服务点，2009 年共计受理免费技术咨询电话服务122 420 次，上门技术服务 781 次，每周在全市 20 余家电视、广播、报纸等媒体和市经济信息化委网站、市民信箱等网站发布计算机病毒预报。

全年共发放免费期刊——《信息安全和服务》12期，全面介绍全市信息化发展的状况、信息安全防范知识等，免费发放面保持在稳定水平。

（吴恩平）

二、安全测评

上海市信息安全测评认证中心

信息安全测评认证是信息安全保障的基础性工作，作为上海一项重要的信息安全基础设施，上海市信息安全测评认证服务中心建立了"一个平台、多方授权、服务各方"的测评模式，实现本地测评资源的最大集约与共享，并获得包括国家保密局、国家认证认可监督管理委员会、国家密码管理局、中国信息安全测评中心、上海市经济和信息化委员会等在内的测评业务授权。2009年，随着国家信息安全等级保护工作的持续推进，中心又获得市公安局、市密码管理局的授权，成为本地信息系统等级保护测评机构及本地商用密码系统安全检测机构，"服务本市、影响华东、辐射全国"的测评业务发展格局基本形成。

【基础网络和重要信息系统安全测评】 2009年，上海继续深入贯彻、执行国家信息安全等级保护基础制度和《上海市公共信息系统安全测评管理办法》（上海市人民政府令第58号），稳步推进全市重要公共信息系统的安全测评工作。

根据市经济信息化委的统一部署，测评中心完成对全市102个重要信息系统的安全测评工作，包括31个公共管理信息系统，71个公共服务信息系统。从系统的具体类型分布来看，电子政务类系统15个，占14.7%（如上海市知识产权信息服务系统、上海市人口与计划生育综合管理信息系统、上海市科学技术委员会分布式网上业务服务系统等）；门户网站类系统5个，占4.9%（如"上海科技"网站、上海市人口和计划生育委员会门户网站等）；重点企业的业务支撑系统7个，占6.9%（如上海石油化工股份有限公司ERP系统、SMG电视新闻共享平台等）；金融服务类系统56个，占54.9%（上海银行核心业务系统、中国证券登记结算有限责任公司上海分公司业务处理系统、海通证券集中交易系统、光大证券网上交易系统等）；社会保障类系统6个，占5.9%（如上海市劳动和社会保障管理信息系统等）；公共事业类系统8个，占7.8%（如上海电力股份有限公司DCS系统、上海市电力公司电力负载控制系统等）；世博类系统5个，占4.9%（如世博无线官方网站、世博信息安全综合管理系统等）。

截至2009年底，测评中心共完成对全市360余个公共信息系统的安全测评，测评范围涉及电子政务、社会保障、银行、证券、保险、电力、燃气、供水、轨道交通、医疗卫生等关系国计民生的主要信息系统应用领域，为确保2010年上海"数字世博、安全世博"的顺利召开奠定良好基础。

【信息安全测评认证系统建设】 自国家建立统一的信息安全产品认证认可体系以来，测评中心作为国家认监委全国首批指定的七家信息安全产品3C强制认证检测实验室之一（国家认监委2008年第3号公告），2009年共受理完成18件产品的认证测评业务，占全国产品认证测评总数的1/3，检测产品覆盖防火墙、入侵检测系统（IDS）、安全审计产品、数据备份与恢复产品、网站恢复产品、智能卡、身份鉴别产品、证券交易委托产品等类别。

（徐　玲）

三、数字证书应用推广

概况

2009年，国际金融危机对上海数字证书业务产生不小影响。在市经济信息化委等各主管部门的指导下，通过抓住国家加大经济发展投入的有利契机，上海市数字证书认证中心（简称"上海CA"）积极参加国家信息化试点项目，同时采取措施加大科研投入，提高创新能力，集中力量进一步做大做强主业，有效应对金融危机的不利影响。随着世博会的临近，针对世博信息化的特点及其安全需求，加强对世博数字证书应用的保障力度。同时，完成市工商局信息中心营业执照电子副本与数字证书整合项目建设，建设完善政务外网数字证书认证系统，进一步扩大电子政务应用，形成全市统一网络信任体系格局。2009 年上海 CA 发放各类数字证书36.5万张，比上年增长 14%，累计发放数字证书 174.5 万张，继续成为全国数字证书发放规模最大的地区性 CA 之一。

基础平台建设

【编制国家信息化试点材料】 2009 年初，国家发展改革委下发通知，公布第一批国家信息化试点单位名单。上海 CA 成为首批试点单位。根据国家发展改革委的要求，上海 CA 对未来 3 年的主要研发工作进行梳理，编制《上海市电子认证服务平台分布式统一信任服务系统资金申请报告》，并确立了 7 项技术研发重点工作，主要内容包括：

建设高强度数字证书认证系统，建立符合国际标准的全球信任服务模式，提高证书的安全可靠程度；

建设覆盖全市企业的证书发放体系，扩大证书在企业领域的覆盖面，满足大规模用户服务的需求；

研制并部署分布式证书验证网关，以实现一张证书在多个委办局应用系统的使用，降低企业应用成本；

研制并部署分布式时间戳服务系统，向用户提供实时、可靠的第三方时间戳服务；

研制并部署数据可信保全系统，向用户提供电子签名数据举证服务、敏感数据托管服务等；

研制和提供终端信任服务产品，包括电子印章系统和签名数据可视化防伪校验系统，便于用户使用基于数字证书的信任服务；

研制和部署无线环境下的证书服务系统，主要包括 WAPI 证书服务系统和 ECC 证书签发系统，为 3G 等无线网络应用提供高效便捷的证书信任服务。

【梳理根认证体系，增强运行稳定安全性】 为进一步增强认证系统的安全性和稳定性，2009 年上海 CA 对根认证体系进行了改造，在将根证书的密钥强度升级到2 048位以上的基础上，重新签发两张根证书，形成以 UCA ROOT(1 024)、UCA ROOT(2 048)、UCA Global、UCA General root、UCA admin ROOT、UCA Test Root 六张根证书为主的根认证体系，提升上海市电子认证服务平台整体的安全水平。2009 年初，上海 CA 还对认证系统的数据库进行升级扩容。在数据库升级成功的基础上，结合 WebTrust 复审工作，又完成 UC 3.0系统上线，为今后发展提供了技术保障。

【通过 WEBTRUST 复审，打造全球认证服务模式】 2008 年上海 CA 通过了 WEBTRUST 审计，成功将数字证书植入微软操作系统。根据审计要求，为通过 WEBTRUST 复审，上海 CA 将审计要求作为日常工作的基本内容来对待，明确运营管理人员和职责，确立关键控制点，建立了日常运行和控制体系。2009 年 5 月，上海 CA 通过 WEBTRUST 复审。通过复审后，上海 CA 注册了“万维信”品牌，组织开展 WEB 服务器证书的发放工作，并积极建立证书销售渠道。通过努力，“万维信”已经初步成为立足本土服务，提供全球信任的网站服务器证书品牌，并成功在北京召开的全国密码产品展上作了重点市场推广。

【积极申请各类资质，争取科研项目资金支持】 为进一步加强自主创新能力，提高核心竞争力，上海 CA 申报上海市科技小巨人企业，被市科委评为科技小巨人培育性企业。在股东单位大力支持下，上海 CA 利用信投资助的科研经费，研发签名数据可视化的防伪校验技术，并申请了专利，该技术已市场化。此外，2009 年上海 CA 对五个产品进行软件登记、申报商密产品销售资质，并对分布式验证软件和 RA 软件进行高新技术成果转化项目申报。

电子政务领域应用

【整合工商营业执照电子副本，纳入全市统一的网络信任体系】 2009 年 1 月，经市经济信息化委信息安全处和市工商局信息中心研究，认可由上海 CA 上报的项目建设方案，确定由上海 CA 中心和万达公司组成的企业注册登记信息网上查询管理系统项目组，由上海 CA 中心负责营业执照电子副本与数字证书整合系统建设。该项目在 2009 年 3 月 1 日完成并按时上线。通过优化营业执照电子副本和数字证书发放流程；重新设计营业执照电子副本和数字证书统一的存储介质、驱动光盘和证书包装外观；研究制定新系统应急预案，保证新系统的稳定不间断运行等几方面的工作，基本实现将市工商局纳入到本市网络信任体系的既定目标。工商项目已发放数字证书超过 9 万张。

【全力保障世博数字证书应用】 上海 CA 作为上海市信息安全工作的重点，在市经济信息化委的领导下，编写了世博数字证书应用管理规范。针对世博信息化的特点及其安全需求与上海世博局共同编写了世博信息安全二期项目报告。数字证书已经在世博票务系统、特许经营系统、OA 系统、证件管理系统、安保系统、物流系统等多个业务系统中应用，并成为世博信息化的重要服务商之一。

【深化财税项目应用】 2009 年，受国际金融危机影响，上海市网上报税新开户企业大量减少，新增用户数减少四成。为此上海 CA 积极应对，及时调整既定的工作计划，加强与财政及税务局的沟通，重点推进公务员卡与财政政府采购证书应用项目。公务员卡数字证书已成功发放 600 多张证书，为未来证书在财政业务中的应用打下坚实的基础。上海 CA 通过市区两级共同推进，积极做好纳税户的服务工作，签署年度服务合同，保持在网上报税服务领域的有利地位。在政府采购证书应用项目中，上海 CA 增加电子印章等证书附加功能，向供应商、招标单位、中介机构等发放 3 000 余张数字证书，为今后工作创造了较好的先决条件。

【建设外网数字证书认证系统，巩固和扩大电子政务市场】 上海 CA 积极与市经济信息化委、市密码管理局、市公众网管理中心沟通，成功取得建设电子政务外网数字证书认证系统的资质，并于 2009 年下半年自筹经费开始建设，进一步巩固上海 CA 在上海电子政务数字证书认证领域的市场地位。2009 年，上海 CA 加大了区县 RA 建设的力度，完成浦东新区、徐汇区的 RA 中心的建设，基本覆盖全市范围。上海 CA 在 2009 年深化与市建设交通委在建筑企业网上招标项目中的合作，新增企业近 2 000 家；劳动社保项目也取得阶段性成果。在电子政务认证体系的建设服务上，就如何更好地做好市、区两级联动互通也作了有益尝试。

电子商务领域应用

【加强市场化手段，推进电子商务数字证书应用】 2009 年，上海 CA 加强了在电子商务市场的推进力度，于 3 月召开全国合作伙伴大会，并作为协办单位参加期货经纪公司业务年会。根据目前市场上的情况，进一步加强在金融行业的证书应用推进，上海银行年累计发放申请证书近万张，北京中行外汇保证金业务发放数字证书5 000 张，东方钢铁累计发放证书 4 000 多张。

在期货行业方面，三大期货交易中心涉及的用户数字证书基本已经发放完成，全国近 200 家期货经纪公司已成为上海 CA 的长期用户，进一步巩固了市场地位。

【开拓医疗、电信行业证书应用领域】 医疗行业是未来数字证书的主要市场之一，电子签名在电子病历中的应用推广，对公司未来发展有着十分重要的意义。通过前几年的培育，2009 年公司成功签订桂林医学院附属医院电子病历、闸北区居民健康档案两个项目，在医疗行业中实现的重大突破，在医疗行业的发展方面积累了宝贵经验。

电信行业特别是 3G 业务，是上海 CA 重点拓展的业务领域。2009 年，上海 CA 对 WAPI 标准进行全面了解和熟悉，参与电信 WAPI 企标的制定，并在此基础上，加入 WAPI 产业联盟和国家标准化工作组。该项目的实施，不仅使公司 PKI 业务领域成功向 3G 通信领域拓展，也锻炼和培养了一支技术团队，为下一步市场推进打下基础。

（徐 静）

第三章　信息安全技术研发及产业化

概　述

随着城市信息化整体水平的大幅提高，信息化应用规模日益扩大，信息安全问题也日渐成为影响国家及社会安全的重大问题。信息安全产业作为信息安全保障工作的重要支撑，其社会效益不言而喻。2009 年，上海信息安全产业得到高新技术产业化等政策配套措施的支持，产品技术水平进一步提升，相关企业进一步壮大。与此同时，信息安全企业规模偏小、缺乏产品核心技术、产品结构单一、安全产业统计口径不统一等许多问题依然存在，为此，在"十二五"规划编制中，将加大对全市信息安全产业的调查和研究，确保相关产业健康发展。

（吴　昊）

一、国家信息安全产业化(东部)基地

国家信息安全成果产业化（东部）基地（简称"国信安基地"）成立于 2001 年 7 月，位于上海浦东新区张江高科技园区，占地 28.31 公顷，是国家科技部设在上海浦东新区张江高科技园区内的国家 863 计划重点项目，是三个国家级信息安全成果产业化基地之一。国信安基地的设立是我国加强具有自主知识产权信息技术和产品开发的重要举措，也是上海建立信息安全保障体系、加快推进国民经济和社会信息化的重要措施。

基地设立以来，为集聚国内信息安全领域的人才、技术和资源，加快信息安全产品产业化，打破国外垄断，建立具有我国自主知识产权和自我创新能力的信息安全体系发挥了重要作用。在国家科技部和上海市政府的大力支持下，依托上海浦东开发开放和上海聚焦张江的发展战略和政策，国信安基地快速发展并形成规模。截至 2009 年底，基地共有入驻企业 172 家，其中信息安全企业 15 家，其他 ICT 信息与通讯技术企业 103 家；驻有三个国家级研究中心和一个市级研究服务中心（国家八六三计划反计算机入侵和防病毒研究中心、国家信息安全工程技术研究中心和国家高性能集成电路〔上海〕设计中心和上海市计算机病毒防范服务中心）和一所高校（上海交通大学信息安全工程学院），形成了产学研一体化的信息安全产业链。近年来，在积极推进信息安全产业发展的基础上，国信安基地还积极介入 ICT 大产业链，促进信息安全与 ICT 融合发展。

2005 年 12 月，国信安基地被国家科技部认定为国家高新技术创业服务中心，成为国家级专业孵化器。截至 2009 年底，基地共拥有孵化面积 3.5 万平方米，在孵企业 68 家，累计孵化企业 82 家，累计毕业企业 32 家。在"2008 年度上海市科技企业孵化器评价"中，国信安基地孵化器被评选为浦东新区"A 级孵化器"，并受邀成为上海市科技创业中心孵化平台研发的合作单位。

上海八六三信息安全产业基地有限公司（简称"八六三公司"）作为国信安基地的管理者和运营者与国信安基地同时成立。它承担着开发建设、运营管理国信安基地的重要责任，是贯彻国家职能与产业建设的延伸执行体；是接壤科学技术与成果转化的温床；是导通企业运营与社会综合资源的桥梁。八六三公司秉承张江集团的开发运营商、集成服务商和高科技投资商三大发展战略，致力于打造园区发展"产业地产＋产业服务"双引擎模式，积

极推进战略转型，由单纯提供房产经营服务向为企业提供投融资、产业咨询共享等全方位服务转变。

八六三公司先后建立高新产业服务运营评估体系HISO（High-tech Industry Service and Operations Evaluation System）HI、平台服务接口规范流程体系（SIMR，包含后台支撑接口规范 Support、服务板块接口规范 Interface、系统管理接口规范 Managerment 和客户响应接口规范 Response）、中小企业创业投资流程体系、招商服务一体化管理模型等一系列服务规范体系并在原有的基础性服务的基础上增加了特色产业增值服务，包括：产业咨询共享服务，企业策略定位服务，投融资服务，项目申报服务，企业运营管理咨询服务，企业研发测试类平台服务，市场服务等。两年多来，八六三公司还一如既往的为企业提供优质基础服务：企业培训服务，人力资源服务，中介咨询服务，企业注册咨询服务，政策宣传落实服务，日常休闲类活动服务，企业文化推广服务等多项服务，共为企业提供了300余家次特色产业增值服务。2009年2月，八六三公司被张江集团指定为“推进张江自主创新成果产业转化”的建设单位。

通过八年多的建设，国信安基地和八六三公司逐步树立了品牌，进行了资源的充分整合，集聚了国家、长三角地区以及上海市的大量项目和资金，促进了信息安全成果的产业化。

（盛　夏）

二、重要信息安全企事业单位

浪潮集团

浪潮集团是中国领先的计算平台与IT应用解决方案供应商，也是中国最大的服务器制造商和服务器解决方案提供商。浪潮集团拥有“浪潮信息”和“浪潮软件”两家国内A股上市公司和在香港联交所创业板上市的浪潮国际有限公司，四大业务群组涵盖以服务器、商用电脑、税控机、金融自助终端为主的计算平台产品和大型行业应用软件、ERP、集团财务、协同办公软件、电子政务等产品与行业应用解决方案。用户遍及中国金融、通信、政府、教育、制造业、烟草等行业和政府部门，全方位满足政府与企业信息化需求。

浪潮集团业已形成包括服务器、计算机、存储、特种计算机和信息安全产品、网络产品等计算及周边产品在内的计算机产业群、包括ERP、大型财务软件、电子政务、金融、制造业、教育、烟草等行业软件在内的应用软件产业群和包括税控系统、金融设备、数字媒体终端等产品的商用终端产业群。

其防火墙、VPN系统、入侵检测系统、安全隔离网闸、安全网络监控管理平台、安全Web服务器等信息安全产品、信息安全解决方案以及信息安全咨询服务均在国内市场上处于佼佼者的地位。在网络信息安全、数据保护、商用密码及嵌入式软硬一体化信息安全产品的技术研发等方面积累了丰富的经验，并培养了一支以中青年科技人才为骨干的安全研发队伍。

浪潮集团在国家信息安全建设中被委以重任，多次承担信息产业部、国家“863计划”中“国家高技术研究发展计划”等多个国家级信息安全研发课题；承担国家“863计划”关于安全服务器和宽带虚拟专网（VPN）等方面的重大信息安全攻关课题；参与“计算机信息系统等级保护服务器技术要求”及“无线局域网媒体访问控制和物理层规范”等多项国家标准的制定，在业界树立了浪潮信息安全专家形象。浪潮集团亦是国内唯一参与国家信息安全等级保护相关政策研究的安全厂商，以深入理解和研究国家相关政策为基础，结合用户需求，率先将等级保护作为企业核心理念进行推广，并在国家安全部、国家密码管理局等涉及国家信息安全的几个国家级安全项目中起到了重要作用，这也体现了浪潮信息安全在安全理念、整体解决方案、技术的前瞻性及勇于探索的精神，进一步确立了浪潮信息安全在业界的专家地位。

上海冰峰网络技术有限公司

上海冰峰网络技术有限公司是国内提供整套安全解决方案的专业公司，长期在行业内占据市场和技术领先地位，以“保障关键应用，提升IT价值”为核心理念，致力于为中国网络通讯运营商及企事业单位提供全面的信息安全及内控的解决方案，业务涉及咨询、产品、运营和服务等多个方面。

冰峰网络成立至今，拥有多年的行业经验，在全国范围内成立多家分公司及办事机构，同时与众多合作伙伴和服务提供商紧密合作，服务网络覆盖全国。具有多项自主知识产权，具备“商用密码产品生产定点单位许可”与“商用密码产品销售许可”，并荣获“上海成长型企业”称号在内的多项荣誉。

作为国内最早的 VPN 安全解决方案供货商，冰峰网络率先推出“目录服务”概念，将主动式智能网络概念引入中端网络市场。已建成以冰峰目录服务系统、冰峰网监控制系统、冰峰监控统计数据管理系统三大主控体系为主的平台，为客户应用提供便捷的应急反应机制。同时，拥有 VPN、防火墙、上网行为管理、攻击防范、流量控制等全系列信息安全产品，满足客户全方位的需求。

动联信息技术有限公司

动联信息技术有限公司是国内身份安全领域的先行者，致力于身份安全产品的自主研发、生产、销售和服务，为政府、金融、电信、电子商务、网络游戏和企业机构等提供专业的身份安全产品和解决方案。

动联于 2006 年 3 月成立于上海张江高科技园区，注册资本 1 000 万元，在北京、广州、深圳、杭州、中国香港等地设有分支机构。2008 年，动联为国内同类产品市场占有率前列。作为国家认定的软件企业，动联建有独立的研发中心，秉承技术创新的核心理念，不断致力于身份安全产品的自主研发。动联拥有完善的资质，包括“商月密码产品生产定点单位”、“软件产品登记证书”、“计算机软件著作权登记证书”、“计算机信息系统安全专用产品销售许可证”、“涉密信息系统安全产品认证”以及多项专利。

上海软中信息技术有限公司

上海软中信息技术有限公司成立于 1997 年，从事计算机软件开发、系统集成及代理 IT 软硬件产品销售业务。公司被上海市高新技术企业认定办公室认定为高新技术企业，被上海市信息化办公室首批认定为软件企业，拥有信息产业部颁发的计算机信息系统集成资质。公司于 2003 年 2 月正式通过了 ISO9001：2000 质量体系认证；于 2005 年 12 月通过 CMM3、SPCA3 的认证。公司开发的“上海证券交易所智能化信息集成系统”获上海市科技进步二等奖；“卫星通信网运行监管系统”、“基于射频技术的马拉松计时辨识系统”分别获上海市优秀软件产品奖；“基于 WEB 的安全构件”获上海市优秀构件奖；“集团公司资产运行监管软件”、“软中国有资产监管软件”、“大额资金管理分析系统”获上海市重点新产品证书。公司的业务范围涵盖金融证券、通信卫星、交通运输、集团公司、政府部门等领域。

上海华御信息技术有限公司

上海华御信息技术有限公司是一家专业从事信息安全产品研发与服务的高科技软件企业。公司注册于上海市最大的科技孵化基地——复旦科技创业园，是园区重点孵化的科技企业，并被评为 2009 年度“最具活力上海科技企业”。

华御的骨干团队由美国留学归国博士、总参某研究所军转干部和来自清华大学、复旦大学、上海交通大学等著名学府的专业人士组成。在现有的研发人员中，硕士以上学历的占 50%以上，本科以上学历的占 90%以上。

华御拥有“密盾”、“威盾”两大著名的信息安全产品品牌和“信御”信息安全服务品牌，主要产品有密盾防信息泄密系统（IPGuard）、密盾防毒反黑保密 U 盘（FlashGuard）、威盾上网行为管理系统（SurfGuard）和威盾内网安全管理系统（NTGuard）。其中密盾防信息泄密系统是华御的旗舰产品，也是国内首家采用智能透明加解密技术的防信息泄密产品，经中国科学院科技查新机构认定，其“综合技术在国内处于领先，并达到国际先进水平。其中基于文件可选透明加密的防主动泄密技术和外发文件控制技术属于国际领先”。

（王　勇）

第四章　世博会信息安全保障

概　述

中国2010年上海世博会的信息安全保障工作，是上海市“十一五”期间信息安全保障工作的重中之重。是对上海市信息安全保障体系的一次关键性的实战检验。在世博会筹办工作过程中，世博信息安全始终与世博信息化同步规划，同步建设，同步实施，贯穿于世博信息化建设的全过程。在市级层面上，围绕世博会信息安全保障工作，自2006年以来开展“三步走”的工作，从体系规划、行动计划、实施方案上落实世博会信息安全保障工作，为世博会运行阶段的信息安全保障工作做好全面充分的准备。

（吴　昊）

一、世博会前期信息安全保障工作

现代世博会高度依赖信息化。上海世博会在组织、建设、展示、运营、管理以及后续利用等各个环节，都充分利用了信息化手段，使信息化成为上海世博会的一大特色和亮点。数十个业务信息系统为世博会的组织、建设、展示和运营管理提供全方位的支撑，上海世博会的参展服务、票务销售、特许经营、人流疏导、运营管理、人员培训等一系列重要工作，都是通过网络信息平台展开的。与此同时，上海世博会还在世博会历史上首次尝试“网上世博会”项目，第一次将世博会与互联网有机地结合起来，使上海世博会成为一届“永不闭幕的盛会”。

随着整个社会对网络信息系统的依赖越来越强，网络和信息安全问题也日益尖锐，信息安全形势十分严峻。黑客恶意攻击、重要信息泄密、核心设备安全漏洞或后门、病毒木马泛滥等各类信息安全问题层出不穷，而且大有愈演愈烈之势。信息系统是上海世博会筹办和运行工作的支撑平台和运营中枢，信息安全是“数字世博”成功举办的必要条件和成功保障，因此，信息安全对于世博会的成功举办具有至关重要的意义。

针对日益严峻的信息安全形势，上海世博局信息化部在世博局统一规划领导下，和世博局内各部门密切配合，开展了如下工作：建立信息安全责任体系，颁布系列信息安全管理制度，组建信息安全运维团队，通过信息安全综合管理信息系统（一期、二期）的建设部署，建立从检查监测、安全预警到应急响应的联动机制，形成较为完整的信息安全监督管理、技术防范和应急保障体系。

世博会信息安全建设与运维面临机遇与挑战

多主体、多平台、多关联的多个信息系统，对信息安全建设提出了高标准、高要求；大规模、多层级、多部门的协同处置，对信息安全运维工作是一个严峻考验。世博会信息系统建设和应用涉及多个相关主体，因而只有明确各主体的职责，有效整合各主体的信息安全管理资源，才能为世博信息安全保障提供有效支撑。

应用系统涉及外部应用、基础设施、应用与展示、建设与运行管理等世博会相关的多个子系统，功能定位不同，需要全面考虑信息系统运行安全需求，并依照国家有关的标准与规范进行分级、分域防护，建设世博信息安全防护体系。同时，各子系统之间存在多种关联关系，如支撑关系、协同关系等，关系复杂，系统之间的耦合性高，需要制定针对各类安全问题的处置预案，建立快速有效的联动和系统处置机制，建设应急处置的基础设施，以实现对世博各类信息安全事件的快速响应与处置，保障世博业务的连续性。

世博会信息安全建设与运维既是一次机遇，又是一个挑战。世博会信息安全建设是整合上海市信息安全技术资源、集中展示信息安全建设成果的平台,是提高区域性信息安全保障水平、推动上海市信息安全产业升级的重要契机,也是促进城市信息化和电子政务应用的有效探索。

信息安全的威胁

信息安全威胁日益增多,环境日趋复杂,手段更加多样。其来源主要有以下几类——病毒木马传播的影响:世博会内部业务网和对外服务的网站,都有可能受到已知或未知病毒木马传播的影响。

黑客的恶意攻击和破坏:境内外黑客组织众多,在世博会展会期间,这些黑客组织或个人极有可能利用各种技术手段对世博会信息系统实施攻击和控制,以吸引人们的注意。

有组织的深层次的控制:境内外各种敌对势力有可能对世博会信息系统进行有组织的攻击和破坏。可能从世博会信息系统外,利用技术手段通过与世博会信息系统互联的各类有线信道、无线信道、计算机、移动存储介质和多媒体采编设备等,对世博会信息系统进行攻击、渗透;也可能利用社会工程学等手段获取信息,结合技术手段对世博会信息系统进行攻击和控制。

内部威胁:世博会工作人员、参展人员、信息系统的开发者、维护者,因意外失误、或有意利用技术手段,对世博会信息系统内部的计算机、网络设备、业务系统和关键数据内容越权使用或滥用,可能影响信息系统的稳定运行,产生不同程度的危害。另外,世博会信息系统的各类计算机、网络设备和业务系统,因设计、部署和维护的缺陷导致非正常运行,也可能危害到世博会信息系统整体或其他子系统的稳定运行。

自然灾害:由于世博园区地跨黄浦江两岸,从5～10月举办周期长达184天,期间容易发生洪汛、雷电、暴雨、炎热、台风等各类灾害性天气,可能对信息系统各类设备及信息基础设施的稳定运行造成危害和影响。

物理损坏:由于停电、信息设备故障、空调冷却、电磁辐射、故意或过失物理破坏等原因,也有可能导致信息系统不能正常运行。

信息安全管理责任体系建设

人是信息安全中的主导因素,人的行为是信息安全保障最主要的方面。有关统计结果表明,在所有的信息安全事故中,只有30%左右的信息安全问题是由于黑客入侵或其他外部原因,70%则是由于内部员工的疏忽或有意泄密造成的。如果不按照规定设置和更新口令,可能造成口令被他人破解;如果发生安全问题不及时报告和处理,可能造成巨大的经济或社会损失;如果不按要求使用内网和外网,可能造成内部信息的泄漏等。在很多单位,虽然配置了多个安全设备,并制定了较为完备的信息安全制度,但仍然出现种种本来可以避免的安全问题,最大的原因就在于执行不力,没有贯彻执行安全政策和流程。信息安全是全民工程,只有全民参与,才能有效地贯彻安全策略和制度。

对人员的管理应贯穿于信息系统规划设计、建设实施和运行维护的各个阶段,不仅是对人的信息行为进行限制和约束,还包括教育、培训和疏导,保护网络参与者实施合理合法的网络信息行为,为其充分参与网络信息活动提供保障。

在信息安全管理责任体系建设中,上海世博会主办方颁布《中国2010年上海世博会信息安全保障责任管理规定》和一系列信息安全管理制度,对所有可能涉及上海世博会信息系统的安全责任进行界定和明确责任要求。世博局要求参与世博会园区信息化建设和运维的企业签订信息安全保障工作责任书,参与世博会信息化建设和运维的个人签订信息安全保密承诺书。同时,建立世博会园区信息安全责任制工作网络,明确世博局各部门的信息安全责任人和信息安全员,以及所有园区信息化建设运营企业的信息安全责任人和技术负责人,层层落实责任。

世博会信息安全技术体系建设

世博会信息系统设计面广、数量众多,牵涉到信息安全的方方面面。按照《信息系统安全等级保护基本要求》(GB/T 22239－2008)和《信息安全技术信息系统通用安全技术要求》(GB/T 20271－2006),世博会信息安全技术体系建设从物理安全、网络安全、主机安全、应用安全和数据安全等五个层面进行设计和实施。

物理安全方面考虑机房物理环境的安全、业务办公环境的物理安全、系统设备的物理安全以及移动存储介质的物理安全管理等;网络安全考虑网络的隔离防护(广域网的隔离防护、安全域间的隔离防护等)、网络入侵检测、网络审计、网络安全结构优化以及网络设备的安全配置等方面;主机与系统安全考虑了服务器和重要业务终端的系统安全增强,特别是漏洞补丁的管理,以及病毒防护等措施;应用安全考虑了数字认证、Web应用的安全防护、业务可用性检测、应用系统自身的安全建设管理等;数据安全则考虑了数据的容灾备份恢复,以及应用系统自身的数据安全管理等。

通过信息安全监控管理平台的建设,将技术体系中各自独立的安全设备和系统组成为一个有机联动的整体。通过对各类信息安全事件的综合关联分析,及时发现安全风险和安全问题,并结合安全策略和安全知识管理,提供多种安全响应机制,从而实现高效、全面的安全防护、检测和响应,形成较为完整的安全保障体系。

从技术涉及面、应用范围和产品种类等各个方面来说,世博信息安全的建设和维护都可以称得上是国内信息安全技术与产品的一次"大练兵"。

世博会信息安全管理

信息安全态势是动态的,信息安全防护水平也是动态变化的。信息安全的动态性表现在以下几个方面:首先,网络与信息安全的需求是动态的,针对动态变化的黑客攻击手段,对信息安全的防护能力有着动态的要求;其次,软硬件设备的安全漏洞不断出现或被发现,导致安全防护水平的动态变化;第三,不断变化的攻击手段和安全状态,使得安全策略也必须是不断变化的,任何安全产品或服务,仅配置一次是不够的。随着安全状态的动态变化,也必须对产品配置、安全策略以及运维工作重点进行调整,安全必须是一个持续不断的过程。

世博会的信息安全管理按照PDCA模型,将信息安全管理体系分解成风险评估与规划设计、安全建设与管理实施、检测评估以及响应改进四个子过程,通过持续执行这些过程使自身的信息安全水平得到不断提高。在建设阶段,通过等保定级、测评、渗透性测试和安全整改,来保证系统达到一定的安全防护级别;进入运行阶段后,通过安全检查、测试和风险评估等方式,及时发现问题并进行安全加固。风险评估与加固是安全运维与维护中的一个重要环节,是世博信息安全管理体系得以有效运行与持续改进的一项重要机制。通过定期评估与加固措施,使世博的信息安全工作适应环境的变化,从而满足世博信息安全运行的要求。

信息安全需要协同作战。世博信息安全运行的保障,不仅需要各系统主管部门和运维团队自身加强技术防范和安全管理,也离不开有关职能部门、电信运营商及相关IT企业的大力支持和密切配合。通过与国家和上海市有关职能部门的协调配合,已形成监测预警、通报处置、安全测评服务、CA认证服务、远程渗透性测试检查、应急响应支持等机制,并组建了相应的服务团队;与此同时,电信运营商在电信基础设施方面及园区外围提供了安全保障,相关IT企业在技术和人力资源方面也提供了大力支持。

(刘 杰)

二、世博会期间信息安全保障工作

概况

上海世博会执委会上海世博会运行工作领导小组下设主运行指挥部和安保指挥部。主运行指挥部和上海世博会通信保障工作领导小组(工信部)联合设立通信网络组,由艾宝俊副市长担任组长,办公室设在通管局。安保指挥部和上海世博会安全保卫工作协调小组信息网络安全指挥部(公安部)联合设立网络安全工作部(市公安局),由陆卫东担任主任。通信网络组下设四个工作部,包括无线电保障工作部、通信保障工作部、世博园区工作部和信息安全工作部。其中信息安全工作部由市网安办牵头,市公安局参加,下设综合检查组、监测预警组、通报处置组和应急保障组,同时聘请决策咨询专家组和技术处置专家组。世博园区工作部负责园区信息安全的建设、运维和管理工作。

园区信息安全总体规划和建设思路

世博园区信息安全建设的总体目标是保障世博会业务信息系统的可持续稳定运行,确保不发生重大的信息安全事故。考虑到世博会建设任务重、时间紧，信息化建设的总体思路是边规划、边建设、边运营，原则是急用先上。在信息安全建设初期从总体架构的角度，规划了管理、技术和服务三大体系。

管理体系规划了组织机构、管理制度、安全策略管理和应急预案建设等内容；技术体系从物理安全、网络安全、系统安全、应用安全和数据安全五个层面进行规划；服务体系规划了安全等保定级、安全测评、渗透性测试、建设监理、培训宣贯和应急响应服务等内容。整个建设和运维分四个阶段，其中2007年5月至2009年12月为建设阶段，2010年1～4月为试运营阶段，2010年5～10月为正式运营阶段，2010年11～12月为总结阶段。

进展情况

组织管理体系建设方面，成立世博会园区信息安全的组织管理机构，组建了信息安全建设和运维团队，颁布《中国2010年上海世博会信息安全保障责任管理规定》及一系列针对计算机安全防护、电子邮件使用、业务专网接入等内容的安全管理制度，召开有局内各部门、各建设运维单位和市相关职能部门参加的上海世博会信息安全保障工作动员大会，对建立世博会信息安全保障工作责任体系提出了明确要求。技术防范体系建设方面，通过上海世博会信息安全综合管理系统（一期、二期）的建设，初步构建从物理环境安全、网络安全、主机安全、应用安全和数据安全等各个层面的安全防范体系，基本实现对业务专网、Internet信息服务网以及行政中心机房、周家渡机房和园区信息化设施的整体安全防护。安全服务体系建设方面，通过与上海市各相关职能部门的协调，建立监测预警、通报处置、安全测评服务、CA认证服务、远程渗透性测试检查、应急响应支持等服务机制并已组建相应的服务团队。通过等保测评和远程渗透性测试发现一系列安全隐患和漏洞，并已开展整改工作。

（王明政）

三、世博会信息安全规划

2007年，原市信息委组织相关信息安全专业机构和企业编写了2010年上海世博会信息安全专项规划。规划分规划背景、风险分析和管理要求、规划原则与总体框架、规划内容、保障措施和附录（信息安全相关的法律规章和技术标准）六大部分。规划深入分析世博会网络和信息系统特点，形成强调职责、分级分域、协同处置的管理格局。明确世博会信息安全工作要以管理责任、技术防护、应急协调三大体系作为世博会信息安全建设的核心内容，强调世博信息安全与世博信息化的同步研究、同步规划、同步建设。规划按照国家信息安全保障体系建设的要求，遵循积极防御、综合防范的方针，整合利用上海市信息安全保障资源，发挥区域和国家层面信息安全协调机制的作用，强化世博会信息安全保障工作相关部门和人员的责任，确保世博会在组织、建设、展示、运营、管理以及后续利用等环节的信息安全。

（吴　旻）

四、迎世博信息安全保障两年行动计划

2008年4月，市委、市政府启动"迎世博600天行动"，市经济信息化委编制了迎世博信息安全保障的两年行动计划。在2008年4月底召开的全市信息安全保障工作会议上，常务副市长杨雄要求全市信息安全重点单位切实履行职责，按照行动计划要求，着重做好以下几方面工作：一是进一步加强重要信息系统的安全监管，建立信息安全全生命周期的管理模式，完善信息安全长效机制与管理体制，形成等级保护、风险评估、安全测评等一系列的社会化信息安全服务与监管体系；二是完善信息安全应急管理体系，统筹规划与整合全市信息安全应急管理资源，加强信息安全通报和应急处置机制建设，完善信息安全应急预案体系，降低因信息安全问题造成的

关键系统瘫痪、重大经济损失和重要信息失泄密等事故发生的概率；三是推进网络信任体系建设，根据国家电子政务电子认证体系总体规划，推进数字证书的广泛应用，培育壮大公共电子认证服务机构，完善密钥管理基础设施，形成市区两级统一的网络信任体系，为社会管理和公共服务信息化应用提供身份认证、授权管理和责任认定的基础服务；四是落实世博会信息化安全专项工作，建立2010年上海世博会信息化安全防护体系，构建可信任、可管理、可监控的世博会信息安全防护体系，保障世博信息安全；五是壮大信息安全保障人才队伍，完善信息安全教育培训服务平台，提高信息安全从业人员的职业水平；加强信息安全学科建设，推动信息安全专业人才培养，形成全市信息安全人才梯队。行动计划对各项任务进行分解，各信息安全主管部门、各信息安全重点单位均在迎世博的两年中进行认真落实。

（吴　旻）

五、世博会信息安全保障工作责任书

2009年，世博会筹办和运营机制进一步完善，世博会信息安全保障工作的责任分工、协调机制进一步明确。在7月底举行的上海市信息安全保障工作会议上，副市长艾宝俊讲话强调，要层层落实世博会信息安全工作责任，进一步分解任务，落实到下属机构和人员，做到工作要求到位、保障措施到位、责任追究到位。在大会现场，副市长艾宝俊与上海世博局、市金融办、市人力资源社会保障局、中国电信上海公司等单位签订《2010年上海世博会信息安全保障工作责任书》。会后，与全市156个信息安全重点单位签订《中国2010年上海世博会信息安全保障工作责任书》，同时，加强梳理全市信息安全重点单位信息，按照世博会实际对全市信息安全重点单位进一步实施分级和分类管理，并明确责任人、责任部门和信息安全员，确保各项工作部署到位。

（吴　旻）

第八编
信息化环境

综 述

2009 年，开展“十二五”规划前期研究工作，“国内外环境变化对上海信息化发展的影响研究”、“上海政务信息资源开发利用思路、重点及对策研究”等形成初步成果。

信息化政策法规和人才工作有序推进，开展《上海市节约能源条例》修订工作，《上海市中小企业发展促进条例(草案)》调研工作；加强行政执法、执法监督和法制宣传教育，推进《上海市促进电子商务发展规定》宣传贯彻工作。市信息领域“653 工程”深入开展，加强信息化人才国际培训，推进信息化领域领军人才评选。

加强信息技术创新及信息化研究与咨询工作。信息技术创新取得一批重要成果，信息化标准与知识产权保护工作顺利推进。成立第五届上海市信息化专家委员会，开展了“两化融合”、企业信息化评测等一批课题研究。

推进信息化宣传与合作交流工作。全年策划或协助开展新闻宣传活动 30 余次、组织或接待新闻采访活动 20 余次，各类媒体宣传相关报道 600 余篇。国内合作交流有序开展，区域信息化合作及对口支援取得成效。

（信息）

第一章 信息化管理

概 述

2009年加强信息化规划管理。“十二五”规划前期研究工作形成初步成果。

加强信息化项目归口管理,探索建立电子政务项目后评估制度;继续深化落实《上海市市级机关信息系统建设和管理指南(试行)》,提高信息化项目建设规划编制水平。成立新的信息化项目预算审核工作组,完成市本级信息化项目支出预算审核工作。

电信、广电、无线电和互联网等领域的行业管理进一步深化。

(信息)

一、信息化规划管理

【国内外环境变化对上海信息化发展的影响研究】 随着全球经济一体化进程加快,国与国之间的联系越发紧密,合作和竞争并存。政府变革及长三角区域合作加强,逐步推进到“基建对接、机制互融、规范同制、市场共建”的务实层面,并对上海信息化的建设和发展带来深远影响。

上海打造国际金融中心和国际航运中心,建设国际大都市,推进信息化与工业化融合,促进产业能级提升的要求,更是对上海辐射长三角、服务全国提出具体的任务,这为未来上海信息化在社会、政府、企业的应用和推广创造了机会。

城市发展和社会服务需要进一步提升信息化的支撑能力。社会服务需求包括社区服务、社会保障、卫生医疗、文化教育、网络文化等方面。新的科学技术不断涌现,并呈现出与信息技术融合态势,如“云计算”、智能感知技术、移动通信技术、下一代网络、虚拟现实技术等一批新兴技术日趋成熟。

以信息化应用为核心,以“两化融合”、“四个中心”建设为重点,以政府改革为突破口,以科技创新、人才培养、信息安全为支撑,加强社会服务,完善发展机制,进一步推动上海信息化总体水平提升。

【上海信息基础设施的发展思路、重点和对策】 课题通过总体评估上海市“十一五”期间信息基础设施的发展水平,借鉴发达国家中心城市和国内大城市的信息基础设施发展战略和先进经验,并研究上海“四个中心”发展特点与需求,立足于以信息化推动本地产业经济和社会进步为目标,贯彻市政府对于上海信息基础建设的战略要求,提出“十二五”期间上海信息基础设施的发展思路、重点和对策。

【上海电子商务发展研究】 “十一五”期间,上海电子商务在交易规模迅速增长的同时,支撑体系建设、应用普及、相关产业培育和环境营造等方面也取得了长足进步。电子商务在优化产业结构、提高经济运行效率、方便市民生活等方面的作用日益显现。

“十二五”期间上海电子商务发展思路:以市场需求为导向,通过规划引导、试点示范和经验交流等多种形式,促进大型企业电子商务应用深化,促进中小企业电子商务普及应用;以构建和谐的电子商务生态环境为重点,支持重点行业重点领域电子商务服务平台建设与升级;以鼓励创新为主要方式,持续推进上海电子商务服务业的发展。

【上海政务信息资源开发利用研究】 “十一五”期间,上海政务信息资源开发利用快速发展，各项工作成效显著，基础库群建设和拓展、完善为科学、优化地开发利用政务信息资源奠定了良好的基础，部门和区县层面的目录体系和交换体系建设试点为市级层面的目录体系和交换体系建设积累了经验，重大跨部门协同应用的推进为政务信息资源的跨部门共享建设积累了经验，提供了示范。

采用以政务信息资源的开发利用方式为中心的理念，从信息资源开发过程的中间阶段将政府信息开发利用分为部门内部共享、部门之间共享、向社会公开、商业性开发利用四大途径，按途径分类推进。

“十二五”期间基本思路：提高认识，更新理念，调整思路，围绕上海经济社会发展的大局，以支撑服务型政府建设和促进信息服务业发展为目标，以政务信息资源的全生命周期为主线，理顺政务信息资源开发利用的业务关系，加强政务信息资源开发利用的管理体制和机制建设。通过制度建设和完善，促进基础库和基础设施的建设、完善，促进基础信息资源和业务信息资源共享，促进政府信息公开的进一步深化，推动政府信息资源商业性开发利用的重点突破。

【社会领域信息化应用“十二五”规划思路研究】 “十一五”期间上海社会领域信息化应用快速发展，建设与推广都达到一定的广度和深度，对提高城市管理水平、提升公共服务品质发挥了重要的作用；城乡居民享受各种信息化带来的便利的同时，也促进了观念的转变及向信息时代社会生活方式的转型，并在一定程度上改变了社会管理与公共服务的理念和公共行政、社会事业的运行机制。“十一五”期间上海社会信息化建设的成就说明，信息技术在社会领域的应用，是提高公共服务效率的有效手段；全民信息化水平是社会信息化发展与深化的基础条件。公共服务体系开放程度不足、相关部门后台业务整合滞后、行政管理中的条块分割体制，以及开发与建设中市场作用不充分，是这一时期的主要制约因素。社会信息化应用深化，需要在行政管理与公共服务的体制改革、社会治理模式转变和价值观念变革等方面，实现新的突破。

“十二五”期间有条件进入整体推进、全面普及、更高水准的发展阶段。社会信息化应用的发展，主要服务于三个目标：一是支持上海经济社会发展战略；从上海经济社会发展战略的视角看，上海的发展需要全面构建现代化的公共服务与城市管理体系，同时增强社会事业对国内的辐射与服务。二是与社会发展水平相适应，满足公众不断增长的对更高品质、更个性化的公共服务的需求，以及支持终身学习的生活方式。三是针对城市建设与发展的阶段性矛盾，解决现实的紧迫问题与发展难题，主要是应对老龄化的压力，倡导低碳生活方式，提高城市与交通管理效率的同时，降低公共服务与城市管理的成本。

（信息）

【上海经济信息化应用思路及对策研究】 “十二五”期间，上海经济信息化将着眼上海现实，立足上海国际金融、国际航运“两个中心”建设，向着“高端”、“新型”、“总部”领域发展，形成高附加值产品、服务。以科学发展观为指导，贯彻国家信息化发展战略，根据上海金融、航运、贸易中心建设和国际化大都市建设要求，构建以服务经济为主导、三二一产业融合发展的新型产业体系。以“两化融合”为切入点，加强构建信息化基础设施，以经济领域深化信息化业务应用、信息资源整合与开发、信息服务为核心，重点开展信息化应用在重大产业化层面、重大应用层面、重大核心技术研发层面工作；以经济领域高新技术产业化中信息化应用为抓手，大力推进上海经济信息化应用工作，重点开展金融服务、航运物流、信息服务、商贸流通等产业信息化应用，促进智力密集领域产业、高端服务业发展，以信息技术促进新业态、新模式的现代服务业发展壮大，并形成上海具有优势地位的产业体系。在现代高效、生态农业领域，加强农业农村信息化建设、信息资源开发整合，促进形成第一产业与二三产业深度融合发展。

力争通过5年经济信息化应用拓展、功能深化、资源整合，使上海经济信息化应用整体水平居于全国领先地位，主要指标达到发达国家中心城市先进水平，实现上海经济信息化应用能力的提高。在信息资源开发与利用方面达到较高水平，形成有效支撑上海金融、航运、贸易中心建设的高端信息服务业产业结构。重点领域信息技术创新与应用能力得到较大提升，并形成有效推进机制。形成有效支撑重点领域信息化应用的国内领先的综合信息基础，具备较强实力的优势信息产业结构、有效的信息安全保障体系、较为完善的信息化应用发展的制度环境和政策体系，促进上海实现产业结构转型、经济增长方式转变，实现上海经济又好又快发展。

“十二五”期间上海经济信息化应用推进策略主要有：进一步完善经济信息化应用组织管理机制；加强经济信息化应用配套政策法规建设；建立信息技术创新机制，形成有效知识产权保护机制；加强信息化应用的标准体系建设与应用推广；促进经济信息化应用公共服务平台与服务机构建设；积极鼓励行业信息化应用软件企业发展壮大；加快适应行业信息化应用发展的人才培养体制机制建设；推动行业信息化基础工作向深度与广度发展；拓宽开展行业信息化应用的投融资模式；加强经济信息化规划制定与实施等。

二、信息化项目归口管理

2009年，为规范电子政务项目管理工作，探索建立电子政务项目后评估制度，促进上海电子政务健康发展，选取了6家市级机关，开展以建设单位自查、评估组抽查、专家评估和现场打分相结合的电子政务项目后评估试点工作。通过评估工作，完善了上海市电子政务项目后评估指标体系，确定并建立了相应的评估方法和评估模型，为进一步在全市范围内推广电子政务项目后评估工作打下基础。2009年，继续深化落实《上海市市级机关信息系统建设和管理指南(试行)》，信息化建设项目的项目建议书和可行性研究报告的总体编制水平不断提高，项目建设规划编制工作稳步推进，市经济信息化委严格按照初审、会审、评审等工作程序，继续配合市发展改革委对项目建设规划、项目建议书和项目可行性研究报告组织了审核，并开展了项目专项验收的制度建设和工作实践。

2009年，信息化项目预算审核工作因市经委与市信息委两委合并，经历了审核人员的更新、审核分组的调整、审核工作方法的改变等较大的变化。新的审核工作组克服了任务重、时间紧、新手多的困难，共受理三百多家市级预算单位的千余个信息化项目申报，按时完成2010年度市本级信息化项目支出预算审核工作。市经济信息化委在信息化项目预算审核工作中与市财政局协同工作，联合发布《关于做好2010年度市本级信息化项目支出预算有关工作的通知》，共同组织2010年度信息化项目支出预算申报培训，完成对388家预算单位，639名财务和信息化人员的动员和培训工作。

(黄春华)

第二章 信息化政策法规

概 述

2009年，围绕上海市产业和信息化领域内重点工作，政策法规工作在立法、行政执法与执法监督、法制宣传等方面取得众多成果。为做好节能减排立法工作，开展《上海市节约能源条例》(修订)工作；为使2010年上海世博会期间有一个良好的无线电秩序和信息安全环境，开展《上海市无线电管理办法(草案)》立法工作。同时，重点开展了“五五”法制宣传教育工作，在经济信息化系统普及法律知识。

一、信息化政策法规制定

立法工作

积极落实《2009年市经济信息化委政策法规项目计划》，组织年度政策法规招标工作，开展以下重点立法工作。

围绕重点，认真开展节能、中小企业促进等地方性法规立法和调研工作。积极配合市人大相关委员会，一是开展《上海市节约能源条例》修订工作，该条例已于2009年4月23日经市人大第十三届常委会第十次会议修订通过，于2009年7月1日起施行；二是积极配合市人大常委会法工委开展《上海市中小企业发展促进条例(草案)》立法调研工作，已形成草案文本和调研报告。

聚焦热点，积极组织开展无线电管理、信息安全等市政府规章立法工作。为确保2010年上海世博会良好的无线电秩序和信息安全环境，一是配合市政府法制办开展了《上海市无线电管理办法(草案)》立法工作，该办法草案已通过市政府法制办立法审查；二是开展了《上海市计算机信息系统突发事件处置办法(草案)》立法调研工作，形成了草案文本和调研报告。

探索难点，扎实研究并深入开展工业、信息化、生产性服务业等领域的行政规范性文件和政策性文件立法工作。一是加强对委规范性文件的审查，2009年共发布11件涉及专项资金、节能管理等领域的规范性文件；二是会同有关部门，重点在专项资金管理、电力管理、政府投资信息化项目管理、信用征信等领域开展行政规范性文件的调研和起草工作；三是结合业务需求，重点在“两化融合”、促进信息服务业发展等方面开展政策性文件的调研；四是加强对产业和信息化领域行政处罚流程的梳理，印发《上海市经济和信息化委员会行政处罚法律文书》和《上海市征信管理办公室行政处罚文书》。

抓住节点，把握公平、公开的原则组织开展工业和信息化领域内的政策法规课题公开招投标工作。为配合立法工作的开展，启动了政策法规立法调研工作，重点选择生产性服务业、新能源汽车、信息基础设施、法人基础信息管理等领域内的15项政策法规课题，面向科研院所、研究机构、行业协会、企事业单位公开招投标，择优选择课题承担单位。

行政执法与执法监督工作

一是加强行政执法专业队伍建设。成立《上海市保护电力设施和维护用电秩序规定》实施办公室，建立专业的电力执法队伍；二是强化行政执法制度和规范。印发行政处罚法律文书，设置市经济信息化委行政执法专用章及其使用程序，进一步规范行政执法的法律流程；三是加大对行政执法工作的审查和监督力度。严把电力等领域行政执法案件的法律审查程序关，对案件的法律依据、执法程序进行合法性审查。其中，电力违法案件全年共立案 21 件，进入法律审查程序 11 件，下达行政处罚决定书 10 件，经审查否定 1 件；四是开展市经济信息化委主要行政执法事项梳理工作，对市经济信息化委主要行政执法主体执法依据和相关行政执法事项进行梳理；五是重点推进地方性法规的贯彻实施工作。召开全市贯彻实施《上海市促进电子商务发展规定》工作会议，通过媒体报道、讲座、研讨会等多种形式开展与条例相关的法律宣传和教育培训工作。

法制宣传教育工作

一是组建新的系统法制宣传机构。机构调整后，经市经济信息化委党组批准，组建市经济信息化委系统法制宣传教育领导小组及其办公室，确定成员名单；二是重点开展“五五”法制宣传教育重点年度工作。召开系统单位“五五”法制宣传教育工作会议，下发年度工作要点，布置年度工作，建立系统各单位联络员制度；三是抓住重点内容，积极开展法制宣传教育培训工作。围绕《中华人民共和国食品安全法》的实施、国有企业法律工作等重点内容，通过讲座、研讨等方式，对系统单位法制宣传干部和联络员开展法宣培训，取得较好宣传效果。

依法行政工作

一是加强规范性文件发布的法律审核制度。下发关于加强市经济信息化委行政规范性文件制定工作的通知，结合市经济信息化委发文程序，加强对委规范性文件的合法性审核工作；二是全面梳理市经济信息化委行政审批事项。依据法律法规，结合市经济信息化委“三定”方案，先后两次开展对市经济信息化委所涉行政审批事项的大规模清理工作，梳理行政审批事项 44 项，其中取消 4 项，合并 2 项，调整划转 6 项，保留 32 项；三是开展其他法律事务处理工作。2009 年共完成行政复议案件 1 起，答复或者研究提出各种立法、政策征求意见 80 余件，合同审核 39 件，及其他各类法律事务工作 70 多件。

二、信息化改革法规制度

《关于推进信息化与工业化融合，促进产业能级提升的实施意见》

2009 年 9 月 3 日，市政府批转市经济信息化委《关于推进信息化与工业化融合，促进产业能级提升的实施意见》。《实施意见》提出了信息化与工业化融合的重要意义，明确了全面推进信息化与工业化融合的总体要求，提出了三个重要领域的推进内容：一是大力推进信息化在工业领域的应用渗透，促进制造业向高端发展；二是积极推进信息化在服务业重点领域的应用推广，加快发展现代服务业；三是以“两化融合”为契机，大力发展电子信息产业和相关新兴产业。此外，《实施意见》还提出优化“两化融合”发展环境，完善工作推进机制的具体措施。

三、信息化政策法律基础调研

《上海市计算机信息系统突发事件处置办法》立法调研

该立法调研在对现有计算机信息系统与互联网络信息安全方面的法律、法规及相关立法进行梳理研究的基础上，针对上海市相关立法的必要性、基本定位做了相应分析，并对立法的主要内容进行了着重阐述。

调研研究了上海市计算机系统突发事件的现状及其发展趋势，对立法的必要性展开充分论证，提出立法体例的选择和基本定位。针对上海市立法必须综合考虑与现有法律资源的关系，就上海市计算机系统突发事件立法中有关名称的选择、信息系统突发事件的分级、处置体制、处置的具体流程、重点保障措施、相关法律责任等主要问题开展立法研究，并提出立法条文的具体内容。

长三角信息化政策法规联动机制研究

该项研究主要针对长三角"两省一市"信息化以及信息法律政策发展现状展开调查和研究。研究报告提出了长三角信息法律政策联动机制的发展及存在的问题，探讨了长三角信息法律政策联动的可行性，论证了建立长三角信息法律政策联动机制的现有法律基础，探索并分析了可供长三角信息法律政策联动机制借鉴的经验和做法，提出了长三角信息法律政策联动机制建立的思路、建议等。

四、执法监督与行政执法

《上海市促进电子商务发展规定》宣传贯彻工作

为贯彻落实2009年3月1日起施行的《上海市促进电子商务发展规定》，在市人大财经委、市人大常委会法工委的指导下，市经济信息化委会同市商务委、市工商局等局、市政府法制办部门，积极组织行业协会和电子商务企业，认真宣传、贯彻该部地方性法规。

面对当前的机遇与挑战，2009年市经济信息化委继续按照《上海市电子商务发展"十一五"专项规划》的部署，完善工作体系和方法，结合《上海市促进电子商务发展观定》实施以及上海作为国家首批"两化融合"试验区等工作，推动本市电子商务发展上新的台阶。重点开展了以下工作：一是加快推进全市电子商务协同推进工作机制建设，认真组织落实《规定》实施工作。二是重点聚焦B2B电子商务领域，加快推进国家"两化融合"试验区电子商务专项实施工作，通过补贴中小企业购买专业化服务等手段，推动中小企业利用电子商务拓展市场范围，提升自身竞争力。三是以迎世博工作为契机，继续深化开展电子商务社会推广服务工程，促进电子商务人才培养，提高公众应用意识和水平。四是依托行业组织不断完善电子商务公共服务环境。加强电子商务公共服务门户、渠道建设，进一步深化电子商务投诉调解、诚信承诺、法律服务等公共服务机制建设。围绕当前市委、市政府提出的"服务企业保增长"等中心任务，市经济信息化委将以《上海市促进电子商务发展规定》的贯彻实施为契机，继续强化措施，推动本市电子商务发展，取得新的成效。

（刘新宇）

第三章　信息化人才工作

概　述

2009 年，围绕转变经济发展方式、调整产业结构，按照加大人才队伍建设力度，推进信息化领域专业技术人才知识更新工程的具体要求，结合上海信息产业发展需求，市经济信息化委调动各方面的积极因素，充分发挥行业协会等社会团体的作用，积极开展信息化人才教育培训，大力推进信息化人才队伍建设，信息化人才工作取得新的成效。

一、信息化人才教育培训

信息领域“653 工程”

按照“653 工程”（信息专业技术人才知识更新工程）推进要求，着力从岗位目录、课程认定、培训实施、组织讲座、网站管理等几个方面入手，积极推进“653 工程”深入开展。截至 2009 年 12 月，累计完成课程开发 104 门，已认定 73 门（其中国家认定 42 门、上海 31 门），正在开发 31 门（其中硕士班课程 18 门）。累计组织“653 工程”培训 13 475 人次，其中取得继续教育证书培训的 2 304 人次（国家 2 073 人次、上海 231 人次）；参加计算机技术与软件专业技术资格考试考前培训 290 人；参加培训讲座 4 755 人次；来自全国各地的 65 名行业内人士参加集成电路产业高级研修班；1 772 人次参加业务处室组织推进的专项性软件人才培训。

信息化人才开发服务全国

举办西部地区信息管理技术人员培训班，促进西部地区信息化建设。根据中央人才工作协调小组关于东部地区支持西部地区信息化与信息产业人才开展培训工作的指示精神，由市对外合作交流办和市经济信息化委主办、市信息化培训协会承办的 2009 年度西部地区信息管理技术人员培训班，分别于 2009 年 5 月在上海、11 月在重庆万州和湖北宜昌举行。

上海培训班在上海电信培训中心举行。培训班共有 48 名学员，分别来自新疆、西藏、云南、重庆和湖北等地，其中少数民族学员 9 人。培训内容涉及上海信息化发展的总体概况、电子政务、信息化应用推进的具体政策措施和成果、信息化规划编制、农业信息化现状与展望等；培训班参观考察了上海移动信息化体验馆、上海电信信息生活体验馆、浦东软件园、上海世博会展示中心、东方明珠等处。培训过程强调学员的参与和互动，让学员充分领会主讲人员的意图，感受上海信息化发展的气息，使学员能在最短的时间内取得最大的收获。

上海赴西部地区培训班培训对象主要是重庆市万州区和湖北宜昌夷陵区的政府相关部门人员，先后有近 70 人参加了培训。专家们根据重庆万州等地信息化建设的实际情况，围绕电子政务建设、信息安全、信息化应用推进和信息化人才培养等做了专题讲座，并与学员们进行互动交流和深入探讨。

信息化人才国际培训

上海亚太地区信息化人才培训中心分别于 2009 年 7 月 20 日至 9 月 6 日、2009 年 11 月 26 日至 2010 年 1 月 13 日，承办了两期由商务部主办的“发展中国家信息技术应用培训班”。共有来自全球 72 个发展中国家的 132 名信息领域的专家和官员参加了培训班。商务部、市经济信息化委、市商务委的有关领导出席了开班仪式和结业典礼。

根据商务部《援外培训项目实施管理工作手册》的具

体要求和培训班特点，中心将课程设置为信息技术概述、电子商务、电子政务、企业信息化、信息安全以及信息技术应用的实例分析等6个模块，邀请了多名海内外信息技术应用领域的专家担任授课教师。学员们还参观考察了浦东软件园、南南全球技术产权交易所、淘宝网公司、亨通集团、龙芯梦兰集团等信息技术应用领域知名企事业单位，学习考察了上海、杭州等地信息技术在政府公共事业上的应用情况，加深了对我国信息产业发展状况的了解。

二、信息化优秀人才评选

信息化领域领军人才评选

依托产业载体，加大领军人才和团队的集聚与培育力度，是市经济信息化委2009年重点工作之一。围绕国家对上海优先发展先进制造业和现代服务业，实现调整产业结构，转变经济发展方式的要求，以服务产业发展为指导，以高新技术产业化为重点，积极依靠各相关处室、行业协会等社会团体，认真组织完成上海市领军人才推荐选拔工作。

根据市人才工作协调小组办公室的统一布置，在市经济信息化委领导的直接指导下，从高新技术产业化八大领域项目推进、党委管理系统、中小企业办和经济团体联合会四方面渠道，组织开展领军人才的推荐选拔工作。经过层层发动，全市各相关企事业单位、行业协会社会团体等共报送推荐材料248份。经过材料初审、专家评审、领导核审等环节，确定46份选送材料报市人才工作协调小组办公室，13人被评为上海市领军人才，其中信息化领域上海企源科技有限公司（AMT集团）董事长孔祥云、澜起科技（上海）有限公司董事长兼首席执行官杨崇和、联芯科技有限公司总裁孙玉望、上海贝尔股份有限公司董事、高级执行副总裁徐智群、中国移动通信集团上海有限公司董事长兼总经理郑杰、上海天马微电子有限公司总裁刘瑞林等6人入选上海市领军人才。

（陆　臻　丛建平）

第四章　信息技术创新与信息化标准

概　述

2009 年，上海市各行各业在市经济信息化委和市科委的支持下，推动产学研结合，在信息技术创新、信息化标准方面做了大量基础性工作，特别是传感网、射频识别(RFID)、信息安全等领域研究取得新的突破。

一、信息科技创新项目

【GNSS 高精度动态定位系统核心算法技术研究】 上海伽利略导航有限公司承担的科研计划项目专项计划“GNSS 高精度动态定位系统核心算法技术研究”(课题编号：075115013)开始于 2007 年 12 月 1 日，原定结束日期为 2009 年 12 月 31 日。公司提前完成计划任务书的要求，并于 2009 年 9 月 4 日通过由市科委主持召开的课题验收会。

该项目的成果主要包括：(一) 通过对 GNSS 高精度动态定位数据处理算法的深入研究，开发网络虚拟参考站软件模块一套：该软件涵盖基准站管理、网络数据处理、用户管理、卫星轨道计算等子模块；能够兼容多种主流 GNSS 参考站接收机格式，并进行管理配置；能够支持大规模网络数据处理，并使用综合误差内插改正算法，同时能够形成标准/自定义的差分电文格式；支持标准的 NTRIP 格式，能够根据服务区域划分不同的子网。经过第三方测试，表明基于该软件的定位精度能够满足相关生产作业的使用。(二) 研制基于网络差分的“架空输电线位置 RTK 监测终端”原理样机及配套软件，经测试在精度方面可以满足使用要求，并获得用户单位认可；推出基于资费卡制度的网络差分服务，并具备一定数量的用户；提出 2 套基于网络差分行业应用的解决方案，已在上海自来水管网行业相关单位得到应用。(三) 申请了 1 项实用新型专利和 2 项软件著作权登记，发表 6 篇论文，其中 EI、ISTP 检索 4 篇。

【规模互联的医院内部一体化数据整合和利用关键技术及应用示范】 2009 年 6 月，市科委的重大专项项目——“规模互联的医院内部一体化数据整合和利用关键技术及应用示范”通过市科委中期评估。该项目的研究内容是医院内部数据一体化整合、外挂的检验数据标准化引擎，项目由上海申康医院发展中心牵头负责，上海交通大学医学院附属仁济医院、上海市肺科医院、上海中医药大学附属岳阳中西医结合医院、上海交通大学医学院附属儿童医学中心、上海坦瑞信息技术有限公司、上海金仕达卫宁软件有限公司、上海兰恒信息系统有限公司、上海科华齐效电脑技术有限公司、万达信息股份有限公司和上海交通大学分别负责子项目。经过 1 年多时间的联合攻关，取得初步成果。

课题组成功研制出医院智能节点和 LOINC 标准外挂引擎技术。医院智能节点是在 DOP 平台基础上，进一步研制一体化的元数据类型(MDT)和可视化的建模及数据映射工具，实现通过 MDT 与异构数据的自动映射，实现数据一体化整合，将医院内部的异构系统整合成单一数据源。这一成果已经申请发明专利 2 项、软件版权 3 份。

成功研制外挂的 LOINC 引擎。通过借鉴国外先进的软件工具设计思想，结合国内检验信息化发展水平，研制出一个开放的外挂软件工具，实现了医院非标准化的检验指标向国际标准的自动转换功能。这一软件工具已经申请版权。

已经在肺科医院、仁济医院、岳阳医院和儿童医学中心4家医院应用示范基于这些成果的数据深度利用。

【基于ECC国家算法的网络信任体系研究及应用示范】 2009年7月，上海格尔软件股份有限公司承担的“基于ECC国家算法的网络信任体系研究及应用示范”课题正式通过市科委验收。

ECC算法作为新一代的密码替代算法，比上一代算法具有更高效率和更强的安全性，在电子政务、电子商务、下一代身份证、无线网络、移动通讯、电子病历、电子护照、金盾工程等重大信息化工程项目中都有实际的应用需求，是当今国内外科研的一大热点。

该项目以国内自主的ECC算法为基础，研发ECC证书的发证系统并进行ECC证书的应用示范工程，为今后ECC产品在各行业的应用奠定了基础，具有十分重要的战略意义。

该项目创新性技术包括RSA、EC双密钥的兼容技术、基于SM2算法的EC密钥签名及验签技术、系统多加密机引擎支持，基于EC密钥的TLS技术，实现了RSA与ECC兼容、国密SM2算法支持、多密钥支持等功能，成功开发了国内首套基于国产密码算法SM2的ECC数字证书认证平台，并通过国家密码管理局的产品鉴定，性能达到可实际商用级，并在大型证书运营机构天威诚信进行了试运营，效果良好。

【基于射频识别技术的邮件传递跟踪与溯源关键技术研究及其应用】 上海邮政科学研究院承担的“基于射频识别(RFID)技术的邮件传递跟踪与溯源关键技术研究及其应用”项目通过建立一个邮件传递质量检测系统，覆盖国内主要城市多个邮件处理中心，建立了基于RFID技术的邮件传递质量检测的实用实验系统。项目在国内6省市10个邮局进行了国内邮件传递质量跟踪检测的实际应用。据提供的用户报告结果显示，该测试系统对测试信的阅读率大于97%，能够适应各种复杂的使用环境，可以在邮政行业应用推广。该系统为邮政管理部门加强对各邮政服务环节的实际服务质量提供了较详细的数据，为进一步提升邮政服务质量打下基础。

【基于射频识别技术的溯源系统关键技术研究与应用示范】 上海坤锐电子科技有限公司和上海市食品药品监督管理局承担的“基于射频识别(RFID)技术的溯源系统关键技术研究与应用示范”项目，突破了RFID在药品安全监管中应用的关键技术和相关电子标签产品的开发，在上海选择生产、流通、零售、使用等各环节具有代表性的企业进行应用试点，对药品的商品码、电子监管码、企业内部条码和电子标签进行兼容性示范应用研究。构建了RFID药品监控实施的平台，选择阿司匹林肠溶片等7种药品在药品生产(上海及外地企业3家)、药品流通(上海医药股份有限公司等27家)、药品零售(上海华东医院等41家医院、87家卫生服务中心、15家药店药房)试点企业实施全程监控和追踪，完成对问题药品追溯、召回、分析等全程跟踪链，达到应用示范效果。

【射频识别技术在酒类防伪和流通监管领域的应用】 上海复旦天臣新技术有限公司联合上海坤锐电子科技有限公司承担了“射频识别(RFID)技术在酒类防伪和流通监管领域的应用”项目。项目结合五粮液酒实际生产与流通环境，组织开发了RFID酒类防伪和流通监管应用技术。该应用研究项目技术起点高，已形成一批自主知识产权，将在上海酒行业内首次示范应用。项目的深入开发及应用实施，提高了复旦天臣RFID技术在防伪应用领域的研究水平，有利于实现基于RFID酒类防伪和流通监管系统解决方案在酒行业的示范应用及今后更大面积的推广。

【上海射频识别区域产业技术路线图】 由上海集成电路技术与产业促进中心承担的国家科技部软科学研究项目“上海射频识别(RFID)区域产业技术路线图”按照国家科技部的部署，结合上海产业和科技创新的自身优势，由市科委联合有关高校、科研院所、行业协会的力量，针对RFID产业方向组织力量开展区域产业技术路线图研究。通过分析产业技术基础，研判经济社会需求，确定发展愿景目标，调查产业技术障碍，遴选产业关键技术，分析研发资源能力，绘制产业技术路线图。该研究对药品安全管理、涉车智能交通、图书管理等10个市场领域的14个产业目标逐个进行确定，并归纳提出与技术壁垒相对性的研发方向和关键技术共16大项、26小项，最后综合各项分析结果绘制 RFID 区域产业技术路线图。项目研究成果最终形成两份报告：《RFID 区域产业技术路线图研究报告》和《RFID 区域产业技术路线图应用领域分析报告》。

【基于传感器网络的爆炸点检测定位技术与示范系统研究】 中科院上海微系统与信息技术研究所承担的科研计划项目“基于传感器网络的爆炸点检测定位技术与示范系统研究”（项目编号：07dz15011）于 2009 年 9 月 17 日通过验收。该课题针对上海石化安全生产实践的迫切需求，研究面向石化工业园区环境的爆炸点快速检测定位，攻克关键技术，构建基于声、震信号的爆炸点快速检测定位应用示范，为石化安全生产提供技术保障。该项目成果在实际环境中进行了模拟演示和示范。除应用于石化安全生产以外，该项目的研究成果还可以推广到军队、机场、轨道交通领域。

完成快速检测定位技术在石化环境下和公共交通安全领域的可行性分析，明确了快速检测定位技术和石化安全生产、公共交通安全的结合点，为应用指明方向；对快速检测定位的关键技术进行了分析，并对爆炸点快速检测定位技术关键算法进行了仿真，提出针对爆炸点快速检测定位的关键算法，并对复杂环境下的声震信号的传播问题进行了分析；对爆炸点快速检测定位节点样机进行设计和论证，并对爆炸点快速检测定位节点样机的元器件进行选型分析，完成定位节点的研发、测试。完成爆炸点快速检测定位样本数据采集，并用模拟爆炸声进行实地测试和示范演示。

完成的爆炸点快速检测定位节点样机在嘉兴、嘉定、浦东机场等地进行了测试。

【基于自组织无线传感网技术的水环境监测系统研究】 上海市科委数字上海与现代服务业专项项目“基于自组织无线传感网技术的水环境监测系统”（项目编号：07dz15013，完成单位：复旦大学，起止年月：2007.9～2009.6）研究针对自然水体检测的实时监测网络系统。整个系统包括水质参数获取、传输、信息处理和发布四大部分。

其中，水质监测节点为带有电源、传感器、嵌入式主控板、GPS 定位和无线传输模块的浮桶设备。采用太阳能＋蓄电池联合供电，可对温度、电导率、溶解氧（DO）、pH 和叶绿素水质参数自动进行部分或全部采集。多个浮桶通过无线模块构成自组织网络，数据可以多跳接力方式传输到汇聚节点，然后通过有线或无线网络发送到远程数据中心。远程数据中心可将收集到的水质参数存档并通过网页形式发布。利用神经网络和模式分类技术，选取传感器测量的水质参数 pH 值、溶解氧（DO）和氧化还原电位（ORP），可对 COD 参数进行软测量估计。

项目达到的主要技术指标包括：传感器网络组网时间小于 5 分钟；全网时钟同步误差均值小于 10 ms；根据控制中心指令可改变数据采集周期（10 分钟～40 小时）；无维护运行时间大于 30 天；可根据水质参数 pH 值、溶解氧（DO）和氧化还原电位（ORP），对 COD 参数进行软测量估计，估计误差小于 30%。项目于 2009 年 9 月 2 日通过专家组验收。

【宽带高性能互联网网络行为实时分析技术研究及系统研制】 “宽带高性能互联网网络行为实时分析技术研究及系统”项目于 2009 年 11 月 25 日通过市科委组织的专家验收。该项目由上海大学、上海溟鹏软件、上海电信等单位共同承担，实现了具有 10G 接口处理能力的系统研制。系统能够快速、高效地识别互联网中大多数业务流量，对宽带网络进行行为实时安全分析管理。硬件 DPI 业务处理性能能够满足高网络带宽（Gbps/10 Gbps）的需求，系统业务流量识别率达到 80%以上，特别是能够及时发现和制止那些对网络安全具有危害性且流量巨大的网络行为。

该系统在硬件 DPI 的基础上，软件系统采用基于会话流的识别技术，开发出一个网络行为分析（NBA）中间件系统，并以此为基础，开发一套完整的 NBA 系统。该 NBA 系统能够支持分布式处理，并提供一两种网络行为管理应用。NBA 软件系统支持分布式服务，能用一个系统管理多个网络节点，能针对不同区域用户的特点，对网络进行合理布局和对用户资源进行分配。该系统的研制成功，能够有效识别病毒、恶意代码、垃圾邮件等，从技术手段上防止网络赌博、色情、盗窃等网络犯罪滋生，保障互联网正常应用。系统能为电信、公安、银行、证券服务等行政安全部门提供监管的依据，保障网络安全，保障通信网良好运行。

【历史音频修复与数字化保存技术研究】 由上海音乐学院、上海协言科技服务公司等单位共同承担的“历史音频修复与数字化保存技术研究”项目于2009年8月10日通过市科委组织的专家验收。该项目主要研究对虫胶与聚乙烯、聚氯乙烯材质老唱片的物理清洗、信号采集、信息编目、音频修复与数字化保存的相关技术。项目研发的“上音历史唱片可干预智能化修复与数据库管理系统”编目模块界面友好、操作方便,兼顾建库元数据贴近老唱片的特殊需求,具有修复模块工具多、修复操作效果直观、记录详尽、算法精确、音频改善情况明显等特点。该项目采用基于FFT和Wavelet技术的音频背景信息剥离与多轨转存的技术与基于Calman Filter最优化非线性滤波技术的音频点噪声消除技术,将心理声学、艺术审美与声学测试相结合的动态频谱修复技术与音乐艺术档结合,达到最佳音频修复效果。

该项技术与相应的软件系统应用前景广阔,可以在图书馆、档案馆、音像资料馆等拥有历史音频资源的单位进行物理清洗、信号采集、信息编目、音频修复等一系列数字化工作,为保存这些珍贵的历史音频文献、拯救文化遗产发挥作用。同时也能为我国历史音频音像制品的制作、出版提供强大的资源和技术保障,为这一产业提供大量优质的节目资源。该项目成果得到陈钢等著名音乐家的肯定。

【面向服务漫游的个人信息站研发及其在社区的示范应用】 由上海市民信箱信息服务有限公司主要承担研发的“面向服务漫游的个人信息站研发及其在社区的示范应用”项目,研发了个人信息站。该设备具备符合ISO相关标准的电子标签的读写功能以及嵌入式信息便签打印功能,支持远程监控管理,可以通过USB、闪存卡、远程网络进行维护与内容更新。研发支持RFID的实名认证系统,该认证系统将市民信箱实名制用户与RFID卡进行绑定。在该认证系统支持下,建设面向服务漫游的个性化信息服务系统,可以向经过认证的用户发布公共信息、个人信息、服务信息、商业信息等,并支持市民信箱系统向个人信息站进行高效的信息推送,在现代信息服务业领域有创新。

社区信息服务个人信息站的建设定位是以居民为中心,以需求为导向,采取多种交互手段,充分利用已有的电脑、手机等信息技术终端设备,借鉴国际技术应用标准和成熟应用模式,考虑国内本土化条件和环境,在国内率先提出“基于智能识别技术的移动信息服务”理念,把移动手机新媒体与电子标签身份识别有机融合,创新社区信息化理念和信息服务的模式,为社区信息化工作进一步深入提供有价值的经验探索。充分吻合“数字化城市”的战略定位,力争在现代服务业领域成为一个依托于高科技平台、管理运行规范、业务创新的专业型现代信息服务样板。该项目已在4个社区实现信息化服务的应用示范,并于2009年6月通过专家组的项目验收。

【实名制可信交易支撑技术体系及示范应用】 “实名制可信交易支撑技术体系及示范应用”(简称“交易数据保存/保全系统或电文保全系统”)项目由上海市民信箱信息服务有限公司进行可行性研究报告的编制和平台承建工作。市民信箱在市经济信息化委、市科委以及上海市电子商务协会的支持和指导下,挖掘系统资源潜力,发挥市民信箱公信力强、知名度高的品牌优势,与上海市司法系统合作,建设以市民信箱综合信息服务平台为基础的“实名制可信交易支撑技术体系及示范应用”系统,实现建设电子商务(电子政务)可信交易的基础设施,并为相关电子商务网站提供电子交易数据保全服务、企业邮箱和个人邮箱电子邮件保全服务以及文件和数据保全服务。

市民信箱于2009年7月22日与上海市宝山公证处签署关于数据电文预防性保全业务的合作协议,为相关数据电文的司法公证和取证奠定基础。双方拟定发挥各自优势,合理分工、紧密协作,建设数据电文保全系统,共同推动面向互联网应用的电子证据固化业务。同时,市民信箱于2009年8月1日与支付宝(中国)网络技术有限公司签订了关于“电子商务交易信息保全”的业务合作协议,进一步扩大了电文保全应用示范的实施效果。

【面向空管领域的多级自升降高可用体系架构】 基于高可用自适应控制技术的民航空管系统的研发与应用项目是市科委重点科技攻关课题。由万达信息股份有限公司(为主)、中国民用航空华东地区空中交通管理局和上海民航华东通信网络发展有限公司共同承担的“面向空管领域的多级自升降高可用体系架构”项目于2009年6月通过中期验收。该项目以解决空管领域的业务高可用为目标，在国内民航空管领域首次实现：分布式、多系统间的数据同步、具有升降级功能的空管系统；对空管运行系统的健康度指数量化、实时监控，以及细粒度的系统故障切换；对多源数据的高精度采集、优化和融合，通过提高对雷达、气象等数据的精度，对航班进行精确跟踪、调整；通过模拟仿真技术，建立航班模型，进行航班优化调整，提高空域利用率；通过基于GIS的航班流量动态监控与分析，通过图形化的方式实时监控与展示指定空域内的飞行流量、飞行器等，解决飞行冲突、合理分配航线。该项目全面实现信息化和飞行指挥控制，保证系统的高可用和业务的不间断运行，为提高空域利用率、改善机场管理控制、提升民航服务质量提供强有力的保障。在华东空管局的统一调度下，该项目的应用成果——万达民航空管信息一体化平台，已在上海浦东、虹桥等机场实施，并将逐步推广到整个华东地区。

【面向宽带网络的高端IP机顶盒关键技术研究与示范应用】 “面向宽带网络的高端IP机顶盒关键技术研究与示范应用”项目于2009年9月24日通过上海市科委组织的专家验收。该项目由长江计算机(集团)公司、上海未来宽带技术及应用工程研究中心有限公司、复旦大学、华师大、中标软件等单位共同承担，主要研究和开发可支持双向、互动新媒体业务功能的高端机顶盒系统，以及一个高端IP机顶盒的测试系统平台，并实现示范应用。系统具有支持一路高清两路标清视频播放、快速启动、能适应不同方言和不同语种的语音操作、人机交互适应性强等特点。同时，系统还具备视频硬件解码能力和较强的计算能力，能实现对主流高端浏览器支持的Linux操作系统；具有功能较强的浏览器中间件系统；机顶盒具备自动更新、远程管理、状态监管、智能人机交互等功能。

此系统应用前景广泛，可通过所建立的能适应网络电视等媒体流实时传输的高性能、广域(城域)宽带，为家庭用户提供互动、增值信息服务。系统已经在复旦大学教师公寓近200间教师宿舍得到使用，其强大的功能、便捷的操作界面得到用户好评。同时，系统也可以应用到特定的行业用户，已经在沪杏图书馆视频中心、长宁区部分街道以及轨道交通乘客信息系统(PIS)中得到应用，性能稳定，运行效果良好。

【面向污水处理的无线传感器网络组网关键技术及监测系统研究】 2009年8月12日，由上海电气集团股份有限公司中央研究院承担，并与浙江大学合作完成的上海市科委科技攻关计划项目“面向污水处理的无线传感器网络组网关键技术及监测系统研究”通过专家验收。

该项目共获得市科委支持80万元，项目面向污水处理领域，依据污水处理工艺流程，设计开发由无线传感器网络、现场总线、无线以太网和工业以太网并存的数据采集与监测网络架构，在保证数据采集与监测可靠性的同时实现低成本、宽检测范围和多参数的实时检测。设计和开发适用于污水处理的无线网络硬件平台，开发短距离和长距离等系列无线通讯模块以及传感器节点、路由节点和汇聚节点系列节点；优化设计支持Mesh－Tree路由的一套适用于污水处理的无线通信协议栈，实现低功耗的自组织多跳通信。为在实验室环境下对物理流程和可靠性进行仿真，项目设计和开发小型物理测控平台，实现包括温度、pH值、溶氧、浊度、液位、流量、压力等七大主要污水参数的检测，并在上海白龙港污水处理厂建立应用示范工程，验证相关研究成果的实效性。该项目共申请发明专利1项，实用新型专利2项，获得计算机软件著作权3项。

【面向现代服务业的数字媒体关键技术研究及体验中心示范】 “面向现代服务业的数字媒体关键技术研究及体验中心示范”项目在2009年6月26日通过市科委组织的专家验收。该项目由水晶石数字科技有限公司承担，目标是建设400平方米的数字媒体体验中心，一方面使得该中心具有数字媒体的科普展示功能，另一方面通过面向未来生活、未来商务和未来教育娱乐进行多项数字媒体关键技术的研发，以普适化的数字媒体服务为落脚点，提升数字媒体的应用服务水平。该项目研究面向现代服务业的数字媒体关键技术，完成面向数字媒体与未来生活、未来商务、未来教育娱乐的体验示范展示区的建设。该项目部署的各展项系统具有实时性强、画面清晰、界面美观、操作方便等特点，与用户形成良好互动。该项目建设的数字媒体体验中心已对外试运营，接待众多业内人士的参观。同时，该项目的研究为水晶石公司参与世博会建设打下坚实基础，水晶石公司已经参与到多个世博场馆的展示布展中，项目中的多项关键技术也被应用其中。

【汽车电子嵌入式基础软件平台关键技术研发及应用】 2009 年 4 月 30 日，由上海汽车集团股份有限公司牵头承担的 2008 年度上海市信息领域重大专项“汽车电子嵌入式基础软件平台关键技术研发及应用”项目团队向相关领导汇报了项目进展情况。项目主要包括通信、诊断、网络管理、Bootloader 等模块开发、模块级产品应用及整车级设计和验证。从 2008 年 1 月开始，项目相继完成诊断、通信模块的开发和零部件集成、测试，完成操作系统、LIN、网络管理模块的开发，并完成整车验证平台的搭建。同时，基于该项目还完成 3 篇科技论文。

该项目所有软件模块完全按照上海汽车自主品牌荣威名爵汽车的实际需求开发，适合国内汽车行业需求和发展水平。同时，创新的原型系统台架设计方便项目开发前期功能及系统的虚拟仿真，并可实现需求的自动测试和验证。会上，开发团队还展示了集成应用的车身控制模块、座椅记忆模块以及诊断工程工具等。这些自主品牌的创新成果，充分体现了国内在汽车电子嵌入式软件平台开发领域的技术实力，提升了自主品牌的技术含量。

【上海城市和沿海大雾遥感监测预警系统】 由市气象局承担的市科委 2007 年度“创新行动计划”信息技术领域重点科技攻关项目“上海城市和沿海大雾遥感监测预警系统”于 2009 年 6 月完成。2009 年 9 月 15 日，项目通过验收。项目主要目标是采用卫星遥感与地面观测相结合的天地一体化方式，建立集卫星遥感、气象观测、预警预报与服务于一体的具有高科技含量、高自动化程度的大雾遥感监测预警业务系统，为上海市政府及有关部门提供及时、可靠、有效的大雾实时监测和预警信息，最大程度地避免和减少大雾对上海和沿海地区国民经济和人民生命财产造成巨大灾害和重大损失。同时，为保障上海世博会成功举办对陆地、航空、海上交通以及应急体系提供重要保障。

该项目研究内容以静止气象卫星为主，极轨卫星为辅，将自主研究并集成的地面（包括沿海）以能见度要素为主的大雾气象观测资料作为卫星信息的标定、校正和反演信息源，采用空中与地面同步或准同步观测方式，研究、研制多种空间有效的雾监测方法，以及雾发展、消散估算模型，并以经济、少量、优化的地面布点方案，集合原有自动气象站资料，建立点面结合、优势互补的大雾遥感监测预警业务系统，达到实时计算雾区位置、范围以及预警预报雾发展、消散趋势和时间的目的。

该项目研制的大雾遥感监测预警系统已在上海的大雾天气预报、灾害预警中发挥重要作用。项目于 2009 年初开始向上海市中心气象台、上海气象科技服务中心、上海海洋气象台等单位提供卫星遥感大雾监测产品，并制作灾害性天气遥感专报，为上海市的大雾监测预报提供强有力的科技支撑。

该项目创新点主要在于：首次建立气象卫星云雾光谱自动识别模型，实现雾区与下垫面、高云、冷云区的初步自动分离；针对遥感图像的海量数据及雾产生时的复杂天气状况，首次研制设立雾动态、快速、自动识别实用方法；首次设立卫星遥感大雾短时临近预报模型，对大雾 0～3 小时的发展、消散趋势进行估算和预测；自主开发以能见度为主的多要素气象观测设备，该设备获得 2009 年国家实用新型专利，填补了国内相关领域的空白；首次构造卫星遥感和地面观测相结合的大雾遥感监测预警智能化业务系统，该系统具有客观、快速以及自动化程度高等特点。项目研究期间获批实用新型专利 1 项，软件著作权 1 项；发表论文 4 篇；培养研究生 4 名。

验收专家组审定认为：该项目组圆满完成了课题计划任务书的要求，在气象卫星大雾的自动识别和云雾分离、大雾遥感短时临近预报、能见度气象观测设备研制等方面取得了创新成果，项目的综合技术达到国际先进水平。

【无线移动网络安全接入管控系统关键技术研究及港务应用】 “无线移动网络安全接入管控系统关键技术研究及港务应用”课题由上海汉邦京泰数码技术有限公司与上海交通大学共同承担，并将洋山深水港和上海电信纳为无线安全技术应用的示范基地。课题的研发及示范应用工作已全部完成，并于 2009 年 9 月 8 日在示范单位上海洋山港海事处顺利通过验收。课题核心技术共申请专利数5项，课题技术成果申请软件著作权2项，课题完成后第一年新增产值2 967万元。

“无线移动网络安全接入管控系统”技术研究在国际上正处于研究和开发阶段，该课题的研究跟踪了此领域国际最前沿技术，在国内同行中属领先水平。项目旨在建立具有我国自主知识产权的安全无线网状实验示范网络，对我国无线网状网络产业的发展在理论和实践上都有着重大指导意义。该技术填补了国内无线移动网络安全技术领域的空白，其采用的主动式防御技术具有较高的学科前瞻性，并得到验收专家和领导高度认可。其部分技术成果已实际运用在中共第十七次全国代表大会上，并取得成功。

【医保基金风险防控平台关键技术研究与应用示范】 市科委2008年重点科技攻关项目“医保基金风险防控平台关键技术研究与应用示范”（项目编号：08511500200）以上海市医疗保险信息中心为承担单位，与万达信息股份有限公司、复旦大学合作共同研究和实施。

该项目围绕医保基金经管的关键环节，针对基金风险防范的主要因素，旨在建立对基金风险控制的基础技术平台，起到有效防范、化解基金风险的作用，最终实现在国家医保政策宏观指导下，有效利用科学技术手段对医保基金进行科学化、精细化、透明化管理。通过该项目的实施，积累实践经验，发挥示范作用，为将来整个长三角地区更大范围乃至全国医保基金风险防控系统的建设、实施奠定基础并提供借鉴意义。

该项目的技术创新在于：在结合医保行业知识、经验和数理知识的基础上，针对医保海量的实时业务数据，建立良好的可定义的数据建模分析。构建医保风险防控的模型库和方法库，对其进行可监控的医保实时风险分析，使医保基金风险防控从过去的事后稽查变为“事前预测、事中监控、事后稽查”的全过程控制。

【自主高可信操作系统关键技术研究与产品研发】 2009年8月26日，中标软件公司承担的“自主高可信操作系统关键技术研究与产品研发”（项目编号：075115007）通过验收。项目验收专家组在市科委组织下，听取了项目的总结报告，观看了成果演示，审查了相关技术资料，并进行了质询。专家组认为该项目突破了可信双因子认证、可信软件栈等关键技术，开展了可信计算标准制定工作，开发完成中标普华高可信Linux操作系统4.0，通过了公安部信息安全产品检测中心等机构的产品检测，符合GB/T 20272第三级安全要求。

2009年是中标软件快速发展之年，为推动公司的研发实力及市场规模更上一个新台阶，推进国产基础软件产业平稳、快速发展，两大股东方CETC（中电科技集团）及CEC（中国电子）分别通过旗下的普华基础软件公司、中国软件共同注资2亿元，使中标软件注册资金达到2.5亿元。除投资之外，两家集团在业务上也给了中标软件巨大支持。可以预见的是，未来中标软件将以更加开放的态度广泛联合有创新能力的上下游厂商，建设围绕基础软件的创新体系，以形成差异化的竞争优势来取得市场突破，在做强的同时寻求更广阔的发展。

二、信息化标准

标准化建设和管理

2009年信息化标准制定项目以推进“两化融合”为主要目标，重点支持高新技术产业化，同时关注世博，关注先进制造业，关注现代信息服务业和信息化基础设施建设，有效发挥标准化工作服务经济发展的技术保障作用。列入2009年度信息化标准制定的项目共21项，修订地方标准2项。其中列为国家标准的2项为《软件功能规模测量方法》和《电工电子产品低气压/高温/低温/混合振动试验方法规范》；列为地方标准8项。其中，《世博会公众信息发布平台信息接入规范》、《基于因特网的世博会体验型展馆平台接入规范》、《世博会业务系统信息安全建设规范》和《世博会信息系统运行管理规范》4项标准是为世博会服务的信息化标准。其余4项地方标准则为：《车载导航信息终端通用技术规范》、《上海社区卫生信息市、区两级基础数据与交换技术规范》、《上海市居民社区卫生服务信息化评估规范》和《住宅小区移动通信配套设施技术规范》。属于联合企业标准的有11项。修订上海地方标准2项，分别是：《电子信息产品标识规定》、《移动通信室内覆盖分布系统设计与验收规范》。协会积极参与标准制定的计划管理，充分发挥行业协会与专业协会的作用，协助市经济信息化委对立项标准进行梳理和协调。

2009年9月，协会协助技术进步处，召开市经济和信息化系统标准化工作座谈会，会上传达了工信部《2009年工业标准化工作要点》，提出了市经济信息化委对产业标准化工作的意见和要求，同时听取了各大产业对标准化工作的希望和要求，为构建新的标准化工作运行机制打下基础。

信息化标准制定

由协会主编、会同上海市电子产品维修服务协会等单位共同制定的上海市地方标准《移动电话机维修企业资质分等与评定规范》已经上海市质量技术监督局审查批准，予以发布并实施。同时，另一个上海市工程建设规范《户外电子显示屏安装验收技术规范》也完成征求意见稿。

（市信息系统质量技术协会）

第五章 信息化研究与咨询

概 述

2009年,第四届上海市信息化专家委员会根据上海信息化发展需求,继续推动和参与信息化建设项目评审、信息化培训普及、课题研究等工作,发挥了重要的决策咨询作用。第五届市信息化专家委经过广泛征求意见和甄选工作,经市政府批准于2009年12月正式成立。

上海市经济和信息化委员会依托市互联网经济咨询中心等研究咨询机构,开展信息化与工业化融合等重大课题研究。其中,市互联网经济咨询中心重点开展了"两化融合"发展水平评估指标体系制定、全市企业"两化融合"发展现状调查、企业信息化评测、金融和电信行业IT治理框架等研究工作,取得初步成果。

一、上海市信息化专家委员会

2009年,第四届上海市信息化专家委员会委员积极参与信息化建设项目评审、信息化培训普及、信息化发展预研等工作,为有关政府部门决策提供咨询意见,充分发挥专家的智力支持作用。

从2009年6月开始,启动市信息化专家委换届工作,向委员征询对换届工作的意见和建议,同时向有关部门、市经济信息化委内部处室广泛征求新一届专家人选,共提议新增人选49名。按照平稳过渡、体现融合、结构合理等原则,形成了第五届市信息化专家委人选,经市政府批准,2009年12月正式成立,第五届专家委由67人组成,设6个专业组和1个国际组,其中连任专家48名,新增专家19名,科研院所、企业、政府及其他机构的专家比例约为5∶3∶2,60岁以下专家约占总数的70%,外地和外籍专家约占近20%。成员名单如下:

主 任 吴启迪

副主任 何积丰、贺寿昌、高新民

委 员 马永平 王 能 王 坚 王贻志

白 洪 孙玉望 孙红春 孙德炜

庄松林 朱扬勇 齐 鸣 何德全

吴朝晖 吴承荣 吴修艺 宋国文

寿 步 张一钧 张国良 张承业

张申生 张鹏翥 张维华 张建军

李建华 李光亚 杨坚争 沈国明

沈昌祥 邵臻浩 闵 昊 陈咏恩

周仁杰 周振华 林定祥 林明增

郑 杰 明新国 祝智庭 胡鸿高

胡宏亮 赵厚麟 唐定富 徐 飞

徐智群 徐龙江 顾君忠 顾晓鸣

黄丽华 程锡元 韩乃平 蒋守雷

蒋昌建 蔡全根 裔 勇 缪其浩

潘 光 戴国强

卡洛斯·洛佩斯(Carlos Lopes)

史蒂芬·布赖姆(Stephen Braim)

梁兆柱

钟清安(Ferry Chung)

谢恩伟

(申剑敏)

二、上海市互联网经济咨询中心

上海市互联网经济咨询中心是信息化专业咨询、研究以及合作交流、培训机构。中心作为上海市经济和信息化委员会首批授牌的4个上海市“两化融合”研究中心之一，以服务上海“两化融合”为总体目标，整合中心现有各方资源，努力将中心打造成上海“两化融合”研究咨询中心、人才培训中心，形成“两化融合”可持续发展机制。

研究咨询

每月动态编制。按月编制上海市信息化与工业化融合信息动态。

评估指标体系研究。以科学性、客观性、综合性、可操作性为原则，初步建立上海市“两化融合”发展水平评估指标体系。(1) 在上海市“两化融合”推进工作会上发布了《上海市企业信息化与工业化融合发展水平评估指标体系(征求意见稿)》，并拟于2010年完善该评估体系。(2) 针对大型骨干企业及以生产型企业为主的中小企业，开展抽样调查工作，初步形成关于上海市企业“两化”水平现状调查报告。计划于2010年扩大调查范围，以建立正式的统计调查工作制度，为上海“两化融合”的推进服务。(3) 中心将以第三方评估机构的身份，向企业提供“两化融合”评估服务。

政策汇编及解读。梳理国内尤其是上海市关于“两化融合”相关适用政策及其配套政策，并进行阐释解读，完成“两化融合”相关政策法规汇编和解读。对国内外“两化融合”先进地区信息化与工业化融合的政策举措进行研究，为上海市相关政策法规的完善提供建议。

重点项目和典型案例研究。收集上海市重点行业企业及中小企业推动“两化融合”的重点项目和典型案例，建立企业“两化融合”案例库，并跟踪研究部分典型案例的后续发展。

人才培训

建设上海市信息化与工业化融合人才培训工程，为推进“两化融合”提供人力资源保障。

软件评测

中心正在建设工业软件公共测试服务平台，此平台将为工业和信息化融合软件质量的提高贡献力量。中心建立了上海市软件测试公共技术服务平台，通过沪东重机、上海电气等测试项目，促进工业软件及嵌入式软件的质量控制及测试体系建设。

企业服务

2009年，中心开展企业信息化评测研究、园区信息化评测研究、上海市二手车交易公共信息服务平台研究、金融和电信行业IT治理框架等研究工作。为企业提供信息化咨询服务，成功案例包括光明集团信息化规划咨询、临港集团数字化园区标准咨询、家化集团PLM管理系统咨询、锦江资金管控系统咨询、龙头集团服务于品牌聚合的供应链系统咨询等近30个项目咨询服务。

(刘　岩)

第六章 信息化宣传

概 述

2009年,市经济信息化委参与组织策划或者协助开展的新闻宣传活动30余次,组织或接待新闻采访活动20余次,SMG电视新闻中心、SMG广播新闻中心、《解放日报》、《文汇报》、《新民晚报》、新华社等主流媒体宣传报道600余篇。其中市政府与中国电信、中国移动及中国联通在沪签署框架协议,推进高新技术产业化工作系列宣传、2009上海市经济和信息化建设情况通报会、节能宣传周系列宣传、2009第五届上海国际创意产业活动周系列宣传、世博采访线(创意产业)配合推进等新闻宣传工作的开展,有力配合了市政府及市经济信息化委相关工作的推进。

信息化重点工作宣传

上海市推进信息化与工业化融合工作会议

2009年9月22日,上海市推进信息化与工业化融合工作会议举行,会上工业和信息化部向上海市颁发"国家级推进信息化和工业化融合试验区"铜牌。市经济信息化委汇报了上海市推进"两化融合"的总体方案,根据方案,上海将实施以"1010工程"为主要内容的"两化融合"推进策略,即聚焦10个重点产业,实施10个重点工程。

作为全国首批"两化融合"试验区,上海在推进产业发展和信息化建设的进程中,积极开展传统产业信息化改造、企业信息化建设等工作,特别在钢铁、石化、汽车、装备、航空、船舶等重点产业领域,支持一批"两化融合"重点项目,提升产业竞争力;支持信息化与大飞机研制生产过程的融合,在研发设计信息化和产业链构造等方面实现突破;此外,在推动产业园区信息化、加快生产性服务业发展,推进区域物流信息服务联动等方面也取得一定成效。

上海市推进高新技术产业化工作会议系列宣传活动

为贯彻落实"6+3",加快推进高新技术产业化,市经济信息化委积极配合上海市推进高新技术产业化工作会议系列的召开,认真开展系列宣传活动。

1. 会前组织主要新闻媒体就上海市高新技术产业化推进工作,采访重点领域的一批主体企业(30家左右企业,包括国有、民营、三资企业)、一批技术专家、一批领军人物、一批区县产业基地负责人,营造良好氛围。

组织SMG电视新闻中心、SMG广播新闻中心、《解放日报》、《文汇报》、《新闻晚报》、新华社等30余家主流媒体进行报道。协调《解放日报》与《文汇报》制作推进高新技术产业化工作会议专版,同时设立专栏,分领域进行深入报道(共21篇)。同时,协助《东方早报》、《新闻晨报》等其他上海本地主要媒体相继开辟专版、专栏和专门时段进行了详尽报道,(报道数约40余篇)。通过与第一财经频道协商,分别于午间节目《财经中间站》(每天直播时间:《第一财经》14:30~15:00)和晚间节目《财经夜行线(新闻)》(每晚播出时间:21:00~21:55,每天播出5~6分钟)分别播出重点领域企业、专家、基地采访报道,掀起第二轮宣传热潮。

2. 2009年下半年,围绕高新技术产业化工作逐步升温,组织开展系列宣传报道,包括:三年内投入千亿信贷支持上海市高新技术产业化和重点产业发展的八大银行"聚焦高新技术产业化,推动产业升级发展—上海市重点产业项目银企对接会";100多家上海市中小企业齐聚浦东张江高科技园区的“民用航空领域制造业领域高新技术产业化专业配套对接会”;举行“上海市新能源汽车及关键零部件产业基地(嘉定)揭牌暨项目签约仪式”;为加快推进新材料高新技术产业化,培育新材料产业新的增长点,积极抢占产业新的制高点,提升企业产业综合竞争力的“新材料高新技术产业化项目对接会议”;为加快推进新能源汽车高新技术产业化,帮助中小企业抢占新一轮经济发展先机,探索解决中小企业在高新技术产业化发展中存在的融资难等问题的“新能源汽车领域的中小企业对接会”;为发挥上海集成电路公共服务平台在集成电路领域高新技术产业化工作中产业公共服务作用召开的“上海集成电路公共服务平台与集成电路企业对接会议”等;市经济信息化委与闸北区、宝山区、徐汇区政府签署高新技术产业化工作合作协议。

三大电信运营商与市政府签署战略合作框架协议

根据上海建设“四个中心”和实现“四个率先”的要求,围绕2010年上海世博会和上海国际金融、航运“两个中心”建设任务,为深入贯彻落实科学发展观,进一步促进上海信息产业和信息化发展,优化产业结构,提升竞争力。4月28日、5月11日、7月6日,上海市人民政府分别与中国电信、中国移动以及中国联通在沪签署战略合作框架协议。

上海三大电信运营商与市经济信息化委签署服务合作协议

市经济信息化委联手中国电信上海公司、中国移动上海公司和中国联通上海市分公司签署“保增长、促就业,推动两化融合,服务精彩世博”2009年度服务合作协议。

2009上海市经济和信息化建设情况通报会

为使在沪相关国外机构和企业了解市经济和信息化发展情况,2009年4月29日举办“2009上海市经济和信息化建设情况通报会”。会议通报了2008年上海经济和信息化建设的进展情况,介绍了2009年经济和信息化发展重点。新华社上海分社、人民日报社上海分社、《解放日报》、《文汇报》、SMG电视新闻中心、SMG广播新闻中心等多家新闻媒体进行了深入报道,报道文章30余篇。

2009上海国际信息化博览会

2009上海国际信息化博览会于2009年3月17～19日举行。此届展会汇聚国际半导体设备与材料展、印制电路展以及慕尼黑电子展等。市经济信息化委组织新华社上海分社、人民日报社上海分社、《解放日报》、《文汇报》、SMG电视新闻中心、SMG广播新闻中心等多家新闻媒体进行了会前会后深度采访与报道,同时,《上海商报》刊发3天会议特刊,进一步扩大宣传范围,加强宣传力度。

2009上海推进软件和信息服务业高新技术产业化活动周

2009上海推进软件和信息服务业高新技术产业化活动周于2009年10月11～16日举行,主场活动地点在上海国际会议中心,其他地点还包括浦东软件园、市科技创业中心、上海1933老场坊等。活动周由上海市软件和信息服务业高新技术产业化政策说明会暨高峰论坛、2009上海软件创新论坛等12个细分行业论坛组成,内容涉及上海市软件和信息服务业高新技术产业化政策说明、游戏开发、基础软件产业链创新、3G应用与发展、亚洲宽带及数字电视、网络视听、数字出版、企业信息化高峰论坛等热点行业、产业话题。

上海市推进3G发展暨TD－SCDMA网络建设和应用工作会议

2009年7月28日,市政府召开上海市推进3G发展暨TD－SCDMA网络建设和应用工作会议。会议明确,围绕工信部希望上海能成为“全国TD网络建设和应用的示范地区”的要求,在TD网络建设和应用方面,上海将重点开展三项工作,一是按照信息基础设施共建共享的要求协调推动TD基站建设,使TD网络信号基本覆盖全市。二是将在城市网格化管理、环境保护监测等方面开展基于TD网络的应用试点,研究制定面向不同领域、不同行业的应用解决方案,探索形成有效的行业应用模式。三是加大TD政策支持力度。

百万亿次超级计算机“魔方”开通仪式

2009年6月15日，由中科院计算所国家智能计算机研究开发中心、曙光信息产业(北京)有限公司、上海超级计算中心联合研制的百万亿次超级计算机曙光5 000 A(又称“魔方”)开通仪式在上海超级计算中心隆重举行。在上海市加快推进的高新技术产业化9个重点领域中，新能源、民用航空制造业、先进重大装备、生物医药、新能源汽车以及新材料等6个领域需要高性能计算技术，上海相关企业和研发机构已使用上海超级计算中心的高端计算设施取得大量成果，包括ARJ21支线飞机、大型民用客机、多个核电站、燃料电池汽车等重大项目。

上海市窗口服务行业“迎世博银行卡刷卡无障碍立功竞赛活动”

2009年10月29日，上海市窗口服务行业“迎世博银行卡刷卡无障碍立功竞赛活动”启动会召开。市经济信息化委、市商务委、市总工会以及相关企业负责人等70余人参加会议。据悉，上海银行卡支付环境建设工作取得显著成效。世博倒计时600天至会议召开时，全市新增银行卡联网商户、联网POS机具和ATM机分别达到2.3万家、6.9万台和2 000余台，其中联网POS和ATM累计分别突破20万台和1万台，提前完成计划目标；1～8月全市银行卡持卡消费额(剔除大宗交易后)占社会消费品零售总额的比重达到了50%以上，较2008年提升近9个百分点；8万人次收银员先后接受培训。

上海电信与市经济信息化委签署《提高宽带服务水平，助力上海高新技术产业发展》合作备忘录

2009年9月27日，市经济信息化委与中国电信上海公司正式签署《提高宽带服务水平，助力上海高新技术产业发展》合作备忘录。根据备忘录，双方就如何进一步提高上海宽带互联网服务水平，推动全市高新技术产业化发展开展共同行动。上海电信将加大建设力度，2009年内进一步提升上海地区的互联网出口带宽到140 Gbps，IP城域骨干网交换速率提升到1.2Tbps，把上海打造成为亚太信息通信枢纽，上海将成为国内出口带宽最大的城市。此外，上海电信的“城市光网”建设将在年底前完成75万户的网络覆盖，在3年内实现所有宽带用户光纤接入，上网能力可上升至百兆。其中，全市77个重点产业园区，将率先完成“城市光网”能力建设。

(承巍巍)

第七章 信息化社团

概 述

截至2009年底，上海市信息化系统共有协会17家，民办非企业单位6家，基金会1家，其中行业协会12家，专业协会5家，会员单位超过2 800家，基本覆盖了全市信息化领域的龙头和骨干企业。市信息化系统社团组织共有46个基层党组织，其中党委1个，党支部45个，在册党员859名。

一、行业（专业）协会发展

上海市通信制造业行业协会

【概况】 2009年，上海市通信制造业行业协会积极履行"协调、代表、服务、自律"宗旨，通过开展强化基础建设、搭建交流平台、反映行业动态、当好政府参谋、做好服务跟踪、保障合法权益、加强自身建设等工作，开创了工作新局面。

【当好政府参谋，反映行业动态】

承接课题，编写报告：2009年，因行业受金融危机的影响，协会广泛开展调查研究，按时保质完成由市经济信息化委交办的《上海市通信产业整机发展报告》、《2009～2012年上海电子信息制造业发展行动方案》、《2009年上海工业发展报告》、《上海市通信与网络设备高新技术产业化行动纲要》、《2008年上海工商业协会和信息化行业协会发展报告》等10个专题调研报告的编写和材料收集工作。如协会承接了由张江高新技术产业开发区领导小组办公室、浦东新区科委委托编写的《2009年上海市通信产业发展研究报告》。历时十个月，数易其稿，全文约10万余字，于11月6日通过专家终期评审验收，并于12月底在内部发行。报告回顾了2008年国内外通信制造业的总体发展情况，针对上海通信产业发展现状、影响发展的瓶颈问题等做了深入研究分析，提出2009～2010年上海通信制造业发展的技术路径、发展重点及其实施方案、政策等建议，为市政府就上海新一轮通信制造业的可持续发展提供决策依据。

配合政府，开展调研：一是根据市科委要求收集企业在具体实施"36条"配套政策过程中遇到的问题和意见建议，协会对上海贝尔、博达、上海华为、上海大唐、上海闻泰等10余家单位进行调研，整理归纳为政府采购、科技投入、财税政策扶持、帮助企业融资贷款等五方面的建议，及时呈报市科委、市经济信息化委。二是通过与企业沟通，对企业提出的部分产品需要调整关税的建议整理汇总上报市经济信息化委。三是配合市经济信息化委电子信息产业处前往中科院上海微系统所、中国移动通信集团上海有限公司、中科院无锡物联网产业研究院、上海新球通信有限公司、上海电科智能系统股份有限公司和嘉定无线城市等单位，对无锡物联网产业园区的规划布局，并就进一步推进上海物联网产业实施示范工程进行专题调研。

密切关注，当好参谋：针对全球金融危机，协会加大对重点骨干企业的沟通力度，及时收集企业在生产运行中发生的一些重大事件，每月收集汇编企业大事记简报，报政府有关部分作参考。

【携手共同探讨，应对金融危机】

深刻分析，主动出击：2009年2月，协会组织召开上海通信整机产业发展研讨会。对行业专家和企业相关人员提出的在金融危机影响下所面临的困难、瓶颈和对策，

协会采取三种途径：一是协会能解决的，将不遗余力地去做；二是对必须由政府协调解决的，协会将积极向政府有关部门呼吁，尽可能协助和配合有关部门帮助解决；三是协会将密切关注、跟踪上海通信产业发展新的增长点，帮助企业寻找产业发展的空间，进一步推进行业的发展。

走访企业，了解需求：(1) 从2009年5月起，协会就企业发展规模、市场预计目标及需求方面与业内企业进行沟通。针对企业提出的问题和需求，协会采取以下措施：通过对行业企业的摸底工作，为会员提供行业或会员单位通信名录；对政府发布的有关通信行业信息，在第一时间内通知会员单位；配合政府部门加强对行业、产业开展调研，帮助中、小企业在严峻的形势下同舟共济，共渡难关。(2) 协会多次专访上海移动公司，共同商讨推广 TD-SCDMA 终端及相关移动产品的应用。并利用协会平台，及时发布上海移动在 TD-SCDMA 终端的应用需求。

帮助企业，解决融资：协会与浦发银行、渣打银行(中国)有限公司达成协议，对业内的中小企业融资事宜提供服务渠道。

【结合振兴规划，搭建交流平台】

展会峰会，合作交流：(1) 2009年7月8～10日，协会与中国电子学会、上海扩展展览服务有限公司共同举办"2009第七届中国(上海)国际手机产业展览会暨以'携手共创新一代移动终端时代'为主题新一代移动终端产业发展研讨会"。(2) 7月27日，协会参与在大宁国际会议中心举行的由市北工业园区等单位共同举办的"上海市北工业园区产业联盟峰会——IT、电子通信业专场"。(3) 落实上海安保设备开发工程有限公司和锐迪科微电子(上海)有限公司分别参加由市经济信息化委、中国贸促会上海分会组织的"2009年阿尔及尔国际博览会"和"2009年捷克布尔诺国际消费类电子产品展览会"。企业通过政府与协会搭建合作平台，充分体会到"走出去"战略为企业带来的益处。(4) 组织业内企业召开"移动通信产业 TD-SCDMA 新跨越"和"下一代互联网产业未来三年的发展重点"等专题座谈会，并对企业现有的实施能力进行了调研。

异地交流，拓展服务：一是组织兄弟行业协会、专家和企业老总前往吴兴产业园区学习考察。二是先后两次接待天津市人民政府驻上海办事处和天津市西青区工业经济委员会相关人员，双方就上海与天津两市通信领域合作事宜进行了商谈。

牵线搭桥，寻找伙伴：通过协会的穿针引线，中长江汽车电器有限公司的汽车配件电器控制器模块、防辐射耳机等产品，已列入希姆通公司的供货商名录。

【推进政策落地，做好服务跟踪】

贯彻政策，落实纲要：为进一步推进落实《〈上海中长期科学和技术发展规划纲要(2006—2020年)〉若干配套政策》的精神，"2009年鼓励企业购买国际先进研发仪器设备专项申报工作专题座谈会"举行，市电子元器件、市集成电路、市计算机、市新材料、市光电子、市生物医药、市交通电子、市信息家电8家行业协会秘书长参加了座谈会。

组织指导，推荐申报：(1) 组织未来宽带技术及应用工程研究中心、科技网络、瀚讯、博达数据、安保设备、天诚、美弗信、集振电气等12家会员单位递交"征集中小企业发展专项和高新技术产业化及技术改造"申报材料，共16个项目。(2) 推荐上海贝尔、上海大唐移动、上海华为等7家单位作为张江高新办推出的"上海张江高科技园区科技创新专项"的首批试点单位，其中上海贝尔已顺利通过。(3) 组织企业申报"市中小企业发展专项资金项目"、"市高新技术产业化及技术改造项目"、"卫星应用高新技术产业化"和"2009年度上海市高新技术产业化重点项目"，其中，"2009年度上海市高新技术产业化重点项目" 第一批获得政府支持的有上海贝尔、上海移动、上海闻泰、希姆通等7家会员单位。(4) 及时组织、指导企业申报"支持企业申报发明专利补贴3 000元的鼓励"的专项活动，其中通信技术中心、联芯科技、英华达电子、泰科电子和瑞侃电缆有限公司共32件发明专利已全部获得资助。

积极参与，自主创新：选择、动员10余家企业参加市经团联组织的"上海市2009年装备制造业与高新技术产业自主创新品牌"评选活动，其中上海大潮电子技术有限公司 GPRS 产品和上海付费通信息服务有限公司网络建设平台项目已入围并公示。

实地了解，积极推荐：协会积极配合市经济信息化委和浦东新区政府对上海筹建手机终端检测公共服务平台的可行性调研，专访上海华为、上海中兴、展讯、电信科学技术第一研究所泰峰通信实验室和市电信研究院等单位了解实情，分析了69家手机制造和手机设计企业情况。上海筹建手机终端检测公共服务平台已落户黄浦区。

【发挥职能作用，保障合法权益】

编制标准，强化管理：一是2008年12月30日由协会承担的“馆藏图书电子标签应用规范”联合企业标准制定项目通过市信息委科技处验收。二是“定位导航公共服务系统信息交换通信协议通用规范”联合企业标准于2009年9月通过专家评审验收，并将在全市推广。

帮助企业，咨询服务：(1)与上海创驰企业咨询管理有限公司签订专门为企业提供申报上海著名商标和全国驰名商标咨询服务工作合作协议。(2)帮助、指导企业申报“2009年上海领军人才”活动，联系行业专家，出具行业协会推荐意见。

走向社会，保护利益：2009年3月15日，协会与上海电子产品维修服务协会、上海家用电器行业协会联合举办了“迎世博，创一流消费环境”的国际消费者权益日活动。47家单位400多名领导、主管以及专业技术人员现场接待近800名消费者咨询与投诉，发放家用电器电子产品选购、使用、保养以及维权方面的知识宣传资料千余份。

宣传督促，规范市场：协会承接市经济信息化委关于“通信设备生产管理和市场整顿”项目，主要工作包括：对通讯设备企业生产、市场情况进行调研；宣传、督促企业规范经营；整顿市场秩序、诚信经营；召开总结、表彰会议。

【强化基础建设，促进协会发展】

领导重视，扩大会员：2009年，协会召开三届二、三次理事会，新增2家副理事长单位、3家理事单位。全年共发展会员单位17家。

完善网站，信息互通：改版后的协会网站于2009年3月与会员见面。改版网站由行业资讯、信息通告、专家库、政策咨询、推荐与求购、展览会务、友情链接七大块组成，内容更加丰富、阅览更加便捷。

扎实基础，积累资料：(1)建立全市通信行业近300余家企业的信息档案。(2)制作《上海市通信产业主要企业分布图》。(3)将业内企业手机终端设计制造企业、传输设备、通信交换设备制造、通信终端设备制造、移动通信及终端、其他通信设备制造、计算机网络设备、机顶盒生产企业分类。(4)建立和完善协会专家信息档案。

（市通信制造业行业协会）

上海市信息家电行业协会

【加强协会自身建设，提高员工整体素质】 2009年，协会继续坚持党员的学习教育，在工经联党委的领导下组织党员开展学习实践科学发展观活动，坚持学习型党支部建设，倡导新老党员团结互助、以老带新，促进协会业务工作开展。在上海市“知荣辱、讲文明、迎世博、建诚信”系列活动组委会办公室的指导下，一方面强调员工在社会上要以身作则；另一方面积极组织会员企业开展“诚信企业创建”活动，经过努力，已有6家企业荣获“上海市诚信创建企业”称号。在市经济信息化委、市社团局等政府主管部门的指导下，完成协会换届选举及有关工作，从组织上确保协会工作的正常开展；3月组织召开三届二次理事会。为充分发挥网站作用，协会对网站进行改进，对网页进行改版。

【进行产业调研，倾听企业呼声，积极向政府提出产业发展建议】 为促进行业和产业发展，缩短上海制造业与兄弟省市的差距，重振上海制造业过去的辉煌，协会积极开动脑筋、开拓思路、策划调研方案，拟定“走出去、下基层、倾听企业呼声”的具体部署。经过一段时间脚踏实地的调研以及向专家咨询，先后完成“上海电视整机产业发展建议”、“上海发展数字电视产业联盟的建议”、“上海发展新光源电视的建议”以及“上海建设电视相关模组产业的建议”。与此同时，在“上海第二届数字电视发展论坛”上，还积极向业界和政府主管部门呼吁振兴上海电视整机产业，引起媒体广泛重视。

【做好政府与企业的桥梁，为企业提供贴身服务】 协会一如既往认真做好为企业服务的工作。2009年，积极支持企业研发新技术、开发新产品，为企业提供专利与专家咨询、行业信息以及标准制定等方面的服务；协助上海三鑫科技有限公司推进手持式微投影仪的产业化；帮助上海索广电子有限公司成功上报2009年信息产品关税调整建议，并取得了降低企业产品关税的实际效果；搜集完整的家电下乡和家电以旧换新办法，整理相关政策，分发给相关会员单位，并将整理资料公布在协会网站上；遵照国家发展改革委办公厅《关于组织实施彩电产业战略转型产业化专项有关问题的通知》(发改办高技[2009]299号)中“将连续三年支持实施彩电产业战略转型产业化，并给予产业战略转型产业化过程中申报项目的专项资金支持”的精神，协会于2009年3月12日组织召开“实施彩电产业战略转型产业化专项资金申报”通气会，受到企业高度重视与热烈响应；组织会员单位积极参与市知识产权局和原市信息委共同举办的《重点信息技术领域企业自主创新知识产权保护专项行动》，旨在提升企业自主创新能力、提高自主知识产权保护水平，以及让企业在申请发明专利的工作中争取享有政府优惠政策；2009年，协助企业完成上报发明专利专项申请37项。

【抓好标准化工作，为产业链与产业联盟建设打基础】 协会自成立以来一直对标准制定及产品的标准化十分重视，2009年依然如故。在相关企业的大力支持下，组织完成《数字音频及数据广播技术规范》、《家居智能系统互联及互操作规范》两项联合性企业标准的编制工作，并通过项目验收，推动了相关企业产品互联互操作的实现。《家居智能系统互联及互操作规范》得到政府相关部门和业内专家的好评。项目验收完成后，协会继续组织企业抓紧进行标准的落实和产业化工作，开发符合标准的产品，智能控制模块、可视对讲机、安防控制主机、智能卡控制主机等关键产品的开发工作都已进入调试阶段。上海敏达科技有限公司的“语音自动提示系统”已在全市各银行自助网点使用，“视频监控远程控制平台”已经进入测试阶段。上海泰金公司开发的无人值守智能远程管理系统将用于闵行、金山、松江、嘉定、青浦等供电分公司的200个站点。

【跟上时代节奏，重视企业产品的节能减排与绿色环保】 在全球制造业日益重视产品的节能减排与绿色环保的背景下，协会在上级领导的支持下，对该项工作同样给予认真对待，编印《上海节能减排政策和信息产业案例汇编》，组织人力对流通领域的中国主流品牌平板电视机进行实际使用条件下的能耗测试，对平板电视耗能现状进行调研。随后，综合其他相关信息与资料，对平板电视降耗节能的多种途径进行探讨并提出建议。与此同时，还完成信息产业领域节能减排调研工作，成功推荐15家企业的产品进入上海市信息产业领域节能产品推荐目录。2009年，还开展长三角地区节能减排工作的经验交流，江苏盐城环保产业局特地赴上海“取经”。

【组织举办各种交流活动，开拓企业发展视野】 2009年，协会秉承以往的一贯做法，组织举办论坛、各种交流会或研讨会，为企业搭建开拓发展思路的平台。7月9日，在浦东新区和张江集团的支持下，依托“相约张江”平台，成功举办“上海第二届数字电视发展论坛”，工业和信息化部电子信息司、上海市经济团体联合会、上海市文化广播影视管理局、上海市经济和信息化委员会、市科委和徐汇区科委等有关领导应邀出席论坛。上海数字电视产业链相关单位的专家针对当前产业发展的热点和瓶颈问题进行交流，主题突出，内容务实，演讲精彩，得到各方认可。9月5日～10月8日，配合第十三届上海彩电节的举办，协会策划了“新技术、新媒体——领略‘潮流电视’风采”活动，各彩电厂商反响热烈，纷纷积极参加，长虹、TCL、海信、松下、厦华、LG、创维、东芝、海尔、索尼、飞利浦、三星与夏普等参加此次活动。按活动计划，完成“潮流电视机精品荟萃”小画册的编印，在协会网站与上海现代服务业联合会网站上宣传，在上海商务中心家电城演示厅对集中展示的潮流电视机向消费者进行宣介，得到彩电厂商与广大消费者的好评。

【进行上海信息家电产业“十二五”发展预调研，为规划准确制定做准备】 “十一五”规划已接近尾声，各领域、各行业的“十二五”规划也在紧锣密鼓地进行编制前的预调研。在接到市经济信息化委项目《上海信息家电产业“十二五”发展规划预研究》之后，协会非常重视，数次召开专题会议，研究如何完成这项对后五年上海信息家电产业发展至关重要的项目，组织专门调研班子，指定专人负责项目的具体实施。考虑到该项目关系到今后五年、甚至更长时间上海信息家电产业的走向、规模与前景，调研组从项目启动起就认真对待，尽可能多地收集能反映信息家电本来面貌的有用资料，并对资料、图片、数据的核实与筛选做到一丝不苟，同时下企业具体了解情况、召开专家座谈会、倾听业内智囊团专家的高见。2009 年 9 月，《上海信息家电产业"十二五"发展规划预研究》初稿撰写完成。随后，根据几次评审会专家的评审意见与建议进行修改与完善，该项目已获通过。

【编制岗位目录/编写知识手册，为人才培训与科普宣传出力】 协会成立后，对有利于人才培养及提高民众科技素质的工作也相当重视。在接受原市信息委下达的上海市信息"653 工程"项目后，协会迅即展开工作，组织专家编写教材。经过大家的共同努力，2009 年完成"上海市信息专业技术人才知识更新工程"("653 工程")指定教材《数字视音频压缩编码和码流技术》、《数字电视地面广播传输国家标准中的关键技术》和《信息家电网络控制技术》三本，经过业内专家的评审，此三本教材已获得通过，另一本《数字电视显示及增强技术》正在根据专家的意见与建议进行修改与完善。此外，用于科普宣传的知识手册《数字电视知识手册》和《数字家庭知识手册》两书经过专家校审后，也于 2009 年正式出版发行。2009 年，还启动《数码摄像机知识手册》编写的准备工作，提纲于年内完成。为在更大范围与更多人群中提高民众的科技素养，2009 年 7 月，协会在自己网站上新辟"知识普及"栏目，半年内，共向该栏目提供数字电视知识问答 30 道，受到网民读者欢迎。

（市信息家电行业协会）

上海市信用服务行业协会

【概况】 上海市信用服务行业协会成立于 2005 年 6 月，现有会员单位 52 家，业务范围涵盖了信用管理咨询和培训、信用调查、资信评估、商账追收、信用担保、信用保险、保理等领域。协会的业务范围是：行业调研规划、标准制定、学术研究、信息交流、咨询服务、培训及从业人员资质认定。协会通过互联网站、《工作简报》等形式与社会各界沟通联系、发布信息。

【积极发挥行业协会专业作用，参与制定地方标准，推动现代服务业健康有序发展】 为更好地规范现代信息服务业服务品牌申报上海名牌的评审工作，协会与上海市信息系统质量技术协会、上海市信息服务业行业协会、上海市信息服务外包发展中心共同起草了《现代信息服务业上海名牌评审规范》，并于 2009 年 3 月 1 日作为上海市地方标准正式发布、2009 年 6 月 1 日起正式实施。该规范主要参照《上海市名牌产品推荐办法》的规定，结合现代信息服务业的特点，对现代信息服务业服务品牌申报上海名牌的评审要求、评分项目的权重、评分细则等方面做了规定。

根据《国务院办公厅关于社会信用体系建设的若干意见》(国办发[2007]17 号)文件精神，协会进一步加大上海市信用服务行业联合企业标准《商业征信准则》、《中小企业信用评估准则》的宣传推广力度，以促进行业技术交流，引导信用服务机构规范运作，推进行业标准化建设与发展，通过动员宣传、标准解读、经验交流等形式，推进标准的实施与完善工作，促进行业健康有序发展。

【组织会员单位参与议政，配合各级政府和有关部门，为积极发展信用服务行业和中介服务业建言献策】 2009 年，协会接待沈阳市发展改革委赴沪考察团、浦东新区政府研究室、上海市现代服务业联合会等多家单位的来访，并多次出席由市发展改革委、市工商局等政府部门组织的调研会、座谈会，在加强交流，建言献策的同时为上海市《关于进一步促进上海中介服务业发展的若干意见》等政府文件的出台提供依据。

协会在上海市征信管理办公室的领导组织下，承接研究课题"商务信息开发利用机制"、"上海市政府部门和公用事业单位信用信息公开研究"，为政府推动信用服务行业发展的决策提供一些有价值的依据。

协会和上海师范大学金融学院共同主办"房地产企业信用体系建设及信用风险控制研讨会"，会上有关行业的专家、学者及知名房地产企业负责人围绕房地产企业信用体系的建设和信用风险控制进行深入探讨，重新思考房地产企业信贷后资产的信用管理和资金监管的重点难点，使大家对房地产企业信用风险控制有更深刻、更清晰的认识，研讨会还向政府有关部门提出了建立房地产企业信用体系必要性的建议。

【通过各种形式为广大会员单位服务，努力促进信用服务行业科学发展】 为解决上海市地方性高等院校信用管理专业教材不统一和各院校编写有关教材能力参差不齐的状况，协会牵头进行统筹，优化资源配置，根据各高等院校课程设置的具体情况，决定组织编写第一期上海市地方高等院校统编教材四本:《企业信用管理》(上海立信会计学院主编)、《信用管理概论》(上海第二工业大学主编)、《信用风险管理》(上海师范大学主编)、《银行信贷与信用管理》(上海金融学院主编)。2009 年已正式开始编写提纲。

协会还举办"资信评估业务信息化建设"、"企业应收账款(保理保险)"、"信用评级在政府项目审批中的作用"、"应对金融危机化解企业信用风险论坛"等多场座谈研讨会,意在提高会员单位的信息化建设等业务水平,帮助会员单位正确应对金融危机及规避风险。

2009 年,协会继续实施名牌战略,在行业内培育名牌的同时,积极争取创出信用服务产品的几个"中国名牌"。继上海市信用服务行业协会会员单位上海新世纪资信评估投资服务有限公司和上海远东资信评估有限公司作为首批信用服务领域的品牌,荣登 2008 年度上海名牌服务企业榜后,2009 年协会又积极组织业内单位申报参选,通过名牌战略的实施和阶段性成果的实现,使行业的发展走上一条良性发展的道路,企业的行为更加规范,行业市场得到一定程度的净化。

协会还积极走访业内机构,了解基本状况,掌握业内动态,协助调解业内机构间矛盾。

2009 年协会继续通过协会网站和不定期简报这两个宣传平台,发布国家有关信用服务的政策法规,交流各方面信息及行业动态,宣传会员单位品牌,保证网站时效性,及时报道会员单位的业务创新和市场开拓成果。

【遵纪守法,遵照《章程》办事,努力加强协会自身建设】 完善各项管理制度,按照理事会通过的工作计划开展工作,发展新会员 10 家,会员数从 2009 年初 42 家增加到 52 家,按时向主管登记机关进行年检,接受政府部门的监督管理。成立信用培训和考核工作专业委员会,更好地推动行业信用培训和考核工作的开展。

(朱晓玲)

上海市信息系统质量技术协会

【概况】 上海市信息系统质量技术协会成立于 2003 年 11 月,是经上海市社会团体管理局核准登记、具有法人资格的专业协会,隶属于市经济信息化委。协会主要业务是提供质量技术工作咨询、交流培训、标准化建设服务、开展产品质量比对、接受政府委托事项等。截至 2009 年底,共有会员单位 61 家。2009 年,按照协会章程,进行五年一次的换届改选。此时恰逢经委和信息委两委合并,这种变化给协会的发展既带来机遇又带来挑战。协会以邓小平理论和"三个代表"重要思想为指导,着力转变不适应、不符合科学发展观的思想观念,积极联系市经济信息化委与市质量技监局相关领导处室,全力推进标准、名牌、换届和政府交办工作,加强协会内部建设,团结一致,克服困难,2009 年协会各项工作均取得显著进步,全面实现年初提出的工作目标。

【信息服务业上海名牌的申报、评审工作得到市名牌办的肯定】 2009 年 8 月,在上海市名牌推荐办公室和市经济信息化委生产性服务业处的领导下,开展 2009 年度现代信息服务业上海名牌申报推荐工作。

首先,协会积极联系各行业协会,大力宣传上海名牌的战略意义,深入调查了解信息服务企业品牌战略开展情况,请相关行业协会推荐基本符合名牌条件的候选企业。

其次,协会于 8 月下旬召开信息服务业上海名牌推进工作会议,对申报上海名牌的必备条件和申报资料的要求做了详细讲解,提供以往名牌评审中申报资料比较全面完整的样本给企业作参考,为企业如何准备申报材料指明方向。在兄弟协会的大力配合下,2009 年共有 32 家企业申报信息服务业上海名牌,为历年之最。

11 月中旬,协会配合上海市名推办组织专家对申报材料进行专家评审,协会负责的会务工作做得细致、周到,评审工作公开、公平。

共有 19 家信息服务企业被评为 2009 年上海名牌:东方有线网络有限公司、上海资信有限公司、上海爱姆意机电设备连锁有限公司、上海启明软件股份有限公司、上海中和软件有限公司、上海正广和网上购物有限公司、维鹏信息技术(上海)有限公司、上海久游网络科技有限公司、上海微创软件有限公司、上海热线信息网络有限公司、上海新致软件有限公司、上海汉得信息技术有限公司、希姆通信息技术(上海)有限公司、上海延华智能科技股份有限公司、上海众恒信息产业公司、万达信息股份有限公司、上海征途信息技术有限公司、上海金桥信息工程有限公司、上海钢联电子商务股份有限公司。

【完成航空产业调研工作】 市经济信息化委航空产业处委托协会开展航空产业调研工作。调研工作分三个阶段进行：第一阶段主要是调查研究，制定调研提纲，确定调研范围；第二阶段是将"上海市民用航空制造业企业情况调查表"发给调研企业，并跟踪随访；第三个阶段为汇总分析，邀请专家对调查企业进行调研评估，确定民用航空制造业高新技术企业。

其间，拟制调研大纲，制定《航空企业情况调查表》，确定调研范围。发出调查表65份，通过跟踪回访，回收46份，回收率达到70%。

2009年12月8日，在市经济信息化委航空产业处指导下，协会组织召开专家会议，经领导、专家深入讨论研究，确定第一批列入民用航空制造业统计口径的单位24家，需要跟踪考查的企业8家，较好地完成了航空产业调研工作。

【协会换届改选工作】 2009年初，协会着手准备第二届理事会的改选工作，专门成立了协会换届工作小组，5月对协会经济情况进行审计。7月22日，在上海青松城召开协会第二次会员大会，通过第一届理事会工作报告、关于协会章程的修改说明的报告以及关于第一届协会经济责任审计情况的报告，选举产生由12名理事组成的第二届理事会。

新一届理事单位有：上海市质量技术监督局、上海市质量技术认证中心、上海市质量监督检验技术研究院、上海市标准化研究院、上海市计量测试研究院，汇集上海最具权威的标准、计量、检测、体系认证的专业机构。理事单位还包括上海市仪电控股(集团)公司、上海广电电器有限公司、上海广联电子有限公司、上海廿一世纪电子设备有限公司等电子信息产业的集团公司和骨干企业。

【协会自身管理建设及质量服务工作】 协会自2007年2月通过ISO9000：2001质量管理体系认证以来，一直按照体系要求，建立规范的管理制度，提高协会管理水平。2009年3月，通过认证机构的复查。

协会努力做好质量服务工作，大力加强对年轻人的培养，提高他们在质量服务方面的业务水平和业务能力以及投身质量管理和质量服务方面的积极性。协会已经具备了独立开展质量、环境、职业健康管理体系的认证咨询服务能力，2009年共对6家企业进行质量管理体系认证咨询服务，对1家企业(宝永国际贸易有限公司)进行环境管理体系认证咨询服务，并全部通过质量认证中心的认证审核。在产品质量检测服务方面，协会2009年继续对飞利浦(中国)投资有限公司提供产品检测服务，加强沟通理解，为企业排忧解难，提高了服务效率，检测产品的数量明显提高。在3C认证方面，2009年协会无论从数量还是经济效益均比2008年有一定增长，先后为方正科技有限公司、湖州佳视电子有限公司、上海仙视电子有限公司、英华达股份有限公司提供3C认证服务。

(市信息系统质量技术协会)

上海信息化发展研究协会

【概况】 2009年，协会秘书处本着"开拓市场，集约资源，自主发展"的原则，主动走向市场，积极探索、开拓、创新，做了大量扎实和细致的工作，为协会的后续发展奠定了基础。一年中，协会重点开展"十二五"信息化发展预研究、标准规范编制、信息化规划等工作，并在市经济信息化委的指导下编制出版《2009上海信息化发展报告》。

【把握发展趋势，开展"十二五"预研究】 受市经济信息化委委托，在综合规划处的直接指导下，开展"'十二五'时期上海信息化发展基本思路研究"、"国内外环境变化对上海信息化发展的影响研究"，与东华大学时尚与创意经济研究中心合作开展"上海创意产业发展的思路、目标、重点及对策研究"等"十二五"发展趋势预研究。

"十二五"是上海城市信息化发展关键时期，面对金融危机、气候问题、贸易保护等全球性问题，产业结构调整、低碳经济发展对全市"十二五"期间信息化的发展必将产生深刻影响。信息化发展研究协会发挥信息化领域专业的平台作用，整合会员单位及社会机构资源，对国内外环境变化、上海"十二五"信息化未来发展需求，以及创意产业的发展开展深入研究分析，并提出建设性建议。

【开展标准规范研究，促进信息化应用】 针对全市通讯、住宅小区移动通信、有线数字电视信息等工作的深入，先后开展上海市工程技术规范《移动通信室内信号覆盖分布系统设计与验收规范》修订、《住宅小区移动通信配套设施设计规范》制定；上海市地方标准《有线数字电视信息互动服务规范》制定；上海市联合企业标准《软件外包项目合同文本规范》制定；《公共建筑物通信设施配套设计及验收规范》、《住宅小区通信设施配套设计及验收规范》、《集约化通信局房设计规范》、《数据中心通信设施设计导则》、《企业信息化指导性规范》、《有线数字电视信息互动服务规范》等系列标准规范的研究、制定和修订工作，为上海全面推进信息化应用提供保障。

【发挥智库作用，服务城市信息化发展】 面对上海高新技术产业化发展，为更好地服务上海信息服务业，协会先后完成了“上海市软件和信息服务业产业园评价指标体系研究”、“上海市信息服务业产业基地管理办法”的研究、制定工作，为上海信息服务业有序、健康、稳定地发展提供支撑。

根据上海市信息服务业发展的统一部署，协会协助嘉定区完成《上海网络信息服务企业总部基地规划》的编制工作，同时开展了“上海国际汽车城汽车服务外包产业定位”的研究，为进一步完善国际汽车城产业体系提供必要支持。

【服务中西部，扩大上海影响力】 为进一步发挥信息化对社会经济发展的支撑作用，提升上海在我国中西部的影响力，传播上海信息化建设和应用经验，2009 年协会协同部分会员单位，开展内蒙古自治区鄂尔多斯市《数字鄂尔多斯总体建设规划》研究编制工作。同时针对鄂尔多斯经济发展特点完成《鄂尔多斯市煤炭管理业务信息系统规划》的编制，为鄂尔多斯市信息化建设作出应有贡献，同时加深上海与中西部城市信息化工作的合作交流。

【总结发展成果，编制年度发展报告】 为全面总结年度信息化建设的成功经验及存在的问题，客观地反映上海信息化各行业年度发展状况及发展趋势，更好地为上海信息化发展提供有效的对策措施，协会受上海市经济和信息化委员会综合规划处的委托，组织编制并公开出版《2009 上海信息化发展报告》。报告以平实易懂的方式向公众展示 2008 年上海社会经济各领域信息化应用的全貌，系统梳理 2008 年上海信息化建设脉络和走向，为政府部门下一步发展决策提供支撑。

（上海信息化发展研究协会）

上海印制电路行业协会

【概况】 上海印制电路行业协会成立于 2005 年 9 月 15 日，是上海市从事印制电路行业企事业单位自愿组成的跨部门、跨所有制、非营利性的行业性社会团体。自成立以来，协会努力提升整体工作水平，向会员企业提供丰富的实用信息支持，包括行业发展前景预测，给会员企业提供个性化信息服务；促进会员之间交流；为会员企业提供项目建设建议、国内外市场推广；为会员企业培训人才；代表会员企业与政府部门沟通，参与立法；帮助企业开展反倾销申诉应诉及相应的调查工作；开展行业统计分析、规范行业经营、帮助政府了解行业情况、协助政府制定行业标准；协调会员企业之间的关系。努力使协会成为政府和企业之间的桥梁和纽带，当好政府的助手；维护行业和企业的利益，成为行业和企业利益的代表；帮助上海地区印制电路制造企业渡过难关，促进上海印制电路行业的更快提升。2009 年协会坚持以服务为宗旨，围绕“提供服务、反映诉求、规范行为”的方针，做了大量工作。

【承办 2009 春季国际 PCB 技术/信息论坛】 2009 年 3 月 17～18 日，协会在上海蓝海博龙国际大酒店举办“2009 春季国际 PCB 技术/信息论坛”，组织了“清洁生产、节能减排”的专题报告，为企业在技术上的不断提升，起到了促进作用。

【组织推荐 2009 年上海市重点新产品计划项目】 为激励企业自主开发新产品，推动科技成果转化及产业化的政策引导类计划，在“十一五”期间，按照建立以“企业为主体、市场为导向、产学研相结合的技术创新体系”的要求，协会组织推荐了 2009 年上海市重点新产品计划项目。

【根据行业发展特点，组织无铅化论坛】 2009 年 5 月，为使会员企业能及时应对无铅的转化，协会在上海举办了 PCB(印刷电路板)无铅化应用技术研讨，首次以整个产业链的形式邀请国内外无铅化方面的专家进行研讨，使大家全面地了解无铅生产的情况，对 PCB 企业全面实施向无铅化转变起到了推动作用。

【积极为企业、行业和政府提供服务】 为更好地分析PCB行业所面临的节能降耗、环保问题，了解中国电子产业的发展趋势，经中华人民共和国信息产业部批准组织，由上海印制电路行业协会（SEPCA）和中国印制电路行业协会（CPCA）共同主办了国际电子电路高峰会/国际电子电路研讨会。参加此次研讨的都是在中国有代表性的PCB、CCL和环保治理企业。根据对PCB、CCL（铜箔基板）企业的走访调查，撰写了《全面推进中国印制电路产业环保治理与节能减排》的初稿，对行业目前的状况进行了分析，并对行业内在节能减排方面做得较好的企业进行宣传和推广。

【积极开展行业人才培训，提升产业人员整体素质】 根据PCB产业发展的需求，协会做好人才发展的规划、储备、培训和再教育。通过教学互动满足企业对人才多元化的需求，取得较好的成果。随着PCB行业迅速发展，以科学和技术为动力，推动环保治理，尽早实现PCB行业绿色生产、循环经济的新格局。

【深化协会和学院之间的合作】 培养专业人才的新模式，协会积极与上海复旦大学联合开展实质性的研发活动。

【进一步开展环保综合治理、节能降耗的工作】 通过走访企业，协会联合当地政府及环保部门召开座谈会，邀请专家、企业进行行业调研、筛选优秀项目向政府提交等方法来普及综合治理、节能降耗的工作。

【金融危机下加强协会间交流】 在受到金融危机影响的2009年，行业内的企业面临着调整与挑战，大多数企业采取开源节流的方式来应对危机。协会在组团活动上加强服务的力度，着重组团的质量，以服务团员为基础，从企业的利益和企业所面临的问题出发去考虑整个组团活动，使之能给企业带来真正所需要的服务。

【积极参与国家标准、行业标准的制定】 自从国务院在全国第一次开展污染源调查开始，中国的环保工作越来越受到重视，各行各业的环保标准陆续出台。协会组织环保专家参与中国印制电路行业协会标委会的工作，根据国家环境保护部的要求，积极参与国家清洁生产和环保标准的制定。有关印制电路板的清洁生产和环保标准共有四个，协会参与制定《清洁生产标准：印制电路板制造业》（HJ 450－2008），这个标准于2009年2月1日正式实施，此后有关印制电路板生产企业的清洁生产审核都将依据它开展。

参与工业和信息化部节能与综合利用司的《清洁生产水平评价标准：印制电路板制造业》标准的起草编制，上海印制电路行业协会的副会长单位上海美维科技有限公司龚永林担任组长，起草工作正在进行中。参与国家标准《电子工业污染物排放标准　电子元件、印制电路板》的制定。

（张　瑾）

上海市信息化青年人才协会

【概况】 上海市信息化青年人才协会成立于2004年。历经5年发展，经协会二届二次理事会审议通过的会员已有263人，本科以上占99%，硕士以上55人，占21%，其中博士11人；年龄最大45岁，最小27岁，平均年龄37岁。协会会员以“上海IT青年十大新锐”为依托，主体由8年来评选出的百余位引领上海信息产业发展潮流的精英人士组成，此外还包括通过评选活动的征集渠道凝聚的大量相关领域优秀人才，他们中既有国有企业青年骨干，也有大量的民营科技企业创始人、海外归国创业专业人士和大型国际性外企的中国负责人，还有部分在沪创业和发展的外籍人士。除历届IT新锐外，还包含一大批知名的IT界成功人士和专家学者。他们作为上海新的社会阶层人士，在协会的平台中相互结缘、共谋事业，积极为城市信息化建设贡献力量，开创城市信息化建设新天地。

【加强协会品牌项目建设，增强协会影响力】

举办“中国移动全球通”第八届“上海IT青年十大新锐”评选活动：第八届“上海IT青年十大新锐”评选由共青团上海市委员会、上海市经济和信息化委员会、上海市青年联合会等11家单位联合主办。活动于2009年5～12月举行。上海航天局第八设计部三室主任王波兰等10人当选为第八届“上海IT青年十大新锐”，上海市无线电管理局台站管理处处长山栋明等10人荣获提名奖。在颁奖典礼上，上海市副市长艾宝俊为当选新锐颁奖，市经济信息化工作党委书记潘志纯为提名奖获得者颁奖，市经济信息化工作党委副书记、市经济信息化委主任王坚宣布获奖名单并发表重要讲话。共青团上海市委书记潘敏代表组委会介绍评选情况，团市委副书记徐彬主持颁奖典礼。

举办"天翼杯"2009上海IT青年创新创业行动：在团市委、市经济信息化委、市科委、市青联、市学联等单位的指导下，市信息化青年人才协会、市科技创业中心、市大学生科技创业基金会、中国电信股份有限公司上海分公司、市高新技术成果转化服务中心、青年报社等单位，联合举办以IT青年创业大赛为主体的"天翼杯"2009上海IT青年创新创业行动。

活动旨在进一步搭建IT青年创业者与政府部门、投资机构、创业服务机构以及创业成功人士之间的沟通平台，积极鼓励、扶持上海市信息化领域广大青年勇于创新、敢于创业，充分发挥青年在推进上海信息化建设中的作用。活动包括上海IT青年创业大赛、IT青年创意大赛、IT青年创业多平台支持计划以及IT青年创业团队培育计划等内容。活动自2009年6月正式启动，于11月底闭幕。团市委书记潘敏在闭幕式上发表重要讲话，勉励广大青年珍惜发展机遇，努力创新，开拓进取，为上海市信息化的发展和建设贡献力量。闭幕式由团市委副书记徐彬主持，市经济信息化委副主任刘健等领导出席并为获奖选手颁奖。

组织IT青年积极参与世博信息化建设：为做好世博信息化建设的智囊库，协会积极组织IT领域优秀青年参与"中国2010年上海世博会城市文明志愿者管理系统"建设等相关工作，为世博会筹备工作献智出力。

推动社会信息化普及，贴近IT青年文化生活，出品话剧《被结婚时代》：在共青团上海市委的关心和指导下，协会联合SMG青年事务中心、上海戏剧学院演艺中心、FM103.7 Love Radio等单位，在2010年1月18日～2月6日共同推出一部反映城市"数字生活"的贺岁喜剧《被结婚时代》。话剧紧扣广大青年特别关注的话题，以诙谐、幽默的舞台表现形式，反映IT从业青年的情感生活，以及信息技术对当代青年都市生活的无形影响。协会委托专业的舞台剧制作单位进行专业编剧、导演以及最终的公演，并将根据公演后的社会影响力，推荐进入2010年世博会园区参与世博盛会中的文化演出，充分展现上海IT人的人文风采。

【开展专业交流活动，共寻发展机遇】

举办"2009移动信息化产业论坛"：时值移动信息化产业快速发展时期，为多角度解读和展望移动信息化发展，促进业内交流及产业发展，为从业人员搭建合作平台，2009年4月28日，协会举办"2009移动信息化产业论坛"。论坛邀请北京等地的知名企业家与协会会员，就3G新时代背景下的移动信息化产业发展、移动信息化创业机遇等话题进行热烈的交流研讨。

举办"上海农业信息化发展趋势"研讨会：为进一步推进信息化在农业领域的发展，加快上海市农业信息化、农产品电子商务的发展进程，2009年6月27日，协会举办"上海农业信息化发展趋势"研讨会。通过参观毛桥村，大家在深刻感受新农村新风貌的同时，探讨了农业信息化的发展与机遇。企业家们一致看好农业信息化建设和服务这个大市场，认为农业信息化是大有可为的事业。

举办"IT与健康"主题论坛：随着网球大师杯、田径黄金大奖赛等大型体育赛事越来越频繁地进入上海，协会围绕体育产业信息化和IT人的健康问题两方面，在浦东软件园、江苏省昆山市、上体产业的大力支持下，于2009年11月28日策划组织了"IT与健康"主题论坛，邀请上海体育局信息化建设专家，与广大会员就体育赛事以及健身产业的信息化应用系列问题进行主题研讨。

【加强外部合作交流，提升发展空间】 协会与上海市青年联合会等单位共同协办"面对全球化危机中国企业的新思考"长江2009管理前沿论坛，探讨金融危机下的中国企业全球化的启示与应对；组织会员参与上海国际商会与捷克相关政府部门主办的"捷克投资研讨会"、汉诺威公司主办的"2009亚洲物流信息化国际峰会"，加强会员与国外相关机构和企业的交流；作为上海市网络文化协会的筹备发起单位和单位会员之一，协会推荐了一批个人会员和单位会员，为促进上海网络文化的发展和繁荣贡献力量；为更好地发挥共青团联系青年企业家的桥梁和纽带作用，积极推荐IT领域优秀青年企业家加入中国青年企业家协会，利用更广阔的平台促进青年企业家之间的交流与合作；为加快推进上海电子商务的发展，了解企业的发展现状和问题，组织会员分别参加市发展改革委、市经济信息化委等单位举办的专题调研工作会议，促进企业与政府职能部门进行面对面的交流；为使金融信息服务企业与金融机构之间持续有效对接，组织会员参加国家软件出口基地——上海浦东软件园主办的“2009金融信息服务业论坛”，围绕“金融中心建设——上海软件与信息服务业的挑战和机遇”，展开多层次探讨，为企业提供沟通和交流平台。组织会员参加“2009上海推进软件和信息服务业高新技术产业化活动周”系列活动，通过参与共同营造上海发展软件和信息服务业高新技术产业化的良好环境，与上海市信息安全行业协会联合举办了“2009上海市信息安全技能竞赛”。

【加强协会自身建设、推动协会凝聚力】

*加强协会建设：*根据协会章程要求和工作需要，通过会长会议制度、理事会议制度、简报制度等，规范各项工作流程。协会通过会长办公会和理事会，商讨协会年度发展大计，审议新会员资格、会费收缴等各项事宜。

为充分发挥专业人才的智囊团作用，协会特成立“上海市信息化青年人才协会——青年信息化专家库”，以便更好地协助有关部门和企业捕捉新的产业发展机会、发掘新的经济增长点，为上海信息化战略规划的制定提供决策咨询服务，从而推进上海信息化建设。

为更好地服务协会会员，给广大会员提供更多信息和更方便的交流渠道，协会网站 www.ityouth.sh.cn 完成改版工作并上线，网站除保持原有的活动及服务信息发布等常用功能外，为方便会员之间互相了解、联络，以及获取和分享活动照片，增加了会员之家、交流园地(BBS)和协会相册等功能。秘书处还建立了 MSN 群组，提供即时互动交流服务，大大方便了会员之间的交流和沟通。

秘书处定期编制简报《年轻的 IT 人》，报道协会活动和最新动态，向全体会员发放。协会还向部分会员赠阅《青年报》、《IT 时报》和《计算机世界》报，加强会员的学习和信息沟通。

加大社会宣传力度：《上海信息化》、《青年报》、《IT 时报》、《计算机世界》、《上海商报》、《上海科技报》等相关媒体对协会活动多次进行报道，并对协会知名企业家进行了专访。在协会各项重点活动期间，分众楼宇视频、高越地铁传媒以及各类户外媒体和电视台等媒体，分别进行了不同程度的宣传和报道，使协会的社会影响力逐步增强。

*开展健康休闲活动：*为倡导健康生活方式，协会组织会员开展各类丰富多彩的体育活动和休闲活动。新春晚宴暨博饼中状元联欢活动使会员们在欢声笑语中感受协会大家庭的温馨；2009田园烧烤聚会活动让会员们领略了田园风光和繁忙之外的惬意；“运动 e 夏休闲派对”——2009体育活动，促进运动爱好者之间的密切交流，在运动和休闲中提升企业家的身心健康，并为广大会员结下深厚友谊搭建良好平台；在上海植物园举办2009会员亲子活动，使忙碌的企业家们在周末享受同孩子和家人在一起的温馨时光。经与相关单位的接洽，协会还为会员提供专业的免费体检服务，在关心会员事业、生活之余，给繁忙的企业家们提供贴心的健康服务。协会从2009年11月开始，每个月月中举办会员庆生日活动，在生日时给会员送上温馨的祝福，同时也为广大会员创造更多交流机会。

（王 晶）

二、民办非企业单位发展

信息产业公共服务平台（上海市信息服务外包发展中心）

【概况】 上海市信息服务外包发展中心成立于2006年7月，是一家全市性、从事非盈利性社会活动的非企业法人组织。中心旨在建立企业与政府之间的桥梁与纽带，成为上海市信息服务外包产业对内提供公共服务，促进产业联盟建立，对外提供业务中介，促进国际合作交流的统一窗口。中心成立三年多来，紧紧围绕服务全市信息服务外包产业，有计划、有重点地开展了多项富有成效的工作，切实起到了推进上海信息服务外包产业发展的作用。

【深入研究,指导产业发展】 2009年,中心完成"关于提升上海市金融后台服务外包能级的研究"课题。顺应上海金融中心建设需求,充分结合金融后台服务特征,深入分析上海金融后台服务外包的具体现状、产业链构成、涉及领域、人才以及知识产权保护等方面的问题,通过研究找到问题,并提出相应的可行度强、前瞻性高的发展对策。

完成"信息服务外包产业对外拓展能力及策略研究"课题。课题综合欧美、日本、国内三大发包市场的现状、上海信息服务外包产业发展环境以及对本土企业的基本能力评估等关系上海信息服务外包产业对外拓展的重要因素,经过充分的论证及分析,提出了上海面对三个不同市场的战略态度及策略,并相应提出了企业内部能力建设要求和政府对产业的引导措施。

园区公共平台建设规划编制。完成《上海智力产业园信息服务外包产业规划》编制,规划针对园区快速启动的现状,制定产业定位和发展规划,加快园区公共技术和公共服务平台建设,为未来的运作提供有力支撑;完成《上海文化信息产业园信息服务外包产业规划》编制,规划清晰定位园区的主导产业,明确如何建设园区服务平台,完善园区管理和服务体系,并有效增强园区服务能力。

编制完成《2008上海信息服务外包产业发展报告》。跨越2008~2009年的上海信息服务外包产业发展报告以国际金融危机和国内信息服务外包产业发展现阶段特征为背景,从总体概况、产业布局、细分市场、海外市场、产业平台、产业人才、产业标准以及产业政策等方面,对上海2008年的信息服务外包产业发展情况做了全面展示,对2009年的整体趋势做了初步预测。

【制定标准,规范行业管理】 建立上海服务外包标准化促进中心,开发运营上海服务外包标准网,建立网络服务平台。2009年4月服务外包标准化网上线运营。上海服务外包标准化信息服务平台提供网络公共服务,突出标准化信息发布、标准查询、宣传培训、咨询服务四大功能。包含国内外服务外包标准化工作动态、服务外包产业新闻、标准信息、宣传与培训、在线咨询、提供共性资料下载等内容。由中心负责日常维护,内容保持更新。

制定并推广上海市地方标准《信息服务外包企业技术与管理规范》(DB 31/T430-2009)。牵头制定上海市地方标准《信息服务外包企业技术与管理规范》(DB 31/T430-2009),该标准于2009年5月1日正式颁布实施,并通过标准解读、为企业培训进行推广,获得国外发包机构认可。

编辑《服务外包标准化简报》。每月制作《服务外包标准化简报》,内容包括上海市标准化示范区工作动态、国内外服务外包标准化动态、服务外包产业动态、标准介绍、专家观点等,以纸质或电子文档的形式发送至相关部门和300多家企业,2009年共制作发行了12期。

举办ISO27001、ISO20000培训班两期。2009年3月和7月与英国标准协会(BSI)、挪威船级社等国际标准机构举办"服务外包国际资质认证研讨培训会",为全市信息服务外包企业提供信息服务外包标准化和国际资质认证培训等服务的咨询,共40家企业50位代表参加。

【校企合作,拓展人才培养】 深化校企合作高技能人才培养信息服务业专业理事会工作。促进2009年高校与企业合作培养信息服务外包人才工作,完成电子商务师、企业信息管理师职业提升立项工作,在金融危机的背景下,促进学生在软件和信息服务外包行业高质量就业。

完成Java、.Net、Cobol、Oracle、Sql Server、对日外包、对欧美外包等7个职业资格及专项能力开发,在为学生提供完善的信息服务外包就业环境的同时,制定相关职业技术标准和培训考核要求,使得信息服务外包用人单位乃至整个行业能够得到符合产业要求的标准化培养下的信息服务外包人才。

初步启动GTT全球服务外包人才培养项目。项目已完成选址,初步定于宝山智力产业园,并得到宝山区庙行镇政府支持。项目的意义在于能够在先进的培训技术和模式支撑下,整合全球顶尖产业资源,积极应对金融危机,解决学生就业,为企业输送高质量、符合国际化标准的软件和信息服务外包人才。

(市信息服务外包发展中心)

上海东方互联网络交换中心

【概况】 2009年,上海东方互联网络交换中心立足中心优势资源,在借鉴国外互联网络交换中心业务发展模式的基础上,将优势资源进一步面向服务,使其得到充分开发和利用；总结发展经验教训，在原有业务的基础上，谋划中心业务长远发展的方向，以实现中心业务新的增长和突破。

【扩大和提升交换平台扩容后的效益】 2009年，互联网络交换平台运行平稳，设备状况良好，在确保为各互联网络运营商提供优质、高速的信息交换服务的同时，本地交换总流量比上年增加21%。2009年初，互联网络交换平台流量发布系统正式面向社会发布，并向各会员单位提供互联网络交换平台流量及应用的实时查询。为进一步扩大和提升交换平台扩容后的效益，2009年12月3日，东方交换中心以"聚焦网络、共享资源、和谐发展"为主题，组织召开"2009上海互联网络交换中心情况通报暨会员单位联谊会"。

【巩固和发展中心规范化建设的成果】 2009年8月22日，上海市民政局和上海市社会团体管理局发布《上海市民政局 上海市社会团体管理局关于上海市社会组织规范化建设第二批试点单位等级评估的决定》，东方交换中心被评为"五A级社会组织"。

【开发优势资源形成中心特色业务】 2009年，东方交换中心在做好互联网络交换平台的建设、管理及维护等工作的同时，借鉴国外互联网络交换中心的业务发展模式，立足中心优势资源，总结发展经验和教训，制定了《上海东方互联网络交换中心业务发展长远规划》；东方交换中心坚持第三方"中立、公正"的服务宗旨，积极为各类用户提供安全可靠的互联网服务和为政府部门提供互联网监管等服务，并形成了具有中心特色的机房优势资源相关业务产品（主要包括网络汇聚/光纤转接、机房空间/通道/端口租用等），其收入占中心全年业务总收入的75%。

（上海东方互联网络交换中心）

第八章　信息化合作交流及重要会展

概　述

2009年，围绕全市信息化工作重点，上海信息化合作交流工作积极开展。此外，国际合作进一步深化，交流渠道进一步拓宽；国内合作交流有序展开，区域信息化合作及对口支援取得成效。此外，信博会等信息化专业会展的成功召开，进一步推动了上海与国内外机构和企业在信息化领域的合作。

一、国内外合作交流

国际合作交流

【2009上海产业发展和信息化建设情况介绍会】 为更好地让国外机构和公司了解上海产业和信息化发展情况，市经济信息化委于2009年4月29日在上海斯格威大酒店召开"2009上海产业发展和信息化建设情况介绍会"，各国驻沪总领事馆、外资企业和商务机构的代表约120人出席介绍会。会上，市经济信息化委通报了上海市产业发展和信息化建设的情况，介绍了上海市推进高新技术产业化的工作任务。

（万劼敏）

【21世纪国际企业家上海论坛—NEC专场】 为进一步向国内外公司介绍上海高新技术产业化规划，市经济信息化委与日本NEC公司于2009年7月3日共同举办了2009年度"21世纪国际企业家上海论坛—NEC专场"暨"2009NEC创新解决方案展"，参加论坛的中外嘉宾达500人左右。会上，市经济信息化委向来宾介绍了上海产业发展和信息化建设情况，着重宣讲了高新技术产业化九大重点领域中电子信息制造业以及软件和信息服务业等二个领域在未来的产业发展方向。

（万劼敏）

【对外表彰】 2009年9月24日，"2009年上海市白玉兰纪念奖颁奖仪式"在上海国际贵都大饭店举行。经市经济信息化委推荐的上海国际汽车城发展有限公司顾问唐纳德·爱德华·威廉姆斯先生荣获2009年度"白玉兰纪念奖"。

（万劼敏）

【赴加拿大进行信息服务外包交流访问】 2009年9～10月，中心拜访多伦多市政府、加中贸易理事会（CCBC）、Brain hunter公司及相关IT华人社团等机构，主要交流学习加拿大先进的信息服务外包的发展模式，考察当地信息服务外包产业发展情况，并与相关机构初步确定"加拿大—上海"信息服务外包的合作模式。

（市信息服务外包发展中心）

国内合作交流

【都江堰市经济管理干部培训班】 为支持都江堰市灾区重建、增强当地经济的可持续发展和"造血"功能，市经济信息化委会同市经济工作党校（上海商学院）和市信息化培训协会于11月底在上海举办了"都江堰市干部经济和信息化培训班"。23名培训班学员均为都江堰市政府经济部门工作人员和川苏都江堰科技产业园管理人员。培训班以培训与参观为主，培训内容涉及上海经济和信息化发展概况、上海工业开发区的建设和管理情况、上海高新技术产业化推进情况等方面，使学员们深入了解上海的经济和信息化发展情况，进一步深化对经济和信息化工作规律的认识。

【与相关省经济信息化委签订合作协议】 根据市合作交流办的工作部署，上海市经济信息化委分别于4月和12月与安徽省经济信息化委和云南省经济信息化委签订了合作备忘录，双方的合作领域从单一的产业领域扩展到产业和信息化领域。

（万劼敏）

【大连信息服务外包标准化工作调研】 2009年5月，上海市信息服务外包发展中心前往大连信产局、大连软件园参观，与大连华信、东软大连公司进行交流，并初步确定在个人信息安全认证、企业认证等方面的合作。

（市信息服务外包发展中心）

二、长三角区域合作

【第五次长三角地区信息化合作工作座谈会】 第五次长三角地区信息化合作工作座谈会分别于2009年4月16日、10月27日和12月18日在江苏宜兴、南京和徐州召开。沪苏浙两省一市经济信息化委领导、相关处室和有关单位负责人参加了会议。会议交流了两省一市2008年信息化发展情况并确定了2009年长三角信息化合作的主要任务，沟通了项目进展情况并对相关工作进行调整，提出2010年的合作计划。

【世博会无线电联合保障】 2009年，由上海市经济和信息化委员会牵头，江苏和浙江两省经济信息化委配合，建立世博会无线电联合保障机制，成立领导小组，制定《2010年上海世博会无线电管理总体规划》和《2010年上海世博会期间无线电管制方案》。三地无线电保障工作团队于2009年10月进行模拟演练，架起了世博园内和园外的"空中保障"体系。

【信息化会展合作】 沪苏浙两省一市经济和信息化主管部门相互配合、相互支持，积极组织开展了2009年3月17～19日在上海举办的"上海国际信息化博览会"、9月3～5日在南京举办的"中国（南京）国际软件产品博览会"和9月10～12日在杭州举办的"中国杭州电子信息博览会"三大专业展会，促进了长三角地区的信息化合作交流。

【长三角软件人才创业创新论坛】 2009年4月，浙江省信息化产业厅牵头在浙江湖州召开"长三角软件人才创业创新论坛"，沪苏浙两省一市的软件管理部门领导和专家就软件人才的培养和创业进行了深入交流和探讨。

【行业协会的互访与交流】 在沪苏浙两省一市信息化主管部门的支持下，三方信息化行业协会的交往不断加深：三方软件行业协会分别组织和参与2009年4月在浙江湖州举行的"长三角软件人才创业创新论坛"、9月在南京举行的"中国（南京）国际软件产品博览会"和11月在上海举行的"2009上海软件外包国际峰会"；三方集成电路行业协会5月在上海召开"长三角半导体（IC）产业区域合作圆桌会议"、10月在苏州协办"2009中国国际集成电路博览会暨高峰论坛（IC CHINA）"；上海信息化培训协会与杭州软件园在信息化主管培训方面开展合作。

【"十二五"长三角地区信息化合作规划前期研究】 由上海市经济和信息化委员会牵头，沪苏浙两省一市信息化主管部门联合开展了"十二五"长三角地区信息化合作规划。"长三角地区信息化合作规划"课题正式列入"十二五"产业发展和信息化建设规划前期重大问题研究范围，公开选聘上海大学循环经济研究学院作为研究单位，启动并完成《长三角区域产业和信息化合作发展对策研究》，为今后制定"十二五"规划奠定基础。

【城际通卡互联互通可行性课题研究】 由江苏省信息产业厅牵头，沪苏浙两省一市信息化主管部门对部分地区的市民卡、公交卡等城际通卡的应用情况开展了初步调研，了解卡基、功能、信息标准、信息系统、运作模式等方面的多样性特点，并初步拟定了开展城际通卡互联互通可行性研究的目标任务，相关研究工作正在积极的推进中。

（万劼敏）

【积极开展与长三角地区的交流与合作】 为推进长三角地区经济、社会一体化，从区域整体发展要求出发，进一步加强资源共享、优势互补、互惠共赢，增强协会成员和其他城市的沟通，2009 年 4 月，上海市信息化青年人才协会组织会员赴江苏南京高新区考察，与当地政府、高科技园区以及企业家之间进行了交流；5 月，参加扬州举办的"海内外博士专家扬州行"活动，开展项目对接、洽谈签约、技术交流等活动；8 月，赴嘉兴平湖进行考察交流；9 月，应杭州国家信息产业基地余杭创新基地邀请，前往开展考察交流活动，得到当地市领导的热情接待，并与创新基地达成框架性合作意向；为给国内外服务外包企业搭建合作共赢的平台，协会还组织会员参加无锡市政府举办的"2009 第二届亚太服务外包国际合作会议"。这些活动都取得了良好效果，除增强协会成员间交流外，更扩大了协会企业家和其他城市、团体的交流合作，把协会工作推向更广阔的舞台，进一步加深了协会在业界及其他地区的影响力。

（王　晶）

三、信息化会展活动

【2009 上海国际信息化博览会】 2009 年 3 月 17～19 日，由市经济信息化委和浦东新区政府共同主办，国际半导体设备与材料协会（SEMI）、慕尼黑国际博览集团（MMI）、中国印制电路行业协会（CPCA）等联合承办的"2009 上海国际信息化博览会"在上海新国际博览中心举行。此届信博会由 2009 中国国际半导体设备与材料展、2009 慕尼黑上海电子展、2009 慕尼黑激光和光电展、第 18 届中国国际电子电路展以及上海国际信息化应用展览会、上海国际电子商务和电子政务展览会等组成，同期举办了 17 场论坛和交流会。展览总面积达到 107 000 平方米，参展商为 2 002 家（其中 40%来自国外），展会期间的专业观众达到了 12 万多人次。

（万劼敏）

【2009 上海软件外包国际峰会】 2009 年 10 月 21～22 日，"2009 上海软件外包国际峰会"在上海虹桥迎宾馆举行。此次峰会由上海市人民政府主办、国家商务部作为支持单位，上海市商务委员会、上海市经济和信息化委员会作为执行单位，上海市副市长唐登杰和商务部服务贸易司副司长单庆江出席开幕式并致辞，市商务委副主任杨国强、市经济信息化委副主任邵志清作了讲话。会上还宣读了发包商"金百合奖"获奖名单、"2008 上海软件出口企业 10 强"名单以及"上海市软件出口（创新）园区"认定名单。此次峰会还设立巴塞罗那专场、长三角—都江堰专场、金融论坛等分论坛，进一步扩大峰会在国内外的影响。

【2009 中国国际工业博览会】 2009 年 11 月 3～7 日，由国家发展改革委、商务部、工信部、科技部、教育部、中科院、中国工程院、中国贸促会和上海市政府共同主办的"2009 中国国际工业博览会"在上海新国际博览中心举行。此届工博会展览面积为 12.65 万平方米，参展企业 1 869 家，参展展位 5 302 个，专业观众达 9.82 万人次，展览规模、观众人数、产品技术成交均比往年有所增加。信息化应用仍然是此届工博会的亮点之一。在信息与通信技术应用展中，3G 网络商用平台、地面数字电视解调芯片及解决方案、新型 LED 节能灯具等产品和技术引起了观众的浓厚兴趣。信息手段在其他专业展的成功应用，也更好地诠释了展览的主题，代表了该领域最新的发展方向。世博科技展中的三维全景虚拟漫游平台、网上世博会、半导体照明技术应用集成等展品，体现了世博会"城市，让生活更美好"的主题，成为参展观众的关注热点之一。

（万劼敏）

【2009 上海国际数字媒体技术与产业发展论坛】 由上海市科学技术委员会主办、上海市闸北区人民政府联合主办、国家数字媒体技术产业化基地（上海）建设管理委员会办公室和上海市科技信息中心承办的"2009 上海国际数字媒体技术与产业发展论坛"在上海开幕。来自国家科技部、国家扶持动漫产业发展部际联席会议专家、国

家4个数字媒体技术与产业化基地和各省市的数字媒体基地园区、数字媒体企业、高校、科研院所及美国、澳大利亚、新加坡等国600余名代表出席论坛。

论坛分为主题大会和两个分会，以"数字媒体技术——点亮产业发展创新之路"为大会主题，重点围绕数字媒体新技术、产业政策、投融资分析等方面内容进行研讨交流，为国内外同行搭建一个共同参与、分享和探讨发展的平台。分会一为"好莱坞影视动画与特效制作流程大揭密"讲座，邀请来自美国 Sony Picture Imageworks 的专家，与国内的CG精英共同分享好莱坞影视特效制作和影片在海外发包过程中的流程控制和管理经验。分会二为基地园区交流会，邀请北京、成都、长沙等国家数字媒体技术产业化基地、上海张江出版基地、上海多媒体产业园、徐汇软件基地以及南京软件园等上海乃至长三角地区数字媒体产业主题园区主要负责人，围绕"合作·服务·发展"的主题交流经验、分享信息、共谋产业发展。

（市信息服务外包发展中心）

【2009上海国际信息服务外包交易峰会(SISO2009)】 2009年7月24～25日，2009上海国际信息服务外包交易峰会在宝山区上海智力产业园开幕。峰会由市经济信息化委、市商务委、宝山区政府主办，美国外包世界、上海市信息服务外包发展中心、上海智力产业园等共同承办。大会期间，共有16家欧美发包商携项目与近10家上海及中国香港接包企业进行面对面的洽谈对接，取得了接发包及投资合作意向近5 000万美元。此次交易峰会的召开，标志着上海信息服务外包欧美市场穿透计划正式启动，计划通过"请进来—走出去—共同发展"三步战略，整合美国外包世界全球近1.8万名海外买家资源，长期引入意向发包上海地区的发包企业，推动跨国公司业务向我国转移，建立上海欧美服务外包交易平台，增强企业竞争力，努力实现各方共赢。

（市信息服务外包发展中心）

【2009中国国际嵌入式大会暨展览会】 为进一步加强嵌入式系统产业链上下游间的协同发展、挖掘应用市场潜力，2009年6月2～4日，由中国计算机学会嵌入式系统专业委员会、上海计算机软件技术开发中心主办，上海嵌入式系统应用工程技术研究中心、上海科技会展有限公司等联合承办的2009中国国际嵌入式大会暨展览会在上海光大会展中心举行。

由主题大会和"嵌入式系统与交通电子"、"嵌入式系统与多媒体终端"、"嵌入式工控设备的网络化与智能化"以及"嵌入式系统创新设计"四大分会组成。

与大会同期举行的展览会现场，参展商、观众与海内外从事嵌入式领域研究的业界专家、政府官员以及各级厂商，进行了积极有效的近距离沟通，打造了良好的沟通平台，取得了较好效果。

（徐　淦）

四、其　他

【第八届中国国际装备制造博览会】 2009年9月1～5日，第八届"中国国际装备制造博览会"在沈阳举办。上海有40多家中外企业参加此次展览，参展企业数在全国各省市中名列第二，仅次于举办地辽宁省。该博览会的主要特点之一是将信息技术应用于装备行业，展现了"两化融合"后所创造的新产品、新市场和新附加值。上海市副市长艾宝俊出席博览会，并与辽宁省经济信息化委领导进行座谈，交流两地在"两化融合"方面的进展情况，表达了合作愿望。

（万劼敏）

第九编 区县信息化

综 述

2009年,上海各区县围绕全市的重点工作,以科学发展观为指导,按照全市信息化发展战略的要求和总体部署,着眼于区县发展需求和中心任务,持续推进区县信息化工作,使信息化在促进区域经济发展和社会和谐方面的积极作用得到充分发挥。

1. 电子政务建设进一步深化

各区县根据《上海市区县电子政务总体框架建设指南》要求,围绕提高政府管理水平和建设服务型政府的目标,不断深化电子政务建设。各区县结合自身特点,加强门户网站管理,推动办公系统协同应用;进一步完善人口、法人、空间地理基础信息资源库建设,积极推进区域内的共享应用;根据市委、市政府关于推进网上行政审批的要求,长宁、闵行等区开展区级网上行政审批平台建设。

2. 农村信息化工作稳步推进

各郊区县高度重视农村信息化工作,努力缩小城乡数字差距,助力推进城乡一体化发展。各郊区县积极实施市政府实事项目——"千村万户"农村信息化培训普及工程,全年完成培训34 727人,宣传普及315 299人,超额完成培训普及任务;根据《上海市经济和信息化委员会、上海市农业委员会关于做好郊区县行政村"一村一网"建设工作的通知》的要求,推进行政村门户网建设;着力培训农村信息员队伍,提升农村信息化应用水平。

3. 各项重点工作得到有效落实

政府信息公开方面,各区县完成2009年政府信息公开年报编制工作,全年各区县主动公开信息41 090条,受理政府信息公开申请7 690件;信息产业方面,各区县认真做好信息产业相关的统计工作,进一步加强对信息服务业的资金支持和政策扶持力度,积极组织开展本区域2009年度软件和集成电路产业发展专项资金项目申报工作;信息基础设施建设方面,各区县支持配合各大运营商推进3G基站等信息基础设施的建设,为全面推进3G应用和产业发展奠定了良好的基础。

(吴 敏)

第一章　浦东新区信息化建设

概　述

2009年，是浦东新区综合配套改革试点新三年行动计划实施的关键之年，同时也是备战世博会的冲刺之年，信息化支撑政府管理创新、社会经济发展的任务艰巨。根据上海市、浦东新区国民经济和社会发展年度工作的总体部署，新区综合配套改革试点工作目标以及《浦东新区推进电子政府建设实施纲要》的要求，浦东新区信息化建设以"五个紧扣、两个加强"为重点，开展了以下几个方面的工作。

"五个紧扣"：紧扣综改主题，开展公共数据中心、政务网络升级改造、数字认证系统等重点项目建设，完善中台、视频会议系统等支撑体系，电子政务框架体系进一步夯实；紧扣两化融合，企业信息化和ICT产业项目推进取得明显突破；紧扣备战世博，世博园区信息化基础建设和智能交通与安全监控等城市管理信息化应用取得明显突破；紧扣民生需求，公共服务和社区信息化建设取得明显突破；紧扣企业信用信息服务平台建设，加大信用产品使用力度，培育信用市场，信用信息互通和共享取得明显突破。

"两个加强"：加强信息化规章制度和标准规范建设，起草《浦东新区电子印章管理办法》、《浦东新区中台统一用户认证和授权管理规范》等系列规章制度、技术规范，加强宣传、培训和前瞻性研究工作，组织上海信博会浦东展区，出版《上海信息化》浦东专刊"构筑数字高原，建设智慧浦东"、《浦东新区中小企业信息化建设指南》，圆满完成工信部及上海市下达的IT治理课题研究及试点任务，完成推进浦东新区两化融合发展课题研究，启动"十二五"信息化规划前期研究，营造出良好的信息化建设氛围。

2009年，浦东新区经济和信息化委员会获"2009上海市信息安全技能竞赛优秀组织奖"；浦东新区国民经济和社会信息化推进中心获"Future－S中国管理2009最佳学习型组织奖"。

（郑丽兰）

一、政务领域信息化

【完成国家IT治理课题及试点任务】 2009年1月13日，由浦东新区经济信息化委承担的国家工信部IT治理课题及试点项目通过市经济信息化委组织的专家验收。

2008年初，在国家原信产部（现国家工信部）和上海市原信息委（现上海市经济和信息化委员会）的关心支持下，浦东新区结合自身情况，由上海市浦东新区国民经济和社会信息化推进中心、同济大学和上海艾狄信息系统审计咨询有限公司三方共同承担"基于生命周期的信息系统监审与控制的研究"课题。同时，国家原信产部还将国家开展信息系统治理试点的任务交给上海，浦东新区成为试点的具体承担单位之一，这是国家部委、上海市关心、支持浦东新区综合配套改革试点的又一项重要举措。

根据《关于同意上海市信息化委员会开展信息系统治理试点工作的批复》（信部信［2008］140号）和《上海市信息化委员会关于进一步做好信息系统治理试点工作的意见》（沪信息委规［2008］270号）的文件精神，浦东新区经济信息化委和信息化推进中心结合自身实际情况，从课题理论研究和试点应用两方面进行大量的探索和实践，建立了一套完善的、符合客观规律、实战性强的IT治理规范标准，成效显著。

专家组认真听取课题组的汇报，一致认为该课题符合计划任务书的要求，并在理论界和实践领域取得了多项创新成果，占领了全国同类研究与实践领域制高点。市经济信息化委领导对“IT治理国家试点”浦东课题组的成果表示高度的认可，要求尽快将课题研究成果全面应用在新区信息化项目建设管理中，并在市里进行试点应用推广。

（高玲玲）

【政府信息公开工作稳步推进】 浦东新区认真贯彻落实《中华人民共和国政府信息公开条例》和《上海市政府信息公开规定》，严格执行上海市《关于进一步加强政府信息公开工作的若干意见》，制定下发《浦东新区进一步加强政府信息公开重点工作的通知》（浦府办[2009]15号），把各项工作切实落实到位。2009年8月，按照市政府办公厅《关于转发国办发明电[2009]16号文等事宜的通知》的要求，新区对国务院督查调研的主要内容和重点进行了自查。

2009年，南汇区划入浦东新区，新区政府机构进行了调整，新区各行政机关共有全、兼职工作人员96名，政府信息公开工作运行正常，政府信息公开咨询、申请以及答复工作开展顺利。截至2009年底，共报备信息目录21 150条；累计主动公开政府信息36 744条，全文电子化率达93.4%，新增主动公开政府信息10 597条，全文电子化率达90.1%；共受理政府信息公开申请2 152件，已经答复2 079件，其余73件申请按照《条例》和《规定》顺延到下年度答复；共接受市民咨询641 806次；全年政府信息公开专栏访问量为7 599 271次。

（邹秀松）

【市场准入联动登记系统进入试运行准备阶段】 2009年，浦东新区审改办会同市民中心重点推进企业市场准入行政审批系统建设工作。在项目前期，审改办会同工商、质监和税务等部门确定以实现审批过程中工商、质监和税务三部门的审批联动为突破口，先行建立三部门联动登记，逐步推进企业市场准入审批制度改革的工作思路。2月，审改办综合各单位意见，起草《浦东新区企业设立联动登记实施办法》，并开始开发联动登记系统。6月，联动登记系统的基本功能开发完毕，该系统包括市民中心大厅自助申报、登记受理、材料整理、协同审批和办结等各项功能，实现了企业市场准入联动登记的完整业务流程，联动登记系统进入试运行的准备阶段。

（邹秀松）

【门户网站性能优化显著、内容保障得到完善】 2009年，通过实施一系列技术措施，浦东网站的性能和稳定性得到大幅度提升，网站整体访问平均速度从原来的6秒钟降低到现在的2秒钟左右，网站日平均访问量超过万人次；特别是南汇划入浦东后，两区网站合并的切换工作于8月8日完成，日均访问量达3万人次，最高访问量达90多万人次。在线办事方面，南汇划入浦东后，新增街镇办事规程信息栏目；所有办事服务事项按照办事指南、表格下载、结果反馈、状态查询、预受理、一办到底等6个标准层次为市民和企业提供在线服务；门户网站共有办事服务事项1 467项，表格1 019张；同时在有关部门的配合下，完成生育、户籍、上学和结婚等场景服务的搭建；门户网站还积极配合新区信访系统的建设，通过实时数据交换实现来信提交和结果反馈，截至年底，共交换人民来信2 175封。在宣传方面，围绕“世博”建立“浦东迎世博”专题频道，运用丰富多彩的手段加大对新区迎世博工作的宣传；对新区网站外文版开始全面改版，并尝试开展网上互动，培育志愿者群体，提高了外籍人士的参与度。

（吴全松）

【公务人员协同工作平台电子政务服务日渐丰富】 2009年，浦东新区公务人员协同工作平台的各项应用在覆盖面和提供服务的种类上都有较大拓展和显著提升。新区统一邮件系统用户开户数由2008年初的4 730个增加到6 082个。政务信息门户逐步成为公务人员日常工作信息共享交流平台，日均访问量3 100人次。组织部、区委办、区府办、宣传部、监察局、发展改革委、民政局、卫生局等20多个部门在门户网站开通部门信息发布和共享服务。平台面向各单位20个业务系统提供34项短信调用服务，月均发送短信3.75万条。电子政府中台在新区各类异构系统数据交换业务中承担起枢纽作用，在办事事项监管、跨部门公文传输、跨系统信息共享、内外网数据同步等业务共22个异构系统间，全年累计交换数据约64万条。

（吴金松）

【跨部门协同工作平台构架初步建立】 2009年，“浦东新区电子政府中台二期”项目经过一年的建设，基本完成总体建设目标，大部分建设成果投入试运行。实现单点登录整合的办公、业务和综合管理系统总数达91个，全区各部门公务人员日均登录平台2 130人次。通过平台配置工具，新建改建部门机关工作网站11个，并对所有接入网站共性政务信息进行信息聚合。调研和优化共享日程、即时消息服务等应用，逐步在宣传部、科委、经济信息化委等部门试点推广。以区委办、区府办为核心的全区公文交换系统的建设基本完成，14个部门的办公自动化系统的公文交换接口部署到位，并对暂未完成接入的单位和系统提供通用公文交换箱服务，发展改革委、经济信息化委与区府办的公文实现跨系统自动交换。

（吴金松）

【区公共数据中心初步建成】 2009年2月27日，浦东新区区级重点信息化基础设施项目——“浦东新区公共数据中心”正式启动进入实质性建设。公共数据中心定位为新区电子政府的“智能数据图书馆”和“战略资讯中心”，通过建设一套基础设施、一个管理平台和三个应用系统，实现应用数据交换、数据备份、安全监控、网络交换、服务器托管、IT资产管理、技术运维服务、信息挖掘应用和领导决策辅助等九大功能，成为新区的备份数据库、托管服务器和电子政务外网核心交换节点的所在地。项目小组采取各种措施确保项目顺利开展。一是在项目中引进联席会议制度，成立由分管副区长牵头、相关部门负责人参与的浦东新区公共数据中心项目联席会议，负责项目实施、协调和决策；二是项目工作组以每周例会和专题讨论会制度，推进项目日常工作；三是发布《浦东新区公共数据中心项目工作规则》，指导并规范项目总包(分)单位及代甲方、监理等各方面的工作程序。该中心机房和硬件设备完成了验收。

（郑丽兰）

【电子政务网络升级改造建设项目启动】 浦东新区2009年重点信息化项目——浦东新区电子政务网络升级改造建设项目全面启动。新区政务网络包括新区政务内、外网以及相关应用专网。此次政务网络升级改造范围是指新区政务外网。项目主要是在原有的网络基础上，进一步调整和优化升级，按照“万、千、百”的建设思路，构建浦东新区电子政务万兆环形网络骨干，实现万兆骨干、千兆汇聚、百兆接入的网络构架。项目将以公安分局光纤资源为基础构建万兆核心主干，优化新区政务网络使用的东方有线、上海电信等营运商的网络平台。

（郑丽兰）

【电子政府数字认证系统及应用项目通过验收】 “浦东新区电子政府数字认证系统及应用”项目自2009年初开始，经过近一年的努力，在全市统一的网络信任体系架构下，建设了浦东新区电子政府数字认证体系，制定出一套管理、服务和保障的规范制度，并通过区监察委、科委、档案局、工商分局的试点，成功验证了数字身份认证和电子签章在新区行政审批和内部办公等方面应用的有效性和信息安全的保障性，满足了对新区公务人员的身份认证、授权管理和责任认定需求，其中工商分局数字证书的应用在全市处于领先。项目通过技术创新，形成为不同政务系统建立统一网络信任和安全体系、“一KEY多章”(电子印章)等创新应用亮点。

（高玲玲）

【信息安全监控平台项目通过验收】 2009年1月14日，浦东新区信息安全监控平台项目通过专家验收。专家认为：该项目技术架构设计先进、系统功能完善、实施性较好，同时能有效监控新区现有IT资源，其风险评估、应急响应等功能是该项目的亮点。该平台通过管理政务信息资产，能帮助政府减少重复投资建设，并且创新性地建立起安全防护保障体系，有助于提升新区信息安全整体水平。

（唐 亮）

【参加“2009上海市信息安全技能竞赛”取得好成绩】 2010年1月29日，上海市网络与信息安全协调小组在岳阳路76号隆重召开“2009上海市信息安全技能竞赛”获奖单位和个人颁奖仪式，浦东新区经济和信息化委员会获得优秀组织奖，浦东新区档案局施晓峰获得个人三等奖。

（唐 亮）

【政法信息共享管理平台完成一期建设】 2009年1月，浦东新区政法信息共享管理平台启动建设，建设内容包括三部分：政法信息共享平台，供公检法各部门实现办案信息网上共享与交换，从而实现办案流程的数据共享、交换，多样化的提醒功能；政法信息专网，连接浦东新区政法委机关、公安分局、检察院、法院、司法局等单位，为各部门的信息交换和共享提供基础支撑；政法信息门户，提供政法委机关和公检法司各部门的信息交流平台。该项目一期建设于2009年5月完成，成功地将公安局的刑事管理系统、检察院的检察办案系统和法院的审判系统等联系起来。

（张宝阳）

【食品药品安全诚信信息系统保障浦东食品药品安全】 浦东新区食品药品安全诚信信息系统自2006年1月投入试运行以来，在集约化建设、信息共享、提高行政效率及公共服务水平等方面起到积极作用。以药品医疗器械为例，药品经营企业新开许可和医疗器械经营企业新开许可的平均审批时间较法定工作日均提前43.6%和60.4%。各类审批事项与浦东新区电子监察系统数据同步，无一例行政审批超期。

为作好2010年上海世博会期间和经常举办重大会务的食品药品保障准备工作，上海市食品药品监督管理局浦东分局继续提升分析决策系统的分析功能和应用范围，在有效预防、及时控制和妥善处理浦东各类突发食品药品安全事件方面，切实提高浦东分局快速反应和应急处理能力。

（王志闻）

【档案局完成信息系统硬件平台效能评估工作】 2009年8月，浦东新区档案局对信息系统硬件平台的使用情况进行了一次效能评估。评估范围包括硬件系统、软件系统和网络系统三大部分。评估期间，由专人每天随机取样、定时采集评估数据，并对所有数据统一进行整理和分析。以评估为基础，档案局优化和提升了硬件平台的效能。

（殷毅芳）

【档案局完成信息系统灾难恢复演练】 2009年9月，浦东新区档案局组织开展信息系统灾难恢复演练。演练的核心内容为局域网数据库系统恢复，分异地同构环境和磁带数据恢复两大部分，具体包括Oracle数据库恢复、网站应用服务器恢复、Weblogic配置恢复和磁带数据恢复等内容。档案局以此次演练为基础，针对暴露出来的问题，研究改进措施，对信息系统备份策略进一步优化，确保系统的高可用性。

（殷毅芳）

【档案局加强计算机信息系统安全保密工作】 2009年，浦东新区档案局通过多项措施加强全局信息安全保密管理。一是建章立制，强化管理。修订完成《浦东新区档案局信息系统安全保密管理制度汇编》，对硬件设施、物理环境、人员管理、系统运行、应急处置等方面的安全保密管理作了详细的规定。二是认真自查，杜绝隐患。主办科室用两周时间，在局内开展信息安全大检查，对政务外网、局域网和因特网三个网络的存量网络资源和后台管理进行普查，对全局100多台计算机逐一进行信息保密检查，检查内容包括口令设置、涉密电子文件管理、防病毒措施、上网安全措施等多个方面。三是加强教育，提高认识。邀请新区保密局负责信息安全保密工作的领导给全局职工作信息安全形势教育报告。

（殷毅芳）

【整合资源、聚合信息，建设新版浦东党建网】 2009年底，结合“南汇区行政区域划入浦东新区”的工作实际，浦东新区区委组织部对原新区党务公开专网（试行版）、浦东党建网和南汇党建网进行整合、改版，完成了新版的“浦东党建网”建设工作。

新版“浦东党建网”基于浦东门户网站后台管理系统进行开发建设，拥有“链接、整合、发布、互动、搜索、视频和展示”七大功能，栏目设置上专门开设了党建传真、党务公开、党内民主、“三服务”、学习交流、热土风采、前沿探索、党建专题和公告栏9个一级栏目。

（陈 峰）

【电子党务平台建设完成】 2009年，浦东新区区委组织部建设完成浦东新区电子党务平台。该平台主要包括党建基础信息管理系统、综合统计分析系统、党建知识库和党建业务管理系统四大部分。其中党建基础信息管理系统以在应用中共中央组织部下发的"党员党组织信息管理系统2005"过程中产生的浦东新区党员和党组织的信息为基础，为平台提供最基本的基础数据信息资源；综合统计分析系统以地理信息系统（GIS）技术建设新区党组织数据库，将各级党组织"落地"，实现党组织的可视化管理，以提供动态信息管理与数据的空间统计分析为主要功能，条块结合，实时动态反映新区基层党建工作全貌，辅助领导决策；党建知识库则以自动搜索和采集技术为核心，自动在网络上搜集满足党建工作需要的相关信息，自动录入到党建知识库，并辅之于人工采集手段，不断丰富党建知识库的资源，供广大党建工作者共享知识资源，为党建工作服务；党建业务管理系统为党代表工作、扶帮工作、专职党群工作队伍管理、村官管理等提供信息化管理的手段。

（陈　峰）

【基本建设审批改革网上培训咨询服务互动学校开通】 2009年12月1日，浦东新区基本建设审批改革网上培训咨询服务互动学校开通，用户可通过浦东新区政府门户网站和浦东投资在线网站链接进入。该学校设有网上培训、办事指南、政策法规、案例解读、常见问题、互动咨询、建设流程、工作动态、表格下载等栏目，具有开放性、互动性、实用性特点和功能。

（周红樱）

【统计信息网上预催报系统建设】 2009年，针对浦东新区统计人员少、企业数量多、平时电话和信件催报工作量大的情况，新区发展改革委依托市统计局的信息采集和处理业务平台，建成基于企业名录库的"短信预报和电话催报"相结合的预催报系统，以服务业为切入点开展统计信息网上直报平台的建设和推进。该系统会根据报表上报时限自动以短信方式提醒企业统计人员，减轻了催报工作量。已有工业、商业、房地产、建筑业、劳动工资、金融、能源、服务业、投资等行业和张江高科技园区的企业实行了网上直报，网报企业数近两万家。

（周红樱）

【固定资产投资管理平台二期建设完成】 2009年，在一期实现固定资产投资项目简单审批管理的基础上，浦东新区发展改革委通过固定资产投资管理平台二期建设，实现固定资产投资项目从储备、计划、审批（核准、备案），一直到执行、监管等各环节的全过程管理，构建了新区发展改革委、行业主管部门和建设主体三级投资计划管理模式及固定资产投资管理1＋6＋n的统一平台，确保固定资产投资项目的审批都在平台上进行。2009年，平台累计受理办件1 234项，办结1 199项，其中财力办件678项，办结656项。平台通过与上海市固定资产投资管理平台的无缝衔接，实现了计划数据的上报下达、项目审批数据的上报和需市发展改革委审批项目的上报下达等功能。

（周红樱）

【专项调查信息工作平台建设】 2009年，专项调查信息工作平台通过职工管理（人事、考勤、报酬）、调查员管理（名录库、薪酬、绩效评价）、物品管理（采购、入库、领用、库存）、调查项目管理（人员管理、过程管理、进度管理、费用管理、流程管理、文档管理、评估管理）和面访系统的建设，实现了内部管理和业务管理的规范化、电子化。在"浦东新区迎世博第三次文明指数测评"拦截调查中，面访系统充分发挥作用，通过对全程访问的真实记录，有效地保障了调查质量。借助智能手机访问终端，在保证数据真实性、提高调查效率的同时，有助于对访问环节进行事后分析研究。系统还通过3G网络实现了实时监控、实时数据传输等功能。

（周红樱）

【发展改革委开发完成USB端口管控系统】 2009年，浦东新区发展改革委开发完成委USB端口管控系统，该系统能详细记录授权USB设备的使用痕迹，包括USB设备标识、USB设备容量、设备名、主机名、IP地址、插入时间、拔出时间、设备使用人员、MAC地址和当前登录名等，并通过制定委移动存储设备使用安全和保密管理的若干规定，加强了对移动存储器的管理。

（周红樱）

【发展改革委扩大二维条形码的应用】 2009年，浦东新区发展改革委继续加强数据建设，累积效应进一步扩大。通过委办公自动化平台，2009年累计收文3 175件，发文1 414件，信访230件，行政诉讼和复议16起，信访复查9起，信息公开553件，受理项目1 481个。通过规划网上审批平台，2009年累计核发许可1 029个，其中需要将规划参数进行比对的有440个，占42.8%。在规划数据建设方面，2009年累计完成115个详细规划（包括规划调整）的建库和417项“一书两证”规划注记工作。另外，在信息公开、信访和信访复查成功应用二维条形码及电子印章的基础上，2009年，新区发展改革委进一步将二维条形码的应用扩展至委内部行文和对外发文。

（周红缨）

【环保市容局进一步推进权力公开透明运行】 2009年，浦东新区环保市容局在2008年行政许可网上运行试点工作成功的基础上，进一步开展行政处罚网上运行试点工作，建设覆盖全局各行业行政处罚事项的网上运行管理系统。5月，完成行政处罚网上运行管理系统建设并上线运行。行政处罚网上运行管理系统覆盖城管、环保、市政、绿化等行业的公用燃气、环境污染、自然保护区、林业检疫等1 293项行政处罚事项，实现行政处罚网上办公、网上监督、网上公开、规范裁量、法律法规库、查询统计、数据交换等功能。

网上办公：简易程序上网备案；一般程序行政处罚事项从立案到归档的全过程100%的网上运转。处罚的相关资料全部以电子文档方式实现网络流转，实现全覆盖、全过程的行政处罚网上办公。

网上监管：一是运行状态“看得见”，即行政处罚办案过程、文书制作等详细信息，依据权限对各级管理和监管部门即时动态地透明可见。二是实现行政运行“管得住”，即实现对处罚时效、处罚资金、案件执行等重要或异常情况的监管。三是实现百姓声音“听得到”，即通过确立统一的电话号码和网上投诉渠道，落实具体的受理和监督部门，接受百姓、社会和媒体等对行政机关的行政处罚行为的投诉、举报等。

网上公开：遵循“过程对内、听证告知、结果在外”的公开原则，通过“浦东环境”、“新区权力公开透明运行专网”等互联网站，对行政处罚的听证告知和结果公示。

规范裁量：严格按照行政处罚法要求，在法定的自由裁量权限内，进行规范的标准裁量，实行“一点三分”管理，“一点”即以违法行为为基点，“三分”即行政处罚自由裁量权内容分类（分为“可罚可不罚”、“处罚种类可A可B或AB”、“罚款金额可上可下”、“处罚依据可A可B”等四种类型）、处罚幅度分档（轻微处罚、较轻处罚、一般处罚、较重处罚、严重处罚等若干档次）、违法情节分要素（违法行为性质、危害的后果、违规的次数、配合调查情况等要素）。对上级主管部门已有明确处罚实施细则的，按照上级部门要求执行；对尚无明确处罚实施细则的，由局制定规范自由裁量权的实施意见，各具体业务部门依据实施意见再制定具体实施细则，并报新区法制办备案。根据“法律幅度”和“一点三分”建立行政处罚标准数据库，系统软件根据违法事实对照标准库自动计算处罚金额并控制处罚幅度，从而达到处罚实施的规范化、标准化以及合理化，避免由人为因素而造成处罚不公平和不公正现象。

法律法规库：针对新区环保市容局行政处罚事项多、适用法律法规条款多的特点，系统建立和浦东环保市容行政处罚有关的法律法规数据库，系统软件根据处罚案件的业务信息自动匹配到相关适用法律法规以及各项政策的具体条款。既方便承办人员查找相关法律法规，提高效率，又减少承办人员使用法律法规的随意性。

查询统计：可以依据行政处罚类别、时间、资金等信息实现对处罚信息的自动统计；可以根据不同要求，实现各种报表的定制；可以通过图表形式对处罚情况进行直观和形象的展现，为领导决策提供重要信息支撑。

数据交换：实现与局电子政务协同办公平台、新区权力公开运行网、新区电子监察系统等之间的数据传输与交换。

（傅　亮　孙露霞）

【洋泾街道进一步完善“1+3”社区电子政务系统建设】 2009年，洋泾街道围绕“宜居洋泾，和谐社区”的建设，形成了社区门户网、行政办公网、社区综合管理网、社区服务网（事务受理网和便民服务网）四网互联的“1+3”社区电子政务系统建设目标。2009年，通过完善综合管理信息系统和建设社区综合管理网、财政资金资产和工程项目监管系统，进一步向“1+3”目标迈进。

建设综合管理信息系统。洋泾街道以“统一建设、互联互通、资源共享”为原则，建立一个集站点管理、用户统一管理、权限统一分配、信息管理与发布于一体的综合管理信息系统，实现单点登录。

建设社区综合管理网。洋泾街道应用网格化管理的先进理念和成熟经验并结合街道自身特点，从城市管理、综合治理、司法信访、人民调解、安全生产等社区管理着手，归并街道市民咨询、信访、市政夏令热线等多条电话线，实行“一口式”服务，逐步实现管理区域和管理内容全覆盖。

建设财政资金资产和工程项目监管系统。洋泾街道以社区（街道）党工委“三重一大”事项权力公开有效监督为重点，逐步建成集预算编制、审批、执行、调整，财务会计核算、查询统计、辅助分析决策于一体的街道财政资金、固定资产和工程项目监管平台。

（诸晓玲）

【曹路镇完善权力公开工作网络平台】 2009 年，曹路镇以新区推进权力公开工作为契机，整合镇域范围内网络资源，实现与文广服务中心有线通网络的联通，配置 53 个站点。在清权确权的基础上，按规定对应当公开和能够公开的项目，分类分批构建网络模块。试行财政资金网上申请、网上审批、网上监督、网上公开。

（陶英浩）

【金杨新村街道积极开展权力运行网上公开工作】 2009 年，金杨新村街道积极开展权力运行网上公开工作，共梳理出 696 条权力事项在新区权力公开透明运行专网上公示。同时，将“一门式”业务受理同权力监管系统对接，对在社区事务受理中心受理事项的流程和时间节点进行监管，日平均监管事务数量近 500 条。

金杨新村街道依托政务网骨干建设，完成全街道 48 个居委会（其中 1 个居委会筹建中）、各科室部门以及社区单位（派出所、城管分队、工商所、房产办）的办公网络互联。近 10 项应用功能模块在办公网上运作，街道投入资金完善社区人口管理信息系统建设，整理输入实有人口数据近 10 万条。街道日常工作实现网上流转。

作为社区服务的窗口部门，潍坊社区服务中心不断加大社区智能化服务的举措。街道逐步将“一门式”受理向“一口式”受理转变，形成“前台一口受理、后台协同处理”的行政服务模式。同时，服务前延到居委会，简化居民办理各种申请的程序。

（王静坤）

【曹路镇全面完成新政务网建设】 2009 年，曹路镇完成以“打破信息孤岛、消除数字鸿沟”为主要目的的政务网和电子政务协作办公平台建设。该项目集成了“政务信息发布系统、网上办公系统、即时通讯系统、传真系统、邮件系统、短信发布系统、网络管理系统”，为日常办公提供一个更加便捷的手段。并组织修订《曹路镇政务网管理规定》、《曹路镇智能管理卡使用有关规定》、《曹路政务网栏目更新管理制度》等规章制度，制定出完善的维护规程。

（陶英浩）

二、社会领域信息化

【公交企业精细化管理改变传统运营模式】 由浦东新区科技发展基金信息化资金支持的“公交企业精细管理信息系统”，可通过信息系统网络实时监管每条线路计划的执行动态。2009 年该项目实施后，预计新区公交 1 年可节油近万吨，大量减少尾气排放，改善空气质量，既能落实节能减排要求，同时为企业节省成本。以公交隧道六线为例，系统上线后节省运营车 4 辆，1 年可节省各项费用约 450 万元。

（戴友锋）

【运用信息化手段优化公交线网，方便信息查询】 2009 年，为配合新区道路新建、改扩建工程和新小区建设，浦东新区建设交通委运用 GIS 地理信息系统，做好公交线路的优化调整、延伸和新辟，其中涉及 82 条公交线路绕改道、优化调整线路32条。另外，还建设了公交信息查询平台，通过公交服务市民互动信息网络（www.58752222.com）、服务热线（58752222）、公交换乘短信平台（13918244421）等方式，市民可以便捷地查询公交线路，提出意见和建议。

（戴友锋）

【陆家嘴区域卫生信息共享与应用系统建成】 2009年5月，“陆家嘴区域卫生信息共享与应用系统”建成。该项目以“惠民医疗”为目标，整合了浦东新区东方医院、公利医院、妇幼保健院三家二级医院和潍坊社区卫生服务中心、塘桥社区卫生服务中心、陆家嘴社区卫生服务中心等试点医院的医疗信息、健康档案信息；建立起计划生育管理系统，并实现基于流程共享的区域妇幼保健系统；建立了完善的居民身份识别ID唯一性保证体系，居民可网上查询健康信息、短信告知服务和个性化居民健康状况分析评估。

通过共享信息检索系统，可实现全区医疗、诊疗信息共享的目标，以及转诊单的透明性。该系统把医院管理、社区卫生管理和人群健康管理链接起来，能够发挥引导居民合理利用区域卫生资源，促进卫生行政部门及时掌握卫生信息。

（张建堂）

【城建档案区域协同分级管理系统建成】 2009年，浦东新区城建档案区域协同分级管理系统整合文档一体化系统、城建档案GIS、目录GIS等已有系统，构建浦东新区统一的档案目录体系和分层管理体系，实现新区档案的分级授权、定期维护、异地检索、全网共享。

该系统建设内容主要包括整合新区档案信息化应用成果（文档一体化、城建档案GIS和目录GIS等），形成单点登录、统一授权、功能应用整合的应用环境；建立新区统一的档案目录体系，实现分级管理（资源管理、业务管理、区域利用、系统管理）；对新区城建档案进行有关城市记忆的编研，建设历史地图、专题信息（行政区划、楼宇建筑、老地名、古树名木、老宅等）变迁等功能。

该系统将档案目录体系和建档单位目录体系相结合，建立全区统一的档案目录体系，既可检索某建筑物本身的档案目录，也可查询该建筑物内存放有哪些档案，还能快速找到某档案的存放单位和地点；既可检索建档单位所存放的城建档案，也可查看城建档案实体的具体存放单位，并实现了与各级单位（档案馆、功能区域、街镇、发展改革委等）文档一体化系统的档案目录数据的定期交换。

该系统实现了区域化档案利用的流程化管理，从档案利用的申请到一级单位的审核，再到档案所有者的审批，再到利用的回复和利用查看，对利用工作中涉及的利用登记、审批手续、检索、调卷、归还、利用情况统计等进行自动管理，自动统计可以实现对档案申请、利用等数据进行统计分析，以便对档案区域利用工作的状况进行评价。

该系统还实现了档案“城市记忆”的编研利用，即通过建立“城市记忆”历史系列地图，设置档案检索热点，进行档案专题信息的快速检索，执行空间检索、分析与统计量化分析，并通过对历史地图多种形式的展现（如幻灯片、翻书、动画播放等），实行城市历史变迁的展示。

（张建堂）

【康桥镇大力推进村级档案数字化工作】 2009年，康桥镇着力推广村级档案数字化建设，成功地推进了汤巷村的文书档案电脑化工作。2010年计划以汤巷村为模板，在全镇现有34个村（居）全面推进档案管理的信息化建设。

（杨 峥）

【以“和谐潍坊”门户网站为纽带，加强与社区居民联系】 2009年2月，潍坊社区通过建立“学习实践科学发展观”和“潍坊网上警务站”网页，进一步发挥社区信息服务作用，加强与社区居民的互动。

“和谐潍坊”门户网站几乎涵盖潍坊街道所有的为民服务信息，例如：潍坊敬老院的简介、资费标准、床位情况，潍坊社区卫生服务中心的电话、特色门诊，潍坊街道所有学校的办学特色、社区岗位招聘信息等。自2006年潍坊网站改版以来，潍坊门户共被浏览16万次，发布、更新各类便民信息500余条，受理反馈居民留言200多条，受到潍坊社区居民一致好评。

（王静珅）

三、经济领域信息化

【“集团财务信息系统”促进上市公司财务管理合规】 上工申贝(集团)股份有限公司是一家上市公司,对财务管理有着较高的要求。2009年,上工申贝在统一的财务平台基础上,进一步提升财务系统的运作能级。首先,从管理制度上,建立统一的财务会计科目、统一的组织架构、统一的做账方式、统一的核算规则、统一的控制标准;其次,为解决各分、子公司的财务数据分散放置,无法集中及时管理的弊病,通过建立虚拟网络终端环境,对整个集团范围内的所有财务数据终端实行分布式管理,从而实现对各分、子公司财务数据的实时管理,并在此基础上成功开发了财务决策与分析支持系统,为集团的战略决策提供了数据支持。同时,集团又建立了资金集中管理体系,通过与各网上银行的接口实现现金的电子化管理,对资金流向实行实时监管。

(陈翕斌)

四、城市建设管理领域信息化

【备战世博,加强安保信息化建设】 2009年,结合世博安保工作需求,浦东新区全面推进图像监控系统建设,共建设世博图像监控项目、高清视频监控卡口系统、浦东城市图像监控三期和浦东轨道6号线光缆及沿线监控4个项目。主要内容一是建设街面监控点位1.5万余个,其中1.25万多个为数字高清监控点,大大提升了监控图像的可视性;二是新建、扩建中心机房一个、分控机房5个、单位监控机房46个;三是敷设公安图像网专用光缆4 000余公里,实现所有视频监控点位联网。系统建成后,原浦东地区监控点位平均密度达到每平方公里35个以上,并按照“西密东疏”布局,划分成27个封闭式监控网格,基本呈现对出入新区路口、桥梁隧道口、轮渡口等的“封锁”,形成一个巨大无缝的监控包围圈。同时连点成线、连线成网,将560平方公里区域进行划块“分割”,重点覆盖出入辖区各道口、易发案部位、复杂行业场所、人员密集场所周边,以及重点单位出入口等公共部位,形成网格化监控与管理。

升级改造浦东公安指挥通信体系。新区公安局对原有指挥通信系统(2003年建成)进行升级改造,并建设世博前沿指挥平台。该系统按照“以业务流程为主线,以软件平台为核心,以系统集成为手段”的思想进行设计,以软件平台为基础,通过软件平台的中间件实现对子系统的系统集成,并严格按照公安指挥中心的业务流程需要开发应用软件,最终为浦东公安建设一个“以计算机网络为基础,以有线、无线通信为纽带,以二级处警为核心,以资源共享和计算机辅助决策为载体的综合性系统”,为世博安保工作打造强有力的指挥通信保障。建设内容包括110指挥中心升级改造,公安有线、无线通信系统改造扩容(包括建设公安350兆数字集群系统)和世博前沿指挥所。

(张立超)

【康桥镇利用电子监控系统加强平安创建】 至2009年,康桥镇共投资建成道路监控探头69个,小区监控“全球眼”67个。根据电子监控系统的线索,2009年共发现违法犯罪可疑线索70条,发出有效指令188条,抓获犯罪嫌疑人55人,治安拘留8人,刑拘19人,劳教6人,逮捕2人,教育放行27人。

(杨 峥)

【利用信息化手段管理社区】 2009年,潍坊社区针对张杨路乱设摊、浦城路580弄市容环境差、辖区内夜排档问题突出等现象,依托城市网格化管理平台,组织城管、公安、工商、房办、市容协管等部门先后开展乱设摊、食品安全、夜排档等专项整治,共出动人员2 000余人次,车辆200余台次,教育和取缔乱设摊1 000余处,纠正跨门营业800余家，取缔夜排档30余处，清理垃圾100余车。

（王静珅）

【南汇划入浦东后的公安信息和通信整合工作完成】 2009年，南汇区整体划入浦东新区后，浦东新区成为一个有1 200多平方公里的大区，同时存在南北两片信息化程度不统一的问题。浦东公安分局根据公安业务需求，秉承先急后缓、分布实施的原则，逐步推进信息和通信整合工作：一是完成视频图像和声音的传输调试，实现两区视频会议系统联通，完成分局63个基层派出所三级视频会议系统建设；二是建成浦东分局新版主页，为各项公安工作提供信息化平台；三是完成两区常住人口的数据整合，为两区合并公安对外业务提供科技保障；四是完成无线、有线通信的互联，并完成办公自动化（OA系统）、邮件系统等8个系统的整合、联通和延伸，新版110系统割接，实现指挥调度的统一。通过不断努力，基本实现了指挥体系顺畅、管理体系有效、行政效率提高的目标，全力做好信息通信的支撑保障。

（张立超）

五、信息产业发展

【中国国际半导体技术研讨会召开】 2009年3月19～20日，由SEMI、ECS及中国高科技专家组共同举办的中国国际半导体技术研讨会在浦东召开。诺贝尔物理学奖得主、IBM院士 Georg Bednorz，Intel资深院士 Robert Chau，IMEC CEO Gilbert Declerck，Praxair CTO Ray Roberge在大会上作主题演讲，为550名与会的国内外半导体产业界人士介绍国际最前沿的纳米技术、微电子技术的发展趋势。此届大会共设9个技术分会，涉及半导体制造的各个领域，包括前道光刻、薄膜、CMP等技术，后道封装与测试以及硅材料技术。大会共收到来自海内外的技术投稿320余篇，经大会技术委员会评审后，共有237位来自国内外的技术专家为大会带来精彩的报告，其中来自美国的讲师占30%、欧洲11%、日本8%。

（盛雪锋）

【软件产业逆势实现快速增长】 2009年，浦东新区软件产业实现总经营收入796.8亿元，同比增幅达42.2%。新区国家规划布局内重点软件企业14家，有效认定软件企业已达709家，当年度新认定软件企业94家。

核心企业的持续发展奠定了新区信息服务业产业整体增长的基础。这些核心企业包括国际商业机器全球服务（中国）有限公司、上海华为技术有限公司、中国银联股份有限公司、百度（中国）有限公司、盛趣信息技术（上海）有限公司、上海宝信软件股份有限公司等，均在2009年保持了年度经营收入稳定增长的态势。新区信息服务业中年经营收入超亿元企业又有增加，据统计，已达66家。软件产业利润总额达102.9亿元，同比增加14.8%。

同时，嵌入式软件、金融软件等领域在2009年取得长足的发展，推动了新区信息服务业总经营收入的增长。一是3G网络带动通信产业嵌入式软件领域取得跨越式的发展，上海中兴软件有限责任公司、龙尚科技（上海）有限公司、上海欣民通信技术有限公司、上海华勤通讯技术有限公司等，年度经营总收入均取得大幅度的增长。二是金融软件领域，上海大智慧股份有限公司、上海万得信息技术股份有限公司、上海大智慧软件开发有限公司、胜科金仕达数据系统（中国）有限公司等，年度经营总收入仍然保持稳定增长，均取得可观的增幅。三是电子商务领域，百联电子商务实现近亿元经营收入，同比增长超过100%。四是系统集成领域，上海华讯网络系统股份有限公司、上海金桥信息工程有限公司均取得年度经营总收入超亿元增长。五是网络信息服务、金融数据交换服务等领域，中国银联股份有限公司、百度（中国）有限公司、上海新浪乐居信息科技有限公司、前锦网络信息技术（上海）有限公司等，均延续往年的发展势头。

（吴杰鹏）

【集成电路优势不断巩固】 2009年，浦东新区集成电路产业强势复苏，在总产值恢复增长的同时，一批创新成果纷纷涌现。中芯国际将45纳米工艺延伸至40纳米和55纳米，三鑫科技全球首创的Laseno微型激光投影机正式投产，凯世通半导体的低能量大束流离子注入机打破了欧美垄断，锐迪科应用于地面数字电视接收的高性能射频接收芯片开始量产，芯原微电子荣获“2009年德勤高科技、高成长中国50强”称号，埃派克森荣获“2009年IC China创新产品奖”。

（盛雪锋）

【大唐上海产业园落户浦东】 2009年12月8日，浦东新区政府与中国自主3G标准核心专利拥有者大唐电信集团签订合作协议书。大唐电信将把浦东作为重要的产业发展基地，在此加速推动中国自主3G标准（TD-SCDMA）产业发展，力争实现TD-SCDMA的国际化，并增强在4G国际标准竞争方面的影响力。大唐上海产业园将在浦东金桥开发区建设，该产业园旨在促进集成电路芯片设计与制造的互动，加快推进无线移动通信中国重点实验室的建设。

（盛雪锋）

【软件产业实现稳健发展】 2009年，浦东新区软件和信息服务业营业收入达796.8亿，同比增长42.2%；利润总额达102.9亿元，同比增长14.8%。超亿元的软件企业数进一步扩大，总量达66家，大部分骨干软件企业营业收入和利润均实现稳步增长。

（吴杰鹏）

【浦东软件园发展势头良好】 上海浦东软件园作为国家软件产业基地和国家软件出口基地，产业特征清晰、人力资源优秀、服务设施完善，经过多年的发展，取得了产业集聚与辐射、人才集聚等方面的显著效果，收到良好的经济效益和社会效应。截至2009年底，上海浦东软件园总部累计完成规划土地开发70万平方米，建成软件研发及服务用房29.72万平方米，在建建筑面积约38.8万平方米。累计吸引投资约104亿元，其中内资约42亿元、外资约62亿元。

国家软件产业基地品牌和发展环境吸引了众多国内外著名软件及信息服务业企业，2009年，总部园区注册企业共有958家，其中入驻企业308家，软件从业人员2.1万。入驻企业包括全球IT服务百强中的群硕、Infosys、Wipro，花旗软件技术服务（上海）有限公司（2009年度国家规划布局内重点软件企业）和维豪信息技术有限公司。

（吴杰鹏）

【软件公共服务体系日臻完善】 2009年，浦东新区继续对公共技术服务平台实行统一认定，努力扩展平台服务范围，积极落实对浦东软件增值服务平台等受认定平台单位的扶持政策。新区共有认定软件企业709家、国家规划布局内重点软件企业14家，通过CMM(I)5认定的企业数量达8家，华为等一批优秀企业加入公共技术服务的行列，增强了平台体系服务能级。

（吴杰鹏）

六、信息化环境建设

【开展信息化项目建设协议供应商招标采购试点】 为进一步规范信息化建设项目政府采购行为，浦东新区于2009年开始对政府财力全额投资的政务信息化项目建设试行协议供应商招标采购试点，试点期为两年。

试点针对的项目为建设经费在300万元（含300万元）以下、全部列入新区财政预算予以解决的信息化项目，内容包括信息系统集成及服务和系统应用软件开发。采购周期为两年，首次采购协议期限为2009年6月1日至2011年5月31日。

经过严格的招投标程序，首批中标供应商共31家（其中系统集成类16家，应用软件开发类15家，具体名录见“浦东政府采购网”）。这些供应商将被纳入项目建设单位、信息委、财政局（政府采购管理办公室）和专家的考核管理。未通过考核的供应商和在招投标中被确定违规而取消入围资格的供应商，不能参加下一采购周期的招投标活动；连续两个周期未在竞争性谈判中取得实施项目的供应商，不能参加下一采购周期的招投标活动；发现有严重不良诚信记录的（无论过去和现在），即从供应商名录中除名。

（郑丽兰）

【“浦东新区信息化和工业化融合发展”课题研究完成】 2009年10月28日，“浦东新区信息化和工业化融合发展”研究课题通过专家验收。课题从新区的相关政策现状、企业信息化现状和产业信息化现状入手，对比分析国内外最佳实践，提出一系列有针对性的措施和保障体系建议。专家验收委员会在听取课题组的汇报后，认为该课题立意高、现状调研深入、比较分析透彻，一致同意通过验收。

（郑丽兰）

【浦东新区农村信息化培训普及工程任务完成】 为充分发挥信息化在社会主义新农村建设中的支撑作用，消除城乡“数字差距”，浦东新区根据《关于做好2009年市政府实事项目“千村万户”农村信息化培训普及工程实施工作的通知》（沪经信推[2009]158号）的要求，在南汇区划入新区行政范围内的情况下，各部门保持工作不断、不乱，相互协作，超额完成2009年任务指标。截至2009年11月底，浦东新区累计完成培训人数6 040名（其中原浦东2 930名，原南汇3 110名）；累计完成宣传人数60 002名（其中原浦东24 588名，原南汇35 414名）；完成新区区域范围内348个行政村（其中原浦东174个行政村，原南汇174个行政村）的门户网站建设工作。

（施丹锋）

【上海国际信息化博览会浦东展区成亮点】 作为2009上海国际信息化博览会的重要组成部分——上海国际信息化技术与应用展览会于2009年3月17～19日在上海国际展览中心举行。浦东新区信息化协会作为此次信息化博览会的承办单位之一，组织了新区30余家企业、政府机构参加此次展会。

占地约400平方米的浦东新区展区分民生信息化、政府信息化和企业信息化3个板块。民生信息化展区关注老百姓的医食行；政府信息化展区重点展示行政效能提高、权力公开透明和服务大众的优秀成果；企业信息化展区中旅行者传媒、畅联物流、钢联电子商务、新致软件、鹏越惊虹等企业在电子信息技术细分领域的优势，助企业逆势飞扬。

（施丹锋）

【组织电子政务IT治理培训】 2009年9月19～20日、11月27～28日，浦东新区组织了IT治理国际认证COBIT培训。该培训由新区国民经济和社会信息化推进中心与上海信息化培训中心联合举办。培训对象以各委办局相关信息化工作人员为主，旨在让先进的IT治理思想深入到新区电子政务的日常工作中，促进新区IT治理试点工作的开展。培训从IT治理、COBIT框架、管理和审计指南、IT价值等不同角度作了全面细致的讲解。通过培训，共有33名学员经考试获得国际认证资格证书。为此，在“2010年度IT管理潮流风向标——第五届中国ITIL年会2009（5th ITIL Annual Conference China 2009）”上，浦东新区国民经济和社会信息化推进中心荣获“Future - S中国管理2009最佳学习型组织奖”。

（施丹锋）

七、社会诚信体系建设

【政府部门使用信用产品力度加大】 根据2009年工作安排，浦东新区继续在政府部门政策落实中推进信用产品的使用。一是在公务员招聘中使用信用报告，进一步把好公务员的入口关。在2009年使用的130份信用报告中，有2份报告显示报考者贷款账户逾期，结果这两名报考者均未被录用。二是在政府信息化供应商定点协议采购中使用信用报告20份。三是在科技发展基金的孵化器资助资金、企业信息化基金资助发放中使用信用报告近40份。四是在中小企业品牌资金资助中使用信用报告近100份。

【企业信用信息服务系统建设工作会议召开】 2009年3月6日，浦东新区信息委主持召开“企业信用信息服务系统”建设工作会议，新区经委、环保局、劳保局、工商局、质量技监局等单位出席会议。

“浦东新区企业信用信息服务系统”已于2008年底建成并开始试运行，该系统挂接在浦东新区公务人员协同工作平台上，经过3个月的试运行，系统已基本稳定。此次会议的目的是解读《浦东新区行政机关归集和使用企业信用信息管理办法（试行）》，并对该系统正式开放使用进行授权。系统开发技术支持单位到会对该系统的主要功能及如何使用做了培训。信息委还就进一步扩大该系统的信息归集和使用范围提出要求。

【初步实现企业信用信息在政府部门之间共享与利用】 2009年8月25日，“浦东新区企业信用信息服务系统”项目经专家组评审一致同意通过验收，标志该系统从试运行转入正式运行。至此，新区初步实现企业信用信息在政府相关部门之间的共享与利用。

该系统归集了浦东新区13家政府部门在企业监管中产生的9万多家企业的基本信息和部分信用信息。为确保该系统正常运行和规范信息的有效采集和维护，在系统投入试运行时，同步制定下发了《浦东新区行政机关归集和使用企业信用信息管理办法（试行）》。新区各部门只需向信息委申请，经授权就能查询到系统提供的信息。该系统已有15家政府部门、120多位用户经申请授权使用。

【开展企业诚信创建，增强企业诚信意识】 浦东新区发挥行业协（学）会力量积极开展企业诚信创建活动。一是依托新区劳动保障学会开展企业诚信创建。2009年有23家单位参加诚信单位创建活动，已完成企业自查、信用培训、第三方评估、征信等工作。开展“二年复评”工作实行动态管理。新区自2005年开展劳动保障诚信单位创建工作以来，已有267家单位获得劳动保障诚信单位称号，9家单位获得劳动保障诚信示范单位称号，根据规定，2009年完成了两年一次的劳动保障诚信单位第三方复核评估工作，建立起劳动保障诚信单位诚信档案。通过诚信单位创建活动，既提高了企业诚实守信的意识，又促进了企业形成自我规范、自我约束、自我激励、自我完善的长效管理机制，切实维护企业和劳动者的合法权益，树立企业良好的诚信形象。二是依托消保委，结合迎世博和315“消费者权益保护日”，开展消费维权诚信创建宣传活动。组织了“文明服务、诚信经营、奉献世博”及“好客在浦东，精彩迎世博；投诉不出门，和解在现场”窗口行业争创一流消费环境活动，有近百家企业参与，经营场所都摆放有“好客在浦东，精彩迎世博；投诉不出门，和解在现场”的台卡，台卡上有企业的服务热线，并配备了工作人员认真接听消费者来电、记录消费者投诉，充分展示了企业迎世博、履责任的积极姿态，以实际行动提升服务质量，维护好消费者的合法权益，营造安全放心的诚信消费环境。

【积极开展形式多样的诚信宣传，营造社会诚信氛围】 2009年，浦东新区积极开展形式多样的诚信宣传。一是配合市征信办开展诚信宣传周活动。向企业赠送500册《企业信用管理案例集》和《企业信用管理教程》，得到企业的好评。开展诚信图书卡活动，让学生签订诚信借书责任书，免费为学生办理借书卡，免去100元图书卡押金。这次活动共有300多名学生参加，增强了学生的诚信意识，也在一定程度上减轻了他们的经济负担。二是开展“迎世博，区机关办公中心工作人员讲诚信倡议签名活动”。有1 000多名机关工作人员积极参与，诚信意识得到了增强。三是在市征信办的指导下，在汇南镇、联洋社区开展信用知识进社区活动，发放信用知识宣传品近2 000册，提高了社区居民对信用知识的知晓度，增强了居民诚实守信的意识。结合社区工作开展形式多样的诚信进联洋社区宣传活动。四是完成了原南汇、浦东诚信网站的合并改版工作，对所有栏目进行了归并，开设了企业查询栏目，将“浦东新区企业信用信息服务系统”中的信息开放到诚信网站，增强了诚信网站的权威、服务功能。

【社会诚信体系建设工作研讨会召开】 2009年12月17日，浦东新区经济信息化委组织召开2010年社会诚信体系建设工作研讨会。政府相关部门、行业协（学）会、企业和上海第二工业大学以及征信机构等18家单位近50人参加会议。

新区经济信息化委从企业信用信息服务系统建设、信用产品使用、企业诚信创建、诚信宣传等方面，介绍了新区2009年诚信建设工作的情况，从面上推进、点上突破和已有工作提升三个方面介绍了2010年的工作思路。与会人员结合自身行业特点，踊跃发言，提出了很好的建设性意见和建议：一是要结合具体行业，紧贴市场需求，树立诚信的威慑力，从引导为主走向引导和规范并重；二是要保持诚信信息的动态性和准确性，开发与市场需求相匹配的信用产品，提高信用信息的生命力；三是要运用信息化手段支持诚信工作的开展，处理、收集、追踪海量信息，挖掘出有使用价值的信用信息；四是诚信工作刚刚起步，任重道远，要形成合力，坚持不懈。

（张国伟）

第二章 徐汇区信息化建设

概 述

2009年，徐汇区信息化工作紧紧围绕全区中心工作和主要任务，在区委、区政府的正确领导下，进一步加强信息化领域各方面的建设，注重以信息化促进各项具体工作更好发展，在工作实践中取得显著成绩。

在政务领域，政府信息公开工作不断进步，政府信息公开的质量和数量均有提升，政府门户网站在国内和上海市的公开测评中均取得优秀成绩，先后获得“中国政府网站领先奖”、“中国政府网站信息公开领先奖”和上海市“综合优秀政府网站奖”等重要奖项。工商徐汇分局信息中心荣获“全国工商行政管理系统信息化工作先进单位”称号。徐汇区网络和信息系统安全防范工作、电子监察工作、信访信息系统建设、企业设立网上行政审批和建设项目网上协同审批等信息化项目完成并投入使用，技术发展处在先进行列，推广应用获得社会各方面好评。

在社会领域，政府门户网站发挥互联网信息平台优势，在迎世博600天行动计划中号召动员广大市民积极参与，发挥重要作用。在社区教育、社区卫生、社区便民服务、网上警务室和司法大调解工作等与人民生活密切相关的各个方面充分运用信息化手段，促进相关工作取得重大发展，信息化建设落在实处，细微之处见成效。

在经济领域和城市建设管理领域，着力打造徐家汇“智慧商圈”，延续徐汇商业繁荣盛景，开启商贸行业信息化应用的先河。在建设工地、扬尘控制、渣土运输和城管执法等方面运用信息化支持手段，有效地提高了城市综合管理的水平。

在信息产业发展、信息基础没施建设、信息化环境建设和社会诚信体系建设方面，徐汇区制定发布了《徐汇区关于加快推进高新技术产业化的实施意见（2009—2012）》，以及“3＋X”产业的推进计划和配套政策等6个文件，促进包括信息化产业在内的高新技术产业在徐汇区落地发展。2009年，区信息服务业实现营业收入154亿元，同比增长5.56％。区域内“无线城市”基本实现，下一阶段的信息化基础发展也将落实进入徐汇区“十二五”信息化发展规划之中。《徐汇区网络与信息安全事件专项应急预案》制定完成，网络和信息系统安全工作成为信息化环境建设的重要内容，为政府和社会各界所重视，并已启动相关建设工作和人才培养工作。政府部门率先使用信用产品、提供企业信息管理建设专项扶持资金和培训信用岗位人才，成为徐汇区促进社会诚信体系建设的具体举措。

（徐汇区府办）

一、政务领域信息化

【推进政府信息公开工作】 2009年，徐汇区进一步贯彻《中华人民共和国政府信息公开条例》、《上海市政府信息公开规定》的要求，落实《上海市人民政府关于进一步加强政府信息公开工作的若干意见》。区政府办公室作为全区政府信息公开工作的主管部门，负责推进、指导、协调、监督全区的政府信息公开工作；各委、办、局，街道、镇确定政府信息公开工作的分管领导，指定落实信息公开工作机构（科室），充实相关工作人员，保证必要的工作经费。强化制度建设。根据市政府的相关工作规范，经区政府常务会议讨论，制定下发了《徐汇区政府信息发布协调工作规定》、《徐汇区政府信息公开监督保障工作规定》和《徐汇区政府信息发布保密审查工作规定》，以保证各行政机关准确一致地发布政府信息，建立考核评估、社会评议、监督检查、责任追究等四项基本机制，保障政府信息公开制度的正确实施。实施每季度的行政机关依法行政督察，赴相关行政机关监督检查政府信息公开工作的推进情况。对公共服务"窗口"和公共查阅室的信息公开情况进行定期和不定期的检查，及时反馈存在问题。组织完成《徐汇区政府信息公开指南》和《徐汇区政府信息公共查阅室场所表》的更新。

徐汇区坚持"公开为原则，不公开为例外"，积极做好主动公开政府信息工作。截至2009年底，累计主动公开政府信息2 987条，全文电子化率达100%。2009年新增主动公开政府信息1 074条，全文电子化率达100%，较上年度同期主动公开量增加282%。2009年共受理政府信息公开申请251件，其中当面申请209件，电子邮件申请1件，网上申请1件，信函申请40件。在251件政府信息公开申请中，已经答复231件，其余20件申请按照《条例》和《规定》顺延到下年度答复。2009年度发生针对区行政机关有关政府信息公开事务的行政复议案7件，主要涉及审计、房屋管理、政府采购、绿化等方面，其中被行政复议机关决定撤销的案件有1件。年内未发生针对区行政机关有关政府信息公开事务的行政诉讼。2009年度共接受市民咨询34 141次，其中咨询电话接听26 813次，当面咨询接待5 109次，网上咨询2 219次。"上海徐汇"政府门户网站政府信息公开专栏访问量为767 215次，其中按点击率排序的政府信息公开栏目依次是：公告类信息、公众服务类信息、规划类信息和政府文件类信息。

【国家信访局领导到徐汇区视察】 2009年5月，国家信访局副局长许杰、国家信访局信息中心主任范小毛等一行在市信访办领导的陪同下，到徐汇区视察信访信息系统建设情况，听取区委副书记、政法委书记林官良关于区信访信息系统建设情况的汇报，观看了区信访信息系统的现场演示。市信访办副主任许仁绿汇报了全国信访信息系统在上海试点推广的情况，充分肯定徐汇区在信访信息化方面的探索和取得的成绩，传达了中央领导近期就推广应用全国信访信息系统所作的批示精神，并要求上海市和徐汇区在试点应用工作中注重总结和提炼，把在信访信息化过程中的成功做法和先进经验融入到全国信访信息系统试点应用中，为今后在全国的推广打下基础。

【工商徐汇分局信息中心荣获"全国工商行政管理系统信息化工作先进单位"称号】 2009年6月，国家工商总局对全国工商行政管理系统信息化工作先进单位和先进个人予以表彰。工商徐汇分局信息中心认真做好分局信息化建设相关工作，荣获"全国工商行政管理系统信息化工作先进单位"称号。

【区档案局启动馆藏档案数字化扫描工作】 2009年8月，为深入贯彻落实科学发展观，持续推进馆藏档案数字化进程，向全面建设数字档案馆目标努力，徐汇区档案局对照国家一级档案馆建设要求，计划分批对馆藏档案进行目录著录和全文数字化扫描。2009年馆藏档案数字化扫描工作正式启动，在完成400万条页数字化扫描的基础上，计划再完成约270万条页纸质档案数字化加工工作，对馆藏档案进行目录数据库和全文数字化扫描，采用信息化技术手段提升查档利用能级，同时着重加强对民生档案的专题数据库建库工作，充分发挥档案资料信息的利用效能。

【网络与信息系统安全技术防范体系建设启动】 2009年9月，为更好地保障世博会期间徐汇区电子政务网络与信息系统安全可靠运行，经区政府第107次常务会议同意，启动建设徐汇区网络与信息系统安全技术防范体系，针对可能发生的信息安全事故，对关键节点和薄弱环节加强防护，全面提高网络和信息系统防范风险抵御攻击的能力。

【"徐汇区企业服务网"通过项目验收】 2009年11月5日，"徐汇区企业服务网"在区信息化工程项目验收小组的检验下通过项目验收。"徐汇区企业服务网"新增了区政府向企业提供服务的网络渠道；缩短了政府与企业间的服务距离；畅通了政府与企业间的沟通；创新了政府服务企业的手段；提高了政府服务企业的效率。

【区教育局加强教育管理信息化工作】 2009年，徐汇区教育局推进"全国电子政务实验区"的各项工作，扩大政务管理系统应用，推进电子签章、手写批注的试点，推进信息化开发的业务整合，实现电子公文的过程化、标准化和规范化的管理。继续推进教研信息化的应用和开发，完善学科网站群和数字化教研平台，加强精品资源库的建设。加强教育信息化实验学校的建设，实施学校信息化应用的绩效管理，鼓励有条件的学校建设一批网上课程，使专题教育网络化，形成各年段梯度式的专题教育框架。继续完善教育信息网服务管理体系建设，保障教育城域网的安全和高效，确保信息化项目建设的有序和规范。

【区纪委充分运用信息化手段推进反腐倡廉工作创新】
2009年，徐汇区纪委充分运用信息化手段推进反腐倡廉工作创新。一是稳步推进信息化建设，建立反腐倡廉网络举报和受理机制，加强对网络舆情的研判处置，拓宽群众参与反腐倡廉工作的渠道。二是制定区重大资金监管使用制度，规范重大资金的立项申报、审批、拨付、使用和监管程序，保证资金安全，提高资金使用效益。三是继续加强政府采购信息管理平台建设，不断规范和推进政府采购工作。四是大力推进电子政务建设，丰富政务公开内容，促进权力公开透明运行；推进基层党组织党务公开，保障党员民主权利。五是推进电子监察系统二期建设，深化监察功能，拓展监察范围。加强与企业服务网上协同办事系统、建设项目网上审批系统等“三网”平台的互接，建立电子监察与各业务系统之间的数据交换平台，规范和推进网上办事工作。

【区司法局开展“迎世博”法律服务行业网站评比活动】
2009年10～12月，为迎接世博会的召开，提升网上办事效率和服务水平，更好地展示徐汇区法律服务行业的精神风貌，从而为加快建设现代化国际大都市一流中心城区提供优质高效的法律保障和法律服务，徐汇区司法局党委在全区司法行政系统内开展法律服务行业网站评比活动。开展这项活动，不仅是便民之策，更是一项全区法律服务行业参与世博、奉献世博的举措；不仅有利于推动徐汇区法律服务业信息化、正规化建设，也更能凸显政府服务和推介的职能。此次网站评比活动自10月25日开始，至12月20日结束。评比采取单位自荐和组织推荐相结合的方式，最后由专家评比组审定。专家评比组由区人大代表、区政协委员，市司法局纪委监察室、区委宣传部和区纠风办领导以及有关专家共同组成。从版面设计、网站技术、信息公开、网站功能、公众参与五个方面评比出一等奖1名，二等奖2名，三等奖3名，优秀奖10名。评比结果在徐汇区司法行政网公布，并对先进单位进行表彰。同时，制作网页合集，向有关单位推介。

【区政府门户网站获2009年度中国政府网站奖项】
2009年度中国优秀政府网站推荐绩效评估及中国互联网最具影响力政府网站评估结果在北京正式发布，“上海徐汇”政府门户网站分别获得“2009年度中国政府网站领先奖”与“2009年度中国政府网站信息公开领先奖”两项大奖。

【区政府门户网站获“综合优秀政府网站奖”】 “中国上海”政府门户网站发布2009年上海市政府部门测评结果，“上海徐汇”政府门户网站获区县“综合优秀政府网站奖”。

【区建设项目网上审批系统开通】 2009年12月底，“徐汇区建设项目网上审批系统”开通试运行，该系统网上审批业务涵盖土地储备（审批制）、招拍挂出让（核准和备案制）、协议出让（核准和备案制）、划拨项目（审批制）、自有土地项目（审批制）、自有土地项目（核准制）、协议出让、划拨项目（核准制）等，共涉及9个审批部门19个科室64项事务。该系统具有面向公众的网上办事功能，企业可通过徐汇门户网上虚拟的“办事大厅”，进行网上咨询、网上申报、查看办事指南、表格下载等，政府则通过互联网为企业提供网上远程服务，以方便企业办事。

该系统还具有面向内部的协同审批功能，网上审批业务平台运行于政务内网上，为审批部门人员提供处理审批业务的工作平台，实现审批业务的信息共享、协作交互、管理监控等功能。如：主办部门进行综合受理并抄告项目信息，协办部门并联审批处理，由于主协办部门信息共享，既减少了重复录入信息的工作量，又缩短了部门之间递交材料的时间。又如：相关部门可以通过流程图直观地看到审批流程，从而对项目审批过程进行全程跟踪；一旦接受新的审批业务，还能通过公务员门户系统及时向办理人员发送短消息提醒。

（徐汇区府办）

二、社会领域信息化

【"上海徐汇"政府门户网举办徐汇区迎世博征文、摄影大赛】 2009年3月，为营造人人"了解世博，参与世博，奉献世博"的浓厚宣传氛围，徐汇区迎世博600天行动社会动员指挥部、区网络宣传联席会议办公室和上海徐汇政府门户网站启动"美好的城市，可爱的人——徐汇区迎世博征文、摄影网络征集大赛"活动。

【全国数字化学习社区建设交流研讨会召开】 2009年4月25～26日，由中国成人教育协会社区教育专业委员会、徐汇区推进学习型社会建设指导委员会主办，徐汇区社区教育委员会办公室、徐汇区社区学院承办的"全国数字化学习社区建设交流研讨会"召开。来自上海、天津、江西、江苏、浙江等地的200余名与会人员就推进数字化学习社区建设进行了交流研讨。徐汇区教育局就"以教育现代化为目标，建设数字化学习社区"等主要内容，从"政府主导实施、实事项目推进，着力基础建设、加强体系保障，突出工作重点、完善网上平台，推进网上互动、提高学习效益"等方面作主题发言。徐汇区在创建成为全国社区教育示范区的基础上，提出以社区教育的信息化项目为抓手、以"市民终身学习卡"为项目，建设数字化的学习社区。借此次全国数字化学习社区建设交流研讨会契机，徐汇区认真学习各兄弟单位的先进经验，进一步拓展思路，加大推进社区教育信息化工作的力度，努力建设一流的数字化学习城区。

【社区卫生服务信息系统信息化专员岗位培训】 2009年5～8月，为提高全区社区卫生服务中心信息化水平，保障区信息化工作稳步推进，徐汇区卫生局组织了各社区中心信息化专员岗位培训。共培训学员30人，各中心条线旁听人员有10余人。8月11日在培训中心举行统一考试，各位学员均通过，其中9人成绩优秀，其余为合格。卫生局医防科为考试合格信息专员颁发岗位合格证书。

【区卫生局举办居民电子健康档案培训】 2009年9月，徐汇区卫生局信息管理中心邀请卫生信息化专家冯东雷博士举办培训讲座，针对卫生部《基于健康档案的区域卫生信息平台建设指南》进行文件解读，区属医疗机构及站所的18名信息管理人员参加了培训。冯东雷博士详细介绍了中外各国对健康档案建设的不同定义与看法，强调了我国电子健康档案的特点，以及健康档案工程对于区域卫生信息平台及我国医疗卫生改革的重大意义，根据卫生部《建设指南》的主要内容，从信息化工作的角度，分别从分析业务体系、信息架构、系统架构、技术架构、应用模式等方面介绍了文件内容。参会人员都是医疗机构中的信息化工作人员，通过讲座，大家对居民电子健康档案意义有了更深的认识，有利于2009年区政府实事项目"启动居民健康信息交互共享系统"在医疗机构中更好的应用。

【区网上警务室全面开通】 2009年10月起，市民只要链接上海市公安局徐汇分局网上警务室或直接从徐汇公安网站登录，就可以和警方人员实现对话，并办理一些相关的事务，这是徐汇公安分局开通的"网上警务室"所提供的便利，突破了社区警务受时空限制的约束，拓宽了警民沟通渠道，提升了公安部门社会管理的水平。在互联网日益普及、社会信息化进程不断加快的新形势下，公安机关在公共关系建设和打击新型犯罪方面遇到新挑战，"网上警务室"正是与传统公安工作相互对接、互为补充的虚拟警务活动模式。初期，"网上警务室"开设警务室简介、信息发布、警民互动三大板块。斜土街道派出所是先行试点单位，经过近两个月的试运行，取得良好效果。

【漕河泾街道召开社区"网上学习圈"建设研讨会】 2009年10月，漕河泾社区召开"网上学习圈"建设研讨会。社区教育信息化在漕河泾社区开展已有两年多时间，特别在"网上学习"活动和"网上学习圈"建设上取得了较好的效果。漕河泾街道第四届"学习节"把"社区教育'网上学习圈'建设的实验"的科研活动作为重要项目，29个居委会的文教干部参加活动，有4个居委会在会上交流"网上学习圈”建设的实践论文，15 个居委会的科研文章作书面交流。

【长桥社区大力推进社区信息化工作】 2009 年，长桥社区大力推进社区信息化工作。一是加强居委会信息化硬件建设，更新增设硬件设施，改造升级居委会网络，畅通街道、居委会、社区事务受理服务中心间的信息沟通渠道，提高工作效率。二是完善网络基础功能建设，改版扩建原有社区网站，突出“温暖、宜居、平安、快乐”的主题，改进社区事务受理服务中心、迎世博专栏、社区论坛等子项目，加强社区居民的参与和互动，提供丰富的便民信息。三是建设街道内部信息管理平台，优化邮件和在线交流系统，加强科室间实时沟通，提高工作效率。

【从“学习卡”到“数字化”】 2009 年，徐汇区在创建成为全国社区教育示范区的基础上，提出以信息化项目为抓手，推行“政府主导实施，实事项目推进”的模式，形成以“徐汇社区教育网”为平台、以“徐汇市民终身学习卡系统”为标志的格局。围绕“徐汇市民终身学习卡系统”的开发，实施“1243”工程，即建好徐汇社区教育网，用好实体卡和虚拟卡，形成 4 个数据库，按定点尝试、局部推进、全面推广三阶段有序推进。共提供网上课程 322 门，课件 527 个，37 个省市电子期刊 371 份，实名注册近 40 万人，初步形成“人人皆学、时时能学、处处可学”的学习格局，促进了数字化学习社区的建设。

【区司法局依托信息化平台提高大调解工作效率】 2009 年，为进一步加强基层调解工作信息化建设，提高基层调解工作规范化水平，加快大调解工作格局建设进程，徐汇区司法局在龙华街道试点开展了“大调解”信息化平台系统的运行。大调解信息化平台实现“三化”，助力大调解工作格局的构建。

有助于实现调解流程的规范化。大调解信息化平台是一个以司法信访综合服务窗口或司法所为中心的综合调解业务系统。无论是群众通过各种形式进行申请，还是街道对于矛盾纠纷排摸之后的介入以及领导交办的疑难事项，都由司法信访综合服务窗口或司法所作为信息中心，按照“统一受理、归口管理、分级处理”的原则，通过信息平台进行登记后分流至相关的调解委员会、调解工作站或职能部门进行调处。对于调解成功的矛盾纠纷，制作人民调解协议书或其他书面协议，并通过信息平台进行办结；调解不成的，同样通过信息平台进行办结，部分矛盾纠纷由司法所对其进行疏导或稳控，有必要的，转入区法院启动法律程序进行托底保障。

有助于实现调解工作的精细化。采用信息化手段后，调解平台能够实现零在途时间，接待、登记、拟办、交办、承办、办结、回复、归档等通过网络即时生成和流转，方便快捷又安全保密。同时，基层调解工作的信息化平台能够增加调解工作的透明度，严格的电子流程避免了人工操作的随意性，记录的自动生成则客观地再现了整个调解案件的办理过程。对于强化各级人民调解组织上下联动、信息畅通，更加高效、有序地开展各项调解工作开辟了一条全新途径。由于实现了各部门之间的信息沟通，信息系统还可以很好地解决向多个部门反映同一问题或是同一问题重复要求调解等问题，从而降低政府行政资源的耗费，既可缓解调解工作的压力，也可满足群众日益增长的对于人民调解的需求。

有助于介入矛盾纠纷、维护社会稳定和谐的提前化。利用信息网络及时捕捉矛盾纠纷信息，是抓早、抓小、抓苗头，将矛盾纠纷解决在萌芽状态的重要基础。通过调解信息平台实现信息的畅通，使相关部门及时掌握情况，矛盾纠纷有关的任何组织可以在任何时间、任何地点，更方便快捷地获取传递、处理信息，有针对性地及时掌握矛盾纠纷动态、制定矛盾纠纷预案和指导矛盾纠纷处理，将矛盾纠纷消灭在萌芽状态。

（徐汇区府办）

三、经济领域信息化

【徐家汇筹建“智慧商圈”】 2009 年 11 月，上海市徐家汇商城集团和中国电信上海公司正式签署《依托信息技术，建设智慧商圈战略合作框架协议》，双方遵循“资源共享、客源互流、优势互补、发展互惠”的原则，共同努力为商城集团旗下开发、管理的商厦、酒店和商务楼宇实现统一的基础通信服务、增值信息服务及基于行业应用的商务信息化服务，成功打造“智慧商圈”。顾客可以在上海的徐家汇商场内，实现天翼手机移动支付，通过短信平台即时了解商场促销等信息，并通过3D的网上商城，体验沉浸式网络购物、逛商场的乐趣。

（徐汇区府办）

四、城市建设管理领域信息化

【徐汇区建设交通委完善措施强化世博期间工地管理】 2009年12月，徐汇区建设交通委加大信息化管理力度，启动区域工地管理系统，依托区政府电子政务网络信息平台，对区域内工地实行“属地化、全覆盖”管理，提高工作时效性、协调性和针对性。

【扬尘控制全天候实时视频监控系统】 2009年，徐汇区启动建设扬尘控制全天候实时视频监控系统建设，对重点路段渣土车、混凝土搅拌车、砂石料运输车的车容车貌以及超载、跑冒滴漏等违法违规行为进行实时监控；对各类建设工地扬尘控制工作、门前保洁工作、渣土清运工作进行实时监控和抽查巡查；对降尘监测点周边道路环境情况进行监控；对重点路段各类运输车车流量、来源、车队等信息情况进行监控、排摸；对渣土码头、砂石料码头、混凝土搅拌站车辆情况及控尘保洁工作进行监控、排摸；为扬尘控制、渣土运输相关执法部门提供执法线索和证据。

【利用信息化手段加强城市管理】 2009年，徐汇区城管部门与中国电信合作，依托中国电信无线覆盖网络，建立视频监控系统，对涉及城管执法的重点区域进行实时监控。通过图像监控系统，结合远程监控管理员和现场保安人员的通力合作，力求对小商小贩的非法、违规经营等进行长期有效管理。

（徐汇区府办）

五、信息产业发展

【全面启动高新技术产业化推进工作】 2009年，为贯彻市委、市府加快推进高新技术产业化的战略部署，加快落实区高新技术产业化推进工作，制定发布了《徐汇区关于加快推进高新技术产业化的实施意见（2009—2012）》，以及“3+X”产业的推进计划和配套政策等6个文件，提出徐汇区推进高新技术产业化工作的主要原则、目标任务、重点领域、具体措施及配套政策，形成未来三年区推进高新技术产业化的政策框架。召开了区高新技术产业化推进大会，成立了专家顾问团和咨询委员会，与市经济信息化委、漕河泾开发区签署了合作推进协议。申报成立了首批两个市高新技术产业基地和首批22个重大项目，并按照政策启动了对首批市级高新技术重大项目的区级配套工作。

【完善企业信息服务平台，搭建企业技术服务平台】 2009年，根据2008年制定的《徐汇区信息服务业三年行动计划（2008—2010年）》，依托徐汇软件基地，完善了徐汇区信息服务业服务平台，开始为区内信息服务业企业提供信息服务。依托L777多媒体产业园，建设徐汇区信息服务业技术服务平台。

【继续开展软件和信息服务业统计工作】 2009年，召开徐汇区信息服务业统计工作会议，完成各季度统计工作，并按照市经济信息化委的工作要求，开展软件服务业月度信息沟通工作。按照高新技术产业化推进工作的要求，将产业统计范围拓展到整个信息产业，并与区统计局、漕河泾开发区、区税务局等建立相互沟通统计数据的机制。2009年，区信息服务业实现营业收入154亿元，比上年增长5.56%。

【资助十二个区信息化发展资金项目】 2009年，徐汇区信息委围绕区信息服务业的发展状况，充分发挥产业资金的引导作用，进一步扩大政策扶持的力度。根据产业发展要求，调整了信息化发展资金评审流程和项目指南，完成了2009年信息化发展资助项目的受理、评估、评审和公示等流程，共受理项目43个，资助项目12个，资助金额共计200万元。

（徐汇区科委）

六、信息基础设施建设

【推进"无线城市"项目】 2009年，徐汇区基本实现"无线城市"的既定目标，在全区完成3G信号全覆盖，同时推进重点区域的无线宽带网络覆盖工作。截至2009年12月，共计完成电信118个场点、移动129个WLAN场点和151个TD-SCDMA场点的覆盖工程，为视频监控、移动办公、电子商务等无线应用提供了基础保障。

（徐汇区科委）

【政务网络接入互联网络信息安全监测工作完成】 2009年9月，按照市有关部门统一要求，徐汇区按时完成检测设备安装测试工作，并转入正常运行。上海市计算机病毒防范服务中心对徐汇区政务网进行网络与信息安全事件（如病毒传播、黑客攻击、DDos攻击等影响网络正常运转事件）监测，并向徐汇区政务网维护管理部门提供以下预警服务：每周监测情况通报、突发网络与信息安全事件情况通报、定期和不定期的网络与信息安全预警信息。

（徐汇区府办）

【参加政府互联网络统一接入试点工作】 2009年10月，根据市经济信息化委工作安排，徐汇区参加政府互联网统一接入试点工作，徐汇区上联到中国电信的20兆互联网接入线路调整至市政府互联网接入专网，带宽扩容为40兆。12月，根据徐汇区政府与中国电信上海公司信息化战略合作协议精神，徐汇区电子政务网络互联网接入接口再次扩容100兆。新增带宽的40%为区政府网站群和政府网上办事在线服务平台提供互联网服务专用，显著提升了政府信息化服务平台的效能。

（徐汇区府办）

七、信息化环境建设

【制定相关管理规定，加强政务网络使用管理】 2009年8月，为保障电子政务网络安全可靠和高效运行，徐汇区政府办公室制定发布《徐汇区政府机关办公电脑及网络使用管理规定》和《徐汇区公务电子邮箱使用管理规定》，对区政务网络使用者提出各项具体要求，各项管理办法制定补充到位后，配合必要技术升级措施，徐汇区政务网络的运行效率得到明显提升。

【《徐汇区网络与信息安全事件专项应急预案》制定和备案】 2009年9月，制定完成《徐汇区网络与信息安全事件专项应急预案》，并向上海市网络与信息安全协调小组办公室备案。应急预案含总则、组织体系、预防预警、应急处置、后期处置、应急保障、监督管理等主要章节。附：徐汇区网络与信息安全应急协调领导小组组成和徐汇区政府门户网站应急技术措施预案、主防火墙应急预案和政务外网防火墙应急预案等14项专门系统紧急处置方案。

【"国家反计算机入侵和防病毒中心信息网络安全实训基地"签约揭牌】 2009年9月27日，徐汇区业余大学（社区学院）与国家公安部第三研究所联合成立的"国家反计算机入侵和防病毒中心信息网络安全实训基地"签约及揭牌仪式在贝加莱自动化实验培训中心举行。国家反计算机入侵和防病毒研究中心副主任王啸中代表公安部第三研究所对"实训基地"在徐汇业大落成及后续的合作表示祝贺。公安部三所是国家反计算机入侵和防病毒研究中心，徐汇业大有较好的师资和培训经验，该实训基地的成立能为徐汇区、为上海市的信息安全事业作出更多贡献。

【区政府与中国电信上海公司签订新一轮信息化战略合作协议】 2009年11月，徐汇区政府与中国电信上海公司签订新一轮信息化战略合作协议，并举行区“十二五”信息化规划咨询会。区政府曾于2001年、2006年分别与中国电信上海分公司签订战略合作协议，在推进城区信息化基础网络建设、无线宽带区域网建设等领域取得积极成效。根据新一轮信息化战略合作协议，双方将以“政府推动、市场引导、企业运作、资源整合”为原则，着重在信息化带动产业发展、“无线城市”建设、民生保障信息服务、社会事业及社区信息化、政务信息系统建设等五方面开展合作。副区长过剑飞与中国电信上海公司副总经理吴冬立签署协议。区长陈寅在致辞中强调区政府将进一步强化信息化发展理念，加强与中国电信上海公司的合作和联动，全力推进实施合作协议内容，加快区域信息化基础设施建设和应用，将信息化技术广泛运用于城区建设、社会管理和社会服务中。

【上海徐汇政府门户网站和徐汇区政府公务员门户平台双双通过三级等保测评】 2009年，经市信息安全测评认证服务中心历时两个多月的严格检测和审查确认，徐汇区政府门户网站和公务员门户平台两大重要信息系统，均达到计算机信息系统三级安全保护等级要求。

（徐汇区府办）

八、社会诚信体系建设

【政府部门使用信用产品】 2009年，徐汇区7个委办局在履行经济调节、市场监管、社会管理和公共服务等职能中，带头使用信用产品。涉及各部门项目总数达16个，政府补贴的信用报告总数达299份，政府补贴的信用报告总数达299份，总共使用数量近400余份。

【企业信用管理制度建设专项扶持资金】 2009年，徐汇区企业信用管理制度建设专项扶持资金共计受理37个项目申请，最终有13家单位通过专家评审和部门联审，获得5～8万的项目资助。获扶持的单位总数较上年增加18%。

【信用岗位培训】 2009年，徐汇区依托社会力量办学，拓宽信用岗位培训面，增强企业对信用管理的认识。完成信用岗位培训课时达40小时/人、人数达1 492人次。

（徐汇区科委）

第三章 长宁区信息化建设

概 述

2009年，长宁区委、区政府高度重视科技工作，充分发挥“数字长宁”先发效应和品牌效应，不断增强区域科技创新能力和综合竞争力，加快推进信息技术向经济社会全面渗透，引领区域主导功能提升。以国信办电子政务综合试点为契机，做深、做实四个领域综合信息平台。率先召开“长宁区深化行政审批制度改革暨推进电子政务应用大会”，研究制定“4＋2”信息系统管理办法、电子政务考核办法等一批文件，进一步深化区行政审批制度改革，优化政府工作流程，全面推进电子政务应用，长宁区被确定为全市行政审批改革企业设立并联审批的试点区，已建成企业设立并联审批平台并投入使用，同时完成与市级审批平台的对接。落实国家和市政府信息安全工作部署，保障国庆60周年和2010年上海世博会相关信息安全和应急防范工作，制定应急预案并做好应急预案演练工作。参与长宁区党建网建设，明确党建网的主要功能是数据共享及服务、管理，设计项目初步方案，推进“大党建、大联动”发展。集成政策，网上开通“科技政策早知道”栏目，解决企业“政策知晓难”的问题。深化市区联动平台，推广高性能宽带信息网的应用。组织36家企业43个项目申报“2010年上海市软件和集成电路专项资金项目”，18家企业通过市经济信息化委答辩。

一、政务领域信息化

【开展市级网上行政审批改革试点】 总结2008年度网上办事系统从11月1日开始试运行以来的情况，确定2009年工作重点和基本要求；重点走访司法局、食药监局和财政局，并对25个行政审批部门再次发放细化调研表，更进一步从专网情况、市局系统建设情况、部门需求等各方面进行详细梳理，制定系统下一步完善的方案；召开系统正式运行的启动会，同时建立季报制度；对网上办事系统策划宣传；与审改办共同对部分部门进行检查。

【加强信息化项目管理】 2009年，按照财政协同理财的要求，进一步加强信息化项目管理。在2008年项目管理系统完成预算申报和历史排摸功能的基础上，完善信息化项目管理系统，实现历史排摸、预算申报和项目监管三大功能；制定2009年项目管理的总体推进计划，从历史排摸、重大项目可研、预算申报、过程管理、绩效评估和信息系统支撑等各方面，全面推进信息化项目管理工作；与区财政局进行沟通研讨，在预算信息共享和政府采购环节管理等方面进行研究并基本达成共识；联合区财政局、发展改革委对全区所有申报部门进行项目申报培训，同时，对全区2009年信息化项目申报重点部门进行走访调研，了解各部门信息化项目推进、资金使用以及信息化专业人员配备等情况，在培训中明确申报范围和审批原则；确定2010年全区信息化项目财政资金为48 697 944元，比2009年减少近一半，自筹资金9 606 920元。联合区财政局开展对区教育局2007年、2008年信息化项目的绩效评价工作，制定并完善教育信息化项目绩效评价工作指标体系，完成绩效评价工作。

【维护管理机关网络和电子政务平台】 2009年，长宁区机关电子政务网不断地完善、扩充延伸，涉及市公务网、市公务外网、工商、质监、防汛、劳动、财政、房地、卫生等专业网，区科委(信息委)运用科学的技术手段，重视强化制度管理，保障网络正常运行，管理交换机 100 余台，光纤链路 500 余芯公里，集中管理的各类应用服务器 80 余台，维护机关大厦网络 1 500 余个接口；机关电子政务平台注册用户已超 4 000 人，使用量大、实时性要求高，系统的后台运维管理工作，具体包括：承载设备管理、用户管理、系统监控、系统运维外包管理。

【行政审批网上办事工作推进会暨网上办事统计填报培训会】 2009 年，长宁区审改办与信息委联合召开区行政审批网上办事工作推进会暨网上办事统计填报培训会，各相关部门负责网上办事的分管领导和网络管理员出席会议。会议明确要求全区 25 个行政审批部门、223 项审批项目中除公安分局 32 项市明确单列外，其余部门的审批项目，必须于 2009 年 4 月 1 日前全部在网上运行。会议要求：一、各部门要统一认识。行政审批网上办事工作是区政府打造“四个政府”和加强政府自身建设的需要，是贯彻区委“四个走在前列”目标、推进长宁区信息化工作走在全市前列的需要。二、各部门要突破难点。由于市条口网数据尚不能与区共享，各单位要跨前一步，主动与市各条口联系，争取支持，解决市和区网络接口及数据共享问题。三、各部门要狠抓落实。各单位要把行政审批网上办事工作纳入工作议事日程，明确专人负责网上审批工作。同时还要注重科学规范的操作，使行政审批工作保证质量。区行政审批网上办事领导小组将对网上审批全过程加强电子监察，定时检查通报，并负责牵头与区委宣传部、监察局、审改办、信息委组成检查考核组，深入各部门调研、检查、考核，并将各部门行政审批网上办事的情况列入区政府年度考核内容。

【深化行政审批制度改革，推进电子政务应用】 长宁区一直重视开展行政审批制度改革工作，大力推进信息化建设。2009 年 12 月 11 日，召开深化行政审批制度改革暨推进电子政务应用大会。从 2001 年至 2009 年，共进行了 6 批取消和调整的改革，共取消和调整项目 908 项，行政审批事项从 2001 年的 1 113 项减少到 2009 年的 205 项。比如，经营性房地产项目审批环节从以前的 69 个减少到 5 个，审批盖章从原来的 157 个减少到 17 个，审批时限从原来的近一年降为 70 个工作日。2009 年 4 月 1 日长宁区网上办事大厅正式上线运行，通过上海市长宁区门户网站进入网上办事大厅，25 个行政部门的 223 项行政许可事项都可进行在线办理，实现了网上行政审批事项的全覆盖、全公开和全透明。

【行政审批改革】 一是走访调研、达成共识。长宁区科委(信息委)分别走访了全区拥有行政审批权的 25 个部门，与各部门共同探讨行政审批改革，聚焦重点，解决突出问题，确保了长宁区网上办事大厅正式上线运行，2009 年 4 月 1 日起，全区拥有行政审批权的 25 个部门全面开通网上服务，涉及事项 223 项，覆盖了一般居民和企业可能需要的全部行政许可和审批事项。二是综合联动、共同推进。区审改办、区委宣传部、区监察委、区信息委联合制定《关于推进网上办事工作指导意见》，要求实施完善三级审批制度，即办事员办理、科室负责人审核、局领导审批。同时，明确每一级审批的时限，发现未按时办理的项目，短信平台将以手机短信的形式通知主管领导和监察委。三是优化功能、提升效能。立足建设服务型政府、提高行政效能，区科委(信息委)按照“一口受理、一网办理、限时反馈”的原则，开通 11 个方面的功能，包括：办事指南、办理机构、办理流程、在线申报、状态查询、结果反馈、表格下载、网上咨询、监督投诉、政策法规和便民问答。企业和居民可以通过互联网登录长宁门户网站，进入办事大厅系统，查询有关申请审批项目的办事指南、办理机构和办理流程，然后下载相关表格并进行在线申报。有关部门通过网络受理申请之后，将通过短信平台向申请人发出确认受理的短信，并告知办理时限。申请人还可通过手机短信和网络即时查询办理进度和办理结果，并通过网络咨询、网络投诉实现对政府行政效能的全程监督。四是科学流程、提高效率。区科委(信息委)以“精简流程内容，优化流程路线，提高流程效能，加强流程监管，确保流程通畅”为原则进行流程再造，使审批过程从原来的 69 个环节、157 个公章、355 个工作日，缩减为 5 个阶段 17 个环节、17 个公章、70 个工作日。五是重塑理念、实现突破。区科委(信息委)配合审改办下一阶段在网上推出“企业开立审批模块”，在企业签署承诺书的前提下，实行“审批前置”，释放企业活力，树立“宽进严管”的行政理念，尽快在企业的宽进严管上实现突破。

二、社会领域信息化

【健全实有人口综合服务与管理信息系统】 2009年，长宁区信息委与区信访办共同完成区实有人口数据库及社会救助应用模块与区信访系统的对接办法和数据共享方案；与区民政局共同召开社会救助应用模块在程桥街道、新泾镇的试点推进会，明确试点方案；了解市民政一门式系统应用情况；初步完成区实有人口库、社会救助模块与市民政一门式系统的对接方案，并与市民政局商讨后基本达成共识；与人口办共同制定PDA采集方案。

【社会保障卡应用增添新功能】 2009年，长宁区信息委、区文化局拓展社会保障卡应用功能，使其应用范围从社会保障和医疗支付领域逐步拓展到社会其他领域，充分发挥社保卡一卡多用、便民利民的作用，市民只要将社保卡、学籍卡与长宁图书馆的读者证进行绑定，读者可以在一次注册后，凭社保卡就可以随时进行图书自助借还。读者首先可在书目检索区内，对馆藏信息进行动态查询，其智能化查询系统，将为读者提供图书的图形和文字架位信息，引导读者快速地找到所需图书，并利用RFID图书自助借还设备，持注册绑定的社保卡（学籍卡）或读者证便捷地完成借还手续。长宁图书馆还为读者提供24小时全天候的室外还书设备，读者可以随时还书、随时办理续借手续，轻松地享用图书馆提供的一门式、人性化服务。

【依托市民信箱发布医疗检验信息便民服务】 2009年，长宁区科委（信息委）协同区卫生局依托现有平台整合区域内卫生系统，坚持集约化建设，不断拓宽市民信箱功能，在市民信箱电子邮件系统平台开通上海市首家市民信箱发布医疗检验信息便民服务。该项目是深入学习实践科学发展观活动的整改落实项目，是在“区域医疗信息平台”中卫生数据的挖掘和利用的新探索。“市民信箱医疗查询系统”自2009年6月开通试运行后，已为注册市民信箱并已申请该项目服务的近千人次居民提供服务。7月31日，区属医疗机构对开通市民信箱，发布医疗检验信息便民服务工作进行了推广应用的培训，并在区属16家医院全面实施，全面实现以邮件或短信方式将“区域医疗信息平台”中医疗机构的各类检验信息发送至订阅市民手中。“个人医疗记录与电子健康档案”系统相当于一份电子病历，只要是市民信箱的实名制用户，就可以免费申请和接收“个人医疗记录与电子健康档案”邮件发送服务。信息发送和查询主要依据用户就诊时使用的“社保卡”或“医保卡”卡号，由相关医疗机构进行验证和比对。每位市民只可申请本人的医疗服务信息，也只能查询到本人的医疗记录，个人隐私信息得到切实保护。为方便市民办理市民信箱免费申请服务，在区属各医疗机构导医服务台和区各街镇社区服务中心市民信箱受理点均可申请办理。

三、经济领域信息化

【推进区综合经济管理信息系统】 2009年，长宁区基本完成经济发展方面的系统建设，并完成与公务员门户和地理信息系统两大平台的对接；制定经济发展功能的试运行方案；组织经济发展功能的验收；走访发展改革委和招商局，对经济发展功能进行职责切分；制定系统管理办法，明确各方职责。

【“易付捷”进社区应用展示会】 2009年1月5日，长宁区信息委召开2008年长宁区“易付捷”进社区应用展示会。2008年区信息委与区内企业银联电子支付服务公司合作，在区内街镇事务受理中心、小区活动室和世贸商城、龙之梦购物中心等居民区、商务楼宇、商场等36处试点布放多媒体自助终端——“易付捷”，该终端是“数字惠民”的创新形式，主要为居民提供便捷的水、电、煤、电话等账单缴费、银行卡转账及还款、手机充值、航空电子客票购买、保险购买和缴费、刷卡爱心募捐等功能，由于操作便捷，2008 年 36 处“易付捷”终端共计完成数万笔交易，其中水、电、煤账单支付交易额占总金额的四成以上。

【电子商务企业座谈会】 2009 年，长宁区发展改革委、商务委、科委联合组织区内有影响力的电子商务企业召开专题座谈会，围绕电子商务的发展进行交流。与会企业家从不同角度对区电子商务的发展提出了一些很好的建议：一是加大基础设施建设。通过与中国电信、东方有线、中国联通等国内重要基础设施供应商紧密合作，为电子商务企业提供高品质、高标准的信息化服务。二是拓展宣传展示渠道。推广重点电子商务企业，营造良好的电子商务氛围。三是加大人力资源服务。多渠道培养适应电子商务发展的各类高级专业人才和复合型人才，构建人才信息服务平台。四是加强政策法规配套服务。搭建电子商务政策资讯交流平台。五是拓展电子商务企业融资服务。培育以电子商务支付为主要业务的第三方服务机构，为个人、企业的电子商务活动提供安全可靠的电子支付服务。六是优化电子商务物流服务体系。运用电子商务手段促进物流外包，实现社会化、专业化的配套物流服务。七是推动电子商务公共服务平台建设。为企业和消费者提供政策发布、信息资讯、电子支付、信用服务、人才服务、商业论坛等各类公共第三方专业化服务。

四、城市建设管理领域信息化

【完善城区综合建设与管理信息系统】 2009 年，长宁区完成城建系统标准规范的制定；根据标准规范对原有数据进行梳理，对资源目录系统进行相应的调整，制定《长宁区基础地理信息系统数据标准规范》，并按照规范要求，对 300 多个图层进行了梳理整合；制定推广计划、培训计划和管理制度；集中进行了基础平台和并联审批系统的测试、稳定和优化工作；完成制定基础平台接口开放标准；土地储备功能模块开发完成；完成了综合报表的开发；实现实有人口系统和综合经济系统对基础地图的调用，同时加强系统应用的监督考核机制，并联审批投入应用，各部门更新数据，并与网上审批大厅联通。全区共计录入并联审批项目 16 个，审核意见 253 条，答复外网问题 3 个。

【完成建设项目并联审批“土地招、拍、挂审批流程项目”】 建设项目的并联审批是长宁区空间地理信息系统的重要应用功能，该功能模块涉及建设项目并联审批的所有环节，实现外网受理、内网并联审批、外网告知结果的审批流程，包括土地取得、规划方案、初步方案、施工许可、施工建设和竣工验收等阶段，土地招、拍、挂是土地取得阶段中一个重要审批流程。新泾镇 205 街坊动迁基地项目成为系统建成后首个完成土地招、拍、挂审批流程的项目，在系统中归置了详细信息，包含土地出让方、出让方法人、受让方、出让地块位置、地块面积、出让用途、出让年限、土地使用金、出让金额、合同签定时间等多项重要内容。除完成土地招、拍、挂审批流程审核之外，205 街坊动迁基地项目的规划方案会审、建委规划方案会审、建设用地批准书等审核意见也由业务部门录入系统。其中规划方案会审和建委初步设计方案会审，不仅要由规土局和建设交通委进行主审，同时还拥有环保局、民防办和绿化市容局等多家单位的协审意见，体现各委办局协同作业、联动配合的工作局面。

【建设远程监控系统，为防汛防台工作安装“电子眼”】 2009 年，长宁区充分发挥“数字长宁”优势，开发建设“泵闸站远程自动化监控系统”，为防汛防台工作安装“电子眼”。该系统包括 1 个中心系统和 1 个泵闸站系统，中心站建在新泾港泵站，通过光缆及超短波等，对各泵闸站及水雨情站进行监测监控，并将各站采集的实时闸内外水位、闸门开度、水泵运行状态、雨量、流量等信息传送到中心。系统建成后，通过光缆连接到区政务网，有关单位只需输入 IP 地址便可直观地察看到所有水位、雨量、泵闸运行情况及视频录像等信息。河道所等部门还可远程控制部分泵闸的运行，及时准确地做出防汛除涝的判断与决策，既节省时间，又提高了调度的科学性、准确性、实效性。

五、信息产业信息化

【长宁区被认定并命名为上海市高新技术产业化(软件和信息化)产业基地】 根据市里统一部署,到2012年全市将建成十个软件和信息产业化基地。2009年10月,长宁区、徐汇区、杨浦区、宝山区、青浦区获首批命名。长宁区委、区政府高度重视,把创建基地申报工作作为深入贯彻落实市委、市政府召开的推进科技创新加快高新技术产业化工作会议精神和市政府《关于进一步推进科技创新加快高新技术产业化的若干意见》总体部署的重要举措,根据区情,积极与全市九大重点领域产业调整和振兴计划对接,明确长宁区的重点领域是IT总部、IT供应链、软件、电子商务、数字内容及其他由龙头企业为引领的高新技术产业;集中在虹桥临空经济园和上海多媒体产业园发展软件和信息服务业,并制定相关产业发展规划和扶持政策,初步形成重点发展软件和信息服务业的基础条件。此次创建工作亦得到了临空办、多媒体产业园的大力支持。

六、信息基础设施建设

【共同推进"信息大虹桥"建设】 2009年8月31日,长宁区政府与中国电信上海公司签署了共同推进"大虹桥"2009～2012年度信息化合作协议。中国电信上海公司总经理张维华,区长李耀新、副区长杲云在签约仪式上讲话。根据协议,双方将首先在2009～2012年内共同推进十大信息化重点工程,在长宁区的虹桥、临空、中山公园三大经济区域实施"城市光网"计划,实现光缆全覆盖,为入驻企业提供最高100兆的高品质宽带接入服务。同时,配套建设IDC/DC数据中心,向企业提供电信级服务,把长宁经济区域打造成为国际一流的信息化高地。其次,上海电信还将与长宁区政府共同深化提升数字化服务型政府建设,通过有线和无线的"全球眼"应用,打造"平安长宁",同时,大力支持长宁"电子政务"和"公共数据中心"建设;持续推进"党员信息管理系统"的应用和推广。此外,在推进"数字长宁"信息化服务产业的过程中,上海电信将积极推进"无线城市"建设,在临空经济园区实现"EVDO+WLAN"的无线宽带覆盖。同时,对高档楼宇实施"光纤进户",逐步推进光缆进小区,最终实现"千兆进小区,百兆到用户"的目标。

七、信息化环境建设

【启动政务网络整合项目】 推进长宁区电子政务公务员协同办公平台应用,进行OA平台二期完善工作,一期运转有效,二期建设部分功能投入使用。策划与启动"长宁区政务网络整合项目"工作,与区公安分局、教育局解决"校校通"光纤工作进行磋商,发放"网络光纤需求表"全面摸排、汇集信息,制定覆盖全区的网络光纤路由拓扑技术方案。该项工作实施后,仅区教育专网今后每年转项投入可节省200万元,提升了教育专网质量,也为今后长宁区信息化开展铺垫了可靠的基础设施。

【保障政务网络与信息安全】 按照市相关部门迎"世博"和"国庆60周年庆"相关信息安全工作要求,制定区"信息安全事件专项应急预案"和演练方案;评审、实施、上报区涉密网络分级保护方案和工作;启动区重要系统(区政务网络、门户网站)等级保护工作,协助区保密局做好2009年信息安全保密检查工作。

【"科技政策早知道"正式上线】 2009年4月29日,长宁区科委(信息委)为区内科技企业量身打造的"科技政策早知道"栏目正式开通,企业通过上海市长宁区门户网站进入该栏目，便能实时了解科技政策，解决了企业找政策难、读懂难、办事难的困扰。“科技政策早知道”栏目有效地整合网站政策平台，梳理、归纳、提炼现有科技政策条款，设置“重要荣誉”、“税收扶持”、“人才建设”、“资金扶持”、“知识产权扶持”、“其他政策”等关键词导航，提升了政策搜索精度。增设的“新政速递”、“常用政策”、“关键问答”辅助导航，高效的政策搜索引擎，企业能够方便、快捷地获取自己所需的政策。每篇政策全文归纳成“办事依据”、“优惠政策”、“认定条件”、“办理程序”四大内容，增加了政策文件的易读性与易操作性。专门制定出台《长宁区科委“科技政策早知道”网上管理维护办法》和《政策受理科室划分》，每项政策都由科委相关科室跟踪落实和维护，办事企业直接能够对应联系。积极整合资源，对今后可能出台的政策措施，特别是对由其他部门操作的政策，科委先行联系告知具体经办部门，便于政府部门间提供联动服务。

【推广绿色上网，保护未成年人健康成长】 2009 年，由长宁区科委牵头，联合区委宣传部、区公安分局、区文化局、区教育局、区妇联等共同进行推广绿色上网过滤软件。通过科普活动、“家校通”以及报、台、网等形式，广泛宣传推广绿色上网。在门户网站开辟宣传绿色上网专栏，免费提供绿色上网专用软件下载，提高网络用户对其知晓度和使用率。规范学校上网技术措施，在学校互网统一出口安装网络过滤软件，设置一批规范信任的网站供学生浏览。对单机上网用户，通过权限分层设置，根据浏览不同的网站，分别安装软件以过滤不健康信息。结合迎世博 600 天行动工作，抓紧完善网络管理，加大防范技术监控，将重点整治与长效管理结合起来，探索建立绿色上网长效机制。

【运用公安网络资源促成教育网络全覆盖】 2009 年，长宁区由财政投入并建成的具有区域规模的、支撑电子政务发展的计算机光纤资源网络共有四块：机关政务网、教育专网“校校通”、公安专网、卫生专网。由于不同的建设和管理主体，不能有效地整合现有资源，实现资源共享，也存在着重复建设、重复投入的问题，制约了区域政府信息化推进。区科委(信息委)深入调研，查找问题，在与区公安分局协商的基础上，主动上门与区教育局就共享区公安局“世博会配套一期光缆工程建设项目”资源来解决“校校通”光纤网络问题进行磋商。并对全区各部门发“网络光纤需求表”，通过全面摸排和汇集信息后，制定覆盖全区的网络光纤路由拓扑技术方案，由于“集约化”建设，实行信息管道共享和路由集中分配，可节约上千万元财政投入。项目建成后，仅教育“校校通”的使用，还可省除每年营运商网络租赁费近 200 万元，也为教育信息应用拓宽了“高速公路”。与区财政局财务管理系统及区公务员平台连通，使长宁区光纤网络达到区域全覆盖、资源一体化、管理集约化。

【推进有线电视数字化整体转换及下一代广播电视网建设】 上海市正在推进有线电视数字化整体转换工作，其中 50 万户居民将使用以 3T—Net 技术为支撑的下一代广播电视网。长宁区作为首批试点区，15 万户居民将率先获益，届时长宁试点居民家庭将实现 30 兆入户宽带。2009 年 7 月 31 日，中国下一代广播电视网(NGB)启动仪式暨科技部、国家广电总局、上海市下一代广播电视网建设示范合作协议签字仪式在上海举行。长宁在 3TNet 高性能宽带信息网落地古北社区的示范应用上全面推广。东方有线长宁分公司在长宁已经实施了 10 万多有线电视用户的数字化整转工作，完成全区整转工作量的 38.53%，长宁有线电视数字化整转工作走在了全市的前列。以信息技术有力地支持推进上海国际贸易中心虹桥主体功能区的建设与发展。为探索下一代广播电视网的宽带信息综合应用，提升信息化整体应用水平，长宁实施了科技部“数字一体化社区综合信息服务示范工程”。截至 2009 年 10 月 20 日，周桥街道完成有线电视数字化整转任务的 91.22%，新泾镇完成有线电视数字化整转任务的 85.27%，虹桥街道完成有线电视数字化整转任务的 79.15%，其他街道则有一些零星的试验性有线电视数字化整转用户，2009 年长宁已经完成 10 万户有线电视整转，占全区有线电视数字化整转工作量的 38.53%。已确定剩余的 15 万有线电视用户全部采用下一代广播电视网实施整转改造，2010 年长宁区将有 15 万多户居民家庭实现 30 兆高速带宽，届时长宁将成为中国居民用户带宽最宽的地区。这为试验示范网络环境的规模化运用示范探索了新的营运模式，也为 NGB 的产业化奠定了坚实的基础。通过整转工作的实施，长宁区将更加积极参与“电子政务”、公共服务、世博、民生等重点领域信息化建设，立足公益，充分发挥各类资源优势，推动信息化与世博、民生的融合，推动信息化与工业化的融合，推进企业信息化建设，推进下一代广电网络在长宁区政务、商务、生产、生活、教育、文化等各领域的广泛应用，加快构建以信息化与工业化相融合为支撑的现代产业体系，不断提高长宁区的信息化应用水平。

（徐　丹）

第四章 普陀区信息化建设

概 述

2009年，普陀区信息委积极贯彻落实市委、市政府提出的“两个确保”、八个方面的措施，围绕区域发展中心任务，深入学习实践科学发展观，切实发挥信息化的引领和推动作用。以项目为抓手，不断提升两网一站的系统性能，加强项目归口管理，推进重点项目建设，强化电子政务平台和网站的日常运行管理；以应用为先导，不断推进网上办事，提升机关工作效能，加强技能培训和技术服务，重点推进无纸化办公和网上办事，着重落实《迎世博600天行动计划》；以产业为重点，不断提高信息产业对区域的贡献度，夯实信息产业基础，营造良好产业发展环境，积极推进LED公共服务平台和IT企业家联谊会等载体建设，开展信息产业重点项目建设。

一、政务领域信息化

【加强电子政务平台的运行管理工作】 2009年，普陀区电子政务平台得到进一步的应用，截至年底，平台注册用户3 765个，接入电脑3 120台，日均登录平台2 200余人次。无纸化办公使用率明显提升，安排日程79 506次，观看视频26 924次，发布简报5 437期，网上预订会议室10 157次，网上发送会议通知6 444份，网上发布公告1 225条，上传资料4 908份。

【完成区十四届人大第四次会议网上意见处理工作】 2009年，普陀区十四届人大第四次会议召开期间，信息委承办人大议案拟办组人大代表书面意见网上处理工作。通过区电子政务平台的“人大议案”系统，共完成普陀区办理意见88件，市属单位处理意见14件，其中城市建设管理56件，教科文卫12件，劳动人事编制3件，财政经济2件，社会治安2件。

【电子政务平台网络分析与监管产品选型课题通过专家评审】 2009年7月16日，普陀区召开“电子政务平台网络分析与监管产品选型”课题评审会。与会专家听取上海交大信息安全学院刘海涛教授所作的课题报告后，一致认为该课题全面分析普陀区电子政务平台的架构和运行数据，提出对用户进行分级管理、保障核心业务的网络带宽以及对客户端的网络行为实行监管等建议合理可行，达到预期效果。信息委根据研究成果细化实施方案，进一步加强对电子政务平台网络监管的能力。

【“上海普陀”门户网站英文版试运行】 2009年12月1日，“上海普陀”门户网站英文版（http://english.shpt.gov.cn）开通试运行。网站设置普陀新闻、政府信息、投资服务、旅游指南、迎世博窗口、生活服务和便民问答一级栏目7个和二级栏目18个，通过有效展示普陀区对外开放的良好形象，为外籍人士提供优质、周到的信息服务和公共服务。

【区公务网三期建设项目通过专家验收】 2009年12月4日，“普陀区公务网三期建设项目”和“普陀区公务网网站建设项目”进行验收。与会专家听取项目建设情况汇报、项目监理报告和经费使用情况介绍，并审核相关文档后，一致认为“普陀区公务网三期建设项目”实施规范，符合安全保密要求，“普陀区公务网网站建设项目”栏目设置合理、功能齐全，达到预期目标。

【网络与信息安全工作会议】 2009年12月24日，普陀区召开网络与信息安全工作暨应急演练会议。会议明确以“平安世博”为目标，在全区形成信息安全工作体系。会上介绍了《普陀区网络与信息安全事件专项应急预案》，聘请了网络与信息安全咨询专家，并进行了网络与信息安全应急演练。

二、社会领域信息化

【提升社保卡工作服务质量】 2009年，普陀区大力开展文明窗口创建活动，承诺“一个坚持、二个必须、三个心、四个为民、五个公开”的服务，围绕基础管理开展工作竞赛，引导各街道、镇受理点注重基础管理、提升服务质量，保证全年各项任务的完成。全年共办理社保卡、学籍卡、儿童卡35 777张；为70岁以上老年人办理敬老卡7 203张；办理“市民信箱”实名制登记10 233个；区补换卡网点补换社保卡、学籍卡、儿童卡、敬老卡24 595张。普陀区被市人口办、市公安局人口办评为市2009年社保卡居住证工作先进区县，同时区属长征镇和真如镇被评为先进受理网点。

【扩大实有人口管理覆盖面】 2009年，普陀区积极配合公安部门推进“实有人口、实有房屋”(两个实有)全覆盖管理，做好来沪人员居住证和临时居住证申领、续签工作，并启动不愿办理居住证的来沪人员信息采集工作。全区共办理居住证5 910张，临时居住证43 258张，不办证采集1 985人；办理到期续签67 781张，遗失补证1 574张，离沪退证7 789张。

三、信息产业发展

【规范区信息产业统计工作】 2009年1月9日，普陀区召开信息产业相关企业统计年报培训会议。培训会对企业以往填报中普遍存在的问题和年报指标进行了讲解，并就信息产业统计和管理工作开展征询调查，同时就前三季度区信息产业发展状况作简要通报。区内近百家信息产业相关企业已纳入网上直报的统计范畴。

【区信息委荣获普陀区文化产业工作先进集体】 2009年2月26日，在普陀区文化工作会议上，普陀区信息委荣获“普陀区文化产业工作先进集体”荣誉称号。

【普陀天地网络数字内容产业基地正式揭牌】 2009年5月26日，普陀区委副书记、代区长孙荣乾，中国电信上海公司党委书记、总经理张维华为上海市文化产业园“普陀天地网络数字内容产业基地”揭牌。市委常委、宣传部部长王仲伟写信祝贺。揭牌仪式上，上海天地软件园与中国电信上海公司签订了《合作共建普陀天地网络数字内容产业基地》协议。园区通过与中国电信上海公司的战略合作，吸引国内外网络数字内容企业入驻园区，形成产业集聚，在文化内容数据库建设、内容软件开发、数字媒体、信息内容服务、文化创意设计、数字网络传播等领域形成鲜明的产业特色。同时，将借助中国电信上海公司强大的内容平台，帮助各数字内容企业拓展产品的市场渠道，积极鼓励原创，引导主流文化内容的价值观念。

【积极培育LED特色产业】 普陀区以应用促发展，积极吸引LED企业集聚，努力培育LED特色产业的发展。2009年5月，上海LED半导体照明研发应用中心成功加入国家半导体照明工程研发及产业联盟，进一步推进区域LED产业发展获得更多的资源共享、联盟合作机会，2家从事LED研发销售企业(注册资金合计3 000万)慕名落户普陀。7月，LED应用中心公共服务平台成功加盟上海研发公共服务平台，LED检验检测平台正式运作，推进企业形成检测数据积淀，制定企业标准。通过推进LED示范试验基地建设，充分体现政府率先应用LED技术的示范作用，并帮助企业拓展市场、树立品牌。“建设上海LED示范(试验)基地项目”荣获年度普陀区“最富创意”行政工作奖。9 月，普陀区图书新馆的 LED 示范点成功通过验收。项目实际投入 28 万元，据测算每年可节约电费及维护费用约 6.9 万元。以后还将尝试以能源合同管理方式推进绿洲中环中心 6 万平方米地下车库及谈家 28 景观亮化等 LED 示范基地建设，加快 LED 检验检测公共服务平台建设。

【推进沪深 LED 产业发展】 2009 年 10 月中旬，普陀区组团赴深圳参加第六届中国国际半导体照明展览会暨论坛，听取大会论坛开闭幕式主题报告，出席“十城万盏”半导体照明试点工作标准与测试工作会议、半导体照明四新发布会、2009 光行天下 LED 照明营销沙龙等六个分论坛会议。活动期间，上海 LED 半导体照明研发应用中心与深圳市 LED 产业联合会就 LED 产业发展签署了战略合作框架协议，双方商定在产业发展、行业信息、人才交流、企业服务、招商引资等多方面进行深入合作，携手推动 LED 产业科学发展。

【切实服务信息企业健康发展】 2009 年 10 月 20 日，普陀区 IT 企业家联谊会和科技企业联合会举办专题辅导讲座。讲座特别邀请市知识产权局及区人力资源社会保障局、律师事务所等相关方面领导和专家，开展知识产权保护、商业秘密保护及劳动合同纠纷等实例分析，并做积极交流，为企业排忧解难、释疑解惑。

四、信息基础设施建设

【召开 3G 建设应用推进会】 2009 年 8 月 20 日，普陀区召开“普陀区 3G 建设应用推进会”。市经济信息化委副主任刘健，区委常委、副区长诸葛宇杰出席会议。会上，上海移动、上海电信、上海联通等运营商分别介绍 TD 等 3G 基站的建设情况，区信息委通报市政府的工作要求，并部署推进 3G 建设与应用的工作方案。会议明确了工作任务、工作目标和时间节点，为全面推进 3G 建设与应用、推进 3G 产业发展形成良好局面奠定了基础。

五、信息化环境建设

【区 IT 企业家联谊会主题研讨暨迎春联谊会】 2009 年 1 月 13 日，以“智战严寒、同渡危机、共谋发展”为主题的普陀区 IT 企业家主题研讨暨迎春联谊会召开。会议邀请市发展改革委体制改革研究所副所长汪胜洋作题为《金融危机下的 IT 企业发展》的主题报告，引发现场众多 IT 企业家的共鸣并开展讨论，热情分享迎战金融危机的心得体会。IT 企业家联谊会（商会）在特殊时期特别策划此次活动，主动发挥帮助企业交流合作、共赢发展的平台作用，得到企业家的高度认同。

【开展“机关干部迎世博网上行”活动】 2009 年，普陀区信息委与区机关党工委积极筹划，利用区电子政务平台开展“机关干部迎世博网上行”活动。活动分网上展览、网上互动、承诺践行三个板块，通过发动引导全体机关干部深入开展“迎接世博、建设世博、服务世博、奉献世博”活动，进一步激发机关干部的工作热情，为举办一届“成功、精彩、难忘”的世博会共同努力。

【推进区校合作人才平台建设】 2009 年 3 月 25 日，普陀区 IT 企业家联谊会邀请优秀企业家代表，与华东师范大学软件学院联合举办项目结题评审会。评委们结合市场实际，对 11 个学生团队的有关项目商业化运作提出积极的参考建议。会后，企业家与软件学院领导还举行座谈，在学生实习基地建设、人力资源对接、项目合作等方面达成共识。

【举办信息化宣传月活动】 2009 年 5 月，普陀区举办以“信息化为世博添彩”为主题的 2009 年普陀区信息化宣传月活动。宣传月面向社区群众、园区企业和机关干部，共安排了综合、世博、科普、社区和培训五大板块、23 类、

48项活动，通过集群众性、社会性、系统化为一体，在全区上下普及信息化基础知识，提高信息技术应用能力，提升市民对信息化的认知水平，营造健康、文明、积极向上的生活方式，为提升城区文明素质，迎接2010世博会到来发挥信息化的引领支撑作用。

【上海天地软件园数码科技有限公司获“中国十佳CG培训机构”称号】 2009年2月26日，在北京举行的“CCGF精英年会”上，上海天地软件园数码科技有限公司获2008年度“中国十佳CG培训机构”殊荣。公司在业内赢得良好口碑，被认可为国内仅有的2家Autodesk 3ds Max/Maya授权认证教师培训中心之一。

【区IT企业家获首届“上海青年创业先锋”称号】 2009年，普陀区IT企业家、维鹏信息技术(上海)有限公司董事长兼总经理张毅斌荣获首届“上海青年创业先锋”称号。

(顾呈健)

第五章 闸北区信息化建设

概 述

2009年，在闸北区委、区政府的领导下，闸北区信息委积极贯彻国家、上海市信息化建设的方针政策，把信息化作为促进经济发展、保障改善民生的重要战略举措加以全面推进；以应用为主导、以资源开发为重点，坚持总体规划、统筹协调、突出重点、分步实施的原则，在基础设施建设、电子政务推广、软件产业发展、实用项目开发、信息技术普及应用以及支撑环境建设等方面取得了长足的进步。

（宋 斐）

一、政务领域信息化

【继续办公自动化应用推进工作】 按照“功能齐全、简明高效、安全畅通”的原则，在认真做好系统升级、维护等基础性工作的同时，进一步推进OA办公系统在全区各部门的普及和完善。2009年，全区77个相关单位和街道、镇通过办公自动化系统平台发送会议通知600余条，接收1万余条。同时以网络短信和用户手机联动的方式进行辅助提示144 279条，旅游局、合作办、投资促进办等新增单位实现部门办公自动化。

（宋 斐）

【继续深化政府信息公开工作】 2009年，政府信息公开职能正式转至闸北区政府办公室，并成立信息公开科，配备2名全职工作人员，及时调整区政府信息公开联席会议，周平区长任第一召集人，颜建平副区长任召集人，并重新调整区政府信息公开主体部门，全区实施政府信息公开的责任单位共有48个。在原信息公开系统内进一步开发网上信息公开依申请处理系统及公文类信息备案系统，利用信息化手段将政府信息、公文备案、网上依申请公开受理全程电子化运作，形成内网上报、受理信息，外网公开、答复信息的工作模式。邀请市信息公开办的专家对各相关部门、街道、镇工作人员进行政府信息公开工作的培训和政府信息公开系统的操作培训，布置区2010年政府信息公开工作的考核评估工作。对各单位联络员进行业务测试，加强联络员对政府信息公开工作的认识。截至2009年底，全区累计主动公开政府信息5 013条，2009年新增主动公开政府信息986条，2009年度共受理信息公开申请202件，接受市民咨询1 127人次，政府信息公开专栏访问量为292 680人次。

（周 倩）

【完善区实有人口数据库】 2009年，在原来沪人口数据库基础上，建立并完善全区实有人员数据库，按照统一的数据标准和技术标准对来沪人员信息进行规范采集、维护、交换并实现共享，开发建设来沪人员信息交换系统和应用系统，形成人口基本信息、公用信息定期共享，专业信息按需报批共享的机制，支持社区网格化管理的需要。

（宋 斐）

二、社会领域信息化

【推进社保卡、居住证申领工作】 社保卡的发放基本覆盖全区户籍人口，2009年，全区共发放社保卡17 170张，累计完成社保卡721 439张；发放敬老卡5 525张，补换卡17 518张，累计完成补换卡103 951张；办理各类居住证19 660张，累计办理临时居住证236 880张。

（宋 斐）

【提升教育领域信息化水平】 2009年，闸北区教育局围绕"一切为了应用"，以应用为核心、以应用促建设，在信息化的基础设施建设、课程资源整合、综合服务平台、信息技术推广应用、区域资源共建共享、应用效能等方面取得突破性进展。完善信息化人文环境的建设与保障，基本完成中小学信息化装备的配备，完成多媒体进教室工程的建设，落实全区每所学校、每个教室都配备教学多媒体设施；加快信息技术在教学中的推进与应用，开展"联合视导"活动，实现与区域其他业务部门的工作整合，深化信息技术教育应用的动力；促进资源平台的自主开发与共建共享，2009年先后自主研发的各类教育教学平台共8个，包括教育人才网上招聘平台、闸北区幼儿园对口招生平台、小学借读生统一报名招生平台、闸北区干部管理工作平台、闸北区网上阅卷系统、h1n1报送平台、学生发展分析平台、信息化装备报送平台；加快信息化人才队伍的培养与建设，2009年着重加强了通讯报道员队伍、网络管理员队伍、电教管理员队伍、机器人竞赛队伍、信息化教师队伍等五支队伍的建设；开展信息化课题项目的研究与管理，上海市信息化应用特色项目"闸北区家校互动数据共享"课题在大宁国际小学通过市级验收，全国课题"交互式电子白板的应用研究"通过中期验收，借助"机器人进课堂"项目，拓展学生创新能力研究，依托"交互式电子白板"项目，推进电子白板在教学中的深度应用；开展"国产化软硬件"实施项目，完善信息化环境建设；探索"信息技术与课程整合"课题研究，关注技术在课堂教学的有效运用。

（王一鸽）

【医疗和公共卫生信息化建设日趋完善】 2009年，闸北区卫生局以居民电子健康档案为契机，全面推动闸北区区域卫生信息化的建设。经过几年努力，基本实现区属卫生医疗机构网络的全覆盖；推动区中心医院信息化建设，开发了"门诊医生工作站"、"区域医疗信息共享系统"和"门诊叫号系统"三个项目，推动区牙防所公共卫生信息共享，开发了"中小幼学生牙病防治计算机管理信息系统"；2009年上半年，"健康闸北2020疾病筛查项目"顺利实施，为全面建设居民电子健康档案和医疗信息共享积累了宝贵的经验，打下扎实基础；构建了区域居民健康管理平台，近5万份居民电子健康档案在动态运行，通过健康评估与疾病预警，体现了预防为主的理念；启动"合作共建全民统一健康档案示范项目"和区域住院电子病历共享系统的建设；3、4月，卫生部副部长刘谦、尹力以及中国医药卫生事业发展基金会主任李明义分别考察闸北区社区卫生服务中心以电子居民健康档案为基础的信息化建设情况，认为闸北区卫生系统信息化建设投入少、成效大，总结为"闸北模式"，将在全国推广，并将闸北区确定为全国"合作共建统一居民健康档案示范区"。11月24日，以"和谐上海，人人健康"为主题的"市民健康档案示范项目闸北推进会"召开，卫生部部长陈竺高度评价闸北卫生信息化取得的成效。10月30日，成功举办2009闸北区卫生科技与信息大会，展示了近三年来区卫生领域科技与信息化建设取得的成果。同时还宣布成立"上海市闸北区卫生科技与信息中心"，为今后区卫生领域的科研、信息化建设创造了有利的物质和人力资源条件。

（刘 明）

三、经济领域信息化

【利用信息技术推动企业发展】 2009年，闸北区加强与电信、移动和有线网络等运营商的合作，利用信息技术推动企业全面发展。重点聚焦七浦路服装市场，依托中国专业服装市场的旗舰品牌“中国白马”，联合打造集服装设计、品牌发布和网上交易为一体的“白马—中国电信”服装专业电子商务平台，整合全国服装专业市场的资源，组成强大的服装市场联盟。网站开发已经完成，为推动区域内商业市场开展电子商务应用起到示范作用。

四、城市建设管理领域信息化

【推动闸北“平安城市”建设】 为配合迎世博工作，推动闸北“平安城市”建设，2009年闸北区与上海电信公司开展合作实施全区道路监控系统建设，在全区范围内新增528个监控探头，利用信息技术手段进一步提升城区管理水平，促进了社会治安环境的改善。

【继续完善社区网格化管理】 2009年，根据闸北区政府提出的“在各街道、镇建立城市网格化管理分中心”的要求，推动区级网格化管理信息平台在社区层面的延伸建设，8个街道(镇)社区网格化分中心管理平台建设已完成。通过流程的梳理、优化，建立跨部门的无缝业务流程，形成“一口受理、内部协办”的工作机制，实现在区、街道(镇)两级的信息共享和业务互动，在城区管理、市容等方面也取得很好的应用实效。

五、信息产业发展

【签订市区联动推进产业发展合作协议】 2009年9月24日，闸北区科委与市经济信息化委签订共同推进软件和信息服务业高新技术产业化工作合作协议，建立了事务协调的会商机制、信息交流的沟通机制和园区发展的共建机制，就合力打造市级高新技术产业化基地、国产基础软件产业化基地等九个方面开展合作，形成市区合力共同推进闸北区软件和信息服务业发展的良好局面。

【打造国产基础软件产业化基地】 2009年9月24日，上海国产基础软件产业基地正式在闸北挂牌成立，区科委与市北高新区联手专门辟出12号楼作为国产基础软件基地的载体，并出台专项扶持政策，拨出专项扶持资金等，打造国产基础软件产业化基地。成立了国产基础软件产业促进联盟，中标操作系统公司、达梦数据库公司、东方通科技有限公司等一批国内基础软件行业的领军或骨干企业向基地集聚。培育了大宁社区卫生中心等一批国产基础软件一体化解决方案应用示范单位，初步形成国产基础软件应用解决方案、公共服务平台建设方案。

【制定软件和信息服务业的政策措施】 闸北区是上海市八个拥有高新技术产业化基地的区县之一，为落实上海市高新技术产业化实施意见，区科委紧密结合区情实际，在充分调研的基础上，着手制定《闸北区软件和信息服务业发展规划(2010—2015)》、《闸北区软件和信息服务业发展行动计划(2009—2012)》，明确了闸北区发展软件和信息服务业的基本思路、重点领域、产业布局和主要任务。

【加快信息服务外包产业发展和载体开发建设】 经过两年多的建设，恒通基地与龙软基地的发展逐步步入正轨，恒通基地共引入企业15家，龙软-万荣基地共有企业41

家。截至2009年11月，闸北区科创中心共引进科技企业41家，注册资金8 643万元。继续完善各具特色的基地建设，新民文汇基地-上海市信息产业融合孵化基地、聚源大厦招商工作开展顺利；上海多媒体谷、上海新华文化创新科技园、上海3G媒体产业园、上海久合科技园等着力引进一批资质优良的外包企业。

【为企业搭建更好的服务平台】 闸北区科委重视软件和信息服务业基础数据的统计工作，重点梳理软件和信息服务业统计口径及统计数据，建立重点企业发展状况跟踪机制，为制定产业发展规划和政策奠定统计基础；积极争取市级资金，组织了2010年度上海市软件和集成电路产业发展专项资金项目申报工作，申报信息技术创新项目30余项；积极推动软件企业认定工作，2009年度新增区内软件认定企业5家，全区软件认定企业总数达52家；成功组织和举办了“国产基础软件应用高峰论坛”、“2009上海软件质量管理与过程改进年会”、“2009上海国际数字媒体技术与产业发展论坛”等系列软件和信息服务业相关的高规格论坛和峰会，将技术创新论坛和主题招商有机结合，促进信息产业相关企业的招大引强。

六、信息基础设施建设

【实施铁路上海站北广场综合改造通讯配套建设】 2009年，在铁路上海站北广场重大工程改造实施中，建立了由电信牵头、移动和联通共同参与的共建共享机制，有效解决了建成后的北广场周边多家运营商无线信号覆盖、宽带线路接入和通信局房的共享问题。

【完成“无线闸北”项目一期建设】 2009年，按照“总体规划、分步实施”的推进原则，推进运营商完成了“无线闸北”项目一期规划，区域内无线网络覆盖率达到90%。在区内新建的园区(基地)如久合基地、新华传媒基地、新民文汇基地等建设前期引入各运营商实施园区无线信号和有线宽带覆盖工程，确保了园区品质。

【推动TD基站建设和3G信号覆盖】 2009年，闸北区科委协调区内有关部门、社区和商务楼宇，完成区内21个TD基站建设和265处室内覆盖，初步实现区域内3G信号连续覆盖，为世博期间移动3G信号的稳定覆盖提供保障。

七、信息化环境建设

【完善信息化制度建设】 在信息化建设中，逐步完善制度建设，健全标准规范。逐步形成资源共享制度、系统运行制度、数据维护制度、联络沟通制度、安全保密制度等建设规范。先后制定《闸北区信息化网络建设项目申报管理制度》、《闸北区信息一体化部门上网及数据共享制度》、《闸北区社区信息化建设规范和指导意见》和《闸北区社区信息化建设全区框架协议》等一系列规范性制度，将全区信息化的发展纳入统一规划、建设和管理的良性轨道。同时，进一步加大信息化工作机制的规范力度。在区国民经济与信息化工作领导小组的领导下，建立了信息化工作例会制度，形成“一把手”责任制、网管员负责制和专家评审制。建立以政府部门为主体的信息化讲评制度、项目建设目标责任制，强化信息化工作的监督，拟制了评估和奖惩制度。基本形成全社会共同推动信息化建设的良好氛围，基本确立层次清晰、权责明确的区和街道镇两级信息化组织管理体制。

【组织开展迎世博信息生活参观体验活动】 2009年8月，由闸北区科委与上海电信联合组织区机关干部和社区居民千余人开展了迎世博信息生活参观体验活动。此次参观体验活动持续两个多月，共50余批次，人数超过1 000人，让机关干部和社区居民充分感受到了信息化所带来的轻松、享受、快乐的信息新生活；同时，体验活动增强了社区居民应用信息技术体验，为提升社区信息化应用水平，积极促进区信息化应用和普及起到了很好的推动作用。

【开展信息化宣传和技术培训】 2009年，闸北区发放《3G移动通信知识问答》、《诚信宣传海报》、《信用报告使用手册》等5 000余册。共组织机关公务员计算机信息技术培训814人次，达标率达到98%以上，配合其他部门、街道开展有关业务培训达3 000人次。

八、社会诚信体系建设

【继续加快社会诚信体系建设】 2009年，闸北区社会诚信体系建设工作按照《国务院办公厅关于社会信用体系建设的若干意见》和上海市社会诚信体系建设联席会议办公室的要求和部署，以政府诚信和诚信宣传为抓手，深化政府信息公开，建设透明高效诚信政府；政府率先垂范，在政府采购、安全生产、企业信用评定、教育收费等社会管理和公共服务中带头使用企业信用产品，完善信用制度建设，推动全区社会诚信体系的建设；加强工作作风建设，继续加大纠风工作力度，开展窗口规范化服务建设，推进窗口行政审批效率大提速，开展机关作风评价，贯彻党风廉政责任制，努力打造诚信机关；加强诚信宣传，营造诚信氛围，2009年区内各诚信体系建设职能部门在部门网站、公共场所、街道、居委会等地，通过多种途径宣传诚信常识，促进诚信行为，披露失信信息，让社会公众了解并参与到诚信建设的大氛围中，鼓励引导全社会守信践约，努力提高社会诚信体系建设水平。

（宋 斐）

第六章 虹口区信息化建设

概 述

2009年,虹口区信息化工作全面贯彻落实科学发展观,紧紧围绕区委、区政府实现区域经济和社会又好又快发展的目标任务,结合区迎世博600天行动计划要求,充分发挥组织、管理、协调、指导职能,继续坚持技术与管理并举,进一步促进政府职能转变和服务创新,注重项目管理、运维保障和推进应用等各个环节,有效促进了信息共享和部门协同,信息化各项工作均取得显著成效。"上海虹口"门户网站荣获2009年中国政府网站绩效评估暨第四届中国特色政府网站评选直辖市区县政府门户网站绩效评估第三名。2009年6月,虹口区公务网完成分级保护整改复测任务,并通过国家对涉密信息系统分级保护的测评和复测认证。2009年11月26日,按照迎世博、保安全工作要求,区科委组织召开网络与信息安全保障工作会议。会议全面部署了区网络与信息安全保障工作,副区长华东平与69个部门、街道、区属单位主要领导签订了《中国2010年上海世博会虹口区信息安全保障工作责任书》。

一、政务领域信息化

【行政事务综合管理系统(三期)项目通过验收】 2009年12月15日,虹口区科委召开虹口区行政事务综合管理系统(三期)项目验收会暨社区信息化应用推进研讨会。副区长华东平、市经济信息化委信息化推进处处长周正曙出席验收会。

虹口区行政事务综合管理系统(三期)基于前两期的项目建设成果,在条线系统交互、新增功能受理、状态信息联动、民生功能开发等方面进一步完善系统功能,提升系统应用的深度和广度。该系统在全区8个街道全面部署运行,每年受理服务事项达40余万件,大大提高了区社区事务受理服务中心的办事效率,实现"让群众少跑一趟路、少跨一个门槛、少走一道程序"的便民服务目标。

【区政府门户网获2009年中国政府网站绩效评估暨第四届中国特色政府网站评选直辖市区县政府门户网站绩效评估第三名】 2009年12月17日,"2009中国政府网站绩效评估暨第四届中国特色政府网站评选发布会"在北京召开。经专家评委综合评定,"上海虹口"门户网站以总分79.4分位居31个中国直辖市区县政府门户网站绩效得分第三名。

二、社会领域信息化

【制定应急预案,组织开展应急演练】 根据上海市网络与信息安全事件专项应急预案和虹口区关于做好信息安全保障的要求,全面完成全区各部门信息安全应急预案的制定,并指导、组织、开展应急演练。

"上海虹口"门户网站、虹口区政务网络分别于2009年9月18日、10月30日，按照信息安全应急预案要求，组织开展了应急演练，积累了经验，取得良好成效。

三、经济领域信息化

【区法人数据中心与区商务楼宇经济信息系统项目通过验收】 2009年7月23日，虹口区科委组织召开虹口区法人数据中心与虹口区商务楼宇经济信息系统(一期)项目验收会。经过项目执行情况与实施情况的介绍、系统现场演示以及与会专家组测评，项目通过验收。

该项目基于区政务网络，建成整合工商、税务、房地及质监等相关部门信息资源的统一平台，可提供法人数据的管理、维护，自定义的统计查询和图表分析等功能。同时，构建基于楼宇信息的统计分析功能，包括部分重点楼宇3D展现、围绕商务楼宇进行企业税收、企业占用面积、企业单位面积产税率等方面进行统计分析，为区相关部门的招商服务工作提供服务。该项目建设为法人数据的共享应用打下基础，为相关部门提供统计、分析及参考决策等服务。

四、信息产业发展

【区数据调度中心项目通过验收】 2009年10月21日，虹口区科委组织召开虹口区数据调度中心的项目验收会。经专家组测评，项目通过验收。

虹口区数据调度中心项目是依托网络平台，通过制定数据调度规则和调度协议，提供较为完善的信息共享的审核体系，可方便地实现数据信息资源的共享与应用。结合人口数据共享应用的迫切需求，该项目通过社保卡中心数据交换系统软件的开发和应用，实现市区人口数据的交换。通过数据调度中心基础管理平台及数据交换产品在区以及10个街道的部署和应用，实现区、街道之间的人口数据交换和共享，促进了区实有人口数据的维护和应用。

五、信息基础设施建设

【新增5个TD基站】 根据市关于推进TD-SCDMA等3G网络建设的要求，协助上海移动推进区基站建设，通过协调，至2009年11月底，虹口区完成年内5个TD基站选址落地工作。它们分别位于大上海紫金城(同丰路666弄)、巴林小区(巴林路41弄)、上海工会干部管理学院(中山北路1800号)、为波宾馆(赤峰路319号)和五十二中学(广灵二路122号)。

六、信息化环境建设

【组织召开虹口区网络与信息系统安全培训会议】 为切实提高区政府网络与信息系统安全保障能力，2009年7

月 30 日，虹口区科委组织召开虹口区网络与信息系统安全培训会议。会上传达并组织学习市、区有关文件主要精神，全面部署虹口区网络与信息系统安全检查的具体要求和办法，同时就区网络与信息系统安全规范管理相关技术和如何开展本单位自查工作展开培训。

会议强调：要按照加强上海城市安全保障的总体要求，坚持技术与管理并重，重点提升区政务基础网络和重要信息系统的基础保障、综合防护和应急响应能力。在政府信息系统建设和使用过程中同步落实信息安全防护措施，确保全区政府信息系统不发生重大信息安全事故。

（刘长林）

第七章　杨浦区信息化建设

概　述

2009年，杨浦区信息化工作深入贯彻落实科学发展观，围绕区委、区政府实现区域经济和社会又好又快发展的目标任务，结合区迎世博600天行动计划要求，全面推进、重点突破、拓展应用、增强实效，完成了《2009年上海市杨浦区信息化工作要点》所制定的目标任务。

2009年，杨浦区信息化建设的主要工作：(1) 加速推进信息化建设。完成区教育局等部门光纤接入工程、区卫生网网络结构调整、公务网与政务内网隔离、区总机房扩建改造等建设任务。(2) 完善信息安全保障。开展公务网的调整和分级保护改造，对政务网进行安全测评。(3) 推广信息化应用。加强门户网站与部门网站群管理；完善实有人口数据库、法人数据库；开展"书记—百姓网上通"等互动性信息化应用项目；完成区企业投资项目建设工程行政审批管理平台、区内外资企业网上并联审批并网改造、地理数据共享交换平台一期、社会防控体系四期工程492个监控点建设；组织开展协同理财和区信息化发展资金管理工作；做好社保卡、居住证日常管理、市民信箱等工作。(4) 优化诚信体系建设。完成政府采购供应商信用评估报告188份；推进区商联会和区文化局信用信息服务平台建设；开展信用岗位培训，推广建立信用档案；围绕迎世博主题，深化诚信宣传教育。(5) 推动产业发展和园区建设。协调推进复旦软件园工程建设；开展软件企业季度统计、年检初审工作；组织市高新技术产业化基地、市高新技术产业化、软件和集成电路专项资金等项目申报工作。

2009年11月，创智天地园区获得"上海市高新技术产业化(软件和信息服务业)产业基地"称号。

一、政务领域信息化

【区企业投资项目建设工程行政审批管理平台建设】 2009年5月，"杨浦区企业投资项目建设工程行政审批管理平台"试运行，将原来的串联审批改为并联审批，原来的逐次审批改为同步审核，将流程整合归并为四道主要程序：包括招拍挂出让土地使用权、规划方案审批、扩大初步设计审查及竣工验收。并联审批办公平台通过应用平台、应用支撑平台、信息安全体系、管理规范标准等建设，为建筑并联审批的相关职能部门提供了一个信息资源共享、业务协作处理的核心平台，并通过网上办公的统一入口，实现"一站式"登录；通过统一的权限管理机制，构建了信息内容的多级别安全访问授权体系；该系统还提供构件化支撑平台，便于功能扩展和服务的复用。

【1890企业服务信息系统的开通和管理】 "一线工作法"1890企业服务网和服务热线"55051890"开通后，进一步完善了领导干部联系服务企业制度。杨浦区四套班子领导分工联系结对区域重点企业，将"一线工作法"深入到经济领域，带领职能部门深入一线直接走访听取企业需求呼声，了解企业生产经营中所遇问题，听取企业对政府工作的建议意见，帮助指导企业完善发展规划，协调帮助企业化解发展瓶颈，关心支持企业自主创新、发展做强。全区有350名处级以上领导干部与490家企业建立了结对关系。

【内、外资企业网上并联审批并网改造】 完成杨浦区内资企业并联审批与外资企业并联审批信息系统并网改造。依托门户网站和杨浦招商网，建立行政审批信息公开、网上查询平台；通过对原有并联审批平台的更新改造，实现多个审批部门网上预审会商、前置并联受理等，逐步形成行政审批信息共享、并联协同机制；通过行政审批电子监察和视频监控系统实现对所有行政许可事项的实时监督、及时纠错，从而建立对窗口工作人员和部门科学的绩效评估体系。下一步将依托互联外网建立行政审批网上办事、一站式体验中心，向企事业和公众提供网上咨询、网上预审、网上受理、网上反馈等服务，逐步实现外网申报、内网审批、外网反馈的全程网络化管理。

二、社会领域信息化

【社保卡工作顺利推进】 2009年，杨浦区社保卡服务中心围绕“温馨、便捷、透明”的服务宗旨，通过改善办公环境、加强员工队伍建设等措施，营造“更干净、更舒适、更安静、更有序”的中心氛围。截至年底，共办理补换卡28 430张(补卡13 601张、换卡14 829张)，累计139 017张；街道镇网点申领社保卡33 511张(包括学籍卡1.5万张)；市民信箱申请数1 785人次。下半年，通过印制6万份温馨提示，组织街道、镇网点(包括区内20多家医院)发放，不断加强社保卡宣传力度。

【“两个实有”全覆盖管理工作取得成效】 根据杨浦区人口综合服务和管理领导小组及区公安分局《关于全面开展“两个实有”全覆盖管理工作的实施方案》的精神，自2009年5月起在定海、大桥2个街道进行试点，下半年在辖区范围内全面开展“两个实有”(即实有房屋、实有人口)全覆盖管理工作。区社保卡服务中心及时协调解决街道、镇居住证网点的问题，深化指导与服务；进一步规范居住证受理网点设备运维管理，确保网点相关业务的顺利开展；组织网点工作人员86人参与各类培训。街道、镇居住证网点共受理居住证申请163 172人次，其中临时居住证58 746张，新证续签94 385人次，办理一年居住证10 041张(从业4 109张、投靠5 932张)。

【卫生网建设】 杨浦区卫生局通过运用先进的计算机通信技术、控制技术，采用整体化系统集成的方法，建立起杨浦区卫生系统光缆专网和卫生综合信息平台。完成区卫生医疗单位光缆铺设工程，优化区卫生网网络结构，提升各社区卫生服务中心的网络速度和安全水平；推进区级卫生网络数据中心建设；制定全区社区卫生服务中心信息化建设规范，对信息化硬件和软件标准作出明确要求，并按照规范要求完成11家社区卫生服务中心的机房改造；以殷行社区卫生服务中心为试点，统一各社区卫生服务中心的医院信息系统(HIS)，为公共卫生信息数据中心系统集成项目的应用配置统一的接口，从而实现医疗信息资源的互通共享；不断充实市民电子健康档案。

三、城市建设管理领域信息化

【推进社会防控体系和城市管理网格化建设】 完成区现代社会防控应急体系(共四期)492个监控探头建设，不断完善区防控体系管理机制，提高使用效率；按照场地建设、硬件配置、软件平台功能三个标准化的要求，推进延吉、定海、新江湾城社区(街道)网格分中心硬件设施建设，完成平凉街道网格分中心搬移工作；在区内12个社区网格化管理分中心推广社区网格管理分中心平台软件，提升城市网格化管理水平；根据区迎世博600天行动计划，加强网格化图像监控网建设，实施网格管理中心机房扩容工程和网格道路监控(三期)100个监控探头建设，并以建筑施工现场、重大工程施工现场、乱倒渣土多发区域为主要监控目标。

四、信息产业发展

【加强软件和信息服务业管理】 2009年3月24日，召开软件和信息服务业工作会议，邀请业内专家为企业开展政策宣讲，做好服务企业工作；开展区软件企业年检初审工作，受理70家软件企业资料；做好认定软件企业季度统计工作，通过短信告知、电话通知等多种方式，确保企业填报率100%；受理14家企业申报上海市高新技术产业化项目；受理24家企业申报2010年上海市软件和集成电路专项资金项目。93家认定的软件企业总产值超过18亿元。

【获得市专项资金扶持】 经市政府批准，杨浦区有5家企业列入2009年上海市软件和集成电路产业发展专项资金项目计划，共获得520万元专项资金扶持，它们分别是上海环思信息技术有限公司（基于SOA架构的印染企业节能减排管理系统软件，资助100万元）、上海华平信息技术股份有限公司（应用于金融集团企业的交互式全数字互联网高清视音频会议系统，资助100万元）、上海家城网络信息技术有限公司（个人基因组特征图谱转译分析阅读软件及数据库建设，资助100万元）、上海教育软件有限公司（基于国产基础软件的教育资源平台一体化解决方案在终身教育中的示范作用，资助120万元）、上海东大金智信息系统有限公司（适用于世博园区的参观者导游导览服务系统，资助100万元）。

【加快推动信息产业发展】 开展区信息产业相关调研，为"十二五"规划编写做好前期准备；编制《杨浦区电子信息产业三年行动计划（2009—2011）》、《杨浦区信息服务业三年行动计划（2009—2011）》，完成《杨浦区信息服务外包发展研究报告》；成立以分管区长为召集人，由区12个职能部门、6个科技园区组成的区促进电子信息产业发展联席会议制度，为产业发展确立保障措施；加快推进创智天地园区载体建设，新复旦软件园建设也有了很大的进展，为杨浦区信息产业的发展增加了后劲。

【高新技术产业化基地设立】 按照市政府《关于加快推进上海高新技术产业化的实施意见》的总体部署，创智天地园区经上海市推进高新技术产业化工作小组办公室认定，获"上海市高新技术产业化（软件和信息服务业）产业基地"称号。创智天地园区将作为杨浦区软件和信息服务业的重点发展区域，积极打造具有国际竞争优势的软件和信息服务业产业集群。同时，复旦软件园、创智天地园区被市商务委授予"上海市软件出口（创新）园区"后，重点加强对园区及园区入驻重点企业的跟踪、指导和服务，推动两个园区成为软件出口产业集聚示范区。

五、信息化环境建设

【落实区信息化发展资金】 开展2009年度区信息化发展资金申报、审核工作，按照示范性、必需性原则，共确定9家单位（部门）的10个项目符合审批条件，申请资金总额204.65万元，匹配资金总额103.69万元，批准的申请资金总额共计184万元。组织专家对安监局生产经营单位安全生产平台、五角场街道网格化管理平台、文化局文化精品网站建设及办公软件、规土局规划土地管理辅助系统项目进行验收。

【完成区中心机房改造】 2009年10月，杨浦区中心机房的搬迁改造工程完成。扩建后的中心机房使用面积增加至120平方米，服务器、网络互联设备等容纳数也扩充至100多件，对强电走线规则、漏电保护措施、接地保护措施等机房建设标准也做了加强，基本满足区各部门日益增长的需求。同时，将托管在外的区门户网站搬迁至区中心机房，并加强门户网站与部门网站群管理，实现集中管理、统一维护，从而完善区网络公共服务体系。

【提高信息安全水平】 积极完善杨浦区公务网接入网分级保护改造，加强安全设备的配置，采用了身份鉴别、电磁泄露防护、病毒防护、网络访问控制、网络入侵检测、信息安全审计等一系列安全防护措施，通过保密局的涉密测试；完成区委办、区信访办、区府办的公务网 USB Key 的制作发放工作；更新防病毒软件，在政务外网上使用卡巴斯基防病毒系统、政务内网上使用瑞星防病毒系统，定期升级防病毒服务器，使政务内外网处于安全、稳定、高效的应用环境，减少了因病毒交叉感染而造成文件损毁、资料丢失等现象的发生。

【召开区优秀信息化项目评介交流会】 2009 年 12 月，区优秀信息化项目评介交流会召开，对 2005～2008 年度杨浦区 20 个单位(部门)的 22 个优秀信息化应用项目进行了表彰，包括“杨浦区人民群众评议政府工作”网站、杨浦区企业审批管理系统、大办公 OA 系统及数据交换平台等。会议通报了近几年区信息委的工作情况，总结交流优秀信息化项目，有效促进了优秀信息化应用项目的推广。

六、社会诚信体系建设

【加快社会诚信体系建设】 2009 年度完成政府采购供应商信用评估报告 188 份；积极推进区商联会和区文化局信用信息服务平台建设；推广信用档案建设，建立信用档案与开展信用评估的商业企业达到 53 家；开展 200 人次信用岗位培训，并聘请 80 名优秀学员担任杨浦区“诚信督导员”；深化诚信宣传教育，围绕迎世博主题，配合上海旅游节、上海购物节等契机，开展“诚信兴商”系列宣传活动。

【推进文化市场诚信制度建设】 启动杨浦区文化市场诚信制度建设，利用信息化手段建设文化市场信用管理平台。该平台汇聚企业的基本信息、监管信息(奖惩信息)和第三方测评信息，通过运用科学方法建立企业信用评价指标体系，逐步建成区文化市场企业信用档案库；并通过信息发布、信用监管、信用评价、分级管理、信用激励和约束机制，促进文化市场企业健康发展。同时，整合区网络文化监管平台，实现信用监管与高科技监管措施的有机结合，全面提高文化市场技术监管水平。开展文化市场经营场所“诚信创建”活动，使文化经营企业认识到企业信用是企业长远发展的一种资源，并通过宣传培训、考核评定在全区推广“诚信示范单位”创建。

【商业企业信用服务系统升级】 杨浦区商联会信用信息服务系统一期开发项目经专家组验收，达到预定目标。该综合系统服务平台自运行以来，较好地实现了区商业企业基本信息、信用信息以及政府职能部门监管信息的整合，年初系统升级后，实现了区域企业历年积累的信用信息记录(诚信档案)及相关信用信息的及时转载和数据存储功能，月点击数较上年提高了 13%。区商业联合会对该系统进行了二期开发和配套的规划，使信息管理工作更科学有效。

(杨浦区信息委)

第八章 黄浦区信息化建设

概 述

2009年，黄浦区信息化建设围绕区"建设金融集聚带，打造世博服务区"的工作目标，坚持以需求为导向、以整合为前提、以应用为主线，积极推进各领域的信息化建设，发挥信息化在经济和社会发展中的支撑作用。

深化电子政务建设，实施"上海黄浦"门户网站综合改版，完善区公务员门户，提高网上公共服务和电子化办公水平；加强社区信息化建设，推进"一口受理"系统在社区事务受理服务中心的应用，拟定了《社区信息化管理办法》；拓展信息化应用领域，一批信息系统在教育、环卫、政法、残联等部门应用，实现资源共享，提高了工作效率；推进公共信息基础设施集约化建设，扩大政务网络覆盖面，满足区域信息化应用需求；加强信息化项目管理，严格项目立项、招标、建设、验收等流程，确保项目的建设质量和效益；开展多层面信息化应用培训，举办机关干部信息化知识竞赛，提高机关、街道、居委会干部信息化操作技能；加强网络和信息安全工作，重视技防和人防的结合，实施重要信息系统等级保护，全年未发生网络和信息安全事故；加强社会诚信体系建设，将诚信建设与转变政府职能相结合，努力形成政府促诚信、企业讲诚信、市民守诚信的良好局面。

（张鹏生）

一、政务领域信息化

【实施"上海黄浦"门户网站综合改版】 按照国家、上海市有关政府网站建设和管理要求，围绕"内容权威准确，功能完整易用，运行安全稳定，服务便民及时"的建设目标，实施"上海黄浦"门户网站综合改版工作，主要任务是调整中文版，建设英文版和日文版。中文版调整的内容包括网站结构、栏目构架、网站版面、网站频道、后台管理等方面，重点突出信息公开、网上办事和便民服务栏目；英文版和日文版建设面向境外、国外人士，突出投资、居住、旅游三大主题。为保证网站改版和建设质量，体现黄浦特色，邀请多家公司设计方案，多次召开专家咨询会，征求区领导、各部门的意见。为适应网上办事"一办到底"的需求，建立了内外网信息一体化发布机制。截至12月底，网站综合改版工作基本完成。

（桑惠康）

【深化区公务员门户建设和应用】 在2008年区公务员门户上线运行的基础上，继续完善电子政务应用支撑体系，深化公务员门户建设和应用。2009年2月，依托区公务员门户实施"黄浦人大"、"黄浦政协"、"黄浦党建"等8个部门专题网站升级，将部门网站建设纳入统一管理，实现部门专题网站在统一平台上发布、储存和查询信息；7月，开展文档管理系统第二批推广应用工作，组织30个部门文件收发人员进行操作培训，区科委分批对各部门进行应用辅导，使文档管理系统应用部门达到52个，实现了部门收文、发文和档案的电子化管理，提升了区机关电子化协同办公水平。

（吴晓蕾）

【建成区委督查工作管理系统】 2009年初，依托区电子政务应用支撑平台，开发了区委督查工作管理系统。该系统具有督查立项、督查办理、督查反馈、督查提醒和督查管理五大功能模块，实现区委办对各部门日常督查工作落实情况的随时记录、定期汇总。4月中旬完成系统开发，下旬组织27个部门相关人员进行操作培训，同时开展系统上线试运行，12月系统通过专家验收。区委督查工作管理系统的应用满足了督查工作的网上监控需求，实现了督查工作从立项到统计的全程流转，提高了督查工作效率，便于推动区委重点工作的落实。

（吴晓蕾）

【开发区禁毒信息管理系统】 2009年4月，依托黄浦区实有人口信息数据库，完成区禁毒信息管理系统的开发。该系统具有数据管理、关爱服务、禁毒管理、统计分析、系统管理等5大模块24项数据，实现全区吸毒人员信息的“动态管理、实时统计、按需分析”。该系统在小东门街道试点应用的基础上，10月起向全区其他街道推广应用。为确保系统信息的准确性和安全性，建立了反复核查、见面访谈等制度，及时更新吸毒人员基本数据及信息，设立了分层、分级操作及查阅权限。截至12月底，共录入吸毒人员信息2 500余条。区禁毒信息管理系统的应用，实现了全区吸毒人员信息全覆盖，增强了区有关部门、街道对吸毒人员的掌控程度，为开展帮教戒毒工作提供了决策依据。

（傅　纲）

二、社会领域信息化

【推进“创建全国残疾人工作示范城区”信息化建设】 根据《黄浦区“创建全国残疾人工作示范城区”实施方案》的要求，制定《黄浦区“创建全国残疾人工作示范城区”信息化建设方案》，推进残疾工作信息化建设。一是加强残疾工作网络建设，完成区残联、街道、“阳光之家”、“阳光学校”之间政务网络的联通。二是基于区实有人口信息资源库，整合区残疾人专业信息，建立区残疾人信息资源库，并通过区信息交换平台，实现市、区之间残疾人业务数据交换。三是依托区残疾人信息资源库，梳理残联业务工作流程，开发具有数据采集、数据比对、统计分析、查询检索、动态管理等功能的残疾人信息管理系统。残疾工作信息化建设的推进，提高了残疾工作效率，实现了残疾人信息共享，为“创建全国残疾人工作示范城区”工作提供了技术支撑。

（傅　纲）

【半淞园路街道启用社区事务“一口受理”系统】 2009年11月，半淞园路街道借社区事务受理服务中心搬入新址的契机，部署“上海市社区事务受理服务系统”（即“一口受理”系统）。该系统包括民政救助、廉租住房、劳动就业、医疗保险、工会服务、居住证办理等应用模块，并整合了排队叫号系统和触摸查询系统，实现了各个条线的业务协同，市民在任何一个窗口都能办理所有业务，形成“前台一口受理，后台分类办理，中心一头管理”的行政服务模式。为保障“一口受理”系统的正常运行，制定了《受理中心系统故障定位流程》、《受理中心突发事件应急处理预案》和《机房管理制度》等相关制度。“一口受理”系统的运行解决了窗口忙闲不均的问题，优化了事务办理流程，提高了工作效率，方便了居民办事。

（邓　昕）

【建成社区事务受理服务中心管理系统】 2009年3月，在社区事务“一门式”受理系统的基础上，围绕社区居民的实际需求，建成社区事务受理服务中心管理系统，并率先在小东门街道试点应用。该系统包括中心管理、一口受理、排队叫号、考勤管理、办事评价、办公自动化、电子屏幕管理、触摸屏管理等功能模块。系统的应用将规范社区事务受理服务中心“事前引导、事中办理、事后监督”三大工作环节，提高为民服务水平，真正实现“让群众少跑一趟路、少跨一个门槛、少走一道程序”的目标。

（傅　纲）

【加强社保卡窗口服务质量建设】 2009年3月，制定《黄浦区学籍卡申领包块联系制度》、《黄浦区社保卡和居住证网点计算机管理办法》等9项制度，明确受理业务各环节的责任人和业务周期，并通过“上海黄浦”门户网站进行发布，接受市民监督。6月，印制5万张服务告知单，通过社区事务受理服务中心、居委会等渠道向市民发放；印制50份大型海报，张贴于区内各医院的醒目位置；与区内6家市级医院、8家区级医院、6个社区卫生服务中心和3个其他医疗卫生单位建立协作机制，对就医过程中社保卡不能正常使用的，由挂号窗口或收费窗口当即发放补换。10月，以落实《上海市网络与信息安全协调小组办公室关于开展国庆60周年信息安全检查工作的通知》为契机，对社保卡窗口电脑终端进行安全检查，采取技术措施堵塞安全漏洞。通过加强社保卡窗口服务质量建设，提高了社保卡业务一次办结率，维护了持卡人的权益。全年发放社保卡8 810张、敬老服务卡3 613张、学籍卡4 409张、婴幼儿卡202张；补换各类卡9 105张。

（宋歆晖）

【黄浦教育管理平台基本建成】 2009年，由黄浦教育软件工作室自行开发的黄浦教育管理平台基本建成，并在17所中学试运行。该平台功能包括行政管理、教务管理、教学管理、学籍管理和教师管理，并将逐步添加人事管理、财务管理、财产管理等功能。经上海市软件评测中心测试论证，该平台在程序架构、语言规范、变量定义、安全防范等方面全部符合相关标准。黄浦教育管理平台的应用提高了教育工作管理效率，为全面实现教育管理信息化目标迈出了重要一步。

（奚立浩）

【正式启用智能化网上阅卷系统】 在上年试行网上阅卷的基础上，2009年黄浦区在几次重要考试中正式启用智能化网上阅卷系统。该系统利用高速扫描仪扫描且保存考卷的原始数据，组织大量教师同时网上阅卷，通过阅卷采集的数据，网上实施统计、存档、排序、分类、分发、制表等流程，几个小时即可完成手工几天的工作量。网上阅卷系统的应用避免了试卷在人工装订、搬移、翻阅、批改、传递、加分、扣分、登分、统计等工作中出现的失误，提高了阅卷工作的准确率。同时，可根据教学需求自动生成各类详细的成绩数据统计分析报表，为教学质量检测和评估提供了客观依据。

（奚立浩）

【区教育视频通（GIS子系统）启用】 2009年8月，黄浦区教育视频通（GIS子系统）投入使用。该系统依托区教育信息网，在教育系统所属60多个学校、单位设立300多台摄像头，24小时不间断地记录各防区的实况，区教育局各科室、各校校长室、安全办、信息中心等都可以随时监控防区状况，一旦发生情况，可以第一时间指挥和处理，并且可以调用历史纪录。该系统的应用提高了学校安全保障和卫生防疫监控水平。

（奚立浩）

三、经济领域信息化

【区商务楼宇发展信息平台建成】 根据黄浦区商务楼宇发展领导小组的要求，基于已建的区地理信息资源库，整合14个相关部门的业务数据，充分利用区楼宇经济地理信息系统，建设区商务楼宇发展信息平台。平台功能主要包括：在建楼宇、商务楼宇、闲置厂房仓库等的分布显示；总体税收、楼宇税收等级、单位面积税收产出、楼宇外资入驻情况、内外资比重、产业集聚性、老大楼开发利用情况等的分析；行政事业单位资产情况的统计与分析。2009年1月，该平台完成需求调研；2月至7月，实施系统开发和数据加工处理；12月，平台上线试运行。截至12月底，平台包括60栋楼宇信息，共计业务数据3 000余条。为保证平台数据的及时性和有效性，建立了相应的数据维护机制。区商务楼宇发展信息平台的建成，为区领导和相关部门分析区商务楼宇供给动态、掌握重点地区和楼宇的经济贡献能级及经济变化趋势、及时了解区内老大楼与老厂房等资源整合利用情况提供了技术支撑。

（洪　达）

【“外滩金融在线”网站开通】 2009年10月28日，外滩金融在线网站（www.bundfol.com.cn）开通。网站充分利用区内现有资源，依托“上海黄浦”门户网站进行建设。主要栏目包括：金融资讯、金融文化、金融指数、金融机构、金融载体、金融产品、商务服务、投资指南、互动空间等。

网站的开通增强了外滩金融集聚带在社会上的知晓度和认同感，为入驻外滩金融集聚带的金融企业提供便捷、周到、高效的服务，有助于加快推进上海金融中心建设。

（桑惠康）

【区科技管理信息系统开发】 依托区电子政务应用平台，整合区科技企业、项目、人才等信息资源，建立统一的数据标准，开发区科技管理信息系统。该系统具有查询、统计和管理高新技术企业、科技小巨人企业、民营科技企业、高新技术成果转化项目、科技创新基金、科技成果奖励、重点新产品计划项目、火炬计划项目等信息的功能。2009 年 4 月，启动系统调研工作；8 月，完成系统开发；11 月，系统通过专家验收。区科技管理信息系统的建成实现了科技业务信息的共享利用，提高了科技管理工作效率，满足了领导决策和部门业务需求。

（董晨慧）

四、城市建设管理领域信息化

【市容环境事件实现“一口受理”】 2009 年上半年，黄浦区绿化市容局将原有的区“城管通”、“环卫通”、“市民投诉”等六个系统整合到一个操作平台，实现市容环境事件集中管理、“一口受理”。通过该操作平台，局指挥中心将问题以立案的形式下达到相关责任单位，责任单位在内部的业务处理系统中按时进行处理，并将处理情况反馈至局指挥中心，指挥中心在收到基层单位反馈的事件结果信息后，将处理信息发送到相关的街道管理所的管理员，由其到实地进行复核，以证实事件是否已解决，对事件处理结果核实无误后，再由局指挥中心将结果意见回复至责任单位。“一口受理”平台设定完成、超时、申请缓办等功能，图文并茂，一目了然，并建立了数据库，自动生成各类报表。该平台于下半年在市容环境部门应用，加快了环境卫生事件处理速度，增强了对事件完成的督查力度，使环卫部门领导能全面了解区域环境卫生状况，便于调配保洁力量，提高环境卫生保障水平。

（孙培壮）

【区清运车辆监控管理系统投入使用】 2009 年 11 月，黄浦区清运车辆监控管理系统投入使用。该系统对进出黄浦区多稼路垃圾中转站清运车辆进行拍照，对出站车辆进行录像，并可以对图片、录像按时间、车号进行分类查询，图片和录像保存时间不小于 30 天。市容环卫质监部门定期提取图片和视频信号，并进行分析，对有问题的清运车辆定期通报、督促整改。区清运车辆监控管理系统投入使用，提高了对清运车辆文明作业、安全作业的监控和管理水平，进一步促进了环卫系统的行风建设。

（孙培壮）

五、信息产业发展

【工信部电信研究院华东分院落户科技京城】 2009 年 9 月 25 日，国家工业和信息化部电信研究院、上海市经济和信息化委员会、黄浦区人民政府在上海世茂皇家艾美酒店举行合作建立“工信部电信研究院华东分院暨手机研发测试平台”签约仪式，副市长艾宝俊等领导出席。工信部电信研究院华东分院同时挂“上海华东电信研究院”牌子，该院选址于北京东路 668 号科技京城内，一期占用建筑面积 3 400 平方米，投资总额 1 亿元人民币，其中工业和信息化部电信研究院出资 7 000 万元，占总出资额的 70%；黄浦区人民政府出资 3 000 万元，占总出资额的 30%。市经济和信息化委员会将该院列为公共服务平台建设项目，从政策、资金等方面给予大力支持。工信部电信研究院华东分院主要业务为：通信网发展战略和通信技术政策研究；通信设备测试、验证、技术评估及相关技术标准制定；通信计量技术研究及管理；通信网规划、通信项目可行性研究、工程设计与技术评估服务；通信企业战略与管理咨询、通信企业业务与投资管理咨询；电信信息收集与综合分析、业务和设备市场的调研分析等。工信部电信研究院华东分院计划用一年左右时间完成基础建设，实现对外挂牌运营；用三年左右时间达到国家实验室研究水平。该院落户科技京城，将促进华东地区信息服务业企业向上海汇集，形成信息服务业资金、人才、信息的集聚效应。

（周康平）

【两个项目获软件和集成电路产业发展专项资金资助】 按照市有关文件要求，积极组织全区相关企业开展软件和集成电路产业发展专项资金项目申报。在2009年度申报的8个项目中，上海海尔集成电路有限公司的"倒车雷达控制芯片开发及产业化"项目和齐凌微电子科技（上海）有限公司的"基于国标DMB－TH的单片集成射频调谐器和数字解调器SOC芯片"项目通过上海市经济和信息化委员会组织的专家评审，分别获得市软件和集成电路产业发展专项资金120万元的资助。

（王志强）

六、信息基础设施建设

【推进外滩滨水区信息基础设施建设】 围绕建设外滩金融集聚带这个战略任务，结合外滩滨水区工程建设，组织电信、移动、联通三大运营商，推进信息基础设施集约化建设。主要完成了黄浦公园、十六铺码头等区域的信息管线敷设、外滩滨水区室内覆盖和街道站建设、十六铺客运中心管线接入和宏基站建设、新联谊大厦一期无线覆盖建设，制定了外滩滨水区无线局域网（WLAN）建设方案和新联谊大厦二期无线覆盖建设方案。外滩滨水区信息基础设施采用集约化的建设方式，使区财政在不投入经费的情况下，实现一次建设3家运营商同时接入，既节约资金成本，也满足了各类信息化应用需求。

（倪 骧）

【推进3G(TD－SCDMA)网络建设】 根据上海市推进3G发展暨TD－SCDMA网络建设和应用工作会议的精神，黄浦区有关部门、街道相互配合，推进中国拥有自主知识产权的第三代移动通信技术标准TD－SCDMA网络建设，积极协助中国移动建设3G(TD－SCDMA)基站，把5个基站点分别落实到外滩3号、老西门社区文化中心、新地大厦、望江苑小区、南房地产公司附近。3G(TD－SCDMA)网络建设的逐步推进，为可视电话、手机上网、手机电视、视频点播等业务的推广应用创造了条件。

（王志强）

【启动"数字外滩"专题研究】 2009年8月，按照黄浦区领导建设"数字外滩"的要求，启动"数字外滩"专题研究工作。为使"数字外滩"建设能够满足外滩金融集聚带发展需求，区领导多次对"数字外滩"建设开展调研，召开由中国电信、移动、联通三家运营商及有关部门参加的专题研讨会，探索采用信息处理技术和网络通信技术，整合利用外滩及周边的各种信息资源，用数字化的方式提高公共服务质量，满足金融企业、市民、游客的信息化服务需求。在充分调研的基础上，12月提出"数字外滩"建设的初步设想。"数字外滩"建设的即将启动，为外滩金融集聚带建设、打造上海国际金融中心核心功能区营造了良好的发展环境。

（周康平）

七、信息化环境建设

【实施重要信息系统等级保护】 2009年7月，成立由黄浦区科委（信息委）主要领导任组长、分管领导任副组长、相关科室人员组成的等级保护工作小组，负责重要信息系统等级保护工作的组织、协调和实施；根据"自主定级、自主保护"的原则，确定"黄浦政务"网站和"上海黄浦"网站为重要信息系统等级保护对象，并将等级保护级别由原来的二级调整为三级。8月，完成"黄浦政务"网站和"上海黄浦"网站定级（三级）报告的撰写，并报上海市公安局备案。9月，按照重要信息系统三级保护的要求，对"黄浦政务"网站和"上海黄浦"网站的物理安全、网络安全、主机安全、应用安全、数据安全及备份恢复等进行自查自纠，落实各项安全措施。10月，启动"黄浦政务"网站和"上海黄浦"网站安全测评工作，查找系统存在的安全隐患和漏洞，并及时进行整改加固。重要信息系统等级保护工作的开展，使信息安全工作更加突出重点、统一规范、科学合理，增强了信息安全工作的针对性和有效性。

（钱志红）

【完成《黄浦区网络与信息安全事件专项应急预案》调整】 2009年8月，完成《黄浦区网络与信息安全事件专项应急预案》调整，并报区突发公共事件应急管理委员会办公室及上海市网络与信息安全协调小组办公室备案。调整的主要内容为：一是将网络与信息安全事件分为有害程序事件、网络攻击事件、信息破坏事件、设备设施故障、灾害性事件共五种事件类型。二是根据网络与信息安全事件的严重性、可控性、可恢复性和事件对业务的影响程度、事件波及范围以及信息系统等级保护的判别基准等，将网络与信息安全事件分为特别重大（Ⅰ级）、重大（Ⅱ级）、较大（Ⅲ级）和一般（Ⅳ级）四个级别。三是明确网络与信息安全事件应急工作的原则是：谁主管谁负责、谁运营谁负责、谁使用谁负责。四是完善基本工作流程和信息安全预案体系，强调预测预警、应急处置、信息报告和应急保障。该应急预案的调整，完善了网络与信息安全事件应急工作机制，提高了应对网络与信息安全事件的能力，减少网络与信息安全事件造成的危害。

（钱志红）

【开展政府信息系统安全大检查】 2009年8月，根据市经济信息化委《关于印发2009年度上海市政府信息系统安全检查指南的通知》（沪经信安［2009］324号）精神，按照"谁主管谁负责、谁运行谁负责、谁使用谁负责"的原则，开展政府信息系统安全大检查。全区50多个部门、单位对网络安全、系统安全、数据安全、机房安全、应急响应及安全制度等情况进行自查，对查出的问题及时进行整改；区科委（信息委）、保密局等部门联合对全区信息系统进行抽查，重点检查依托"上海黄浦"网站、"黄浦政务"网站建设的各信息系统。检查中发现和解决了部分服务器杀毒软件病毒库代码不能及时更新等问题。

（钱志红）

【举办机关干部信息化操作培训和技能竞赛】 配合黄浦区禁毒信息管理系统、文档管理系统、地理信息系统等的应用，先后组织禁毒专管员、文件收发人员、地理信息数据维护人员及部门网管员培训12次，参加培训人员达430人次。2009年9月，区科委、机关党工委等部门联合举办区机关干部信息化知识竞赛，310名机关干部参加了竞赛活动。经评选，区财政局等7个单位获竞赛优秀组织奖，卜荣德等30人分获一、二、三等奖。

（周康平）

【《黄浦区政务网络接入机房建设管理办法》试行】 2009年7月1日，《黄浦区政务网络接入机房建设管理办法》试行。《办法》正文主要包括制定目的、适用范围、建设要求、接入要求、管理要求等7个条款；《办法》附件包括《黄浦区政务网络接入申请表》等。《办法》对政务网接入机房的建筑、装修、电气、环境、安全设施等提出具体要求。《办法》规定，部门、单位要求接入区政务外网，须向区科委（信息委）提出申请并填写《黄浦区政务外网接入申请表》，同时提供机房和局域网建设相关文档，经审核通过后由区科委（信息化委）负责接入。《办法》明确，各部门、单位网管员是政务网络接入机房的管理责任人，负责机房的安全保障、应急处置和日常管理。《办法》适用于黄浦区各党政机关、社区街道、区属企事业单位、人民团体与区政务网络连接的机房。该《办法》的实施，规范了区政务网络接入机房的建设和管理，进一步保障了区政务网络的安全运行。

（张宇扬）

八、社会诚信体系建设

【开展"销售真牌真品，保护知识产权"承诺活动】 根据市里的统一部署，按照"政府倡导、行业组织、商户参与、社会监督”原则，在全区商业系统开展“销售真牌真品，保护知识产权”承诺活动。承诺的内容为：尊重知识产权，不销售假冒或侵犯专利权、商标权或著作权的商品；做好知识产权商品的经营管理，把好进货、采购的验证关，做好商品的动态管理、检查和备案，确保上柜商品的规范性、合法性。为确保承诺活动的有效开展，成立了由黄浦区知识产权局、商务委、工商局等部门组成的指导小组。2009年4月25日，在南京路世纪广场举办主题为“手拉手迎接精彩世博、肩并肩保护知识产权”——区商业企业“迎世博、加强知识产权保护”承诺活动，17家商业企业联袂作出销售真牌真品的承诺。10月22日，市知识产权局、市经济信息化委等部门联合召开授证大会，黄浦区新世界股份有限公司等34家商业企业被授予首批“销售真牌真品、保护知识产权”承诺单位，数量名列各区之首。

（朱和平）

【举行制假售假集中销毁活动】 2009年8月，针对南京路步行街地区出现大量兜售侵害世博产品专用保护权利的“假海宝”现象，黄浦区市政委、公安分局、工商分局、文化局、知识产权局及南京路步行街沿街各大商厦联合开展整治行动，收缴“假海宝”1万余只。9月3日，上海世博会事务协调局、黄浦区人民政府在南京路步行街世纪广场举行“迎接世博、保护知识产权、打击制假售假集中销毁”活动，对侵犯世博会产品专用保护权利的“假海宝”等进行集中销毁。市城管执法局、世博局、黄浦区政府领导及市民巡访团代表等参加了此次活动。活动中，主办方向广大市民发出积极行动、从我做起、自觉抵制假货的倡议，为世博会的召开营造文明、诚信、和谐的环境。

（朱和平）

【举行区公务员诚信建设论坛】 2009年9月18日，由黄浦区纪委、人力资源和社会保障局、区机关党工委、区团委共同主办的“诚信·品质·发展”——黄浦区公务员诚信建设论坛在区机关办公大楼举行。各主办单位领导及区机关各部门纪检分管领导、党支部书记、公务员代表和团支部书记约130余人出席。论坛上，8名来自区不同部门的公务员代表围绕“诚信”主题，结合自身的工作实际和体会，畅谈了对诚信的理解和感悟；主办单位领导向新录入的公务员代表赠送了诚信书籍；市有关部门领导对论坛进行了点评。此次论坛旨在推进“创建诚信机关、做诚信公务员”主题活动，倡导公务员树立主人翁意识、立足本职岗位、践行诚信、为服务和建设“经典黄浦”集聚智慧与力量。

（张鹏生）

第九章　卢湾区信息化建设

概　述

2009年，根据卢湾区"十一五"总体规划和卢湾区国民经济和信息化"十一五"专项规划要求，卢湾区的信息化建设按照统筹规划、资源共享、深化应用、务求实效的原则，贴近市民，服务发展，在增强政府公共服务能力、体现"民生、民意、民本"的重点领域，努力提高信息化综合应用水平，发挥信息技术对加快经济社会发展、促进和谐社会建设的重要作用。

一、开展社区信息化综合试点工作。建立了规范的社区信息化建设和管理机制，为有序推进社区信息化工作提供保障。通过以通用平台支撑各种社区应用，完成对界面、账户和邮件的多系统"三整合"工作，形成了社区工作系统全区统一的三级联动架构。梳理了各街道和相关部门网站的社区服务信息，整合了社区公共服务、商业服务及网上应用功能，运用集群化网站技术和三维地图技术，构建了全区统一的"社区服务新天地"网站体系。

二、深入推进"四位一体"行政审批服务平台建设，创建了并联审批、网上办事、综合协调、电子监察"四位一体"企业设立变更服务平台，整合了12个审批部门54项审批事项，初步实现企业设立变更过程中的全覆盖审批、全方位公开、全过程监督。建设成果得到市纪委、市审改办、市工商局领导的肯定，卢湾区被纳入上海市审改试点区县、市工商局审改试点支持区县。

三、提高信息化综合应用水平。"上海卢湾"门户网站进行全面改造，开展"集群化"政府网站建设，进一步优化栏目设置和应用功能，增设一站式互动反馈窗口，提高了网站交互功能，实现政府门户网站与部门网站间在信息数据高度"一体化"。完善了GIS综合应用平台架构，开发了全区统一、通用的GIS数据定制中心，构建交换中心、定制中心、GIS系统三者相互支撑的GIS平台体系，初步形成"一体化规划、集约化建设、层级化维护"的工作机制。社保卡、居住证、敬老服务卡等工作稳步开展。加强信息产业管理，积极推进企业信息技术应用，开展了软件和信息服务业统计工作。积极推进无线城区建设，重点推进了田子坊、江南智造局园区局门路沿线的3G无线覆盖应用，促进改善卢湾投资环境和市民生活质量。

一、政务领域信息化

【"上海卢湾"门户网站在国家级政府网站测评活动中成绩优异】 在国家工信部举办的2009年度中国优秀政府网站绩效评估及互联网综合影响力指数评估活动中，"上海卢湾"门户网站分别获得"中国政府网站领先奖"和"中国政府网站信息公开领先奖"，在全国直辖市所辖区县政府网站中位列第二。另外，由第三方评估机构—国脉互联政府网站评测研究中心举办的2009年度中国政府网站绩效评估与特色政府网站评选活动中，"上海卢湾"门户网站在网上办事、信息公开、社区服务等方面的领先水平得到广泛认可，成绩在全国直辖市所辖区县政府网站中位列第四。

【"上海卢湾"门户网站进行全面改造】 2009年全新改版后的"上海卢湾"门户网站有21个专题网站和36个子网站，7×24小时更新的政务新闻、视频新闻、世博动态和社区新闻，及时反映卢湾各类社情动态。淮海中路中心商务区专栏、"新天地"网站、"8号桥"创意产业园区网站、"田子坊"创意产业园区专栏、世博会企业馆专栏和思南路历史风貌保护区专栏等反映卢湾经济社会和文化特色的专栏和网站，成为“上海卢湾”门户网站上6张个性鲜明的名片。网上信息公开平台、网上办事平台、政民互动平台，以及基于四位一体行政审批信息系统的网上企业服务绿色通道、基于社区服务信息系统的网上社区服务新天地，成为服务市民和企业的便捷办事通道。其中，信息公开平台公开了38个直属委办局、街道信息公开目录和内容，开设领导成员、办事规程、人事任免、政策解读等12类27项公开栏目，累计发布公开信息5 074条。网上办事平台汇集区内27个部门的所有可公开的318项审批事项和97项其他事项，做到100%网络化。各办事服务要素齐全，事项分类“人性化”，检索功能方便实用。功能强大的后台处理系统，使网上办事成为机关工作人员重要的日常工作。政民互动平台开设了领导信箱、领导访谈、网上办公、网上信访、网上征集、网上评议、网上公示等形式多样的互动栏目。

【区“四位一体”行政审批服务平台开通运行】 为贯彻落实市委、市政府的要求和部署，以卢湾区行政审批中工作量最多的企业设立变更审批为重点，实行流程再造，创建了并联审批、网上办事、综合协调、电子监察“四位一体”企业设立变更服务平台，整合了12个审批部门54项审批事项，初步实现了企业设立变更过程中的全覆盖审批、全方位公开、全过程监督。自2009年8月4日开通运行以来，平均审批用时1.9天，比平均法定缩短22.1天，企业满意率100%。一是建立了网上企业服务绿色通道，针对18个行业的不同特点开设行业指引专栏，按企业类型、职能部门等分类标准提供85个相关法律法规网上检索服务。二是再造“并联审批平台”，将多部门审批事项纳入并联审批平台，实现“信息网上抄送、部门并联审批”。三是创建“综合协调平台”，对疑难问题，由首先受理的前置审批部门通过服务平台发起综合协调申请。四是构建“电子监察平台”，设置预警纠错、绩效评估、投诉处理等功能，形成审批时效情况等8张实时状态监测表，对行政审批事前、事中、事后实施全程量化监督考核管理。“四位一体”服务平台，将服务、审批、协调、监督等四种功能融为一体，实现审批过程网上全程公开、申报材料互动化服务、办事状态动态化查询、办事结果信息化告知、服务质量透明化监督。建设成果得到市纪委、市审改办、市工商局领导的肯定，卢湾区被纳入上海市审改试点区县、市工商局审改试点支持区县。

【完善网上政府信息公开工作平台建设】 2009年，卢湾区建立了区政府信息公开更新和维护工作制度，简化了政府信息公开信息的审核流程，确保信息公开的时效性。

统一的政府信息公开工作平台实现了“一个窗口对外，一个后台工作”。平台前台整合了全区38个部门的政府信息公开数据。平面化、标准化的分类显示页面设计，减少了网站层次，为公众提供便捷的信息检索服务。平台后台为各部门提供便捷的信息维护系统，为各部门及时发布各类公开信息提供了有力的技术保障。

统一的网上受理平台确保依申请公开渠道的畅通。卢湾区在政府信息公开工作平台上开设涵盖全区各个部门的政府信息公开在线申请窗口，同时建立统一的依申请公开平台，为市提供便捷的在线申请通道。同时，区纪监局落实了对各部门在线申请接收和响应情况的定期考核和长效监管制度，保障了申请公开渠道的畅通和及时回复。

【开展“集群化”政府网站建设】 进一步优化栏目设置和应用功能，增设了一站式互动反馈窗口，提高了网站交互功能，实现了政府门户网站与部门网站间在信息数据高度“一体化”。网上区长信箱接收各类信访信件293封，街道主任信箱接收各类信访信件96封，政风行风热线专栏接收各类意见27条，网上办事工作平台接收和办理、办事咨询104条，征集群众日常生活突出问题30条，征集实事项目3条，发布公开信息725条，各类新闻1 951条，各类公告27项。

【以部门网站评比为抓手，促进网站整体水平的提高】 根据《上海市政府网站卓越质量与服务管理规范》的要求，制定《关于进一步做好“上海卢湾”门户网站内容保障工作的意见》，扩容和升级网站基础平台软、硬件设备，认真开展部门网站的安全检查工作，确保国庆60周年期间的网站信息安全。组织开展对37个政府部门网站操作人员的技术保障培训，推动和指导相关部门落实部门网站的合并和调整工作。

【门户网站英文版全新改造】 卢湾区英文版门户网站开设英语新闻、“生活在卢湾”、“工作在卢湾”、“游在卢湾”、“互动咨询”等9大板块，其中“生活在卢湾”板块网罗了最新的卢湾生活信息，包括各大百货公司，饭店，酒吧，电影院等，及时为外国友人传递最新、最全的生活资讯；“工作在卢湾”板块详细介绍了包括8号桥、智造局、田子坊、金玉兰广场、上海广场等卢湾各大商务楼宇与创意园区，为外籍人士在卢湾区选择工作提供详尽的信息服务；“游在卢湾”板块为外国游客提供卢湾区的旅游文化、旅游景点介绍、地铁线路介绍、机场来回的路线指引、停车场的分布信息、紧急电话号码查询等我项服务。开设互动咨询窗口，为在卢湾工作、生活、旅游的外国人提供周到的服务。

【深入应用电子政务核心平台】 2009年，平台用户总数已达2 093个，电子邮件、即时通讯、日程管理、任务管理等通用功能得各部门的普遍使用，政府信息资源知识库内容进一步丰富，协同办公应用系统的应用水平和质量进一步提高。通过会议管理系统组织各类会议414次，政协提案办理系统办理各类提案166条，公文目录备案系统备案文件1 791条，网格化管理系统立案36 556件，知识库整合了内外网信息资源20余万条。

【夯实网站维护机制，做好政府网站安全工作】 一是划清内容保障和技术保障职责，夯实网站维护机制。把网站保障工作划分为内容保障和技术保障两个部分。内容保障工作由区府办牵头，各部门办公室（秘书科）落实门户网站和本部门子网站各类网站信息和网上业务的日常维护保障工作。网站技术保障工作由区科委（信息委）《上海卢湾》编辑部牵头，负责建设维护政府网站软、硬件平台、制定网站项目管理和集群化标准，同时负责为部门子网站建设提供技术支持，开展部门技术人员的专业技术培训。

二是“技防”、“人防”双管齐下，落实网站安全保障。为适应新的互联网安全形势，卢湾区结合政府网站安全等级三级测评要求，投入充足的网站安全建设专项资金来提升卢湾区网站安全设备性能，初步建立起防范与预警相结合的信息安全技防体系。同时，通过加强对网站工作人员的管理和培训，提升网站工作人员的安全意识和安全技术水平，建立政府网站安全“人防”机制。

三是集中部署、统一监管，抓好子网站管理。构建了统一的门户网站和子网站基础平台，子网站管理坚持“一体化”、“集群化”原则，集中部署、统一监管，有效避免了各部门分散投资造成的资源浪费和数据割据，为门户网站和子网站实现高度资源共享，信息共享创造了条件。

二、社会领域信息化

【建成综合性社区服务平台“社区服务新天地”】 通过网站可提供社区事务受理服务中心14项96个方面的服务信息，社区文化活动中心40项88个方面的服务信息，社区卫生服务中心13项40个方面的服务信息，社区公共服务的15项384条信息，社区商业服务的14项326条信息，28项962条社区服务机构信息，27个特色个性服务栏目，共形成7大类55个子栏目的服务信息。发布的卢湾区全景网上三维地图，叠加了党政机关、公共服务、商业服务共27项图层信息。通过整合各街道各类服务信息，网站按照公共服务、商业服务等板块，以全区统一的界面服务社区居民。

【开展社区信息化综合试点工作】 基于全区电子政务核心平台和区街居三级信息网络，梳理了社区工作的日常党务、政务工作重点系统。通过通用平台支撑各种社区应用，完成对界面、账户和邮件的多系统“三整合”工作，形成社区工作系统全区统一的三级联动架构。社区信息平台提供以综合数据库为支撑、涵盖社区多类业务、渠道界面统一的多方位信息服务，使街道向上加强与条线部门间的跨部门协同，向下加强与居委会、“场院所”联网建设，横向加强社区“三中心”服务的资源整合。用户已经覆盖社区工作人员，形成应用规模，实现了社区信息平台支撑日常办公的阶段目标。

【积极推进社保卡居住证等相关工作】 市民共申领社保卡 4 847 张，学籍卡 270 张，敬老卡 1 807 张；办理居住证 1 084 张，临时居住证 11 039 张，临时居住证满六个月续签 21 137 人次。为市民补换社保卡 14 166 张，学籍卡 154 张，儿童卡 19 张，敬老卡 585 张。

三、经济领域信息化

【做好 2010 年市专项资金申报工作和区内 32 家软件企业的季报工作】 积极推进企业信息技术应用，审核上报 1 家企业的信息化项目参加市专项资金的申报。以企业信息化为基础，引导中小企业积极参与，探索多层次、多元化的电子商务发展方式。开展软件和信息服务业统计工作。对申请“上海市软件企业认定”的企业进行区级初审，对已通过认定的软件企业年审进行区级初审。完成区内 32 家软件企业的数据调查和年审材料的收集上报。

四、信息化环境建设

【完善 GIS 共享平台建设，推动各级部门 GIS 综合应用】 为加强信息资源开发利用，提升信息资源共享水平，卢湾区建成以交换中心、定制中心、地理信息系统为核心的 GIS 综合应用平台。2009 年，进一步完善 GIS 综合应用平台架构，开发了全区统一、通用的 GIS 数据定制中心，构建了交换中心、定制中心、GIS 系统三者相互支撑的 GIS 平台体系，初步形成“一体化规划、集约化建设、层级化维护”的工作机制。一是形成全区统一的部门数据交换标准与接口。二是依托交换中心与定制中心整合各类异构数据、实现各类信息定制服务，利用 GIS 系统支撑各部门信息资源开发利用，通过开展各类 GIS 应用促进部门间信息资源共享。三是拓展了 GIS 系统的可视化、查询和统计手段。四是加强了 GIS 底图更新维护，为部门业务系统在区平台上的数据落地、开展 GIS 综合应用提供了支撑。地理信息系统地图规模已达六大类，379 个图层。平台上已有 39 项地理信息应用、27 项人口信息应用和 13 项法人信息应用，涉及 19 个部门和街道，进一步推动了人口、法人和地理三大领域信息资源的共享和利用。

【加强安全防护，做好信息安全等级保护工作】 开展 2009 年度信息安全等级保护的系统自查排摸和备案工作，完成卢湾区网络与信息安全事件专项应急预案调整工作。做好国庆期间安全专项保障工作，做好重点机房、重点设备的信息安全防范措施，做好年度应急演练工作，确保国庆 60 周年期间全区重要信息系统安全平稳运行。

【完成网络故障维护 3 665 次、网络应用维护 4 850 次】 进一步做好对四套班子领导及办公室的设备、系统的各类维护工作。全年完成网络故障维护 3 665 次，网络应用维护 4 850 次，累计维护时间近 3 000 小时。为各部门信息化建设方案提供技术指导，协助城管大队、卫生疾控大楼、司法局法律援助中心等部门的组网方案和系统建设提供开展前期需求调研、可行性论证和技术规范指导。

【加强对信息化项目资金的预算审核】 年初对各部门使用卢湾区财政资金的专项预算予以审核，将信息共享作为项目审批的条件之一，与区财政局共同做好项目专项经费的审核工作，对尚不具备实施可行性或推进方案不符合要求的项目暂不予审批。2009 年共有 16 个项目作为年度重点推进项目，预算资金 417 万元。其中 11 个项目已经全部完成。

【开展政府信息公开公文目录备案及网站技术保障培训】 根据卢湾区政府信息公开工作的要求，针对各部门在网上政府信息公开维护、公文目录备案、网上办事维护、网站技术保障等方面存在的问题，采用集中培训与分组研讨、互动指导相结合的方式开展培训。并对各部门网站的信息发布时效、政府信息公开接收和答复、网上办事处理、网站安全和功能完善等内容进行剖析，指定专人“一对一”提供服务和指导，卢湾区37个政府部门的具体操作人员参加了培训。

五、信息基础设施建设

【协助上海移动开展TD－SCDMA基站建设】 根据《卢湾“无线城区”建设规划》，结合加强拥有中国自主知识产权的TD－SCDMA第三代通信技术（3G）建设和应用要求，积极推进以基站建设和通信应用为主的无线覆盖工作。已建成各类TD基站76个、在建36个、签约3个、待建1个。

【配合完成田子坊创意园区无线覆盖项目建设】 为迎接世博，改善“田子坊”地区的商务环境，卢湾区科委（信息委）会同发展改革委等有关部门经过近半年的方案论证、项目施工，“田子坊”3G和W－Lan覆盖的建设工作基本完成，实现“田子坊”地区的无线覆盖。

【办公业务网终端数达1 520个】 核心网络架构和交换处理能力得到更新优化，网络信任、应急响应与灾难备份等安全保障进一步加强，初步形成统一、安全、可靠的电子政务基础支撑体系。公务网联网单位63个。业务网联网单位96个，接入终端1 520个。政务外网联网单位65个，接入终端262个点。行政事业专网联网单位113个，接入终端113个。

六、社会诚信体系建设

【继续深化淮海中路诚信示范商业街建设】 深化淮海中路诚信示范商业街建设，组织淮海中路诚信建设项目领导小组成员单位进行经常性检查，对淮海中路商圈、商业企业的诚信指标进行评估，组织开展“迎世博，诚信经商，文明待客”诚信企业评比活动。为进一步普及信用和相关金融知识，扩大信用宣传范围，提高社会信用意识，推进上海社会诚信体系和“四个中心”建设，配合市征信管理办公室开展了以“珍爱信用记录，提高信用意识”为主题的“2009年上海市信用知识进社区活动”。

【开展“刷卡无障碍示范商业街区”及“刷卡无障碍示范商户”评选】 根据市经济信息化委、市商务委、市总工会联合发起的上海市窗口服务行业“迎世博银行卡刷卡无障碍立功竞赛活动”通知精神，开展“刷卡无障碍示范商业街区”及“刷卡无障碍示范商户”评选工作。同时，会同市、区商务委开展“迎世博，信用卡使用环境”调查摸底。

（陈　漪）

第十章　静安区信息化建设

概　　述

2009年，静安区以科学发展观为指导，紧紧围绕打造“国际静安”、拓展“外向型、国际化、高起点”为目标的信息化工作，在推进政务领域信息化、信息服务业发展和加快信息化环境营造方面有所突破，不断促进区域经济和社会的协调发展。

一、政务领域信息化

【建成“上海静安”门户网站日文版和法文版】 以“外向型、国际化、高起点”为目标，以“上海静安”门户网站英文版为基础，以层次清晰、重点突出、内容生动为设计原则，建设包括静安概览、政府服务、静安生活、静安旅游、投资静安和在线咨询六大板块和32个子栏目。引入科学的翻译机制和质量监控体系，网站翻译内容达42万字，进一步满足了在静安生活、旅游、投资等各类非英语外籍人士的需求，提升了政府服务的国际化水平，也为世博期间更好地展示国际静安的建设成果拓展了渠道。

【建立区应急管理信息平台】 以“梳理全区应急资源，建立区应急管理信息平台，支撑政府应急管理工作”为目标，基本建设完成区应急管理信息平台，主要包括应急日常业务管理、应急指挥管理、GIS辅助和应急资源共享交换4个子系统，于2009年11月初试运行。在此基础上，完成区内应急资源的梳理、采集和初始化工作，形成《区应急管理信息平台应急资源分类和编码规范》、《区应急管理信息平台数据初始化规范》等规范，开展了对区各应急部门的应用培训，提高应对突发事件时快速反应和抗风险能力。

【基本建成区信息化项目管理系统】 为进一步提高对全区信息化项目的“管理科学化、审批规范化、运维长效化”，基本建成区信息化项目管理系统，包括项目、资金、资产和资源管理等六大类94项业务功能，实现了对区内信息化项目从申报、审批、采购、建设和运维等全生命周期的管理、指导和监督。有近30个项目通过该系统完成了2009年项目申报工作。

【完成区电子政务平台与部分应用系统整合改造】 以数据认证平台为基础，对区内信息化系统进行用户管理和权限整合，制定《关于业务系统与区电子政务信息平台整合的要求》，向全区提供“区统一用户和授权管理”、“区统一消息平台”等6类资源接口规范，实现各部门在建设自身业务系统时，不需要重复建设该项功能，即可实现用户管理、邮件收发、短信发送等8类应用服务。全年共完成6个已验收、2个拟验收系统的集约化整合改造，并对8个新建系统进行集约化建设指导。

【启动“上海静安”门户网站手机WAP版建设】 结合区无线城区建设，依托手机这一新媒体传播力度大、针对性强等特点，启动“上海静安”门户网站——手机WAP版建设。基本明确了手机WAP版网站的栏目设置、服务器搭建、日常维护和监督机制等建设内容及工作机制。该网站作为“上海静安”门户网站的一个全新访问渠道，将充分发挥手机易于携带、便于操作、即时传递信息和传播力度大的优势，建设成为一个体现国际静安特色、融信息发布与互动交流为一体的便捷、综合的无线交流平台。

【建设网上南京路专栏】 依托"上海静安"门户网站这一网络平台，建设网上南京路专栏，旨在展现静安南京路人文底蕴，宣传静安南京路的商旅文相关信息，拓展和完善窗口服务载体建设。该专栏已建成包括商业、旅游、文化等50个子栏目，为市民了解静安南京路、塑造好"静安南京路"这一高端品牌起到支撑作用。

【完善行政服务中心信息系统】 完善市民办事信息系统、企业办事信息系统的数据沉淀、后台管理、统计分析功能，提高系统的运行速度、稳定性、安全性和自我诊断能力。推进一口受理的窗口覆盖面和事项覆盖面，增设一口受理窗口10个，2009年通过系统受理事项101 845件；完善企业服务中心信息系统，提高视频监控流畅性，增加事项综合检索功能，系统新增25项办事事项；完善网上办事接口系统的功能，在全市率先实现窗口办事的节点信息能实时送到门户网站，全年向区门户网站传送办事信息108 877条，并使所有传送数据可看、可管；完善电子监察信息系统，实现将预警件、超时件、投诉件主动推送到相关领导和监察部门，有效地为行政效能监察提供数字化依据、电子化手段，变以明查暗访为特征的被动监督为以事前预警、数据分析为特征的主动监督，系统于2009年9月通过初验，并在全区各部门中推广使用。

【推进网上政府信息公开工作】 进一步规范政府信息公开工作，完善公文报备系统，在原有系统基础上，新增索取号等8类报备内容，系统于2009年第二季度正式上线。推进公文报备系统在全区的应用，明确了公文报备的范围、报备内容、时限要求、报备方式和时间节点。完成区政府信息公开申请处理系统与区公共信息平台的统一用户管理和权限整合，促进信息系统的集约化建设。2009年，全区43个政府部门公开政府信息条，其中主动公开信息1 176条，依申请目录763条，在"上海静安"门户网站政府信息公开专栏内主动公开政府信息累计4 475条，依申请公开累计1 103条，累计信息达5 578条。文件目录备案制度继续推进，2009年全区43个政府部门报备公文3 315条。政府信息公开专栏页面访问总量达4 125 688人次，接受市民网上咨询3 853人次。

【"上海静安"门户网站应用成效显著】 不断提升网站国际化水平、加强网站安全保障、推进网站功能建设、强化与政府工作的紧密度，"上海静安"门户网站信息服务水平日益提高。2009年，门户网站日平均访问量达到2 873人次，访问用户涉及美国、澳大利亚、日本等50多个国家；网站全年发布政治、经济、文化、服务等信息约9 789条；全区公开网上政府信息1 549条，行政审批事项网上实现比例达到了80.1%，超额完成了60%的国际静安指标，并较上年提高2个百分点；网站信访总量达到1 270件，比上年上升27.1%；同时网站已成为世博期间展示宣传国际静安的重要组成部分。

二、社会领域信息化

【推进区社会化居家养老管理服务平台建设】 "静安区社会化居家养老管理服务平台"是静安区迎世博社区建设的五大重点工程之一，旨在利用现代信息技术，以"乐龄一卡通"为载体，实现老年人管理和服务的网络化、数字化，提升对老年人管理和服务的能级。2009年10月，静安老人在上海市第一个领到集老人基本信息、政府补贴信息、个人充值信息于一体的"乐龄卡"，老年人可以持卡在全区畅享各类助老服务、畅游各类文体活动，不仅享受到静安经济社会发展的成果，而且享受到科技给他们带来的便捷。

【推进区数字图书馆建设】 静安区数字图书馆建设是区图书馆综合改造工程的一项重要内容，主要有图书馆弱电系统建设、图书数字化管理系统建设、数字化流动图书车建设等。该项目结合区图书馆的特点，按照"对内管理高效、对外服务便捷"的理念，有效整合了全区的图书资源，实现了图书管理自动化、图书服务多样化，解决了区图书管理手段落后、服务手段单一、信息化基础薄弱等问题，提高了图书馆工作效率和服务水平。

三、城市建设管理领域信息化

【推进城市实时图像监控系统建设】　“城市实时图像监控系统”不仅将区内所有道路交叉点、重点部位、治安复杂场所、案事件高发点、与外区交界道路节点都纳入视频监控范围，而且还探索采用了图像专用传输信息网络、无线图像传输技术、图像资料分析中心以及高清晰度双编码数字录像模式等一系列先进成熟的技术，进一步提升了对存储图像资料的检索和调取速度，实现了图像资源的集中管理，图像录像的清晰度和可用性也有较大的改善，全面提升了实时图像监控系统的使用效能，提高了系统的辅助实战能力、决策指挥能力、应急反应能力以及对图像信息的分析研判能力，使公安机关对违法犯罪行为的防范、预警、发现、打击能力再上一个台阶。

四、信息产业发展

【编制完成《科技政策导航》】　为更好地服务区科技企业，让企业能够及时充分地了解相关科技政策，编制完成《科技政策导航》，收集了自2000年以来国家、市级、区级三个层面相关政策。《科技政策导航》以优惠政策、申报条件、申报流程、配套政策等板块结构展开，对国家、市级科技政策作了简要摘录和结构梳理，并辅以区配套政策的说明。同时，在“上海静安”门户网站上增设科技政策导航的网上专栏（www. jingan. gov. cn/kjzcdh），进一步扩大科技政策的宣传覆盖面。

【完成年度区软件和信息服务业统计】　为全面掌握区主要软件和信息服务企业的经营情况及区认定软件企业和软件认定企业产品情况，完成2008年度静安区软件和信息服务业统计工作，制定形成了《2007—2008年静安区软件和信息服务业现状简析》，对软件和信息服务业的发展特点、项目申报以及获得资助情况进行了分析。

五、信息基础设施建设

【推进无线城区建设】　聚焦国际商务港，以静安寺地区无线覆盖为基础、以推进无线应用为重点，制定形成《2009年静安无线城区推进方案》，从网络覆盖、应用推进和宣传培训等方面，积极推进无线静安的建设。2009年共建设完成室内外3G(TD)基站136个，完成155幢商务楼宇公共区域室内WiFi的热点覆盖，完成吴江路和同乐坊寺等片区的室外WiFi热点覆盖，逐步推进多技术、多层次无线宽带覆盖；构建“无线静安信息平台”，在静安寺地区部分公共场所提供市民免费无线上网；建成“上海静安”门户网站手机版，将政府信息公开和公共服务向手机终端延伸；开展“手机邮箱免费体验活动”，探索移动办公应用，全区近20个部门的40余人已利用手机实现政务邮件的收发；组织开展无线知识培训、无线体验馆参观、无线知识宣传手册发放以及静安时报专版宣传等形式多样、内容丰富的宣传活动，在区内营造形成“懂无线知识、会无线冲浪”的应用氛围。

六、信息化环境建设

【完成公务网分级保护安全测评工作】　根据涉及国家秘密的信息系统分级保护的相关标准要求，结合区公务网接入网系统的安全保密风险分析，完成楼内、外涉密信息点的安全保密加固工作；完成安全测评和安全策略配置、终端电脑设置、网络线路、视频干扰等12个方面的整改工作。并根据要求提交公务网运行许可证申请。

【完善网络与信息安全事件专项应急预案】 结合区实际情况，进一步完善《静安区网络与信息安全事件专项应急预案》和《应急演练计划》，与区应急办等相关部门共同组织开展网络和信息安全的应急演练，对突发应急事件的处理流程进行了检验，提高全区网络与信息安全事件专项应急管理水平。

【提升区主干网络日常运维和保障能力】 全面提升区信息化安全管理的实际水平，做好全区主干网络管理和服务，加强日常维护和监控工作。采用终端流量控制、病毒和恶意软件查杀、网络设备安全性监测、漏洞扫描等多种手段，加强区内公务网、政务网、互联网的安全管理。

【"上海静安"门户网站安全保障能力逐步提高】 根据上海市信息安全检查工作会议精神及上海市信息安全测评中心的安全测评报告，结合奥运期间网站运维管理经验，对门户网站进行了安全加固，一是通过部署入侵检测系统、安全审计系统、网页防篡改系统强化网站安全边界防护，完善网站事前预防、事后追责机制；二是部分"超龄"硬件设备升级，优化网站系统、应用程序的配置和服务器资源，同时网站页面、数据库、域名解析等系统逐步实现实时备份；三是整合内网手机短消息平台，进一步加强了信息安全。网站安全保障能力逐步提升。

【完成《静安区居民信息化指标调查报告》】 为准确反映和全面了解区居民信息化发展情况，给区域信息化发展提供决策支持，制定了《静安区居民信息化指标调查实施方案》，包括项目背景及研究目的、研究思路与研究内容、研究方法、入户访问形式和质量控制细则等方面。设计问卷调查，包括背景、信息化产品拥有及使用状况、信息消费支出等方面共计26题，并对870户居民开展了入户调查工作，最终形成《静安区居民信息化指标调查报告》。2008年全区约80%家庭拥有计算机，六成以上居民在工作或生活中使用网络，家庭固定电话拥有量不到移动电话拥有量的1/2；电视机普及率近100%，IPTV、数字电视普及率尚不高；家庭信息消费支出增长明显。

【开展系列主题培训】 积极整合区内相关培训资源，借助社会力量、社区学校、科普活动、学习型城区建设等，拓展培训渠道，扩大信息化培训的覆盖面。制定《信息化培训方案》，共设计家庭信息化应用等36门课程，其中公务员课程17门、社区课程19门。机关层面以"信息化与创新政府管理和服务模式"为主题已经开展了公文报备和网上信息公开、信息化生活体验、数码图像处理技巧、公共信息平台等9门信息化培训活动，培训人数达到519人次；社区层面，以"信息化点亮生活"为主题，开发一批既贴近世博主题活动、又贴近居民生活类的信息化培训课程。与区老年基金会联合开展"乐龄五彩星期四——上网冲浪"培训活动。培训内容以丰富静安区老年人精神文化生活，让更多的老年人掌握电脑和网络知识为目的。共培训全区老人200人，共12次。此外，相继开展了"信息技术进万家"、"信息化服务进社区"、"网上购物"等12场社区信息化培训，培训人数达到3 090人次。全年培训数达到3 609人次，全区信息化应用能力不断增强。

【稳步发展信息化管理员队伍】 不断加强信息化领域的人才队伍建设，定期召开全区信息化管理员工作例会，明确信息化建设目标，细化信息化发展任务；开展系统使用、安全管理等10余场次专题培训，有效提高信息管理员各方技能。全年按照"进一步落实职责，进一步加强培训，进一步增进交流"的建设思路，稳步推进队伍发展，使各部门的信息化管理员，真正成为区信息化协调可持续发展的重要支撑和保障。

七、社会诚信体系建设

【积极推进区社会诚信体系建设】 深化商业企业诚信档案、诚信收费、会计信用等级评定、纳税信用、经营许可等信用信息向社会的主动公开，公开诚信企业信息 123 条，各类信用信息 266 条，累计公开信用信息 1 564 条。积极营造公平信用的市场环境和诚实守信的社会环境，举办"2009 年上海市信用知识进社区活动"启动仪式，进一步促进社会信用意识的提高，不断推动静安区社会诚信体系建设。

（静安区信息委）

第十一章　宝山区信息化建设

概　述

2009年，宝山区信息化工作在区委、区政府的总体部署和市经济信息化委的具体指导下，全面贯彻落实科学发展观，围绕“资源整合、资源利用，应用整合、效益发挥”目标，深化电子政务建设与应用，加强信息化项目建设与管理，不断推进信息技术在区域经济建设、城市和社区管理、公共服务以及推进城乡一体化发展等领域的深化应用，努力为又好又快建设现代化滨江新区提供强大的信息化支撑。

建设了一批信息化项目，政务信息资源得到进一步开发和利用，电子政务应用得到进一步推进，信息化聚焦新农村助力推进城乡一体化发展，信息安全管理得到进一步加强，深入推进政府信息公开工作，大力推动社会诚信体系建设。

宝山区行政村集约化信息服务外包项目获上海市信息服务业行业协会2009年度政务信息化应用成果奖。宝山区政府网站便民服务和网上信访系统被评为2009年度中国电子政务优秀应用成果奖。宝山区社保卡服务中心被评为“上海市社保卡服务先进集体”。

一、政务领域信息化

【调整国民经济和社会信息化领导小组】 为进一步加强宝山区国民经济和社会信息化工作，区政府决定调整区国民经济和社会信息化领导小组，调整后的组成人员包括区政府、区发展改革委、区建设交通委、区经委、区农委、区政府地区办、区公安分局、区财政局、区文广影视局、区人力资源社会保障局、区教育局、区卫生局、区民政局、区统计局、区规划土地局、区商务委、区科委、区国资委、区监察局、区安全监管局、区税务分局、工商宝山分局、区质量技监局、区食品药品监管分局、区信息委等25个成员单位的分管领导。领导小组在区信息化委员会下设办公室，办公室主任由区经委党委书记、经委副主任、信息委主任浦志良兼任。

【区信息化工作推进会议召开】 2009年7月8日，宝山区召开信息化工作推进会议，明确区协同办公系统应用推进的主要任务和时间节点，部署信息化项目管理工作有关要求。副区长朱永泉出席会议并提出要求，区信息委具体介绍了协同办公系统应用推进的计划，并对信息化项目管理提出要求。友谊路街道、区发展改革委分别以《大力推广协同办公系统，努力提升政府管理服务效能》和《让协同办公系统成为工作的最得力助手》为主题做了交流发言。

【区协同办公系统应用推进取得成效】 2009年12月9～15日，由宝山区信息委牵头会同区保密局、区财政局，对友谊路街道、吴淞街道、张庙街道、庙行镇、高境镇、大场镇、顾村镇、杨行镇、月浦镇、罗店镇，区发展改革委、区环保局、区民政局、区商务委、区建设交通委、区绿化市容局、区规划局、区人力资源社会保障局、区统计局、区水务局等20家单位进行了抽查。抽查情况有三大特点：重视组织领导，明确责任分工；积极开展培训学习，熟练掌握系统操作；不断巩固提高，拓展新的应用功能。截至12月底，通过系统各部门在协同办公系统上共办理公文件9 295件，内部传阅件1 116件，通知及会议通知19 718条。

【政府信息公开工作稳步推进】 截至2009年底，共梳理主动公开政府信息 1 643 条，依申请公开政府信息 1 825 条；网上咨询 471 人次；咨询电话 3 532 人次；现场接待 24 129 人次；政府信息公开专栏的页面浏览累计 693 822 万人次。

【区政府门户网站便民服务系统和网上信访系统通过专家验收】 2009 年 2 月 24 日，宝山政府门户网站承建的“宝山政府门户网站便民服务系统”和“宝山网上信访系统”项目通过专家验收。“宝山政府门户网站便民服务系统”通过建设手机短信平台和宝山博客，延伸了宝山政府门户网的便民服务功能，可向宝山市民传播便民服务即时信息和向企业发布投资服务即时信息等提示，同时增加了政府与百姓的互动交流，开拓了政府为民服务和的新途径。短信平台和宝山博客自 2007 年 12 月正式投入试运行以来，运行平稳，其中短信平台已有注册用户 820 多人，发送各类服务短信达 8 万多条。“宝山网上信访系统”根据国家信访局《“网上信访”试点工作实施方案》要求进行建设，实现信访在线提交、办理状态查询、信访回复反馈、满意度点评等功能，成为传统信访渠道的有效补充，系统运行 3 个月来，处理网上信访件 900 余件。通过网上操作流程，使信访更加便捷、公开透明，在关注民生、促进社会和谐、提高政府办事效率等方面起到了积极的推动作用。

【区发展改革委推进物价管理信息化】 为进一步加强宝山区物价信息化管理，使之向科学化、信息化、公开化发展，发挥物价管理在“迎世博”中的作用，宝山区发展改革委（物价局）及时启动信息化项目建设，借助信息化手段，加强价格监测、价格管理和价格举报及监督工作。“宝山发展改革委价格管理系统”于 2009 年 2 月 26 日前完成评审和招投标，这标志着该系统已经进入正式实施阶段。系统建成后，将实现四个目标：利用网络后台处置、前台发布形式，及时公布宝山区主要价格信息，让网民了解价格走势；及时分析汇总价格数据并形成报表，辅助领导决策；实现价格管理数字化，从而改变以往纸质文件形式，提高办事效率；将价格举报流程化，规范管理，方便百姓诉求。

【区信息委开展区公务员门户及区协同办公系统应急演练】 为保障区公务员门户及区协同办公系统的稳定运行，有效地应对各类突发状况造成的系统故障，宝山区信息委针对宝山区公务员门户及区协同办公系统可能发生的系统故障编制一整套应急预案。为检验应急预案的可操作性和实用性，确保在发生应急事件时能按照既定的应急预案实行有效操作，2009 年 3 月 7 日，区信息委分别就区公务员门户及区协同办公系统进行了应急演练。此次演练，主要针对区公务员门户及区协同办公系统的应用系统及数据库系统实施模拟故障恢复操作，检验系统在各类故障出现时的故障排除操作的可行性、可操作性，达到预期设计的效果。

【宝山电视点播系统升级项目通过验收】 2009 年 5 月 22 日，由宝山电视台和区政府门户网站联合建设的“宝山电视点播系统升级项目”通过验收。宝山电视台视频点播网（http：//bstv. baoshan. sh. cn）创建于 2005 年，为广大市民提供宝山电视节目的视频点播服务。随着信息量的增大，原来的系统、硬件设备及安全等方面都不能满足应用需求，为此 2008 年宝山电视台完成对视频点播系统的升级，系统基于区政府门户网站后台内容管理系统实现了集约化一体化建设。系统于 2008 年底上线正式运行，半年多来系统运行安全、稳定。建成后的视频点播系统界面友好，能流畅点播宝山电视台的电视节目，运行更新维护便捷，管理维护方便安全，为市民提供了更加稳定、安全、流畅的宝山电视节目的视频点播服务。

【区委党校远程教学系统通过项目验收】 2009 年 6 月 4 日，宝山区委党校远程教学系统通过项目验收。系统实现了收看上海市委党校课程直播，点播上海市委党校教学资源库中的各类教学节目，与上海市委党校和上海市其他区县、大口党校进行远程双向互动式教学等功能。“宝山区委党校远程教学系统”作为干部教育培训的现代化手段，将提升区委党校的综合实力，增强区委党校整体服务功能，创新干部教育培训模式，有利于提高干部教育培训工作的针对性、适用性和有效性。

【区商务委网站正式开通】 宝山区商务委员会网站（/www. sbsw. gov. cn/）于 2009 年 10 月 9 日正式开通。作为宝山区商务委门户网站，宝山区商务委在整合原宝山区外经委网站等网络资源基础上，进一步开发创建了宝山区商务委网站。该网站主要包括政府信息公开、政策法规、工作动态、经济运行、产业发展、粮食酒类、旅游市场、投资指南、办事指南、党建之窗等13个栏目。它的开通将成为区商务委政务公开、对外信息交流的重要渠道，将进一步提高区商务委各项工作管理的透明度和办事实效性，切实体现区商务委更好地服务社会、服务企业和服务群众的职能转变，标志着机关信息化建设水平的进一步提升。

【区经委网站正式开通】 2009年7月20日，宝山区经济委员会门户网站(http://jjw.baoshan.sh.cn)正式对外开通，网站将有效利用信息化载体，宣传和贯彻落实政府各项政策、为企业提供各类信息服务，宣传企业、为企业搭建信息宣传的平台，并建立政府与企业互动的平台。网站有以下特色：为企业提供信息服务平台；为企业提供宣传平台；搭建政府与企业间的互动平台；为企业提供办事路径平台。

【区第二届优秀党政网站评选工作】 2009年8月18日，召开宝山区第二届优秀党政网站评选工作专题会。由区网络宣传管理办公室、宝山区政府门户网站主办。区委常委、宣传部长袁鹰在会上作讲话。宝山区开展第二届优秀党政网站评选活动，是推进全区党政网站建设和管理的重要举措，通过评选对全区网站进行等级分类，对符合网站建设管理要求的优秀网站，进行表彰、推广示范；对不符合建设管理要求的网站，限期整改。推进宝山区互联网站建设和管理的规范化、制度化。

【区协同办公系统(二期)通过验收】 2009年8月21日，宝山区协同办公系统(二期)项目通过专家验收，市政府办公信息处理中心、市经济信息化委信息化推进处、复旦大学的专家领导对项目给予了肯定。该项目基于区公务员门户和统一身份认证授权管理系统，在一期建设的基础上进行了系统优化和应用功能深化，可实现全区政府部门的日常网上办公，并在节约政府资源、提高行政效率、促进部门之间协同办公等方面发挥积极作用。该项目建设按照一体化、集约化的建设原则，构建了以通用办公组件为支撑的全区统一的协同办公系统。将原有的分散式架构升级到集中式架构，并根据各单位的实际需求，对原有功能进行扩展，形成以文档管理、政务管理、事务管理为核心，功能相对完善的协同办公系统，实现了机关内部公文、会议、外事、信息公开等主要办公业务的数字化和网络化。系统使用范围覆盖全区所有处级党政机关、部分事业单位和居(村)委会，区发展改革委、友谊路街道等20多个部门基本实现部门内部办公自动化。

【宝山区信息委部署2009年国庆期间信息安全工作】

宝山区信息委就关于加强2009年国庆期间信息安全工作进行部署，要求各部门一要全面落实信息安全责任制，建立健全信息安全工作机制，确保领导到位、人员到位、责任到位、措施到位；二要切实加强信息安全防范措施，完善安全防范措施，加强网站安全防范，确保网络安全可靠运行；三要认真做好信息安全应急工作，重点部门、重点岗位加强值班，确保通讯联络畅通；四要加强督促检查和责任追究，认真组织政府信息系统安全检查，对发现的问题和隐患及时认真整改。

【区网络与信息安全协调小组成立】 2009年10月29日，宝山区成立区网络与信息安全协调小组。区委、区政府联合下发《宝山区网络与信息安全协调小组成员及职责的通知》，明确分管副区长为区信息安全主管领导，明确了各成员单位工作职责，为宝山区网络与信息安全工作提供组织保障。

【区政府信息系统检查、网络与信息安全应急预案编制和演练的长效机制建立】 2009年10月29日，以区政府名义下发《关于建立宝山区政府信息系统安全检查和网络与信息安全事件专项应急预案编制、演练工作长效机制的通知》(宝府办[2009]65号)，明确网络与信息安全重要部门工作职责，开展政府信息系统检查、举行信息安全应急预案演练的要求，为宝山区网络与信息安全工作提供制度保障。

【信息安全保障工作会议召开】 2009年10月29日，宝山区召开信息安全保障工作会议。区委、区政府各部门、街镇、园区、各社会团体等分管领导参加会议，副区长朱永泉出席会议。区经委党委书记、信息委主任浦志良总结了去年以来宝山区信息安全保障工作情况，就下一阶段信息安全重要工作进行了部署，将重点围绕世博会举办做好信息安全保障工作。全面落实《宝山区迎世博信息安全保障两年行动计划》，建立信息安全保障工作责任体系。开展重要信息系统安全等级保护工作，实现信息系统全生命周期的信息安全管理。开展政府信息系统安全检查，确保区政府信息系统的安全稳定运行。推进应急预案编制、演练及调整工作，提高应急处置能力。继续落实好信息安全各项日常管理工作。加强信息安全测评，完成政务外网互联网安全接入试点，完善网络信任体系和数字证书建设，建设全区统一的网络信任体系。

二、社会领域信息化

【社保卡服务中心成绩显著】 2009 年，宝山区社会保障卡服务中心通过加强内部管理，明确工作职责，理顺工作关系，强化服务理念，取得了显著成绩。全年完成社保卡信息采集 47 033 人，发放社保卡 41 343 万张，其中，完成 70 周岁以上老年人信息采集 8 191 人，发放敬老卡 8 241 张；完成中小学生信息采集 21 833 人，发放学籍卡13 729 张；完成 0 到 6 岁儿童信息采集 641 人，发放儿童卡 713 张。

【认真做好全国残疾人工作示范城市创建信息服务工作】 2009 年，宝山区在创建全国残疾人工作示范城市过程中，积极调动各方力量，从三方面全力做好信息化服务：一是利用现有的各种网络资源，实现残联系统的网络全覆盖；二是提供地理信息资源共享，为全区残疾人服务网点、无障碍设施的信息化管理提供平台；三是认真为残联系统信息化建设提供技术支持。区残联应用系统通过宝山区基础地理信息共享与服务平台的交换、接口、配置等服务，实现对服务网点和无障碍信息的有效管理。

【区残联信息化建设实现新跨越】 2009 年，宝山区残联完成基层残联整网迁移工程，实现街镇残联与市残联、区残联、区内各相关职能部门、村居委残协联网互通。12 个街镇残联全部进入社区事务受理中心，实现了市残联政务外网、市残联 OA 网和区办公业务网三网合一。新的网络构架为实现让残疾人“少走一段路、少进一扇门、多办一件事”的信息化建设目标奠定基础。各街镇残联申请开通包括评残、康复、救助、辅助器具等业务在内的全部街镇级操作权限。实行残联业务网上申请、审核、审批，为残疾人打通一条办事“高速公路”，先后开发“8～14 岁残疾儿童康复救助”、“体检后续服务医疗券补贴”等 11 个区级康复救助项目和“低保残疾人家庭实物帮困卡”、“低保多残家庭助残金”、“无障碍设施进家庭”3 个帮困救助项目。残联系统的大多数业务均可网上申请、审核、报批。手续简单、证件齐全的服务项目可以当场办理，残疾群众同样享受到网络时代的便利服务。

依托区办公业务网开通“宝山区救助管理系统”，该系统与区人口信息库链接，实现与全区各街镇残联、相关职能部门、社会保障和救助机构的网络联通，整合了民政、教育、卫生、慈善基金会等 11 个部门和 12 个街镇的社会救助项目，做到数据统一管理、信息共享。实现了“少重复、不遗漏、广覆盖”的阳光救助工作目标，最大限度地发挥信息化效能，减少了工作中的随意性，提升了为残疾人服务的水平。

换发第二代残疾人证工作量大、时间紧。区残联对区残疾人信息数据进行全面调查摸底，在信息采集的基础上，组织各街镇将采集的数据录入“宝山区残疾人数据库”中，并对“市残联管理信息系统”中原有的宝山区残疾人信息数据进行了全面核对、补录、清理。共修改问题数据 9 508 人，补录信息缺失资料数据 309 人，确保了残疾人数据的真实性、规范性、完整性和准确性，为换发第二代残疾人证奠定了良好基础。2009 年 5 月换发二代证工作正式启动，进展顺利。

【居委会电子办公升级网络版，宝山区友谊路街道试行在线协作办公模式】 为使居委会干部从繁重的台账事务中解脱出来，宝山区友谊路街道在居委会推出电子台账系统，试行网络办公，居委会干部们待在办公室的时间少了，去居民社区的次数多了。2009 年，友谊路街道将台账系统从单机版升级到网络版，实现系统互联、内容检索、统计分析、Word 模版输出、多用户分工等多项功能，增加了对资料的筛选功能、统计功能。居委会原有的 81 本台账整合为综合类、党群类、行政类 3 本台账，记录条目从 736 项降至 155 项，减少近 80%，页码数从 3 213 页减少到 324 页，仅为以前的 10%，全部以电子版操作，无纸化办公，有效减轻了居委会额外的负担，使得居委会干部能够腾出更多时间、精力服务群众，有效解决了基层工作重心下移难的问题。

【宝山红十字会在全市率先启动网站建设】 2009 年 6 月 3 日，宝山区红十字会网站通过项目验收。宝山区红十字会网站实现了用户注册、身份验证、网上捐助、共享下载、系统管理、网站内容管理等功能。用户可以通过网站注册成为会员，通过验证后，就可以使用网站会员功能。广大爱心人士可以在注册成为网站会员，在线向红十字会捐赠资金。宝山红十字会在全市率先启动网站建设，网站投入运行后，在加快区电子政务信息化建设、推动红十字会社会救助工作等方面起到积极作用。

【信息化提升宝山疾控质量管理水平】 2009 年 12 月 31 日，宝山区疾病预防控制实验室管理系统项目通过专家验收。项目的建成应用提升了疾控中心实验室的运行效率和管理水平，为区疾病预防控制提供了有力的信息技术保障。宝山区疾控中心实验室作为国家认可实验室，承担着食品、饮用水、环境消毒监测等检测项目 10 大类 276 项。系统的建成为区疾控中心实验室和质量管理体系提供了一个将实验室人员、仪器、材料、方法、环境等五大要素统一规范管理和关联的系统平台，实现客户网络预约登记、样品自动采集登录、实验室数据自动采集、报告自动生成、质量管理等功能。利用信息化手段，实验室实现了 373 台检测仪器的大批量分析数据的自动采集，减少了化验人员手工输入数据的工作量；系统自动生成检验过程中各类报表及统计报告，提高了工作效率；实现实验过程所有数据的可追溯，为各业务条线的分析和决策提供依据。系统自 2009 年 8 月起双轨运行，经过 5 个月的完善和优化，通过管理系统出具检验检测报告达 1 000 多份。

【月浦镇举行就业援助员电脑操作竞赛】 为检验就业援助员电脑操作水平，进一步提高学习计算机积极性，增强工作技能，社保中心借用东方社区信息苑多媒体教室，精心组织了一场“月浦镇就业援助员电脑操作竞赛”活动。经过初赛、复赛后，最终胜出的 12 名队员参加了比赛，其中年龄最大的 39 岁，最小的 26 岁。比赛试题主要涉及 Windows 系统、办公自动化软件以及网络操作等。乐铁君以熟练的办公自动化软件操作荣获第一名。

【有序推进农村信息化培训】 2009 年，宝山区完成“千村万户”农村信息化培训实事项目，完成信息化培训 1 308人，实现全年培训目标的 101%；采用“信息小篷车”进村、进厂等方式向 28 439 位农民进行信息化宣传，实现全年目标的 118%。为提高农民的信息能力，促进农民综合素质的提升，宝山区信息委会同区农委、区教委、区妇联坚持“三个注重”，有序、有效地推进“千村万户”农村信息化培训普及工程。注重农民实际需求，培训体现针对性；注重培训的延续性，巩固信息化培训成果；注重信息化培训的后续跟踪，使信息化真正有益于农民。

【在互联网上印出“村级名片”】 在全区所有行政村都实现联网的基础上，2009 年，在市经济信息化委、市农委的统一技术支持下，宝山区积极推进行政村门户网站建设，8 月 5 日，区信息委、区农委组织召开区行政村网站建设工作推进会议，启动全区 109 个行政村网站建设，并于年底前完成建设。全区 109 个行政村在互联网上建立门户网站，成为宝山区农村、农业对外交流的一个重要窗口。行政村门户网站包括本村概况、本村动态、村务公开、企业产品、企业风采、特色农产品、农民合作社、农家乐、对外合作等栏目，既是展示和推介宝山区特色农产品、农家乐、村办企业的重要渠道，也是推进村务公开的重要手段。

【喜迎国庆——宝山信息化宣传专场演出深入农村】 2009 年 9 月 29 日，宝山信息化宣传专场演出《橘树下的婚礼》在罗店镇文化服务中心举行，给当地的农民和居民送去节日的祝福。在轻松愉快的气氛中，大家既感受到节日的喜庆，又近距离、直接形象地感受到信息化、了解信息化、走进信息化。《橘树下的婚礼》围绕郊区某橘农种植的橘子从成熟到销售过程中所发生的一系列事件，以生动的实例和形象的语言，将信息化进入农家，帮助农民发家致富的理念，通过农村居民喜闻乐见的滑稽戏的形式表现出来，使广大农村居民在笑声中感受信息化对工作和生活带来的重要变化，将为宝山区今后深入推进“千村万户”农村信息化培训、开展信息化建设和应用创造良好的环境。

【着力培训农村信息员队伍】 为缩小城乡“数字鸿沟”，提升农村信息化建设和应用水平，2009 年 8 月底，宝山区建立了一支 111 名村干部组成的农村信息员队伍。区信息委会同区农委对 111 名农村信息员进行信息技能培训，为行政村网站的信息维护提供人才保证。行政村网站是政府实事项目“千村万户”农村信息化培训普及工程的一项重要内容。通过授课、现场互动和计算机实际操作，有效地提高了农村信息员的技能。大家表示，通过培训，初步掌握了上网、图片编辑和信息录入等计算机的基本操作技能，有信心维护好本村网站，更好地发挥网站在展示交流、推进村务公开、服务村民等方面的作用。

【“千村万户”农村信息化培训宣传普及工程获表彰】 2009 年宝山区政府实事项目“千村万户”农村信息化培训宣传普及工程完成，获得市经济信息化委、市农委、市教委和市妇联的联合表彰和肯定。大场成人中等学校被评为上海市农村信息化培训“优秀培训点”，白梅芬等 7 人被评为上海市农村信息化培训“优秀工作者”，顾村镇姜家村刘冬云等 6 名学员被评为上海市农村信息化培训“优秀学员”，罗店镇天平村等 5 个村的网站(网页)被评为上海市“村级网页示范单位”。

【信息化助建宝山区图书馆网络化服务体系】 作为宝山区文化信息资源共享工程的重要组成部分，2009 年，宝山区图书馆信息化项目“借还通”系统正式启动建设。实现全区公共图书馆 60 余万册藏书、近 20TB 数字资源的充分共享和信息联动。建设“借还通”系统：实现宝山区图书馆、12 个街镇图书馆以及下属社区分馆、新农村文化服务中心之间图书的通借通还，将图书馆延伸至所有读者身边，使得读者能够就近借还图书，把书送到老百姓的家门口；统一平台，规范管理，打破各图书馆之间的物理阻隔，充分发挥各街镇图书馆及社区图书室、农家书屋等书刊借阅场所的互联互通。建设读者认证系统：减少原先读者重复登录、反复登录的麻烦，实现读者在区图书馆网站的一站式登录，只需一次注册，即可访问宝山区图书馆网站内的所有资源以及读者空间的所有服务。

【宝山教师“网络阅卷”】 在宝山区教育局和电信部门的共同努力下，区“校校通”教育专网有接入单位 200 多个，网内具有 20 000 多个计算机终端，涵盖宝山区教育机关、基础教育、校外教育和成职校等教育单位和部门。为进一步提高阅卷质量，使考试评分更加公平、公正，宝山区教育部门本着方便老师、方便学生和方便管理的原则，提出对 2009 年 11 月 8～16 日进行的全区中学教学质量监控管理考试实施“网络阅卷”。并将以淞谊中学、宝钢新世纪学校、宝山实验学校三所学校和区教师进修学院作为阅卷点。通过中国电信上海公司宝山局，将上述三所学校的网络内联链路临时从 10 兆提速至 100 兆，使得原来 50 台电脑同时上线，升级后提升为最多 500 台电脑可以同时上线，确保阅卷工作顺畅进行。约有近 4 万中学生参加此次质量监控管理考试，按照常规的纸笔阅卷方式需要近千名老师三天时间完成，而网络阅卷只需要 450 名教师两天完成。2009 年，共有 14 所高中5 000名学生参加每学年 2 次 9 门课程考试，59 所初中共 28 500 名学生参加每学年 3～7 门课程考试，这些考试全部采用网络阅卷方式进行。

三、经济领域信息化

【宝山企业足不出户网上轻松申报统计报表】 网上直报统计数据操作简单，企业可直接在单位电脑上登录互联网，进入“网上直报系统”，在短短的数分钟之内就可在网上完成填表、审核、报送等工作，大大提高工作效率，减轻劳动强度。由于系统操作简单方便，经过不到半小时的培训，原来不太熟悉电脑操作的统计人员也可以在 3～5

分钟内通过网上直报统计数据。即使企业人员变动，换成新的统计人员，通过电话指导也可让其快速掌握网上直报的操作流程。统计网上直报系统方便了企业报送，减少了中间环节，区统计局和各个统计站的工作人员可以将更多的精力转移到对数据质量的监控和数据的分析应用上。已有3 700家企业实现网上统计数据申报，从一定程度上降低了社会的运行成本。

【“统计数据中心”加速政府统计信息化进程】 2009年12月1日，宝山区统计管理信息系统(二期)——统计数据中心项目通过验收。该项目的建成，进一步增强了已建统计管理信息系统的稳定性和数据安全性，为政府统计工作的开展提供了必要的保障。项目主要实现了两个目标：建成全区分布式统计数据中心。数据中心建在区统计局，承担全区统计数据的收集以及加工汇总处理任务，分中心建在各街镇统计站，承担各街镇统计数据的采集录入以及加工汇总处理任务。同时，通过区办公业务网实现中心和分中心的互联互通；完成系统服务器双机互备建设，使系统在稳定性、高效性、数据的安全性方面有较大的提升。宝山区统计管理信息系统是政府“电子统计”工程的重要应用组成部分，是将全区采集到的各行业统计数据进行审核加工和分析汇总，是统计业务最核心的处理中心。该系统一期自2007年建成使用以来，逐步形成一个专业统计分析数据库，包含所有行业的历年统计数据，保证了历史数据的可追溯性，方便查询、分析和领导决策。

【区建设工程行政审批网上跟踪系统项目通过专家论证】 2009年10月21日，宝山区建设工程行政审批网上跟踪系统项目通过专家论证。该项目根据《市府关于建设工程行政审批管理程序改革试行方案》、《上海市并联审批试行办法》、《企业投资项目核准暂行办法》等文件精神，实施建设工程类项目行政审批网上跟踪系统，对规范政府行政审批、促进政府职能转变将起到积极作用。该项目对外服务于企业，提供建设工程审批流程及审批条件告知、审批状态查询等；对内服务于区发展改革委、区环保局、区规土局、区建设交通委等11个相关职能部门，记录5大类建设工程审批的全过程办理状态和时间节点，并实行审批全过程效能监察。该项目是宝山区网上行政审批基础平台建设的一项重要内容，将对今后扩展区内其他类型的行政审批提供较强的自定义功能。

【宝钢采购电子商务平台年度交易额逾80亿元】 2009年，宝钢采购电子商务平台交易额突破80亿元，其中，网上竞价金额70亿元，电子招投标金额逾13亿元，全面完成年度交易额目标。宝钢采购电子商务平台是东方钢铁电子商务服务的重要组成部分，具备网上寻源、询比价、竞标、竞价等功能，改变了传统的采购模式，实现了采购过程自动化、透明化，有效降低了采购双方互动成本。宝钢集团公司自2008年起大力推行“阳光采购”，对采购业务实施集中管控。东方钢铁充分发挥网络平台的支撑作用，积极完善服务手段，提升服务质量，确保宝钢采购组织与供应商之间业务的顺利开展，网上交易品种和交易量不断扩大。宝钢股份资材备件采购部、原料采购中心、工程设备部、不锈钢事业部，宁波钢铁、工程技术公司，宝钢化工、一钢公司，宝华招标等均已通过东方钢铁电子商务平台开展采购业务。

【推进村级财务网络化管理】 2009年12月17日，宝山区国资委实施建设的“宝山区农村经营管理监管系统”通过专家验收。“宝山区农村经营管理监管系统”采用大型数据库技术，结合声音、动画、文字、视频等多媒体元素，构建了全方位的农村经营管理计算机网络实时监管体系。该系统使农民足不出村“上网”报账成为可能。区国资委农经站作为监管部门，不仅可以随时进入系统查询各村财务的最新情况，进行指导或监督；还可以根据需要让系统自动生成各种财务报表，对宏观情况进行快速的汇总分析。像这样的监管点有21个，农村会计服务中心、镇和区国资委、财政局、纪委等相关部门均可根据权限，对村级财务进行实时的全方位指导与监管。此外，各监管点还可以预设条件，让这套智能系统“自动提醒”一些重要或异常的财务变动。除此之外，“宝山区农村经营管理监管系统”还具有财务公开、领导监管、原始票据管理、集体资产管理、土地承包与流转管理、农经统计与农民负担监管等一系列功能。“宝山区农村经营管理监管系统”自2009年1月投入试运行后，运用该系统进行账务处理的单位已达203个，主要包括村、村实业公司和村集体农场三种类型，各类应用深入推进，产生的财务数据量逾600兆。

【宝山申报23家“银行卡刷卡无障碍示范商户”】 为贯彻落实《迎世博600天行动计划》，实现“银行卡刷卡无障碍”的工作要求，以建设便捷、安全、高效的银行卡支付环境为目标，区信息委会同区商务委按照要求，积极动员、精心组织，扎实推进银行卡刷卡无障碍活动。

结合银行卡刷卡交易情况、受理标识张贴情况、持卡人满意度、收银员银行卡业务技能和服务水平等方面的综合情况，共申报宝钢商场等23家单位为“银行卡刷卡无障碍示范商户”。经实地走访和调研，23家单位POS机普及率为100％，POS机总量为487个，2009年1～11月累计刷卡消费超过10亿元人民币。另外，申报牡丹江路商业街(盘古路至密山路)为“刷卡无障碍示范商业街区”。通过推进银行卡刷卡无障碍活动，宝山区不断提高银行卡各领域、各方面工作人员的职业素养和服务水平，营造良好的银行卡支付环境，促进银行卡的应用普及，为迎接世博做好充分准备。

四、城市建设管理领域信息化

【区地面道路交叉口交通信息采集系统(四期)通过项目验收】 2009年3月12日，由区市政工程管理署承建的“宝山区地面道路交叉口交通信息采集系统四期”通过项目验收。“宝山区地面道路交叉口交通信息采集系统”从2005年开始建设，是上海市中心城地面道路交叉口信息采集系统的组成部分。通过在地面道路埋设线圈，利用电磁感应的原理，该系统可统计道路路口各车道的交通参数，包括每车道进出的车辆数和车辆种类，每车道在审定时间内的平均速度与车道的运行使用效率等数据，实时掌握道路基础设施运行效率情况。在前期工程建设基础上，第四期完成了宝杨路与铁山路等20个道路口交通信息采集点建设，采集点达到103个的规模，涵盖宝山区大部分重要路口。宝山区道路交通信息采集系统的建立，为宝山区总体发展规划及市政基础设施中长期规划提供了很好的依据，为宝山区道路交通科学管理和优化路网资源、推进城市诱导等信息系统应用提供了数据支撑，有效提高了对宝山区道路交通状况进行科学评价和分析的能力。

【“宝山公安信息资源综合应用平台”通过专家验收】 2009年7月9日，宝山公安分局信息化项目“宝山公安信息资源综合应用平台”通过专家验收。该系统以现有的公安信息系统为基础，加大各专业信息系统的资源的整合力度，充分实现信息数据的共享和利用，为本辖区的公安民警打击违法犯罪活动提供有力支持。该系统已在宝山公安分局内得到全面推广应用，截至2009年6月底，共整合来沪人员信息622 054条，房屋信息157 157条，来沪人员产生的各类提醒305 015条，其中犯罪前科提醒1 586条，民警通过上门核查共抓获犯罪嫌疑人56人。“宝山公安分局综合信息应用平台”的推广使用，从根本上解决了原有信息数据无法真正发挥其作用的被动局面，通过大批量存量数据比对及对来沪人员的掌控，让公安民警对宝山区实有人口进行了一次全面安全排查，使有犯罪前科或对老百姓构成潜在威胁的人员浮出水面，为公安民警的打击犯罪提供了直接支持。该系统还包括来沪人员信息应用系统、宝山公安电子预案系统、宝山公安信息报送系统等三个子系统。

【区减灾应急指挥中心监控系统改造项目启动建设】 宝山区减灾应急指挥中心监控系统改造项目于2009年11月6日通过政府采购正式启动建设，于年底前投入使用。通过对区减灾应急指挥中心监控系统的改造，实现与市民防办监控系统联网，并实现与已建的区城市图像监控系统的双向共享，届时民防办就能与区公安分局等单位共享全区的视频图像资源，增强视频信号的显示、传输和存储，进一步加强减灾应急指挥中心的信息收集、处理能力，为提高宝山区突发事件应急处置能力提供有力的保障。

【水闸自动监控系统改造工程项目通过专家论证】 2009年10月20日，宝山区水闸自动监控系统改造工程项目通过专家论证，正式启动项目建设，该项目的建设将为水闸现代化监控管理又注入新的动力。该项目建设主要实现三个目标在区海塘水闸管理所建立一个具有实时数据监测、远程控制、视频监视的水闸监控中心；实现区水闸监控中心与市级监控调度系统、区水务局信息指挥中心的互联互通、数据共享及水闸泵站联动运行，实现区域防汛排涝和水资源的统一调度管理；完成荻泾水闸和杨盛河水闸的自动化监控改造。该系统将对水闸的内外河水位、雨量、流量、闸门运行情况等实时监测监控，并结合天气预报、上游地区的行洪排涝等信息，形成水闸防汛排涝数据库，通过信息化手段促进群闸群泵联动、预降河网水位、减轻防汛压力、科学合理调度，能有效提升城市防汛和抵御自然灾害的能力，具有较大的社会效益和经济效益。

【区与市人口信息实现资源共享】 宝山区作为上海市人口信息资源共享试点的第一家单位，已实现人口信息资源数据 174 万条，房屋信息 922 218 条(户)，并初步明确今后人口信息半个月共享一次，房屋信息一个季度共享一次。

五、信息产业发展

【开展软件初审工作】 为满足行业管理需要，加强信息引导，全面反映上海软件产业的发展水平、规模、结构和经济效益，根据市信息委统一部署，2009 年宝山区实行软件业统计报表制度。截至年底，共有 20 家注册在宝山的软件，全年营业收入合计 64 016 万元，其中软件业务收入合计 29 466 万元，软件行业从业平均人数 1 610 人，人均产生营业收入 39.8 万元。

【宝山企业参与 2009 年上海国际信息化博览会】 积极推进宝山区信息化与工业化融合，区信息委组织动员上海宝临电气集团、上海亨钧科技有限公司、上海钢银电子商务有限公司、上海钢之源电子商务有限公司和上海博勋信息科技有限公司等 5 家企业参与 2009 年上海国际信息化博览会，并借助这一专业化、集聚化、规模化的平台，帮助企业宣传和推荐信息技术成果，展现宝山区信息化整体发展水平。展会现场，宝山的参展企业采用产品介绍、多媒体演示、现场推广、观众互动等形式分别展示了通过信息化应用提升企业产品研发、设计、生产、管理、市场预测和销售能力；信息化与铁路运输自动化相融合的成果，包括铁路运输调度指挥、铁路信号联锁、机车控制安全等系统；展示运用 Mysteel 强大的技术支持和数据处理能力，提供专业的钢材网上交易服务；展示通过信息技术实现远期交易、挂牌交易、竞价拍卖、招标采购和专场交易五大钢材交易模式和提供信息化全面解决方案等内容。

【携手通信企业，致力信息助企】 为更好地推进宝山区生产性服务业发展，优化以信息技术服务企业发展工作机制，促进产业结构调整，区经委(信息委)于 2009 年 3 月 30 日召开通信服务企业座谈会，与会的电信、移动、联通和东方有线等区内通信运营商，以宝山推进生产性服务业发展为切入点，围绕优化通信服务、降低企业成本的主题出谋划策、各抒己见。座谈会上，区经委(信息委)介绍了宝山区发展生产性服务业的总体思路，推介了信息产业和服务外包等有关项目，并希望通过信息助企的技术手段帮助区内企业拓市场、降成本，达到保增长的目的。各通信运营商负责人表示，将积极参与各项目配套服务，通过优化语音数据、高速宽带等业务方案和提供优惠资费，助力信息化提升工业化，支持电子商务等产业经济在宝山的发展，为宝山经济发展作出贡献。

【加快推进软件和信息服务业高新技术产业化】 钢铁电子商务、网络游戏和视听产业是宝山区推进软件和信息服务业领域高新技术产业化的发展重点。为贯彻落实市政府《关于加快推进上海高新技术产业化的实施意见》中九大重点领域之一的软件和信息服务业发展要求，帮助宝山区软件和信息服务业企业了解政府服务企业政策，区经委(信息委)将着眼产业链建设，依托园区和企业，加快推动宝山区信息服务业，重点培育电子商务、网络游戏、数字内容服务等企业，为企业提供政策扶持和项目支持，给予重点企业通信网络资费优惠。同时，区经委(信息委)还将联合电信运营商大力推动 3G 网络增值业务，带动3G应用产业链的发展。

【派代(上海)第四届电商风云会在庙行镇举行】 2009年8月8日,派代(上海)第四届电商风云会在宝山区庙行镇骏利财富大厦召开。全国著名电商1号店、齐家网、左岸女人、饭统网、卡当网、柠檬绿茶、心蓝T透、小也香水、发网、华润家纺、麦包包等50多家电子企业参加此次风云会。部分电商企业老总在风云会上对中国电子商务的机遇和前景,尤其是在全球金融危机大背景下,电子商务发展及电子商务需要政府大力扶持等话题进行交流发言。

【区政府与市经济信息化委签约推进软件和信息服务业高新技术产业化】 2009年9月2日,宝山区政府与市经济信息化委签署共建框架协议,携手推进宝山区软件和信息服务业领域高新技术产业化工作,力争2012年实现经营收入200亿元目标,年均增长40%以上。区委副书记、区长斯福民,市经济信息化委主任王坚出席签约仪式并致辞。区委常委、副区长夏雨,市经济信息化委副主任邵志清分别代表双方签署《关于共同推进软件和信息服务业领域高新技术产业化共建框架协议》。根据协议,市经济信息化委和宝山区政府将围绕共同目标,大力发展宝山软件研发、电子商务、信息服务外包、数字娱乐、呼叫中心等产业。建成"一带二基地四园区"——北上海服务外包产业带,上海呼叫中心产业基地和上海信息服务外包总部基地,动漫衍生产业园、电子商务创新园、北上海数据中心产业园和宝信软件园;建成2～3个市级重点产业孵化基地。上海动漫衍生产业园、上海智力产业园、骏利财富大厦、红石电脑研发楼、服务外包共富园、海宝园等载体项目已完成建设或正在建设,上海动漫衍生产业园(一期)、骏利财富大厦已基本完成招商。

【中国第一网店柠檬绿茶6周年庆典隆重举行】 2009年8月30日,入驻在庙行电子商务园区的"中国第一网店"柠檬绿茶在上海国际会议中心举办隆重的庆典活动和第一届中国C2C高峰论坛。宝山区委常委、副区长夏雨出席庆典活动并发表热情洋溢的致辞。宝山区庙行镇创办的电子商务园区致力打造出集"产、学、研"为一体的国家级专业化电子商务园区,充分发挥行业的聚集效应和公共服务平台建设、服务效应。柠檬绿茶是首批入住园区的电子商务公司,经历6年时间的发展,已经颇具规模,在经营探索之路上走出一条适合电子商务发展的道路。柠檬绿茶从兴趣爱好的2人小店发展成拥有300名员工的专业电子商务公司,成为淘宝最大的卖家、中国第一家C2C网店,得到当地政府的大力扶持,同时也为就业和创业者提供了很好的平台。

【上海智力电子商务创新服务园入园签约仪式举行】 2009年9月16日,上海智力电子商务创新服务园区入园签约仪式在庙行镇骏利财富大厦举行。仪式上,庙行商业发展有限公司与上海智园投资管理有限公司、上海易盛网络科技有限公司的领导在入住园区的协议上签字。

六、信息基础设施建设

【信息化基础设施建设进一步加强】 2009年,完成通讯管线建设519.2沟公里,涉及宝山区区域内98条路段。截至2009年底,全区电弧交换机总容量53万门,有固定电话用户42万户,其中住宅电话30万户。

【电子政务网络应急演练】 2009年10月18日,区信息委根据宝山区电子政务网络应急预案开展了应急演练,进一步验证应急预案的可操作性和实用性。此次的应急演练,主要是对电子政务网络中心机房及远程机房的消防、UPS、漏水、远程控制、网络出口设备、负载设备、核心交换等网络设备的中断等方面进行综合应急演练,检验了机房消防系统、监控系统、供电系统、网络系统、应用系统的工作可靠性和应急可操作性,人员操作及设备均能正常响应,达到预期效果。后期将继续通过一系列管理手段和技术手段,进一步提高应急响应能力,保护关键业务免受重大故障或灾难的影响，保障电子政务网络的安全稳定运行。

【区信息委联合区四大运营商开展通信保障应急演练】 2009年10月17日，宝山区信息委联合宝山电信局、上海移动宝山分公司、上海联通宝山分公司、宝山有线电视中心四家运营商开展通信保障应急演练，组织有关人员和抢修车辆到达演练场地，根据指定的演练科目实施演练，达到预期效果。此次演练依据《宝山区突发公共事件总体应急预案》、《宝山区突发公共事件通讯、信息网络事故专项预案》、《上海市宝山区网络与信息安全事件专项应急预案》、《宝山区世博反恐怖通信保障应急处置预案》，旨在检验应急预案的操作性和实用性及宝山区通信运营商应急联动机制的落实情况，锻炼应急指挥和保障队伍，提高应急处置能力和实战水平，建立健全通讯网络信息安全应急机制，科学有效地应对和处置网络通讯突发事故，减少突发事件造成的财产损失。

【区政府与上海移动签署合作备忘录】 2009年8月1日，宝山区政府与中国移动上海公司签署《关于共同深化无限城市建设，推进“信息助企GET行动”的合作备忘录》。中国移动上海分公司在坚持服务企业，保增长的前提下，适时推出鼓励和引导政策，为中小企业搭建专业化服务平台，积极支持宝山区中小企业信息化，通过信息化点燃希望行动、信息化普及教育行动、信息化升级体验行动，在信息化人才培训、信息化产品、制定解决方案及经验推广等方面，为中小企业信息化提供各类优质服务。

【区政府与上海电信签订推动宝山区新一轮信息化建设合作协议】 2009年8月12日，宝山区政府与中国电信上海公司为共同推动宝山区新一轮信息化建设签订合作协议。副区长朱永泉，中国电信上海公司副总经理吴冬立，区经委党委书记、信息委主任浦志良及区公安分局、发展改革委、建设交通委、规划土地局、住房保障房屋管理局和宝山电信局等相关单位出席了签约仪式。此次签约是双方继新农村建设、“无线城市”建设合作后的第三次携手，开始新一轮信息化建设。宝山区政府和中国电信上海公司本着“政府推动、市场引导、企业运作、资源整合”的原则，在政府服务、经济与信息化融合、服务“三农”、服务民生等领域全面合作，深入推进信息化建设，建设先进的区域信息化基础设施，进一步提升区域综合竞争力；通过信息化改善居住生活环境，构建和谐社会，共同提升宝山区信息化水平。

【区政府与上海联通签署信息化建设合作框架协议】 2009年8月26日，宝山区政府与中国联通上海市分公司就2009～2011年宝山区信息化建设签署合作框架协议。副区长朱永泉和中国联通上海市分公司副总经理兼党委副书记赵乐分别代表双方签署合作框架协议。根据协议，上海联通将把宝山作为重要的战略发展区域及业务发展、网络建设的重点区域，在2009年到2011年三年时间里，将投入4亿元，为宝山城市建设和功能定位的落实提供优质可靠的综合信息服务。期间，宝山区政府将在网络建设、业务发展、信息化创新等方面，给予上海联通以大力支持，为上海联通创造条件、提供发展机遇，全力协助上海联通加快实现网络品质的提升和通信业务的转型，为企业和公众用户提供全业务优质服务。出席签约仪式的区政府有关领导和上海联通均表示，将本着“政府推动、市场引导、企业运作、资源整合”的指导原则，发挥各自优势，携手在更广、更宽、更深层次的领域内展开合作，共同促进宝山产业结构调整，不断提升宝山城市竞争力，推动宝山经济社会又好又快发展。

【中国电信宝山数据中心举行开工仪式】 2009年12月26日，中国电信宝山数据中心项目在新星工业园区举行开工仪式。中国电信宝山数据中心项目单位上海锦华信息技术有限公司是第一个由民营企业与中国电信股份有限公司上海分公司互联网数据中心的业务合作项目，在引进和开工的过程中得到市经济信息化委、宝山区政府、中国电信股份有限公司上海分公司的大力支持。宝山数据中心项目代表着民营企业在信息服务业方面新的突破，符合上海市政府《关于加快推进上海高新技术产业化的实施意见》有关精神，为庙行镇规划产业发展方向，调整经济结构找到了新的业务发展重点和方向。

【区物流协会与中国移动通信集团上海有限公司宝山分公司签订战略合作框架协议】 宝山物流协会与移动集

团宝山分公司建立协作关系，可以实现优势互补，强强联手，以优惠的资费、优质的服务、便捷的操作，促进物流企业的信息化应用，降低物流企业信息化应用的成本，提升物流企业的生产、服务和运营管理质量。这对物流企业从传统型向现代型、从粗放型向集约化转变将起到十分有效的作用。

七、信息化环境建设

【信息化助力企业发展】 在金融危机的形势下，如何采用信息化手段有效降低企业运行成本，与企业共渡难关，2009 年 3 月 19 日宝山区信息委与中国移动上海公司宝山分公司开展座谈，研究无线城市建设和企业信息化推进工作。为提升企业的运营效率，降低企业信息化运营成本，中国移动上海公司宝山分公司将进行深化无线城市建设，推进“信息助企 GET 行动”。将根据区政府的行业发展导向和重点扶持企业名录，甄选 100～1 000 家重点示范企业，降低企业 10%～15%的通信及信息化成本，并优先考虑在服务外包型等企业中开展信息产品、综合信息服务等多项支持行动。同时，移动公司还将与区信息委共同合作开展信息化普及教育行动和信息化升级体验行动。

【“信息助企 GET 行动”座谈会召开】 2009 年 11 月 26 日，宝山区召开“信息助企 GET 行动”座谈会，各街镇、园区分管中小企业工作的联络员和宝山 25 家市、区两级政府共同培育的成长型中小企业分管领导参加座谈会。区经委党委书记、信息委主任浦志良和上海移动宝山分公司总经理朱敏刚分别致辞。搭建政府服务企业平台，为企业提供多方位、多角度的服务是宝山区 2009 年服务企业工作中的一项重要工作，按照“信息助企 GET 行动”要求，届时宝山区域内将有 100 家企业可享受移动特惠套餐，1 000 家企业可享受移动实惠套餐，为有效利用社会各方优质资源为宝山区成长型中小企业提供服务，将为企业的“扩大内需、保持增长、止滑提速”，为区域经济发展、产业结构调整提供帮助。

【2009 年度信息化建设项目实施计划确定】 经宝山区政府批准，《2009 年宝山区信息化建设项目实施计划》共有项目 33 项。其中，为企业服务项目 7 项、为民服务项目 7 项、城市管理和公共安全项目 11 项、电子政务基础一体化建设项目 8 项。

【加强信息化项目管理要把握好五个关键】 为更好地推进 2009 年信息化建设项目，宝山区经委(信息委)要求各项目建设单位要把握好五个关键。一是要把握好信息化需求分析，实现信息化与业务工作的有效融合。二是要与单位的长远发展相结合，注重充分利用市条线和区已有的信息资源，学习借鉴同行业、同类型项目的先进经验，体现项目建设的前瞻性和可扩展性。三是要注重横向部门业务协同，为信息资源共享做好接口。四是要加强信息系统的管理和应用。区经委(信息委)将对正式投入使用的信息化项目，分期分批进行绩效评估，并将评估结果作为系统维护费核定与后续项目申请的重要依据。五是要充分利用成熟信息系统和成熟产品，发挥信息化建设的后发优势，进一步节约行政成本，放大财政投资效益。

【信息化项目管理研讨会】 为进一步凝聚信息化项目管理合力，提升项目管理和服务水平，2009 年 7 月 23 日，宝山区信息委组织召开信息化项目管理研讨会，区发展改革委、区财政局、区国资委、区监察局、区审计局和区政府采购中心等单位有关人员参加会议。会上，区信息委首先通报了近期信息化项目管理工作情况，并介绍了信息化项目绩效评估工作的进展情况。随后，区信息委与各单位就软件项目开发单位的准入门槛、信息化项目招标的商务和技术分构成、软件和硬件系统的采购周期等具体问题，一一进行坦诚有效地沟通。通过讨论，大家就优化管理环节、规范管理流程、缩短审核时间等问题达成了共识，这有利于更好地为信息化项目建设做好服务工作，提高信息化管理水平。

【2010 年信息化项目专家咨询会召开】 2009 年 11 月 24

日，区信息委组织召开《2010年宝山区信息化建设项目实施计划》专家咨询会，邀请市经济信息化委、市人大信息中心、市卫生局信息中心、复旦大学等各领域专家为区信息化项目建设建言献策。各位专家对宝山区立足实际，有计划、有步骤、有重点地推进信息化项目建设给予肯定，特别对宝山区采取集约化建设信息基础设施的方式给予了很高评价。同时，各位专家也希望宝山区更加注重业务系统建设和系统之间的信息共享，更加注重信息化建设和应用的联动，形成信息化应用推进的合力，发挥信息化规模化应用带来的倍增效益，不断推进信息化和工业化融合，突出重点、形成亮点，更好地发挥信息化服务企业、服务居民、服务社会的作用。

【区信息化项目绩效评估扩大试点工作总结会召开】 2009年6月9日，宝山区信息化项目绩效评估扩大试点工作总结会在区政府召开。会议由区经委(信息委)信息化管理科主持。为建立科学的信息化项目绩效评估指标体系和管理机制，实现对信息化项目全生命周期全过程管理，逐步形成项目建设重在效益的战略导向，不断提升区信息化项目建设应用与管理的整体水平，宝山区信息委于2007年开展信息化项目绩效评估课题研究及试点，初步形成宝山区信息化项目绩效评估指标体系和评估办法。此次试点评估评估时间为2008年9月至2009年2月。评估对象选取区委组织部、区档案局、区水务局、区绿化市容局不同类型、不同领域和不同应用时间的4个项目。经过前期准备、单位自查、问卷调查、情况核实、专家评价、综合评议等程序，形成了项目绩效评估报告。从4个项目评估整体应用水平来看，均处于较好水平，基本达到项目应用预期目标，在市、区范围内有一定的示范和积极作用，但对项目自身功能及系统产生的信息(特别是数据)的深入利用还不够，尚有资源闲置和浪费现象，有待进一步提高。

【区信息化项目绩效评估扩大试点(第二批)正式启动】 2009年6月25日，宝山区信息化项目绩效评估扩大试点(第二批)正式启动。此次试点为期半年，涉及区农委、统计局、质量技监局、民政局等单位的4个信息化项目，并将评估结果作为信息化项目运维和今后信息化项目申请的重要依据。此次绩效评估采取自查、问卷调查、工作组情况核实和专家评价相结合的方式，通过指标评分、综合评议，最终形成《宝山区信息化项目绩效评估报告》。通过评估，较全面地了解到各部门信息化的应用成效。如区统计数据网上直报系统的应用，实现企业足不出户就可实现统计数据网上直报；区质量技监局充分利用全区统一的地理信息平台，推进质量监督可视化管理；区农委推进为农综合服务系统建设，信息助农服务上一个新台阶；区民政局建立民政救助信息系统，推进“一口上下”救助运行模式。宝山区信息化项目绩效评估已形成37项指标，一级指标3项、二级指标11项、三级指标23项。在逐步完善后，将真正成为信息化建设和应用成效的评判标尺。

【信息化项目管理培训】 2009年7月17日，宝山区信息委组织开展信息化项目管理培训，进一步明确信息化项目管理流程，并对在建信息化项目提出工作要求，各单位信息化项目负责人近50人参加培训。会上，区信息委介绍了信息化项目管理办法和流程，对信息化项目的计划管理、立项管理、实施管理、验收管理等6个阶段进行培训演示。随后，区信息委对在建信息化项目提出要求，希望项目在建单位及时梳理信息化需求，编制可行性研究报告，抓紧组织实施信息化项目。在编制项目可行性研究报告时，要切实加强三个沟通：加强纵向沟通，了解市条线部门信息化建设的新部署和新要求，做好“纵向结合”这篇文章；加强横向沟通，“多个部门，一个政府”，各单位要加强与业务有关联部门的沟通联系，寻求工作支持，形成信息化共识，做好“共建、共享、共用”这篇文章；加强内部沟通，信息化建设的目的是更好地服务业务工作、提高工作效率。为此，必须在领导支持下、业务部门全面配合下，做好“信息化与业务融合”的工作。

【2009年度网络管理员培训班举办】 2009年9月23日，宝山区信息委对全区网络管理员进行培训。培训紧紧围绕保障国庆以及世博会期间信息安全工作，提高信息安全防范意识和能力，对网络与信息安全事件专项应急预案编制、政府信息系统安全检查和网络与信息安全防范等进行了辅导和讲解。宝山区已完成区网络与信息安全事件专项应急预案的编制，并通过专家的评审。各重点部门结合实际情况，年底完成本部门网络与信息安

全事件专项应急预案的编制和政府信息系统自查工作，确保国庆和世博会期间信息安全，确保一方平安。

【政府信息系统安全检查】 2009 年 11 月 24 日～12 月 28 日，宝山区信息委对全区委办局、乡镇街道以及事务受理中心进行政务外网及各单位信息系统巡查，共计检查乡镇街道、乡镇街道事务受理中心、工业园区、委办局 76 家单位。检查主要针对各单位信息系统自检和信息系统应急预案进行检查。检查的主要内容包括：计算机管理制度、人员管理制度、应急预案、信息系统自查情况等。从信息安全制度落实情况来看，各单位明确主要领导为信息安全工作的第一责任人，全面负责本部门信息安全工作。指定党政办公室或信息中心承担本部门信息安全管理工作，指定网络管理员为专职或兼职安全员，并由部门主要领导签署了信息安全和保密责任书。从安全防范措施落实情况来看，一是加强人员管理，制定重要岗位信息安全和保密责任制度，以及人员离岗离职时信息安全管理规定。二是加强系统管理，制定办公用计算机及软件备案管理制度，制定存储介质的报废、销毁管理规定以及计算机及相关设备维修、维护管理规定。工作电脑都安装了防病毒软件。但是，在检查过程中发现部分单位编制的应急预案比较笼统，可操作性较差。有些部门还没有组织应急演练。

【同济大学电子与信息工程学院宝山区校外实习基地揭牌】 2009 年 7 月 21 日，“同济大学电子与信息工程学院宝山区校外实习基地”揭牌仪式在宝山区信息委举行。宝山区委组织部、宝山区信息委、同济大学等相关领导出席了仪式。校外实习活动是在校大学生走向社会、了解社会，学以致用，在实践中成长、成才的有效途径之一，校外实习基地是培养在校大学生创新能力和动手能力的重要载体，有利于培养社会责任感、职业道德、业务能力、处世能力等方面全面发展的优秀大学生。区信息委表示，将加强与学院的衔接，积极配合同济大学电子与信息工程学院安排好各项实习和实践活动，合理安排实习岗位和内容，有选择地指导大学生共同参与到宝山区信息化建设与管理的实际工作中去，帮助同学们进一步了解基层、丰富社会阅历、增长才干，努力为学生创造良好的实践环境。会上，同济大学电子与信息工程学院副院长苗夺谦与宝山区信息委主任浦志良为“同济大学电子与信息工程学院宝山区校外实习基地”揭牌，并签订合作协议书。

【政务信息化成果汇编】 为全面总结 2008 年以来的政务信息化建设和应用成果，推介和交流信息化建设和应用的优秀经验和成功作法，2009 年 11 月 9 日，宝山区信息委组织召开《宝山区政务信息化成果汇编(第三辑)》动员会，明确成果汇编的具体安排和有关要求。此次汇编分为 4 个阶段：准备阶段、部门撰稿阶段、核稿阶段和总结表彰阶段。会议明确各部门撰稿阶段在 11 月 25 日前完成，12 月中旬完成所有校对、编辑工作，正式出版《成果汇编》，并召开活动总结会，对有关单位进行表彰。此次汇编重点围绕“效能、效率、效益”三个方面，总结、分析和整理政府各部门在应用业务管理信息系统后带来的影响和变化。其中，“效能”指应用系统建成后，提升的行政监管和公众服务能力；“效率”指应用系统后所节约的人力和时间；“效益”指应用系统对单位以及社会和经济带来的变化。区公安分局、区教育局、区税务局和城市网格化管理中心等 20 多家单位的信息系统应用效果明显，成果列入此次汇编。

八、社会诚信体系建设

【调整宝山区诚信体系建设联席会议组成人员】 为进一步加强诚信体系建设工作，区政府决定调整宝山区诚信体系建设联席会议，新增加区卫生局、区公安分局、区安全监管局为区诚信体系建设联席会议成员单位。

【宝山一街两市十五店获“诚信经营示范单位”称号】 2009 年 9 月 14 日，上海市商业联合会召开“诚信经营”示范街、示范店(企业)和示范市场命名大会，宝山一街两市十五店榜上有名，分别是：牡丹江路商业街(南起密山路，北至盘古路)获“上海市诚信经营示范街”、宝山钢材交易市场管理有限公司等两个市场获“上海市诚信经营示范市场”、长江口股份百货分公司宝钢商场等15个企业获“上海市诚信经营示范店(企业)”称号。开展商业服务业“诚信经营”示范创建活动是商务领域信用建设的重要组成部分,也是“百城万店无假货”活动的创新和延伸。活动开展以来,全区商贸行业积极响应,围绕“诚信兴商,和谐共赢”为主题,大力倡导“以真诚赢得信誉,用信誉保证效益”的理念,不断提高企业诚信水平,涌现出一批消费者满意、工商关系和谐,严格守法、诚实守信,管理科学、服务周到,主动承担社会责任、不断开拓创新的诚信经营示范街、店(企业)、市场,成为同行业或区域内诚信经营的排头兵,为带动全区商业诚信经营健康发展发挥重要作用。此次创建活动由国家商务部组织,通过企业自愿申报、行业评议、结果公布、社会监督等环节,对创建活动中表现突出的单位,给予示范单位称号。

【“和谐社会·信用共建”诚信宣传活动】 2009年12月26日,宝山区“和谐社会·信用共建”诚信宣传活动在宝山区文化馆广场举行。为进一步加强宝山区诚信体系建设,营造全社会诚实守信氛围,区社会诚信体系建设联席会议办公室组织区质量技监局、区食品药品监督局、区旅游局、区酒类专卖局、区消保委、区统计局等15家成员单位开展诚信宣传活动。在活动现场,不少市民围绕商品选购常识及真假鉴别、信用产品的使用、劳动权利的维护、消费者权益的维护、青少年维权等与生活实际密切相关的问题进行咨询。全场共计发放信用服务指南、征信系统宣传光盘及个人信用宣传折页900余份,深受市民的热烈欢迎。

【区企业诚信体系档案系统建设成功申报市试点项目】 2009年12月18日,宝山区企业诚信体系档案系统建设成功申报上海市社会诚信体系建设第三批试点项目,获得上海市征信管理办公室30万元全额专项资金扶持。区社会诚信体系建设联席会议办公室根据《上海市社会诚信体系建设联席会议办公室、上海市征信管理办公室关于开展上海市社会诚信体系建设专项资金项目(第三批试点)申报工作的通知》(沪经信征[2009]1号)要求,筹划组织宝山区上海欧际科特回转支持有限公司、上海杰盛无线通讯设备有限公司、上海尔华杰机电装备有限公司、上海东方泵业(集团)有限公司、上海宝康电子控制工程有限公司等5家企业联合开展宝山区企业诚信体系档案系统建设。建设内容包括宝山区企业法人基础数据库、宝山区企业诚信档专题数据库、企业员工信用信息数据库及信息系统、企业信用管理系统、APS-ERP信息化系统建设、产品质量可追溯性系统等。通过项目建设,进一步完善宝山区企业诚信档案专题数据库,初步形成宝山区企业诚信体系建设评价指标体系,进一步提高企业防范交易风险、扩展融资和管理应收账款的能力,推动企业信用制度建设和信用信息开发利用。

【“宝山区餐饮诚信企业”授牌】 2009年12月29日,宝山区物价局召开双城路餐饮一条街诚信座谈会。区餐饮协会、区消保委、区商联会等职能部门负责人到会并与各餐饮单位代表进行交流发言。2009年,根据宝山区人民政府关于创建诚信经营、文明服务、做好迎接上海世博会召开的工作要求,在双城路开展评选以德经商、以信兴商、诚信为本的诚信经营、文明餐饮企业活动,得到双城路沿街餐饮企业的积极响应。经过相关职能部门的检查评选,同恒大酒店、美美大酒店、鹿源小肥羊餐饮公司、巴国布衣酒家4家酒店严格执行国家有关法律、法规,严把商品质量关,经营规范、计量准确,明码标价、不低标高结、不收取未标明的费用,自觉遵守商业职业道德和服务规范要求,符合“餐饮诚信企业”评选要求,被授予宝山区餐饮诚信企业。座谈会上,职能部门向上述4家酒店授予“宝山区餐饮诚信企业”荣誉奖牌。

【企业质量档案建档工作】 根据市质量技监局关于建立企业质量档案相关工作的要求,宝山区质量技监局认真部署、积极行动,顺利完成辖区内151家工业产品生产许可证企业和75家3C强制认证企业的质量档案建档工作。区质量技监局将推进质量档案建档工作与许可证证后监管、3C强制认证有效性检查有效结合,充分利用质监派出机构工作前移的特点,发挥科所联动优势,努力实现静态质量档案与动态企业状况相结合,为宝山区质量监管工作的深入推进打下扎实基础。

【财务会计信用等级评定】 为更好推进社会诚信建设的进程,促进各单位认真贯彻执行国家财经、会计法律法规，维护财务会计工作秩序，开展2009年度宝山区财务会计信用等级评审工作，并对评出的A、B、C、D类单位将实行不同等级的管理措施。经评定，上海宝南建筑工程公司等200户单位被评为财务会计信用等级B类单位，上海华港国际物流有限公司等284户单位被评为财务会计信用等级C类单位，上海容易仓储有限公司等27户单位被评为财务会计信用等级D类单位。

【八家企业上榜上海“汽车售后服务百强”】 “上海市汽车售后服务文明诚信百强企业”榜揭晓，宝山区的逸隆汽车销售服务有限公司等8家企业上榜，在各区县中名列前茅。区交运署根据此次创建活动要求，与行业诚信考核工作及“迎世博600天行动”有机结合，精心组织辖区各汽车售后服务企业积极参与，为提升区内维修企业的综合素质，确保机动车维修质量，更好地服务于世博会，实现文明诚信服务打下坚实基础。

【区工商分局创建和谐消费示范商业街】 2009年10月13日，上海世博会倒计时200天，宝山区工商分局在主要商业街开展“迎世博，创建和谐消费示范商业街”活动，加强对主要商业街经营企业的指导与规范，倡导诚信经营，共迎精彩世博。活动当天，区工商分局各基层工商所对牡丹江路、淞滨路等10条主要商业街共1 261家参与创建和谐消费示范商业街活动的经营户进行检查，规范登记事项，检查是否存在销售假冒伪劣商品以及损害消费者合法权益行为，针对如何开展诚信经营向经营户面对面指导。各工商所逐一与经营者签订诚信经营承诺书，在消费者的见证下，由经营者与工商干部一起将承诺书张贴在店堂显著位置，公布工商所举报监督电话，接受广大消费者监督。经营者表示，将严格遵守承诺，让消费者真正体会到“四个放心”，即“质量放心、计量放心、价格放心、售后服务放心”，以自身的努力迎接世博盛会的召开。

【区政府研究部署开展“质量兴区”活动】 2009年7月2日，宝山区政府召开第80次常务会议，听取区质量技监局关于开展质量兴区工作汇报。会议审议并原则通过《宝山区质量兴区三年行动实施方案》，同意成立宝山区质量兴区联席会议制度，由区长斯福民任组长，办公室设在区质量技监局，负责质量兴区活动的统筹规划、组织协调、指导监督和考核检查工作。会议要求，联席会议各组成单位要按照质量兴区三年行动实施方案安排，结合部门工作，细化措施，落实职责，形成推进合力，确保质量兴区各项目标顺利实现。要利用各种形式和载体加大质量宣传力度，把质量兴区活动与加强宝山区社会诚信体系建设相结合，进一步增强公众的质量意识和诚信意识，营造良好的工作氛围，切实形成政府主导、行业自律、企业自我规范的质量兴区工作格局。要突出工作重点，加大行业名牌、著名商标等品牌培育创建力度，发挥示范带动作用，推动区域产业结构优化升级。要持之以恒地抓好质量安全工作，进一步夯实质量安全工作基础，健全质量安全工作长效机制，提高区域整体质量安全水平，切实保障人民群众健康和切身利益。

【区建设交通委推行电子版《诚信手册》】 宝山区建设交通委加强审批后监管工作，积极开展电子版《诚信手册》的推行宣传工作，并在企业使用过程中加以指导。通过电子版《诚信手册》的使用，达到强化资质管理、优化窗口服务、加强社会监督的作用，也有利于监管区属施工企业的资质。

【启动迎世博上海市场企业诚信经营推进活动】 宝山区合同信用促进会按照市促进会要求，组织区内会员单位开展“迎世博上海市场企业诚信经营公开承诺书”活动，并公开向社会承诺：严格执行国家有关的法律法规，依法经营，自觉维护上海市场经营活动的正常秩序；遵守国家有关环保、节能、安全等法规条例，确保各项经营活动的环保、节能和安全。讲信誉、重合同、严履约，严禁欺诈、哄骗和损害消费者和用户利益的不正当行为。坚持质量第一，严格禁止采购、生产、销售不合格的产品。严格按照产品标准组织生产和流通，不合格的产品不能流入市场。合理定价，反对任意抬价或压价；坚持优质优价，明码标价和明示定价；禁止混级，以次充好。坚持以人为本的服务宗旨，完善服务体系，自觉做好消费者和客户服务工作，努力提升市场服务水平。制定严格的规章制度，加强企业内部管理；做好教育和培训工作，培育诚信经营和积极上进的企业文化。积极承担社会责任。自觉参加迎世博等各项社会公益活动；自觉维护本行业的团结和和谐发展，维护企业职工的合法权益。接受社会各界对本企业市场经营活动的监督和指导。

【推进投保中心企业贷款信用担保】 2009 年，宝山区财政局大力推进中小企业贷款信用担保工作，通过与银行联手，由提供贷款的银行免费为区财政局出具企业信用报告，为 20 家中小企业提供信用担保，涉及金额达到 3 300 万元，主要对象是中小企业、民营企业、高新技术业、现代服务业等。2010 年计划放贷 5 000 万元。

（钱帼婷）

第十二章 闵行区信息化建设

概 述

2009年,闵行区信息化工作全面贯彻党的十七大精神,深入贯彻落实科学发展观,按照全市信息化发展战略的要求和总体部署,围绕区委、区政府中心工作,以"科教兴区"战略为主线,用信息化促进政府职能转变和服务创新,提升城市管理水平,使更多的闵行百姓享受信息化发展带来的成果,为构建"和谐闵行"作出新的贡献。

一、政务领域信息化

【电子政务建设向一体化方向迈进】 根据闵行区电子政务发展规划的部署,重点推进"一体化电子政务平台群"建设。该平台具备邮件、会议通知、日程安排、公文等基础应用,提供了统一用户和组织架构、统一消息、统一日志、搜索等众多应用支撑服务,增加了人口数据分析展示平台,为协同办公、应用开发提供了强有力的支撑服务。

【推进网上行政审批平台建设】 2009年,由闵行区发展改革委、区科委、区建设交通委、区监察局、区规土局、区证照中心(审改办)及"上海闵行"政府门户网站等部门组成的"闵行区网上行政审批平台建设项目小组"成立,在广泛走访调研的基础上,结合市级平台的建设要求及全区的现状,形成闵行区平台的建设思路,完成《闵行区网上行政审批平台建设实施方案》的编制,明确了区网上行政审批平台的设计理念、总体架构和基本功能,确定了项目建议书和可研报告的编制单位,并提交了项建书初稿。

【建设闵行区城市综合管理及应急联动中心】 2009年,由闵行区建设交通委立项,成立区城市管理及应急联动中心建设领导小组。通过整合区城市公共管理和应急指挥的资源,搭建共享平台,充分发挥公安、城管等系统的管理职能,实现社会服务大集中、管理力量大整合、矛盾隐患大排查、社会治安大联防、行政执法大联动、应急指挥大调度,建立集服务、管理、执法三位一体的城市综合管理工作新格局。经过调研排摸,明确了需求,编写了项建书、工可报告和初步设计方案等材料,2009年8月组织专家对项建书进行论证,并经区发展改革委批复。10月,组织专家对工可报告和初步设计方案进行了评审,形成评审意见,即将进行招标、审价、采购等工作。

二、社会领域信息化

【完成社保卡、居住证发放工作】 2009年,闵行区认真做好社保卡各项工作。全区共办理0～6岁儿童卡/学籍卡24 393张,发放敬老卡8 676张,发放临时居住证205 522张、正式居住证10 812张。

三、城市建设管理领域信息化

【建设“无线城市”(二期)】 在2008年实现闵行区政府大院无线上网全覆盖和莘庄地铁南广场、紫竹科学园区内热点区域的无线上网覆盖的基础上,新增包括梅陇新都会、南方商城商圈、龙茗路十尚坊、闵行交大农学院、新侨学校、电机学院、闵行区中心医院、闵行区科委等重点区域的覆盖。同时,在2008年完成77幢商务楼宇室内分布系统建设的基础上,2009年又新建无线AP 588个、新建50幢商务楼的室内分布系统,大大提升商务人士在楼宇内使用移动通信和无线宽带的效率,为区域招商引资提供有力的支持。

四、信息基础设施建设

【信息基础设施建设向规范化集约化迈进】 贯彻落实市委、市政府关于加大保障性住房建设力度及加快大型居住社区建设的指示精神,按照区政府大型居住社区指挥部要求,配合市建工集团完成浦江镇谈家港和鲁汇两个大型居住社区的信息基础设施规划编制工作。全年协调管理区内150条道路共230.3沟公里、1 080孔公里的信息管线集约化建设。积极协调,配合区市政道路改造和试点工程建设,做好吴中路架空线入地工程,做好包括前期现状摸底、需求汇总、委托设计、编制工程概算、商谈资金出资问题、新建通信管道及架空线搬迁实施方案等各环节的沟通协调工作。做好信息窨井盖被盗补盖工作,全年共处理249起信息窨井盖被盗丢失补盖工作,及时处理率100%。

【落实TD基站等信息基础设施】 根据市、区统一安排和要求,落实拥有国家自主知识产权的TD业务建设推进工作,组织召开闵行区推进3G网络发展暨TD-SCDMA网络建设和应用工作会议。根据会议精神,全面推进闵行区TD基站建设任务,全年共完成57个新建基站的选址签约任务。

五、信息化环境建设

【开展“千村万户”信息化培训普及工程】 按照市经济信息化委的统一要求和部署,成立了工作小组,并给各镇下发通知,明确培训和宣传普及指标,全区9个社区学校被指定为“千村万户”农村信息化培训点,完成社区学校教师岗前培训工作并将培训教材分发,培训宣传工作已陆续在各镇开展。截至2009年11月10日,完成1 370人的培训任务和26 726人的宣传普及任务,指标完成率分别为105%和111%,宣传普及率位居全市第二名。建立了一支村级农村信息化带头人队伍,完成全区132个行政村网站信息采集、信息上传、网站建设工作,“一村一网”建设工作平均分228,名列全市第一。

【与三大通信运营商分别签订合作协议】 为有效贯彻国家信息化发展战略,全面深入推进闵行区信息化建设,闵行区政府与三大通信运营商分别签订合作协议。2009年7月17日,区政府与中国电信上海公司签署《推动闵行区新一轮信息化建设合作协议》,进一步深化双方在信息化领域的战略合作关系;7月23日,区政府与上海移动签署《关于进一步推进闵行区信息化建设的合作备忘录》,就进一步深化信息化应用领域的合作内容,共同制定详细的合作计划;11月24日,区政府与中国联合网络通信有限公司上海市分公司签署《战略合作框架协议》,共同促进闵行产业结构调整,促进闵行信息产业和信息服务业的发展。信息基础科在做好签署协议的基础工作的同时，逐步落实协议的有关内容，与三大通信运营商建立工作例会制度，推进全区信息化的跨越式发展。

六、社会诚信体系建设

【开展企业信用信息平台(二期)建设工作】 按照区委、区政府关于《整合优势资源共创和谐劳动关系实施意见》的要求，建设闵行区企业信用信息共享平台(二期)，将分散在政府部门中的企业信用记录进行整合和共享，涵盖区内11家政府部门77 317家企业的215 089条数据，初步实现区内企业部分信用监管信息共享和应用，为政府调控和监督经济运行提供依据。

【积极开展诚信知识宣传活动】 通过"3.15"、"诚信活动周"、"质量月"活动，组织开展诚信宣传活动，接受市民咨询百余人次，发放诚信宣传资料4 000余份。通过多种宣传平台和形式，大力倡导全社会诚信、守信观念，努力营造良好的社会诚信氛围。

（闵行区科委）

第十三章　嘉定区信息化建设

概　述

2009年，嘉定区信息化建设以"十七大"精神为指引，贯彻科学发展观，牢牢把握信息化发展新机遇，加快推进区域信息化整体建设，加强政务资源的整合和利用、互动发展，积极推动信息技术在各个领域的应用，着力发展战略性新兴产业，突出以信息技术为手段大力提升城市现代化管理水平和综合发展能力，努力实现信息化在区域经济和社会又快又好的支撑服务作用。

一、政务领域信息化

【电子政务应用平台创新拓展】 按照嘉定区"315＋X"电子政务框架规划，以延伸应用环境为目的，拓展电子政务建设的发展，全力打造电子政务全天候的应用平台。2009年4月1日，包含全新改版的政务工作平台、"电子政务客户端"及手机版的"政务随身行"的新版电子政务系统正式上线投入使用，在全市率先实现一个支持在线、远程、移动办公的"全天候"电子政务。新开通使用的移动办公平台（手机登录电子政务网），远程接入访问、简易沟通平台等信息化工具，将日常办公环境延伸到家庭中、手机上，构建了一个立体式的全天候电子政务环境。移动办公平台手机用户日均访问量超过了76人次/日，远程接入数达到235人/日。

【电子政务基础应用进一步扎实广泛】 2009年，嘉定区电子政务网络建设已广泛延伸至村居委一级，实现区、镇、村的三级网络连通。政府网用户数量达4 935人，较上年增长29.8%。全年政务信息发布量7 209条；各类简报1 447份；通知发布量为6 915条；专送传阅件271 407条，电子公文295件。积极开展电子政务平台应用培训和推广，对106家机关单位、区管企业及其他单位开展了政务平台业务工作培训，同时也开展了区编办、区宣传部、区财政局等11家单位的信息系统专项培训，共计1 200余人次，提高了各单位公务员的信息化工具和系统的使用能力。

【政府信息公开有效实施】 2009年，嘉定区政府信息主动公开条目1 269条，全文电子化公开信息1 269条；页面总浏览量约4 817.7多万人次，日均浏览量超过13.6万次。

【"上海嘉定"门户网站创新发展】 2009年，"上海嘉定"门户网站新闻中心栏目共发布重要新闻1 121条；先后开设"深入学习实践科学发展观专题"、"庆祝新中国成立六十周年征文选登专题"、"优秀人才住房保障专题"等各类新闻专题15个，比上年增长50%。网站共受理领导信箱、网上信访、监督投诉、建议咨询4 859件，比上年增长25.1%。民意征集活动方面，共举办"政府评议"活动3次、"意见建议征集"活动4次、"推荐评选"活动5次、"知识竞赛"活动3次，共吸引29 535人次参与。网站共报送市政府门户网站信息3 436条，比上年增长12.7%；采用2 972条，比上年增长40.1%；总分15 324分，比上年增长32.8%，录用总分名列全市18个区县第一，上报量和录用量也同时位居全市各区县第一。"上海嘉定"门户网站被工信部评为年度优秀政府网站、获第四届中国特色政府网站提名奖。

2009年，拓展门户网站发布形式首次实现网络视频直播和音频直播，举行升旗仪式等2次视频直播、12次区电台民生访谈音频直播。完善网上在线服务工作，以网站用户中心和政务内网用户中心为基础，实现网站一站式登录和政府用户的单点登录，大幅改善用户体验，最大程度提高了外网用户办事时政府相关部门的响应速度。初步建成系统架构，全区行政职能部门 862 项行政审批事项和非行政审批事项全部实现上网，并进一步挖掘资源，对市政府各职能部门办事项目进行连接。

继续做好“上海嘉定”门户网站英文版、繁体版工作，网站英文版获第三届中国政府网站国际化程度评测优秀外文版奖(第二名)、2009 年上海区县政府网站优秀英文版奖。

【“区长在线话嘉定”活动】 2009 年，嘉定区举办“维护消费者合法权益”、“城市基础设施”、“科技创新”、“妇儿发展和计划生育”、“来沪人员服务和管理”、“养老服务”等活动主题的 6 期“区长在线话嘉定”，活动共当场答复市民提问 851 条，15 560 人次参与对话活动。

【首推“局长在线访谈”活动】 在“区长在线话嘉定”活动的基础上，创设搭建政府职能部门与市民、企业对话交流的平台，2009 年 4 月 10 日首次推出工商分局“局长在线访谈”，访谈围绕“迎世博”窗口建设、创业政策、企业年度检验、商标申报、打假维权、消费者权益等，进一步职能部门服务水平，活动得到市民肯定。

二、社会领域信息化

【社保卡管理服务水平持续提升】 进一步规范社保卡、学籍卡的申领、发放和补换卡窗口工作流程，实施“迎世博争创一流服务”活动，全面提升管理水平和服务质量；协同区人口办，配合做好“两个实有”全覆盖工作机制建设。年内完成社保卡申领 14 717 人，敬老卡申领 3 685 人，临时居住证新办 192 513 人、补办 9 127 人、到期重办 198 120 人、离沪退证 27 247 人，正式居住证申领 2 552 人、发卡 2 448 人。社保卡居住证申领比上年增加 20%，补换卡比上年增加 30%。全区 15 000 名新生的学籍卡申领工作全部完毕。2009 年度嘉定区社会保障卡服务中心被评为上海市社会保障卡服务中心先进区县、先进集体称号。

【“千家万户”新农村信息化培训工作】 根据市里统一部署及要求，编制年度培训计划，完善工作组织机构和培训机构，进一步整合培训资源，加强教学质量，落实组织发动，全年共完成培训 1 337 人，完成率 103%；完成宣传普及 24 490 人，完成率 102%。

三、城市建设管理领域信息化

【嘉定区城市网格化管理】 根据嘉定区委、区政府的统一部署，嘉定区城市网格化管理区域拓展前期基础性工作于 2009 年 8 月启动。所有 12 个街镇的城市网格化管理区域基本确定，区城市网格化管理范围将达到 49 平方公里左右。万米网格和责任网格的划分已基本完成，终端地图已更新完毕，系统基础数据录入工作正在进行。区域拓展的各项基础性工作已基本完成。2009 年 1～12 月，区城市管理监督受理中心平台发现案件 21 707 件，立案 21 590 件，结案 21 455 件，结案率为 99.4%。

四、信息产业发展

【战略性新兴产业基地打造成功】 2009 年在嘉定新城核心区，凭借配套和环境优势，高起点打造的购物独立式办公的上海文化信息产业园，是一座立足上海、辐射全国、面向世界的文化、信息、创意产业以及关联配套服务产业、大型高新技术产业的集聚区。已有东方财富、网速科技、携程、蓝色光标、慧聪、上海团购等众多知名电子商务企业在这座具有江南特色和现代商务办公相结合的园区内集聚。园区将致力于建成国际国内知名文化信息创意产业集聚基地、文化信息创意产品展览展示推介基地、文化信息创意人才培训基地。在上海中心城区内环线以内紧挨虹桥机场的地区，凭借成本优势推出以租赁为主的智慧金沙 3 131 创意园，园区主题定位为“中国电子商务企业孵化器”，也是上海市级创意产业集聚区。汇集了驴妈妈旅游、星尚、九九维康、淘宝皇冠天使之城、小 i 机器人等一批电子商务企业，已初见电子商务特色产业群的雏形，它将成为融电子商务产业服务平台和信息投资平台于一体的“中国第一家最具特色的网上商城互动体验基地”。在嘉定工业区，凭借土地优势，打造了广告总部和电子商务长三角经营、销售、物流的总部基地，集聚了百度、京东商城、新蛋等国内外知名电子商务企业，并将致力打造成亚洲最大的创意产业集聚区。

【电子商务企业发展迅猛】 入驻嘉定各产业园区内的电子商务企业，在政府政策扶持、集群效应引导下日益发展壮大，其中网速科技、东方财富网分别在 2008 年 11 月和 2009 年 3 月深圳股市交易所创业版块上市。

五、信息基础设施建设

【信息基础设施集约化建设加快推进】 2009 年，集约化信息通信管线完成 116 沟公里。国际互联网出口带宽达到 40G，国际互联网用户 18.8 万户，比上年增加 2.5 万户。

【“嘉定・无线城市”基本实现】 2009 年，“嘉定・无线城市”网络建设进度加快，“嘉定・无线城市”覆盖建设全面启动，截至年底，基本实现以嘉定城区为核心，以辐射方式覆盖连接各镇、街道的主要交通干道，在全区形成点、面、线相结合的以室外为主的无线城市网络覆盖。注册用户突破 2.6 万人，平均每天活跃用户近 3 000 人次。

【“嘉定・无线城市”服务水平稳步提升】 2009 年，嘉定区围绕“嘉定・无线城市”网络建设，全面提升“嘉定・无线城市”网络整体服务水平，对 IP 核心网、光纤传输网、无线网络进行进一步优化和完善，着手对网络进行“大提速”，在原有 20M 共享带宽的基础上，引入由 50M 的独享带宽和 50M 的共享带宽组成的 100M 出口带宽。

【基于“嘉定・无线城市”无线网络的各领域应用日益推进】 2009 年，建设嘉定区交通运输综合信息系统，积极探索“无线城市”在智能交通中的应用；结合推进“物联网”建设和发展，在马陆葡萄园建设农业数字化信息监控系统，搭建农业数字化信息监控系统。

六、信息化环境建设

【2009 中国上海汽车电子产业发展高层论坛在上海汽车会展中心举行】 2009 年 7 月 17 日，2009 中国上海汽车电子产业发展高层论坛在上海汽车会展中心拉开帷幕。市经委主任邵志清、嘉定区副区长费小妹出席论坛并致辞。此次论坛以“面向振兴中国汽车产业的未来，推进在新能源汽车和汽车电子产业领域高新技术产业化引领中国汽车产业自主创新能力和产业整体水平迈上一个新的台阶”为主题，通过对产业政策解读、产品市场趋势、技术创新模式、产业链整合提升和增强企业国际竞争力等行业关注的重大课题进行探讨，为行业和产业抓住机遇、参与发展、强化集聚、形成有时、实现突破，提供真知灼见。论坛上，上汽、大众、通用、奇瑞、博世、德尔福、伟世通、飞思卡尔等国内汽车企业和同济、上海交大等高校、研究院所的专家作了专题演讲，业内同行进行了深入研讨。专家们在论坛上形成共识：上海创新发展的汽车电子产业将成为未来汽车工业发展的新引擎。

【迎世博信息安全进一步夯实】 2009年，嘉定区在加快区域信息化推进过程中，注重加强迎世博信息安全工作。健全信息化部门、保密部门、公安网络安全部门的工作小组，形成工作推进合力；完善电子政务、政府网站等相关信息安全制度及各项保障措施；开展信息安全专题培训。

【战略性新兴产业扶持政策出台】 2009年，嘉定区政府陆续出台促进现代服务业产业发展、总部经济发展、财政支持、科技创新、优秀人才住房保障、知识产权保护等政策，引导并进一步推进国家战略性新兴产业在区域的快速发展，并致力于产业集群。

（刘义侠）

第十四章 松江区信息化建设

概 述

2009 年，松江区信息化工作在区委、区政府的高度重视和支持下，紧紧围绕全区中心工作，按照《2009 年上海市信息化工作要点》的要求，在电子政务建设、政府信息公开、农村信息化、社会诚信体系建设等方面取得了新成效。

电子政务建设与应用持续深化。紧紧抓住国家电子政务综合试点区建设的机遇，推动和深化“四个面向”跨部门的协同应用。以提升政府效率及便民服务为出发点和落脚点，充分发挥政府的引导和推动作用，运用信息及通信技术打破行政机关的组织界限，建构一个电子化的虚拟机关，使得人们可以从不同的渠道获取政府的信息及服务。

信息公开工作继续深化。出台《上海市松江区人民政府关于进一步加强政府信息公开工作的若干意见》；建立信息公开监督检查长效机制；完成松江区门户网站政府信息公开频道的改版工作。

信息基础设施建设速度加快，启动松江区“无线城市”二期建设项目，进一步完善老城区、新城区、工业区、佘山度假区、大学城、各街镇城区等区域的信号覆盖，全区 3G 覆盖率完成 100%。加快推进全区网络基础建设，实施政务外网二期建设；建立沟通协调机制，积极协调 TD－SCDMA 基站建设。社会诚信体系建设不断完善。建立松江区企业信用服务平台，初步实现信用信息的资源共享；继续推进“信用户、信用村”创建活动。

一、政务领域信息化

【政府信息公开工作继续深化】 2009 年，松江区认真贯彻落实《上海市人民政府关于进一步加强政府信息公开工作的若干意见》，结合实际，出台《上海市松江区人民政府关于进一步加强政府信息公开工作的若干意见》，以深化公开内容为核心，在资金、项目、政策、服务等方面切实加大公开力度，逐步形成以主动公开为主、依申请公开为补充的格局，推动全区政府信息公开工作再上新台阶；根据松江区门户网站改版的总体要求，进一步规范门户网站政府信息公开专栏的设置；进一步理顺工作机制，按照上下统一、条线对口的原则，同时结合机构改革的实际情况，调整了松江区政府信息公开联席会议成员单位及办公室设置，明确了工作职责。全区公开政府信息 1 886 条；全文电子化率 100%；市民申请政府公开信息 78 件，公开答复 41 件。

【继续推进全国电子政务综合试点区建设】 2009 年，松江区根据全国电子政务综合试点的总体要求，抓好试点各项任务的组织实施工作，推动和深化“四个面向”跨部门的协同应用。其中“企业行政审批电子监察与管理系统”完成专家验收和第三方软件功能测评，运行情况良好。“建设工程安全质量协同监管系统”完成系统部署。“企业信用信息服务平台”运行情况良好，正在进行推广应用。“统计信息管理应用系统”完成培训已进入试运行，正在对各委办局的历史数据和统计信息数据进行整理。“办公门户”通过区政府专题会议讨论，正式进入开发阶段。

【政务平台应用范围不断延伸】 2009 年，松江区进一步扩大政务平台应用范围，以永丰街道办事处为试点，对区政务办公信息平台（街镇版）公文流转的各模块进行完善，多次组织街镇讨论《松江区办公信息平台街镇版系统修改完善方案》，10 月底完成该系统的升级改版。截至年底，区政务信息办公平台已延伸至 11 个街镇。

【"办公门户"建设正式启动】 松江区"办公门户"建设方案于 2009 年 12 月中旬通过区政府常务会议审议。12 月下旬，"办公门户"项目正式进入项目启动阶段。整个项目的建设计划分成两个阶段，一期建设内容主要包括内网门户的建立、建设基础支撑平台、形成相关的标准规范以及对几个重点应用系统的整合；二期的建设内容主要是多渠道通讯平台的建设、安全认证体系建设、系统运维支撑平台的建设、基础平台性能与功能的优化以及其他一些相关应用系统的整合等，打造成松江区政府一体化应用支撑平台。

【政企互通平台开通运行】 松江区"政企互通平台"于 2009 年 2 月 10 日正式开通运行，作为松江区人民政府经济类对外开放的工作门户，平台具有发布、交流、投诉和办理四大功能，是政府和企业之间联系的"直通车"。通过"政企互通平台"企业能及时知晓政府的各项政策、企业的需求政府能及时呼应、各政府部门的服务情况能及时沟通、服务的绩效能及时得到反映。2009 年，平台共发布各类政策信息 435 条，收到投诉、咨询、建议、求助等 229 件，办结 229 件，办结率 100%。

【科技项目库上线运行】 松江区科技项目库建设工作于 2009 年 7 月正式启动，9 月该系统完成一期建设，导入第一批数据，包括 74 家高新技术企业、383 家高新技术成果转化项目、53 家火炬计划项目、91 家软课题项目。通过对历年来松江区扶持的科技项目进行统计分析，为正确引领企业申请科技项目提供辅助支持，从而实现科技与信息化的有机结合，有效地提高了科技部门的管理效率和财政资金的使用效率。

【行政执法信息资源共享平台上线运行】 行政执法信息资源共享平台包括执法信息采集、执法信息查询、执法效能监控、执法档案和系统管理等五大功能模块。2009 年 1 月 14 日组织培训后，2 月起首批 29 个行政执法部门正式试点使用。8 月在一期建设成果的基础上，根据需求提出了二期建设的内容，包括增加业务流程、执法文书样式、协同执法流程、现场执法等功能模块。二期建设将形成统一的资源共享平台，实现各执法部门和监督部门互联互通和信息资源共享，形成各部门之间的工作合力。

二、社会领域信息化

【115 市民服务信息系统和实有人口库建设继续优化】 2009 年，"115 系统"及人口库维护工作实现全年无重大事故的总体目标，对各单位在使用过程中出现的各种问题和求助及时响应、处理，全年共计处理 66 次维护请求；完成软硬件的定期监测维护、各类数据定期交换、年度巡检等日常性维护工作。

【卫生信息化建设稳步推进】 2009 年，松江区卫生信息化工作按照既定计划稳步推进，社区卫生服务中心信息系统以及双向转诊、检验共享系统基本建设完毕并上线运行；区域 ERP 系统和区域 PACS 方案修订完善，并通过专家评审；在社区卫生服务中心大力推进新农合系统。

【社保卡发放、申领工作水平持续提升】 2009 年，制定《松江区社会保障卡服务中心行风测评工作实施方案》，促进中心改进工作作风、提高办事效率。共完成申领社会保障卡 24 233 张、居住证 2 935 张、临时居住证 195 876张。

三、经济领域信息化

【面向企业提供行政审批服务】 截至 2009 年底，"企业行政审批电子监察与管理系统"共记录办事事项 49 572

次，其中网上预审 3 076 次、大厅咨询 11 123 次、受理 12 728次、审批 11 578 次、办结(发证、发照)11 057 次。该系统还对每个审批部门自动进行绩效评估和排名，使行政审批的办理过程"看得见、管得住"。通过实现事前咨询、事中审批办理、事后办结的监察全覆盖，能及时提醒和纠正窗口工作人员在履行职责、行使职权等方面存在的问题，提高行政效能。

【面向决策层提供经济领域统计分析服务】 "统计信息管理应用系统"于 2009 年 4 月建设完成，通过培训进入试运行，对各委办局的历史数据和统计信息进行整理，最终将统一纳入统计中心数据库，实现"一口采集，综合统计，多方使用"的整体目标。该系统是松江区国家电子政务综合试点的一部分，也是上海市"电子统计"信息系统的一个子系统，服务对象涵盖了领导与决策部门、统计业务人员和基层企事业单位。

【继续推进"千村万户"农村信息化培训普及工程】 2009 年，松江区"千村万户"农村信息化培训普及工程计划完成 3 100 人的培训和 35 000 人的宣传普及任务。新增方松街道东方信息苑为指定培训点，新增岳阳街道为宣传普及点。年内完成培训 3 214 人，为计划数的 104%；宣传普及 35 645 人，为计划数的 102%。此外，积极创新培训普及方式，9 月中旬举办了两场以农村信息化为题材的大型滑稽戏《橘树下的婚礼》演出活动，吸引近 1 600 名村民及社区居民观看。为更好地推进村务公开，组织村信息化带头人进行集中培训，为各行政村更好地使用行政村网站并对网页定期更新维护作准备。

四、城市建设管理领域信息化

【面向行政职能部门建立协同监管服务】 "建设工程安全质量协同监管系统"以建筑业企业的安全质量生产监管为系统建设重点，利用信息化管理手段，规范建筑业监督管理体系和监督管理行为，增强政府执法及监督部门的协同监管，接受社会的监督。该系统 2009 年 4 月完成竞争性谈判手续，5 月通过方案评审，8 月底完成系统开发。

五、信息产业发展

【完成软件和信息服务业统计】 2009 年，松江区软件和信息服务业实现营业收入 11.839 3 亿元，其中主营业收入 11.835 9 亿元，实现利润总额 1.322 0 亿元，营业利润 1.250 6 亿元。全区有 16 家企业营业收入超千万元，同比增长 60%，其中上海凯虹电子有限公司经营收入达到 5.5 亿元。

【组织申报软件和集成电路产业发展专项资金项目】 根据市经济信息化委《关于开展 2010 年度软件和集成电路产业发展专项资金项目申报工作的通知》的要求，松江区通过排查、摸底和动员，共有 13 家软件和集成电路企业申报了专项资金，通过对申报企业初审，最终推荐 2 家单位申报。同时，上海安纵信息科技有限公司获得 2009 年度专项资金 100 万元。

六、信息基础设施建设

【加快无线城市建设】 2009 年，松江区"无线城市"二期建设项目启动，在一期的基础上对已部署的 WiFi 无线热点进行扩展，进一步完善老城区、新城区、工业区、佘山度假区、大学城、各街镇城区等区域的信号覆盖，并且将这些热点连接起来形成规模较大的无线覆盖热区。2009 年，各街镇重点区域建设完成 62 个点，全区 3G 覆盖率完成

100%。6月4日，松江区政府与中国电信股份有限公司上海分公司签署了《2009年度松江区信息化建设合作协议》，在"服务政府和企业"、"推动两化融合"、"保障世博"、"服务三农"、"服务民生"等领域展开新一轮全面合作。

【全区网络基础建设速度加快】 2009年，松江区实施政务外网二期建设，涉及二期建设的单位有14家。截至年底，完成7单位的网络接入工作，相关的应用系统也已投入使用。全区政府部门共计88家单位的网络实现联通，网络建设和终端接入工作基本完成。公务网二期建设拟开通107个信息点，已开通的47个终端通过安全测评。

【管线建设和管理水平不断提升】 根据市人大常委会《关于加强本市基础通信管线管理的决定》确定的"统一规划、统一建设、统一管理"原则，对松江区实施管线建设项目进行审批、管理。2009年，多次组织管线建设项目"共建共享"协调会，总计协调53条路段、11个基站，批复管线3.28孔公里，协调"居民投诉"1件。根据市经济信息化委要求，确认2009年TD－SCDMA松江地区的基站站址（11个宏基站、4个室内覆盖），并积极协调基站建设工作。

七、信息化环境建设

【加强网络信息安全整治】 2009年，加强行政中心机房内所有应用系统服务器的安全维护工作，完成安装调试防火墙任务；对全区15个镇、街道的政务外网情况进行调研；组织了一次统一的政务外网安全测试，测试结果符合现行安全标准；成功完成国庆期间信息安全保障工作。

【加强基层人员培训】 2009年，松江区每季度组织各镇、街道的信息主管举行"社区和城镇信息化工作交流座谈会"，为信息主管搭建工作交流平台，促进大家互相沟通、学习。组织各街镇信息主管进行"迎世博"信息安全技术培训，为世博会创建安全健康的网络环境打好基础。

【信息化项目绩效评估试点工作稳步推进】 2009年，以松江区国资委的"国资监管系统"与区企业服务中心的"一站式企业服务与管理系统"两个信息化项目为试点，对信息化项目绩效评估做了初步探索。制定了《松江区信息化项目绩效评估办法》和《松江区信息化项目绩效评估指标体系》，向两个试点单位下发问卷调查表，组织专家现场评估，经过综合评价，实施应用情况良好。

【信息化项目建设管理有序有效】 2009年，组织专家对《上海市松江区政企互通平台》、《松江区建设工程安全质量协同监管系统》、《上海市松江区档案局网络系统加固项目》、《松江区区域卫生信息化二期建设方案》、《松江区区域影像诊断中心一期项目建设方案》和《松江区国资委监管系统二期建设方案》等6个方案进行评审。组织对"松江区'一站式'企业服务与管理系统电子跟踪（电子监察）系统"、"上海市松江区企业信用服务平台"、"行政执法信息资源共享平台"、"政企互通平台"、"法人库完善"（"一数一源"）、"'一站式'企业服务与管理系统（二期）"等6个项目进行验收。通过对信息化项目一头一尾的管理，有效地规范了信息化项目的建设，避免了重复建设和"信息孤岛"的现象。

八、社会诚信体系建设

【建设区企业信用信息服务平台】 松江区企业信用信息服务平台以松江区法人库为支撑，以"松江诚信网"为服务形式，归集15个政府职能部门所掌握的企业信用信息数据48项，初步实现信用信息的资源共享。企业信用信息服务平台于2009年1月开通，并得到应用推广，共向企业下发宣传资料7 000份，覆盖全区1 200多家餐饮企业。

【推动信用报告使用】 2009年，根据《松江区政府部门在公共管理中使用信用产品的暂行规定》的要求，共使用信用报告847份，其中人员招录中事业人员招聘使用信用报告116份、公务员招录使用信用报告43份、政府采购中使用信用报告32份、建筑行业评定中使用信用产品40份、财务会计信用等级评定600份、科委的创新基金申请使用信用报告16份。

【推进“信用户、信用村”创建活动】 2009年，将“信用户、信用村”创建活动延伸到泖港、新浜、叶榭三个镇；修改了《松江区信用户贷款操作办法(试行)》，在原来的基础上增加了每年7月、12月对按期还款信用户进行全额或50%的贴息内容，并根据办法对首批贷款到期的19位农户进行现场贴息，贴息总额9.64万元；全年共有17户信用户申请贷款，贷款总额达163万元，为农民提高收入提供了有力保障，推动了新农村建设。

【开展诚信宣传教育活动】 一是组织开展“2009年松江区诚信活动周暨信用知识进社区宣讲活动”，全区4个街道近400名市民参加培训；二是开展企业信用管理岗位培训，联合区企业合同信用促进会于9月、10月，分别在上海北玻玻璃技术工业有限公司和余天成中药饮片有限公司举办两期企业信用管理培训班，近150人参加培训，并获得由上海紧缺人才培训办公室颁发的《上海市信用管理培训证书》。

(姚　晋)

第十五章　金山区信息化建设

概　述

2009年，金山区信息化工作按照“服务大局，突出重点；集约建设，整合共享；推进应用，提高效益”的方针，紧紧围绕区委、区政府中心工作，坚持开拓创新，抢抓机遇，努力促进信息化与工业化融合，紧密结合社会主义新农村建设和国际化工业城市建设，以服务经济建设为重点，以加快推进电子政务为手段，以提高社会各领域信息化应用为抓手，不断完善信息化工作机制，全面推进国民经济和社会的信息化建设。2009年，金山区被上海市社会保障卡和市民服务信息管理办公室评为“2009年度上海市社保卡、居住证工作先进区县”；“上海市金山区新农村综合信息服务项目”被列入国家发展改革委“国家信息化试点工程”。金山区被市经济信息化委、市农委、市教委、市妇联评为“上海市实事项目‘千村万户’农村信息化培训普及工程先进区县”。

一、政务领域信息化

【区级基础资源库建设】 一是人口库建设：在前几年录入劳动和计生的大部分数据的基础上，2009年整合进区社保卡数据，使实有人口库的信息不断得到充实和完善；二是法人库建设：2009年开发了区法人库，并实现与市基本单位名录库的数据同步；三是资源共享库建设：2009年下半年着手建立区统一的信息资源共享平台。至2009年底，资源数据库基本建设完成，并处于部署调试中。

【村务公开系统推广】 2009年，金山区科委组织开发村务公务系统，并在全区124个行政村推广使用。该系统的使用转变了村务信息公开的模式，由原来纸质的向本村公告的村务信息转变成向全区的、网上的公布村务信息。系统数据由区纪委、区民政局、区农委、区科委等部门共同协作维护，该系统得到了市纪委的好评。

【新版金山警务网启用】 2009年，金山公安分局立足提高人民群众安全感、满意度，全力构建和谐警民关系，以搭建更具有互动性的网上交流平台为出发点，4月对金山警务网进行了改版升级。新改版的金山警务网包括网站安全维护、视频点播、在线调查、网上咨询、金山公安新闻、政府信息公开、公安信箱、警苑采风、公告栏、办事指南、防范建议、网上互动等栏目。2009年，组织2次网上互动活动，由分局主要领导与市民群众面对面活动，听取群众意见，进一步吸纳民意改进工作。截至2009年底，累计主动公开政府信息35条，全文电子化率达100%；新增依申请公开政府信息10条；共接受市民咨询3 738次，其中基层24个查阅点接待1 506次，咨询电话接听1 912次，当面咨询接待1 506次，网上咨询320次（其中分别为：治安管理156次，交通管理75次，出入境管理57次，网上信访32次）；政府信息公开专栏访问量为4 246次（其中按点击率排行的政府信息公开栏目依次是：公安新闻1 946次，网上咨询1 600次，视频点播320次，办事指南265次，政府信息公开201次，警营风采60次，防范建设55次）。

【区财政局全面推进区级预算单位财务信息化建设】 2009年1～10月，金山区财政局全面推进区级预算单位财务信息化建设，重点落实财务信息系统年度账务结转工作方案，完成年度结转工作。到10月底，区财政完成预算单位财务信息网上查询系统。年底前基本完成区级预算单位财务信息化建设上线任务，全区所有预算单位的网络和软件系统运行情况良好。

【金山区法律援助中心正式启用司法部法律援助信息管理系统】 为不断完善法律援助工作信息化建设，提高法律援助工作效率和管理水平，2009 年 11 月，金山区法律援助中心参加由市法律援助中心组织的司法部法律援助信息管理系统培训工作。该系统于 12 月 16 日正式启动，运行良好，使金山区法律援助工作效率更高、更加透明化。

【组织召开信息化“十二五”规划编制工作会议】 2009 年 2 月 4 日，金山区科委组织召开金山区信息化“十二五”规划编制工作会议。会上传达了市经济信息化委关于编制上海市国民经济和社会信息化“十二五”专业规划的文件精神，阐述了信息化规划的编制工作对金山区实现产业结构调整、转变经济增长方式的重要性与必要性，并就金山区信息化“十二五”规划的编制工作提出具体的要求。区发展改革委领导介绍了区委、区政府对金山区未来发展的聚焦点，梳理了金山区在“十二五”期间将重点发展的产业群，并提出信息化的规划一定要与区内发展战略相融合，要联系实际、突出重点。

【区科委组织召开 2009 年度金山区基层网络管理工作会议】 2009 年 2 月 5 日，金山区科委(信息委)组织召开 2009 年度金山区基层网络管理工作会议，全区各镇、街道、工业区的网络管理负责人参加此次会议。会上，各基层网管员首先从网络建设、网站管理、电子政务应用、政府信息公开等方面对 2009 年信息化工作作了回顾和总结，并对 2010 年信息化工作进行了设想。区科委(信息委)充分肯定各基层单位在 2009 年城镇信息化推进过程中所取得的成绩，并对 2010 年基层网络管理工作提出工作要求：进一步配合做好政务网延伸接入工作；继续推进电子政务的应用，包括办公自动化应用、党员管理系统等；加强机房的管理工作；加强信息安全的管理工作，全力以赴做好世博期间信息安全工作，确保各单位公务网、政务网及各项信息应用系统顺利运行。建立健全基层网络建设考核制度。会议还对在 2009 年度信息化推进工作中表现突出的网管员进行了表彰，授予枫泾镇、山阳镇、金山卫镇、吕巷镇、亭林镇的五位网管员“金山区优秀网管员”称号。

【区人民法院建立电子阅卷室】 2009 年 9 月，金山区人民法院对原有的纸质阅卷室进行改造，增加 4 台电子阅卷设备，在上海市法院系统电子档案系统的基础上，供当事人查阅电子档案。电子阅卷室的建立减少了档案人员搜索纸质档案的烦琐，提高了当事人阅卷的速度，减少了纸质档案受损的可能性，保证了纸质档案的完整性。

【开发建设集中式档案室管理系统】 2009 年 7 月 9 日，“金山区集中式档案室管理系统”项目建设正式启动。该系统建立在金山区政务网平台上，依据“数据物理集中、权限逻辑分离”的基本思想，一是构建数字档案室完整框架：覆盖档案室档案管理“收集、整理、鉴定、保管、统计、利用”的整个业务流程，各立档单位的档案管理按文书、科技、照片、音视频等电子(全文)档案建立数据库，并实施网上数据报送，实现档案全过程、规范化管理，并达到“资源共享、工作互济、优势互补”的目的；二是建立全区档案行政管理网上监督指导：系统设置网上业务监督指导、档案年检、档案工作咨询互动功能，实现档案局与基层单位档案工作的业务指导、监督、交流和相互学习，保证全区档案工作在各个方面协同一致；三是建立档案馆与基层档案室电子档案接收进馆功能，实现档案馆对各单位进馆档案数据的鉴定审核和馆室之间的互动功能。至 2009 年底，系统开发完成并开始部署试点单位应用。“集中式档案室管理系统”的开发建设，为全区档案信息化建设“资源整合、利用方便、维护便捷、数据保存安全”的目标，建立起全区统一、标准、规范的档案应用系统和档案资源数据库以及更好地夯实数字档案馆建设打下良好的基础。

【档案信息化促为民服务进社区】 2009 年，金山区档案馆继续集中力量对涉及民生的婚姻登记、独生子女证、复退军人、知识青年上山下乡、土地征用劳动力调配、农村宅基地批复、三峡移民等各类档案进行纸质档案数字化著录和全文扫描工作，累计已录入条目 1 330 789 条，扫描 2 475 266 页。为进一步贯彻落实国家档案局关于实现“两个转变”、建立“两个体系”的要求，2009年5月8日起，区档案局开展数字化档案服务进社区活动，通过政务网、传真等手段将档案证明材料提供给各镇、街道(工业区)社区事务受理中心的档案便民利用服务窗口，使档案利用者不出社区就能查阅所需的档案材料。在方便利用的同时，区档案局狠抓数字化档案安全建设，便民系统资源库与核心资源库实施物理隔离，确保了核心档案数据的安全。各镇、街道(工业区)也积极配合协助，配备专门人员在固定时间到窗口接待、添置电脑、打印机、传真机等基本设备，并在社区报上刊登公告广泛告知居民。至年底，全区各档案便民服务窗口共接待利用者363人次。

二、社会领域信息化

【启动上海市农村中小学信息化应用推进项目】 2009年12月17日，金山区农村中小学教育信息化应用推进项目启动大会举行。会议介绍了上海市农村中小学教育信息化应用项目的基本情况，解读了《金山区农村中小学教育信息化应用推进项目实施方案》。金山区有31所中小学参加了上海市农村中小学信息化应用推进项目，建立了区级教育信息化应用平台，开设了新视点、专题研究、视频课例、教育博客等栏目，通过资源共享、交流互动等形式，着力提高教师的信息化素养和课堂实践能力，提升学校的信息化应用水平。

【建立金山区考务中心和网上巡查系统】 2009年，市教育委员会在金山、普陀、闵行三个区开展区级考务指挥中心和网上巡查系统建设试点工作。在区相关职能部门的紧密配合下，“金山区考务中心和网上巡查系统”于4月开始建设，6月初完成所有建设工作。在2009年全国高考中，“金山区考务中心和网上巡查系统”运转正常。通过视频远程指挥系统，工作人员能对试点的考点、考场及保密室等进行不间断电子监控。

【合作医疗系统】 金山区农村合作医疗“一卡通”项目依托区政务外网，组成连接全区村卫生室、医疗卫生机构的专用网络；建立合作医疗中心结算平台，按照合作医疗政策进行结算处理，实现“一卡通”；建立村卫生室管理系统，与中心平台进行实时结算，并能查询和更新居民健康档案；建立合作医疗费用审核平台，对各点发生的费用进行审核，实时监控合作医疗资金使用情况。通过建立村卫生室上线管理系统，实现对全区村卫生室的信息化管理，促进社区卫生服务中心医生工作站的建立。通过村卫生室管理系统和医生工作站，可采集诊疗信息等健康档案系统所需数据，实现健康档案系统的“活用”。

【社区卫生服务中心信息化建设】 金山区共有13家社区卫生服务中心。2009年，13家社区全部建立门诊医生工作站系统；12家社区建立检验系统；实现了门诊医生站系统和检验系统的信息共享。山阳镇社区卫生服务中心在完成门诊医生站和检验系统的基础上，还建立了检查报告系统和电子病程记录、门诊补液管理系统等，走在金山区社区卫生信息化建设的前列。至12月25日，金山区内社区卫生服务中心的医生都已在使用门诊医生工作站系统。通过该系统，医生可以开具电子处方，并通过打印机将处方打印出来。在开具处方的时候，医生可以实时查阅药房的药品库存情况，遇到没有的药品可及时告知病人。系统还可按照每家单位实际情况对每张处方金额进行基本控制，在医生输入处方的时候就同步显示当前处方总额。通过和检验系统的联网，医生还可以随时调阅到病人的检验结果。

【合作医疗住院实时结算】 2009年，金山区完成区内合作医疗定点机构的住院实时结算工作。该项工作的目标是使合作医疗参保人在定点机构入院登记和出院结账时，凭合作医疗参保卡等有关凭证，只需支付自付费用，其余费用由定点机构与区合作医疗有关机构结算。该项工作实施后，免去合作医疗参保人报销费用的奔波之劳，降低了合作医疗参保人的住院费用负担，加强了对合作医疗基金的监管。

【召开网络文化工作会议　促进网络文化快速健康发展】

2009年6月5日，金山区组织召开网络文化工作会议。会议传达了上海市网络文化工作会议精神，通报了2008年度金山区网络文化工作情况并部署2009年度的工作，还为2009年度网络文化志愿者颁发证书。会议强调，建设和繁荣健康向上的网络文化，要突出"四个加强"：加强网上舆论引导；加强网络阵地建设；加强网络文明建设；加强网络管理体制、机制建设。

【农村信息化综合信息服务试点项目通过验收】 金山区于2006年底被列为国家首批农村信息化综合信息服务试点区之一，试点工作为期3年（2007～2009年）。2009年2月13日，由市经济信息化委领导以及市经济信息化委发展规划处、都市产业处、办公室等领导组成的验收小组对金山区农村信息化综合信息服务试点工作进行项目验收。验收小组听取了项目建设情况、项目管理情况的汇报，观看了有关系统的现场演示，审阅了相关验收文档。验收小组认为金山区农村信息化综合信息服务试点建设的内容达到了预期目标，对市经济信息化委的专项资金使用合理，符合计划任务书的要求，验收小组一致同意通过验收。验收会上，市经济信息化委领导对金山的试点工作给予充分肯定，认为试点工作成效显著，为面上的推广积累了大量的经验，为上海市其他区县的建设提供了样板。

【协助上海市公共卫生中心防控H1N1流感】 为确保防控期间上海市公共卫生临床中心内部联系渠道顺畅、通信畅通，进一步做好甲型H1N1流感防治期间通信保障工作，上海移动金山分公司在对公共卫生中心内A病区（A病区负压病房作为甲型H1N1感染者专用病房）和部分办公楼区域调查摸底后发现存在手机信号弱的问题，积极与有关部门联系上报情况，加快建设步伐，在最短的时间内完成对公共卫生中心内科技中心和药剂中心两幢楼的室内信号覆盖建设，做好重点区域的网络保障工作，协助公共卫生中心防控甲型H1N1流感工作顺利进行。

【实现金山区农村信息化建设全覆盖目标】 2009年12月23日，为进一步推进农信机及移动业务在农村的多种应用，深化新农村信息建设工作，上海移动金山分公司举办了2009年新农村信息员沟通会，特邀金山区科委（信息委）领导和镇、村信息员代表共40余人参加，共同探讨2010年新农村信息化工作思路、如何为村民提供更方便更优质的信息通信服务。同时，随着新一轮与金山区政府签署的"共同推进新郊区新农村信息化建设"合作框架实施，金山区新农村信息化建设工作取得了显著进步，从最初简单的农信机发送天气预报等短消息到现在组建村委会集团V网，拓宽了村民的信息渠道，加强了村民的信息交流途径，降低了农民的信息费用负担。截至2009年底，金山区共开通农信机达160台，完成金山区9镇1工业区全部共124个村信息化建设工作，实现金山区新农村信息化建设覆盖率100%的目标。据统计，年内共发送信息短信100.7万条，平均每村发送7 000多条，各村委利用完善的移动通信网络和资源，为村民提供与农业生产、生活信息、村委通知等相关的信息服务。

三、经济领域信息化

【扎实推进为农综合信息服务平台建设】 根据市农委《上海市为农综合信息服务平台管理办法》的文件精神，2009年，金山区制定《金山区为农综合信息服务平台管理办法》、《金山区为农综合信息服务"千村通工程"区、镇（工业区）、村协同工作内容和镇（工业区）、村平台工作评分标准》，进一步明确区、镇、村信息员的工作职责，强化工作激励机制，加强平台的管理和使用，为农综合信息服务平台建设解决农业信息在传递上存在的"最后一公里"难题。2009年，为农综合信息服务平台村累计总点击数123 850次，总开机天数8 131天，总信息维护13 671条，为农综合信息服务区级平台信息维护4 788条。同时，对镇、村110名信息员开展培训，并进行考核，对考核合格的信息员颁发合格证书。在前几年推进60个村为农综合信息服务平台的基础上，2009年又推进了40个村为农综合信息平台建设，达到100个村，基本实现全覆盖。

【搭建行政村网站,展示"村容村貌"】 行政村"一村一网"建设项目是2009年市政府实事项目。行政村网站是金山区农村对外交流的窗口,是推进村务公开的重要手段,是展示特色农产品、农家乐、村办企业的重要渠道。2009年上半年通过调研,完成廊下镇光明村和吕巷镇白漾村2个村级网站建设试点工作。金山区于7月中旬开始实施"一村一网"的各项工作,确认全区各行政村信息化带头人名单,并建立一支近150人的农村信息员队伍,培训"一村一网"采集表的填写注意事项和各栏目要求、文字资料的收集整理、图片资料的拍摄制作,以及信息员的网站维护技能的培训工作。经过区、镇、村信息员的努力,全区124个行政村的"一村一网" 所有后台采集录入工作于10月底前按时完成,其中枫泾镇中洪村的采集表成为全市的示范采集表。到11月底,全区124个行政村网站建设基本完成,据上海市农委信息中心考核评比,金山区行政村"一村一网" 平均得分228分,位居各区县前茅,其中33个村获得了满分。"一村一网"建设为每个行政村打造了一张对外宣传网上名片。

【筹建优质农产品电子商务平台】 "金惠泽"是金山区2009年度筹建金山优质农产品营销电子商务平台(www.jinhuize.cn),于2009年12月30日开通试运行。"金惠泽"农产品营销电子商务平台由"特色农产品"、"合作社介绍"、"农业基地"、"网上超市"等组成,以网站的形式对金山区的优质农产品进行集中展示,有助于金山农业产业化发展与农产品营销、农产品市场有机对接,为金山农产品销售提供有力支撑,促进农民增收。

【区农业信息服务中心和"金山农业网"获奖】 由中国电子商务协会、中国互联网协会、农业部信息中心联合主办,中国互联网协会农村信息服务工作委员会和农博网共同承办的以"拐点·起点·亮点"为主题的"2009中国农村信息化年度峰会暨第六届中国农业网站百强颁奖盛典"于2009年12月18~19日在北京召开。峰会同期揭晓了2009中国农村信息化年度大奖和2009中国农业网站百强榜单。金山区农业信息服务中心获得2009年度中国农村信息化杰出贡献单位奖,"金山农业网"继前两届获得百强网站称号后,再次获得"2009年度中国农业网站百强网站"政府类网站三十强称号。

四、城市建设管理领域信息化

【开展完善重点目标图像监控系统建设】 根据《上海市发展改革委关于上海平安建设公安指挥交通管理综合信息通信系统四(完善重点项目图像监控系统)可行性研究报告的批复》和上海市公安局《关于印发〈上海公安图像监控系统建设总体方案(2009—2010年)〉的通知》精神,金山公安分局于2009年度在金山区范围内的主要交通节点、高校出入口周边、金银饰品店周边、典当行周边、大型商场出入口周边、加油站出入口周边、医院出入口周边等重点单位周边建设了314个重点目标图像监控点位。

【金山区网格化视频抓拍系统工程建设完成 将投入试运行】 金山区网格化中心视频抓拍系统经过工程单位一个多月的安装调试,2009年10月已基本完成,投入试运行,并对全体信息员开展该系统的操作培训。视频抓拍系统投入使用后,可直接将视频图像导入区级平台数据库中,并以此作为案件受理立案依据,将有效拓宽案件的发现途径,同时也为监督员队伍的管理提供有力抓手,提高监督管理功能,强化城市管理手段。

【"全球眼"防汛远程视频监控系统工程启动】 金山区防汛指挥部办公室"全球眼"防汛远程视频监控系统工程启动。该系统由金山区域内的6个视频信息采集点和一个视频监控管理中心组成。6个视频信号采集点具体为:车客渡引桥中段潮位监控点、枫泾黄良甫水闸河道水位监控点、张泾河水利枢纽站河道水位监控点、朱泾掘石港大桥水位观测点、张堰镇板桥下水位观测点、金山嘴海塘潮位监控点。摄像机视频信号通过地埋电缆和视频光端机将视频信号传送到DVR和网络设备安装点,即由监控摄像机采集实时视频图像信息,通过专用光纤MPLS

VPN线路接入到电信全球眼视频监控平台。监控中心同样以MPLS VPN专用光纤接入电信全球眼视频监控平台，实现监控采集点水情信息的目的。在金山区防汛指挥部监控管理中心可远程获得各监测点的水位、雨情、风情等实时图像信息，为防汛防台指挥决策及时提供依据，减轻辖区内自然灾害造成的损失。

【开展金山区排水行业数据库维护工作】 根据上海市排水行业要求，金山区开展排水行业数据库维护工作。主要是对已建排水行业数据库内的排水基础设施数据进行更新、校对和维护，以保障数据的准确性、及时性和全面性，使之更好地为市、区排水行业管理和防汛排水应急处置工作服务。该工作将分三年（2009～2011年）完成，2009年已完成枫泾等6座污水处理厂、20座污水泵站及100公里雨水、污水管道的数据采集和录入。

五、信息产业发展

【信息产业服务业发展】 2009年，金山区信息产业服务业经营收入稳步增长。截至年底，金山区具备软件认定和系统集成资质的企业共32家（2008年29家），软件行业营业收入实现每年超过10%的增速增长，2005年软件行业完成营业收入3.5亿元，2009年软件行业完成营业收入6.5亿元；信息产业服务业总收入由2005年的约7亿元提高到2009年的约12亿元，以每年约11%的增速增长。

【传统企业信息化改造】 2009年，金山区组织4次企业信息化系列培训活动，搭建IT企业和传统企业的交流合作、共同发展的平台。建立“金山企业网”公共信息平台，加强信息产业政策宣传，提升传统企业利用网络宣传的主观能动性，拓展企业相互沟通交流的渠道。2009年底，注册企业网的企业总数达到约1 300家，产品发布量为517种，供求信息为462条。建立“上海化工品电子交易平台”，2009年1～7月，平台市场销售总额为9.54亿元，同比增长8.88%，税收达1 485万元。交易合同品种为80种，电子交易注册会员为26家。平台中远期目标拟成为华东地区化工品交易的定价中心。

【信息产业项目资金申报】 积极引导和组织企业申报国家、市级信息产业项目资金，继2008年金山区默克高科技有限公司获得100万元的专项资金支持后，2009年度，金山区上海大有信息技术有限公司的“网上世博C/S系统数据处理平台”项目和上海航盛实业有限公司的“高度集成非接触可编程角位移传感器”项目获得资金支持，支持资金共计220万元。

六、信息基础设施建设

【组织编制2009年度区无线基站共建共享计划】 按照《关于推进电信基础设施共建共享的紧急通知》和《上海市通信基础设施共建共享实施细则（暂行）》要求，金山区科委牵头编制《2009年度金山区无线基站共建共享计划》，协调各大通信运营商积极参与并推进无线基站的共建共享工作。此项工作得到市经济信息化委基础设施处领导肯定，并指出金山区是上海首个推进此项工作的区县。2009年度，3家通信运营商通信管线共建达100沟公里，基站共新建82个，共建共享38个，共建共享率为46%。

【推进枫泾古镇景区上海移动基站搬移工作】 根据金山区委、区政府领导关于对枫泾古镇景区上海移动公司无线基站实施搬迁的要求，由区科委牵头，会同区规土局、枫泾镇政府等部门，就无线基站的搬迁工作与上海移动公司进行多次沟通与协调，先后召开6次协调会，制定5套方案，在经过专家对方案多次认证后，最终确定搬迁方案。搬迁工作有序推进，既优化古镇景区环境，也解决了镇区通信信号弱的问题。

【加速城市光网建设进程】 2009年，金山电信局为应对新的宽带竞争，根据公司“城市光网”(MONet)行动计划，实施光纤化网络改造建设。新建20个点36台OLT设备合564个PON端口；投资6 349万元，新建光缆1 095.21公里，91 497.64芯公里；投资2 417万元，新建管道78.62沟公里，280.17孔公里；完成了朱泾弘泽阳光苑等5个小区共2 898个用户的FTTH覆盖，为用户提供了“百兆进户、千兆进楼、T级出口”的网络能力。

【进一步实施网络优化项目】 2009年，IP网络扁平化建设完成，为带宽型业务发展，为接入网能力提升创造条件；实施本地2.5G传输环改造，对未来金山电信局C网的软交换改造扩容以及EVDO带宽扩容所需的传输能力打下了坚实的基础；实施石化老城区个性化POP建设，以解决该区域内商铺用户尤其是边缘地区用户由于宽带接入采用LAB方式而不能开通旺铺通业务的问题。即将小型的设备(华为MA5616T)安装在主干电缆交接箱附近居民楼的FTTB设备边上。这种改造方式，既方便了用电需求，又盘活了原FTTB光缆资源，同时节省了联络电缆的长度，降低了投资成本。

【老宽带平移取得初步成效】 因金山宽带老用户关于速率的投诉一直不断。金山电信局针对1.6万多宽带老用户拟定金山10M老宽带用户投诉处理解决方案，还成立宽带老用户平移工作小组，主要负责实施计划、应急预案、客服解释口径、营销脚本的制定及推进等工作。2009年4月，宽带平移工作率先在张堰、亭林分局试点，之后再分步实施。在解决老宽带问题的同时，金山局还通过填充移动业务，带动了移动业务的销售，取得了初步成效，有30%以上的老宽带用户加入了新套餐。

【助推社会信息化建设】 2009年，上海电信与金山区政府签订信息化建设合作框架协议及2009～2010年执行计划，与各乡镇签订信息化合作协议；成功策划区委中心组四套班子领导电信之旅，与区迎世博600天行动社会动员指挥部联合开展“一拨通世博”活动，根据公司关于推进“三百村”建设的相关要求，共建成10个宽带村、7个手机村、5个IPTV村；落实千村万户农村信息化培训普及工程，完成了4万多人次的宣传普及等。

七、信息化环境建设

【金山区提前完成“千村万户”农村信息化培训、普及任务】 截至2009年底，上海市政府实事项目——“千村万户”农村信息化培训普及工程，金山区完成培训5 256人，宣传普及42 944人，分别达到全年指标的122%和107%，提前完成培训、普及任务。“千村万户”农村信息化培训普及工程是由市经济信息化委、市农委、市教委、市妇联于2008年联合启动实施的，按照指标分配，2009年金山区是培训人数和普及人数最多的一个区县。区科委高度重视此项工作，与市经济信息化委、市信息化培训协会等部门联系做到早沟通、早落实、早启动，紧密依托区教育局、区妇联等相关单位，大力协调、推进金山区“千村万户”农村信息化培训普及工程。

【中国首批农村信息化试点结硕果】 作为中国首批农村信息化综合信息服务试点区之一，金山区全区124个行政村建设了网站，完成“一村一网”实事工程的建设任务。从2007年起，金山区本着“方便农民、就近服务”的原则，利用互联网的优势，探索在中心村建立农村综合信息服务的有效模式，实现信息技术在农业生产、农民生活、农村管理中的普及和应用，创建了“互联网、政务外网、为农综合信息服务站和政务管理服务平台以及涉农综合信息服务平台”的信息化“金山模式”。2009年7月开始，金山区又实施农村“一村一网”建设工作，电信的信息大篷车分别在吕巷、廊下、亭林、张堰等镇活动16次，小篷车在各镇出动35次。到2009年底，全区各个行政村的网站都已建成，市职能部门对网站以250分为满分进行考核，全区124个网站平均得分达210分以上。为保证已建网站的正常运行，金山区认真实施“千村万户”农村信息化培训普及工程，截至年底，培训人数与宣传普及人数均为全市第一。

八、社会诚信体系建设

【科技企业信用制度试点工作有序推进】 2008年底，“金山区科技企业信用制度建设”项目被列为上海市“重点领域和部门的信用制度建设应用推进”试点项目。金山区科委根据试点要求，结合金山区企业的现状，2009年2月6日组织召开了试点工作的启动大会，选择11家科技企业作为先行试点，先后开展3次信用制度建设培训，并对试点企业基础情况进行了调研。根据调研的情况来看，试点企业，在合同、财务、客户管理等环节中已使用信息内容，并逐步完善企业的信用制度。

【金山区经委召开出口信用保险专题宣讲会】 2009年11月26日，金山区经委召开保持外贸稳定增长全面推进出口信用保险专题宣讲会，就出口信用保险的基本功能和金融危机下出口信用保险的独特作用，以及中国政府、上海市在强化出口信用保险方面的政策，并对金山地区企业的信保服务进行详细说明。

【开展诚信月活动】 2009年3月，金山区各学校开展形式多样的诚信月活动。金山区第一实验小学开展“迎世博，讲诚信，展礼仪”诚信礼仪月活动，向学校全体儿童团员、少先队员发出号召：迎世博，除陋习，语言文明、行动文明，争做礼仪小天使；学雷锋，见行动，参加一次社会公益劳动等。朱行中学开展诚信教育、感恩教育、学习雷锋精神为主题的系列教育活动，通过主题班队活动、故事收集及讲演比赛、主题大讨论、志愿者服务活动等形式开展丰富多彩的活动，以诚信的言行为文明世博营造良好的氛围。松隐中学举行了“诚信之花开满校园”的主题班会，要求每一位学生提出一句自己的诚信口号，同时举行了“我心目中的诚信形象”演讲比赛。

【金山区教育局与各学校签订规范收费诚信承诺书】 2009年2月6日，在2009年党政干部培训班上，金山区教育局局长与学校行政法人代表共同签订《金山区教育局2009年规范收费诚信承诺书》。局长承诺：依法行政，依法治教；校长承诺：依法办校，规范收费。

（赵　千）

第十六章 奉贤区信息化建设

概 述

2009 年，奉贤区信息化工作围绕《奉贤区国民经济和社会信息化“十一五”发展规划》，以应用为主线，开拓进取、勇于创新，积极推进重点信息化项目建设，在电子政务建设、诚信体系建设、农村信息化应用普及、为民服务和信息技术应用等方面取得一定的成效，完成全年各项工作任务。

奉贤区被评为“2009 年市政府实事项目‘千村万户’农村信息化培训普及工程先进区县”。

一、政务领域信息化

【政府信息公开工作有序开展】 奉贤区配备 2 名全职工作人员、47 名兼职工作人员，设立 46 个专门的信息申请受理点，积极拓展信息公开渠道，深化信息公开内容，提高信息公开质量；认真做好政府信息公开月度、年度统计工作，按时上报区政府信息公开月报，编制完成《2008 年上海市奉贤区政府信息公开年报》，并按时在“上海奉贤”门户网站上公布；为方便公众获得政府信息，印制《政府信息公开便民手册》11 000 余份，分别放置在各信息查阅点及各村委会供居民免费领取；进一步建立健全督办检查机制，2009 年 8 月、10 月，区政府信息公开工作联席会议领导小组相继对各镇、开发区、政府各部门开展自查和检查，确保全区政府信息公开工作规范有序开展；扎实推进“执法三告知”制度，各部门对本部门的行政审批（许可）事项做了认真梳理，进一步规范办事流程的公开，提高了行政效率和公众的满意度；加强政府信息公开工作人员的业务培训，提升工作人员业务水平。

2009 年，全区共产生主动公开信息数 1 191 条，其中全文电子化的主动公开信息数 991 条；编制依申请公开信息目录数 75 条，依申请信息公开申请总数 15 条，其中当面申请 3 条，电子邮件申请 4 条，信函申请 6 条，所有申请均已得到答复；共接受市民咨询 7 470 人次，其中公共查阅室接待 20 人次，咨询电话接听 4 775 人次，当面咨询接待 1 626 人次，网上咨询 1 049 人次；网站专栏页面访问量 2 088 760 人次。

【“上海奉贤”门户网站建设】 (1) 完成“上海奉贤”门户网站优化调整的改版工作，围绕信息公开、网上办事、便民服务和网上互动四大板块合理布局，强化网上办事栏目检索功能，加强对部门网站的建设和管理，积极做好网站系统安全测评工作，并增设体现地域特点的相关栏目，设置农业政策和主题服务栏目，突出用户中心，用户只要一次登录即可进行所有相关栏目的互动请求或查阅其互动请求的处理情况。通过改版使网站布局更加合理、内容更加丰富、页面更加美化，公众对网站的认可度进一步得到提升。(2) 完成网上信访信息处理系统、张立平书记与网友在线交流、党委中心组理论学习平台、“迎世博 600 天行动”评选网上投票系统、奉贤区创建国家卫生区网站、奉贤区思齐社会工作服务中心网站、“华亭风”网站（区反邪教网）、区统计网等的建设。(3) 加强网上信箱管理和月报统计工作，全年共收到来信 2 983 封，已处理 2 910 封；针对有些部门处理网上来信不及时，安排专人通过公务电子邮件、电话等多种渠道予以每日提示，对逾期未处理的信件送交区监察委催促。(4) 积极做好向“中国上海”网站编辑部的信息报送工作，共上报 2 999 条，被采用 2 920 条，采用率达 97%，列 18 个区县第一，总分位列各区县第二。

【开展区长网上办公活动】 2009年，举办区长网上办公活动12次，区长、副区长围绕推进新农村建设、完善农村社会保障制度、环境建设和保护、奉贤文化和世博、旧小区综合整治、科技服务平台建设等与人民群众生活密切相关的主题与网民展开在线对话。"区长网上办公"专栏页面浏览量达12 323次，现场参与活动网民1 955人次，提出问题672个，现场回答问题599个，73个与活动主题无关的问题在活动后通过信访等渠道予以答复。

【书记在线听取市民意见】 2009年4月19日，围绕奉贤在深入学习实践科学发展观活动过程中如何"坚持科学发展、落实'四个确保'、建设滨海新城"，区委书记张立平作客"上海奉贤"网，与10名网友进行现场座谈，并与线上网友进行在线交流，听取意见和建议，解答大家关心的问题。活动首页浏览量达8 392次，参与活动网民1 313人次，提出问题113个，现场回答问题102个。

【不断完善政务网平台】 奉贤区在区政务网建设方面，重点从政务网信息中心机房以及政务网网络安全平台的安全监督和全面管理等方面着手，加强和改进政务网的运行维护工作。完成桌面终端管理系统建设。从技术层面为政务网络管理提供一个科学便捷的管理手段。完成政务网外网出口升级改造。2009年，从三个方面着手对政务网外网出口进行升级改造：政务网出口带宽从原100兆升级到200兆；出口防火墙由两台增加至4台，实现出口流量控制和服务质量保证控制；优化网络路由策略，建设了核心策略路由为主、四路分路由为辅的路由策略。完成落实政务网对外门户群的运维保障工作。对政务网对外门户群区实施了运行保障、调整升级和测评工作，对管理措施和管理流程进行了优化和提升，确保了系统的稳定运行。在此基础上还部署了市病毒防范中心的病毒跟踪上报系统，自建了区内门户网站运行状况跟踪监控系统。完成市商密介质管理系统奉贤区试点项目，建设密钥介质管理系统和桌面安全套件等提升区电子政务安全等级。

【推进部门电子政务建设】 奉贤区在推进电子政务建设工作中，一如既往地加强区内电子政务系统建设，还完成了市、区两级政务外网的百兆升千兆工程，着力推进市区两级网络对接后的电子政务系统建设，为市、区两级单位的电子政务的整合和对接奠定了良好的基础。2009年，在区政务外网平台上积极推进了检察信息系统、奉贤房地信息系统、奉贤企业审批跟踪系统等条线专题电子政务项目建设。完成的市区两级政务外网对接的电子政务项目有：市委组织部党员党组管理信息系统、金质工程（质量技监局视频会议建设收尾）、金审工程（区审计信息系统）、金财工程（财政国库统一收付平台建设收尾）、金政工程（民政一口救助信息管理系统）、市黄浦江防汛墙管理监控系统与区水务局联网工程、区企业审批跟踪系统等相关系统。

【完成政务网OA办公平台升级】 奉贤区政务网OA办公平台自2004年建成以来，推进成果明显、运行基本稳定，针对区内日益增长的电子办公新需求，2009年实施了该系统的升级工作。主要突出"以人为本"的理念，改善原有办公系统中尚不完善的软件应用部分，在硬件部署方面突出重点应用保障，实现重点应用和一般部门应用的物理分离。此次升级需求确认和程序开发于2009年底完成，预计2010年3月底完成全区部署运行。

【保障公务网正常运行】 奉贤区公务网（党委系统网）是市公务网的延伸部分，奉贤区落实专人负责区公务网管理和维护工作。2009年，区信息委会同区保密局、区委机要局，对区内主要公务网涉密域使用单位进行安全保密检查，对防病毒软件安装和使用情况、系统漏洞情况、计算机木马情况、违规上网情况等进行检查。2009年，区公务网使用单位共上报故障8次，区信息委采用电话指导、现场排除或通过公务网运维商等方式，快速排除，保证小故障1小时解决，一般故障当天解决。

二、社会领域信息化

【社保卡和市民信箱申领工作有序推进】 2009年，奉贤区共完成社会保障卡采集27 619人次，发放社会保障卡

15 155 张，补换卡 6 981 张；组织学龄前儿童(0～6 周岁的奉贤籍儿童)进行社保卡的申领工作，共受理 505 人；组织对奉贤辖区中小学校和该区户籍的九年制义务阶段的学生进行社会保障卡(学籍卡)的数据采集工作，共采集信息 14 092 人；组织受理社会保障卡、敬老服务专用卡的申领工作，共受理 2 825 人。继续推广"市民信箱"工程，共受理"市民信箱"申请 47 人次，累计受理"市民信箱"14 936 人次。

【基础信息数据库建设取得进展】 2009 年，在已有法人库、人口库和 GIS 库的基础上，重点推进"消防地理信息系统"、"区内企业法人信息管理平台"和"实有人口、实有房屋"试点工程三个项目的建设。(1) 地理信息系统(GIS)外延拓展。重点建设：区内地理信息系统数据挖掘共享平台，实现区内条线异构的地理信息系统的数据共享；区消防地理信息系统，实现消防相关应用基于地理信息的数据化和信息化；区国防动员地理信息分系统，采取离线部署方式在区国防动员指挥部内建设了 GIS 的一个特殊应用，为国防动员指挥工作提供管理和决策的数字化支撑；依托当前地理信息系统资源，拓展"上海市突发事件应急管理示范项目"相关应用范围，实现重点目标与周边环境间的点面结合。(2) 完成区法人库信息系统建设，建设企业法人信息平台和信息产业法人库专题、法人库诚信专题等 5 个专题应用分系统。(3) 稳步推进"实有人口、实有房屋"试点工程。结合公安部门开展的"实有人口、实有房屋"数据排摸工作，依托现有地理信息系统资源，探索在试点村内的"实有人口、实有房屋"数据的数字化和地理信息化，并能实现信息共享。

【全力推进农村信息化应用】 在全区镇村事务管理平台网络构建基本建成的基础上，重点推进以下工作：(1) 完成"为农综合信息服务站"二期工程，在全区 60 个村中配置为农综合信息服务机，为农民提供综合信息查询、为农业提供生产和市场信息。通过一期、二期工程建设，实现全区 168 个涉农村"为农综合信息服务站"全覆盖。(2) 实施"千村万户"农村信息化培训普及工程，超额完成市下达的宣传普及和培训任务。(3) 完成村卫生室信息化建设工程。2009 年完成 90 个村卫生室信息化系统的建设，经过两年的建设完成全区所有行政村卫生室中构建由村卫生室医疗信息系统、合作医疗结报以及药品管理三个模块构成的村卫生室信息系统。(4) 完成"一村一网"建设。配合市农委对全区 168 个涉农村开展村务公开网站的建设工作，并已全面上线运行，并在"上海奉贤"门户网站上实现专题链接。在市"一村一网"的评选中，8 个村的网页被评选为"市村级示范网页"。

【公共卫生信息化平台建设稳步推进】 2009 年，在前期构建全区统一的公共卫生信息共享和处理平台基础上，建设了公共卫生应急指挥系统和公共卫生二期项目，完成区内个人居民健康档案信息系统和合作医疗村结报系统，还启动了公共卫生三期项目，在全区所有一级、二级卫生机构中将建立医院信息系统(HIS)并使其与全区公共卫生平台对接，实现全区病症病历联网。该项目在南桥和青村两家社区卫生服务中心的试点工作已基本完成。该工程已被列为奉贤区政府 2010 年实事项目，并将于 2010 年实现全区覆盖。

【市突发事件应急管理示范项目】 "上海市突发事件应急管理示范项目"为 2009 年上海市信息化发展专项资金项目，目标是以奉贤区 11 个重点目标为示范，构建以盲区点位技术和 3D 互动、智能决策技术为基础的、集软硬件为一体的重点保护目标应急管理系统。应急管理项目由应急预案管理子系统、3D 场景建模子系统、辅助决策和应急指挥子系统、三维盲区定位子系统、3D 模拟实训演练子系统、配套系统集成子系统 6 个部分构成。该项目已完成全部项目计划工作的 80%，预计于 2010 年 3 月按期完成项目建设。

【做好世博信息安保工作】 (1) 落实信息安全管理制度。完成奉贤区电子政务平台等级保护测评相应申报工作，奉贤区信息委会同区保密局等相关单位在全区范围内组织开展政府信息系统安全检查，做好区信息化安全月检和月报工作。(2) 提高信息安全监控应急能力。为建立健全区网络与信息安全事件应急工作机制，提高应急突发网络与信息安全事件能力，保障基础信息网络和重要信息系统的运行安全，编制完成《上海市奉贤区网络与信息安全事件专项应急预案》，实施信息系统安全事件专项应急演练。（3）建设区海防反恐监控信息系统工程。区信息委积极配合区世博安保军警民联动工作部（区人武部）实施“区海防反恐监控信息系统”工程建设，该工程已基本完成并于世博前正式投入使用。

【完成甲型H1N1流感集中留验场所通讯保障工作】 奉贤区百能大酒店是甲型H1N1流感集中留验场所，根据《上海市甲型H1N1流感集中观察场所技术工作规范》以及《奉贤区百能大酒店甲型H1N1流感集中留验场所现场保障技术工作方案》，区信息委协调电信等部门，制定《网络通讯保障技术工作方案》，采用智能无线覆盖方式提供24小时不间断互联网接入保障服务，完成47次医学隔离观察点保障任务。

三、经济领域信息化

【中国中小企业节举行】 2009年10月30～31日，第三届中国中小企业节暨上海·中小企业国际论坛在奉贤区举行，来自企业界、金融界和政府部门的800余人，以“信心·机遇·创新·发展”为主题，探讨了金融危机下中小企业的发展。区信息委协调各通信营运商确保企业节期间通信的畅通与稳定，协同组委会办公室建设企业节专题网站，实现与中国中小企业协会网、市经济信息化委、商务委等网站的链接，并在“上海奉贤”门户网站上开设企业节宣传专栏。

四、城市建设管理领域信息化

【图像监控信息系统建设进展顺利】 奉贤区图像监控信息系统是提高政府管理效能的重要工程之一，由区信息委牵头、公安等部门协同，通过两年的建设，至2009年，该项目共完成940个监控点位和26个图像监控指挥室的建设任务。在此基础上，实施“区海防反恐监控信息系统”工程，建设5个海防反恐高清远距监控点位，并实现与区图像监控系统互联互通资源共享。

【城市网格化管理系统初步建成】 奉贤区城市网格化管理在全市郊区县中率先开展节假日延时管理和夏令时延时管理，填补了节假日城市管理的监督空白。在南桥中心城区城市网格化管理取得一定实施经验的基础上，制定了全区城市网格化管理拓展方案，完成至上海工业综合开发区的一期延伸工程。

五、信息产业发展

【信息产业稳步发展】 2009年，奉贤区财政投入各类信息化建设资金共4 523.15万元。在工商登记注册的新增IT类企业共127家，所有企业注册资金总和为10 609.293 8万元人民币，新增软件认定企业5家。组织4家有关信息产业企业4个项目申报上海市2010年软件和集成电路产业专项资金。

【开展软件和信息服务业统计工作】 对注册于奉贤区的软件认定企业进行按季度定期网上报表统计，全面分析和掌握奉贤区软件产业的基本情况、总体规模和发展现状等，并对区信息产业运营状况进行量化分析。2009年，共有46家软件企业季度报表数据进入统计系统，其中软件认定企业和系统集成企业26家，非认定软件企业20家。2009年，认真组织开展对6个镇1 500户家庭的信息化消费问卷抽样调查工作。区信息委会同区统计局召集各镇、开发区统计干部举办软件产业统计工作研讨会，完成全年的软件产业统计任务。

六、信息化环境建设

【信息化学会发展】 奉贤区信息化学会积极发挥学术交流主渠道、科普工作主力军作用，在学术交流、教学科普、咨询服务、学会建设等方面都取得了较大成绩。2009年，学会重点关注“企业信息化”和“农业信息化”两个专题，针对“两化融合”和“信息化与三农问题”开展工作，参与了27次区内企业信息化技术改造验收工程，完成了区内17家涉农企业(合作社)的电子商务网站咨询工作，进行网站改版，吸引一批信息化工作者进入学会，已有个人会员127人，团体会员19家。

【开展信息化应用培训】 2009年10月，为提高全区信息化工作人员业务水平，促进业务交流，召开区信息化培训工作会议，就网络安全管理制度建设、网站安全管理、网站内容管理和诚信体系建设等方面进行了相关培训。

【超额完成“千村万户”农村信息化培训任务】 奉贤区“千村万户”农村信息化培训普及工程自2009年4月28日正式启动以来，区信息委会同区农委、区教育局、区妇联，在全区范围内对广大农村居民进行了广泛的宣传普及和培训。共出动信息大篷车10余次，信息小篷车130余次；共宣传人数36 402人，完成任务指标数104%；培训并通过考核的人员4 467人，完成任务指标144%，其中农村基层管理者752人、普通农民3 715人；另外还培训专业农民300人，均超额完成任务。奉贤区被评为该工程2009年上海市先进区县，3个培训机构被评为市优秀培训点、8人被评为市优秀工作者、20人被评为市优秀学员，8个村被评为市村级网页示范单位。

七、社会诚信体系建设

【完善区企业信用信息服务平台建设】 2009年，奉贤区进一步完善企业信用信息平台数据库，实现与法人数据库的数据共享，由区诚信体系建设联席会议各成员单位负责日常信息的更新，做到信息共享、联合监管。应用功能主要有企业的基础信息查询、综合自主查询、专项预设查询、重大事件查询等功能，以及旅游企业信用动态跟踪模型、环保审批企业信用监控模型和农委许可企业信用分类监管模型等数据模型应用。

【积极开展诚信宣传活动】 做好“奉贤诚信网”日常维护；在部分窗口部门发放诚信宣传资料，张贴诚信宣传海报，向社会居民宣传诚信社会，发放的资料主要有光盘、手册、宣传海报等。

(黄　静)

第十七章　青浦区信息化建设

概　述

2009年，是青浦区信息化“十一五”规划建设的关键一年，也是“确保重点，全面推进”的重要一年。区信息化工作围绕“建设绿色青浦，构建和谐社会”的总体目标，积极推进信息产业发展，不断深化政府信息公开，有序推进政府信息化实事工程，继续加大网络平台建设，优化信息化环境。全区基本构建起以实有人口、法人、地理信息和政府资源目录为纽带的电子政务整体框架。区科委获中国电子政务优秀应用成果推选活动“十佳电子政务效能管理优秀应用案例（区县级）奖”、“2009年度政务信息工作先进集体”、“2009年度上海市社保卡、居住证工作先进区县”称号。“上海青浦”政府网站获“2008年度中国政府网站优秀奖”、第四届中国特色政府网站评选活动“用户满意奖”。

一、政务领域信息化

【政务公开和政府信息公开】　立足于深化公开内容、提高行政透明度，丰富公开形式、增强公开实效，加强基础工作规范化管理、提高工作质量三个方面，加强工作力度。2009年，主动公开政府信息2 764条，依申请公开信息653条，现场接待8 079人次，电话咨询8 904人次，全文电子化达100%。“上海青浦”主网站共发布信息8 402条，访问量279万人次，点击数1.65亿次。举办5期区委书记、区长“网上访谈”和4期专题访谈，增进政府与公众的沟通交流，参与市民有14 207人次，市民提问926条，现场答复459条。

【推进网上办事平台建设】　2009年，“上海青浦”政府网站共发布各类文字新闻3 795篇（条）、图片新闻193篇（幅）。在青浦“两会”召开、迎世博、科学发展观学习实践活动期间，围绕不同主题开设专题，营造良好网络舆论氛围。年内，实现178项办事事项的网上受理、状态查询和结果反馈，提供186张办事表格网上下载，开设网上办事咨询、投诉栏目等，为建立全区网上办事大厅，提供“一站式”服务入口做好准备。完成“上海青浦”政府网站网络舆情采集平台建设。

【加强电子政务建设】　2009年，青浦区进一步加强电子政务建设，在全区推广使用实有人口数据库与劳动力资源管理系统，启动建设涉及法人库的统计执法系统和电子台账系统，完成实有人口试点验收和法人库一期验收；完成安全生产监督管理系统和水闸泵站远程监控系统建设，并进入试运行阶段；完成“无线城市”建设；整体改进区政务公共信息平台，完成新版上线；完成互联网安全接入试点工作（全市首家），在全市率先将互联网统一出口的安全监测纳入上海市城域网综合监测预警平台，增强病毒感染、木马植入、黑客攻击的预警能力；加强“上海青浦”政府网站安全监控系统建设，对门户网站及各子网站进行实时监测评估；完成区政务外网终端安全管理系统建设，实现对全区政务外网内所有电脑终端整机的统一集中管理；定期开展网络风险评估、网络应急处理和日常演练。

【新版政务公共信息平台正式上线运行】　为进一步提高政务公共信息平台的应用服务水平，青浦区新版政务公共信息平台于2009年9月13日正式上线运行，系统运行状态稳定。与原系统相比，新版平台进行了系统结构优化与软件版本升级；新建统一的用户管理系统，实现各应用系统的单点登录和信息资源的整合，并建立区级和部门相结合的两级用户管理体系；新建统一的信息发布系统，实现对平台各类信息的动态管理；完善统一的搜索中心，提升了搜索的快速性与准确性；对页面进行整体的改版，增加部分栏目，增强了应用的便捷性。

【召开政府信息公开联席会议扩大会议】 2009年7月13日，青浦区政府召开政府信息公开联席扩大会议。会议围绕如何加强政务公开和政府信息公开工作，深入推进电子政务建设和政府网上办事等问题展开讨论。区委常委、副区长杨劲松出席会议并讲话。会上，区法制办、保密局、档案局等部门通报了相关工作，并围绕各自的工作特点作了交流发言。与会人员针对信息处理流程进行了讨论，大家围绕政府信息的界定、信息类别的细分、政府信息公开向基层延伸的途径和手段以及如何进一步规范前台受理、后台协同办理等问题提出意见与建议，并初步达成共识。杨劲松指出，涉及政府信息公开的相关部门要以深化公开内容为核心，在加大政府财政资金、项目、政策、服务等方面的力度上下工夫；要以不断优化拓展公开渠道为重点，在及时、有效、便民上下工夫；要以进一步强化责任为基础，在建立政府信息公开长效机制上下工夫；要通过做好政府信息公开工作，真正提高政府协调、服务、管理的能力。

二、社会领域信息化

【推进"医卡通"项目】 2009年4月1日起"医卡通"在华新镇、金泽镇开始试点。成功后，于9月1日起在全区9个街镇和4家二级医院铺开，已覆盖全区5家二级医疗机构、10家社区卫生服务中心和10家分中心、100所标准化村卫生室。在区政务网区、镇、村三级联网的条件下，实现新农村合作医疗的实时结算功能，全区12万参保农民可享受刷卡就医、实时结算。

【扩大社保卡申领】 2009年，完成社会保障卡、婴幼儿卡申领发放10 577张；70岁以上老人敬老服务专用卡申领发放2 934张；学籍卡申领发放7 757张；补换社保卡、学籍卡、婴幼儿卡和敬老服务专用卡5 833张；新办正式居住证827张，临时居住证新办97 741张，补办6 515张，新证续签113 216张。

【社会保障卡三级业务管理系统上线】 2009年5月，青浦区社会保障卡市、区、街镇三级业务管理系统正式上线运行，标志着社保卡(居住证)日常工作、管理职能进一步优化完善，社保卡服务管理效能进一步提升。社会保障卡三级业务管理系统包含市信息服务中心管理子系统、区县信息处理子系统、网点信息处理子系统、卡处理跟踪子系统、设备管理子系统、物流跟踪子系统、信息发布子系统和统计查询子系统。通过信息化管理手段，区(县)社会保障卡服务中心可全程管理社保卡从申领到发放的各个工作环节，缩短发卡周期，提高工作效率。该系统的应用，有效地提升了社保卡工作的服务水平和管理质量。

【区六部门联合推进农村信息化建设】 2009年，青浦区委组织部和区科委(科协)、妇联、教育局、农委、电信青浦分局6个部门联合行动，到各镇、街道(社区)了解农村信息化工作开展情况。检查内容主要有"千村万户"信息化培训普及工程落实情况、村民信息化活动室应用情况、党员干部现代远程教育建设情况、白玉兰女子远程教育应用情况、"农民一点通"的实施情况、科普活动的开展和科普设施的完善情况等。此次行动旨在摸清情况，为充分利用和整合各类资源、推进农村信息化建设打基础。

三、信息产业发展

【加快信息产业发展】 2009年，青浦区共有信息及软件产业企业3 348户，其中软件和信息服务业企业1 216家，实现产值58.9亿元；信息产品制造业企业2 132家，实现产值101.8亿元，信息业总产值占全区工业规模产值的9.4%。全年信息及软件产业实现税收76 446万元，占税收总收入的4.9%。年内，规划2平方公里为软件和信息服务业产业基地，被认定为“上海市软件和信息服务业高新技术产业化基地”。该产业基地位于徐泾镇明珠路以东、A5嘉金高速公路以西、北青公路以南、崧泽大道以北。

四、信息化环境建设

【率先完成互联网安全接入试点工作】 为切实加强政务外网和政府门户网站互联网安全接入管理，提高政府信息系统防病毒、防攻击、防泄密和反窃密能力，青浦区作为全市首个试点接入单位，于2009年6月底正式启动互联网安全接入试点工作，并于7月上旬在区政务外网互联网出口和政府网站互联网出口成功部署了监测设备，成为在全市18个区县中首家完成互联网安全接入试点工作的单位。政府部门互联网安全接入试点工程，是国家工信部根据国务院领导的重要批示启动实施的一项重点工作。该工程旨在逐步整合政府部门互联网资源，减少政府部门互联网接入口数量，统一安全防护策略和措施，实施集中统一的安全监控。通过成功部署监测设备，青浦区已率先将政务外网和政府门户网站的互联网出口安全监测纳入上海市城域网综合监测体系，实现对异常数据流量的研判分析，有效增强病毒感染、木马植入、黑客攻击等公害的预警能力，促进了网络的安全运行。

【举行区政务外网、区政府网站系统应急演练】 为进一步提高应急处置能力，有效增强政务外网和政府网站系统运行的安全性、稳定性，2009年12月18日18时至20日14时组织实施区政务外网、区政府网站系统应急演练。此次演练严格按照《青浦区政务外网和政府网站系统应急预案》进行，应急演练现场模拟了防火墙、交换机、服务器宕机等故障，分别对政务外网Internet出口、政务外网上联市政务外网出口、政务外网接入层网络、政务公共信息平台及办公自动化等核心应用以及政府网站WEB系统、MAIL系统、DNS系统进行抢修实战演练，各系统恢复时间均在预定范围之内。此次应急演练为相关工作人员提供了一次实战模拟训练，并进一步增强了防范意识和应急处理能力，为事故应急行动提供了宝贵经验。

【召开信息安全保障工作会议】 2009年8月18日，青浦区政府召开信息安全保障工作会议。区委常委、副区长杨劲松出席会议并作讲话。各镇、街道（工业园区），区委区政府各部门分管领导和信息化专管员、信息安全员，在青信息安全重点单位的分管领导和工作部门的负责人参加此次会议。会上，区网安小组副组长、科委主任、科协主席顾啸流通报了区信息安全保障工作情况和下阶段工作的打算。区水务局、青浦电信局、赵巷镇3家单位作交流发言。杨劲松代表区政府与区人力资源和社会保障局、青浦供电分公司、农业银行青浦支行三家单位签订《2010年上海世博会信息安全保障工作责任书》。

五、信息基础设施建设

【加强信息基础设施建设】 2009年，青浦区财政投入信息化建设资金9 287.67万元，占财政投入资金比重1.18%。年末，全区固定电话总数达25万线，移动手机用户达111.2万户，宽带接入用户达到11.8万户，家庭有线电视用户14.3万户。加强公用通信基站集约化建设管理，完成集约共建51个基站、公用移动通信基站达420个；完成“基于GIS平台的应用—通信基站管理系统”，并受上级管理部门肯定；协调完成世博保障通信基站TD－SCDMA90%站址选点及签约工作。

【电子政务机房成功扩容优化】 2009年12月，成功完成两大电子政务机房（区政府非屏蔽机房及民防大楼机房)的扩容优化工作。此项工作包括机柜扩容、机柜配套电源扩容、KVM系统扩容和综合布线、机房环境监控系统优化等。扩容优化后,区政府非屏蔽机房的环境监控功能得到明显改善,实现两大机房环境的统一报警输出和监控管理;民防大楼机房的业务承载能力也得到有效提升,可满足更多设备接入和远程管理需求。

【推进"村村通"光纤工程】 2009年,青浦区258个村(居委会)的"村村通"光纤网络接入工作完成,全区共敷设光缆15 033芯公里,实现并承载区、镇两级办公自动化系统、来沪人员管理系统、农民"一点通"等多项农村信息化应用。"村村通"项目是青浦区从建设集约化新农村网络环境出发,在全市率先对区内各村居委网络进行有效整合应用的实事工程。同时,进一步加大"千村万户"农村信息化培训普及力度,宣传普及35 774人次,完成率102%;培训3 423人次,完成率110%。

(张海峰)

第十八章 崇明县信息化建设

概 述

2009年，崇明县信息化工作根据党的“十七大”提出的“推行电子政务，强化社会管理和公共服务”要求，紧紧围绕贯彻落实市信息化工作会议精神，结合崇明的实际情况，有重点地开展信息化建设的推进与应用工作，并取得较为明显成效。

一、政务领域信息化

【政府信息公开工作】 2009年7月23日，“上海崇明”政府门户网站工作推进会召开。会议就如何更好地促进崇明政府门户网站的内容维护、提升崇明政府门户网站建设水平提出要求。全县各乡镇、委办局、县政府直属单位和在崇市属有关部门的办公室主任参加了会议。对各乡镇、委办局分管政府信息公开工作的领导进行了三次专题培训，培训240人次，组织政府信息公开工作的考察和学习，不断增强各部门分管领导的政府信息公开意识，逐步从“要我公开”思想转变为“我要公开”思想。

【公文类信息备案工作】 自2008年开展公文类信息备案工作以来，共下发4期《关于公文类信息备案工作的情况通报》，有效地提高公文类信息备案的时效性和准确性，数据项也逐步规范。公文类信息备案数量居全市各区县前列。

【政务外网网络体系】 全县338个村(居委会)已纳入了政务外网体系，实现县、镇、村的互联互通。县政府部门网站、乡镇网站及本县主要网站共计45家均已纳入崇明县政府网站群体系。

【门户网站建设】 至2009年底，主动公开政府信息累计9 035条，新增主动公开政府信息2 284条，全文电子化率达100%，较上年主动公开增加23.3%。在新增主动公开政府信息中，政策法规类信息198条，占8.67%；规划计划类信息239条，占10.46%；业务类信息845条，占36.99%；机构职能类信息233条，占10.20%；其他类信息769条，占33.67%。

【县法院开设“网上廉政论坛”】 崇明县法院从岛域特点出发，充分发挥网络灵活、生动、参与面广的特点，开设了法院廉政论坛。廉政论坛下设“明镜台”、“清风论坛”、“佳作共赏”三个栏目。

【积极推进统计报表网上直报工作】 2009年9月15～16日，崇明县统计局分别召开工业能源及劳动工资网上直报业务培训，各乡镇、部门、县直属单位负责专业统计人员近100人参加会议。此次工业能源及劳动工资统计网上直报工作培训会为全县9月实施统计报表网上直报工作奠定了基础。

二、社会领域信息化

【加强科普能力建设，推进农村信息化工作】 2009年5月6日，2009年“千村万户”农村信息化培训普及工程启动仪式在崇明县青少年活动中心举行。会议强调各部门要围绕上海世博会，加强主题宣传，搭建平台，切实为提高农民群众的科学素质作出新的努力。相关部门积极抓好2009年的“千村万户”农村信息化培训普及，切实加强领导，做好服务和督查工作，确保这项政府实事工程保质、保量、按时完成。

【县有线电视“家家通”工程实现阶段性目标】 2009年，有线电视光缆通达崇明全县各村，已完成近9万户新增农户有线电视的入户安装。有线电视家家通工程的实施，改善了广大农户收看众多电视频道的收视条件，农户足不出户就能获取更多的信息。

【县图书馆更新自动化管理系统】 2009年，崇明县图书馆为加强书目数据库建设，提高图书自动化管理水平，将原有的ilas系统更新为Interlib图书馆自动化业务管理系统。新的借阅系统运作正常，公共查询系统已在县图书馆网站开通。新服务系统顺利更新运行，也为县馆和各基层馆之间实现一卡通借阅打下了基础。随着自动化系统的不断完善和升级，县图书馆系统将为我县读者提供更加方便、更为快捷的借阅服务。

【县第三批农村文化信息化工程村级拟建点通过勘察】 2009年8月，上海市农村文化信息服务联席会议办公室有关领导会同永乐院线有关人员深入崇明县16个乡镇、92个村级拟建点，进行逐村勘察，落实布点。通过勘察，县第三批农村文化信息化建设92个村级拟建点基本符合建设要求。2009年下半年进行了农村文化信息化村级服务点(文化信息资源共享工程、农村信息苑、农村数字电影“三合一”)建设。年底，92个村级服务点全部建设完毕。

【县“千村万户”农村信息化培训普及工程】 “千村万户”农村信息化培训普及工程自2009年5月启动以来，经过相关部门和各乡镇的共同努力，进展顺利。组织并完成了3 349名学员培训工作，完成了计划任务数的108%；完成2.5万人宣传普及的任务，占全年计划任务的100%。

【盲人智能导游系统】 2009年9月20日，全市首个盲人智能导游系统在崇明县前卫村落户，盲人朋友可以通过盲道、盲文导游图及无线耳机等设施在景区内畅游。盲人朋友进入前卫村的景区前，可以去总服务台申领无线耳机。耳机通过景区内的无线信号发射装置接收信息，使盲人在游玩时能听到各景点的介绍。

【稳步开展社保卡发放工作】 截至2009年12月底，崇明县共采集了0～6岁婴幼儿社保卡319人次，采集社会保障卡14 771人次，采集学籍卡668人次，采集敬老卡5 731人次；发放0～6岁婴幼儿社保卡398张，发放社保卡14 206张；发放敬老卡6 993张；发放学籍卡3 956张。同时，做好社保卡补(换)卡、居住证工作，全年共补(换)卡4 554张，发放临时居住证42 608张，居住证722张。

【县社区教育信息化试点工作初见成效】 2009年，崇明县堡镇、陈家镇积极参加社区教育信息化资源的应用试点工作，在社区学院的管理与指导下，完成试点工作。两所学校以上海终身学习网为教学平台，共开设了三个班，总出勤率达97%以上。学校及时反馈学员的学习情况，调整教学方法，灵活多样的教学方式，满足了居民多样化、个性化的学习需求，深受居民的欢迎。试点工作的实施，改变了居民的学习方式与生活习惯，激发了广大居民的学习兴趣，扩大了社区教育在居民中的影响。

【崇明旅游信息服务平台试运行】 2009年11月，上海长江隧桥建成通车后，崇明旅游网的点击率突破1 000万。同时，作为宣传展示崇明生态休闲旅游品牌载体的崇明旅游信息服务平台也进入试运行。崇明旅游网自2002年底开通以来，坚持客观全面地反映崇明旅游行业风貌，成为广大游客了解崇明的媒介渠道，备受游客和网民欢迎。为崇明旅游企业宣传和旅游行政管理奠定基础。

三、经济领域信息化

【“水稻测土配方施肥专家咨询系统”推广应用】 由市农技中心会同县有关土肥、栽培和信息化方面的专家，对崇明县实施的“水稻测土配方施肥专家咨询系统”项目进行技术评估。“水稻测土配方施肥专家咨询系统”的成功研发，有效地推进了崇明县测土配方施肥技术示范应用工作的开展，为减少农业面源污染，引导农民合理施肥、科学种田，实现农业生产节本增效起到了重要作用。

【县环保局工业废水在线监控系统】 2006年，崇明县环保局引进全县第一台工业废水在线监控系统，该系统可随时查看企业各时段排放污水是否达标。该系统的引进不仅缩短了监测距离，而且实现了全天候监测，提高了监测效果，为水污染源监管科学化、网络化、数字化打下了良好基础。

【县民政福利企业实现信息网络化管理】 2009年8月，崇明县福利企业信息网络管理系统正式运行，并建立了崇明县福利企业门户网站。崇明县福利企业门户网站是集信息发布、政策宣传、表格下载、网上咨询、网上申报、网上审批、网上互动为一体的信息管理平台。至10月底，全县152家福利企业已全部完成企业信息、财务信息、职工信息、月报信息的录入工作，标志着县福利企业管理步入信息化时代。

【县农科热线正式开通】 经过近两年时间的筹备，以“三电合一”为最新模式的农科热线于2009年1月18日正式开通，通过接受网上农业专家的指导，为全县广大农民及时掌握农业方面的各类最新信息，实现农业增产增收创造了条件。

【全县农村信息化工作推进会议】 2009年4月21日，崇明县农村信息化工作推进会议召开。县科委在会上总结回顾了前阶段崇明县信息化推进工作，并结合全县实际，对今后一个时期的工作进行再动员、再部署。会上，各乡镇就农村信息化工作进行了交流讨论，总结经验、相互借鉴。

四、信息产业发展

【县前三季度软件产业经济运行情况良好】 2009年前三季度，崇明县软件产业实现营业收入35 888万元，发展态势良好。其中软件业务收入18 413万元，实现利润5 072万元，上交税金901万元。据统计，参加此次网上直报的在崇明注册的企业共有24家，其中软件认定企业16家，非认定企业8家。

2009年前三季度，崇明县软件产业经济运行主要有以下特点：软件产业收入呈现上升趋势，经受住了国际金融危机的考验；软件认定企业规模不断扩大，拉动软件产业经济增长作用明显；软件产业人才结构继续优化，数量和人员构成趋于合理；各软件企业继续保持稳定的研发投入，确保了企业的可持续发展。

【做好软件产业统计工作】 网上直报在崇明注册的企业共有24家，其中软件认定企业15家，非认定企业9家。2009年上半年，全县软件产业实现营业收入22 536万元，同比增长28%，发展态势良好。其中软件业务收入11 410万元，实现利润3 346万元，上缴税金438万元。

五、信息基础设施建设

【220千伏崇明联网工程北线段投运】 2009年6月10日，220千伏崇明联网工程北线段投运，缓解了长兴岛及岛内大型造船基地用电紧张局面。北线段为220千伏长兴站至220千伏陈家镇站，此段由陆上长兴段、崇明大桥桥梁段、陆上崇明段组成，共有排管长度9.51公里，工井74座，大桥188段箱梁长度近7.07公里，52段管线平台长度近2.4公里，共敷设电缆长度227.76公里，接头372相。

【陈家镇地区通信系统专项规划工作启动】 2009年2

月 18 日，崇明县科委牵头组织召开陈家镇地区通信系统专项规划工作会议。县规划局、陈家镇开发公司、崇明电信、上海移动、上海联通、东方有线以及该规划编制单位上海邮电设计院的相关负责同志参加会议。会上，陈家镇开发公司的有关负责人介绍了陈家镇地区基本概况，县规划局负责人对陈家镇地区专项规划工作提出了要求，上海邮电设计院介绍了专项规划编制的进度安排，各大通信运营商表示将按照时间节点，配合做好陈家镇地区的通信系统专项规划编制工作。县科委领导对按时完成陈家镇地区通信系统专项规划工作提出了工作要求。

【政务外网平台不断优化，业务应用稳定运行】 崇明县政务外网为县政府重点工程于 2006 年 7 月正式启动。至 2008 年 6 月底，县、镇、村覆盖全县的三级网络已建设完成。政务外网作为政府各业务应用专网，已有“金财”工程、“一口上下”社会救助、国资委转移支付、城市网格化、劳动力就业等 19 个应用系统投入了正常运行。随着应用项目的增多、网络覆盖面的扩大，为保障各业务系统良好运行，2009 年 2～3 月，科委主管的政务外网管理中心对全县 18 个乡镇汇聚层和核心层进行优化，从网络结构上提高了政务外网的稳定性和安全性，进一步保障各业务应用稳定运行。

【沪崇苏越江隧桥崇明延伸段信息管线建设推进工作启动】 随着长江隧桥即将通车和崇启大桥建设工作的推进，连接隧桥和崇启大桥之间的沪崇苏越江隧桥崇明延伸段的信息管线建设推进工作开始启动。2009 年 10 月 22 日，市经济信息化委、市有关部门和崇明县科委专题研讨了沪崇苏越江隧桥崇明延伸段的信息管线建设工作。会议确定该延伸段的信息管线要按照“统一规划、统一建设、统一管理”的原则进行集约化建设，市经济信息化委和县科委将协调好相关事务，将该延伸段的信息管线系统建成各通信运营商共同参与、联合建设、资源共享的优秀工程，保障社会各方对信息化建设的需求。

六、信息化环境建设

【切实统筹协调，推进信息化项目管理工作】 根据与崇明县财政局联合下发的《关于做好 2009 年度本县信息化项目支出预算有关工作的通知》，加强了对信息化项目建设方案的预审工作，对全县 28 个信息化项目进行了预审，确定建设资金 3 756.72 万元，比原计划 5 053.75 万元节省了资金 1 297.03 万元，有效地提高了县信息化项目建设的实施水平和投资效率。根据历年县信息化项目申报情况，为进一步规范信息化项目申报程序，组织开发了信息化项目申报管理系统。落实了关于做好 2010 年度信息化项目申报工作计划，对规范项目申报提出了明确要求。

【新民网采访长江隧桥】 世界最大的隧桥工程——上海长江隧桥即将通车之际，上海市政府于 2009 年 10 月 14 日在崇明县锦绣会议中心召开例行新闻发布会，由市建设交通委、崇明县领导介绍长江隧桥建成的有关情况。新民网 14 日实地探访长江隧桥、崇明东平国家森林公园及东滩湿地，新民网 SNG 小组也于当天赴崇明现场采访，为网友带来了图文、视频全方位报道。14 日在崇明召开的新闻发布会上，还介绍了崇明建设生态岛的情况。

【崇明政法委书记网聊创建平安生态岛】 2009 年 11 月长江隧桥开通后，崇明成为旅游热点，一个月中前往崇明的人流达到百万，相当于过去一年的总和。12 月 14 日，崇明县政法委书记施建华作客东方网聊天室时表示，世博来临为崇明带来新的发展机遇，世博召开前将有从南门到上海市区的“直通车”。另外，有关部门还将大力整治崇明三大混乱的区域。

【“第四届全国网络媒体三岛行”活动启动】 2009 年 12 月 18 日，由崇明县委和东方新闻网站共同主办的“生态崇明，绿色畅想”——第四届（全国）网络媒体三岛行活动正式启动。参与此次活动的 16 家网站记者、编辑共同参与了此次为期 4 天的“生态之旅”。活动期间，东方网、人民网、新华网、中国新闻网、新浪、搜狐、网易、腾讯、中国江苏网、浙江在线、中国江西网、中安在线、杭州网、宁波网、中吴网、崇明政府网等16家网站的记者和编辑通过各自的视角，描绘出长江遂桥开通后崇明的新面貌。

【县政府门户网站打造迎世博宣传工作新窗口】 2009年3月起，广大市民可以在县图书馆和县档案馆的信息公开集中查阅点的触摸屏上看到县开展迎世博工作的各类信息。

为扩大迎世博600天行动的社会宣传面，县科委主管的“上海崇明”政府门户网站积极拓展工作思路，创新宣传领域，将“迎世博，创文明新崇明”专题整合到县档案馆和县图书馆信息公开集中查阅点，以方便广大市民查阅崇明县迎世博600天行动推进过程中的各类动态信息和有关的世博小知识，为迎世博宣传工作打开了新的窗口。

【县科委召开迎世博通信系统反恐工作会议】 2009年6月18日，崇明县科委召开了2010年迎世博通信系统反恐工作会议。崇明县公安局、国家安全局崇明工作站、上海电信公司崇明电信局、上海移动公司崇明分公司、上海联通公司崇明分公司等单位的分管领导参加会议。

会议传达了市委、县委反恐工作具体要求，成立了由县科委、上海电信公司崇明电信局、光缆登陆局、上海移动公司崇明分公司、上海联通公司崇明分公司等单位组成的崇明县通信系统反恐怖工作领导小组。领导小组负责领导、组织和协调全县的通信保障和通信恢复应急工作，会议要求通信系统各成员单位要根据职责分工，抓紧调整和充实本单位反恐工作的组织领导，建立健全有关工作协调机制，配齐配强通信系统反恐怖工作联络员。

七、社会诚信体系建设

【县质量技监局开展食品生产诚信体系建设试点工作】 崇明县质量技监局2009年开始在全县食品生产企业中开展诚信体系建设试点工作，将通过相应的制度规范、运行系统和运行机制建设，全面提高全县食品生产企业的质量安全水平，形成保障食品安全的长效机制。

【县质监部门部署“诚信计量进市场”活动】 2009年8月12日，崇明县质量技监局召开会议，部署“关注民生，计量惠民，诚信计量进市场”活动。按照活动安排，质监部门近期重点检查的内容包括：集贸市场经营者使用的衡器等计量器具是否具有有效期内的检定证书；经营者是否设置公平秤，设置的公平秤是否具有有效期内的检定证书；当场称重零售商品时，是否按实际值进行结算，是否存在短斤缺两和计量作弊等违法行为。在监督检查的基础上，建立健全集贸市场使用衡器“四统一”、“四落实”、“一监管”的长效机制。县质监部门将采取多种便民、惠民措施，方便百姓购物和市场管理，确保公平秤计量准确，杜绝缺斤短两现象的发生。

（陈永平　郭　磊）

第十编
社会诚信体系

综　述

2009年，上海市社会诚信体系建设继续稳步推进。上海市个人和企业信用联合征信系统与央行征信系统形成紧密合作态势，公共事业以及行政处罚类信用信息共享成效显著；信用环境建设首次被写入上海市地方法规；信用制度试点从政府部门的行政监管逐步向行业协会信用管理倾斜；信用服务行业继续规范发展；诚信创建活动与各单位形成合力，宣传培训范围进一步扩大；长三角信用体系继续被列为长三角区域重点合作专题之一，联合发布了《关于长三角两省一市备案互认信用服务机构名单的工作意见》。

（陈　思）

第一章　社会信用制度建设

概　述

2009年，上海个人信用联合征信系统覆盖人数超过1 100万，完成年初制定目标。在机构改革大背景下，全市社会诚信体系建设工作体制、机制进一步调整完善，社会信用制度建设稳步推行。

一、法规规章政策性文件建设

参与《上海市推进国际金融中心建设条例》起草工作

将"信用环境建设"单列为第五章，明确"市经济信息化管理部门应当会同市金融服务等部门，配合国家金融管理部门"，"建设金融业统一的征信平台，扩大信用信息采集的覆盖面和数据量，改善信用信息查询服务"和"健全金融业高级管理人员执业信用记录"，并对信用信息共享更新机制以及信用产品的推广使用进行规范。该条例于2009年6月25日由市人大常委会通过，2009年8月1日正式施行。

参与《关于进一步促进上海中介服务业发展的若干意见》起草工作

明确由市经济信息化委牵头建立健全中介服务业诚信管理体系，倡导各类市场主体在购买中介服务时查询中介服务机构及其从业人员的信用报告；明确各种中介服务机构的信用记录"应作为行业评优表彰、著名商标评定、政府采购以及政府实行分类监管的重要依据"；将信用服务行业纳入本市要加快发展的10个中介服务业重点领域。

牵头《上海市推进工程建设领域项目信息公开和诚信体系建设工作实施方案》起草工作

通过建立工程建设领域企业与个人信用信息目录与共享标准、加强工程建设领域企业和个人信用信息记录与披露、建立健全工程建设领域企业和个人信用信息共享机制和配套制度、建立健全失信惩戒和守信激励制度等，着重解决工程建设领域信用缺失问题。

参与国务院法制办《征信管理条例》意见征求

根据党中央关于社会信用体系建设的精神以及国务院《关于社会信用体系建设的若干意见》、《关于进一步推进长三角地区改革开放和经济社会发展的指导意见》要求，对该条例的适用范围和分类、征信机构的管理机关以及市场准入、信用信息的提供和使用等方面结合上海的实践经验提出相关修改建议。

二、信用信息共享与使用

联合征信系统新发展

2008年5月，人民银行与上海市政府签署了《关于中国人民银行征信中心控股上海资信有限公司有关问题的备忘录》。2009年，在人员、资产保持稳定的情况下，顺利完成上海资信有限公司股权转让事宜，公司新一届高管已正常运作，公司战略定位逐步明确。上海市个人和企业联合征信系统与央行个人和企业征信系统形成紧密合作态势，联合征信系统今后将成为央行征信系统采集上海非银行信用信息的接口、上海获取央行征信系统信用信息的通道。

在食品药品领域，2009 年 3 月，上海市征信管理办公室与上海市食品药品监督管理局共同开展食品药品监管领域信用信息共享、信用制度创新方面的课题结题。在此基础上，市食品药品监督管理局颁布实施《上海市食品药品严重违法企业与相关责任人员重点监管及其名单管理办法(试行)》，并在 2009 年 10 月 23 日与市征信办形成信用信息共享合作备忘录。双方明确将市食品药品监督管理局认定具有严重违法行为的企业及其相关责任人员信息向市联合征信系统披露。

在公用事业管理领域，2009 年 3 月，市经济信息化委牵头并组织协调，市电力公司、资信公司、市征信办共同成立专题项目组，对如何利用联合征信系统及征信服务防范用户窃电、恶意欠缴电费等行为进行研究梳理，形成《上海市联合征信系统采集上海市电力公司用户窃电信息可行性研究报告》；6 月 12 日，上海市电力公司与上海资信有限公司就电力用户窃电、恶意欠费等不良信用信息采集事宜签订合作框架协议：上海资信有限公司将采集上海市电力公司用户窃电信息并及时、准确地录入上海市个人和企业信用联合征信系统数据库；8 月，形成有关采集电费欠费信息的补充协议。

2009 年 10 月 27 日，中国电信上海公司与上海资信有限公司就电信公司用户恶意欠费信息的采集和征信服务合作签订合作协议，协议约定：上海电信将经诉讼并判决后的欠费案件信息、拒不执行法院判决的欠费个人/企业用户的相关信用信息，按照约定的信息标准格式在每个月的前 10 日内提供给上海资信有限公司，上海电信对其所提供信息的合法性、真实性、准确性和客观性负责。

在其他领域，《持有〈上海市居住证〉人员申办本市常住户口试行办法》(沪府发[2009]7 号)制定了“申请人要无治安处罚以上违法犯罪记录及其他方面的不良行为记录”，“持证人员和单位应书面承诺所提供证明材料的真实性，严禁弄虚作假。一旦发现虚假或伪造，取消其再申请资格，并记入社会征信体系”等条款。

《上海市经济适用住房管理试行办法》(沪府发[2009]29 号)监督管理条款中嵌入了虚假申请的个人和出具虚假证明主体的不良信用记录纳入上海市个人和企业信用联合征信系统的制度安排。

与市公积金管理中心、人民银行上海总部、上海资信有限公司等相关人员组成专题工作小组，就个人和企业信用联合征信系统采集公积金缴存信息和进一步提供征信服务进行深入研究，并考察学习无锡市、安徽省两地公积金与央行征信系统间的成功合作经验，形成《个人和企业信用联合征信系统采集公积金缴存信息暨提供征信服务的研究报告》，为下一步信息共享工作奠定基础。

与市建设交通委、市贷款道路建设车辆通行费征收办合作，探索将欠缴车辆通行费的信息向市联合征信系统披露。

开展信用制度建设试点

在总结第一批、第二批试点经验的基础上，启动上海市社会诚信体系建设专项资金项目(第三批试点)工作，从 60 个申报项目中通过专家评审最终圈定 23 个试点项目，并在上海诚信网上予以公示。试点内容主要分为三大块：一是在高新技术产业化重点领域，推进上海国际信息服务产业园、五角场高新技术产业园区、软件行业协会、通信制造业协会通过信用信息系统建设，完善信用管理制度，促进企业健康快速发展；二是在与现代服务业、民生密切相关的领域，推进饮用水、家用纺织品、家政服务、室内装饰等行业以信用手段对从业企业和从业人员的行为自律和规范；三是在金融领域，推进上海市保险中介机构信用信息管理平台建设。试点主体涉及政府部门、园区、商圈和行业协会，扶持金额达 260 万元。

落实“迎世博 600 天”各项工作任务

完善食品药品领域信用监管机制，实现严重违法企业相关责任人信息与市联合征信系统共享；开展安全生产信用制度建设；加强重点窗口服务企业从业人员执业信用信息的记录与共享。推动旅游等行业从业机构和人员相关执业信息公开；在徐家汇、淮海路、南京路三个主要商圈和商圈企业中开展信用制度建设。

三、相关课题研究

完善上海市信用基础设施及信用监管、信用信息应用机制研究

课题报告以上海市信用体系建设为研究对象，在分析国际企业征信模式的基础上，对企业征信体系的基本框架进行探讨，并在此基础上，就上海联合征信体系、信用信息公开及应用机制建设、信用监管等存在的问题和不足，以上海的实际情况为根本出发点，对上海市征信体系的政策法规建设、政府引导、标准化、市场化等众多方面给予建议。

上海市政府部门和公用事业单位信用信息公开现状研究

分析研究当前上海市政府部门和公用事业单位信用信息公开的现状，找出存在的问题和差距，并从法律法规和制度建设方面提出一系列有针对性建议，进一步促进上海市的信用信息公开工作，方便征信机构获取相应的信用信息。

诚信体系发展“十二五”前期课题研究

作为市经济信息化委“十二五”规划前期研究项目之一，形成《上海社会诚信体系建设的思路、重点及途径研究》，提出未来五年上海诚信体系建设的主要任务、重点问题和解决思路，并为服务上海“四个中心”建设发展战略提出政策建议。

商务信用信息开发机制研究

对商务信用信息的概念和特点进行定义，通过分析这类信息的市场需求特征与局限性，研究其对整个经济社会活动的意义和作用；并总结国内外对这些商务信息开发利用的实践及效果，探讨在上海地区将这些信息注入征信体系的方式、途径，以及利用征信通道发挥作用的形式和特征。

长三角区域信用体系中长期发展规划纲要

形成《长三角区域信用体系中长期发展规划纲要》初稿，回顾了长三角信用体系建设的基本实践，在长三角区域社会信用体系面临的形势和基本判断的基础上，提出到2020年将长三角区域建设成为信用信息公开共享体系比较健全、区域制度环境基本相同、建成区域联动监管和奖惩机制、区域一体化的信用服务业快速发展、“信用长三角”诚信文化进一步提升的目标；并设定建立在国内具有示范作用的区域信用体系、健全信用奖惩制度形成统一法规标准体系、发挥政府部门带头示范和公共服务作用、规范信用服务市场等6项任务。

联合征信系统采集公积金暨提供征信服务的研究

分析国家层面公积金信息与征信系统合作的要求以及各地的实践操作，探索在上海地区将经公积金中心认定的单位不缴或欠缴公积金信息向上海市企业信用联合征信系统披露的可能性，同时利用联合征信系统为公积金贷款审批提供征信服务，加大不为职工缴纳公积金企业的失信成本。

联合征信系统采集上海市贷款道路建设通行费欠缴信息及对外披露操作方案的研究

研究将通行费欠缴信息纳入联合征信系统，形成对欠缴企业、欠缴车主“失信惩戒”机制，已拟定《通行费欠缴信息采集与披露操作初步方案》和《通行费信用信息采集内容界定标准、方式、更新周期和信息编制方法》，并形成合作备忘录。

电子商务信用评价体系研究

研究分析电子商务信用现状，通过走访电子商务企业，调研电子商务信用存在的主要问题和原因分析，进一步提出解决当前电子商务信用问题的建议，重点提出建立电子商务第三方信用公共服务平台等一系列完善上海市电子商务信用评价体系的有效措施和建议。

交通违法处罚记录同联合征信系统共享研究

梳理交通违法处罚信息向联合征信系统披露的法律法规，研究交通违法处罚信息记录的内容、对外披露的形式和范围，探索利用联合征信系统，对机动车驾驶人或车辆所有人欠缴交通违法罚款的征信服务。以此研究为基础，签署交通违法处罚信息共享合作备忘录。

建筑市场信用制度建设研究

根据《上海市工程建设领域突出问题专项治理工作实施方案》（沪治工发[2009]1 号）文件精神，从工程建设领域的信用信息记录与共享、信用评价体系和信用监管制度建设入手，开展建筑市场信用制度建设研究。

（陈　思）

第二章　信用服务行业发展与规范

概　述

2009年，上海信用服务行业继续保持较快发展势头。截至2009年底，在市征信办办理备案登记的从事信用服务的征信机构有64家。根据2009年信用服务行业统计年报，全市参加统计的56家信用服务机构，资本总额为3.98亿元，相比2008年增长19.6%；从业人员总数达到1 915人，同比增长1.3%；营业收入合计为5.04亿元，同比增长13.8%。在防范信用风险、促进信用交易、保障上海社会经济又好又快发展等方面，上海信用服务行业正日益发挥着积极的作用。

一、信用服务行业

个人征信

2009年，上海资信有限公司建立和运营的个人信用联合征信系统入库人数为1 109万，较2008年1 047万增长5.9%；提供个人信用报告63.5万份，系统建成以来累计提供个人信用报告总数911万份。

资信评级

根据2009年信用服务行业统计年报，参加统计的56家信用服务机构中，主营资信评级业务的有13家，2009年资信评级业务总收入为1.27亿元，占行业总营业收入的25.3%。

商业征信

根据2009年信用服务行业统计年报，参加统计的56家信用服务机构中，主营商业征信业务的有25家，2009年全行业商业征信业务总收入为7.07亿元，占行业总营业收入的41.1%，相比2008年的1.82亿元增长13.7%。

信用管理

根据2009年信用服务行业统计年报，参加统计的56家信用服务机构中，主营信用管理业务的有11家，2009年全行业信用管理业务总收入为7 824万元，占行业总营业收入的15.5%，相比2008年的7 166万元增长9.2%。

二、行业规范与自律

2009年，市征信办共受理12起信用服务机构备案申请，核准8起。截至2009年底，在市征信办备案的信用服务机构达到64家。对已备案机构，市征信办在《解放日报》和《文汇报》进行了公告。依法受理了多起市民和社会组织对信用服务活动的咨询和投诉。

2009年，市信用服务行业协会与市信息系统质量技术协会、市信息服务业行业协会、市信息服务外包发展中心共同拟定《现代信息服务业上海名牌评审规范》，并于2009年3月1日作为上海市地方标准发布。组织动员协会会员单位参加“上海名牌”评选，上海资信有限公司荣登2009年度上海名牌服务企业榜。

加强行业与政府的沟通，大力支持和协助市征信办的备案统计、法规标准建设、课题调研等各项工作，积极推动会员单位加强自律，开展行业服务标准的制定和推广工作，并在年初完成协会换届工作。

（陈　思）

第三章　社会诚信创建活动

概　述

2009年，社会诚信创建活动呈现相关单位共同参与、形式主题百花齐放的格局。信用知识普及活动深入社区，企业信用管理及信用体系建设在企业发展中作用明显。长三角区域信用合作进一步深化。

一、诚信创建活动

2009年上海市信用知识进社区活动

10月26日，人民银行上海总部与市征信办在静安区共同举办"2009年上海市信用知识进社区活动"启动仪式，上海市诚信体系建设联席会议成员单位及全市各区县有关政府部门、金融机构、街道、居委会及社区代表120余人参加了仪式。启动仪式上，人民银行上海总部金融服务二部副主任娄荣民和市经济信息化委副主任，市社会诚信体系建设联席会议办公室、市征信管理办公室常务副主任陈跃华分别致辞，并在仪式现场向有关街道、居委会及社区代表赠送了信用知识宣传光盘、《百姓征信知识问答》书籍以及有关信用宣传折页等资料。

启动仪式之后，市征信管理办公室、人民银行上海总部联合区县有关部门深入全市18个区县的有关街道、居委会，充分利用全市东方社区信息苑网点，面向社区百姓广泛开展信用知识宣传；围绕"珍爱信用记录，提高信用意识"主题，以"珍爱信用记录从关注信用报告开始"为宣传口号，组织金融机构和有关部门全面开展形式多样的信用知识宣传活动。

信用知识宣传和普及

2009年3月18日，市经济信息化委副主任，市社会诚信体系建设联席会议办公室、市征信管理办公室常务副主任陈跃华、人行上海总部金融服务二部副主任林明增、协会常务副会长朱荣恩、国内外企业和相关机构负责人等在"应对金融危机化解企业信用风险论坛"上就企业如何正确应对金融危机、规避风险，如何运用融资工具化解金融风险，如何做好应收账款管理等内容做了演讲。

2009年11月26日举办"房地产企业信用体系建设及信用风险控制研讨会"，在研讨会上，有关行业的专家、学者以及房地产企业负责人围绕房地产信用体系建设和信用风险控制进行了深入研讨。

面向年产值10亿元以上骨干企业、成长型中小企业、行业协会，启动了信用管理培训和信用产品免费试用工作，帮助企业增强信用意识、防范交易风险、提升信用等级、科学管理应收账款。

与市委宣传部、市文明办等部门合作，指导上海市现代服务业联合会、上海市信用服务行业协会等开展以"迎世博、讲文明、树新风、建诚信"为主题的"上海市企业诚信创建活动"，推动美容美发、房地产中介、餐饮、旅游、公共交通等行业的诚信创建活动。

结合与上海电力公司签署的信息共享协议，将"客户违章用电和欠费信息将被有关征信机构依法采集"等内容写入上海市居民、非居民用户电费账单和用电服务指南中，同时市电力公司网站、"95598"电力服务热线以及营业厅电子显示屏也将滚动告知相关信息。

二、长三角区域合作

三地信用主管部门合作召开长三角区域信用体系专题组第8次、第9次、第10次例会，交流总结三方社会信用体系建设工作和"信用长三角"合作重点事项进展情况，重点研究区域社会信用体系建设规划编制、与阿里巴巴电子商务合作、三地信用服务机构备案互认等合作事项，讨论部署"信用长三角"第三届高层研讨会筹备工作。

三地信用主管部门办联合发布了《关于长三角两省一市备案互认信用服务机构名单的工作意见》，并在各自的网站上将在三地备案的81家征信机构予以公示。

（陈 思）

附 录

2009年上海信息化建设大事记

1月

1月4日，副市长艾宝俊主持召开上海市部分集成电路企业负责人座谈会，听取企业关于经营运行中碰到的困难和应对国际金融危机采取的措施等情况。市经济信息化委主任王坚、副主任邵志清和市发展改革委、市商务委、市财政局、上海海关等部门，华虹NEC、中芯国际、先进半导体、展讯通信等企业，以及市集成电路行业协会等单位负责人参加会议。

1月8日，市经济信息化委召开系统党政负责干部会议，传达九届市委六次全会精神，部署2009年产业和信息化工作及系统党的工作。会上，市经济信息化委工作党委书记潘志纯传达九届市委六次全会精神，市经济信息化工作党委副书记、市经济信息化委主任王坚部署2009年产业和信息化工作及系统党的工作。市经济和信息化系统归口党委、委直属单位党政主要负责人和委机关各处室负责人等200余人参加会议。

1月12～13日，工信部在上海召开"部分省市促进工业产品研发设计信息化经验交流会"，工信部副部长杨学山出席会议并讲话，信息化推进司司长徐愈主持会议。市经济信息化委主任王坚到会致辞，副主任刘健和国内部分省市工业和信息化产业主管部门分管负责人、重点行业协会信息化负责人、典型企业代表及部分业内专家学者等约100多人参加会议。

2月

2月4日，市政府与大唐电信集团签署了战略合作框架协议。艾宝俊副市长和大唐电信集团董事长真才基、中芯国际集团总裁张汝京出席仪式并致辞，市政府副秘书长肖贵玉与大唐电信集团副总裁黄志勤在战略合作框架协议文本上签字，市经济信息化委主任王坚、副主任邵志清和市发展改革委、市科委、市公安局、市人力资源社会保障局、市规划国土资源局、浦东新区、徐汇区等分管负责人出席签约仪式。

据统计，2008年上海软件产业规模首破1 000亿元大关，经营收入达到1 004.8亿元，同比增长25.3%，比8年前整整增长了20倍。同时，面对国际金融危机影响，上海软件产业努力化危为机，力保平稳较快发展。

据统计，2008年全市电子商务交易额达到2 758.17亿元，同比增长13.68%。其中企业对企业(B2B)交易额占到交易总额的92.95%，企业对个人(B2C)、个人对个人(C2C)交易额增长36%。2002～2008年七年间，上海电子商务交易额从250多亿元提高到2 700多亿元，增长逾10倍，年均增幅超50%。

2月25日，副市长艾宝俊在市政府贵宾厅会见了诺基亚西门子通信公司首席技术官兼中央研究院总裁史蒂芬·肖兹一行。市经济信息化委副主任邵志清和市商务委、市科委、市国税局、上海海关、上海出入境检验检疫局及漕河泾开发区总公司、诺基亚西门子通信上海研发中心等单位有关负责人参加会见。

3月

3月10日，市经济信息化委会同市人大财经委、法工委共同组织召开贯彻实施《上海市促进电子商务发展规定》工作座谈会，交流研讨贯彻落实《规定》的工作举措和2009年推进电子商务发展的工作任务、目标。市人大财经委副主任俞国生、市经济信息化委副主任刘健、市政府法制办副主任张忠玉出席会议并讲话。

3月15日，中国电信上海公司举行"共襄3G　同翼未来"的3G业务试商用仪式。副市长艾宝俊参加发布会，并为上海电信启动了3G业务试商用，市经济信息化委主任王坚出席仪式并致辞。在仪式现场，中国电信上海公司向公众提供了无线宽带、手机影视、全球眼——无线视频监控、综合办公、可视电话等天翼3G业务的体验。

3月17日，2009上海国际信息化博览会开幕。副市长艾宝俊出席仪式并致辞，市政府副秘书长肖贵玉主持仪式，工信部电子信息司司长肖华，市经济信息化委主任王坚、副主任杲云，浦东新区副区长刘正义及德国慕尼黑国际博览集团总经理Klaus Dittrich等出席仪式。仪式后，与会领导参观了博览会产品展示，听取了产业发展和企业介绍。

3月31日，市经济信息化委召开推进高新技术产业化动员大会。会议传达了市委、市政府有关高新技术产业化会议精神，通报了推进高新技术产业化工作情况和下一步工作部署。主任王坚主持会议并讲话，副主任金兴明、尚玉英、刘健，秘书长周敏浩，国防科工办副主任张华芳等出席会议。对口推进八大领域的分管委领导和各相关责任处室、中小企业办等部门负责人参加会议。

4月

4月2日，市经济信息化委以公告形式正式发布了《2009年度上海市高新技术产业化项目指南》和开展《2009年度上海市高新技术产业化重点项目计划》的申报工作。2009年度上海市高新技术产业化重点项目，将先行聚焦新能源、民用航空制造业、先进重大装备、生物医药、电子信息制造业、新能源汽车、海洋工程装备、新材料、软件和信息服务业等9个领域的产业化重点项目。

4月7日，市经济信息化委主任王坚召开专题会议，研究TD－SCDMA第三代移动通信商用网络建设工作。市经济信息化委副主任刘健及市无线电管理局、中国移动上海公司和市经济信息化委相关处室负责人参加会议。

4月25日，市经济信息化委与中国电信上海公司、中国移动上海公司和中国联通上海市分公司等共同举行"保增长、促就业，推动两化融合，服务精彩世博"2009年度服务合作协议签约仪式。市政府副秘书长肖贵玉出席仪式并讲话，市经济信息化工作党委书记潘志纯、市经济信息化委主任王坚出席仪式，市经济信息化委副主任刘健主持仪式。主任王坚分别与中国电信上海公司总经理张维华、中国移动上海公司副总经理聂晶和中国联通上海市分公司副总经理赵乐签署了2009年度服务合作协议。

4月25日，市经济和信息化系统隆重举行"迎世博'百千万'活动"启动仪式。上海世博会执委会专职副主任钟燕群，市委宣传部副部长、市文明办主任马春雷，市总工会副主席肖堃涛，团市委书记潘敏，市经济信息化工作党委书记潘志纯，市经济信息化委副主任刘健等及系统各单位200余人参加仪式。马春雷为窗口单位代表授服务承诺标志，肖堃涛向系统单位代表赠送了世博知识书籍，潘敏向系统世博志愿者服务队授予队旗。

4月28日，市政府与中国电信集团签署战略合作框架协议。市委副书记、市长韩正出席签约仪式并与中国电信集团公司总经理王晓初共同为“中国电信上海呼叫中心”和“中国电信视讯营运中心”揭牌，副市长艾宝俊出席仪式并与中国电信集团公司总经理王晓初分别代表双方签署战略合作框架协议。签约仪式由市政府副秘书长肖贵玉主持，中国电信集团公司副总经理杨小伟出席仪式并致辞，市政府副秘书长周波，市经济信息化委主任王坚、副主任刘健，中国电信上海公司总经理张维华等出席仪式。

5月

5月11日，市政府与中国移动通信集团公司签署战略合作框架协议。市委副书记、市长韩正出席签约仪式并与中国移动通信集团公司总裁王建宙共同为“中国移动视频产品创新基地”揭牌。副市长艾宝俊与中国移动通信集团公司总裁王健宙分别代表双方签署战略合作框架协议，市政府秘书长姜平主持仪式。中国移动通信集团公司副总裁李正茂，市政府副秘书长、浦东新区区长李逸平，市政府副秘书长、市发展改革委主任周波，市经济信息化委主任王坚，中国移动上海公司总经理郑杰、党委书记郦荣等出席仪式。

5月25日，市政府与中国普天信息产业集团公司签署战略合作框架协议。艾宝俊副市长和中国普天总裁邢炜出席仪式，肖贵玉副秘书长与中国普天副总裁王中夫代表双方签署战略合作协议。市经济信息化委主任王坚、副主任尚玉英，徐汇区、市发展改革委、市建设交通委、奉贤区领导及中国普天副总裁徐千、上海普天董事长曹宏斌等出席仪式。根据合作协议，双方将在新能源（动力系统配套产品）、新能源基础设施、信息产业和产业投资等领域展开合作。

5月26日，市经济信息化委与人民银行上海总部、上海银监局联合举办“聚焦高新技术产业化，推动产业升级发展——上海市重点产业项目银企对接会”。副市长艾宝俊出席会议并讲话，市政府副秘书长肖贵玉和人民银行上海总部副主任张新、上海银监局局长阎庆民等出席会议，市经济信息化委主任王坚出席会议并通报了上海市重点领域产业发展战略和举措，重点产业项目和重大产业基地建设推进情况等，市经济信息化委副主任尚玉英主持会议。王坚主任代表市经济信息化委与八家银行行长或副行长签署了总额达千亿元的《产业与金融发展合作备忘录》。人民银行上海总部、上海银监局有关部门负责人，在沪商业银行分管行长及信贷部门负责人，各区县分管区县长、经委主任，上海市主要工业集团分管领导及投资管理部门负责人和部分区县企业负责人等参加会议。

5月31日，市委、市政府在上海展览中心召开上海市推进高新技术产业化工作会议。中共中央政治局委员、市委书记俞正声出席会议并讲话，市委副书记、市长韩正作工作部署。市领导刘云耕、冯国勤、殷一璀、杨雄、丁薛祥、沈晓明等出席，会议由副市长艾宝俊主持。市委常委、常务副市长杨雄宣读了上海市推进高新技术产业化领导小组成员名单和工作小组名单。会上，市政府还印发了《关于加快推进上海推进高新技术产业化的实施意见》，市经济信息化委印发了《上海推进新能源高新技术产业化行动方案》等，上海市承担高新技术产业化9个重点领域的部分区县、企业集团等18个单位进行了书面交流。

6月

6月11日，市经济信息化委召开区县高新技术产业化推进工作专题会。市经济信息化委主任王坚出席会议并讲话，副主任金兴明主持会议，秘书长周敏浩出席会议。浦东新区、徐汇区、长宁区、杨浦区、闸北区、闵行区、嘉定区、金山区、松江区、奉贤区、宝山区、青浦区、崇明县经委、信息委以及市经济信息化委相关处室负责人参加会议。

6月15日，由中国科学院计算所国家智能计算机研究开发中心、曙光信息产业（北京）有限公司、上海超级计算中心联合研制的、造价2亿元的百万亿次超级计算机“曙光5000A”(被命名为“魔方”)在上海超级计算中心正式开通运转。市委副书记、市长韩正出席开通仪式并致辞。中国科学院副院长施尔畏和市委常委、常务副市长杨雄共同启动“魔方”超级计算机，第一批运算业务随即投入高速运行。市人大副主任杨定华、副市长沈晓明、市政协副主席周太彤和市政府副秘书长肖贵玉、市经济信息化委主任王坚等以及科技部、中科院等有关方面领导和专家学者出席开通仪式。上海超级计算中心与中国商用飞机有限责任公司上海飞机设计研究所、上海核工程研究设计院、宝钢、上汽、上海交大、上海光源、中科院上海高等技术研究院签署合作协议。

7月

7月6日，市政府与中国联合网络通信集团有限公司在沪签署战略合作框架协议。市委副书记、市长韩正出席签约仪式并与中国联合网络通信集团有限公司董事长常小兵共同为“中国联通国际通信枢纽中心上海局”揭牌；副市长艾宝俊与中国联合网络通信集团有限公司董事长常小兵签署战略合作框架协议。市政府秘书长姜平主持仪式，中国联合网络通信集团有限公司副总经理姜正新介绍了协议主要内容，市政府副秘书长肖贵玉、市经济信息化委主任王坚等出席仪式。

7月17日，市经济信息化工作党委、市经济信息化委召开“两委”工作会议。会议传达贯彻九届市委八次全会精神，总结上半年工作推进情况，部署下半年工作任务和落实措施。市经济信息化工作党委书记潘志纯出席会议并传达市委书记俞正声和市长韩正在九届市委八次全会上的讲话精神，市经济信息化工作党委副书记、市经济信息化委主任王坚出席会议并作工作报告。“两委”领导出席会议，各处室负责人等参加会议。

7月28日，市政府召开“上海市推进3G发展暨TD-SCDMA网络建设和应用工作会议”。艾宝俊副市长出席会议并讲话，市政府副秘书长肖贵玉主持会议。市政府副秘书长尹弘和市经济信息化委副主任刘健及市政府相关委办局、各区县政府、武警、驻沪部队和有关企业负责人等100多人参会。市政府决定成立由副市长艾宝俊任第一召集人，市政府副秘书长肖贵玉、尹弘任召集人的“上海市推进TD-SCDMA等3G网络建设和应用联席会议”，成员单位由市相关委办局组成，联席会议办公室设在市经济信息化委。会上，市政府副秘书长尹弘宣读了市推进TD等3G网络建设和应用联席会议的成员名单。

7月31日，市政府召开信息安全保障工作会议。艾宝俊副市长出席会议并讲话，市政府副秘书长肖贵玉主持会议。市经济信息化委主任王坚、副主任陈跃华等出席会议。会上，艾宝俊副市长与上海世博局、市金融办、市人力资源社会保障局、中国电信上海公司等单位负责人签订了《2010年上海世博会信息安全保障工作责任书》。市水务局、宝山区政府、市电力公司相关负责人作了交流发言。上海市信息安全重点单位负责人等200多人参加会议。

8月

8月12日，市经济信息化委召开“服务央企促发展座谈会”。市经济信息化委主任王坚出席会议并讲话，市经济信息化委副主任金兴明主持会议并通报了2009年上半年上海工业经济运行情况。市经济信息化工作党委委员、市经济信息化委副秘书长吴正扬出席会议。宝钢集团、上海石化、高桥石化、上海航天局、上海烟草集团、华东电网公司、上海市电力公司、上海电力股份有限公司、中国电信上海公司、中国移动上海公司、中国联通上海市分公司、中外运上海集团、上海贝尔、上海振华重工、中国华能华东分公司、中铝上海铜业、中国海诚工程科技股份和中国航油集团物流有限公司等18家在沪中央企业负责人参加会议并通报本单位上半年经济运行情况，对服务央企工作提出建议。

据统计显示，2009年上半年，软件和信息服务业经营收入达1 024.15亿元，比2008年上半年增长14.6%，增加值占全市GDP比重增至5.1%，跨入"5%"这一支柱性产业的判定区间，成为上海经济的重要增长点。其中，软件业561.75亿元，增长15.8%；互联网服务业133.9亿元，增长30%。

9月

9月2日，市经济信息化委与宝山区政府举行《关于共同推进软件和信息服务业领域高新技术产业化共建框架协议》签约仪式。市经济信息化委主任王坚和宝山区区长斯福民出席仪式。根据协议，双方将在相关领域开展战略合作，探索市区共建模式，打造有利于软件和信息服务业总部型企业入驻和发展的软、硬件环境，并提供各类公共技术、服务、人才、政策、资源平台，带动各类软件和信息服务业企业集聚发展。同时，宝山区规划建设的上海信息服务外包总部基地和上海呼叫中心产业基地年内将正式挂牌。

9月7日，市经济信息化委主任王坚参加全国工业和信息化主管部门负责人座谈会。

9月15日，市委常委、常务副市长杨雄调研上海力保科技公司信息产业发展情况，实地察看了力保公司光学引擎生产线、薄型激光投影电视机、微投影显示产品，大屏幕投影拼接墙系统，数字X光投影设备等。市政府副秘书长、市发展改革委主任周波，市科委主任寿子琪，市国资委主任杨国雄，市发展改革委副主任池洪，市经济信息化委副主任邵志清，浦东新区副区长彭崧，张江集团常务副总经理刘小龙等参加调研。

9月22日，市政府召开上海市推进信息化与工业化融合工作会议。工信部副部长杨学山、副市长艾宝俊出席会议并讲话，市政府副秘书长蒋卓庆主持会议。工信部信息化推进司司长徐愈、市经济信息化委主任王坚及市政府相关部门、各区县政府负责人，以及中央在沪企业、上海市重点企业、开发区和相关行业协会负责人等参加会议。会上，杨学山副部长向王坚主任授予"国家级推进信息化和工业化融合试验区"铜牌；主席台领导向上海市两化融合研究中心、重点实验室授牌；王坚主任作关于上海推进两化融合工作情况的报告。宝钢集团、上海电气、上海电信、卡斯柯信号公司有关负责人作交流发言。

10月

10月12日，市经济信息化委举行软件和信息服务业活动周开幕式，市经济信息化委主任王坚出席并讲话。

10月14日，市经济信息化委召开各区(县)经济和信息化主管部门负责人工作会议。市经济信息化委主任王坚出席会议并讲话，副主任金兴明主持会议，副主任尚玉英、陈跃华、傅新华，副巡视员施兴德出席会议。会上，王坚主任回顾了2009年以来全市产业和信息化发展工作情况。嘉定区、奉贤区、金山区的经委负责人和宝山区、长宁区、闵行区的信息委负责人作交流发言，各区(县)经济和信息化主管部门负责人及市经济信息化委各处室负责人参加会议。

10月31日，市经济信息化委主任王坚出席第三届"中国中小企业节"举办的高新技术产业化与中小企业发展论坛，并发表演讲。

11月

11月3日，2009中国国际工业博览会在上海新国际博览中心开幕。中共中央政治局委员、上海市委书记俞正声发来贺信。市委副书记、市长韩正，市人大常委会主任刘云耕，市政协主席冯国勤，国家发展改革委副主任刘铁男，工信部副部长苗圩，科技部副部长杜占元，教育部副部长陈希，商务部部长助理崇泉，中国工程院副院长旭日干，中国贸促会副会长董松根，中国商用飞机有限责任公司总经理金壮龙，市经济信息化委主任王坚等出席开幕式。主办单位领导共同启动2009中国国际工业博览会开幕按钮。市委常委、常务副市长杨雄主持开幕式。

11月7日，2009中国国际工业博览会在上海新国际博览中心落幕。此届工博会评出金奖4项、银奖9项、铜奖14项、创新奖12项。产品和技术成交总额17.44亿元，比上届增长42.8%。市委常委、常务副市长杨雄，全国政协常委蒋以任出席仪式并分别向获奖单位代表颁奖。上海高清数字科技产业有限公司和上海交大研制的国标HD系列地面数字电视解调芯片及解决方案等14项展品获得铜奖。

11月12日，中国电信视讯运营中心在上海正式挂牌并同时举行天翼视讯平台启动仪式。市委常委、浦东新区区委书记徐麟，中国电信副总经理孙康敏及市经济信息化委主任王坚等出席仪式。在仪式上，中国电信还正式发布了天翼视讯客户端系列产品。

11月19日，市经济信息化委主任王坚出席装备工业和信息化融合会议。

12月

12月16日，上海浦东新区政府与大唐电信科技产业集团签订合作框架协议，金桥股份公司与大唐电信科技产业控股有限公司签署了产业园项目合作意向书，“大唐上海产业园”将落户浦东金桥开发区，双方将合力推动我国自主创新的TD－SCDMA产业发展实现新跨越，打造浦东通信产业新高地。市委副书记、市长韩正，市委常委、浦东新区区委书记徐麟，副市长艾宝俊等出席签约仪式。

12月18日，国内第一套新能源汽车监控系统——“上汽新能源汽车远程监控系统”项目通过专家组验收，该系统不但将确保世博园汽车的安全运行，还满足了工信部制定的新能源汽车准入规则。

先进表彰

2009年度上海明星软件企业、优秀软件产品、优秀软件企业家及上海十强软件企业名单

2009年度上海明星软件企业(经营型)

1	盛趣信息技术(上海)有限公司	17	上海金桥信息工程有限公司
2	上海宝信软件股份有限公司	18	上海万得信息技术股份有限公司
3	上海征途信息技术有限公司 1	19	上海众恒信息产业有限公司
4	上海理想信息产业(集团)有限公司	20	上海海隆软件股份有限公司
5	卡斯柯信号有限公司	21	上海新致软件有限公司
6	花旗软件技术服务(上海)有限公司	22	上海启明软件股份有限公司
7	龙旗科技(上海)有限公司	23	神州数码管理系统有限公司
8	万达信息股份有限公司	24	上海博达数据通信有限公司
9	上海微创软件有限公司	25	银联数据服务有限公司
10	希姆通信息技术(上海)有限公司	26	维音数码(上海)有限公司
11	上海华腾软件系统有限公司	27	上海电通信息服务有限公司
12	上海中和软件有限公司	28	上海博科资讯股份有限公司
13	上海大智慧网络技术有限公司	29	上海复旦光华信息科技股份有限公司
14	上海亚太计算机信息系统有限公司	30	上海益盟软件技术有限公司
15	上海新华控制技术(集团)有限公司	31	上海金仕达卫宁软件股份有限公司
16	上海南天电脑系统有限公司	32	上海中信信息发展股份有限公司

说明：2008年度企业总收入在1亿元人民币以上(含)。

2009年度上海明星软件企业(出口型)

序号	企业名称	序号	企业名称
1	花旗软件技术服务(上海)有限公司	8	上海微创软件有限公司
2	上海中和软件有限公司	9	龙旗科技(上海)有限公司
3	上海海隆软件股份有限公司	10	上海畅星智能系统有限公司
4	上海启明软件股份有限公司	11	PFU上海计算机有限公司
5	上海新致软件有限公司	12	上海冈三华大计算机系统有限公司
6	博朗软件开发(上海)有限公司	13	卡西欧软件(上海)有限公司
7	上海三旗通信科技有限公司		

说明：2008年度企业出口收入250万美元以上(含)。

2009年度上海明星软件企业(创新型)

序号	企业名称	序号	企业名称
1	上海宝信软件股份有限公司	15	上海世范软件技术有限公司
2	龙旗科技(上海)有限公司	16	上海久隆信息工程有限公司
3	上海新致软件有限公司	17	上海三旗通信科技有限公司
4	上海理想信息产业(集团)有限公司	18	上海普华科技发展有限公司
5	上海金仕达多媒体有限公司	19	上海鹏达计算机系统开发有限公司
6	上海大智慧网络技术有限公司	20	上海华腾软件系统有限公司
7	上海全景数字技术有限公司	21	维音数码(上海)有限公司
8	希姆通信息技术(上海)有限公司	22	上海众恒信息产业有限公司
9	上海中标软件有限公司	23	上海智联腾华软件技术有限公司
10	上海复旦光华信息科技股份有限公司	24	万达信息股份有限公司
11	上海期货信息技术有限公司	25	上海新华控制技术(集团)有限公司
12	神州数码管理系统有限公司	26	上海万得信息股份有限公司
13	证宁信息技术(上海)有限公司	27	上海长城电子信息网络有限公司
14	上海美宁计算机软件有限公司		

说明：企业三年来已登记软件产品在10个以上(含10个)，或三年来产品登记与专利总数达10个以上(含10个)。

2009 年度上海明星软件企业(成长型)

1	上海万得信息技术股份有限公司	8	上海奈凯电子科技有限公司
2	上海金仕达卫宁软件股份有限公司	9	上海圣桥信息科技有限公司
3	上海冈三华大计算机系统有限公司	10	上海三旗通信科技有限公司
4	上海埃帕信息科技有限公司	11	上海卓繁信息技术有限公司
5	上海棕榈电脑系统有限公司	12	旭本软件(上海)有限公司
6	上海齐家信息科技有限公司	13	上海商派网络科技有限公司
7	博朗软件开发(上海)有限公司	14	上海金曲信息技术有限公司

说明：自 2006 至 2008 年，每年总收入以高于 50% 的增长率增加，且 2008 年达到较大经营收入。

2009 年度上海优秀软件产品

单　位	产　品　名　称
1. 上海万得信息技术股份有限公司	Wind 资讯金融终端软件[简称：WFT]
2. 上海益盟软件技术有限公司	操盘手证券投资决策软件 V4.0
3. 上海大智慧网络技术有限公司	大智慧新一代高速行情分析系统 internet level-2 版软件 V3.01
4. 上海大智慧网络技术有限公司	大智慧金融交易终端(机构版)软件 V4.00
5. 上海中信信息发展股份有限公司	光典档案信息资源管理软件
6. 上海齐家信息科技有限公司	齐家电子商务平台软件 V1.0
7. 上海金仕达卫宁软件股份有限公司	金仕达卫宁医院信息系统—医院信息管理系统 V4.0
8. 上海众恒信息产业有限公司	众恒第二代居民身份证信息管理软件 V2.0
9. 上海大智慧网络技术有限公司	大智慧金融交易终端(主力资金版)软件 V4.00
10. 上海大智慧网络技术有限公司	大智慧证券信息港(DOS 版)软件[简称：大智慧 DOS 版]
11. 证宁信息技术(上海)有限公司	证券之星点金机构版证券分析软件 V1.0
12. 证宁信息技术(上海)有限公司	证券之星赢富决策软件 V1.0
13. 上海新致软件有限公司	新致基于 SOA 面向保险业多险种营销管理平台软件 V1.0
14. 上海兴安得力软件有限公司	兴安得力 CPM 建筑造价管理软件 V4.3

（续表）

单　　　位	产　品　名　称
15. 上海美宁计算机软件有限公司	证券之星黑马营软件 V1.0
16. 万达信息股份有限公司	万达业务基础平台软件 V4.0
17. 上海金鑫计算机系统工程有限公司	金鑫文化资产典藏信息服务与交互平台软件 V1.0
18. 上海大智慧网络技术有限公司	大智慧高速行情分析系统 dos level-2 版软件 V8.00
19. 证宁信息技术(上海)有限公司	证券之星黄金眼证券投资分析软件 V1.0
20. 证宁信息技术(上海)有限公司	证券之星快赢(机构版)证券分析软件 V1.0
21. 宝智坚思管理咨询(上海)有限公司	智达企业建设项目流程管理软件[简称 Greata] V2008
22. 证宁信息技术(上海)有限公司	证券之星点金版证券分析软件 V1.0
23. 上海奈凯电子科技有限公司	奈凯数控系统 V5.0
24. 上海大智慧网络技术有限公司	大智慧证券行情分析系统 internet 经典版软件 V5.90
25. 上海兴安得力软件有限公司	兴安得力清单计价软件 V1.5.1
26. 上海圣桥信息科技有限公司	圣桥 Storbridge 网络存储管理软件 V1.0[简称“Storbridge 软件”]
27. 上海复旦光华信息科技股份有限公司	光华 DB_Audit 数据库安全审计软件
28. 上海佳克计算机软件有限公司	佳克固定资产条码管理软件
29. 上海中标软件有限公司	中标普华 Linux 桌面软件 V4.0
30. 上海金曲信息技术有限公司	金曲勘察设计企业管理软件
31. 上海复旦光华信息科技股份有限公司	光华 S_Audit 综合强审计系统
32. 上海鹏达计算机系统开发有限公司	鹏达导游实务教学平台软件[简称：导游实务教学系统] V1.0
33. 上海金仕达卫宁软件股份有限公司	金仕达卫宁医技信息管理软件 V4.0
34. 上海鹏达计算机系统开发有限公司	鹏达银行模拟教学平台
35. 上海卓繁信息技术有限公司	卓繁行政监察及效能评估软件 V1.0.0
36. 上海棕榈电脑系统有限公司	金棕榈业务流程重组信息平台软件[简称：BPR] V5.0
37. 上海棕榈电脑系统有限公司	金棕榈旅行社业务流程系统教学版软件[简称：教学版 BPR 系统] V5.0
38. 上海鹏达计算机系统开发有限公司	鹏达学生收费软件 V1.0[简称：鹏达学生收系统]
39. 上海金仕达卫宁软件股份有限公司	金仕达卫宁公共卫生信息管理软件 V4.0
40. 上海鹏达计算机系统开发有限公司	鹏达网络教学与资源平台软件[简称：网络教学与资源库]V1.0

（续表）

单　　位	产　品　名　称
41. 上海中标软件有限公司	中标普华邮件服务器软件 V4.0
42. 上海大智慧网络技术有限公司	分析家证券行情分析软件(机构版)V5.0
43. 上海期货信息技术有限公司	Futures Ideal 期货资金管理软件 V1.0
44. 上海征途信息技术有限公司	征途游戏软件 V2.0
45. 上海征途信息技术有限公司	巨人游戏软件 V1.0
46. 上海幻维数码创意科技有限公司	幻维 MMDS 动画特效软件 V1.0
47. 上海新致软件有限公司	新致网络通信设备管理平台软件 V1.0
48. 上海华腾软件系统有限公司	TOP PLMS 个人贷款管理软件
49. 上海华腾软件系统有限公司	TOP CCMS 信用消费账单催收管理软件
50. 万达信息股份有限公司	万达应急指挥平台软件 V2.0
51. 上海众恒信息产业有限公司	众恒“两新”组织管理软件
52. 上海新华控制技术(集团)有限公司	新华轨道交通综合监控系统应用软件[简称：XISCS－100]V1.0
53. 上海普华科技发展有限公司	普华工程项目管理集成软件 PowerOn(V3.5、V3.0)
54. 上海普华科技发展有限公司	普华项目管理信息平台软件 PowerPiP(V3.5、V3.0)
55. 维音数码(上海)有限公司	维音数码计算机电话集成软件

说明：该软件产品三年来已销售超过 50 套(件)并取得的销售额超过 500 万元，或者单个软件产品销售额超过 2 000 万元，或销售量超过 100 套。

2009 年度上海优秀软件企业家

单　　位	企　业　家
1. 万达信息股份有限公司	史一兵
2. 龙旗科技(上海)有限公司	邓　华
3. 上海微创软件有限公司	周　力
4. 上海大智慧网络技术有限公司	张长虹
5. 上海万得信息技术股份有限公司	陆　风
6. 上海电通信息服务有限公司	泉浩之

（续表）

单　　位	企　业　家
7. 上海金仕达卫宁软件股份有限公司	周　炜
8. 上海中信信息发展股份有限公司	张曙华
9. 博朗软件开发(上海)有限公司	ERIC HERBERT RONGLEY
10. 上海三旗通信科技有限公司	涂必勤

2009 年度上海十强软件企业

1. 中国银联股份有限公司
2. 盛趣信息技术(上海)有限公司
3. 上海宝信软件股份有限公司
4. 上海征途信息技术有限公司
5. 百度(中国)有限公司
6. 上海理想信息产业(集团)有限公司
7. 上海久游网络科技有限公司
8. 携程旅游信息技术(上海)有限公司
9. 富士通(中国)信息系统有限公司
10. 卡斯柯信号有限公司

统计报表

软件业调查表

2009 年 1～ 月

表　　号：RCD202 表
制表机关：上海市经济和信息化委员会
批准机关：上海市统计局
批准文号：沪统审字[2009]4 号
有效期至：2010 年 2 月
行业代码：□□□□

组织机构代码：□□□□□□□□-□
填报单位名称(盖章)：________________

指　标　名　称	代　码	计量单位	本期实际	上年同期
单位个数	1010	个		
资产总计	1011	万元		
固定资产原价	1012	万元		
本期固定资产折旧	1013	万元		
营业收入合计	1014	万元		
其中：主营业务收入合计	1015	万元		
其中：软件收入合计	1016	万元		
其中：软件产品收入	1017	万元		
系统集成收入	1018	万元		
软件技术服务收入	1019	万元		
其中：软件外包服务收入	1020	万元		
其中：软件出口额(含集成及服务)	1021	万美元		
其中：软件外包服务出口额	1022	万美元		
其中：互联网信息服务收入	1023	万元		
营业成本	1024	万元		
营业税金及附加	1025	万元		
费用合计	1026	万元		
应缴增值税	1027	万元		
利润总额	1028	万元		
营业利润	1029	万元		
从业人员劳动报酬	1030	万元		
从业人员平均人数	1031	人		
研究与发展(R&D)经费支出	1032	万元		

单位负责人：________　填表人：________　联系电话：________　报出日期：____年____月____日

注：① 价值量指标请保留一位小数；②“单位个数”由综合单位填报，企业不用填报。
审核要点：1. 1014≥1015，≥1016，≥1021(折合成人民币)，≥1023；　2. 1015≥1016＋1023；
3. 1016≥1017＋1018＋1019；　4. 1019≥1020；　5. 1021≥1022

信用服务企业基本情况

200　年

统计登记号：□□□□□□□□□

组织机构代码：□□□□□□□□□—□

企业(单位)名称(盖章)：______

企业(单位)地址：______

表　　号：01 表

制表机关：上海市经济和信息化委员会

批准机关：上海市统计局

文　　号：沪统审字(2009)7 号

有效期至：2010 年 3 月

指　标　名　称	代码	计量单位	本年
甲	乙	丙	1
年末从业人员数	01	人	
按学历分：1. 研究生及以上学历	02	人	
2. 大学本科学历	03	人	
3. 大专学历	04	人	
4. 高中及以下学历	05	人	
按从业年限分：1. 五年及以上	06	人	
2. 三年及以上五年以下	07	人	
3. 一年及以上三年以下	08	人	
4. 一年以下	09	人	
按专业技术职称分，其中：高级技术职称	10	人	
中级技术职称	11	人	
初级及以下技术职称	12	人	
按持有国内执业证书分，其中：注册会计师/注册资产评估师/注册土地估价师	13	人	
证券执业/从业资格	14	人	
律师/企业法律顾问	15	人	
按持有国外证书分，其中：特许金融分析师(CFA)	16	人	
英国特许公认会计师(ACCA)	17	人	
美国注册会计师(AICPA)	18	人	
北美精算师(FSA)	19	人	
国际注册信用分析师(CICA)	20	人	
国际注册信用师(ICCA)	21	人	
国际信用管理师(ICM)	21	人	
国际信用管理员(ICA)	23	人	
按持有国内培训证书分，其中：信用管理师/信用管理岗位证书	24	人	
注册咨询师	25	人	
信用分析师/信用评估师/信用调查师/商务调查师/商账管理师	26	人	

单位负责人：　　填表人：　　联系电话：　　报出日期：　　年　　月　　日

信用服务企业财务状况

200 年

统计登记号：□□□□□□□□□

组织机构代码：□□□□□□□□□—□

企业(单位)名称(盖章)：________________

企业(单位)地址：________________

表　　号：02表

制表机关：上海市经济和信息化委员会

批准机关：上海市统计局

文　　号：沪统审字[2009]7号

有效期至：2010年3月

指 标 名 称	代码	计量单位	本年
甲	乙	丙	1
一、资产负债	—	—	—
固定资产原价(01≥02)	01	千元	
本年折旧	02	千元	
资产总计	03	千元	
负债合计	04	千元	
实收资本	05	千元	
二、损益及分配	—	—	—
营业收入合计(06≥07)	06	千元	
其中：主营业务收入	07	千元	
其中：资信评级业务	08	千元	
商业征信(或称企业征信)业务	09	千元	
个人征信业务	10	千元	
信用管理业务	11	千元	
其他业务	12	千元	
主营业务成本	13	千元	
税金	14	千元	
主营业务税金及附加	15	千元	
费用合计(营业费用、管理费用、财务费用)	16	千元	
营业利润(17≥06-13-15-16)	17	千元	
利润总额	18	千元	
三、从业人员劳动报酬	19	千元	
四、中级技术职称人员人均年薪酬	20	千元	
五、劳动、失业、养老、医疗保险费	21	千元	
六、福利费	22	千元	
七、住房公积金和住房补贴	23	千元	
八、全部从业人员年平均人数	24	人	

以上财务数据________(已/未)经审计。

单位负责人：　　填表人：　　联系电话：　　报出日期：　年　月　日

信用服务企业业务情况

200　年

统计登记号：□□□□□□□□□
组织机构代码：□□□□□□□□—□
企业(单位)名称(盖章)：________________
企业(单位)地址：________________

表　　号：03 表
制表机关：上海市经济和信息化委员会
批准机关：上海市统计局
文　　号：沪统审字[2009]7 号
有效期至：2010 年 3 月

业务类型	指标名称	代码	计量单位	本年
甲	乙	丙	丁	1
资信评级业务	债项评级	01	笔	
	债项评级发债金额	02	千元	
	主体评级	03	户	
	主体评级对象贷款余额	04	千元	
商业征信(或称企业征信)业务	商业征信(或称企业征信)报告	05	份	
	客户数量	06	户	
	客户类型：内资企业	07	户	
	港、澳、台商投资企业	08	户	
	外商投资企业	09	户	
	其他	10	户	
个人征信业务	个人信用报告查询	11	份	
	个人信用报告提供	12	份	
信用管理业务	咨询案例	13	项	
	培训人次	14	人次	
	应收账款管理金额	15	千元	

补充资料：

1. 科研活动________项

2. 公开发表专著________项

3. 自主知识产权________项

单位负责人：　　　填表人：　　　联系电话：　　　报出日期：　　年　　月　　日

软件企业认定和产品登记名单

2009年上海市软件企业认定名单

序号	企 业 名 称	序号	企 业 名 称
1	上海新中新猎豹交通科技股份有限公司	34	上海点客信息技术有限公司
2	上海复讯农业科技有限公司	35	上海浪沙商业软件有限公司
3	上海华平软件技术有限公司	36	上海位一信息科技有限公司
4	上海尔凌软件科技有限公司	37	上海北塔软件股份有限公司
5	上海关中信息科技有限公司	38	上海威腾信息科技有限公司
6	上海华彩科技有限公司	39	杰同信息技术(上海)有限公司
7	上海臣天信息技术有限公司	40	上海标点信息技术有限公司
8	上海盛世彩虹科技有限公司	41	上海暴雨信息科技有限公司
9	上海国冶信息技术有限公司	42	上海物联软件有限公司
10	上海尊雅计算机软件有限公司	43	上海东方电子支付有限公司
11	上海益创信息科技有限公司	44	上海客齐集信息技术有限公司
12	上海维元信息技术有限公司	45	上海哥瑞利软件有限公司
13	上海谐欣信息科技有限公司	46	上海金网安泰软件技术有限公司
14	上海和伟科技发展有限公司	47	上海方德信息技术有限公司
15	上海慧加软件有限公司	48	上海富嘉通讯技术有限公司
16	上海过河兵电子商务有限公司	49	群达软件科技(上海)有限公司
17	上海澜凌信息技术有限公司	50	上海航娴智能系统有限公司
18	上海希尔企业管理咨询有限公司	51	邦程电信技术(上海)有限公司
19	上海鸿冠信息科技有限公司	52	上海华艾软件有限公司
20	上海詹佛斯信息科技有限公司	53	上海正泰自动化软件系统有限公司
21	上海新浪乐居信息科技有限公司	54	麦网信息技术(上海)有限公司
22	如冈自动化控制技术(上海)有限公司	55	上海敢创水业科技有限公司
23	上海易罗信息科技有限公司	56	上海兴汉计算机技术有限公司
24	上海昀石信息技术有限公司	57	上海诚明融鑫科技有限公司
25	翔傲信息科技(上海)有限公司	58	上海顶竹通讯技术有限公司
26	新高和(上海)软件有限公司	59	上海昊客网络科技有限公司
27	上海易谷网络科技有限公司	60	上海完美世界网络技术有限公司
28	上海风格软件有限公司	61	上海扬讯计算机科技有限责任公司
29	上海金蝶软件有限公司	62	上海酷吧信息技术有限公司
30	上海同因信息科技有限公司	63	上海协赢软件有限公司
31	上海茂碧信息科技有限公司	64	上海坤大信息技术有限公司
32	上海柏楚电子科技有限公司	65	上海飞想信息科技有限公司
33	上海福银信息科技有限公司	66	上海宝立自动化工程有限公司

67	上海雪线信息技术有限公司
68	上海苏翔信息科技有限公司
69	上海宝资软件有限公司
70	上海佳茗信息技术有限公司
71	上海卓旭电子科技有限公司
72	上海鑫剑信息技术有限公司
73	上海鼎盛汽车检测设备有限公司
74	上海大承网络技术有限公司
75	上海纤科信息技术有限公司
76	上海思巴得信息科技有限公司
77	上海港虹信息科技有限公司
78	上海创盈先科信息技术有限公司
79	上海爱信诺航芯电子科技有限公司
80	上海盛誉软件有限公司
81	上海钰能自动化控制工程有限公司
82	上海淘米网络科技有限公司
83	上海车通信息技术有限公司
84	上海兴兴信息科技有限公司
85	上海山源电子电气科技发展有限公司
86	上海汉鼎电力科技有限公司
87	上海远景数字信息技术有限公司
88	杰思波自动控制技术(上海)有限公司
89	上海天鉴御鑫软件技术有限公司
90	上海企立软件有限公司
91	上海菱博电子技术有限公司
92	上海奕驰鎏华计算机科技有限公司
93	上海教杰计算机科技有限公司
94	上海智源无限信息技术有限责任公司
95	上海名图软件有限公司
96	上海妙益电子科技发展有限公司
97	上海鼎为通讯科技有限公司
98	上海基信通讯技术有限公司
99	触动多媒体技术(上海)有限公司
100	上海首颂信息技术有限公司
101	上海溟鹏软件开发技术有限公司
102	上海来雅软件有限公司
103	酷银软件(上海)有限公司
104	上海科捷信息技术有限公司
105	上海久之耀信息科技有限公司
106	上海掌易信息科技有限公司
107	优利(上海)信息技术有限公司
108	上海金曲信息技术有限公司
109	上海力恺软件有限公司
110	上海傲融软件技术有限公司
111	上海晟世网络科技有限公司
112	上海申迅游媒信息科技有限公司
113	上海金骏科技发展有限公司
114	上海芯邦泰智能科技有限公司
115	上海说说螺软件技术有限公司
116	帛俊软件科技(上海)有限公司
117	新保软件(上海)有限公司
118	上海水渡石信息技术有限公司
119	上海格信软件股份有限公司
120	上海技凯通信技术有限公司
121	上海申亚软件有限公司
122	上海欣影电力科技发展有限公司
123	上海集港网络技术有限公司
124	上海林唯信息系统有限公司
125	上海赢政信息技术有限公司
126	上海玖成软件科技有限公司
127	鼎亿数码科技(上海)有限公司
128	上海动量软件技术有限公司
129	上海翼狐软件有限公司
130	上海速锐信息技术有限公司
131	蓝色天空数码科技(上海)有限公司
132	上海企动信息技术有限公司
133	上海赛蓝信息科技有限公司
134	传弈(上海)信息科技有限公司
135	英业达(上海)有限公司
136	上海信业智能科技股份有限公司
137	克立司帝控制系统(上海)有限公司
138	大展信城信息科技(上海)有限公司
139	上海国纺检测科技有限公司
140	上海维豪信息安全技术有限公司
141	上海领世通信技术发展有限公司
142	上海市民信箱信息服务有限公司
143	上海瑞美电脑科技有限公司
144	上海培基信息技术有限公司
145	上海千川软件技术有限公司
146	上海信颐信息技术有限公司
147	上海天玑信息技术服务有限公司
148	上海颐脉信息技术有限公司
149	上海龙进信息技术有限公司
150	上海融达信息科技有限公司

151	上海可续计算机科技发展有限公司	193	上海恒名软件有限公司
152	上海奥曦电子科技有限公司	194	上海梦创信息技术有限公司
153	上海越通软件科技有限公司	195	上海吉标软件有限公司
154	普华基础软件股份有限公司	196	上海旋极信息技术有限公司
155	上海方诺科技发展有限公司	197	上海思华网络科技有限公司
156	上海傲通网络科技有限公司	198	上海步科自动化有限公司
157	霍尼韦尔综合科技(中国)有限公司	199	上海华颂软件科技有限公司
158	上海绅宝星导电工有限公司	200	上海乐萌信息科技有限公司
159	上海惠生通讯技术有限公司	201	虹软(上海)科技有限公司
160	上海名图信息技术有限公司	202	上海维宏电子科技有限公司
161	上海坤德信息科技有限公司	203	上海懋图信息科技有限公司
162	上海梦擎信息科技有限公司	204	上海危网信息科技有限公司
163	上海千镭星电子科技有限公司	205	上海环慧软件技术有限公司
164	上海天柏信息科技有限公司	206	上海艺为网络科技有限公司
165	烁讯信息科技(上海)有限公司	207	上海恺易集成系统技术有限公司
166	上海驷惠软件科技开发有限公司	208	上海利泉达信息技术有限公司
167	上海赛林科技有限公司	209	上海东兰信息技术有限公司
168	上海英孚思为信息科技股份有限公司	210	英佩数码科技(上海)有限公司
169	上海金剑科技有限公司	211	上海泓智信息科技有限公司
170	上海汇尼信息科技有限公司	212	上海爱择信息科技有限公司
171	上海慧康信息技术有限公司	213	上海飒美软件技术有限公司
172	上海蓝矩信息科技有限公司	214	说宝堂信息科技(上海)有限公司
173	上海浦宜亚软件有限公司	215	上海新虹伟信息技术有限公司
174	上海庞米电子信息技术有限公司	216	上海创至计算机科技有限公司
175	上海迅软信息科技有限公司	217	上海早道网络技术有限公司
176	上海恒意得信息科技有限公司	218	上海华源热疗技术有限公司
177	上海柏飞电子科技有限公司	219	倍瑞软件(上海)有限公司
178	上海腾达科技有限公司	220	上海亿阳信通实业有限公司
179	上海鹏博士安防工程有限公司	221	上海双实科技有限公司
180	上海米列电力科技有限公司	222	上海景域文化传播有限公司
181	上海宝鼎电子有限公司	223	上海玥达网络科技有限公司
182	上海华浪计算机科技有限公司	224	上海优途信息科技有限公司
183	上海名扬数码产品有限公司	225	上海复旦网络股份有限公司
184	上海起凡数字技术有限公司	226	上海英孚思为软件科技有限公司
185	优际艾斯(上海)软件技术有限公司	227	上海华盖软件发展有限公司
186	威麟信息技术开发(上海)有限公司	228	上海文华计算机科技有限公司
187	上海精视信息技术有限责任公司	229	上海德望信息科技有限公司
188	上海太迅自动识别技术有限公司	230	上海移数信息科技有限公司
189	上海圣诺软件技术有限公司	231	上海神舟航天软件技术有限公司
190	希达软件(上海)有限公司	232	上海派络信息技术有限公司
191	上海巨视安全防范技术有限公司	233	上海奥特博格汽车工程有限公司
192	上海思弘瑞电力控制技术有限公司	234	上海善悦信息技术有限公司

235	上海致卓信息科技有限公司	272	上海盛凯信息科技有限公司
236	上海华普嘉盛信息技术有限公司	273	维布络信息科技(上海)有限公司
237	上海新华电信网络信息有限公司	274	上海帝联信息科技发展有限公司
238	上海巍运信息科技有限公司	275	上海旗开软件有限公司
239	结信网络技术服务(上海)有限公司	276	上海万象仪器有限公司
240	上海显度数码科技有限公司	277	西特斯(上海)信息技术有限公司
241	上海追索信息科技有限公司	278	上海艾睦网城网络科技有限公司
242	上海邮政科学研究院	279	上海伟志文化传播有限公司
243	恩喜爱思(上海)计算机系统有限公司	280	上海慧智计算机技术有限公司
244	上海孚讯商务咨询有限公司	281	上海杰星船舶科技有限公司
245	上海国视信息科技有限公司	282	上海万达信息系统有限公司
246	上海鸣啸信息科技发展有限公司	283	上海欣菱计算机科技有限公司
247	上海文思创新软件技术有限公司	284	上海万象信息科技有限公司
248	上海商软建设工程有限公司	285	上海尊蓝信息技术有限公司
249	上海游趣网络科技有限公司	286	上海奇科计算机信息有限公司
250	上海派拉软件有限公司	287	上海骥傲信息科技发展有限公司
251	上海点击书实业有限公司	288	上海领道软件有限公司
252	上海衡伟信息技术有限公司	289	上海雅朴网络科技有限公司
253	上海奇码数字信息有限公司	290	上海市数字证书认证中心有限公司
254	丰益(上海)信息技术有限公司	291	上海弘视通信技术有限公司
255	上海华东电脑系统工程有限公司	292	上海星火信息技术有限公司
256	上海凯德数值信息科技有限公司	293	上海钦文信息科技有限公司
257	上海飞信信息科技有限公司	294	上海麦拓科新通讯有限公司
258	上海齐民信息科技有限公司	295	一飞软件科技(上海)有限公司
259	上海集盛信息技术有限公司	296	盛绩信息技术(上海)有限公司
260	上海微和信息技术有限公司	297	上海艾诺科软件有限公司
261	上海东港数据处理有限公司	298	戴文信息科技(上海)有限公司
262	上海石东信息科技有限公司	299	上海安捷力信息系统有限公司
263	上海安帮科技有限公司	300	来客思(上海)软件有限公司
264	上海电科智能系统股份有限公司	301	实信商业应用软件(上海)有限公司
265	上海瑞创网络科技发展有限公司	302	上海天若电脑科技发展有限公司
266	上海百誉科技有限公司	303	上海盖世网络技术有限公司
267	上海比特瑞旺信息技术有限公司	304	上海近海数据服务有限公司
268	上海天彤信息科技有限公司	305	上海创景计算机系统有限公司
269	上海互软信息科技有限公司	306	上海彩盟软件有限公司
270	上海三瑞信息技术有限公司	307	上海功典科技发展有限公司
271	上海全波通信技术有限公司	308	捷思电脑技术开发(上海)有限公司

2009年上海市软件产品登记名单

1	上海屹通信息科技发展有限公司	屹通 eReportCenter 报表管理平台软件 V1.0
2	上海慧翰信息技术有限公司	慧翰汽车蓝牙免提系统应用软件[简称：蓝牙免提] V3.0
3	上海詹佛斯信息科技有限公司	GFS - SCADA 监控软件 V1.0
4	重华半导体科技贸易(上海)有限公司	重华音视频应用软件 RT 版 V2.0
5	上海复旦数字医疗科技有限公司	复旦数字医疗手术导航系统 SpineNav - 01 软件 V1.0
6	上海柯斯软件有限公司	柯斯 SIM /UIM 卡操作系统软件[简称：SIM /UIM] V1.4
7	上海康汇通信信息网络有限公司	康汇通信文件影像管理软件 V1.0
8	上海意贝斯特信息技术有限公司	意贝斯特企业移动销售管理软件 V2.0
9	上海湾流仪器技术有限公司	湾流 TD - SCDMA 协议分析软件 V3.0
10	上海湾流仪器技术有限公司	湾流 FURA 协议分析软件 V3.0
11	上海湾流仪器技术有限公司	湾流 WCDMA 协议分析软件 V3.0
12	上海湾流仪器技术有限公司	湾流 IR 接口协议分析软件 V1.0
13	上海湾流仪器技术有限公司	湾流 FURA 协议分析软件 V2.0
14	上海清泽信息技术有限公司	清泽移动警务信息软件 V1.0
15	上海芯邦泰智能科技有限公司	芯邦泰嵌入式车载硬盘录像机软件[简称：XEC - DVR] V1.0
16	上海国冶信息技术有限公司	国冶信息 RH 合金最小成本模型软件 V1.0
17	上海迪联信息技术有限公司	迪联信科物流运输信息管理软件 V1.0
18	上海联艺信息技术有限公司	联艺网络神盾信息浏览监控软件[简称：网络神盾] V3.2
19	思华科技(上海)有限公司	思华音乐平台业务门户软件 V3.0
20	思华科技(上海)有限公司	思华 WAP 门户管理软件 V3.0
21	诺基亚西门子通信(上海)有限公司	西门子交换机及基站自动报表生成工具软件 V1.0
22	诺基亚西门子通信(上海)有限公司	西门子基站系统基站控制中心数据库错误检查软件 V1.0
23	诺基亚西门子通信(上海)有限公司	西门子交换机系统话务统计工具软件 V1.0
24	上海汉舟软件技术有限公司	汉舟晶铁之门游戏软件 V1.0
25	上海益创信息科技有限公司	益创数字园区地理信息软件 V1.0
26	上海益创信息科技有限公司	益创警用地理信息软件 V1.0
27	上海美华系统有限公司	美华商务邮件通软件 V1.1
28	上海华彩科技有限公司	华彩自动瑕疵判别软件 V1.0
29	上海远恒电子工程有限公司	远恒集装箱运输实务模拟实习平台软件 V1.1
30	上海远恒电子工程有限公司	远恒外贸跟单实务教学软件 V1.1
31	上海远恒电子工程有限公司	远恒货代管理信息软件 V1.0
32	上海文思信息技术有限公司	文思 QTP 自动化测试环境软件[简称：文思 QTP] V1.0
33	上海文思信息技术有限公司	文思用户权限调配软件[简称：VIT - User Controller] V1.0
34	上海文思信息技术有限公司	文思 SD 管理软件[简称：SD 管理] V1.0
35	上海文思信息技术有限公司	文思战略箱 CRM /SFA 软件[简称：战略箱] V1.0
36	泓远软件(上海)有限公司	泓远整合零售业管理软件 V2.0
37	上海衡晶电子有限公司	衡晶电子直视吊秤测控软件 V1.0
38	上海高衡电子有限公司	高衡 8 键 LCD 天平 BL062 版嵌入式软件 V1.0
39	上海精函衡器有限公司	精函价格标签秤测控软件 V1.0

40	上海复讯农业科技有限公司	复讯动物防疫与畜禽产品质量监管软件 V1.0
41	上海新中新猎豹交通科技股份有限公司	新中新猎豹道路交通管理软件 V1.0
42	上海新中新猎豹交通科技股份有限公司	新中新猎豹道路交通控制软件 V1.0
43	上海点客信息技术有限公司	点点快信软件 V7.1.3
44	德比软件(上海)有限公司	德比 DAgency 旅行社网络营销软件[简称：DA] V3.0
45	上海竞航数码科技有限责任公司	竞航 OA-协同办公软件 V2.0.0
46	上海定智信息技术有限公司	定智学校数字化平台软件 V1.0
47	上海远景数字信息技术有限公司	远景 EDPS 数据处理核心平台软件[简称：EDPS] V1.1
48	上海康泰软件有限公司	康泰货代之友标准版软件 V5.613
49	上海康泰软件有限公司	康泰储运之友企业版软件 V5.0
50	上海慧伦电气有限公司	慧伦 PowerMatrix 电网稳定控制软件 V1.0
51	阿里软件(上海)有限公司	阿里软件在线财务管理软件 V1.0
52	趋势科技(中国)有限公司	趋势科技网络安全专家软件 V17
53	上海冈三华大计算机系统有限公司	冈三华大智能物流软件 V1.0
54	上海华御信息技术有限公司	华御密盾内网安全管理软件 V7.0
55	上海中信信息发展股份有限公司	中信易捷狱政管理软件 V1.0
56	上海复尧计算机科技有限公司	复尧 E-SCHOOL 数字化校园软件 V2.0
57	上海通创信息技术有限公司	通创移动增值业务监控软件 V1.0
58	上海通创信息技术有限公司	通创仓储管理软件 V1.0
59	上海巨灵信息技术有限公司	米鼠项目管理软件 V1.0
60	上海巨灵信息技术有限公司	米鼠在线客服软件 V1.0
61	上海巨灵信息技术有限公司	米鼠即时通讯软件 V2.0
62	上海巨灵信息技术有限公司	华资企业邮局软件 V1.0
63	上海希尔企业管理咨询有限公司	希尔供电服务品质综合评价软件 V1.0
64	上海乾隆网络科技有限公司	钱龙黄金眼证券分析软件 V5.80
65	上海乾隆网络科技有限公司	钱龙益邦操盘王证券分析软件 V5.80
66	上海金骏科技发展有限公司	金骏条件接收软件 V5.0
67	上海维元信息技术有限公司	维元零售业务综合分析软件[简称：(N)ew (S)ales (A)nalysis,NSA] V1.0
68	好耶软件技术(上海)有限公司	好耶 Wise Ad 网络广告管理软件 V1.0
69	好耶软件技术(上海)有限公司	好耶 Wise Keyword 中小企业版关键字管理及优化软件 V1.0
70	好耶软件技术(上海)有限公司	好耶富媒体广告联盟投放管理软件 V1.0
71	好耶软件技术(上海)有限公司	好耶 Wise Site 网站受众数据智能分析平台软件 V1.0
72	上海慧加软件有限公司	慧加结构分析与设计软件 V1.0
73	上海谐欣信息科技有限公司	SiXAiN 行走单元安全监控软件 V1.0
74	上海衡晶电子有限公司	衡晶电子 OSC-F 系列电子吊秤测控软件 V1.0
75	上海衡晶电子有限公司	衡晶电子无线吊秤测控软件 V1.0
76	上海玥达网络科技有限公司	玥达 GPS 车船监控调度软件 V2008
77	福兰(上海)商务咨询有限公司	福兰人事文档管理软件 V8.28
78	上海江兰智能科技有限公司	江兰智能车载识别桩考路考软件 V1.0
79	上海威浦自动化电气有限公司	JH-200A 智能料位计软件 V3.11
80	上海天旦网络科技发展有限公司	天旦 MailMiner 邮件分析软件 V1.0
81	上海海勃物流软件有限公司	海勃 MILE 集装箱码头互拖/调度作业管理软件 V1.0

82	上海景格汽车科技有限公司	景格汽车故障诊断虚拟实训软件 V1.0
83	证宁信息技术(上海)有限公司	证券之星黄金眼证券分析软件 V1.0
84	证宁信息技术(上海)有限公司	证券之星快赢(标准版)证券分析软件 V1.0
85	证宁信息技术(上海)有限公司	证券之星快赢(机构版)证券分析软件 V1.0
86	上海索乐软件有限公司	索乐黑胡子的宝藏游戏软件 V1.0
87	上海索乐软件有限公司	索乐疯狂斗地主游戏软件 V1.0
88	上海索乐软件有限公司	索乐宝石公主游戏软件 V1.0
89	上海百林通信软件有限公司	百林 FPO 频率规划优化软件[简称：FPO]V2.0
90	上海派拉软件有限公司	派拉 Paraview AAC 日志查询软件[简称：AAC 日志查询系统]V2.0
91	上海阳关网络信息技术有限公司	阳关 QHSE 管理支撑软件[简称：SunGate QHSE MSS]V2.0
92	希森美康医用电子(上海)有限公司	Laboman easyAccess 检验数据管理软件[简称：Laboman easyAccess]V4.2
93	上海佳依佳信息科技有限公司	佳依佳航运市场决策分析教学模拟软件[简称：Joyplus DAS] V1.0
94	上海佳依佳信息科技有限公司	佳依佳租船管理软件[简称：Joyplus Tramp MIS]V1.0
95	上海佳依佳信息科技有限公司	佳依佳租船教学模拟软件[简称：Joyplus CPS]V1.0
96	上海海莱威无线通信技术有限公司	海莱威 C6300 码分多址无线通信系统手机终端软件 V1.0
97	上海昀石信息技术有限公司	昀石业务集成平台软件[简称：BIP]V1.0
98	上海普华诚信信息技术有限公司	普华诚信企业法人库软件 V1.0
99	上海普华诚信信息技术有限公司	普华诚信资源访问控制软件[简称：NRCS]V1.0
100	上海金电网安科技有限公司	金电网安网站防护软件 V2.0
101	上海维音企业管理有限公司	维音企业排班管理软件[简称：EnterpriseSTF]V1.4.0
102	上海维音企业管理有限公司	维音企业电子商务软件[简称：EnterpriseEBIZ]V1.5.0
103	维音数码(上海)有限公司	维音数码声像记录软件[简称：VisionLOG]V3.5.0
104	维音数码(上海)有限公司	维音数码知识库管理软件[简称：VisionKBM]V1.0.0
105	维音数码(上海)有限公司	维音数码客户关怀服务应用软件[简称：VisionCCS]V1.0.0
106	新高和(上海)软件有限公司	新高和远程开发管理软件[简称：Promana]V1.0
107	上海易谷网络科技有限公司	Easy Call 呼叫中心软件[简称：Easy Call]V1.0
108	上海易罗信息科技有限公司	易罗专业 GPS 多功能导航软件 V1.0
109	上海易罗信息科技有限公司	易罗专业 GIS 采集软件 V1.0.0.0
110	上海易罗信息科技有限公司	易罗手持机外业订制软件 V1.0
111	上海易罗信息科技有限公司	易罗手持机数据后处理软件[简称：GIS Office]V1.0
112	上海易罗信息科技有限公司	易罗 eSurvey PDA 控制软件[简称：eSurvey]V2.0.0.1
113	上海易罗信息科技有限公司	易罗 eSurvey 主机控制软件 V2.0.1.2
114	上海易罗信息科技有限公司	易罗 eSurvey PC 控制软件 V2.1.1.2
115	上海工业自动化仪表研究所	SIPAI 最优需氧量精确控制软件 V1.0
116	上海高晶影像科技有限公司	高晶双视角 X 射线异物探测软件 V2.0
117	上海兴汉计算机技术有限公司	兴汉交互式仿真培训软件[简称：Hantek ISL] V3.0
118	上海华电源信息技术有限公司	HDY 建筑能耗分析和节能评价软件[简称：HDY-EPlus]V2.3
119	异联信息技术(上海)有限公司	异联售前支持管理软件[简称：KPTS]V1.0
120	上海纪元微科电子有限公司	MMS 晶片电路测试流程优化软件[简称：流程优化软件] V1.0

121	上海纪元微科电子有限公司	MMS 电池充放电控制电路测试软件[简称：充放电控制电路]V1.0
122	上海杰瑞信息科技有限公司	杰瑞交互式电子手册开发工具软件[简称：IETM 开发工具]V1.0
123	上海杰瑞信息科技有限公司	杰瑞船舶设备远程综合技术保障软件[简称：船舶设备远程保障软件]V1.0
124	上海吉贝克信息技术有限公司	吉贝克 XBRL 在线展示工具软件 V1.0
125	上海怡通信息技术有限公司	怡通暂时进出口辅助管理信息应用平台软件[简称：暂时进出口管理系统]V1.0
126	上海怡通信息技术有限公司	怡通企业归类数据电子备案和商品咨询操作软件[简称：归类数据电子备案系统]V1.0
127	上海众游信息技术有限公司	NCSOFT 网络商城交易管理软件[简称：E-MARKET]V1.0
128	上海众游信息技术有限公司	NCSOFT 客户关系管理软件[简称：CRM]V1.0
129	上海客齐集信息技术有限公司	客齐集百姓网生活信息分类搜索软件 V1.0
130	上海锐合通信技术有限公司	锐合无线通讯模块应用平台软件 V1.0.0
131	趋势科技(中国)有限公司	趋势科技 Web 安全网关软件 V3.1
132	聚领信息技术(上海)有限公司	Polylink 企业通讯软件 V2.3
133	聚领信息技术(上海)有限公司	Polylink 软交换通讯软件 V4.4
134	上海影软信息技术有限公司	影软电子档案影像管理软件 V1.0
135	上海中标软件有限公司	中标普华集群套件软件 V3.0
136	上海中标软件有限公司	中标普华高可用服务器软件 V3.0
137	上海鱼游网络科技有限公司	鱼游无线娱乐空间软件 V1.0
138	上海翰明计算机科技有限公司	翰明银行卡对账管理软件 V1.0
139	上海翰明计算机科技有限公司	翰明会员卡管理软件 V1.0
140	上海华御信息技术有限公司	华御密盾文档安全管理软件 V7.0
141	上海格信软件股份有限公司	格信 IC 卡前置软件 V1.0
142	上海完美世界网络技术有限公司	完美世界 2 网络游戏软件 V1.1
143	润百计算机(上海)有限公司	润百全球商务智能通-异常分析管理软件 V2.0
144	上海中教信息技术有限公司	子易政府内网办公管理软件 V1.0
145	上海中教信息技术有限公司	子易图书资料管理软件 V1.0
146	上海立优通信科技有限公司	Antares 移动通信网络智能优化软件 V1.0
147	上海哥瑞利软件有限公司	哥瑞利 MESwell 生产制造执行软件 V1.0
148	上海讯实网络科技有限公司	讯实讯点通互联网数据采集软件 V1.0
149	上海普适导航技术有限公司	普适平安渔业平台监控软件 V1.0
150	上海普适导航技术有限公司	普适船舶进出港监控管理软件 V1.0
151	上海普适导航技术有限公司	普适北斗终端显控软件 V1.0
152	上海美达信息技术有限公司	美达信息资源管理软件 V1.0
153	上海华腾软件系统有限公司	TOP FQS 航班信息查询软件 V1.0
154	上海皓钧智能网络科技有限公司	皓钧智能访客安全管理软件 V1.0
155	杰同信息技术(上海)有限公司	杰同 CAE 仿真数据及项目管理平台软件 V1.0
156	上海车通信息技术有限公司	车通新一代视讯教育互动平台服务器端软件 V1.0
157	上海车通信息技术有限公司	车通视频娱乐服务客户端软件 V1.0
158	上海车通信息技术有限公司	车通汽车信息服务运营软件 V2.0
159	上海车通信息技术有限公司	车通汽车信息服务终端软件 V2.0

160	上海车通信息技术有限公司	车通新一代视讯教育互动平台客户端软件 V1.0
161	上海车通信息技术有限公司	车通视频娱乐服务管理平台软件 V1.0
162	逸桥信息技术(上海)有限公司	逸桥 PL 单体自动化测试软件 V1.0
163	上海麦柯信息技术有限公司	麦柯智能卡卡内操作系统软件[简称：MCOS] V1.0
164	上海酬勤智能科技有限公司	酬勤新一代 RFID 智能 e 卡通管理软件 V1.0
165	上海海能汽车电子有限公司	海能电控柴油机故障诊断仪软件 V1.0
166	上海海能汽车电子有限公司	海能整车下线 EOL 工具软件 V1.0
167	上海梁江通信技术有限公司	梁江信令引擎管理操作软件 V2.0
168	上海梁江通信技术有限公司	梁江信令数据采集软件 V1.0
169	上海梁江通信技术有限公司	梁江信令骚扰电话拦截软件 V1.0
170	上海梁江通信技术有限公司	梁江信令号码携带软件 V1.0
171	上海梁江通信技术有限公司	梁江信令个性化短信业务处理软件 V1.0
172	上海钰能自动化控制工程有限公司	钰能 ICPower 燃烧优化节能软件[简称：ICPower] V1.0
173	上海爱信诺航天信息有限公司	爱信诺税控器数据安全备份软件 V1.0
174	上海首颂信息技术有限公司	首颂墓园信息管理软件 V2.0
175	上海凌云天博光电科技有限公司	凌云天博 FTTx 网络管理系统应用软件 V2.0
176	上海位一信息科技有限公司	位一融资租赁业务分析软件 V1.0
177	上海贝尔阿尔卡特软件有限公司	贝尔阿尔卡特 WCDMA 移动通信无线网络软件 V1.0
178	酷银软件(上海)有限公司	酷银在线销售软件 V1.0
179	上海三高计算机中心有限公司	三高自来水营业收费软件 V6.0
180	龙尚科技(上海)有限公司	龙尚科技 KF606 无线商话软件 V1.0
181	上海理想信息产业(集团)有限公司	理想精确化网格管理软件 V1.0
182	上海锐道信息技术有限公司	锐道 DORADO 原型开发工具软件[简称：DORADO DEMO MAKER] V6.0
183	上海锐道信息技术有限公司	锐道 DORADO 集成开发平台 ECLIPSE PLUG - IN 软件[简称：DORADO ECLIPSE PLUG - IN] V6.0
184	上海锐道信息技术有限公司	锐道 DORADO WEB 性能测试工具软件[简称：DORADO WEB PERFORMANCE TESTER] V6.0
185	上海锐道信息技术有限公司	锐道 DORADO 集成开发平台软件[简称：DORADO STUDIO] V6.0
186	上海锐道信息技术有限公司	锐道 DORADO 报表设计工具软件[简称：DORADO REPORT] V6.0
187	上海拓新计算机科技有限公司	拓新 DAY 设计魔方软件 V1.0
188	上海水渡石信息技术有限公司	天天动听手机音乐播放器软件 V1.0
189	上海创远联纵数据技术有限公司	创远联纵通信设备协议转换网关软件[简称：CEPCG] V1.0
190	上海硅知识产权交易中心有限公司	SSIPEX 专利信息平台软件 V1.0
191	上海硅知识产权交易中心有限公司	SSIPEX 专利全文下载软件 V1.0
192	上海硅知识产权交易中心有限公司	SSIPEX 中小企业专利管理软件 V1.0
193	上海闻泰电子科技有限公司	WINGTECH1919 手机软件 V1.0
194	上海闻泰电子科技有限公司	WINGTECH1922 手机软件 V1.0
195	上海闻泰电子科技有限公司	WINGTECH9122 手机软件 V1.0
196	上海闻泰电子科技有限公司	WINGTECH1625 手机软件 V1.0
197	上海闻泰电子科技有限公司	WINGTECH1628 手机软件 V1.0
198	上海闻泰电子科技有限公司	WINGTECH1822 手机软件 V1.0

199	上海闻泰电子科技有限公司	WINGTECH1820 手机软件 V1.0
200	上海闻泰电子科技有限公司	WINGTECH1880 手机软件 V1.0
201	上海闻泰电子科技有限公司	WINGTECH1518 手机软件 V1.0
202	上海金慧软件有限公司	金慧工程设计管理软件 V2.0
203	上海金慧软件有限公司	金慧图文档管理软件 V2.0
204	上海金慧软件有限公司	金慧建筑设计协同软件 V1.0
205	上海乾隆高科技有限公司	钱龙证券投资分析软件(网际网络版) V6.0
206	上海孚恩电子科技有限公司	孚恩 POS 机 IC 卡管理软件[简称：IC 卡管理软件] V1.0
207	上海锐翔信息技术有限公司	锐翔-动态载流量分析软件 V1.0
208	英业达(上海)有限公司	英业达 Dr. eye 译典通软件 V8.0
209	上海标点信息技术有限公司	标点保险核心业务(财 & 寿 & 经营管理)模拟教学软件 V4.0
210	上海飞旗网络技术有限公司	F7 Optimal QoS 资源优化软件[简称：F7 Optimal QoS 软件] V3.0.09
211	上海飞旗网络技术有限公司	F7 Optimal QoS 资源优化软件[简称：F7 Optimal QoS 软件] V3.0.04
212	上海发电设备成套设计研究院	SPERI 10CrMo910 钢管剩余寿命评估软件 V1.0
213	上海易罗信息科技有限公司	易罗 AutoGuidance 导航软件[简称：AutoGuidance]V1.0.0.0
214	上海易罗信息科技有限公司	易罗嵌入式空间数据库引擎软件[简称：SDE]V1.0.0.0
215	东星软件(上海)有限公司	东星“海啸”游戏引擎软件[简称：海啸]V1.00
216	上海富策信息科技有限公司	富策全面预算控制软件[简称：预算控制系统]V1.0
217	上海富策信息科技有限公司	富策战略绩效管理平台软件[简称：战略绩效管理系统]V1.0
218	上海派菲克信息技术有限公司	Peris 便携式无线网络优化软件 V1.0
219	圣诺网络技术(上海)有限公司	圣诺手机安全专家软件[简称：OTASecure]V2.0.0
220	上海市红会信息科技有限公司	红会医疗器械集中采购数据服务系统应用软件 V1.0
221	上海市红会信息科技有限公司	红会医疗器械在线交易系统应用软件 V1.0
222	上海市红会信息科技有限公司	红会医疗器械实时监管系统应用软件 V1.0
223	上海市红会信息科技有限公司	红会医疗器械实时监管数据服务系统应用软件 V1.0
224	上海市红会信息科技有限公司	红会医疗器械集中采购医院系统应用软件 V1.0
225	上海市红会信息科技有限公司	红会医疗器械集中采购系统应用软件 V1.0
226	上海市红会信息科技有限公司	红会医疗器械实时监管医院系统应用软件 V1.0
227	上海鼎为通讯科技有限公司	鼎为 X876 手机软件 V1.0
228	上海锦游网络技术有限公司	锦游侠客列传网络游戏软件[简称：侠客列传]V1.0
229	上海锦游网络技术有限公司	锦游幽游仙境网络游戏软件[简称：幽游仙境]V1.0
230	上海阿尔卡特网络支援系统有限公司	SANSS 智能短信业务平台软件 V1.0
231	上海阿尔卡特网络支援系统有限公司	SANSS IPTV 标准化业务管理软件 V2.2
232	上海嘉永计算机系统有限公司	嘉永非接触物料跟踪软件 V1.0
233	上海企立软件有限公司	企立交换机软件 V1.0
234	发思特软件(上海)有限公司	FastCAM 激光版自动编程套料软件[简称：FastCAM Laser] V6.1
235	发茵特科技(上海)有限公司	FastPBC 管子坡口切割控制软件 [简称：FastPBC]V2.2
236	上海网达信息技术有限公司	网达网上贷款软件 V1.0
237	上海网达信息技术有限公司	网达移动拍客服务平台软件 V1.0
238	上海网达信息技术有限公司	网达短信监控平台软件 V1.0
239	上海网达信息技术有限公司	网达企业短信通软件 V1.0

240	上海宝立自动化工程有限公司	宝立预设定控制软件 V1.0
241	上海宝立自动化工程有限公司	宝立物料跟踪软件 V1.0
242	上海宝立自动化工程有限公司	宝立数据收集软件 V1.0
243	上海宝立自动化工程有限公司	宝立分卷控制软件 V1.0
244	上海宝立自动化工程有限公司	宝立入口文件控制软件 V1.0
245	上海迅时通信设备有限公司	迅时综合语音汇聚网关软件[简称：VC-VOS]V1.5
246	上海迪巨特信息技术有限公司	迪巨特糖尿病人血糖诊断软件 V1.3.0
247	上海天正明日电力自动化有限公司	STS313L 数字式光纤差动保护软件[简称：STS313L 光纤差动保护]V1.01
248	上海世范软件技术有限公司	世范行政服务中心管理软件 V1.0
249	上海世范软件技术有限公司	世范内容网管理软件[简称：JCM]V1.0
250	守内安信息科技(上海)有限公司	守内安 Content SQR 网络控制审计软件[简称：ContentSQR 网络控制审计系统]V2.1
251	上海鲁班资讯有限公司	鲁班建材询价报价软件[简称：鲁班通]V1.0
252	上海鲁班软件有限公司	鲁班造价全过程管理软件[简称：鲁班造价]V2.0
253	上海浦东中软科技发展有限公司	PDCSS 电子标签资产管理软件 V1.0
254	上海浦东中软科技发展有限公司	PDCSS 影音管理软件 V1.0
255	上海昊客网络科技有限公司	好颜料超市电子商务操作流程软件 V1.0
256	上海雅海网络科技有限公司	雅海移动存储管理软件 V1.0
257	上海凯永信息技术有限公司	凯永 IDC 机房监控软件 V1.0
258	上海戴德网络科技有限公司	戴德 ExtraMonitor 流量分析及带宽管理软件 V2.0
259	上海飞想信息科技有限公司	飞想 WinManager 安全管理软件 V2.4
260	上海纯福建筑节能科技有限公司	纯福建筑健康系统综合应用软件 V1.0
261	上海奕华信息技术有限公司	奕华加密服务提供软件 V1.0
262	上海索乐软件有限公司	索乐麻将乐翻天游戏软件[简称：麻将乐翻天]V1.0
263	上海索乐软件有限公司	索乐决战数独王游戏软件[简称：数独]V1.0
264	上海用易信息技术有限公司	用易办公自动化软件[简称：UEOA]V2.0
265	上海哈诚电子科技有限公司	哈诚 HCH-106 系列多功能金卡键盘软件 V1.0
266	上海和辰信息技术有限公司	和辰睿邮企业邮局软件 V1.0
267	上海共久电气有限公司	共久 QC2 保护软件 V1.0
268	上海克顿伙伴管理顾问有限公司	克顿顾问新剧黄金眼软件 V1.0
269	上海苏翔信息科技有限公司	翠鸟中间件软件[简称：翠鸟]V1.0
270	上海东欣软件工程有限公司	东欣造船物流管理软件 V1.0
271	上海客齐集信息技术有限公司	客齐集百姓网生活信息分类搜索软件[简称：百姓网]V2.0
272	新保软件(上海)有限公司	新保金融产品管理软件[简称：Siebre iProduct]V1.0
273	丹华水利环境技术(上海)有限公司	DHI MIKE 软件 V2009
274	上海英迈吉东影图像设备有限公司	Angelplan-SX6000 适形放疗计划软件 LIST2006
275	上海英迈吉东影图像设备有限公司	Angelplan-2000 体部立体定向适形放疗计划软件 LIST2006
276	上海英迈吉东影图像设备有限公司	Angelplan-SX100DS 模拟定位机数字化及适形工作站软件 V2.0
277	飞亿克自动化设备(上海)有限公司	飞亿克库存管理软件 V1.0
278	上海中科网络信息技术有限公司	中科基于无线网络(GPRS)的电力电缆智能报警软件 V1.0
279	上海爱信诺航芯电子科技有限公司	爱信诺航芯基于 PKI 认证软件 V1.0
280	上海旭纬信息系统工程有限公司	旭纬 SmartIBMS 智能建筑集成管理软件 V2.1

281	上海众达信息产业有限公司	众达生产监控软件 V1.0
282	上海众达信息产业有限公司	众达厂务公开管理软件 V1.0
283	上海众达信息产业有限公司	众达三基管理软件 V1.0
284	上海众达信息产业有限公司	众达石化企业生产物料平衡管理软件 V1.0
285	上海三明泰格信息技术有限公司	三明泰格数据自动批处理软件 V1.0
286	上海三明泰格信息技术有限公司	三明泰格电子秤通讯软件 V1.0
287	上海三明泰格信息技术有限公司	三明泰格服装质量管理软件 V1.0
288	上海三明泰格信息技术有限公司	三明泰格成品标签条码管理软件 V1.0
289	上海三明泰格信息技术有限公司	三明泰格超市促销摇奖软件 V1.0
290	上海卓旭电子科技有限公司	卓旭远程监控系统控制软件 V1.0
291	上海卓旭电子科技有限公司	卓旭无线通信设备控制软件 V1.0
292	上海纤科信息技术有限公司	纤科工业工程软件 V5.0
293	上海创盈先科信息技术有限公司	益盟操盘手主力版深度分析决策软件 V1.02
294	上海益同投资咨询有限公司	操盘手证券投资决策软件 V5.0
295	上海美达信息技术有限公司	美达社区事务受理服务中心管理软件 V1.0
296	上海通导科技发展有限公司	TDKJ－GPS 智能监控调度软件 V2.0
297	上海络杰软件有限公司	络杰精益流程智能管理软件 V1.0
298	上海易视计算机科技有限公司	GLOVIEW 互动式智能录播软件 V1.0
299	上海可续计算机科技发展有限公司	可续上市公司个性化数据服务软件 V1.0
300	上海淘米网络科技有限公司	淘米儿童虚拟社区摩尔庄园软件 V1.0
301	上海乾隆网络科技有限公司	钱龙黄金眼实战版证券分析软件 V5.80
302	上海璟华信息科技有限公司	ZipHR 人事资料管理软件 V2008
303	上海璟华信息科技有限公司	ZipHR 薪酬福利管理软件 V2008
304	上海大承网络技术有限公司	大承功夫 OnWeb 游戏软件[简称：功夫 OnWeb]V1.0
305	上海复深蓝信息技术有限公司	复深蓝 ITSM 管理软件 V1.0
306	上海复深蓝信息技术有限公司	复深蓝 Fairyland AMS 软件 V1.0
307	上海华冠电子设备有限责任公司	华冠牌 PowerManage4225 用电管理终端软件 V1.0
308	上海晨路信息科技有限公司	武林三国网页游戏软件 V1.0
309	上海晨路信息科技有限公司	武林英雄网页游戏软件 V1.0
310	上海望特能源科技有限公司	望特 300MW 亚临界锅炉壁温在线监测软件 V1.0
311	上海望特能源科技有限公司	望特 1000MW 超超临界锅炉壁温实时监测软件 V1.0
312	上海卓越睿新数码科技有限公司	卓越课程中心软件 V2.0
313	上海懋图信息科技有限公司	懋图城市地下综合管线信息管理软件 V5.0
314	上海港虹信息科技有限公司	路特海运货代管理信息软件 V1.0
315	上海酷吧信息技术有限公司	酷吧手机雷霆战机软件 V1.0
316	上海酷吧信息技术有限公司	酷吧手机新闻播报软件 V1.0
317	上海闻泰电子科技有限公司	WINGTECH6728 手机软件 V1.0
318	上海闻泰电子科技有限公司	WINGTECH6828 手机软件 V1.0
319	易保网络技术(上海)有限公司	易保车险理赔管理软件[简称：Auto Claim 系统]V2.0
320	上海美峰数码科技有限公司	美峰手机网络 MMORPG 游戏《开天 Q 传》软件 V1.0
321	上海飞雅信息技术有限公司	飞雅 IC 卡卡务管理软件 V1.0
322	上海飞雅信息技术有限公司	飞雅 VIP 贵宾信息管理软件 V1.0
323	上海飞雅信息技术有限公司	飞雅无线点餐软件 V1.0

324	英业达(上海)有限公司	英业达海关保税核查软件 V1.0
325	英业达(上海)有限公司	英业达 ERP 系统销售管理软件 V1.0
326	英业达(上海)有限公司	英业达 ERP 系统金税软件 V1.0
327	杉德银卡通信息服务有限公司	杉德加油站加油卡管理软件 V1.0
328	杉德银卡通信息服务有限公司	杉德金融 POS EMV 客户端软件 V2.0
329	杉德银卡通信息服务有限公司	杉德商户交易监控软件 V1.0
330	杉德银卡通信息服务有限公司	杉德收银一体化软件 V3.0
331	上海致维电气有限公司	致维 WITPOWER 电气自动化软件 V1.0
332	上海致维电气有限公司	致维 PLPshell 应用软件 V1.0
333	上海格尔软件股份有限公司	格尔网络保险箱软件 V4.3
334	上海铁大电信设备有限公司	铁大 DJK-T1 无线调车机车信号和监控软件 V2.0
335	上海理想信息产业(集团)有限公司	理想"商务领航"市场 E 通软件 V1.0
336	上海华测导航技术有限公司	华测参考站软件 V2.0
337	上海华测导航技术有限公司	华测测地通软件 V3.0
338	上海华测导航技术有限公司	华测 CORS 软件 V2.0
339	上海华测导航技术有限公司	华测水上测量(HydroNav) 软件 V2.0
340	上海华测导航技术有限公司	华测动态后处理软件 V1.0
341	上海华测导航技术有限公司	华测 GNSS 网络实时变形监测软件 V2.0
342	上海新致软件有限公司	新致基于 SOA 面向保险业多险种营销管理平台软件 V1.0
343	上海金曲信息技术有限公司	金曲勘察设计企业管理软件 V6.0
344	上海贝尔阿尔卡特软件有限公司	贝尔阿尔卡特 DSLAM 软件[简称：DSLAM 软件]V2.0
345	上海贝尔阿尔卡特软件有限公司	贝尔阿尔卡特 7515 媒体网关软件[简称：7515 媒体网关软件]V3.1S
346	上海华东电脑存储网络系统有限公司	华东电脑内容协作管理软件[简称：ECS CCM]V1.0
347	上海颐脉信息技术有限公司	颐脉电梯行业 PDM 软件 V1.0
348	上海富远软件技术有限公司	富远无线金融专家系统应用软件 V4.0
349	君岳信息科技(上海)有限公司	君岳 ngHLR 网管软件 V1.0
350	上海图智通讯科技有限公司	图智 EastPhoenix 3G 智能测试软件 V1.0
351	上海颐昊通讯科技有限公司	颐昊 GSM/WCDMA 路测软件 V1.0
352	上海申腾信息技术有限公司	申腾远程可视对讲信息管理软件 V1.0
353	上海阿法迪智能标签系统技术有限公司	RFID 图书馆应用服务器软件 V1.0
354	上海瑞高信息技术有限公司	瑞高移动多媒体广播的金融增值业务嵌入式软件[简称：瑞高财经]V1.0
355	上海翼狐软件有限公司	翊思 OL 网络资源库平台软件 V3.0
356	上海翼狐软件有限公司	翊思 OL 网络课程与实时平台软件 V3.0
357	上海翼狐软件有限公司	翊思 OL 网络考试与训练平台软件 V3.0
358	上海翼狐软件有限公司	翊思 EOP 教育开放规划平台软件[简称：翊思 EOP 软件]V3.0
359	上海翼狐软件有限公司	翊思 KRP 知识资源规划平台软件[简称：翊思 KRP 软件]V3.0
360	上海艾帕电力电子有限公司	IPER 有源电力滤波器监控软件 V1.0
361	上海傲通网络科技有限公司	傲通网络传真服务软件[简称：GFax]V1.0
362	上海早道网络技术有限公司	早道音乐百事通哼唱搜索软件[简称：音乐百事通哼唱搜索系统]V1.0

363	上海压敏薄膜材料有限公司	压敏电脑辅助拣货软件[简称：PSP CAPS]V1.0
364	上海容恒信息科技有限公司	iPensee(随想)智能管理平台软件[简称：iPensee(随想)]V6.0
365	上海联通测功软件有限公司	ETCKS 发动机试验测量控制软件 V1.0
366	上海联通测功软件有限公司	ETIMS 发动机试验信息管理软件 V1.0
367	杰思波自动控制技术(上海)有限公司	杰思波企业资源管理软件 V6.0
368	上海天鉴御鑫软件技术有限公司	大策略标准版行情分析软件 V1.0
369	上海阿尔卡特网络支援系统有限公司	SANSS 动力环境监控系统中心平台软件 V3.0
370	上海阿尔卡特网络支援系统有限公司	SANSS LINAOPU 112 业务管理软件[简称：LINAOPU]V2.0
371	上海阿尔卡特网络支援系统有限公司	SANSS CDMA 信令监测系统应用软件 V1.0
372	上海阿尔卡特网络支援系统有限公司	SANSS 号百短信增值业务平台软件 V1.0
373	上海山源电子电气科技发展有限公司	山源矿用电力监控分站软件 V1.0
374	上海山源电子电气科技发展有限公司	山源矿用电力监控系统控制软件 V4.0
375	上海山源电子电气科技发展有限公司	山源网络电话交换机软件 V1.0
376	上海山源电子电气科技发展有限公司	山源高开综合保护器软件 V6.0
377	上海山源电子电气科技发展有限公司	山源矿用综合保护装置软件 V3.0
378	上海通立信息科技有限公司	通立海思平台硬盘录像机软件[简称：DVR 软件]V1.0
379	上海通立信息科技有限公司	通立 FPGA 平台硬盘录像机软件[简称：DVR 软件]V1.0
380	上海汉鼎电力科技有限公司	汉鼎北斗电力全网时间同步管理软件 V1.0
381	上海中晶科技有限公司	Microtek 文档书籍扫描及管理工具软件[简称：Microtek DocScan]V1.1
382	徕卡测量系统(上海)有限公司	徕卡 GPS1200 道路放样软件 V1.0
383	徕卡测量系统(上海)有限公司	徕卡高铁沉降监测软件 V1.0
384	徕卡测量系统(上海)有限公司	徕卡基坑监测项目管理软件 V1.0
385	徕卡测量系统(上海)有限公司	徕卡堆场体积标定软件 V1.0
386	徕卡测量系统(上海)有限公司	徕卡造船检测标定软件 V1.0
387	徕卡测量系统(上海)有限公司	徕卡三维扫描监测软件 V1.0
388	上海众游信息技术有限公司	众游网络性能监控软件[简称：NPM]V1.0
389	上海广拓信息技术有限公司	Gato 广拓电子围栏产品软件 V1.0
390	上海飞旗网络技术有限公司	F7 Optimal AoS 应用优化软件[简称：F7 Optimal AoS 软件]V3.0.09
391	上海飞旗网络技术有限公司	F7 Optimal IGS 网络优化软件[简称：F7 Optimal IGS 软件]V2.120
392	上海教杰计算机科技有限公司	教杰多媒体网络学习管理平台软件 V1.0
393	异联信息技术(上海)有限公司	异联海关清关管理软件 V1.0
394	异联信息技术(上海)有限公司	异联税务发票打印软件[简称：TIP]V1.0
395	上海鹏越惊虹信息技术发展有限公司	交鹏商用密码执法监察软件[简称：商密执法软件]V3.1
396	上海普华诚信信息技术有限公司	普华诚信密码服务管理软件 V1.0
397	上海普华诚信信息技术有限公司	普华诚信数字证书认证软件 V1.0
398	上海普华诚信信息技术有限公司	普华诚信应用支撑平台软件 V1.0
399	上海普元信息技术有限责任公司	普元 BPS 软件[简称：Primeton BPS]V6
400	上海禹华通信技术有限公司	禹华移动多媒体数字电视智能手机软件[简称：禹华多媒体电视智能手机软件]V1.0
401	上海禹华通信技术有限公司	禹华 2.5G 手机"易视通"视频聊天软件[简称：禹华视频聊天软件]V1.0

402	上海禹华通信技术有限公司	禹华基于OpenGL－ES三维动态信息窗口软件[简称：禹华三维动态信息窗]V1.0
403	上海大智慧网络技术有限公司	大智慧金融交易终端(主力资金版)软件V4.00
404	上海大智慧网络技术有限公司	大智慧金融交易终端(机构版)软件V4.00
405	京瓷信息系统(上海)有限公司	京瓷采购即时支付管理软件[简称：COD]V1.0
406	上海利驰软件有限公司	利驰电气CAD软件SuperWORKS工厂版软件[简称：SuperWORKS工厂版]V8.0
407	维音数码(上海)有限公司	维音数码智能路由系统软件[简称：VisionIRS]V3.5.0
408	上海科骕数字科技有限公司	KESU IllusionSet KVS－6000A双机位双通道真三维虚拟演播室软件[简称：KESU KVS－6000A]V2.5.011.1
409	上海科骕数字科技有限公司	KESU IllusionSet KVS－7000B三机位三通道真三维虚拟演播室软件[简称：KESU KVS－7000B]V2.5.011.1
410	上海科骕数字科技有限公司	KESU IllusionSet KVS－6000B双机位双通道真三维虚拟演播室软件[简称：KESU KVS－6000B]V2.5.011.1
411	上海科骕数字科技有限公司	KESU IllusionSet KVS－7000A三机位三通道真三维虚拟演播室软件[简称：KESU KVS－7000A]V2.5.011.1
412	上海科骕数字科技有限公司	KESU IllusionSet KVS－3000DV双机位双通道真三维虚拟演播室软件[简称：KESU KVS－3000DV]V2.5.011.1
413	上海数慧系统技术有限公司	数慧城市规划管理信息软件V4.0
414	上海华勤通讯技术有限公司	华勤Q220 MMI软件V1.1
415	上海华勤通讯技术有限公司	华勤K820 MMI软件V1.1.4
416	上海摩软通讯技术有限公司	摩软K550 MMI软件V1.3.2
417	上海微图网络科技有限公司	微图图片交易平台软件[简称：图片网络交易软件]V1.0
418	上海鸿利数码科技有限公司	鸿利《金酷游戏平台》网络游戏软件[简称：金酷游戏平台]V1.0
419	上海鸿利数码科技有限公司	鸿利《诸侯》网络游戏软件[简称：《诸侯》]V1.0
420	上海浦东软件园信息技术有限公司	浦软猎鹰网站发布安全保护软件[简称：浦软猎鹰]V2.0
421	上海劲擎网络科技有限公司	魔豆手机客户端软件[简称：魔豆]V3.0
422	上海步科自动化有限公司	步科MT5020 Bootloader软件[简称：MT5020 Bootloader]V1.0
423	上海步科自动化有限公司	步科MT6000 Bootloader软件[简称：MT6000 Bootloader]V1.0
424	上海步科自动化有限公司	步科EV5000组态编辑软件[简称：EV5000]V1.3
425	上海互联网软件有限公司	飞越比特柔性运营资源库综合管理软件[简称：F－ORMS]V1.0
426	上海互联网软件有限公司	飞越比特电子文档集约化管理与柔性化利用软件V1.0
427	上海互软信息科技有限公司	互软数据报送软件[简称：EasyReport]V1.0
428	上海海基业高科技有限公司	海基业SZM03－A电子支付密码器软件V2.0
429	尤尼泰克软件科技(上海)有限公司	尤尼泰克RedBox数据管理软件V1.0
430	上海晟世网络科技有限公司	晟世侠道飞车网络游戏软件V1.0
431	上海寰雷信息技术有限公司	寰雷DNS流量分析软件V2.1
432	上海天跃科技有限公司	天跃服务器平台软件V1.0
433	上海天跃科技有限公司	天跃综合信息管理平台软件V1.0
434	上海北昂医疗技术有限公司	BEION医学图像软件V4.20
435	宇音科技(上海)有限公司	宇音呼叫中心绩效管理软件V1.00
436	上海暴雨信息科技有限公司	暴雨兔趴帝国游戏软件V1.0
437	上海信尔杰信息技术股份有限公司	XEJ综合安防监控服务平台软件V1.0

438	上海艾文普信息技术有限公司	艾文普嵌入式自动测试软件 V1.0
439	上海平安投资有限公司	平安投资 RFID 智能仓储管理软件 V1.0
440	上海开来投资资讯科技有限公司	开来金融终端软件 V2.0
441	上海惠生通讯技术有限公司	惠生移动数据业务优化分析软件 V1.0
442	上海埃蒙特自动化系统有限公司	埃蒙特线控系统控制软件 V1.0
443	上海颐东网络信息有限公司	颐东信息设备安全防护系统应用软件 V1.0
444	上海颐东网络信息有限公司	英赛虎电子文档安全管理系统应用软件 V2.0
445	上海超级计算中心	超算中心高性能计算机信息管理平台软件 V1.0
446	上海说说螺软件技术有限公司	说说螺平台型即时通讯软件[简称：说说螺]V1.0
447	上海合康科技发展实业有限公司	合康综合前置软件 V1.0
448	上海合康科技发展实业有限公司	合康自动外拨软件 V1.0
449	上海合康科技发展实业有限公司	合康凭证打印软件 V1.0
450	上海合康科技发展实业有限公司	合康模拟银行软件 V1.0
451	上海合康科技发展实业有限公司	合康开放式基金代销软件 V1.0
452	上海合康科技发展实业有限公司	合康汇票处理软件 V1.0
453	上海合康科技发展实业有限公司	合康电话银行软件 V1.0
454	上海酷噜网络科技有限公司	酷噜海底世界大规模多人实时交互平台软件 V1.37
455	上海闻泰电子科技有限公司	WINGTECH1978 手机软件 V1.0
456	上海闻泰电子科技有限公司	WINGTECH6150 手机软件 V1.0
457	上海闻泰电子科技有限公司	WINGTECH9128 手机软件 V1.0
458	上海闻泰电子科技有限公司	WINGTECH6724 手机软件 V1.0
459	上海闻泰电子科技有限公司	WINGTECH6922 手机软件 V1.0
460	上海闻泰电子科技有限公司	WINGTECH6924 手机软件 V1.0
461	上海恒信计算机科技有限公司	恒信销售预测和报价软件 V2.0.1
462	盼达信息安全技术(上海)有限公司	熊猫卫士安全网关软件 V3.0
463	盼达信息安全技术(上海)有限公司	熊猫卫士单机版软件 V3.0
464	上海奈凯电子科技有限公司	奈凯数控软件 V9.0
465	上海华腾软件系统有限公司	TOP ABS 机场收费结算软件 V1.0
466	上海华腾软件系统有限公司	TOP RPS 信用卡积分邮购分期管理软件 V1.0
467	上海华腾软件系统有限公司	TOP DTPP 数字电视支付平台软件 V1.0
468	上海北塔软件股份有限公司	北塔 PC 桌面管理软件 V1.0
469	上海北塔软件股份有限公司	北塔数据流分析软件 V1.0
470	上海懋图信息科技有限公司	懋图空间数据建库与公共服务平台软件 V5.0
471	上海欣影电力科技发展有限公司	欣影数字远程电力设施综合预警管理软件 V1.0
472	上海科捷信息技术有限公司	科捷 DataMaster 网站数据分析软件 V2.0
473	上海共久电气有限公司	共久变频调速控制软件 V1.0
474	上海英孚特电子技术有限公司	英孚特嵌入式单相多费率电表软件 V1.0
475	上海英孚特电子技术有限公司	英孚特嵌入式三相多功能电表软件 V1.0
476	上海百胜软件有限公司	BSERP 百胜服装 ERP 软件 V3.1
477	上海外高桥英得网络信息有限公司	英得外高桥保税区电子政务平台软件 V1.0
478	上海外高桥英得网络信息有限公司	英得海关维修电子账册项目软件 V1.0
479	上海外高桥英得网络信息有限公司	英得海关研发电子账册项目软件 V1.0
480	上海外高桥英得网络信息有限公司	英得国际商品中心平台软件 V1.0

481	上海外高桥英得网络信息有限公司	英得海关电子仓储物流监管软件 V2.0
482	上海外高桥英得网络信息有限公司	英得海关加工贸易电子联网监管软件 V1.2
483	上海外高桥英得网络信息有限公司	英得联想新工厂项目软件 V1.0
484	上海外高桥英得网络信息有限公司	英得统计综合信息软件 V1.0
485	上海元宝软件技术有限公司	元宝红外分析报告软件 V1.0
486	上海元宝软件技术有限公司	元宝红外可见光双通道动态监测软件 V1.0
487	上海时运高新技术股份有限公司	时运连锁零售商业门店管理软件 V6.0
488	上海时运高新技术股份有限公司	时运物流配送管理软件 V6.0
489	上海时运高新技术股份有限公司	时运连锁零售商业 OPOS(触摸版)管理软件 V6.1.33
490	上海时运高新技术股份有限公司	时运连锁零售商业总部管理软件 V6.0
491	上海长城电子信息网络有限公司	长城 ideal 建筑行业项目管理软件 V1.0
492	上海长城电子信息网络有限公司	长城 ideal 电子监察软件 V1.0
493	上海易罗信息科技有限公司	易罗载波后处理软件 V1.0
494	上海易罗信息科技有限公司	易罗 GIS Office PND 高级版软件 V1.0
495	上海易罗信息科技有限公司	易罗 GIS Office 手持机高级版软件 V1.0
496	上海易罗信息科技有限公司	易罗 GIS Office PND 基础版软件 V1.0
497	上海易罗信息科技有限公司	易罗 GIS Office 手持机基础版软件 V1.0
498	上海奥曦电子科技有限公司	奥曦即时通讯多语言翻译软件 V1.0
499	上海华平信息技术股份有限公司	AVCON 网络视频会议软件 V4.0
500	触动多媒体技术(上海)有限公司	触动 CDSGUI 客户端发布工具软件 V1.0
501	上海亚士帝信息工程有限公司	亚士帝人力资源服务业信息化人才业务管理软件 V1.0
502	上海和鹰机电科技有限公司	和鹰唛架编辑软件 V3.01
503	上海和鹰机电科技有限公司	和鹰纸样设计软件 V1.08
504	上海和鹰机电科技有限公司	和鹰裁剪控制软件 V3.01
505	上海祥网瑞电子科技有限公司	祥网瑞 CRM 软件 V1.0
506	上海祥网瑞电子科技有限公司	祥网瑞扫描辅助软件 V1.0
507	上海迪维欧电子设备有限公司	迪维欧数字视频监控软件 V1.0
508	上海译索信息技术有限公司	译索翻译社区软件 V1.0
509	上海锐安自动化系统有限公司	RAS-6000 变电站综合自动化监控软件 V1.0
510	上海幻影显示技术有限公司	幻影网络图像处理系统应用软件 V1.0
511	上海千镭星电子科技有限公司	千镭星制造业生产管理软件 V1.0
512	上海力恺软件有限公司	力恺 SignalMeth 波形处理软件 V1.0
513	上海驰驭计算机科技有限公司	驰驭面向医药制造业的智能数据分析与信息挖掘软件 V1.0
514	上海庆青网络信息科技有限公司	庆青基于 NBA 的网络安全实时评估软件 V1.0
515	思华科技(上海)有限公司	思华门户管理软件 V3.0
516	思华科技(上海)有限公司	思华内容管理平台软件 V3.0
517	思华科技(上海)有限公司	思华认证转发网关软件 V3.0
518	思华科技(上海)有限公司	思华统计报表软件 V3.0
519	思华科技(上海)有限公司	思华直播编码软件 V3.0
520	思华科技(上海)有限公司	思华内容分发网络节点网元管理软件 V3.0
521	思华科技(上海)有限公司	思华内容分发网络节点资源管理软件 V3.0
522	思华科技(上海)有限公司	思华本地服务分配软件 V3.0
523	思华科技(上海)有限公司	思华统一内容引擎软件 V3.0

524	上海许继电气有限公司	许继电网调度集控自动化软件 V1.0
525	上海新致软件有限公司	新致高尔夫练习场管理平台软件 V1.0
526	上海久之耀信息科技有限公司	久游网劲爆篮球网络休闲游戏软件[简称：劲爆篮球]V1.0
527	上海汉迦电子科技有限公司	汉迦交换机告警软件 V1.0
528	上海乾隆网络科技有限公司	钱龙港股通加强版证券分析软件 V5.80
529	上海国响信息技术有限公司	国响 IPTV NGBOSS 软件 V2.0
530	上海福银信息科技有限公司	福银通信信息助理软件 V3.0
531	上海天好电子商务有限公司	天好电子监察软件 V3.2
532	上海天好电子商务有限公司	天好网上行政审批软件 V6.2
533	上海精视信息技术有限责任公司	精视数字电视字幕机软件[简称：AccuGUI]V1.0
534	上海飒美软件技术有限公司	飒美协同办公软件[简称：SaMei－OA]V2.0
535	上海联腾智能科技有限公司	LT－Alarm2008 联腾家居周界报警管理软件[简称：联腾家居报警管理软件]V1.0
536	上海大汉三通网络通信有限公司	大汉三通基于 3G 的融合消息服务平台软件[简称：CTC－CMS]V1.0
537	上海超算并行软件有限责任公司	超算运输管理软件[简称：SuperL－TMS]V5.0
538	上海超算并行软件有限责任公司	超算仓储管理软件[简称：SuperL－WMS]V5.0
539	上海纳拓软件有限公司	纳拓新一代芯片设计自动验证软件[简称：HIMA 系统]V1.0
540	上海科骕数字科技有限公司	KESU DMX－2100SDI 广播级编辑工作站软件[简称：KESU DMX－2100SDI]V1.8.0.13
541	上海科骕数字科技有限公司	KESU DMX－2100 广播级编辑工作站软件[简称：KESU DMX－2100]V1.8.1.13
542	上海科骕数字科技有限公司	KESU BMS－680SDI 多功能演播室软件[简称：KESU BMS－680SDI]V3.4.2.1
543	上海科骕数字科技有限公司	KESU BMS－600 多功能演播室软件[简称：KESU BMS－600]V3.4.2.1
544	上海科骕数字科技有限公司	KESU DMX－1000 广播级编辑工作站软件[简称：KESU DMX－1000]V1.8.2.13
545	上海科骕数字科技有限公司	KESU BMS－640SDI 多功能演播室软件[简称：KESU BMS－640SDI]V3.4.2.1
546	上海科骕数字科技有限公司	KESU KSD－CG100 网络字幕机软件[简称：KESU KSD－CG100]V1.1.0.1
547	上海科骕数字科技有限公司	KESU KSD－S480 演播切换录像传送工作站软件[简称：KESU KSD－S480]V3.3.001.1
548	上海阿尔卡特网络支援系统有限公司	SANSS Octopus 服务分析系统应用软件 V2.0
549	上海鸣志自动控制设备有限公司	“小神探”巡(点)检管理软件 V4.0
550	上海渤创软件开发有限公司	渤创 PROTOS 烟机控制软件 V6.6
551	上海通信技术中心	SB550 综合管理平台软件 V2.0
552	上海舜达软件技术开发有限公司	舜达协同软件 V1.0
553	霍尼韦尔综合科技(中国)有限公司	霍尼韦尔建筑楼宇安防管理集成平台软件 V2.0
554	霍尼韦尔综合科技(中国)有限公司	霍尼韦尔交通行业安防管理集成平台软件 V2.0
555	霍尼韦尔综合科技(中国)有限公司	霍尼韦尔银行金融远程联网管理集成平台软件 V2.0
556	霍尼韦尔综合科技(中国)有限公司	霍尼韦尔“平安城市”综合管理集成平台软件 V2.0
557	霍尼韦尔综合科技(中国)有限公司	霍尼韦尔工业行业安防管理集成平台软件 V2.0
558	上海新意新科技有限公司	新意证券企业合规动态风险监控软件 V1.6

559	上海新意新科技有限公司	新意客户资产集中托管软件 V6.2
560	上海新意新科技有限公司	新意客户账户集中管理软件 V6.2
561	上海新意新科技有限公司	新意集中影像管理软件 V6.1
562	上海新意新科技有限公司	新意集中运行监控操控软件 V1.0
563	企网信息技术(上海)有限公司	企网 C98SG 网关及媒体网关控制软件[简称：C98SG]V5.0
564	上海颐辉软件有限公司	颐辉电子铅封车载仪软件[简称：颐辉铅封车载仪软件]V1.1
565	上海颐辉软件有限公司	颐辉液位仪传感器软件[简称：颐辉液位仪软件]V2.1
566	上海颐辉软件有限公司	颐辉液位仪控制台软件[简称：液位仪控制台软件]V3.0
567	上海鼎源软件技术有限公司	鼎源网站宝软件 V5.0
568	上海赛蓝信息科技有限公司	赛蓝卡卡通会员储值积分卡管理软件[简称：赛蓝储值积分管理软件]V1.0
569	企网信息技术(上海)有限公司	企网 C98NGN 网络分布式监测及集中运维支撑软件[简称：C98NGN]V1.0
570	上海埃帕信息科技有限公司	埃帕 Cooling 搜索引擎软件 V1.0
571	上海隆达软件有限公司	隆达港口客户关系管理软件[简称：LONDA - GKCRM]V3.0
572	上海隆达软件有限公司	隆达企业绩效管理软件[简称：LONDA - BPM]V1.7
573	上海隆达软件有限公司	隆达第三方仓储管理软件[简称：LONDA - WMS]V2.0
574	上海容之自动化系统有限公司	容之低压测控软件[简称：ROL]V3.0
575	上海容之自动化系统有限公司	容之低压电动机智能保护软件[简称：ROM]V3.0
576	传弈(上海)信息科技有限公司	GS_FF05 游戏引擎软件[简称：GS_FF05]V1.0
577	上海惠为信息技术有限公司	惠为优化资源效用决策支撑软件[简称：惠为 HWORDS]V1.0
578	上海大潮电子技术有限公司	大潮 GIS 地图引擎及编辑软件 V1.0
579	上海大潮电子技术有限公司	大潮环卫车辆视频监控管理软件 V2.0
580	上海大潮电子技术有限公司	大潮工程车作业管理软件 V2.0
581	上海大潮电子技术有限公司	大潮出租车智能调度管理软件 V3.12
582	上海大潮电子技术有限公司	大潮车辆实时监控及安全事故预测管理软件 V3.12
583	上海发电设备成套设计研究院	SPERI 300MW 锅炉炉外受压件寿命管理软件 V1.0
584	上海发电设备成套设计研究院	SPERI 300MW 锅炉过热器和再热器寿命监测软件 V1.0
585	上海新虹伟信息技术有限公司	新虹伟旅店业治安信息管理客户端软件[简称：验证通身份识别比对系统]V1.0
586	上海华势信息科技有限公司	mPay 手机信用卡伴侣软件 V2.8
587	上海乐萌信息科技有限公司	乐萌生鲜食品类商品- EC 管理软件 V1.0
588	上海南天电脑系统有限公司	南天公共信息亭软件 V2.0
589	上海南天电脑系统有限公司	南天 jPre 综合前置软件 V1.0
590	上海东海电脑股份有限公司	东海高速公路收费软件 V1.0
591	赛瓦软件(上海)有限公司	赛瓦 2BizBox 企业资源管理软件 V2.5
592	上海凯创建筑科技有限公司	凯创建筑节能设计分析软件(PBECA2008)V1.0
593	上海金自天正信息技术有限公司	Ari 连铸基础自动化应用(AriCCS)软件[简称：AriCCS]V1.0
594	上海金自天正信息技术有限公司	Ari 高炉自动化软件[简称：AriBFA]V1.0
595	上海市民信箱信息服务有限公司	市民信箱实名制统一认证软件[简称：统一认证]V1.0
596	上海市民信箱信息服务有限公司	市民信箱实名制在线访谈软件[简称：在线访谈]V1.0
597	上海市民信箱信息服务有限公司	市民信箱实名制网络调研软件[简称：网络调研]V1.0
598	上海市民信箱信息服务有限公司	市民信箱舆情分析软件[简称：舆情分析]V1.0
599	上海市民信箱信息服务有限公司	市民信箱家校互动软件[简称：家校互动]V1.0

600	上海完美世界网络技术有限公司	完美神鬼传奇网络游戏软件 V1.1
601	上海瑞美电脑科技有限公司	瑞美检验网络软件 V3.15
602	上海优途信息科技有限公司	优途实时道路交通路况处理及发布软件 V1.0
603	上海路歌信息技术有限公司	路歌多功能数据打印管理软件[简称：LDPC]V1.0
604	上海路歌信息技术有限公司	路歌信封数据处理管理软件[简称：DHSP]V1.0
605	上海泽众软件科技有限公司	泽众 Test Center 测试管理软件 V1.0
606	上海实时数据软件有限公司	上实 RP3-电力数据视窗系统应用软件 V1.0
607	国信朗讯科技网络技术有限公司	国信朗讯 IT 综合网管软件 V1.0
608	国信朗讯科技网络技术有限公司	国信朗讯东方有线资源管理软件 V1.0
609	国信朗讯科技网络技术有限公司	国信朗讯接入型资源配置软件 V2.0
610	国信朗讯科技网络技术有限公司	国信朗讯移动资源管理软件 V1.0
611	上海信业智能科技股份有限公司	信业高校学生事务信息管理软件 V1.0
612	上海信业智能科技股份有限公司	信业高校就业信息管理软件 V1.0
613	上海信业智能科技股份有限公司	信业人才市场信息发布系统应用软件 V1.0
614	上海信业智能科技股份有限公司	信业企业 OA 管理系统应用软件 V1.0
615	上海腾达科技有限公司	腾达 IBMS-智能建筑集成管理监控软件 V2.0
616	上海腾达科技有限公司	腾达 IBMS-智能建筑集成管理中心管理服务软件 V2.0
617	上海腾达科技有限公司	腾达 IBMS-智能建筑集成管理子系统接口软件 V2.0
618	上海腾达科技有限公司	腾达 IBMS-智能建筑集成管理开发软件 V2.0
619	上海澳马车辆物资采购有限公司	APEP 交易平台软件 V1.0
620	上海超捷系统集成有限公司	超捷视频监控应用软件 V1.0
621	上海汉立信息技术有限公司	汉立不良事件/事故报告软件 V1.0
622	上海立派信息技术有限公司	立派重点用能单位能源管理平台软件 V1.0
623	上海圣桥信息科技有限公司	圣桥 Storix 嵌入式软件 V1.0
624	上海圣桥信息科技有限公司	圣桥 Storbridge S3000 统一存储管理软件 V1.0
625	上海韬图动漫科技有限公司	韬图“汉字赢”汉字动漫学习软件 V1.0
626	上海翰明计算机科技有限公司	翰明金融领域非关系型数据集市应用软件 V1.0
627	上海撼世网络科技有限公司	撼世机器人开发运营平台软件 V1.0
628	上海汉舟软件技术有限公司	汉舟晶铁之门游戏软件 V2.0
629	上海宽娱数码科技有限公司	宽娱英雄宽频高清影视软件 V1.0
630	携程旅游网络技术(上海)有限公司	携程旅行网网上用户积分奖励软件 V1.0
631	携程旅游网络技术(上海)有限公司	携程旅行网支付宝支付接口软件 V1.0
632	携程旅游网络技术(上海)有限公司	携程旅行网国际机票政策下载管理软件 V1.0
633	携程旅游网络技术(上海)有限公司	携程旅行网金蝶通用平台软件 V1.0
634	携程计算机技术(上海)有限公司	携程旅行网.net 平台网上度假预订软件 V1.0
635	携程计算机技术(上海)有限公司	携程旅行网传真回传通用识别软件 V1.0
636	携程计算机技术(上海)有限公司	携程旅行网网上商旅管理预订英文版软件 V1.0
637	携程计算机技术(上海)有限公司	携程旅行网社区网友会管理软件 V1.0
638	携程旅游信息技术(上海)有限公司	携程旅行网酒店变价传真自动接收软件 V1.0
639	携程旅游信息技术(上海)有限公司	携程旅行网网上国内酒店预订软件 V4.0
640	携程旅游信息技术(上海)有限公司	携程旅行网商旅协议酒店月结管理软件 V1.0
641	携程旅游信息技术(上海)有限公司	携程旅行网酒店价格促销软件 V1.0
642	上海瑞控信息技术有限公司	瑞控 RICS 控制软件 V1.0

643	上海复博农业科技有限公司	复博畜禽产品质量安全实时监控信息软件 V7.0
644	上海九运通用软件有限公司	九运全球时空信息浏览器软件 V2.0
645	上海恒意得信息科技有限公司	恒意得 HIDRAS 图像处理及识别软件 V1.0
646	上海迈向科技有限公司	迈向社会资源信息共享平台软件 V1.0
647	上海迈向科技有限公司	迈向市场秩序规范监管信息共享软件 V5.0
648	上海云石管理咨询有限公司	云石工程建设项目管理软件 V1.0
649	上海国纺检测科技有限公司	国纺条干仪专家分析软件 V4.0
650	上海物环信息技术有限公司	物环供应链管理软件 V1.0
651	上海爱信诺航天信息有限公司	爱信诺税控器数据管理软件 V1.0
652	上海格尔软件股份有限公司	格尔安全认证网关软件 V5.2
653	上海华颂软件科技有限公司	波段选股王智能选股软件[简称：波段选股王]V6.8
654	上海华颂软件科技有限公司	波段选股王智能选股软件[简称：波段选股王]V9.8
655	上海宝路机电有限公司	宝路社区网络智能管理软件 V2.0
656	上海世范软件技术有限公司	世范社区统一事务受理中心平台软件 V1.0
657	上海华腾软件系统有限公司	TOP Retail Credit System 零售信贷软件 V2.0
658	上海科芯智能卡科技有限公司	科芯一卡通管理软件 V1.0
659	上海标点信息技术有限公司	标点商业银行信贷风险管理模拟软件 V2009
660	上海象形通讯科技有限公司	象形增值业务软件 V3.0
661	润百计算机(上海)有限公司	润百财务计划软件 V2.8
662	润百计算机(上海)有限公司	润百自动配货软件 V2.8
663	润百计算机(上海)有限公司	润百采购计划软件 V2.8
664	润百计算机(上海)有限公司	润百买货计划软件 V2.8
665	润百计算机(上海)有限公司	润百自动补货软件 V2.8
666	英飞达软件(上海)有限公司	英飞达影像存档与通讯(PACS)软件 V5.0
667	上海科箭软件科技有限公司	科箭 Visual 增值税管理软件 V1.0
668	上海科箭软件科技有限公司	科箭 Power Portal 物流门户管理软件 V4.0
669	上海科箭软件科技有限公司	科箭 Power TMS 运输管理软件 V4.0
670	上海科箭软件科技有限公司	科箭 Visual 固定资产管理软件 V1.0
671	上海科箭软件科技有限公司	科箭 Visual 报表管理软件 V1.0
672	上海科箭软件科技有限公司	科箭 Visual 制造管理软件 V6.0
673	上海圈之圆网络科技有限公司	圈之圆实况赛车王软件 V1.0
674	上海圈之圆网络科技有限公司	圈之圆财神金签软件 V1.0
675	上海米列电力科技有限公司	米列电力直流操作电源监控软件 V1.0
676	上海华厦外企管理咨询有限公司	华夏劳动法律助手软件 V2.0
677	上海东兰信息技术有限公司	东兰 LiveFlow 工作流程管理软件[简称：LiveFlow]V3.5
678	上海信颐信息技术有限公司	信颐多媒体联网信息发布软件 V1.0
679	上海中兆信息技术有限公司	中兆电子政务应用安全控制平台软件 V1.0
680	上海艾迪康临床检验中心有限公司	艾迪康问题跟踪反馈信息管理软件 V1.0
681	上海艾迪康临床检验中心有限公司	艾迪康病理信息管理软件 V1.0
682	上海艾迪康临床检验中心有限公司	艾迪康独立实验室信息管理软件 V1.0
683	上海艾迪康临床检验中心有限公司	艾迪康骨髓信息管理软件 V1.0
684	上海艾迪康临床检验中心有限公司	艾迪康微生物信息管理软件 V1.0
685	上海艾迪康临床检验中心有限公司	艾迪康质量控制信息管理软件 V1.0

686	上海海鼎信息工程股份有限公司	海鼎电子令牌 HDToken 软件 V2.0
687	杰魔(上海)软件有限公司	杰魔 Studio 数字形状重构软件 V2009
688	上海梁江通信技术有限公司	梁江信令数据分析软件 V1.0
689	上海梁江通信技术有限公司	梁江骚扰电话数据处理软件 V1.0
690	上海梁江通信技术有限公司	梁江信令业务管理软件 V1.0
691	上海梁江通信系统有限公司	梁江载频故障分析处理软件 V1.0
692	上海梁江通信系统有限公司	梁江 EasyRNP 区域改频软件 V1.0
693	上海梁江通信系统有限公司	梁江无线业务分析软件 V1.0
694	上海中信信息发展股份有限公司	中信 Wotalk 即时协作平台软件 V1.5
695	上海民航华东凯亚系统集成有限公司	华东凯亚民航离港前端处理软件 V3.0
696	上海尔凌软件科技有限公司	20－20 家具设计软件 V6
697	上海融达信息科技有限公司	融达在线医院信息管理软件[简称：RD－HisOnline]V2.0
698	上海龙进信息技术有限公司	龙进环保环评业务管理软件 V1.0
699	上海天玑信息技术服务有限公司	天玑企业 IT 服务管理软件 V2.0
700	上海华奕医疗信息技术有限公司	SIMED 超声信息管理软件 V1.0
701	上海创多软件有限公司	创多 LAS 终端安全与准入软件 V1.0
702	上海榕基软件开发有限公司	榕基基于构件化的企业任务管理软件 V1.0
703	上海天介仪器有限公司	天能 EPS 600 电泳仪控制软件 V1.0
704	上海天介仪器有限公司	天能 EPS 300 电泳仪控制软件 V3.4
705	上海天介仪器有限公司	天能 EPS 200 电泳仪控制软件 V1.0
706	上海天介仪器有限公司	天能 EPS 100 电泳仪控制软件 V1.3
707	上海天介仪器有限公司	天能 GIS 机箱控制软件 V2.1
708	上海天介仪器有限公司	天能克隆图像分析软件 V3.1.2
709	上海天介仪器有限公司	天能点杂交图像分析软件 V3.1.2
710	上海天介仪器有限公司	天能凝胶图像分析软件 V4.1.2
711	上海俊杭电子有限公司	俊杭仓库管理软件 V1.43
712	上海乾芯电子科技有限公司	乾芯超高频电子标签定位软件 V1.0
713	神州数码管理系统有限公司	神州数码协作管理软件 V7.0
714	普华基础软件股份有限公司	普华基础软件文献检索工具软件 V4.0.0.0
715	普华基础软件股份有限公司	普华基础软件 i－Easy 系统与网络管理软件 V5.0
716	上海海丰信息技术有限公司	海丰集装箱运输管理软件[简称：SLMIS]V9.0
717	霍尼韦尔消防安防系统(上海)有限公司	诺帝菲尔 LCD－100－B/64 软件[简称：LCD－100－B/64]V2.03
718	霍尼韦尔消防安防系统(上海)有限公司	诺帝菲尔 LCD－100－B/128 软件[简称：LCD－100－B/128]V2.03
719	霍尼韦尔消防安防系统(上海)有限公司	诺帝菲尔 LCD－100－B/256 软件[简称：LCD－100－B/256]V2.03
720	霍尼韦尔消防安防系统(上海)有限公司	霍尼韦尔 LCM－2 软件[简称：LCM－2]V1.47
721	霍尼韦尔消防安防系统(上海)有限公司	霍尼韦尔 POM－8C 软件[简称：POM－8C]V1.2
722	霍尼韦尔消防安防系统(上海)有限公司	诺帝菲尔 RP－1002PLUS 软件[简称：RP－1002PLUS]V1.7a4
723	上海凌极软件有限公司	凌极酒店管控软件[简称：CCMS]V1.0
724	上海证券通信有限责任公司	证券通信服务管理软件 V1.5
725	上海衡伟信息技术有限公司	衡伟环境在线监测中心管理客户软件[简称：HW－OEQM6000－Client]V1.0
726	上海同程信息技术有限公司	同程掘路管理软件[简称：掘路管理系统]V1.0

727	上海同程信息技术有限公司	同程零售 POS 管理软件[简称：Totapps. JavaPos]V1.0
728	上海同程信息技术有限公司	同程零售供应链管理软件[简称：供应商服务系统]V1.0
729	上海同程信息技术有限公司	同程零售客户关系管理软件[简称：同程会员系统]V1.0
730	上海同程信息技术有限公司	同程专卖店管理软件[简称：Totapps. CVS]V1.0
731	上海统御信息科技有限公司	统御 PDA 手机下单软件 V1.0
732	上海统御信息科技有限公司	统御供应商流向查询软件 V1.0
733	上海统御信息科技有限公司	统御网上操作查询软件 V1.0
734	上海统御信息科技有限公司	统御医药分销管理软件 V2.0
735	上海统御信息科技有限公司	统御医药分销管理软件 V3.0
736	上海智趣信息技术有限公司	智趣儿童益智软件[简称：益智软件]V1.0
737	上海锐道信息技术有限公司	锐道 DORADO 展现中间件软件[简称：DORADO PRZM]V6.0
738	发思特软件(上海)有限公司	FastCAM 坡口编程套料软件[简称：FastCAM Bevel]V5.11
739	发思特软件(上海)有限公司	FastFNC 五轴联动数控切割系统控制软件[简称：FastFNC] V2.2
740	发茵特科技(上海)有限公司	FastCNC 系统数控软件[简称：FastCNC]V5.6
741	上海云速网络科技有限公司	云速 EXware 广域网加速软件 V3.0
742	上海云速网络科技有限公司	云速 EXapp 应用发布软件 V6.2
743	上海普华诚信信息技术有限公司	普华诚信办公自动化平台软件 V1.0
744	上海普华诚信信息技术有限公司	普华诚信网上办事大厅软件 V1.0
745	上海方诺科技发展有限公司	方诺 MRS-SRTPS 立体定向放射治疗计划软件 V2.0.0
746	上海景瑞信息工程有限公司	景瑞-监管区域实况直播软件[简称：Genedu WebMonitor] V1.0
747	上海幸马电子有限公司	幸马数据和信号处理软件 V3.0
748	上海阿尔卡特网络支援系统有限公司	SANSS 面向移动业务 IBP 软件 V2.0
749	上海阿尔卡特网络支援系统有限公司	SANSS NGN 信令监测软件 V2.0
750	霍尼韦尔综合科技(中国)有限公司	霍尼韦尔 KJ297 煤矿人员管理软件 V1.0
751	上海龙的信息系统有限公司	龙的大型展会客流管理软件 V1.0
752	上海恒尚自动化设备有限公司	恒尚 HS-WB 微波信号处理软件 V5.4
753	上海新拓电力设备有限公司	新拓基于 DSP 给煤机控制软件 V1.0
754	上海西派埃自动化技术工程有限公司	西派埃污水处理生产运行监测软件 V1.0
755	威麟信息技术开发(上海)有限公司	威麟企业社区管理及调动平台软件[简称：CMMP]V1.0
756	企网信息技术(上海)有限公司	企网 C98WLAN 服务质量监测分析仪软件[简称：C98WLAN] V1.0
757	上海启明星辰信息技术有限公司	启明星辰广域网络安全智能监测与态势分析处理软件 V1.0
758	上海古腾信息技术有限公司	古腾 GDVIEW 工业自动化监控软件[简称：GDVIEW]V1.0
759	上海恒融数码科技有限公司	恒融视频客户服务中心软件[简称：HuroICS]V3.0
760	夏坤信息科技(上海)有限公司	夏坤企业管理软件[简称：CPCMS]V1.0
761	夏坤信息科技(上海)有限公司	夏坤应收账款管理软件 V1.0
762	上海交大慧谷通用技术有限公司	慧谷协同式审判业务管理软件[简称：慧谷审判业务软件] V1.0
763	上海交大慧谷通用技术有限公司	慧谷法院海量数据决策服务软件[简称：慧谷法院数据决策软件]V1.0
764	上海飞旗网络技术有限公司	F7 Optimal Qos 资源优化软件[简称：F7 Optimal Qos 软件] V3.0.10

765	上海飞旗网络技术有限公司	F7 Optimal Qos资源优化软件[简称：F7 Optimal Qos软件]V3.0.11
766	上海鹏越惊虹信息技术发展有限公司	鹏越安全隔离网闸软件[简称：SGAP]V3.0
767	上海点击书实业有限公司	点点电子书创作软件[简称：点点DIY]V1.0
768	上海点击书实业有限公司	点点电子书库软件[简称：点点书库]V1.0
769	上海世范软件技术有限公司	世范应用系统整合平台软件[简称：应用系统整合平台软件]V1.0
770	上海绅宝星导电工有限公司	SailMaster专业版导航软件V1.0
771	上海罗盘信息科技有限公司	罗盘Mini客户管理软件V1.0
772	上海罗盘信息科技有限公司	罗盘之星服务平台软件V1.0
773	上海罗盘信息科技有限公司	罗盘影像监控软件V1.0
774	烁讯信息科技(上海)有限公司	烁讯数据业务内容管理发布平台软件V1.0
775	神州数码管理系统有限公司	神州数码EasyFlow.net软件V1.3.3
776	神州数码管理系统有限公司	神州数码易助ERP软件V5.0
777	上海中发软件信息科技有限公司	中发ZFsullage污水处理监控软件V1.0
778	上海中发软件信息科技有限公司	中发ZFsteel无缝钢管生产线监控软件V1.0
779	上海和润科技有限公司	和润医疗卫生信息管理软件(HerHIS)V8.0
780	上海和润科技有限公司	和润残疾人社区康复信息管理软件(HereDIS)V2.0
781	上海和润科技有限公司	和润精神疾病社区防治与康复信息管理软件(HerePSY)V4.0
782	上海商众科技有限公司	商众数字校园服务平台软件V1.0
783	上海赛林科技有限公司	赛林动拆迁决策管理软件V1.0
784	中达电通股份有限公司	中达电通条形码软件[简称：Bar Code]V1.0
785	中达电通股份有限公司	中达电通客服管理软件[简称：Cs]V1.0
786	中达电通股份有限公司	中达电通项目管理软件[简称：PM]V1.0
787	上海铂睿信息科技有限公司	铂睿嵌入式工业控制系统开发软件V1.0
788	上海驷惠软件科技开发有限公司	驷惠汽车行业一体化管理软件V6.0
789	神州数码管理系统有限公司	神州数码易飞管理软件V8.0
790	上海汇尼信息科技有限公司	汇尼给排水营业收费管理软件HollyM6.1 V6.1
791	上海直真视通科技有限公司	直真语音播报软件V1.0
792	上海直真视通科技有限公司	直真PDP控制器直播解码软件V1.0
793	上海直真视通科技有限公司	直真车站控制管理软件V1.0
794	上海伊太信息科技有限责任公司	伊太项目管理软件V2.1
795	上海三洲迅驰数字技术有限责任公司	三洲迅驰数字电视运营支撑软件V1.0
796	亿迅(中国)软件有限公司	亿迅亿金经企业资源规划管理套装软件V1.0
797	上海中仿计算机科技有限公司	中仿多物理场分析软件V4.0
798	上海全成通信技术有限公司	全成手机电视业务运营分析平台软件V2.0
799	上海泛微软件有限公司	泛微基于web的商业智能分析软件V3.0
800	上海泛微网络科技有限公司	泛微协同商务软件V5.0
801	上海泛微网络科技有限公司	泛微协同办公标准版软件V6.0
802	上海泛微网络科技有限公司	泛微协同管理配置平台软件V3.5
803	上海泛微网络科技有限公司	泛微协同商务ASP软件V3.0
804	上海华平信息技术股份有限公司	AVCON H264高清视频编码器软件V1.0
805	上海派芬自动控制技术有限公司	派芬挖机极限载荷控制软件V1.0

806	上海派芬自动控制技术有限公司	派芬作业平台调平软件 V1.0
807	上海金剑科技有限公司	金剑体育娱乐消费管理软件 T1.0
808	上海浦宜亚软件有限公司	浦宜亚 PDF 阅读编辑器软件 V1.0
809	上海城市地理信息系统发展有限公司	城地市政之窗软件 V3.0
810	上海梦擎信息科技有限公司	梦擎导航软件 V2.0
811	龙旗科技(上海)有限公司	龙旗科技 D480B 系列手机软件 V1.0
812	龙旗科技(上海)有限公司	龙旗科技 D700B 手机软件 V1.0
813	龙旗科技(上海)有限公司	龙旗科技 F270B 手机软件 V1.0
814	龙旗科技(上海)有限公司	龙旗科技 G600B 手机软件 V1.0
815	龙旗科技(上海)有限公司	龙旗科技 G801A 手机软件 V1.0
816	龙旗科技(上海)有限公司	龙旗科技 GC300B 手机软件 V1.0
817	龙旗科技(上海)有限公司	龙旗科技 MCCT 手机软件 V1.0
818	龙旗科技(上海)有限公司	龙旗科技 N110A 手机软件 V1.0
819	龙旗科技(上海)有限公司	龙旗科技 TD01 手机软件 V1.0
820	龙旗科技(上海)有限公司	龙旗科技 TV320B 手机软件 V1.0
821	龙旗科技(上海)有限公司	龙旗科技 TV801A 手机软件 V1.0
822	龙旗科技(上海)有限公司	龙旗科技 X660A 手机软件 V1.0
823	龙旗科技(上海)有限公司	龙旗科技生产监控管理软件 V1.0
824	龙旗科技(上海)有限公司	龙旗科技天气预报软件 V1.0
825	龙尚科技(上海)有限公司	龙尚科技 KG200 标准模块软件 V1.0
826	上海三旗通信科技有限公司	三旗通信 W700 手机软件 V1.0
827	上海三旗通信科技有限公司	三旗通信 WM66_95 数据卡软件 V1.0
828	上海三旗通信科技有限公司	三旗通信 WM78_11 数据卡软件 V1.0
829	上海普华科技发展有限公司	普华项目管理信息平台软件[简称：PowerPIP]V4.0
830	上海普华科技发展有限公司	普华工程项目管理集成软件[简称：PowerOn]V4.0
831	上海普华科技发展有限公司	普华项目管理集成系统施工项目版软件[简称：PowerOn CC]V4.0
832	上海普华科技发展有限公司	普华项目管理集成系统施工总承包企业版软件[简称：PowerOn CE]V4.0
833	上海普华科技发展有限公司	普华图纸、文件资料及档案管理软件[简称：PowerOn Doc]V4.0
834	上海普华科技发展有限公司	普华项目管理集成系统 EPC 总承包项目版软件[简称：PowerOn EPC]V4.0
835	上海普华科技发展有限公司	普华项目管理集成系统 EPC 工程公司企业版软件[简称：PowerOn EEPC]V4.0
836	上海普华科技发展有限公司	普华合同、采购及费用控制管理软件[简称：PowerOn PCM]V4.0
837	上海普华科技发展有限公司	普华成本及资源管理软件[简称：PowerOn RCM]V4.0
838	上海普华科技发展有限公司	普华质量、安全及施工管理软件[简称：PowerOn QHSE]V4.0
839	上海臣天信息技术有限公司	臣天多功能机器人开包系统控制软件 V1.0
840	上海轶华计算机软件咨询服务中心	轶华紧固件 B TO B 电子商务平台软件 V1.0
841	上海名图信息技术有限公司	名图 JetCodeRecog 实时喷码识别软件 V1.1
842	上海东兰信息技术有限公司	东兰协同平台软件 V2.2
843	上海东兰软件有限公司	东兰井下作业协同平台软件[简称：井下作业协同平台]V3.0

844	上海东兰软件有限公司	东兰 LiveFlow. Net 业务流程管理软件[简称：LiveFlow. Net] V5.0
845	上海天柏信息科技有限公司	天柏多媒体课件制作软件 V1.0
846	上海顶腾信息技术有限责任公司	顶腾-金字塔分销管理软件 V5.0
847	上海中标软件有限公司	中标普华高可信 Linux 操作系统软件 V4.0
848	上海中标软件有限公司	中标普华可信软件栈软件 V1.0
849	上海中标软件有限公司	中标普华 Office 办公软件 V5.0
850	上海华浪计算机科技有限公司	华浪之星期货网上交易软件 V1.0
851	上海康汇通信信息网络有限公司	康汇通信 GPS 移动对象管理软件 V1.0
852	上海美峰数码科技有限公司	美峰手机网络 MMORPG 游戏《君王》软件 V1.0
853	上海昊沧系统控制技术有限责任公司	昊沧 Project Pro 项目管理软件 V1.0
854	上海华腾软件系统有限公司	TOP Card 贷记卡软件 V3.0
855	上海华腾软件系统有限公司	TOP AFC 轨道交通自动售检票软件 V3.0
856	上海蓝矩信息科技有限公司	蓝矩 iMatrix 网络运维管理专家软件 V1.0
857	润百计算机(上海)有限公司	RINPAK 站级软件 V1.0
858	上海晟明信息科技有限公司	晟明智胜法宝证券导航软件 V1.0
859	上海宇龙软件工程有限公司	宇龙 PLC 仿真软件 V1.0
860	上海平安投资有限公司	平安投资短信基础平台软件 V1.0
861	上海林果实业有限公司	林果 LGET-1 动态令牌身份认证软件[简称：LGET-1 动态令牌]V1.0
862	民理达软件(上海)有限公司	民理达 Drumuza 游戏软件 V1.0
863	上海鸥莲信息技术有限公司	鸥莲热控辅助设计软件 V2.0
864	上海亚太神通计算机有限公司	亚太神通黄金银行间询价交易软件[简称：黄金询价交易软件]V1.0
865	上海环慧软件技术有限公司	环慧大型数据库订单自动处理软件 V1.0
866	上海鹏博士安防工程有限公司	STTS 电信终端安全软件(个人版)V2.0
867	上海鹏博士安防工程有限公司	STTS 电信终端安全软件(企业版)V2.0
868	上海鹏博士安防工程有限公司	STTS 电信终端安全软件(电信专业版)V2.0
869	上海创远无线测试技术有限公司	创远 Eagle TD-SCDMA 扫频仪测试软件 V4.2.1
870	上海创远信息技术股份有限公司	创远 Eagle 无线环境评估分析软件 V2.0.0.0327
871	上海影易医学影像设备有限公司	影易 PACS 医学影像软件 V1.0
872	上海思弘瑞电力控制技术有限公司	思弘瑞通用装置配置软件 V1.0
873	上海思弘瑞电力控制技术有限公司	思弘瑞通用装置 PLC 配置软件 V1.0
874	上海迅软信息科技有限公司	迅软 USB 安全存储专家软件 V2.0
875	上海柏飞电子科技有限公司	柏飞数据记录模块软件 V1.0
876	上海柏飞电子科技有限公司	柏飞通信模块软件 V1.0
877	上海施达电子科技有限公司	施达多功能充电智能管理软件 V1.0
878	上海施达电子科技有限公司	施达嵌入式锂电池智能保护控制软件 V1.0
879	上海聚财盆信息技术有限公司	聚财盆证券投资决策分析软件 V1.0
880	上海生信计算机科技发展有限公司	生信企业产品数据在线托管平台软件 V1.0
881	上海坤德信息科技有限公司	坤德 DFM NX 设计软件 V1.0
882	上海宝信软件股份有限公司	宝信数据交换平台软件[简称：数据交换平台]V2.0
883	上海亿马物流系统有限公司	亿马银行前置机间连软件[简称：亿马间连软件]V1.0
884	上海亿马物流系统有限公司	亿马通用账卡软件[简称：亿马账卡]V1.0

885	上海大汉三通网络通信有限公司	大汉三通企信通平台软件[简称：CTC－EMA]V5.0
886	上海宝立自动化工程有限公司	宝立入口活套同步控制软件[简称：宝立入口活套同步控制]V1.0
887	上海宝立自动化工程有限公司	宝立入口段开卷控制软件[简称：宝立入口段开卷控制]V1.0
888	上海宝立自动化工程有限公司	宝立出口段速度控制软件[简称：宝立出口段速度控制]V1.0
889	上海宝立自动化工程有限公司	宝立圆盘剪自动控制软件[简称：宝立圆盘剪自动控制]V1.0
890	上海宝立自动化工程有限公司	宝立出口飞剪自动控制软件[简称：宝立出口飞剪自动控制]V1.0
891	上海宝立自动化工程有限公司	宝立入口张力控制软件[简称：宝立入口张力控制]V1.0
892	上海宝立自动化工程有限公司	宝立出口段张力控制软件[简称：宝立出口段张力控制]V1.0
893	上海宝立自动化工程有限公司	宝立压块机自动控制软件[简称：宝立压块机自动控制]V1.0
894	上海宝立自动化工程有限公司	宝立中央段张力控制软件[简称：宝立中央段张力控制]V1.0
895	上海宝立自动化工程有限公司	宝立出口段卷曲控制软件[简称：宝立出口段卷曲控制]V1.0
896	上海新网程信息技术有限公司	新网程网络督察日志记录仪软件[简称：Prolog]V1.0
897	上海新网程信息技术有限公司	新网程网络督察管理中心软件[简称：Procenter]V1.0
898	上海新网程信息技术有限公司	新网程网络督察日志浏览器软件[简称：Prologsee]V1.0
899	上海地博信息技术有限公司	地博文本聚类与趋势分析开发库软件 V1.0
900	上海浪擎信息科技有限公司	浪擎.统一备份门户软件[简称：服务器备份系统]V3.0
901	上海浪擎信息科技有限公司	浪擎.镜像软件[简称：镜像系统]V3.0
902	上海浪擎信息科技有限公司	浪擎.终端备份软件[简称：终端备份系统]V3.0
903	上海前锐信息技术有限公司	前锐技术信息管理软件[简称：Q－Mind 软件]V4.0
904	上海东昊测试技术有限公司	东昊测试 DHRMA 阶次分析软件[简称：DHRMA 阶次分析软件]V2.0
905	上海东昊测试技术有限公司	东昊测试 DHBLA 现场动平衡软件[简称：DHBLA 现场动平衡软件]V2.0
906	上海东昊测试技术有限公司	东昊测试设备状态监测与故障诊断管理软件[简称：设备状态监测与故障诊断管理软件]V2.7
907	上海佳依佳信息科技有限公司	佳依佳船舶管理软件[简称：VMIS]V1.0
908	上海网波信息技术有限公司	网波水环境质量评价决策支持软件 V1.0
909	上海世纪创荣数字信息科技有限公司	世纪创荣英语数字测评软件 V1.0
910	上海飞旗网络技术有限公司	F7 Optimal AoS 应用优化软件[简称：F7 Optimal AoS 软件]V3.0.05
911	上海飞旗网络技术有限公司	F7 Optimal QoS 资源优化软件[简称：F7 Optimal QoS 软件]V3.0.12
912	上海烛龙信息科技有限公司	烛龙商战飞黄腾达游戏软件[简称：商战]V1.0
913	上海可鲁系统软件有限公司	DAP PPTA 规约测试与分析软件[简称：DAP PPTA]V3.0
914	上海隆达软件有限公司	隆达综合办公平台软件[简称：LONDA－IOA]V3.0
915	上海协同科技股份有限公司	协同停电通知管理软件 V1.0
916	上海协同科技股份有限公司	协同线损分析软件 V 1.0
917	上海协同科技股份有限公司	协同计量装置在线管理软件 V1.0
918	知库软件技术(上海)有限公司	知库运价管理软件[简称：Portal_Rate Management System]V1.0

919	知库软件技术(上海)有限公司	知库网上电子订舱软件[简称：Online－Booking]V1.0
920	上海和迅软件有限公司	和迅海空运货运操作管理信息软件[简称：PIXOS]V1.0
921	上海锐合通信技术有限公司	锐合可视无线通讯模块应用平台软件 V1.0.0
922	霍尼韦尔综合科技(中国)有限公司	霍尼韦尔稳态燃烧优化软件 V2.0
923	霍尼韦尔综合科技(中国)有限公司	霍尼韦尔设备性能跟踪与诊断软件 V2.0
924	霍尼韦尔综合科技(中国)有限公司	霍尼韦尔锅炉清洁度监测软件 V2.0
925	钜林信息技术(上海)有限公司	钜林经营管理报表软件[简称：ZENII WEB REPORT]V1.0
926	上海龙的信息系统有限公司	龙的加密电子抽屉管理软件 V1.0
927	上海龙的信息系统有限公司	龙的资产管理软件 V1.0
928	上海柯华软件有限公司	柯华具备支付结算功能的网上零售平台软件[简称：柯华网上零售平台软件]V1.0
929	上海名扬数码产品有限公司	名扬视频会议软件 V2.0
930	上海柏安信息安全技术有限公司	柏安 Auditsec 服务器安全管理软件 V1.0
931	上海柏安信息安全技术有限公司	ISCA 集中监控平台软件 V2.0
932	汉海信息技术(上海)有限公司	汉海优惠券发布及运营管理软件 V1.0
933	经典(上海)软件科技有限公司	经典 CMMI TOSSP 过程改进软件 V2.0
934	上海同程信息技术有限公司	同程连锁物流管理软件[简称：连锁物流系统]V1.0
935	霍尼韦尔消防安防系统(上海)有限公司	诺帝菲尔 CMX－7C 软件[简称：CMX－7C]V4.0
936	霍尼韦尔消防安防系统(上海)有限公司	诺帝菲尔 FCM－1 软件[简称：FCM－1]V4.0
937	霍尼韦尔消防安防系统(上海)有限公司	诺帝菲尔 FMM－1 软件[简称：FMM－1]V3.0
938	霍尼韦尔消防安防系统(上海)有限公司	诺帝菲尔 FSB－200S 软件[简称：FSB－200S]V1.0
939	霍尼韦尔消防安防系统(上海)有限公司	诺帝菲尔 FSL－751 软件[简称：FSL－751]V1.0
940	霍尼韦尔消防安防系统(上海)有限公司	诺帝菲尔 FSP－851 软件[简称：FSP－851]V1.0
941	霍尼韦尔消防安防系统(上海)有限公司	诺帝菲尔 FST－851 软件[简称：FST－851]V1.0
942	霍尼韦尔消防安防系统(上海)有限公司	诺帝菲尔 FZM－1 软件[简称：FZM－1]V4.0
943	霍尼韦尔消防安防系统(上海)有限公司	保得威尔 M600K 软件[简称：M600K]V1.0
944	霍尼韦尔消防安防系统(上海)有限公司	诺帝菲尔 M700K 软件[简称：M700K]V1.0
945	霍尼韦尔消防安防系统(上海)有限公司	诺帝菲尔 MMX－7 软件[简称：MMX－7]V3.0
946	霍尼韦尔消防安防系统(上海)有限公司	诺帝菲尔 MMX－7P 软件[简称：MMX－7P]V2.0
947	霍尼韦尔消防安防系统(上海)有限公司	诺帝菲尔 ND－751P 软件[简称：ND－751P]V1.0
948	霍尼韦尔消防安防系统(上海)有限公司	诺帝菲尔 ND－751T 软件[简称：ND－751T]V1.0
949	霍尼韦尔消防安防系统(上海)有限公司	诺帝菲尔 P700A 软件[简称：P700A]V4.0
950	霍尼韦尔消防安防系统(上海)有限公司	保得威尔 PCM－6 软件[简称：PCM－6]V4.0
951	霍尼韦尔消防安防系统(上海)有限公司	保得威尔 PMM－6 软件[简称：PMM－6]V3.0
952	霍尼韦尔消防安防系统(上海)有限公司	保得威尔 PMM－6P 软件[简称：PMM－6P]V2.0
953	霍尼韦尔消防安防系统(上海)有限公司	保得威尔 PW－300L 软件[简称：PW－300L]V1.0
954	霍尼韦尔消防安防系统(上海)有限公司	保得威尔 PW－300P 软件[简称：PW－300P]V1.0
955	霍尼韦尔消防安防系统(上海)有限公司	保得威尔 PW－300T 软件[简称：PW－300T]V1.0
956	霍尼韦尔消防安防系统(上海)有限公司	保得威尔 PW－600P 软件[简称：PW－600P]V1.0
957	霍尼韦尔消防安防系统(上海)有限公司	保得威尔 PW－600T 软件[简称：PW－600T]V1.0
958	上海协达软件科技有限公司	协达 CTOP 协同软件[简称：协达软件]V5.0
959	上海亿阳信通实业有限公司	亿阳网络流量预警软件[简称：NetTraffic]V1.0
960	上海双实科技有限公司	双实集成嵌入式系统教学软件[简称：嵌入式系统教学软件]V1.00

961	丰益(上海)信息技术有限公司	丰益人力资源管理软件 V1.0
962	上海太迅自动识别技术有限公司	太迅条码管理软件 V1.0
963	上海埃蒙特自动化系统有限公司	埃蒙特机器人工作组任务统筹分配软件 V1.0
964	上海点逸网络科技有限公司	点逸 be-App 互联网管理软件托管平台软件[简称：SaaS@be-App] V1.0
965	上海泛游信息科技有限公司	泛游-集团医疗信息服务软件 V1.0
966	上海亚太计算机信息系统有限公司	亚太汽车生产质量 ANDON 软件[简称：ANDON 系统] V2.0
967	上海亚太计算机信息系统有限公司	亚太汽车生产质量跟踪追溯软件[简称：质量追溯系统] V1.0
968	上海梦创信息技术有限公司	梦创电子政务平台软件 V1.0
969	上海华腾软件系统有限公司	TOP CTP 交通付费卡综合测试平台软件 V1.0
970	上海寰创通信科技有限公司	寰创 WLAN 终端软件 V1.6
971	上海危网信息科技有限公司	危网危险品储运安全监控管理软件 V1.00
972	上海华鼎财金软件有限公司	红顶多币别财务金融软件 V1.0
973	上海网测通信技术有限公司	网测 WT-SIAT-01 通信线路自动测试软件 V1.0
974	上海途锐信息科技服务有限公司	途锐物流车辆计费软件 V1.0
975	上海牙木通讯技术有限公司	牙木 CachePro 域名缓存软件 V1.0
976	上海牙木通讯技术有限公司	牙木 SecurePro 域名安全防护软件 V1.0
977	上海品杰防伪技术有限公司	品杰药品监管作业软件 V1.0
978	上海优乐网络技术有限公司	优乐营销管理软件 V1.0
979	上海优乐网络技术有限公司	优乐商家查询软件 V1.0
980	上海祺升信息科技有限公司	祺升樱花国际日语信息管理软件 V1.0
981	上海祺升信息科技有限公司	祺升新世界教育 MIS 后台管理软件 V1.0
982	上海美达信息技术有限公司	美达来沪人员管理软件 V1.0
983	上海太阳能工程技术研究中心有限公司	SETRC 光伏组件缺陷检测和识别软件 V1.1
984	上海永诺信息技术有限公司	永诺销售体系奖金管理软件 V1.0
985	上海永诺信息技术有限公司	永诺整车销售信息管理软件 V1.0
986	上海奇科计算机信息有限公司	奇科综合监测信息管理软件 V2.0
987	上海久游网络科技有限公司	久游网网络休闲劲舞团 II 游戏软件[简称：劲舞团 II]V1.0
988	上海爱择信息科技有限公司	爱择智通档案管理软件 V1.0
989	上海灵镭信息科技有限公司	灵镭 LEKO SNS 应用软件 V1.0
990	上海南康科技有限公司	南康住房保障信息管理软件 V1.0
991	上海山友通信公司	山友股票信息机维修信息综合管理软件 V1.0
992	上海山友通信公司	山友神速股票信息机 POS 型写码器 IC 卡管理软件 V1.0
993	上海交海信息科技有限公司	交海 RF 卡接口管理软件 V1.0
994	上海交海信息科技有限公司	交海租赁 RF 卡管理软件 V1.0
995	上海及第熊软件科技有限公司	及第熊容灾容错防篡改应急网站软件 V1.0
996	上海科大鲁能集成科技有限公司	KDJC2100-DLCMS 载波机通讯管理软件[简称：KDJC2100-DLCMS]V2.0
997	上海科大鲁能集成科技有限公司	KDJC2100_ZHZ 变电站综合自动化软件[简称：KDJC2100_ZHZ]V2.0
998	上海科大鲁能集成科技有限公司	KDGIS 基于影像的电力地理信息软件 V2.0[简称：KDGIS]
999	上海苏翔信息科技有限公司	苏翔呼叫中心软件[简称：SCC 呼叫中心]V1.0
1000	上海中标软件有限公司	中标普华 Linux 通用服务器软件 V5.0

1001	上海中标软件有限公司	中标普华 Linux 桌面软件 V5.0
1002	上海德望信息科技有限公司	德望远洋服务管理软件 V1.0
1003	索享(上海)科技有限公司	索享 E-POFAX 传真软件 V3.0
1004	上海中仿计算机科技有限公司	杰迈特博罗 JMatPro 材料模拟软件 V5.0
1005	科理特信息技术(上海)有限公司	科理特 UD-Telematics-P9110WebContents 管理软件 V1.0
1006	上海孚讯商务咨询有限公司	孚讯通信息管理工具软件 V1.0
1007	上海朝阳永续信息技术有限公司	朝阳永续基金持仓分析软件 V2.0
1008	上海朝阳永续信息技术有限公司	Go-Goal 卖方研究员评价软件 V2.0
1009	上海朝阳永续信息技术有限公司	朝阳永续上市公司业绩预测软件 V2.0
1010	上海朝阳永续信息技术有限公司	朝阳永续专家理财软件 V2.0
1011	上海广茂达伙伴机器人有限公司	能力风暴个人机器人软件 V2.0
1012	上海卡迪数据处理有限公司	卡迪信用卡信息分析软件 V1.0
1013	上海盛域信息技术有限公司	大域零售业管理软件 V1.0
1014	上海宏迅软件有限公司	CSM 电信综合业务管理软件 V5.2
1015	上海吉标软件有限公司	吉标多人互动虚拟实境引擎软件 V1.0
1016	科亿尔数码科技(上海)有限公司	Corel DVD MovieFactory 软件 V7.0
1017	希达软件(上海)有限公司	希达供应链计划管理软件[简称:SCP]V6.3
1018	希达软件(上海)有限公司	希达 ROSS ERP 企业资源管理软件[简称:ROSS ERP]V6.3
1019	上海恺易集成系统技术有限公司	恺易运输管理软件 V1.0
1020	联芯科技有限公司	联芯科技 TD-SCDMA 测试终端协议分析软件[简称:PTAS]V4.3
1021	上海华御信息技术有限公司	华御密盾智能防信息泄漏软件 V7.0
1022	上海金铖科技发展有限公司	金铖警务精细化管理软件 V1.0
1023	上海金铖科技发展有限公司	金铖情报信息综合管理软件 V2.0
1024	上海鸣啸信息科技发展有限公司	鸣啸交互式乘客信息软件 V2.0
1025	上海鸣啸信息科技发展有限公司	鸣啸乘客信息软件 V2.0.0.1
1026	上海柏楚电子科技有限公司	柏楚 Logoshop 滴塑控制软件 V1.0
1027	上海中信信息发展股份有限公司	光典数字化加工管理软件 V1.0
1028	上海衡晶电子有限公司	衡晶电子大屏幕显示器测控软件 V1.0
1029	上海恒名软件有限公司	恒名财务管理软件(Hmfin.inf2008)V1.0
1030	上海久隆电力科技有限公司	久隆 PQMS 综合数据平台接口软件 V1.0
1031	上海卓精仪器有限公司	卓精汽车衡仪表(模拟)测控软件 V1.0
1032	上海利泉达信息技术有限公司	利泉达船员管理软件 V1.0
1033	上海关连数码科技有限公司	关连三维仿真地理环境平台软件 V1.0
1034	上海艾泰科技有限公司	艾泰路由器 ReOS 网络操作系统软件 V1.1
1035	上海艾泰科技有限公司	艾泰交换机 ReOS 网络操作系统软件 V1.1
1036	上海全成通信技术有限公司	全成无线音乐基地运营平台软件 V3.0
1037	上海贝尔阿尔卡特软件有限公司	贝尔多媒体业务平台软件 V3.0
1038	上海亚泰计算机软件有限公司	亚泰虚拟内窥镜辅助诊断软件 V1.0
1039	上海亚太计算机信息系统有限公司	SZYYT 中医舌象数字化分析软件 V2.0
1040	上海杰狮信息技术有限公司	杰狮地下空间信息基础平台共享服务软件 V1.0
1041	上海泓智信息科技有限公司	泓智房屋维修资金管理软件 V1.0
1042	上海金蝶软件有限公司	金蝶 KIS 专业版软件[简称:金蝶 KIS 专业版]V10.0
1043	上海金蝶软件有限公司	金蝶 KIS 记账王软件[简称:金蝶 KIS 记账王]V8.1

1044	上海金蝶软件有限公司	金蝶KIS新丝路服装王打菲计件版软件[简称：金蝶KIS新丝路服装王打菲计件版]V10.0
1045	上海金蝶软件有限公司	金蝶KIS新丝路服装王门店POS版软件[简称：金蝶KIS新丝路服装王门店POS版]V10.0
1046	上海金蝶软件有限公司	金蝶KIS新丝路服装王批发零售版软件[简称：金蝶KIS新丝路服装王批发零售版]V10.0
1047	上海金蝶软件有限公司	金蝶KIS财税王迷你版软件[简称：金蝶KIS财税王迷你版]V8.1
1048	上海金蝶软件有限公司	金蝶KIS理税王软件[简称：金蝶KIS理税王]V8.1
1049	博朗软件开发(上海)有限公司	博朗项目计划软件[简称：PPS]V1.0
1050	博朗软件开发(上海)有限公司	博朗故障管理软件[简称：DMS]V1.0
1051	博朗软件开发(上海)有限公司	博朗助手软件[简称：BleumBuddy]V1.0
1052	博朗软件开发(上海)有限公司	博朗工作单管理软件[简称：TMS]V1.0
1053	博朗软件开发(上海)有限公司	博朗信息安全管理软件[简称：ISMS]V1.0
1054	博朗软件开发(上海)有限公司	博朗工时管理软件[简称：TAS]V1.0
1055	上海亿通国际股份有限公司	亿通国际特殊区域保税仓储联网核销软件[简称：保税仓储联网核销软件]V1.0
1056	上海亿通国际股份有限公司	亿通国际海运集装箱、散杂货等检验检疫物流管理软件[简称：CIQ海港版]V1.0
1057	上海亿通国际股份有限公司	亿通国际海运单证EDI处理软件[简称：EdiExpress]V2.0
1058	上海亿通国际股份有限公司	亿通国际口岸物流检验检疫无纸化申报软件[简称：CIQ无纸化全申报]V1.0
1059	上海华萱电气有限公司	FeSCADA嵌入式变电站自动化软件[简称：FeSCADA变电站自动化软件]V1.0
1060	上海麦格纳信息技术服务有限公司	基于北斗一号的主动式集成应用软件[简称：主动式集成应用系统]V1.0
1061	上海同瑞土木工程技术有限公司	同瑞既有建筑结构可靠性评定软件V1.0
1062	胜科金仕达数据系统(中国)有限公司	金仕达新一代校园一卡通软件[简称：金仕达一卡通] V3.0
1063	胜科金仕达数据系统(中国)有限公司	金仕达企业级数据中心软件[简称：数据中心]V2.0
1064	上海安脉计算机科技有限公司	安脉教学质量精细化管理软件[简称：教学质量精细化管理]V4.5
1065	霍尼韦尔消防安防系统(上海)有限公司	诺帝菲尔CPU2-3030D-SC软件[简称：CPU2-3030D-SC]V14.0
1066	霍尼韦尔消防安防系统(上海)有限公司	诺帝菲尔CPU-6000D/8软件[简称：CPU-6000D/8]V1.41
1067	霍尼韦尔消防安防系统(上海)有限公司	诺帝菲尔CPU-6000D/16软件[简称：CPU-6000D/16]V1.41
1068	霍尼韦尔消防安防系统(上海)有限公司	诺帝菲尔CPU-6000D/30软件[简称：CPU-6000D/30]V1.41
1069	霍尼韦尔消防安防系统(上海)有限公司	保得威尔LCD-66P-A/64软件[简称：LCD-66P-A/64]V2.03
1070	霍尼韦尔消防安防系统(上海)有限公司	保得威尔LCD-66P-A/128软件[简称：LCD-66P-A/128]V2.03
1071	霍尼韦尔消防安防系统(上海)有限公司	保得威尔LCD-66P-A/256软件[简称：LCD-66P-A/256]V2.03
1072	霍尼韦尔消防安防系统(上海)有限公司	保得威尔M300K软件[简称：M300K]V1.0
1073	霍尼韦尔消防安防系统(上海)有限公司	保得威尔LCD-66P-B/64软件[简称：LCD-66P-B/64V2.03]
1074	霍尼韦尔消防安防系统(上海)有限公司	保得威尔LCD-66P-B/128软件[简称：LCD-66P-B/128]V2.03

1075	霍尼韦尔消防安防系统(上海)有限公司	保得威尔 LCD－66P－B/256 软件[简称：LCD－66P－B/256]V2.03
1076	霍尼韦尔消防安防系统(上海)有限公司	诺帝菲尔 LCD－100－A/64 软件[简称：LCD－100－A/64]V2.03
1077	霍尼韦尔消防安防系统(上海)有限公司	诺帝菲尔 LCD－100－A/128 软件[简称：LCD－100－A/128]V2.03
1078	霍尼韦尔消防安防系统(上海)有限公司	诺帝菲尔 LCD－100－A/256 软件[简称：LCD－100－A/256]V2.03
1079	霍尼韦尔消防安防系统(上海)有限公司	保得威尔 PMM－3P 软件[简称：PMM－3P]V4.0
1080	霍尼韦尔消防安防系统(上海)有限公司	诺帝菲尔 M500H 软件[简称：M500H]V1.0
1081	霍尼韦尔消防安防系统(上海)有限公司	诺帝菲尔 M500K 软件[简称：M500K]V1.0
1082	霍尼韦尔消防安防系统(上海)有限公司	诺帝菲尔 NCA－2－SC 软件[简称：NCA－2－SC]V14.0
1083	霍尼韦尔消防安防系统(上海)有限公司	诺帝菲尔 N－NCS Workstation 软件[简称：N－NCS Workstation]V2.0
1084	霍尼韦尔消防安防系统(上海)有限公司	保得威尔 PCM－3 软件[简称：PCM－3]V4.0
1085	霍尼韦尔消防安防系统(上海)有限公司	保得威尔 PMM－3 软件[简称：PMM－3]V3.0
1086	霍尼韦尔消防安防系统(上海)有限公司	保得威尔 PTW－NCA－SC 软件[简称：PTW－NCA－SC]V14.0
1087	霍尼韦尔消防安防系统(上海)有限公司	保得威尔 PTW－3300－SC 软件[简称：PTW－3300－SC]V14.0
1088	霍尼韦尔消防安防系统(上海)有限公司	保得威尔 PW－CPU－6600/30 软件[简称：PW－CPU－6600/30]V1.41
1089	霍尼韦尔消防安防系统(上海)有限公司	保得威尔 PW－CPU－6600/8 软件[简称：PW－CPU－6600/8]V1.41
1090	霍尼韦尔消防安防系统(上海)有限公司	保得威尔 PW－CPU－6600/16 软件[简称：PW－CPU－6600/16]V1.41
1091	上海澳润信息科技有限公司	澳润数字显示光控射频输出电平控制软件 V1.0
1092	上海创至计算机科技有限公司	创至应用系统性能容量管理软件[简称：APPMonitor] V1.0
1093	上海万得信息技术股份有限公司	Wind 资讯资本终端软件[简称：WCT]V2009
1094	上海万得信息技术股份有限公司	Wind 资讯金融终端软件[简称：WFT]V2009
1095	上海万得信息技术股份有限公司	Wind 资讯经纪终端软件[简称：WBT]V2009
1096	上海万得信息技术股份有限公司	Wind 资讯经济数据库终端软件[简称：WEDB]V1.0
1097	上海万得信息技术股份有限公司	Wind 资讯理财顾问终端软件[简称：WFC]V2009
1098	联芯科技有限公司	联芯科技 TD－SCDMA 专业测试终端软件[简称：PTTS]V1.0
1099	上海锐道信息技术有限公司	锐道 MARMOT 平台软件(简称：MMT)V6.0
1100	上海付费通信息服务有限公司	付费通 BPAMPMT 移动终端账单支付应用中间件软件[简称：BPAMPMT 软件]V1.0
1101	上海龙软商务咨询服务有限公司	龙软工作日志管理软件(简称：日志管理)V1.0
1102	联合汽车电子有限公司	UAES 机械节气门发动机控制软件 V1.0
1103	联合汽车电子有限公司	UAES 电子节气门发动机控制软件 V1.0
1104	联合汽车电子有限公司	UAES 电控液力自动变速箱控制软件 V1.0
1105	联合汽车电子有限公司	UAES 机械式自动变速箱控制系统底层软件 V1.0
1106	联合汽车电子有限公司	UAES 小型摩托车发动机控制软件 V1.0
1107	上海阿尔卡特网络支援系统有限公司	SANSS 手机影视业务管理软件[简称：SURFTVBSS]V1.0
1108	上海阿尔卡特网络支援系统有限公司	SANSS Octopus 天翼视讯网管软件 V1.0
1109	上海柯华软件有限公司	柯华采购管理软件 V1.0
1110	上海柯华软件有限公司	柯华文档管理软件 V1.0
1111	上海锐英信息安全技术有限公司	锐英互联网节点监控软件 V1.0

1112	上海创朗软件开发有限公司	创朗微波检测调试诊断软件 V4.1
1113	上海创朗软件开发有限公司	创朗在线烟条密度分布检测软件 V1.1
1114	上海恒博自动化设备有限公司	恒博 MWHB 型微波烟支重量控制软件 V2.3
1115	上海力申科学仪器有限公司	Heal Force Neofuge13 离心机嵌入式软件 V3.00
1116	上海力申科学仪器有限公司	Heal Force Neofuge13R 离心机嵌入式软件 V3.00
1117	上海力申科学仪器有限公司	Heal Force Neofuge15 离心机嵌入式软件 V7.00
1118	上海力申科学仪器有限公司	Heal Force Neofuge15R 离心机嵌入式软件 V7.00
1119	上海力申科学仪器有限公司	Heal Force Neofuge18R 离心机嵌入式软件 V1.00
1120	上海力申科学仪器有限公司	Heal Force Neofuge23R 离心机嵌入式软件 V4.00
1121	上海力申科学仪器有限公司	Heal Force EB02 高频手术器嵌入式软件 V2.00
1122	上海力申科学仪器有限公司	Heal Force EB03 高频手术器嵌入式软件 V3.00
1123	上海力申科学仪器有限公司	Heal Force EB05 高频手术器嵌入式软件 V2.00
1124	上海力申科学仪器有限公司	Heal Force LS2000 高频手术器嵌入式软件 V3.00
1125	上海力申科学仪器有限公司	Heal Force LS3000 高频手术器嵌入式软件 V1.00
1126	上海力申科学仪器有限公司	Heal Force HFsafe900 生物安全柜嵌入式软件 V2.00
1127	上海力申科学仪器有限公司	Heal Force HFsafe1200 生物安全柜嵌入式软件 V2.00
1128	上海力申科学仪器有限公司	Heal Force HFsafe1500 生物安全柜嵌入式软件 V2.00
1129	上海力申科学仪器有限公司	Heal Force HFsafe1800 生物安全柜嵌入式软件 V2.00
1130	上海力申科学仪器有限公司	Heal Force HFsafe900TE 生物安全柜嵌入式软件 V1.00
1131	上海力申科学仪器有限公司	Heal Force HFsafe1200TE 生物安全柜嵌入式软件 V1.00
1132	上海力申科学仪器有限公司	Heal Force HFsafe1500TE 生物安全柜嵌入式软件 V1.00
1133	上海力申科学仪器有限公司	Heal Force HFsafe1800TE 生物安全柜嵌入式软件 V1.00
1134	上海力申科学仪器有限公司	Heal Force BIOsafe9 生物安全柜嵌入式软件 V2.00
1135	上海力申科学仪器有限公司	Heal Force BIOsafe12 生物安全柜嵌入式软件 V2.00
1136	上海力申科学仪器有限公司	Heal Force BIOsafe15 生物安全柜嵌入式软件 V2.00
1137	上海力申科学仪器有限公司	Heal Force BIOsafe18 生物安全柜嵌入式软件 V2.00
1138	上海力申科学仪器有限公司	Heal Force Anaeston1000 麻醉机嵌入式软件 V1.00
1139	上海力申科学仪器有限公司	Heal Force Anaeston3000 麻醉机嵌入式软件 V3.00
1140	上海力申科学仪器有限公司	Heal Force Anaeston5000 麻醉机嵌入式软件 V5.00
1141	上海力申科学仪器有限公司	Heal Force HF90 培养箱嵌入式软件 V4.00
1142	上海力申科学仪器有限公司	Heal Force HF151 培养箱嵌入式软件 V3.00
1143	上海力申科学仪器有限公司	Heal Force HF212 培养箱嵌入式软件 V3.00
1144	上海力申科学仪器有限公司	Heal Force HF240 培养箱嵌入式软件 V4.00
1145	上海力申科学仪器有限公司	Heal Force HF160W 培养箱嵌入式软件 V2.00
1146	上海柯华软件有限公司	柯华考勤管理软件 V1.0
1147	上海柯华软件有限公司	柯华请假审批流程管理软件 V1.0
1148	上海电信通信设备有限公司	电信门禁监视软件 V1.0
1149	上海企立软件有限公司	企立板卡加密狗控制软件 V1.0
1150	上海大潮电子技术有限公司	大潮车辆移动视频监控管理软件 V6.0
1151	上海大潮电子技术有限公司	大潮公交车调度与监控管理软件 V3.13
1152	上海大潮电子技术有限公司	大潮车辆位置视频监控管理软件 V1.0
1153	上海力兹照明电气有限公司	力兹测试控制分析软件 V2.0
1154	上海华源热疗技术有限公司	华源 WB-1 型微波热疗机控制软件 V2.0

1155	上海英领机电科技有限公司	英领基于CAN的智能伺服控制软件V3.0
1156	上海富优自动控制有限公司	富优切削液处理系统控制软件V2.0
1157	上海富优自动控制有限公司	富优切削液集中处理系统控制软件V3.0
1158	上海铭创软件技术有限公司	铭创证券融资业务及风险控制管理软件V3.0
1159	上海铭创软件技术有限公司	铭创银行间市场交易网关软件V1.0
1160	上海天译软件有限责任公司	Falcon(猎鹰)电脑辅助电话访问软件V4.0
1161	丰益(上海)信息技术有限公司	丰益SAP金税管理软件V1.0
1162	丰益(上海)信息技术有限公司	丰益SAP地磅管理软件V1.0
1163	上海国臣信息技术有限公司	国臣流程绩效管理软件[简称:Webspace BPM]V6.0
1164	上海科腾软件科技有限公司	科腾VE制造管理软件V1.0
1165	上海山友通信公司	山友神速公共信息综合管理软件V1.0
1166	上海英迪信息技术有限公司	英迪驾校信息管理软件V1.0
1167	上海文涛电子有限公司	文涛JGC1800按摩器软件V1.0
1168	上海文涛电子有限公司	文涛JGF1000按摩器软件V1.0
1169	上海复旦微电子股份有限公司	SPTCC-公共交通CPU卡专用COS软件V3.1
1170	上海商宏网络科技有限公司	商宏专业医疗审核服务平台软件V5.0
1171	上海商宏网络科技有限公司	商宏医审通计算机医疗审核软件V2.5
1172	上海银欣高新技术发展股份有限公司	银欣门禁管理软件V1.0
1173	上海神舟航天软件技术有限公司	瀚海之星综合档案管理软件V3.0
1174	上海神计信息系统工程有限公司	神计通用数据归档管理软件V1.0
1175	上海南自科技股份有限公司	南自SN-2000SCADA电力自动化监控软件V2.0
1176	上海致雄网络科技有限公司	致雄《洪荒》3D网络游戏软件V1.0
1177	上海金证高科技有限公司	金证产权柜台交易软件V3.0
1178	上海天曼电脑有限公司	天曼办公软件[简称:天曼OA]V1.0
1179	上海凯创建筑科技有限公司	凯创建筑工程招投标信息化管理软件V1.2
1180	上海凯创建筑科技有限公司	凯创建筑节能设计分析软件V1.0
1181	上海凯创建筑科技有限公司	凯创建筑遮阳设计分析软件V1.0
1182	上海智定科技发展有限公司	智定数据容灾备份恢复软件V1.0
1183	上海恩斯凯软件开发有限公司	NSK项目-工数管理软件V2.0
1184	上海威士顿信息技术有限公司	威士顿烟草仓储运输集成软件V1.0
1185	上海威士顿信息技术有限公司	威士顿人力资源管理软件V1.0
1186	上海久隆电力科技有限公司	久隆JLZ-01M电力线载波多址数字通信机软件V1.0
1187	沃勤网络科技(上海)有限公司	沃勤移动应用中间件平台软件V1.0
1188	美锐芯电子科技(上海)有限公司	美锐芯液晶控制板软件V2.1
1189	上海久游网络科技有限公司	久游网《勇士无双Online》网络游戏软件[简称:勇士无双Online]V1.0
1190	上海亿软信息技术有限公司	亿软加密邮软件V1.0
1191	上海亿软信息技术有限公司	亿软加密通软件V1.0
1192	上海天映多媒体传播有限公司	天映协同式视景互动支持软件V1.0
1193	高律科(上海)信息系统有限公司	高律科JSCAST铸造软件V8.0
1194	上海动联网络科技有限公司	动联安全身份认证软件V1.0
1195	上海晋恒软件有限公司	晋恒批处理框架软件V1.4
1196	上海晋恒软件有限公司	晋恒第三方银行报表转换软件V1.0

1197	上海文华计算机科技有限公司	文华多码通柜员管理软件 V2.0
1198	上海新致软件有限公司	新致 EDW 产险数据分析管理平台软件 V1.0
1199	上海新致软件有限公司	新致汽车俱乐部信息管理软件 V1.2
1200	上海锐起信息技术有限公司	锐起无盘软件 V3.0
1201	上海虹浦民用机场通信有限公司	虹浦集群计费管理软件 V3.5
1202	上海众恒信息产业有限公司	众恒世博会证件监控管理软件 V1.0
1203	上海金自天正信息技术有限公司	Ari 精整自动化软件[简称：AriFLA]V1.0
1204	上海金自天正信息技术有限公司	Ari 冷轧彩涂处理线自动控制(AriCPDR)软件 V1.0
1205	易保网络技术(上海)有限公司	易保寿险核心业务软件[简称：eBaoTech Life System]V3.1.6
1206	易保网络技术(上海)有限公司	易保产险核心业务软件[简称：eBaoTech General System] V3.1
1207	国信朗讯科技网络技术有限公司	国信朗讯电信业务资源管理软件 V2.1
1208	国信朗讯科技网络技术有限公司	国信朗讯光网络运营支撑管理软件 V1.0
1209	上海英孚思为软件科技有限公司	英孚经销商管理系列软件 V2.0
1210	上海英孚思为软件科技有限公司	英孚经销商总部管理系列软件 V2.0
1211	上海英孚思为软件科技有限公司	英孚商用数据交互平台标准版软件 V1.1
1212	上海英孚思为软件科技有限公司	英孚商用数据交互平台企业版软件 V1.1
1213	上海交大南洋海外有限公司	交大南洋企业业务邮件处理软件 V1.0
1214	上海南自科技股份有限公司	南自 SNP-2000 微机保护测控装置软件 V1.0
1215	上海期货信息技术有限公司	Futures Ideal 交易日志软件 V1.0
1216	上海复旦网络股份有限公司	复旦网络电力配网调度自动化管理软件 V1.0
1217	上海乾隆高科技有限公司	钱龙证券投资分析软件(网络版)V4.70A
1218	上海东港数据处理有限公司	东港金融行业数据处理软件 V1.0
1219	上海拜般网络科技有限公司	百邮手机邮箱工具软件 V1.0
1220	上海善悦信息技术有限公司	善悦企业库存及客户信息管理软件 V1.0
1221	上海贝尔阿尔卡特软件有限公司	贝尔 8920 综合网管软件 V1.0
1222	上海贝尔阿尔卡特软件有限公司	贝尔 8920 电子运维管理软件 V1.0
1223	上海新利恒租赁有限公司	Synnium 商砼 ERP 软件 V3.18
1224	上海新利恒租赁有限公司	Synnium 租赁 ERP 软件 V2.0
1225	上海祥殷信息技术有限公司	祥殷 SecureOne 文档安全管理软件 V2.0
1226	上海光华冠群软件有限公司	光华冠群 SmartVision 上网行为管理软件 V2.0
1227	得理电子(上海)有限公司	得理节奏制作软件 V1.0
1228	上海领道软件有限公司	PYLLOT CARGO 国际货运管理软件 V1.0
1229	上海华平信息技术股份有限公司	AVCON 高清视频远程定损软件 V6.0
1230	上海华博泰富网络技术有限公司	华博泰富对象属性树定义软件 V1.0
1231	上海华博泰富网络技术有限公司	华博泰富对象模板定义软件 V1.0
1232	上海华博泰富网络技术有限公司	华博泰富对象属性规则定义软件 V1.0
1233	上海华博泰富网络技术有限公司	华博泰富规则引擎软件 V1.0
1234	上海华博信息服务有限公司	华博 Web 版呼叫中心软件 V1.0
1235	上海华博信息服务有限公司	华博客户关系系统参数配置软件 V1.0
1236	上海华腾软件系统有限公司	TOP CTP 交通付费卡综合测试平台软件 V1.0
1237	上海派络信息技术有限公司	派络科教兴医信息管理软件 V1.0
1238	上海依盟信息技术有限公司	依盟无线监控终端软件 V1.0

1239	上海依盟信息技术有限公司	依盟无线监控管理系统应用软件 V1.0
1240	上海依盟信息技术有限公司	依盟无线通信与人员定位终端软件 V1.0
1241	上海诺为电子科技有限公司	诺为无线演示器控制软件 V1.0
1242	上海展英通信息技术有限公司	展英通 Z928 手机软件 V1.0
1243	上海展英通信息技术有限公司	展英通 Z908 手机软件 V1.0
1244	上海展英通信息技术有限公司	展英通 Z926 手机软件 V1.0
1245	上海展英通信息技术有限公司	展英通 Z96 手机软件 V1.0
1246	上海展英通信息技术有限公司	展英通 Z98 手机软件 V1.0
1247	上海展英通信息技术有限公司	展英通 Z95 手机软件 V1.0
1248	上海展英通信息技术有限公司	展英通 Z92D 手机软件 V1.0
1249	上海展英通信息技术有限公司	展英通 Z93 手机软件 V1.0
1250	上海展英通信息技术有限公司	展英通 Z2602 手机软件 V1.0
1251	上海普华诚信软件技术有限公司	普华诚信身份认证与访问控制软件 V1.0
1252	上海普华诚信软件技术有限公司	普华诚信企业基础信息管理平台软件 V1.0
1253	上海英夫泰尔克软件开发有限公司	英夫泰尔克供应商 WEB 对账软件 V1.0
1254	上海英夫泰尔克软件开发有限公司	英夫泰尔克会员管理软件 V1.0
1255	上海英夫泰尔克软件开发有限公司	英夫泰尔克 CVS 物流管理软件 V1.0
1256	上海思华网络科技有限公司	思华网络内容推送网络监控及业务管理平台软件[简称：CNOSS]V3.0
1257	上海思华网络科技有限公司	思华网络增值业务优化平台软件[简称：BA]V1.0
1258	上海思华网络科技有限公司	思华网络增值业务推送平台软件[简称：PNP]V1.0
1259	上海优异科技有限公司	优异多媒体设备管理中心软件 V1.0
1260	上海长城电子信息网络有限公司	长城国防动员管理信息软件 V1.0
1261	上海长城电子信息网络有限公司	长城电子档案管理软件 V1.0
1262	上海中仿计算机科技有限公司	依泰斯卡 Itasca 岩土软件 V2010
1263	上海晓普信息技术有限公司	晓普 SOP 电子商务 ERP 软件 V5.0
1264	沃勤网络科技(上海)有限公司	沃勤游戏平台软件 V1.0
1265	上海全成通信技术有限公司	全成增值业务综合运营平台软件 V1.0
1266	上海衡晶软件有限公司	衡晶软件厨房秤测控软件 V1.0
1267	上海衡晶软件有限公司	衡晶软件手掌秤测控软件 V1.0
1268	上海精函衡器有限公司	精函收银机软件 V1.00
1269	上海精函衡器有限公司	精函数字称重显示器测控软件 V1.0
1270	上海精函衡器有限公司	精函多功能称重显示器测控软件 V1.0
1271	上海精函衡器有限公司	精函数字传感器测控软件 V1.0
1272	上海追索信息科技有限公司	追索肉品流通安全信息追溯软件 V1.0
1273	上海景域文化传播有限公司	驴妈妈 E 景通软件 V1.0
1274	龙尚科技(上海)有限公司	龙尚科技 U6100 广告推送器软件 V1.0
1275	龙尚科技(上海)有限公司	龙尚科技 U5200 监控器软件 V1.0
1276	龙尚科技(上海)有限公司	龙尚科技 KF618 老人机软件 V1.0
1277	龙尚科技(上海)有限公司	龙尚科技 A7000 开放平台软件 V1.0
1278	上海精函衡器有限公司	精函网络打印机软件 V1.0
1279	竞优信息技术(上海)有限公司	竞优房地产企业管理软件[简称：IFCA.NET] V2
1280	上海英夫泰尔克软件开发有限公司	英夫泰尔克连锁便利店物流总部管理软件 V1.0

1281	上海文涛电子有限公司	文涛 JGC1900 按摩器软件 V1.0
1282	上海安科瑞电气股份有限公司	安科瑞 ARD2 智能电动机保护器软件 V1.0
1283	上海安科瑞电气股份有限公司	安科瑞 ACR230ELH 电能质量分析仪软件 V1.0
1284	上海安科瑞电气股份有限公司	安科瑞 ACR10EN 测控软件 V1.0
1285	上海苏佳电子科技有限公司	苏佳 ADL100 单相电能表校表软件 V1.0
1286	上海苏佳电子科技有限公司	苏佳 ARD2 电动机保护器校表软件 V1.0
1287	上海复讯农业科技有限公司	复讯农产品质量溯源管理软件 V2.0
1288	上海复讯农业科技有限公司	复讯农产品质量安全监控管理软件 V1.0
1289	上海圣桥信息科技有限公司	圣桥 Storix 嵌入式操作系统软件 V3.0
1290	上海中信信息发展股份有限公司	光典电子公文归档管理通用软件 V1.0
1291	上海大通医药信息技术有限公司	大通医疗风险控制互动系统药物版软件 V1.0
1292	上海文广科技发展有限公司	文广 HDM-405 数字电影流动放映播放器软件 V2.16
1293	上海文广科技发展有限公司	文广 HDM-505 数字电影中档放映播放器软件 V3.05
1294	上海迈普软件有限公司	迈普速飞软件 V1.0
1295	汉海信息技术(上海)有限公司	汉海 WAP 版餐饮查询及分享软件 V1.0
1296	上海复旦微电子股份有限公司	复旦微电子双界面 CPU 卡芯片 FM1216 COS 软件 V3.0
1297	上海宇信安信息技术有限公司	宇信安 Websecure 上网行为管理监控软件 V1.0
1298	上海依盟信息技术有限公司	依盟无线通信与人员定位系统应用软 V1.0 件
1299	上海步科自动化有限公司	步科 MT4000 Bootloader 软件[简称：MT4000 Bootloader]V1.0
1300	上海步科自动化有限公司	步科 TP304 组态软件[简称：TP304]V1.0
1301	上海步科自动化有限公司	步科 TP204 组态软件[简称：TP204]V1.0
1302	上海君阳信息科技有限公司	KingMail 智能邮件管理软件[简称：KingMail]V2.0
1303	上海兰恒信息系统有限公司	兰恒基于 PDA 的社区卫生服务移动应用软件[简称：社区卫生 PDA 版]V2.0
1304	上海金蝶软件有限公司	金蝶 KIS 商贸版软件[简称：金蝶 KIS 商贸版]V2.0
1305	上海金蝶软件有限公司	金蝶 KIS 商贸零售版软件[简称：金蝶 KIS 商贸零售版]V2.0
1306	上海国尚软件开发有限公司	国尚多机内存应用数据同步软件[简称：MSAMDS]V1.0
1307	上海敢创水业科技有限公司	敢创供水调度决策支持软件[简称：WaterSchedule]V1.0
1308	胜科金仕达数据系统(中国)有限公司	金仕达期货交易管理系统运维监控软件[简称：期货运维监控系统]V1.0
1309	上海翱腾科技有限公司	翱腾多媒体客服中心软件[简称：MMCC]V1.0
1310	上海翱腾科技有限公司	翱腾互动式多媒体回应软件[简称：IMMR]V1.0
1311	上海翱腾科技有限公司	翱腾智能外拨服务软件[简称：MMCM]V1.0
1312	上海翱腾科技有限公司	翱腾多媒体 IP Centrex 软件[简称：Octon IP Centrex System]V1.0
1313	上海国恩商务软件有限公司	国恩集装箱车队运输管理软件[简称：TMS]V2.0
1314	上海实卓信息技术有限公司	实卓网络协议测试软件 V1.0
1315	发茵特科技(上海)有限公司	FastMES 钢材物流与切割生产管理软件[简称：FastMES]V2.0
1316	上海引跑信息科技有限公司	INTPLE KUMQUAT 企业内容管理平台软件[简称：ECM 企业内容管理系统]V3.0
1317	上海玉帛软件有限公司	玉帛集装箱堆场管理软件[简称：玉帛堆场管理系统]V1.0
1318	上海摩软通讯技术有限公司	摩软 H170 MMI 软件 V0.1.3
1319	上海摩软通讯技术有限公司	摩软 L280 MMI 软件 V1.1.2

1320	上海大智慧网络技术有限公司	大智慧金融交易终端超赢股票池软件 V4.01
1321	上海大智慧网络技术有限公司	大智慧金融交易终端超赢数据软件 V4.01
1322	上海释锐网络科技有限公司	释锐"校校用"软件[简称：校校用软件]V4.0
1323	上海容之自动化系统有限公司	容之监所电话点餐购物软件[简称：PDS]V3.0
1324	上海容之自动化系统有限公司	容之微机保护测控软件[简称：ROP]V3.0
1325	上海容之自动化系统有限公司	容之监所门锁控制管理软件[简称：GCS]V3.0
1326	上海华勤通讯技术有限公司	华勤 K800 MMI 软件 V1.2.0
1327	上海华勤通讯技术有限公司	华勤 K710 MMI 软件 V1.1
1328	花旗软件技术服务(上海)有限公司	花旗项目测试报告自动化软件[简称：TRAS]V1.4.2
1329	花旗软件技术服务(上海)有限公司	花旗信用卡项目管理软件[简称：IPMS]V1.0
1330	上海中商网络有限公司	中商农产品质量安全监管软件 V1.0
1331	上海中商网络有限公司	中商日化行业渠道综合管理软件 V1.0
1332	上海百林通信软件有限公司	百林 DAP－Optimizer 参数优化工具软件[简称：DAP－Optimizer]V2.0
1333	上海互软信息科技有限公司	互软数据报送软件[简称：EasyReport]V1.0
1334	上海纪元微科电子有限公司	MMS 测试数据转换与分析程序软件[简称：程序软件]V1.0
1335	东方钢铁电子商务有限公司	东方钢铁公开竞价采购软件[简称：BSTEEL－E－RAT]V1.0
1336	东方钢铁电子商务有限公司	东方钢铁核价竞价采购软件[简称：BSTEEL－E－RFQ]V1.0
1337	东方钢铁电子商务有限公司	东方钢铁综合竞价采购软件[简称：BSTEEL－E－CBS]V1.0
1338	上海三盾信息技术有限公司	三盾城市监控报警信息实战应用软件[简称：ST－MAAP]V1.0
1339	上海三盾信息技术有限公司	三盾车辆管控信息实战应用软件[简称：ST－VMAP]V2.0
1340	上海衡伟信息技术有限公司	衡伟基于浏览器/服务器模式的环境质量在线监测软件[简称：HW－OEQM6000－B/S]V1.0
1341	上海硕浦计算机技术有限公司	硕浦文件 CRS 智能软件[简称：硕浦文件电子化处理识别]V4.0
1342	上海企望信息科技有限公司	企望制造企业资源管理软件[简称：企望制造]V9.0
1343	上海锐道信息技术有限公司	锐道 DORADO 应用中间件软件[简称：DORADO AMW]V6.0
1344	上海双实科技有限公司	双实集成嵌入式系统教学软件[简称：嵌入式系统教学软件]V1.0
1345	上海梦之路数字科技有限公司	梦之路生物医学虚拟仿真教学软件[简称：多媒体教学软件]V2.0
1346	杰脉通信技术(上海)有限公司	杰脉 TD－SCDMA 网络模拟仪软件 [简称：NetSim100]V1.0
1347	上海毅盛软件技术有限公司	毅盛智能化虹膜识别身份认证软件[简称：毅盛智能虹膜识别身份认证]V2.0
1348	雷富特节能科技(上海)有限公司	雷富特能量回馈单元控制软件[简称：pwmRF]V1.0
1349	联芯科技有限公司	联芯科技音乐播放器动态应用软件[简称：GoKu]V1.0
1350	联芯科技有限公司	联芯科技 TD－SCDMA 无线上网卡管理软件[简称：GSurf]V1.0
1351	上海华钦软件技术有限公司	华钦人才资源管理平台软件 V1.0
1352	上海新浪乐居信息科技有限公司	乐居用户数据库管理软件 V1.0
1353	上海新浪乐居信息科技有限公司	乐居互动社区软件 V1.0
1354	联创汽车电子有限公司	联创 EOBD 检测控制单元软件 V1.0
1355	联创汽车电子有限公司	联创 EDS 诊断控制单元软件 V1.0
1356	上海阿尔卡特网络支援系统有限公司	SANSS Octopus IPTV 终端测试软件 V1.0

1357	上海广电光显技术有限公司	广电光显红外触摸控制软件 V3.0
1358	上海西派埃仪表成套有限公司	西派埃流量标定装置系统管理软件 V2.0
1359	上海翔浩网络技术有限公司	翔浩通信站点数据采集软件 V3.0
1360	上海兆日电源有限公司	兆日电源控制软件 V7.0
1361	丰益(上海)信息技术有限公司	丰益挂牌采购管理软件 V1.0
1362	丰益(上海)信息技术有限公司	丰益银企接口管理平台软件 V1.0
1363	上海飞信信息科技有限公司	飞信公墓售后管理软件 V2.0
1364	上海飞信信息科技有限公司	飞信公墓信息管理软件 V2.0
1365	上海海高通信发展有限公司	海高无线网络管理平台软件 V1.0
1366	上海国视信息科技有限公司	国视传真管理系统应用软件 V1.0
1367	上海直真视通科技有限公司	直真视通乘客信息显示管理软件 V1.0
1368	上海直真视通科技有限公司	直真视通信息发布监控管理软件 V1.0
1369	上海长智系统集成有限公司	长智环保管理信息化公共服务平台软件 V1.0
1370	上海荆艺软件有限公司	荆艺物流-工资管理软件 V1.0
1371	上海海高通信发展有限公司	海高数据应用平台软件 V1.0
1372	上海优浪信息科技股份有限公司	优浪 ViaFilter 语音监控软件 V2.0
1373	上海优浪信息科技股份有限公司	优浪 WhoIsIt 声纹识别软件 V8.0
1374	上海优浪信息科技股份有限公司	优浪 WhatSay 语音搜索引擎软件 V1.0
1375	上海博科资讯股份有限公司	博科“审计之星”教学软件 V6.0
1376	欧唯特信息系统(上海)有限公司	欧唯特 IX 市场营销自动化软件 V1.0
1377	康博嘉信息科技(上海)有限公司	康博嘉绩效管理软件 V2.0
1378	上海夏尔软件有限公司	夏尔法规遵从文件归档软件 V1.0
1379	上海萧华网络科技有限公司	萧华健康体检管理信息软件 V1.0
1380	上海欣泰通信技术有限公司	XT - S IMS - 112 集中测量管理软件 V6B
1381	上海锐起信息技术有限公司	锐起八爪鱼网维中心软件[简称：锐起八爪鱼] V1.0
1382	上海乌龙网络技术发展有限公司	“乌龙学院”英语教育网络学习软件 V1.0
1383	上海尊蓝信息技术有限公司	尊蓝敏捷业务中间件平台软件 V1.0
1384	上海久隆信息工程有限公司	久隆信息网上大学软件 V2.0
1385	上海久隆信息工程有限公司	久隆信息电力企业集成总线软件 V3.5
1386	上海久隆信息工程有限公司	久隆信息电力工程承包商关系管理软件 V1.0
1387	上海久隆信息工程有限公司	久隆信息车辆管理软件 V4.0
1388	上海久隆信息工程有限公司	久隆信息城市 /电力应急指挥平台软件 V1.0
1389	上海久隆信息工程有限公司	久隆信息电力计量装置仓储管理软件 V1.0
1390	上海久隆信息工程有限公司	久隆信息 JAT HelpDesk 服务台软件 V1.0
1391	上海久隆信息工程有限公司	久隆信息电力企业安全管理平台软件 V2008 升级版
1392	上海尧辰网络科技有限公司	尧辰双向互动电视运营支撑软件[简称：双向 BOSS 系统软件] V1.0
1393	上海思普信息技术有限公司	思普产品全生命周期管理软件 V5.0
1394	分众(中国)信息技术有限公司	分众信息媒体策划软件 V1.0
1395	上海东方明珠广播电视研究发展有限公司	东方明珠数字电视覆盖测量软件 V1.0
1396	上海东方明珠广播电视研究发展有限公司	东方明珠数字电视业务支撑软件 V1.0

1397	上海孚盟软件有限公司	孚盟外贸客户关系管理软件[简称：TradeCRM]V5.0
1398	上海征途信息技术有限公司	征途怀旧版游戏软件 V1.0
1399	上海新华电信网络信息有限公司	新华电信 3G 互动娱乐平台管理软件 V1.0
1400	上海协赢软件有限公司	协赢数字教研管理软件 V1.0
1401	上海协赢软件有限公司	协赢数字化教师评估软件[简称：协赢教师评估平台] V1.0
1402	博康数码科技(上海)有限公司	博康 NMS - Pro 客户端软件 V1.0
1403	博康数码科技(上海)有限公司	博康 NMS - Pro 本地终端软件 V1.0
1404	博康数码科技(上海)有限公司	博康 NMS - Pro 配置端软件 V1.0
1405	上海同豪土木工程咨询有限公司	同豪基础设计师软件 V1.0
1406	上海同豪土木工程咨询有限公司	同豪桥梁博士软件 V3.2.0
1407	上海新联纬讯科技发展有限公司	新联 IVS Management 软件[简称：IVS 客流管理] V1.0
1408	上海新联纬讯科技发展有限公司	新联 IVS People Crowd 软件[简称：IVS 拥挤度] V1.0
1409	上海新联纬讯科技发展有限公司	新联 IVS People Counting 软件[简称：IVS 人数统计]
1410	上海贝尔阿尔卡特软件有限公司	贝尔电子政务应用套件软件 V1.0
1411	上海贝尔阿尔卡特软件有限公司	贝尔 WDM 设备管理软件 V2.0
1412	上海贝尔阿尔卡特软件有限公司	贝尔 MSTP 设备管理软件 V2.0
1413	上海贝尔阿尔卡特软件有限公司	贝尔无线互联网平台软件 V1.0
1414	上海南康科技有限公司	南康网络调查专家软件 V1.0
1415	上海圈之圆网络科技有限公司	圈之圆 3GT 手舞忍者软件 V1.0
1416	上海圈之圆网络科技有限公司	圈之圆 3GT 平衡滚球软件 V1.0
1417	上海圈之圆网络科技有限公司	圈之圆 3GT 手舞飞盘软件 V1.0
1418	上海圈之圆网络科技有限公司	圈之圆健身达人软件 V1.0
1419	上海邮政科学研究院	邮科院景区管理软件 V1.0
1420	上海邮政科学研究院	邮科院普遍服务基础设施台账软件 V1.0
1421	上海英迈吉东影图像设备有限公司	Angelplan - EIS1000 电阻抗乳腺诊断软件 V3.3
1422	上海中智计算机技术服务有限公司	中智医院信息管理软件 V4.0
1423	东柏软件科技(上海)有限公司	东柏 Michelle NGCC 多租户多媒体联络中心平台软件 V7.0
1424	上海华平信息技术股份有限公司	AVCON UCC 统一协同通讯软件[简称：AVCON UCC 系统] V6.0
1425	上海华平信息技术股份有限公司	AVCON 高清视频远程医疗软件 V4.6
1426	上海速格信息科技有限公司	速格售后之星软件 V1.0
1427	上海巍运信息科技有限公司	巍运机车检修信息管理软件 V1.0
1428	上海优度宽带科技有限公司	优度游戏代收费软件 V1.0
1429	上海孚恩电子科技有限公司	孚恩 RFID 无线手持终端应用软件[简称：手持终端软件] V1.0
1430	法视特(上海)图像科技有限公司	法视特烟包外观质量在线检查软件 V1.0
1431	上海艾睦网城网络科技有限公司	imo 企业即时通讯和协同办公平台软件 V3.5
1432	上海天跃科技有限公司	天跃 C1 平台软件 V1.0
1433	上海天跃科技有限公司	天跃 C1 电子地图软件 V1.0
1434	上海天跃科技有限公司	天跃 C1 客户端软件 V1.0
1435	结信网络技术服务(上海)有限公司	结信 NLPENGINE 智能解析软件 V1.0
1436	结信网络技术服务(上海)有限公司	结信 E100 - SAS 智能短信客服软件 V1.2
1437	上海邮政科学研究院	邮科院邮件传输质量检测后台管理软件 V1.0

1438	上海海勃物流软件有限公司	海勃 MILE RPS 集装箱码头轮胎吊调度管理软件 V1.0
1439	上海兴候信息科技有限公司	兴候电动机参数监测软件 V1.0
1440	上海兴候信息科技有限公司	兴候行车无线数传软件 V1.0
1441	上海兴候信息科技有限公司	兴候 MIS 软件 V1.0
1442	上海新致软件有限公司	新致资产管理软件 V1.0
1443	上海新致软件有限公司	新致文书编号管理软件 V1.0
1444	上海新致软件有限公司	新致 UC 桌面提醒管理平台软件 V1.0
1445	上海新致软件有限公司	新致新农村村务管理平台软件 V2.0
1446	上海新致软件有限公司	新致医院办公软件 V1.0
1447	上海新致软件有限公司	新致行政处罚管理软件 V1.0
1448	上海新致软件有限公司	新致文档高速搜索引擎软件 V1.0.0
1449	希姆通信息技术(上海)有限公司	希姆通 CDMA2000C 系列手机软件 V1.0
1450	上海高德软件有限公司	高德卫星定位导航研发与应用软件 V1.0
1451	上海卓扬科技有限公司	Accella 视频流转发软件 V1.0
1452	上海卓扬科技有限公司	Accella 视频存储软件 V1.0
1453	上海思亮信息技术有限公司	思亮营销合同管理软件 V1.0
1454	上海北塔软件股份有限公司	BTIM 北塔 IT 综合管理软件 V2.0
1455	上海乾隆高科技有限公司	钱龙证券投资分析软件(LINUX 版)V2.0
1456	上海乾隆高科技有限公司	钱龙股指期货分析软件 V5.0
1457	上海显度数码科技有限公司	SHOW－D VR 商务展示服务平台软件[简称：显度数字] V1.0
1458	思华科技(上海)有限公司	思华手机音乐客户端软件 V3.0
1459	思华科技(上海)有限公司	思华手机电视客户端软件 V3.0
1460	上海三零卫士信息安全有限公司	三零卫士多数据源数据交换过程的批量数据清洗和比对软件 V1.0
1461	上海迪爱斯通信设备有限公司	DS 警情数据上报软件 V1.0
1462	上海迪爱斯通信设备有限公司	DS 综合数字录音软件 V1.0
1463	上海青蓝科技有限责任公司	飞蕾青蓝超声影像报告管理软件 V6.0
1464	上海青蓝科技有限责任公司	飞蕾青蓝病理影像报告管理软件 V6.0
1465	上海青蓝科技有限责任公司	飞蕾青蓝内镜影像报告管理软件 V6.0
1466	上海华普嘉盛信息技术有限公司	华普嘉盛供应链标识管理软件 V1.0
1467	上海兴安得力软件有限公司	兴安得力建设工程造价过程管理软件 V2.0
1468	上海兴安得力软件有限公司	兴安得力预算定额计价软件 V4.5
1469	上海兴安得力软件有限公司	兴安得力工程量清单计价软件 V1.6
1470	英飞达软件(上海)有限公司	英飞达远程医学信息软件[简称：TIS] V3.0
1471	上海诚测电子科技发展有限公司	诚测等速万向节驱动轴性能测试软件[简称：CC－UJDTS V1.0] V1.0
1472	上海医疗器械厂有限公司	三叶高频高压发生器开发软件 V1.1
1473	上海盘石数码信息技术有限公司	盘石计算机仿真取证系统软件[简称：SafeVM] V1.0
1474	上海盘石数码信息技术有限公司	盘石易载镜像助手软件[简称：SafeMount] V1.0
1475	上海软中信息技术有限公司	软中科技行政监察管理软件 V1.0
1476	上海永诺信息技术有限公司	永诺经销商网络信息管理软件 V1.0
1477	上海永诺信息技术有限公司	永诺二手车销售管理软件 V1.0
1478	上海永诺信息技术有限公司	永诺销售体系奖金估算管理软件 V1.0

1479	上海华东电脑股份有限公司	华东管道工程管理信息软件 V1.0
1480	上海华东电脑股份有限公司	华东税控收款机具嵌入式平台软件 V1.0
1481	上海华东电脑股份有限公司	华东金融税控收款机嵌入式平台软件 V1.0
1482	上海华东电脑股份有限公司	华东电子证件阅读机具嵌入式平台软件 V1.0
1483	上海华东电脑股份有限公司	华东项目跟踪管理软件 V1.0
1484	上海华东电脑股份有限公司	华东 IC 卡业务充值软件 V1.0
1485	上海华东电脑股份有限公司	华东 OurFlow 工作流软件 V1.0
1486	上海睿璞信息技术有限公司	睿璞 Bleach CRM 客户关系管理软件 V1.0
1487	新医科技(上海)有限公司	新医 DR 图像处理软件[简称：DxWorks] V1.3.2
1488	中达电通股份有限公司	中达电通大屏幕显示管理 WEB 版软件[简称：Vision DWCS Web] V1.2
1489	上海齐家信息科技有限公司	齐家装潢服务电子商务平台软件 V1.0
1490	上海爱数软件有限公司	爱数备份软件 V3.0
1491	上海致卓信息科技有限公司	致卓工程技术集成软件[简称：TS SYSTEM] V1.0
1492	上海东欣软件工程有限公司	东欣船舶产品设计软件[简称：SPD] V3.0
1493	上海复深蓝信息技术有限公司	复深蓝多渠道测试工具软件 V1.0
1494	展唐通讯科技(上海)有限公司	展唐 CG303 TD 双模数据卡管理软件[简称：展唐 CG303 PC Tool 软件] V1.0
1495	展唐通讯科技(上海)有限公司	展唐 CG 手机资源管理器软件[简称：CG Resource Manager] V1.0
1496	上海文思创新软件技术有限公司	文思知识管理软件 V3.4
1497	上海摩软通讯技术有限公司	摩软 M20 MMI 软件 V1.0.4
1498	上海摩软通讯技术有限公司	摩软 M22 MMI 软件 V1.0.4
1499	上海摩软通讯技术有限公司	摩软 M70 MMI 软件 V1.0
1500	上海华勤通讯技术有限公司	华勤 L16 MMI 软件 V1.0.5
1501	上海华勤通讯技术有限公司	华勤 L100 MMI 软件 V1.1.3
1502	上海华勤通讯技术有限公司	华勤 Q18 MMI 软件 V1.2.6
1503	上海华勤通讯技术有限公司	华勤 Q260 MMI 软件 V1.0
1504	上海华勤通讯技术有限公司	华勤 S808 MMI 软件 V1.1
1505	上海华勤通讯技术有限公司	华勤 T710 MMI 软件 V0.1.6
1506	上海高德威智能交通系统有限公司	高德威摄像机成像控制软件 V2.0
1507	上海高德威智能交通系统有限公司	高德威智能工业相机成像控制软件 V1.0
1508	上海高德威智能交通系统有限公司	高德威数字高清终端服务器软件 V1.0
1509	上海埃帕信息科技有限公司	埃帕 EasyMonitor 业务流程监控软件 V1.0
1510	上海埃帕信息科技有限公司	埃帕 EasyDHCP 认证软件 V1.0
1511	上海埃帕信息科技有限公司	埃帕 EasyAnalysis 用户行为分析软件 V1.0
1512	上海游趣网络科技有限公司	游趣鬼吹灯网络游戏软件[简称：鬼吹灯软件]V1.0
1513	上海博达数据通信有限公司	博达 2000 系列路由器软件[简称：2000 系列路由器软件] V1.0
1514	上海博达数据通信有限公司	博达 3000 系列路由器软件[简称：3000 系列路由器软件] V1.0
1515	上海博达数据通信有限公司	博达 4000 系列路由器软件[简称：4000 系列路由器软件] V1.0
1516	上海博达数据通信有限公司	博达 7000 系列路由器软件[简称：7000 系列路由器软件] V1.0

1517	上海博达数据通信有限公司	博达 S2000 系列交换机软件[简称：S2000 系列交换机软件]V1.0
1518	上海博达数据通信有限公司	博达 S3000 系列交换机软件[简称：S3000 系列交换机软件]V1.0
1519	上海博达数据通信有限公司	博达 S8500 系列交换机软件[简称：S8500 系列交换机软件]V1.0
1520	上海博达数据通信有限公司	博达博御防火墙软件[简称：博御防火墙软件]V9.0
1521	上海博达数据通信有限公司	博达通信语音系列计费认证管理软件[简称：语音系列计费认证管理软件]V3.0
1522	上海博达数据通信有限公司	博达综合网管平台软件[简称：综合网管平台软件]V3.0
1523	上海商软建设工程有限公司	商软多媒体集中控制软件 V1.0
1524	上海安维尔信息科技有限公司	安维尔智能视觉监控软件[简称：智视]V1.0
1525	上海超算并行软件有限责任公司	超算有利基于高性能计算技术的并行 APS 软件[简称：iAPS]V2.0
1526	上海维音企业管理有限公司	维音金融业信息确认软件[简称：EnterpriseFICS]V1.0.0
1527	维音数码(上海)有限公司	维音数码智能排班软件[简称：VisionWFM]V1.0.0
1528	上海埃帕信息科技有限公司	埃帕 EasySell 电子商务平台软件 V1.0
1529	上海埃帕信息科技有限公司	埃帕 Painting 商品管理软件 V1.0
1530	胜科金仕达数据系统(中国)有限公司	金仕达高校后勤服务与管理平台软件[简称：金仕达高校后勤平台软件]V1.0
1531	上海普华诚信信息技术有限公司	普华诚信统一用户授权和管理软件 V1.0
1532	东星软件(上海)有限公司	东星“海啸”游戏引擎软件[简称：海啸]V2.00
1533	上海奇码数字信息有限公司	奇码 BIBO(必播)多媒体信息播发服务软件[简称：BIBO]V1.0
1534	上海慧证软件有限公司	慧证慧眼监测管理软件[简称：HEMS]V1.0
1535	上海慧证软件有限公司	慧证金融商品指数服务软件[简称：HFCICS]V1.0
1536	上海金蝶软件科技有限公司	金蝶集装箱码头信息管理软件[简称：金蝶 K3ERP－CEM]V1.0
1537	埃派克森微电子(上海)有限公司	埃派克森光电键控导航软件[简称：光电键控软件]V1.0
1538	埃派克森微电子(上海)有限公司	埃派克森 2.4G 无线收发控制软件[简称：无线收发软件]V3.2
1539	上海创至计算机科技有限公司	创至法律引用辅助软件[简称：LawRef]V1.0
1540	上海浦东软件平台有限公司	STS 合同管理软件[简称：STS－PMS]V1.0
1541	上海龙宇信息科技有限公司	龙宇税控开票管理培训软件[简称：开票培训软件]V 2.2.7
1542	联芯科技有限公司	联芯科技 TD－SCDMA 终端芯片技术平台嵌入式软件[简称：DTivy]V1.0
1543	联芯科技有限公司	联芯科技 TD－SCDMA 终端播放器软件[简称：LARENA Player]V1.0
1544	联芯科技有限公司	联芯科技 TD－SCDMA 无线模块嵌入式软件[简称：Meco]V4.5
1545	联芯科技有限公司	联芯科技 TD－SCDMA 无线上网卡嵌入式软件[简称：PHYFA]V1.0
1546	上海信杰科技有限公司	信杰关键应用托管管理软件[简称：信杰托管管理软件]V2.0
1547	上海帕科软件科技有限公司	帕科视频图片三屏互动分享软件[简称：ISHOW]V1.0
1548	上海华岭集成电路技术有限责任公司	华岭 FPGA 测试软件 V1.0
1549	上海华岭集成电路技术有限责任公司	华岭数字音视频 SOC 芯片测试软件 V1.0
1550	上海大众科技有限公司	大众基于多车种动态调度策略的营运车辆智能调度监控软件[简称：大众综合调度软件]V1.0

1551	上海乐立电气有限公司	乐立工业自动化控制软件 V2.0
1552	上海量值测控仪器科技有限公司	量值测温元件自动检定软件 V3.0
1553	上海世纪创荣数字信息科技有限公司	世纪创荣英语测评软件 V1.0
1554	倍瑞软件(上海)有限公司	Parasoft C /C+ + 测试工具软件[简称：C+ + test]V7.3
1555	上海白虹软件科技有限公司	白虹 SH-001 单点信息获取软件 V1.0
1556	上海白虹软件科技有限公司	白虹 SH-006 远程信息获取软件 V1.0
1557	上海白虹软件科技有限公司	白虹 SH-999 互联网信息获取软件 V1.0
1558	上海白虹软件科技有限公司	白虹 SH-Email 邮件分析软件 V1.0
1559	未序网络科技(上海)有限公司	未序直播采集客户端软件 V1.5
1560	上海全土豆网络科技有限公司	土豆视频加速器软件 V1.3
1561	上海电科智能系统股份有限公司	SEARI 交通综合信息平台软件 V1.0
1562	上海电科智能系统股份有限公司	电科智能 EXPRC 匝道汇入智能控制器控制软件[简称：电科智能 EXPRC 控制软件]V2.0
1563	上海电科智能系统股份有限公司	SEARI 基于车牌识别的路网交通展示软件 V1.0
1564	上海电科智能系统股份有限公司	SEARI 跨海大桥监控软件 V1.0
1565	上海电科智能系统股份有限公司	SEARI_ETC 混合车道软件 V2.0
1566	丰益(上海)信息技术有限公司	丰益 MM 领料软件 V1.0
1567	丰益(上海)信息技术有限公司	丰益客户信贷管理软件 V1.0
1568	丰益(上海)信息技术有限公司	丰益工作记录管理软件 V1.0
1569	丰益(上海)信息技术有限公司	丰益 PM 业务平台软件 V1.0
1570	上海哥瑞利软件有限公司	哥瑞利 APSwell 生产计划排程软件 V1.0
1571	上海久隆电力科技有限公司	久隆人力资源管理软件 V1.0
1572	上海皓维电子有限公司	皓维 ST-4016R /S 数字硬盘录像机软件 V1.0
1573	上海皓维电子有限公司	皓维 DVR 管理软件 V1.0
1574	上海皓维电子有限公司	皓维智能视频跟踪软件 V1.0
1575	上海亿盟信息技术开发有限公司	亿盟汽车整装企业选装件拉动软件 V1.0
1576	上海俊泽软件有限公司	俊泽无线视频监控业务管理平台软件 V1.0
1577	上海市离心机械研究所有限公司	SCI 污泥脱水成套装置 PLC 电控软件 V1.0
1578	上海正裕色彩软件有限公司	正裕 YP 色彩应用专家软件 V2.0
1579	上海沃克软件有限公司	沃克境内外币支付软件[简称：IN@DAPS] V2.0
1580	上海沃克软件有限公司	沃克小额支付软件[简称：IN@SAPS] V2.0
1581	上海沃克软件有限公司	沃克大额支付软件[简称：IN@LAPS] V2.0
1582	上海沃克软件有限公司	沃克农信银支付清算软件[简称：IN@RAPS] V2.0
1583	上海沃克软件有限公司	沃克前端开发平台软件[简称：VRainbow] V2.0
1584	上海华讯网络存储系统有限责任公司	华讯存储 RemoteReplicator 数据复制软件 V1.0
1585	上海华讯网络存储系统有限责任公司	华讯存储 FileSync 文件同步管理软件 V1.0
1586	上海华讯网络存储系统有限责任公司	华讯存储 DataMigrator 数据迁移软件 V1.0
1587	上海华讯网络系统股份有限公司	华讯网络管理 F5 监控联动软件 V1.0.0
1588	上海华讯网络系统股份有限公司	华讯网络管理通用采集软件 V1.0
1589	上海华申泰格软件有限公司	华申泰格智能卡嵌入式操作软件 V1.0
1590	上海乾隆网络科技有限公司	钱龙黄金眼机构版证券分析软件 V5.80
1591	上海激城网络科技有限公司	激城奈淘 Netoy 游戏软件 V1.0
1592	上海紫归店视网络科技有限公司	紫归呼叫中心软件 V1.0

1593	上海海港通信技术有限公司	海港话费周周报软件 V1.0
1594	上海海港通信技术有限公司	海港 3G 视频客服软件 V1.0
1595	上海久娱网络科技有限公司	久娱科技疯狂飙车游戏软件[简称：疯狂飙车] V1.0
1596	普华基础软件股份有限公司	普华 iLOCK 电子文档安全管理软件 V1.0
1597	上海江润石油科技有限公司	JR 多井分析工具软件 V1.0
1598	上海天畅信息技术有限公司	天畅信息发布软件 V2.0
1599	上海集盛信息技术有限公司	集盛基于 RFID 的畜牧养殖管理软件 V1.0
1600	上海挑战软件技术有限公司	挑战电子印章系统应用软件 V2010
1601	上海中和软件有限公司	中和 HitsNet 慢性疾病管理网络软件 V1.0
1602	上海恒桦可力科技发展有限公司	恒桦可力 10KV 低压线路设计软件 V1.0
1603	上海慧康信息技术有限公司	慧康办公自动化软件 V1.0
1604	上海复旦光华信息科技股份有限公司	光华互联网接处警软件[简称：Gh Web] V1.0
1605	上海复旦光华信息科技股份有限公司	光华网络案件信息管理软件[简称：Gh Case] V1.0
1606	上海复旦光华信息科技股份有限公司	光华报警处置软件[简称：报警处置] V2.0
1607	上海复旦光华信息科技股份有限公司	光华网蛸软件[简称：GH Octopus] V1.0
1608	上海京禾网络科技有限公司	京禾 Apollo 反外挂软件 V1.0
1609	上海新赛达信息技术有限公司	新赛达视频智能分析监控软件 V1.01
1610	上海超捷系统集成有限公司	超捷 Q-Chat 应用软件 V1.0
1611	上海全湾信息科技有限公司	TrustView 信息外泄防护软件
1612	上海高迪亚电子系统有限公司	高迪亚 DFS 微电脑控制软件 V1.0
1613	上海市计算技术研究所	SICT 大型停车场智能管理软件 V1.0
1614	上海安硕软件有限公司	安硕农联信用评级软件 V1.0
1615	上海安硕软件有限公司	安硕农联审批管理软件 V1.0
1616	上海安硕软件有限公司	安硕农联信贷数据采集软件 V1.0
1617	上海安硕软件有限公司	安硕农联统计分析软件 V1.0
1618	上海安硕信息技术有限公司	安硕个人信贷营销过程管理软件 V1.0
1619	上海安硕信息技术有限公司	安硕个人信贷额度管理软件 V1.0
1620	上海安硕信息技术有限公司	安硕个人信贷审批管理软件 V1.0
1621	上海安硕信息技术有限公司	安硕个人信贷客户管理软件 V1.0
1622	上海旻瑞信息技术有限公司	旻瑞统一通讯平台管理软件 V1.0
1623	百联电子商务有限公司	百联智能射频卡 POS 终端软件 V1.0
1624	上海全球卫星导航有限公司	全球GPS/BD1显示设备工作软件 V1.0
1625	上海全球卫星导航有限公司	全球 GPS 显示设备工作软件 V1.0
1626	上海易客便民服务有限公司	易客数字卡直充 POS 终端软件 V1.0
1627	上海益盟软件技术有限公司	操盘手手机证券软件 V2.5
1628	上海南广电子技术有限公司	南洋广告管理软件 V3.0
1629	上海携宁计算机科技有限公司	携宁基金营销管理平台软件 V1.0
1630	上海辰锐信息科技公司	辰锐移动终端安全管理软件 V1.0
1631	上海北辰软件有限公司	北辰音乐治疗软件 V4.0
1632	上海北辰软件有限公司	北辰沙盘治疗管理软件 V1.0
1633	银联数据服务有限公司	银联数据贷记卡客户服务软件 V2.0
1634	银联数据服务有限公司	银联数据前置服务软件 V2.0
1635	银联数据服务有限公司	银联数据借记卡发卡软件 V1.0

1636	银联数据服务有限公司	银联数据预付卡发卡软件 V1.0
1637	上海邦达电子系统工程有限公司	邦达球类比赛 LED 显示软件 V1.0
1638	瑞寰网络科技(上海)有限公司	瑞寰媒体播放器软件 V1.0
1639	上海微和信息技术有限公司	微和金柜酒店管理软件 V2008
1640	上海三盟软件有限公司	三盟 3M 电子文档管理软件 V1.0
1641	上海三盟软件有限公司	三盟 3M 工作流设计软件 V1.0
1642	上海三盟软件有限公司	三盟 3M 设备管理软件 V1.0
1643	东方财富信息股份有限公司	东方财富金融终端软件 V1.0
1644	东方财富信息股份有限公司	东方财富博客软件 V1.0
1645	东方财富信息股份有限公司	东方财富客户关系管理软件 V1.0
1646	东方财富信息股份有限公司	东方财富数字行情软件 V1.0
1647	东方财富信息股份有限公司	东方财富图表行情软件 V1.0
1648	东方财富信息股份有限公司	东方财富美股行情图片生成软件 V1.0
1649	东方财富信息股份有限公司	东方财富 LEVEL－2 行情转发软件 V1.0
1650	东方财富信息股份有限公司	东方财富广告合同软件 V1.0
1651	东方财富信息股份有限公司	东方财富互动社区软件 V1.0
1652	东方财富信息股份有限公司	东方财富模拟炒股软件 V1.0
1653	东方财富信息股份有限公司	东方财富基金估值软件 V1.0
1654	银联数据服务有限公司	银联数据贷记卡数据查询统计软件 V2.0
1655	上海维涛信息技术有限公司	VICTOP 结构化数据管理平台软件 V5.0
1656	上海齐民信息技术有限公司	齐民基于 ebXML 物流智能信息管理软件 V1.0
1657	纬泓软件(上海)有限公司	纬泓 MeToShow 在线文档演示服务软件 V4.0
1658	上海文广科技发展有限公司	文广数字图文电视播出软件 V1.0
1659	上海柯斯软件有限公司	柯斯非接触手机钱包智能卡软件 V1.0
1660	上海柯斯软件有限公司	柯斯零售通专用 SIM 卡操作系统软件 V1.0
1661	上海柯斯软件有限公司	柯斯多 IO 智能卡操作软件 V1.0
1662	上海柯斯软件有限公司	柯斯图形化 SCWS 智能卡软件 V1.0
1663	上海东欣软件工程有限公司	东欣造船生产管理软件 V3.0
1664	上海东欣软件工程有限公司	东欣设备管理软件 V1.0
1665	上海华虹计通智能卡有限公司	HHJT 上海世博会门票销售专用读写器固化软件 V1.0
1666	上海华虹计通智能卡有限公司	HHJT 制票管理软件 V1.0
1667	上海华虹计通智能卡有限公司	HHJT 公交管理系统应用软件 V1.0
1668	上海华虹计通智能卡有限公司	HHJT 轨道交通 AFC 系统车站计算机应用软件 V1.0
1669	精诚恒逸软件有限公司	精诚数据库守望者软件 V1.0
1670	上海普华科技发展有限公司	普华企业多项目管理基础业务平台软件[简称：PBP]V2.0
1671	上海复华保护神信息技术有限公司	复华水循环系统自动监测控制软件 V1.0
1672	上海普华科技发展有限公司	普华企业多项目管理信息门户软件[简称：PEP] V2.0
1673	上海网测通信技术有限公司	网测 114 查号系统平台软件 V1.0
1674	上海网测通信技术有限公司	网测自动催费系统平台软件 V1.0
1675	上海网测通信技术有限公司	网测电信业务电子工单平台软件 V1.0
1676	上海创多软件有限公司	创多 IPD 系统管理软件 V2.0
1677	上海天跃科技有限公司	天跃服务器平台标准版电子地图软件 V1.22
1678	上海天跃科技有限公司	天跃服务器平台标准版多客户远程管理软件 V1.22

1679	上海天跃科技有限公司	天跃服务器平台标准版集中存储服务器软件 V1.22
1680	上海天跃科技有限公司	天跃服务器平台标准版流媒体服务器软件 V1.22
1681	上海天跃科技有限公司	天跃服务器平台标准版软件 V1.22
1682	上海天跃科技有限公司	天跃服务器平台标准版数字矩阵软件 V1.22
1683	上海天跃科技有限公司	天跃服务器平台标准版卫星校时软件 V1.22
1684	上海天跃科技有限公司	天跃服务器平台标准版报警服务器软件 V1.22
1685	上海天跃科技有限公司	天跃服务器平台标准版电视墙解码终端软件 V1.22
1686	上海天跃科技有限公司	天跃服务器平台标准版电视墙管理终端软件 V1.22
1687	上海天跃科技有限公司	天跃服务器平台标准版中心管理服务器软件 V1.22
1688	上海天跃科技有限公司	天跃服务器平台标准版服务器管理终端软件 V1.22
1689	上海瑞柯恩激光技术有限公司	瑞柯恩双头钬激光治疗机控制软件 V1.0
1690	上海星火信息技术有限公司	星火三十六计网页游戏软件 V1.0
1691	上海浦马冶金自控机械工程有限公司	浦马水处理控制软件 V1.0
1692	上海浦马冶金自控机械工程有限公司	浦马加热炉控制软件 V1.0
1693	上海神机软件有限公司	神机妙算施工安全计算平台软件 V18.982
1694	上海神机软件有限公司	神机妙算工程造价计算平台软件 V43.0
1695	上海神机软件有限公司	神机妙算工程量钢筋计算平台软件 V25.0
1696	上海理滋芯片设计有限公司	理滋全功能视频后处理软件 V1.0
1697	上海爱信诺航天信息有限公司	爱信诺发票数据接口软件 V1.0
1698	上海凯德数值信息科技有限公司	凯德 ACA Structure 软件 V1.0
1699	上海超级计算中心	超算中心基于网络技术的高性能计算软件 V1.0
1700	上海超级计算中心	超算中心高性能计算平台的检测软件 V1.0
1701	上海智联腾华软件技术有限公司	智联腾华财务内控管理软件 V1.0
1702	上海自动化仪表股份有限公司	上自仪监控站软件 V1.0
1703	上海自动化仪表股份有限公司	上自仪组态器软件 V1.0
1704	上海自动化仪表股份有限公司	上自仪历史站软件 V1.0
1705	上海新逸科技有限公司	新逸 M8 工程造价结算审计软件 V1.0
1706	上海新逸科技有限公司	新逸 M8 工程竣工决算审计软件 V1.0
1707	上海新逸科技有限公司	新逸财务辅助管控软件 V2.0
1708	上海新逸科技有限公司	新逸 M8 工程管理软件 V1.0
1709	上海新逸科技有限公司	新逸 M8 营收稽核软件 V1.0
1710	上海方立数码科技有限公司	方立 PKI 指纹验证软件 V1.0
1711	上海方立数码科技有限公司	方立嵌入式 PKI 指纹识别软件 V1.0
1712	上海银联商务有限公司	银联商务 POS 程序统一下载管理软件 V1.0
1713	上海银联商务有限公司	银联商务银行卡密钥分发软件 V1.0
1714	上海银联商务有限公司	银联商务 POS 程序版本管理软件 V1.0
1715	上海银联商务有限公司	银联商务 POS 管理员卡管理软件 V1.0
1716	上海中经互联网络有限公司	中经固定资产投资项目管理软件 V1.0
1717	上海迅羽化工工程高技术中心	PVDS 压力容器设计技术条件专家分析软件[简称：PVDS] V3.0
1718	银联数据服务有限公司	银联数据行内交易模拟器软件 V1.0
1719	上海华东电脑系统工程有限公司	华东电脑 LONCOMIP 计算机监控软件 V2.0
1720	上海邮政科学研究院	邮科院 RTCS 软件 V1.0

1721	上海邮政科学研究院	邮科院 OCR 软件 V1.0
1722	远翔信息技术(上海)有限公司	远翔仓库信息管理软件 V1.0
1723	上海协赢软件有限公司	协赢 HSK 语音考试软件 V1.0
1724	上海协赢软件有限公司	协赢市民终生学习卡管理平台服务软件 V1.0
1725	上海锦江电子技术工程有限公司	锦江电子电话录音软件 V1.0
1726	上海泛宇信息技术有限公司	泛宇不良信息监控软件 V1.0
1727	上海锐起信息技术有限公司	锐起商业标准桌面软件[简称:锐起 BSD 系统]V3.0
1728	上海麦杰科技股份有限公司	麦杰 openPlant 分布式企业级实时数据库软件[简称:openPlant]V1.0
1729	上海麦杰科技股份有限公司	麦杰辅控网历史分析软件 V1.0
1730	上海麦杰科技股份有限公司	麦杰图形组态软件[简称:GBuilder]V1.0
1731	上海贝曼元脉信息技术有限公司	贝曼元脉 B-ITMS 宽带增值业务管理平台软件[简称:B-ITMS]V3.0
1732	上海贝曼元脉信息技术有限公司	贝曼元脉 DDNS 动态域名管理应用软件 V1.0
1733	上海贝锐信息科技有限公司	贝锐花生壳远程控制软件 V1.0
1734	上海贝锐信息科技有限公司	贝锐花生壳远程协助软件 V1.0
1735	上海中船船舶设计技术国家工程研究中心有限公司	中船锚泊动力定位软件[简称:AnchorLoc]V1.0
1736	上海中船船舶设计技术国家工程研究中心有限公司	中船船舶型线设计软件[简称:Nubline]V1.0
1737	上海中船船舶设计技术国家工程研究中心有限公司	中船半潜驳配载软件 V1.0
1738	上海中船船舶设计技术国家工程研究中心有限公司	中船油船配载软件[简称:SafeLoad]V1.0
1739	绿驰通讯科技(上海)有限公司	绿驰无限永伴软件[简称:SONbuddy]V1.6
1740	上海宝英光电科技有限公司	宝英 CS-206 红外碳硫分析软件[简称:碳硫分析系统程序]V1.0.0.1
1741	上海宝英光电科技有限公司	宝英 TC-306 氧氮分析软件[简称:氧氮分析系统程序]V1.0.0.1
1742	继德软件(上海)有限公司	继德中小企业贷款期权软件[简称:继德 SMELO]V2.0
1743	继德软件(上海)有限公司	继德大学贷款期权软件[简称:继德 CSLO]V1.0
1744	上海捷奥信息科技有限公司	捷奥银行集中影像业务监督软件[简称:捷奥银行业务监督软件]V1.0
1745	上海捷奥信息科技有限公司	捷奥银行客户对账管理软件[简称:捷奥银行客户对账软件]V1.0
1746	上海捷奥信息科技有限公司	捷奥银行风险预警软件[简称:捷奥风险预警软件]V1.0
1747	上海福璟科技有限公司	福璟 F118 GSM/GPRS 数字移动电话机操作软件[简称:F118 移动电话机系统软件]V2.00
1748	杰脉通信技术(上海)有限公司	杰脉 TD-SCDMA 核心网模拟仪软件[简称:CNSim100]V1.0
1749	上海天缘迪柯信息技术有限公司	天缘迪柯出入境电子政务软件 V1.0
1750	联芯科技有限公司	联芯科技 TD-SCDMA 公板驱动嵌入式软件[简称:SP]V1.0
1751	捷玛计算机信息技术(上海)有限公司	捷玛连锁加盟专卖店软件 V1.0
1752	捷玛计算机信息技术(上海)有限公司	捷玛仓库三维监控软件 V1.0
1753	上海石东信息科技有限公司	Stoneast 学习者数字化成长档案袋软件[简称:Stoneast e-Portfolio]V2.88

1754	胜科金仕达数据系统(中国)有限公司	金仕达合规管理平台软件[简称：合规管理系统]V1.0
1755	胜科金仕达数据系统(中国)有限公司	金仕达证券快枪手软件[简称：快枪手]V8.0
1756	胜科金仕达数据系统(中国)有限公司	金仕达证券快速交易软件[简称：快速交易系统]V3.0
1757	胜科金仕达数据系统(中国)有限公司	金仕达 FIX 金融数据交换平台软件[简称：FIX 平台]V3.0
1758	上海华勤通讯技术有限公司	华勤 V99 MMI 软件 V1.0.5
1759	上海华勤通讯技术有限公司	华勤 S550 MMI 软件 V1.0.7
1760	上海华勤通讯技术有限公司	华勤 L90 MMI 软件 V1.1.3
1761	上海华勤通讯技术有限公司	华勤 K790 MMI 软件 V1.0.6
1762	上海华勤通讯技术有限公司	华勤 F210 MMI 软件 V1.0
1763	上海华勤通讯技术有限公司	华勤 S630 MMI 软件 V1.1.2
1764	上海世范软件技术有限公司	世范新一代消息总线软件 V1.0
1765	上海安帮科技有限公司	安帮原料贮运信息管理软件 V1.0
1766	上海将烁信息技术有限公司	将烁 OMO 广告管理软件 V1.0
1767	华院分析技术(上海)有限公司	华院迪乐网软件[简称：迪乐网]V4.0
1768	华院分析技术(上海)有限公司	华院分析宝软件[简称：分析宝]V1.0
1769	华院分析技术(上海)有限公司	华院分析宝软件[简称：分析宝]V2.0
1770	华院分析技术(上海)有限公司	华院迪乐网软件[简称：迪乐网]V3.0
1771	上海龙软数码科技发展有限公司	龙软自动化检索工具软件[简称：检索工具]V1.0
1772	上海可鲁系统软件有限公司	DAPAMRStudio 抄表集中器配置调试工具软件[简称：DAPAMRStudio]V1.0
1773	上海可鲁系统软件有限公司	iSVGCore 图形解析器软件[简称：iSVGCore]V1.0
1774	上海本略信息科技有限公司	BSimple RCL 需求配置语言开发平台软件[简称：RCL 开发平台]V1.0
1775	上海伟凡数据系统有限公司	伟凡通用企业数据采集软件 V1.0
1776	上海辰锐信息科技公司	辰锐视频安全接入软件 V1.0
1777	上海辰锐信息科技公司	辰锐集中监控与管理软件 V2.2
1778	上海辰锐信息科技公司	辰锐短信安全接入网关软件 V1.0
1779	上海辰锐信息科技公司	辰锐终端安全管理软件 V1.0
1780	上海承立智能科技有限公司	承立智能停车设备控制软件 V3.0
1781	上海东富龙信息技术有限公司	东富龙 4000 型真空冷冻干燥机控制软件 V1.0
1782	上海东富龙信息技术有限公司	东富龙 3000 型真空冷冻干燥机控制软件 V1.0
1783	上海东富龙信息技术有限公司	东富龙 1000 型自动进出料设备控制软件 V1.0
1784	上海爱斯佩克环境设备有限公司	爱斯佩克温湿度试验箱控制软件 V3.0
1785	中国船舶重工集团公司第七一一研究所	SMDERI 船舶机舱自动化系统生成软件 V1.0
1786	中国船舶重工集团公司第七一一研究所	SMDERI 嵌入式网关 OPC 服务器软件 V1.0
1787	中国船舶重工集团公司第七一一研究所	SMDERI 船舶机舱网络实时数据管理软件 V1.0
1788	上海同畅信息技术有限公司	同畅手机账簿软件 V1.0
1789	上海可鲁系统软件有限公司	DAPAMR 集中抄表软件 V1.0
1790	上海博阳精讯信息科技有限公司	博阳企业业务流程管理软件[简称：EBPM]V1.0
1791	上海伦勤信息系统有限公司	伦勤卓越人力资本运营平台软件[简称：伦勤人力资本平台]V2.0
1792	上海阿尔卡特网络支援系统有限公司	SANSS 网信业务系统应用软件 V1.0
1793	上海阿尔卡特网络支援系统有限公司	SANSS PON 112 测试软件 V1.0

1794	上海全景数字技术有限公司	全景广播媒体资产共享软件 V1.0
1795	上海全景数字技术有限公司	全景 On_demand 视频点播应用软件 V2.0
1796	上海全景数字技术有限公司	全景 STB Network 机顶盒网络管理软件 V2.0
1797	上海全景数字技术有限公司	全景嵌入式浏览器软件 V1.7
1798	上海全景数字技术有限公司	全景 DVT5500EU 基本交互型机顶盒软件 V3.0
1799	上海全景数字技术有限公司	全景多媒体发布软件 V2.0
1800	上海全景数字技术有限公司	全景交互数字电视节目目录发布管理软件 V2.0
1801	上海全景数字技术有限公司	全景音视频实时推送软件 V1.0
1802	上海全景数字技术有限公司	全景 EasyMedia 发布软件 V1.0
1803	上海全景数字技术有限公司	全景数字电视升级软件 V1.0
1804	上海全景数字技术有限公司	全景基于同轴承载以太网设备的控制软件 V1.0
1805	上海全景数字技术有限公司	全景基于同轴承载以太网设备的网页管理软件 V1.0
1806	上海全景数字技术有限公司	全景基于同轴承载以太网设备的管理信息库软件 V1.0
1807	上海神开石油化工装备股份有限公司	SK 钻井信息传输发布软件 V2.0
1808	上海神开石油化工装备股份有限公司	SK 录井信息实时监测平台软件 V2.0
1809	上海未来宽带技术及应用工程研究中心有限公司	B-STAR 面向互动电视的信息推送软件 V1.0
1810	上海未来宽带技术及应用工程研究中心有限公司	B-STAR 面向互动电视的视频内容管理软件 V1.0
1811	上海望友信息科技有限公司	VayoPro-DFM Expert 软件[简称：DFM 软件]V3.0
1812	鼎亿数码科技(上海)有限公司	e 挥妙手厨心软件 V1.0
1813	鼎亿数码科技(上海)有限公司	e 挥趣味钓鱼 2 软件 V1.0
1814	鼎亿数码科技(上海)有限公司	e 挥平衡球软件 V1.0
1815	鼎亿数码科技(上海)有限公司	e 挥乒乓球 2 软件 V1.0
1816	上海海能信息科技有限公司	海能结晶器液位自动控制软件 V1.0
1817	上海实甲电子科技有限公司	SAGE 基于 TwinCAT 的重量控制监控软件 V1.0
1818	上海航娴智能系统有限公司	航娴进销存管理软件 V1.0
1819	上海肯仪软件有限公司	Keny 智能电磁流量计软件 V1.0
1820	上海肯仪软件有限公司	Keny 智能涡街流量计软件 V1.0
1821	上海交通大学医学院附属瑞金医院	瑞金区域共享平台软件 V1.0
1822	上海交通大学医学院附属瑞金医院	瑞金区域共享网站软件 V1.0
1823	上海鸣志自动控制设备有限公司	“小神探”设备点检管理软件 V1.0
1824	上海瑞创网络科技发展有限公司	瑞创 CDN 监控工具软件 V1.0
1825	丰益(上海)信息技术有限公司	丰益批量创建提单管理软件 V1.0
1826	上海祺升信息科技有限公司	祺升樱花国际日语软件 V3.0
1827	上海璟华信息科技有限公司	璟华 ZipHR 薪酬体系管理软件 V2009
1828	上海璟华信息科技有限公司	璟华 ZipKPP 关键绩效管理平台软件 V2009
1829	上海璟华信息科技有限公司	璟华 ZipHR 能力素质管理软件 V2009
1830	上海中和软件有限公司	中和 C++应用测试软件 V1.0
1831	上海瑞星软件有限公司	《零售动力》零售分销管理软件 V9.0
1832	上海瑞星软件有限公司	《零售动力》人事管理软件 V1.0
1833	上海瑞星软件有限公司	《零售动力》连锁零售通讯(CC)软件 V8.0
1834	上海悠悠理财信息科技有限公司	UU 理财通软件 V1.0

1835	上海蓝迪数码科技有限公司	蓝迪 18D 网上购物平台软件 V1.0
1836	上海战诚电子科技有限公司	战诚 ZC001 平板电视操作软件 V1.0
1837	上海天正智能数据服务有限公司	天正绩效考核软件 V2.0
1838	上海天律信息技术有限公司	马克威统计分析和数据挖掘网络应用软件[简称：马克威分析系统网络版]V2.0
1839	上海科企软件有限公司	科企 HyperDeskTop 软件 V3.0
1840	上海天彤信息科技有限公司	天彤就业援助管理软件 V1.0
1841	上海贞安精硕广告有限公司	贞安精硕网络广告数据监控软件 V1.0
1842	上海华博数码科技有限公司	华博互动式 4D 动感游戏平台软件 V1.0
1843	上海井星信息科技有限公司	井星 Wilcom CRM 软件 V1.0
1844	上海中标软件有限公司	中标普华邮件服务器软件 V5.0
1845	上海中标软件有限公司	中标普华高可用服务器软件 V5.0
1846	上海中标软件有限公司	中标普华安全邮件服务器软件 V5.0
1847	大展信城信息科技(上海)有限公司	大展软件开发流程管理软件 V1.0
1848	上海同印软件科技有限公司	同印社保政企协同办公软件 V1.0
1849	上海舜信通信科技有限公司	舜信海关信息系统安全运行管理平台软件 V1.0
1850	上海比特瑞旺信息技术有限公司	比特瑞旺 Serv-U 文件服务器软件 V9.0
1851	上海星联信息技术有限公司	星联信吉通邮件中间件软件 V1.0
1852	上海星联信息技术有限公司	星联信吉通短信中间件软件 V1.0
1853	上海星联信息技术有限公司	星联信吉通传真中间件软件 V1.0
1854	上海星联信息技术有限公司	星联 ITIL 运维管理软件 V1.0
1855	上海航天能源有限公司	航天能源通用可配置 GPRS/CDMA 通讯软件 V2.0
1856	恩梯梯数据英特玛软件系统(上海)有限公司	英特玛企业级应用软件开发平台软件 V6.0
1857	上海广野软件有限公司	广野市容环卫车辆监控调度软件 V1.0
1858	上海远恒电子工程有限公司	远恒连锁经营管理模拟实习平台软件 V2.0
1859	上海远恒电子工程有限公司	远恒报关模拟实习平台软件 V1.0
1860	上海鑫剑信息技术有限公司	鑫剑新课程标准学生智能选课软件 V8.0
1861	上海鑫剑信息技术有限公司	鑫剑校务通智能管理软件 V8.0
1862	上海鑫剑信息技术有限公司	鑫剑在线考试软件 V6.0
1863	上海鑫剑信息技术有限公司	鑫剑校园网信息发布软件 V6.0
1864	上海伯俊软件科技有限公司	伯俊商务智能分析软件 V1.0
1865	上海数聚软件系统有限公司	猎兔智能垂直搜索软件 V1.0
1866	上海三吉电子工程有限公司	三吉交通通信平台软件 V1.0
1867	上海顶竹通讯技术有限公司	顶竹 i3G 融合业务平台软件[简称：i3G]V1.0
1868	杰佛伦西威自动化科技(上海)有限公司	杰佛伦西威 AVyL 电梯专用变频器软件 V1.0
1869	卓行(上海)网络科技有限公司	卓行维信通手机安全卫士软件[简称：维信通手机安全卫士]V1.0
1870	鹏昆科技(上海)有限公司	鹏昆 Euratex 全自动悬吊系统控制及管理软件 V4.7
1871	上海复旦网络信息工程有限公司	复旦网络消防控制室图形显示装置软件 V1.0
1872	上海复旦网络信息工程有限公司	复旦网络城市火灾自动报警信息软件 V2.0
1873	上海欣能信息科技发展有限公司	欣能缺陷深度挖掘研究及应用软件 V1.0
1874	上海欣能信息科技发展有限公司	欣能基于 GIS 的调度工作管理软件 V1.0

1875	上海欣能信息科技发展有限公司	欣能架空线高效巡线管理软件 V1.0
1876	上海欣能信息科技发展有限公司	欣能配电电网及用户信息一体化管理软件 V1.0
1877	上海欣能信息科技发展有限公司	欣能配网异常信息管理软件 V1.0
1878	上海鹏达计算机系统开发有限公司	鹏达汽车拆装教学实训平台软件[简称：汽车拆装实训教学平台]V1.0
1879	上海鹏达计算机系统开发有限公司	鹏达整车虚拟检测与排故系统管理软件[简称：虚拟检测与排故系统]V1.0
1880	上海鹏达计算机系统开发有限公司	鹏达国际商务教学实训平台软件[简称：国际商务教学实训平台]V1.0
1881	上海万象仪器有限公司	万象 V2008 色谱工作站软件 V2.0
1882	上海许继电气有限公司	许继发电厂继电保护故障信息综合管理软件 V1.0
1883	上海汉康管理软件有限公司	汉康 Netup 管理软件 V7.0
1884	仟游软件科技(上海)有限公司	仟游 NBA 2K9 PS3 游戏软件 V1.0
1885	仟游软件科技(上海)有限公司	仟游 Don King Boxing WII 游戏软件 V1.0
1886	仟游软件科技(上海)有限公司	仟游 Bioshock PC 游戏软件 V1.0
1887	上海金桥信息工程有限公司	金桥数字化会议智能发言管理软件 V1.0
1888	上海金桥信息工程有限公司	金桥无线表决扩展应用软件 V1.0
1889	上海东源计算机自动化工程有限公司	东源港口码头设备资产管理软件 V1.0
1890	上海东源计算机自动化工程有限公司	东源散货码头生产管理系统 B/S 版软件 V1.0
1891	上海东源计算机自动化工程有限公司	东源港口危险品堆场安全洒水软件 V1.0
1892	上海华势信息科技有限公司	智付通终端支付软件 V2.8
1893	上海康汇通信信息网络有限公司	康汇通信 CRM 客户关系管理软件 V1.0
1894	上海京城高新技术开发有限公司	华师京城交互式电子白板软件 V1.0.0
1895	上海展英通信息技术有限公司	展英通 Z998 手机软件 V1.0
1896	上海展欣通信技术有限公司	展欣 Z92 手机软件 V1.0
1897	上海井星信息科技有限公司	井星 wilcom 呼叫中心 CTI 软件 V2.0
1898	上海时代光华教育发展有限公司	时代光华大学生职业化网络培训平台软件 V1.0
1899	上海三瑞信息技术有限公司	三瑞-药品 RFID 专用数据处理中间件软件 V1.0
1900	上海金桥信息工程有限公司	金桥世博信息发布系统管理平台软件 V1.0
1901	网强信息技术(上海)有限公司	网强 IT 流程管理软件 V1.0
1902	网强信息技术(上海)有限公司	网强上网行为管理软件 V1.0
1903	上海过河兵电子商务有限公司	Elite 考试培训软件 V2.0
1904	上海过河兵软件科技有限公司	Elite 排班中心软件 V2.0
1905	上海永为信息科技有限公司	永为无线网络监测管理软件 V1.0
1906	上海永为信息科技有限公司	永为无线网络监测软件 V1.0
1907	上海硕星通信科技有限公司	硕星 GPRS/GSM 综合 GPS 软件 V3.0
1908	上海长江新成计算机系统集成有限公司	长江新成集中式运维管理平台软件 V1.0
1909	上海盛凯信息科技有限公司	盛凯干部人事管理信息软件 V1.0
1910	上海全波通信技术有限公司	全波自适应全数字预校正软件 V1.0
1911	上海旗开软件有限公司	旗开基于 SOA 架构的 IPTV 业务运营支撑管理软件 V1.0
1912	润百计算机(上海)有限公司	润百灵动终端管理软件 V1.0
1913	汉军智能系统(上海)有限公司	汉军一卡通平台管理软件 V3.5
1914	上海贝尔阿尔卡特软件有限公司	贝尔信息监控平台软件[简称：ISCP]V4.1

1915	上海贝尔阿尔卡特软件有限公司	贝尔8950资源管理软件V1.0
1916	国信朗讯科技网络技术有限公司	国信朗讯下一代网络综合管理软件V1.0
1917	国信朗讯科技网络技术有限公司	国信朗讯移动网络资源管理软件V1.0
1918	国信朗讯科技网络技术有限公司	国信朗讯电信专业管线资源管理软件V3.0
1919	国信朗讯科技网络技术有限公司	国信朗讯多业务激活软件V1.0
1920	国信朗讯科技网络技术有限公司	国信朗讯综合资源管理软件V1.0
1921	国信朗讯科技网络技术有限公司	国信朗讯资源调拨软件V1.0
1922	上海内燃机研究所	内燃机研究所主减壳选垫机软件V1.0
1923	上海内燃机研究所	内燃机研究所主锥选垫机软件V1.0
1924	上海内燃机研究所	内燃机研究所锁夹安装及检测软件V1.0
1925	上海汽车集团股份有限公司商用车技术中心	上汽集团新能源车数据处理软件V1.0
1926	上海光华印刷机械有限公司	光华ACC墨量控制软件V1.0
1927	上海光华印刷机械有限公司	光华BT440控制软件V1.0
1928	上海麦拓科新通讯有限公司	麦拓科新通讯mTalk电话会议软件V1.0
1929	上海携宁计算机软件有限公司	携宁"一致预期"软件V1.0
1930	上海帝联信息科技发展有限公司	帝联CDN流量聚合分析软件V1.0
1931	上海菱通软件技术有限公司	菱通运输管理软件V1.0
1932	上海海天信息系统工程有限公司	海天电力节能信息化管理软件V1.0
1933	上海海天信息系统工程有限公司	海天医院病员点餐软件V1.0
1934	维布络信息科技(上海)有限公司	维布络性能分析助手软件[简称:Wipro Profiler]V1.0
1935	宇博信诚(上海)信息技术有限公司	宇博信诚ABS核心银行软件V1.0
1936	上海中仿计算机科技有限公司	康索COMSOL Multiphysics软件V4.0
1937	上海影响力网络科技发展有限公司	影响力岗位能力通软件V1.5
1938	上海创识天沪信息科技有限公司	创识天沪IC商务卡电子钱包业务软件V2.6
1939	上海创识天沪信息科技有限公司	创识E-POS主控程序软件V5.0
1940	上海侨爱信息科技有限公司	侨爱机关公文二维条码制作管理软件V1.1
1941	上海逸智电子信息工程有限公司	逸智电子工商e通软件V1.0
1942	上海卓诚科技有限公司	金翼Kingneed ERP条码应用软件V2.0
1943	西特斯(上海)信息技术有限公司	西特斯流媒体视频广告解决方案软件V2.0
1944	上海天跃科技有限公司	天跃S1平台标准版电视墙解码终端软件V1.0
1945	上海天跃科技有限公司	天跃S1平台标准版电视墙管理终端软件V1.0
1946	上海天跃科技有限公司	天跃S1平台标准版报警服务器软件V1.0
1947	上海天跃科技有限公司	天跃S1平台标准版多客户远程管理软件V1.0
1948	上海天跃科技有限公司	天跃S1平台标准版中心管理服务器软件V1.0
1949	上海天跃科技有限公司	天跃S1平台标准版卫星校时软件V1.0
1950	上海天跃科技有限公司	天跃S1平台标准版数字矩阵软件V1.0
1951	上海天跃科技有限公司	天跃S1平台标准版软件V1.0
1952	上海天跃科技有限公司	天跃S1平台标准版流媒体服务器软件V1.0
1953	上海天跃科技有限公司	天跃S1平台标准版服务器管理终端软件V1.0
1954	上海天跃科技有限公司	天跃S1平台标准版集中存储服务器软件V1.0
1955	上海天跃科技有限公司	天跃S1平台标准版电子地图软件V1.0
1956	上海天跃科技有限公司	天跃S2平台标准版服务器管理终端软件V1.0

1957	上海天跃科技有限公司	天跃 S2 平台标准版中心管理服务器软件 V1.0
1958	上海天跃科技有限公司	天跃 S2 平台标准版数字矩阵软件 V1.0
1959	上海天跃科技有限公司	天跃 S2 平台标准版软件 V1.0
1960	上海天跃科技有限公司	天跃 S2 平台标准版流媒体服务器软件 V1.0
1961	上海天跃科技有限公司	天跃 S2 平台标准版集中存储服务器软件 V1.0
1962	上海天跃科技有限公司	天跃 S2 平台标准版多客户远程管理软件 V1.0
1963	上海天跃科技有限公司	天跃 S2 平台标准版电子地图软件 V1.0
1964	上海天跃科技有限公司	天跃 S2 平台标准版电视墙解码终端软件 V1.0
1965	上海天跃科技有限公司	天跃 S2 平台标准版电视墙管理终端软件 V1.0
1966	上海天跃科技有限公司	天跃 S2 平台标准版报警服务器软件 V1.0
1967	上海天跃科技有限公司	天跃 S2 平台标准版卫星校时软件 V1.0
1968	上海天跃科技有限公司	天跃服务器平台企业版报警服务器软件 V1.0
1969	上海天跃科技有限公司	天跃服务器平台企业版电子地图高级终端软件 V1.0
1970	上海天跃科技有限公司	天跃服务器平台企业版电视墙解码终端软件 V1.0
1971	上海天跃科技有限公司	天跃服务器平台企业版服务器管理终端软件 V1.0
1972	上海天跃科技有限公司	天跃服务器平台企业版电视墙管理终端软件 V1.0
1973	上海天跃科技有限公司	天跃服务器平台企业版中心管理服务器软件 V1.0
1974	上海天跃科技有限公司	天跃服务器平台企业版卫星校时软件 V1.0
1975	上海天跃科技有限公司	天跃服务器平台企业版软件 V1.0
1976	上海天跃科技有限公司	天跃服务器平台企业版流媒体服务器软件 V1.0
1977	上海天跃科技有限公司	天跃服务器平台企业版多客户远程管理软件 V1.0
1978	上海天跃科技有限公司	天跃服务器平台企业版电子地图软件 V1.0
1979	上海预言软件有限公司	预言“猛龙行动”3D 街机射击游戏软件 V1.0
1980	上海复旦光华信息科技股份有限公司	光华互联网全文搜索软件[简称：全文搜索]V1.0
1981	上海卓越睿新数码科技有限公司	G2SCHOOL 网络教学平台软件 V2.0
1982	上海卓越睿新数码科技有限公司	卓越智能教室集控软件 V2.0
1983	上海卓越睿新数码科技有限公司	卓越远程录播辅助软件 V2.0
1984	上海卓越睿新数码科技有限公司	G2SCHOOL 教学视频中心软件 V2.0
1985	上海泛仁自动化系统有限公司	泛仁智能批量控制器软件 V1.0
1986	上海华彩科技有限公司	华彩自动瑕疵分类软件 V1.0
1987	上海力铭科技有限公司	力铭商业汇票业务电子化综合处理平台软件[简称：BBSP] V2.0
1988	上海力铭科技有限公司	力铭商业汇票业务电子化综合处理平台 Smart 版软件[简称：BBSP Smart]V1.0
1989	上海力铭科技有限公司	力铭企业票据综合管理软件[简称：企业票据系统]V3.0
1990	上海力铭科技有限公司	力铭商业汇票业务电子化综合处理平台 Smart+版软件[简称：BBSP Smart+]V1.0
1991	上海宇龙软件工程有限公司	宇龙汽车维修仿真软件 V3.3
1992	上海恒为信息科技有限公司	恒为 OptiWay 协议处理控制软件 V2.0
1993	上海恒为信息科技有限公司	恒为 FPE 高性能数据流处理加速卡驱动软件[简称：FPE Driver]V1.0
1994	上海伟志文化传播有限公司	伟志目标参照性学习诊断软件 V1.0
1995	上海浪沙软件有限公司	RUNSA 分销管理软件 V264.0
1996	上海浪沙商业软件有限公司	RUNSA 零售管理软件 V1.0

1997	上海复旦光华信息科技股份有限公司	光华通讯工程实施过程管理软件[简称：GH-PECS]V1.0
1998	上海复旦光华信息科技股份有限公司	光华网上人口管理软件[简称：网民管理]V1.0
1999	上海复旦光华信息科技股份有限公司	光华数字证书安全审计软件[简称：TrustyLink Audit Server]V1.2
2000	上海复旦光华信息科技股份有限公司	光华故障管理软件[简称：Gh Fault Manager]V1.0
2001	上海复旦光华信息科技股份有限公司	光华公司项目管理软件[简称：项目管理]V1.0
2002	上海益盟软件技术有限公司	益盟操盘手趋势通证券分析软件 V1.0
2003	上海力信测量技术有限公司	力信 TS50 轨道检测软件[简称：TS50]V2.0
2004	上海力信测量技术有限公司	力信 TS500 轨道后处理软件[简称：TS500]V2.0
2005	上海力信测量技术有限公司	力信 CRTS I 型板精调软件[简称：TS10]V2.0
2006	上海力信测量技术有限公司	力信 CRTS II 型板精调软件[简称：TS20]V2.0
2007	上海美宁计算机软件有限公司	证券之星时尚 iPhone 版软件 V1.0
2008	上海美宁计算机软件有限公司	证券之星财富天玑星手机版软件 V1.0
2009	上海美宁计算机软件有限公司	证券之星全网联通 JAVA 版手机行情软件 V1.0
2010	上海畅星智能系统有限公司	畅星航空图片加工软件 V1.0
2011	上海畅星智能系统有限公司	畅星图书信息管理软件 V1.0
2012	上海畅星智能系统有限公司	畅星成本分摊工具软件 V1.0
2013	上海博康智能信息技术有限公司	博康智能视频检测识别软件 V2.0
2014	上海博康通信技术研发有限公司	博康公交智能调度系统应用软件 V3.0
2015	上海博康通信技术研发有限公司	博康 NMS-Pro 配置端软件 V2.0
2016	上海博康通信技术研发有限公司	博康 NMS-Pro 客户端软件 V2.0
2017	上海博康通信技术研发有限公司	博康 VIS 操作台软件 V4.0
2018	上海博康通信技术研发有限公司	博康 VIS 配置管理软件 V4.0
2019	上海博康通信技术研发有限公司	博康 NMS-Pro 本地终端软件 V2.0
2020	上海博康通信技术研发有限公司	博康 VIS 服务器软件 V4.0
2021	上海怡科信息科技有限公司	怡科 YKTermSec 终端安全传输加密服务器软件 V12.05
2022	上海杰星船舶科技有限公司	杰星船用装载计算软件 V7.0
2023	上海盘石数码信息技术有限公司	盘石计算机现场取证系统软件[简称：SafeImager]V2.0
2024	上海盘石数码信息技术有限公司	盘石计算机安全检查系统软件[简称：SafeChecker]V1.0
2025	上海理想信息产业(集团)有限公司	理想 RFID 应用中间件软件 V1.0
2026	上海理想信息产业(集团)有限公司	理想企业网关管理平台软件 V1.0
2027	上海理想信息产业(集团)有限公司	理想 RFID 仓储管理软件 V1.0
2028	上海理想信息产业(集团)有限公司	理想企业办公助手软件 V1.0
2029	上海理想信息产业(集团)有限公司	理想企业协同办公软件 V2.8
2030	上海理想信息产业(集团)有限公司	理想融合通信软件 V1.0
2031	上海理想信息产业(集团)有限公司	理想号百商城商务软件 V1.0
2032	上海理想信息产业(集团)有限公司	理想号码百事通信息中心平台软件 V1.0
2033	上海理想信息产业(集团)有限公司	理想品牌农产品信息管理软件 V1.0
2034	上海理想信息产业(集团)有限公司	理想"商务领航"专业市场 E 通软件 V1.5
2035	上海理想信息产业(集团)有限公司	理想业务营运软件 V1.0
2036	上海理想信息产业(集团)有限公司	理想综合故障派修软件 V1.0
2037	上海三旗通信科技有限公司	三旗通信 TM66 数据卡软件 V1.0
2038	上海三旗通信科技有限公司	三旗通信 W800 游戏机软件 V1.0

2039	上海三旗通信科技有限公司	三旗通信电容式触摸屏输入法方案软件 V1.0
2040	龙旗科技(上海)有限公司	龙旗科技 H610B 手机软件 V1.0
2041	龙旗科技(上海)有限公司	龙旗科技 AT 调试工具软件 V1.0
2042	龙旗科技(上海)有限公司	龙旗科技 WQ350B 手机软件 V1.0
2043	龙旗科技(上海)有限公司	龙旗科技 TV550B 手机软件 V1.0
2044	龙旗科技(上海)有限公司	龙旗科技 N600B 手机软件 V1.0
2045	龙旗科技(上海)有限公司	龙旗科技 X830B 手机软件 V1.0
2046	龙旗科技(上海)有限公司	龙旗科技 M660A 手机软件 V1.0
2047	龙旗科技(上海)有限公司	龙旗科技 E800A 手机软件 V1.0
2048	龙旗科技(上海)有限公司	龙旗科技 N281A 手机软件 V1.0
2049	龙旗科技(上海)有限公司	龙旗科技 V750A 手机软件 V1.0
2050	龙旗科技(上海)有限公司	龙旗科技 IT100 手机软件 V1.0
2051	龙旗科技(上海)有限公司	龙旗科技手机测试平台通用软件 V1.0
2052	龙旗科技(上海)有限公司	龙旗科技问必答软件 V1.0
2053	上海拿诺信息技术有限公司	拿诺信息百通安信透明终端管理软件 V1.0
2054	上海掌铃通网络科技有限公司	掌铃通网关日志提取工具软件 V1.0
2055	上海掌铃通网络科技有限公司	掌铃通道具编辑器软件 V1.0
2056	上海慧智计算机技术有限公司	慧智综合办公软件 V1.0
2057	上海万达信息系统有限公司	万达在线查询分析系统应用软件 V1.0
2058	上海康时信息系统有限公司	康时元数据管理软件 V1.0
2059	上海派博软件有限公司	派博网吧管理软件 V4.0
2060	上海派博软件有限公司	派博网络游戏管理及市场数据监控软件 V1.0
2061	上海新浩艺软件有限公司	新浩艺 Pubwin2009 网吧计费管理软件 V1.0
2062	上海新浩艺软件有限公司	新浩艺信佑无盘管理软件 V1.0
2063	上海艺为网络科技有限公司	艺为影音新视界网吧电影管理软件 V1.0
2064	上海预言软件有限公司	预言 NDS 系统开发工具包软件 V1.0
2065	上海中信信息发展股份有限公司	光典数字档案馆业务综合管理软件 V1.0
2066	上海超捷系统集成有限公司	超捷 WAP GW 应用软件 V1.0
2067	上海超捷系统集成有限公司	超捷 3G IVVR 应用软件 V1.0
2068	上海中兴软件有限责任公司	中兴 P103B2GSM 移动通信软件 V1.0
2069	上海中兴软件有限责任公司	中兴 P103B9GSM 移动通信软件 V1.0
2070	上海中兴软件有限责任公司	中兴 A139GSM 移动通信软件 V1.0
2071	上海中兴软件有限责任公司	中兴 P109AGSM 移动通信软件 V1.0
2072	上海中兴软件有限责任公司	中兴 V1231GSM 移动通信软件 V1.0
2073	上海中兴软件有限责任公司	中兴 E810GSM 移动通信软件 V1.0
2074	上海中兴软件有限责任公司	中兴 MZ 系列无线网卡通信软件 V1.0
2075	上海中兴软件有限责任公司	中兴 A10GSM 移动通信软件 V1.0
2076	上海中兴软件有限责任公司	中兴 V136GSM 移动通信软件 V1.0
2077	上海中兴软件有限责任公司	中兴 A316GSM 移动通信软件 V1.0
2078	上海中兴软件有限责任公司	中兴 MF68WCDMA 监控通信软件 V1.0
2079	上海中兴软件有限责任公司	中兴电视系列 WCDMA 移动通信软件 V1.0
2080	上海中兴软件有限责任公司	中兴 T6WCDMA 移动通信软件 V1.0
2081	上海中兴软件有限责任公司	中兴 MF608 无线接入通信软件 V1.0

2082	上海中兴软件有限责任公司	中兴 P30A1+TD/CMMB 移动通信软件 V1.0
2083	上海中兴软件有限责任公司	中兴 U110TD/GSM 移动通信软件 V1.0
2084	上海中兴软件有限责任公司	中兴 P950TD 移动通信软件 V1.0
2085	上海中兴软件有限责任公司	中兴 U210TD/HSDPA 移动通信软件 V1.0
2086	上海中兴软件有限责任公司	中兴 98 系列 TD/EDGE 移动通信软件 V1.0
2087	上海中兴软件有限责任公司	中兴 D300CDMA 移动通信软件 V1.0
2088	上海中兴软件有限责任公司	中兴 P510A1GSM 移动通信软件 V1.0
2089	上海中兴软件有限责任公司	中兴 P7 系列智能移动通信软件 V1.0
2090	上海亿凯信息技术有限公司	亿凯嵌入式多媒体图像 EC 纠错软件[简称：Error Concealment]V1.0
2091	上海尤真电子科技有限公司	尤真嵌入式系统集成开发环境(MIPS)软件[简称：UniIDE] V1.0
2092	艾宾信息技术开发(上海)有限公司	艾宾辅助软件开发工具软件[简称：ABeam PSD Studio]V1.0
2093	上海天缘迪柯信息技术有限公司	天缘迪柯线索分析软件 V1.0
2094	上海天缘迪柯信息技术有限公司	天缘迪柯入境外国人全过程动态管控软件 V1.0
2095	上海早道网络技术有限公司	早道手机动态密码软件[简称：手机令牌软件]V1.0
2096	上海浦东软件平台有限公司	STS 嵌入式课件大赛报名软件[简称：报名软件]V1.0
2097	上海爱可生信息技术有限公司	爱可生电力低速音频信号处理器软件[简称：音频处理器] V3.0
2098	上海爱可生信息技术有限公司	爱可生 MySQL 数据库备份软件 V1.0
2099	上海张江药谷信息技术服务有限公司	药谷药品采购信息技术服务管理软件[简称：药品采购管理平台]V1.0
2100	上海成生科技有限公司	成生污染源普查数据库应用软件 V1.0
2101	上海大秦信息技术有限公司	大秦游戏软件 V1.0
2102	上海浦东软件园股份有限公司	浦软展示与交易平台软件 V1.0
2103	上海浦东软件园股份有限公司	浦软技术支撑平台软件 V1.0
2104	上海浦东软件园股份有限公司	浦软人才服务平台软件 V1.0
2105	上海万象信息科技有限公司	万象 3G 手机网络游戏引擎软件[简称：万象 3G 游戏引擎] V1.0
2106	上海瑞高信息技术有限公司	瑞高移动多媒体紧急广播业务系统管理软件[简称：EBC] V1.0
2107	上海蓝思软件技术有限公司	蓝思蓝光播放机软件[简称：BluWare]V1.0
2108	上海聚星仪器有限公司	聚星 LED 测试软件[简称：VISN_LED2]V2.0
2109	上海聚星仪器有限公司	聚星无线电监测软件 V1.0
2110	上海聚星仪器有限公司	聚星射频信号仿真器软件 V1.0
2111	上海金仕达多媒体有限公司	金仕达科研管理软件[简称：科研管理软件]V1.0
2112	上海金仕达多媒体有限公司	金仕达数字迎新管理软件[简称：数字迎新管理软件]V1.0
2113	上海金仕达多媒体有限公司	金仕达多媒体教学课件软件(数学四年级第一学期)[简称：多媒体教学课件]V1.0
2114	上海金仕达多媒体有限公司	金仕达多媒体学习软件(英语四年级第一学期)[简称：多媒体学习软件]V1.0
2115	上海金仕达多媒体有限公司	金仕达多媒体学习软件(数学四年级第一学期)[简称：多媒体学习软件]V1.0
2116	上海金仕达多媒体有限公司	金仕达多媒体教学课件软件(英语四年级第一学期)[简称：多媒体教学课件]V1.0

2117	上海金仕达多媒体有限公司	金仕达多媒体教学课件软件(语文五年级第一学期)[简称:多媒体教学课件]V1.0
2118	上海金仕达多媒体有限公司	金仕达多媒体学习软件(语文四年级第一学期)[简称:多媒体学习软件]V1.0
2119	上海宝信软件股份有限公司	宝信[一体化监控指挥平台数据处理服务]软件[简称:iCV-DPS]V5.0
2120	上海宝信软件股份有限公司	宝信[一体化监控指挥平台集中配置]软件[简称:iCV-CC]V5.0
2121	上海宝信软件股份有限公司	宝信企业信息化平台软件(iPlatware on Net)[简称:iPlat4net]V3.5
2122	上海宝信软件股份有限公司	宝信企业信息化平台软件(iPlatware on Java)[简称:iPlat4j]V3.0
2123	上海宝信软件股份有限公司	宝信高炉过程控制软件[简称:Auto process-BF]V1.0
2124	京瓷信息系统(上海)有限公司	京瓷海外出货管理软件[简称:SKWM]V1.0
2125	上海金蝶软件有限公司	金蝶 KIS 医院王软件 V8.1
2126	上海大智慧网络技术有限公司	大智慧金融交易终端超赢数据软件 V4.02
2127	上海杰瑞信息科技有限公司	杰瑞通用协议分析仪软件[简称:通用协议分析仪]V1.0
2128	上海杰瑞信息科技有限公司	杰瑞潜艇作战系统模拟器软件[简称:潜艇作战系统模拟器]V1.0
2129	上海杰瑞信息科技有限公司	杰瑞专用操控模块设计开发工具软件[简称:专用操控模块设计开发工具]V1.0
2130	上海杰瑞信息科技有限公司	杰瑞通用协议设计与分析工具软件[简称:通用协议设计与分析工具]V1.0
2131	上海杰瑞信息科技有限公司	杰瑞综合图形图像显示人机界面开发工具软件[简称:TSDVisio]V1.0
2132	上海杰瑞信息科技有限公司	杰瑞软件部署管理工具软件[简称:软件部署管理工具]V1.0
2133	上海杰瑞信息科技有限公司	杰瑞表页显示软件设计工具软件[简称:表页显示软件设计工具]V1.0
2134	上海杰瑞信息科技有限公司	杰瑞基于 CORBA 中间件技术的远程故障检测诊断软件[简称:远程故障检测诊断软件]V1.0
2135	上海奇略信息科技有限公司	奇略金融实时信息软件[简称:奇略金融]V1.0
2136	上海鸿利数码科技有限公司	鸿利魔界 onweb 游戏软件[简称:魔界 onweb]V1.0
2137	上海鸿利数码科技有限公司	鸿利魔界 II online 网络游戏软件[简称:魔界 II]V2.0
2138	上海利驰软件有限公司	利驰 电气 CAD 软件 SuperWORKS IEC 版软件 V2008
2139	上海本安仪表系统有限公司	本安汽车总线输入输出模块软件 V1.0
2140	上海本安仪表系统有限公司	本安总线汽车数字组合仪表软件 V1.0
2141	上海网波信息技术有限公司	网波水量水质同步监测信息服务软件 V1.00
2142	上海网波信息技术有限公司	网波水文水资源信息服务软件 V1.00
2143	上海润进信息技术有限公司	润进简易 MIS 软件[简称:润进简易 MIS]V1.0
2144	上海青和自控成套设备有限公司	青和动力站电动机自动控制软件[简称:BF-DLZ]V6.52
2145	上海埃林哲软件系统有限公司	皆得益企业管理软件[简称:皆得益]V8.12.2
2146	上海国宽信息科技有限公司	国宽集成接口指纹仪 OCX 指纹算法控件软件 V1.0
2147	上海中瑞软件技术有限公司	中瑞 webhr 人力资源管理软件 V6.0
2148	上海新虹伟信息技术有限公司	新虹伟文娱业治安信息管理客户端软件 V1.0
2149	思尔芯(上海)信息科技有限公司	思尔芯 TAI Player Pro 软件[简称:TAI Player Pro]V3.1

2150	上海丽正软件技术有限公司	丽正环境监测站数据管理系统软件[简称：EMCMIS]V1.0
2151	上海丽正软件技术有限公司	丽正近岸海域环境质量监测数据管理系统软件[简称：EMCSIS]V1.0
2152	上海熙菱信息技术有限公司	熙菱石油化工企业柔性绩效管理中间件软件 V1.0
2153	上海风格软件有限公司	风格数字电视监测管理软件 V1.0
2154	上海锐合通信技术有限公司	锐合无绳通讯模块应用平台软件 V1.0.0
2155	华院分析技术(上海)有限公司	华院分析用户信用评价软件[简称：用户信用评价系统]V2.0
2156	华院分析技术(上海)有限公司	华院分析用户信用评价软件[简称：用户信用评价系统]V1.0
2157	华院分析技术(上海)有限公司	华院分析移动行业指标展示工具软件[简称：移动行业指标展示工具软件]V1.0
2158	华院分析技术(上海)有限公司	华院分析价值分析和营销管理软件[简称：华院分析精确营销软件]V1.0
2159	上海景瑞信息技术有限公司	景瑞-网络视频监控软件[简称：Genedu WebWatcher]V1.0
2160	上海达梦数据库有限公司	达梦数据库管理系统软件 V6.0
2161	上海大全赛奥法电气科技有限公司	大全赛奥法 ITU100 保护特性远程测试软件[简称：ITU100 远程测试]V1.0
2162	上海大全赛奥法电气科技有限公司	大全赛奥法塑壳断路器漏电特性控制软件[简称：MCCB 漏电控制]V1.0
2163	霍尼韦尔综合科技(中国)有限公司	霍尼韦尔 MWF 脚本自动设计生成软件 V1.0
2164	霍尼韦尔综合科技(中国)有限公司	霍尼韦尔 AV8OR 嵌入式航空天气显示软件 V1.0
2165	霍尼韦尔综合科技(中国)有限公司	霍尼韦尔弃权审批管理软件 V1.0
2166	霍尼韦尔综合科技(中国)有限公司	霍尼韦尔驾驶舱仪表显示仿真软件 V1.0
2167	霍尼韦尔综合科技(中国)有限公司	霍尼韦尔 UIO 控制器软件 V1.0
2168	上海外高桥造船有限公司	CSSC - SEM 物资管理软件 V1.0
2169	上海外高桥造船有限公司	CSSC - SEM 生产管理软件 V1.0
2170	上海外高桥造船有限公司	CSSC - SEM 设计管理软件 V1.0
2171	上海外高桥造船有限公司	CSSC - SEM 客户意见管理软件 V1.0
2172	上海电信通信设备有限公司	电信 ZGX - 25 机房告警监控软件 V1.0
2173	上海电信通信设备有限公司	电信智能访客管理软件 V1.0
2174	上海文广互动电视有限公司	SiTV 媒体资产管理软件 V1.0
2175	上海优捷信息技术有限公司	优捷宽带接入控制终端软件 V2.0
2176	上海优捷信息技术有限公司	优捷宽带接入控制管理软件 V2.0
2177	上海中远资讯科技有限公司	中远资讯中国区航运拼箱业务管理软件[简称：CORIS LCL]V1.0
2178	上海中远资讯科技有限公司	中远资讯全球船舶综合调度管理软件 V1.0
2179	上海中远资讯科技有限公司	中远资讯全球集装箱滞期费管理软件 V1.0
2180	上海中远资讯科技有限公司	中远资讯船舶业务通用管理软件[简称：VMIS] V1.0
2181	上海中远资讯科技有限公司	中远资讯 IT 运维智能分析平台软件[简称：ITOMP]V1.0
2182	上海中远资讯科技有限公司	中远资讯集装箱设备维修通用管理软件 V1.0
2183	上海鸣志自动控制设备有限公司	“小神探”移动点检管理软件 V1.0
2184	上海鸣志自动控制设备有限公司	“小神探”设备状态监测与远程诊断软件 V1.0
2185	上海团结普瑞玛激光设备有限公司	团结普瑞玛平面激光切割机数控软件 V1.0
2186	上海团结普瑞玛激光设备有限公司	团结普瑞玛激光切割工艺数据库管理软件 V1.0
2187	上海团结普瑞玛激光设备有限公司	UNITY - PRIMA 激光 CNC 软件 V1.0

2188	上海阿尔卡特网络支援系统有限公司	SANSS 电信传输业务处理平台软件 V1.0
2189	麦网信息技术(上海)有限公司	麦考林网上交易平台软件 V1.0
2190	中国船舶重工集团公司第七一一研究所	SMDERI QYK-01 型主机遥控装置控制软件 V1.0
2191	中国船舶重工集团公司第七一一研究所	SMDERI 主机及柴油发电机组试验台监测软件 V1.0
2192	中国船舶重工集团公司第七一一研究所	SMDERI 发动机相位获取软件 V1.0
2193	上海强生科技有限公司	强生出租车智能顶灯控制软件 V1.0
2194	上海强生科技有限公司	强生公共交通卡收费 POS 机软件 V1.0
2195	上海强生科技有限公司	强生公交智能终端软件 V1.0
2196	上海正品贵德软件有限公司	正品 G6 连锁餐饮管理软件 V8.0
2197	上海正品贵德软件有限公司	正品 G6 餐饮管理软件 V8.0
2198	上海埃德电子股份有限公司	埃德 MUX-B 数字复用接口设备控制软件 V2.0
2199	上海埃德电子股份有限公司	埃德 ADESA 以太网交换机软件 V2.0
2200	上海大峡谷光电科技有限公司	大峡谷 DMX 调光大师软件 V1.0
2201	上海工业自动化仪表研究所	SIPAI 检验测试管理软件 V1.0
2202	上海埃威航空电子有限公司	埃威 AWENA-1 船舶智能导航仪软件 V1.0
2203	上海埃威航空电子有限公司	埃威 HX-800 AIS 智能避碰仪软件 V1.0
2204	上海思达分析仪器有限责任公司	思达气相色谱仪控制软件 V3.0
2205	上海申达自动防范系统工程有限公司	申达泄漏电缆入侵探测器控制软件 V2.0
2206	上海盖世网络技术有限公司	盖世客户化供应商排名软件 V2.0
2207	上海霍莱沃电子系统技术有限公司	SMART 多传感器耦合成像分析工具软件 V1.0
2208	上海鲍麦克斯电子科技有限公司	POWERMAX 工业缝纫机简易交流伺服系统控制软件[简称:小博士] V3600
2209	上海鲍麦克斯电子科技有限公司	POWERMAX 工业平缝机伺服系统控制软件 V0201
2210	上海鲍麦克斯电子科技有限公司	POWERMAX 直驱式伺服系统控制软件 V200
2211	上海世纪创荣数字信息科技有限公司	世纪创荣辞海标准化数据平台软件 V1.0
2212	上海世纪创荣数字信息科技有限公司	世纪创荣辞海部首输入检索软件 V1.0
2213	上海世纪创荣数字信息科技有限公司	世纪创荣辞海交叉检索软件 V1.0
2214	上海世纪创荣数字信息科技有限公司	世纪创荣辞海拼音输入检索软件 V1.0
2215	上海世纪创荣数字信息科技有限公司	世纪创荣辞海数字内容版权保护软件 V1.0
2216	上海世纪创荣数字信息科技有限公司	世纪创荣辞海四角号码输入检索软件 V1.0
2217	上海世纪创荣数字信息科技有限公司	世纪创荣辞海笔画输入检索软件 V1.0
2218	上海欣菱计算机科技有限公司	欣菱海事业务综合管理软件 V2.0
2219	上海交技发展股份有限公司	交技隧桥预案演练及业务培训软件 V1.0
2220	上海交技发展股份有限公司	交技 iScope 交通一体化监控平台软件 V2.0
2221	上海迪通实业有限公司	迪通仓库管理软件[简称:Ditong WMsoftware]V1.5
2222	上海付费通信息服务有限公司	付费通电子账单集中式呈递应用软件[简称:EBCPAS] V1.0
2223	上海付费通信息服务有限公司	付费通 ORAS 网上授权代扣公用事业费软件[简称:ORAS] V1.1
2224	上海国尚软件开发有限公司	国尚监所工具管理软件[简称:JTM]V2.0
2225	上海竞天科技股份有限公司	竞天视频监控综合安防软件[简称:GVSS]V1.0
2226	上海金蝶软件科技有限公司	金蝶传媒行业管理软件[简称:Kingdee MRS]V1.0
2227	盛绩信息技术(上海)有限公司	盛绩《功夫小子》网络游戏软件[简称:功夫小子]V1.8.1
2228	盛绩信息技术(上海)有限公司	盛绩《传奇世界》网络游戏软件[简称:传奇世界] V1.978

2229	盛绩信息技术(上海)有限公司	盛绩《疯狂赛车 II》网络游戏软件[简称：疯狂赛车 II]V2.0
2230	盛绩信息技术(上海)有限公司	盛绩《新英雄年代》网络游戏软件[简称：新英雄年代]V0.989
2231	盛绩信息技术(上海)有限公司	盛绩《纵横天下(贰)》网络游戏软件[简称：纵横天下(贰)]V2.0
2232	上海缔一投资管理有限公司	缔一金融证券决策分析软件[简称：缔一金融终端]V1.0
2233	上海龙健信息技术科技有限公司	LongKey 物流运输报关业务综合支撑软件 V1.0
2234	上海金鑫计算机系统工程有限公司	长江金鑫 i-Lanta 多媒体数字影音点播软件 V1.0
2235	上海金鑫计算机系统工程有限公司	金鑫网络信息自动采集软件 V1.0
2236	敏创软件(上海)有限公司	敏创多账户企业邮件管理软件 V1.0
2237	上海裕日软件有限公司	裕日开发代码生成工具软件 V1.0
2238	上海同磊土木工程技术有限公司	同磊斜拉桥集成分析设计软件 V1.0
2239	上海旻瑞信息技术有限公司	旻瑞档案管理软件 V1.0
2240	上海旻瑞信息技术有限公司	旻瑞项目管理软件 V1.0
2241	上海旻瑞信息技术有限公司	旻瑞行政许可管理软件 V1.0
2242	上海旻瑞信息技术有限公司	旻瑞绩效考核管理软件 V1.0
2243	加勋电脑科技(上海)有限公司	加勋讲解大师软件 V1.0
2244	加勋电脑科技(上海)有限公司	加勋学习博客网软件 V1.0
2245	加勋电脑科技(上海)有限公司	加勋数字版权管理软件 V1.0
2246	加勋电脑科技(上海)有限公司	加勋编辑大师软件 V1.0
2247	腾龙电子技术(上海)有限公司	腾龙 DT Digital Signage 信息发布软件 V1.5
2248	腾龙计算机软件(上海)有限公司	腾龙面向日本用户图形界面软件 V1.0
2249	虎天信息技术(上海)有限公司	虎天企业工作管理软件 V1.0
2250	上海美宁计算机软件有限公司	证券之星手机行情(BREW 版)软件 V1.0
2251	上海交大高新技术股份有限公司	舒达控制系统终端软件 V3.0
2252	上海交大高新技术股份有限公司	舒达交通信号自适应控制系统应用软件 V3.2
2253	上海交大高新技术股份有限公司	舒达控制系统图形生成软件 V1.1
2254	上海西霭梯信息技术开发有限公司	西霭梯仓库温度监控软件 V1.0
2255	上海东软时代数码技术有限公司	东软企业仓库联网管理信息软件 V1.0
2256	东软集团(上海)有限公司	东软医疗系统财务管理软件 V1.0
2257	上海众烁信息科技有限公司	达芬奇密码动态身份认证软件 V7.1
2258	上海长江数码科技有限公司	长江多媒体信息发布平台软件 V2.1
2259	上海全球卫星导航有限公司	全球 BD1 移动终端设备工作软件 V1.0
2260	上海全球卫星导航有限公司	全球 GPS/BD1 移动终端设备工作软件 V1.0
2261	上海晨阑数据技术有限公司	VE-I 企业信息集成管理软件 V3.0[简称：VE-I]
2262	嘉辰信息科技(上海)有限公司	嘉辰汽车保险服务平台软件 V1.0
2263	上海汇驿软件有限公司	汇驿物流管理软件 V1.0
2264	上海汉勤信息技术有限公司	汉勤 Infocean 存储软件 V2.5
2265	上海税友软件有限公司	税友出口退税数据保护软件 V1.0
2266	上海艾泰科技有限公司	艾泰无线网关 ReOS 网络操作系统软件 V1.2
2267	上海思群科技发展有限公司	思群贷记卡软件 V1.0
2268	上海秀派电子科技有限公司	秀派电子标签嵌入式软件 V1.0
2269	上海秀派电子科技有限公司	秀派防拆卸型电子标签嵌入式软件 V1.0
2270	上海秀派电子科技有限公司	秀派电子标签读写器嵌入式软件 V1.0

2271	上海秀派电子科技有限公司	秀派电子锁标签嵌入式软件 V1.0
2272	上海三高计算机中心股份有限公司	三高 Datalog 数据监管平台软件 V2.0
2273	展唐通讯科技(上海)有限公司	展唐 CG 手机移动快讯业务客户端软件[简称:DCD] V1.0
2274	上海环思信息技术有限公司	环思纺织服装贸易管理软件 V4.1
2275	慧国(上海)软件科技有限公司	慧国基于 DAB/DAB+技术的数字广播应用软件 V1.0
2276	上海数慧系统技术有限公司	数慧 CAD-GIS 融合平台软件 V1.0
2277	上海数慧系统技术有限公司	数慧业务基础平台软件 V3.2
2278	上海延展信息科技有限公司	延展营销通管理软件 V1.0
2279	上海嵌润信息科技有限公司	嵌润嵌入式 VX Works 下 SBP2 设备软件 V1.0
2280	上海东软时代数码技术有限公司	东软医疗机构医保收费及结算软件 V1.0
2281	上海拓新计算机科技有限公司	拓新企业培训管理软件 V1.0
2282	上海同颉软件有限公司	同颉工程量计算软件 V2.1
2283	上海俊泽软件有限公司	俊泽移动监控手机终端软件 V1.0
2284	上海新华控制技术(集团)有限公司	新华实时数据库软件[简称:XH-fS]V1.0
2285	上海新华控制技术(集团)有限公司	新华数码控制系统 XDC800 应用软件[简称:OnXDC] V1.1
2286	上海天游软件有限公司	天游游乐场软件 V1.0
2287	上海精佑通信科技有限公司	精佑手机 M616 功能软件 V2.0
2288	上海精佑通信科技有限公司	精佑手机 M801 功能软件 V2.0
2289	上海精佑通信科技有限公司	精佑手机 M8 功能软件 V2.0
2290	上海精佑通信科技有限公司	精佑手机 M15 功能软件 V3.0
2291	上海精佑通信科技有限公司	精佑手机 M8 功能软件 V3.0
2292	趋势科技(中国)有限公司	趋势科技中小企业网络与邮件安全版软件 V5.0
2293	趋势科技(中国)有限公司	趋势科技中小企业网络安全版软件 V5.0
2294	上海天若电脑科技发展有限公司	天若财产管理软件 V1.1
2295	上海暴雨信息科技有限公司	暴雨盛世 Online 游戏软件 V1.0
2296	上海暴雨信息科技有限公司	暴雨宠物小精灵 Online 网络游戏软件 V1.0
2297	上海暴雨信息科技有限公司	暴雨 Fone 2D 游戏引擎软件 V1.0
2298	上海民航华东通信网络发展有限公司	华东空管飞行计划处理应用软件 V1.0
2299	上海北塔软件股份有限公司	BTNM 北塔网络运维管理软件 V3.9
2300	上海络安信息技术有限公司	络安 webcare 智能网络监控软件 V2.0
2301	韵礴诗软件技术(上海)有限公司	韵礴诗 R 内嵌统计分析平台软件 V1.0
2302	上海美华系统有限公司	美华交通运输管理实训软件 V2.0
2303	运软网络科技(上海)有限公司	运软虚拟化桌面管理软件 V1.0
2304	上海雅朴网络科技有限公司	雅朴 RFID 仓储物流管理软件 V1.0
2305	上海期货信息技术有限公司	NGES 交易监控软件 V1.0
2306	上海期货信息技术有限公司	Futures Ideal 诚信档案管理软件 V1.0
2307	上海期货信息技术有限公司	Futures Ideal 规则平仓软件 V1.0
2308	上海期货信息技术有限公司	NGES 深度行情软件 V1.0
2309	上海天奇网络信息技术有限公司	天奇反垃圾邮件网关软件 V2.0
2310	上海有利软件有限公司	有利商贸管理软件 V9.21
2311	上海有利软件有限公司	有利高级生产管理软件 V9.23
2312	上海有利软件有限公司	有利小型生产管理软件 V9.22
2313	上海得元信息科技有限公司	得元敏速 web 测试工具软件 V1.0

2314	上海中标软件有限公司	中标普华高级服务器软件 V5.0
2315	上海维响信息科技有限公司	visTeam 图档管理软件 V1.0
2316	万达信息股份有限公司	万达信息资源集成平台软件 V4.0
2317	万达信息股份有限公司	万达应用安全中间件软件 V3.0
2318	上海万达信息系统有限公司	万达决策后相关信息聚集分析软件 V1.2
2319	万达信息股份有限公司	万达社会保障一体化平台软件 V2.0
2320	上海万达信息系统有限公司	万达扫描之星系统应用软件 V1.0
2321	万达信息股份有限公司	万达应用监控软件 V2.0
2322	上海中科软科技有限公司	中科软短信服务平台软件 V1.0
2323	上海蓝核信息技术有限公司	蓝核 NetFlowProbe 网络流量探针软件 V1.0
2324	上海仰邦软件科技有限公司	仰邦 BX－T LED 显示屏信息管理软件[简称：BX－T] V1.0
2325	上海仰邦软件科技有限公司	仰邦 BX－E LED 显示屏信息管理软件[简称：BX－E]V1.0
2326	上海仰邦软件科技有限公司	仰邦 BX－C LED 显示屏信息管理软件[简称：BX－C]V1.0
2327	上海仰邦软件科技有限公司	仰邦 BX－A LED 显示屏信息管理软件[简称：BX－A]V1.0
2328	上海仰邦软件科技有限公司	仰邦 BX－M LED 显示屏信息管理软件[简称：BX－M]V1.0
2329	上海仰邦软件科技有限公司	仰邦 BX－Q LED 显示屏信息管理软件[简称：BX－Q]V1.0
2330	上海艾诺科软件有限公司	艾诺科 RichMax 国际贸易管理软件 V2.0
2331	携程旅游网络技术(上海)有限公司	携程旅行网电子保险网络销售平台软件 V1.0
2332	上海天宸信息科技开发有限公司	天宸 GPS 物流管理软件 V1.0
2333	鼎捷软件有限公司	神州数码易杰软件(精装版)V1.0
2334	上海新中新猎豹交通科技股份有限公司	新中新猎豹高清摄像机控制软件 V1.0
2335	上海新中新猎豹交通科技股份有限公司	新中新猎豹 LED 闪光灯控制软件 V1.0
2336	趋势科技(中国)有限公司	趋势科技 Threat Discovery Appliance 软件 V2.5
2337	上海领意信息技术有限公司	领意小额支付接入软件 V1.03
2338	上海领意信息技术有限公司	领意银行大额支付接入软件 V1.03
2339	上海思慧德安防设备有限公司	思慧德 Legic 编程软件 V1.0
2340	上海贝电实业股份有限公司	贝电动力环境监控区域管理软件 V1.0
2341	上海瀚讯无线技术有限公司	瀚讯 MiWAVE－E 基站应用软件 V1.0
2342	上海景格汽车科技有限公司	景格汽车仿真教学软件 V4.0
2343	上海景格汽车科技有限公司	景格汽车虚拟实训中心软件 V2.0
2344	上海全成通信技术有限公司	全成数据业务运营平台软件 V4.0
2345	一飞软件科技(上海)有限公司	一飞国际物流软件 V4.7
2346	上海交大慧谷信息产业股份有限公司	交大慧谷 MediaMaster2.0 全方位大屏幕数字媒体显示软件 V2.0
2347	上海交大慧谷信息产业股份有限公司	交大慧谷 MediaMaster 大屏幕显示系统数字媒体应用内容管理软件 V1.0
2348	上海交大慧谷信息产业股份有限公司	交大慧谷 WIT_CCFrame 呼叫中心管理平台软件 V2.0
2349	戴文信息科技(上海)有限公司	戴文 Davyin Drupal 应用软件 V1.0
2350	上海芝柯打印技术有限公司	ULT 系列便携式打印机软件 V1.0
2351	上海金力信息技术有限公司	金力钢材市场全面信息化管理软件[简称：钢材市场全面信息化管理软件] V5.0
2352	上海金力信息技术有限公司	金力管理软件[简称：金力软件] V8.0
2353	上海先锋商泰电子技术有限公司	先锋商泰汽车导航器开发辅助模拟器软件 V1.0

2354	上海先锋商泰电子技术有限公司	先锋商泰 GPS 导航仪 light 欧美版软件 V1.0
2355	上海先锋商泰电子技术有限公司	先锋商泰 JP 数字电视接收机软件 V2.0
2356	商泰软件(上海)有限公司	商泰家庭多媒体播放器软件 V1.0
2357	商泰软件(上海)有限公司	商泰蓝光 DVD 播放器软件 V1.0
2358	商泰软件(上海)有限公司	商泰考勤管理软件 V1.0
2359	上海新策科技有限公司	新策 SAP 数据收集软件[简称：SAP－DCS] V1.0
2360	上海紫光机械有限公司	紫光嵌入式 ZXJD450/16 胶订线软件 V1.0
2361	上海紫光机械有限公司	紫光嵌入式 YR420WZ 柔版印刷机软件 V1.0
2362	上海市数字证书认证中心有限公司	UniTrust CA 中心软件 V3.0
2363	上海市数字证书认证中心有限公司	UniTrust RA 中心软件 V3.0
2364	上海电通信息服务有限公司	电通 Project Management 软件 V1.0
2365	上海上大海润信息系统有限公司	上大海润门禁管理软件 V2.1.2
2366	上海御智电子科技有限公司	御智 93K－J750 测试平台转换软件 V2.0
2367	上海岳能软件有限公司	岳能信息管理平台软件 V2.0
2368	上海共远信息技术有限公司	共远燃气产销差分析软件 V1.26
2369	上海盛软信息科技有限公司	盛软企业管理辅助软件 V2.0
2370	上海微卡软件有限公司	微卡布卡管理先锋软件 V3.0
2371	上海影响力网络科技发展有限公司	影响力企业能力资源管理平台软件 V1.5
2372	恩梯梯数据英特玛软件系统(上海)有限公司	英特玛工作流软件开发平台软件 V6.0
2373	恩梯梯数据英特玛软件系统(上海)有限公司	英特玛应用软件开发平台软件 V6.0
2374	恩梯梯数据英特玛软件系统(上海)有限公司	英特玛进销存管理软件 V6.0
2375	恩梯梯数据英特玛软件系统(上海)有限公司	英特玛考勤管理软件 V6.0
2376	恩梯梯数据英特玛软件系统(上海)有限公司	英特玛协同办公软件 V6.0
2377	上海华文自动化系统工程有限公司	华文基于 Linux 的嵌入式可编程自动化控制器软件 V1.0
2378	上海恒名软件有限公司	恒名一卡通管理中心软件 V1.0
2379	上海市数字证书认证中心有限公司	UniTrust 分布式证书验证软件 V2.0
2380	上海雪鲤鱼计算机科技有限公司	雪鲤鱼手机娱乐引擎平台软件 V1.8
2381	上海双威通讯网络有限公司	双威协同办公管理软件 V1.0
2382	泰思通软件(上海)有限公司	TS－IFMS/CSMS 集中告警与大客户网管系统软件 V1.0
2383	上海骥傲信息科技发展有限公司	骥傲 Fusion 1000 大屏边缘融合软件 V1.0
2384	丹华水利环境技术(上海)有限公司	DHI MIKE 11 一维水模拟软件 V2009
2385	丹华水利环境技术(上海)有限公司	DHI MIKE BASIN 水资源规划模拟软件 V2009
2386	丹华水利环境技术(上海)有限公司	DHI MIKE FLOOD 洪水模拟软件 V2009
2387	丹华水利环境技术(上海)有限公司	DHI MIKE URBAN 城市管网模拟软件 V2009
2388	丹华水利环境技术(上海)有限公司	DHI LITPACK 海岸线变迁模拟软件 V2009
2389	丹华水利环境技术(上海)有限公司	DHI MIKE 3 三维水模拟软件 V2009
2390	丹华水利环境技术(上海)有限公司	DHI MIKE SHE 地下水模拟软件 V2009
2391	丹华水利环境技术(上海)有限公司	DHI MIKE 21 二维水模拟软件 V2009
2392	泰为信息科技(上海)有限公司	泰为手机导航网络版软件 V5.2

2393	上海优思通信科技有限公司	优思手机电话防火墙软件 V1.0
2394	上海优思通信科技有限公司	优思手机短信防火墙软件 V1.0
2395	上海曼恒数字技术有限公司	曼恒 Pyrosim 中文版火灾模拟软件 V1.0
2396	上海曼恒数字技术有限公司	曼恒 EON 中文版虚拟现实软件 V1.0
2397	上海预言软件有限公司	预言 MJ 特别版舞蹈游戏软件 V1.0
2398	上海乾隆网络科技有限公司	钱龙买卖先锋证券分析软件 V5.80
2399	上海亚太计算机信息系统有限公司	SZYYT 中医脉象数字化分析软件 V1.0
2400	上海立派信息技术有限公司	立派进出口管理软件 V1.0
2401	上海中桓数字自动化设备科技有限公司	中桓压铸机实时 MIS 软件 V1.0
2402	上海美勋智软件科技有限公司	美勋智内容缓存软件 V4.0
2403	上海安捷力信息系统有限公司	安捷力第三方供应链管理社区软件 V1.0.0
2404	上海农业信息有限公司	上农信农业信息服务协同平台软件 V1.0
2405	上海农业信息有限公司	上农信水稻生产管理信息软件 V1.0
2406	上海交通大学医学院附属瑞金医院	瑞金电子病历软件 V1.0
2407	上海交通大学医学院附属瑞金医院	瑞金协同办公软件 V1.0
2408	上海鸣志自动控制设备有限公司	"小神探"移动巡检管理软件 V1.0
2409	上海白虹软件科技有限公司	白虹 SH-002 现场取证软件 V1.0
2410	上海白虹软件科技有限公司	白虹 SH-005 远程信息获取软件 V1.0
2411	上海白虹软件科技有限公司	白虹 SH-007 远程信息获取软件 V1.0
2412	上海白虹软件科技有限公司	白虹 SH-009 远程信息获取软件 V1.0
2413	上海白虹软件科技有限公司	白虹 SH-111 千兆网络信息获取软件 V1.0
2414	上海创视通多媒体技术有限公司	创视通 TRS 录播服务器软件 V1.0
2415	上海创视通多媒体技术有限公司	创视通录播服务器播放软件 V1.0
2416	前锦网络信息技术(上海)有限公司	前锦客户行为分析软件 V2.0
2417	前锦网络信息技术(上海)有限公司	前锦人事外包自定义账单软件 V2.0
2418	前锦网络信息技术(上海)有限公司	前锦无忧简历库搜索软件 V2.0
2419	上海欣富软件技术有限公司	欣富科研课题管理信息软件 V1.0
2420	上海航海设备有限责任公司	航海船用液货舱报警控制软件[简称：液货舱监控仪表控制程序]V1.0
2421	上海挺金分析仪器有限公司	挺金 CPS 色谱分析软件 V1.0
2422	上海大智慧软件开发有限公司	大智慧证券行情分析系统手机 ophone 版软件[简称：大智慧证券手机 ophone 版]V1.0.0
2423	上海大智慧软件开发有限公司	大智慧证券行情分析系统手机 JAVA 版软件[简称：大智慧证券手机 JAVA 版]V3.50
2424	上海大智慧软件开发有限公司	大智慧证券行情分析系统手机 iphone 版软件[简称：大智慧证券手机 iphone 版]V1.1
2425	上海大智慧软件开发有限公司	大智慧证券行情分析系统手机 BREW 版软件[简称：大智慧证券手机 BREW 版]V1.0.0
2426	上海大智慧软件开发有限公司	大智慧证券行情分析系统手机 Blackberry 版软件[简称：大智慧证券手机 Blackberry 版]V3.50
2427	上海大智慧网络技术有限公司	大智慧金融交易终端(超赢专业版)软件[简称：超赢专业版]V6.00
2428	天绩信息技术(上海)有限公司	天绩游戏客服平台软件 V1.0
2429	天联世纪信息技术(上海)有限公司	天联世纪网络游戏营销软件 V1.0

2430	上海天存信息技术有限公司	天存 iWall 应用防火墙软件 V2.0
2431	上海鸿利数码科技有限公司	鸿利生肖外传网络游戏软件[简称：生肖外传]V1.0
2432	上海鹏越惊虹信息技术发展有限公司	鹏越信息安全综合管理软件[简称：SSIM]V3.0
2433	上海宝信软件股份有限公司	宝信易通导航软件[简称：eLead]V3.0
2434	上海宝信软件股份有限公司	宝信高低字节转换代码自动生成软件 V1.0
2435	上海宝信软件股份有限公司	宝信 B/S 城市道路交通指挥软件[简称：iCV－BSITS]V1.0
2436	上海宝信软件股份有限公司	宝信能源预测调度软件[简称：宝信 EFSS]V1.0
2437	上海宝信软件股份有限公司	宝信应用部署与运行管理软件[简称：eSoF]V1.0
2438	上海宝信软件股份有限公司	宝信集团型总账软件[简称：宝信集团型总账系统]V1.0
2439	上海宝信软件股份有限公司	宝信冶金行业 MES 业务建模软件[简称：BPM－M]V1.0
2440	上海宝信软件股份有限公司	宝信钢材仓储管理软件[简称：宝盈通仓储]V1.0
2441	上海宝信软件股份有限公司	宝信电子招标软件[简称：电子招标系统]V1.0
2442	上海宝信软件股份有限公司	宝信一体化质量监控平台软件[简称：iQV]V2.7
2443	上海彩盟软件有限公司	Livex 网络实时协作软件[简称：LiveX 实时协作软件]V5.3.0
2444	上海普元信息技术有限责任公司	普元 BPS 软件[简称：Primeton BPS]V6.1
2445	上海普元信息技术有限责任公司	普元 EOS 软件[简称：EOS]V6.1
2446	上海迅图数码科技有限公司	Q－MAP Qcar365 车辆定位管理平台软件[简称：Qcar365]V1.0
2447	上海迅图数码科技有限公司	Q－MAP LPM 物流位置管理平台软件[简称：LPM]V1.0
2448	上海迅图数码科技有限公司	Q－MAP Editor 绘图编辑器软件[简称：Q－MAP Editor]V2.0
2449	上海迅图数码科技有限公司	Q－MAP Geocoding Server 地理编码服务软件[简称：Q－MAP Geocoding Server]V2.0
2450	上海迅图数码科技有限公司	Q－MAP Map Generation Server 图片生成服务软件[简称：Q－MAP Map Generation Server]V2.0
2451	上海迅图数码科技有限公司	Q－MAP Navigation Server 路径规划服务软件[简称：Q－MAP Navigation Server]V2.0
2452	上海迅图数码科技有限公司	Q－MAP Qmap365 人员位置服务平台软件[简称：Qmap365]V1.0
2453	上海迅图数码科技有限公司	Q－MAP Converter 转图工具软件[简称：Q－MAP Converter]V2.0
2454	上海麦杰科技股份有限公司	麦杰工况在线监测及分析软件 V1.0
2455	上海功典科技发展有限公司	功典数字营销软件[简称：WebMAX]V1.0
2456	上海步科自动化有限公司	步科 EviewHMI_OPCsvr 软件[简称：EviewHMI_OPCsvr]V1.0
2457	上海方舟信息技术有限公司	ARKEDC 临床研究数据管理软件[简称：ARKEDC]V1.0
2458	上海飞雅信息技术有限公司	飞雅厨房暨送餐显示软件[简称：Feya KDS]V3.0
2459	上海源天信息技术有限公司	源天信息管理软件 V1.0
2460	上海成生科技有限公司	成生海塘巡查管理软件 V1.0
2461	上海致尔盛信息科技有限公司	致尔盛内容管理软件[简称：ZERS－III]V3.0
2462	京瓷信息系统(上海)有限公司	京瓷电子服务软件[简称：SSE]V1.0
2463	上海国臣信息技术有限公司	国臣应用程序开发平台软件[简称：Webspace iFrame]V5.2
2464	随身科技(上海)有限公司	随身快销通软件[简称：ZeroWire Standard]V3
2465	上海怡通信息技术有限公司	怡通加工贸易电子联网监管内销补税软件[简称：加工贸易电子联网监管内销补税系统]V1.0
2466	上海怡通信息技术有限公司	怡通加工贸易电子联网监管清单生成软件[简称：加工贸易电子联网监管清单生成系统]V1.0

2467	上海新跃仪表厂	新跃 SKQ－100 税控器管理软件 V2.0
2468	上海新跃仪表厂	新跃电话系统查询软件 V1.0
2469	上海新跃仪表厂	新跃电机泵对接测试软件 V1.0
2470	上海新跃仪表厂	新跃稳定控制系统综合测试软件 V1.0
2471	上海新跃仪表厂	新跃固定资产计量管理软件 V1.5
2472	上海新跃仪表厂	新跃嵌入式系统在线上传软件 V1.0
2473	上海新跃仪表厂	新跃飞行仿真转台实时管理控制软件 V1.0
2474	上海新跃仪表厂	新跃数字化卫星陀螺组合测试台软件 V2.0
2475	上海新跃仪表厂	新跃 CRF－6090 税控收款机软件 V2.0
2476	上海新跃仪表厂	新跃伺服阀综合测试台应用软件 V1.0
2477	上海新跃仪表厂	新跃伺服机构综合测试软件 V1.0
2478	上海新跃仪表厂	新跃陀螺组合综合测试软件 V1.0
2479	上海新跃仪表厂	新跃稳定控制系统动态测试软件 V1.0
2480	上海新跃仪表厂	新跃章动频率专用测试软件 V1.0
2481	中国航空无线电电子研究所	CARERI 模型驱动显示软件 V1.0
2482	中国航空无线电电子研究所	CARERI 基于 WEB 的资料共享软件 V1.0
2483	中国航空无线电电子研究所	CARERI 航电仿真环境 UDP 网络数据包调试软件 V2.0
2484	中国航空无线电电子研究所	CARERI 工资管理核算系统应用软件 V2.0
2485	中国航空无线电电子研究所	CARERI 部门级工时管理信息系统应用软件 V3.0
2486	中国航空无线电电子研究所	CARERI 地面接收机显示控制软件 V1.0
2487	中国航空无线电电子研究所	CARERI 航电执行环境通用配置与验证工具软件 V1.0
2488	中国航空无线电电子研究所	CARERI 数据示波器软件 V1.0
2489	中国航空无线电电子研究所	CARERI 射频基带控制板测试软件 V1.0
2490	中国航空无线电电子研究所	CARERI 网络化模块测试系统信号测试单元应用软件 V1.0
2491	中国航空无线电电子研究所	CARERI AFDX 配置软件 V2.0
2492	中国航空无线电电子研究所	CARERI 飞行管理系统飞行计划功能应用软件 V1.0
2493	上海航天控制工程研究所	航天姿轨控系统地面测试软件 V1.0
2494	上海航天控制工程研究所	航天卫星动力学实时仿真软件 V1.0
2495	上海航天控制工程研究所	航天控制力矩陀螺高精度外框控制软件 V2.0
2496	上海航天控制工程研究所	航天个人所得税数据处理接口软件 V3.0
2497	上海航天控制工程研究所	航天动力调谐陀螺平台自动测试软件 V2.0
2498	上海航天控制工程研究所	航天轨道和陀螺注数生成软件 V2.0
2499	上海发电设备成套设计研究院	SPERI 电厂凝结水精处理系统控制软件 V1.0
2500	上海发电设备成套设计研究院	SPERI 给煤机控制软件 V5.0
2501	上海发电设备成套设计研究院	SPERI 300MW 发电机主变寿命管理软件 V1.0
2502	上海发电设备成套设计研究院	SPERI 电站机组节能降耗分析辅助工具软件 V1.0
2503	上海发电设备成套设计研究院	SPERI 标准关闭挡板风门 CAI 设计软件 V1.0
2504	上海发电设备成套设计研究院	SPERI Ders－4w 发电机励磁控制软件 V1.0
2505	上海发电设备成套设计研究院	SPERI 大型火力发电机组可靠性预测与监控软件 V3.0
2506	上海发电设备成套设计研究院	SPERI 大容量电站锅炉热交换管安全性评价与监控软件 V1.0
2507	上海发电设备成套设计研究院	SPERI 超超临界空冷汽轮机系统可靠性设计仿真软件 V3.0
2508	上海发电设备成套设计研究院	SPERI 电站管道和支吊架监测与控制软件 V1.0
2509	上海发电设备成套设计研究院	SPERI 超临界 600MW 机组炉膛安全监控软件 V1.0

2510	上海航天设备制造总厂	SAEM 工装信息管控软件 V2.0
2511	上海航天设备制造总厂	SAEM 工艺过程信息管理软件 V2.0
2512	上海航天设备制造总厂	SAEM 型号生产管理软件 V3.0
2513	上海航天设备制造总厂	SAEM 企业信息管理软件 V3.0
2514	上海大众科技有限公司	大众公交 POS 机软件 V2.0
2515	上海大众科技有限公司	大众车载调度导航软件 V1.0
2516	上海大众科技有限公司	大众行车安全管理软件 V1.0
2517	上海大众科技有限公司	大众车载实时路况显示软件 V1.0
2518	上海机电工程研究所	SEMEI 网上采购管理软件 V1.0
2519	上海机电工程研究所	SEMEI 网上合同管理软件 V2.0
2520	上海机电工程研究所	SEMEI 航天后勤管理软件 V2.0
2521	上海机电工程研究所	SEMEI 办公自动化管理软件 V2.0
2522	上海追ヨ电气有限公司	追日有源电力滤波补偿控制装置软件 V2.01
2523	上海硅嘉信息技术有限公司	硅嘉进销存管理软件 V1.0
2524	中国商用飞机有限责任公司上海飞机设计研究院	SADRI 飞机 CPC 平台跟产管理软件 V2.0
2525	中国商用飞机有限责任公司上海飞机设计研究院	SADRI 机载软件管理平台软件 V2.0
2526	中国商用飞机有限责任公司上海飞机设计研究院	SADRI 型号合格审定管理软件 V2.0
2527	中国商用飞机有限责任公司上海飞机设计研究院	SADRI 飞机液压系统铁鸟试验数据格式转换软件 V1.0
2528	中国商用飞机有限责任公司上海飞机设计研究院	SADRI 民用飞机性能手册曲线绘制软件 V1.0
2529	中国商用飞机有限责任公司上海飞机设计研究院	SADRI 试飞现场管理控制中心软件 V1.0
2530	中国商用飞机有限责任公司上海飞机设计研究院	SADRI 飞机项目气动数据库管理软件 V1.0
2531	中国商用飞机有限责任公司上海飞机设计研究院	SADRI IDEAL 问题反馈区软件 V1.0
2532	中国商用飞机有限责任公司上海飞机设计研究院	SADRI 样机超差偏离管理软件 V1.0
2533	中国商用飞机有限责任公司上海飞机设计研究院	SADRI 技术文件管理软件 V3.0
2534	中国商用飞机有限责任公司上海飞机设计研究院	SADRI 飞机标准化信息平台软件 V2.0
2535	中国商用飞机有限责任公司上海飞机设计研究院	SADRI ARJ21 飞机项目管理软件 V3.0
2536	中国商用飞机有限责任公司上海飞机设计研究院	SADRI 国际合作信息网平台软件 V1.0
2537	中国商用飞机有限责任公司上海飞机设计研究院	SADRI 工资系统查询软件 V1.0
2538	中国商用飞机有限责任公司上海飞机设计研究院	SADRI 计算机设备管理软件 V1.0
2539	中国商用飞机有限责任公司上海飞机设计研究院	SADRI 车辆调度系统管理软件 V1.0

2540	中国商用飞机有限责任公司上海飞机设计研究院	SADRI 任务管理软件 V1.0
2541	中国商用飞机有限责任公司上海飞机设计研究院	SADRI 交通费用管理软件 V1.0
2542	中国商用飞机有限责任公司上海飞机设计研究院	SADRI 人力资源管理软件 V1.0
2543	中国商用飞机有限责任公司上海飞机设计研究院	SADRI 大型客机舱门机构运动学设计分析软件 V1.0
2544	中国商用飞机有限责任公司上海飞机设计研究院	SADRI 复合材料结构物理力学性能分析软件 V1.0
2545	中国商用飞机有限责任公司上海飞机设计研究院	SADRI 工作报表管理软件 V1.4
2546	中国商用飞机有限责任公司上海飞机设计研究院	SADRI 基于全三维设计的紧固件辅助软件 V1.0
2547	中国商用飞机有限责任公司上海飞机设计研究院	SADRI 结构室工作平台软件 V1.0
2548	中国商用飞机有限责任公司上海飞机设计研究院	SADRI 图书借阅系统管理软件 V1.0
2549	中国商用飞机有限责任公司上海飞机设计研究院	SADRI 民用飞机飞行性能计算软件 V2.0
2550	中国商用飞机有限责任公司上海飞机设计研究院	SADRI 飞机翼面结冰后计算软件 V1.2
2551	中国商用飞机有限责任公司上海飞机设计研究院	SADRI 时间历程数据处理软件 V2.0
2552	上海晟胜信息科技有限公司	晟胜 GPRS 网络远程料位监控软件 V1.0
2553	上海发电设备成套设计研究院	SPERI 水力计算软件 V1.0
2554	上海高晶影像科技有限公司	高晶行包复检工作站软件 V1.0
2555	上海高晶影像科技有限公司	高晶安检机视频抓拍软件 V4.25
2556	上海华源热疗技术有限公司	华源 WB－1 型微波热疗机软件 V3.0
2557	丰益(上海)信息技术有限公司	丰益提转定金管理软件[简称：DPM] V1.0
2558	丰益(上海)信息技术有限公司	丰益提单排仓管理软件[简称：DPS] V1.0
2559	丰益(上海)信息技术有限公司	丰益对方为调整单管理软件 V1.0
2560	丰益(上海)信息技术有限公司	丰益批量创建采购订单及收货管理软件[简称：PO Batch Creation & GR AUT.] V1.0
2561	丰益(上海)信息技术有限公司	丰益 SAP 电子订单管理软件[简称：电子订单软件]V1.0
2562	上海图龙信息科技有限公司	图龙手机地图软件[简称：图龙手机地图]V1.0
2563	捷思电脑技术开发(上海)有限公司	捷思印务通 PrintSapiens 企业版软件 [简称：捷思印务通] V1.0
2564	上海恒志软件科技有限公司	恒志备品备件管理软件[简称：恒志备品备件]V1.0
2565	联芯科技有限公司	联芯科技 TD－SCDMA 终端基带芯片嵌入式软件 V1.0
2566	慧国(上海)软件科技有限公司	慧国 SM342 多媒体芯片资源开发工具软件 V2.9
2567	慧国(上海)软件科技有限公司	慧国基于 SM342 芯片的多媒体应用开发库软件 V9.1

特别鸣谢

《2010 上海信息化年鉴》组稿与撰稿单位

中共上海市委宣传部
上海市人民政府办公厅
“中国上海”门户网站
上海市经济和信息化委员会
上海市农业委员会
上海市科学技术委员会
上海市劳动和社会保障管理局
上海市公安局
上海市人民检察院
上海市司法局
上海市高级人民法院
上海市财政局
上海市工商行政管理局
上海市统计局
上海市质量技术监督局
上海市人民政府外事办公室
上海市民政局
上海市文化广播影视管理局
上海市新闻出版局
上海市人口和计划生育委员会
上海市人民代表大会常务委员会办公室
共青团上海市委员会
上海市审计局
上海市国有资产监督管理委员会
上海市绿化和市容管理局
中国人民银行上海分行
上海市卫生局
上海市水务局上海市海洋局
上海市环境保护局
上海市住房保障和房屋管理局
上海市旅游局
中国保险监督管理委员会上海监管局
上海市民防通信与信息中心
上海市城市交通管理局
上海市知识产权局
上海市通信管理局
上海市无线电管理局
上海市税务局
上海市商务委员会
上海市信息服务外包发展中心
上海市东方互联网络交换中心
上海硅知识产权交易中心
上海集成电路研发中心
上海市文广影视集团
文汇新民联合报业集团
解放日报报业集团
上海博物馆
上海市图书馆上海科学技术情报研究所
上海科技馆
上海远程教育集团
复旦大学
上海市社会保障卡服务中心
上海超级计算中心
上海市企业信息化促进中心
上海互联网络交换中心
上海市社区服务中心
浦东新区经济和信息化委员会
徐汇区科学技术委员会(信息化委员会)
长宁区科学技术委员会(信息化委员会)
普陀区科学技术委员会(信息化委员会)
闸北区科学技术委员会(信息化委员会)
虹口区科学技术委员会(信息化委员会)

杨浦区科学技术委员会(信息化委员会)
黄浦区科学技术委员会(信息化委员会)
卢湾区科学技术委员会(信息化委员会)
静安区科学技术委员会(信息化委员会)
宝山区经济和信息化委员会
闵行区科学技术委员会(信息化委员会)
嘉定区科学技术委员会(信息化委员会)
松江区科学技术委员会(信息化委员会)
金山区科学技术委员会(信息化委员会)
奉贤区科学技术委员会(信息化委员会)
青浦区科学技术委员会(信息化委员会)
崇明县科学技术委员会(信息化委员会)
上海市集成电路行业协会
上海市信息服务业行业协会
上海市软件行业协会
上海市通信制造业行业协会
上海市信息家电行业协会
上海市光电子行业协会
上海信息化发展研究协会
上海市信息系统质量技术协会
上海市信用服务行业协会
上海印制电路行业协会
上海市计算机行业协会
上海市信息管线有限公司
上海理想信息产业(集团)有限公司
上海亿通国际股份有限公司
上海信投股份有限公司
长江计算机(集团)公司
上海金桥信息工程有限公司
中国电信股份有限公司上海分公司
中国移动通信集团上海有限公司
中国联通(集团)有限公司上海市分公司
中国铁通集团有限公司上海分公司
中卫国脉通信股份有限公司
宝钢集团有限公司
上海汽车工业(集团)总公司
上海仪电控股(集团)公司
上海纺织控股(集团)公司
中国石化上海石油化工股份有限公司
上海公共交通卡股份有限公司
上海启明软件有限公司
华亚微电子(上海)有限公司
上海贝尔股份有限公司
上海大唐移动通信设备有限公司
联芯科技有限公司
上海闻泰电子科技有限公司
上海博达数据通信有限公司
上海瀚讯无线技术有限公司
上海全景数字技术公司
上海高清数字科技产业有限公司
天柏宽带网络科技有限公司
上海索广映像有限公司
上海文广互动有限公司
上海索广电子有限公司
上海联合光盘有限公司
上海敏达网络科技有限公司
上海三鑫科技发展有限公司
上海力保科技有限公司
上海松下等离子显示器有限公司
上海热线信息网络有限公司
上海盛大网络发展有限公司
上海第九城市信息技术有限公司
上海炫动卡通卫视传媒有限公司
东软集团上海分公司
金蝶国际软件集团(上海)有限公司
上海时代光华教育发展有限公司
上海威迅教育科技有限公司
快钱支付清算信息有限公司
上海证券信息有限公司
上海申银万国证券研究所
携程计算机技术(上海)有限公司
上海易趣网络信息服务有限公司
分众传媒(中国)控股有限公司
前锦网络信息技术(上海)有限公司

上海市农业科学院
数字农业工程与技术研究中心

上海市农业科学院数字农业工程与技术研究中心是一个从事数字农业技术研究和开发的专业机构，中心根据国家和上海市经济建设和科技发展战略，围绕“数字上海”和上海“数字农业”的建设目标，以数字化技术提升传统农业生产和管理水平；对三农信息化和数字化发展中的重大关键性、基础性、公益性和共性技术问题，进行系统化、配套化和工程化研究开发；稳定提供公益性农业信息技术服务，不断推出具有市场前景的农业信息技术系列新产品。中心力争成为区域农业数字化技术和产品创新以及公益性农业信息服务的重要力量，国际国内先进技术及成果展示和转化的重要基地。

中心目前承担国家“863”计划、国家科技支撑计划、国家科技成果转化基金、国家自然科学基金青年基金、上海市科技创新行动计划、上海市信息委专项和上海市科技兴农重点攻关计划等课题多项，拥有高学历、复合型知识结构的人才队伍，从事数字农业技术研究的设备和基地，在设施数字技术、数字植保技术等领域取得了较为丰硕的成果。中心开发并维护“上海数字农业网”、“上海植保在线”，为上海乃至国内同行以及领导和普通用户提供公益性、专业化的农业信息技术服务。

中心设有国家农业信息化工程技术研究中心上海工作站、上海市知识产权信息平台上海市农科院工作站、国家农业科学数据共享中心上海分中心等工作平台。目前正牵头筹建上海市数字农业工程技术研究中心。

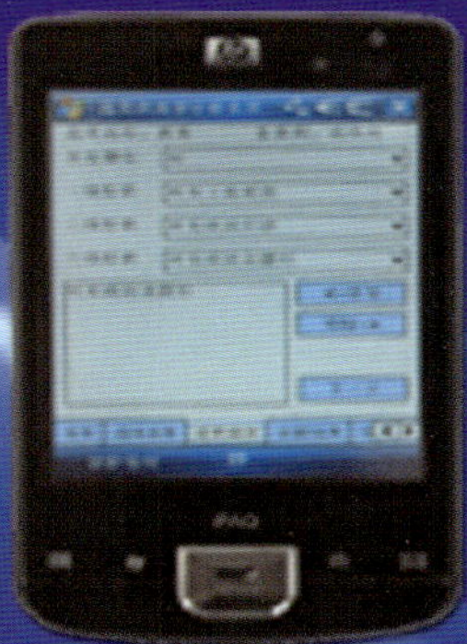

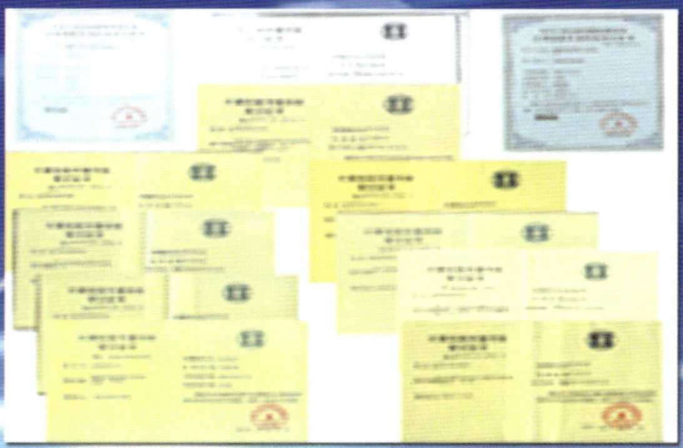

地址：上海市北翟路2901号 邮编：201106 电话：021-62200281 网址：http://www.sh-ita.cn

上海交通大學 海外教育学院

产业创意研究所

随着世界经济格局的激荡与碰撞，企业面临的是市场的变幻莫测，市场的生存是依靠自己呢？还是全部寄托于市场呢？在这种形势下，我们交大海外教育学院遵循自己的办学宗旨“创导终身教育”为老学员的急需，为市场、为用户服务的原则，为企业、为社会培养商界领袖，让创意创造价值，推动社会发展。学习的成果直接使学员的企业在金融风暴中奋发图强、逆势而上！在当今后金融风暴时代，更加需要的是大面积地进行创新成果的孵化、成果的推广、项目的创意研究与开发。这样，我们学院的“产业创意研究所”也顺势而生了，她的成立既是市场发展的需要，更是海外教育学院“产学研”责任的提升与落实。

2010年5月26日，市委副书记殷一璀与副市长艾宝俊向上海交通大学海外教育学院授牌“上海市创意产业人才培训基地”。交大副校长郑成良接受匾牌。

交大产业创意经营领袖EMFA课程：

我们正处在以10被速度发展的时代，这个时代充满着挑战危机，作为企业家随时应感到身边的变化，自己如何去适应这种变化？对企业家来讲，随着市场竞争的加剧，能否有创意和创新已经成为企业成败的关键！

课程设置：

企业赢利模式设计　产业创意经济与趋势
创意高端经营　创意组织创建
创意品牌设计　创意风险投资
创意方法与决策　科技创意与设计
创意企业精神　创意人文素养
文化创意　新产品研发

专题讲座及游学课堂：

西藏雪域之行　日本、欧洲考察等产业创意年会
浦江创新论坛　头脑风暴

现已举办数期，已有300余著名企业家报名就读此课程并加入产业创意研究所。

非常欢迎您报名参加我们的产业创意经营领袖EMFA课程，研究所有数名专家帮您解惑！

地　址：华山路1954号交通大学浩然高科技大厦九楼
联系人：陈老师，胡老师
电　话：021-50653068、62835001
传　真：021-50839399、62933040
邮　箱：chenzhp@sjtu-oec.com
网　址：www.ceobs.com.cn

上海理工大学

公共信息服务建设

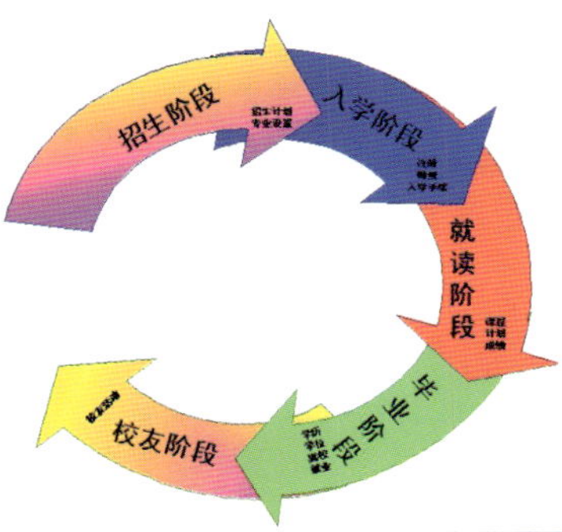

以百年校庆实事工程为抓手，拉开信息化建设序幕。校园一卡通项目作为我校百年校庆十大工程之一，于2006年10月22日正式投入了运行。该系统通过几年的不断建设，有效地纳入了学校公共数据平台中心，实现数据共享和交换，从而共同组成数字化校园的重要信息采集网，为学校提供实时可靠的信息和决策依据。

以迎新离校信息服务为抓手，开展典型性应用建设。数字迎新离校系统开启信息化手段服务师生和信息共享典范，为学校各相关部门提供一个信息共享平台，旨在为新生办理入学报到手续和毕业生办理毕业离校手续提供一站式服务。

以教师关键业务服务为抓手，整合应用性系统平台。2007年10月起启动数字校园项目（一期）工程，服务内容体现为：各类待办事宜推送、办公系统、工资查询、经费查询、一卡通查询、图书借阅查询、本科生课程安排、成绩登录、课程中心、研究生管理、校内邮箱网上注册、职称晋升、年终考核、科研成果登记、学校公用房管理、奖学金审批、学生信息审核等服务。

以学生关键活动服务为抓手，拓展数字化校园版图。旨在为在校学生学习生活等活动提供更为高效、便捷的服务，目前已建成的有：学生个人信息门户、奖学金申请、勤工助学岗位申请、困难生认定、助学贷款申请等。提高了面向学生服务的相关部门的服务效率和服务质量，充分保障学生在校期间正常学习生活和成长成才，扩展学生信息服务范围，延长服务周期，建立一个为学生报考到毕业生成为校友的各个环节提供全过程服务的学生一体化信息系统。

以公共信息服务为指导思想，深化服务性内涵建设。随着公共信息基础平台的搭建，我们在近几年开展了基于公共数据库的全校级应用系统的建设，并开始着手建立公共信息开发的规范。逐步打通了各个应用系统的数据互通，消除了各个应用系统的信息孤岛。我们将以校园网为基础平台，努力深化公共信息服务内容建设，从学生、资源、财务、教学、科研等方面继续深化和完善。并针对不同用户群，将信息服务进一步细化。逐步实现对教师、学生、校友的个性化服务。

地址：上海市军工路516号　　邮编：200093
电话：021-55270597
学校网站：　http://www.usst.edu.cn
信息办网站：http://net.usst.edu.cn

黄浦教育信息中心

黄浦教育信息中心是上海市黄浦区教育局所属的教育信息服务与管理机构，经过多年努力，该中心已构建了基于光纤平台，覆盖本区所有中小学、幼儿园、职业学校、业余大学和技术学校的“基础教育城域专网”，建设了本区基础教育系统的门户网站——黄浦教育信息网，并利用这一门户网站向专网用户提供极其丰富的教育信息服务。

黄浦区教育信息化工作三年规划（2008~2010）

三大目标：教育信息化推向新的高度

⊙**整体推进，促进信息技术均衡发展** 从较注重骨干学校建设到促进全区中小幼机构全面应用信息化

⊙**内涵深化，提升信息技术应用水平** 从较注重课堂教学应用向教育综合管理应用和课外教育活动全面应用拓展

⊙**持续发展，提高信息技术应用效益** 从较注重技术应用向运用较科研手段要质量出效益探索

四项任务：全面提升教育信息化品质

⊙持续不断提升全区教育信息网的环境品质

⊙细分网络平台的基础功能，发挥各级网络的最佳效率，保持持续发展的运转状态

⊙以实验学校为骨干引领一批信息技术研究项目，产生示范辐射作用

⊙IP宽带教学系统实现与国内外姐妹学校的交互教学实验

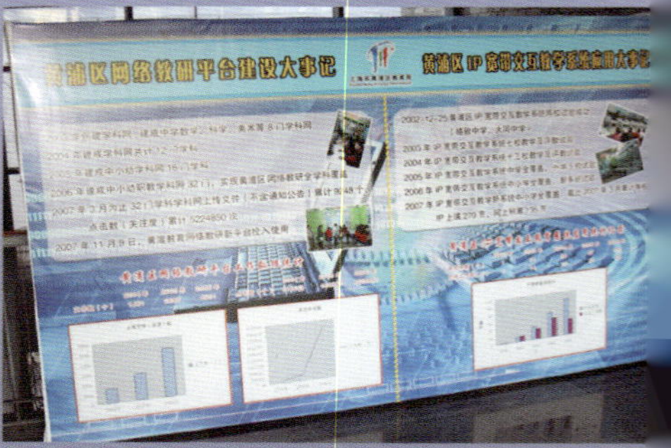

上海思博职业技术学院

信息化护理实训基地

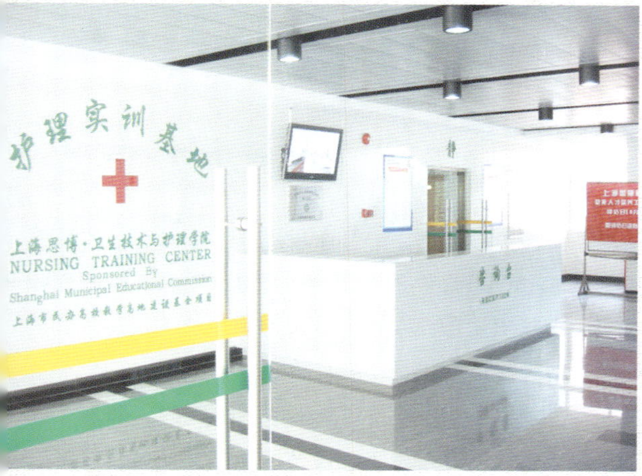

◆ 信息化护理实训基地模拟医院大厅

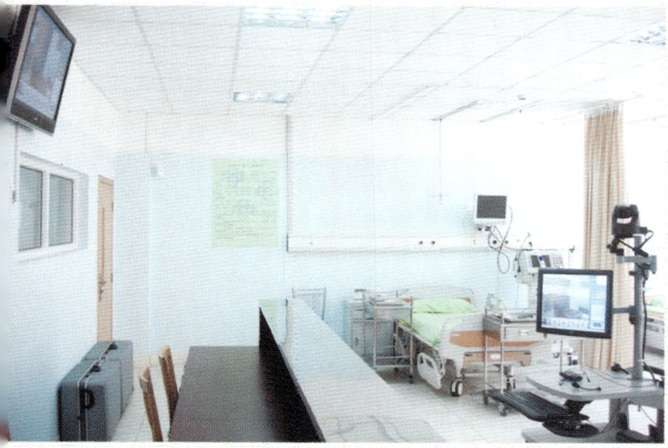

◆ 网络直播式ICU实训病房

◆ 护理专业新生入学宣誓

2003年初，旅美海归学者沈小平来到筹建中的上海思博学院创办卫生技术与护理学院。各专业经市政府批准和教育部备案，已于2004年起纳入全国统一高考招生计划，颁发国家承认的大专文凭。目前学院设有护理、卫生信息管理、计算机应用技术（医疗电子信息技术）和软件技术（医院信息管理系统开发与维护）等4个专业，全职教师56名，全日制学生2100余名。学院还同23家三级甲等医院和20家二级医院建立了教学实习合作关系。2006年和2007年两次荣获上海市政府“上海市民办高校教学高地建设基金”共560万元，建成了国内一流的信息化护理实训基地。

经卫生部信息化教育项目办公室审核认定，基地挂牌成为上海市及长三角地区唯一的“全国医疗卫生信息技术培训基地”。基地建筑面积达5700平方米，分为基础医学实验中心、基础护理实训中心、临床护理实训中心、网络化护理示教中心、医院信息管理中心五大模块，全部配置高速局域网系统。所有教室拥有先进的网络化多媒体教学系统，并建有8室网络化课堂联播/远程Centra教学系统、2间HIS医院信息管理系统实训室、2套网络化手术直播系统、1套智能化语音实训室和信息发布系统等。学院在国内首次建立创新型课程《护理信息学》并自编教材，已列入人民卫生出版社选题计划于今年出版发行。连续三届毕业生共1112名，就业率达99%，其中超过50%以上签约于上海市三甲医院，高就业率和高就业质量受到社会各界和广大用人单位的欢迎和好评。

沈小平院长先后获得1999年国务院侨办“海外优秀华教工作者”称号，2008年上海市政府“上海市白玉兰纪念奖”，2009年首届“上海市华侨华人专业人士杰出创业奖”。研究课题《建设一流信息化护理实训基地，探索创新护理人才培养模式》荣获2009年“高等教育上海市级教学成果二等奖”，同年课题还荣获“第十届全国护理高职高专教育研讨会优秀论文一等奖”。2010年，荣获“上海市归侨侨眷先进个人”称号。

华东工程软件测评中心

华东工程软件测评中心（以下简称为“测评中心”）隶属于华东计算技术研究所，是根据原信息产业部信办科[2001]18号文件于2001年6月经原信息产业部授权成立的专业软件测评机构，以面向国防工业部门和社会各界提供软件工程与软件测试咨询服务，共同提高软件产品质量为宗旨。

2001年起，测评中心在不断完善体系建设与提高技术能力的同时，开展了各项实验室资质认证工作，分别于2002年1月通过国家质量技术监督局的计量认证，2002年12月通过CNACL国家实验室认可，2005年4月首批获得解放军总装备部软件测评实验室资格认可（并通过后续阶段复审），2008年5月通过CNAS国家实验室认可和DILAC国防实验室认可。此外，在安全保密方面，测评中心具备国家武器装备科研生产单位一级保密资格。多年来，测评中心顺利完成了上百项软件测试任务，涵盖从嵌入式设备软件、实时控制系统到大型信息系统等多种领域、多种应用形式，累计提交软件缺陷1万余处，具备丰富的实践经验。

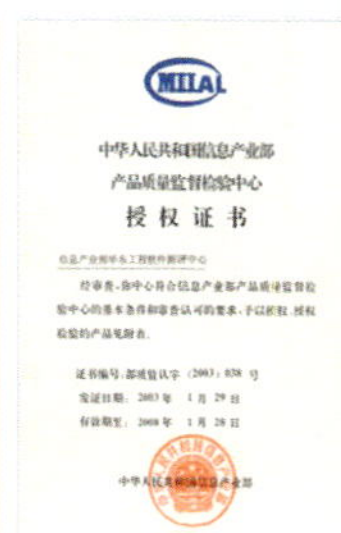

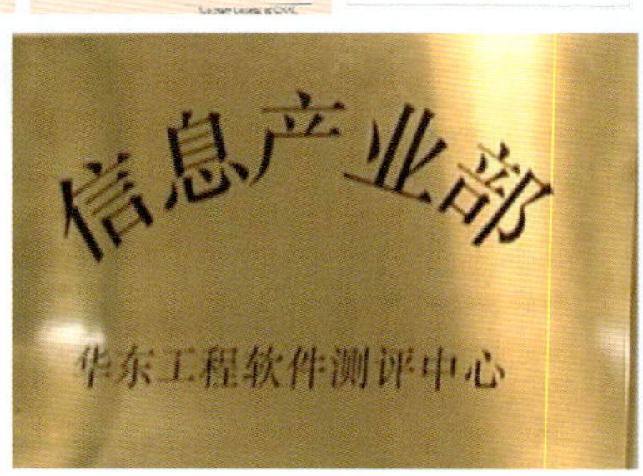

国家电网
STATE GRID

华东电网有限公司
EAST CHINA GRID COMPANY LIMITED

建设世界一流电网

国际一流企业

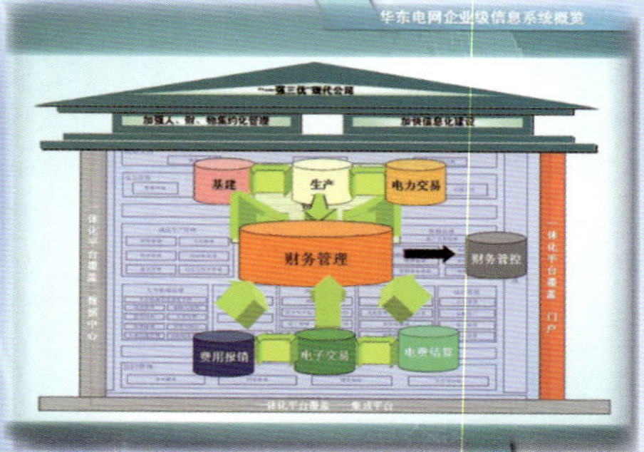

2009年，在上海市政府、国家电网公司的领导下，华东电网有限公司信息化综合实力继续排名国网公司前列，提前一年完成“十一五”信息规划目标，全面建成了企业级信息系统（EIS），构建了一体化信息平台，并在智能电网、资产全寿命管理、辅助决策、信息化企业等领域也进行了探索，全年共有23项成果获上海市、国家电网公司和中国电力科学技术奖励。

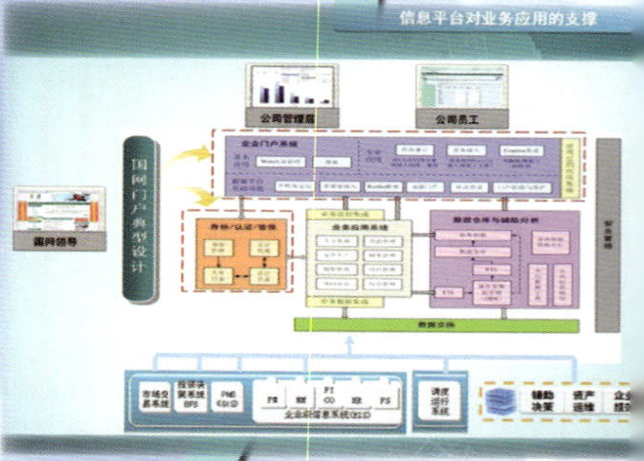

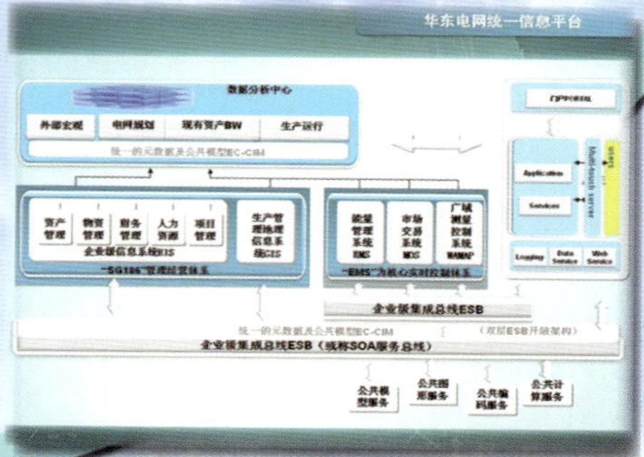

建设世界一流电网

国际一流企业

上海市电力公司

上海市电力公司已建成以SOA架构为核心的企业级一体化平台。通过ERP系统的实施和二次开发，实现了生产管理（PMS）、营销管理（CMS）、电子结算（CESS）等核心业务系统的集成，全面覆盖公司生产、调度、营销、财务、人力资源管理等核心业务全过程。通过这几年的信息化实践，上海公司充分认识到：企业信息化的建设过程，是打破业务部门壁垒、促进业务部门沟通交流的有效手段，同时，信息化也是承载管理理念、支撑企业发展的战略工具。

国家电网公司SG186功能框图

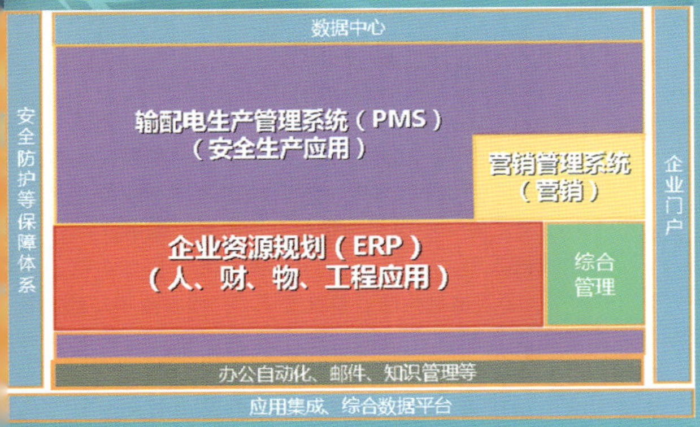

上海公司信息化工程全面覆盖公司各业务应用，纵向贯通基层单位日常业务活动。

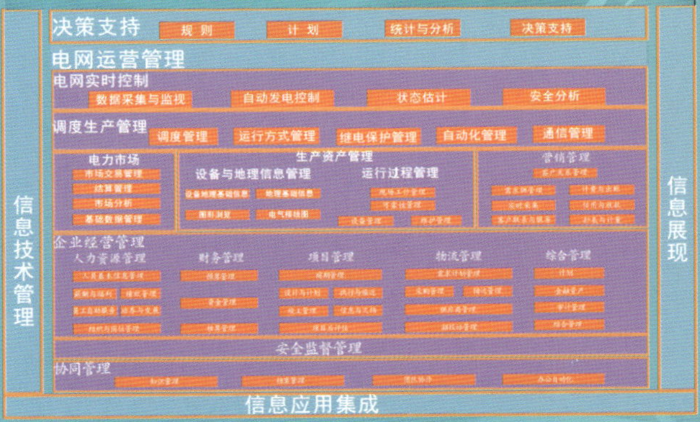

太平洋保险
CPIC

中国太平洋保险（集团）股份有限公司是中国领先的综合性保险集团公司之一。公司主要通过旗下的太保寿险、太保产险为客户提供全面的人寿及财产保险产品和服务，并通过下属的太保资产管理公司管理和运用保险资金。自1991年以来，公司业务快速稳定增长，市场占有率稳居行业前列，盈利能力稳步提高。公司于2007年12月25日A股上市，2009年12月23日更上一层楼，成功登陆H股市场。

太平洋保险始终致力于公司治理结构和机制的不断完善，深谙“信息技术就是生产力”的发展硬道理，参照国际IT最佳实践构建了具有自身特色的IT治理体系。建立健全了业内规模最大、范围最广、技术最先进的IT系统之一，实现了各项系统的集中管理，协助公司在变幻莫测的市场变革中快速调整策略，适应发展新要求。

2009年，公司信息化建设取得了长足进步，IT服务和管理能力得到显著提升：

- 新一代数据中心通过验收，正式启用
- 产险完成新一代核心业务系统建设,实现系统及数据的全国大集中
- 寿险以“平台统一、数据集中、覆盖全国、互为备份”的战略思想为目标，完成符合上海、郑州、长沙三大营运中心集约化管理要求的一体化信息系统建设
- 客户服务系统二期全国推广
- 数据仓库建成，提升数据质量，深化管理决策
- 电销平台、B2B系统、网站系统不断优化，拓展公司电子销售渠道
- 办公系统全面升级，提升办公效率
- 安全管控平台完成全司部署
- 公司在信息化建设方面得到了行业和国家相关部门的认可，屡获殊荣，并在2008年、2009年连续2年荣获国家信息化测评中心颁发的“中国企业信息化500强”证书。

在“诚信天下，稳健一生，追求卓越”的企业核心价值观的引领下，公司信息化建设继续秉承“IT服务业务”的宗旨，服务公司发展大局，积极推进产品开发、业务管理和客户服务方面的技术创新，构建高效、安全、稳定的信息技术平台，不断加强信息技术队伍的建设，专注自身能力的提升，使信息技术成为太保的核心竞争力。

上海石油化工股份有限公司

在信息化建设“统一规划、统一标准、统一投资、统一设计、统一建设、统一管理”原则指导下，上海石化公司信息化工作领导小组、信息化工作推进组和信息化项目建设管理小组定期召开信息化工作专题会议，制定工作计划，明确责任部门，稳步推进了企业信息化建设工作的健康发展，促进了企业生产经营管理水平的持续提升。

上海石化在坚持信息化建设“与加强企业管理、提高管理水平紧密结合，与提升技术水平、增强技术创新能力紧密结合，与把握开拓市场、提高经济效益紧密结合”的基础上，按照“信息部门综合管理，业务部门专业应用，IT队伍技术支持”的管理模式，精细生产过程管理，提高管控能力和管理效率，有力推进信息系统应用的广度与深度，信息化已成为公司生产经营管理、产品结构调整和重大战略决策的重要支撑。

上海石化在信息化建设过程中，打造了一支既掌握信息技术又熟悉业务流程的人才队伍，成为企业信息化可持续发展的重要生力军。公司坚持相关员工“培训先行、持证上岗”，每年有计划地开展上千人次的信息化专题培训，对管理干部、关键用户、技术支持人员等进行不同层面的培训，促使了企业应用队伍人员素质的不断提高。

近年来，上海石化建成企业资源计划系统、生产管理信息系统、实验室管理信息系统、全面预算管理系统等多个公司级信息系统，建成重点生产装置先进控制系统9套、流程模拟系统4套等。信息化已经成为上海石化赖以生存和发展的重要基础，成为企业实现技术进步、提升竞争能力的重要途径。

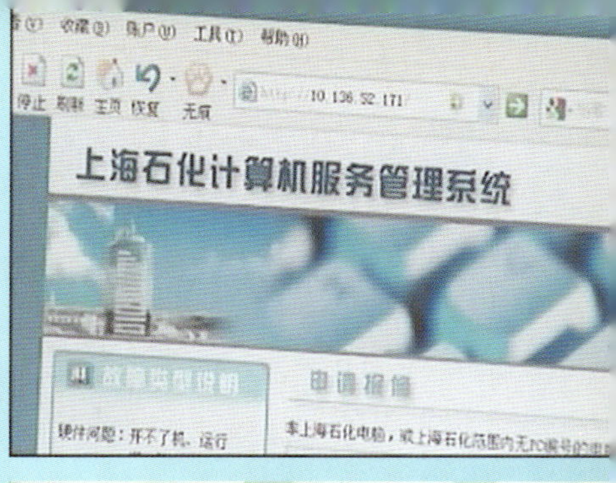

领导重视　立足生产经营
注重队伍培养
稳步推进企业信息化建设

上海邮电设计咨询研究院有限公司

Shanghai Posts & Telecommunications Designing Consulting Institute Co., Ltd.

◆ 公司领导合影

◆ 公司为世博设计的周家渡电信局房

◆ 公司设计人员在世博工地

地址：上海市国康路38号　邮编：200092
电话：021-25068888　传真：021-25068866
E-mail：sptdi@sptdi.com

上海邮电设计咨询研究院有限公司的前身为上海邮电设计院，于1990年重组创建，是上海通信行业中唯一一家专业从事信息技术领域所有业务的工程设计和技术开发的甲级设计院，并于2006年12月作为中国通信服务股份有限公司的子公司在香港成功上市。

公司注册资本8000万元，具有通信工程和建筑工程设计、咨询、总承包资质，同时还具有通信工程勘察、建筑智能化系统工程设计、通信信息网络系统集成企业甲级资质、涉及国家秘密的计算机信息系统集成资质、对外经济合作经营资格证书、上海市高新技术企业证书，并于1998年通过了ISO9001质量管理体系认证、2009年通过了TL9000质量体系认证。

公司专业配置齐全，下设移动、无线、网优、传输、管线、建筑、铁塔、咨询规划、网络能源、项目咨询等18个专业院、6个职能部门，在山东、福建、北京、吉林设有分院，并在全国近20个省市设有办事处，能提供专业化和综合性的服务。公司承接各类通信、建筑工程的规划、可行性研究、评估、勘察、设计、咨询及工程总承包任务，并承担由国家、上海市以及有关部委局下达的体制、标准、定额、规范等研究编制任务。多年来，公司为客户提供了大量优质的勘察、设计、咨询及工程管理服务，荣获国家优秀工程设计奖4项，国家优秀咨询成果奖2项，部优秀设计奖56项，局优秀设计奖139项，上海优秀咨询成果奖69项，为上海乃至全国的通信网络建设作出了卓越的贡献。

公司荣获全国通信行业用户满意企业、中国建设系统诚信建设十大杰出贡献单位、中国建设系统信用商誉AAA级企业、中国工程设计企业60强、上海市科技小巨人单位、上海市文明单位六连冠、上海市重大工程立功竞赛优秀公司七连冠、2008年度上海市品牌企业、上海市企业信用资质等级AAA级企业、上海市综合系统志愿服务先进集体等荣誉。

近年来，公司的业务市场从以上海为中心、辐射长江三角洲的格局，发展到目前遍及全国逾20个省市自治区。海外市场更是从无到有，涉足巴基斯坦、刚果(金)、埃塞俄比亚、尼日利亚、安哥拉等10多个国家，成功地树立了公司品牌。

公司从2006年开始全方位支撑世博通信及信息系统建设，并于2008年11月正式成为世博会信息和通信技术类推荐服务供应商。2009年适逢世博建设的关键年，在完成上海世博会信息基础设施专业规划、世博园区各类通信网络专业规划的基础上，公司先后承担了世博村、浦东临时场馆地块、一轴四馆、世博公园、城市最佳实践区、浦西DE片区等区域的信息机房布局、地块内管道、信息点位、无线覆盖、集约化宏基站等设施的需求分析、项目设计及工程实施。2009年末，受世博局委托，公司还承担了《中国2010年上海世博会信息通信系统运维基础资料》的编制工作，该项工作对世博会举办期间各类通信网络及系统平台分级保障措施制定、故障定位、抢修部署等具有重要意义。

面向未来，公司只有创业,没有守业。秉承“用户至上，用心服务”的理念，公司将专注于成为综合信息服务领域的专业咨询服务提供商，以人才、流程、文化为抓手，通过邻近市场战略对主业重新定义，充分发挥协同效应，推动价值持续创造，在5-8年内成为中国最具价值的专业服务机构之一。

上海三高计算机中心股份有限公司

SHANGHAI 3H COMPUTER CO.,LTD.

www.shanghai3h.com

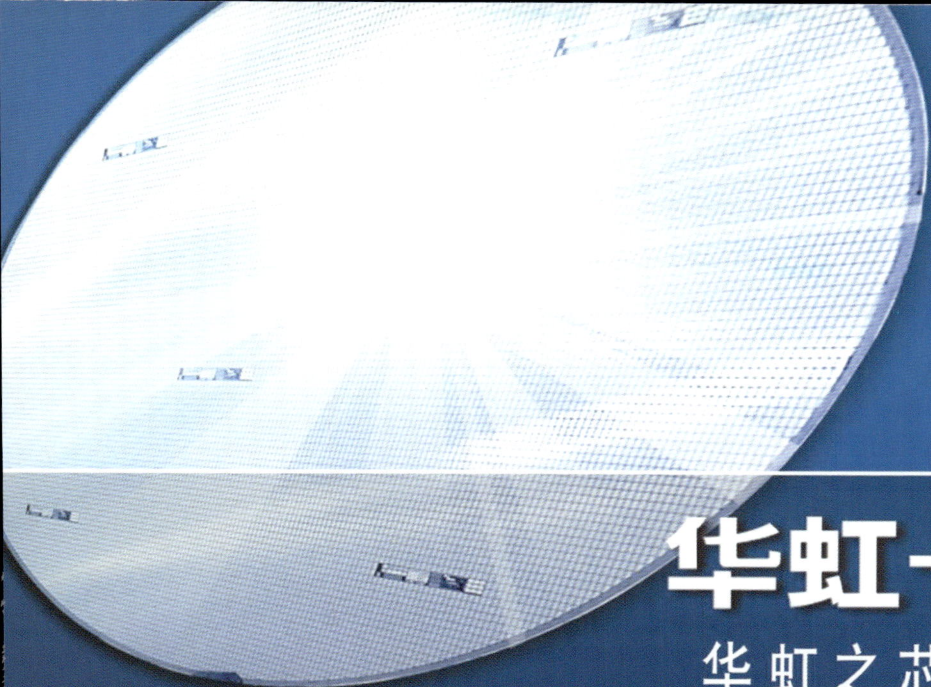

CES®中信信息
档案信息资源管理专家
软件产品
- 四大类档案产品
- 协同产品
- 构建产品
七大类整体解决方案
- 数字档案馆整体解决方案
- 电子文件中心整体解决方案
- 数字化加工整体解决方案
- 存储备份中心整体解决方案
- 法院行政管理整体解决方案
- 司法行政管理整体解决方案
- 数字化监狱整体解决方案
中国档案信息化建设
领航者

上海船舶工艺研究所

船舶应用软件

一、管子加工信息管理系统

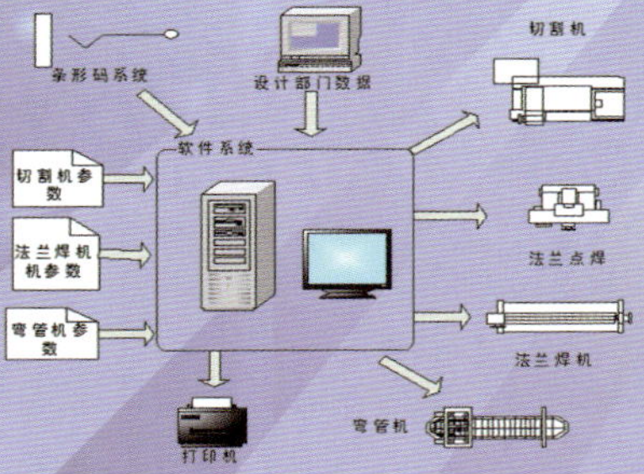

管子加工管理系统是基于上海江南船舶管业有限公司的管子加工业务流程，并结合 ERP、MES 以及 APS 等系统的理念而设计的，贯穿设计数据、物料与生产计划制定、车间排程、车间执行与监控等环节的管子加工整个生命周期的管子加工管理软件。

管子加工管理系统运用现代管理技术、成组技术、计算机信息技术，在具有现代化数控设备和手工作业并存的条件下，对传统的管子加工管理方式实施信息化、数字化的系统重构，使之适用于成组的大批量生产和先焊后弯等加工工艺。系统将合理调配生产资源，提高设备的利用率，减少设备闲置和待机时间。特别是在管子定长切割方面将采用实时的计算机自动套料，以进一步提高管材的利用率。

二、造船精度管理软件系统

造船精度管理软件系统以精度造船管理先进理念为指导，基于先进的计算机信息技术，为企业建立精度造船管理体系，对船体分段组立、总组、搭载进行精度控制，最大限度地减少船台船坞搭载作业现场的修正工作量，提高无余量搭载率，实现提高建造质量、缩短建造周期、降低造船成本，不断提高精度造船水平，帮助企业从容面对来自严峻的船市压力和严格的造船技术要求等方面的现实挑战。

造船精度管理软件包含以下功能：

1、全站测量仪数据测量接口（含 PDA 应用）
2、船舶分段三维模型导入
3、系统管理与船舶数据管理
4、分段、总段的精度控制点定义、测量、分析功能
5、模拟搭载功能
6、输出报表与图纸
7、数据统计分析

全站测量仪

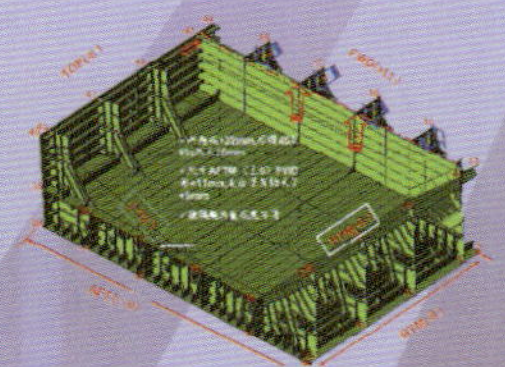
实际分段测量

三、船舶产品虚拟漫游系统（SPNavis）

SPNavis 主要用于船舶产品详细设计与生产设计阶段船舶总布置、舱室布置、管系布置和敷设、电缆布置和敷设以及各类系统、装置和设备的布置仿真作业评估，为设计单位、船厂、船东、船级社等提供协同设计评估与多通道集群系统综合评议的软件系统，实现设计者、建造用户和最终用户联合参与设计，及早考虑可生产性、可维修性、可操作性以及报废产品处理等方面问题，在设计者作出设计决定和权衡比较时提供指导，产生全综合的、平衡的设计解决方案。

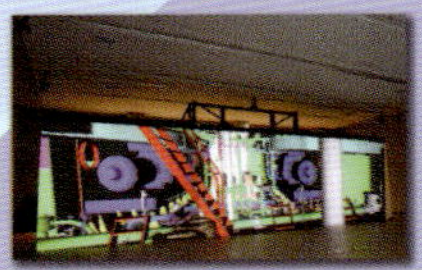
三通道的 MoVE 系统设计检查

4400 吨起重铺管船机舱总段剖切检查

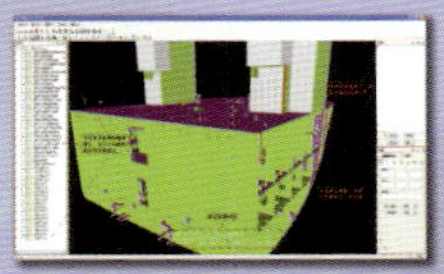
按系统／专业进行设计检查

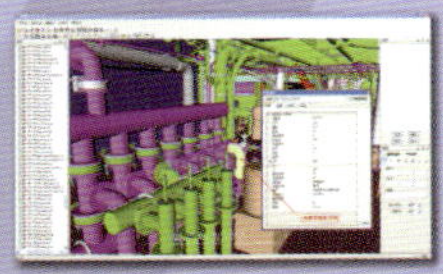
产品模型设计信息查询

设计模型交互式修改

四、船舶产品数据转换集成平台（VISS）

船舶产品数据转换技术是数字化造船的基础技术，VISS 研究了常用船舶设计和虚拟仿真两类系统的数据抽取、组织和存储方法，定义了船舶产品虚拟仿真统一数据模型 VSM，突破了船舶 CAD 至 VSM 的数据转换、VSM 模型定义等关键技术，开发了船舶 CAD 至虚拟仿真的数据转换集成平台，解决了船舶产品虚拟仿真数据来源问题，打破了数据转换接口软件完全依赖国外厂商的不利局面，促进虚拟仿真技术在船舶行业的应用和推广。VISS 平台功能完善、实用性强，平台接口的主要性能指标高于国外同类软件。

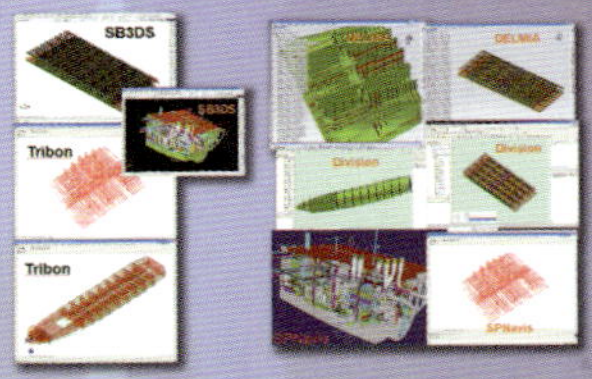

数据转换平台部分成果

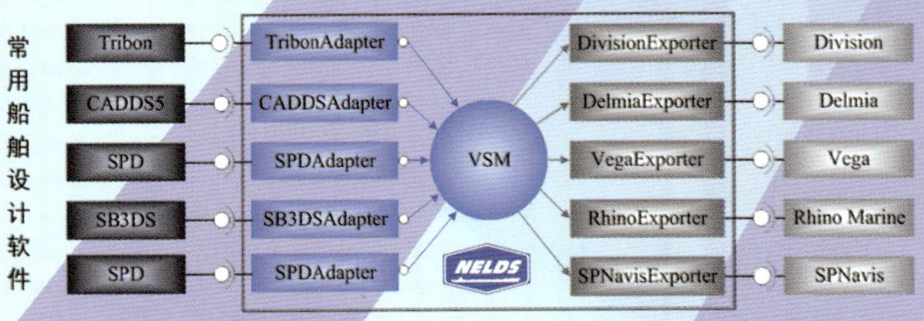

船舶产品数据转换集成平台 VISS 技术方案

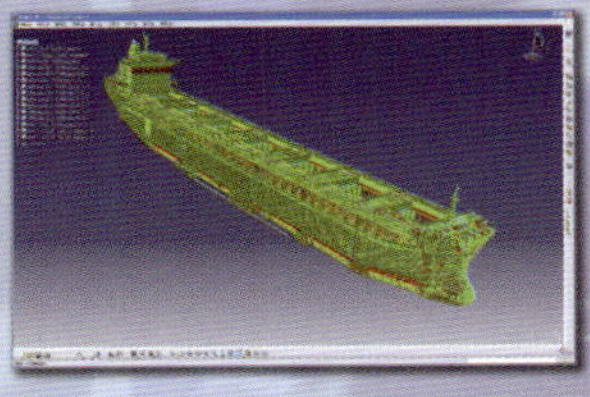
Tribon 建模的 7 万吨散货船转换至 Delmia 软件

五、3ds MAX 立体视频制作和播放软件

针对船舶行业已有的仿真软件和硬件资源，开发基于视频的多通道立体显示软件 MAXStereo，提升显示的真实感和沉浸感。MAXStereo 突破了立体摄像机创建和参数设置、基于视频流编程生成的立体显示图像对序列、立体图像对同步算法、基于主动立体显示原理的视频生成和播放等关键技术。Maxstereo 软件的总体功能是在通用仿真软件中制作立体视频，对左右眼视频进行后处理，并开发立体播放器实现立体视频在虚拟仿真系统的显示。

SPAR 平台建造过程仿真

SPAR 平台主体海上安装过程仿真

地址：上海市中山南二路 851 号　邮编：200032　网址：www.cssctri.com.cn

上海立信长江企业信用征信有限公司

司简介
Introduction

上海立信长江企业信用征信有限公司系立信旗下从事企业资信评级、企业征信、资金监管、信贷资产风险评估、信用风险研究、信用管理咨询、上市公司评价等业务的信用评级和金融分析机构。公司是经上海市征信管理办公室备案许可从事相关业务的专业机构，同时也是上海市信用服务行业协会会员单位。

公司成立至今已经建立了一支具有较高业务水平和多年实践经验的资信评估专业队伍，其中包括20余名拥有注册会计师资格的高级会计人才和10余名拥有评估资格的评估人才及多名金融、证券、法律、投资、管理方面的复合型人才。

公司制定了一套行之有效、适合上海市场的信用评估工作制度和内部管理制度。主要包括信用评级程序细则、信用评级方法细则、信用评级评审委员会管理制度、信用评级结果公示制度等等。其中，专家委员会是为我公司信用评级工作提供咨询指导的专家顾问组织，其成员由有关行业的知名专家组成，主要承担有关专项经济、技术和政策问题的咨询。

独立、公正、客观是立信的一贯原则，在信用经济和信息社会化的时代中，立信将坚守职业道德，重视服务质量，为国内外委托人提供优质可靠的服务的同时，致力于营造更贴近国际同行的价值体系与企业文化，注重为全社会创造更高价值，并为我们的社会创造符合可持续发展原则的信用环境而努力。公司的目标就是让世界认可民族精英金融中介机构的品牌价值。

以专业服务客户，
以管理保证质量，
以职业操守维护
信誉，汇聚一流
精英，共立诚信
品牌。

国内一流，国际
著名的信用评级
和金融分析机构

证 书

为上海市信用服务行业协会会员单位

（行业协会会员证）

上海市征信机构备案登记证明

（备案证）

服务内容
Service Content

1. 高新技术企业信用评级

高新技术企业信用评级是上海市科委委托专业评级机构对上海市高新技术企业以及高新技术参评企业进行的资信评估，主要用于高新技术企业的复审和高新技术企业的认定工作，是其中的必要环节。

2. 政府采购项目信用评级

上海在全国率先实行政府采购引入供应商信用报告制度，市区两级政府在采购过程中将专业评级机构出具的企业信用报告作为评定依据之一，强化对供应商的制约和规范。根据"非歧视原则"和"非主导原则"，要求供应商除提供规定的材料外，还要提供企业信用报告。

3. 借款企业评级

借款企业资信评级是对借款企业的主体评级，根据被评企业的基本素质、财务结构、偿债能力、经营能力、经营效益和发展前景等要素，运用定量和定性、静态和动态结合的评价方法进行信用评级。借款企业资信评级根据企业所处行业设计评估指标，以更客观地体现企业的行业特征。借款企业资信评级可以帮助企业降低融资成本，并为商业银行的授信提供有价值的建议。

4. 资金监管

资金监管属于第三方监管范畴，是指依照金融机构有关要求，针对项目贷款企业的用款、回款以及形象进度等情况进行审核与控制。

5. 信贷资产风险评估

信贷资产评估是作为资产价值形态的评估。通过专门的机构或专门评估人员，遵循法定或公允的标准和程序，运用科学的方法，以信贷资产货币作为计算权益的统一尺度，对在一定时点上的信贷方资产进行评定估算的行为。信贷资产评估是一种动态性、市场化活动，具有风险控制的特点，对银行掌握风险内控制度提供文字依据与数字依据。

信平台
Platform

计师事务所有限公司

计师事务所由中国会计泰斗潘序伦博士于1927海创建，是中国最早建立和最有影响的会计师之一。

址：中国·上海
路61号新黄浦金融大厦4楼 200002
021) 63391166　传真：(021) 63392558
箱：sh.lixin@pcpa.com.cn
www.pcpa.com.cn

信中诚产权经纪有限公司

信中诚产权经纪有限公司是立信会计师事务所业从事产权经纪的中介机构。

址：中国·上海
路61号新黄浦金融大厦5楼 200002
021) 63230879　传真：(021) 63391116
箱：lgynf@163.com
www.pcpa.com.cn

信长江建设工程造价咨询有限公司

信长江建设工程造价咨询有限公司是立信专门设工程造价咨询相关业务的专业公司。

址：中国·上海
路61号新黄浦金融大厦5楼 200002
021) 63391166　传真：(021) 63392558
箱：lxcj.sj@pcpa.com.cn

信中诚房地产土地估价有限公司

信中诚房地产土地估价有限公司是上海立信咨旗下的专业从事房地产和土地估价业务的评估

址：中国·上海
路61号新黄浦金融大厦12楼 200002
021) 62181798　传真：(021) 62181254

上海上会资产评估有限公司

上海上会资产评估有限公司是上海地区最具规模的专业评估中介服务机构之一，享有国家财政部和中国证监会批准的资产评估A级资质，可从事证券业务评估（包括上市公司）。

经营地址：中国·上海
南京东路61号新黄浦金融大厦5楼 200002
电话：(021) 63391088　传真：(021) 63391116
电子信箱：lxcj.pg@pcpa.com.cn

上海立信锐思信息管理有限公司

上海立信锐思信息管理有限公司是一家致力于内部控制和风险管理服务的专业机构。

经营地址：中国·上海
南京东路61号新黄浦金融大厦9楼 200002
电话：(021) 63214297　传真：(021) 63214767
电子信箱：mail@reiscontrol.com.cn
网页：www.reiscontrol.com.cn

中伦文德律师事务所

中伦文德律师事务所是中国一家著名的大型综合性律师事务所。

经营地址：中国·上海
南京东路61号新黄浦金融大厦11楼 200002
电话：(021)63214753　传真：(021)63231530
网页：www.zhonglunwende.com

上海立信安泰税务师事务所有限公司

上海立信安泰税务师事务所有限公司是经国家税务总局审核批准，上海市国家税务局、地方税务局批复成立的具有法人资格的专业代理中介机构。

经营地址：中国·上海
南京东路61号新黄浦金融大厦501室 200002
电话：(021) 63391166　传真：(021) 63391429
电子信箱：lxat@pcpa.com.cn

们 Contact Us

信长江企业信用征信有限公司
址：中国·上海
路61号新黄浦金融大厦12楼
021) 65344316　63290680
021) 63290682
00002
pccrs@pccrs.com.cn
www.pccrs.com.cn

上海三零卫士信息安全有限公司

上海三零卫士信息安全有限公司（以下简称公司）是专业从事信息系统安全建设和服务的高新技术企业，公司总部位于上海徐汇新媒体软件园区内。

公司依托国内实力最为雄厚的信息安全权威机构——中国电子科技集团公司电子第三十研究所，以其40多年信息安全和通信保密工程的技术积累和经验为基础，结合现代信息安全技术的最新发展，积极投身于我国的信息安全事业。主要面向党政机关、军工企业和科研院校、金融和企业事业单位，主要提供信息安全服务、信息系统安全集成、安全产品和专业应用开发等。在积极开拓各项业务的同时，公司开展广泛的科技成果转化工作，呈现给用户一个完整的信息安全解决方案，并通过提供有效的安全服务，包括系统安全评估、安全方案制定、安全实施、应急响应、安全咨询和培训服务等，为客户提供强有力的安全保障。

公司于2001年7月成立，作为国家首批计算机网络安全服务A类试点单位，承担了多项信息安全示范工程建设，今天的公司已经从当时的初出茅庐成长为华东、华南地区信息安全业内的中坚力量，逐渐在客户处树立起“服务能力强、安全特色明显的信息系统综合解决方案提供商”的形象。目前公司作为华东地区唯一一家互联网应急处理服务试点单位，拥有涉密信息系统集成资质和计算机信息系统集成三级资质，是上海市企业信用管理试点单位并于2004年顺利通过ISO9000质量认证、2009年顺利通过ISO20000认证，是上海市重点扶持的“小巨人”企业等，公司分别有幸成为“奥运网络信息安全服务支持厂商”和“2010年世博会推荐服务供应商”，为国家两项盛事做服务保障工作。公司各项荣誉、奖励的背后是公司努力为客户提供优质的产品、强烈的责任感和完善的服务、完整优质的安全技术解决方案；全体员工的辛勤工作使公司取得了用户的信赖和好评。此外，公司还协助国家、部委、北京、上海及杭州等地方政府进行信息安全规划工作，承担了一系列国家863高科技计划中的相关信息安全课题，取得了重要成果，获得了5项发明专利，2004年公司的研究成果获得上海市科技进步三等奖。公司还特别关注信息安全行业的标准化工作，作为主要执笔人和起草单位参与起草了国家、公安部、北京市、上海市、杭州市等十几个国家、行业和地方标准的制定工作。

公司秉承“成为客户信息安全服务的首选，成为员工最适宜工作的平台”的宗旨，注重提高客户的服务体验，团结凝聚强大的服务团队。公司特别重视人才的培养，追求卓越的理想是公司聚揽众多不同类型的人才关键。公司目前有员工200多名，其中拥有20余名博士、硕士，还包括多名海外学成归国人员、7名CCIE、3名CISSP和18名项目经理，他们都已经融入三零文化体系，成为公司技术和管理体系的骨干力量。依靠强大的团队建设、创新的技术理念和诚信的经营态度，近几年公司发展迅猛，目前公司注册资金达到1100万，累计产值达到5亿，公司下设7家子公司：广州公司、武汉公司、杭州公司、浦东公司、南京公司、北京公司、成都公司。

上海三零卫士公司是国内“连锁信息服务”的积极倡导者和积极实践者，目前已经在华东、华南、华中、华北、西南有7个区域服务中心，按照连锁服务的模式运作。作为一个立足上海，服务全国的高新技术企业和软件企业，三零服务已经形成了全国的直接服务网络。

完整的技术解决方案、优质的产品和强烈的责任感、用心的服务，使上海三零卫士取得了用户的信赖和好评。

上海外教社信息技术有限公司

专业　高效　创新

打造最佳外语教学数字平台

专业研发团队　信以致远　追求卓越

外 教 社 数 字 产 品 销 售 总 代 理

上海外教社信息技术有限公司是上海外语教育出版社（简称“外教社”）下属的法人独资有限责任公司。公司借助外教社在外语教育方面多年的资源积累和在数字出版方面宝贵的探索经验，全心致力于外语教育软件及网络教育平台等产品的研发与销售，并提供相应的技术支持和售后服务，为教育、培训及相关行业提供全方位、多层次的立体化解决方案。

上海外教社信息技术有限公司

Shanghai SFLEP Information Technology Co., LTD.

地址：上海市大连西路558号801室（200083）

电话：021-65366436

传真：021-65366436

网址：www.ssit.cc

丁丁网
www.ddmap.com
让生活更美好！
生活在城市，就上丁丁网！
丁丁网是专注基于地理位置为基础的本地生活服务平台，以“地图指引生活”为理念，提供精准交通出行、生活搜索等服务。
地铁1号线
五角场怎么走？
找湘菜馆
找银行
224路公交

上海电信恒联网络有限公司

上海电信恒联网络有限公司是中国电信控股子公司，由中国电信集团与上海漕河泾新兴技术开发区发展总公司于2001年共同投资组建，注册资金1000万元，公司的成立为推进漕河泾开发区“数字园区”建设，弘扬其“填补数字鸿沟，以信息化带动工业化”提供了全面的支持。面对世界经济一体化的挑战和高速发展的中国经济对通讯及服务的巨大需求，电信恒联公司一贯坚持以客户为本，服务社会为重，秉承“求实、创新、客户满意”的企业精神与“漕河泾开发区电信、IT贴心的服务商”的服务理念， 全力为政府和企业的信息化工作提供最优服务。

经中国电信授权，电信恒联在漕河泾园区经营全电信业务，立足于漕河泾，服务于漕河泾，积极为企业提供“上门受理、一站式服务”的服务，采取一对一的专业客户服务模式，开通24小时免费技术支持热线，凭借精湛的技术与完美的服务多年以来赢得广大客户的充分肯定和赞誉。

为提升公司综合竞争力，公司近年在主营全电信业务的同时积极面向上海、华东乃至全国市场在系统集成、楼宇自控、IT外包等领域不断拓展创新，依托股东方优势及公司认证资质与人才资源配套，所取得的业绩成果日益成长为公司新的经济增长点。

公司以现代企业制度为运营基础，以市场为明确导向。团队年轻高效，管理规范有序，一向视人才为发展之本。公司获得了上海市高新技术企业认定及ISO质量管理体系认证，具有人才密集、资源密集、技术密集、资本密集的综合优势，在经营与管理上不断自我完善，逐年稳健发展。

电信业务

传统语音业务 直线、DID、30B+D、17909IP、长途直拨、800电话、4008业务、会议一呼通、全球会易通等。

互联网业务 ADSL上网、城域网高速上网、专网上网、高品质专线（园区）、IPMAN专线（园区）、极速通/快速通（园区）等。

数据业务 数字电路、ATM、DDN、MPLS-VPN、两点互联（园区）等。

商务领航及号码百事通业务 商务领航的通信版和信息版业务套餐、号码百事通业务。

CDMA移动业务 CDMA语音业务及无线上网掌宽业务。

系统集成“5A”业务

楼宇自动化系统—BA 包括空调、电梯、照明等系统监控等。

安防自动化系统—SA 包括综合**安保管理系统** 一卡通门禁系统、楼宇对讲系统、周界报警系统、监控系统、电子巡更系统。

办公自动化系统—OA 包括计算机网络系统、多媒体会议系统、电子公告屏及信息查询系统、综合布线系统、机房管理等。

通信自动化系统—CA 包括电话和网络业务接入系统、程控交换机系统、无线通信系统、酒店管理系统、呼叫中心等。

管理自动化系统—MA 包括：紧急广播与背景音乐系统；自动化车库管理系统；公共显示系统。

电信恒联业务范围：
电信业务+系统集成业务

中国2010年上海世博会信息化
软件质量控制和测试技术联合实验室签字揭牌仪式

中国合格评定国家认可委员会
实验室认可证书

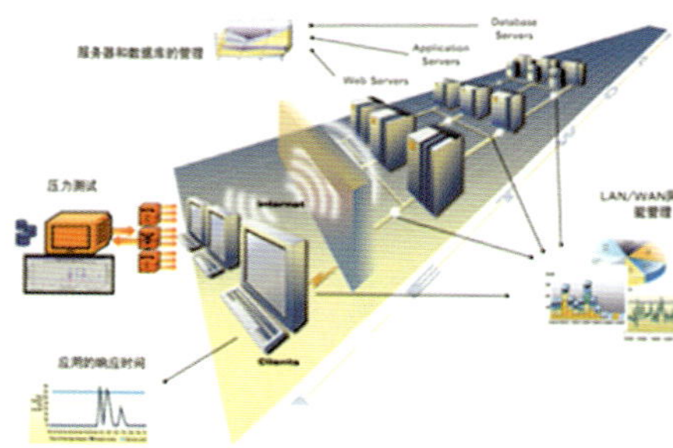

上海学前教育网
www.age06.com

作为上海教科网"一网五环"工程的重要组成部分，上海学前教育网于1999年4月21日正式开通。秉承"搭建信息化平台，提供学前教育一站式服务"的建设初衷与"共建共享"的建设理念，密切关注时代发展与技术进步，坚持以研究带动应用、以应用推进学前教育现代化发展。

十余年来，上海学前教育网始终以儿童发展为本，以教师专业发展、服务家长为核心，

全面整合学前教育资源，悉心打造优质的学前专业网站，反映上海的学前教育改革信息，倡导学前教育 最新理念，为领导决策和学前教育改革提供依据，为全社会的早期教育提供信息服务。网站相继推出06新闻、课程教材、教研互动、06厨房、03早教等28个栏目，每年打造专题近50个，解读和宣传相关的政策、信息。目前数据库文章总量3万多篇，网站日访问量超过6万次，上海学前教育网亦已成为上海乃至全国知名学前教育专业门户网站。

其全国首创的"园园通"管理平台对改进幼儿园教学、管理、科研和家园互动的模式做出了较大贡献，主要有以下几个特点：

◆集约模式：采用集约化的建设模式，使各类优质资源集中有效地发挥作用，避免低水平重复建设；

◆最小投入：每所幼儿园投入少，共享集约化建设成果；

◆技术简约：以实用、易用、开放为基本技术要求，大大降低了应用门槛和推进成本；

◆上下互动：自上而下的行政引导和自下而上的应用需求相结合，形成共建共享的长效机制；

◆服务面广：为全市1000多所幼儿园提供了家园互动平台，其中仅论坛累计发贴已超过120万条。教师、园长、行政管理者、家长等各类人群都是学前教育信息化的受益者。

Age06

图书在版编目(CIP)数据

2010上海信息化年鉴/《上海信息化年鉴》编纂委员会编．—上海：上海辞书出版社，2010.8
ISBN 978-7-5326-3173-5

Ⅰ.①2...　Ⅱ.①上...　Ⅲ.①信息工作—上海市—2010—年鉴
Ⅳ.①G202-54

中国版本图书馆CIP数据核字(2010)第141122号

责任编辑　王国勇　刘大立　郁　蕙
特约编辑　张　敏
装帧设计　章文杰

2010上海信息化年鉴

上海世纪出版股份有限公司
上　海　辞　书　出　版　社　出版、发行
(上海陕西北路457号　邮政编码　200040)
电话：021—62472088
www.ewen.cc　www.cishu.com.cn
上海江杨印刷装订厂印刷
开本787×1092　1/16　印张34.5　插页43　字数1 041 000
2010年8月第1版　2010年8月第1次印刷
ISBN 978-7-5326-3173-5/N·67
定价：300.00元

如发生印刷、装订质量问题，读者可向工厂调换
联系电话：021—56834427

EXPO
2010
SHANGHAI CHINA
中国移动通信
CHINA MOBILE
世博全球合作伙伴
Global Partner of Expo
中国移动
CMCC